고용정책학원론

임 공 수

청목출판사

고용정책학을 설계하면서

아직 고용정책학에 대한 이론적인 기반도 부족하고 사회적인 인식도 확립되어 있지 않다. 그러나 경제활동과 사회활동을 하면서 고용의 문제는 가장 중요한 부분에 해당하는 것으로서 정책적인 이론구성과 이를 체계화할 필요성은 현실적으로 매우 크고 중요한 부분이라고 할 수 있다.

부족한 부분을 인식하면서 현실적으로 존재하는 문제에 대한 기반을 조성하기 위하여 문제의식을 가지고 고용정책학의 필요성을 제기한다. 부족한 부분은 지속적인 연구를 통하여 보완해 나갈 것이다.

본서에서 다루고자 하는 고용정책학은 기본적으로는 고용과 관련한 문제를 고용정책이라는 측면에서 새롭게 구성하고, 법학, 정책학, 행정학, 경영학, 경제학, 사회학, 산업안전 및 보건학, 교육학 및 산업교육학 등 인접학문을 접목하여 재편성하였다. 이러한 분야는 고용환경에서 서로 역학관계를 가지는 학문으로 인접학문이 서로 결합되어야만 고용정책의 기본구조가 합리적인 형태를 갖출 수 있기 때문이다. 즉, 고용정책학은 고용과 관련한 인접학문이 상호 유기적으로 결합하여 시너지를 가져야만 제 기능을 할 수 있다고 보는 것이 저자의 짧은 소견이다.

본서의 집필은 고용정책을 하나의 학문적인 분야로 또는 복합적인 융합학문으로 인식하기 위한 프레임을 짜야 한다는 소명에서 시작하였다. 이러한 측면에서 본서는 새로운 시도를 위한 시발점이 된다. 본서의 집필을 통하여 그 중요성에 비하여 아직까지 부족한 고용정책학에 대한 이론구성의 토대를 마련하고 사회에 이 분야에 대한 문제제기를 통하여 논의가 될 수 있는 분위기를 만들기 위함이다. 많은 사람들이 이 분야에 대한 중요성과 문제의식을 갖고 연구하여 이론적인 토대를 강화하여 현실적인 정책에 접목가능하고 유용하며, 방법론적으로도 적절한 연구기법을 함께 만들어 가기를 희망한다.

林昇洙

차 례

제1편 총 설

제2편 고용평등정책

제6편 근로관계정책

제11편 국제고용정책

제 1 편

총 설

제 1 장 고용시장과 고용정책
제 2 장 고용정책 일반론

1
chapter

고용시장과 고용정책

제1절 서 설

고용정책은 자유로운 고용시장 또는 노동시장을 기반으로 해서 애덤스미스의 보이지 않은 손에서처럼 수요자와 공급자간의 자연스러운 거래관계에서 형성되는 시장에 상대적으로 열악한 위치에 있는 자들에 대한 보호조치와 국가의 경제적인(법과 정책집행, 고용인권, 인력 및 임금, 근로·노동·노사관계, 경영·경제, 고용복지, 근로환경 등)측면에서 연관문제의 정책적 고려가 반영된 문제를 다루게 된다. 그렇기 때문에 단순히 시장논리만을 가지고 접근할 수 있는 것도 아니다. 여기에는 고용시장메커니즘, 근로자, 사용자, 정부, 국민 등 사회 구성원 모두가 관련된 집합적인 장소가 되는 고용환경에 대하여 간학문적으로 접근되어야 할 문제로 종합적인 관점에서 다루어져야 한다. 그것은 고용시장이 모든 경제주체의 활동에 근간이 되는 시발점이 되기 때문이다. 이러한 가장 근본적인 경제활동의 시발점인 문제를 다루는 고용문제는 범국가적인 정책적 관점이 필요하게 되고, 이를 효율적으로 운영하기 위한 정책과 실행과정들에 대한 세부적인 절차 등에 대한 제도적인 장치를 마련하여 집행하는 것이 필요하게 된다. 일련의 과정인 정책입안·집행·분석 등을 통하여 피드백을 실행하고 정책수정을 통한 보다 합리적인 정책안을 재입안하는 과정을 반복하게 되는데, 특히 고용상의 정책문제는 노·사·정 및 국민 모두에게 민감하고도 첨예한 부분에 해당하는 것으로 매우 중요한 과제가 될 수밖에 없다.

고용정책은 고용시장 및 고용시장과 연관된 문제를 그 대상으로 한다. 따라서 고용시장에 관한 이론들은 고용정책 형성에 기초가 된다. 일찍부터 고용정책은 근대경제학의 중심과제였으며 경제정책의 궁극적인 목표라 하였고, 이는 1944년 발표된 영국의 고용정책에 관한 경제백서에서도 명백히 기술되어 있다. 이 백서에서는 정부의 재정정책이 노동인구를 기본여건으로 하여 이것을 완전고용 수준으로 확보하게끔 인적예산의 새로운 관념을 강조한 것은 획기적인 전환이라 평가할 수 있다.

고용시장의 역할은 자발적이고 상호이익이 되는 거래를 촉진시키는데 있다. 만약 시장이 그러한 역할을 하는데 실패하게 된다면, 정부는 시장의 실패를 시정하여 시장의 기능을 회복하게 하려고 시장에 개입하게 된다. 시장의 실패는 여러 가지 이유로 발생한다. 첫째는 정보의 부재로 많은 사람들은 자기에게 대단히 중요한 실상을 모르고 있어서 자신에게 이익이 되지 않는 방향으로 결정하게 된다는 것이다. 둘째는 상호간 유익한 거래를 할 수 없게 하는 장벽이 존재한다. 그러한 장벽은 고용시장을 규율하는 법규일 수도 있고, 거래를 끝낼 수 있도록 하는데 드는 비용일 수도 있다. 셋째는 세금이나 보조금 등으로 가격 왜곡이 일어난다. 이러한 것들은 당사자들의 선호를 명확히 밝혀 주지 못하여 가격의 결정에 장애가 된다. 넷째로는 실제 시장이 존재하지 않을 수 있는 것이다. 정부는 이러한 시장의 실패를 시정하고 시장에 맡겨 두면 생산되지 않는 공공재를 생산함으로써 시장을 보완하고 자원의 최적배분을 가능케 하려는 고용시장정책을 펴려 한다.

정책에 대해서는 다양한 개념 규정이 있다. 정책을 전체 사회에 대한 가치의 권위 있는 배분으로 보기도 하고, 어떤 목적이나 가치를 지향하는 일반적인 패턴의 의사결정이나 행위라고 정의하기도 하며, 공공문제 해결을 위한 정부의 활동이라 정의하기도 한다. 이러한 정의들이 정부에서 만들어져 집행하고 있는 정책을 모두 부분적으로 내포하고 있다고 보아, 정책이란 정부가 어떠한 사회를 어떻게 만들겠다고 하는 것을 권위 있게 결정해 놓은 것이라 정의하기도 한다. 그러나 고용정책은 정부를 비롯한 고용시장의 주체들이 서로 협력·대립하면서 형성되는 복합적인 정책적 구조를 가진다. 물론 정책적인 측면에서 보면 정부의 역할이 가장 크다고 할 수는 있다. 따라서 여기에서는 고용정책이란 완전고용의 실현과 인력의 최적배분·활용을 이룩하기 위하여 고용시장 주체들이 실행하기로 결정하고, 집행하는 종합적인 활동이라 보기로 한다. 즉, 고용활동과 관련된 경제정책, 공공정책, 고용법규 등 포괄적인 의미로 정의하기로 한다. 고용정책에서 기본적으로는 고용평등이라는 전제조건을 기반으로 정책적인 문제를 논할 필요가 있으므로, 세부적으로는 소극적 고용평등정책으로서의 차별금지정책, 적극적 고용평등정책으로서의 평등증진정책,

고용안정 및 촉진정책, 고용의 최적화를 위한 인력정책으로서의 능력(인재)개발정책과 실업정책, 고령화대비정책으로서의 고령인력 및 고령자관리정책과 근로자 생활안정지원정책, 근로기준 및 근로보호정책, 노동의 질과 대가에 대한 가치결정을 위한 임금정책으로 임금관리정책과 임금보장정책, 근로복지정책으로서의 근로복지향상정책과 사회보험정책, 근로환경정책으로서의 산업안전 및 보건정책과 산업재해예방 및 재해관리정책, 노사관계정책으로서의 노사갈등조정 및 협력정책, 국제고용정책으로서 국제적 협력정책과 국제인적자원정책 등으로 구분해 볼 수 있겠다.

제 2 절 고용이론과 고용시장

Ⅰ. 고용이론

고용이론과 관련하여서는 여러 가지 학설들이 있다. 그러한 이론마다 나름의 논지가 있고 상황론적으로 타당성을 가지고 있다. 다만, 여기에서는 노동시장이론들과 고용시장이론의 출발점은 유사하다는 전제하에 노동시장이론을 바탕으로 그러한 이론들에 대하여 몇 가지 기초적인 개념의 소개를 통하여 고용정책이론의 기저에 깔려 있는 고용이론에 대하여 설명하고자 한다.

1. 노동시장론

고용은 수요자와 공급자가 만나는 일반시장. 즉, 노동을 공급하는 근로자와 노동을 수요하는 사용자가 일정한 시장을 형성하여 적정한 기능·기술·자격 및 업무경험 등에 기초해서 지급조건을 제시하고 이를 쌍방 간의 일치점에서 거래(고용관계를 통한 계약)가 이루어지는 시장적인 측면에서의 접근법을 노동시장론이라고 한다. 시장은 원래 재화의 공급과 수요에 의하여 자율적으로 운영되는 것으로 물가, 재화의 가격, 정보, 유통이라는 메커니즘을 가진다. 고용과 연계할 경우 인력의 공급과 인력수요, 임금과 비용, 인력의 이동, 고용정보, 경제환경 등이 고려된다. 아울러, 정책적으로 고용환경을 유지하기 위한 여러 가지 정책(고용평등정책, 근로환경정책, 고용복지정책, 근로관계정책, 노사관계정책, 국제고용정책 등)들이 함께 융합되어 시너지를 가지게 된다. 한 마디로 종합시장의 모습을 가지는 것이라고 할 수 있다.

2. 직업탐색이론

고용은 일자리와 직무(Job Position)의 존재와 이를 찾아가는 직업의 탐색에서부터 시작된다. 직업은 탐색시간이 길면 길수록 더 좋은 일자리를 구할 수 있을 것이나 그에 따른 탐색비용은 증가하게 된다. 이러한 탐색에서 오는 수익과 그에 수반되는 비용지출을 균형시키는 곳에서 취업하게 된다는 것이 직업탐색이론이다. 즉, 직업탐색시간과 비용상의 상관성 및 탐색시간과 좋은 일자리를 얻을 수 있다는 기대가능성간의 상관성에 기초하여 고용관계를 설정하려는 것이 직업탐색이론이다.

3. 계약이론

어떠한 형식을 통해서 근로자와 사용자간의 고용관계가 형성이 되든 그것은 조건과 조건간의 쌍방계약에 의해서 결론지어지는 것이라는 것. 즉, 고용계약 내지는 근로계약에 따라 형성되는 것이 고용관계라는 이론이다. 일반적인 계약은 쌍방 간의 합의를 기반으로 자유로운 계약을 전제로 한다. 또, 고용계약은 자유로운 의사결정 외에 고용관련법령에 의하여 일정한 제한을 받는다. 즉, 근로조건 등 명시적으로 서면화하여야 하는 제한과 일정수준이하로 근로조건을 정할 수 없다. 이는 상대적으로 약자인 근로자의 지위를 보호하기 위한 장치라고 할 수 있다.

4. 산업변동이론

산업변동이론은 고용관계의 특성을 반영하는 이론으로 농업시대의 농노적 관계, 중상주의시대에는 노역과 짐꾼, 산업혁명시대에는 공업근로자, 정보와 지식사회인 근대와 현대에는 수직적 고용관계부터 수평적 고용관계. 즉, 산업변동에 따른 근로자의 특성(특정 수요의 변화) 등 다양한 형태의 고용관계가 형성되는데 이러한 현상은 산업변동에 따라 고용관계가 설정되는 것과 연관성이 크다고 보는 입장이다.

5. 경기순환이론

경기순환이론은 고용의 흐름이 경기변동에 따라서 특정 분야에는 수요와 공급 간의 불균형이 발생하고 이를 토대로 노동력 등의 가치와 일할의욕이 달라지며 이러한 상황론에 따라 고용관계가 형성된다는 접근법이다. 경기순환이론은 단기부터 장기 순환이론까지 다양한 이론이 존재한다. 일명 경기변동이론이라고도 한다.

6. 직업능력이론

고용은 단순히 노동력만을 필요로 하는 것이 아니며 정신적 지식과 노하우 등 다양한 형태의 기능과 기술, 전문지식을 기반으로 고용관계를 설정하게 되고 그 능력에 따라 고용조건이 달리 설정될 수 있다는 전제하에 접근하는 방식이다. 물론 근로의욕과 수요가 있어도 능력이 없으면 고용은 불발이 된다. 특히, 현대에서는 능력에 따른 고용조건은 다양한 형태로 접근될 수 있어 주목되는 접근법이라고 할 수 있다.

7. 실업이론

실업은 단순히 일자리를 잃어버린 상태를 의미하는 것은 아니다. 때로는 보다 좋은 상태의 고용관계를 탐색하기 위해서 발생하는 것으로 경기적 실업, 구조적 실업, 마찰적 실업 등 각각의 실업형태는 그에 따르는 고용관계의 특성을 수반하게 된다는 점에서 접근하는 방식이다.

Ⅱ. 고용시장

1. 고용시장의 의의

고용시장이란 통상적으로 임금 노동자가 생활에 상품을 얻기 위하여 자신의 노동력(정신적 · 육체적 모든 노동 · 서비스 등)을 팔고 기업(국가나 정부, 공공부문까지 모두를 포함)은 생산 · 서비스를 위하여 노동력을 사는 장소(정책적 요소가 투입 · 개입되는 부분까지 포함)를 말한다. 자본주의에 있어서 사회적 분업을 유지시키는 보편적인 시스템이 바로 시장(가격)기구이다. 고용시장은 국민경제를 구성하는 상품, 금융 및 증권시장과 더불어 가장 기본적인 시장이다. 고용시장은 상품시장 등 모든 시장을 성립하게 하는 원초적이고 기초적인 생산요소시장일 뿐 아니라 모든 시장을 유지하게 하는 유효수요를 창출하는 공간이기도 하다.

고용시장의 개념은 협의로는 노동력의 공급자와 수요자가 만나는 특정의 장소인 직업소개소 등을 말하고, 광의로는 노동력의 거래에 영향을 미치는 제반 조건 또는 사정, 즉, 수급에 영향을 미치는 각종 요인까지 포함한 수급을 둘러싼 문제로 보면서 양자를 포괄하는 것으로 보는 것이 전통적인 시각이다. 그러나 이러한 전통적인 시각에서와 같이 고용시장은 단순히 수요와 공급, 즉, 임금수준의 조건 등에만 의존하여 결정되는 것이 아니라 보다 복잡하고도 종합적인 상황들이 수요와 공급의 결정점을 만들고 있어, 보다 포괄적인 접근이 필요하게 되었다. 고용시장을 상품시장과 동일시할 수는 없다. 노동력이라는 상품은 노동자에 체화되어 있어서 여러 개로 쪼갤 수 없고 공급량을 쉽게 조절할 수 없다. 일정한 작업능력을 갖추기 위해서는 상당한 시간이 소요되기도 한다. 사람들은 오직 임금수준만을 보고 취업을 결정짓지도 않는다. 이러한 요소들은 상품시장보다 고용시장에서 구매자와 판매자의 이해가 일치하는 것을 더욱 어렵게 한다. 그럼에도 불구하고 탐색과정을 거쳐 종국적으로는 수요와 공급이 만나는 지점에서 임금수준과 고용량이 결정된다.

2. 고용시장 이론 및 가설

(1) 고용시장 이론

고용시장의 이론은 고용시장 정책결정과 평가에 중요한 기틀이 된다. 기본적으로 고용정책학은 규범적인 것과 실증적인 의문에 대한 해법을 제시하고자 하는 것이기 때문이다. 규범적인 것은 주로 가치에 관한 것으로서 사회구성원 간 분배의 형평을 이룩하여야 한다는 것으로 귀착된다. 규범적인 것과 실증적인 것의 차이는 형평과 효율의 차이와 비슷하다고 할 수 있다. 한 사회가 부존자원을 최대한 활용하여 최대의 생산을 가능하게 하는 방법을 구하는 것을 효율성을 얻는 것이라 한다면, 그러한 자원을 사회의 구성원들이 공평하게 활용할 수 있게 하는 것은 형평의 문제라 할 것이다.

우선 고용수요에 대한 경제적인 분석방법들은 실제 고용시장에 미치는 영향과 정책의 효과를 파악하게 해 준다. 예를 들어, 종업원에 대한 임금을 기준으로 부과하는 조세나 보험료 등이 어떠한 과정을 통하여 기업의 인력수요를 감소시키는지, 또는 산업이나 직종에 대한 임금보조금 제도가 고용수요를 어떻게 증가시키는지 등을 파악할 수 있게 해준다. 일자리 나누기 정책이나 초과근로수당의 수준이 고용에 미치는 효과도 측정된다. 미국에서의 연구들은 동일한 작업시간을 유지한다고 할 때 초과근로수당을 올리면 고용이 증가할 수 있다는 것을 보여준다. 고용수요 탄력성의 계측을 통하여 최저임금이 미치는 영향도 분석할 수 있다. 산업재해나 실직을 당한 사람에 대한 소득유지정책은 그의 가용소득을 높여 줌으로써 그가 더 이상 수입을 얻고자 경제활동을 하지 않아도 되게 할 수도 있지만, 소득이 있기 때문에 자신이 기대하는 임금수준을 낮추는 효과도 있다. 부당해고를 금지한 유럽 국가들은 다른 조건이 동일하다면 고용수준이 낮은 반면에, 미국은 자유스러운 근로자 해고를 허용하는 주(州)가 그렇지 않은 주보다 고용량이 많다는 것과 해고의 자유를 제한하자 고용수요의 변화에 따라 고용수준을 변화시키기보다 노동시간을 조절하여 대응하였다는 연구도 있다.

고용공급에 영향을 미치는 여러 가지 정책도 고용시장 이론을 통하여 분석된다. 실례로 미국에는 정년을 70세로 바꿀 경우 65세 정년이었을 때보다 해당 연령층의 경제활동참가율 감소가 약 1/5로 줄어든다는 실증적 연구결과가 있다. 하지만 늙은 사람들이 정년 전에 은퇴하여 사회보험 혜택을 받기 때문에 정년을 70세로 바꾼다 하더라도 60대 연령층의 경제활동참가율은 겨우 2%밖에 증가하지 않으며, 이 정도의 증가는 젊은이들의 고용기회나 임금수준에 큰 영향을 준다고 할 수 없다고 한다. 어떠한 정책은 일하려는 의욕에 영향을 미치기 때문에 고용공급이론을 통해서 사회보험의 보상수준과 수혜자의 자격 제한 등을 검토할 수 있고, 영세민들에 대한 복지정책을 어떻게 펴야 할 것인지, Earned Income Tax Credit(EITC)[1] 프로그램을 어떻게 설계하여야 할 것인지에 대한 중요한 시사점을 얻을 수 있다. 소득세율 삭감이 대체효과를 크게 함으로써 여성들의 경제활동참가율을 크게 늘렸다는 연구결과도 있다. 사회보험료는 법적인 부담주체가 누구이든지 실제 노동수요와 공급의 상황에 따라 부담주체가 달라지게 된다는 것도 밝혀냈다. 기혼여성의 경제활동참가 유도정책, 산업안전 및 보건정책, 전직훈련정책, 실업급여 지급기간 연장의 효과 등에 대해서도 검증할 수 있다.

고용시장에 큰 영향을 미치는 요인으로 빠뜨릴 수 없는 것이 노사관계이다. 노동조합은 일찍부터 고용시장에 중요한 영향을 미치는 독점적 존재로 비난받아 오기도 했고, 집단적인 의사표시 기능으로 인하여 순기능도 있음을 밝혀 내기도 했다. 노동조합은 우리나라에서도 고용시장에 가장 큰 영향을 미치는 변수로 작용하고 있다.

(2) 고용시장 가설

1) 경쟁고용시장가설

경쟁고용시장가설(경쟁가설)은 그 속에서 수요와 공급이 이루어지고 있는 고용시장을 하나의 연속적인 시장으로 파악하는 가설로, 기술 및 숙련이나 지역적인 차이를 제외하고

1) 저소득 근로자 또는 자영업자 가구에 대하여 가구원 구성과 총급여액 등에 따라 산정된 근로장려금을 지급함으로써, 근로빈곤층의 근로를 장려하고 실질소득을 지원하는 근로연계형 소득지원제도이다. 즉, 저소득 근로자 가구에 근로장려금을 세금 환급의 형태로 지급하는 제도다. 1975년 미국에서 처음 실시한 이래 영국·프랑스·캐나다 등 선진 7개국에서 운영하고 있으며, 한국에서는 조세특례제한법의 '근로 장려를 위한 조세특례'에 따라 2008년부터 시행하여 2009년에 첫 근로장려금을 지급하였다. 이 제도는 기존 일반국민을 대상으로 하는 사회보험제도와 극빈층을 대상으로 하는 국민기초생활보장제도로 이원화된 사회복지제도의 혜택을 받지 못하는 근로빈곤층을 지원하기 위하여 도입되었다. 일을 통한 빈곤 탈출과 경제적 자립을 지원하는 능동적·예방적 복지제도이며, 근로빈곤층의 실질소득을 증가시킴으로써 조세제도를 통한 근로의욕 고취와 소득재분배의 효과를 기대할 수 있다.

는 수요 및 공급으로 나타나는 근로자의 속성에 있어서 근로자 사이에 커다란 질적 차이가 없다고 본다. 따라서 기술 및 숙련이나 지역적인 고려를 제외하면 모든 근로자들은 직업의 선택이나 임금의 결정에 있어서 아무런 제약도 받지 않으며 자유롭게 이동할 수 있는 것으로 생각하고 있다. 즉, 노동력의 흐름이나 배분을 규제하는 어떤 제도적인 요소나 장애도 없다는 입장을 취하는 것이다. 이 가설과 관련하여 레더(M. W. Reder)는 가격과 수량이 완전경쟁조건하의 장기균형 상태에 있는 것과 같이 행동한다고 보는 가설이라고 규정하면서, 그는 다른 사정이 동일하다면 장기적으로 어떤 산업의 임금수준은 그 기술이나 숙련 그리고 지역적인 고려에 일치하여 변화할 것이며, 고용되는 노동량의 변화와는 무관하게 될 것이라고 하였다. 한 마디로 말하여 경쟁가설은 고용시장도 다른 재화의 경우와 마찬가지로 경쟁상태 하의 조건에서 움직인다고 보는 입장이다. 그뿐 아니라 경쟁가설을 지지하는 입장은 노동력의 흐름이나 배분, 그리고 임금 및 기타 근로조건의 결정에 있어서 고용시장은 그 수급조절기능을 원활히 수행하고 있다는 것을 암묵적으로 가정하고 있다.

2) 분단고용시장가설

고용시장을 하나의 경쟁적이며 연속적인 것으로 보는 것이 아니라 상호연관성이 부족한 두 개 또는 그 이상으로 분단되어 있다고 보는 입장으로, 분단고용시장가설(분단가설)의 기초를 마련한 것은 밀(J. S. Mill)의 비경쟁집단 원리이다. 밀은 숙련 노동은 기술의 습득에 보다 많은 시간과 비용이 소요되므로 더 많은 보수를 받게 된다는 스미스(A. Smith)의 보상 원리가 현실적으로 성립하지 않음을 지적하였다. 그는 스미스의 보상 원리가 유쾌한 조건과 불쾌한 조건의 고용 사이에 일반적으로 존재하지 않는다고 보았다. 즉, 밀은 숙련 습득에 소요되는 시간과 비용으로 인한 임금격차를 인정하지만 그것은 작은 부분이고, 오히려 비경쟁집단 원리에 기초하여 상이한 노동자 등급구분 때문에 격차가 발생한다고 봄으로써 분단가설의 선구적 역할을 하였다. 분단가설은 고용시장을 분석하는 데 있어 독점자본주의라는 경제발전 단계와 사회의 제도적 측면을 중요시하고 있다. 19세기 말 자본주의가 독점자본주의 단계에 돌입함에 따라 대규모적인 독과점화가 이루어지면서 기업들은 자신의 안정적인 번영을 위협할 가능성이 있는 힘들을 모두 내부화하려고 하였다. 대기업들은 안정적인 원료 공급선을 확보하기 위하여 수직적인 기업 통합을 행하고 연구개발과정을 제도화하여 의부 기술변화 및 발전에 따른 위협을 극소화하였다. 내부고용시장도 이러한 과정에서 형성되었다. 독점 대기업의 규모의 거대화는 내부 메커니즘을 통해 직무를 채울 수 있는 가능성을 증대시켰으며, 대기업들은 관료적 통제로 전환함으로써 위계적 불평등과 직무의 범주를 증대시켜서 형식적으로 구분되는 보다 많은 직위가 존재하게 되고 따라서 기업내 직무이동이 가능하게 되었다.

3) 내부고용시장가설

고용과정에 있어서 탈숙련화가 급속히 진행됨에 따라 노동자들의 고용과정에 대한 통제력이 상실되어 감으로써 노동자들의 고용안정성이 위협을 받게 되었다. 내부 고용시장은 이와 같은 사용자 측의 안정적인 노동력 확보요구와 노동자 측의 고용안정성 확보요구가 합치하여 형성되었다. 즉, 내부고용시장가설(내부가설)은 기업 내의 규칙이나 관리가 고용시장의 기능을 대신함으로써 고용시장 기능이 기업 내로 옮겨진 현상을 말하는데, 기업 내에서는 계속적인 고용관계에서 단독으로 혹은 노동조합과의 합의된 규칙 등 여러 가지 기준에 따라 노동자의 배치전환, 훈련, 승진 등이 이루어진다. 또한, 이를 통해 노동력을 편성하고 임금을 관리함으로써 내부고용시장이 형성되는 것이다. 근로자의 기능은 그 기업에 국한되어 통용되는데 이것은 직장 내에서의 훈련에 의해 더욱 강화되며, 그 결과 근로자는 승진이나 승급 기회를 외부에서 구하기보다는 내부에서 구하게 되는 것이다. 이 내부화는 훈련 투자의 안전성을 높이고, 고용관계의 영속화는 근로자의 사기를 높이는 등 기업의 입장에서 볼 때도 유효하게 작용한다.

4) 이중고용시장가설

내부가설은 외부 고용시장 특히 저임금 고용시장을 분석에서 제외시킴으로써 한 나라의 고용시장구조를 이해하는데 한계를 지니게 되었는데, 이러한 한계점을 극복하기 위하여 등장한 것이 이중고용시장가설(이중가설)이다. 이 이론에서는 고용시장을 1차 고용시장[2]과 2차 고용시장[3]으로 구분하는데 그 가장 중요한 기준은 고용의 상대적 안정성이다. 1차 고용시장은 주로 내부 고용시장을 중심으로 형성되며 상대적인 고임금, 좋은 근로조건, 다양한 승진기회 등이 보장된다. 2차 고용시장은 1차 고용시장에 비하여 근로자와 사업주와의 사적관계가 강하고 여자, 연소자, 도시 빈민층으로 구성되는데, 이들은 저임금,

---

2) 시장을 구성하고 있는 직업들이 고임금, 장기적인 고용관계, 좋은 근로조건, 승진의 기회 그리고 합리적인 노무관리로 특징지어지는 추상적 노동시장을 말한다. 1차 시장에 있는 기업들은 고부가가치를 창출하는 대기업들로서 내부시장을 발전시켜 사내 근로자들로 하여금 직업고유의 훈련을 받게 하여 인적자본 축적의 기회를 제공하며, 장기적인 고용관계하에서 승진을 위해 적극적으로 노력하게 하며, 내부시장에서 결정된 임금은 수요와 공급에 의해 결정되는 임금보다 높은 것이 일반적이다.

3) 2차시장은 시장을 구성하고 있는 직업들이 저임금, 단기적 고용관계, 열악한 근로 조건, 승진의 기회 부재 그리고 불합리한 노무관계로 특징지어지는 추상적 노동시장을 말한다. 1차시장에 종사하는 근로자들과 비교하여 2차시장에 종사하는 근로자들은 빈번한 이직, 근무태만, 불복종이 일반적이며 내부시장의 부재로 직업고유의 훈련 및 인적자본의 축적 기회는 낮으며 임금은 수요와 공급에 의해 결정된다.

열악한 근로조건, 승진기회의 부족 등을 감수해야 한다.

3. 고용시장의 구조와 변화

(1) 고용시장의 기본 구조

고용시장이란 노동력이라는 상품의 판매자인 임금노동자와 구매자인 사용자가 만나서 판매자간의 경쟁관계, 구매자간의 경쟁관계, 그리고 판매자와 구매자 간의 경쟁관계를 통하여 양자 간의 관계가 결정되는 과정이나 또는 그 영역인 자본주의사회의 기구이며, 자본주의사회는 다른 시장과 함께 고용시장을 통해서만 기능할 수 있다. 자본주의적 생산은 노동자와 자본가(勞資, 勞使)관계의 형성을 전제로 하는데, 이미 성립되어 있는 노자관계 안에서 전개되는 축적에 대하여, 그것이 전제하고 있는 노자(勞資)관계 자체의 역사적 형성을 본원적 축적이라고 한다. 본원적 축적은 바로 임금노동의 창출·형성과정이며, 이것은 중세 봉건사회의 자영업자로부터 생산수단을 분리하는 첫 번째 과정과, 이렇게 분리된 생산수단과 노동력을 자본과 임금노동으로서 자본주의적 생산 안으로 통일시키는 두 번째 과정으로 이루어진다. 즉, 한편으로는 소수인에게 생산수단을 구입할 수 있는 화폐가 축적되고, 다른 한편으로는 봉건적 제 구속으로부터의 자유 및 생산수단으로부터의 자유라는 이중의 의미에서 자유로운 노동력이 축적되어, 이 양자가 자본과 임금노동이 동일시되는 관계로 재결합되는 과정이다. 자본주의적 생산은 이와 같이 소유와 생산의 분리를 전제로 하여 경제생활이 이루어진다. 그러므로 살아가기 위해서 노동력을 판매하는 것 외에 아무런 방법이 없는 직접생산자는 노동력을 상품으로 판매하여 생활하는 임금노동자가 되지 않을 수 없다. 그리고 자본(생산수단)의 소유자는 이윤을 획득할 목적으로 이러한 노동력을 구입하여 자기의 생산수단과 결합해서 상품을 생산함으로써 자본주의적 생산이 계속된다. 이러한 소유와 생산의 분리, 생산수단과 노동력의 분리, 그리고 자본가와 임금노동자의 분리를 자본주의적 생산과정으로 통합시키고, 또한 끊임없이 이러한 분리를 유지시키는 기구가 바로 고용시장이다. 고용시장에서 노동력의 수요 공급은 자본의 운동법칙을 기초로 하는 자본 축적과정에 의해 규정되므로, 자본은 노동시장에서 독립변수의 구실을 하며, 임금노동은 종속변수의 구실을 한다. 그러나 고용시장은 양자의 주체적인 측면인 노자간의 세력관계에 의해서도 영향을 받으며, 국가의 고용정책에 의해서도 영향을 받는다. 이러한 복잡한 고용시장을 어떤 특징을 가진 모습으로 파악하고자 하는 것이 고용시장의 구조에 대한 논의이다. 고용시장구조 분석을 위해서는 고용시장을 몇 개의 구성 또는 조직원리를 가진 것으로 개념화시킬 필요가 있게 되는데, 여기에 고용시장을 하나의 경쟁적이며 연속적인 시장으로 보는 입장(경쟁고용시장가설)과 그것을 적어도 두 개 이상으로 구분되고 상호관련성이 미약한 별개의 분단된 시장으로 보는 입장(분단고용시장가설)을 앞에서 살펴보았다.

(2) 고용시장 구조의 변화

초기 단계의 고용시장은 특정 지역이나 지방에 국한되어 형성될 것이다. 또한 특정 직종을 중심으로 그 직종을 필요로 하는 사람과 그 직종에 대한 기능을 보유한 사람 사이에 이루어질 것이다. 그러다가 점차 지역적으로 그 범위가 확산되며, 기술진보와 경제발전이 이루어지면 고용시장은 점차 확대된다. 즉, 특정지역에서만 구인 및 구직활동을 하면 지역 또는 지방 고용시장이 되고, 전국적 차원에서 구인 및 구직활동을 하면 전국 고용시장이 되며, 내국인 뿐만 아니라 외국인까지 글로벌한 구인 및 구직활동을 하면 국제 고용시장이 되는 것이다. 이러한 예로는 소규모 지역 기업의 경우 주로 특정 지역의 구직자 중에서 구인활동을 하고, 공공기관 내지 대기업의 경우는 전국적 차원에서 구인활동을 한다. 또, 특수한 분야의 전문가를 영입하거나 글로벌기업은 국내 고용시장 외에 국제 고용시장에서도 구인활동을 통하여 인력을 채용하는 것을 볼 수 있다.

고용시장구조는 다양한 요인의 영향을 받는다. 산업화에 따라 노동력의 산업별 구성에 있어서 제1차 산업보다 제2차 산업의 비중이 커지고 제2차 산업보다는 제3차 산업의 비중이 커지는 변화현상을 겪게 되는데 이를 페티-클라크법칙[4]이라 부른다. 제1차 산업은

4) 농업·제조업·상업의 순서로 수익이 높다고 한 W.페티의 이론을 바탕으로 하여, C.G. 클라크가 국민소득의 국제비교 또는 시계열(時系列)비교를 통해 실증적으로 밝힌 노동력 구성비에 의한 산업구조 변화의 통계적 법칙으로, 통계학 및 경제학의 선구자로 알려진 영국의 페티는 저서 『정치산술(*Political Arithmetic*)』(1690)을 통해 농업보다 제조업이, 또 제조업보다는 상업의 이득이 많다고 했다. 당시 다른 유럽 국가에 비해 네덜란드의 1인당 소득이 높은 것은 농업보다도 제조업이나 상업에 종사하는 노동력이 많기 때문이라고 논증하였는데, 경제발전과 산업구조에 관한 뛰어난 고증적 통찰이었다. 그 후 영국의 경제학자 클라크는 저서 『경제진보의 제조건(*The Conditions of Economic Progress*)』(1940)에서 경제진보의 중요한 부수현상으로서 노동력인구가 농업에서 제조업으로, 다시 제조업에서 상업으로 이동하는 경향에 관해 서술하고, 페티가 280년 전에 빈약한 사실을 바탕으로 실시한 일반화의 중요성을 사람들은 아직 깨닫지 못하고 있으나, 그것은 시계열적으로도 크로스섹션적으로도 전세계 대부분의 국가에 타당한 법칙이라고 논정(論定)하면서, 19세기 후반 이후의 각국 통계를 수집하여 상세한 실증분석을 하였다. 그는 경제발전에 수반하는 노동력 구성의 산업별 변화의 경향을 페티의 법칙이라 명명하였으나 현재는 일반적으로 '페티클라크의 법칙' 또는 '클라크의 법칙'으로 불리고 있다. 클라크는 1930년 전후의 세계 57개국 노동인구의 산업별 구성비율을 비교하여 하나의 귀납적 법칙을 발견하였다. 다시 23개국을 추려 시계열분석을 한 결과 농업의 노동인구 비율이 일관하여 저하되고 있었으며, 제조업에서는 비율은 상승하나 어느 수준에 이르면 정체 내지는 약간의 하락을 나타냈고, 상업·서비스업 등에서는 상승경향이 계속되고 있음을 분명히 하였다. 그는 이들 변화가 두 가지 원인에 의해서 설명될 수 있다고 생각하였다. 하나는 소득수준의 상승에 수반하는 소비자 수요의 상대적 변화 또는 수요의 소득탄력성의 차이이다. 또 하나는 노동생산성의 변화의 산업별 차이이다. 소득수준의 상승에 따라 수요의 소득탄력이 낮거나 또는 상대적으로 저하하는 산업분야에서

농촌, 제2차 및 제3차 산업은 주로 도시에서 발달하기 때문에 농촌과 도시 간의 인력의 이동과 같은 과정으로 이루어진다. M. Todaro와 J. Harris는 저개발국에서 도시에 대량의 불완전취업자와 실업자가 존재함에도 불구하고 농촌지역에서 도시로 노동이동이 계속되고 있는 현상에 대하여, 농촌에 있는 노동력이 도시의 비공식부문에 먼저 이동하고 그곳에서 도시생활에 점차 익숙해지면서 근대적인 일자리에 취업한다고 파악하였다. 도시와 농촌 간의 소득격차와 도시에서 근대부문에의 취업가능성의 확률이 노동이동을 설명하는 가장 중요한 변수라고 보았다. 농업 내부의 생산성 격차와 경쟁의 결과, 생산성이 높은 소농은 대농화되는 반면, 경쟁에서 이기지 못하는 소농은 하층으로 밀려나 도시로 나갈 수밖에 없게 되어, 농민층이 급속하게 분해된다는 농민층 분해론[5]도 호응을 얻고 있다. 우리나라에서도 오랫동안 이농현상이 지속되어 도시의 노동력은 실업에 직면하는 한편, 농촌은 일손 부족으로 농사를 지을 수 없는 현상이 심각하게 나타나고 있다.

고용시장의 장기적인 구조변화를 설명해 주는 이론이 전환점이론이다. A. W. Lewis에 의하면, 어떤 농업사회에서 공업화가 진전됨에 따라 처음에는 농업부문의 미숙련 노동력이 도시에 무제한적으로 공급될 수 있다. 이때 도시와 농촌에서는 모두 생존수준의 임금이 지불되기 때문에 도시와 농촌 간의 임금격차에 의하여 노동력이 이동되지는 않게 된다. 공업화가 일정 수준이상으로 진전되면 농업부문의 한계생산력이 생존비 수준의 임금률을 통과하게 되며, 이 전환점을 통과하게 되면 임금은 신고전파 원리에 따라 한계생

는 노동인구구성비율이 저하될 것이다. 또 소득탄력성이 높은 분야에서는 구성비율이 상승하나 생산성의 상승률이 보다 높다면 소득의 구성비율의 증대에도 불구하고 노동인구구성비율은 정체 또는 저하되는 일이 있을 수 있을 것이다. 클라크는 화폐소득에 대해서도 각국별로 산업별 구성비율을 구하고 그것을 노동인구구성비율로 나누어서 산업별의 상대소득수준을 구하였는데, 그것은 산업별 1인당 소득의 전산업 1인당 소득에 대한 비율과 같다. 그리고 농업에 대한 크로스섹션적 분석을 실시하여 농업의 상대소득수준이 농업노동인구의 10년당 하락률과 역관계에 있으며, 상대소득이 낮은 나라일수록 하락률이 큰 점을 지적하였다. 그것은 농업의 상대소득격차가 산업 간의 노동이동을 야기하여 노동력 비율을 저하시키는 과정을 나타내고 있는 것으로 생각할 수 있다. 또한 클라크는 국제비교의 편의상 A.G.B. 피셔에 의하여 처음으로 제시되었던 산업을 제1차·제2차 및 제3차로 구분하는 방법을 채용하였는데, 이후 널리 보급·사용되고 있다.

5) 봉건사회에 있어서 영주와 농민관계를 재생산해 나가는 분해, 즉 봉건적 분해의 존재를 주장하는 설도 있으나 이 견해는 통설이 아니다. 여기서 언급되는 분해과정은 봉건사회의 해체기에서 비롯되어 자본주의의 전기(全期)를 통해 계속되고 있는 상황이다. 봉건적 지배가 이완되어 영주들이 지대(地代) 등으로 농민의 잉여생산물을 모두 수탈할 수 없게 되면, 농민은 소상품생산자의 입장이 되어 서로 상품교환관계를 맺음으로써 일정 범위의 농민적 상품경제가 성립하게 된다. 이렇게 형성된 상품경제 속으로 농민층이 빠져들게 되면 개개 농민이 생산해 낸 상품의 개별적 가치(가치형성)와 시장가치(가치실현) 사이에 발생하는 격차, 즉 농민 각자의 조건의 차에 의해서, 그들은 부유화하는 농민과 빈곤화하는 농민으로 분해해 간다. 그러나 이와 같은 분해가 비록 봉건사회를 어느 정도는 해체한다 하더라도 봉건적 제관계가 계속 존속, 농민적 상품경제가 제약된다면 분해의 본격적 진행은 기대할 수 없게 된다. 따라서 농민은 부농의 지주화와 빈농의 소작화로 되돌아가는 경우가 생긴다. 이런 현상을 '농민층분해의 왜곡(歪曲)' 또는 '지주적 분해'라고 하는 설도 있다.

산력가치만큼 지불되게 되고, 이 전환점을 통과하게 되면 미숙련 노동력은 어느 정도 임금의 상승을 수반하지 않고서는 과거와 같이 원활히 공급될 수 없어 고용(노동)공급은 제한적이 된다. 이와 같은 전환점을 식별하는 기준으로 일본의 미나미 료신은 비자본주의 부문의 임금과 한계생산력의 대소 관계, 비자본주의 부문의 임금과 한계생산력과의 상호관계, 비자본주의 부문의 실질임금의 움직임, 임금격차의 변화, 비자본주의 부문의 한계생산력의 움직임, 고용공급의 탄력성의 변화 등을 들고 있다.

4. 고용시장의 기능

고용자나 피고용자, 실업자 등에 의한 탐색활동이야말로 고용수급력이 변화하였거나 해고나 은퇴 등으로 일자리가 생겼을 때 경쟁적 고용시장에서의 새로운 균형에 도달하게 하는 힘이 된다.

만약 생산품이 잘 팔려 고용수요가 커졌을 때 사용자는 원래의 임금으로는 새로운 사람들을 확보하기에 충분하지 않다는 것을 발견하게 된다. 따라서 임금수준을 올려 새로운 사람들을 모으려 하는데, 이때 어떤 사람들은 그 임금으로 일을 하려 하는 한편, 다른 사람들은 자신이 받고 싶은 임금수준을 올리면서 탐색활동을 계속한다. 결과적으로 사용자가 지급할 수 있는 수준보다 너무 높은 임금을 부른 사람은 고용되지 못하여 일자리가 사라지고, 사용자가 제시한 임금수준과 부합한 임금을 요구한 근로자들만이 일자리를 찾게 되어 새로운 임금수준과 고용량의 균형이 이루어지게 된다.

기업은 근로자를 고용할 때 많은 애로를 느낀다. 수많은 지원자 중에서 과연 어떠한 사람이 자기 회사에 적합하여 회사의 발전에 최대한 기여할 수 있을지 알아보려고 애를 쓴다. 여러 가지 채용기준을 정하고 다양한 평가를 통하여 최종 채용자를 선발한다. 일자리를 찾는 사람들도 열심히 직업을 탐색한다. 기업과 근로자의 탐색활동이 원활하게 이루어지게 지원하는 취업알선은 고용시장의 기능을 보강하는 차원에서 대단히 큰 중요성을 가진다.

경쟁시장에서는 고용수요와 고용공급이 상호작용하여 동일노동에 대해 동일임금이 성립하며 이때 한 나라의 총산출이 극대화되는 최적 인적자원 배분이 이루어진다. 고용시장이 존재하기 때문에 어떤 개인이나 또는 기관이 인적자원을 하나하나 배치시키지 않더라도 균형고용량과 균형임금이 결정되는 것이다. 경쟁시장 하에서 고용시장의 균형이 이루어질 경우, 하나의 직종 내지 한 국민경제 전체는 생산효율과 근로자의 양면에서 모두 최적상태에 있다고 할 수 있다. 생산효율 측면에서 보면, 기업은 한계생산물 가치와 임금을 일치시키는 수준에서 노동을 고용하고 있으므로 이것은 자원을 가장 효율적으로 사용하는 방법으로서 생산을 극대화시키는 것이다. 근로자들은 구직활동상 장애 없이 자기 스스로가 선택한 것이므로 근로자들에게도 최대의 만족을 주는 것이다. 기업이 경제적 이윤을 추구하고 개인은 경제적 지대를 추구하는 과정에서 한 나라의 생산은 최대가 되고, 인적자원은 각 분야로 효율적인 배분이 된다. 각 개인은 자신의 재능, 적성, 기호에 맞는 직업을 선택할 수 있게 되어, 한 나라의 경제는 각 개인이 창의력을 발휘하고 활력이 넘치는 경제가 된다. 고용시장은 임금을 결정하며 인적자원을 사회의 각 직종, 각 사업, 각 지역으로 배분한다. 이를 시장기능 또는 가격기능이라고 한다.

시장의 가격(임금)기능은 첫째, 시장가격은 참여자에게 시시각각 변화하는 정보를 전달해 주는 기능을 한다. 둘째, 가격신호에 따라 움직이는 경제주체들에게 금전적 보상을 해 준다. 셋째, 금전적 이익을 최대화하려는 경제주체를 각자의 재능과 소질에 따라 특화시켜 사회적 분업을 진전시킨다. 넷째, 시장은 경제주체의 분권적 의사결정을 사회 전체적 관점에서 통합시키고 경제적 자유를 더욱 신장시키는 기능을 한다. Reynolds는 고용시장의 기능으로 상대임금율의 결정과 국민총생산이 상승할 때 일반적인 임금수준도 상승하게 하며, 상이한 직종과 숙련도를 가진 수많은 노동자에 대하여 선별을 가능하게 해 준다는 것 등을 든다. 이러한 시장기구에 대한 믿음이 고용시장정책을 성립시키는 바탕이 되었다.

5. 고용의 수요와 공급

(1) 고용의 수요

고용에 대한 수요는 일정기간 동안 기업들이 구입할 의사가 있는 고용의 양이다. 기업들이 근로자를 고용하려는 이유는 고용을 통하여 상품 및 서비스를 생산한 후 이를 판매 및 서비스제공을 통하여 이윤을 얻고자 하는 이유 때문이다. 기업이 생산하여 판매하려는 상품 및 서비스에 대한 시장수요가 있을 때에 고용에 대한 수요가 있게 된다. 따라서 고용에 대한 수요는 파생수요 또는 유발수요라 부른다. 고용수요를 결정하는 요인은 노동의 가격, 즉 임금이나 노동을 이용하여 생산되는 상품에 대한 소비자의 수요의 크기, 생산기술과 시장상황, 다른 생산요소의 가격, 고용시장에 참여하는 기업의 수 등이다.

임금변동에 대응하는 고용수요의 변화정도는 기업의 수요에 따른 노동력의 종류에 따라 달라진다. 즉 어떤 종류의 노동은 약간의 임금 상승에 대하여 대폭적인 고용감소가 일어나지만, 어떤 노동은 상당한 임금상승에도 불구하고 고용의 감소는 거의 없는 경우가 있다. 이와 같은 임금변화에 대한 고용수요의 변화를 각각의 변화율로 나타낸 것이 고용수요의 탄력성이다.

고용시장 분석에 있어서는 시장 내부 요인만 검토하여서는 충분치 않다. 노동력에 대한 수요는 궁극적으로 자본에 의하여 좌우되므로 국민 경제의 총체적 자본축적과정이 노동력의 수요에 대하여 어떻게 영향을 미쳤는가를 검토하는 것이 중요하다. 산업구조 및 광공업구조의 변화와 경제구조, 기술진보도 중요하다. 또한 제도적 측면으로서 최저임금제나 사회보장제도 등 국가의 고용정책 및 노동정책, 노동조합의 고용시장에 대한 영향력, 기타 경제적 · 경제외적 · 제도적 제반 조건이 고용시장에서 노동력 수요에 영향을 준다.

(2) 고용의 공급

고용의 공급이란 일정기간 동안 근로를 제공하려는 고용의 양(취업의사가 있는 인력의 수)을 말한다. 한 사람이 일할 것인가의 결정은 궁극적으로 시간을 어떻게 보낼 것인가 하는 결정이다. 고용공급을 결정짓는 변수는 노동이라는 상품의 기회비용(임금)과 자산상태, 그리고 그 사람의 선호체계로 볼 수 있다. 고용공급의 양과 질은 수많은 변수의 영향을 받는다. 한 사람이 고용시장에 참여하여 경제활동을 할 것인가 말 것인가, 경제활동참가를 결정한 후에도 몇 시간 일을 할 것인가, 어느 산업 또는 어느 직종, 어느 지역, 어느 기업에서 어떤 직무의 일을 할 것인가 하는 결정요인은 개인마다 다르다. 일자리를 찾는 사람에게 중요한 영향을 미치는 요인은 고용정보에서 나타나지만 우선 임금의 수준이 있을 것이나 임금 이외의 보상, 통근차량이나 복지시설의 존재 등 제반 근로조건도 큰 영향을 미칠 수 있다. 아울러 그 기업의 근로시간이나 안전도 등 근로환경적인 근로조건 등도 중요한 고려사항이다. 또 근로자의 취향과 기호도 큰 영향을 미치게 된다. 특히 기혼여성의 취업여부 및 자녀수의 결정도 중요하다. 교육과 훈련에 대한 투자 결정도 고용공급의 질적인 측면을 변화시킨다. 고용공급량은 개별 근로자의 교육 및 숙련정도 등 인적자본 형성 정도, 그리고 일에 대한 개별 근로자의 태도에 따라 달라지기도 한다.

어떤 국민경제에서 고용공급의 규모와 내용을 결정해 주는 것은 인구와 생산가능인구의 크기(신규 인력의 배출-대학졸업자, 고교졸업자, 직업학교 수료자 등 포함), 경제활동참가율, 고용이동, 노동시간, 그리고 노동력의 질이라 할 수 있다. 고용공급을 늘리려면 고용시장에서 나가는 비용을 줄이고 수익을 높이는 방안을 강구하여야 한다. 여성의 경제활동참가율을 높이기 위해서 정부는 직장내 육아시설 건립을 보조하는 정책을 펴거나, 지역에 무료 육아시설 건립을 확대하는 등의 노력을 기울이게 된다. 또 자산소득 등에 대한 중과세정책이 실시되거나 일하지 않고 놀고먹는 사람에 대한 부유세나 사치세 등이 부과된다면 그들의 행태에도 변화가 나타나게 될 것이다. 고용공급에 대한 의사결정은 개인의 특성에도 달려 있지만 가계 구성원의 소득과 가사노동의 대가가 중요한 변수가 된다. 또한 고용공급은 그 구성원들의 질적 수준에 따라 달라진다. 일정한 생산량을 확보하기 위하여 우수한 직원을 채용할 경우 고용인원은 감소하게 되며 기업은 비용을 축소할 수 있다. 노동력의 질적 수준이 높으면 높은 생산성을 바탕으로 기업의 경쟁력을 확보하여 기업이 커지면서 고용인원을 늘리게 된다. 따라서 개별기업은 우수한 능력을 지닌 노동자를 널리 구하게 되며 채용된 직원에 대하여 끊임없이 능력개발 훈련을 실시하게 된다. 정부는 노동력의 질을 높이기 위하여 교육과 훈련에 많은 투자를 하게 된다. 현대 산업사회에서 인력개발정책이 국가 경제발전의 핵심적 요소로 자리 잡게 되는 것은 인적자본이야말로 기업과 국가경제의 흥망성쇠를 좌우하기 때문이다.

제3절 공공정책과 고용정책

Ⅰ. 자율시장에 정책적 개입 필요성

고용과 관련한 고용시장의 일반적인 상황은 당사자 간의 자율적인 시장기능의 역할이다. 그러나 현대의 복잡하고도 다양한 상황은 자율적인 시장기능에 전적으로 맡기기에는 많은 난제들을 안고 있다. 특히 고용시장의 기능은 범국가적 내지 전 세계적으로 경제·사회·문화 전반에 걸쳐서 가장 기본적이고 기초적인 기능을 가지고 있다고 볼 수 있어 이러한 고용시장의 기능이 제대로 작동하지 않을 경우 적어도 한 나라의 기능은 마비되고 말 것이기 때문에 이를 정부의 가장 중요한 정책으로 간주하여 개입·조정하고 있다. 그렇다면 고용정책은 이러한 많은 공공정책의 범주에서 어떠한 성격과 위치를 가지고 있는 것일까. 여기서는 공공정책의 일반적인 성격과 내용을 설명하고, 고용정책의 일반적인 내용과 성격 및 기능 등에 대하여 논의하기로 한다.

Ⅱ. 공공정책과 고용시장정책

1. 정책 및 공공정책의 의의

(1) 정책의 의의 및 성격

정책이란 정부·단체·개인이 앞으로 나아갈 노선이나 취해야 할 방침을 말하는데, 일반적으로는 정부 또는 정치단체가 취하는 방향을 가리킨다. 국가의 정책을 국책(國策)이라고도 부르는데, 오늘날에는 정당을 비롯하여 노동조합이나 경영자단체 및 개인의 정책이라도 그 내용과 성질이 공공적인 것이라면 정책이라고 하며, 미국에서는 이것을 공공정책(public policy)이라 부르고 있다. 정책은 일정한 목표를 합리적으로 추구·실현하기 위하여 불가결한 것으로서 최근에는 컴퓨터의 도입으로 합리적인 장기정책의 수립이 가능하게 되었다. 외교정책·농업정책·사회정책·고용정책·교육정책이라고 할 경우 국가가 추진하는 것으로 이해되기 쉽지만, 이 경우도 국가의 권력을 현실적으로 담당하는 정부의 정책인 것이며, 의회정치 하에서는 정권을 담당하고 있는 정당의 정책인 것이다. 그렇다고 해서 정책이 국가나 정부 등과 같이 권력을 장악하고 있는 경우에만 운위(云謂)되는 것은 아니며, 정권을 담당하고 있지 않은 정당이나 협력단체 또는 개인도 정책을 가질 수 있다.

정책을 공공정책의 관점에서 정의를 내린다면 공공문제를 해결하고자 정부에 의해 결정된 행동방침이라고 할 수 있는데, 이러한 정책은 법률·정책·사업·사업계획·정부방침·정책지침·결의 사항과 같이 여러 형태로 표현된다. 정책에는 합법적 강제력을 수반하는 권위가 부여되며, 따라서 이러한 정부의 결정이나 방침에 따르지 않을 때는 벌금·제재·감금·규제·제한 등의 조치를 받게 된다. 결국, 정부가 정치적·행정적 목적을 앞으로 실현하기 위해 마련한 방책이나 방침으로서 '정책이란 정부 또는 공공기관이 공적 목표, 공익을 달성하기 위하여 마련한 장기적인 행동지침'이라고 할 수 있다.

정책의 개념을 보다 명확하게 이해하기 위해서 정책이 가지는 성격을 살펴볼 필요가 있다. 첫째, 정책은 '마땅히 있어야 할 것', '당연히 바람직한 것'을 찾아서 구현시키려는 의도이다(당위성). 둘째, 정책은 그 행동의 주체가 정부 또는 공공기관이기 때문에 정치성(政治性)과 권력성을 내포하게 된다(정치성·권력성). 셋째, 정책은 미래의 바람직한 사회를 목표로 하는 것이지 당면한 현재 문제만을 해결하려는 것이 아니다(미래지향성).

넷째, 정책은 장래의 바람직한 상태를 이룩하기 위한 의도적인 행동이다. 이 행동에는 작위(作爲)뿐만 아니라 부작위(不作爲)까지 포함된다. 부작위는 의도적으로 정책을 마련하지 않겠다는 의사결정이므로 이를 특히 무의사결정(nondecision making)이라 한다(행동지향성). 다섯째, 정책은 국민들에게 서로 상반되는 영향을 미치는 경우가 많다. 즉, 정책에 따라서는 그로부터 혜택을 받는 국민들이 있는가 하면, 반대로 손해를 보는 국민들도 있게 된다. 따라서 정책의 영향은 양면성을 띤다고 볼 수 있다(영향의 양면성). 아울러, 정책은 실행을 통하여 추구하는 목적을 달성하여야 하므로 시스템(system)이 있어야 한다. 즉, 추진체계와 프로세스(로드맵 등), 도구가 있어야 한다. 이러한 측면에서 추진체계와 프로세스로서 추진계획 내지 목표가 단계적으로 설정되어 있어야 하고, 각 단계별 과정을 추진하면 추구하는 궁극적인 목표점에 도달할 수 있어야 한다. 그리고 추진도구로서 법령, 예산, 조직, 인력 등이 존재하여야 한다.

(2) 정책의 분류방법

오늘날 정책의 기능이 확대되고 복잡해짐에 따라 정부가 수립하는 정책도 양적으로 많아지고 있는 데다 그 내용과 종류도 다양해지고 있다. 이에 따라 정책(정책결정)을 수립함에 있어서 어디에 역점을 두어야 할 것인가? 또, 어떤 분야의 내용까지를 포함시켜야 할 것인가가 문제된다. 그래서 최근에는 정책의 분류 문제도 중요시되어 여러 측면에서의 분류 방법이 시도되고 있다.

지금까지 제시된 정책의 분류 방법은 여러 가지가 있겠으나 여기서는 대표적인 것이라 볼 수 있는 기능적 분류와 알몬드(Gabriel A. Almond) 등의 분류를 중심으로 설명하면, 우선 기능적 분류는 정부 조직(정책조직)의 각 기능에 따라 정책을 안보정책·외교정책·교육정책·환경정책·복지정책·통상산업정책 등으로 분류하는 것으로, 이는 가장 전통적인 분류 방법이다. 다음으로 알몬드(G. A. Almond)와 파웰(B. G. Powell)은 정책의 유형을 정책결정의 특징에 따라 추출정책·분배정책·규제정책·상징정책의 네 가지로 분류하고 있다. 즉, 추출정책(extractive policy)은 정부가 국내의 환경으로부터 병역·조세 등과 같은 인적·물적 자원의 일부를 뽑아내는 것을 내용으로 하는 정책이고, 분배정책(distributive policy)은 정부가 각종의 재화(물품)·서비스·혜택 등을 그 사회의 특정 개인이나 집단에 분배하는 것을 내용으로 하는 정책이다. 그리고 규제정책(regulatory policy)은 정부가 그 사회 내의 개인이나 집단의 활동에 제한(면허·특허·허가·의무·금지 등)을 가하는 것을 내용으로 하는 정책이고, 상징정책(symbolic policy)은 정부가 국내의 환경(사회)에 내보내는 상징, 예컨대 국경일의 제정, 올림픽 노래의 보급, 역사적인물의 부각 등을 통하여 국민의 국가정체성이나 국가의 국제적 위상을 높이는 것을 내용으로 하는 정책이다. 그밖에 로위(T. J. Lowi)의 분류, 리플리(R. B. Ripley)와 프랭클린(G. A. Franklin)의 분류 등이 있다.

2. 공공정책과 노동력

유사 이래로 공공정책은 노동력과 밀접한 관계를 가지고 있다. 물론 그 외의 경제정책이나 분야별 정책들이 주요 테마가 되었지만 특히 노동력과 관련한 정책은 국가의 기간이 되는 매우 중요한 정책이었다고 할 수 있다. 즉, 고대는 노동력이 곧 국력이었다. 인구 그 자체는 곧 국가를 통치할 수 있는 힘이며 이는 곧 군사력으로 편제되었고 각종 국역을 수행하는 힘이 되었다. 그 중에서도 인재라고 할 수 있는 계층은 무술을 잘하는 노동력이 중요한 인재의 기준에 들 수 있었다. 농업시대에도 농업을 기반으로 하는데 노동력은 절대적인 존재였으며, 중상주의 시대나 산업혁명시대에도 그리고 현대에도 노동력은 가장 중요한 자원 중에 하나이다. 다만, 그 시대마다 인재의 기준은 조금씩 달리한다고 할 수 있다. 현대는 첨단산업의 지식을 가진 지식전문가가 중요한 자원이 되는 것은 이러한 시대적 경제환경과 밀접한 관련이 있다고 할 수 있다. 결국 공공정책은 시대별 상황에 따라 필요한 인력을 최대한으로 활용할 수 있는 문제를 중심에서 다루게 되었을 것이다.

3. 노동정책과 고용정책의 관계

사전적인 의미 내지 전통적인 의미에서 노동정책은 경제자원의 효율적 배분을 촉진하면서 생활안정과 복지의 향상을 목적으로 하는 정책의 총칭으로 파악되고 있다. 이러한 노동정책은 주요행위자인 정부의 활동 면에서 보면 최저 근로기준의 법제적 설정, 특히 최장근로시간과 최저임금의 규제는 노동시장이 저임금 다취업의 악순환에 빠져들어 한없이 열악해지는 것을 방지하는 역할, 최저생활의 보장, 즉 경제적으로 자립능력이 없는 등 특별한 원조를 필요로 하는 사람들에게 소득보장이나 의료서비스를 제공하고, 이러한 생존의 확보에 의해서 노동시장으로 하여금 정상적인 경쟁기능을 확보·유지하게 한다. 관련제도로서는 생활보장, 공적연금, 실업보험, 건강보험, 의료급여 등 각종 정책, 직업소개기구의 정비, 직업훈련 등에 의한 인적자원개발정책의 추진 등을 들 수 있고, 정부는 이러한 정책을 통해 노동시장의 적절한 수급밸런스를 달성하여, 효율적인 자원배분의 기능을 유지할 수 있게 하고 있다. 즉, 노동정책이란 사회에서 제기되는 노동문제를 해소하기 위해서 국가가 추진하는 정책으로 자본주의사회에서의 경제문제는 원칙적으로 시장에 의해 자율적으로 조절되나 시장기능은 임금을 인간이 삶을 유지할 수 없을 만큼 낮출 수도 있으며, 노동자와 자본가 사이의 불평등을 심화시킴으로써 사회적 갈등을 야기할 수도 있다. 국가는 이러한 문제를 정책을 통해 해결·보완하고자 하는 여러 가지의 정책으로 노동시장에 대하여 고용을 증대시키거나 노동력 공급을 적정수준에서 유지하는 등의 정책을 수행한다. 국가는 노동자와 자본가 사이의 대립으로 발생하는 사회적 갈등을 완화하기 위하여 노동자가 자본가와 대등한 관계에서 교섭할 수 있도록 법적·제도적 장치를 마련하기도 하며, 교섭력이 약한 소규모업체의 노동자를 위하여 최저임금이나 노동시간 등 노동에 대한 최소한의 기준을 정하기도 한다. 또한, 노동자가 노동의 과정에서 발생할 수 있는 질병이나 손해에 대하여 안심하고 일할 수 있도록 하는 산업재해보험제도나 의료보험제도 등을 실시하는 등의 내용을 들 수 있다.

반면에 고용정책이란 사전적으로 보면 한 국가 또는 기관이 실제적 또는 잠재적으로 노동인구를 다루는 방법에 관한 원리, 지침, 목표와 규정이라고 한다. 고용정책의 양상들에는 고용과 해고규칙 및 절차, 급료와 급여구조, 직업의 안정과 건강시설, 더 많은 일자리의 창출을 자극하는 경제적 계획 등으로, 실업대책으로는 실업보험제도에 의한 구제 이외에 실업자의 구직활동을 돕는 직업소개, 기술교육 등을 들고, 이와 같은 적극적인 대책은 구조적 실업에 대한 고용정책으로 각국이 중요시하고 있다. 즉, 고용정책이란 고용을 증대시켜 실업(失業)을 줄이는 정책을 중심으로 다루고 있다.

실업에 대한 근본 대책은 유효수요의 증가로 고용을 증대시켜야 하고 구체적으로는 이자율을 인하함으로써 민간투자를 촉진시키거나 정부의 공공투자 등이 주로 쓰이는 정책이다. 이와 같은 유효수요의 조정을 통한 고용수준의 관리는 지속적인 인플레이션에 당면하여 약간의 회의를 일으키기도 한다. 즉, 완전고용이 되려면 인플레이션을 수반하게 되므로 유효수요의 조정을 통한 완전고용은 무리가 있다는 것이다. 그 밖에 실업대책으로는 실업급여(보험)제도에 의한 구제 이외에 실업자의 구직활동을 적극적으로 돕는 직업소개, 실업자에게 새로운 기술교육을 실시하는 일, 구직을 위한 지역간 이동을 국가가 지원하는 일 등도 고려하는 등 실업에 대한 대책을 중심으로 논의하고 있다.

이처럼 노동정책의 일부내용으로 고용정책을 논하는 것은 현실과 시대에 맞지 않은 접근방식이다. 단순히 노동정책에서 실업을 조절하고 고용을 늘리는 정책정도로 고용정책을 보는 것은 본질을 파악하지 못한 것이다. 현대사회에서 고용정책은 정치·경제·사회·문화·행정적 문제, 삶의 조화를 위한 건강과 복지, 교육과 법 등 모두를 고려하여야 그 해답이 가능한 부분이다. 즉, 고용수요 및 고용공급에 대한 고용인력정책, 전 산업의 경기 및 경제동향을 통한 인력수급 및 고용지원, 규제와 협력 등 전후 연관 산업에 대한 전반적인 정책적 고려없이 고용정책을 논할 수 없으며, 국가산업 및 국민경제는 고용을 통하여 생산하고 지탱된다고 해도 과언이 아닌만큼 고용정책은 국가경제에서 가장 핵심적인 정책이며, 가장 방대한 정책적인 체계화 고려가 필요하다고 할 수 있다. 즉, 모든 경제적인 활동은 고용활동을 통해서만 가능하고, 이러한 고용활동을 위한 교육정책과 인력정책, 임금 및 보상정책, 노사관계정책을 추진하게 된다. 또 현대사회는 모든 경제활동을 통하여 생계 내지 생활을 유지하는 것으로 고용과 연관된 각종 규제와 지원이 없이는 경제를 논하기 어려운 것이 현실이다. 그러므로 고용정책은 노동정책의 일부가 아니라 서로 상당부분 중첩되면서 고용정책이 보다 포괄적인 범위를 가진다고 할 수 있다. 다만, 기본적인 접근법과 이론적인 배경이 유사한 선상에서 출발한다고 할 수 있다.

4. 고용시장정책

(1) 고용시장정책의 의의와 범위

고용시장정책은 논자에 따라서는 고용정책과 같은 의미로 사용하거나 더 넓은 의미로 사용하기도 한다. 혹자는 고용시장정책을 크게 인력개발정책과 직업안정정책, 근로감독, 보호정책과 차별금지정책으로 나누기도 한다. 인력개발정책에는 인력수급의 예측, 직업훈련, 연소 근로자 및 기혼여성과 고령자, 그리고 심신장애자 등에 대한 대책을 포함시킨다. 직업안정정책에는 장기고용정책 기본계획의 수립과 적성검사 및 취업지도, 직업소개, 그리고 해외 고용관리 등을 포함시켰다. 근로감독은 노동시장을 직접적으로 규율하는 근로기준법규의 정립과 그 집행을, 보호정책과 차별금지정책으로는 특정 부분의 근로자를 보호하거나 그들에 대하여 차별을 하지 못하도록 하는 내용으로 나누고 있다.

R. G. Reynolds는 경제학자들의 기본적인 관심사는 임금으로 고용시장이 충분히 경쟁적인가? 임금이 균형임금인가? 하는 문제가 계속되는 주제였으나, 직업의 중요성을 절감하게 되면서 고용시장에 관련된 주제에 대하여 관심을 넓혀 왔다고 한다. 그는 고용시장정책을 고용시장에 존재하는 제한적인 정보를 해소하는 고용안정 서비스 분야와 고교 졸업 후 취업하는 과정에 대한 분야, 대학 이상 고등교육 이수비용의 부담문제, 직업훈련과 공공 고용정책, 차별철폐정책 등으로 나누었다.

고용시장정책이란 노동력을 가장 적절하게 배분하고 활용할 수 있도록 고용시장을 형성하고 기능하게 하는 여러 가지 정책을 일컫는다. 노동력이라는 상품이 만들어지기 위해서는 교육과 훈련이 필수적이다. 노동력이 있는 사람들을 적재적소에 배치하여 최대한 능력을 발휘하게 하는 취업알선과 취업 후 산업안전, 재해보상 및 재활, 임금정책과 근로조건의 보호 또한 필요하다. 취업자에게는 실업예방 노력을 경주하여야 하고, 실업이 될 경우 가능한 빨리 노동시장에 복귀할 수 있도록 지원하며 사회안전망을 구축하여 빈곤의 늪에 빠지지 않도록 하여야 한다. 이렇게 보면 고용시장정책은 고용시장을 구성하는 노동자(고용시장의 모든 구성자, 이해관계자)에 관한 모든 정책을 총망라한다고 볼 수 있다.

1980년대에 들어와 주목을 받기 시작한 것이 적극적 고용시장정책 또는 적극적 인력정책이다. OECD의 개념 규정에 의하면 경제가 필요로 하는 인적자원을 양성하고 그 유동성과 질의 향상을 도모하여 고용의 지역적, 직업적 패턴의 변화에 대하여 원활한 적응을 도모하는 것이라 한다. 이는 노동력의 유지・관리・활용을 종전보다 훨씬 장기적인 관점(노동능력의 양성, 보전 등)에서 행하고, 근로자의 적성, 희망을 배려하여 배치하며, 고용을 사회 경제의 중심적 과제로 삼는 노동력에 관한 정책이다. 이러한 정책이 대두된 배경은 기능・기술 등 인간능력의 재인식, 노동력의 부족, 근로자의 사회적 지위 향상 등의 조건 변화에 따른 것이다.

적극적 고용시장정책은 실업으로 인한 소득상실을 수동적으로 보상하여 생계를 지원하는 실업보험이나 실업부조 등 소극적 고용시장정책과는 달리 적극적으로 실업을 방지하고자 하는 정책을 의미한다. 적극적 고용시장정책의 목표는 실업을 최대한 낮추는 것이며 직업훈련, 재취업을 알선하는 구직서비스, 일자리 창출이나 고용유지사업 등을 중심으로 구성된다. 이들 프로그램은 먼저 기존 취업자의 실업을 방지하기 위한 기능으로서 경기후퇴 시 기업의 임금비용을 보조하거나 또는 기업의 고용을 보조하는 정책을 추진한다. 다음에는 실업자가 된 사람들을 가능한 빨리 재취업시키는 기능으로서 실업자들에게 교육과 훈련을 제공할 뿐 아니타 취업알선이나 이주 보조금 등의 구직서비스를 제공하며, 청소년 취업촉진 프로그램을 시행하기도 한다.

물론, 실업률을 낮추는 데 가장 효과적인 정책은 경제성장이다. 그러나 1980년대 OECD각국이 경험한 바와 같이 1970년대 불황 기간 동안 증가한 실업률은 1980년대 경제가 회복되었어도 감소되지 않았고, 1990년대 후반 외환위기와 2000년대 후반 국제금융위기를 거치면서 청년실업 등 고용상황은 더욱 악화되었다. 그래서 적극적 고용시장정책이 대두되게 된 것이다. 다만, 적극적 고용시장정책의 효과를 분석한 결과에 의하면 세부효과는 프로그램에 따라 상이한 것으로 나타났다. 세부 프로그램 중 비용이 가장 저렴하면서 효과가 분명한 것은 고용지원서비스로 나타난 반면, 고용보조금은 대상 집단을 분명히 하고 단기간 지급하지 않으면 효과가 거의 나타나지 않는 것으로 나타났다. 직업훈련은 훈련과정과 대상에 따라 효과가 달리 나타나 훈련 대상을 분명히 설정해 그 수요에 맞추는 훈련과정을 설정해야 한다.

그러나 고용시장정책은 세부적인 정책목적을 가지고 있고 그러한 정책내용들은 열거적인 의미는 사실상 크지 않다. 다만, 정책의 유형에 따라서 크게 그 유형을 나누어 본다면 소극적인 자율적 방임정책과 적극적인 개입정책으로 나누어서 볼 수 있고, 여기에 이를 혼합해서 종합적으로 보는 방임과 개입의 조화정책으로 나누어 볼 수 있을 것이다.

(2) 소극적인 자율적 방임정책

소극적인 자율적 방임정책이란 고용시장의 각 주체인 근로자와 사용자 등의 자율적인 의사결정에 따라 수요와 공급이 이루어지는 본래의 시장기능에 맡겨두는 것이다. 물론 이렇게 한다고 하여 모든 시장기능을 방관하고 정부는 별다른 시장정책을 실행하지 않는다는 것은 아니다. 예를 들어 자율적인 시장 기능에 맡기더라도 최저생계비가 유지가능토록 최저임금기준을 설정한다거나, 근기법에서 규정하고 있는 것처럼 최저의 근로기준을 설정한다거나, 고용차별금지 등 일정한 행위를 금지하는 소극적인 정책은 실행하는 것이다. 이러한 고용시장정책은 고용시장이 아주 원만하게 수요와 공급의 법칙에 따라 운영되고 있을 때 가능할 것이다.

(3) 적극적인 개입정책

적극적인 개입정책이란 고용시장의 기능이 제 기능을 하지 못하고 실업과 고용상태의 많은 문제를 야기하고 노사간의 갈등으로 시장 전체의 불안이 가중되는 등 시장의 기능이 스스로의 자정능력을 가지지 못할 경우, 또는 큰 갈등이 없이 운영되고 있다고 하더라도 특정한 당사자 간의 불균형에 따른 문제를 시정할 필요가 있거나, 경제정책인 관점과 국가정책적인 관점에서 공공성의 강화 등 새로운 전략적 대안이 필요하다거나, 사회안전망적인 측면에서 제도적이고 정책적인 보완이 필요한 사안 등 다양한 경우에 정부는 시장기능에 적극 개입하여 정책적인 방향을 제시하고 추진하게 되는데 이러한 일련의 정책들은 적극적인 개입정책(적극적 고용개선조치 등)으로 나타나게 된다. 사실상 현재까지의 우리나라 고용시장의 정부정책은 이러한 적극적인 개입정책들이 많은 부분을 차지하고 있다고 할 수 있다.

(4) 방임과 개입의 조화 정책

현대국가에서 시장기능이란 완전한 자율도 완전한 정부개입도 아닌 혼합적인 정책의 영역이라고 할 수 있다. 시장상황에 따라 자율에 맡기기도 하고, 때로는 적극적 개입을 통하여 해결해야 하는 것이 현실이다. 각종 노동관계법령에서도 근로자와 사용자의 자율적인 의사결정에 따라 근로조건 등을 정하도록 규정하면서도 많은 부분들이 정부의 정책적인 가이드라인 내지 위반에 대한 벌칙과 감독을 통하여 방임과 개입을 혼합적으로 시행하고 있는 것을 볼 수 있다. 그러므로 현대 고용정책은 선제적으로 정부가 적극적인 개입을 통하여 기준을 마련하고 고용당사자가 자율적으로 따르도록 하거나, 고용당사자의 자율적인 의사결정에 맡겼다가 시장기능 등이 제 기능을 발휘하지 못하는 상황 등이 발생하면 정부가 정책적으로 적극 개입하여 해결하는 등 혼합적인 정책을 실행하고 있는 것이 일반적이다.

Ⅲ. 고용정책의 의미

1. 고용정책의 개념과 범위

고용정책에 대하여 그 개념적인 정의는 학자마다 조금씩의 차이를 가지고 있다.[6] 혹자는 고용정책을 고용의 유지·안정 및 확대는 물론, 실업자에 대한 생계의 보조, 실업자의 재취업 등에 관련되는 일련의 정책이라고 하고, 고용정책의 궁극적 목표는 완전고용이며, 고용이란 경제의 전반적인 동향과 표리의 관계에 있기 때문에 아주 넓은 의미의 고용정책이란 장기적인 취업 재편성에서부터 단기적으로 비단 고용시장에 관련되는 것뿐만 아니라 산업생산수준에 영향을 미치는 모든 부문, 교육·훈련에 관련되는 부문, 자원·에너지, 국제경제 환경, 물가동향 등 관계없는 것이 없다고 한다. 또 혹자는 실업대책의 범주 안에서 재정·금융정책과 적극적인 인력정책, 직업소개제도, 그 외 실업대책사업과 실업보험제도를 다룬다. 또 다른 학자는 고용정책을 광의로 보면 완전고용을 달성하고자 하는 거시경제정책으로부터 시작해서 고용시장정책, 인력개발정책, 미시적 인력정책, 임금정책은 물론 노사관계 내지 고용복지에 이르는 광범위한 문제들까지도 포함될 수 있다고 정의하고 있다.

고용정책으로 가장 각광을 받아온 것은 J. M. Keynes[7]의 유효수요이론에 바탕을 둔

6) A.마셜과 A.C.피구로 대표되는 신고전파(新古典派) 경제학은 수요·공급·가격결정론과, J.B.세의 법칙과 같이 임금수준의 등락으로 노동의 수요와 공급은 항상 일치하게 마련이고 실업은 일시적인 계절적 실업·마찰적 실업, 혹은 자발적 실업이 있을 뿐이어서 사회적으로는 큰 문제가 안 되므로 특별히 고용정책을 쓸 필요가 없다고 하였다. 그러나 1920년대 이후 대량의 만성적 실업은 고전적 경제이론을 무색하게 하였다.

총수요확대정책에 의한 완전고용정책일 것이다. 최적 고용을 달성하기 위한 고용정책은 거시적 정책과 미시적 정책으로 대별할 수 있다. 거시적 정책은 경기변동의 안정화로 경제 전체의 노동력 수급의 균형을 도모하여 거시적 균형조건을 실현하고 유지하기 위한 정책이다. 안정 성장을 위해 금융·재정정책과 임금과 물가의 안정이란 정책도구의 효과적인 조합을 통한 노동력에 대한 수급예측을 통해 정책자료를 작성하고 직업소개와 취업지도를 하며, 노동수급 조정을 위해서 노동력 이동을 지원하고, 직업훈련과 재훈련, 잠재적 잉여노동력의 노동력화를 조성하는 등 노동력 수급의 질적 조정기능 수행에 중점을 둔다. 정부의 고용정책에 금융, 재정, 소득정책을 포함시키기도 한다. 경제정책은 실업감소와 고용확대를 위하여 중요한 기능을 하기 때문이다. 공개시장조작, 지불준비율, 재할인율 조정 등 금융정책에 의해 통화량이 늘어나면 물가도 오르지만, 이자율과 실질임금이 하락하고 기업의 노동수요가 증가하기 때문에 고용증가를 가져올 수 있다. 경기침체시 세금을 적게 거두어들이고 정부지출을 늘려 재정적자가 될 경우, 가계의 소비와 기업의 투자를 촉진시켜 경기회복을 도모하므로 재정정책도 고용량에 큰 영향을 미친다. 임금상승률의 상한을 정하는 임금가이드라인을 정하거나 물가를 통제하는 소득정책 또한 고용에 큰 영향을 미친다.

여기에서 고용정책이란 일하려는 사람에게 일할 수 있는 능력을 갖추어 주고, 차별을 받지 않으면서 원하는 일자리에 취업할 수 있게 하며, 적정한 근로조건으로 일하여 생활할 수 있게 하고, 실업을 예방하며 실업하게 되었을 때 다양한 지원방안을 시행함으로써, 한 나라의 노동력을 생성하고 효율적으로 사용하여 개인의 행복과 사회적인 안정을 도모하면서 경제적인 발전을 이룩할 수 있게 하는 종합정책이라고 정의한다. 다시 말하면 인력수급예측, 직업훈련 등 인력개발, 취업알선, 임금정책, 근로시간, 해고제도, 직업안정, 실업대책, 고용보험 등을 통하여 완전고용 및 인력의 최적배분과 활용을 달성하기 위한 경제적·사회적 대책, 고용복지정책, 산업안전 및 보건정책, 국제협력 및 국제인적자원정책

7) J. M.케인스의 현대고용이론에 의하면 고용이 감소하고 실업이 발생하는 이유는 유효수요가 부족하기 때문이며, 적정한 수준까지 유효수요를 증대시키면 실업이 해소된다고 하였다. 여기에 비로소 고용정책이 등장하게 된다. 즉, 실업에 대한 근본 대책은 유효수요의 증가로 고용을 증대시켜야 하고 구체적으로는 이자율을 인하함으로써 민간투자를 촉진시키거나 정부의 공공투자(예를 들면 1930년대의 미국의 TVA 건설: 테네시 계곡 개발공사) 등이 주로 쓰이는 정책이다. 이와 같은 유효수요의 조정을 통한 고용수준의 관리는 최근 지속적인 인플레이션에 당면하여 약간의 회의를 일으키고 있다. 즉, 완전고용이 되려면 인플레이션을 수반하게 되므로 유효수요의 조정을 통한 완전고용은 무리가 있다는 것이다. 그 밖에 실업대책으로는 실업보험제도에 의한 구제 이외에 실업자의 구직활동을 적극적으로 돕는 직업소개, 실업자에게 새로운 기술교육을 실시하는 일, 구직을 위한 지역간 이동을 국가가 지원하는 일 등도 고려할 수 있다. 이와 같은 적극적인 대책은 구조적 실업에 대한 고용정책으로서 각국이 중요시하고 있다

등 고용관련 종합정책을 일컫는다고 본다. 그리고 이와 같은 각 분야의 정책은 서로 영향을 주고받는다. 우리나라의 노동행정에서는 오랫동안 인력의 형성과 배분에 관한 업무를 고용정책으로 보아 왔으며, 인력의 유지와 활용 측면을 부각시킨 임금, 근로시간, 산업안전 등 근로조건 설정 및 감독에 관한 업무와 구분하여 왔다. 고용조건이 아니라 고용량에 대한 정책을 지칭하여 온 것이다. 즉, 고용가능인력의 양성, 고용정보 및 취업알선, 고용차별 금지, 고용인원 감소방지 등 고용인원에 대한 정책을 펴온 것이다. 그러나 이러한 인식은 새롭게 정립하여야 하며, 새로운 정책적인 시각을 필요로 한다.

2. 고용정책의 성격과 기능

고용정책은 경제정책적으로 여러 가지 기능을 한다. 먼저 자원의 효율적 배분이 가능한 고용시장을 조성한다. 구인자와 구직자를 연결시키고 그들에 관련된 여러 가지 정보와 자료를 제공함으로써 여러 형태의 고용시장을 형성하게 하는 것이다. 그리고 산업구조 변화에 따른 인력 소요를 추정하고, 양성훈련, 재훈련 등의 훈련 소요를 파악해 내며, 사양산업에 대해서는 직업 전환을 유도함으로써 인력형성을 유도한다. 또한 적성검사 등을 이용한 진로지도로 적합한 인재를 공급하고, 직업연구와 직무분석을 통하여 그들이 취업할 수 있는 적합한 장소를 제공하며, 인력수급을 조정하여 인력의 효율적 배분을 가능하게 한다. 사회정책적인 측면에서 가장 중요시되는 것은 실업대책이다. 휴·폐업방지를 위한 각종 지원책을 강구하고 일자리를 늘릴 수 있는 정책을 펴게 함으로써 실업문제를 해소해 나간다. 또한 취업애로계층인 여성과 청소년, 장애인, 고령자, 장기 실업자 등의 취업기회 확대에도 기여한다. 아울러 고용보험을 통하여 실업자들에게 실업기간 중의 최소생활을 가능하게 하며, 실직기간을 단축시키고 재취업의 가능성을 높여 나간다.

우리나라의 경제개발 과정에서 고용정책은 산업인력의 효율적 수급이라는 경제적 측면에 큰 비중을 두고 정책집행이 이루어져 왔으며, 개별근로자의 생계유지 및 생활안정과, 나아가 사회 안정으로 연결되는 일련의 정책효과에 대해서는 정책적으로 무관심하였다. 이제는 경제성장이 곧 사회 안정이라는 등식이 성립되지 않으며, 산업사회의 사회적 안정은 근로자의 직업안정에서부터 시작된다는 것을 인식할 필요성이 커지고 있다. 따라서 이러한 인력수급의 경제정책적 요구와 근로자 생활안정이란 사회정책적 요구에 부응하기 위해서는 노동력을 적재적소에 공급하고 개인의 능력을 최대한 발휘하게 할 수 있는 고용정책의 필요성이 대두되는 것이다. 그러므로 고용정책은 고용과 연관된 넓은 의미의 학문적인 영역을 포함하여 보는 시각에서 검토할 필요가 있다.

Ⅳ. 고용정책론의 특수성과 방향성

1. 고용정책론의 특수성

고용정책학은 고용구조를 가진 고용인력시장의 공무원 등 공공인력, 공공기관인력, 사기업인력 등 고용이 발생하는 모든 사업을 기반으로 하여 고용 및 근로조건과 관련한 국가 경제정책, 규제와 보호를 위한 근로기준 등 고용법규와 행정적 제도, 취업보호를 위한 인력공급정책, 시장임금 외에 최저임금과 기준임금을 위한 임금가이드라인 등 정책적인 임금시장, 교육 및 인력개발을 위한 인력과 인재육성정책, 일과가정양립지원 및 인간의 존엄성을 위한 삶의 질 향상을 위한 고용사회문화정책, 근로자의 복지와 안전 및 보건에 관한 정책, 일자리창출과 실업정책, 사용자와 근로자의 균형과 협력을 위한 노사관계정책 등 인간이 활동하는 모든 분야의 문제를 연관하여 다루어야 할 광범위한 대상을 전제로 한다. 그러므로 고용정책은 단순히 인력공급과 인력수요를 매개로 한 실업대책이나 임금정책 등에 머물 수 없고 종합적인 학문으로서 간학문적 성격을 가지고 정치·경제·사회·문화·행정·법 모두를 대상으로 하는 특수성을 가진다고 할 수 있다. 즉, 특정분야의 문제에 대한 접근법으로는 고용정책을 합리적이고 효율적으로 다룰 수가 없으며 연관학문을 아우르는 접근법이 필요하다. 결국, 고용과 관련된 최광의의 개념에서 접근해야할 과제라고 할 수 있다.

2. 고용정책론의 방향성

고용정책학은 학문적으로 정책학, 행정학, 법학(특히 고용관련법학), 경제학(통계포함), 노동경제학, 사회학, 문화인류학, 환경학, 정치학, 경영학, 심리학, 산업심리학, 산업경영학, 산업안전보건학, 교육학, 산업교육학, 노사관계학, 커뮤니케이션학 등 다양한 학문분야를 연계하고 있다. 그러므로 본서의 고용정책학은 고용정책일반론을 비롯하여, 고용평등정책론으로 차별금지정책(소극적), 평등증진정책(적극적), 고용증진정책론으로 고용안정정책, 고용촉진정책, 인력정책론으로 능력(인재)개발정책, 실업정책, 고령인력정책론으로 고령자관리정책, 생활안정지원정책, 근로관계정책론으로 근로기준정책, 근로보호정책, 임금정책론으로 임금관리정책, 임금보장정책, 근로환경정책론으로 산업안전 및 보건정책, 산업재해예방 및 재해관리정책, 근로복지정책론으로 복지향상정책, 사회보험정책, 노사관계정책론으로 갈등조정정책, 노사협력정책, 국제고용정책론으로는 국제협력과 국제인적자원정책을 기본적인 분야로 논하기로 한다. 물론, 이러한 고용정책은 고용평등과 고용민주주의가 전제가 되어야 한다. 다양한 형태의 정책이 고용상에서 실행되더라도 평등한 고용조건, 고용민주주의가 전제가 되지 않은 상태에서는 정책의 실효성을 기대하기가 어렵기 때문이다.

2
chapter

고용정책 일반론

제 1 절 고용정책의 기본방향

Ⅰ. 고용정책의 기본방향 및 기본원칙

1. 고용정책의 기본방향

고용정책의 기본방향을 설정한 고용정책기본법(이하 "정책법"이라 한다)의 내용을 살펴보면 우리나라 고용정책의 기본적인 방향을 짐작할 수 있다. 즉, 정책법에서는 "국가가 고용에 관한 정책을 수립·시행하여 국민 개개인이 평생에 걸쳐 직업능력을 개발하고 더 많은 취업기회를 가질 수 있도록 하는 한편, 근로자의 고용안정, 기업의 일자리 창출과 원활한 인력 확보를 지원하고 노동시장의 효율성과 인력수급의 균형을 도모함으로써 국민의 삶의 질 향상과 지속가능한 경제성장 및 고용을 통한 사회통합에 이바지함을 목적"으로 한다는 점을 선언하고 있다. 여기서 "근로자"란 사업주에게 고용된 사람과 취업할 의사를 가진 사람을 명시함으로써 고용정책은 국민전체의 평생에 걸쳐 직업능력개발 및 취업기회의 확대를 목적으로 함은 물론, 취업할 의사를 가진 모든 국민 개개인에 대하여도 적용되는 관련된 정책이라고 할 것이다.

2. 고용정책의 기본원칙

정책법에서는 국가가 고용정책을 수립·시행하는 경우에는 근로자의 직업선택의 자유와 근로의 권리 확보, 사업주의 자율적인 고용관리 존중, 구직자(求職者)의 자발적인 취업노력 촉진, 고용정책은 효율적이고 성과지향적으로 수립·시행 및 노동시장의 여건과 경제정책 및 사회정책을 고려하여 균형 있게 수립·시행, 고용정책은 국가·지방자치단체 간, 공공부문·민간부문 간 및 근로자·사업주·정부 간의 협력을 바탕으로 수립·시행하는 사항이 실현되도록 하여야 하고, 고용정책에 관한 다른 법률을 제정하거나 개정하는 경우에는 이 법의 목적과 기본원칙에 맞도록 하여야 함을 규정함으로써 기본원칙이 통일적으로 준수될 수 있도록 통제하여야 한다고 밝히고 있다.

이러한 기본원칙이 함의하는 것은 근로자의 권리와 사용자의 자율적인 고용관리를 존중하면서 균형과 협력을 유지하고 고용시장 및 경제와 사회여건을 고려하여 정부가 정책적인 개입이 가능하고, 이러한 개입과 정책실현을 위한 제도적·법규적인 집행 등은 기본원칙에 부합하는 통일적인 준수가 가능하도록 통제될 수 있음을 밝히고 있다는 것이다.

Ⅱ. 사업주 및 국가 등의 시책

1. 근로자 및 사업주 등의 책임과 의무

고용정책의 성공은 고용관계의 직접 당사자인 근로자와 사용자의 책임과 공동의 노력이 관건이다. 그리고 공공에서의 정부적인 정책적 지원이 있어야 한다. 우선 근로자는 자신의 적성과 능력에 맞는 직업을 선택하여 직업생활을 하는 기간 동안 끊임없이 직업에 필요한 능력(직업능력)을 개발하고, 직업을 통하여 자기발전을 도모하도록 노력하여야 한다. 사업주는 사업에 필요한 인력을 스스로 양성하고, 자기가 고용하는 근로자의 직업능력을 개발하기 위하여 노력하며, 근로자가 그 능력을 최대한 발휘하면서 일할 수 있도록 고용관리의 개선, 근로자의 고용안정 촉진 및 고용평등의 증진 등을 위한 노력이 필요하다.

또, 노동조합과 사업주단체는 근로자의 직업능력개발을 위한 노력과 사업주의 근로자 직업능력개발, 고용관리 개선, 근로자의 고용안정 촉진 및 고용평등의 증진 등을 위한 노력에 적극 협조하여야 하고, 근로자와 사업주, 노동조합과 사업주단체는 국가와 지방자치단체의 시책이 원활하게 시행될 수 있도록 적극 협조하여야 하며, 고용보험법에 따른 실업급여 수급자, 국민기초생활 보장법에 따른 근로능력이 있는 수급자, 그 밖에 정부에서 지원하는 취업지원 사업에 참여하는 사람 등은 스스로 취업하기 위하여 적극적으로 노력하여야 하며, 국가와 지방자치단체가 하는 직업소개, 직업지도, 직업능력개발훈련 등에 성실히 따르고 적극 참여하여야 한다. 결국, 고용정책의 실현은 정부당국의 국가적인 시책의 수립과 집행, 이해관계에 있는 고용시장에 있는 근로자 및 고용시장에 진입하려는 근로의사가 있는 인력, 고용을 통해 사업을 영위하는 사업자 등 모두가 고용정책의 실현을 위한 정책적 대상이며 실행의 의무주체가 된다고 할 것이다.

2. 국가와 지방자치단체의 시책

고용정책의 중심 실행주체인 국가는 국민 각자의 능력과 적성에 맞는 직업의 선택과 인력수급의 불일치 해소를 위한 고용·직업 및 노동시장 정보의 수집·제공에 관한 사항과 인력수급 동향·전망에 관한 조사·공표에 관한 사항, 근로자의 전 생애에 걸친 직업능력개발과 산업에 필요한 기술·기능 인력을 양성하기 위한 직업능력개발훈련 및 기술자격 검정에 관한 사항, 근로자의 실업 예방, 고용안정 및 고용평등 증진에 관한 사항, 산업·직업·지역 간 근로자 이동의 지원에 관한 사항, 실업자의 실업기간 중 소득지원과 취업촉진을 위한 직업소개·직업지도·직업훈련, 보다 나은 일자리로 재취업하기 위한 불완전 취업자의 경력개발 및 비경제활동 인구의 노동시장 참여 촉진에 관한 사항, 학력·경력의 부족, 고령화, 육체적·정신적 장애, 실업의 장기화, 국외로부터의 이주 등으로 인하여 노동시장의 통상적인 조건에서 취업이 특히 곤란한 자와 국민기초생활보장법에 따른 수급권자 등(이하 "취업취약계층"이라 한다)의 고용촉진에 관한 사항, 사업주의 일자리 창출, 인력의 확보, 고용유지 등의 지원 및 인력부족의 예방에 관한 사항, 지역 고용창출 및 지역 고용시장의 활성화를 위한 지역별 고용촉진에 관한 사항 등에 대한 정책의 시행과 이러한 사항에 관한 시책 추진을 위한 각종 지원금, 장려금, 수당 등 지원에 관한 제도의 효율적인 운영에 관한 사항 및 이러한 사항에 관한 시책을 효과적으로 시행하기 위하여 하는 구직자 또는 구인자(求人者)에 대한 고용정보의 제공, 직업소개·직업지도 또는 직업능력개발 등 고용을 지원하는 업무(이하 "고용서비스"라 한다)의 확충 및 민간고용서비스시장의 육성에 관한 사항, 그 밖에 고용시장의 효율성 및 건전성을 높이는 데 필요한 사항에 관하여 필요한 시책을 수립·시행하여야 한다.[1] 또, 국가는 이러한 시책을

1) 독일에서는 ① 연방고용청(BA)의 개혁으로 연방고용청을 고객중심의 서비스기관인 연방고용공사로 개편하여 행정적인 업무를 간소화하고 직업알선에 업무역량을 집중할 수 있도록 개편하였으며, 민간경영기법을 도입하여 기관 및 부서 간의 경쟁을 유도하고 인센티브를 제공하는 등 업무능력을 향상시키고 있다. 또한 1년 이상의 장기실업자는 연방고용공사와 지방자치단체가 공동으로 관여하는 합동사무소(Arbeitsgemeinschaft)에서 관리한다. 단, 69개 지방자치단체는 옵션조항에 따라 전담한다. 연

수립·시행하는 경우에 기업경영기반의 개선, 경제·사회의 균형 있는 발전, 국토의 균형 있는 개발 등의 시책을 종합적으로 고려하여야 하며, 고용기회를 늘리고 지역 간 불균형을 시정하며 중소기업을 우대할 수 있도록 하여야 하고, 차별적 고용관행 등 근로자가 능력을 발휘하는 데에 장애가 되는 고용관행을 개선하도록 하는 정책적인 고려가 있어야 한다.

한편, 지방자치단체(지자체)는 국가가 수립한 국가 시책과 지역 고용시장의 특성을 고려하여 지역주민의 고용촉진과 지역주민에게 적합한 직업의 소개, 직업훈련의 실시 등에 관한 시책을 수립·시행하도록 하여야 한다. 이때 국가는 이러한 시책을 수립·시행하는 지방자치단체에 필요한 지원을 하여야 한다. 즉, 국가 고용시책의 수립·시행과 지자체의 고용시책은 그 연동성과 유기적인 연관을 가지고 수립·시행되어야 할 필요가 있다고 할 것이다.

3. 취업기회의 균등한 보장

사업주 내지 고용기관(공·사기관 모두)은 근로자를 모집·채용할 때에 합리적인 이유 없이 성별, 신앙, 연령, 신체조건, 사회적 신분, 출신지역, 학력, 출신학교, 혼인·임신 또는 병력(病歷) 등(이하 "성별 등"이라 한다)을 이유로 차별을 하여서는 아니 되며, 균등한 취업기회를 보장하여야 한다.

또, 고용서비스를 제공하는 자(직접고용은 아니지만 고용 중개·소개 및 고용지원서비스 등)는 그 업무를 수행할 때에 합리적인 이유 없이 성별 등을 이유로 구직자를 차별하여서는 아니 되며, 직업능력개발훈련을 실시하는 자는 훈련대상자의 모집, 훈련의 실시 및 취업지원 등을 하는 경우에 합리적인 이유 없이 성별 등을 이유로 훈련생을 차별하여서는 아니 된다.

방고용공사는 노·사·정(노동자·사용자·정부)이 자치를 통하여 업무를 수행하는 공법상의 기관으로 연방노동사회부의 감독을 받으며, 산하에 10개의 지역본부(Regionaldirektion), 178개의 고용사무소(AgenturfürArbeit), 660개의 출장소가 있으며, 9만여 명의 직원이 근무한다. ② 취업알선 바우처(Vermittlungsgutschein)를 통해 3개월 이상 일자리 알선이 안 되고 있는 실업자에게 2,000유로 상당의 바우처를 제공하고 민간 취업알선기관의 서비스를 제공받도록 조치한다. 민간 알선기관은 먼저 1,000유로를 지급받고, 취업상태가 6개월 이상 지속되면 나머지 금액을 지급받는다. ③ 인력알선대행사(PSA, Personal-Service-Agentur)가 고용사무소와 계약을 맺은 PSA는 6개월 이상의 장기 실업자를 고용사무소로부터 넘겨받아 수요업체에 파견하거나 훈련시키는 등 실업자의 능력을 향상시킨다.

Ⅲ. 고용정책의 수립 및 추진체계

1. 국가의 고용정책 기본계획

국가의 고용정책은 고용노동부가 주무부처(고용부처)가 되어 추진되는데, 고용부처장관은 관계 중앙행정기관의 장과 협의하여 정기적·상시적 국가의 고용정책에 관한 기본계획(이하 "기본계획"이라 한다)을 수립하여야 하고, 기본계획을 수립할 때에는 고용정책심의회의 심의를 거쳐야 하며, 수립된 기본계획은 국가경제에 매우 중요한 과제이므로 국무회의에 보고하고 공표하여야 한다. 이러한 기본계획에는 고용에 관한 중장기 정책목표 및 방향, 인력의 수요와 공급에 영향을 미치는 경제·산업·교육·복지 또는 인구정책 등의 동향(動向)에 관한 사항, 고용 동향과 인력의 수급 전망에 관한 사항, 상기 국가와 지방자치단체의 시책(고용정책의 추진을 위한 시책)에 관한 기본 방향에 관한 사항, 그 밖의 고용 관련 주요 시책에 관한 사항이 포함되어야 한다.

한편, 관계 중앙행정기관의 장은 고용과 관련된 계획을 수립할 때에는 국가적 차원의 기본계획과 조화되도록 하여야 하고, 고용부처장관은 기본계획을 세우기 위하여 필요하면 관계 중앙행정기관의 장 및 지방자치단체의 장에게 필요한 자료의 제출을 요청할 수 있어야 한다.

2. 지역고용정책 기본계획

특별시장·광역시장·도지사 및 특별자치시·도지사(이하 "시·도지사"라 한다)는 지역고용심의회의 심의를 거쳐 지역 주민의 고용촉진과 고용안정 등에 관한 지역고용정책 기본계획(지역고용계획)을 수립·시행하여야 하는데, 지역고용계획을 수립할 때에는 국가고용정책 기본계획과 조화되도록 하여야 하고, 시·도지사는 지역고용계획을 세우기 위하여 필요하면 관계 중앙행정기관의 장 및 관할 지역의 직업안정기관의 장에게 협조를 요청할 수 있어야 한다. 만약, 국가고용정책과 지역고용정책이 부조화하여 서로 협조하지 않는 경우 통일되고 일관성 있는 정책을 수립·집행하는데 장애가 되고 그 효율성을 제고하기 어렵다고 할 수 있다. 한편, 국가는 시·도지사가 지역고용계획을 수립·시행하는 데에 필요한 지원을 하도록 하여야 한다.

3. 고용정책심의회

고용에 관한 주요 사항을 심의하기 위하여 고용노동부에 고용정책심의회(정책심의회)를 두고 있고, 특별시·특별자치시·광역시·도 및 특별자치도(시·도)에 지역고용심의회를 두고 있다.

정책심의회는 고용정책기본법에 따른 시책 및 기본계획의 수립에 관한 사항, 인력의 공급구조와 산업구조의 변화 등에 따른 고용 및 실업대책에 관한 사항, 정책의 분석·평가 대상의 선정, 평가방법 등에 관한 사항, 사회적 기업 육성법(사육법)에 따른 사항으로 사회적 기업 육성기본계획, 사회적 기업 인증의 심사기준에 관한 사항, 그 밖에 사회적 기업의 지원을 위하여 필요한 사항으로서 사회적 기업 육성기본계획에 따른 연도별 시행계획에 관한 사항, 사회적 기업 육성 지원업무 위탁에 관한 사항, 남녀고용평등법에서 규정하고 있는 적극적 고용개선조치에 관한 중요 사항으로 여성 근로자 고용기준에 관한 사항, 적극적 고용개선조치시행계획의 심사에 관한 사항, 적극적 고용개선조치 이행실적의 평가에 관한 사항, 적극적 고용개선조치 우수기업의 표창 및 지원에 관한 사항, 그 밖에 적극적 고용개선조치에 관하여 고용정책심의회의 위원장이 회의에 부치는 사항, 장애인고용법에 따라 장애인의 고용촉진 및 직업재활을 위한 기본계획의 수립에 관한 사항, 그 밖에 장애인의 고용촉진 및 직업재활에 관하여 위원장이 회의에 부치는 사항, 근로복지기본법(근로복지법)에 따른 근로복지증진에 관한 기본계획, 근로복지사업에 드는 재원 조성에 관한 사항, 그 밖에 고용정책심의회 위원장이 근로복지정책에 관하여 회의에 부치는 사항, 관계 중앙행정기관의 장이 고용과 관련하여 심의를 요청하는 사항, 그 밖에 다른 법령에서 정책심의회의 심의를 거치도록 한 사항 및 법령으로 정하는 사항(고용정책 추진실적의 평가에 관한 사항, 고용정책심의회의 심의를 거치도록 한 사항, 고용부처장관이 필요하다고 인정하여 심의에 부치는 사항) 등 정책심의회의 심의를 거치도록 하고 있어, 사실상 고용정책에 관한 전 분야에 대한 기본계획 및 추진을 위한 정책심의기능을 수행하고 있다.[2)]

---

2) 정책심의회는 위원장 1명을 포함한 30명 이내의 위원으로 구성하고, 위원장은 고용부처장관이 되며, 위원은 근로자와 사업주를 대표하는 사람, 고용문제에 관하여 학식과 경험이 풍부한 사람, 지방자치법에 따른 전국 시·도지사 협의체에서 추천하는 사람의 어느 하나에 해당하는 사람 중에서 고용부처장관이 위촉하는 사람과 대통령령으로 정하는 관계 중앙행정기관의 차관 또는 차관급 공무원이 된다. 한편, 정책심의회를 효율적으로 운영하고 정책심의회의 심의 사항을 전문적으로 심의하도록 하기 위하여 정책심의회에 분야별로 전문위원회를 둘 수 있는데, 전문위원회는 대통령령으로 정하는 바에 따라 정책심의회가 위임한 사항에 관하여 심의한다. 이 경우 전문위원회의 심의는 정책심의회의 심의로 본다.

4. 직업안정기관의 설치

국가는 앞서의 국가와 지방자치단체의 시책을 추진하는 경우에 지역 근로자와 사업주가 편리하게 고용서비스를 받을 수 있도록 지역별로 직업안정기관을 설치·운영하여야 한다. 또, 국가는 지방자치단체의 장이 해당 지역의 구직자와 구인기업에 대하여 고용서비스를 제공하는 업무를 담당하는 조직을 운영하는 경우에 그 조직의 운영에 필요한 지원을 할 수 있어야 한다.

아울러, 직업안정기관의 장과 지방자치단체의 장은 고용서비스 제공 업무를 수행하는 경우에 서로 협력하여야 하며, 국가 또는 지방자치단체는 법령으로 정하는 바에 따라 취업취약계층에 대한 고용서비스 제공에 필요한 시설을 설치·운영할 수 있다.

5. 민간에 의한 고용서비스 제공 지원

국가는 민간 고용서비스산업의 발전에 필요한 고용서비스 전문가의 양성, 공공부문과 민간의 고용 관련 정보망의 연계, 국가와 지방자치단체에서 하는 고용서비스 제공사업 중 민간의 전문성을 활용할 수 있는 사업의 발굴과 그 사업의 위탁, 우수한 고용서비스를 제공하는 민간기관에 대한 인증의 시책을 수립·시행할 수 있다.

또, 직업안정기관과 민간기관은 고용서비스 제공에 관한 사업을 공동으로 추진하거나 연계하여 추진하는 등 서로 협력하여 사업을 추진할 수 있으며, 고용부처장관 또는 직업안정기관의 장은 고용서비스를 제공하는 행정기관, 지방자치단체, 그 밖의 민간 고용서비스 제공기관 등에 시설·장비 등 필요한 지원을 할 수 있다.

6. 정책의 분석·평가 및 국제협력

중앙행정기관의 장과 지방자치단체의 장은 소관 정책이 고용 및 일자리 증감 등에 미치는 영향을 분석·평가하고, 그 결과를 정책의 수립·시행에 반영하도록 하여야 한다. 고용부처장관은 고용에 미치는 영향이 큰 정책으로서 ① 관계 중앙행정기관의 장 또는 지방자치단체의 장이 분석·평가를 요청하는 정책과 ② 관계 중앙행정기관 또는 지방자치단체가 시행하고 있거나 시행이 완료된 정책으로서 정책심의회에서 분석·평가하기로 심의한 정책의 어느 하나에 해당하는 경우 그 정책이 고용 및 일자리 증감 등에 미치는 영향을 분석·평가하여, 그 결과를 소관 중앙행정기관의 장 또는 지방자치단체의 장에게 통보한다. 이때, 고용부처장관은 법령으로 정하는 바에 따라 국가나 지방자치단체가 출연한 연구기관(국가나 지방자치단체의 출연기관이 재출연한 연구기관을 포함)과 민간연구기관 중 어느 하나에 분석・평가 업무를 대행하도록 할 수 있고, 이 경우 고용부처장관은 대행에 필요한 비용을 지급하여야 한다.

한편, 고용부처장관은 국제 노동시장의 동향 조사 및 대책 마련, 고용정책 개발 등에 관하여 국제기구, 외국정부 또는 외국기관과 협력사업을 통하여 고용정책을 추진하는 시책들이 국제기준 등에 맞도록 하여야 한다.

Ⅳ. 고용정보 등의 수집・제공

1. 고용・직업 정보의 수집 및 제공

고용부처장관은 구직과 구인이 신속하고 적절하게 연결될 수 있도록 구직・구인 정보, 산업별・지역별 고용동향, 노동시장 정보, 직업의 현황과 전망에 관한 정보, 직업능력개발훈련 정보, 재정지원에 의한 일자리에 대한 정보 및 그 밖의 고용・직업에 관한 정보(이하 "고용・직업 정보"라 한다)를 수집・관리하여야 한다.

고용부처장관은 구직자・구인자, 직업훈련기관, 교육기관 및 그 밖에 고용・직업 정보를 필요로 하는 자가 신속하고 편리하게 이용할 수 있도록 책자를 발간・배포하는 등 필요한 조치를 하여야 하며, 이러한 업무를 효율적으로 수행하기 위하여 고용안정정보망과 고용보험전산망 등 고용 관련 정보통신망을 구축・운영하여야 한다.

2. 인력의 수급 동향 및 고용관련 통계의 작성・보급

고용부처장관은 인력의 수급에 영향을 미치는 경제・산업의 동향과 그 전망 등이 포함된 인력의 수급 동향과 전망에 관하여 조사하고 자료를 매년 작성하여 공표하여야 한다. 또, 이러한 인력의 수급 동향과 전망에 관한 자료를 작성하기 위하여 필요하다고 인정하면 관계 행정기관, 교육・연구기관, 사업주 또는 사업주단체, 노동조합, 그 밖의 관계 기관에 필요한 자료의 제공을 요청할 수 있으며, 이때 자료 제공을 요청받은 자는 특별한 사유가 없으면 그 요청에 따라야 한다.

아울러, 고용부처장관은 고용정책의 효율적 수립・시행을 위하여 산업별・직업별・지역별 고용구조 및 인력수요 등에 관한 통계를 작성・공표하여 국민들이 이용할 수 있도록 하여야 하며, 이렇게 작성된 통계를 국민들이 편리하게 이용할 수 있도록 데이터베이스를 구축하는 등 필요한 조치를 하여야 한다.

3. 한국고용정보원의 역할

한국고용정보원은 고용정보의 수집·제공과 직업에 관한 조사·연구 등 법령에 따라 위탁받은 업무와 그 밖에 고용지원에 관한 업무를 효율적으로 수행하기 위한 역할을 수행한다. 이를 통하여 고용증진의 도모와 체계적이고 유용한 정보를 시의 적절하게 구직자 등에게 제공할 수 있다.

아울러, 한국고용정보원은 고용부처장관으로부터 위탁받은 업무, 직업지도, 직업심리검사 및 직업상담에 관한 기법(技法)의 연구·개발 및 보급, 고용서비스의 평가 및 지원사업과 이러한 사업에 관한 국제협력과 그 밖의 부대사업, 그 밖에 고용부처장관, 다른 중앙행정기관의 장 또는 지방자치단체로부터 위탁받은 사업을 수행한다.

4. 한국잡월드의 역할

한국고용정보원 산하에 한국잡월드는 직업 관련 자료·정보의 전시 및 제공, 직업체험 프로그램 개설·운영, 청소년 등에 대한 직업교육프로그램 개설·운영, 교사 등에 대한 직업지도 교육프로그램 개설·운영, 직업상담 및 직업심리검사 서비스 제공, 직업 관련 자료·정보의 전시기법 및 체험프로그램 연구·개발 등의 업무를 수행하며, 이러한 사업에 관한 국제협력과 그 밖의 부대사업을 수행하고, 고용부처장관, 다른 중앙행정기관의 장 또는 지방자치단체의 장으로부터 위탁받은 사업을 수행한다.

Ⅴ. 직업능력개발

1. 직업능력개발에 관한 시책

국가는 직업능력개발을 촉진·지원하기 위하여 필요한 직업능력개발에 관한 표준 설정, 직업능력개발훈련 시설·장비의 확충, 직업능력개발훈련의 내용 및 훈련 방법의 연구·개발, 직업능력개발훈련 교사의 양성·확보 및 자질향상 등, 그 밖에 근로자의 직업능력개발을 지원하기 위하여 필요한 사항의 시책을 수립·시행하여야 한다. 또, 국가는 교육·연구기관에서 하는 교육·연구, 공공직업훈련시설이 하는 직업능력개발훈련, 사업주나 그 밖에 개인 또는 단체가 하는 직업능력개발훈련이 연계되도록 함으로써 산업에 필요한 직업능력을 갖춘 근로자가 양성될 수 있도록 하여야 한다.

2. 직업능력개발의 지원

사업주는 사업장에 고용하는 근로자에 대하여 필요한 직업능력개발훈련을 실시하고 근로자는 스스로 직업능력을 개발하도록 노력하여야 한다. 또, 국가는 근로자와 사업주에게 직업능력개발에 관한 정보를 제공하고 지도·상담하며 필요한 비용을 지원할 수 있고, 국민 모두가 전 생애에 걸쳐 직업능력을 개발하고, 경력을 관리할 수 있도록 필요한 지원을 할 수 있다.[3)]

각각의 업종별, 산업별 맞춤형 모든 교육훈련 프로그램을 국가 등이 운영할 수 없으므로 표준화되고 일반적인 교육훈련 프로그램을 국가 등이 설계하여 운영하되 개개의 사업체가 운영하는 프로그램, 교육훈련기관이 운영하는 프로그램의 활성화를 적극 장려할 필요가 있다. 또 근로자가 자기능력향상을 기하고 실무적으로 적용 가능한 교육훈련을 스스로 찾아서 습득하려는 노력을 지원하기 위한 프로그램을 만들어 동기부여를 함으로서 활성화할 수 있는 장치를 마련할 필요가 있다. 아울러, 양질의 교육훈련 프로그램의 개발지원, 현장 적용도가 높은 교육훈련의 활성화 등 다양성을 확보할 필요도 있다.

3. 기술·기능 인력의 양성 및 직업능력평가제도의 확립

국가는 산업발전의 추이(推移)와 노동시장의 인력수급 상황을 조사하여 지속적인 국가경제의 발전에 필요한 기술·기능 인력을 양성하기 위하여 필요한 시책을 수립·시행하여야 한다. 또, 국가는 직업능력평가를 위한 기준을 설정하여 근로자의 지식·기술 및 기능에 대한 검정제도(檢定制度)를 확립하고, 이를 확산하도록 하여야 한다.

Ⅵ. 근로자의 고용촉진 및 사업주의 인력확보 지원

1. 구직자와 구인자에 대한 지원

직업안정기관의 장은 구직자가 그 적성·능력·경험 등에 맞게 취업할 수 있도록 구직자 개개인의 적성·능력 등을 고려하여 그 구직자에게 적합하도록 체계적인 고용서비스를 제공하여야 하고, 구인자가 적합한 근로자를 신속히 채용할 수 있도록 구직자 정보의 제공, 상담·조언, 그 밖에 구인에 필요한 지원을 하여야 한다.

---

3) 독일은 실업자의 직업훈련 지원으로, 실업자에게 일종의 바우처인 훈련수강바우처(Bildungsgutschein)를 지급하여 민간 훈련기관에서 훈련을 받을 수 있도록 지원한다.

2. 학생 등에 대한 직업지도

국가는 초·중등교육법과 고등교육법에 따른 각급 학교의 학생 등에 대하여 장래 직업 선택에 관하여 지도·조언하고, 각자의 적성과 능력에 맞는 직업을 가질 수 있도록 직업에 관한 정보를 제공하며, 직업적성검사 등 직업지도를 받을 수 있게 하는 등 필요한 지원을 하여야 한다.

3. 고용촉진 및 고용안정 지원

(1) 여성 등의 고용촉진 지원

국가는 여성·청년[4]·고령자·장애인 등(여성 등)의 고용을 촉진하기 위하여 이들의 취업에 적합한 직종의 개발, 직업능력개발훈련과정의 개설, 고용기회 확대를 위한 제도의 마련, 관련 법령의 정비, 그 밖에 필요한 대책을 수립·시행하여야 한다.

(2) 취업취약계층의 고용촉진 지원

국가는 취업취약계층의 고용을 촉진하기 위하여 ① 취업취약계층의 능력·적성 등에 대한 진단, ② 취업의욕의 고취 및 직업능력의 증진, ③ 집중적인 직업소개 등 지원의 내용이 포함된 취업지원 프로그램에 따라 직업능력을 개발하게 하는 등 필요한 지원을 하여야 한다.

(3) 일용근로자 등의 고용안정 지원

국가는 일용근로자와 파견근로자 등의 고용안정을 위하여 그 근로형태의 특성에 맞는 고

---

4) 독일의 청년실업정책을 살펴보면, ① 직업훈련협약 체결로 독일은 청소년의 직업훈련을 위하여 노동계를 중심으로 직업훈련분담금의 법제화를 추진했는데, 2004년 6월 16일, 훈련분담금의 법제화 대신에 경제계가 자율적으로 직업훈련 자리를 늘리는 내용의 직업훈련협약(Ausbildungspakt)을 연방정부와 경제 4단체가 체결했다. 직업훈련협약에 따르면, 경제계는 향후 3년 동안 매년 3만 개의 새로운 훈련자리와 2만 5,000개의 초급훈련자리(Einstiegsqualifikation)를 제공하며, 연방정부는 정부 내 훈련자리의 20%를 추가로 제공한다. ② TFD 프로그램을 통한 정책도 실행되는데, TFD(Teamarbeit für Deutschland) 프로그램은 2003년 6월 연방경제노동부가 주관하여 설립한 연대로서, 2006년까지 50여 개의 도시에서 실업해소에 관심을 갖는 시민과 단체, 기업들이 공동으로 고용촉진을 위한 다양한 지역행사를 개최했다. ③ JUMP 프로그램은 1998년 연방정부가 도입한 프로그램으로 2003년 7월 1일부터 구동독 지역 등 취업 취약을 중심으로 'JUMP(Jugend mit Perspektive) Plus'를 시행하고 있다. 이에 따라 고용사무소와 지방자치단체가 협력하여 25세 미만의 장기실업자 10만 명에게 직업훈련자리나 직업을 알선하고 있다. ④ 청년실업자의 취업 알선 강화를 위해, 독일은 25세 미만의 청년실업자를 3개월 내 신속하게 취업시키기 위하여 취업 상담과 알선 등의 지원을 강화하고 알선 직업에 대한 거부 시 제재를 강화하고 있다. 이외에 직업훈련 비용을 지원하는 등 청년실업자에 대한 지원을 강화하고 있다.

용정보의 제공, 직업상담, 직업능력개발 기회의 확대, 그 밖에 필요한 조치를 하여야 한다.

4. 일자리창출 및 기업의 고용창출 지원

국가는 사회적으로 필요함에도 불구하고 수익성 등으로 인하여 시장에서 충분히 제공되지 못하는 교육·보건·사회복지·환경·문화 등 사회서비스 부문에서 법인·단체가 일자리를 창출하는 경우에는 이에 필요한 지원을 하여야 하고, 취업취약계층 등에 사회서비스 또는 일자리를 제공하여 지역주민의 삶의 질을 높이는 등의 사회적 목적을 추구하면서 재화 및 서비스의 생산·판매 등 영업활동을 하는 법인·단체를 사회적 기업으로 육성하도록 하여야 한다.

국가는 근로자의 고용기회를 확대하고 기업의 경쟁력을 높이기 위하여 기업의 고용창출,[5)] 고용유지 및 인력의 재배치 등 지원에 필요한 대책을 수립·시행하여야 하고, 직업안정기관의 장은 근로자의 모집·채용 또는 배치, 직업능력개발, 승진, 임금체계, 그 밖에 기업의 고용관리에 관하여 사업주, 근로자대표 또는 노동조합 등으로부터 지원 요청을 받으면 고용정보 등을 활용하여 상담·지도 등 필요한 지원을 하여야 한다.

5. 중소기업 인력확보지원계획의 수립·시행

고용부처장관은 중소기업의 인력확보를 지원하기 위하여 작업환경의 개선, 복리후생시설의 확충, 그 밖에 고용관리의 개선 등을 지원하기 위한 계획(이하 "중소기업 인력확보지원계획"이라 한다)을 수립·시행하여야 하며, 관계 중앙행정기관의 장과 협의하여 중소기업 인력확보지원계획을 수립하여야 한다.

---

5) 독일의 일자리창출 정책을 예로 들면, ① 1인 기업지원 프로그램(Ich-AG)으로 독일에서 실업자가 창업을 하는 경우 연방고용청은 1년차에게 월 600유로(Euro), 2년차에게 월 360유로, 3년차에게는 월 240유로에 해당하는 보조금을 3년간 지원해주고, 연금보험료를 면제해 주거나 의료보험료와 간병보험료의 감면 혜택을 부여하고 있다. ② 저임금근로(Mini-jobs/Midi-jobs) 창출로 2003년 4월 1일부터 소득이 월 400유로 이하인 소위 '미니잡(Mini-job)'의 근로자에 대해 독일 정부는 각종 세금이나 사회보장보험료를 면제해 주고, 고용주에게 감면 혜택을 부여하고 있다. 소득이 월 400~800유로인 소위 '미디잡(Midi-jobs)'에 대해서는 고용주에게 세금이나 사회보장보험료를 감면해 주지 않으며, 근로자는 세금을 단계적으로 전액 납부하는 식으로 감면 혜택이 감소한다. ③ 1유로 일자리(1-Euro-Job)로 독일은 실업급여 II(ArbeitslosengeldII)를 받는 장기실업자에게 실업급여를 감액해주지 않고 추가 수입원으로 시간당 2유로까지의 일자리를 제공한다. 지방자치단체나 공익단체가 제공하는 유치원 보조, 공원 작업, 도로 청소, 노인이나 환자간호, 노인을 위한 쇼핑 보조 등의 적법한 일자리가 이에 해당되며, 이를 거절할 경우 실업급여를 감액 조치한다. ④ 일자리 창출자금 지원(Capital for Work)으로 중소기업을 대상으로 국책금융기관인 재건은행(KfW SME Bank)이 일자리당 최고 10만 유로를 대출해준다.

6. 외국인근로자의 도입 및 국제인적교류

고용시장이 국가를 넘어 국제적으로 자유롭게 이동하고 있으므로 국내인력의 해외취업 등을 지원하기 위한 대책을 마련하여, 취업정보 및 고용환경 등 제반 정보제공, 취업 후 근로 내지 권리보호 등에 대한 대책을 마련해야 한다. 아울러, 고용시장에서의 원활한 인력수급을 위하여 외국인근로자를 도입하여 운영하는 것에 대한 시책도 강구하여야 한다. 그리고 외국인 근로자들의 유입에 대한 국민의 고용 침해예방, 국외취업자들에 대한 권리 침해 내지 차별대우 예방을 위한 대책도 강구하여야 한다.

Ⅶ. 고용조정지원 및 고용안정대책

1. 업종별 · 지역별 고용조정의 지원

정부는 국내외 경제사정의 변화 등으로 고용사정이 급격히 악화된 업종 또는 지역의 사업주에 대하여 사업주의 고용조정, 근로자의 실업 예방, 실업자의 재취업 촉진, 그밖에 고용안정과 실업자의 생활안정을 위하여 필요한 지원을 하여야 한다.

2. 대량 고용변동의 신고와 조치

사업주는 생산설비의 자동화, 신설 또는 증설이나 사업규모의 축소, 조정 등으로 인한 고용량(雇傭量)의 변동이 일정한 수준에 이르는 경우(법령으로 정하는 기준에 해당하는 경우)에는 그 고용량의 변동에 관한 사항을 직업안정기관의 장에게 신고하여야 한다(다만, 근기법에 따른 신고를 한 경우에는 제외). 이때 직업안정기관의 장은 고용변동에 대한 신고를 받으면 구인·구직정보를 확보하여 직업소개를 확대하고, 직업훈련기관으로 하여금 직업훈련을 실시하게 하는 등 실업자의 재취업 촉진 또는 해당 사업의 인력확보에 필요한 조치를 하여야 한다.

3. 실업대책사업

고용부처장관은 산업별·지역별 실업 상황을 조사하여 다수의 실업자가 발생하거나 발생할 우려가 있는 경우나 실업자의 취업촉진 등 고용안정이 필요하다고 인정되는 경우에는 관계 중앙행정기관의 장과 협의하여 실업대책사업을 실시하여야 한다. 실업대책사업의 내용으로는 실업자의 취업촉진을 위한 훈련의 실시와 훈련에 대한 지원, 실업자에 대한 생계비, 생업자금, 국민건강보험법에 따른 보험료 등 사회보험료, 의료비(가족의 의료비 포함), 학자금(자녀의 학자금 포함), 주택전세자금 및 창업점포임대 등의 지원, 실업의 예방, 실업자의 재취업 촉진, 그 밖에 고용안정을 위한 사업을 하는 자에 대한 지원, 고용촉진과 관련된 사업을 하는 자에 대한 대부(貸付), 실업자에 대한 공공근로사업, 그 밖에 실업의 해소에 필요한 사업 등을 실행하여야 한다.

또, 고용부처장관은 이러한 실업대책사업의 실시를 위한 실업대책을 수립할 때에는 그 실업대책의 시행 주체, 종류, 규모 및 시기를 정하여야 한다. 실업대책사업에는 많은 인력을 사용하는 사업, 많은 실업자가 발생하거나 발생할 우려가 있는 지역에서 시행되는 사업, 고용 상황의 변화에 따라 쉽게 규모를 변경하거나 그만둘 수 있는 사업이 포함되어야 한다. 아울러, 실업의 해소와 실업자의 생활안정을 위하여 공익사업을 하여 실업자를 고용하는 취로(就勞)사업 등 고용촉진사업을 하는 비영리법인 및 단체 등에 대한 지원, 그 밖에 실업대책사업의 일환으로 실업자 및 그 가족에게 생계지원이나 의료지원 등 생활안정지원사업을 하는 비영리법인 및 단체 등에 대한 지원의 실업대책사업을 실시하여야 한다. 공공사업 등에의 재취업 촉진을 위하여 고용부처장관은 실업대책사업을 위하여 필요하다고 인정하는 경우에는 국가・지방자치단체가 실시하는 사업의 수행자, 국가・지방자치단체가 출연하거나 출자한 기관이 실시하는 사업의 수행자, 국가・지방자치단체의 보조를 받아 실시하는 사업의 시행 주체의 자에게 직업안정기관에 구직 등록을 한 실직자를 고용하도록 요청할 수 있고, 취로사업을 하는 지방자치단체에 대하여 직업안정기관에 구직 등록을 한 장기 구직자에게 취로 기회를 주도록 요청할 수 있어야 한다.

한편, 공공근로사업 참여자에 대하여 고용부처장관은 공공근로사업을 실시할 때에 긴급하게 소비 진작과 지역경제의 활성화 등을 고려할 필요가 있다고 인정되는 경우와 급여의 일부를 통화 외의 것으로 지급하는 것에 대하여 그 사업에 참여하는 사람의 동의를 받은 경우에는 그 사업에 참여하는 사람에게 급여의 일부를 통화 외의 것으로 지급할 수 있고, 고용부처장관은 실업자 지원사업, 고용촉진과 관련된 사업을 하는 자에 대한 대부(貸付)사업, 상기의 실업대책사업을 산업재해보상보험법에 따른 근로복지공단 등(이하 "공단 등")에 위탁운영할 수 있다.

4. 실업대책사업의 자금 조성 및 자금의 차입

공단 등은 실업대책사업을 위탁받아 하는 경우에는 정부나 정부 외의 자의 출연(出捐) 또는 보조, 법령에 따른 자금의 차입(借入), 그 밖의 수입금의 방법으로 해당 사업에 드는 자금을 조성할 수 있도록 하여야 한다. 이때 공단 등은 조성된 자금을 근로복지기본법에 따른 근로복지진흥기금의 재원으로 하여 관리·운용하여야 한다.

공단 등이 위탁받은 실업대책사업을 실시하기 위하여 필요하다고 인정하면 고용부처장관의 승인을 받아 자금을 차입(국제기구, 외국정부 또는 외국인으로부터의 차입 포함)할 수 있도록 하여야 한다.

5. 관계 기관의 협력

고용부처장관은 실업자의 고용안정이나 인력의 수급 조절을 위하여 필요하다고 인정하면 관계 중앙행정기관의 장이나 지방자치단체의 장에게 그 소관 공사(工事)의 개시·정지 또는 근로자의 고용 등에 관하여 협력을 요청할 수 있다. 이때 중앙행정기관 또는 지방자치단체의 장은 협력을 요청받은 경우 특별한 사유가 없으면 그 요청에 따라야 한다.

Ⅷ. 고용정책사업의 보고 및 권한의 위임

1. 보고 및 검사

고용부처장관은 고용정보의 수집·제공, 고용관리 및 고용조정의 지원 등과 관련하여 필요하다고 인정하면 일정한 기간내에 문서로 사업주와 고용정책사업과 관련하여 지원을 받았거나 받으려는 자에게 고용관리의 현황, 지원금의 사용 명세, 지원의 적합 여부 등 필요한 사항을 보고하도록 하여야 한다.

또, 고용부처장관은 고용관리 및 고용조정의 지원과 관련하여 법령 위반 사실의 확인 등이 필요하다고 인정하면 관계 공무원에게 사업주의 사무소 또는 사업장에 출입하여 관계자에게 질문하게 하거나 서류를 검사하게 할 수 있도록 하여야 한다.

2. 권한의 위임 및 위탁

고용정책사업과 관련하여 고용부처장관의 권한은 법령이 정하는 바에 따라 그 일부를 시·도지사나 직업안정기관의 장에게 위임할 수 있고, 고용부처장관은 고용정보 등의 수집·제공 등에 관한 업무의 일부를 한국고용정보원 등 국책사업실시기관에 위탁할 수 있다.

아울러, 국가나 지방자치단체는 취업취약계층에 대한 고용서비스 제공에 따른 시설의 설치·운영에 관한 업무, 즉 재정지원 일자리사업을 통합 관리하는 정보전산망 운영에 관한 사무, 고용·직업 정보의 수집 및 제공에 관한 사무, 구직자와 구인자에 대한 고용서비스 제공 및 지원 등에 관한 사무, 대량 고용변동의 신고 및 이에 대한 조치에 관한 사무를 한국고용정보원, 근로복지공단, 한국장애인고용촉진공단, 고용부처장관의 허가를 받아 설립된 사단법인 한국경영자총협회, 영유아보육법에 따른 비영리 법인·단체, 그 밖에 근로자에 대한 고용서비스를 제공하는 비영리 법인 또는 단체 중 고용부처장관이 지정·고시하는 법인 또는 단체에 위탁할 수 있다.

제2절 분야별 고용정책 범위와 내용

Ⅰ. 고용평등정책

1. 차별금지정책

고용평등정책에서 고용차별금지정책(소극적 고용평등정책)은 평등권을 고용상에서 실현하는 것으로 매우 중요한 고용정책의 문제가 될 것이다. 헌법을 비롯한 국가인권위원회법, 고용관련법령에서는 고용에서의 차별금지를 통하여 헌법적인 평등권의 실현을 목적으로 규정하고 있다. 고용에서의 차별은 모집채용에서부터 근로조건 등 고용내용에서의 차별금지, 해고 및 정년 등 고용종료와 관련한 문제까지 모든 고용과정에서의 차별을 금지하고 있다. 법규내용으로 동일가치노동 동일임금원칙, 균등대우 규정 등을 비롯하여, 성별, 장애, 연령 등 차별사유를 명기하여 고용에서의 차별금지와 불이익취급의 금지를 위반하는 경우 제재규정을 비롯한 처벌규정을 통하여 강력하게 규제되어야 한다.

2. 평등증진정책

고용평등정책은 앞서의 차별금지정책을 기반으로 규정하고 있지만 고용상에서의 평등을 증진하는 적극적인 고용평등정책도 매우 중요한 부분으로 다룰 수 있다. 평등증진정책(적극적 고용평등정책)은 사회문화적으로 차별받아온 환경의 개선, 적극적인 고용개선조치, 정책적 우대조치 등을 통한 차별해소와 평등증진정책으로 설명될 수 있다. 적극적 개선조치는 일반적으로 여성, 장애인, 고령자 등에 대한 정책적인 고려를 통하여 추진되고 있고, 정책적 우대조치는 취약계층을 비롯한 일시적인 사회적 문제 등을 해소하기 위해서도 추진되고 있다. 이러한 예로 고용할당제, 가점제도, 고용의무 등이 활용되고 있으며,

차별 등으로 평등권이 침해된 경우 권리구제제도를 통하여 구제받을 수 있는데 이는 고용평등증진정책의 일환으로 볼 수 있다.

Ⅱ. 고용증진정책

1. 고용촉진정책

고용안정정책이 직업을 갖기 위한 과정에서 발생할 수 있는 문제점을 보완하고 이를 적극적으로 추진하기 위한 정책적인 고려가 있는 사안이라고 한다면 고용촉진정책은 보다 더 적극적인 고용추진을 통한 고용에서의 우대, 고용에서의 우선기회부여 등에 대한 문제를 정책적으로 추진하는 것이다. 이러한 대상으로 고령자, 여성, 장애인 등이 우선적인 고려의 대상이 된다고 할 수 있다. 이들 대상은 통상적인 근로자보다 취약한 여건에 놓여 있는 점을 고려한 것이고, 최근 문제되고 있는 고령화 사회에 대비한 고령근로자의 고용촉진은 이러한 정책적인 고려라고 할 수 있다. 또한, 취업보호대상자, 국가유공자, 청년, 지역, 고졸 등에 대한 고용우대조치들도 고용촉진측면에서 다룰 수 있다.

2. 고용안정정책

고용안정정책은 직업소개 및 직업지도 등을 중심으로 설명한다. 고용안정정책을 추진하기 위하여는 근로자 등이 안정적으로 직업을 가질 수 있도록 지원하는 정책으로 우선 직업안정기관 들에 대한 정책적인 고려가 있어야 한다. 다음으로 직업소개사업을 하는 경우 중간착취문제가 발생할 수 있으므로 이를 허가하고 관리하는 체계가 필요하다. 물론, 허가조건으로 유료소개사업도 가능할 수 있다. 그러나 이러한 소개사업은 법정주의가 준수되어야 한다. 아울러, 고용정보제공사업, 근로자공급사업도 고용안정정책에서 설명될 수 있다. 근로자공급사업의 경우도 중간착취의 문제가 발생할 수 있으므로, 법정주의를 통한 엄격한 허가 및 인가요건으로 추진할 필요가 있다. 또한, 이러한 사업에 대한 국가 및 지자체의 협력과 국가적인 지원 대책도 필요하고, 직업상담을 위한 상담요원의 요건이나 자격요건 등을 법령으로 규정할 필요가 있다.

Ⅲ. 인력정책

1. 능력개발정책

능력개발정책은 직업능력 및 인재개발정책으로 근로자와 근로의욕이 있는 사람을 대상으로 직무수행에 적합한 기술과 지식 및 기능을 체계적으로 개발토록 지원하여 취업을 촉진시키고 근로능력을 향상시키는 정책의 일환이다. 이러한 개발정책은 공공은 물론 민간도 추진할 수 있으며, 이를 추진하는 공공기관의 운영과 과정운영, 사업주 및 민간에 대한 지원, 근로자에 대한 지원, 훈련교사의 양성과 운영 등에 대한 정책을 다룬다. 물론 입직 인재개발에 대한 지원도 인력정책에서 매우 중요한 정책적 과제가 될 것이다. 기술과 지식 및 기능은 사회와 과학의 발달에 따라 지속적으로 변화하고 있으며, 고용현장도 이러한 사회현상에 대응할 수 있는 인재개발을 지속적으로 추진하는 것은 기업의 생존을 위해서도 불가피한 일이다. 그러므로 고용정책에서 인재개발정책은 매우 중요한 정책 중에 하나라고 할 수 있다.

2. 실업관리정책

고용에서 실업의 문제는 가장 어려운 문제가 된다고 할 수 있다. 완전고용은 현실적으로 불가능한 문제라고도 하지만, 실업의 증가는 현실적인 고용불안이 그만큼 크다는 점을 시사하기 때문이다. 물론, 지속적인 성장과 경제가 호황기를 맞이하고 있다고 하더라도 실업은 존재한다. 그러나 일할의욕이 있어도, 또 일할 능력과 자격을 가지고 있어도 일자리가 없어 실업의 상태에 있다면 심각한 문제라고 할 것이다. 실업관리정책은 이러한 실업을 줄이고 관리가능한 실업관리정책을 찾고자 하는 부분이다. 불가피한 실업으로 재취업을 준비하기 위한 지원, 적절한 고용정보, 인력공급과 인력수요의 적정한 관리 등 실업을 구제하기 위한 정책과 인력수급조절 등을 통한 실업관리정책의 대안을 탐색하여 인력정책의 효율성을 제고하는 방법론적인 정책적 접근이라고 할 수 있다.

Ⅳ. 고령인력정책

1. 고령자관리정책

우리나라의 합계출산율은 OECD국가 중 최저로 노동인구는 감소하고, 평균수명은 점점 늘어나면서 고령인력에 대한 정책이 중요한 과제로 부각되고 있다. 고령인력은 기왕의 전문성활용, 부족한 노동력의 보완, 고령자의 소득증대 등에 의미가 크다. 그러나 고령자의 가장 큰 어려움은 재취업의 어려움에 있다. 그러므로 고령인력에 대한 재취업을 지원하기 위한 정책적인 고려가 필요하다. 고령자차별금지, 고령자 취업지원을 위한 역량개발, 고용정보의 데이터화 및 정보제공, 일할 수 있는 여건 형성을 위한 유연한 정년관리 등은 고령자관리정책에서 고려되어야 할 과제라고 할 것이다.

2. 생활안정지원정책

고령인력의 가장 큰 어려움은 일할 의사가 있어도 일할 자리가 없다는 것이다. 물론 역량이 부족한 것도 아니고 단지 연령이 많다는 이유가 일반적이다. 이러한 사회적인 인식의 개선이 없이는 고령자의 취업활동은 사실상 어려움이 있다. 그리고 고령자의 생활보장을 위한 정책적인 고려가 필요한데, 소득을 미리 유보하여 노후에 활용할 수 있는 장치로서 퇴직연금제도는 중요한 장치가 될 것이다. 또, 정신적으로나 육체적으로 건강상의 문제는 고령인력의 생활에 어려움을 가중시킬 수 있다. 그러므로 고령자의 건강관리에 필요한 정책적인 고려에서 노인장기요양보험도 중요한 장치가 될 수 있다. 아울러, 정신건강과 사회참여기회를 확대하는 정책, 소득창출을 위한 일자리창출 및 취업정책 등도 생활안정지원정책으로 고려되어야 한다.

Ⅴ. 근로관계정책

1. 근로기준정책

근로관계의 기본정신은 근로환경 등 근로관계에서 인간의 존엄성을 실현하기 위한 기본적인 생활의 보장, 노사대등의 원리에 의한 자유로운 의사에 따른 근로조건의 결정과 실행을 통해 건강하고 문화적인 삶을 영위할 수 있도록 하는데 있다. 즉, 근로기준정책에서의 기본방향과 원칙으로 '근로자의 기본적인 생활의 보장'이 하나이고, 다른 하나는 '근로조건의 결정과 실행에 노사대등의 원리'를 들 수 있다. 근로기준정책은 개별적인 근로관계의 영역에서 다루어지며, 자율적이고 합리적인 근로기준의 설정을 통해 근로자가 인간다운 삶을 영위할 수 있도록 하는데 있다. 다만, 역사적으로 약자의 지위에 있던 근로자의 지위를 보호하기 위하여 근로환경의 기준이 강제적으로 규제되고 있음도 주지할 필요가 있다.

근로기준정책에서의 핵심은 근로기준(근로조건)의 법정 최저기준을 법률로 정하고 이러한 최저기준은 사용자와 근토자가 준수하여야 할 강행규정으로서 그 이행이 강제되고 있다는 점이다. 근로기준은 항구성을 가지는 것이 아니라 고용환경의 변화에 따른 내용을 반영하고 있다. 이러한 변화로 국제노동기준의 변화, 해당 국가의 고용정책의 변화 등에 따라 시대에 부합하는 근로기준들이 규정되고 추진된다고 할 것이다.

2. 근로보호정책

근로보호정책은 근로기준정책에서 추진되는 사항을 기반으로 상대적으로 취약한 계층에 대한 보다 세부적인 근로내용을 보호하는 정책이다. 예를 들어 모성보호정책의 경우는 기준근로조건을 완화하거나 보완하여 여성근로자의 보호를 통한 모성보호를 추구하는 것이다. 이를 위하여 근로시간 조정, 임신 중의 근로보호, 위험유해사업장의 근로금지, 육아를 위한 휴직 등 근로보호 등을 들 수 있다. 다음으로 연소근로자의 보호를 위한 제반조치를 들 수 있다. 또, 장애인근로자를 위한 보호조치도 근로보호정책에서 다룰 수 있다. 이러한 취약근로자 보호정책은 통상 근로자보다 취약한 여건을 가진 근로자보호에 초점을 두고 있다. 아울러, 근로보호를 위한 조치로 사업장의 규칙을 마련하여 시행하도록 규제하고 있다.

Ⅵ. 임금정책

1. 임금관리정책

임금이 근로자에게는 가장 중요한 소득의 원천이 되지만, 사용자에게는 중요한 비용이 된다고 할 수 있다. 임금관리정책은 이러한 양면성을 가지는 임금의 적정한 수준의 관리에 정책적인 초점을 가진다고 할 수 있다. 시장임금과 근로자의 능력, 사용자의 지불능력 등을 고려한 적정한 임금수준은 무엇인가. 물가수준과 최저생계비 등을 고려한 최저임금

수준을 결정하여 고시하는 정책적인 과정, 임금수준의 결정요인 들에 대한 정책적 판단, 임금통계 등을 관리하고 임금가이드라인 등을 마련하여 공시하는 등의 정책적 판단 등 임금수준의 결정요인과 임금가이드라인, 최저임금의 결정 등 임금정책에 기초가 되는 작업에 대한 정책적인 문제를 대상으로 한다고 할 수 있다.

2. 임금보장정책

근로조건, 특히 임금부분에 대한 보장은 근로자의 생계를 안정화시켜 국가경제의 기초가 되는 가계를 안정화시키고, 생산력을 강화시킬 수 있는 중요한 문제이다. 이러한 중요성을 고려하여 임금보장정책은 임금수급권의 보장, 임금지급의 형평, 임금청산, 임금채권의 보장, 중간착취배제, 임금항목 등 명시, 전차금상계금지, 미지급임금에 대한 책임문제 등을 정책적으로 보호 내지 권리를 명확히 하는 것이다. 임금관리정책이 임금지급요건의 기초가 되는 부분을 고려한 정책이라면, 임금보장정책은 근로의 기여로 발생한 임금에 대한 권리를 정책적으로 보장하는 장치들에 대한 문제를 다룬다고 할 수 있다.

Ⅶ. 근로복지정책

1. 복지향상정책

근로복지정책은 근로자의 생활안정을 지원하는 정책적인 고려사항에 해당한다. 단순히 소득만이 보장되는 것 외에 다양한 형태의 복지지원정책을 통하여 근로자의 삶의 질 향상과 근로의욕을 촉진하고, 업무몰입도를 제고하여 생산력을 증대시키는 것은 국가경제를 위해서도 중요한 과제가 될 수 있다. 이러한 정책으로 공공근로복지와 기업근로복지측면에서 대별될 수 있고, 대부분의 기업근로복지에서 추진될 수 있는 복지향상정책은 사내근로복지기금제도와 선택적 복지제도, 재산형성지원 등을 들 수 있다. 그리고 이러한 공공근로복지제도를 통한 복지향상정책을 추진하기 위한 복지진흥기금의 설치 등에 관한 사항을 다룰 수 있다.

2. 사회보험정책

사회보험정책은 근로복지정책의 근간을 형성하는 것으로 풀이될 수 있다. 물론, 공적보험이 근로자에 대한 복지정책만을 다루는 것은 아니고 국민 모두에게 적용되는 사안으로 볼 일이지만, 사회보험이 주로 근로관계를 매개로 하여 형성되고 있다는 점을 고려하면 근로복지정책에서 다루는 것은 문제가 없을 것으로 판단된다. 이러한 사회보험으로 중요한 제도가 고용보험, 산업재해보상보험, 건강보험, 국민연금제도이다. 퇴직연금제도도 공적보험 내지 사회보험의 성격이 강하다고 할 수 있으나, 퇴직 후의 생활보장 내지 고령인력에게 적용되는 부분이 많으므로 고령인력정책에서 생활안정지원정책으로 다루기로 한다.

Ⅷ. 근로환경정책

1. 안전보건정책

근로환경정책에서 산업안전 및 보건정책은 근로자가 고용상에서 위험으로부터의 보호와 건강한 근로활동을 도모할 수 있도록 하는 정책적인 고려를 배경으로 하고 있다. 이를 위하여 산업재해를 예방하기 위한 산업안전보건관리체계의 구축과 실행, 유해위험시설 등에 대한 보호조치, 근로자의 보건관리, 그리고 이러한 정책을 추진하는데 필요한 산업안전지도사 및 산업위생지도사 등 산업안전보건관리정책을 추진하기 위하여 필요한 인력의 자격요건과 인증, 허가 등을 위한 제반사항을 다루고 있다.

2. 재해관리정책

산업재해는 사후관리도 중요하지만 사전적인 예방관리가 더 중요하다. 이러한 측면에서 산업재해를 예방하기 위하여 재해 우려가 높은 사업장의 안전대책 및 관리정책, 재해예방을 위한 사전 교육 및 의식개선활동 지원 등을 들 수 있고, 사후적으로는 재해발생의 경우 즉시적인 대응으로 사고수습과 재발방지를 위한 정책, 재해보상, 재해근로자의 재활지원, 자녀 및 생계지원, 소득지원 등에 대한 정책적인 고려가 필요한 사항을 중심으로 설명될 수 있다. 즉, 재해관리정척은 사전적인 예방정책과 사후적인 재발방지 및 수습과 지원정책으로 나누어 설명될 수 있다.

Ⅸ. 노사관계정책

1. 갈등관리정책

노사관계는 오랜 역사속에서 대립적인 관계로 설정되었다. 이러한 대립관계는 다양한 갈등요인을 가지고 분쟁상태로 귀결되었고, 이러한 노사당사자간의 분쟁을 해결하기 위한 제도적인 장치를 마련하게 되었다. 대표적인 것이 조정제도인데 조정제도는 사적조정과 공적조정제도로 설명될 수 있다. 노사는 자율적인 의사결정이 가능하므로 사적조정을 통한 분쟁조정이 원칙이다. 그러나 노사갈등의 신속한 해결과 산업평화를 위하여 공적조정제도를 마련하여 노동위원회 등을 통한 갈등조정과 해결을 할 수 있다. 그러므로 노사의 양주체인 근로자와 근로자집단, 사용자와 사용자집단의 교섭과 협약, 쟁의행위와 조정, 부당노동행위, 노동위원회제도 등 노사관계의 주요사항을 다루는 것을 갈등관리정책으로 설명하기로 한다.

2. 노사협력정책

노사가 항상 대립적이고 갈등관계만 존재하는 것은 아니다. 때로는 협력하며, 서로의 공동 관심사를 해소하고, 경영어려움을 함께 극복하며, 사회의 일원으로서의 역할, 경영내의 일원으로서의 역할 등을 수행한다. 이러한 제도적인 장치로 노사협의회제도, 노사정위원회를 마련하였다. 물론, 자율적으로 각종 노사공동위원회를 마련하여 운영하기도 한다. 이러한 노사협력은 분쟁을 해소하고 상생하는 노사문화를 정책시켜 경영난 해소, 국민경제발전에 기여할 수 있는 것으로서 정책적으로 권장되는 사안에 해당한다.

Ⅹ. 국제고용정책

1. 국제고용협력정책

고용환경은 점차 국제화되어 가고 있다. 고용시장도 국내에서 확대되어 이제는 그 범위가 없다. 국가간의 인적자원이동은 새로운 고용관계를 만들어 내고 있으며, 이에 대한 정책적인 문제도 논의 대상이 되고 있다. 우선 고용관련 기준의 표준화를 도모할 필요성이 증대되어 각종 고용기준이 국제적인 수준을 준수할 것을 요구하고 있으며, 이에 대한 대응은 필수적인 문제가 되어가고 있다.

국제고용환경에서 이러한 문제를 다루기 위하여 각종 국제헌장 및 협약이 만들어지고 국제법적인 지위에서 국내의 승인을 받는 경우 법규범으로서 다루어지고 있다. 국제노동환경에의 대응은 단순히 국제기준에 맞추는 것만이 아니라 국가간의 협력체계를 구축해 가고 있다. 공동의 문제를 협력하여 해소하고 국가간 인력이동과 활용의 활성화를 기하여 공동의 발전을 도모하는 것이다. 이러한 표준화를 위한 국제노동규약 내지 협약, 국제노동기구 등에 대한 설명도 국제고용협력정책에서 다룬다.

2. 국제고용관리정책

국제인적자원의 활용은 국내 법인의 현지법인에 대한 파견 내지 현지인력의 활용에 그치지 않고 있다. 외국 인적자원의 국내 유입이 증가하고 있으며, 이러한 현상은 새로운 고용에서의 문제를 야기하기도 한다. 우선 국내 인적자원의 국외 현지 근로는 많은 부분 해당국가의 고용환경에 적응할 훈련이 필요하다. 파견근무를 마치고 국내에 복귀하는 경우에도 새로운 적응 훈련이 필요함은 마찬가지이다. 아울러, 국외 인력의 국내 유입이 증가하면서 고용안정과 근로기준에 부합하는 정책적인 고려가 필요하다. 이러한 점을 반영한 것이 외국인고용법이라고 할 수 있다. 이제 인적자원은 한정된 지역을 기반으로 하는 정책으로는 효율적으로 대응할 수 없게 되었다. 국경을 초월한 모집과 채용으로 사업장내의 고용관계는 새로운 정책적인 대응이 필요하다고 할 것이다. 이러한 점에서 국제고용관리정책은 고용의 현재상황과 미래상황을 반영한 대응측면에서 중요한 과제라고 하겠다.

제 2 편

고용평등정책

3
chapter

고용차별금지정책

제1절 서 설

고용평등정책은 고용정책에서 가장 기본적인 전제조건이 되어야하는 정책이라고 할 수 있다. 고용평등정책은 고용상의 차별이 없는 상태를 만들어 평등한 대우, 평등한 조건이 되도록 하는 정책적인 과정이라고 할 수 있다. 그러므로 평등은 차별이 아닌 것을 구분할 수 있어야 하고, 실질적인 평등이 실현되도록 하여야 한다. 소위 합리적 차별이라는 문제에서는 실질적인 평등을 실현하기 위한 우대조치 들이 수반되는 정책을 차별이라고 하지 않는다. 그리고 같은 것을 같게 다른 것을 다르게 대우하는 것을 차별이라고 하지 않는다.

한편, 고용평등은 실제적으로는 차별금지라는 정책적인 조치들에 의하여 규율된다고 할 수 있다. 그러므로 대부분의 고용법령에서는 차별금지규정을 두고 있다. 아울러, 적극적 고용개선조치 등과 같은 적극적 평등실현정책을 통하여 실질적인 평등을 신장하려는 정책적인 노력이 점점 확대되어 가고 있다. 즉, 헌법규정의 평등권을 근거로 고용상에서 고용차별금지정책(소극적 고용평등정책)을 펼치고 있고, 이러한 금지정책은 적극적 개선조치, 우대조치 등의 고용평등증진정책(적극적 고용평등정책)과 더불어 고용평등정책의 골격을 이루고 있다. 본 장에서는 평등권의 실현을 위한 고용차별금지제도에서의 평등과 차별의 문제를 고용과정별 쟁점 중심으로 설명하고자 한다.

제 2 절 고용차별금지의 내용 및 국제적 동향

Ⅰ. 고용상 차별금지의 의의 및 내용

1. 차별금지의 의의

전통적으로 차별은 평등 내지 평등권에 반하는 것으로 인식되어 왔고, 차별금지는 평등 내지 평등권을 보완하거나 실현하는 과정으로 인식되어졌다. 신분제도를 타파하고 민주주의원리가 사회전반을 지배하면서 평등은 인간의 기본적인 권리로 인식 되었고, 차별은 금지되거나 해소되어야 인간의 평등이 신장될 수 있는 것으로 인식되고 있다. 한편, 차별을 판단할 수 있는 구체적 기준이 마련되어 있지 않은 법령들에 포함된 차별개념[1]은 불확정 개념으로서, 해석과 판례에 따라 그 구체적 의미가 규정되어 왔다. 차별에 대한 법적 제재가 가해지기 시작한 초기 단계에서 차별은 직접적이고 의도적으로 특정 개인이나 집단을 불리하게 대우하는 경우를 의미했다. 그러나 현재 국제기구를 비롯하여 각국에서 금지하는 차별은 직접차별은 물론 간접차별, 그리고 성희롱도 차별로 인식되는 등 그 의미가 확대되고 있다.

한편, 고용상 균등대우 또는 차별금지로 인식[2]되는 고용차별의 문제는 헌법에서 규정하는 기본권의 문제에서부터 현실적인 고용과정과 내용에서의 불이익취급(차별적 처우) 행위까지 연관된다. 헌법은 차별의 문제를 인간의 존엄과 가치에 근거하여 평등권의 개념에서 다루고 있다. 아울러, 고용관련 법령에서 '합리적인 이유 없는 차별'을 금지하고 있고, '합리적인 이유'가 있다면 차별이 아닌 것으로 보고 있다. 결국, 우리 헌법에서 법 앞에서의 평등권을 규정하고 있는 것처럼 차별행위는 금지되고, 차별금지제도[3]는 헌법적

1) 현재 법령에서 차별에 대한 개념을 정의하고 있는 것으로 남녀고용평등법(제2조 제1호)을 들 수 있다. 이 규정은 직접차별 뿐만 아니라 간접차별에 대한 개념적인 접근이 가능한 규정을 하고 있는 것으로 풀이된다. 즉 본문의 대원칙으로 규정한 부분(직접차별)과 괄호안의 부분(간접차별)으로 구분될 수 있다. 한편, 헌법은 차별이라는 표현보다는 평등권이라는 측면에서, 근로기준법은 균등한 처우(차별적 대우, 차별적 처우)라는 표현으로, 그리고 대부분의 노동법은 차별금지 내지 차별적 처우, 불리한 처우의 금지라는 표현으로 그 내용을 규정하고 있다.

2) 일반적으로 균등대우와 차별금지를 같은 선상에서 인식하고 있는 것으로 판단된다(김형배, 『노동법』, 박영사, 2012. 214~245면). 한편, 균등대우 또는 차별금지와 관련하여 평등대우의 원칙(균등처우의 원칙, 차별금지의 원칙)이라는 표현을 하기도 한다(임종률, 『노동법』, 박영사, 2012. 358면).

원리인 평등권을 보호하고 신장하기 위하여 필요한 제도적인 목적을 가지고 있다고 할 것이다.

2. 고용상 차별금지제도의 주요 내용

(1) 헌법상의 차별금지 내용

우리나라의 차별금지제도는 헌법상의 평등권(제11조, 제36조 등), 차별금지(제32조 등), 기회균등(전문, 제31조 등) 규정을 비롯하여 민주주의와 인간의 존엄과 가치(전문, 제1조, 제10조 등)를 규정한 헌법상의 평등규정을 근원으로 관련 법령들이 각각 차별사유들에 대하여 규정하고 있다.

헌법상의 여성차별금지를 비롯한 평등권 내지 평등규정[4]은 곧 차별금지제도의 근간이 된다고 할 수 있다. 이러한 헌법적인 규정을 토대로 포괄적인 차별금지규정을 두고 있는 인권위법은 성별 등의 사유로 합리적인 이유 없이 고용, 재화용역의 이용 등에서 제한·배제·분리하거나 불리한 처우를 하는 것을 차별행위로 규정하면서, 신청 또는 직권으로 조사하여 위반여부를 판단할 수 있고, 소관 행정기관 등에 개선권고, 시정요구 등을 할 수 있도록 하고 있다. 그러나 동 법률은 차별금지에 대한 기본법 내지 종합법률로서의 상징성은 있으나 집행력과 실행력에 한계점을 안고 있다. 그럼에도 헌법에서 규정하고 있는 각종 평등조항들에 대한 차별여부의 판단과 정책기관들에게 법령집행에서 차별금지를 유도할 수 있음은 물론 각각의 법령들이 차별금지제도를 규정하는데 부담으로 작용할 수 있기 때문에 선언적이면서도 직·간접적인 강제가 가능하다고 할 수 있어 평등권을 실현할 수 있도록 하는데 의미가 있다.[5]

(2) 고용법령상 차별금지제도의 내용

우리나라의 고용상 차별금지제도는 헌법상의 평등규정을 토대로 개별 노동관계법령에서 구체적으로 규율하는 방식을 취해 왔는데, 제정 근로기준법에서 균등처우 규정을 두었

---

3) 고용상 차별금지제도의 법적 근거를 헌법상의 평등권설, 근로계약상 (부수적)의무설, 가치론적 노동권설로 분류하기도 한다(박성희, "고용상 차별의 구제에 관한 연구", 단국대박사학위논문, 2012, 7~10면 참조).

4) 헌법상 차별금지제도로서의 평등권은 헌법 전문에서 정치·경제·사회·문화의 모든 영역에서의 기회균등과 국민생활의 균등한 향상을 선언하고 있다. 아울러, 평등한 민주주의, 인간의 존엄과 가치, 법 앞의 평등, 균등한 교육기회, 고용에서의 여성차별금지, 가족생활에서의 양성평등, 선거권 및 투표권, 균형 있는 경제와 소득분배에 관한 규정은 모두 평등권을 천명하여 차별을 금지하는 근거규정이라고 할 수 있다.

5) 임공수, "고용차별판단 심사기준", 「노동법논총(제39집)」, 한국비교노동법학회, 2017, 216면.

고, 1987년에는 남녀고용평등법을 제정하여 특별히 별도의 규정을 두었으며, 장애인에 대한 차별금지[6], 비정규직에 대한 차별금지[7]와 연령차별금지를 규정하게 되었다. 아울러, 모집과 채용 등에서의 차별금지를 규정한 고용정책기본법(정책법), 직업소개 등에서의 차별금지를 규정한 직업안정법(직안법), 고용영역 및 사회 일반에 대한 차별금지를 규정한 인권위법[8] 등 다양한 법령에서 고용상 차별금지 규정을 두고 있다. 이처럼 우리나라는 고용상 차별금지제도를 규정하면서 헌법을 비롯한 인권위법의 통합적인 법률과 헌법에서 규정한 차별금지사항을 구체화하거나 추가적인 정책입법을 통하여 개별법[9]에서 각각의 목적에 부합하는 차별사유와 내용을 담아 규율하는 체계를 가지고 있다. 특징적인 것은 다인종 국가인 미국[10] 등과는 달리 민족적 단일성이 특색인 우리나라에서는 평등대우를 받아야 할 개인이나 집단이 자연히 인종이나 민족이라는 특성보다 성별, 장애, 종교 등의 특성에 기하여 분류된 집단 내지 개인의 개념이 주류를 이루었던 것으로 보이며, 최근에는 비정규직의 이슈, 고령화 사회로 인한 고령자의 근로활동이 확대되면서 고용현장에서 연령상의 차별문제도 부각되고 있다.

주요 노동법령에서 금지하고 있는 차별사유를 중심으로 차별금지제도를 살펴보면, 근로관계의 기본법인 근로기준법(근기법)에서는 "사용자는 근로자에 대하여 남녀의 차별적 대우를 하지 못하며, 국적, 신앙 또는 사회적 신분"을 이유로 근로조건[11]에 차별적 처우

6) 장애인의 차별금지와 권리구제 등에 관한 법률은 2007.4.10.제정되어 2008.4.11.에 시행되었다.

7) 대표적인 비정규직 입법으로 기간제법(2007.1.1.시행) 및 파견법(1998.7.1.시행)을 들 수 있다.

8) 동법은 2001.11.25. 시행시에는 국가인권위원회의 설치와 구제업무 등에 대하여 규정하고 있었으나, 현재와 같은 '평등권침해의 차별행위'에 대하여 상세히 규정한 것은 2005.7.29.개정시부터이다.

9) 남녀고용평등법, 고령자고용법, 장애인차별금지법, 장애인고용촉진및직업재활법(이하 "장애인고용법"이라 한다) 등 각각의 고용관련법령에서 세부적인 차별금지 및 균등대우 규정을 하고 있고, 헌법상의 평등 규정(제11조)을 근거로 여러 법령. 즉, 노동조합및노동관계조정법(이하 "노동조합법"이라 한다), 정책법, 직안법, 파견법, 구 여성발전기본법(현 양성평등기본법), 장애인복지법(이하 "복지법"이라 한다), 국가유공자등예우및지원에관한법률(이하 "국가유공자법"이라 한다), 외국인근로자의고용등에관한법률(이하 "외국인고용법"이라 한다), 기간제법, 파견법 등에도 차별금지규정을 두고 있다.

10) 미국의 경우를 보면 주로 소수민족에 대한 인종차별에서 그 시발점이 된 것으로 보인다. 즉, 노예제 등 흑인에 대한 차별문제가 그 중심이었던 것으로 보인다(Dred Scott v. Sanford, 60 U.S. 393(1856) ; Strauder v. West Virginia, 100 U.S. 303(1879)).

11) 근로자의 개인적인 업무의 성질 및 능력이나 근무부서의 난이도 등에 따라 상여금 지급액의 차등을 두는 것이나, 근속연한에 따라 상여금 지급률의 차등을 두거나, 근속수당·학자금 등의 근로조건에 차별을 두는 것, 사용자가 업무능력 및 업무태도에 따라 근로자를 우대 조치하는 것은 근기법 제6조에 위반되는 차별적 대우가 아니다. 이와 관련하여 헌법재판소는 근기법 제34조 위헌확인과 관련하여 근속연한 등에 대한 차별가능여부가 문제된 사안에서 법률조항에서 '계속근로기간이 1년 미만인 근로자'를 퇴직급여 대상에서 제외하여 '계속근로기간이 1년 이상인 근로자'와 차별취급하는 것은, 퇴직급여가 1년 이상 장기간 근속한 근로자의 공로를 보상하고 업무의 효율성과 생산성의 증대 등을 위해 장기간 근무를 장려하기 위한 것으로 볼 수 있으며, 입법자가 퇴직급여법의 확대적용을 위한 지속적인 노력을 기울이는 과정에서 한편으로 사용자의 재정적 부담능력 등의 현실적인 측면을 고려하고, 다른

를 하지 못하도록 규정하고 있는데 근기법은 채용된 후 고용내용에서의 근로조건을 중심으로 차별금지를 다루고 있고, 노동조합법에서는 "조합원은 어떠한 경우에도 인종, 종교, 성별, 연령, 신체적조건, 고용형태, 정당 또는 신분"에 의하여 차별대우를 받지 아니한다고 하여 조합 활동에서의 차별금지를 규정하고 있다. 또, 고용정책의 기본사항을 규정하고 있는 정책법에서는 "모집과 채용에 있어서 합리적인 이유 없이 성별, 신앙, 연령, 사회적 신분, 출신지역, 학력, 출신학교, 혼인, 임신 또는 병력"을 이유로 차별을 하여서는 아니되고 균등한 취업기회를 사업주가 보장하여야 하는 것으로 고용정책과 취업기회에서의 차별금지를 규정하고 있고, 직안법에서는 "누구든지 성별, 종교, 사회적 신분 또는 혼인 여부" 등의 이유에 의해 직업소개, 직업지도 또는 고용관계의 결정에 있어서 차별대우를 금지하고 있다. 특히 고용에서 성차별을 특별히 규제하기 위하여 제정된 남녀고용평등법은 차별의 개념을 구체적으로 정의하고 있을 뿐만 아니라, 근기법이 포괄적으로 금지하고 있는 성차별을 모집과 채용, 임금, 정년,[12] 해고, 퇴직, 복리후생, 교육, 배치, 승진에 관한 성차별 등 구체적인 사항별로 규제하여 근기법에 의한 성차별 금지를 보완하고 있다. 그러나 직무의 성질상 특정 성(性)이 불가피하게 요구되는 경우(BFOQ : Bona Fide Occupational Qualification)[13], 근로여성의 임신, 출산, 수유 등 모성보호를 위한 조치를 취하는 경우, 현존하는 차별을 해소하기 위하여 국가·지방자치단체 또는 사업주가 잠정적으로 특정한 성을 우대하는 조치를 취하는 경우(AA : Affirmative Action)에는 차별로 보지 않는다. 아울러, 장애인고용법에서는 사업주에 대하여 장애를 이유로 하여 채용·승진·전보 및 교육훈련 등 인사관리 상의 차별대우를 금지하고 있으며, 2007년 제정된 장애인차별금지법에서는 장애인 차별에 대하여 구체적으로 정의하고 있고, 이에 대한 판단 기준 및 금지되는 행위에 대해 고용을 비롯한 사회생활 전반에 대한 차별금지를 상세히 규정하고 있다. 고령자고용법은 고용상 연령을 이유로 하는 차별을 금지하기 위하여 제정되었으며, 사업주에게 모집, 채용 또는 해고에 있어서 정당한 사유없이 차별하여서는 아니된다는 의무와 함께 기준 고용률 이상의 고령자를 고용하도록 노력해야

한편으로 퇴직급여제도 이외에 국민연금제도나 실업급여제도 등 퇴직 근로자의 생활을 보장하기 위한 다른 사회보장적 제도도 함께 고려하였다고 할 것이므로, 그 차별에 합리적 이유가 있으므로 청구인의 평등권이 침해되었다고 보기 어렵다고 판단하였다(헌법재판소 2011.07.28. 선고 2009헌마408 결정).

12) 법원은 단체협약에서 동일부서 내의 남녀정년을 남자는 55세, 여자는 53세로 달리 정하고 있는 경우 이는 근기법 제5조(현, 제6조)와 남녀고용평등법 제8조(현, 제11조) 위반으로서 무효라고 판단한 바 있다(대법원 1993.04.09. 선고92누15765판결).

13) 이는 미국 고용차별금지제도에도 나타나고 있는 '진정직접자격'을 말한다(민권법 제7편 Bona Fide Occupational Qualification : BFOQ).

하는 의무를 부과하고 있다.[14]

한편, 비정규직 보호입법의 하나인 기간제법에서는 기간제근로자 및 단시간근로자에 대한 불합리한 차별을 시정하고 기간제근로자 및 단시간근로자의 근로조건 보호를 강화함으로써 노동시장의 건전한 발전에 이바지함을 목적으로 규정하여 불합리한 차별 시정을 목적으로 하고 있다. 또, 파견법에서는 파견사업주와 사용사업주는 파견근로자임을 이유로 사용사업주의 사업 내의 동종 또는 유사한 업무를 수행하는 근로자에 비하여 파견근로자에게 차별적 처우를 금지하고 있다.

Ⅱ. 고용상 차별금지의 근거 및 성격

1. 고용상 차별금지제도 근거로서의 평등권

평등권이란 모든 사람은 태어나면서부터 동등한 대우를 받을 권리가 있고 차별대우 받지 않을 권리가 있음을 말한다. 즉, 평등권은 인간의 불가침적 천부인권으로 보장되는 권리로 국가와 사회집단으로부터 불평등한 대우를 받지 않고 상향적 평등과 역할을 적극적으로 요구할 수 있는 권리이며, 평등권은 그 자체가 독립된 기본적 인권의 성격을 지니면서 다른 기본권들의 보장·실현에도 적용되는 기본권 보장의 방법적 기초가 되는 기본권 중의 기본권이다.[15] 우리 헌법은 법 앞에 평등하다는 것을 내용으로 하는 권리로 규정하고 있다. 법 앞의 평등이란 헌법·법률·명령·조약 등의 내용에 적어도 불평등한 사항이 규정되어서는 아니된다는 것이다. 또, 우리 헌법에서 누구든지 성별·종교 또는 사회적 신분에 의하여 정치적·경제적·사회적·문화적 생활의 모든 영역에 있어서 차별을 받지 않는다고 규정하고 있다. 그러나 연령이나 능력에 따라 차이를 두는 것은 그 사유와 기준이 합리적일 경우 일정부분 합리적인 차별로서 허용될 수도 있다.

평등권과 관련한 우리 헌법의 세부규정으로 전문에서는 "정치·경제·사회·문화의 모

14) 미국의 ADEA는 보호 대상자의 범위를 40세 이상의 자로 한정하고 있다. 1967년 법제정 당시에는 40~65세의 자가 보호 대상자였으나 그 후 1978년 법개정을 통해 법적용 대상 연령 상한선이 70세로 연장되었다가 1986년 개정시에 연령 상한선이 완전히 폐지되었다(조용만, 「고용차별금지법의 국제비교」, 한국노동연구원, 2004, 128면).

15) 헌법 제11조 제1항의 '모든 국민의 법 앞에서 평등하다'는 규정은 기회균등 또는 평등의 원칙을 선언하고 있는 바, 평등의 원칙은 국민의 기본권 보장에 관한 우리 헌법의 최고원리로서 국가가 입법을 하거나 법을 해석 및 집행함에 있어 따라야 할 기준인 동시에, 국가에 대하여 합리적 이유 없이 불평등한 대우를 하지 말 것과 평등한 대우를 요구할 수 있는 모든 국민의 권리로서, 국민의 기본권 중의 기본권이다(헌법재판소 1989.01.25. 선고 89헌가7 결정 ; 헌법재판소 2001.08.30. 선고 99헌바92 결정).

든 영역에 있어서 각인의 기회를 균등히 하고", "국민생활의 균등한 향상을 기하고"라고 하여 선언하고 있다. 여기서 정치·경제·사회·문화의 모든 영역에 있어서 기회를 균등히 한다는 것과 국민생활의 균등한 향상을 기한다는 점은 평등선언에 해당한다. 아울러, 제1조 평등한 민주주의, 제10조 인간의 존엄과 가치, 차별금지 내지 평등에 대한 가장 직접적인 규정인 제11조 법 앞의 평등, 제31조 균등한 교육기회, 제32조 고용에서의 여성차별금지, 제36조 가족생활에서의 양성평등,[16] 제41조 이하 선거권 및 투표권, 제99조 및 제123조 균형 있는 경제와 소득분배에 관한 규정은 모두 평등권을 천명하여 차별을 금지하거나 제한하는 근거라고 할 수 있다. 이러한 헌법적인 평등규정을 토대로 고용상에서 차별금지근거로서 개별법령에서 구체화하여 규정하고 있고, 고용관계의 성립과 유지 등의 내용에는 고용관계 당사자가 지켜야할 의무로서 고려되어야 한다.

평등권은 실정법상의 권리이전의 자연적인 생래적·천부적 권리로 초헌법적인 권리라고 할 수 있다.[17] 천부적 권리는 민주주의 국가가 입법을 함에 있어 당연히 국민의 권리로서 보장되도록 규범화를 고려하여야 한다. 그리고 평등권은 헌법상의 규정에 따라 자동규범성을 가지거나 헌법규정의 수권규범으로서 개별법령에서 정할 경우에 그 집행력과 구제수단의 활용 등 실질적인 법적 효력을 가질 수 있다고 보아야 한다. 즉, 인권인 평등권은 헌법이 이를 천명하고 규정함으로써 국민의 권리로 인정되고, 이는 사회 모든 분야(제11조)에서 지켜지고 실천되어져야 할 규범(개별법령에서 그 규범적 실천 사항을 고려하여 구체화 하여 직접적으로 규정한 사항 등)이 된다. 고용영역에서의 차별금지제도는 평등권이 시원적인 근거가 된다고 할 것이므로, 고용영역에서의 행위도 당연히 평등과 배치되는 차별행위는 금지되며, 헌법상의 평등규정은 고용상에서 차별을 금지하는 직접적인 근거가 된다. 결국, 고용관련 개별법령에서 규정하고 있는 차별금지규정 등은 헌법적인 평등규정을 고용상에서 구체화한 것이고, 특히 처벌규정 등 강행성을 규정한 법령은 그 실행력을 강화한 것이라고 할 수 있다.

2. 헌법상 평등권의 성격

고용상 차별금지제도의 근원인 평등권에 대한 시각은 몇 가지로 구분되는데 법규범적 성격을 지닌 것으로 보는 '법규범설'은 평등은 하나의 원칙이며 개인에게 주어지는 청구

16) 우리 헌법은 지금까지 현저한 불평등이 존재했던 혼인과 가족생활관계에 관하여 평등을 보장하기 위하여 혼인과 가족생활에서의 개인의 존엄과 양성의 평등(제36조) 규정을 두고 있다.

17) 평등권이란 국가로부터 부당하게 차별대우를 받지 아니함은 물론 국가에 대하여 평등한 처우를 요구할 수 있는 개인의 주관적 공권으로, 이러한 평등권은 실정법상의 권리가 아니라 인간이 자연적 상태에서부터 누려 온 생래적·천부적 권리라고 한다(권영성, 『헌법학원론』, 법문사, 2010, 393면).

권적 성격은 아니고 단지 법치국가의 법질서에 의해 반사적으로 얻는 이익이라고 본다. 또 평등에 대한 주관적인 권리로 인정하는 '권리설'은 자연권적 기본권으로 모든 개인은 평등하게 대우받을 권리가 있고, 국가 실정법을 통해 국민의 평등권을 침해하게 되면 국가를 상대로 시정을 요구하거나 위헌심사를 청구할 수 있는 권리로 보고 있다. 한편, 앞의 두 가지 성격을 모두 지니고 있다고 보는 '양면설'은 평등규정을 객관적 법규범으로서의 성격과 주관적 공권으로서의 성격을 모두 인정하는데, 평등권은 국가가 지녀야할 하나의 법질서로서의 이념인 동시에 국민이 국가에 대해서 평등한 취급을 요구할 수 있는 개인의 공권으로 인식하는 것으로 다수설의 입장을 보이고 있다.[18]

법적용의 대상이 되는 모든 인간을 원칙적으로 공평하게 다루어져야 한다는 법원칙인 '평등원칙'은 기본권보장을 위한 최고의 헌법원리이자, 공동체의 생활관계에서 모든 구성원을 부당하게 차별해서는 아니되고, 민주국가의 법질서를 구성하는 요소이며, 헌법해석의 지침인 동시에 입법·집행·사법 등 모든 공권력발동의 기준이며, 최고의 헌법원리이므로 헌법개정을 통해서도 폐지할 수 없는 개정금지사항에 해당하는 것이다.[19] 아울러, '평등'의 의미에 대하여는 일체의 차별적 대우를 부정하는 절대적 평등설과 상대적 평등설로 구분되는데, 통설인 '상대적 평등설'은 모든 인간에 대하여 평등하게 대우하되 합리적인 이유 내지 근거가 있거나 정당한 사유가 있는 경우에는 차등대우가 가능하다는 입장이다. 합리적인 이유가 없는 차등은 자의적인 차별이 되고 이는 사회적인 정의에 반하게 된다. 헌법재판소도 헌법 제11조 제1항의 평등의 원칙은 절대적 평등을 의미하는 것이 아니고 법 적용이나 입법에 있어서 불합리한 조건에 의한 차별을 해서는 안 된다는 상대적·실질적 평등을 뜻하는 것이라고 판시하고 있다.[20] 결국, 고용상 차별금지제도에서의 합리적 이유에 관한 문제는 헌법적인 '평등'에서의 상대적 평등설에 입각하여 고용에서의 실질적인 평등실현을 목적으로 하는 문제와 관련된 것이라고 할 수 있다.

한편, 공권의 성격을 가지는 기본권인 평등권을 사인간의 관계에도 적용할 수 있는가에 대해서는 여러 가지 견해[21]를 보이고 있는데, 우리나라 학설은 대체적으로 대사인적

18) 권영성, 『헌법학원론』, 법문사, 2010, 393면에서는 평등권의 성격을 전국가적 자연권성, 주관적 공권성, 기능적·수단적 권리성, 양면적 권리성, 객관적 법질서성으로 구분하여 설명하고 있다.

19) 권영성, 『헌법학원론』, 법문사, 2010, 389면 ; 헌법재판소 1989.01.25. 선고88헌가7결정 ; 헌법재판소 2002.12.18. 선고 2001헌마546결정 외.

20) 헌법재판소 2004.12.16. 선고 2004헌마376결정 외.

21) 기본권의 제3자적 효력과 관련한 제견해로는 효력부정설, 직접적용설 그리고 간접적용설이 있으나, 다수설은 간접적용설이라 할 수 있다. 간접적용설의 요체는 기본권의 본래적인 효력은 대국가적인 공권이므로 대사인간에는 직접적인 효력을 갖지 못하나 사법(私法)의 일반원칙이나 일반조항을 통해 간접적으로 적용된다고 보는 것이고, 간접적용설을 취하는 입장에서도 모든 기본권에 대해 간접적 효력을 인정하는 것이 아니라 개별기본권의 성질에 따라 나누어서 인정하고 있다. 일반적 평등원칙을 규

효력을 인정하고 있는 경향이다.[22] 다만, 사법의 일반원칙을 통하여 규율된다고 할 것이므로, 평등권을 보다 효과적으로 실현하기 위해서는 헌법 및 개별법을 통하여 구체적으로 실현방법을 규정하여야 한다. 즉, 평등한 대우를 요구할 뿐 아니라 사인간의 관계에서도 평등을 세부적으로 보장 받기 위해서는 헌법상의 평등조항 뿐만 아니라 개별법을 통하여 구체적으로 명문화할 필요가 있다 할 것이다.

판례[23]는 헌법상의 기본권은 제1차적으로 개인의 자유로운 영역을 공권력의 침해로부터 보호하기 위한 방어적 권리이지만 다른 한편으로 헌법의 기본적인 결단인 객관적인 가치질서를 구체화한 것으로서, 사법을 포함한 모든 법 영역에 그 영향을 미치는 것이므로 사인간의 사적인 법률관계도 헌법상의 기본권 규정에 적합하게 규율되어야 한다는 입장이다. 다만 기본권 규정은 그 성질상 사법관계에 직접 적용될 수 있는 예외적인 것을 제외하고는 사법상의 일반원칙을 규정한 민법 제2조, 제103조, 제750조, 제751조 등의 내용을 형성하고 그 해석 기준이 되어 간접적으로 사법관계에 효력을 미치게 된다.[24] 물론, 이러한 사법의 일반원칙이 헌법규정이나 헌법에 의해 개별법령에서 명시적으로 규정한 차별금지규정을 우선하여 적용되어야 한다는 것을 의미하는 것은 아니며, 차별행위에 대한 구제이익에도 차이가 있음은 고려되어야 한다.

3. 실질적 고용평등 실현에서의 상대적 평등

헌법에서의 평등원칙은 절대적인 평등이 아니라, 상대적인 평등이고 실질적인 평등의 개념이다.[25] 즉, 일률적으로 모든 것을 동가치한 것(절대적 평등)으로 보고 나누는 것이

정하고 있는 헌법 제11조 제1항 제1문의 규정은 개인의 주관적 공권 이외에 객관적인 원칙규범으로서 작용하고 있으므로 사법의 적용에서도 이러한 원칙에 구속받는 것으로 보아야 하므로, 평등원칙이 사법관계를 지배하는 객관적 원칙규범으로 인정할 경우 사인간의 법률관계를 규율하는 사법규정의 해석 및 평등원리를 직접적으로 구현하고자 하는 규정의 적용에 기본원리로 작용하는 것으로 인정하여야 한다는 입장을 보이고 있다(하경효 · 박종희 · 이정 · 이철수 · 김재훈 · 김홍영, "근로관계법상 균등처우 관련 제도개선 방안 연구", 노동부, 2006, 10~11면).

22) 우리 헌법은 제10조에서 국가는 개인이 가지는 불가침의 기본적 인권을 확인하고 이를 보장할 의무를 진다고 규정함으로써, 소극적으로 국가권력이 국민의 기본권을 침해하는 것을 금지하는데 그치지 아니하고 나아가 적극적으로 국민의 기본권을 타인의 침해로부터 보호할 의무를 부과하고 있다(헌법재판소 1997.01.16. 선고 90헌마110 · 136(병합) 전원재판부 결정).

23) 대법원 2010.04.22. 선고 2008다38288 전원합의체 판결.

24) 대법원 2011.01.27. 선고 2009다19864 판결.

25) 헌법 제11조 평등의 개념은 형식적 · 절대적 평등이 아니라 합리적 근거에 기한 사리에 맞는 차별은 허용한다는 실질적 · 상대적 평등을 의미한다는 것이 헌법재판소의 일관된 판단이다(헌법재판소 2015.12.23. 선고 2014헌마303 결정 외 다수). 아울러, 헌법재판소는 "헌법 제11조 제1항의 평등의 원칙은 일체의 차별적 대우를 부정하는 절대적 평등을 의미하는 것이 아니라 입법과 법의 적용에 있어서 합리적 근거 없는 차별을 하여서는 아니된다는 상대적 평등을 뜻하고 따라서 합리적 근거 있는 차별 내지 불평등은 평등의 원칙에 반하는 것이 아니다. 그리고 합리적 근거 있는 차별인가의 여부는

아닌, 다른 것을 다르게 취급하고 같은 것을 같게 취급(상대적 평등)하는 것을 말하는 것으로 평등원칙이란 일체의 차별적 대우를 부정하는 의미가 아니다. 그렇기 때문에 절대적 평등은 형식적 평등이라고도 하고, 상대적 평등은 실질적 평등이라고도 한다.[26]

특히 상대적 평등은 고용상 차별금지제도에서 차별의 전제조건으로 검토해야할 합리적인 이유와 연관성을 크게 갖는 개념이라고 할 수 있으며, 적극적 개선조치 등 약자의 평등실현을 위한 조치들은 실질적 고용평등 실현을 위한 상대적 평등의 개념으로 접근될 수 있다. 그래서 상대적 평등은 비례적 평등이라고도 한다. 예를 들어 주민세는 해당 지역 주민이면 동일하게 세금을 부과한다. 반면에 소득세는 소득에 비례[27]해서 과세하게 되는데 전자를 절대적 평등의 개념에서 후자를 상대적 평등의 개념에서 접근될 수 있는 문제라고 할 수 있다. 결국 절대적 평등은 무조건적인 평등과 동일한 사유 내지 사안에서의 차별금지, 상대적 평등은 조건적인 평등과 상이한 사유 내지 조건을 고려하는 전제에서의 차별금지라는 연관성을 가진 것이다. 헌법에서의 평등권에 기한 고용상 평등의 문제는 상대적 평등개념에 기초한 것이고, 상대적 평등은 차별문제에서 실질적인 평등실현차원에서의 합리적인 이유를 전제하고 있어 차별판단에서 중요한 근거가 되고 있다.[28]

4. 헌법상 평등원리의 고용상 수정원리

법적으로 평등을 한 개의 권리(평등권)로서 직접 규정한 것은 헌법 제11조인데, 헌법상의 규정으로 판단한다면 모든 고용상의 차별은 금지되어야 하고 완전한 평등의 원칙이 지배되어야 한다고 할 수 있다. 그러나 고용영역은 사적자치의 원리가 지배하는 영역으로, 계약자유의 원칙에 따라 사용자와 근로자가 자유로이 계약내용을 정하고 그에 따라 노무제공과 급부를 제공하는 것이 기본적인 구조이다. 이렇게 사적자치가 지배한다면 고

그 차별이 인간의 존엄성 존중이라는 헌법원리에 반하지 아니하면서 정당한 입법목적을 달성하기 위하여 필요하고도 적정한 것인가를 기준으로 판단되어야 한다."라고 판시하여 합리적 근거있는 차별은 인정하는 상대적 평등이라고 설시하고 있다(헌법재판소 1994.02.24. 선고 92헌바43 결정 ; 김은철, "헌법상 평등심사기준에 관한 연구", 「미국헌법연구(제26권 제1호)」, 미국헌법학회, 2015, 170면).

26) 하경효·박종희·이정·이철수·김재훈·김홍영, "근로관계법상 균등처우 관련 제도개선 방안 연구", 노동부, 2006, 4~5면에서는 평등에 대하여 형식적 평등과 실질적 평등으로 구분하면서 헌법 제11조 법 앞에서의 평등을 법적용의 평등 혹은 형식적 평등이라고 하고, 법 내용에서의 평등 혹은 법제정의 평등 양자가 모두 포함된 것으로 평등을 보아야 실질적인 평등의 보장이 담보된다고 한다.

27) 조세의 합형평성의 원칙은 조세관계법률의 내용이 과세대상자에 따라 상대적으로 공평(상대적평등)하여야 함을 의미하는 것으로서, 비슷한 상황에는 비슷하게, 상이한 상황에는 상이하게 그 상대적 차등에 상응하는 법적 처우를 하도록 하는 비례적·배분적 평등을 의미하며, 본질적으로 불평등한 것을 자의적으로 평등하게 취급하는(내용의) 법률의 제정을 불허함을 의미하는 것이다(헌법재판소 1990.09.03. 선고89헌가95결정).

28) 임공수, "고용상 차별금지제도에서의 합리적 이유에 관한 연구", 고려대박사학위논문, 2016, 27~28면.

용내용에 따라 근로내용이 같아도 다른 대우가 가능하다는 결론에 이르게 된다. 그러나 고용관계법은 균등대우 및 동일가치노동 동일임금을 전제하고 있으며, 고용상 동종 또는 유사한 업무에 종사하는 근로자와 비교하여 동등한 대우를 받아야 하고 차별적 취급은 금지되고 있다. 이러한 원칙들은 헌법상의 평등권이 고용상에서는 수정적인 조치가 이루어지고 있다는 것을 의미한다. 즉, 고용상 평등 내지 차별금지는 헌법상의 평등권, 근로계약상의 인격적 가치침해를 제어하는 부수적 의무 등 논자에 따라 이론적인 근거를 달리 보고 있지만[29], 고용영역이 노동법이 지배하는 영역으로 일정한 부분 사적자치를 제한·강제(최저임금, 사용금지, 산재보상보험 등)하는 등 법령에 의해 국가적인 통제가 가능한 영역이라는 점을 고려할 때 근본적인 근거는 헌법상의 평등권설에 근거하여 관련 고용법령에서 추구하는 시장원리에 대한 수정원리가 적용되는 영역으로 판단되어야 할 것이다. 이러한 판단으로 각종 고용법령에서 합리적인 이유 등이 존재하는 경우 차별이 아닌 것으로 파악하는 입법적 취지도 그 정당성을 인정받을 수 있기 때문이다. 그리고 이러한 수정원리에 따라 차별금지 등에 대한 제재조치가 가능하고 국가는 실질적인 평등을 실현하고자 적극적 개선조치 등 정책적으로 고용상에서의 차별문제에 대하여 개입할 수 있는 근거가 될 수 있다.[30]

5. 평등과 고용상 차별금지의 상관성

평등이란 둘 이상의 객체들이 일정한 비교의 관점에서 볼 때 여전히 서로 구별되는 표지들을 가지고 있기는 하지만, 그 비교의 관점을 구성하는 표지들에 있어서 서로 일치하는 관계를 표현하기 위해서 사용되는 관계개념[31]으로, 권리·의무·자격 등에서 차별이 없는 상태를 말한다. 예를 들어 남녀평등은 권리나 의무 등에서 성별을 이유로 하여 차등을 두지 않는 차별이 없는 상태를 말한다. 그렇다고 성별에 의한 근본적인 성적 특성을 부인하는 의미로 인식되어지는 것은 아니다.

평등에 대하여 우리 헌법은 인간의 존엄과 가치를 지키기 위한 법 앞의 평등에 대하여 평등권을 중심으로 민주주의의 기본이념인 기본적인 인권으로서의 평등을 그 내용으로 하고 있다.[32] 이와 관련하여 고용분야에서의 평등은 차별금지라는 제도적인 장치를 토대로

29) 박성희, “고용상 차별의 구제에 관한 연구”, 단국대박사학위논문, 2012, 7~10면.
30) 임공수, “고용상 차별금지제도에서의 합리적 이유에 관한 연구”, 고려대박사학위논문, 2016, 28~29면.
31) 하경효·박종희·이정·이철수·김재훈·김홍영, “근로관계법상 균등처우 관련 제도개선 방안 연구”, 노동부, 2006, 5면.
32) 인간은 모두 태어날 때부터 평등하다는 것은 민주주의의 가장 기본적인 이념으로 헌법상의 평등권은 기본적인 인권의 하나로서 규정된 것이지만 평등의 원리는 민주주의 그 자체를 지탱하고 있는 기둥이다. 평등의 원리를 실현하기 위해서 정치제도로서는 민주정치가 발달하게 되었고, 인간의 생활원리나

균등대우를 실현하여 평등을 촉진하고 차별을 규제하는 것으로 규율하고 있으며, 헌법과 고용관련법령은 공통적인 평등실현인 기회의 평등[33] 등을 중심으로 다루고 있다. 여기에 고용관련법령은 더 나아가 직·간접적으로 과정에서의 평등과 결과에서의 평등도 고려하고 있는데, 평등의 내용에서 고용상 평등은 고용영역으로의 진입을 방해하는 장애물을 제거하고 균등하게 기회를 부여해야 한다는 기회의 평등, 고용상에서 임금 및 근로조건 등 고용내용에서의 균등한 대우에 의한 평등, 그리고 고용상 취해지는 정책이나 제도, 대우가 결과적으로 차별적인 요소가 제거되어야 한다는 결과에서의 평등을 담고 있다.

실질적 평등으로서의 상대적 평등에서는 차별 내지 불평등의 반대가 곧 평등이라고 단정하지는 않는다. 그것은 실질적으로는 차별이지만 차별로 보지 않는 사유도 있기 때문이다. 즉, 차별과 불평등은 평등 및 균등대우의 개념과 상반되는 동전의 양면성을 가지는 것으로 판단해도 틀린 문제는 아닐 것으로 판단되며, 평등의 실현은 차별금지라는 규제를 통하여 보완된다고 볼 수 있고, 현실적으로 고용상 평등 내지 평등권의 구체화는 법률이나 각종 규제 등을 통하여 차별금지 내지 균등대우라는 정책적인 고려에서 실현된다고 할 수 있겠다.[34]

Ⅲ. 차별금지 사항의 국제적 동향

1. 인권선언 및 차별철폐 국제협약

(1) 세계인권선언

세계인권선언은 인류의 고유한 존엄성과 평등하고 양도할 수 없는 권리를 인정하는 것이 세계의 자유, 정의, 평화의 기초가 됨을 선언하면서 기본적 인권과, 인간의 존엄과 가치, 남녀의 동등한 권리에 대한 신념을 재확인하고 회원국들은 국제연합과 협력하여 인권과 기본적 자유에 대한 보편적 존중과 준수의 증진을 달성할 것을 서약하고, 모든 국민들

방식으로서는 민주주의가 발전해 왔다. 만약 민주주의나 민주정치에서 인간의 평등이라는 대원리를 제외해 버린다면 민주주의나 민주정치 그 자체가 존재의 의의를 상실한다는 것을 의미하게 된다고 할 것이며, 이러한 민주성은 고용상의 평등에도 원용된다고 할 것이다(임공수, "고용상 차별금지제도에서의 합리적 이유에 관한 연구", 고려대박사학위논문, 2016, 29~30면).

33) 헌법 전문에서 "모든 사회적 폐습과 불의를 타파하며, 자율과 조화를 바탕으로 자유민주적 기본질서를 더욱 확고히 하여 정치·경제·사회·문화의 모든 영역에 있어서 각인의 기회를 균등히 하고"라고 규정하고 있고, 정책법 제7조에서는 "균등한 취업기회 보장" 규정과, 남녀고용평등법 제1조에서는 "평등이념에 따라 고용에서 남녀의 평등한 기회와 대우를 보장하고"라고 규정하고 있다.

34) 임공수, "고용상 차별금지제도에서의 합리적 이유에 관한 연구", 고려대박사학위논문, 2016, 30~31면.

과 국가에 대한 공통의 기준으로서 세계인권선언을 선포하였다.

인권선언에서는 모든 사람은 태어날 때부터 자유롭고, 존엄성과 권리에 있어서 평등하고, 모든 사람은 인종, 피부색, 성, 언어, 종교, 정치적 또는 그 밖의 견해, 민족적 또는 사회적 출신, 재산, 출생, 기타의 지위 등에 따른 어떠한 종류의 구별도 없이, 이 선언에 제시된 모든 권리와 자유를 누릴 자격이 있고, 나아가 개인이 속한 나라나 영역이 독립국이든 신탁통치지역이든, 비자치지역이든 또는 그 밖의 다른 주권상의 제한을 받고 있는 지역이든, 그 나라나 영역의 정치적, 사법적, 국제적 지위를 근거로 차별이 행하여져서는 안 된다고 규정하고 있다.

세부적으로 보면 모든 사람은 어디에서나 법 앞에 인간으로서 인정받을 권리를 가지고, 모든 사람은 법 앞에 평등하고, 어떠한 차별도 없이 법의 평등한 보호를 받을 권리를 가진다. 모든 사람은 이 선언을 위반하는 어떠한 차별에 대하여도, 또한 어떠한 차별의 선동에 대하여도 평등한 보호를 받을 권리를 가지며, 모든 사람은 헌법 또는 법률이 부여하는 기본권을 침해하는 행위에 대하여 담당 국가법원에 의하여 효과적인 구제를 받을 권리를 가진다. 또, 성년에 이른 남녀는 인종, 국적 또는 종교에 따른 어떠한 제한도 받지 않고 혼인하여 가정을 이룰 권리를 가진다. 이들은 혼인 기간 중 및 그 해소 시 혼인에 관하여 동등한 권리를 가지며, 모든 사람은 사상, 양심 및 종교의 자유에 대한 권리를 가진다. 이러한 권리는 자신의 종교 또는 신념을 바꿀 자유와 선교, 행사, 예배, 의식에 있어서 단독으로 또는 다른 사람과 공동으로, 공적으로 또는 사적으로 자신의 종교나 신념을 표명하는 자유를 포함한다. 모든 사람은 근로의 권리, 자유로운 직업 선택권, 공정하고 유리한 근로조건에 관한 권리 및 실업으로부터 보호받을 권리, 어떠한 차별도 받지 않고 동등한 노동에 대하여 동등한 보수를 받을 권리, 모든 근로자는 자신과 가족에게 인간적 존엄에 합당한 생활을 보장하여 주며, 필요할 경우 다른 사회적 보호의 수단에 의하여 보완되는 정당하고 유리한 보수를 받을 권리, 모든 사람은 자신의 이익을 보호하기 위하여 노동조합을 결성하고 가입할 권리를 가진다.

(2) 인종차별철폐협약

국제연합 헌장이 모든 인간에게 고유한 존엄과 평등의 원칙에 기본을 두고 있으며 모든 회원국이 인종, 성별, 언어 또는 종교의 구별 없이 만인을 위한 인권과 기본적 자유에 대한 보편적 존중과 준수를 증진시키고 촉진하는 국제연합의 목적 중의 하나를 성취하는데 있어서 국제연합과의 협조 아래 공동적 및 개별적 조치를 취하기로 서약하였음을 고려하고, 세계인권선언이 만인은 존엄과 권리에 있어 태어날 때부터 자유롭고 평등함을 선언하고 또한 특히 인종, 피부색 또는 출생지에 대하여 어떠한 종류의 구별도 하지 않고 동 선언에 언급된 모든 권리와 자유를 누구나 향유할 수 있음을 선언하고 있다. 만인은 법 앞에 평등하며 어떠한 차별에 대해서도 그리고 어떠한 차별의 고무에 대해서도 법의 균등한 보호를 받을 자격이 있고, 국제연합이 어떠한 형태로든 또한 어디에 그들이 존재하든 식민주의와 그리고 그와 결탁한 차등과 차별의 모든 관행을 규탄하고 있다.

또한, 동협약은 1960년 12월 14일자 식민지 및 그 인민에 대한 독립 부여 선언(총회결의 1514(XV))이 그들을 신속히 무조건 종식시켜야 할 필요성을 확인하고 또한 엄숙히 선언하였음을 고려하고 있다. 1963년 11월 20일자 모든 형태의 인종차별 철폐에 관한 국제연합 선언(총회결의 1904(XⅧ))이 전세계에서 모든 형태와 양상의 인종차별을 신속히 철폐하고 인간의 존엄성에 대한 이해와 존중을 확보할 필요성을 엄숙히 확인하고 있음을 고려하고, 인종차별에 근거한 어떠한 우수 인종 학설도 과학적으로 허위이며 도덕적으로 규탄받아야 하며 사회적으로 부당하고 위험하며 또한 어느 곳에서든 이론상으로나 실제상으로 인종차별에 대한 정당화가 있을 수 없다는 것을 확신하고, 인종, 피부색 또는 종족의 기원을 근거로 한 인간의 차별은 국가간의 우호적이고 평화적인 관계에 대한 장애물이며 국민간의 평화와 안전을 그리고 심지어 동일한 단일 국가 내에서 나란히 살고 있는 인간들의 조화마저 저해할 수 있다는 것을 재확인하고, 인종적 장벽의 존재가 어떠한 인류사회의 이상과도 배치됨을 확신하고 있다.

아울러, 동 협약은 세계 일부 지역에서 아직도 실증적인 인종차별의 시현과 또한 인종적 우월성 또는 증오감에 근거를 둔 "남아프리카의 인종차별정책", 인종분리 또는 격리와 같은 정부 정책에 경악을 금치 못하고, 모든 형태와 양상에 있어 인종차별을 신속히 철폐시키기 위한 모든 필요 조치를 채택하고, 인종간의 이해를 증진시키기 위하여 인종주의자의 이론과 실제를 방지하고 격퇴시키며 모든 형태의 인종분리 및 인종차별이 없는 국제공동사회를 건설할 것을 결의하고 있다. 1958년 국제노동기구가 채택한 고용 및 직업에 있어서의 차별에 관한 협약과 1960년 국제연합교육과학문화기구가 채택한 교육에 있어서의 차별금지협약에 유의하고, 모든 형태의 인종차별 철폐에 관한 국제연합 선언에 포용된 제반 원칙을 실행할 것과 이 독적을 위한 실제적 조치의 최단 시일 내 채택을 확보할 것을 열망하며 합의하였다.[35)]

35) 협약에서 "인종차별"이라 함은 인종, 피부색, 가문 또는 민족이나 종족의 기원에 근거를 둔 어떠한 구별, 배척, 제한 또는 우선권을 말하며 이는 정치, 경제, 사회, 문화 또는 기타 어떠한 공공생활의 분야에 있어서든 평등하게 인권과 기본적 자유의 인정, 향유 또는 행사를 무효화시키거나 침해하는 목적 또는 효과를 가지고 있는 경우로, 체약국이 자국의 시민과 비시민을 구별하여 어느 한쪽에의 배척, 제한 또는 우선권을 부여하는 행위에는 적용되지 아니하고, 이 협약의 어느 규정도 국적, 시민권 또는

협약의 체약국은 인종차별을 규탄하며 모든 형태의 인종차별 철폐와 인종간의 이해증진 정책을 적절한 방법으로 지체없이 추구할 책임을 지며 이 목적을 위하여, (a) 각 체약국은 인간이나 인간의 집단 또는 단체에 대한 인종차별 행위를 하지 않을 의무 또는 인종차별을 실시하지 않을 의무를 지며 또한 모든 국가 및 지방공공기관과 공공단체가 그러한 의무에 따라 행동하도록 보증할 의무를 지고, (b) 각 체약국은 인간이나 또는 조직에 의한 인종차별을 후원, 옹호 또는 지지하지 않을 의무를 지며, (c) 각 체약국은 어디에 존재하든 간에 인종차별을 야기시키거나 또는 영구화시키는 효과를 가진 정부, 국가 및 지방정책을 면밀히 조사하고 또한 상기 효과를 가진 법규를 개정, 폐기 또는 무효화시키는 효율적 조치를 취하며, (d) 각 체약국은 어느 인간, 집단 또는 조직에 의한 인종차별을 해당 사정에 따라 입법을 포함한 모든 적절한 수단으로써 금지하고 종결시키며, (e) 각 체약국은 적절한 경우 다종족 통합주의자단체와 인종간의 장벽을 폐지하는 운동 및 기타 방법을 장려하고 또한 인종분열을 강화할 성향이 있는 어떠한 것도 막아야 한다고 규정하고 있다.

또한, 체약국은 상황이 적절한 경우 사회적, 경제적, 문화적 그리고 기타 분야에 있어서 특정 인종집단 또는 개인의 적절한 발전과 보호를 보증하는 특수하고 구체적인 조치를 취하여 이들에게 완전하고 평등한 인권과 기본적 자유의 향유를 보장토록 한다. 이와 같은 조치는 어떠한 경우에도 소기의 목적이 달성된 후 별개의 상이한 인종집단에 대한 불평등 또는 별개의 권리를 존속시키는 일을 초래하여서는 아니된다.

(3) 여성에 대한 모든 형태의 차별철폐에 관한 협약[36)]

국제연합 헌장이 기본적 인권, 인간의 존엄과 가치 및 남녀평등권에 대한 신뢰를 재확인하고 있음에 유의하고, 세계인권선언은 차별이 허용될 수 없다는 원칙을 확인하고 있으며 모든 인간은 자유롭게 그리고 존엄과 제반 권리에 있어 평등하게 출생하며 성에 기인한 차별을 포함한 어떠한 종류의 차별도 받지 아니하고 동 선언에 규정된 모든 권리와 자유를 누릴 권리가 있다고 선언하고 있음을 확인하고 있다.

귀화에 관한 체약국의 법규정에 어떠한 영향도 주는 것으로 해석될 수 없다. 단, 이러한 규정은 어느 특정 국적에 대하여 차별을 하지 아니한다. 어느 특정 인종 또는 종족의 집단이나 개인의 적절한 진보를 확보하기 위한 유일한 목적으로 취해진 특별한 조치는 그러한 집단이나 개인이 인권과 기본적 자유의 동등한 향유와 행사를 확보하는 데 필요한 보호를 요청할 때에는 인종차별로 간주되지 않는다. 단, 그러한 조치가 결과적으로 상이한 인종집단에게 별개의 권리를 존속시키는 결과를 초래하여서는 아니되며, 또한 이러한 조치는 소기의 목적이 달성된 후에는 계속되어서는 아니된다.

36) 우리 정부는 이 협약을 검토한 후 동 협약 제9조와 제16조 제1항 중 (c), (d), (f), (g)에 대하여 유보하면서 동 협약을 비준하였다가, 동 협약 제16조 제1항 중 (c), (d), (f)를 1991년 3월15일 유보철회 하였고, 동 협약 제9조를 1999년 8월 24일 유보철회 하였다.

국제인권규약 당사국은 모든 경제적, 사회적, 문화적, 시민적 및 정치적 권리를 향유할 남녀의 평등권을 보장할 의무를 지고 있음에 유의하고, 국제연합 및 전문기구의 후원하에 체결된 남녀권리의 평등을 촉진하는 제 국제협약을 고려하고, 국제연합 및 전문기구에 의해 채택된 남녀권리의 평등을 촉진하는 결의, 선언 및 권고에도 유의하고 있음을 밝히고 있다. 그러나 이러한 제도에도 불구하고 여성에 대한 광범위한 차별이 계속 존재하고 있음을 우려하고, 여성에 대한 차별은 권리평등 및 인간 존엄성의 존중원칙에 위배되며, 여성이 남성과 동등한 조건하에 국가의 정치적, 사회적, 경제적 및 문화적 생활에 참여하는데 장애가 되며, 사회와 가정 번영의 증진을 어렵게 하며, 그들 국가와 인류에 대한 봉사에 있어 여성 잠재력의 완전한 개발을 더욱 어렵게 함을 상기하고 있다.

또한, 궁핍한 상황하에서는 식량, 건강, 교육, 훈련 및 취업 기회와 기타의 필요에 있어 여성이 가장 혜택받기 어려운 점을 우려하고, 형평과 정의에 기초를 둔 신국제 경제질서의 수립이 남녀평등을 도모하는 데 크게 기여할 것임을 확신하고, 인종격리정책, 모든 형태의 인종주의, 인종차별, 식민주의, 신식민주의, 침략, 외국의 점령 및 지배와 국내문제에 대한 간섭 등의 제거가 남성과 여성의 권리의 완전한 향유에 필수적임을 강조하고, 국제평화와 안전의 강화, 국제긴장의 완화, 국가의 사회적, 경제적 체제에 관계없이 국가간의 상호 협력, 전반적이고 완전한 군비축소, 특히 엄격하고 효과적인 국제적 통제하의 핵군축, 국제관계에 있어서의 정의 평등 및 호혜의 원칙의 확인, 외국의 식민 지배와 외국의 점령하에 있는 인민의 자결권 및 독립권의 실현 그리고 국가주권 및 영토보전에 대한 존중 등이 사회 진보와 발전을 촉진하며 결과적으로 남성과 여성 사이의 완전한 평등의 성취에 기여할 것임을 확인하고 있다.

아울러, 국가의 완전한 발전과 인류의 복지 및 평화를 위해서는 여성이 모든 분야에 남성과 평등한 조건으로 최대한 참여하는 것이 필요함을 확신하고, 현재까지 충분히 인식되지 못하고 있는 가정의 복지와 사회의 발전에 대한 여성의 지대한 공헌, 모성의 사회적 중요성 및 가정과 자녀양육에 있어서의 부모의 역할을 명심하며 또한 출산에 있어서 여성의 역할이 차별의 근거가 될 수 없으며, 아동의 양육에는 남성, 여성 및 사회전체가 책임을 분담해야 함을 인식하고, 남성과 여성 사이에 완전한 평등을 달성하기 위하여는 사회와 가정에서의 여성의 역할뿐만 아니라 남성의 전통적 역할에도 변화가 필요함을 인식하고, 여성에 대한 차별의 철폐에 관한 선언에 명시된 제 원칙을 이행하며, 이러한 목적으로 모든 형태 및 양태에 있어서의 차별을 철폐하는 데 필요한 조치를 취할 것을 결의하면서 합의하였다.[37)]

당사국은 고용 분야에서 남녀평등의 기초 위에 동일한 권리 특히 (a) 모든 인간의 불가침의 권리로서 근로의 권리, (b) 동일한 채용기준의 적용을 포함한 동일한 고용기회를 보장받을 권리, (c) 직업과 고용의 자유로운 선택권, 승진, 직장안정 및 역무에 관련된 모든 혜택과 조건을 누릴 권리, 그리고 견습, 고등직업훈련 및 반복훈련을 포함한 직업훈련 및 재훈련을 받을 권리, (d) 수당을 포함하여 동등한 보수를 받을 권리 및 노동의 질 평가에 있어 동등한 처우와 동등한 가치의 노동에 대한 동등한 처우를 받을 권리, (e) 유급휴가를 받을 권리 및 사회보장, 특히 퇴직, 실업, 질병, 병약, 노령 및 기타 노동 무능력의 경우에 사회보장에 대한 권리, (f) 건강보호에 대한 권리 및 생식기능의 보호조치를 포함한 근로조건의 안전에 대한 권리를 확보할 목적으로 여성에 대한 차별을 철폐하기 위한 모든 적절한 조치를 취하여야 한다. 결혼 또는 모성을 이유로 한 여성에 대한 차별을 방지하며 여성의 근로에 대한 유효한 권리를 확보하기 위하여 (a) 임신 또는 출산휴가를 이유로 한 해고 및 혼인 여부를 근거로 한 해고에 있어서의 차별을 금지하고 위반시 제재를 가하도록 하는 것, (b) 종전의 직업, 선임순위 또는 사회보장 수당을 상실함이 없이 유급 또는 이에 상당하는 사회보장급부를 포함하는 출산휴가제를 도입하는 것, (c) 특히 아동 보육시설망의 확립과 발전의 촉진을 통하여 부모가 직장에서의 책임

37) 동 협약에서 "여성에 대한 차별"이라 함은 정치적, 경제적, 사회적, 문화적, 시민적 또는 기타 분야에 있어서 결혼 여부에 관계없이 남녀 동등의 기초 위에서 인권과 기본적 자유를 인식, 향유 또는 행사하는 것을 저해하거나 무효화하는 효과 또는 목적을 가지는 성에 근거한 모든 구별, 배제 또는 제한을 의미한다. 아울러, 당사국은 여성에 대한 모든 형태의 차별을 규탄하고 여성에 대한 차별을 철폐하기 위한 정책을 모든 적절한 수단을 통해 지체없이 추진하기로 합의하며 이러한 목적으로 (a) 남녀평등의 원칙이 헌법 또는 기타 적절한 입법에 아직 규정되지 않았다면 이를 구현하며 법 또는 기타 적절한 수단을 통해 동 원칙의 실제적 실현을 확보할 것, (b) 여성에 대한 모든 차별을 금지하는 적절한 입법 및 기타 조치를 채택하고 필요한 경우 제재를 포함시킬 것, (c) 남성과 동등한 기초 위에서 여성의 권리에 대한 법적 보호를 확립하며 권한 있는 국내 법정과 기타 공공기관을 통하여 여성을 여하한 차별행위로부터 효과적으로 보호하도록 확보할 것, (d) 여성에 대한 여하한 차별행위 또는 관행에 따르는 것을 삼가며 공공 당국과 기관이 동 의무와 부합되게 행동하도록 확보할 것, (e) 여하한 개인, 조직 또는 기업에 의한 여성 차별도 철폐되도록 모든 적절한 조치를 취할 것, (f) 여성에 대한 차별을 구성하는 현행 법률, 규칙, 관습 및 관행을 수정 또는 폐지하도록 입법을 포함한 모든 적절한 조치를 취할 것, (g) 여성에 대한 차별을 구성하는 모든 국내형사법 규정을 폐지할 것을 규정하고 있다. 아울러, 남성과 여성 사이의 사실상의 평등을 촉진할 목적으로 당사국이 채택한 잠정적 특별조치는 본 협약에서 정의한 차별로 보지 아니하나, 그 결과 불평등한 또는 별도의 기준이 유지되어서는 결코 아니된다. 기회와 대우의 평등이라는 목적이 달성되었을 때 이러한 조치는 중지되어야 하고, 모성을 보호할 목적으로 본 협약에 수록된 제 조치를 포함한 특별조치를 채택하는 것은 차별적인 것으로 보아서는 아니되며, (a) 일방의 성이 열등 또는 우수하다는 관념 또는 남성과 여성의 고정적 역할에 근거한 편견, 관습 및 기타 모든 관행을 없앨 목적으로, 남성과 여성의 사회적 및 문화적 행동양식을 수정할 것, (b) 사회적 기능의 하나로서의 모성에 대한 적절한 이해와 자녀의 양육과 발전에 있어서 남녀의 공동책임에 대한 인식이 가정교육에 포함되도록 확보하되, 모든 경우에 있어서 자녀의 이익이 최우선적으로 고려되도록 할 것을 위하여 모든 적절한 조치를 취하여야 한다.

및 사회생활에의 참여를 가사의 의무와 병행시키는 데 도움이 될 필요한 사회보장 혜택의 제공을 장려하는 것, (d) 임신 중의 여성에게 유해한 것이 증명된 유형의 작업에는 동 여성에 대한 특별한 보호를 제공하는 것을 위한 적절한 조치를 취하여야 한다.

2. 국제노동기구(ILO)의 조약

ILO는 노동 및 고용관련 각종 규약을 마련하여 제시하고 있고, 당사국이 이를 비준하도록 하여 국제적으로 고용관계의 개선을 도모하고 있다. 차별금지원칙 중에서도 가장 대표적인 것이 성에 의한 차별로 ILO를 비롯하여 여러 나라의 법령상의 규정을 보아도 알 수 있지만, ILO가 평등문제에 관하여 채택한 최초의 일반적 조약이 바로 제100호 조약이다. 즉, 성에 의한 차별을 금지하면서 특히 임금[38] 등에 대한 문제로서 동일노동·동일임금의 원칙을 천명하고 있다. 결국 동 조약은 평등이라는 것은 단순한 숫자적인 평등이 아닌 동일가치노동에 대한 평등임을 명기하면서 임금 등에 대한 차별금지를 규정하고 있다.

한편, ILO 제111호 조약은 여러 가지를 망라한 차별대우를 금지하고 있는데, 인종, 피부색, 성, 종교, 정치적 견해, 사회적 출신에 의한 것(제1조) 및 그 외에 가맹국이 각각 그 절차에 따라 정의하고 있는 차별이 금지대상이 된다. 여기에서 인종에는 소수민족 등도 포함되고, 성에는 기혼·미혼도 포함되며, 성적 희롱도 그 안에 포함된다.

3. 유럽연합(EU)입법지침

EU법은 유럽연합의 모든 회원국들에게 적용되는 것으로 많은 의미를 가지는데, EU법은 1차적 법원(primary sources)인 EU설립과 관련한 조약들과 그 부속서들[39], EU 제

38) ILO 제100호 조약 제1조는 임금 및 평등에 관하여 정의하고 있고, 동조 (가)에 따르면 「임금에는 통상의, 기본의, 또는 최저의 임금 또는 급료 및 사용자가 근로자에 대하여 그 고용을 원인으로 해서 현금 또는 현물에 의해 직접 또는 간접으로 지불하는 모든 추가적 급부를 포함하고 있다. 한편, ILO 제95호 임금보호협약에 의하면 「임금」이라 함은 명칭 또는 계산방법의 여하를 불문하고 금전으로 평가할 수 있고, 쌍방의 합의나 국내의 법령으로 정해진 보수 또는 소득으로, 완성되었거나 앞으로 완성될 일 또는 제공되었거나 앞으로 제공될 용역에 관하여 사용자가 문서 또는 구두에 의한 고용계약에 의거하여 근로자에게 지불하는 것을 규정하고 있다.

39) EU에 대한 세 개의 공동체 설립조약, 즉 유럽석탄철강공동체(ECSC : European Coal and Steel Community)설립조약, 유럽공동체(EC : European Community)설립조약(이하 "EC조약"이라 한다), 유럽원자력공동체(Euratom : EURopean ATOMic Energy Community)설립조약과 이에 부가된 부속조약들 인 부속서와 의정서로 구성된다(박지순, "유럽노동법의 기본구조와 관련 입법지침의 개관Ⅱ", 「국제노동브리프(2005년 9월호)」, 한국노동연구원, 54~58면). 이는 EU회원국들이 일반적 조약체결방식에 따라 체결한 조약으로 EU의 지주를 이루는 법원이다. 각 공동체의 위원회와 이사회의 통합을 정한 기관통합조약(Merger Treaty, 1965), 예산조약(Budgetary Treaty), 신규회원국가입조약(Accession treaties), EEC 조약의 수정을 주된 내용으로 하는 단일유럽의정서(Single European Act, 1987), 마스트리히트 조약(1993), 암스테르담조약(1999), 니스조약(2003)

기관이 제정한 2차 입법, EU법을 이행하는 회원국의 국내법, 국제기구와 국제조약을 규율하는 국제법, 법의 일반원칙 등으로 구성된다. 여기에서 EU의 2차적 법원(secondary sources)은 1차적 법원인 공동체 설립조약을 근거로 하여 EU기구에서 직접 제정(규칙[40], 지침[41], 결정[42], 권고 및 의견[43]))하는 법규정이다.[44] 2차적 법원의 형태 등에 관하여는 EC조약 제249조가 규정하고 있다. 한편, EU의 공동체설립조약들은 유럽사법재판소(European Court of Justice, 이하 'ECJ'라 한다)에 각 조약의 해석 및 조약의 준수를 보장하기 위하여 관할권을 인정하고 있다. EU법원에는 1차적 입법, 2차적 입법, 체결승인된 국제법 외에 불문법으로서 ECJ의 판결례인 법의 일반원칙이 포함된다.

EU입법지침에서 차별금지와 관련한 주요 지침으로 남녀 근로자의 동일임금에 관한 지

등도 설립조약의 부속조약 등을 EU의 1차적 법원(primary sources)에 해당한다.

40) 규칙(regulation)은 일반 적용성과 전적인 구속력을 지니며 모든 회원국에게 직접 적용되는 법원이다(EC조약 제249조 제2항). 일반 적용성이라 함은 한정되는 대상이 아닌 불특정 다수의 모든 사람에게 적용된다는 의미로서 이는 수범자가 특정되어지는 지침 및 결정과 구별된다. 구속력이라 함은 수범자에게 권리를 부여하거나 의무를 부과함을 말하고, 전적인 구속력이 있다는 것은 결과 달성의 형태나 방법 등에 관한 사항에 대해서도 구속력을 가진다는 의미이다. 아울러, 직접 적용이라 함은 규칙이 제정됨과 동시에 자동적으로 회원국 내 법질서의 일부를 형성하며, 효과 발생을 위한 특별한 국내적 편입절차가 요구되지 않는다는 의미이다(임공수, 『고용차별론』, 청목출판사, 2018, 214면).

41) 지침(directive)은 구속력 있는 법적 행위이나 규칙과 달리 전부 구속력이 있는 것이 아니고 달성되어야 하는 결과에 대해서만 지침이 통고된 각 회원국을 구속한다. 그리고 결과 달성의 형식 및 방법의 선택은 회원국에게 달려 있다. 지침은 회원국 외에 개인에 대하여 내려질 수 없으며, EC조약 제249조의 규정상 직접적용성이 인정되지 않는다. 즉 지침에서는 목표만 수립되고 적당하다고 생각되는 방법에 따라 그 목표를 달성하는 것은 회원국에 일임되는 재량권이 인정되므로 지침은 국내법으로의 변형이 필요하다. 또한 지침의 실시가 반드시 국내법의 개폐 혹은 제정을 필요로 하는 것은 아니며, 지침은 일반적으로 그 국내적 실시에 기한을 정하고 있으므로 기한이 완료되기 전에는 직접효력을 갖지 못하는데 이 점이 다르다(임공수, 『고용차별론』, 청목출판사, 2018, 214면).

42) 결정(decision)은 당사자에게 전적인 구속력을 가진다. 전적인 구속력이 있다는 점에서 규칙과 같고 지침과 다르다. 결정은 개별적으로 행해지며 회원국, 기업 또는 개인을 대상으로 개별 적용성을 갖는다는 점에서 일반 적용성을 가지는 규칙과 차이가 있다. 결정은 보통 다른 공동체 규정을 실행하는 행정적 성격을 갖고 있으므로 그 대상자에게 통지된 날로부터 효력을 갖는다(임공수, 『고용차별론』, 청목출판사, 2018, 214면).

43) 권고(recommendation)란 일정한 상대방에게 특정행위를 요구하는 국제기구의 일방행위이며, 의견(opinion)이란 특정 대상자 없이 제3자의 요청으로 단순한 견해를 표시하는 것이다. 일반적으로 권고는 공동체 집행기관이 회원국들의 국내 법규를 조화시키기 위해 간접적인 행동수단으로 기능하는데, 권고 및 의견은 모두 법적 구속력이 없다(EC조약 제249조). 그러나 권고 및 의견이 다른 EU법의 해석에 기준을 제공하는 한 법원성을 인정할 수 있을 것이다(임공수, 『고용차별론』, 청목출판사, 2018, 214면).

44) EU의 입법(규칙, 지침, 결정, 권고 및 의견)은 집행위원회(European Commission)와 각료이사회(Council of Minister)를 양축으로 하여 이루어진다. 즉 집행위원회가 제안을 제출하고, 각료이사회는 이 제안을 심의하여 통과 여부를 최종 결정한다. 유럽의회(European Parliament)는 암스테르담조약에 의하여 그 지위가 강화되어 종래의 협의적 역할에서 공동결정자의 역할로 나아가게 되었다. 다만 의회는 여전히 스스로 법안을 발의할 수는 없고, 집행위원회를 통한 간접 법안제출권만 행사할 수 있다.

침(75/117/EEC)[45], 남녀근로자의 균등대우에 관한 지침(76/207/EEC)[46], 차별의 입증책임에 관한 지침(97/80/EC)[47], 인종과 민족을 이유로 한 차별금지에 관한 지침(2000/43/EC)[48], 고용과 직업에서 균등대우에 관한 지침(2000/78/EC)[49], 기간제근로에 관한 지침(99/70/EC)[50] 등을 들 수 있다. 특히, 고용과 직업에서 균등대우에 관한 지침(2000/78/EC)은 취업과 직업상의 기회를 종교·세계관·장애·연령·성적 지향 등에 관계없이 모든 사람에게 동등하게 보장하는 것을 목적으로 하고 있고, 단시간근로에 관한 지침(97/81/EC)과 기간제근로에 관한 지침(99/70/EC)은 비정규직 보호 지침에 해당하고, 남녀 및 인종과 민족에 대한 차별금지도 지침에서 규정하고 있음을 알 수 있다. 이러한 EU의 입법지침들에서 볼 수 있는 차별금지사항 들은 평등기회와 양성평등대우의 원칙(EC조약 제141조), 차별대우 금지 및 균등대우원칙(EC조약 제13조 제1항[51])에 기반을 두고 있다고 할 수 있다.

한편, EU헌법안의 일부로 2000년에 선포된 기본권헌장(Charter of Fundamental Rights)은 법 앞의 평등(제20조)과 차별금지 원칙(제21조)을 규정하고 있다. 즉, EU기본권헌장 제21조 제1항에서는 "성, 인종, 피부색, 출신민족이나 사회적 출신, 유전적 특성, 언어, 종교 또는 신념, 정치적 또는 다른 종류의 의견, 소수민족, 재산, 태생, 장애, 연령 또는 성적 취향"과 같은 이유에 근거한 어떠한 차별도 금지된다고 규정하고 있다. 또, 제2항에서는 "EC조약과 EU조약의 적용 범위 내이고 이 조약의 특정 규정에 대한 위반이 없는 한에서 국적에 근거한 어떠한 차별도 금지"된다고 규정하고 있다. 아울러, 차별의 예외로서 특정한 성이 직무수행에 필수적 요건인 경우[52], 모성보호를 위한 경우[53],

45) Directive of 10 February 1975 on the approximation of the laws of the Member States relating to the application of the principle of equal pay for men and women(75/117/EEC).

46) Council Directive of 9 February 1976 on the implementation of the principle of equal treatment for men and women as regards access to employment, vocational training and promotion, and working conditions(76/207/EEC).

47) Directive No. 97/80/EC of 15 December 1997on the burden of proof in cases of discrimination based on sex.

48) Council Directive 2000/43/EC of 29 June 2000 implementing the principle of equal treatment between persons irrespective of racial or ethnic origin.

49) Council Directive 2000/78/EC of 27 November 2000 establishing a general framework for equal treatment in employment and occupation.

50) Council Directive 1999/70/EC of 28 June 1999 concerning the framework agreement on fixed-term work concluded by ETUC, UNICE and CEEP.

51) 각료이사회는 집행위원회의 제안에 만장일치로 찬성하고 유럽의회의 자문을 구한 후 성, 인종 또는 출신민족, 종교 또는 신념, 장애, 연령 또는 성적 취향에 근거한 차별에 맞서기 위한 적절한 조치를 취할 수 있다고 규정하고 있다.

52) EU입법지침(76/207/EEC) 제2조 제2항은 「그 직업의 속성상 또는 그 이행여건과 관련하여 특정

잠정적 우대조치를 통한 적극적 차별시정조치인 경우[54])를 들고 있다.

4. 주요 국가의 법령상 차별금지법 및 차별금지사항

(1) 독일

독일은 고용관련 차별금지사항을 일반평등대우법(일반평등법)에서 규정하고 있다. 일반평등법(AGG : Allgemeines Gleichbehandlungsgesetz)은 『평등대우원칙의 실현을 위한 유럽연합지침의 수용을 위한 법률』 제1조로 공포되었다. 이 법률의 제1장에는 법률과 관련된 모든 법 영역에 동일하게 적용되는 총칙이 규정되어 있다(제1조 내지 제5조). 제1조는, "인종 또는 민족적 혈통, 성별, 종교 또는 세계관, 장애, 연령 또는 성적 정체성을 이유로 한 차별을 예방하고 제거하는 것"을 이 법률의 목적임을 분명히 하고 있다. 노동법상 중요한 의미를 가진 규정은, 차별로부터 취업자를 보호하기 위한 제2장의 규정이다(제6조 내지 제18조). 제3장은 민사거래에 있어서 차별로부터의 보호를 규정한다. 그 이외의 장에는 법적 보호 및 공법상의 복무관계에 대한 특별규정이 포함되어 있다.

일반평등법의 제정에 의해 성별에 따른 차별금지규정은 일반평등법 제1조, 제2조, 제7조 내지 제8조에서 동일한 규정을 찾을 수 있다. 뿐만 아니라 일반평등법에서는, 근로자와 유사한 자도 적용범위에 포함시키는 의미에서 '취업자[55])'라는 용어를 사용함으로써 종전보다 적용범위를 확대하고 있다.[56])

차별사유를 인종 또는 민족적 혈통, 성별, 종교 또는 세계관, 장애, 연령 또는 성적정체

한 성만이 그 업무를 수행할 수 있는 직업과 직업교육」을 차별금지조항의 예외로 인정하고 있다. 한편, 영국의 성차별금지법에서는 genuine occupational qualification(GOQ)이라고 하고, 미국에서는 bona fide occupational qualification(BFOQ)이라고 하는데, 이는 진정한 직업상 자격 또는 진정직업자격이라고 번역할 수 있다.

53) EU입법지침(76/207/EEC) 제2조 제3항은 「이 지침은 여성, 특히 임산부나 모성에 대한 보호규정에 반하지 않는다.」고 규정하고 있다. 따라서 여성의 임신 등과 같은 생리적 특성에 기초한 객관적인 사유가 존재하고, 이것이 여성의 보호를 목적으로 하는 경우에는 남녀에 대한 차별적 대우가 허용된다.

54) 적극적 차별시정조치는 기회의 평등만으로는 역사적, 구조적으로 이루어진 차별로 인해 발생해 온 사회적 소수자의 고용상의 열악한 지위나 과소대표성을 해소하기 어렵다는 인식을 기초로 하여 실질적 평등을 효과적으로 실현하기 위한 목적으로 잠정적으로 고용기회나 승진, 대우, 직업훈련 등에서 사회적 소수자를 우대하는 조치를 말한다(김엘림, "고용상 성차별의 개념과 판단기준", 「노동법학(15호)」, 한국노동법학회, 2002, 12면). 한편, 잠정적 우대조치에 대하여 미국은 Affirmative action, 유럽은 Positive Action이라고 한다.

55) 일반평등법 제6조에서 취업자란 "근로자, 직업교육을 받고 있는 자, 경제적 종속성으로 인해 근로자와 유사한 자로 간주되는 자, 이에는 가내근로에 종사하는 자 및 이에 준하는 자도 포함되며, 구직자 및 고용관계가 종료된 자도 취업자로 본다."고 규정하고 있다.

56) 일반평등법에 의해 차별행위에 대한 구제청구권자로 취업자 외에도 취업을 위한 지원자도 포함되고, 자영업자도 개별거래를 제외한 대량거래의 경우 가능하고, 공무원도 포함된다고 한다(하경효, "독일일반평등대우법에 대한 평가와 시사점", 법무부, 2009, 6~7면).

성(제1조)을 규정하면서 차별행위의 금지사항(제2조)으로 Ⓐ 분야 및 직위를 막론하고 선발기준 및 채용조건을 포함한 종속적 또는 자영적 영리활동의 영위를 위한 조건 및 승진에 관한 조건, Ⓑ 임금 및 해고의 조건을 포함한 고용 또는 근로조건, 특히 고용관계의 종료 및 승진에 있어서는 개별적 또는 집단적 합의 내지 조치상의 내용, Ⓒ 직업훈련, 직업능력향상교육 및 직업전환교육 및 실제 직업경험을 포함한 일체의 직업상담, 직업교육을 받기 위한 조건, Ⓓ 취업자가 결성한 단체, 사용자단체 또는 특정 직업군으로 구성된 단체 내의 가입 또는 활동(이들 단체로부터 받을 수 있는 지원을 포함한다), Ⓔ 사회적 안전 및 의료서비스를 포함한 사회적 보호, Ⓕ 사회보장적 지원, Ⓖ 교육, Ⓗ 주거를 포함한 공공에게 제공되는 재화 또는 서비스의 영위 또는 조달을 규정하고 있다.

또, 괴롭힘[57] 및 성적괴롭힘[58], 차별대우의 지시[59]도 차별로 규정하고 있다. 그러나 적극적 조치는 차별로 취급되지 않는데(제5조), 동 법에서 열거된 차별사유를 이유로 한 차별을 적절한 조치에 의해 예방 또는 완화하기 위한 차별적 대우는 허용될 수 있다. 아울러, 업무 또는 업무수행의 특성으로 말미암은 채용조건에 관련하여 달리 대우하는 것(제8조), 종교 또는 세계관을 이유로 한 것(제9조), 연령을 이유로 달리 대우하는 것(제10조)은 일정한 조건에서 달리 대우하는 것이 허용된다. 또, 달리 대우하는 것이 허용되는 경우(제20조)인 정당한 사유로 Ⓐ 위험의 예방, 손해 또는 기타 유사한 목적의 방지를 위한 경우, Ⓑ 사생활보호의 필요성을 감안한 경우, Ⓒ 해당자에게 특별한 이익이 부여되고 평등대우를 실행할 이익이 없는 경우, Ⓓ 종교와 관련된 경우로서, 종교단체, 법적 형태를 불문하고 이에 부속된 기관 또는 종교 또는 세계관의 부흥을 목적으로 하는 단체의 자기결정권이나 종교의 자유와 관련하여 각각의 교리를 고려하였을 때, 달리 대우하는 것을 정당한 경우로 들고 있다. 또, 동법에서는 직접차별[60]과 간접차별[61]에 대한 개념정

---

57) 제1조에 열거된 사유와 관련성을 가지고 있는 바람직스럽지 못한 행동방식이 해당자의 존엄을 침해하고 불안, 적대심, 굴욕, 인격손상 또는 모욕감이 두드러진 환경을 조성하는 것을 목적으로 하거나 이에 영향을 주는 경우에, 괴롭힘은 차별에 해당한다(제3조).

58) 바람직스럽지 못한 성적인 특별한 태도(바람직하지 못한 성적인 행동, 이에 대한 요구, 특정 신체부위의 성적 접촉, 성적인 내용의 언사 및 포르노그라피적 묘사의 제시가 이에 포함된다)가 해당자의 존엄을 침해하고, 특히 불안, 적대심, 굴욕, 인격손상 또는 모욕감이 두드러진 환경을 조성하는 것을 목적으로 하거나 이에 영향을 주는 경우에, 성적 괴롭힘은 제2조 제1항 제1호 내지 제4호와 관련한 차별에 해당한다(제3조).

59) 제1조에 열거된 사유를 이유로 한 차별대우의 지시는 차별로 본다. 특히 제2조 제1항 제1호 내지 제4호와 관련하여 제1항에 열거된 사유로 인해 취업자에게 불리하거나 불리할 수도 있는 행동을 지정한 경우 이러한 지시에 해당한다(제3조(5)).

60) 직접차별이라 함은, 제1조에 열거된 사유를 이유로 유사한 상황에 있는 다른 자가 받고 있거나 받았거나 또는 받은 수 있는 것보다 낮은 대우를 받게 되는 경우를 말한다. 임신 또는 자녀의 양육을 이유로 제2조 제1항 제1호 내지 제4호와 관련하여 여성을 불리하게 대우하는 경우에도 성을 이유로 한

의도 규정하고 있다.

(2) 프랑스

프랑스에서 노동관계를 규율하는 법으로는 노동법전(Code du travail, 이하 "L"로 표기한다)이 있다. 법률 또는 국제규범이 금지하는 사유를 이유로 하여 동일·유사한 상황에 처한 사람들을 달리 대우하는 것을 차별이라고 하면서, 노동법전은 이를 구체적으로 규정하고 있다. 노동법전이 금지하는 차별의 대표적인 범주에는 직접차별, 간접차별, 정신적 학대, 보복차별을 들 수 있다. 이 중 직접차별과 간접차별은 유럽국가의 법원에 해당하는 EU지침(2000/78/EC)을 따르고 있다고 보여지며, 보복차별(L.122-45조 제3항)과 그리고 이와 연관된 성희롱(L.122-46조) 및 정신적 학대(L.122-49조)의 경우에도 차별로 규정되고 있다.

일반적으로 금지되는 차별사유 및 행위로 L.122-49조는 출신[62], 성별[63], 품행 및 성적 지향[64], 연령[65], 가족상황 및 임신상황, 유전적 특성, 민족 및 국가 또는 인종, 정치적 견해 또는 조합활동, 종교적 신조[66], 신체적 외관[67], 성씨[68], 건강상태, 장애, 파업권

직접차별에 해당한다(제3조(1)).

61) 간접차별이라 함은, 외관상 중립적인 규정, 기준 또는 절차에 의해 제1조에 열거된 사유로 다른 자에 의해 특히 불리한 대우를 받게 되는 경우를 말한다. 다만 해당 규정, 기준 또는 절차가 합법적 목적을 달성하기 위한 것으로 그 목적달성을 위한 수단이 적절하며 필요한 것인 경우에는 그러하지 아니하다(제3조(2)).

62) 소위 사회적 신분이라는 개념으로 학생, 실업자, 전과자, 파산자 등과 같은 사회적 지위가 출신이라는 용어에 의해 포괄한다.

63) 성별은 생물학적인 의미의 성으로서 남성 또는 여성이 서로 다르게 갖는 생래적·생리적 특성 혹은 사회문화적 의미의 성으로 남성 또는 여성에 대해 사회적으로 다르게 요구되고 평가되는 역할과 행동 및 능력과 기질 등을 의미한다(국가인권위원회, 「국가인권위원회법 해설집」, 2005, 277면).

64) 품행의 의미에는 차별행위 대상자의 성생활뿐만 아니라 개인적 또는 집단적 삶의 습성에 관련된 모든 것이 포함된다. 예컨대 내연관계가 가족상황이라는 차별상에 해당하지 않는다고 하더라도 품행의 한 형태에 해당하기 때문에 이를 이유로 한 차별은 금지된다. 한편, 1985년 법률이 품행을 차별사유로 정한 주된 취지는 동성애자에 대한 차별을 해소하기 위한 것이었으나 2001년 11월 16일 법률에 의해 성적 지향이 별개의 차별사유로 도입되었다.

65) 연령은 2001년 11월 16일 법률에 의해 새롭게 도입된 차별사유이다. 연령은 사전적 의미에서 사람이 태어나서 현재까지 경과한 기간을 연단위로 계산한 수치이고, 생물학적으로는 정신적·심리적·육체적 성장과 변화를 반영하며, 사회학적으로는 사람에게 일정한 지위와 역할·책임을 부여하는 중요한 기준으로 여겨진다. 특이한 점은 우리나라 등 다른 나라에 비해 프랑스 노동법전에서는 연령차별 보호 대상자의 범위를 특정 연령기준으로 한정하지 않는다(국가인권위원회, 「국가인권위원회법 해설집」, 2005, 322~323면).

66) 기성종교처럼 확립되고 조직화되어 있는 신앙 외에도 신과 피안에 대한 믿음이 종교적 신조에 포괄될 수 있다. 또, 종교적 신조는 무신앙과 같은 소극적 측면까지 포함하는 것으로 해석된다.

67) 신체적 외관은 2001년11월16일에 법률에 의해 새롭게 차별사유로 규정되었다. 신체적 외관에는 키, 몸무게, 체형, 외모 등 외관상 보여지는 신체적 특징을 의미하는 것으로 해석 할 수 있다. 또, 예쁘다, 밉다, 아름답다 등 인상적인 특성까지 포함될 수 있다.

의 정당한 행사[69]를 이유로 하는 차별을 금지하고 있는데 이 규정은 노동영역에서의 차별을 금지하고 있는 일반적 규정이라고 할 수 있다.[70] 특히 근로자와 관련하여 본 조에 위반하는 일체의 규정 내지 행위는 무효임을 명시하고 있다.

L.122-45조 제1항은 L.122-49조에서 규정하고 있는 차별사유를 이유로 한 차별행위가 금지되는 영역을 고용관계의 모든 영역으로 설정하고 있다. 즉, 누구도 L.122-45조 제1항이 금지하는 차별사유를 이유로 하여 채용절차 또는 견습이나 기업내 훈련과정의 기회로부터 배제될 수 없다. 이는 근로계약의 관계가 성립하기 이전 단계에서 발생할 수 있는 차별을 금지하기 위해 설정된 것이다. 또, 어떤 근로자도 L.122-45조 제1항이 금지하는 차별사유를 이유로 하여 징계나 해고, 특히 임금, 성과 내지 주식의 배분, 교육훈련, 배치전환, 직업자격, 직무분류, 승진, 강등, 또는 계약갱신 등과 관련하여 직·간접적인 차별조치의 대상이 될 수 없다. 이외에도 남녀 고용평등(L.123-1조 이하), 정규직에 대한 비정규직의 권리평등(L.122-3-3조), 장애인에 대한 편의조치 의무(L.152-2조), 정신적 학대행위(L.122-49조 내지 51조)를 금지하고 있다.

한편, 국제규범[71]이나 EU지침[72]처럼 프랑스 노동법전은 성별과 관련한 진정직업자격을 차별의 예외사유로 인정하고 있고(L.123-1조)[73], 국제규범[74]이나 EU지침[75]에서처

68) 성명에서의 성(성씨)은 2001년 11월 16일 법률에 의해 새롭게 차별사유로 규정되었다. 성을 이유로 하는 차별금지는 출신, 국적, 민족 등에 관한 정보를 간접적으로 알려주므로 이에 대한 차별을 금지하는 것은 기존의 차별금지제도를 강화하는 수단이 되고, 성이 갖는 우스꽝스러움이나 주변성 내지 진부함에 근거한 차별을 규제할 수 있는 근거를 제시한다고 할 수 있다.

69) L.122-45조 제2항에 의하면 어떤 근로자도 파업권의 정당한 행사를 이유로 하여 징계·해고되거나 제1항이 규정하는 차별적 조치의 대상이 될 수 없다고 규정하고 있다. 파업권은 헌법이 보장하는 기본권이다. 때문에 파업권의 정당한 행사를 이유로 차별은 당연히 금지되고 있는 것이다(강현주·이승욱·조용만, 「쟁의행위 정당성의 국제비교」, 한국노동연구원, 2000, 86면).

70) 금지되는 차별의 목록은 해마다 길어지고 있으며, 가장 완성된 형태의 목록은 노동법전 L.1132-1조의 목록으로서, 이 조항은 근로자의 출신, 성별, 풍습, 성적 지향성, 나이, 가족상황, 유전적 특성, 어떤 민족이나 국가 또는 인종에 속하는지 여부, 정치적 견해, 노동조합 활동 또는 단체활동, 종교적 신념, 외모, 성(姓) 또는 건강상태나 장애를 고려하는 것을 금지하고 있으며, 이에 반하는 법률행위나 규정은 무효로 하고 있다고 한다(박제성 譯(Alain Supiot 著), 『프랑스 노동법』, 도서출판 오래, 2011, 77면).

71) 고용 및 직업에서의 차별금지에 관한 ILO 제111호 협약(1958년)의 제1조 제2항은 특정 직업에 고유한 자격요건에 근거한 구별·배제 내지 우대는 차별로 간주되지 않는다고 규정하고 있다.

72) EU입법지침(2000/78/EC) 제4조 제1항은 동 지침이 규정하는 차별사유와 관련된 특성에 근거한 대우의 차이가 해당 직업의 성격 또는 그 직업이 수행되는 상황에 비추어 그러한 특성이 진정하고도 결정적인 직업자격에 해당하고 그 목적이 합법적이고 직업자격요건이 적절한 것인 한 차별에 해당하지 않는다고 규정하고 있다.

73) 특정한 성이 고용이나 직업활동에서 결정적인 조건인 경우에는 성별을 고려하거나 성별에 따라 달리 대우하는 것이 차별에 해당하지 않는다(L.123-1조 제1항). 그리고 특정한 성이 결정적인 조건에 해당하는 직무 내지 직업의 리스트는 전국적 차원에서 가장 대표적인 노사단체와의 협의를 거쳐서 시행령으로 정하며, 이러한 리스트는 정기적으로 개정되어야 한다(L.123-1조 제3항). L.123-1조는 특정

럼 적극적 조치는 전통적으로 차별을 받았던 특정한 집단을 우대함으로써 차별에 대한 시정을 통해 실질적 평등을 촉진하기 위한 제도로서 적극적 조치를 취하고 있는데, 이는 미국의 Affirmative action정책에서 기원[76]한 것으로 프랑스 노동법전에서 규정하고 있는 것은 여성 우대의 적극적 조치[77], 장애인을 위한 적절한 편의조치[78], 장애인 고용의무제[79] 등을 들 수 있다. 또, 연령차별의 예외로 L.122-45-3조 제1항에 의하면 연령에 기초한 대우의 차이가 고용정책목적 등과 같은 합법적인 목적에 의해 객관적·합리적으로 정당화되고, 그러한 목적을 실현하기 위한 수단이 필요하고 적정한 경우에는 차별에 해당하지 않는다. 그리고 동조 제2항은 그 예를 두 가지 제시하고 있다. 하나는 청년 및 고령근로자를 보호하기 위하여 고용기회를 제한하거나 특별한 근로조건을 설정하는 것이다. 다른 하나는 해당 직무가 요구하는 직업훈련에 근거하여, 또는 퇴직 이전의 합리적인 고용기간의 필요성에 근거하여 채용에서의 연령상한을 정하는 것이다.[80] 아울러, 장애차

한 성이 결정적 조건에 해당하는 고용 내지 직업활동의 종류를 열거하고 있는데, 여성 내지 남성의 역할을 연기하여야 하는 연예인, 의류나 액세서리를 선보이는 패션모델, 그 외의 여성모델 및 남성모델을 들고 있다.

74) ILO 제111호 협약 제5조 제2항은 성별, 나이, 장애, 가족부양 책임 또는 사회·문화적 지위 등의 이유로 특별한 보호 내지 지원이 요구된다고 일반적으로 인정되는 자의 특정한 요구를 충족시키기 위하여 국가가 노사단체와 협의 후에 정한 특별조치는 차별로 간주되지 않는다고 규정하고 있다.

75) EU입법지침(2000/78/EC) 제7조 제1항에서도 「실제상으로 완전한 평등을 달성하기 위한 목적으로 국가(회원국)가 본 지침상의 차별사유와 연관된 불이익을 예방하거나 보상하기 위한 특별조치를 유지 내지 채택하는 것은 평등대우원칙에 반하지 않는다.」라고 규정하고 있다.

76) 조용만, "고용차별 해소를 위한 적극적 조치의 정당성-미국 판례법에 기초한 남녀고용평등법의 해석론", 「노동법연구20」, 서울대노동법연구회, 2006, 35~85면 ; 장지연, "미국의 적극적조치 논쟁과 시사점", 「남녀고용평등토론회-한국노동연구원 토론회 자료집」, 2006.4.6, 61~85면 ; 김연진, "차별의 시정인가, 우대인가 : 소수세력차별시정정책과 그에 대한 논쟁", 「미국사연구18」, 한국미국사학회, 2003, 159~185면.

77) L.123-3조 제1항에 의하면 특히 여성의 기회에 영향을 미치는 사실상의 불평등의 시정 등 남녀 사이의 기회평등을 확립하기 위하여 여성을 우대하는 잠정적 조치는 차별에 해당하지 않는다. 이러한 잠정적 우대조치는 채용·교육훈련·승진·노동조직화·근로조건의 영역과 관련한 시행령이나 효력확장에 의해 적용되는 산업·업종별 단체협약, 기업별 단체협약 등에 근거하여 가능하다(L.123-3조 제2항).

78) 장애인 직업재활 및 고용에 관한 ILO 제159호 협약(1983년) 및 제168호 권고(1983년)는 장애인 근로자와 일반근로자 간의 효과적인 평등한 기회·대우를 목적으로 하는 특별한 적극적 조치는 일반근로자에 대한 차별로 간주되어서는 아니 된다고 규정하고 있다(제159호 협약 제4조, 제168호 권고 제9조).

79) 프랑스의 경우 1924년 법률에 의해 상이군인의 고용의무가 기업에 부과되었다. 후속 법률들에 의해 이러한 고용의무의 수혜자가 점차 확대되었고, 1987년 법의 시행 이후 20인 이상의 근로자를 사용하고 있는 모든 사업주는 종업원의 6%를 장애인으로 고용하여야 한다. 장애인고용의무제는 직업지도·재활전문위원회가 장애인으로 인정한 자, 그리고 기타 여러 범주의 장애인, 그 중에서도 특히 산업재해에 의해 노동능력의 10%이상의 영구적 손상을 입은 자에게 적용된다. 다만, 사업주는 장애인의 직접고용뿐만 아니라 간접적 방법을 통해 고용의무를 이행할 수 있다.

80) 위와 같은 프랑스의 연령차별예외의 법제화는 EU지침(2000/78/EC)에 직접적 영향을 받은 것으로 판단된다. 동 지침 제6조는 「연령에 근거한 대우의 차이가 국내법적 상황에서 고용정책·노동시장·

별의 예외로 L.122-45-4조 제1항에 의하면 "건강상태 또는 장애에 기인하는 것으로서 노동법전 제2권 제4편이 정하는 바에 따라 산업보건의에 의해 확인된 부적격에 근거한 대우의 차이가 객관적이고 필수적이며 적절한 경우에는 차별에 해당하지 않는다."고 규정하고 있다.

(3) 미국

미국의 경우에는 다양한 사유에 의한 고용차별을 규제하는 여러 특별법들이 입법화되었다. 성에 따른 임금차별에 대한 1963년 동일임금법(EPA : Equal Payment Act)[81], 인종[82], 피부색, 종교, 성별, 출신국을 이유로 차별을 금지하는 1964년 민권법 제7편(Title VII of the Civil rights Act)[83], 연령으로 인한 차별과 관련해서는 1967년 고용에서의 연령차별금지법(ADEA), 장애로 인한 차별에 대해서는 1973년 재활법, 1990년 미국인 장애인법(ADA : Americans with Disability Act)이 제정되었으며, 1978년 임신 및 출산관련 차별을 금지하는 임신차별금지법(PDA : Pregnancy Discrimination Act)이 있다. 특히 민권법 제7편(이하 "제7편"이라 한다)은 고용차별금지법의 모델에 해당하는 일반법 내지 기본법으로서의 지위를 갖고 있고, 이후 고용차별금지입법에 많은

직업훈련상의 목적 등 합법적인 목적에 의해 객관적이고 합리적으로 정당화되고, 그러한 목적을 달성하기 위한 수단이 적절하고 필요한 경우 회원국은 이를 차별로 보지 않을 수 있다.」고 규정하면서, 여기에는 「(a) 청년·고령근로자·부양책임자의 직업적 통합을 촉진하거나 이러한 자의 보호를 목적으로 고용·직업훈련의 기회 및 근로조건(해고 및 임금 등)에 관한 특별한 요건을 설정하는 것, (b) 고용기회 또는 고용관련 특정 이익을 제공함에 있어서 연령·직업경험 또는 재직기간에 대한 최저기준을 설정하는 것, (c) 해당 직무가 요구하는 훈련에 비추어 또는 은퇴 이전의 합리적인 고용기간의 필요성에 근거하여 채용에서 최고연령을 설정하는 것」이 포함될 수 있다고 하고 있다.

81) EPA에 의하면 사용자는 동일한 사업소 내에서 그 수행을 위해 동일한 기능, 노력 및 책임을 요하며, 또한 똑같은 근로조건하에서 행해지는 직무에 있어서 실질적으로 동일한 노동에 대해 성별에 의한 임금차별을 행해서는 안 된다. 다만 ① 선임권제도, ② 능력 및 성적에 의한 임용제도, ③ 생산의 양과 질에 의한 개수제 임금제도, ④ 그 밖의 성별 이외의 요소에 근거한 차이에 의한 경우는 위법이 아니다.

82) 인종차별금지(미국법전 제42편 제1981조)와 관련하여 제1981조는 인종에 따른 차별만을 대상으로 한다. 동 조문의 규정 형식에 의하면 백인에 대한 차별은 대상에서 제외된다. 1976년 Santa Fe사건에 따르면 백인에 대한 차별도 제1981조에 위반한다고 명확하게 판단하고 있다. 인종의 개념도 반드시 엄밀한 인류학상의 분류에 따르지 않고 혈통적·민족적으로 일체화되는 집단이라면 충분하다. 제1981조에서는 제7편과 같은 차별적 효과법리를 부정하고, 어디까지나 의도적인 인종차별만을 적용한다. 제1981조에 근거하여 직접 연방법원에 출소하여 징벌적 손해배상을 포함한 구제를 받을 수 있다. EEOC(Equal Employment Opportunity Commission, 미국 고용평등위원회)등에서 절차를 거칠 필요는 없고, 출소기한도 매우 장기간이다. 또한 근로자가 15명 미만인 경우 제7편의 적용에 제외되는 사용자도 제1981조는 적용된다고 하는 장점도 있다. 이전에는 구제로서 손해배상이 제1981조의 가장 커다란 매력이었지만 1991년 민권법 제7편에서도 손해배상을 할 수 있기 때문에 그 의의는 약간 적어졌다. 그러나 현재에도 제1981조에는 배상액에 상한이 없다는 점에서 다르다.

83) 안주엽·윤문희·이인재·조용만/清家篤, 「노동과차별(1) : 선진국의 반차별 법제도」, 한국노동연구원, 2006, 23면.

영향을 미쳤는데[84], 제7편은 고용차별금지 입법의 근간을 이루고 있는 연방법이다. 제7편 703조(a)에서 사용자에게 Ⓐ 인종, 피부색, 종교, 성별, 또는 출신국을 이유로 하여 개인을 고용하지 않거나, 고용을 거부하거나, 해고하는 것, 또는 고용함에 있어서 보수, 조건, 권리에 대해 차별하는 것, Ⓑ 인종, 피부색, 종교, 성별, 또는 출신국을 이유로 하여 개인의 고용기회를 박탈한다거나 그 피고용자로서의 지위에 불리한 영향을 주려고 하는 방법으로 피고용자나 구직자를 제한, 격리 또는 분류하는 것 같은 차별행위를 금지하고 있다. 또, 보복적 차별[85]도 금지된다.

요컨대, 채용에서 해고까지 고용의 모든 과정에 대하여 인종, 피부색, 종교, 성별, 또는 출신국에 근거한 사용자의 차별이 포괄적으로 금지된다. 차별의 주체로 제7편에서는 사용자뿐만 아니라 노동단체 및 고용알선기관도 고용차별의 주체로서 규정하고 있다(ADEA도 동일하게 적용). 고용알선기관에 의한 차별은 직업소개에 있어서의 차별이나 격리가 전형적인 예이며, 노동단체에 의한 차별은 조합원 자격상의 차별이나 단체협약 등을 통하여 사용자에게 차별을 행하게 하는 것이 전형적인 예이다.

제7편에서 인정하는 차별의 종류는 크게 두 가지 종류가 있다. 하나는 차별적 취급(disparate treatment)으로, 인종, 성별 등의 차별요소에 근거하여 사용자가 의도적으로 차별을 행하는 것이다.[86] 차별적 취급은 다시 개별적인 차별적 취급[87]과 체계적인 차별적 취급[88]으로 나뉜다. 또 하나는 제도적으로는 중립적으로 볼 수 있는 제도이나 결과적

84) 조용만, 「고용차별금지법의 국제비교」, 한국노동연구원, 2004, 89면.

85) 제704조(a)는 근로자가 제7편 위반행위에 대하여 반대하거나 제7편의 구제절차로 신청 및 증언 등의 활동을 이유로 하는 차별을 금지하고 있다. 이러한 법률상의 권리행사 및 절차참가를 이유로 하는 보복의 금지는 다른 여러 가지 법률에서도 규정하고 있다. 특히 제7편의 경우는 전단의 반대의 범위가 넓다. 구두항의에서 외부의 반차별 조직에 통보, 서명운동, 유인물 배포 및 대중매체를 통한 선전활동, 파업 및 피켓팅 등의 단체행동까지 다양한 행동을 포함한다. 이 경우 실제로 사용자의 행위가 제7편 위반이었던 것은 필요하지 않고, 근로자가 그렇게 신뢰해야 하는 합리적 이유가 있다면 충분하다. 물론 위법인 행위, 허위에 의한 비방·중상, 부당한 업무저해 등은 보호의 대상에서 제외된다.

86) 이승길, 「미국의 노동법제」, 한국경영자총협회, 2005, 205면.

87) 관리자 승진 심사 시 여성 후보자에게 심사위원이 '미용학원에 다니는 것이 좋겠다. 승진하기 위해서는 여성스러운 화법, 복장이 필요하다'는 충고를 하는 것은 성적 고정관념에 의한 차별의사가 있었음을 알리는 증거라는 판단을 하고 있다(Price Waterhose 사건 - Price Waterhouse v. Hopkins, 490 U.S. 228 (1989)).

88) 사용자의 한 방침으로서 다수의 피고용자, 구직자에 대해 계속적으로 차별이 행해진 경우는 체계적인 차별적 취급이라고 불리는 유형에 해당한다. 이 경우 차별의사 증명은 개인이 아닌 전체적인 경향이나 패턴, 예를 들면 통계자료에 의한 경우가 많다. 체계적인 차별에 대한 입증이 성공하게 되면 차별의사의 추정이 포괄적인 형태로 발생하기 때문에 사용자로서는 이미 항상 가장 적합한 자를 채용해 왔다는 일반적인 주장으로는 대항할 수 없게 된다. 설령 각 개인마다 합리적인 이유를 보여주어도 그것이 전체로서의 패턴을 무너뜨릴 수 있는 정도에 이르지 않는 한 다른 사람에 대한 차별의 존재를 부정할 수 없다.

으로 부당한 차별을 초래한다고 하는 차별적 효과(disparate impact)[89]이다. 이 경우에는 사용자에게 차별의사가 없다고 해도 위반이 성립될 수 있다. 이는 제7편의 목적이 차별의도를 금지하는 것만이 아닌 차별적 효과를 가진 인위적, 자의적, 불필요한 장벽을 제거하는 것도 포함하는 것임을 나타낸다.

한편, 미국은 진정한 직업자격 등을 인정하고 있다.[90] 제703조(e)(1)은 차별적 취급이 정당화되는 예외적인 경우로 진정한 직업자격, 이른바 BFOQ(Bona Fide Occupational Qualification)를 규정하고 있다. 즉 종교, 성별 또는 출신국이 진정으로 특정한 업무가 정상적인 운영에 합리적으로 필요한 자격조건으로 인정되는 경우에 한정하지 않고, 이것들에 근거한 차별적 취급을 허용한다. 인종과 피부색은 BFOQ로 되지 않는 것에 주의할 필요가 있다. 판례[91]는 BFOQ를 매우 엄격하게 해석하고 있다. 일반적으로 말하면 그 속성이 업무운영 그 자체의 본질적 요소이고 합리적으로 필요하다는 2단계 심사를 통과해야 한다.

또, 우대조치와 역차별의 문제와 관련하여 우대조치란 차별시정, 평등실현을 위한 적극적인 우대행위를 말하는데 그 배경 또는 내용은 다양하다. 제7편의 관점에서 보면 우대조치에 인종 또는 성에 따른 우대라는 요소가 포함되는 경우에는 이른바 역차별의 문제가 발생한다. 제7편은 인종차별 또는 성차별이 오랜 세월동안 걸쳐서 행해져 온 현실을 전제로 역차별을 근절하기 위하여 제정한 법률이다.[92]

---

89) 1971년 Griggs사건에서, 사용자가 발전소 작업원 자격요건으로 일정한 학력과 테스트 시험의 합격을 요구하였다. 연방대법원은 과거 교육상 차별 때문에 흑인에 대해 차별적인 효과를 가져왔고, 또한 어느 요건도 업무상 필요성이나 직무관련성이 인정되지 않는다는 점을 지적하며 설령 사용자에게 차별의사가 없었다고 해도 제7편이 위반됨을 밝혔다. 1991년 시민권법 수정이후, 차별적 효과라는 단어가 법문에 명기되고, ① 원고가 어느 사용자의 행위에 의해 차별적 효과가 발생함을 증명한 것에 대해서 사용자가 그것이 해당 지위에서의 직무와 관련성이 있고 또한 업무상 필요성에 합치하고 있음을 증명하지 않은 경우, ② 원고가 그에 대신할 별도의 방법이 존재함을 증명한 것에 대해 사용자가 그 수용을 거부하는 경우 등 차별적 효과 판단 기준을 명시하였다.

90) 진정직업자격과 관련한 판단기준 및 판례상의 사례는 김진・김태선・정형옥, "진정직업자격 등 고용차별판단기준에 관한 외국 판례 조사", 국가인권위원회, 2005, 9~84면 참조.

91) 1977년 Dothard사건에서는 성범죄자를 포함한 많은 흉악범을 수용하고 또한 인원 및 설비의 부족으로 큰 위험이 따르는 남성전용 형무소에서 죄수와 직접 상대하는 직무에 대하여 여성을 배제한 것이 BFOQ에 해당한다고 인정하였다. 그러나 판례의 취지는 이 사건이 극한에 가까운 폭력・무질서의 상황임을 강조하고 있고, 보안・경비직으로는 남성이 BFOQ로 된다고 하는 적절한 분위기는 아니다. 1991년 Johnson Control사건은 납을 취급하는 축전지 공장에서 사용자가 임신하는 경우 태아에게 미치는 악영향을 우려하여 임신 가능성이 있는 여성의 사용을 거부한 사례이다. 연방대법원은 이 사건에 대하여 BFOQ가 매우 좁은 예외라는 점을 지적하고 여성도 해당 작업 자체를 처리할 수 있는 이상 안전을 이유로 한 BFOQ를 인정할 수 없다고 판결하고 있다.

92) 1976년 Santa Fe사건에서는 백인은 제7편의 보호대상에 포함하지 않는다는 해석을 부정하고, 원고가 백인이거나 흑인이라도 동일하게 인종차별이 금지한다고 판시하고 있다. 즉, 제703조(a)는 기본원칙이 고용상의 여러 가지 결정에 있어서 인종 또는 성별을 고려하지 않는 것이다.

(4) 영국

차별금지 규정과 관련하여 영국은 초기에 대부분 성과 인종차별 해소에 중점을 두고 있었다. 차별금지와 관련한 몇 가지 중요한 법률을 살펴본다면, 1970년 평등임금법(동일임금법이라고도 함)에서는 동일 직업에서의 남녀평등 대우 요건을 규정하면서 특히 여성에 대한 임금 및 기타 계약상의 차별금지를 규정하고 있다. 1975년 성차별금지법은 성별(여성 또는 남성 차별)과 결혼을 사유로 한 차별, 임신 또는 출산 휴가를 사유로 하는 차별, 성전환을 이유로 하는 차별을 금지하고, 성적 괴롭힘을 포함한 괴롭힘에 대하여도 규정하고 있다. 다만 성별이 진정한 직업 자격인 경우 등의 사유는 예외를 규정하고 있다. 1976년 인종관계법은 서로 다른 인종집단에 속한 사람들 사이의 인종 및 관계에 근거한 차별을 금지하면서 인종, 피부색, 국적, 출신국가 등을 이유로 하는 모든 차별의 금지, 장애인에 대한 고용영역에서의 차별금지 등 다양한 차별금지의 규정을 두고 있다. 다만 진정한 직업적 필요요건을 위한 예외와 진정한 직업상 자격요건에 관한 예외를 규정하고 있다. 2010년 평등법[93]이 제정되어 개별적인 차별금지법령들을 단일법화 하게 된다. 이 평등법을 중심으로 살펴본다면 차별금지의 대상은 연령, 장애, 성전환, 결혼 및 사실혼, 인종, 종교 및 신념, 성, 성적 지향성 등을 들고 있고, 금지행위로는 직접차별, 간접차별, 이중차별, 장애로 인한 차별, 임신과 모성차별, 기타 괴롭힘과 불합리한 희생 강요 등을 들고 있다. 또, 차별금지영역으로는 서비스와 공공분야, 고용, 교육, 협회 등 단체, 계약영역, 장애인에 대한 이동권 등을 들 수 있다. 물론 영국도 유럽연합의 일원으로서 EU입법지침 등에서 규정하고 있는 규정들에 대하여 이를 국내법에 반영하거나 직접 수용・적용하는 것으로 보인다.

93) 2006년 평등법을 새로이 제정하여 기존의 차별금지법령과 병존하되 국내에서 불평등현상을 해소하기 위한 강화된 조치를 내용으로 하였다. 즉 기존의 차별금지관련 입법이 주로 차별금지에 중점을 두었던 것에 반해 주로 적극적 평등을 장려하는 방향으로 개정되고 있었던 흐름을 반영한 것으로 풀이된다. 또 이 평등법으로 평등인권위원회를 설립하는 것을 목적으로 함에 따라 기존의 인종평등위원회, 장애인인권위원회, 평등기회위원회를 통합하였다.

제3절 고용차별의 이론적 접근방법

Ⅰ. 고용차별이론의 접근 방법론

일반적으로 차별판단을 위한 기준들은 평등권위반여부(위헌법률심사 등)를 판단하는 기준으로부터 발전한 것으로 볼 수 있다. 유럽연합의 경우 차별판단과 관련한 기준으로 EC 조약 등을 비롯한 공동체 조약 등에 의한 사유별 판단을 하고 있고, 유럽사법재판소의 판단으로 유럽연합법 우위의 원칙, 직접효과이론, 간접효과이론을 정립하였다. 또, 차별과 관련하여 평등기회와 양성평등대우의 원칙, 차별대우금지 및 균등대우원칙, 기본적인 인권보호를 위한 일반원칙, 비례의 원칙을 준용하고 있다. 그러나 직무수행에 필수요건인 경우, 모성보호를 위한 경우, 잠정적 우대조치를 통한 적극적 차별시정조치인 경우에는 차별예외로 판단함에 따라 비례성과 합리적인 수준의 판단을 기본으로 하고 있다고 할 수 있다. 독일의 경우는 비례성심사와 자의금지원칙을 중심으로 다루고 있다. 입법자의 광범위한 형성의 자유를 전제하여 법내용의 평등여부에 대한 판단인 자의금지를 통하여 입법자가 자의적으로 차별하는 경우가 아니라면 입법자의 판단을 존중하는 것이다. 비례성심사는 차별의 목적과 수단의 관계에서 수단의 적합성, 필요성, 균형성을 엄밀하게 요구하며 보다 강도 높은 심사를 하고 법적용의 평등과 법내용의 평등에 관한 심사에도 일정한 경우 이를 적용한다. 또, 인적집단을 비교대상으로 하는 인적평등의 경우에는 엄격한 비례성 심사를 하고, 생활관계를 비교대상으로 하는 목적평등의 경우에는 전통적인 자의금지원칙에 따른 합리성 심사를 하고 있고, 영국의 경우는 합리성, 비례성의 원칙, 이중차별기준을 활용하고 있다. 그리고 차별판단과 관련한 판단기준으로 이론적인 체계를 갖춘 미국의 경우는 합리성심사기준, 엄격심사기준, 중간심사기준을 활용하고 있는데, 이는 독일의 심사기준과 더불어 우리나라의 헌법재판소의 판단기준과 근접하는 것으로 판단된다.

한편, 국내 주요 기관들의 차별판단기준에서 헌법재판소는 합리성심사기준을 대전제로 하여 비례심사, 엄격심사(자의금지)를 기준으로 하고 있고 사안에 따라 엄격하게 또는 완화된 기준을 적용하고 있다. 즉, 자의심사의 경우에는 차별을 정당화하는 합리적인 이유가 있는 지만을 심사하기 때문에 그에 해당하는 비교대상간의 사실상의 차이나 입법목적

(차별목적)의 발견·확인에 그치는 반면에, 비례심사의 경우에는 단순히 합리적인 이유의 존부문제가 아니라 차별을 정당화하는 이유와 차별간의 상관관계에 대한 심사, 즉 비교대상간의 사실상의 차이의 성질과 비중 또는 입법목적(차별목적)의 비중과 차별의 정도에 적정한 균형관계가 이루어져 있는가를 심사하여 법익의 균형성 등을 판단한다. 국가인권위원회도 헌법재판소의 판단기준을 대부분 수용·활용하면서 비례심사, 완화된 비례심사 기준을 적용하고 있다. 다만 법원은 자의금지와 비례심사를 하면서도 사회통념상 합리성 기준을 일반적으로 활용하고 있다. 또, 노동위원회는 노동관계법령의 규정에 충실한 합리적인 이유여부를 중심으로 판단하고 있다. 결국, 우리나라의 주요 차별판단기관은 독일이나 미국 등의 차별판단기준과 유사한 기준을 적용하면서 합리적 이유 등의 합리성을 중심으로 차별행위여부를 판단하고 있다고 할 수 있겠다.

다만, 고용상 차별의 판단과 관련하여서는 합리성이라는 근거를 대전제로 하여 차별사유별 판단근거인 해당 법령의 규정에 따른 강행법 등에 근거한 개별 행위들에 대한 적법성 판단, 법익의 보호를 위한 목적성 측면에서의 합목적성 판단, 우대조치 등 정책적 측면에서의 필요성 내지 개선조치 및 진정직업자격으로서의 필요성 판단, 자의금지를 전제로 하는 비교대상과의 비례성 내지 소위 비정규직인 단시간 및 기간제 등과의 비교척도 기준에 상당하는 비례성 등의 판단이 차별행위 여부를 가름하는 기준이 되어야 할 것으로 생각된다.

이러한 차별판단의 기준에서 접근방법론적인 문제나 시각은 고용차별론의 이론적 접근방법을 어떤 측면에서 논의할 수 있을 것인가를 고려할 수 있다. 즉, 차별이 아닌지 차별인지를 보는 시각은 차별판단과 그러한 판단을 위한 기본적인 입장에서 달리 접근될 수 있기 때문이다. 물론, 고용차별론의 이론적 접근을 위한 방법론으로 일반적이고 보편적인 분류기준인 직접차별, 간접차별, 역차별 등으로 논의할 수 있지만, 이하에서는 차별론의 접근법을 세부사항으로 접근하여 권리론적 접근(기본권론), 차별행위론적 접근(차별사유론), 차별목적론적 접근(타당성론), 차별판단론적 접근(차별심사론), 차별방어론적 접근(차별구제론), 우대보호론적 접근(역차별론)을 중심으로 설명하기로 한다.

Ⅱ. 권리론적 접근

기본권론은 평등권이라는 관점에서 차별이론을 바라보는 것으로 평등권의 권리론적 측면에서 차별이론을 논하는 것이다. 즉, 평등권은 인간의 기본권으로서 이에 반하는 행위인 차별은 배척되거나 그 권리로서 주장되거나 청구되거나 배제되어야 하며, 기본권으로서 보호권의 기능을 하게 된다. 이러한 입장에서 기본권론은 고용인권론적인 권리론적 접근이라는 입장을 갖는다고 할 것이다.

1. 천부인권론

차별이론의 기원을 찾는다면 헌법상 평등권을 중심으로 논의가 전개되고 있다. 헌법상 평등권은 거의 모든 견해들이 인간본연의 기본권으로 보는 것이 일반적이다. 인간이기 때문에 생래적으로 타고난 기본권이라는 것이다. 하늘이 부여한 권리를 의미하는 천부인권론은 결국 기본권 중의 기본권이라는 점을 강조하는 것이 그 중심이라고 보여진다. 천부인권론은 인간이기 때문에 당연히 누릴 수 있는 권리이며, 당연히 보장되어야 하므로 국가 등은 이러한 권리를 당연히 보장할 수 있도록 하여야 한다는 것이다. 오늘날 기본적인 이념과 보편적인 가치로 여겨지는 민주주의의 근간에는 평등권을 기반으로 하고 있다. 즉, 천부인권인 평등권이 내재되지 않는 민주주의를 논하는 것은 그 이념적 기반을 부인하는 것과 같다고 할 수 있다.

2. 자유권적 기본권론

헌법상의 기본권으로서 자유권적기본권으로 논의된다. 즉, 천부인권론도 해당 국가의 국민의 지위에서 평등한 권리를 가질 수 있고 누릴 수 있는 근거가 된다는 것이다. 그러나 이것은 헌법에서 기본권으로 보장되어야 권리로 인정된다는 점을 중심으로 논의된다. 다만, 인간본연의 권리이기 때문에 선언적인 것만으로도 해당 국가의 법령에 의한 보호와 권리주장이 가능하다는 점을 중심으로 본다. 자유권적 기본권은 국민이 국가의 권력이나 부당한 간섭으로부터 자유로울 권리라고 할 수 있는데, 차별받는 것으로부터의 자유를 통하여 평등권이 확보될 수 있다는 점을 고려하면 자유권적 기본권의 성격을 가진다고 할 수 있고, 평등권이 침해되어 차별이 되는 경우 행복추구권의 침해를 가져올 수 있고, 인간다운 삶의 장애가 된다고 할 수 있다.

3. 사회권적 기본권론

차별론은 사회권적기본권으로 논의된다. 즉, 평등권은 특히 고용상 차별의 문제는 평등권을 실현하는 기능을 하면서 고용상에서는 차별금지라는 규제를 통하여 평등권이 실현되는 것이므로 차별금지는 곧 고용상의 민주성을 기반으로 하는 그리고 그 기본권을 사회적 약자의 지위에 있는 근로자 등에 대하여 국가가 보호해 주어야 할 사회권의 존재로서 의미를 갖는다는 것이다. 약자 등을 위한 적극적 개선조치나 다양성 확보를 위한 정책적 우대조치 등의 성격에는 이러한 사회권적 기본권의 특성이 반영되어 있다고 할 수 있다.

4. 청구권적 기본권론

평등권은 차별금지를 위반하는 행위에 대하여 평등한 대우를 요구할 수 있고, 국가나 구제기관을 통하여 차별상황이 발생한 경우 또는 발생할 것을 예방 내지 구제 및 배상청구 등을 요청할 수 있는 청구권의 성질로 논의된다. 결국 사전적이고 사후적인 청구권이 가능한 것으로 적극적인 권리로 판단된다. 이러한 청구권적 기본권은 국민이 자신의 권리나 이익이 침해되는 경우나 침해 가능성이 있는 경우 국가에 대하여 적극적으로 일정한 행위를 요구할 수 있는 권리로 청구권적 기본권은 다른 기본권을 보장하기 위한 수단적 권리로써의 특성을 가진다고 할 수 있다. 그러므로 다른 기본권을 위한 기본권 내지 이를 보장하기 위한 절차적 측면이 강조된다고 할 수 있다. 고용상 차별행위가 발생한 경우 노동위원회, 국가인권위원회, 법원 등에 이러한 차별에 대한 배제,[94] 원상회복, 배상청구 등이 가능한 것은 이러한 권리가 내재되어 있다고 할 수 있다.

Ⅲ. 행위론적 접근

합리적 차별론은 차별행위가 합리적인 이유가 없는 경우 차별에 해당하고 합리적인 이유가 있는 경우는 차별이 아닌 행위가 된다는 것이다. 인권위법이나 고용상 차별금지 규정을 두고 있는 법령은 대부분 합리적인 이유를 차별행위여부의 전제적 조건으로 규정하고 있다.

1. 합리적 이유론

합리적인 이유란 차별행위를 함에 있어 합리적인 행위가 될 수 있는가 하는 것이다. 즉, 차별하는 상황 등이 차별이 아닌 것으로 인정될 수 있고, 목적이나 절차, 내용 등이 합리성을 갖는 경우를 들고 있다. 이러한 측면에서 합리적 이유론이 고용상 차별행위에

94) 평등권 침해에 대해서는 차별행위를 배제할 수 있는 권리나 권한이 부여되는 것으로 특히 사업장에서의 차별행위 등에 대한 차별배제를 강제하거나 요구할 수 있는 권리가 발생하는데 이러한 것을 차별배제론이라고 할 수 있다. 이러한 성격들은 모두 기본권이라는 관점에서 평등권 내지 차별론에 대한 이론적인 배경에서 논의되는데, 청구권의 일종으로서 보상기능을 제외한 단순이 차별취급 배제 등 소극적인 거부권의 일종으로 보게 된다.

대한 주류이론이라고 할 수 있다. 또, 합리적인 이유가 있는 경우를 차별행위의 예외사항이라고 하는데, 이러한 상황은 진정직업자격, 적극적 개선조치, 국가안보상의 이유, 국제노동기준에 부합하기 위한 조치, 모성보호를 위한 조치, 사회적 약자를 보호하기 위한 조치, 각종 우대조치 등을 들 수 있다. 아울러, 능력, 기능, 기술, 업적, 근로의 질과 양이 다른 경우 차등을 인정하여 대우할 수 있는데, 이러한 경우에 차별을 하는 것은 합리적인 이유가 될 수 있다.

2. 사회통념상 합리성론

합리적 차별론의 내용에서 사회통념상 합리성론은 불이익조치 등이 일반적인 사회평균적인 관점에서 용인될 수 있는 수준에 해당하는 경우를 들 수 있다. 각종 권리의 행사와 관련한 문제에서나 규제 등에 관한 사항까지 사회통념상 합리성을 인용하는 판례는 무수하다. 결국 차별행위가 법령 등에 위반이 되는지 여부는 법원을 통하여 구제받게 되는데 사회통념상 합리성은 광범위하게 법의 판단에 대한 근거로 제시되고 있다. 사회통념이란 평균적이고 일반적인 사람의 판단에서 인정될 수 있는 수준을 말한다. 그러므로 사회통념상 합리성이란 보통의 상식과 일반원칙이 누구에게나 용인될 수 있는 수준에서의 합리성을 말한다고 할 수 있다. 법원이 주로 징계처분에 대한 합리성을 판단함에 있어 이러한 사회통념상 합리성을 기준으로 판단하고 있다.[95)]

3. 정당성 내지 정당한 사유론

정당성은 합리성과 더불어 법규내용의 규정과 집행에서 양날의 칼과 같은 것이다. 즉, 행위적인 관점에서 일정한 행위가 정당성을 갖기 위해서는 처해 있는 상황 등을 종합적으로 고려하여 판단을 해야 하겠지만, 행위자체의 합법성 내지 합목적적인 귀착을 가져올 수 있어야 그 정당성이 인정된다는 관점으로 차별이 정당한 행위인지 여부를 판단하는

95) 공무원인 피징계자에게 징계사유가 있어서 징계처분을 하는 경우 어떠한 처분을 할 것인가는 징계권자의 재량에 맡겨진 것이고, 징계권자가 재량권의 행사로서 한 징계처분이 사회통념상 현저하게 타당성을 잃어 징계권자에게 맡겨진 재량권을 남용한 것이라고 인정되는 경우에 한하여 그 처분을 위법하다고 할 수 있으며, 공무원에 대한 징계처분이 사회통념상 현저하게 타당성을 잃었다고 하려면 구체적인 사례에 따라 징계의 원인이 된 비위사실의 내용과 성질, 징계에 의하여 달성하려고 하는 행정목적, 징계 양정의 기준 등 여러 요소를 종합하여 판단할 때에 그 징계 내용이 객관적으로 명백히 부당하다고 인정할 수 있는 경우이어야 한다. 따라서 징계권의 행사가 임용권자의 재량에 맡겨진 것이라고 하여도 공익적 목적을 위하여 징계권을 행사하여야 할 공익의 원칙에 반하거나 일반적으로 징계사유로 삼은 비행의 정도에 비하여 균형을 잃은 과중한 징계처분을 선택함으로써 비례의 원칙을 위반하거나 또는 합리적인 사유 없이 같은 정도의 비행에 대하여 일반적으로 적용하여 온 기준과 어긋나게 공평을 잃은 징계처분을 선택함으로써 평등의 원칙에 위반한 경우라면 이러한 징계처분은 재량권의 한계를 벗어난 처분으로서 위법하다(대법원 2012.10.11. 선고 2012두10895 판결).

것이다.

아울러, 정당한 사유론은 고용상 차별금지 법규 등에서 합리적 이유와 유사한 관점에서 규정하고 있는 이론인데 목적이나 절차의 정당성을 준수하고 있느냐의 관점에서 판단할 수 있다. 즉, 금지되는 차별사유에 부합하는지, 해당 규정의 실현에 합당한 것인지에 대한 판단의 근거가 된다고 할 수 있다. 이러한 관점에서 정당한 사유론은 정당성론과 개념의 유사성을 갖는다고 할 것이다. 차별금지와 관련하여 '정당한 사유'를 규정한 법령은 장애인차별금지법 등을 들 수 있다. 다른 법규가 차별을 함에 있어 합리적인 이유가 없는 차별을 금지하는데 반하여 장애인차별금지법은 정당한 사유없이 차별하는 경우를 들고 있다. 큰 틀에서는 같거나 유사한 것으로 판단되지만, 합리적인 이유가 차별의 전제가 되는 사유의 합리성을 염두에 둔 것이라면, 정당한 사유는 법규 등에서 규정된 내용에 대하여 합당한 조건에 부합하는지를 판단하는 것으로 달리 볼 여지가 있다고 할 수 있다. 즉, 차별에서의 정당한 사유란 차별이 금지된 부분에 대하여 행할 수밖에 없는 합당한 이유를 절차적, 방법적, 결과적으로 판단하는 것이라고 할 수 있다.

Ⅳ. 목적론적 접근

법령상 차별사유는 다양하다. 국가마다 문화적인 특성이나 전통적인 관례 등 처해 있는 상황에 따라 달리 규정된다. 마찬가지로 고용법령에서 각각의 법령들이 규정하고 있는 차별사유는 각기 해당 법령이 규율하는 목적과 대상에 따라 특정한 사유들을 명시하고 있다. 이러한 것은 해당 법령이 추구하는 목적성과 보호해야 할 대상의 특성 등을 반영한 것으로 차별사유를 해소하기 위한 정책적인 방향을 가늠할 수 있게 한다.

1. 합목적성 및 목적론적 차별론

차별사유와 차별행위는 평등권을 침해하는 행위이고, 차별금지사유는 평등권을 보장하고, 불평등을 해소하기 위한 근거가 된다. 이러한 차별사유들은 합목적적인 규정이 필요하다. 헌법상의 규정 내지 천부인권적인 평등권에 위배되는 차별금지사유 등은 평등권실현을 위한 합목적론적인 측면(합목적성론)에서 규정되어야 하고, 고용환경 등에서의 불균등 내지 불이익취급 등의 관행 내지 문화적인 악제를 제거하여 합리적인 고용환경의 구축에 기여할 수 있어야 한다. 결국, 개별 법규에서 규정하는 차별사유는 특정 법령의 목적에 합당한 목적성을 추진(해당 차별의 해소 등)하기 위한 사유가 된다. 차별금지 및 판단 등의 경우 차별해소를 위한 목적론적인 측면(목적론적 차별론)에서 이루어져야 한다. 합목적론이 새로운 규제 등에 고려되는 것이라면 목적론적 차별론은 적용상의 목적상에 부합하여야 한다는 관점이다.

2. 법익균형론

차별행위를 규제하는 것은 불평등을 해소하고 차별을 제거하기 위한 것이나, 반면에 보호대상에서 제외되는 비교집단 등의 권리나 법익이 침해되지 않도록 배려를 해야 한다. 아무리 훌륭한 법규나 사유도 그로 인하여 또 다른 차별을 유발하는 것이라면 합리성을 인정받기 어려울 수 있다. 그러므로 그러한 규정들은 다른 권리나 다른 집단 등과의 법익균형성(법익균형론)을 유지할 수 있어야 한다. 즉, 문제를 해소하고 그 해소된 집단 등이 다른 집단과 비교하여 결과적으로 형평을 확보할 수 있도록 하는데 규제의 의미가 있다고 보는 것으로 적용이나 절차, 방법 등에서 효과면의 법익균형을 확보할 수 있어야 한다.

3. 필요성론

법령 등에서 규정하는 차별사유나 금지사유 및 차별예외사유(우대조치 등 포함)등 세부기준은 차별해소 등을 위한 가장 합당하고 필요한 사항에 대한 사유와 절차, 방법 등이 고려되어야 한다는 입장으로 필요성에 부합한 사유들이 검토되고 규범화되어야 하며, 또 그 필요성에 부합하는 조건의 달성을 위한 조치 등이 검토되고 실행되어야 한다는 입장이다.

4. 합법성론

법규내용 및 차별사유 등의 규정은 합법적인 측면(합법성론)이 고려되어야 한다. 그리고 집행 내지 적용상에서 합법적인 절차와 방법 등이 고려되어야 한다. 차별사유가 법령이 추구하는 목적을 달성함에 있어서 합법성을 갖지 않는다면 정당한 차별이 될 수 없다. 즉, 차별행위는 법령이 추구하는 목적에 부합하되 합법성을 갖출 때 타당성을 인정할 수 있다는 관점이다.

V. 판단론적 접근

차별심사론은 차별행위가 발생한 경우 그러한 행위가 차별사유 내지 법령위반에 해당하는지 여부를 판단하는 기준을 중심으로 판단근거를 어떻게 접근하느냐의 문제를 다룬다. 각각의 법령들에 대한 규정이 헌법 규정 등에 위반되는지 여부를 판단하는 위헌법률심사에서부터 개별법령에서 규정한 법규 내용에 대한 위반행위를 한 경우에도 판단기준으로 고려된다. 헌법재판소를 비롯하여 법원, 인권위, 노동위 등 차별판단기관에서 주로 채택하는 심사기준으로 활용되고 있다. 현실적인 차별판단이론이라고 할 수 있다. 아울러, 미국을 비롯한 각국에서도 차별판단심사기준을 이론적으로 정립한 것으로 나타고 있다. 차별심사론은 엄격한 심사인 비례심사와 완화된 심사인 자의금지원칙이 기본이지만 엄격심사의 정도에 따라 다양하게 논의되고 있다.

1. 합리성심사론

차별행위 내지 평등권위반에 대한 차별심사기준은 합리성심사론을 대전제로 한다. 대부분의 국가에서 채택하고 있는 것으로 판단되며, 우리나라의 경우도 헌법재판소를 비롯하여 인권위의 판단 등에서 언급되고 있다. 물론 노동법규 등에서 그 근거를 규정하고 있다. 즉, 합리성심사론은 합리적인 이유가 그 판단의 근거가 되는데, 합리적인 이유가 없는 경우 차별행위 내지 평등권 위반규정 및 정책 등은 차별금지를 위반하는 문제가 발생한다. 비례심사론과 엄격심사론의 경우에도 합리성심사론을 대전제로 하여 판단하고 있다.

2. 엄격한 비례심사론

비례심사론은 차별대상과 비교대상간의 비례성 등을 기준으로 판단하는 것이다. 구체적으로 보면 비례성심사는 비교대상 및 차별내용의 비례성을 원칙적으로 기준하여 이익비례성, 기간 및 시간비례성, 근속기간 비례성, 연령비례성 등을 검토하여 판단하게 된다. 아울러, 비례성 심사는 목적의 타당성, 방법 및 수단의 적정성, 필요성 내지 차별의 불가피성, 최소 침해의 원칙, 차별로 인하여 피해를 보는 이익균형 등을 주요 골자로 판단한다. 한편, 비례성 심사는 엄격심사론으로 표현되기도 하는데, 헌법 등에서 금지규정한 사항에 대한 차별여부 판단, 다른 기본권의 침해 등에 관련한 차별문제에서 엄격한 기준을 적용하여 심사하는 것이다.

3. 자의금지원칙과 완화된 심사론

엄격심사론에 비하여 다소 완화된 심사론을 들 수 있는데, 사회 및 경제 규제 영역에서와 같이 입법형성권이 넓게 인정되는 경우, 그리고 침해적인 법률이 아닌 시혜적인 법률과 자격에 관한 법률에서처럼 입법형성권이 넓게 인정되면 될수록, 더욱 더 완화된 심사기준을 적용하게 된다. 즉, 완화된 심사론은 엄격심사를 보다 완화하여 비례적으로 덜 엄격하게 판단하는 것이다. 한편, 완화된 심사는 자의금지의 원칙으로 표현되기도 하는데 자의금지원칙[96]은 입법권자의 재량권을 인정하는 것으로 입법목적의 타당성 등이 인정되는 경우 차별이 아닌 것으로 판단하는 것으로 비례심사에 비하여 덜 엄격한 심사를 적용한다.

4. 중간심사론

비례심사와 엄격심사의 중간 정도의 심사를 행하는 것으로 중간심사론으로 논의된다. 즉, 동일 사건에서 엄격한 심사기준을 적용해야 할 경우와 완화된 심사기준을 적용해야 할 경우가 존재할 경우, 엄격한 심사기준과 완화된 심사기준의 중간 단계의 심사기준을 활용하게 되는 접근법이다. 비례성의 정도에 따라서 엄격성 정도가 비례심사에 가까운 경우와 자의금지에 가까운 정도에 따라 달리 판단하고 있다.

5. 이중심사론

각각의 심사기준을 이중적인 기준을 함께 고려하여 판단하는 이중심사론이 있는데 영국 등의 경우 이러한 심사론을 채택하고 있다. 즉, 복합적인 사안에서 단일한 심사기준을 활용하는 경우 합리성을 확보하기 어렵거나 적절한 판단이 곤란한 경우 등에 여러 가지 심사기준을 복합적으로 활용하는 것이다. 물론, 단계별로 심사기준을 이중화하는 경우도 고려된다.

---

96) 자의금지심사론은 법령제정권자 등의 자의금지 즉, 자의성을 배제하는 전제하에 논의된다. 세부적으로는 법규 등의 제·개정상의 자의금지(법령 제·개정(국가·국회 등), 사규 제·개정(사용자 등)의 자의금지, 단체협약·취업규칙·근로계약 등 작성(사용자·노동조합 등)의 자의금지, 법규 등 적용 및 해석상의 자의금지(법원·행정부처·판단기관·사용자 등)를 검토하여 판단하게 된다.

Ⅵ. 방어론적 접근

차별행위에 대한 구제는 결국 차별행위로 인하여 침해된 권리를 회복하고, 불이익한 조치 등에 따라 발생한 손해의 보전과 명예를 회복하고자 하는데 목적이 있다. 그러나 구제를 통하여 동일 사안에 대한 재발방지를 위한 제어적인 기능도 크게 작용한다고 볼 수 있다. 그러므로 차별구제는 새로운 차별과 동일유사한 차별의 재발방지를 위한 것으로 인식될 수 있다. 자력구제와 국가구제에서 모두 이해당사자가 구제신청을 할 수 있고 이 신청을 통하여 구제절차가 진행되는 만큼 구제청구론은 일반적으로 인정되는 것이다. 그 청구의 대상·범위·절차 등은 각 법령에서 규정하고 있다. 다만, 직권조사가 아닌 한 대부분의 경우 이해관계자의 청구내용에 대하여 구제절차가 진행된다는 점에서 접근되는 관점이다. 아울러, 차별 방어론적 접근은 차별행위에 대한 배제청구권 등이 내재되어 있다고 할 수 있다.

1. 자력구제론

차별구제론은 크게 자력구제 또는 국가구제로 구분할 수 있겠다. 그러나 정당방위 등이 보장되는 사안이 아닌 만큼 사력(자력)구제를 온전히 용인하는 것으로 보기에는 문제가 있을 수 있으나, 개별적으로 침해된 평등권 내지 차별행위에 대하여 당사자가 이를 구제하기 위한 노력 내지 권리를 배제한다면 평등권 실현 및 차별행위금지는 그 실효성을 확보할 수 없을 것이다. 즉, 현실적으로 자력구제를 실현하는 권리가 온전히 인정되는 것은 아니지만, 구제신청은 이해관계 있는 당사자의 권리이자 권한으로 보장되어야 하고, 현행 법령에서도 구제신청권을 갖는 등 자력구제는 일정부분 인정된다고 보아야 한다.

2. 국가구제론

국가구제론은 당사자의 구제신청 뿐만 아니라 인권위 등의 경우 평등권위반이나 차별사항에 대하여 직권조사권을 가지고 차별행위를 조사하여 구제하는 것은 물론, 차별구제를 법원, 국가인권위원회, 노동위원회 등 국가기관에 신청하여 구제받을 수 있다. 즉, 국가구제는 차별행위에 대하여 일반적인 구제수단으로 인정된다고 할 수 있다.

3. 원상회복론

구제 및 구제청구의 효과와 관련하여 침해된 권리(평등권 위반 내지 차별행위, 불이익한 처분 등)에 대한 원상회복과 손해배상의 처분 등에 대한 청구권도 보장되어야 한다는 측면에서 원상회복론은 의미를 갖는다. 결국, 보상 내지 차별행위 이전의 상태로 되돌리는 것이 가장 중심적인 구제의 목적이므로 원상회복론은 큰 의미를 갖는다고 할 수 있다.

4. 손해배상론

차별행위에 대한 손해배상은 그러한 행위로 인하여 피해를 입은 대상자 및 집단은 차별행위자 등에 대하여 원상회복과 함께 발생한 손해를 배상할 책임이 있다고 할 것이다. 이는 불법 내지 부당한 법규의반행위에서 비롯되는 당연한 결과라고 할 수 있다. 그러므로 손해배상론은 이론적으로 용인된다고 보여지고, 이러한 처분과 함께 징벌적 손해배상 내지 형사처벌 등의 부과가 가능하다는 입장이다.

5. 징벌론

차별금지위반에 따른 제재조치들은 일반적으로 징벌적인 성격을 가진다. 그러한 것이 손해배상이든 형사처벌이든 차별행위자에게 부담되는 처분의 경우 징벌적 성격을 인정할 수 있고, 이러한 입장에서 징벌론은 이론적으로 설득력을 갖는다고 보여진다. 손해배상론과 징벌론이 결합되어 징벌적 손해배상제도가 도입되어 운영되고 있고,[97] 실제 노동위원회는 이러한 근거에 따라 징벌적인 배액배상결정[98]을 내린 바도 있다.

Ⅶ. 우대보호론적 접근

적극적 개선조치는 차별을 해소하여 실질적인 평등을 실현하는 수단으로 활용되고 있다. 또한, 각종 우대조치들도 합리성과 합법성을 갖는 한 이러한 측면에서 실질적인 평등 실현 수단이라고 할 수 있다. 그러나 과도한 적극적 조치나 우대조치는 상대적으로 역차별을 유발할 수도 있다. 역차별론은 과도한 보호조치 내지 우대조치가 상대적으로 또 다른 차별이 발생할 수 있는 가능성을 염두에 둔 이론으로 일정한 수인한도를 초과하는 합리성이 결여된 우대보호는 차별행위로 간주될 수 있다. 그러나 합리성의 한도 내에서는

97) 징벌적 손해배상제도는 하도급공정화에관한법률(2011년)과 기간제법(2014년)에서 규정하고 있다.
98) 중앙노동위원회 2015.06.30. 2015차별3∼11(병합) 결정.

차별행위로 간주되지 않고 차별의 예외사항으로 분류된다.

1. 우대조치론

역차별은 역사적으로 또는 관행적으로 차별받아온 개인 내지 집단에 대한 우대보호조치가 다른 집단들에게 상대적으로 차별이 발생하는 경우이다. 이러한 우대보호조치 등에는 사회적인 약자들에 대한 보호조치, 사회형평을 실현하기 위한 우대보호조치, 국가정책으로 필요성에 따라 우대보호조치가 취해지는 경우 등 다양한 사유가 예시될 수 있다. 이러한 역차별의 문제 내지 우대조치 등은 진정직업자격, 적극적 개선조치, 노동권보호, 모성보호, 국제노동기준, 국가안보와 공공의 안녕 질서유지 등으로 나타나는데, 정책적인 측면에서 차별의 문제는 아니지만 과도한 경우 상대적인 차별행위가 될 수 있고, 장기화되거나 고착화되는 경우 등에는 또 다른 차별을 발생시킨다는데 정책적인 고려가 검토되어야 할 사안이다. 대부분의 역차별문제는 우대정책론으로 집약될 수 있다. 이공계우대, 유공자 우대, 장애인우대, 여성우대, 지역우대 등 대부분의 우대보호조치는 정책적인 고려에 의해서 추진되기 때문이다.

2. 사회적 약자보호론 및 사회적 형평론

역차별의 대상범위에서 노령자 보호조치, 사회적 취약계층 보호조치 등은 사회적 약자를 보호하기 위한 조치들이 일반적인 경우이다. 그러므로 약자보호론은 현대 사회국가에서 국가정책의 일반적인 고려사항에 해당하는 것으로 차별정책의 문제도 예외는 아니라고 본다.

아울러, 차별의 해소문제는 형평의 원칙에 근거한다. 즉, 사회형평은 남녀, 지역 등 편중 내지 불편부당함을 시정하기 위하여 취해지는 정책적인 사항들이다. 지역인재 등용, 여성고용할당제, 저소득층 우대조치 등 대부분의 사회적 취약계층을 위한 사회형평정책은 사회형평론의 범주에서 논의될 수 있는 사안이라고 할 수 있다.

3. 모성보호론

우대정책에는 여성보호를 위한 사안들이 많다. 남녀평등, 여성근로자의 보호, 임신 및 출산등과 관련한 보호조치, 가족 및 가족상황에서의 보호조치 등 특히 근로관계에서의 승진, 임금, 기타 근로조건 등에 대한 특별보호 규정은 모성보호론적인 입장에서 논의되는 이론이다. 차별행위와 관련하여서도 모성보호론적인 입장에서 접근되는 사안들이 상당부분 비중을 갖는다.

4. 다양성론

우대정책은 다양한 목적을 기반으로 하고 있다. 다양한 사회구성원이 합당한 대우와 공존하는 구성원이 되도록 하기 위한 조치들은 사회 각 구성원의 다양한 욕구와 기회를 보장하기 위한 장치들로 인식된다. 그러므로 우대정책의 일면에는 사회 구성원의 다양성을 기반으로 이를 반영하는 정책적인 고려가 되고 있다고 할 수 있다. 이러한 측면에서의 국제적인 인적교류에 따른 외국인 근로자의 급증, 국제결혼으로 증가하고 있는 다문화가정에 대한 우대조치 등은 변화하는 우리 사회의 구성원의 다양성을 반영하는 제도적인 장치라고 할 수 있다.

제 4 절 고용상 차별판단 심사기준

Ⅰ. 차별판단 심사기준 개관

고용상 차별행위에 대한 판단은 먼저 고용상 차별 내지 차별행위에서의 차별판단을 위한 심사기준들에 대한 검토가 필요하다. 즉, 법령에서 합리적인 이유를 규정하고도 세부사항에 대한 판단기준을 명시적으로 규정하고 있지 않으므로 헌법재판소를 비롯한 법원, 노동위원회, 국가인권위원회 등의 차별판단심사기준을 살펴볼 필요가 있고, 우리나라의 차별판단심사기준에 영향을 미친 것으로 판단되는 독일과 미국의 차별판단심사기준도 검토할 필요가 있다. 이러한 차별판단 심사기준은 엄격한 심사기준인 비례원칙과 완화된 심사기준인 자의금지원칙으로 대별된다. 먼저 '엄격한 심사기준인 비례의 원칙'은 헌법이 스스로 평등권을 구체화한 사항에 대하여 차별의 문제가 발생한 경우와 기본권에 대한 중대한 제한 내지 침해가 발생하였는지 여부를 판단하는 심사기준으로 적용되는 것으로 심사요건으로는 입법목적의 정당성 내지 차별의 정당성, 차별의 적합성, 차별에 대한 피해의 최소성 내지 불가피성, 차별로 인하여 발생한 부담의 비례성 내지 공익과의 균형을 들 수 있다. 이 때 적용되는 사유는 헌법이 차별금지규정으로 규정한 성별, 종교, 사회적 신분, 근로영역에서의 성차별, 혼인과 가족생활에서의 차별 등을 들 수 있다. 다음으로 '완화된 심사기준인 자의금지원칙'은 입법부를 존중하여 입법형성의 자유를 인정하는 영역에 대한 차별이 발생한 경우에 적용하는 것으로 심사요건으로는 상호배타적인 비교대상이 존재하고, 같은 것을 다르게 다른 것을 같게 취급하는 사안에 대하여 차별취급에서의 자의성이 반영되어 합리적인 이유 없는 차별의 경우에 적용되는 심사기준으로 침해적인 법률에 의한 차별과 수혜·시혜적인 법률에 의한 차별의 경우에 주로 활용되는 기준이라고 할 수 있다.

고용상 차별금지제도에서 '합리적인 이유'는 해당 차별사유별 차별행위에 대한 내용과 결과가 차별인지 아닌지를 판단하는 전제적 조건이 되기 때문에 매우 중요한 차별여부의 기준점이라고 할 수 있다. 주요 고용관련법령에서도 '합리적인 이유'에 대한 규정을 두고 있는 것도 이러한 전제적 조건을 부여한 것으로 풀이된다. 그러나 합리적인 이유에 대하여 구체적으로 어떠한 상황 내지 요건 등을 말하는지 명확한 기준 내지 근거를 규정하지 않고 있다. 아울러, 이러한 합리적인 이유여부를 판단할 수 있는 판단기준도 명시적으로 규정하고 있지 않아 심사기준 내지 판단기준에 대한 구체적인 검토가 필요하다.[99] 즉, 각각의 차별행위에 대한 차별판단기준이 명확히 정립되어 있지 않으므로 판례 등을 통한 검토가 필요하다. 차별판단을 위해 국내의 경우는 헌법재판소와 법원, 노동위의 판단이 검토되어야 하고, 인권위의 경우 고용영역에 대한 다양한 차별사유에 대한 규정을 두고 있고 이를 근거로 다양한 사유에 대한 차별여부판단을 내리고 있어 고용상 차별판단의 기준이 될 수 있으므로 인권위의 판단도 고려의 대상이다. 원칙적으로 헌법재판소의 평등심사기준과 노동위의 차별판단기준, 법원의 차별판단기준 및 고용관계법에 의한 차별판단이 모두 같은 의미를 가진다고 할 수는 없다. 즉, 헌법재판소는 차별적인 법률에 대하여 위헌법률심사 등을 통하여 해당법률이 기본권을 제한하거나 침해하는 사유가 발생하였는지 입법목적과 타당성 등 그 적정성을 판단하는 것이다. 반면에 법원, 노동위 등은 고용현장의 차별행위가 정당성과 합리적인 이유에 근거하여 집행되고 부합하는지를 판단함으로써 올바른 법집행과 적용을 추구하여 고용에서의 차별을 방지하는 등 역할을 한다고 할 수 있다. 그러나 본질적으로 차별을 가려서 평등을 추구한다는 점에서는 각 기관의 심사기준 내지 판단기준은 고용상 차별판단의 기준을 정립함에 있어서 참고가 될 수 있을 것이다.[100]

---

99) 법령상에는 판단기준이 명시되어 있지는 않고, 유일하게 합리적인 이유 판단기준을 규정한 것은 남녀고용평등 업무처리 규정(고용노동부예규 제57호, 2013.06.21., 일부개정) 제2조이다.

100) 임공수, "고용차별판단 심사기준", 「노동법논총(제39집)」, 한국비교노동법학회, 2017, 177~179면.

Ⅱ. 차별판단 심사기준 외국 사례

우리나라의 법령규정과 그 해석론적인 측면에서 독일의 영향을 간과할 수 없는 것이 사실이다. 아울러 점점 미국 법령과 판례들에 대한 참고가 확대되고 있는 것도 사실이다. 이들 나라의 평등심사기준들은 국내의 차별판단기관들이 고려하고 있음도 간과할 수 없다. 다만, 사안에 따라 또는 역사적인 배경에 따라서는 국내에 제도화하는 과정에서 유사하게 또는 다르게 정착되어 갈 수도 있다. 그러나 큰 흐름에서는 그 맥을 같게 하고 있는 것으로 판단된다. 그러므로 미국과 독일의 평등권심사에서 활용되고 있는 심사기준을 살펴보는 것은 차별판단 심사기준으로 참고할 만한 자료로 활용할 수 있다.

한편, 독일 등이 속한 유럽연합법과 유럽사법재판소의 차별판단근거와 원칙을 살펴보면, 차별판단은 각종 입법지침과 유럽연합조약 등에 근거하고 있다. EC조약은 유럽연합(EU)의 입법권의 한계를 명시적으로 규정하고 있는데 그것은 제한적 권한 위임의 원칙(EC조약 제5조 제1항), 비례원칙(EC조약 제5조 제3항), 보충성의 원칙(EC조약 제5조 제2항) 등이다. EC조약 제5조 제2항에 의하면 공동체는 배타적 관할권이 인정되지 아니하는 분야에 대해서는 보충성원칙에 따라서만 활동할 수 있다. 이는 공동체에게 배타적으로 권한이 부여된 사항이 아닌 분야에서는 개별 회원국 차원에서 행해지는 조치가 공동체의 목적을 달성하는데 충분하지 아니하고 해당 사안의 성격상 공동체 차원에서 목적이 달성될 수 있는 경우에 한하여 유럽연합의 입법권이 행사될 수 있다는 것을 뜻한다.

유럽연합의 공동체설립조약들은 유럽사법재판소(ECJ)에 각 조약의 해석 및 조약의 준수를 보장하기 위하여 관할권을 인정하고 있다. 유럽연합 법원(法源)에는 1차적 입법, 2차적 입법, 체결승인된 국제법 외에 불문법으로서 ECJ의 판결례인 법의 일반원칙이 포함된다. 그 중 특히 EC조약 제230조는 명문화된 유럽연합법 규정만이 재판권 행사에 있어서의 유일한 법적 근거가 아님을 함축하고 있다. ECJ의 판례에 의하여 법의 일반원칙이 명확하게 되었는데 기본적 인권의 보호,[101] 청문권,[102] 비례성의 원칙,[103] 법적 안정성의 원칙,[104] 동등하게 대우받을 권리[105] 등이 그동안 ECJ에서 법의 일반원칙으로서 인용되

101) Case 29/69 Stauder v. Ulm (1969) ECR 419.
102) Case 17/74 Transocean Marine Paint Association v. commission (1974) ECR 1063.
103) Case 148/73 R Louwage v. commission (1974) ECR 381.
104) Case 43/75 Defrenne v. Sabena (1976) ECR 4551.
105) Case 122/78 Buitoni v. FORMA (1979) ECR 677.

어 온 것들이다. 물론, ECJ는 조약과 입법지침 등을 고려함과 동시에 유럽연합회원국 국가마다의 민족적 문화적 기원이나 특성을 반영한 판단을 하고 있다.

아울러, 유럽연합법은 그 자체가 독립된 하나의 새로운 법질서이나 그것은 회원국 법질서와 별개 또는 무관하게 존재하는 것은 아니다.[106] 유럽연합법은 회원국 법질서의 불가결한 일부를 구성하며 회원국법에 의하여 적용된다. 그 결과 유럽연합법과 회원국법의 내용이 상호 모순 또는 저촉되는 일이 발생하게 된다. 공동체설립조약에서는 이 문제의 해결을 위한 명문의 규정을 두고 있지 않다. ECJ는 1964년 Costa v. ENEL 사건[107]의 판결에서 공동체설립조약의 정신과 목적에 비추어 유럽연합법 우위의 원칙[108]을 도출해 냈다. 그 후 ECJ는 모든 회원국에 있어서 유럽연합법의 통일적 적용이 가능하도록 직접효과이론을 구축함으로써 유럽연합법이 일정 요건 하에서 회원국 국내법 질서에 직접적인 효력을 미치는 것을 인정하고 있다. 나아가 ECJ는 간접효과이론을 확립함으로써 직접효과가 인정되지 않는 유럽연합법에 대해서도 그 간접효과를 긍정함으로써 유럽연합법의 국내법 해석에 대한 영향력을 인정하고 있다. 유럽연합법의 독특한 특성이라 할 수 있는 유럽연합법 우위의 원칙[109], 직접효과이론[110], 간접효과이론[111]은 이처럼 ECJ의 판례에

106) Case 6/64 Costa v. ENEL (1964) ECR 585.

107) Costa v. ENEL 사건에서 이탈리아 정부는 1962년 전력생산과 분배의 국유화를 위해 새로운 국립전력회사(ENEL : Ente Nazionale Per L'energia Elettrica)를 설립하였다. Costa는 이탈리아 정부의 이러한 조치는 회사설립의 자유의 보장과 회원국의 개입금지를 규정한 EC조약 제102조, 제53조, 제37조 제2항(현 제31조 제2항)에 대한 위반이라고 주장하였다. Costa는 이 새로운 국립전력회사로부터 청구된 전기요금의 납부를 거부하며 이를 Milan 법원에 제소하였고, Milan 법원은 ECJ에 선결적 판결을 요청하였다(Case 6/64 Costa v. ENEL (1964) ECR 585.).

108) EC 조약에서는 회원국의 조약상의 의무위반에 대한 소송을 규정하고 있다. 위원회(제226조) 또는 EU의 다른 회원국(제227조)은 ECJ에 당해 회원국의 의무위반을 제소할 수 있고, 당해 회원국은 의무위반이 인정된 경우 ECJ의 판결에 따른 필요한 조치를 취해야 한다(제228조). 만약 이 판결에 따른 필요한 조치를 취하지 않을 경우에는 제228조 소정의 절차를 거쳐 위원회는 ECJ에 금전적 제재를 부과하도록 요구할 수 있다.

109) EU법 우위의 원칙이란 EU법이 회원국의 국내법과 충돌할 경우 국내법보다 EU법의 우위를 인정하여 EU의 사법질서를 확립하고 모든 회원국에서 통일된 법의 해석과 적용을 가능케 하는 것을 말한다. 즉, EU법과 모순된 내용을 가진 회원국법의 적용을 자동적으로 배제할 뿐만 아니라 그 후 EU법과 모순되는 회원국법의 제정은 불가능하며 EU법과 모순되는 내용을 가진 국내법을 그 제정 시기를 불문하고 적용할 수가 없다(Case 106/77 Aministrazione delle Finanze Dello Stato v. Simmenthal (1978) ECR 629). 이러한 근거는 1964년 Costa v. ENEL사건의 판결에서 ECJ는 EC조약 제10조 및 제249조를 EU법 우위의 근거로 설시하였고, EC조약 제10조는 회원국이 공동체의 목적 달성을 위태롭게 하는 조치를 취하는 것을 금지하고 있다.

110) EU법의 직접 효과이론이란 EU법의 이행에 있어서 회원국의 국내입법절차를 거칠 필요 없이 EU법이 직접 회원국의 국내 법질서의 일부를 형성하는 것을 의미하고, EU법의 직접효과란 개인이 자신에게 부여된 EU법상의 권리·의무의 규정을 근거로 하여 회원국 국내법원에 직접 제소할 수 있는 것을 의미하는 것으로 양자는 문제의 차원을 달리하는 별도의 개념이며, 어느 EU법이 직접 적용된다고 하여 반드시 그것이 직접효과를 발생하는 것을 의미하지는 않고, 또한 어느 EU법이 직접 적용되지 않는다고 하여 그것이 직접효과를 발생하지 않는 것은 아니다. EU법의 직접효과는 1963년의 van

의하여 확립·발전되어 온 개념이다.

결국 차별관련 판단의 근거는 유럽공동체법의 1차 법원인 EC조약이며, 이 조약은 유럽연합설립 관련 조약 중 평등에 대해 특별히 언급하고 있다. 이 조약에는 차별금지와 관련된 조항이 많은데 실체적 권리를 규정하는 유형과 유럽연합기관들이 2차 입법을 할 수 있는 권한을 부여하는 유형으로 나눠볼 수 있다. 실체적 권리를 규정하는 유형을 보면 양성간의 평등 증진을 EC의 임무 중 하나로 열거(제2조)하고, EC는 활동을 함에 있어 불평등을 없애고 양성평등을 촉진하는 것을 목표해야 한다고 규정(제3조 2항)하고, 동일노동임금에 대한 최초의 규정으로 성별에 상관없이 동일노동에 대한 동일임금을 지급할 것을 규정(제141조)하였다. 2차입법을 할 수 있는 권한을 부여하는 유형은 제13조 1항, 제137조, 제141조가 대표적이다.[112] 즉, 차별판단과 관련한 원칙으로는 평등기회와 양성평등 대우의 원칙[113], 차별대우 금지 및 균등대우원칙, 기본적인 인권보호를 위한 일반원칙으로 정리할 수 있겠다.

2000년에 선포된 기본권헌장(Charter of Fundamental Rights)은 법 앞의 평등(제20조)과 차별금지 원칙(제21조)을 규정하고 있다. 즉, 유럽연합 기본권헌장 제21조 "1.

Gend en Loos 사건에서 다루어졌다(Case 26/62 van Gend en Loos v. Nederlandse Administratie der Belastingen (1963) ECR 1).

111) ECJ는 1984년의 von Colscn사건에서 국내법원은 지침이 요구하는 결과 달성을 위해 지침의 목적·문언에 비추어 회원국법을 해석하지 않으면 안 되는 의무를 진다고 판시하였다(Case 14/83 von Colson and Kamann/Land Nordthein Westfalen(1984) ECR 1891). 사건의 쟁점으로 된 독일법은 성에 따른 고용차별에 대한 제재로서 사용자에 대한 손해배상을 인정하고 있었다. 그러나 그 손해의 범위는 근로자가 차별이 없다고 신뢰한 결과 발생하는 손실이라고 규정하고 있었으므로, 그에 따르면 이 사건의 경우 극히 소액인 교통비의 반환만이 인정될 뿐이었다. 이에 대하여 ECJ는 남녀평등에관한지침 제6조(고용에서 성차별을 받은 피해자에 대한 사법적 구제)에 대하여, 독일법을 지침에 비추어 해석하여 회원국이 위반에 대한 제재로서 보상을 선택하는 경우, 그 보상은 입었던 손해에 대하여 적당한 것이어야 하고, 구체적으로는 구직활동을 위해 지출한 실비의 반환 이상의 것이어야 한다고 판시하였다. 이와 같이 지침의 국내법적 해석에 대한 효과를 지침의 간접효과라 한다. 지침의 간접효과는 개인 간의 수평적 관계에 한정되는 것이 아니라 개인과 국가 사이의 수직적 관계에서도 주장될 수 있다(Case 80/86 Kolpmgsuls Nijmegen(1987) ECR 3969).

112) 암스테르담 조약을 통해 제141조가 개정되고(개정 이후 제119조로 바뀜) 제13조가 삽입되면서(1997년) 2차 입법권한에 대해 규정하기 시작했다. 암스테르담 조약 이전에는 사회정책에 대한 의정서가 2차입법의 근거로 활용됐다.

113) 양성평등의 판단기준과 관련하여 임금수준결정요소로 고려되어야 할 사항으로는 근로의 성질, 직업훈련의 요건, 근로조건 등 일련의 조건들, 수행된 업무가 단순한 기계적 작업 내지 육체적 노무인 반면 비교 대상인 다른 근로자집단에 의하여 수행된 업무는 특별한 기술을 요하는 작업인지 여부, 유급의 휴게시간, 독자적인 작업편성의 자유 및 작업과 관련된 어려움 등 객관적 요소에 의하여 이루어진 것인지를 고려하여 판단하게 되고, 성과급제도 하에서는 개개 근로자의 업무성과, 당해 근로자집단에 고유한 고정요소 내지 변동요소에 따라 임금이 결정되기 때문에 임금의 변동요소를 산정하기 위하여 사용되는 산정률 또는 그 결정 요소를 특정할 수 없는 경우 사용자는 두 근로자집단 사이에 나타나는 임금 차이가 성차별에 기인한 것인지 여부를 고려하게 된다.

성, 인종, 피부색, 출신민족이나 사회적 출신, 유전적 특성, 언어, 종교 또는 신념, 정치적 또는 다른 종류의 의견, 소수민족, 재산, 태생, 장애, 연령 또는 성적 취향과 같은 이유에 근거한 어떠한 차별도 금지된다. 2. EC조약과 유럽연합조약의 적용 범위 내이고 이 조약의 특정 규정에 대한 위반이 없는 한에서 국적에 근거한 어떠한 차별도 금지된다."고 규정하고 있다. 기본권헌장 제21조는 EC조약 제13조에서 금지하는 차별사유보다 더 많은 사유를 포함하고 있는데 이는 차별금지법의 확장을 둘러싼 논쟁을 촉발시키는 효과를 낳기도 한다. 제51조에서는 기본권헌장이 제시한 원칙들이 유럽연합정책의 발전방향을 제시하고 회원국이 이 정책들을 실행해야 한다고 한다. 모든 회원국가가 조인한 국제문서에서 도출된 기본적 인권이 공동체법의 일반원칙과 그에 대한 준수의무를 형성한다는 것이 ECJ의 일관된 입장이다.[114] 또 ECJ는 이미 공동체법을 해석할 때 기본권헌장을 중요한 참고자료로 활용해 왔고 ECJ는 성과 국적에 근거한 차별금지 원칙은 공동체법의 기본적인 권리이고 이에 대한 예외를 엄격히 해석해야 한다는 판례를 많이 내렸다.[115] 한편, 차별예외 판단사항으로 특정한 성이 직무수행에 필수적 요건인 경우[116], 모성보호를 위한 경우[117], 잠정적 우대조치를 통한 적극적 차별시정조치[118]인 경우가 고려되고 있다.

1. 평등심사 및 차별판단기준의 형성과정

합리적인 이유에 관한 판단기준의 형성과정을 살피기 위해서는 선례적으로 기준을 설정한 미국에서 위헌법률 심사기준이 형성되는 과정을 살펴볼 필요가 있다. 즉, 차별판단기준 내지 평등심사기준에 대하여 미국의 경우 법률이 규정하는 사안이 평등권을 침해하는지에 대한 판단과정을 통하여 정립되었다고 보고 있다. 이러한 평등권 침해여부는 '그 침해 내지 제한된 사안들이 합리성이 있는지, 각 법규가 추구하는 목적은 정당한지, 법익과의 비례성여부, 제한 등의 필요성과 적정성 등'에 대한 판단이 그것이다.[119] 이러한 과

114) Case 29/69, Stauder v City of Ulm, Case 4/73 ECR (1969) 00419, Nold v Commission, Case C-60/00 ECR (1974) 00491, Case C-60/2000, Mary Carpenter v Secretary of State for the Home Department ECR (2002) I-006279.

115) E.g. Case C-13/94, P v S and Cornwall County Council ECR (1996) I-02143, Case C-55/00, GottardoECR (2002) I-00413.

116) 영국의 성차별금지법에서는 genuine occupational qualification(GOQ)이라고 하고, 미국에서는 bona fide occupational qualification(BFOQ)이라고 하는데, 이는 진정한 직업상 자격 또는 진정직업자격이라고 번역할 수 있다.

117) EU지침(76/207/EEC) 제2조 제3항은 「이 지침은 여성, 특히 임산부나 모성에 대한 보호규정에 반하지 않는다.」고 규정하고 있다. 따라서 여성의 임신 등과 같은 생리적 특성에 기초한 객관적인 사유가 존재하고, 이것이 여성의 보호를 목적으로 하는 경우에는 남녀에 대한 차별적 대우가 허용된다.

118) 미국은 Affirmative Action, 유럽은 Positive Action이라고 한다.

119) 우리 헌법재판소의 경우도 여러 사건에서 목적의 정당성, 수단의 적합성, 피해의 최소성, 법익 균형

정을 통하여 미국의 판례들은 합리성심사 등의 이론적인 체계를 구축하였다. 이후 우리나라의 경우 위헌법률심사나 평등권 침해 내지 차별의 판단을 위한 심사기준으로 이러한 완화된 심사기준 등이 원용되게 되었다. 여기에서는 차별판단심사기준으로서 활용되고 있는 미국과 독일의 사례를 검토하기로 한다. 선례적인 외국의 차별판단기준이 고용상 차별금지제도에서 규정하고 있는 '합리적인 이유'에 판단기준으로 우리나라에서 활용하고 있는 차별판단기준들과 어떤 상관성을 가지는지를 파악할 수 있을 것이다.

2. 미국

미국은 법률에서 차별한 행위 내지 대우(처우)를 할 수 있는 근거가 합리성이 있는지 여부를 판단하는 기준으로 크게 합리성심사, 엄격심사, 중간심사 이론이 정립되어 있다. 미 연방대법원은 이러한 심사기준을 초기(19세기)부터 오랜 기간 동안 평등권위반인 인종이나 국적에 의한 차별에만 국한하여 적용하였고, 사회경제적 차별의 경우 전통적인 합리성심사기준을 적용하여 의회의 입법형성권을 존중하면서도 의심스러운 차별에 해당하거나 기본적인 권리에 영향을 미치는 경우 엄격한 심사기준(Warren 대법원기, 1953~1969년)을 적용하기에 이르렀다. 그리고 이후 성차별, 외국인 등의 차별에는 중간단계의 심사기준(Burger 대법원기, 1969~1986년)으로 발전시켰다. 이러한 기준에 따라 판단한 사안이 합리적인 이유가 있는 경우 비록 모두에게 평등한 것이 아니라도 평등보호를 위반하는 것이 아닌 것으로 취급되었다.

(1) 합리성심사기준

합리성 심사기준은 최소한의 낮은 수준의 심사기준으로 인식되고 있다. 미국은 수정헌법 제14조 평등보호조항의 적용과 관련하여 주(州)법률의 적용대상을 구별함에 있어 광범위한 재량권을 가지는 것으로 해석하여 왔는데, 주 법률이 합리적인 기준이 있고, 정부의 이익과 합리적으로 연관되어 있고, 그 필요성이 있는 경우 불평등한 결과를 가져와도 헌법상 평등조항에 반하는 것은 아니라는 입장이 미국 법원의 견해이다.[120] 이러한 심사기준을 Royster Guano Co v. Virginia 사건[121]을 통해서 보면, 미국 연방대법원은 동

성에 대하여 언급하고 그에 대한 판단을 내리고 있다. 이는 미국 등의 판단과 그 맥을 같이 하는 것으로 풀이된다.

120) Jerome A. Barron & C. Thomas Dienes, Constitutional Law, 6th ed, West Group, 2003, 214면.

121) Royster Guano Co v. Virginia 253 U.S. 412(1920) : 이 사건은 국외 소득에 대하여 모두 세금을 부과하는 미국 버지니아주의 소득세 부과가 수정 헌법 제14조에서 규정한 평등권 위반에 해당한다는 문제를 제기한 소송을 다룬 사건이다.

사건에서 차별에 대하여 합리적인 것이어야 하고, 자의적인 것은 아니 되며, 차별은 동일한 상황하의 모든 이들에게 적용될 수 있도록 입법목적이 정당하고, 목적과 실질적인 관련이 있는 차별수단 간의 상당한 정도의 근거를 필요로 한다고 보고 있다. 즉, 입법 목적의 정당성, 입법목적과 수단 간의 실질적 연관성 등의 합리적 근거를 요구하고 있다. 결국 합리적 차별여부의 판단은 차별의 근거, 차별에 의해 침해되는 권리의 성격, 차별행위(입법)로 정부 등이 얻고자 하는 이익에 의하여 결정된다고 할 수 있다.[122] 합리성 심사기준을 낮은 단계의 심사기준이라고 하는 것은 여기에는 최소한의 합리적인 근거만 있으면 차별 목적의 법률이 정당성을 인정받기 때문이다. 즉, 합리성 심사기준[123]은 차별행위의 합리적인 이유 유무를 차별판단의 기준으로 보는 것으로 주로 사회적인 차별, 경제적인 차별 입법에 대한 차별문제의 경우에 활용되고 있다.

(2) 엄격심사기준

합리성 심사기준과는 달리 엄격심사기준은 보다 강화된 심사기준으로 위헌의 소지가 있는 차별의 규정은 절박한 공익의 달성을 위하여 불가피한 경우로 그 목적달성을 위하여 필요성이 강하게 요청되는 사안이어야 한다. 특히 엄격심사기준은 평등권과 관련한 심사기준으로 활용되고 있으며, 엄격심사 기준[124]은 차별행위가 헌법이나 법률에 위반하여 차별을 하는 것으로 인간의 기본적 권리에 중대한 부담을 지우는 경우 이러한 사안이 필요불가결한 것이고, 목적 달성을 위하여 엄밀히 적용되어야 하는 것을 전제로 판단되는 것이다. 당시 합리성심사기준이 일반적인 상황에서 엄격심사기준이 등장하게 된 배경에는 사회적 소수자인 흑인 등의 차별 근절을 위해서는 보다 적극적인 심사기준이 필요하다는 인식에서였다. 1938년 Carolene Products 사건[125]에서 엄격한 심사기준을 적용할 수 있는 경우를 헌법상 특수한 금지조항으로 규정된 최초의 수정헌법 10개 조항의 정치적 과

---

122) Jerome A. Barron & C. Thomas Dienes, Constitutional Law, 6th ed, West Group, 2003, 214~215면.

123) 법에 의한 차별이 '합리적 이유'가 있는 차별이면 합헌이 되므로, 차별의 합리적 이유 유무를 위헌판단의 기준으로 삼고 있는데, 이것은 1953년 Warren(1953~1969년) 대법원이 등장하기 전까지 미국 연방대법원의 유일한 평등 심사기준이었다(장민선, 「차별의 합리성 판단기준에 관한 비교법적 연구-미국편」, 한국법제연구원, 2011, 23면).

124) 법이 의도적으로 위헌의 의심이 가는 차별을 하거나, 시민의 근본적 권리에 중대한 부담을 지우는 경우에는 그 법의 합헌성 판단에 엄격심사기준을 적용, 그 차별이 필수불가결한 정부의 이익에 필요한 것이고, 목적달성을 위해 엄밀히 재단된 것이어야 비로소 합헌으로 판단된다(장민선, 「차별의 합리성 판단기준에 관한 비교법적 연구-미국편」, 한국법제연구원, 2011, 23면).

125) United States v. Carolene Products Company, 304 U.S. 144 (1938) : 이 사건은 일리노이주 카론렌 식품회사가 만든 제품에 사용된 재료(우유, 유지방, 오일 등)에 대하여 법에서 금지한 물질이 국민의 건강 등을 해하는 재료에 대한 문제에서 발전한 사건이다.

정을 규제하는 법률로 소수자의 권리를 규제하는 법률임을 들고 있다. 즉, 엄격한 심사기준은 입법목적이 차별을 정당화시키는 것에 충분한 정도에 그치지 않고 불가피하고 우월한 목적일 것을 요하며, 그 목적을 달성하기 위한 수단은 필수적이어야 한다는 점이 강조되고 있다. 엄격심사기준은 주로 인종, 출신(민족, 국가 등)의 차별문제에 적용된다.

(3) 중간심사기준

합리성심사기준과 엄격심사기준의 중간 정도의 중도적 심사기준이 중간심사기준이다. 이러한 기준은 음주운전과 교통사고를 방지하는 법률인 오클라호마 주의 청소년보호법에 맥주판매 허용 연령을 남자는 21세, 여자는 18세로 정한 것을 입법목적의 중요성과 목적과 차별수단과의 실질적인 적합성을 다툰 것으로 성차별의 문제로 다루어진 Craig v. Boren 사건[126]에서 찾을 수 있다. 이 심사기준은 성에 근거한 적극적 평등실현조치의 법률은 중간심사를, 인종에 근거한 적극적 평등실현조치 법률은 엄격심사를 받게 되는데, 중간심사기준[127]은 차별행위가 법익 목적의 달성에 실질적으로 관련되는지 여부를 판단기준으로 하는 것이다. 즉, 중간 심사기준은 전통적인 합리성 심사기준보다는 더 엄격하나 엄격한 심사기준에 의해서 해결하기에는 정도가 약한 영역에 적용되는 심사기준으로 중요한 입법목적에서 그 목적과 실질적인 관련성이 있는 차별일 것이 요구된다. 중간심사기준은 남녀차별문제에 주로 사용된다.

3. 독일

독일에서 평등권과 관련한 규정은 기본법 제3조에서 정하고 있다. 이를 구체화하는 법은 일반평등대우법(AGG)으로 차별금지사항(제1조)과 정당한 사유가 있는 경우 차별이 아닌 것으로 규정(제20조)하고 있다. 독일은 평등권심사와 관련하여 합리적인 차별여부에 대한 심사기준으로는 자의금지원칙과 비례성심사를 들고 있다. 입법자의 광범위한 형성의 자유를 전제하여 법 내용의 평등여부에 대한 판단인 합리성심사를 통하여 입법자가 자의적으로 차별하는 경우가 아니라면 입법자의 판단을 존중하는 것이다. 독일에서 비례성심사는 차별의 목적과 수단의 관계에서 수단의 적합성, 필요성, 균형성을 엄밀하게 요구하며 보다 강도 높은 심사를 하고 법적용의 평등과 법 내용의 평등에 관한 심사에도 일정한 경우 이를 적용한다. 또 인적 집단의 비교를 대상으로 하는 인적평등의 경우에는 엄격

126) Craig v. Boren, 429 U.S. 190(1976).

127) 차별이 중요한 정부의 이익에 실질적으로 관련될 경우에만 합헌으로 판시하는 것으로서 합리성 심사기준과 엄격심사기준의 중간에 해당한다(장민선, 「차별의 합리성 판단기준에 관한 비교법적 연구-미국편」, 한국법제연구원, 2011, 24면).

한 비례성 심사를 하고, 생활관계를 비교의 대상으로 하는 목적평등의 경우에는 전통적인 자의금지원칙에 따른 합리성 심사를 한다.[128] 독일에서 이러한 심사원칙은 자의금지원칙, 새로운 공식, 가장 새로운 공식으로 설명되고 있다.[129]

(1) 자의금지의 원칙

라이프홀츠(G. Leibholz)에 의하면 일반적인 평등원칙은 본질적으로 서로 평등한 것을 자의적으로 불평등하게 대우하거나 서로 불평등한 것을 자의적으로 평등하게 대우하는 것을 금지하는 것이다.[130] 예를 들어 공개경쟁시험 선발에서 남녀 응시자가 획득한 점수를 성별로 가중치를 달리 적용하는 경우는 전자에 해당하고, 사전에 공지없이 획득점수와 상관없이 남녀의 합격자를 동수로 결정하는 경우는 후자에 해당할 것이다. 여기서 자의적이라는 것은 차별에 의해 규율하려는 사실관계에서 차별의 명백한 불합리성을 의미하는 것으로 객관적인 자의로 차별대우가 합리적인 이유를 지니지 못하는 경우를 말한다.[131] 독일에서 차별심사기준으로 자의금지원칙은 다음의 비례심사기준이 등장하기 전까지는 일반적인 기본원칙으로 여겨졌었다. 이러한 자의금지원칙은 1951년 독일연방헌법재판소 제2재판부의 Südweststaat결정에서 나타나고 있는데, 법률에 의한 차별이나 평등대우가 합리적인 근거, 사물의 본질상 도출되는 근거, 특별히 객관적으로 명백한 근거를 발견할 수 없을 경우 평등원칙을 위반하는 것이 된다. 즉, 법률규정과 입법자가 규율하려는 영역 사이에 관련성이 존재하지 않거나 관련성은 존재하지만 명백하게 불충분한 관계에 있을 때 이는 자의적인 것이며 입법자는 평등의 원칙을 벗어난 것으로 판단한다.[132]

(2) 비례의 원칙

비례심사기준을 새로운 공식 등으로 인식하는 이유는 이전의 독일은 자의금지원칙을 기준으로 판단하였으나 자의금지원칙은 입법자의 구속을 실효성 있게 관철할 수 없고, 자의금지원칙의 기준들이 법적으로 명확성과 합리적인 심사가능성을 결여하고 있다는 비판이 제기되어 이를 보완하는 비례심사기준이 등장하면서 새로운 공식으로 인식하게 되었다.

---

128) 김지훈, 「차별의 합리성 판단기준에 관한 비교법적 연구-독일편」, 한국법제연구원, 2011, 93~95면.

129) 논자에 따라서는 합리적인 근거를 전제하면서 일반적 평등심사기준으로서의 자의금지, 비례성 심사기준으로 나누어 설명하고 있는 견해도 있다(정문식, "평등위반 심사기준으로서 비례원칙", 「법학연구(통권63호)」, 부산대법학연구소, 2010, 7~16면).

130) G. Leibholz, Die Gleichheit vor dem Gesetz, 2Aufl, 1959, 72면(손상식, "평등권의 침해 여부에 대한 심사기준", 헌법재판소 헌법재판연구원, 2013, 42면 재인용).

131) 이부하, "헌법상 평등원칙에 대한 심사기준", 「법학연구(제19권 제2호)」, 경상대학교법학연구소, 2011, 270면.

132) 임공수, "고용차별판단 심사기준", 「노동법논총(제39집)」, 한국비교노동법학회, 2017, 185면.

새로운 공식은 사람과 관련한 차별과 사물과 관련한 차별을 이분화하는 것이다. 즉, 불평등대우를 인적 평등 내지 인적 집단의 평등과 관련된 것과 물적 평등과 관련된 것으로 구분한다. 사물과 관련한 것은 완화된 심사기준을 적용하는데 반하여 사람과 관련한 것은 차별대우를 정당화할 수 있는 성질과 비중을 염두에 두고 엄격한 비례심사기준을 적용한다. 특히 새로운 공식은 입법목적의 존재, 성질과 비중에 따른 차별의 존재여부를 판단한다. 이러한 새로운 공식은 1980년 독일연방헌법재판소 제1재판부가 일반적 평등원칙의 심사척도로 비례원칙을 적용하면서 나타나고 있다.[133] 재판부는 민사소송법상 소송촉진을 위한 공격방어 방법의 신속한 제출의무를 해태한 소송당사자에게 서로 다르게 실기한 공격방어 방법에 대한 각하 규정을 둔 독일 민사소송법 제528조의 규정에 대한 헌법소원사건에서 평등심사에 있어서도 사례에 따라 각기 다른 기준을 고려할 수 있다고 판시하였다. 결국 차별에 대하여 자의적이지 아니한 근거를 제시할 것을 요구할 뿐만 아니라 상이한 취급은 비교집단의 상이성을 근거로 합리적인 이유가 있어야 하며 설득력 있게 정당화될 수 있어야 한다.

그러나 인적 평등의 침해와 물적 평등의 침해를 명확히 구분하는 것은 어려운 경우가 많다. 그러므로 이러한 점을 개선하고자 새로운 방법이 논의되었다. 가장 새로운 공식은 인적 집단의 차별을 가져오는 경우와 차별이 다른 기본권의 행사에 불리한 영향을 미치는 경우에는 엄격심사를 하고, 그 이외의 경우에는 자의금지심사를 하는 것이다.[134] 이러한 공식은 1993년 독일 연방헌법재판소 제1재판부의 제2차 성전환자 결정에서 나타나고 있다. 일반적 평등원칙으로부터 규율대상과 차별기준에 따라 자의금지부터 비례성의 엄격한 구속까지 입법자의 한계가 도출되는데, 이러한 한계는 인적관련 사항들이 기본법 제3조 제3항에 언급한 사항에 근접할수록, 소수자의 차별에 이르게 될 위험이 클수록 강해지고, 인적관련 차별에 국한되지 않고 간접적으로 인적 집단의 불평등대우를 초래하는 경우에도 적용된다. 아울러, 행위관련 차별은 당사자가 자신의 행동으로 차별실현에 영향을 미칠 수 있는가에 의해 좌우되고, 나아가 사람이나 사태의 불평등대우가 기본권으로 보호된 자유의 행사에 불리한 영향을 미칠 수 있는 정도가 클수록 입법자의 형성의 여지가 좁게 설정된다. 즉, 가장 새로운 공식은 당사자가 자력으로 불리한 상황을 회피할 가능성이 인정되는 경우에는 자의금지원칙을 적용하고, 인적집단의 불평등 대우가 소수자의 차별로 이르게 될 위험성이 크면 클수록, 사람의 불평등 대우가 기본적으로 보호된 자유의

133) 손상식, "평등권의 침해 여부에 대한 심사기준", 헌법재판소 헌법재판연구원, 2013, 44면.
134) 이부하, "헌법상 평등원칙에 대한 심사기준", 「법학연구(제19권 제2호)」, 경상대학교법학연구소, 2011, 273면.

행사에 불리한 영향을 미치면 미칠수록 엄격한 기준을 적용하는 것이다.[135]

4. 미국과 독일 심사기준의 특징 및 시사점

일반적으로 차별판단을 위한 기준들은 평등권위반여부(위헌법률심사 등)를 판단하는 심사기준으로부터 발전한 것으로 보인다. 차별판단과 관련한 판단기준으로 이론적인 체계를 갖춘 미국의 경우는 합리성심사기준, 엄격심사기준, 중간심사기준을 활용하고 있는데, 이는 독일의 심사기준과 더불어 우리나라의 헌법재판소의 판단기준과 근접하는 것으로 판단된다. 미국과 독일의 차별판단기준은 유사한 공통적인 기준을 가지고 있다. 즉, 약간의 개념적인 차이는 있으나 본질적인 부분에서는 자의금지를 기반으로 한 합리성 심사와 엄격한 비례성심사를 두 축으로 하여 차별판단을 하고 있다는 점이다. 다만, 미국의 경우는 이들 심사의 중간단계의 심사를 추가적으로 고려하고 있고, 독일의 경우는 엄격심사의 경우 인적요소와 물적요소를 구분하여 그 엄격성 적용여부를 달리 판단하고 있다는 점이다.

한편, 이러한 두 나라의 판단기준은 우리나라의 판단기준에 영향을 미친 것으로 풀이된다. 우리나라의 엄격한 비례심사기준은 헌법재판소의 판단을 기준으로 살펴보면 헌법이 명시적으로 차별을 금지하는 사항과 다른 기본권의 중대한 침해를 수반하는 경우에 적용되는데, 미국은 인종의 사유로 차별이 발생하는 경우 우리의 비례심사기준에 준하는 세부내용을 적용하고 있는데 이는 차별대상 내지 사유를 중심으로 다루고 있다는 점이 다르다. 독일의 경우는 가장 새로운 공식에서 나타난 것처럼 인적요소와 다른 기본권의 행사에 불리한 결과를 초래하는 경우, 평등대우가 소수자의 차별로 이르게 될 위험성이 크면 클수록, 사람의 불평등 대우가 기본적으로 보호된 자유의 행사에 불리한 영향을 미치면 미칠수록 비례심사를 하므로 우리의 심사대상보다 세부적으로 비례심사의 대상을 명확히 하고 있다. 한편, 자의금지의 원칙과 관련하여서는 미국이 합리성심사나 중간심사의 경우로 구분하여 고려되고 있으며, 독일은 비례심사인 새로운 공식에서 인적요소와 물적요소로 구분하여 고려하고 있다. 독일에서 사용되는 물적요소와 인적요소를 고용상 차별문제와 연관하여 접목한다면 근로자에 대하여 차별사유별로 문제가 되는 사안에서 이를 물적요소와 인적요소로 명확하게 구분하기에는 무리가 있어 보인다. 왜냐하면 인적요소에 근거하여 행해진 차별행위가 결과적으로 물적 요소(임금 등)로 귀결되는 사안들에 대하여 이를 구분하여 분리 적용하는데 기준점이 모호해진다는 점이다. 그러므로 독일의 경우는 가장 새로운 공식이 우리의 비례심사기준과 접목하고 있다. 결국 이들 국가의 차별심사기

135) 임공수, "고용차별판단 심사기준", 「노동법논총(제39집)」, 한국비교노동법학회, 2017, 186~187면.

준은 우리의 심사기준인 비례심사기준과 자의금지의 원칙과 비교하여 범위의 문제에 대한 다소의 차이는 있으나 차별대상 내지 사안을 보다 엄격하게 보느냐, 보다 완화하여 보느냐 하는 기본적인 바탕은 차이가 없는 것으로 판단된다.

Ⅲ. 국내 차별판단기관의 차별판단 심사기준

우리나라의 경우 평등심사기준 내지 차별판단 심사기준의 대원칙은 합리성 심사라고 할 수 있다. 그러나 세부적으로 살펴보면 이를 다시 자의성과 비례성을 기준으로 나누고 있음을 알 수 있다. 우리나라는 법률규정의 위헌성과 평등심사 등에 대하여는 헌법재판소를 중심으로 그 판단기준이 정립되어 가고 있다. 아울러, 차별행위의 판단과 관련한 심사기준 등은 법원, 노동위원회, 국가인권위원회의 판단기준 등을 통해서도 접근해 볼 수 있다.

1. 헌법재판소

위헌법률심사를 통해 평등권침해 심사기준을 정립한 헌법재판소가 평등위반 등에 대한 판단에서 초기에는 기준이 명확하지 않아 자의금지원칙(완화된 심사)을 적용하기도 하고, 비례의 원칙(엄격한 심사)을 적용하기도 하였는데, 제대군인 가산점 사건[136]에서 그 기준을 명확히 제시하고 있다. 즉, 이 사건에서 헌법재판소는 평등위반 여부를 심사함에 있어 엄격한 심사척도에 의할 것인지, 완화된 심사척도에 의할 것인지는 입법자에게 인정되는 입법형성권의 정도에 따라 다르게 될 것이나, 헌법에서 특별히 평등을 요구하고 있는 경우와 차별적 취급으로 인하여 관련 기본권에 대한 중대한 제한을 초래하게 된다면 입법형성권은 축소되어 보다 엄격한 심사척도가 적용되어야 할 것인 바, 가산점제도는 헌법 제32조 제4항이 특별히 남녀평등을 요구하고 있는 '근로' 내지 '고용'의 영역에서 남성과 여성을 달리 취급하는 제도이고, 또한 헌법 제25조에 의하여 보장된 공무담임권이라는 기본권의 행사에 중대한 제약을 초래하는 것이기 때문에 엄격한 심사척도가 적용된다고 판단하고 있다. 즉, 군가산점제도는 남녀차별의 문제뿐 만아니라 상대적으로 차별의 대상이 되는 자로 신체장애인, 병역면제자, 보충역복무자 등 가산점으로 구제되는 남자 군복무자보다 보호되지 않는 대상이 더 많고 이는 보호보다 차별이 더 큰 문제가 발생할 수 있는 소지가 있으며, 결과적으로 이른바 사회적 약자들의 희생을 초래하고 있으며, 우리 법체계 내에 확고히 정립된 기본질서라고 할 '여성과 장애인에 대한 차별금지와 보호'에도 저

136) 헌법재판소 1999.12.23. 선고 98헌마363 결정.

촉되므로 정책수단으로서의 적합성과 합리성을 상실한 것이다. 또, 한 사람의 제대군인을 위하여 몇 사람의 비(非)제대군인의 기회가 박탈당할 수 있게 하는 등 차별취급을 통하여 달성하려는 입법목적의 비중에 비하여 차별로 인한 불평등의 효과가 극심하므로 차별취급의 비례성을 상실하고 있다고 판단하고 있다.[137] 한편, 헌법재판소의 평등권심사기준으로 자의금지원칙에 입각한 합리성 심사라는 완화된 심사기준과 과잉금지원칙에 입각한 비례심사기준이라는 엄격한 심사기준, 중간단계심사로 구분하기도 하는데,[138] 중간심사는 이중심사기준 내지 완화된 비례의 원칙으로 엄격한 심사원칙(비례원칙)과 자의금지원칙의 중간 정도에 해당하는 원칙으로 완화된 엄격한 심사기준이라고도 한다.[139] 이 원칙은 대상이 된 사건이 비례원칙이 적용되는 경우와 적용되지 않는 경우가 동시에 해당하는 경우 비례원칙을 적용하되 완화된 정도로만 적용해야 한다는 원칙이다.[140] 결국 이 원칙에 의하면 헌법이 구체화한 평등권 침해, 중대한 평등권 침해가 있더라도, 헌법에 근거한 차별취급은 완화된 비례의 원칙이 적용된다. 그러나 이중심사기준은 비례성 심사기준을 기반으로 하고 있고, 완화된 비례심사와 비례심사를 명확하게 구분하기에는 어려움이 있고, 큰 틀에서는 비례심사의 범주에 해당하므로 별도로 구분하지 않기로 하고, 여기서는 합리성 심사를 기반으로 비례성심사(과잉금지 내지 엄격심사), 자의성심사(완화된 심사)로 구분하여 설명하기로 한다.

(1) 비례성 심사기준

비례성 심사기준 내지 비례의 원칙은 엄격한 심사기준에 해당하는 것으로 헌법이 차별의 근거로 삼아서는 아니되는 기준 또는 차별을 금지하고 있는 영역을 제시하고 있음에도 그러한 기준을 근거로 한 차별이나 그러한 영역에서의 차별의 경우와 차별적 취급으로 인하여 관련 기본권에 대한 중대한 제한을 초래하게 되는 경우를 들 수 있다.[141] 먼저 헌법

137) 동 사건에서 여성 및 제대군인이 아닌 남성을 부당한 방법으로 지나치게 차별하는 것으로서 헌법 제11조에 위배되며, 제대군인 지원이라는 입법목적은 예외적으로 능력주의를 제한할 수 있는 정당한 근거가 되지 못하는데도 불구하고 가산점제도는 능력주의에 기초하지 아니하고 성별, '현역복무를 감당할 수 있을 정도로 신체가 건강한 자'와 같은 불합리한 기준으로 여성과 장애인 등의 공직취임권을 지나치게 제약하는 것으로서 헌법 제25조에 의한 공무담임권이 침해된다고 할 것이다. 결국 헌법재판소는 법률의 제·개정 등에 의한 국가의 차별행위가 평등권에 위반하는지 여부에 대하여 판단하게 되는데, 이 사건에서 엄격한 심사척도와 완화된 심사척도를 적시하여 평등위반 내지 차별판단에서의 심사기준을 제시하고 있다고 본다.

138) 헌법재판소 2009.02.26. 선고 2005헌마764, 2008헌마118(병합) 결정.

139) 이준일, "헌법재판소의 평등심사기준과 국가인권위원회의 차별판단기준", 『세계헌법연구(제18권 2호)』, 국제헌법학회 한국학회, 2012, 338면.

140) 헌법재판소 2001.02.22. 선고 2000헌마25 결정.

141) 헌법재판소 1999.12.23. 선고 98헌마363 결정 ; 헌법재판소 2001.06.28. 선고 2001헌마132 결정.

이 스스로 평등권을 구체화하는 경우로, 성별·종교·사회적 신분에 따른 차별금지, 근로의 영역에서 여성보호와 임금 등 고용조건에서의 차별금지, 혼인과 가족생활에서의 양성평등, 병역의무이행에 따른 불이익금지 규정을 예시할 수 있다. 이는 모든 경우에 입법자가 평등대우를 해야 한다는 것은 아니지만, 차별대우의 경우에는 보다 특별한 정당성을 필요로 한다는 것을 의미한다. 다시 말하면, 입법자가 차별의 근거로 삼아서는 아니된다는 징표를 언급하는 것으로 헌법 스스로 이 점에 있어서 명확한 심사기준을 제시하는 것이며, 이러한 점에서 헌법재판소는 헌법적 요청이 준수되는지 엄격하게 심사하게 된다.

다음으로 기본권에 대한 중대한 제한을 초래하는 경우 차별대우의 실질적 비중이나 당사자에 대하여 가지는 의미와 효과에 따라 달리 판단하는 것인데, 기본권에 대한 중대한 제한으로 입법형성권의 축소를 의미한다. 이러한 심사기준은 그 요건으로 입법목적의 정당성(차별의 정당성), 차별의 적합성(수단·방법의 적절성), 차별 효과에 있어 최소의 부담(피해의 최소성) 내지 불가피한 차별(차별의 불가피성), 차별로 인한 기본권 주체에 있어 발생한 부담의 비례성(공익과 균형)을 고려한다.[142] 예시로는 국가유공자 가산점 제도 판결,[143] 지방교육위원선거 관련사건,[144] 공무원임용시험시행규칙사건[145] 등을 들 수 있다.

비례의 원칙은 국민의 기본권인 평등권 등을 제한하거나 차별하는 법률은 그 합리성을 인정받기 위해서는 목적의 정당성, 수단과 방법의 적절성, 법익의 균형성, 제한의 최소성 등을 준수해야 한다는 것이다. 한편, 헌법 제37조 제2항에 따르면 국민의 자유와 권리는 국가안전보장, 질서유지 또는 공공복리를 위하여 필요한 경우에 한하여 법률로써 제한할 수 있으며, 그 경우에도 자유와 권리의 본질적인 내용을 침해할 수 없다고 규정하여 국가

142) 헌법재판소는 국가유공자등여우및지원에관한법률(국가유공자법) 제34조 제1항 위헌확인에서 평등권의 침해 여부를 심사하는 기준으로 평등권의 침해 여부에 대한 심사는 그 심사기준에 따라 자의금지원칙에 의한 심사와 비례의 원칙에 의한 심사로 크게 나누어 자의심사의 경우에는 차별을 정당화하는 합리적인 이유가 있는지 만을 심사하기 때문에 그에 해당하는 비교대상간의 사실상의 차이나 입법목적(차별목적) 의 발견·확인에 그치는 반면에, 비례심사의 경우에는 단순히 합리적인 이유의 존부 문제가 아니라 차별을 정당화하는 이유와 차별간의 상관관계에 대한 심사, 즉 비교대상간의 사실상의 차이의 성질과 비중 또는 입법국적(차별목적)의 비중과 차별의 정도에 적정한 균형관계가 이루어져 있는가를 심사하는 것이라고 적시하면서 그동안 헌법재판소는 평등심사에 있어 원칙적으로 자의금지원칙을 기준으로 하여 심사하여 왔고, 이따금 비례의 원칙을 기준으로 심사한 것으로 보이는 경우에도 비례심사의 본질에 해당하는 '법익의 균형성(협의의 비례성)'에 대한 본격적인 심사를 하는 경우는 찾아보기 힘들었다고 하고 있다. 또, 동 판단에서 비례의 원칙의 위반 여부를 판단하는 근거로 '㉠ 입법목적의 정당성, ㉡ 차별대우의 적합성, ㉢ 차별대우의 필요성, ㉣ 법익의 균형성'을 제시하여 판단하고 있다(헌법재판소 2001.02.22. 선고 2000헌마25 결정).

143) 헌법재판소 2006.06.29. 선고 2005헌가13 결정.

144) 헌법재판소 2003.03.27. 선고 2002헌마573 결정.

145) 헌법재판소 2003.09.25. 선고 2003헌마30 결정.

가 국민의 기본권을 제한하는 내용의 입법을 함에 있어서 준수하여야 할 기본원칙을 천명하고 있다. 따라서 기본권인 평등권 등을 제한하는 입법은 입법목적의 정당성과 그 목적달성을 위한 방법의 적정성 내지 수단의 적정성, 입법으로 인한 피해의 최소성, 그리고 그 입법에 의해 보호하려는 공익과 침해되는 사익의 균형성을 갖추어야 한다는 것이고 이를 준수하지 않은 법률 내지 법률조항은 기본권제한의 입법적 한계를 벗어난 것으로서 헌법에 위반된다고 할 것이다. 아울러, 드물게 기본권에 있어 차별만 있어도 그 제한의 중대성 여부와 관계없이 비례의 원칙을 적용한다는 판단[146]을 한 바도 있다.

(2) 자의성 심사기준

자의성 심사기준 내지 자의금지원칙은 완화된 심사기준으로서 우선 침해적인 법률에 의한 차별은 입법부를 존중하여 자의금지를 우선 적용하고, 예외적으로 비례의 원칙을 적용한다. 이러한 예로는 약사의 법인설립제한 관련사건,[147] 국가보안법 및 집시법위반자의 가석방시 준법서약서 제출 관련사건,[148] 지자체장의 계속 재임 3기 제한 관련사건[149]을 들 수 있다.

이에 대하여 헌법재판소는 일반적으로 이러한 평등의 원칙은 일체의 차별적 대우를 부정하는 절대적 평등을 의미하는 것이 아니라, 입법과 법의 적용에 있어서 합리적인 근거가 없는 차별을 하여서는 아니된다는 상대적 평등을 뜻하고, 따라서, 합리적인 근거가 있는 차별 또는 불평등은 평등의 원칙에 반하는 것이 아니고[150], 합리적 근거없는 차별이란 정의에 반하는 자의적인 차별을 의미하는 것으로서, 국민의 기본권에 대한 차별적인 대우를 규정하는 입법은 그 목적이 국가안전보장, 질서유지 또는 공공복리를 위하여 필요하고 또 정당한 것이어야 하고, 나아가 그 수단 또는 방법이 위 목적의 실현을 위하여 실질적인 관계가 있어야 할 뿐만 아니라, 그 정도 또한 적정한 것이어야 하며, 이러한 요건을 갖추지 못한 입법은 헌법 제11조 제1항이 예정하고 있는 평등의 원칙에 반하는 위헌입법이라고 설시하고 있다.[151]

---

146) 공무원7급시험에 기능사 등 자격증 가산점 관련 사건에서 "입법자가 설정한 차별이 기본권에 관련된 차별을 가져온다면 헌법재판소는 그러한 차별에 대해서는 자의금지 내지 합리성 심사를 넘어서 목적과 수단 간의 엄격한 비례성이 준수되었는지를 심사하여야 한다. 이 경우 사람이나 사항에 대한 불평등대우가 기본권으로 보호된 자유의 행사에 불리한 영향을 미칠 수 있는 정도가 크면 클수록, 입법자의 형성의 여지에 대해서는 그만큼 더 좁은 한계가 설정되므로, 헌법재판소는 보다 엄격한 심사척도를 적용한다"고 설시하였다(헌법재판소 2003.09.25. 선고 2003헌마30 결정).

147) 헌법재판소 2002.09.19. 선고 2000헌바84 결정.

148) 헌법재판소 2002.04.25. 선고 98헌마425 결정.

149) 헌법재판소 2006.06.23. 선고 2005헌마403 결정.

150) 헌법재판소 1998.09.30. 선고 98헌가7 결정 등.

차별여부와 관련하여 헌법재판소는 평등위반여부를 심사함에 있어 엄격한 심사척도와 완화된 심사척도의 두 가지 척도를 구별하고, 어떤 심사척도를 적용할 것인가를 결정하는 기준으로서 엄격한 심사척도로 비례심사를 하고, 비례심사 대상[152]이 아닌 경우는 완화된 심사척도를 적용하여 판단한다. 자의심사의 경우에는 차별을 정당화하는 합리적인 이유가 있는지 만을 심사하기 때문에 그에 해당하는 비교대상간의 사실상의 차이나 입법목적(차별목적)을 발견하고 확인하여[153], 그 차별이 인간의 존엄성 존중이라는 헌법원리에 반하지 아니하면서 정당한 입법목적을 달성하기 위하여 필요하고도 적정한 것인가를 기준으로 판단되어야 한다.[154]

다음으로 수익 내지 시혜적 법률에 의한 차별은 광범위한 입법형성의 자유영역으로 자의금지의 원칙을 적용하는데, 이러한 예로는 임용 결격공무원 등에 대한 퇴직보상금지급 등에 관한 특례 사건,[155] 연합뉴스를 국가기간뉴스통신사로 지정하고 이에 대한 재정지원 등을 규정한 뉴스통신진흥에 관한 법률 관련사건,[156] 공익근무요원의 병역처분변경 규정 관련 사건,[157] 국가유공자법에 의한 보상의 대상과 그 범위를 정하는 법률조항에 관한 사건,[158] 2002년도 국민기초생활보장 최저생계비 고시 관련사건,[159] 임용 결격공무원 등에 대한 퇴직보상금지급 등에 관한 특례 사건,[160] 산업기능요원과 공익근무요원 경력인정 사건[161] 등을 들 수 있다. 자의금지 원칙은 상호배타적인 두 개의 비교집단이 있어야 하고, 같은 것을 다르게, 다른 것을 같게 차별 취급하는 존재가 있어야 하고, 그 차별취급의 자의성으로 차별취급의 최소성이나 차별의 적합성만으로는 위헌이 되지 않고, 그 자의

151) 헌법재판소 1995.09.28. 선고 92헌가11 결정 등.
152) 헌법에서 특별히 평등을 요구하고 있는 경우(즉, 헌법이 스스로 차별의 근거로 삼아서는 아니되는 기준을 제시하거나 차별을 특히 금지하고 있는 영역을 제시하고 있는 경우)와 차별적 취급으로 인하여 관련 기본권에 대한 중대한 제한을 초래하게 되는 경우에는 엄격한 심사척도가 적용되어야 하고, 그렇지 않은 경우에는 완화된 심사척도에 의한다는 원칙을 적용하는데, 엄격한 심사를 한다는 것은 자의금지원칙에 따른 심사 즉, 합리적 이유의 유무를 심사하는 것에 그치지 아니하고 비례성원칙에 따른 심사 즉, 차별취급의 목적과 수단간에 엄격한 비례관계가 성립하는지를 기준으로 한 심사를 행함을 의미한다(헌법재판소 1999.12.23. 선고 98헌바33 결정 ; 헌법재판소 1999. 12.23. 선고 98헌마363 결정 ; 헌법재판소 2001.02.22. 선고 2000헌마25 결정 ; 헌법재판소 2001.06.28. 선고 2001헌마132 결정).
153) 헌법재판소 2001.02.22. 선고 2000헌마25 판결.
154) 헌법재판소 1994.02.24. 선고 92헌바43 결정.
155) 헌법재판소 2004.06.24. 선고 2003헌바111 결정.
156) 헌법재판소 2005.06.30. 선고 2003헌마841 결정.
157) 헌법재판소 2007.02.22. 선고 2005헌마548 결정.
158) 헌법재판소 2005.10.27. 선고 2004헌바37 결정.
159) 헌법재판소 2004.10.28. 선고 2002헌마328 결정.
160) 헌법재판소 1993.12.23. 선고 89헌마189 결정.
161) 헌법재판소 2012.08.23. 선고 2010헌마328 결정.

성이 명백하여 합리적인 이유 없는 차별이어야 한다.

2. 법원

법원은 헌법재판소처럼 구체적으로 일반적인 차별판단기준을 제시하고 있지는 않다. 다만, 여러 사건에서 차별판단과 관련하여 관련 법령에서 규정하고 있는 합리적인 이유[162)]를 들고 있으며, 차별행위가 법령에서 규정하고 있는 사항에 대하여 위반사항이 있는지 여부를 중심으로 판단하고 있다. 한편, 법원은 차별문제 외에도 불이익한 근로조건변경이나 징계권[163)] 행사의 차별적 요소에 대하여 판단을 내리고 있는데, 법원이 차별과 관련한 판단에서 고려하는 사항으로 헌법재판소가 차별판단심사기준으로 활용하고 있는 엄격심사에 해당하는 비례심사기준과 완화된 심사기준인 자의금지원칙의 징표[164)]를 중심으로 판단해 보고자 한다.

(1) 비례성 심사

법원이 명시적으로 비례성 심사를 근거로 판단하고 있지는 않다. 다만, 몇 가지 사건에서 헌법재판소 등이 비례성 심사기준으로 삼고 있는 근거를 판단기준으로 하고 있음을 주지할 필요가 있다.

대법원은 부당해고구제재심판정취소 사건[165)]에서 직제개편을 통하여 행정직 6직급을 폐지하는 대신 상용직을 신설하여 행정직 6직급으로 근무하는 여성근로자들을 모두 상용직으로 편입하고 행정직과 상용직 사이의 직군 간 이동과 상용직 내에서의 5직급 등으로의 직급승진을 허용하지 아니하고, 직제 개편 당시 이미 근무하던 행정직 6직급 근로자들에 대하여서까지 직군 간 이동을 제한하고 기존에 허용되던 상용직 내에서의 승진조차 전혀 허용하지 아니함으로써 행정직 6직급 근로자들의 직급승진의 기회를 사후에 박탈한 것(이에 따라 6직급 근로자들의 정년은 직급정년인 35세로 고정되게 되었다)은 그들이 채용 당시 가지고 있던 승진에 대한 기대이익을 침해하고, 상용직의 업무가 행정직 6직급의 그것과 동일하였고 행정직 6직급이 모두 여성근로자들로만 구성되어 있는 점에 비추어 보면 직제개편조치는 합리적 이유 없이 행정직 6직급인 여성근로자들에게만 불리하게

162) 대법원 2001.01.05. 선고 99다70846 판결 ; 대법원 2002.06.11. 선고 2001다16722 판결, 대법원 2010.01.28. 선고 2009다32362 판결, 대법원 2013.05.09. 선고 2012다64833 판결.

163) 법원은 징계권행사가 차별 내지 평등의 원칙을 위반하였는지(비례원칙이나 자의금지 등 포함)에 대하여도 언급하고 있다(대법원 2012.10.11. 선고 2012두10895 판결, 대법원 2012.05.24. 선고 2011두19727 판결 외 다수).

164) 대법원 2012.10.25. 선고 2011두7045 판결.

165) 대법원 2006.07.28. 선고 2006두3476 판결.

승진을 제한하는 차별적 대우를 한 것이라고 판단한 원심[166]의 판단은 정당하다고 인용하였다. 동 사건에 대하여 대법원은 헌법재판소가 명시적으로 판단하고 있는 비례심사기준에 부합하는 기준으로 판단하고 있는 것으로 보인다.

결국, 법원은 헌법재판소의 엄격심사기준인 비례심사기준을 일정부분 수용하고 있는 징표를 보이고 있지만 정확하게 동일 수준에서 판단하고 있는 것으로 단정하기에는 어려움이 있다. 즉, 법원이 현실적인 차별사건을 판단하는데 비하여 헌법재판소는 위헌법률심사를 통하여 차별문제를 다루기 때문에 같은 의미와 기준의 심사기준을 활용한다고 하더라도 각각 세부적으로 고려되는 기준은 조금씩 다를 수가 있다. 그럼에도 법원의 판단 등에서 비례심사기준의 의미는 반영되고 있는 것으로 봄이 상당하다고 할 수 있다.

(2) 자의금지 심사

헌법재판소는 자의금지 심사로 입법자의 입법형성의 자유영역으로 인정하여 시혜적인 법률 등에 의한 차별여부의 판단에 적용하는데, 이는 시혜적인 법령이 다른 개인 내지 집단에 대한 권리침해를 가져오는 것이 아니라는 것으로 입법재량권의 한계를 벗어나지 않은 경우 합리성을 인정하고 있다. 법원이 실비변상적이거나 일괄지급되는 급부에 대한 판단에서 이러한 자의금지원칙을 적용하고 있음을 알 수 있다. 군부대에 근무한 민간조리원의 차별사건에서 법원[167]은 참가인에게 가족수당, 정액급식비, 교통보조비를 지급하지 않은 것은 합리적인 이유 없는 차별로 판단하였다. 즉, 법원은 참가인이 민간조리원으로서 조리직렬 기능군무원이 없는 영내 식당에서 민간조리원이 조리 업무를 전적으로 담당하기도 하는 등 상호 간에 업무 대체성이 인정되는 점, 조리직렬 기능군무원이 민간조리원에서 채용되기도 한 점 등에 비추어 볼 때, 민간조리원과 조리직렬 기능군무원 모두 조리업무를 주된 업무로 하고 있어 양자의 업무 사이에 본질적인 차이가 있다고 볼 수 없어 동종 유사한 업무에 종사하는 자로 판단하면서 실비변상적인 급부인 교통보조비와 급식비에 대한 미지급, 가족이 존재한다는 사유만으로 지급되는 가족수당의 미지급은 합리적인 이유 없는 차별로 판단하였는데, 대법원[168]도 이러한 원심법원의 판단이 정당하다고 인용하였다. 이 사건에서 앞서 헌법재판소의 판단에서도 시혜적인 법률에 대한 입법자의 재량권을 인정하면서, 자의금지원칙에 의한 판단을 하였는데 법원도 같은 입장을 취하고 있다고 판단된다.

---

166) 서울고등법원 2006.01.12. 선고 2004누8851 판결.
167) 서울고등법원 2011.01.27. 선고 2010누21794 판결.
168) 대법원 2014.11.27. 선고 2011두5391 판결.

3. 노동위원회

노동위가 소위 비정규직 차별판단에 대하여만 권한을 가지고 있어 일반적인 차별판단에 대한 심사기준을 논하기는 어려움이 있다.[169] 그러나 명확하지는 않아도 노동위는 헌법재판소의 판단이나 법원의 판단에 기속된다는 점을 감안할 때, 이론적인 배경은 없으나 앞서 차별판단기관들이 고려하고 있는 심사기준들을 염두에 둘 것은 자명하다. 결국, 노동위도 헌법재판소나 법원의 판결처럼 차별행위에 대한 합리적 이유 판단에 엄격심사기준에 의한 비례심사나 완화된 심사기준인 자의금지원칙을 적용할 수 있다. 다만, 노동위는 현실적인 노동현장의 판단을 전제로 하므로 각종 고용관련 법문에서 차별과 관련하여 규정하고 있는 '합리적인 이유'의 해당 여부에 대하여 판단을 내리고 있다고 보여진다. 그러나 노동위원회는 비정규직에 대한 차별판단을 하는 기관으로 비정규직차별은 고용형태를 이유로 하는 차별문제를 다루게 되고 비정규직차별은 헌법에서 특별히 규정한 차별금지사항에 해당하지 않고, 기본권에 중대한 침해를 가져오는 사안이 아니므로 완화된 심사기준(자의금지원칙)이 전제되는 것으로 보아야 한다는 입장[170]도 있다. 이하에서는 자의금지 내지 완화된 심사기준, 비례심사의 가능성, 이중심사기준의 논의를 중심으로 검토하고자 한다.

---

169) 노동위원회의 차별심사기준은 아직 이론적으로 정립되어 있지 않아 추가적인 논의가 필요한 부분이다. 다만, 노동위원회의 판단사례를 분석해 보면 노동위원회가 주로 활용하는 기준을 이론적으로 구성해 볼 수 있다. 즉, 노동위원회의 차별심사는 대략 3단계로 구분할 수 있다. 1단계는 비교대상론적 시각이다. 그리고 2단계는 직무본질론적 시각이다. 마지막으로 3단계는 동등처우론적 시각이다. 우선, Ⓐ 비교대상론적 시각에서, 소위 비정규직에 대한 차별판단을 하는 노동위원회는 차별사건이 접수되면 제일 먼저 차별대상과 비교되는 근로자의 존재여부를 탐색한다. 즉, 차별대상의 근로자와 동종유사한 직무에 종사하는 비교대상근로자가 있는지를 판단하여 존재하지 않는 경우 기각결정을 내린다(중앙노동위원회 2014.06.09. 2014차별3 결정 등). 기각결정을 하지 않고 심사를 하는 경우에도 차별여부를 비교할 수 있는 대상이 없는 경우 차별없음을 판단하고 있다(중앙노동위원회 2014.03.11. 2013차별13 결정). 즉, 비교대상의 존재여부는 노동위원회가 차별행위에 대한 판단을 위한 가장 기초적인 요건에 해당하는 것이다. 다음으로 Ⓑ 직무본질론적 시각에서, 차별사건에서 비교대상이 존재하는 경우 노동위원회는 2단계로 동종유사한 업무를 수행하는 비정규직근로자와 비교대상근로자가 수행하는 업무의 본질적인 차이여부를 판단한다(중앙노동위원회 2015.04.13. 2015차별2결정 등). 이때 수행내용 등이 본질적으로 차이가 없음에도 불구하고 차별하는 것은 차별대상이 되지만 본질적인 차이가 있는 경우는 차별행위로 판단하지 않는다. 그러므로 수행직무의 본질적인 차이여부는 차별판단의 2단계 중요한 기준이 되는 것이다. 다음으로 Ⓒ 동등처우론적 시각에서, 비교대상이 존재하고 비교대상과 차별대상이 수행하는 직무가 본질적인 차이가 없는 경우 동등한 보상 등 처우가 수반되지 않는 경우 이는 차별이 된다. 다만, 여러 보상 등의 차별항목들이 존재하는 경우 각각의 모든 항목이 모두 동등해야하는 것은 아니며 개별사안이 조금씩 달라도 보상전체에 큰 차이가 없는 경우 이는 차별로 간주되지 않는다(중앙노동위원회 2014.12.31. 2013차별10결정).

170) 박종희, "비정규직 근로자 차별금지제도의 최근동향과 쟁점", 「외법논집(제34권제3호)」, 한국외대 법학연구소, 2010, 87면 ; 박종희·강선희, "비정규직근로자에 대한 차별금지 - 차별판단의 구조와 기준을 중심으로-", 「산업관계연구(제17권 제1호)」, 한국노사관계학회, 2007, 97면.

(1) 완화된 심사기준

평등의 원칙은 본질적으로 같은 것은 같게, 본질적으로 다른 것은 다르게 취급할 것을 요구하는 것으로 일체의 차별적 대우를 부정하는 절대적 평등을 의미하는 것이 아니라 '입법과 법의 적용에 있어서 합리적인 근거가 없는 차별을 배제하는 상대적 평등'을 뜻하므로 '합리적 근거가 있는 차별'은 평등의 원칙에 반하는 것이 아니다.[171] 그러므로 평등권은 당해 공권력의 행사가 본질적으로 같은 것을 다르게, 다른 것을 같게 취급하고 있는 경우에 침해가 발생하는 것이지, 본질적으로 같지 않은 것을 다르게 취급하는 경우에는 차별 자체가 존재한다고 할 수 없다.[172] 이러한 입장은 비정규직 차별사건에서 비교대상의 존부와 비교대상과의 직무내용에서 동종·유사한 사안인지를 가리고, 비교대상과 동종·유사한 직무수행을 하는 경우 동등처우를 해야 하지만 합리적인 이유 없이 동등처우를 하지 않는 경우 이는 차별행위가 된다고 노동위원회는 견지하면서, 각각의 차별사유가 합리적인 이유가 되는 사항에 해당하는지를 판단하고 있다. 즉, 노동위원회의 차별판단에서 우선 차별행위에 대하여 차별대상과 비교되는 비교대상의 존재여부를 판단하고, 이러한 비교대상은 동종·유사한 업구에 종사하는 다른 근로자이며, 비교대상의 존재에서 동종·유사한 업무는 '책임과 권한 등' 차등을 둘 수 있는 사유가 실질적인 업무수행에서 직무본질론적으로 같거나 유사한 것이어야 하고, 이렇게 같은 업무를 수행하는 자와 비교하여 차등대우가 있는 경우 차별이라고 판단하는데[173], 여기에서 같은 것은 같게 다른 것은 다르게 취급하는 것인지 여부를 가리는 판단은 헌법재판소의 판단기준인 자의금지원칙의 판단기준과 같은 선상에서 노동위원회가 고려하고 있다는 것은 차별사건 결정문에서 일관되게 나타나고 있다.[174]

한편, 차별이 가능한 합리적인 사유는 '업무의 범위, 권한, 책임, 직무, 능력, 기능, 기술, 자격, 경력, 학력, 근속연수, 업적, 실적' 등을 들 수 있다.[175] 노동위[176]의 판단에서

171) 헌법재판소 2001.06.28. 선고 99헌마516 결정.
172) 헌법재판소 2006.01.17. 선고 2005헌마1214 결정.
173) 이와 관련하여 노동위원회는 절차적으로 첫째, 비교대상근로자의 존재 여부, 둘째, (비교대상근로자가 존재한다면) 차별금지 영역에 해당하는지 여부, 셋째, (차별금지 영역에 해당한다면) 불리한 처우가 존재하는지 여부, 넷째, (불리한 처우가 존재한다면) 불리한 처우에 대한 합리적 이유가 있는지 여부 순으로 판단하고 있다(중앙노동위원회 2015.07.14. 2015차별12 결정).
174) 중앙노동위원회 2015.04.13. 2015차별2 결정 ; 중앙노동위원회 2015.05.04. 2015차별1 결정 ; 중앙노동위원회 2015.06.30. 2015차별3~11 결정 등.
175) 박종희, "비정규직 근로자 차별금지제도의 최근동향과 쟁점", 「외법논집(제34권제3호)」, 한국외대 법학연구소, 2010, 87면.
176) 중앙노동위원회 2015.07.14. 2015차별12 결정.

도 채용조건과 방법·책임과 권한·직무의 경중 등의 차이여부를 판단의 근거로 보고 있는 비정규직에 대한 법원의 판단과 같은 입장임을 알 수 있다.[177] 다만, 채용방법의 차이가 합리적인 이유가 된다는 노동위의 판단은 납득하기 어려운 부분이다. 즉, 업무에 대한 책임과 권한 및 직무의 경중차이에 기초하였다면 합리적인 이유로 인정할 수 있지만 채용경로가 다르다는 이유는 합리적인 판단이라고 볼 수 없다. '실질적으로 수행하는 업무의 내용'이 같은 수준이라면 급부는 동등한 수준의 정도에서 이루어져야 마땅한데, 이는 기간제법 등 소위 비정규직법의 규정과 취지에서 이미 밝히고 있는 바와 같다. 그러므로 동종·유사한 직무에 종사하는 비교대상을 상정하여 직무내용이 같다면 차별할 수 없도록 규정한 비정규직법의 규정과는 상반된 판단을 하는 것은 합리적인 판단이라고 보기 어렵다. 급부의 조건은 일에 대한 대가로서 지급되는 것이지 채용경로의 차이에 대한 대가로서 지급되는 것이 아니다.[178]

(2) 비례심사기준

노동위원회가 비교대상과 직무본질론적인 차원에서 같은 경우 각각의 차별내용에 대하여 자의금지원칙적인 측면에서는 동등대우여부만을 판단하여 차별여부를 가린다면, 비례심사기준은 더 나아가 차별의 내용이 되는 사안에 대하여 차별목적의 타당성 및 필요성, 차별행위에 반영된 수단이나 방법의 적정성, 차별행위의 불가피한 사유 내지 비교대상과의 차별이 균형성을 가지는 것인가 등 합리적인 이유에 대하여 보다 엄밀하게 판단하게 된다. 즉, 비교대상의 존재여부와 비교대상과 관련하여 직무본질론적인 동종유사성의 여부, 차등대우의 여부와 차등대우가 가지는 합리성 내지 타당성의 근거를 보다 엄밀하게 판단하는 것이다. 그러나 아직까지 헌법재판소의 판단기준에 부합하는 비례심사를 엄격하게 적용하는 사례는 잘 나타나지 않고 있다. 이는 비정규직에 대한 차별의 목적이 정당하다는 것은 비정규직에 대한 차별을 금지하는 기간제법 등의 목적에 배치되고, 헌법재판소가 엄격심사대상으로 분류하고 있는 헌법적인 차별금지 규정 내지 다른 기본권의 중대한 침해사유가, 동일가치노동에 대한 동등보상의 문제 외에 복합적인 보상구조에서 개별사안들은 일정부분 차등이 불가피한 사유가 존재함을 인정할 수밖에 없는 점을 비정규직 차별판단에서 고려되고 있는 것으로 풀이된다. 다만, 비교대상과 동종·유사업무의 수행자에 대한 보상차이 등을 판단함에 있어, '차등대우에서의 합리적인 이유의 근거 내지 기준'을 완화하여 넓게 또는 엄격히 제한하여 좁게 판단할 여지는 있는 것으로 볼 수 있다고

177) 대법원 2014.11.27. 선고 2011두5391 판결 외.
178) 임공수, "고용차별판단 심사기준", 「노동법논총(제39집)」, 한국비교노동법학회, 2017, 203~205면.

할 것이다.[179] 이러한 이유의 근거 내지 기준을 엄격한 기준에서 보상차별의 합목적성, 보상차별 항목 내지 수단의 적절성, 차별의 수준에 대한 최소한의 불가피성, 소위 정규직과 비정규직의 등가치적인 차이를 인정할 수 있는 균형성 내지 형평성을 기준으로 개별 사안에서 논지를 구성하는 것은 가능할 것[180]으로 보이므로 비례심사의 가능성을 배제한다고 볼 수는 없을 것이다.

(3) 이중심사기준

노동위원회의 차별판단기준을 엄밀하게 구분하여 완화된 심사기준(자의금지원칙)만에 의한 차별판단, 엄격한 심사기준(비례심사기준)의 배제 내지 고려되지 않는 기준 등으로 양분하여 정리하기에는 취급하는 판단 대상의 특정성에 기인하는 제약이 있다고 하더라도 문제가 있다고 보여진다. 즉, 엄격성 수준 내지 완화 수준에 따라 다소간의 유동적인 여지는 있다고 보여진다. 이러한 점에서 이중적인 심사기준으로 두 가지 심사기준의 병행에 대한 주장도 있는데, 이러한 주장은 직접차별은 비례심사를 하고, 간접차별은 자의금지원칙을 적용해야 한다는 입장, 급부의 성격과 대가성에 대하여 높은 경우는 비례심사를 낮은 경우는 자의금지원칙을 적용해야 한다는 입장, 차별내용에서 임금차이가 일정비율이 상인 경우는 비례심사를 일정비율이내인 경우는 자의금지원칙을 적용해야 한다는 입장으로 논해지고 있다.[181] 그러나 이러한 이중적인 심사기준에 대한 병행 입장은 헌법적인 평등원칙 정신에 근거한 헌법재판소의 판단기준에서 보면, 차별의 경중을 단순히 차별의 개념 내지 산술적인 보상율의 차이 등으로 구분하여 차별의 문제를 달리 판단하는 기준으로 보는 것은 설득력이 적어 보인다. 다만, 급부의 성격과 대가성에 의한 경우는 비교대상과의 동종유사업무(업무내용에 본질적인 차이가 없는 경우[182])를 수행하는 경우 동

179) 이러한 엄격성 정도의 차이와 관련하여 비교대상의 판단과 관련한 차별사건에서, 근로자들은 현장에서 원·부자재 입고·운반 작업을 하는 반면, 비교대상 근로자들은 동 업무 이외에도 주로 사무실에서 컴퓨터 및 내부 전산망 등을 이용하여 발주, 재고관리 등의 업무를 수행하는 등 업무내용 및 작업조건에서 차이가 있는지 여부, 비교대상 근로자들은 부자재 관리 등의 책임과 권한을 부여받아 업무를 수행하는 반면, 근로자들은 비교대상 근로자들의 직접적인 지시에 따라 업무를 수행하고, 또한 병역대체 의무종사기간 만료 시 퇴사하는 등 업무에 대한 책임과 권한 등에 상당한 차이가 있는지 여부, 비교대상 근로자들이 부자재 등의 입고·운반 작업을 한 것을 두고 상시적이고 주된 업무라고 할 수 있는지 여부 등 제반 사실을 종합하여 실제 수행하는 업무 내용과 주된 업무와 상시성 여부 등 세부사항에 대하여 판단하고 있다(중앙노동위원회 2014.09.01. 2014차별7 결정).

180) 물론 이러한 엄격성의 차이가 헌법재판소가 판단하는 비례심사기준과 같은 수준 내지 기준으로 인식하는 것과는 다른 의미이다. 그러나 비정규직간 또는 정규직과의 차별문제에서 헌법에서 금지하고 있는 사유인 성차별 등과 연계되어 발생한 차별사안이나, 다른 기본권의 침해와 연계하여 발생한 차별사안에서는 비례심사기준이 적용될 사안들도 발생할 수 있다고 판단된다.

181) 박형정, "고용형태를 이유로 한 차별금지 법제에 관한 연구", 아주대대학원 박사학위논문, 2013, 171면.

등보상이 원칙이므로 이러한 전제에서 직접근로제공에 의한 급부인 '기본급' 등은 등가치적인 책정을, 직접근로제공과는 무관한 시혜적인 수당 등의 경우는 달리 볼 여지가 있으므로 전자와 후자를 판단하는 기준을 구분하여 볼 여지는 있는 것으로 판단된다. 즉, 직무의 가치차이와 이에 따른 급부차이는 동일노동가치 등을 적용하여 엄밀하게 분석하여 적용하면서, 특수목적의 수당지급조건에 대한 부분을 제외한 시혜적이고 일괄적인 급부에 대하여는 그 차별의 타당성보다는 직원이라는 신분에 대한 부분을 중심으로 차별여부를 다루는 것이 노동위[183]의 일반적인 판단방향임을 감안하면 이중적인 심사의 가능성은 고려되고 있다고 판단된다.

4. 국가인권위원회

인권위는 국가기관 내지 공공기관뿐만 아니라 개인이나 집단에 의한 차별행위에 대하여도 판단을 할 수 있다. 앞에서 설명했듯 인권위의 차별판단은 권고적 기능에 한정되어 그 실행력은 미약하나 고용과 관련하여 다양한 형태의 차별행위에 대하여 차별여부를 판단하여 고용상 차별판단의 기준을 가늠할 수 있는 근거를 제공할 수 있어 고용과정과 내용에서의 세부적인 사안에 대하여 노동위가 수행하지 못하는 부분까지 차별여부를 판단하는 근거를 제시하고 있는 점, 인권위가 헌법적 측면에서의 평등권실현을 위한 기관의 성격상 차별여부를 판단함에 있어서 진정에 의한 사안뿐만 아니라 직권으로 차별여부를 판단할 수 있는 점 등 인권위의 차별판단기준은 참고적으로 검토되어야 할 사안에 해당하므로 인권위의 차별심사 범위 및 기준에 대하여 검토할 필요성이 있다. 인권위는 일반적인 차별사유 전반에 대하여 판단을 하고 해당기관에 시정권고 등을 행하기 위하여, 당사자에 대한 출석 요구, 당사자의 진술 청취 및 진술서 제출 요구, 당사자·관계인·관계기관 등에 대한 자료 제출 요구, 실지 조사 등을 실시함으로써 당사자가 주장하는 증거자료는 물론 당사자가 주장하지 않은 것도 수집하여 차별을 판단하는데, 인권위는 차별을 판단하기 위한 사실과 증거의 수집에 있어 변론주의와 직권탐지주의를 병행하고 있다.[184]

182) 중앙노동위원회 2015.04.13. 2015차별2결정 ; 중앙노동위원회 2015.05.04. 2015차별1 결정 ; 중앙노동위원회 2015.06.30. 2015차별3~11(병합) 결정 ; 중앙노동위원회 2015.07.14. 2015차별12 결정 ; 중앙노동위원회 2014.12.23. 2014차별11,12(병합) 결정 등 다수의 사건에서 수행업무의 본질적인 차이여부를 중심으로 비교대상과 차별여부를 판단하고 있다.

183) 중앙노동위원회 2015.07.14. 2015차별12 결정 등.

184) 변론주의라 함은 소송자료 즉 사실과 증거의 모집·제출의 책임을 당사자에게 맡기고 당사자가 수집·제출한 소송자료만을 재판의 기초로 삼아야 한다는 입장이고, 직권탐지주의는 소송자료의 수집·제출 책임을 당사자가 아닌 판단 주체가 지게 된다는 입장이다. 한편, 인권위가 통상적 범위의 조사 외에 모든 방법을 동원하여 증거 조사를 해야 할 의무가 있다고 볼 수는 없지만, 인권위는 당사자가 제시한 증거 자료에만 의존하지 않고 당사자, 관계인, 관계기관 등을 대상으로 사실과 증거를 수집하

그렇다고 하여 인권위가 통상적 범위의 조사 외에 모든 방법을 동원하여 증거조사를 해야 할 의무가 있다고 볼 수는 없다.[185] 어떠한 증거를 인정 가능한 증거로 채택할 것인가에 대하여 개연성의 추정이라는 기준을 사용하는데, 이것은 수집된 사실과 증거가 당사자 사이에서 서로 다를 경우, 그 중 상대적으로 우월한 쪽의 것을 인정하게 하는 기준이다.[186] 인권위는 차별행위에 대하여 판단하는 기준으로 합리성 판단에 대한 자의금지원칙, 비례성 심사원칙 등을 사용하고 있다.[187] 즉, 인권위는 차별판단기준으로 헌법재판소가 활용하고 있는 엄격심사(비례심사)[188], 완화된 심사(자의금지원칙[189] 내지 합리성 심사[190]))기준을 예시하고 있으며, 명시적이지는 않지만 유동적 접근(이중적인 심사)[191]에 대하여도 추가적으로 고려하고 있는 것으로 판단된다.[192] 그러나 본질적으로는 합리성심사나 자의금지원칙, 유동적 접근 등은 완화된 심사기준의 범주에 포함되는 것이므로 인권위의 차별심사기준도 크게 헌법재판소의 심사기준인 완화된 심사기준(자의금지)과 엄격

여 차별을 판단하는 등 직권탐지주의가 보다 강한데 이점은 노동위와 다른 점이다. 한편, 당사자가 미처 제시하지 못한 사항에 대하여 인권위가 적극적으로 조사·수집한 사실과 증거도 증명력을 가진다(임공수, "고용상 차별금지제도에서의 합리적 이유에 관한 연구", 고려대박사학위논문, 2016, 78면).

185) 국가인권위원회, 「국가인권위원회법 해설집」, 2005, 537면.

186) 특정 사안에 관한 법률상 규정이 없는 경우에는 형법의 '무죄의 추정(beyond reasonable doubt)' 원칙보다는 민법의 '개연성의 추정(balance of probabilities)' 원칙을 적용하는 것도 고려해야 한다. 인권 침해가 의심되는 상황에서 증거 문제가 빈번하게 발생하고, 대다수 조사제도들이 처벌보다는 구제를 목적으로 한다는 점을 감안하면 개연성의 균형원칙의 유형에 해당하는 기준을 채택하는 것이 바람직하다(국가인권위원회, 「국가인권위원회법 해설집」, 2005, 539면).

187) 국가인권위원회, 「국가인권위원회법 해설집」, 2005, 270면.

188) 헌법재판소 1997.06.26. 선고 86헌마89 결정 등.

189) 헌법재판소 2001.02.22. 선고 2000헌마25 결정 등.

190) 헌법재판소 2012.08.23. 선고 2010헌마328 결정 ; 헌법재판소 1997.06.26. 선고86헌마89 결정 등.

191) 인권위는 고용영역 및 비고용역에서의 차등대우 시 유동적 접근법을 다음과 같은 경우 적용하는 것으로 보인다. ㉠ 차별적 취급으로 인하여 해당 집단이나 개인들의 이익이 심각히 침해되거나 그들의 중요한 이익이 침해될 때, 해당 이익의 침해가 심각하면 심각할수록, 또는 침해되는 이익이 중요하면 중요할수록 더욱 더 엄격한 심사기준을 적용한다. ㉡ 해당 차별사유에 의한 차별이 우리 사회에서 심각한 것으로 인식되는 정도가 크면 클수록, 더욱 더 엄격한 심사기준을 적용한다. ㉢ 차등대우를 하는 자 또는 기관의 재량권이 광범위하게 인정되면 될수록, 더욱 더 완화된 심사기준을 적용한다. ㉣ 단, 동일 사건에서 상기의 엄격한 심사기준을 적용해야 할 경우와 완화된 심사기준을 적용해야 할 경우가 함께 존재할 경우, 엄격한 심사기준과 완화된 심사기준의 중간 단계의 심사기준을 적용한다. 이와 같은 취지로 미국연방대법원은 특정 사안의 범위를 넘어 다른 사회영역까지 차별할 가능성이 있는 경우 엄격화 하는 판단을 하고 있다(Zobel v. Williams, 457 U.S. 55 (1982). 이 사건에 대한 해석은 Suzanne B. Goldberg, 'Equality without Tiers', Southern Californial Law Review, March, 2004 참조). 반면에 입법형성권이 광범위하게 인정될수록 시장의 왜곡을 막기 위해 독점기업의 활동을 규제하는 입법, 시혜적인 법률, 자격에 관한 법률은 광범위한 입법형성권이 인정되므로 완화된 심사기준을 적용받는다 : 헌법재판소 1999. 12. 23. 선고 98헌마363 결정.

192) 이 사항은 고용상 차별판단과는 직접적으로 문제가 될 수 없을 수도 있으나 제 법령의 규정에 대한 차별이 가져오는 결과는 개별적인 행위보다 더 방대하므로 인권위의 판단사항기준을 중심으로 설명한 것이다.

한 비례심사기준으로 구분할 수 있다. 즉, 인권위가 인권위법(제19조 제1호)에 의거하여 국가 법령의 차별 소지 여부와 관련하여 권고 또는 의견 표명을 하고자 할 때, 해당 법령의 심사와 관련하여 헌법적 규범을 뛰어넘는 국제인권규범이 별도로 존재하지 않는 한 국가 법령의 평등권 침해 심사를 하는 헌법재판소의 심사기준의 원칙[193]을 따르는 것은 당연한 것으로 판단된다.

(1) 비례심사기준

비례심사기준은 차별을 정당화하는 이유와 차별간의 상관관계에 대한 심사로 목적의 정당성, 차별취급의 적합성 및 필요성, 법익균형성을 기준으로 보며 이 중 하나라도 충족되지 못하면 해당 차별적 취급은 평등권침해로 간주된다. 이와 관련하여 인권위는 항공기 객실승무원 모집 성차별과 관련하여 '합리적 이유'가 존재하여 '불리한 대우'가 정당화되려면 성별에 근거한 차별취급이 정당한 목적을 달성하려는 것이어야 하고 추구하는 목적은 합법적이고 합리적이어야 하며, 차별취급은 목적을 달성함에 적합하고 불가피한 것이어야 하며, 차별취급을 통해 달성하려는 목적과 차별취급의 정도가 적절한 균형관계를 이루어야 하는바, 위와 같은 비례의 원칙의 심사기준이 충족되지 않으면 차별에 해당한다고 판단하였다.[194]

(2) 완화된 심사기준

차별적 취급이 명백히 불합리하지 않다면 평등권 침해가 아닌 것으로 보는 기준으로서 비교대상간의 사실상의 차이나 차별 목적의 발견 내지 확인에 그치며, 해당 차별적 취급이 그로써 추구하고자 하는 정당한 목적의 달성에 어떤 정도로든 기여하기만 하면 평등권 침해로 보지 아니한다. 그 예로 선원 이주노동자의 최저임금설정 차별과 관련하여 근

193) 헌법재판소는 평등권 침해 심사기준으로 자의금지원칙에 입각한 합리성 심사라는 완화된 심사기준과 과잉금지원칙에 입각한 비례심사기준이라는 엄격한 심사기준으로 나누고 있다. 이러한 기준에 따라 ㉠ 헌법이 특별히 평등이나 보호를 요구하는 집단들을 차별적으로 취급할 경우, 차별적 취급으로 인하여 관련 기본권에 대해 심각한 침해가 발생하거나 중요한 기본권이 침해되는 등 차별적 취급으로 인하여 해당 집단이나 개인들의 이익이 심각히 침해되거나 그들의 중요한 이익이 침해될 때, 해당 이익의 침해가 심각할수록, 또는 중요할수록, 차별적 취급으로써 추구하는 입법의 목적이 중대하면 중대할수록, 해당 차별사유에 의한 차별이 우리 사회에서 심각한 것으로 인식되는 정도가 클수록 더욱 더 엄격한 심사기준을 적용하고, ㉡ 사회 및 경제 규제 영역에서와 같이 입법형성권이 넓게 인정되는 경우, 그리고 침해적인 법률이 아닌 시혜적인 법률과 자격에 관한 법률에서처럼 입법형성권이 넓게 인정되면 될수록, 더욱 더 완화된 심사기준을 적용하며, ㉢ 동일 사건에서 상기의 엄격한 심사기준을 적용해야 할 경우와 완화된 심사기준을 적용해야 할 경우가 함께 존재할 경우, 엄격한 심사기준과 완화된 심사기준의 중간 단계의 심사기준을 적용할 수 있다고 판단하고 있다(헌법재판소 2009.02.26. 선고 2005헌마764, 2008헌마118(병합) 결정 등)

194) 국가인권위원회, 2008.10.27, 07직차2, 07직차3 병합 결정.

로자의 기본적인 생활보장을 위하여 책정된 최저임금이 국적 등에 따라 차등설정되는 것은 차별에 해당한다고 판단하고 있다.[195]

한편, 완화된 비례심사기준은 비례심사의 각 단계 심사를 모두 행하되 차별적 취급의 필요성 심사는 완화된 형태로 행하는 것인데, 그것은 해당 차별적 취급의 수단 또는 방법이 그로써 추구하는 목적의 달성을 위해 불가피한 것은 아니나 상당한 정도 실질적으로 필요한 것일 경우 해당 차별적 취급은 정당화된 것으로 보는 심사기준이다. 이러한 사례로 '교원 성과상여금 제도 개선 권고 결정[196]'에서 성과상여금 차등지급기준항목 중 근무일수에서 산전후휴가(수유시간 포함)를 제외하는 것은 비록 전체 교사의 의견수렴과 찬반투표 등 민주적 과정을 통하여 그 기준이 결정되었다고 하더라도 모성보호 및 임신·출산을 이유로 한 불이익금지의무 등에 비추어 그 정당성을 인정하기 어려우며 이는 결국 임신 및 출산을 이유로 하여 임금 및 임금 외 금품지급에서 불리하게 대우하거나 불이익을 주는 행위로 인권위법에서 규정한 임신 또는 출산을 이유로 한 평등권침해의 차별행위에 해당한다고 판단하였는데, 이 판단에서 엄격한 비례심사보다는 다소 완화된 판단이 보인다. 즉, 성과급의 지급사유에서 휴직으로 인하여 성과기여가 없는 기간에 해당하는 부분에 대하여 지급하지 않는 것은 목적상의 합리성이 있고, 그러한 차별을 행함에 민주적인 절차인 투표를 통하여 결정하는 것은 합리적인 절차와 수단이 된다고 할 수 있다. 그러나 동 사건은 자유로운 의사에 따라 근로조건을 결정한다고 하더라도 법령에서 보장하고 있는 산전휴가와 이와 관련한 차별금지에 해당하는 사안으로 본인 등의 의사와 무관하게 모성보호조치 등의 강행성을 인정하는 판단이라고 풀이된다.

---

195) 최저임금이 근로자의 인간다운 생활 보장을 위해 책정하는 최저선의 임금으로 대다수 근로자의 실질임금은 최저임금보다 높게 책정될 수밖에 없다는 점에서 최저임금을 정하는데 있어서 근로자의 국적 등을 이유로 차별하는 것은 합리적 이유가 있다고 보기 어려우며, 고용허가제의 적용을 받는 이주노동자와의 형평성에도 맞지 않는 것이다. 또한, 선원 이주노동자들과 내국인 선원 노동자들의 최저임금결정구조를 이원화하여 선원 이주노동자의 최저임금만을 단체협약으로 정하도록 하는 현행 해양수산부장관의 최저임금고시의 경우 위임의 근거규정이 없어 선원법 제54조에 위반되고 행정규칙에 의한 권리 제한이 될 수 있다. 따라서 최저임금의 경우 인간다운 생활을 위한 최소의 필요요건으로 국적과 업종에 따른 차별의 합리성을 발견하기 어렵고 고용허가제의 적용을 받는 어업이주노동자의 경우 최저 임금상의 실질적 차별이 없다는 점 등을 종합적으로 고려할 때 해양수산부가 선원이주노동자의 최저임금을 단체협약으로 정하여 고시하는 제도를 개선하고, 선원법에 선원이주노동자들에 대한 차별금지 및 동등 대우원칙을 명시해야 할 것이라고 권고 결정한 사례는 합리성이 있다고 할 것이다(국가인권위원회, 2012.12.06. 결정, 연근해 선원 이주노동자 인권개선을 위한 정책 권고).

196) 국가인권위원회, 2011.08.26. 10진정0796500 결정.

5. 우리나라 차별판단 심사기준의 특징

국내 주요 기관들의 평등(차별)심사기준을 살펴보면 가장 체계적인 판단기준을 정립한 기관으로 헌법재판소를 들 수 있겠다. 헌법재판소는 차별문제와 관련하여 합리성심사기준을 대전제로 하여 비례심사, 자의금지를 기준으로 하고 있고 사안에 따라 엄격하게 또는 완화된 기준을 적용하고 있다. 즉, 자의심사의 경우에는 차별을 정당화하는 합리적인 이유가 있는지만을 심사하기 때문에 그에 해당하는 비교대상간의 사실상의 차이나 입법목적(차별목적)의 발견·확인에 그치는 반면에, 비례심사의 경우에는 단순히 합리적인 이유의 존부문제가 아니라 차별을 정당화하는 이유와 차별간의 상관관계에 대한 심사, 즉 비교대상간의 사실상의 차이의 성질과 비중 또는 입법목적(차별목적)의 비중과 차별의 정도에 적정한 균형관계가 이루어져 있는가를 심사하여 법익의 균형성 등을 판단한다. 다만, 헌법재판소는 위헌법률심사 및 헌법소원을 행하는 것으로 고용상의 개별차별사건에 대하여 직접적인 사안을 다루는 것은 아니고 평등권침해의 법률 등에 대한 판단을 하므로 현실적인 차별사건에 대한 판단이라고 할 수는 없다. 그럼에도 헌법재판소의 판단과 차별판단기준으로 삼고 있는 기준들은 법원이나 노동위 등 차별판단기관의 심사기준에 영향을 미치는 것으로 차별판단기준으로 중요한 의미가 있다.

법원은 일반 평등위반판단과 고용상 차별사건판단을 행한다. 즉, 비정규직에 대한 차별사건이 노동위에서 종결되지 않는 경우 법원에서 최종적인 차별여부에 대한 판단을 하고 있고, 그 외의 차별사건에 대한 사건을 다룬다. 이러한 법원의 차별판단은 법령에서 규정한 사항에 근거하여 법규의 내용에 부합하는 행위여부[197]를 판단하고 있어, 대법원의 판례에서는 합리적인 이유에 근거한 차별판단의 심사기준을 명확하게 구분하기에는 무리가 있어 보인다. 다만, 그 합리성 여부를 판단함에 있어 필요성 내지 목적의 정당성 등 헌법재판소가 비례의 원칙에서 판단하고 있는 세부기준들이 고려되고 있고, 자의금지 원칙도 고려되고 있다고 보여진다.

주로 비정규직에 대한 차별판단을 하는 노동위원회는 명확히 차별심사기준이 이론적으로 정립된 것으로 보이지는 않지만 대부분의 사건에서 완화된 심사기준을 가장 기본적인 판단기준으로 활용하고 있음을 알 수 있다. 아울러 비교대상에 대한 판단을 설시하면서

197) 고용관계법령에서 차별의 전제조건으로 '합리적인 이유'없는 차별을 규정한 사안을 여러 판례에서 고용상 차별과 관련하여 언급하고 있는데 합리적인 이유가 있는지 여부는 개별 사안에서 문제된 불리한 처우의 내용과 사용자가 불리한 처우의 사유로 삼은 사정을 기준으로 기간제근로자의 고용형태, 업무의 내용과 범위, 권한과 책임, 임금 그 밖의 근로조건 등의 결정요소 등을 종합적으로 고려하여 판단하여야 한다는 입장을 보이고 있다(대법원 2012.03.29. 선고 2011두2132 판결).

이중심사적인 입장[198]의 가능성도 보인다. 노동위원회의 비정규직 차별판단을 단계별로 설명하자면 우선 차별대상에 디비하여 비교되는 대상이 존재하는 지에 대한 판단을 한다. 비교대상이 존재한다면 다음으로 차별대상과 비교대상이 수행하는 직무의 본질적인 차이 여부를 가린다. 본질적인 차이가 없다면 차등처우가 있었는지 동등처우 여부를 판단한다. 이 경우 차등처우가 합리적인 이유가 없으면 차별행위가 된다.

한편, 국가인권위원회는 주로 헌법재판소의 판단기준을 원용하여 활용하고 있으며, 고용과 관련 전 분야에 대한 차별여부를 판단하고 있어 다양한 차별행위에 대한 판단을 살필 수 있다. 다만, 인권위의 차별판단은 권고적 기능에 불과한 한계점이 있다. 그럼에도 고용과 관련된 각각의 다양한 차별사유와 행위에 대한 차별여부를 판단하고 있어 참고적으로 고용상 차별판단의 기준으로 볼 수 있는 의미가 있다.

결국 차별판단기관들의 일반적인 차별판단기준은 판단범위에서 기관의 특성에 차이는 있어도 완화된 심사기준인 자의금지원칙과 엄격심사기준인 비례심사가 핵심적인 것으로 차별판단기준의 기본적인 심사기준 내지 조건으로 고려된다고 할 수 있다. 그리고 이중심사 내지 중간심사기준을 일부 고려하려는 움직임도 있다고 보여진다. 이러한 심사기준의 구분 내지 효과에서의 차이는 엄격한 심사기준을 적용하는 경우 차별행위가 정당화되기 어렵고 차별행위로 판단될 가능성이 크며, 완화된 심사기준을 적용하는 경우 합리적인 이유가 넓게 인정되는 결과 차별 가능한 사안이 많아질 가능성이 크다고 할 것이므로, 차별행위의 정당성 내지 합리성의 범위가 달라지는 결과를 낳게 된다는 점이다.

Ⅳ. 차별판단의 전제조건으로서 진정직업자격

1. 진정직업자격의 의의 및 요건

(1) 진정직업자격의 의의

진정직무자격, 진정직업자격(BFOQ : Bona Fide Occupational Qualification, 미국)

198) 비록 특정 임금항목이 적거나 지급하지 않아도 종합적으로 임금이 높은 경우 차별이 아니라고 보았으나(중앙노동위원회 2012.07.25. 2012차별7결정) 일종의 직무수당인 민원수당은 민원업무를 수행하는 자에게 지급하는 것으로 다른 급부를 종합하여 해당 수당의 미지급 또는 적게 지급하는 것은 문제가 있는 것으로 판단된다. 한편 중노위(중앙노동위원회 2015.07.14. 2015차별12 결정)는 다른 사건에서 직원의 신분으로서 지급되는 수당의 경우는 차별하는 것은 불합리하고, 직무의 가치의 차이가 있는 경우는 기본급의 차이도 가능하다는 입장을 보이면서 임금항목 각각의 차별여부를 판단하였다. 이와 같이 판단한다면 앞의 사건의 동등한 직무인 상담업무를 수행하는 직무의 가치는 동등한 것이다. 이러한 면에서 다소 이중적인 면이 보인다고 판단된다.

또는 직업조건(Occupational requirements, 유럽)[199]이란 특정한 직무나 사업이 본질적으로 가진 성격 내지 특수성에 대해 요구되는 자격이라고 할 수 있다. 용어상으로는 occupational에 대한 해석을 '직업'으로 보느냐 '직무'로 보느냐에 따라 진정직업자격 또는 진정직무자격으로 볼 수가 있는데, EU입법지침에서는 직업조건으로 규정하고 있다(이하에서는 선행 연구들에서 일반적으로 사용하고 있는 '진정직업자격'으로 통칭한다). 진정직업자격이 '사업의 본질에 대한 부분과 직무의 특수성'을 전제로 하므로 어떤 용어를 사용하더라도 큰 차이는 없어 보인다. 다만 우리 법령에서는 '직무의 성격' 또는 '직무나 사업수행의 성질'로 표기하고 있어 '직무'에 초점을 두고 있는 것으로 보인다. 직무적인 특수성에 기한 예로 여성목욕탕의 근로자, 출산전문 산부인과 분만담당 간호사[200] 등은 여성이라는 직무적인 특수성 내지 성격으로 인하여 진정직업자격으로 인정하고 있는 점을 들 수 있다. 그러나 고객의 선호나 사업의 본질과 거리가 먼 사유로는 진정직업자격으로 인정될 수 없다. 상기의 예에서 목욕탕사업에서 목욕탕내부업무를 직접적으로 수행하는 직무와 산부인과에서 출산·분만담당업무와 직접적으로 관련된 업무는 해당 사업의 본질적인 부분 내지 직무적인 특수성과 관련된 것이고, 이러한 업무를 직접적으로 수행하는 사람의 업무는 진정직업자격의 대상이 될 수 있다. 이에 반하여 여성목욕탕 밖에서 수행하는 업무나, 출산과 무관한 병원의 다른 업무를 수행하는 경우 사업의 본질적인 부분이나 특수한 문제가 될 수는 없다. 그러므로 사업의 본질과 무관한 경우에는 진정직업자격의 범주에 제외됨이 상당하다. 각국의 법령은 공통적으로 성별, 종교, 연령에 대한 차별에서의 진정직업자격을 규정하고 있으며, 여기에 더하여 조금씩 다른 차별사유를 예시하고 있다. 결국, 진정직업자격은 직업 내지 직무에 내재되어 있는 특정한 사유로 차별행위를 하여도 차별이 아니라는 점(차별적용 제외)을 요점으로 하고 있다. 그러므로 진정직업자격의 해당여부는 차별판단의 기준점이 된다고 할 수 있다.

(2) 진정직업자격의 요건

일반적으로 진정직업자격은 수행해야 할 업무나 활동의 종류 또는 그 활동 수행의 조

---

199) 진정직업자격은 미국에서는 bona fide occupational qualification(BFOQ), 캐나다에서는 bona fide occupational requirement(BFOR), 영국에서는 Genuine Occupational Qualification(GOQ), EU입법지침은 직업조건(Occupational requirements) 또는 본질적이고 결정적인 직업조건(genuine and determining occupational requirement)으로 언급되고 있다(임공수, "고용차별에서 진정직업자격의 적용요건", 「사회과학연구(제24권제2호)」, 동국대학교 사회과학연구원, 2017, 355면).

200) 간호사와 달리 의사의 직업적인 본질은 신체적인 치부문제보다 더 중요한 환자의 생명을 다루고 병을 치료하는 것으로 남녀를 구분하여 볼 수 없으며, 이는 본질적인 차원이 다른 문제로 다루어지고 있다.

건 때문에 본질적이고 결정적인 직업상 필연성이 인정되는 때에는 그 목적에 적합하고 적정한 범위 내인 경우 허용되는 것으로 판단되고 있다. 여기에서 그 사업의 본질적인 것, 직무상 필연성 내지 특수성, 그 목적에 적합하고 적정한 범위내의 것을 진정직업자격의 요건으로 볼 수 있다.

1) 사업의 본질적인 부분일 것

사업의 본질적인 것이란 해당 사업 내지 수행업무의 핵심적인 사안에 해당하는 것으로 해당사업의 존재이유 내지 미션(Mission)과 같은 의미로 인식할 수 있는 것이다. 예를 들어 항공여객사업의 본질은 승객을 안전하게 목적지까지 운송해 주는 것이다. 그런데 안전한 운송과 무관하게 고객들이 선호한다는 이유로 객실승무원에 대하여 남성을 고용에서 배제한다면 이는 사업의 본질과 무관한 문제에서 고용상 차별을 받게 되는 것이다.[201] 결국 해당 사업의 본질은 그 사업이 존재하는 이유이며, 추구하는 핵심가치로 해당사업에서 필수적인 요소에 해당하는 업무가 이에 해당하는 것으로 이를 수행하는데 필수불가결한 사항을 말한다고 할 수 있다. 한편, 사업의 본질적인 부분과 부수적인 부분이 공존하여 그 구분이 곤란한 경우에는 어떻게 보아야 하는가가 문제가 될 수 있다. 즉, 대부분의 사업은 본질적인 부분과 부수적인 부분들이 공존한다. 이 경우 본질적인 부분과 부수적인 부분에 대한 판단과 이들 사안에 대하여 본질적인 부분으로 볼 것인지 부수적인 부분으로 볼 것인지가 문제될 수 있다. 즉, 본질적이면서도 부수적인 부분이 공존하는 경우 사업의 본질적인 부분으로 판단할 것인가 부수적인 것으로 판단할 것인가 의문이 설 수 있는데, 우선 사업에 대하여는 일정부분 본질적인 부분의 성격을 함유하고 있는 직무라면 본질적인 부분에서 판단해야 할 것으로 생각된다. 그러한 부분들이 일정비율로 나누기는 어려운 문제이고 본질적인 부분이 공존한다면 비중에 상관없이 본질적인 부분에 강조하여 수행할 수밖에 없는 현실적인 문제가 있음을 간과할 수 없기 때문이다. 그러나 수행하는 사람에 따라서는 달리 볼 필요가 있어 보인다. 즉, 극히 일부가 아닌 수행하는 업무의 대부분이 본질적인 부분에 해당하는 경우와 그 반대의 경우, 비중이 비슷한 경우로 나누어 생각해 볼 수 있을 것이다. 이러한 경우에는 수행자의 업무 비중의 경중 등 종합적인 상황을 고려하여 판단되어야 할 것으로 보인다.

2) 직무상 성격 내지 특수성이 요구될 것

직무수행상의 필연성은 사업내의 직무가 요구되는 필연성을 말한다. 예를 들면 산부인

---

201) Diaz v. Pan American World Airways, Inc. 442 F 2d 385(1971).

과 분만담당 간호사는 산모가 안전하게 건강한 태아를 분만할 수 있도록 돕는 것은 사업의 본질이다.[202] 그러나 직무의 특성상 신체적 치부를 드러내는 것을 꺼려서 주 고객인 여성이 남자간호사를 기피하여 병원을 찾는 환자가 없어진다면 병원 본연의 정상적인 운영을 할 수 없는 상황에 직면하게 될 것이다. 이처럼 직무상 특수성으로 인하여 필연적으로 특정한 성이 요구되는 사업의 경우는 특정한 성을 배제할 수 있다.[203] 여기서 산부인과 분만담당 간호사는 직무상 필연적으로 여성이어야만 산부인과 사업이 정상적으로 운영될 수 있게 되는데 이는 업무상 필연적으로 요구되는 사안이라고 할 수 있다. 같은 취지로 여성목욕탕 내부 관리인은 여성이어야 한다는 것은 직무의 특수성으로 인하여 직무수행상 필연적으로 요구되는 사안이라고 할 것이다.[204]

3) 적정한 범위와 목적에 적합할 것

신학교에서의 목적은 해당 신학교가 추구하는 종교적인 교육사업이다. 그러므로 해당 종교의 선교를 위한 신학과목 수업을 담당하는 교원의 경우는 해당 종교를 믿는 사람이어야 한다는 등의 목적적 조건을 가질 수 있다. 그러나 신학교에도 부수적인 업무를 수행하는 사람도 있을 것이므로 모든 수업과목 내지 업무 수행자가 해당 신학교가 추구하는 종교적인 믿음을 가져야 하는 것은 아니다. 즉 모든 종사자가 해당종교의 신도여야만 한다는 고용조건은 적정한 범위를 벗어난 것으로 볼 수 있다. 그러나 해당 종교의 교리과목을 가르치는 교원이 해당 종교의 신자가 아니라면 직무를 정상적으로 수행한다(교리의

---

202) 이 경우 산부인과의사도 여성이어야 하는 것이 아닌가 하는 문제를 제기할 수 있다. 그러나 본질적으로 의사는 환자의 생명을 다루는 직업으로, 업무의 특수성에 기인하는 문제보다는 더 중요한 부분에 해당하므로 본질적으로 다르게 보아야 한다. 즉 산부인과의 본질이 산모의 안전과 태아의 안전을 지키는 것으로 이는 의사가 수행하는 업무에 해당한다. 그러나 분만담당 간호사는 의사를 보조하는 업무로 특히 분만은 여성의 치부를 드러내는 문제와 관련한 특수성이 인정되는 부분에 해당한다는 점에서 본질적인 부분과는 구분해서 보아야 한다(임공수, "고용차별에서 진정직업자격의 적용요건", 「사회과학연구(제24권제2호)」, 동국대학교 사회과학연구원, 2017, 372면).

203) Backus v. Baptist Medical Ctr. 510 F Supp 1191 (9th Cir. 1981).

204) 남녀고용평등업무처리규정(2013.06.21 예규 제57호)에서는 진정직업자격과 관련한 합리적 이유 판단기준(제2조)을 명시하고 있는데, 성을 사유로 근로자를 달리 대우함에 합리적 이유가 있으려면 해당 사업의 목적과 직무의 성질·태양·작업조건 등을 구체적·종합적으로 고려하여 기업경영상 남녀를 다르게 대우할 필요성이 인정되고 그 방법·정도 등이 적정하여야 한다고 하면서, '직무의 성격에 비추어 특정 성이 불가피하게 요구되는 경우'란 특정 성이 반드시 직무의 핵심적인 내용을 수행하여야 하는 경우로, 예술 그 밖의 예능 분야에서 표현의 진실성을 이유로 특정 성을 필요로 하는 경우(예: 남성 역할을 위한 남성 배우·모델 등), 직무 수행상 탈의나 신체접촉 등이 발생하여 프라이버시 유지를 위해 특정 성을 필요로 하는 경우(예: 여성 목욕탕의 여성 목욕관리사, 여성 장애인·여성 환자의 여성 도우미 등), 사업장의 성격 또는 장소로 특정 성의 근로자가 사용자가 제공하는 시설 외에서 거주하는 것이 불가능하고 적절한 대체시설을 이용하기 어려운 경우(예: 여성 기숙사의 여성 사감 등), 그 밖에 직무상 특정 성으로 하는 것이 불가피한 것으로 인정되는 경우를 들고 있다.

이해 수준, 예법의 선험적 체득, 종교적 진정성 등)는 것은 기대하기 어려울 수도 있다.[205] 결국 신학교의 설립목적에 부합하고 신학교 설립정신을 바르게 가르칠 수 있는 교리과목의 교원은 해당 종교의 신자가 되는 것은 신학교의 목적에 적합하고 적정한 범위내의 것으로 인정될 수 있다.

2. 진정직업자격에 대한 비교법적인 검토

(1) 진정직업자격에 대한 국내 고용법령의 규정

국내법령에서 진정직업자격을 규정하고 있는 법령으로 남녀고용평등법(제2조)은 '직무의 성격'에 비추어 특정성이 불가피하게 요구되는 경우, 장애인차별금지법(제4조)은 금지된 차별행위가 특정 '직무나 사업 수행의 성질'상 불가피한 경우(이 경우 특정 직무나 사업수행의 성질은 교육 등의 서비스에도 적용되는 것으로 본다), 고령자고용법(제4조의4)은 '직무의 성격'에 비추어 특정 연령기준이 불가피하게 요구되는 경우를 규정하고 있다. 결국 고용상의 차별금지제도에서 국내법령이 규정하고 있는 진정직업자격에 해당하는 경우 차별행위가 아니다. 즉, 우리나라의 경우 명시적으로는 성별, 장애, 연령만을 규정하고 있는데, 여기에서 다른 차별사유들도 진정직업자격으로 인정될 수 있는 여지는 없는 것인지가 의문시된다. 예를 들어 특정한 연기에서 출신민족의 역할, 특정한 가족상황의 역할, 외국인의 역할 등 정서적·문화적으로 다양한 상황이 발생할 수 있고, 특정한 피부색이나 인종에 대한 역할 등도 진정직업자격이 될 가능성도 있다. 그러므로 열거되지 않은 사유들도 합리적인 이유와 진정하고도 불가피한 경우 진정직업자격의 사유가 될 여지가 있을 것으로 판단된다.

(2) '본질적이고 결정적인 직업상의 요건'에 대한 EU입법지침 규정

EU입법지침 중 고용상 진정직업자격 규정을 두고 있는 2000/78/EC 제4조[206]에서는 종교, 신념, 장애, 연령, 성적지향이 특정 직업적 활동이나 그것이 행해지는 정황의 본질

---

205) 예수회 소속 교단이 운영하는 Loyola 대학의 특성과 전통을 유지하기 위하여 예수회출신의 교수가 일정수준 유지되는 것이 대학을 성공적으로 운영하는데 필요하다고 판단하였다(Pime v. Loyola University of Chicago 803 F 2d 351 (7th Cir. 1986)).

206) 제4조(직업조건, occupational requirements)

1. 제2조 (1)항과 (2)항에도 불구하고, 특정한 직업적 행위의 특징이 '본질적이고 결정적인 직업조건(genuine and determining occupational requirement)'을 구성하고, 목적이 합법적이고 조건이 적정하다면, 회원국은 제1항에 언급된 사유들과 관련된 특징에 근거한 차별대우는 차별을 구성하지 않는다고 규정할 수 있다.
2. (전단 생략)--한 개인의 종교나 신념이 실질적이고 합법적이며 정당화된 진정직업자격을 구성할 경우 개인의 종교나 신념에 근거한 차별대우가 차별을 구성하지 않는다--(후단 생략).

상, 그 특성이 '본질적[207]이고 결정적인 직업상의 요건'이 되며, 그 목적이 정당하고 그 요건이 균형 잡힌 것일 때에는 앞의 사유들에 관한 특성에 근거한 차등처우는 차별에 해당하지 않는다고 규정하고 있고, 2000/43/EC 제4조[208]에서는 인종 또는 출신민족이 특정 직업적 활동이나 그것이 행해지는 정황의 본질 상, 그 특성이 '본질적이고 결정적인 직업상의 요건'이 되며, 그 목적이 정당하고 그 요건이 균형 잡힌 것일 때에는 그 종교나 민족적 기원에 관한 특성에 근거한 차등 처우는 차별에 해당하지 않는다고 규정하고 있다. 또, 고용 및 직업에 있어 남녀간의 기회균등 및 평등대우원칙에 관한 입법지침(2006/54/EC) 제14조에서는 회원국은 고용의 접근성과 관련하여 성별에 따른 특징에 기초한 대우의 차이점이 특정한 직업적 활동의 본질이나 수행되는 환경을 이유로 위와 같은 특징이 '본질적이고 결정적인 진정직업자격'을 구성할 경우, 목표가 합법적이고 요건이 적절하다면 차별이 되지 않는다고 규정하고 있다. 이들 지침은 공통적으로 '진정하고 결정적인 직업상의 요건'에 해당하는 경우 차별행위가 되지 않음을 규정하고 있다.

(3) '본질적이고 결정적인 직업상 필연성'에 대한 독일법령의 규정

독일 일반평등대우법(AGG)에서는 인종, 민족적 출신, 성별, 종교·세계관, 장애, 연령 또는 성적 정체성을 사유로 차별을 예방하고 배제하는 것을 목적으로 규정(제1조)하면서 이러한 열거된 사유를 이유로 하는 차별대우가, 수행해야 할 활동의 종류 또는 그 활동 수행의 조건 때문에 '본질적이고 결정적인 직업상 필연성'이 인정되는 때에는 그 목적에 적합하고 적정한 범위 내인 경우 허용된다고 규정하면서 열거된 사유를 이유로 하는 동일 또는 동일가치의 노동에 대한 저액의 보수합의는 열거된 사유를 이유로 한 특별 보호규정을 적용한다는 방식으로는 정당화되지 않는다고 규정(제8조)하고 있다. 아울러, 종교·세계관에 대한 진정직업자격규정은 제9조에서, 연령에 의한 진정직업자격은 제10조에서 규정하고 있다. 독일의 경우 성적 정체성을 규정하고 있는데 이는 유럽연합의 소속국가인 점을 미루어 EU입법지침에서 규정하고 있는 내용을 수용한 것으로 판단된다.

---

207) 유럽입법지침에서 'genuine'이라고 규정하고 있는 사안을 번역하면 '진실한, 진짜의'와 같은 개념이다. 여기에서 미국식의 진정직업자격의 '진정'이라는 개념적인 표현이 된 것으로 앞서 진정직업자격의 요건에서 설명한 것처럼 여기서는 '본질적'인 의미로 표기하기로 한다.

208) 제4조(본질적이고 결정적인 직업조건, genuine and determining occupational requirements) 제2조 제1항 및 제2항에도 불구하고 회원국은 인종과 출신민족과 관련된 특징에 기초한 차별대우는, 관련된 특정 직업적 활동의 성질과 이것이 수행되는 상황을 이유로, 목적이 합법적이고 조건이 적정하다면, 그러한 특징이 본질적이고 결정적인 직업조건을 구성할 때 차별을 구성하지 않는다고 규정할 수 있다.

(4) '합리적으로 필요한 진정한 직업적 자격요건'에 대한 미국법령의 규정

미국은 진정직업자격에 대하여 법리적으로 체계화가 된 것으로 평가받고 있는데 민권법 제2000e-2조(e)(1)(제703조)[209]에서 종교, 성별 또는 출신민족이 해당 특정 사업 또는 기업의 통상적인 운영에 있어 '합리적으로 필요한 진정한 직업적 자격요건'에 해당하는 경우에는 차별행위가 아님을 밝히고 있다. 합리적이고 필요한 진정한 직업적 자격요건이라는 표현은 EU입법지침에서 규정하고 있는 의미와 큰 차이는 없는 것으로 판단된다. 한편, 연령차별금지법 제623조(f)(1)[210]에서는 특정 업무의 정상적인 수행을 위한 '진정한 직업적 자격요건'을 규정하고 있다. 또, 장애인법 제103조(a)[211]에서는 장애인을 배제하거나 배제하는 경향이 있는 자격기준이나 시험, 선택기준이라고 할지라도 직무와 관련되고, 사업상의 필요에 부합하며, 그와 같은 기능이 합리적인 편의제공으로 달성될 수 없다는 것은 이 법에 의한 차별에 대한 진정에 있어서 항변이 된다고 하여 장애로 인한 진정직업자격을 규정하고 있는데 이는 민권법의 규정과는 좀 다른 진정한 직업적 자격요건을 규정하고 있다. 민권법이 합리적으로 필요한 선의의 직업적 자격요건으로 다소 진정직업요건을 엄격하게 범위를 강화하고 있는 것으로 판단된다.

3. 진정직업자격에 대하여 고려되는 부분과 합리적 이유

(1) 진정직업자격에서 공통적으로 고려되는 부분

각국에서 개념적으로 규정한 진정직업자격은 유럽연합의 '진정(본질적)하고 결정적인 직업상'의 요건, 미국의 '합리적으로 필요한 진정한 직업적 자격'요건, 독일의 '본질적이고

---

209) 민권법 제2000e-2조(e)(1)
(e) 본 장의 여타 규정에도 불구하고, 다음의 행위는 불법 고용 관행에 해당하지 아니한다.
(1) 종교, 성별 또는 출신국가가 해당 특정 사업 또는 기업의 통상적인 운영에 있어 '합리적으로 필요한 진정한 직업자격(bona fide occupational qualification reasonably necessary)'인 경우에, 그 종교, 성별 또는 출신국가를 근거로, 사용자가 근로자를 채용 및 고용하는 것, 직업 소개기관이 개인을 구분하거나 취업을 알선하는 것, 노동단체가 회원자격을 구분하는 것과 개인을 구분하거나 취업을 알선하는 것, 또는 사용자, 노동단체, 도제제도 또는 기타 훈련 및 재훈련을 관리하는 노사공동위원회가 그러한 프로그램에서 개인이 가입하게 하거나 개인을 고용하는 것.

210) 이 조의 연령에 관한 (a), (b), (c), or (e)항에서 금지된 행위가 특정 업무의 정상적인 수행을 위한 진정한 직업적 자격요건이거나, 연령이 아닌 합리적인 요소에 근거한 구별이거나, 외국의 사업장의 근로자와 관련하여 위 항들을 준수하는 것이 해당 사업장이 소재하는 국가의 법률을 위반하는 결과가 초래되는 경우.

211) 장애인을 배제하거나 배제하는 경향이 있는 자격기준이나 시험, 선택기준이라고 할지라도 직무와 관련되고, 사업상의 필요에 부합하며, 그와 같은 기능이 합리적인 편의제공으로 달성될 수 없다는 것은 이 법에 의한 차별에 대한 진정에 있어서 항변이 된다.

결정적인 직업상 필연성'으로 표현되고 있으나 같은 의미로 이해되고 있다. 그리고 진정직업자격으로 규정하고 있는 차별사유 들에는 공통적으로 성별, 종교, 연령, 장애를 규정하고 있고, 독일이나 유럽연합은 인종 등도 진정한 진정직업자격으로 규정하고 있다. 이러한 진정직업자격의 판단과 관련하여 대표되는 양축인 유럽과 미국의 경우를 살펴보면 우선 유럽연합은 회원국의 차별문제에서 EU입법지침등과 관련된 개별적인 사안이 발생하면 우선적으로 유럽사법재판소(ECJ)의 의견을 구하거나 재판을 의뢰하여 판단을 받은 후 각국의 법원에서 최종적인 결정을 내리는 것이 일반적이다. 그러므로 ECJ의 결정은 유럽연합의 최고 재판소의 기능 내지 판단기능을 가진다고 할 수 있는데, 진정직업자격과 관련하여 결정적인 요소의 판단은 명확성의 원칙을 적용하고 있으며 매우 엄격한 해석을 하여야 한다는 입장을 가지고 있다.

한편, 미국은 대상 집단의 핵심 업무에 대한 문제, 사업운영의 본질에 대한 객관적인 수행과 직접적으로 관련된 것을 요구하는 매우 엄격한 심사 기준을 적용하고 있다. 예를 들면 '성별 및 임신의 경우에 근로자 및 근로자의 태아와 다른 사람의 안전, 고객 등 타인의 권리보호, 사업수행목적과의 직접 관련성 등'이 진정직업자격의 판단요소에 해당하지만, 단순히 차별적 고정관념에 따라 고객의 선호나 신체적 능력은 진정직업자격을 판단하는 요소가 될 수 없고, 종교와 관련하여서는 설립 목적의 유지를 위해서 종교기관의 업무에 대한 본질적인 부분의 성격이 세속적인 것일 때에는 특정 종교를 차별하여 취급할 수 없고, 연령에 근거한 진정직업자격은 특정 연령 이상의 근로자 모두 내지 대부분이 해당 직무수행을 위한 자격이나 능력이 부족하다는 실질적인 근거 또는 근로자의 직무능력을 개별적으로 판단하는 것이 너무 비현실적이라는 점 등을 입증해야 한다. 또, 장애의 경우 적절한 편의제공의 유무에 관계없이 직무와 관련한 필수적인 요건들을 충족시키면서 필수적인 기능들을 수행할 수 있는지가 판단의 기준이 된다고 보고 있다.

이처럼 진정직업자격은 각국에서 추구하는 공통적인 개념 내지 합의된 의미는 몇 가지로 요약해 볼 수 있다.[212] 우선, 진정직업자격이 주로 문제되는 사안은 성별, 종교, 신앙, 장애, 연령에 관한 것이고, 법원은 진정직업자격인 직무를 인정함에 있어 상당히 엄격한 기준을 적용하고 있으며 문제가 된 직무의 구체적인 내용검토를 통해 구체적인 연관성을 검증하되, 그 입증책임은 사용자가 부담한다는 것이다. 또, 진정직업자격은 주로 직접차별에 대한 예외 사유로 논의되기 시작했지만 판례 등을 통해 볼 때 간접차별에 대해서도 유사하게 엄격한 판단기준을 적용하고 있다는 점이다. 아울러, 고객의 선호나 객관적인

212) 김진 · 김태선 · 정형옥, "진정직업자격 등 고용차별 판단기준에 관한 외국판례조사", 국가인권위원회, 2005, 226~231면.

근거가 없는 고정관념이나 선입견 등은 제외되고, 큰 부담 없이 편의제공할 수 있는 시설 등은 판단 요소에서 제외하고 있으며, 이러한 직무의 성질과 관련된 차별 예외 사항의 법리는 성문규정을 두고 있다는 점이다.

(2) 우리나라에서 진정직업자격의 판단기준

우리나라의 경우 고용관계법에서 진정직업자격을 명시적으로 규정한 법령은 앞에서 살펴본 것처럼 그 사유로 성별, 장애, 연령을 들 수 있다. 그렇다고, 법령에서 규정하지 않는 차별사유들에 대하여는 진정직업자격을 다룰 여지가 없는 것은 아니다. 다만, 명시적으로 규정하고 있는 세 가지 사유에 대하여 판단해 보고자 한다.

1) 성별 차이에 따른 진정직업자격 기준

직무의 성질이 본질적으로 특정한 성의 근로자가 아니면 본질적인 업무의 정상적인 수행이 곤란하여 당해 직종에 특정한 성의 근로자만을 채용하는 경우는 진정직업자격에 해당하는 것으로 합리적인 이유 있는 차별로 간주된다.[213] 남녀고용평등법은 직무의 성질상 특정한 성이 불가피하게 요구되는 경우는 차별로 보지 아니한다고 규정하고 있다. 사용자가 모든 특정한 성별의 구성원이 핵심직무를 수행할 수 없다는 것을 보여줄 수 없다면, 사용자는 문제가 된 개별 근토자의 실제적인 능력을 측정하여 핵심 직무수행이 불가능하다는 것을 보여주어야만 차별의 혐의를 벗을 수 있다.[214] 진정직업자격을 판단할 때 기준이 되는 것은 특정한 성이 수행하도록 계획된 업무가 아니라 실제 수행된 업무이며, 성별에 관한 고정관념에 근거한 차별은 진정직업자격에 해당하지 않는다.[215]

2) 장애를 이유로 한 진정직업자격 기준

업무의 성격 등이 특정한 장애를 가진 경우 정상적인 업무수행을 할 수 없고, 이를 대체할 수 있는 다른 수단이 존재하지 않는 경우 장애를 사유로 한 차별 대우는 합리적인

213) 이러한 규정으로 남녀고용평등법 제2조 제1호 가목, ILO 제111호 협약(고용·직업에서의 차별금지협약), EU입법지침(2002/73/EC) 제2조 제6항, 미국 민권법(Civil Rights Act of 1964) 제2000e-2조(제703조) 불법 고용 관행, 캐나다인권법(Canadian Human Rights Act) 제H-6장 15(예외) 등에서 근거를 볼 수 있다.

214) 김진·김태선·정형옥, 「진정직업자격 등 고용차별 판단기준에 관한 외국 판례 조사」, 국가인권위원회, 2005.

215) 예를 들어 간호사의 간호업무(간호업무의 본질은 환자를 치료하는 것이 아니라 환자를 간호하고 의사의 의료업무를 지원하는 것)는 여성만이 할 수 있는 일이라는 고정관념에 의해 간호학과 입학자격을 여성으로 한정하거나, 여성의 특정분야라고 인식되는 산부인과 의사(의사업무의 본질은 병을 치료하고 환자의 생명과 건강을 지키는 것)는 남성이 할 수 없다고 여기는 등의 고정관념을 통해 간호학 및 의대 전공에서 입학자격을 제한하거나 개업을 할 수 없도록 하는 경우 등을 들 수 있겠다.

이유 있는 차별행위로 진정직업자격에 해당할 수 있다. 이러한 상황은 신뢰할만한 객관적 증거(예를 들어 의학적 증거 등)에 의해 해당 업무의 정상적 수행과 특정한 장애 등이 없을 것과의 사이에 직접적인 상관관계가 있고, 개인의 업무수행능력을 개별적으로 평가하는 것이 불가능한 경우 특정 장애인 등을 제한·배제·분리·거부하는 것은 진정직업자격에 해당되어 정당화될 수 있다. 그러나 장애의 존재와 직무수행능력 간의 직접적 상관관계에서 상반된 견해와 증거의 존재 및 장애에 대한 근거 없는 편견의 개입 등과 같이 의심이 있는 경우나 개인의 직무능력에 대한 개별적 평가가 현실적으로 가능한 경우에는 진정직업자격으로 보기에는 무리가 있다. 한편, 현재의 장애가 근로제한 등 차별적 대우를 정당화하는 사유가 될 수도 있는데, 이러한 경우는 장애인 등 본인의 생명, 신체에 위험이 급증할 경우 등에 한정하여 매우 엄격하게 적용되어야 하겠지만, 정상적인 직무수행상 불가피한 사유가 있는 경우 제한이 가능하다고 보아야 한다.[216] 이러한 사안으로 운전면허시험에서는 듣지 못하는 사람(청각 장애), 보지 못하는 사람(시각 장애), 양쪽 팔의 팔꿈치관절 이상을 잃은 사람이나 양쪽 팔을 전혀 쓸 수 없는 사람(지체장애)의 경우 면허교부가 불가능하다.[217] 결국, 운전업무에 종사하는 사람은 면허교부조건을 유지하여야 정상적인 운전이 가능하므로 채용하고자 할 경우 일정수준의 신체적 조건을 제한할 수 있을 것이다. 이처럼 특정 직무수행을 위해서는 신체적인 조건이 불가피하게 필요한 경우가 있다. 이는 개인의 안전을 고려한 점도 있지만, 운전을 통하여 다른 사람의 안전문제도 고려한 조치로 그 합리성(합목적성, 수단의 적합성, 필요성 등)이 인정되는 것이다. 한편, 정상수준이지만 고도의 신체적 조건을 요하는 경우도 있다. 즉, 항공업무의 조종사 등 공중근무자의 신체조건은 일반인보다 까다로운데, 이는 공중의 근무가 지상의 근무조건과 달리 압력과 기압 등 신체조건에 따라 근로자의 안전을 위협할 수 있고, 승객의 안전을 담보하기 위한 것으로 합리성이 있다고 할 수 있다. 이처럼 신체적 조건이 특정 직무의 성격에 따라서는 직무수행을 위한 채용·배치에서 필수 불가결한 요소가 될 수 있고 근로자의 안전 등과 관련되어질 수 있어 신체적 요건을 전제로 채용·배치수단으로 활용하는 경우 합목적성과 수단의 적정성 등이 인정될 소지가 있다. 결국, 본인의 생명과 안전 및 승객이나 다른 사람의 안전까지 연관된 직무의 경우는 합리적인 수단으

216) 주행 중 발생하는 소음을 검사하는 차량품질관리업무의 특성상 청력은 개인능력의 한 부분으로 평가될 수 있고, 진정인이 지원한 차량품질관리팀의 업무가 차량의 미세한 소음을 관리하는 부서라면 청력은 개인의 중요한 능력의 한 부분으로 평가될 것인데 이러한 이유로 오른쪽 귀를 전혀 듣지 못하는 진정인을 채용부적격자로 판단하였다면 단지 진정인의 병력만을 이유로 채용에서 원천적으로 배제하여 차별하였다고 인정하기 어렵다고 판단하였다(국가인권위원회 2004.01.19. 03진차66 판결).

217) 도로교통법 제82조(운전면허의 결격사유) 제1항 참조.

로서 인정될 여지가 크고, 그렇지 않은 경우는 수단의 적정성으로서 인정될 여지가 적다고 할 것이므로 신체적 특성이 불가피하거나 근로자의 생명·안전 등에 관련되는 부분은 차별행위가 합리적인 이유가 된다고 할 것이다. 이런 점에서 신체적 요건이 성별 등과 연관된 사안이 아닌 경우 직무별 특성에 따라서는 불가피성이 고려될 수 있어 완화된 심사기준이 활용된다고 보아야 한다.[218]

3) 연령을 이유로 한 진정직업자격 기준

고령자고용법(제4조의5)에서 규정하고 있는 것처럼 직무의 성격에 비추어 특정한 나이 또는 나이 관련 특성이 해당 업무의 정상적인 수행을 위해 불가결하게 요구되고 다른 수단이 존재하지 않는 경우 나이제한은 차별에 해당하지 않고, 합리적인 이유 있는 차별행위로 인정될 수 있다.[219] 즉, 신뢰할만한 객관적 증거에 의해 해당 업무의 정상적 수행과 특정 나이 사이에 직접적인 상관관계가 있고, 개인의 업무수행능력을 개별적으로 평가하는 것이 불가능한 경우 특정 나이는 진정직업자격에 해당한다. 합리적인 이유 있는 차별로서의 진정직업자격은 일반적으로 엄격하게 해석되고 있으므로 나이에 의한 차등도 엄격히 적용되어야 한다. 그렇지 않으면 차별예외의 범위가 지나치게 확대되고 차별금지의 실효성이 약화될 수도 있다.[220] 업무의 성격이나 업무수행의 상황에 비추어 특정한 나이가 해당 업무를 정상적으로 수행하기 위한 불가결한 요건으로 인정되는 경우는 많지 않을 것이다. 따라서 나이는 예외적인 상황에서 진정직업자격으로 인정될 수 있을 것으로 판단되며, 생명·안전과 관련된 경호, 항공기 조정, 소방업무 등의 경우 해당 업무의 정상적 수행과 특정한 나이 사이의 직접적 관련성에 대한 신뢰할만한 의학적 증거 등 객관적인 증거가 존재하고, 개인의 업무수행능력에 대한 개별적 평가가 불가능하거나 비현실적인 경우에는 나이제한이 진정직업자격에 해당할 수 있다. 그러나 나이와 직무수행능력의 직접적 상관관계에 대한 의심이 있는 경우나 개인의 직무능력에 대한 개별적 평가가 현

218) 장애인차별금지법 제4조에서는 "특정 직무나 사업 수행의 성질상 불가피한 경우"에 차별행위는 차별행위로 보지 않는다고 규정하고 있다.

219) 아파트 경비원 채용에서의 연령차별사건(국가인권위원회 2010.03.29 10진차9 결정) 참조.

220) 항공사 여자승무원 응시연령 상한(만 25세 이하) 제한과 관련하여 합리적인 필요성이 인정되어야 한다고 한다(국가인권위원회 2006.11.13. 05진차662 결정). 또, 공무원 5급 및 6·7급 공개경쟁채용시험 응시연령제한(5급 32세 이하, 6·7급 35세 이하)과 관련해서는 일반적으로 공무원의 직급별 업무내용을 보면 8급 이하는 단순 행정업무, 6·7급은 전문행정업무, 5급은 정책의 기획 및 관리 업무를 담당하고 있는바 35세 및 32세를 초과하는 자의 대부분이 전문 행정업무나 정책의 기획 및 관리업무를 수행하는데 필요한 기본적 능력을 갖고 있지 못하다거나 담당업무를 수행할 수 없는 특성을 가졌다고 단정할 근거가 없다고 보면서 그러한 제한에 문제가 있음을 지적하고 있다(국가인권위원회 2007.04.30. 05진차317 결정).

실적으로 가능한 경우에는 인정될 수 없다고 보아야 한다.[221)]

(3) 유럽사법재판소의 진정직업자격에 대한 판단기준

유럽연합은 차별금지를 위한 중요한 지침들을 제정하여 회원국이 이를 지키고 문제가 된 경우 이를 개선할 수 있도록 하고 있다. 그리고 분쟁이 생긴 경우 EU입법지침에서 규정한 내용은 각 회원국들의 차별판단의 기준이 되므로 유럽사법재판소(ECJ)가 관할권을 가지고 있는 사안에 대하여는 각국의 법원은 ECJ의 결정을 받아 최종적인 심사를 하게 된다. 물론 각국에 부여된 입법재량권을 모두 박탈하는 것은 아니다. 그러므로 차별판단과 관련한 유럽연합 개별국가의 판단 외에 ECJ의 판단기준 등을 살펴보기로 한다.

1) 고객선호를 이유로 한 인종차별이 진정직업자격이 되는 조건

고객들이 정비공이 일하는 동안 그들의 주거지에 접근하는 것을 꺼려하기 때문에 이민자(민족적 기원 내지 인종)를 채용하지 않았다는 Ferlyn의 정비공 채용에 영향이 있는 이사회의 공개 성명서를 근거로 하여 차별문제가 다루어진 사건[222)]에서 ECJ는 고용주가 특정 인종 및 민족 출신의 직원을 채용하지 않을 것이라는 공개적인 성명으로 고객들이 안심하고 자신의 제품(노무제공 등)을 선호하여 사업을 영위하기 위한 것이라고 주장한 것은 그 정당성이 없다고 판단하고 있다. 즉, 특정 후보자의 지원서 제출을 강하게 억제하여 노동시장에 그들의 접근을 막은 사실은 인종과 민족에 상관없이 사람 사이의 평등대우원칙의 실행을 위해 시행된 EU입법지침(2000/43/EC)의 제2조 제2항 a목의 의미 내에서 채용에 따른 직접적인 차별에 해당되며, 특정 인종 및 민족 출신의 직원을 채용하지 않을 것이라는 회사 채용정책이 알려진 고용주의 공개 성명서는 동 지침 제8조 제1항의 의미 내에서 직접적인 차별 채용정책의 존재 추정에 충분하고, 고용주가 평등대우원칙의 위반 사실이 없음을 증명해야 하는데 이를 위해서는 그러한 성명서와 다르게 실제 채용정책의 수행을 보여줌으로써 증명할 수 있다고 판단하였다. 또, 국가(EU회원국)법원은 주장된 사실의 성립 증명과 평등대우원칙의 위반사실이 없음을 지지하는 고용주의 제출증거에 대하여 충분성에 대한 평가를 하며, 동 지침의 제15조는 그 지침을 입법화하기 위해 채택된 국가(EU회원국)규정의 위반에 적용할 수 있는 제재에 관한 규칙이 식별 불

221) 경호공무원 7급 등 공개경쟁채용시험 응시연령제한(국가인권위원회 2007.04.11. 05진차492 결정)과 소방간부후보생 공개경쟁시험 응시연령(30세 이하)제한(국가인권위원회 2007.09.20. 07진차238·246 결정(병합))합리성이 없다고 판단하고 있다.

222) Judgment of the Court (Second Chamber) of 10 July 2008 (reference for a preliminary ruling from the Arbeidshof te Brussel (Belgium)) – Centrum voor gelijkheid van kansen en voor racismebestrijding v Firma Feryn NV(Case c-54/07).

가능한 피해자가 있어도 효과적이고, 균형적이며, 예방적인 것이어야 한다는 등을 근거로 들고 있다. 결국 진정직업자격의 요건으로 단순한 고객의 선호기준이 될 수는 없고, 정비공이라는 직무의 성격 내지 주택수리업이라는 직업의 진정성에 기초한 것이어야 인정될 수 있다는 엄격한 기준에 의한 판단으로 풀이된다.

2) 업무성격을 이유로 한 성차별이 진정직업자격이 되는 기준

특정한 성을 고용하는 것은 업무의 성격에 해당하는 것으로 판단한 사례로 영국 성차별금지법에서 규정한 성차별 구정은 조산원에게는 적용되지 않는다고 규정한 사안에 대하여, 조산원은 산모와의 친밀감을 중요시 하는 직업으로 이는 조산원의 특성상 직업적으로 결정적인 요소라고 판단하여 조산원을 여성으로만 채용하는 것은 허용된다고 판단하였다.[223] 또, 독일에서 구인광고를 내면서 그 직무에서 노동자의 성별이 불가결한 전제조건이 되는 경우에는 적법하다는 예외규정을 두고 있는 것과 관련한 사안에서 노래, 연기, 춤과 예술적인 것, 패션모델 등 명확하게 정의되는 직업에 대하여는 인정할 수 있고, 이러한 예외규정을 두는 것은 EU입법지침이 허용할 수 있는 사항으로 각국의 재량권에 해당하는 것이라는 판단을 하였다.[224] 한편, 여성경관에게는 살인의 위험에 노출되는 것을 방지하기 위하여 무기소지를 못하게 하고 전업 여성 경관의 계약갱신을 거절한 영국에서, 여성을 남성보다 더 보호한다는 관점에서 여성을 특정한 직무에서 배제하는 것은 허용되지 않으며, 공중의 안전이 결정적인 요소에 해당하는 것이라고 판단하였는데[225] 이 사건에서 경찰관의 직무는 공중의 안전이라는 목적을 달성하기 위해 적절하고 필요한 것이어야 한다는 점을 강조하였다. 결국 직무 내지 직업의 성격이 불가피하게 성적 특성을 요소로 하는 경우에는 진정직업자격이 인정되지만, 성적 특성이 핵심이 되지 않는 경우는 진정직업자격이 인정되지 않는다.

3) 장애를 이유로 한 차별이 진정직업자격이 되기 위한 조건

Coleman은 2001년 1월부터 한 법률회사의 비서로 근무하다가 2005년 명예퇴직을 하게 되었는데, 명예퇴직의 주된 이유는 장애인인 자녀를 돌보기 위한 것이었다. 퇴직 몇

223) Judgment of the Court of 8 November 1983 in Case 165/82: Commission of the European Communities v. United Kingdom of Great Britain and Northern Ireland (Failure of a State to fulfil its obligations – Equal treatment for men and women).

224) Judgment of the Court of 21 May 1985 in Case 248/83: Commission of the European Communities v. Federal Republic of Germany (Equal treatment for men and women).

225) Judgment of the Court (Second Chamber) of 20 June 1985 in Case 228/84: Maurice Pauvert v. Court of Auditors of the European Communities (Officials – Promotion – Legitimate expectation).

달 후 Coleman은 자신의 퇴직이 장애차별금지법에 반하는 부당해고에 해당한다는 소송을 제기하였는데, Coleman은 관리자로부터 아이의 건강상태 때문에 지각할 때마다 한 번만 더 늦으면 해고한다는 말을 들었고, 관리자는 다른 지각한 근로자들에게는 그러한 말을 한 사실이 없었다. 나아가 비장애아동의 부모인 근로자가 했던 비슷한 요청들은 수용된 반면, Coleman의 요청은 거부당했으므로 장애를 이유로 한 더 불리한 대우를 받았다고 주장하였다. 이와 관련하여 ECJ[226]는 EU입법지침(2000/78/EC)의 차별금지규정을 언급하면서 차별예외로 ① 그 조항, 조건 또는 관행이 객관적으로 정당한 목표와 그 목표 달성의 수단으로 정당화 하는 것 또는 적절하고 필요할 때, ② 특정 장애, 고용주 또는 지침이 적용되는 어떤 사람이나 조직과 관련됨으로서 수반되는 단점을 제거하기 위해 적절한 조치를 취한 경우 등을 적시하였는데, 이는 장애를 이유로 한 진정직업자격의 요건을 제시하고 있는 것으로 이러한 정당한 목적과 수단의 정당성, 조치의 적절성 등은 비례심사의 기준에서 검토한 바와 같은 입장을 견지하는 것으로 판단된다. 다만, 동 사건은 판단내용에서 장애를 이유로 하는 진정직업자격의 요건을 적시하고 있지만, 소위 가족상황을 이유로 한 차별의 사례로 판단할 수도 있다.

4) 연령차별이 정당화되기 위한 진정직업자격의 요건

영국의 연령차별금지법(제30조)은 연령을 기준으로 강제적으로 이루어지는 정년제도(compulsory retirement)는 직접적인 연령차별을 구성하나 사업체에서 정년연령을 65세 이상으로 정할 경우 이는 연령차별의 예외사항이 된다고 규정하였다. 이에 따르면 65세 이상의 근로자를 사용자가 정년을 이유로 퇴직시키는 것을 연령차별에 해당하지 않는다. 이러한 연령차별과 관련하여 영국의 시민단체인 Age Concern은 이 조항이 연령차별금지법의 모법이 되는 EU입법지침(2000/78/EC)에 위배된다고 주장하며 영국 행정법원에 소송을 제기하였는데, ECJ[227]는 EU입법지침(2000/78/EC)에서 회원국들이 나이에 따른 차등대우를 두는 조치를 하는 것은 허용될 수 있고, 그것은 객관적이며 합리적이고, 합법적인 고용정책 및 노동시장과 직업훈련의 목적 등 합법적인 목적이 있으면 정당화되고, 목적을 달성하는 수단이 적절하고 필요한 것이어야 한다고 규정한 점을 적시하면서, 영국 연령차별금지법이 규정한 연령차별이 정당화되기 위한 진정직업자격으로 연령기준이 ① 직업에 고유하고도 결정적인 요건이고, ② 그러한 요구가 적정하다면 사용자는 연령기

226) Judgment of the Court (Grand Chamber) of 17 July 2008 in Case C-303/06 - S. Coleman v Attridge Law and Steve Law.

227) Judgment of the General Court of 6 May 2010 in Case T-388/07 – Comune di Napoli v Commission.

준을 사용할 수 있고, 연령이 직업의 고유하고도 결정적인 요건이 되는 경우는 특별히 활동적인 직업을 제외하고는 드물 것으로 예상되나 이 경우에도 그 연령기준은 비례성의 원칙에 입각해야 하며, 고유한 직업요건에 의한 연령차별의 정당화는 적극적 조치에 의한 정당화와 마찬가지로 그 차별이 직접차별일 경우에만 가능하다는 규정을 언급하면서 이는 각국의 입법에 대하여 재량적인 사안으로 차별적인 규정은 아니라는 점을 적시하였다. 즉, 고용과 직업에 있어서 균등처우에 대한 일반적 기준을 정한 EU입법지침(2000/78/EC) 제6조(1)는 특히 제2조(2)(a)에 정의된 직접차별의 범위 내에 해당하는 회원국의 연령을 이유로 한 차별적인 조치를 방해하지 않는다는 의미로 해석되어야 하지만, 제6조(1)는 고용정책, 노동시장 또는 직업훈련에 관련된 사항들과 같은 적절한 사회정책적 목적을 정당화하는 조치에 대해서만 그러한 원칙을 배제할 수 있음을 명시하고 있으므로, 회원국의 각 법원은 사용자가 정년에 도달한 근로자를 해고할 수 있도록 하는 회원국의 사법이 합법적인 목적과 일치하는지 그리고 회원국의 사법당국과 규제당국이 회원국의 사회정책 문제에 대하여 재량권을 고려하면서 선택한 방법들이 그러한 목적을 이루는데 적절하고 필요했던 것인지를 합법적으로 고려하였는지 확인하고 있으며, 연령기준에 대한 차별판단에서 진정직업자격의 여부는 비례성 심사기준에 입각하여 정당성이 확보되어야 함이 강조되고 있다.

5) 근속기간에 대한 차별이 진정직업자격이 되는 요건

단시간근로자와 단시간근로자 간(통상근로자에 비하여 1/2~3/4과 3/4 이상 단시간근로자), 단시간근로자와 통상근로자 간의 차별대우가 문제가 된 사안[228]에서 각각의 차별대우가 객관적으로 정당화되는 요소에 의한 것임이 입증되는 경우에만 차별의 혐의를 벗어날 수 있다는 점을 재확인하면서, 장시간 근무가 경험을 낳고, 경험이 숙련을 낳는다는 명제의 단순한 일반화만으로는 안 되고 수행되는 직무의 속성과 일정시간을 근무해야 축적된다고 하는 경험 사이의 관계를 기준으로 삼아, 그 직무의 본질상 근로시간에 따른 경험의 축적이 업적이나 숙련도와 밀접하게 관계가 있다는 점이 확인되어야 차별의 정당화가 성립될 수 있다고 판단하였다.[229] 그러나 그러한 기준의 객관성은 각각의 사건에서의

228) Judgment of the Court (Sixth Chamber) of 7 February 1991 in Case C-184/89 Helga Nimz v. Freie und Hansestadt Hamburg.

229) 근속기간과 관련하여 우리 노동위원회도 장기근속을 유도하여 조직의 안정성을 기하고 전문성을 제고함은 물론 일정기간 조직에 계속 근로하여 이에 대한 공로보상으로 지급되는 정근수당은 지급사유가 명확하고 구분이 가능한 것으로 차별이 아니라고 판단하고 있다(중앙노동위원회 2015.07.14. 2015 차별12 결정).

모든 환경에 따라 달라지고 특히, 특정 직무의 속성과 일정한 근무시간을 거쳐 업무를 수행하면서 쌓은 경험 사이의 관계에 좌우되는데, 그러한 일반화가 무조건 단시간 근로자에 대한 임금차별을 정당화하는 합리적이고 성차별과 무관한 기준이라고 할 수는 없다. 따라서 이를 정당화하기 위해서 사용자는 직무의 속성과 일정시간 업무수행에 의해 축적되는 경험사이의 관계를 객관적으로 증명할 수 있어야 할 것이다.

(4) 미국 대법원의 진정직업자격에 대한 판단기준

미국 민권법 제7편에서는 인종, 피부색, 종교, 성별, 출신민족 등에 대하여 차별을 금지하고 있고, 연령차별금지법, 장애인법 등에서도 차별금지를 규정하고 있다. 이러한 차별사유들은 진정직업자격으로서 합리적인 이유 있는 차별사항으로 논의될 수 있다. 물론 인종에 대한 차별행위는 절대적으로 금지되고 있는 만큼 진정직업자격으로 인정받을 여지는 적어 보인다. 그리고 인종과 연계된 피부색도 같은 맥락에서 이해될 수 있다. 이하에서는 종교, 성별, 출신민족, 연령, 장애를 중심으로 설명하기로 한다.

1) 근로자 생명보호를 위해 불가피한 종교적 차별조건

미국 민권법 제7편(제2000-e조)에서는 종교적인 법인 등의 활동과 관련된 업무수행을 위해서는 특정한 종교를 가진 사람을 채용하는 것은 위법한 차별이 아니라고 규정하고 있고, 법원은 종교와 관련된 고객의 선호 내지 개인의 선호는 진정직업자격과 무관하고, 단순한 추측에 의해 진정직업자격을 인정할 수 없다는 입장이다.[230] 종교를 이유로 차별하는 경우 근로자의 종교적 신념 내지 의무·관행 때문에 본질적인 업무를 수행하는 것이 불가능하다는 것을 사용자가 입증해야 한다. Kern사건[231]에서 헬리콥터 조종업무를 하는 해당 회사는 이슬람 성지인 메카를 거쳐 가는 조종사를 공급하는 계약을 A사와 체결하였고, 사우디는 이슬람 교리에 따라 성지에 이슬람교도가 아닌 자가 들어오면 사형에 처하도록 규정되어 있어, 해당 회사는 A사와의 계약을 이유로 조종사에게 개종할 것을 요구하였으나 거부하여 사용자는 조종사업무를 못하게 하고 다른 업무를 제시하였으나 조종사가 이를 거부하고 소송을 제기하였다. 이에 대하여 법원은 Weeks사건[232]에서 제

---

230) Abrams v. Baylor College of Medicine 805 F 2d 528(5th Cir. 1986).

231) Kern v. Dynalectron Corp. 577 F Supp 1196 746 F 2d 810(5th Cir. 1984).

232) Weeks v. Southern Bell Tel. Co. 408 F 2d 228(5th Cir. 1969). 이 사건은 고정관념에 대한 항변으로 전화국의 여성 근로자인 윅스(Weeks)는 전철수라는 직무로의 전근을 회사에 요청하였으나 거절당하자 소송을 제기하였는데, 회사는 전철수가 30파운드 이상의 중량물을 들어 올려야 하고 야근을 해야 하는 격렬한 직무로서 여성에게는 적합하지 않다는 진정직업자격 항변을 하였다. 이에 법원은 고용주가 남성이어야 함이 해당 직무의 진정직업자격임을 주장하려면 모든 여성이 실질적으로 그

시된 기준을 검토하고 Diaz사건[233])을 인용하면서 조종사업무는 해당 회사의 본질적인 업무에 해당하고 메카로 비행하는 경우 조종사 등은 이슬람교도이어야 한다는 것이 계약내용에 포함되어 있음을 인정하면서, 이 사건은 고객의 선호문제[234])가 아니라 사우디의 법에 의거 사형에 처해질 수도 있는 조종사인 근로자 본인의 생명에 대한 위험 때문에 해당 회사의 조치는 진정직업자격에 해당한다고 완화된 기준에 의해 판단하였다. 결국 사업본질의 진정성도 중요한 고려사항이 되어야 하지만 근로자의 생명위험을 제거하고 안전성을 확보하는 조치도 중요한 문제가 될 수 있음을 제시하는 것으로 판단할 수 있다.

2) 신체적 특성상 불가피한 업무에서의 성차별 기준

남녀는 분명히 신체적으로 구분되는 사안이다. 여성이 남성스러움이나 남성이 여성스러움과 같은 것은 엄격히 구분되는 남녀의 구분을 무색하게 할 수는 없다. 일반적으로 남녀 성별에 대한 진정직업자격으로 인정되는 것은 신체적 특성과 역할에 대한 개념인 것으로 판단된다. 즉, 각각의 성에 대한 신체적인 차이 및 각각의 성에 대한 역할이 불가피한 직무, 각각의 성에 의해 직접적으로 연계되어 있는 직무 등은 성별에 의해 구분될 수 있는 직업적인 특성을 가진 것으로 판단된다. 이러한 사안은 Backus사건[235])이나 Brooks사건[236])을 통하여 진정직업자격에 대한 판단을 해볼 수 있다. Backus사건은 산부인과 분만담당 간호사의 직무에 여성만을 채용하는 것이 문제가 된 사안으로 출산을 하는 환자는 여성으로서 대다수가 남성간호사의 은밀한 접촉을 거부하고 산부인과 환자들은 남성간호사를 받아들이지 않는다는 병원측의 의견을 수용하면서, 법원은 분만담당 간호사의

직무를 안전하고 효율적으로 수행할 수 없다고 믿을 만한 이유를 실질적인 사실에 기초하여 입증해야 한다고 보면서, 성별에 관한 고정관념에 근거한 차별은 진정직업자격에 해당하지 않는다고 판단한 사례이다.

233) Diaz v. Pan American. World Airways, Inc. 442 F 2d 385(1971). 이 사건은 항공사 여자승무원을 고객이 선호한다는 점을 들어 남성고용을 기피한 사안이 된 부분에 대하여 고객의 선호를 수용하는 것은 항공사의 본질적인 업무에 해당하지 않고 부수적인 것에 해당하므로 진정직업자격이 될 수 없다고 판단한 사례이다.

234) 고객의 선호문제나 개인의 선호문제 등이 사건의 중심판단에 쟁점이 되는 사안들이 많은데 개개의 선호문제는 진정직업자격으로 인정되지 않는 것이 일반적인 것으로 보인다. 사례로 설립자의 유언에 따라 설립된 Kamehameha Schools에서는 교사가 모두 개신교도여야 한다는 유지에 따라 문제가 된 사안에서 법원은 유언자가 유언 내용에서 미션스쿨을 지정한 것도 아니고, 개신교 교사로서 지녀야 할 자격에 대해 규정한 것도 아니어서 이는 진정직업자격에 해당하지 않고, 유언에서 개신교도여야 한다는 것은 개인적인 선호에 불과하여 진정직업자격에 해당하지 않는다고 판단하였다(EEOC v. Kamehameha Schools Bishops Estate 990 F 2d 458(9th Cir. 1993)). 또, 고객의 선호문제를 다룬 사건으로 (Diaz v. Pan American. World Airways, Inc. 442 F 2d 385(1971) ; Wilson v. Southwest Airlines Co. 517 F Supp 292(5th Cir. 1981))을 들 수 있다.

235) Backus v. Baptist Medical Ctr. 510 F Supp 1191(9th Cir. 1981).

236) Brooks v. ACF Industries, Inc. 537 F Supp 1122(4th Cir. 1982).

대부분 업무가 환자의 생식기의 노출과 관련한 일이기 때문에 이 업무에 여성간호사만을 채용하는 것은 진정직업자격에 해당하는 것으로 차별이 아니라고 판단하였다. 또, Brooks 사건은 남성 근로자들이 사용하는 목욕탕의 청소를 포함한 직무를 담당할 관리인을 채용하면서 그 자격을 남성으로 제한한 것에 대하여 여성인 Brooks가 민권법 제7편을 위반한 차별행위라고 주장한 사건으로, 법원은 남성 목욕탕에 여성 관리인을 배치하면 사업의 본질이 위태롭게 될 것이라는 사용자의 믿음에 대한 근거가 있고, 관리인으로서 고용될 권리와 목욕탕을 사용할 남성근로자의 권리 사이의 충돌을 완화시키거나 피할 수 있는 대안이 존재하지 않는다는 이유로 남성 근로자들이 사용하는 목욕탕관리인 직무에 남성이 배치되는 것이 진정직업자격에 해당한다고 판결하였다. 병원사업의 본질은 환자의 생명을 안전하게, 그리고 환자의 치유를 돕는 것이 본질이라고 한다면 산부인과의사는 남녀의 구분없이 위급한 생명을 다루는 문제가 될 것이다. 그리고 간호사의 경우는 의사의 보조업무를 수행하는 직업으로 생명을 다루는 부분과는 구분되고 여성의 신체노출에 대한 특수한 문제가 본질이 될 수 있고, 남성목욕탕 관리인의 경우도 남성의 신체에 대한 노출이 특수한 문제가 될 수 있는 사안으로 사업의 본질보다는 수행하는 업무의 특수성 측면에서 그 타당성이 일반적으로 인정될 수 있는 사안으로 판단될 수 있다.

3) 억양(언어구사능력)에서 비롯된 출신민족에 대한 차별조건

미국 EEOC에 의하면 출신민족(또는 출신국가) 차별은 어느 개인 또는 그의 조상들이 특정 장소에서 오기 때문에 자신의 민족이나 억양 등 자신이 특정 민족 배경을 가지고 있는 경우, 특정 국적의 사람과 결혼하는 등으로 인하여 차별받는 것을 금지하고 있다. 특히, 언어적인 측면에서 악센트(억양) 차별을 규정하고 있는데, 악센트가 실질적으로 업무수행을 방해하지 않는 한 고용주는 외국인 직원의 악센트에 의한 고용여부결정에 활용하지 않을 수 있다고 규정하여 업무수행에 문제가 되는 경우 진정직업자격이 될 여지를 규정하고 있으며, 영어전용규칙을 통하여 비즈니스 등에 영어전용규칙을 적용할 수 있음을 규정하고 있다. 이와 관련하여 EEOC가이드라인에서는 특정 출신민족의 구성원과 결혼 등 친밀관계를 유지하고 있는 경우, 특정 출신민족 집단과 관련이 있거나 그 집단의 이익을 도모하는 단체에 가입했거나 그 단체와 친밀한 관계를 맺고 있는 경우, 특정 출신민족 집단의 구성원들이 주로 이용하는 학교나 예배장소에 다니고 있는 경우, 본인 또는 배우자의 이름이 특정 출신민족과 관련이 있는 경우가 차별의 문제가 된 사안은 출신민족을 이유로 한 차별로 간주되고 있다.[237] 이와 관련하여 Fragnate사건[238]에서 사무직

237) EEOC, Part 1606-Guidelines on discrimination because of national origin, 2002.

원 선발 필기시험에서 높은 점수를 받고도 면접시험에서 강한 필리핀 억양 때문에 의사소통기술의 부족을 이유로 탈락하여 소를 제기하였다. 법원은 억양이 직무수행을 방해할 때 억양을 이유로 불리한 고용결정을 내리는 것은 정당하다고 하면서, 효과적이고 명확한 의사소통능력은 해당 직무의 직업적 요건으로 합법적인 것이라고 판결하였다. 이 사건은 직접적으로는 출신민족에 대한 차별이 아닌 출신민족 차별판단의 범주에 드는 직무수행의 필수적 요소인 언어구사능력(억양)의 부족에 대한 판결로 결과적으로 보면 원어민보다 유창할 수 없는 한계(사회문화적인 이해 등)가 있는 점을 고려할 때 간접적으로는 출신민족에 대한 차별가능성도 배제하기 어렵다고 판단된다. 물론 의사소통능력이 필수적인 업무수행에서 이를 적절히 수행할 수 없는 경우라면 언어표현에 대한 장애요인으로 업무수행이 불가능하게 되고, 이는 직무수행을 위한 가장 기초적인 장애요인이 될 수 있다. 결국, 언어적인 문제는 직무수행에 필수적인 요소로 진정직업자격이 되는 것이지만, 해당 직무수행은 지식, 기술, 기능 등 다양한 요소들이 접목되어 수행되는 것으로 의사소통에 문제가 없는 적정성이 확보되는 경우 가능할 것이고, 직무의 특성에 따라서는 완화된 기준이 필요한 경우도 있으므로 모든 직무에 엄격하게 적용하여야만 하는 것은 아니라고 할 것이다.

4) 사업의 본질적 운영에 해당하는 연령제한요건

연령차별이 합리적 이유가 있는 요건으로는 특정 사업의 정상적인 운영에 있어서 연령이 합리적으로 필요한 진정직업자격에 해당하는 경우, 연령 이외의 합리적인 요소에 근거하여 차이를 두는 경우, 그러한 관행이 해외의 사업장에서 행해지고 있고 그러한 관행이 사용자가 경영하는 사업체로 하여금 사업장이 위치해 있는 국가의 법률을 위반하는 경우를 연령차별금지법(제623조)은 들고 있다. 그러나 현실적으로 연령차별이 진정직업자격에 해당하는 것을 증빙하기는 매우 어려운 문제이다. 가령 역할연기를 위한 배우 등의 경우 어린아이의 역할에 40세 이상의 성인이 응모하여 이를 배제하는 경우처럼 외관상 들어나는 것 외에도 신체적·정신적 연령까지 다양한 상황에서 단지 연령만을 기준으로 진정직업자격을 판단하기는 매우 어려운 문제이기 때문이다. 연령이 진정직업자격의 요건을 충족하기 위해서는 단순한 추정이나 예감만으로는 충분하지 않고 직무수행능력을 판단하기 위한 의학적 증거(신체적, 생물학적, 정신적 측면 등 연령과의 상관성), 전문가의 분석 및 타당성 연구결과, 연령과 해당직무 수행과의 성과(실적 기여율 등) 내지 부적합성(사고율 등)에 대한 통계결과 등이 입증되어야 한다. 이러한 사례로 35세 이상은 시외버스

238) Fragnate v. City and County of Honolulu 888 F 2d 591(9th Cir. 1989).

기사로 채용하지 않는 버스회사에 소송을 제기한 사건[239]에서, 법원은 버스회사는 대중운송사업의 경우 승객의 생명과 안전을 책임지는 것이 사업의 본질로 설시하면서, 해당회사의 시외버스 기사는 정기 운행업무와 부정기 운행업무를 담당하는데, 부정기 운행업무는 신체적·정신적 스트레스가 많고 생활리듬을 파괴하는 업무이며, 노조와의 단체협약으로 신규 채용자는 연령에 상관없이 10년에서 40년 정도 부정기 운행업무를 해야 하고, 부정기 운행업무가 정신적으로 격무에 해당하고 사람의 신체기능과 감각기능의 퇴화는 30대 후반에 진행된다는 점, 사용자회사에서 사고율이 가장 낮은 운전사는 16년에서 20년의 운전경력을 가진 50세에서 55세 사이의 운전자로서 40세 이상의 신규 근로자를 채용하였을 경우 사고율을 줄이기 위한 연령과 운전경력과의 최적 조화를 달성하기 힘들다는 점 등에 대한 여러 증거와 통계자료, 자동차 교통 안전국의 공무원 등의 증언을 종합하여 사용자가 채용연령 상한 제도를 없앨 경우 승객 안전상의 위험이 커질 것이라고 믿을 만한 합리적인 근거가 있다고 판단하였다. 이 사건에서처럼 연령에 대한 진정직업자격은 의학적·통계적·객관적인 자료가 기반이 되어야 하고, 이러한 통계자료 등은 연령과의 상관성을 뒷받침할 수 있는 근거로서 엄격하게 정리되어야 한다.

5) 직무수행이 불가능한 신체적 특성을 이유로 한 장애차별요건

장애는 육체적·정신적 장애를 모두 포함한다. 그리고 넓게는 병적인 상황까지도 장애적인 요소에 포함시키기도 한다. 장애차별에서의 또 하나는 편의제공이다. 적절한 편의제공을 하여야 차별을 면할 수 있는데, 그러한 편의제공이 기술적·물리적으로 불가능하거나, 당해 사업체의 능력상 과도한 부담이 되는 경우[240] 편의제공부담을 면할 수 있다.[241] 장애차별과 관련하여 신체적인 장애의 경우가 차별판단 소송에서 많이 다루어지고 있는데, 그 사례를 보면 Treadwell은 군인으로 신체적 장애를 입어 관상동맥 보조장치를 달고, 부대 기술단에서 계절적 임시기술자로 일해 왔는데, 심장병 등 때문에 사바나지역의 기술단에서 직무수행불가로 해고되었다. Treadwell이 수행하는 업무는 하루에 6시간 이상을 걸어야 하고 1시간 이상을 서 있어야 하고 15~44파운드를 들어 올릴 수 있고 상당한 거리를 이동해야 하는 업무인데 Treadwell은 1마일 이상을 걸을 수 없는 상황이었

239) Hodgson v. Greyhound Lines, Inc. 499 F 2d 859(7th Cir. 1974).

240) Donald Barth v. Bruce S. Gelb, Director, U.S. Information Agency, et al. 2 F 2d 1180(1993).

241) 우리나라의 장애인차별금지법 제4조에서는 편의제공의무를 이행함에 있어 '과도한 부담이나 현저히 곤란한 사정 등이 있는 경우'에는 예외를 규정하고 있다. 그러나 단지 예산의 미확보로 인한 미설치는 이러한 예외사유에 해당하지 않는 것으로 차별이라고 판단하고 있다(국가인권위원회, 2012.06.13. 11진정0371500 결정).

다. 법원은 기술자로서의 실질적인 기능을 수행할 수 없고, 이러한 직무수행을 다른 근로자들이 하도록 하는 것은 사용자에게 과도한 부담을 준다고 판단하였다. 즉, 신체적인 장애로 기술자로서의 본질적인 업무수행을 할 수 없어 해고한 것은 정당하다고 판결하였다.[242] 또, 편지배달원이었던 Hall은 엉덩이와 다리 등에 부상을 입어 연방근로자재해보상법에 의해 급여를 받아 요양 중이었는데 요양종결 통지를 받고 우체국에 복귀하고자 당초 수행하던 업무인 편지배달원의 건고 들어 올리고 하는 일들을 수행할 수 없었기 때문에 배달사무직을 맡기를 희망하였다. 그러나 우체국은 Hall의 신체 상태로는 배달사무직도 수행할 수 없다는 이유로 복직을 거부하였다. 법원은 배달사무직에 요구되는 업무가 70파운드를 들어 올리고 반복된 포장 작업을 하는 것으로 반복적으로 무거운 짐의 운반이 필수적으로 요구되는 일이라고 판단하고, Hall의 신체조건을 고려한다면 배달사무직의 일도 수행할 수 없으므로 복직을 거부한 것은 장애를 이유로 한 차별이 아니라고 판단하였다.[243] 앞의 사건과 함께 해당 직무에서 요구하는 직무기술서상의 기능적인 필수요건을 토대로 신체적인 장애로 인하여 해당직무를 수행할 수 있는지 여부에 대하여 판단하고 있다. 이는 장애로 인하여 해당 직무의 본질적인 직무수행이 불가능한 경우 불이익한 조치를 취하는 것은 진정직업자격요건에 해당하는 것으로 합리적인 이유 있는 차별로 보고 있다는 것이다. 결국, 신체적인 장애의 문제는 장애인의 장애상태와 직무의 특성에 따라서 수행가능여부가 결정될 수 있고, 장애인의 보호차원에서도 고려하여야 할 것이므로 사안별로 객관적인 타당성이 검증되어야 할 것이다.

4. 차별판단기준으로서 진정직업자격의 범위와 한계

고용 영역에서 특정한 성별, 특정한 종교인, 또는 특정한 출신민족 등 차별사유상의 특정한 집단에 속해야 하는 것이 해당 직업 및 직무에 있어 본질적으로 안전하고 효율적인 수행과 사업의 본질적인 정상적 운영을 위해 합리적으로 필요하다고 객관적으로 인정되는 경우 해당 집단의 구성원만을 선발하는 것은 차별이 아니다. ILO의 고용과 직업상의 차별에 관한 협약(제111호)도 특정 차등대우가 직업 또는 직무에 고유한 것인 경우는 위법한 차등대우가 아니라고 규정하고 있다. 해당 직무의 본질은 그 직무의 내용이 주변적 또는 부수적인 것이 아니라 핵심적인 것임을 의미한다. 이러한 직무의 부수적인 문제와 관련하여 미국의 한 회사가 자사의 판매대행 직무가 여성에게 부적합하다는 이유로 그 직무에 여성을 채용하지 않은데 대해 치트우드라는 여성이 소송을 제기하였는데 법원은

242) Roger B. Treadwell v. Clifford Alexander 707 F 2d 473(11th Cir. 1983).
243) Hall v. U. S. Postal Service, 847 F 2d 1073(6th Cir. 1988).

본질적인 업무와 부수적인 업무를 구별하면서 지방에서 업무를 수행하는 중에 발생한다고 주장되는 불편한 요소들은 해당 직무의 부수적인 것이며 그로써 여성이 해당 직무를 수행할 수 없다는 것을 입증하지는 못한다고 판단하였다.[244] 아울러, 해당 직무 본질의 효율적인 수행을 위한 안전은 직무수행에서 고객 및 동료는 물론 자신에게 안전해야 함을 의미하며[245], 품위 및 사생활 보호의 확보도 포함된다고 볼 수 있다. 또, 효율은 해당 직무로써 합법적으로 추구하고자 하는 목적이 정상적으로 획득되는 것을 의미하고, 공연이나 오락물 등 연극·영화의 배역처럼 진정한 역할이 필수적인 경우 등도 포함된다고 볼 수 있다.[246] 또, 사업의 본질은 해당 사업의 목적이 주변적·부수적 목적이 아니라 핵심적 목적임을 의미하는데, 같은 사안을 사업운영의 본질과 무관하게 남녀의 성을 달리하여 적용하는 것은 중립적이지 못하여 고용차별로 볼 수 있고[247], 사업의 본질에 대한 정상적 운영은 해당 사업으로써 합법적으로 추구하고자 하는 목적이 정상적으로 획득되는 것을 의미하고, 정상적 운영이 이루어지지 않는다는 것은 사업 운영에 있어 상당한 타격 또는 훼손을 당하는 것을 의미하므로 해당 사업에 있어 본질이 아닌 주변적 또는 부수적 부분이 상당한 타격을 받는 것은 사업의 정상적 운영상의 훼손이 아니다.[248]

특정 집단에 속해야 하거나 속하지 않아야 하는 것이 합리적으로 필요하기 위해서는 추구하는 목적의 달성에 결정적이고 그것이 없으면 추구하는 목적 또는 목적의 달성이

---

244) Cheatwood v. South Cent. Bell Tel. & Tel. Co. 303 F Supp 754 (1969).

245) 직무의 본질이 안전한 수행을 위한 고용 차별과 관련하여 여객기 승무원의 임신 사실이 알려지는 경우 즉시 모성휴가를 실시하도록 한 항공사의 정책이 임신차별이라는 제소 내용에 대해 법원은 먼저 승객의 안전이 여객기 사업의 본질이라고 결정한 다음 임신한 여객기 승무원에게 계속 비행 업무를 하도록 허용하는 것은 승무원 직무상 승객의 안전의 위협과 관련되어 있다는 사실에 입각하여 해당 정책이 승객의 안전을 위해 합리적으로 필요하다는 점이 인정된다고 판단하였다(Harris v. Pan American World Airways, Inc. 649 F 2d 670 (1980)).

246) 영국의 1984년 성차별금지법 제7조에서 「(a) 업무의 필수적인 성격상 생리적인 이유로(육체적인 힘이나 정력은 배제) 남성을 필요로 하고, 공연이나 기타 오락물에서 여성이 그 역할을 수행할 경우 실제로 차이가 크기 때문에 남성의 진정한 역할이 필수적일 때, 또는 (b) 품위와 사생활을 지키기 위해서는 남성이 그 업무를 수행할 필요가 있을 때, 즉 (i) 남성과 신체 접촉의 개연성이 많은 사업장에서 만약 그 일을 여성이 수행할 경우 거부감을 줄 수 있는 곳, 또는 (ii) 업무가 남성만의 일일 가능성이 큰 곳, 예를 들면 옷을 벗고 있기 때문에 또는 화장실 이용 중이기 때문에 여성의 출현에 거부감을 가질 수 있는 곳, 또는 A) 직무가 남성만의 일일 가능성이 크다든지 또는 거주지에서 또는 개인의 집에서 남성이 해야 할 필요성이 있는 업무에 여성의 출입을 허용하면 거부감을 줄 수 있는 직무」를 남성이 진정한 직무자격요건인 경우라고 규정하고 있다.

247) 존슨컨트롤스(Johnson Controls)라는 건전지 제조업체는 제조 공정상 존재하는 납 성분에 노출될 가능성이 있는 직무에 대해 여성 근로자를 배치하지 않는다는 태아보호정책을 택하였는데 이는 가임 여성 근로자의 잠재적 태아를 보호하기 위한 것이라고 주장했지만, 납 성분이 남성의 생식기관을 약화시킨다는 보건상 의학적인 증거가 있음에도 불구하고 남성에게는 동일하게 적용되지 않아 중립적이지 못하다(International Union Auto. etc. v. Johnson Controls, Inc. 449 US 187(1991)).

248) Diaz v. Pan American World Airways, Inc. 442 F 2d 385(1971).

심대하게 훼손되는 것을 의미한다. 보다 구체적으로는 합리적으로 필요하다는 것은 특정 집단에 속하는 사람들은 전부 또는 거의 대부분 해당 직무를 안전하고 효율적으로 수행할 수 없다는 것을 의미한다. 또는 그것은 사업의 정상적 운영에 심대한 훼손을 끼친다는 것을 의미한다. 이러한 점이 객관적으로 입증되지 않는다면 그러한 차등대우는 차별이다. 특히 특정 집단에 속하는 사람들 전부 또는 거의 대부분이 해당 직무를 안전하고 효율적으로 수행할 수 없다는 것을 입증할 때 실질적인 근거를 대야 하고 각 개인의 직무 능력을 개별적으로 평가하는 것이 현실적으로 불가능하다는 점도 입증해야 한다. 이것은 고용결정은 원칙적으로 개인의 직므 능력에 대한 개별적 평가에 입각해야 한다는 점을 전제로 한다.[249] 중량물을 들어 올려야 하고 야근까지 해야 하는 업무에 여성은 부적합하다는 판단 하에 해당 직무로 이동을 요청하였으나 거절된 건은 상당하고 실질적인 사실이 아닌 성별에 관한 고정관념에 근거한 차등대우로 볼 수 있으며[250], 특정 연령대가 버스회사의 부정기 운행업무에 적합하지 않다는 연령과 사고율간의 통계적 증거는 증명력이 부족하다고 보고 있다.[251] 또, 항공사의 엔지니어 정년을 60세로 정한 것은 나이 차별이라는 입장을 보인 바도 있다.[252]

진정직업자격과 관련한 법령의 규정과 판단사례를 종합해 보면 진정직업자격의 판단전제는 합리적인 평등의 실현을 위하여, 직무의 특성에 내재된 본질을 인정하면서, 직무의 특수성에 기한 불가피한 경우, 직업의 본질적인 조건으로 인정되는 경우, 근로자의 건강과 생명보호를 위한 경우 등은 진정직업자격으로 고려되고 있다. 진정직업자격에 대한 문제는 해당업무가 지닌 핵심적이고 본질적인 부분을 수행하기 위하여 요구되는 요건이 무엇인지를 상정하고 있다는 점이다. 즉, 진정직업자격 여부에 대한 판단은 엄격한 심사기준을 적용하는 것이 중심이 되고 있고, 특정 사안에 따라서는 완화된 심사도 필요한 것으로 판단된다. 결국, 진정직업자격을 보다 엄격하게 규율하여야 하는 이유는 너무 완화하여 판단하게 되면 대부분의 사유가 진정직업자격에 해당하여 차별의 범위가 넓어져서 차별금지제도에서의 실효성을 확보하는데 문제가 된다고 할 것이다.

이러한 점에서 유럽연합은 '진정하고 결정적인 직업상의 요건'이라는 표현을 EU입법지침에 규정하면서 명확성의 원칙을 적용하여 매우 엄격하게 해석하고 있으며, 진정직업자격은 정책의 필요한 목적을 충족시키고 그것이 목적을 달성하는데 적합하고 필수적이어

249) 인권위는 항공사 여승무원 채용시 응시연령의 상한을 만23세에서 25세로 제한하는 관행은 진정직업자격에 해당한다고 볼 수 없다는 결정을 한 바 있다(국가인권위원회 2006.11.03. 05진차662 결정).
250) Weeks v. Southern Bell Tel. Co. 408 F 2d 228(1969).
251) Usery v. Tamiami Trail Tours, Inc. 531 F 2d 224(1976).
252) Western Air Lines, Inc. v. Criswell 407 U.S. 472(1985).

야 한다는 기준을 적용하면서, 해당 직무의 속성이 무엇인지, 해당 직무가 필연적으로 요구하는 것은 무엇인지를 기준으로 판단하고 있다고 보여진다. 한편, 미국의 경우는 '합리적으로 필요한 선의의 직업적 자격요건'이라는 표현을 규정하면서 EEOC는 엄격한 적용을 예시하는 판단기준을 마련하고 있고, 법원도 같은 입장을 보이면서 해당업무의 본질적이고 객관적인 수행과 직접적으로 관련이 되어 있음을 증빙할 수 있어야 함은 물론, 객관적이고 의학적·통계적인 증거까지 요구하는 엄격한 기준을 적용하고 있다.

우리나라의 경우 아직 판례 등에서 많은 사례가 축적되지는 못한 것으로 분석되어 심사수준의 엄격성 여부를 판단하기에는 부족함이 있으나, 고용노동부의 예규나 인권위의 결정을 통하여 법령에서 규정하고 있는 진정직업자격의 판단기준을 살펴볼 수 있는데, 고용노동부의 예규[253]에서는 주로 남녀 성별에 대한 진정직업자격에 대한 판단기준을 마련하고 있는 바, 예능이나 운동경기종목, 채용금지 직종으로 규정한 사항들에 대하여 직종별로 제한적인 진정직업자격의 판단기준을 예시하고 있다. 결국, 각국에서는 진정직업자격을 차등행위에 대하여 합리적인 이유가 있는 것으로 인정하고 있다. 고용상 차별금지제도에서의 진정직업자격은 합리적인 이유 있는 행위로써 차별행위가 아니지만 그 인정범위가 광범위한 것은 무리가 있는 것으로 보이며, 제한적이고 엄격하게 해석·적용하려는 고려가 있어야 하는 사안이라고 판단된다.

제 5 절 고용과정별 차별 쟁점사항

고용상 차별금지문제는 헌법에서 규정하고 있는 평등권과 차별금지규정을 근거로 하고 있다. 헌법은 평등권을 비롯하여 직접적으로 차별금지규정을 두고 있고, 고용관련 개별법령들은 고용에서의 차별금지를 위하여 헌법규정의 실행을 위한 구체화된 규정을 두고 있다. 헌법이 금지하고 있는 차별금지규정을 위반하는 입법은 엄격한 심사의 대상이 되고, 다른 기본권의 침해를 수반하는 경우에도 같은 기준에서 다루어지고 있다. 아울러, 개별법령은 특별히 보호하여야 할 대상에 대한 차별금지를 규정하고 있다. 이러한 규정들은 입법자의 입법형성권범위를 넘어 규정할 수는 없으며, 시혜적인 법률이나 개별법령에서 규정하고 있는 차별금지규정 등은 완화된 기준에 의해 차별여부를 판단하게 된다.

고용과정과 연계하여 차별문제에서 다루어지는 주요 차별사유로 고용관계법령에서는

253) 남녀고용평등 업무처리 규정(고용노동부예규 제57호, 2013.06.21.) 참조.

성별, 인종(출신민족, 출신국가[254]), 국적, 언어 등), 종교, 장애, 연령, 고용형태 등을 규정하고 있다. 이러한 차별사유들에 대하여 모집 및 채용과정, 채용 후 근무기간 중에서의 임금, 승진 등 근로조건의 중심적 사항에 해당하는 고용내용, 정년이나 해고 및 퇴직 등 고용종료와 관련하여 고용과정과 내용별로 차별여부에 대한 주요 쟁점사안을 구분할 수 있다.

Ⅰ. 모집·채용과정에서의 차별문제

1. 모집 및 채용과정에서의 차별쟁점

고용과 관련한 차별의 문제 중 모집 및 채용과정에서의 차별은 인권위에서 다룬 고용관련 전체 사건에서 가장 큰 비중을 차지하고 있다.[255] 모집 및 채용과정에서의 차별행위에 대한 가장 큰 이슈는 모집요건과 자격 및 선발기준 등에 관한 것이다. 모집요건에서의 차별금지는 고용기회를 동등하게 부여하여야 하고, 동등한 기준을 전제하여 모집과정을 진행하여야 한다는 것이다.[256] 이들 차별은 고용현장으로의 진입장벽을 만들어 기회를 주지 않거나 제한하는 문제로 발생하는데 차별사유별로 보면 장애, 연령, 성별, 학력[257], 어학(특히 언어적 능력에 대한 정당성) 등에 연관된 이슈가 많다. 특히 응모요건과 관련

254) 국적은 국민으로서의 신분 또는 국민이 되는 자격(국적법 제1조는 '국민이 되는 요건을 정함을 목적으로 한다'고 규정하고 있다)으로, 국민이 되는 요건은 법률로 정한다(헌법 제2조)는 국적법정주의에 따라 국적법이 제정·시행되고 있다. 국적법은 단일국적주의, 부모양계혈통에 의한 속인주의, 부부개별국적주의를 원칙으로 한다. 출생에 의한 국적의 취득을 선천적 취득이라고 한다. 국적법은 속인주의를 기본으로 하면서 부모가 모두 분명하지 않거나 국적이 없는 때 대한민국에서 출생한 자 및 대한민국에서 발견된 기아에 대하여 국적의 취득을 인정하는(국적법 제2조) 속지주의를 가미하고 있다. 출생 이외의 사실에 의한 국적의 취득을 후천적 취득이라고 한다. 인지(제3조), 귀화(제4조), 수반(제8조), 국적회복(제9조) 등에 의한 국적의 취득이 이에 속한다.

255) 차별사유로는 장애(41.7%), 사회적 신분(9.9%), 성희롱(9.3%), 나이(7.5%) 순이지만, 고용에서의 차별은 모집(6.9%), 채용(6.8%), 임금(3.9%) 순으로 나타나고 있다(국가인권위원회, 「연간보고서(2012)」, 2013, 154~5면). 한편, 노동위원회의 비정규직 차별사건에서는 상여금 및 성과급 601건, 복리후생 532건, 제수당 453건, 기본급 251건, 기타 근로조건 93건, 근로시간 35건 순으로 나타나고 있다(김인재·김미영·남궁준·노호찬·이주환, "노동위원회 60년 평가와 향후 발전방안 연구", 중앙노동위원회, 2014, 182면).

256) 국가인권위원회는 모항공사의 객실 승무원 모집 시에 '남성'에 대하여 특별히 까다롭게 운영하는 것에 대하여 문제가 된 사안에서, '남성'은 일반직 공채로 입사한 직원 중에서 사내공모를 통해서만 가능한 반면, '여성'은 사내공모와 공개채용을 병행하여 채용하여 운영하는 것은 합리적인 이유 없이 '남성'을 차별하는 것이라고 판단하였다(국가인권위원회 2008.10.27. 07직차2 결정).

257) 사실상 학력요건은 정부방침에 따라 공공기관의 경우는 폐지를 강제하여 적극적 활용은 불가하다. 즉, 학력수준에 따라 응모직급을 달리하는 것은 없어졌으나 본인의 희망에 따라 직급별 응모는 가능하며, 직급별 시험의 난이도를 구분하여 선발하는 것이 일반적이다.

한 쟁점, 선발과정인 면접과정 등에서의 차별적인 발언이나 질문(성차별적 요소, 가정이나 가족상황 등에 관한 선입견, 장애, 연령 등), 선발기준 등에 관한 쟁점을 들 수 있다.[258] 아울러, 할당제(청년, 여성, 지역, 취약계층, 이공계, 고졸 등), 국가유공자 및 장애인 등 우선선발이나 가점제도 등은 쟁점사항에 해당하는 사안들이다. 이들의 차별적인 사유에서는 기회의 동등한 보장 측면에서의 차별문제와 적극적 개선조치나 진정직업자격 및 우대정책 들에 대한 정당성 문제와도 연관을 갖는다. 모집・채용과 관련하여 차별금지를 규정한 법령은 정책법, 남녀고용평등법, 장애인차별금지법 및 장애인고용법, 연령차별금지법, 인권위법을 들 수 있다. 이들 법령 중 모집채용과 관련하여 강제성을 지닌다고 할 수 있는 남녀고용평등법, 장애인차별금지법 및 장애인고용법, 연령차별금지법과 관련한 쟁점사항을 중심으로 주요 차별사유별로 합리적인 사유측면에서 살펴보면, 채용관련 쟁점사항 중 신체적인 요건 및 용모(성차별적 요소, 장애 등), 군필요건(국적, 외국인, 장애, 여성 등), 언어적인 요건(국적, 외국인 등), 연령제한, 미혼요건(성차별적인 요소 등)을 들 수 있다.[259]

2. 선발 기준・절차상의 차별쟁점

모집채용과정에서 활용되는 선발기준은 객관적이고 공정한 방법과 절차[260]를 통하여 이루어져야 한다. 그렇지 않은 경우 차별의 문제가 될 수 있는데, 채용과정은 선발기준이나 점수부여방식에서 차별이 발생할 수 있다. 이와 관련하여 가점제도나 경력인정 차별 등은 임용여부를 결정지을 수 있는 요인들에 대한 차별로 진입장벽의 대표적인 문제가 될 수 있다. 아울러, 성별분리기준을 통한 선발 등에서는 성차별적인 문제가 될 가능성이 크며, 특정 대상에게만 요구하는 서류, 절차 등에서도 차별의 문제가 될 수 있고, 면접과

258) 실태조사서에서는 채용과정의 차별관행을 개선하기 위하여 모집공고에서 금지되어야 할 사항으로, 지원자의 나이를 제한하는 것, 특정시기 이후 졸업자만을 대상으로 하는 것, 요구경력기간에 따라 나이를 제한하는 것, 직무의 내용과 관련 없이 학력을 제한하는 것, 직무의 내용과 관련 없이 외모 신체조건을 제한하는 것, 한 성만을 대상으로 하는 것, 직군별로 남녀를 구분하여 채용하거나, 성별 제한인원을 설정하는 것, 남녀에게 다른 채용조건을 적용하는 것, 차별개선을 위한 적극적 조치가 아님에도 불구하고 성별, 나이, 학력 등 특정 지원 자격을 우하는 것을 제시하고 있다(박귀천・김선미・손향미・이영희・이희진・정란아, “기업채용과정의 차별관행에 대한 실태조사”, 국가인권위원회, 2011, 280면).

259) 임공수, “고용상 차별금지제도에서의 합리적 이유에 관한 연구”, 고려대박사학위논문, 2016. 166~167면.

260) 모집과 채용에서의 성차별과 관련하여 사업주에게 특정 성을 차별하지 않을 의무가 발생하지만 사업주의 계약체결의 자유 자체가 부인되지 않으며, 이 경우 위반에 대하여 해당 응모자가 다른 응모자의 채용행위가 무효라고 주장하거나, 채용절차의 재심을 요구할 수 없고, 벌칙의 적용만이 문제가 될 수 있다는 견해가 있다(김형배, 『노동법』, 박영사, 2012, 231면).

정 등 선발과정에서의 차별적인 질문도 문제가 된다고 보아야 한다.

Ⅱ. 고용내용에서의 차별문제

1. 고용내용에서의 차별쟁점

근기법을 비롯한 대부분의 고용관련법령에서의 고용내용(근로조건 등)에 대한 차별금지를 규정하고 있다. 고용내용에서의 가장 큰 이슈는 임금 및 그 밖의 금품(이하 "임금 등"이라 한다)에 관한 부분이다. 특히 임금 등 차별의 부분은 고용내용에서 차별사유의 핵심부분에 해당하는 사안으로 그 중 비정규직에 대한 임금차별문제(기본급, 각종 수당, 복리후생 등)가 많이 부각되었고, 성별에 의한 임금차별 및 복지수혜부분에서의 차별 등이 이슈가 되고 있다. 아울러, 승진에서의 여성차별[261]과 여성승진할당제 등에 대한 정당성, 연령 및 장애 등과 연계된 교육선발 및 기회에서의 문제 등도 쟁점의 대상이다. 임금 등은 근로조건에서 핵심적인 사항에 해당하며, 근로제공과 이에 대한 반대급부라고 할 수 있어, 성별 등에 대한 차별판단에서 동일가치노동의 기준에 따라 엄격하게 판단되어야 한다. 다만, 특수목적의 수당 등 급부에 대하여는 합리적인 기준과 요건을 전제로 하는 경우 등 차별의 정당성이 존재한다고 할 수 있는 사안에 대하여는 완화된 심사기준이 적용되어야 할 것이다.[262]

2. 임금에서의 차별쟁점

임금에서의 차별문제는 전통적으로 성별[263]에 대한 차별, 기간제 및 단시간근로자와 파견직 등 비정규직에 대한 차별문제가 쟁점이 되어 왔다. 최근에는 외국인에 대한 임금차별과 연령에 의한 임금차별의 문제도 부각되고 있다. 이러한 임금에서의 차별문제는 합리성에 근거하여 동일가치노동 동일임금의 원칙, 동종·유사업무수행여부에 대한 판단, 책임과 권한 및 근로성격 등 직무상의 특성, 성과 등 직무수행결과에 대한 판단 등이 고려되어야 한다.

임금항목에서 가장 기본이 되는 항목은 기본급이다. 기본급은 직접적인 근로제공에 대한 근로가치와 그에 대한 대가로서 지급되는 임금이다. 그리고 임금항목에서 주요한 것으

261) 남녀고용평등 업무처리 규정(고용노동부예규 제57호, 2013.06.21.) 제8조 참조.
262) 임공수, "고용상 차별금지제도에서의 합리적 이유에 관한 연구", 고려대박사학위논문, 2016, 195~196면.
263) 남녀고용평등 업무처리 규정(고용노동부예규 제57호, 2013.06.21.) 제4조 및 제5조 참조.

로 성과급을 들 수 있는데, 이는 특정한 성과에 대한 임금이기도 하지만 명칭은 성과급이면서도 일반적인 임금 내지 특수목적 수당의 성격으로 운영되는 경우 등 그 성격을 특정하기 어려운 다양한 형태가 존재한다고 할 수 있다. 특히, 각종 수당은 명칭과 목적도 다양하여 그 성격을 명확하게 규명하는데 곤란한 경우도 있는데, 이러한 수당은 지급기준, 지급대상, 근로와의 대가성 등 종합적인 구조·성격을 분석하여 판단할 수밖에 없다.

3. 그 밖의 금품에서의 차별쟁점

고용내용에서 임금외의 '그 밖의 금품'에는 금전적인 것, 현물적인 것 등을 모두 포함한다고 할 수 있는데, 각종 사은품 및 현물 급부, 각종 휴가비, 경조금, 중식대, 교통비, 출장비, 피복비, 복지포인트 등 명칭과 목적도 다양한 형태의 금품이 근로자에게 지급되는 경우 이에 해당한다고 할 수 있다. 이때 각종 수당은 명칭은 같아도 실제는 임금에 해당하는 부분도 있으나 명칭에 상관없이 임금이 아닌 복리후생적인 성격의 급부는 그 밖의 금품에 해당하는 것으로 볼 수 있다. 또, 복리후생시설의 이용 등도 그 밖의 금품 등에 해당한다고 할 수 있다. 이러한 금품 등은 시혜적인 금품, 일괄적으로 지급되는 금품, 실비변상적인 금품, 기타 금품으로 구분하여 지급조건 등에서 쟁점이 될 수 있다.[264)]

4. 임금 등 차별적용 기준·대상관련 쟁점

임금 등에서의 차별금지는 성별, 연령, 장애, 고용형태 등에 따라 합리적인 이유 없이 차별하는 것은 금지되고 있다. 아울러, 연령기준에 의한 임금피크제 문제, 시간비례 및 기간비례원칙, 단체협약 적용에서의 차별문제, 소위 비정규직인 기간제 및 단시간근로자와 파견근로자에 대한 차별문제에 대한 쟁점이 부각되고 있다. 즉, 임금 및 복리후생 등 급부에서 합리적인 이유가 없는 차등대우는 차별이 될 수 있고, 새로운 임금체계의 도입에서 차별적인 기준을 적용하는 경우, 그리고 그러한 차등대우를 특정한 대상에게만 적용하는 경우는 합리적인 사유가 존재하지 않는 경우 차별이 될 수 있다. 또한 특정한 대상을 선정함에 있어서도 합리적인 근거와 비례적인 차등의 문제를 고려하지 않는 경우 차별행위가 될 수 있다.[265)]

---

264) 임공수, "'임금 등' 차별에서의 합리적 이유", 「노동법포럼(제19호)」, 노동법이론실무학회, 2016, 213~221면.

265) 임공수, "'임금 등' 차별에서의 합리적 이유", 「노동법포럼(제19호)」, 노동법이론실무학회, 2016, 221~243면.

5. 승진에서의 차별쟁점

승진에서의 차별은 특정한 성을 우대하거나 또는 차별하는 경우, 연령을 이유로 차별하는 경우, 장애를 이유로 차별하는 경우 등은 모두 이해관계자 간 차별의 문제를 피하기는 어렵다. 특히 장애인의 신체적 제약을 이유로 승진을 탈락시키는 경우 그 정당성에 대하여는 해당업무에 대한 수행가능성, 활동성 등 차별의 당위성(진정직업자격 등)을 어떻게 찾을 것인가도 고려의 대상이다. 한편, 어떤 사람이 특정 출신민족 사람과 결혼했다는 이유로 그의 승진을 거부하거나 여타의 방식으로 차별하는 것은 금지되는데 이는 인종에 대한 차별문제와도 관련된다.[266] 이처럼 성별, 연령, 장애 등을 이유로 하는 차별문제가 중심으로 다루어질 수 있다.

6. 교육훈련에서의 차별쟁점

교육훈련은 직무수행능력을 향상시키기 위한 대내외 입직교육이 일반적이지만 교육내용과 과정에 따라서는 대상자를 선발함에 있어 공로보상적인 측면을 고려하는 성격도 가진다고 할 수 있다. 그러므로 교육대상선발과 기회의 측면에서 합리적이고 공정한 선발기준과 공평한 기회의 부여가 필요하다고 할 수 있다. 그렇지 않은 경우 차별의 문제가 될 가능성이 있다. 이러한 교육훈련에서의 차별은 남녀고용평등법, 장애인차별금지법, 고령자고용법 등 많은 고용관련 법령에서 금지사항으로 규정하고 있고, 근로자의 교육훈련은 자기성장과 직무수행의 향상을 기하는 수단으로 활용되기도 하는 중요한 문제라고 할 수 있다. 한편, 근로자의 교육훈련과 관련한 차별금지를 규정한 근로자직업능력개발법에서는 적용대상 근로자를 "사업주에게 고용된 사람과 취업할 의사가 있는 사람(제2조)"이라고 규정하고 있다. 이 법에서는 특히 직업능력개발훈련은 근로자의 '성별, 연령, 신체적 조건, 고용형태, 신앙 또는 사회적 신분 등'에 따라 차별하여 실시되어서는 아니 되며, 모든 근로자에게 균등한 기회가 보장되도록 하여야 한다고 규정하면서, 고령자·장애인, 여성근로자, 기간제 및 단시간근로자, 파견근로자, 국가유공자 등 취업보호대상자에 대한 직업능력개발훈련은 중요시되어야 한다(제3조)고 규정하고 있다. 교육훈련에서의 차별은 선발대상조건에서의 학력문제, 남녀 성별에 의한 교육선발에 대한 문제, 교육과정과 내용에서의 성차별문제, 고령자와 장애인에 대한 교육기회의 문제, 장애인의 편의제공, 외국인근로자의 교육기회 등을 들 수 있다.[267]

266) 국가인권위원회, 2001.12.21. 재외동포의 출입국과 법적지위에 관한 법률개정안에 대한 의견 참조.
267) 임공수, "고용상 차별금지제도에서의 합리적 이유에 관한 연구", 고려대박사학위논문, 2016, 254면.

7. 인사이동 · 배치전환에서의 차별쟁점

인사이동 또는 배치전환은 통상 전보, 전근, 인사명령, 보직변경 · 명령, 근무처변경 등 다양한 용어로 사용된다. 차별문제와 관련하여 근로자가 근무기간에 업무내용 및 근무지와 근무부서가 변경되는 것을 통칭하여 인사이동 내지 배치전환(이하 "인사이동"으로 표기한다)으로 다루기로 한다. 인사이동은 수직이동 또는 수평이동으로 구분되는데 수직이동은 승진이나 강등으로, 수평이동은 부서변경이나 근무지변경, 업무내용변경으로 구분할 수 있겠다(여기에서는 수평이동의 문제를 가지고 다루기로 한다). 통상 인사이동은 적재적소에 인력배치 또는 부서간의 인사교류라는 목적을 가지고 있으며, 인사권으로 인식되는 이러한 인사이동은 일정한 원칙과 근거를 가지고 이루어지는 것이 일반적인데, 근로계약 · 취업규칙 · 단체협약 등에 의하여 '경영상의 필요와 근로자의 능력, 근로자의 희망' 등에 따라 이루어진다. 인사권에 대하여 학설은 근로자가 그의 노동력의 사용을 사용자에게 포괄적으로 맡기는 합의를 포함한다고 하는 포괄적 합의설과 근로장소 등에 대하여 근로계약상 합의된 범위내에서 구속력을 가진다는 계약설로 보고 있다.[268] 판례는 "근로자에 대한 전직이나 전보처분은 근로자가 제공하여야 할 근로의 종류 · 내용 · 장소 등에 변경을 가져온다는 점에서 근로자에게 불이익한 처분이 될 수도 있으나, 원칙적으로 인사권자인 사용자의 권한에 속하므로 업무상 필요한 범위 안에서는 상당한 재량을 인정하여야 하고, 그것이 근로자에 대하여 정당한 이유 없이 해고 · 휴직 · 정직 · 감봉 기타 징벌을 하지 못하도록 하는 구 근로기준법(2007.04.11. 법률 제8372호로 개정되기 전의 것) 제30조 제1항(현, 제23조 제1항)에 위배되거나 권리남용에 해당하는 등 특별한 사정이 없는 한 무효라고는 할 수 없고, 전직처분 등이 정당한 인사권의 범위 내에 속하는지의 여부는 당해 전직처분 등의 업무상의 필요성과 전직에 따른 근로자의 생활상의 불이익을 비교 · 교량하고, 근로자가 속하는 노동조합(노동조합이 없으면 근로자 본인)과의 협의 등 그 전직처분을 하는 과정에서 신의칙상 요구되는 절차를 거쳤는지 여부를 종합적으로 고려하여 결정하여야 한다"고 판시하고 있다.[269] 판례는 인사이동에 대하여 인사권자인 사용자의 권한에 속하는 것으로 사용자의 '재량권'이 인정되는 것이라고 하여, 권리남용이 없고

---

268) 김형배, 『노동법』, 박영사, 2012, 544면.

269) 대법원 2009.04.23. 선고 2007두20157 판결 ; 대법원 2000.04.11. 선고 99두2963 판결 ; 대법원 1991.07.12. 선고 91다12752 판결. 기업이 그 활동을 계속적으로 유지하기 위하여는 노동력을 재배치하거나 그 수급을 조절하는 것이 필요 불가결하므로, 인사명령은 원칙적으로 인사권자인 사용자의 고유권한에 속한다 할 것이고, 따라서 이러한 인사명령에 대하여는 업무상 필요한 범위 안에서 사용자에게 상당한 재량을 인정하여야 하며, 이것이 근로기준법 등에 위반되거나 권리남용에 해당하는 등의 특별한 사정이 없는 한 위법하다고 할 수 없다(대법원 2005.02.18. 선고 2003다63029 판결).

정당한 이유가 있으면 그 정당성을 인정하고 있어 포괄적 합의설에 기초하고 있는 것으로 판단된다. 그러나 인사이동은 기본적으로는 근로계약 등에 따라 합의된 내용의 범위 내에서 재량권이 인정되는 것으로 보아야 한다. 다만, 인력운영상의 불가피한 사유가 있는 경우 또는 근로자의 생활편의 등을 고려한 신뢰관계의 고려 등을 감안하면 제한적 합의 내지 계약내용과 경영상의 불가피성 등이 조화된 부분이 고려된 인사권자의 재량권이 인정되는 것이라고 할 것이다. 즉, 모든 인사권의 행사를 합의된 계약내용에만 근거하여 할 수 있다고 보는 것은 무리가 있다고 판단된다. 결국, 정당한 이유가 없다면 부당한 인사명령이 되는데 이러한 사유가 있는지는 '업무상의 필요성, 근로자의 생활상의 불이익, 노조와의 협의 등 신의칙상의 절차' 등이 요구된다고 할 수 있다.[270] 인사이동과 관련하여 일과 가정양립을 방해할 수 있는 성차별과 모성보호조치, 장애, 연령차별문제를 중심으로 설명될 수 있다. 이들 문제는 부당한 이동조치로 인하여 모성보호를 훼손하거나 가족돌봄의 문제로 직장을 포기하는 불이익도 발생할 수 있고, 고령자의 한직배치 등으로 간접적인 해고압력과도 연관될 수 있고, 장애인의 경우 장애로 인하여 변경된 근무지에서의 근로가 불가능한 경우도 발생할 수 있다.

Ⅲ. 고용종료에서의 차별문제

1. 고용종료에서의 차별쟁점

고용종료와 관련한 차별문제는 정년차등과 해고요건(대상, 선정기준 등)에 관한 문제가 핵심쟁점사항이다. 특히 차별사유별로는 성별에 의한 차별과 고용형태에 의한 차별이 중심을 이루고 있고, 직종 및 직급에 대한 정년차등의 문제도 쟁점사항에 해당한다. 또한 해고와 관련하여 대상자 선정 및 선정기준의 정당성, 성별이나 고용형태 등 차별사유별로 달리 정하는 해고요건에 대한 차별 등이 쟁점이 될 수 있다. 해고는 근로자의 경제적인 지위의 상실과 사회활동의 단절 등 근로자 개인의 물질적·정신적 피해와 신분상의 영향

270) 인사이동이 적재적소에의 인력배치라는 목적을 가지고 있으므로 업무상 필요성에 있어 해당 업무와 근무지에 대상근로자를 배치하는 것은 정당한 사유가 될 수 있다. 그러나 적재적소라는 전제가 있어도 근로자의 생활상의 불이익도 고려하여야 하므로 근로자에게 해당 근무지로 갈 수 없는 불가피한 사유가 있거나 생활상에 중대한 지장을 초래하는 경우는 정당성이 없다고 보아야 한다. 아울러, 노조와의 협의 등 신의칙상의 절차 등을 고려하고 있는 것은 통상 노조 집행간부의 경우 인사권을 남용하여 격지로 배치하는 경우 노조의 결속력을 훼손할 수 있고, 노조활동의 와해 내지 장애요인으로 작용할 수 있으므로 사전에 노조와의 협의를 통하여 배려하기로 하는 신사협정을 맺는데 이러한 점을 고려하여야 한다.

이 매우 중대한 사안으로 해고과정에서의 차별문제는 매우 엄격한 심사기준에 의하여 판단되어야 한다. 다만, 정년설정과 관련하여서는 헌법에서 금지하고 있는 성차별적인 차등정년이 아닌 한, 직종 내지 직급 및 사업장의 사정에 부합하는 합리적인 수준에서 노사간의 합의에 따라 설정이 가능하다고 할 수 있으므로 완화된 심사기준이 적용되어야 할 것이다.[271]

2. 정년에서의 차별쟁점

정년제도는 종신고용제하에서 연공급 임금체계를 전제로 하는 인사관리시스템에서 운영되는 것으로 근로자가 일정 연령에 도달하면 그의 능력이나 의사에 상관없이 근로관계를 종료시키는 제도이다. 이는 인사노무관리상 업무의 성질이나 내용을 참작하여 고임금·고연령 근로자를 배제하고 조직의 인력구조에서 신진대사를 제도적으로 확보하려는데 그 취지가 있다고 할 수 있다.[272] 현재 고령자고용법(제19조)에서는 정년을 60세 이상으로 정할 것을 규정하고 있다. 이러한 정년에서의 차별쟁점은 성별 차등정년문제[273], 직급별 또는 직종별 차등정년 문제, 고용형태별 차등정년문제 등을 들 수 있다.

특히, 성별 차등정년에서의 쟁점사항은 남성에 비하여 여성의 정년을 불리하게 정하는 경우, 여성이 결혼하면 퇴직하도록 하는 결혼정년(퇴직)제도[274](이 경우 일방의 성에 대하여 적용하는 경우[275]도 같다)를 들 수 있다. 특정한 성의 구성원에게 정년을 달리 설

271) 임공수, "고용상 차별금지제도에서의 합리적 이유에 관한 연구", 고려대박사학위논문, 2016, 272~273면.

272) 임공수, "고용상에서 '연령 요소'에 의한 차별", 「고려법학(제85호)」, 고려대학교 법학연구원, 2017, 258면.

273) 남녀고용평등 업무처리 규정(고용노동부예규 제57호, 2013.6.21., 일부개정) 제10조(퇴직)에 따르면, "퇴직"이란 근로자에 의한 근로계약의 해지뿐만 아니라 근로자의 사망·기업의 소멸·정년 등도 포함하여 근로관계가 종료되는 것을 말하며, ① 특정 성의 근로자에 대하여 혼인, 임신, 출산, 육아 등의 이유로 퇴직을 강요하는 경우, ② 사내 결혼을 이유로 특정 성의 근로자를 퇴직시키는 경우, ③ 퇴직기준이나 조건은 성 중립적이나 그 기준이나 조건이 특정 성이 충족하기 현저히 어려워 결과적으로 특정 성에게 불이익이 발생한 경우(다만, 그 기준이나 조건의 정당성에 대한 사업주의 입증이 있는 경우는 제외한다), ④ 그 밖에 합리적인 이유없이 남녀를 차별하여 특정 성의 근로자를 퇴직시키는 경우는 퇴직에서의 남녀 차별적인 행위에 해당한다 ; 대법원 2006.07.28. 선고 2006두3476 판결.

274) 대법원 1987.09.08. 선고 86다카816 판결(한국전기공사협회 사건) ; 이사건의 원심판결(서울고등법원 1986.03.04. 선고 85나1683 판결)에서도 취업규칙에 정년에 관한 규정을 두고 있지 않고, 다만 취업규칙에 규정이 없는 사항은 일반관례에 의한다고 규정하고 있어 통례에 따라 55세를 정년으로 하여 인사관리를 해오고 있는 회사의 미혼의 여자사원의 경우, 근간의 우리 사회 및 가정생활의 경험칙상 미혼의 직장여성이 결혼하게 되면 반드시 퇴직하게 되는 것이라고 할 수는 없고 또 위 회사의 취업규칙에 미혼의 여사원이 결혼을 하면 퇴직케 하는 규정을 두고 있지도 않고 실제로 기혼여성을 사원으로 채용하여 근무시킨 일도 있다면 위 회사 미혼 여사원의 정년도 통례에 따라 55세라 봄이 상당하다고 판단하였다.

275) 여직원이 결혼하면 퇴직하는 것이 관례화되어 있는 신청인회사에서, 피신청인이 결혼 후에도 계속

정[276]하거나 관행을 이유로 퇴직을 권유 또는 강요하는 것, 특히, 결혼퇴직이 관행인 사업장에서 그로 인해 여성의 퇴직이 강요되는 것, 기업의 구조조정 시 희망퇴직, 명예퇴직 등의 이름으로 특정한 성의 구성원에게 행해지는 퇴직강요는 성차별에 해당한다.

3. 해고에서의 차별쟁점

해고에서의 쟁점사항으로는 단시간근로자 등 소위 비정규직을 포함하는 고용형태를 이유로 하는 차별문제, 성차별[277]로서의 부부사원의 선택적 해고문제, 장애를 이유로 하는 해고상의 문제, 종교활동을 이유로 한 해고상의 차별문제 등을 들 수 있다.[278] 해고[279]

근무의사가 있었음에도 결혼퇴직관례가 관련법규에 위배되는 줄 모르고 어쩔 수 없이 사직서를 제출한 경우 진의에 의한 사직서 제출이라고 볼 수 없다고 판정한 사례가 있다(대법원 2001.12.27. 선고 2000두7797 판결 ; 서울고등법원 2000.08.30. 선고2000누2187 판결. 이 사건 관련 중앙노동위원회 1999.06.04. 1999부해115 결정).

276) 직무의 성격, 직무수행 능력을 고려하지 않고 여성이 다수를 차지하는 직무의 정년을 그렇지 않은 직무의 정년에 비해 합리적 이유 없이 낮게 설정하는 것, 직급정년제를 도입한 경우로서 합리적으로 인정할 수 없는 정도로 정년의 차이가 크고, 그로 인해 결과적으로 특정한 성의 구성원이 불이익을 받는 것은 성차별에 해당한다. 즉, 법원은 일반직원(58세)과 전화교환원(53세)의 정년을 달리 정한 것은 사회통념상 합리적인 이유가 있다고 판단하고 있다(대법원 1996.08.23. 선고 94누13589 판결). 다만, 당시 판결은 정년차별의 문제에서 비롯된 사안이지만 당시 전화교환원은 주로 여자근로자가 담당하고 있었던 점을 감안할 때 남녀의 성을 이유로 한 차별행위(간접차별)로 볼 여지도 있다고 판단된다. 한편, 명시적으로 남자(55세)와 여자(53세)를 구분하여 정년을 규정한 것은 남녀차별행위라고 판단하고 있다(대법원 1993.04.09. 선고 92누15765 판결).

277) 남녀고용평등 업무처리 규정(고용노동부예규 제57호, 2013.06.21., 일부개정) 제11조(해고)에 따르면, "해고"란 근로자의 의사와는 관계없이 사용자가 일방적인 의사표시로 장래에 대하여 근로관계를 소멸시키는 것을 말하며, ① 혼인, 임신, 출산, 육아 등을 이유로 특정 성의 근로자를 해고하는 경우, ② 경영상 이유에 의한 해고에 있어 합리적인 이유없이 특정 성을 다른 성보다 앞서 해고하는 경우, ③ 징계사유, 징계수준, 절차 등에 있어 특정 성을 다른 성에 비해 불리하게 대우하여 해고하는 경우, ④ 부부가 같은 직장에 근무한다는 이유로 특정 성의 근로자를 해고하는 경우, ⑤ 그 밖에 합리적인 이유없이 남녀를 차별하여 해고하는 경우는 해고에서의 남녀 차별적인 행위에 해당한다. 그리고 남녀 차별적인 해고는 「근로기준법」 제23조제1항에 따른 정당한 이유없는 해고로 규정하고 있다.

278) 고용영역에서 해고는 근로자에게 가장 큰 불이익이다. 업무능력이나 성과 등에 대한 고려 없이 특정한 가족형태 또는 가족상황만을 이유로 우선적으로 정리해고 하는 기준은 차별에 해당한다. 해고 및 퇴직에 있어서 차별유형으로는 첫째, 합리적 사유 없이 가족 내 자녀양육의 책임을 이유로 우선적으로 해고되는 경우이다. 둘째, 부부가 같은 직장에 근무한다는 이유로 또는 특정인의 배우자라는 이유로 고용계약이 갱신되지 않거나 해고되는 경우이다. 법원은 사내부부를 자진퇴직의 형식으로 해고시킨 경우와 관련하여 회사 내 지위에 비추어 자진퇴직을 권유받은 사내부부들은 이를 받아들이지 않을 경우 입게 될 불이익과 배우자들에게 미칠 영향에 대한 압박감으로 사직의사를 표현하게 되어 이는 내심의 효과의사 없는 비진의 의사표시이므로 의원면직의 외형만 갖추고 있을 뿐 실질적으로는 해고에 해당하고 나아가 부당한 차별적 해고에 해당한 것으로 판결하였다(대법원 2002.07.26. 선고 2002다19292 판결).

279) 해고보다 처분의 심각성이 덜한 징계에서도 임용권자의 징계권 행사는 임용권자의 맡겨진 재량권에 의한 것이라 하더라도 공익적 목적을 위하여 징계권을 행사하여야 할 공익의 원칙에 반하거나 일반적으로 징계사유로 삼은 비행의 정도에 비하여 균형을 잃은 과중한 징계처분을 선택함으로써 비례의 원칙을 위반하거나 또는 합리적인 사유 없이 같은 정도의 비행에 대하여 일반적으로 적용하여 온 기준과 어긋나게 공평을 잃은 징계처분을 선택함으로써 평등의 원칙에 위반한 경우라면 이러한 징계처분

와 관련하여서는 근로자의 신분변화와 권리침해로 물질적·정신적 피해의 심각성이 크므로 엄격한 심사기준이 적용되어야 하나, 헌법 등 법령에서 특별히 금지하고 있지 않은 사안에 대하여는 완화된 심사기준이 적용될 수 있다고 할 것이다. 결국, 성차별적인 요소로 부부사원의 선택적 해고[280], 장애를 이유로 하는 해고[281], 종교 활동과 해고[282], 비정규직 해고[283]는 고용종료에서 쟁점사항으로 논의될 수 있다.

은 재량권의 한계를 벗어난 처분으로서 위법하다는 엄격한 심사기준으로 판단하고 있다(대법원 2012.10.11. 선고 2012두10895 판결).

280) 대법원 2002.11.08. 선고 2002다35379 판결.

281) 인권위(09진차490)는 업무상 과로에 따른 뇌출혈로 인해 사지 일부가 마비되어 산재판정을 받은 장애인으로 2년간의 공상휴가를 거쳐 복직하여 근무 중에 있는 근로자를 장애로 인하여 업무수행이 불가능하다는 이유로 직권면직을 하여 차별한 건에 대하여 복직시킬 것을 권고하였다.

282) 종립학교가 고등학교 평준화정책에 따라 학생 자신의 신앙과 무관하게 입학하게 된 학생들을 상대로 종교적 중립성이 유지된 보편적인 교양으로서의 종교교육의 범위를 넘어서서 학교의 설립이념이 된 특정의 종교교리를 전파하는 종파교육 형태의 종교교육을 실시하는 경우에는 그 종교교육의 구체적인 내용과 정도, 종교교육이 일시적인 것인지 아니면 계속적인 것인지 여부, 학생들에게 그러한 종교교육에 관하여 사전에 충분한 설명을 하고 동의를 구하였는지 여부, 종교교육에 대한 학생들의 태도나 학생들이 불이익이 있을 것을 염려하지 아니하고 자유롭게 대체과목을 선택하거나 종교교육에 참여를 거부할 수 있었는지 여부 등의 구체적인 사정을 종합적으로 고려하여 사회공동체의 건전한 상식과 법감정에 비추어 볼 때 용인될 수 있는 한계를 초과한 종교교육이라고 보이는 경우에는 위법성을 인정할 수 있다(대법원 2010.04.22. 선고 2008다38288 전원합의체 판결).

283) 대법원 2014.09.24. 선고 2012두2207 판결.

4
chapter

평등증진정책

제1절 서 설

평등증진정책(적극적 고용평등정책)은 고용에서의 차별을 금지하는 것에 그치지 않고, 평등한 근로조건 내지 환경을 조성하는 정책이다. 즉, 적극적으로 고용평등을 촉진하기 위한 정책과 차별로 인하여 침해된 권리를 구제하는 제도적인 장치라고 할 수 있다. 이러한 정책적인 배려가 반영된 것이 각종 우대조치들이라고 할 수 있다. 우선 적극적 고용개선조치는 일반적으로 취해지는 적극적 고용평등증진정책이라고 할 수 있다. 이는 대부분의 국가에서 시행되는 정책이라고 할 수 있다. 이러한 제도를 정립한 미국의 경우 Affirmative Action이라고 표현한다. 적극적 개선조치는 지속적이고 관행적으로 누적된 차별로 인하여 차별해소가 되지 않는 부분과 차별이 진행되고 있는 상황을 해소하기 위하여 정책적으로 취해지는 고용평등정책이다. 우리나라의 경우 여성과 장애인, 고령자에 대하여 취해지는 우대조치는 차별이 아닌 것으로 취급된다고 법령에서 규정하고 있다.

또한, 차별상황과는 무관하게 사회적인 취약계층에 대하여 취해지는 정책적인 우대조치들도 있다. 미국 등의 경우는 적극적 개선조치를 정책적 우대조치를 수반하는 것으로 구분하지 않는 것으로 보인다. 우리나라의 경우도 같은 입장이지만 최근 청년고용우대, 고졸취업 및 지방출신우대조치 등은 적극적 개선조치와는 무관하게 순전히 다양성 등을 확보하려는 취지에서 취해지는 정책적 우대조치로 볼 수 있다. 이러한 우대조치들은 고용의무, 우선고용, 할당제 등을 활용하고 있다.

한편, 차별행위로 인하여 권리침해를 받은 경우 이를 구제할 수 있는 제도적인 장치들도 고용평등증진정책의 일환으로 볼 수 있다. 본 장에서는 적극적 개선조치와 정책적 우대조치 및 권리구제를 중심으로 설명하고자 한다.

제 2 절 고용평등증진정책으로써 적극적 개선조치

Ⅰ. 적극적 개선조치의 내용

1. 적극적 개선조치의 형성과정과 의의

연혁적으로 적극적 개선조치(Affirmative Action : AA)는 미국사회에서 인종차별을 불식시키기 위하여 시작된 반차별 정책(anti-discrimation policy) 중에 하나로 형성되기 시작하였는데, 이는 반차별만으로는 인종간의 실질적인 평등을 이룩할 수 없어 반차별 정책에서 한 걸음 더 나아가 경쟁의 조건을 같이 해주기 위한 정책적 배려로서 적극적 조치가 시작되었다.[1] 미국의 적극적 조치는 이러한 과거 차별에 대한 보상과 현재의 왜곡된 불평등 상황을 시정하기 위한 치료책으로 주로 흑인과 여성에게 이를테면 채용·승진·훈련 등에서 백인과 남성보다 우선적 기회를 제공해 주는 정책이다. 미국의 적극적 조치는 1941년 루즈벨트 대통령 시절 인종에 근거한 고용차별을 금지하는 행정명령을 시작으로 지속적으로 발전하였고, 고용차별과 관련하여 적극적 조치라는 용어가 처음 등장하는 것은 1961년 케네디대통령 시절이었다. 이후 1964년 민권법 제7편이 통과되면서 인종·피부색·종교·성·국적 등에 근거한 차별금지가 명문화되었고, 특히 25명 이상을 고용하는 민간 및 공공사업장에서의 고용평등기회를 보장하기 위해 필요하다면 법원은 적극적 조치를 명령할 수 있도록 명기하였다. 이후 1965년 존슨대통령은 케네디 대통령의 행정명령을 보완한 행정명령(제11246호)을 공포하여 연방정부와 10,000달러 이상의 계약을 체결하는 사업자는 인종·피부·종교·국적 등에 의해 차별을 해서는 아니 되고, 이들이 신분에 상관없이 고용되고 처우받도록 적극적 행동을 취하도록 하였으며, 노동성 연방

1) 임공수, "모집·채용에서의 우대조치에 대한 합리적 이유-채용할당제와 고용의무를 중심으로-", 「산업관계연구(제27권제1호)」, 한국고용노사관계학회, 2017, 23면.

계약준수국은 이 명령을 시행할 감독권한을 부여받았다. 한편 여성에 대한 차별금지와 고용기회 증진을 적극적 조치에 포함한 것은 1967년도였다. 우리의 경우는 남녀고용평등법(법률 제4126호, 1989.04.01.) 개정에서 "현존하는 차별을 해소하기 위하여 국가, 지방자치단체 또는 사업주가 잠정적으로 특정성의 근로자를 우대하는 조치를 취하는 것은 이 법에서 말하는 차별로 보지 아니한다."고 규정하였는데 이후 개별법령에서 규정하기 시작하였다. 한편, 적극적 고용개선조치란 적극적 개선조치(AA)를 고용부문에 적용한 개념으로 사업주가 현존하는 고용상의 차별을 해소하거나 고용평등을 촉진하기 위하여 잠정적으로 취하는 모든 조치 및 그에 수반되는 절차를 말하며, 적극적 고용개선조치는 능력주의나 업적주의를 침해하지 않는 방법으로 소수집단의 대표성을 확대시켜 나가는 방식이다.[2] 예를 들어 여성에 대한 적극적 고용개선조치제도는 동종업종의 다른 기업에 비하여 여성을 현저히 적게 고용하였거나 여성 관리자비율이 낮은 기업에 대하여 간접차별의 징후가 있다고 보고, 모든 인사관리 단계를 점검하여 개선방안을 발굴·수립하여 시행하는 제도로 여성고용이 미흡한 원인을 찾아 기업 스스로 또는 정책적으로 개선해나가는 제도라고 할 수 있다. 이처럼 고용상 적극적 개선조치는 그동안 고용부문에서 소수집단에 해당하는 여성, 장애인 등(미국의 경우 흑인과 여성 등)에 대하여 고용시장에의 진입장벽을 제거 내지 축소하고, 고용기회를 확대하는 등 고용과정 전반에서의 평등을 촉진하는 일련의 과정을 말한다.

2. 적극적 고용개선조치의 목표와 기본원칙

적극적 개선조치는 전통적으로 차별을 받아온 집단 내지 개인 등에 대하여 차별해소를 위한 목적으로 취해지는 조치[3]라고 할 수 있으므로, 과거부터 현재까지 현실적인 차별상태가 있어 왔고, 그러한 차별상태가 상당부분 해소되지 못하는 경우 법령 등에 의하여 강제적인 해소조치를 취하게 된다. 그러나 근래에는 차별의 상황을 해소하는 것에 그치지 않고 사회적인 다양성의 측면에서 소수집단 내지 대상 집단의 균형적인 사회활동을 지원하기 위한 정책적인 배려에서 취해지는 경우도 많다. 한편, 적극적 개선조치는 불가피하게 역차별의 문제를 발생시킬 수도 있으므로 고용상에서 '통계적으로 또는 비례적'으로 현격한 불균형적인 상황이 발생하는 경우 일정한 수준까지 '한시적이고 잠정적'으로 개선

2) 고용노동부, "적극적 고용개선조치제도 매뉴얼", 3~4면(http://www.moel.go.kr/policyinfo).

3) 적극적 조치의 목적 내지 필요성은 다양할 수 있는데, 과거차별의 시정, 다양성의 강화, 역할모델의 제공, 소수공동체에 제공되는 부와 서비스의 향상 등을 들고 있다(장지연 외 7인, "노동시장 차별과 적극적 고용개선조치", 한국노동연구원, 2006, 127~128면).

조치를 통하여 형평을 달성하고자 하는 '필요성과 타당성'을 가져야 한다. 아울러, 적극적 고용개선조치는 성별·인종 등 타고난 특질에 기초한 고용차별은 잘못된 것이므로 이를 시정하여야 하고, 차별에 의하여 왜곡된 고용시장의 구조를 바로 잡아 공정한 경쟁이 이루어지게 하여야 하며, 나아가 소극적인 차별금지로는 그간의 차별로 인하여 불평등에 시달리는 집단의 고용평등을 실현할 수 없으므로 좀더 강도 높은 정책을 시행하여야 한다는데 중점을 두고 있다. 여기에서 '적극적'이라는 의미는 만일 채용에 있어 후보자의 조건이 동등하다면 여성 또는 소수민에게 우선권을 부여하자는 것이지 무자격자에게 부당하게 특혜를 베푸는 것을 뜻하는 것은 아니다.

적극적 조치는 단일한 정책이나 프로그램이 아니고, 여러 중복되는 종류의 정책 및 프로그램 뿐 아니라 고용분야에만 국한된 것도 아니고 교육, 사업, 조합성원 등 다양한 분야에 적용되며, 소극적 차별금지부터 소수민 특별우대, 할당(고용할당·승진할당 등 쿼터제도)에 이르기까지 그 방법도 다양하다.[4] 적극적 조치를 시행하기 위하여 가장 중요한 것은 '목표와 시간표'를 정하도록 하는 것이다. 그러나 적극적 조치를 위하여 구체적으로 어떤 자료와 어떤 방법을 사용하여 과소 고용을 판단하고 목표와 시간표를 정해야 한다는 규정이 없다. 말하자면 목표와 시간표를 정하는 것은 어디까지나 고용주체의 재량과 판단에 의하도록 되어 있다. 그러나 미국에서는 대체적으로 인구통계·노동력통계·특정직위에 자격을 갖춘 여성비율을 기초로 산정된 기준[5]에 의하여 판단하고 있는데, 가장 많이 사용하는 방법으로 법원의 판례를 통하여 확립된 '4/5(four-fifth rule)규칙'[6]을 적용하는 것이다.

결국, 적극적 고용개선조치를 통하여 달성하고자 하는 기대효과는 '사회적 형평의 달성과 차별해소를 통한 합리적이고 민주적인 고용환경을 구축'하는데 있다고 할 수 있다. 이러한 기대효과를 초기 적극적 고용개선조치를 추진하였던 미국에서 실행된 적극적 고용

4) 미국에서 실시한 적극적 조치 형태를 보면, 교육부문에서는 대학입학에서 소수민을 우대하는 정책들이 있고, 고용분야에서는 채용·승진·배치·훈련·노동조합가입·해직·해고 등에서 여성 및 소수민에게 혜택을 주는 것 등이 있으며, 기업가들에 대한 배려로는 여성이나 흑인과 같은 소수민이 소유한 기업은 공공사업 계약에서 우선적 배정을 받도록 하거나, 은행에서도 우대조치를 해주는 것 등이 있다. 적극적 조치는 앞에서와 같이 민권법 제7편과 행정명령에 의하여 발효되었는데 미국도 시행초기에는 구체적 지침이 없이 시행되고 법원에 제소된 소송에서 결정된 사법적 명령이 시행지침의 역할을 하였다.

5) 예를 들어 사범대학의 여성비율이 30%라면 교육기관에서의 교사채용 시에 여성을 적어도 30%충원하도록 하는 것이다.

6) 남성이 25명이 지원하여 15명이 선발되었다면 합격률은 60%이나, 여성이 20명이 응시하여 5명이 채용되었다면 합격률이 25%이다. 남성합격률에 4/5율을 적용하면 48%를 계산해 낼 수 있는데 이는 여성채용률이 적어도 48%는 되어야 한다는 의미이다. 따라서 이 경우에는 여성합격인원을 최소한 9명으로 늘리는 목표를 세워야 차별하지 않았다는 판정을 받을 수 있다는 것이다.

조치의 기대효과는 크게 두 가지로 나누어 살펴볼 수 있다. 우선, '여성과 소수자의 전반적 고용상황 개선', 즉 고용비율을 제고하는 것이고, 다음으로는 백인 남성 대비 '소수자 및 여성의 고용지위를 향상'시키는 것, 즉 블루칼라 직종에서의 여성과 소수자 집단의 고용집중을 개선하고 이들에게 보다 높은 고용지위를 보유할 수 있는 기회를 제공하는 것이 그것이다.

3. 적극적 고용개선조치에 대한 비교법적 검토

(1) 국내법령에서의 적극적 고용개선조치

적극적 개선조치는 헌법의 평등 조항(헌법 제11조)을 근거로 각각의 고용관련 법령에서 규정하고 있다. 또, 여성근로자보호(헌법 제32조)도 적극적 고용개선조치의 근거가 되고 있다. 고용관련 법령에서 적극적 고용개선조치의 내용으로, 남녀고용평등법(제2조)에서는 여성 근로자의 임신·출산·수유 등 모성보호를 위한 조치를 하는 경우, 그 밖에 이 법 또는 다른 법률에 따라 적극적 고용개선조치를 하는 경우는 차별이 아니라고 규정하고 있다. 적극적 고용개선조치와 관련하여 남녀고용평등법이 의미 있는 것은 남녀의 성차별을 해소하기 위하여 고용개선조치를 하는 것은 물론 모성보호를 위한 조치도 적극적 고용개선조치의 일환(AA와 정책적 우대조치 함의)으로 규정하고 있고, 특히 적극적 고용개선조치에 대한 개념적인 정의를 내리고 있다는 점이다. 즉, 이 법(제2조 제3호)에서 '적극적 고용개선조치'란 현존하는 남녀 간의 고용차별을 없애거나 고용평등을 촉진하기 위하여 잠정적으로 특정성을 우대하는 조치라고 규정하고 있다. 또, 고령자고용법(제4조의4)은 차별의 예외사항으로 이 법이나 다른 법률에 따라 특정 연령집단의 고용유지·촉진을 위한 지원조치를 하는 경우(제4조의5)를 적극적 고용개선조치로 규정하고 있고, 장애인차별금지법(제4조)은 금지된 차별행위를 하지 않음에 있어서 과도한 부담이나 현저히 곤란한 사정 등이 있는 경우(편의제공의무에 대한 부담 등)를 정당한 이유(합리적인 이유)가 있는 경우로 보아 차별예외로 규정하고 있는데 여기서의 편의제공의무가 장애인들의 근로환경을 개선하여 그 활동을 장려하기 위한 것으로 적극적 고용개선조치의 일환으로 판단할 여지가 있다. 한편, 인권위법 제2조 제4호 단서규정에서는 현존하는 차별을 해소하기 위하여 특정한 사람(특정한 사람들의 집단을 포함)을 잠정적으로 우대하는 행위와 이를 내용으로 하는 법령의 제·개정 및 정책의 수립·집행은 평등권침해의 차별행위로 보지 아니한다고 규정하고 있는데 이는 우대조치들이 적극적 개선조치가 될 여지를 규정한 것이라 판단된다. 아울러, 유엔여성차별철폐협약(제4조 제1항)도 우리나라(협약

第855호)가 비준하였으므로 국내법적인 효력을 가지는 적극적 개선조치를 규정한 근거로 볼 수 있다.7) 또, 공무원임용시험령의 여성고용채용목표제신설(1995.12) 등도 적극적 개선조치의 일환으로 이해된다.

(2) EU입법지침 등에서의 적극적 고용개선조치

유럽연합은 유럽연합 설립조약인 로마협약(1958년)에서 여성과 남성의 동일노동 동일임금을 실천하도록 하고 있으며, EU입법지침(2000/78/EC)에서는 회원국들은 동 지침 이행을 위한 적극적 조치를 취할 의무를 규정하고 있다. 즉, 제7조(Positive action8), 긍정적 조치)에서는 시행에 있어 완전한 평등을 구현하기 위하여 균등대우원칙에 대하여 회원국들이 종교, 믿음, 장애, 나이, 성적지향과 관련하여 불이익을 예방하거나 또는 보상하기 위하여 특별한 방안을 유지하거나 수용하는 것을 제한하지 않으며, 장애자와 관련된 균등대우의 원칙은 회원국들이 직업에 있어 건강과 안전보호를 규정하는 조항을 유지하거나 수용할 권리 또는 안전을 위한 규정 및 설비를 만들거나 유지하고, 근로환경의 동일조건을 촉진하기 위한 방안을 제한하지 않는 등 적극적 조치에 대하여 규정하고 있다.9) 또, 유럽연합통합조약인 마스트리트조약(1992년)에서는 직업생활에서의 불이익을 지원하기 위한 여성지원 조치는 허용되며, 암스테르담 조약(1997년)에서 공동체는 불평등의 철폐와 남성과 여성의 평등을 촉진하여야 한다고 규정하고 있다. 유럽연합의 지침은 유럽공동체의 법으로서 회원국의 법보다 우선적인 효력을 가지므로 유럽연합의 지침이 결정되면, 모든 회원국에 직접효력이 발생하며, 각 회원국은 이 지침에 부합하도록 자국법을 개정하여야 한다.

(3) 독일법령에서의 적극적 고용개선조치

독일 일반평등법은 인종, 민족적 출신, 성별, 종교 및 세계관, 장애, 연령 또는 성적 정체성을 원인으로 하는 현존하는 차별을 해소 또는 완화시키기 위한 적합한 또는 적정한

---

7) 유엔여성차별철폐협약에서는 잠정적 특별조치는 차별로 보지 않고(목적 달성 시 폐지), 유엔여성차별위원회 권고(1997년)는 잠정적 특별조치를 강조하고 있다.

8) EU입법지침(2000/78/EC) Article 7(Positive action), 유럽에서의 Positive action은 미국의 Affirmative Action으로 이해되고 있고, 우리가 일반적으로 알고 있는 적극적 개선조치와 같은 의미로 유럽식의 표현으로 판단된다.

9) EU입법지침(2000/78/EC) 제5조(장애자에 대한 합리적 편의제공)에서는 장애자에 대한 균등대우의 원칙을 준수를 보장하기 위하여 합리적인 편의가 제공되어야 하고, 이것은 사용자들이 특별히, 필요한 경우에 적절한 조치를 취해야 한다는 것을 의미하며 이러한 조치가 사용자에게 부적절한 부담을 부과하지 않는다면 장애자의 고용에 있어 기회, 참여 또는 촉진 및 직업훈련을 가능하도록 해야 한다는 것을 의미하는 것으로, 이러한 부담은 회원국들의 장애자 정책의 기본구조에 포함된 조치들에 의해서 충분히 구제될 때 적절하다고 규정하고 있다.

조치로서 행하여지는 적극적 조치는 허용된다고 규정하고 있다. 아울러, 동 법은 차별이 허용되는 경우로 직업상 필요(제8조), 종교 및 세계관(제9조), 연령(제10조) 등을 들고 있고, 종교, 세계관, 장애, 연령, 성적 정체성, 성별로 인한 차별대우가 객관적인 이유가 있는 때에는 차별금지 위반이 아니라고 하면서(제20조) 이러한 차별대우가 정당화될 수 있는 경우로 위험의 회피, 손해의 예방 또는 이에 준하는 다른 목적을 위한 경우, 사생활 또는 개인의 안전보호를 위하여 필요한 경우, 차별대우가 특별한 이익을 주는 반면 평등대우로는 실익이 없는 경우, 종교 및 세계관과 관련하여 그리고 종교단체, 법형식과 무관하게 그 종교단체에 부속된 기관 및 자기이해를 고려할 때 종교 및 세계관에 관한 공동체의 사무를 그 과제로 하는 결사가 종교의 자유와 세계관의 자유 및 자기결정권을 행사하는 것과 관련하여 이루어지는 경우를 들고 있다. 이러한 규정들은 소위 합리적인 이유 있는 차별행위에 해당하는 것으로 볼 수 있다. 특이한 것으로 세계관 및 성적 정체성에 대하여도 규정하고 있고, 차별이 정당화될 수 있는 요건을 상세하게 규정하고 있어 차별여부를 판단하는 기준이 명확해 법규해석과 집행에 상당한 편의를 도모할 수 있다는 점을 들 수 있다.

(4) 미국법령에서의 적극적 고용개선조치

미국에서의 적극적 고용개선조치의 중요한 법적 근거는 대통령이 발하는 행정명령과 민권법 제7편이라고 할 수 있다. 먼저 대통령의 행정명령은 루즈벨트 대통령(행정명령 8802호, 1941년)을 시작으로 연방정부 계약업체의 인종, 신념, 피부색, 출신국가에 대한 차별을 금지시켰고, 케네디 대통령(행정명령 10925호, 1961년)은 연방정부와 계약체결하는 업체는 인종, 신념, 피부색, 출신국가에 관계없이 고용과 처우를 받을 수 있게 적극적 조치를 취하도록 규정하였다. 이 명령은 채용, 승진, 해고, 보상, 교육훈련 등 모든 고용과정에서의 조치를 요구하였고, 부통령을 의장으로 하는 EEOC를 발족하여 적극적 조치를 이행하지 않는 사업자에게 계약 해제와 같은 처벌을 할 수 있는 권한을 부여하였는데, 이러한 과정에서 적극적 조치의 토대가 마련되었다고 볼 수 있다. 아울러 존슨 대통령(행정명령 11375호, 1967년)은 기존의 차별사유에 성별을 추가하여 적극적 조치의 대상을 확대하였다. 그리고 카터 대통령(행정명령 12086호, 1978년)은 고용기회평등조항의 관련 기능을 감시하는 연방기관을 노동부에 통합시키고, 노동부장관명으로 최초 설립된 노동부 산하 연방계약준수사무국(존슨 대통령 행정명령 11246호, 1965년)을 확대하여 자료수집 및 관련 후속지령과 법률을 집행하는 역할을 수행하게 하였고,[10] 행정명령(12138

10) 미국에서의 적극적 조치의 대표적인 것으로 '계약준수제'를 들 수 있다. 계약준수제는 1961년 케네

호)은 전미여성기업인정책을 수립하여 여성인 기업을 지원하는 적극적 조치를 이행토록 하였다.

한편, 민권법 제7편은 인종, 피부색, 종교, 성별, 출신국가를 이유로 하는 고용차별을 금지(제703조)하고 있고, 고용차별행위가 있는 경우 법원은 그 차별행위의 금지, 복직이나 재고용 등 적절한 적극적 조치를 명할 수 있다(제706조 (g)). 즉, 동 법에서 규정하고 있는 차별사유에 대한 차별금지는 민간부문(15인 이상의 기업 및 노동단체), 공공부문, 정부와 지방정부 모두에게 적용되는데 법원이 동법을 근거로 차별행위에 대한 차별구제의 수단으로 적극적 조치를 명할 수 있는 것이다.

Ⅱ. 적극적 개선조치에서 고려되는 부분과 합리적 이유

1. 적극적 개선조치에서 고려되는 부분

적극적 개선조치는 목적의 명확한 설정, 필요성과 설정기준의 명확한 타당성 검증, 실행방법이나 절차상의 합리적인 접근, 추진 기간에 대한 합리적 방법으로 한시성과 잠정성 등이 고려되어야 한다. 우선 목적적인 측면에서는 특정 집단 등에게 진행되어 왔고 진행 중인 차별해소라고 할 수 있다. 필요성의 측면에서는 차별해소 없이는 사회적인 불평등의 해소가 불가능하거나 통합적인 사회발전을 저해하거나 여성 등 차별계층 내지 집단이 받는 불이익이 해소되지 않아 이를 제거하여야 하는 것이다. 이러한 상황은 현실적인 통계자료나 근거 등을 통하여 검증할 수 있다. 그리고 방법론적인 측면에서 특정 집단의 차별해소를 위하여 다른 집단의 평등을 과도하게 침해하는 것은 또 다른 차별을 발생하므로 공정한 기준으로 실행되는 것을 방해하는 요인들을 제거하는 방법론적인 접근이 필요하다. 아울러, 영구적인 개선조치는 기대하기 어렵다. 따라서 일정한 기간 내지 적정한 비율에 해당하는 목표를 설정하고 이를 달성하는 한시성 내지 잠정적인 조치라는 특징이 수반되고 있다.[11]

디 대통령의 행정명령에 의한 계약준수규정(정부기관에서의 적극적 조치)을 1965년 존슨 대통령의 행정명령 11246호로 확립된 것으로, 동 행정명령에서 이행심의와 불이행 처벌에 대한 세부 절차의 윤곽을 제시하고 노동부를 발족하여 법의 집행을 강화하였다.

11) 적극적 조치에 대한 미국의 사례를 보면, 미국의 적극적 개선조치는 노예제와 인종차별이라는 특이한 역사의 산물로 이러한 차별에 대한 보상과 차별의 결과로 유발된 왜곡된 구조를 치유하는 사회적 노력으로 고안된 것이다. 이와 같이 미국의 적극적 조치는 무엇보다도 정의와 평등을 실현하기 위한 정책프로그램으로 공정한 경쟁을 할 수 있는 기반을 마련하는데 중점을 두고 있다. 흑인들이 족쇄에서 해방되었다 하더라도 취약해진 경쟁기반으로는 공정한 경쟁을 할 수 없기 때문에 반차별 고용관행 정착과 우대적 대우 양축으로 고용평등을 이룩하는 것이다. 여성의 경우 적절한 역할모델과 네트웍이

우리나라에서는 1989년 남녀고용평등법 개정시 여성고용차별을 효과적으로 해소하기 위하여 잠정적으로 여성을 우대할 수 있는 법적 근거를 마련한 바 있다. 이러한 법령의 출현은 국가마다 처한 상황이 다르고 차별상황이 다르므로 현실적으로 가장 취약한 부분에서 먼저 적극적 개선조치를 통한 차별시정이 고려되고 있는데, 우리의 경우는 여성차별 문제가 가장 우선적으로 고려되고 있다는 점을 시사하고 있다. 비록 미국처럼 계약준수제를 통한 적극적 조치의 실시가 민간까지 확대되지 못하고, 여성과 같이 명백하고 주된 차별의 대상에 한정되어 실시된다 하여도 궁극적으로 인적자원관리의 합리화와 공정성 확보를 통해 고령자나 장애인 등에 따른 차별 역시 추가적으로 시정되는 효과를 기대할 수 있으리라고 판단된다.

2. 우리나라에서의 주요 적극적 개선조치

우리나라의 대표적인 적극적 개선조치는 남성에 비하여 여성의 차별에 대한 해소를 위한 일환으로 출발하였다고 할 수 있다. 여성에 대한 적극적 개선조치로 공무원임용시험에서 남녀성별을 고려하여 일정비율까지 개선조치할 수 있는 규정을 들 수 있고, 최근에는 고용에서의 우선고용 할당제, 승진에서의 할당제 등이 정책적으로 활용되고 있다. 이러한 적극적 고용개선조치는 성별에 대한 차별 외에도 장애차별 및 연령차별에 대한 적극적 개선조치를 들 수 있다.

(1) 성차별 해소와 채용할당제 및 채용목표제

남녀고용평등법에서 규정하고 있는 성별을 이유로 하는 적극적 개선조치는 사회문화적으로 차별받아 왔거나 현재에도 차별받는 특정한 성별 구성원의 차별해소, 고용평등 촉진을 위해 잠정적으로 우대하는 행위나 조치 등은 차별로 보지 않는데[12], 우대받지 못하는

부족할 뿐 아니라, 자녀양육의 일차적 책임자로서 노동시장에서의 경쟁력이 떨어지고, 이로 인해 지속적인 차별의 대상이 되어온 만큼 여성의 고용평등이 확보되기까지 적극적 조치가 잠정적으로 실시될 필요가 있었다.

12) 이밖에 이와 관련 규정으로 인권위법 제2조 제4호 단서에서는 「현존하는 차별을 해소하기 위하여 특정한 사람(특정한 사람들의 집단을 포함한다. 이하 같다)을 잠정적으로 우대하는 행위와 이를 내용으로 하는 법령의 제·개정 및 정책의 수립·집행은 평등권침해의 차별행위(이하 "차별행위"라 한다)로 보지 아니한다.」, 구 여성발전기본법 제6조에서는 「① 국가 및 지방자치단체는 여성의 참여가 현저히 부진한 분야에 대하여 합리적인 범위안에서 여성의 참여를 촉진함으로써 실질적인 남녀평등이 이루어질 수 있도록 관계법령이 정하는 바에 따라 적극적 조치를 취할 수 있다. ② 여성가족부장관은 국가기관 및 지방자치단체의 장에 대하여 제1항의 규정에 의한 적극적 조치를 취하도록 권고하고 그 결과를 점검하여야 한다.」, 남녀고용평등법 제2조에서는 「그밖에 이 법 또는 다른 법률에 의하여 적극적 고용개선조치를 취하는 경우는 차별이 아닌 것으로 규정하고 있으며 여기서 적극적 고용개선조치라 함은 현존하는 남녀 간의 고용차별을 해소하거나 고용평등을 촉진하기 위하여 잠정적으로 특정한 성을 우대하는 조치를 말한다.」를 들 수 있다.

개인 또는 집단의 이익을 지나치게 침해하지 않아야 한다. 원칙적으로 적극적 개선조치는 의무사항에 해당하는 것은 아니다. 또, 여성의 관리직 비율이 현저하게 낮은 사업장에서 적극적 조치의 일환으로 여성에게 관리직에 지원하도록 장려하거나, 여성관리자 양성을 위한 특별한 교육훈련을 실시하는 것, 여성에 대한 능력개발 및 자아실현의 기회를 목적으로 설립된 여직원복지센터 등의 프로그램[13] 등은 적극적 조치로 고려될 수 있다. 그러나 특정한 분야에서 적극적 조치를 실시하면서 성차별적 편견에 근거해 특정 직무만을 적극적 조치의 대상에서 제외하는 것은 성차별에 해당할 수 있다.[14] 성차별해소를 위한 적극적 개선조치로 채용할당제 및 채용목표제 등이 활용되는데, 할당제와 채용목표제 두 제도는 결과에서는 같은 효과를 가져올 수도 있으나 방법과 세부 내용면에서 차이가 있다. 즉, 할당제는 할당채용대상(성별 등)을 선발예정인원의 일정비율 내지 인원을 점수 등에 상관없이 배정하여 선발하는 것이고, 채용목표제는 목표비율 내지 인원을 설정하고 해당인원 내지 비율에 미달하는 경우 일정한 조건 값에 해당하는 대상자를 목표인원까지 순차적으로 선발하는 것이다.

1) 채용목표제

헌법재판소는 채용목표제와 관련한 판단을 군 가산점제도 위헌심판[15]에서 언급하고 있다. 즉, 여성공무원채용목표제는 공무원임용시험령 제11조의3, 지방공무원임용령 제51조의2에 근거를 두고 1996년부터 실시되었는데, 행정·외무고등고시, 7급 및 9급 국가공무원 채용시험 등에서 연도별 여성채용목표비율[16]을 정해놓고, 여성합격자가 목표비율 미만인 경우 5급 공채는 -3점, 7·9급 공채는 -5점의 범위내에서 목표미달 인원만큼 추가로 합

13) 여성복지관의 남성수강기회 제한과 관련한 사건에서 여성복지관에서 운영하고 있는 프로그램 중 직업교육은 10%에 한해 남성도 수강생을 받고 있으나 문화교육은 여성들에게만 수강기회를 주고 있어 남성들이 피해를 보고 있다고 주장이 제기되었다. 이에 대해 인권위는 직업전문교육에 한해 정원의 10%내에서 남성의 수강을 허용하고 있고, 또한 도서관, 종합복지관 및 주민자치센터 등을 통해 여타 문화·취미과정을 교육받을 수 있는 기회가 별도로 있다는 것 그리고 여성복지관의 설립 목적이 여성의 능력개발 및 자아실현 기회를 확대하고 저소득 여성의 자활능력지원 및 여성복지증진에 두고 있는 점을 감안할 때, 일부 프로그램에 대해 여성들에게 대해서만 수강자격을 부여하는 것은 합리적인 이유가 있다고 판단하였다(국가인권위원회 2005.08.22. 05진차469 결정).

14) 양성평등채용목표제실시지침(제정 2002.12.30. 행정자치부예규 제105호) 중 실시대상시험의 종류에서 검찰사무직렬을 제외하는 것은 평등권 침해의 차별행위라고 판단하였으나, 양성평등채용목표제는 남녀평등을 촉진하기 위한 잠정적 조치로서 남녀차별로 볼 수 없다고 판단하였다(국가인권위원회 2003.09.01. 03진차10 결정). 이 지침은 행정고시를 비롯하여 국가공무원경쟁채용시험에서 적극적 조치를 규정한 것으로 한시적으로 단계별 채용비율을 규정하고 있고, 그 적용기간은 2003.1.1.부터 2007.12.31.까지로 규정하고 있다. 다만, 검찰사무직렬, 교정직렬, 소년보호직렬은 제외하였다.

15) 헌법재판소 1999.12.23. 선고98헌마363결정.

16) 7급 공채의 경우 1996년 10%, 1997년 13%, 1998년 15%, 1999년 20%, 2000년 20%, 2001년 23%, 2002년 25%, 9급 공채의 경우는 1999년 20%, 2000년 20%, 2001년 25%, 2002년 30%.

격처리하는 제도이다. 이러한 채용목표제는 평등지향의 목표 자체가 제한적인 것으로, 2002년 최종연도까지 행정·외무고등고시의 경우 20%, 7급 공채(교정·소년보호·보호관찰 직렬 제외)의 경우 25%, 9급 공채의 경우 30%를 목표로 삼고 있다는 점과 채용목표제는 한시적·잠정적 제도로, 2002년이 지나면 그리고 목표가 달성되면 채용목표제는 종료된다는 점은 합리성을 인정할 수 있다. 즉, 여성채용목표제는 이른바 잠정적 우대조치(여성의 적극적 개선조치)의 일환으로 시행되는 제도로, 잠정적 우대조치의 특징으로는 이러한 정책이 개인의 자격이나 실적보다는 집단의 일원이라는 것을 근거로 하여 혜택을 준다는 점, 기회의 평등보다는 결과의 평등을 추구한다는 점, 항구적 정책이 아니라 구제목적이 실현되면 종료하는 임시적 조치라는 점 등이 합리성을 인정받을 수 있다고 할 것이다. 또, 자격요건과 상관없이 무조건적인 일정 비율 내지 일정 인원의 여성 등에 대하여 선발하는 할당제와는 달리 채용목표 인원을 정해두고 이에 미달하는 경우 일정한 자격요건(상기에서 최저-3, -5점 이내자)에 해당하는 자(무자격자 및 자격미달 자는 제외되는 것을 전제로 함)만을 선발하는 것으로 방법·수단에서의 합리성 제고를 고려하고 있고 상대적인 이익균형도 고려하는 등 합리성을 가지고 있다고 할 것이다.

2) 양성평등 채용목표제

채용할당제 및 채용목표제와 유사한 개념으로 양성평등채용목표제가 있는데, 이는 특정 직무 등에 남녀 양성의 채용비율을 동등하게 유지하여야 한다는 점을 전제(사실상 할당제)하고 있다. 이와 관련하여, 공립중등학교 교사임용후보자 선정경쟁시험에서 양성평등채용목표제도를 실시하는 절차를 두고 있지 않다는 이유로 입법부작위에 대한 헌법소원심판청구를 한 사건[17]을 통해서 살펴보면, 공립중등학교 교사는 법적으로 국가공무원의 일종인 교육공무원의 신분을 지니는데, 교육공무원법에 의하면 교사자격이 있는 자에게는 공개전형시험에서 자신의 능력을 실증함으로써 교사로 임용될 수 있는 균등한 기회가 부여되어야 한다. 다만, 헌법의 기본원리나 특정조항에 비추어 능력주의원칙에 대한 예외를 인정할 수 있는 경우가 있는데, 그러한 헌법원리로는 우리 헌법의 기본원리인 사회국가원리를 들 수 있고, 헌법조항으로는 여자·연소자근로의 보호를 규정하고 있는 헌법 제32조 제4항 등을 들 수 있다. 그런데 능력주의원칙의 예외로서 교육공무원의 임용시에 여성과 남성의 평등한 임용기회를 보장하기 위하여 여성 또는 남성이 선발예정인원의 일정비율 이상이

17) 이 사건은 양성평등채용목표제도를 두고 있지 않은 교육공무원법 제11조 제1항·제2항, 교육공무원임용령 제9조, 제11조에 대한 헌법소원심판청구의 적법 여부를 구한 입법부작위 등 위헌확인도 함께 판단하고 있다(헌법재판소 2006.05.25. 선고2005헌마362결정(전원재판부)).

될 수 있도록 하는 양성평등채용목표제를 실시하는 법률을 제정할 것을 입법자에게 입법위임을 하는 그러한 규정은 우리 헌법 어디에도 없으며, 헌법해석상 그러한 법령을 제정하여 교육공무원 내 남녀의 성비가 균형을 이루도록 함으로써 양성의 평등을 제고하여야 하여야 할 입법자의 행위의무 내지 보호의무가 발생하였다고 볼 여지가 없어 진정입법부작위에 대하여 헌법소원을 제기할 수 있는 경우에 해당하지 아니한다고 판단하고 있다. 결국, 양성채용목표제는 절대적 평등을 추구하는 개념으로 동등한 비율을 유지할 것을 주장하고 있다. 그러므로 실제 운영내용에서는 강제할당제와 같은 사안으로 풀이될 수 있다. 이러한 강제할당제는 헌법이 추구하는 평등의 개념이 상대적 평등인 점을 고려할 때 헌법으로 특별히 평등조치 내지 차별금지를 규정한 사항 외에는 모든 부분에서의 절대적 평등은 사실상 불가능하며, 헌법적인 가치와도 배치되는 사안에 해당한다. 헌법재판소의 판단은 이러한 점을 고려하고 있는 것으로 판단되며, 동등비율을 추구하는 양성평등채용목표제는 합법성과 합목적성 등을 충족할 수 없는 사안으로 판단된다.

3) 채용할당제의 합리성 제고방안

성별에 따라 채용예정인원 또는 비율을 명시하는 경우 성차별에 해당(합리적인 적극적 개선조치, 진정직업자격 등이 아닌 경우)하며, 명시적으로 성별에 따라 채용예정인원 또는 비율을 제시하지는 않았지만 사실상 제한한 경우도 차별이다. 청년할당제와 관련한 사건[18]의 위헌의견 재판관 의견에서 여성할당제도는 역사적으로 차별을 받아 왔기 때문에 특별한 보호가 필요한 여성은 사회적 약자이고, 과거의 차별로 인한 불이익을 시정하고 이를 보상해 주기 위한 적극적 평등실현조치로서 인정된다는 견해를 보이고 있다.[19] 여성할당제와 관련하여 가장 큰 이슈는 고용에서의 신규인력 채용시에 일정비율을 우선하여 선발(할당제)하는 것으로, 임용시험 등의 경우 전체응시자 중 여성을 일정비율(또는 인원)이상 우선 합격시키는 것이다. 유사한 내용을 공무원 임용시험령[20]에도 규정하고

18) 헌법재판소 2014. 8. 28. 선고 2013헌마553 결정.

19) 한편, 고용관련 사건은 아니지만 여성할당제에 대한 주장으로 헌법소원을 제기한 사건에서 청구자의 주장은 공직선거법 제49조 제8항, 제52조 제1항 제2호 및 제7호는 비례대표후보자추천 시 여성추천의 비율과 순위를 위반한 등록신청을 수리거부 또는 등록무효 하도록 함으로써 평등의 원칙·선거권과 공무담임권을 침해하고, 여성할당제를 위반하였다고 하여 비례대표후보자 전부에 대해 등록을 무효로 하는 것은 과잉금지의 원칙을 위반한 것이며, 또한 시·도의원선거에 대하여만 등록무효 하도록 함으로써 평등권을 침해하고, 무소속후보자가 정당의 당원이 된 경우 등록무효 하도록 함으로써 정당 선택의 자유를 침해한다고 주장하였으나 자기관련성이 없어 기각처리된 사례가 있다(헌법재판소 2008. 10. 30. 선고 2006헌마369 결정).

20) 공무원 임용시험령 제20조(여성 또는 남성의 선발예정인원 초과합격) ① 시험실시기관의 장은 여성과 남성의 평등한 공무원 임용기회를 확대하기 위하여 필요하다고 인정하는 경우에는 제23조·제23조의3·제25조·제30조 및 제40조에도 불구하고 한시적으로 여성 또는 남성이 시험실시 단계별로 선

있는데, 법규상으로는 남성 또는 여성을 특정하지 않고 양성 모두를 우선 선발할 수 있는 가능성을 갖도록 규정하고 있지만 사실상 운영은 여성에 대하여 할당제를 적용하고 있는 것이 일반적이라는 점이다. 아울러, 공공기관의 경우 여성할당제를 일정비율 유지하도록 권고(정부가 행정업무지시를 통해서 시달)하여 경영평가 등에 반영하는 등 일정부분 정책적으로 강제되고 있다. 지금까지 여성할당제에 대한 차별 내지 역차별을 직접 다룬 대법원의 판결은 없다. 그러나 아직도 전체 고용된 근로자의 비율에서 여성비율이 적고, 육아 및 가사 돌봄 등에 대한 역할 때문에 사회진출이 어려운 현실을 감안할 때 적극적 개선조치의 일환으로 당분간 지속될 여지가 크다. 다만, 상대적으로 여성할당제는 남성에 대한 역차별의 문제를 유발할 수도 있는 만큼 '경제활동인구·사회참여활동비율·노동시장에서의 참여 및 활동비율, 현존 사업장의 구성인력비율, 진정직업적인 측면에서의 업무적인 특성' 등을 고려한 '목표제방식'의 운영을 통해 그 합리성을 보완해 가야 할 것으로 판단된다. 아울러, 이러한 할당제와 목표제방식을 민간부분에 강제적으로 확대하지 않는 것(기업의 자발적인 평등실현조치는 예외로 하더라도)은 공공부분의 역할과 책임이 민간부분과는 차이가 있는 이유라고 할 수 있다. 그러므로 민간기업의 경영자율권을 침해하지 않는 선에서 공공부분에만 한정하여 운영하는 것은 또 다른 차별문제를 유발하지 않는 장치를 고려한 것으로 합리성이 있다고 판단된다.

(2) 장애인의 차별해소와 장애인고용의무

장애인차별금지법에 의하면 장애인의 실질적 평등을 실현하고 장애인에 대한 차별을 시정하기 위한 적극적 조치는 차별행위가 아니다. 즉, 현존하는 차별을 해소·완화하기 위하여 특정 장애인 또는 해당 집단을 잠정적으로 우대하는 행위는 차별로 보지 아니한다. 현존하는 차별은 적극적 조치를 계획·실행하는 자가 과거에 행하였던 장애 등 차별 및 그 현재적 결과뿐만 아니라 적극적 조치의 실행자와는 무관하게 사회·경제적 환경 속에서 역사적으로 형성된 장애에 대한 관행적 차별을 포함한다.[21] 또, 적극적 조치는 목적 달성을 위한 잠정적인 것이어야 하는데, 적용기간이 명시적으로 정해져 있는 경우 또

발예정인원의 일정 비율 이상이 될 수 있도록 선발예정인원을 초과하여 여성 또는 남성을 합격시킬 수 있다. ② 제1항에 따라 여성 또는 남성을 합격시키는 경우에 그 실시대상 시험의 종류, 채용목표비율, 합격자 결정방법, 그 밖에 시험 시행에 필요한 사항은 시험실시기관의 장이 정한다.

21) 적극적 조치는 그 대상 그룹에 속하지 않는 자들에 대한 역차별의 논란을 불러일으킬 수 있기 때문에 수단의 측면에서도 정당하여야 하나, 차별 판단과는 달리 상대적으로 융통성 있게 판단되어야 한다. 적극적 조치의 대상 그룹에 속한 모든 자들이 장애 때문에 현실적으로 불이익을 경험하는 것은 아니지만 사회적 해악·불공정을 시정함에 있어서 장애 외에 다른 현실적·합리적인 방법이 존재하지 않는다면 장애에 근거한 대상 그룹의 결정은 불가피하다고 보아야 한다.

는 명시적인 적용기간이 설정되어 있지 않더라도 추구하는 목표 도달 시에 그 시행의 종료가 예정된 경우에는 잠정적인 것으로 볼 수 있다. 차별예외로 인정될 수 있는 적극적 조치의 종류에는 공공부문에서 법령·조례 등에 근거하여 국가·지자체 등이 시행하는 공적 성격의 적극적 조치와 민간부문에서 사업주 등 개인이 자발적으로 시행하는 사적 성격의 적극적 조치가 있을 수 있다. 특정 장애 등 유형에 대한 적극적 조치를 내용으로 하는 법령의 제·개정의 경우 민간부문의 자발적인 적극적 조치와 달리 수단의 정당성을 평가함에 있어서 헌법상의 기본권을 침해하지 않는 한 완화된 심사기준을 적용할 필요가 있다. 이는 권력분립원칙 및 입법재량을 존중하여야 하기 때문이다. 따라서 장애 등 기준 채택의 필요성, 채택된 장애 등 기준의 적정성, 우대수준 및 그에 따른 피해의 적정성 등에 대한 판단에서 엄격한 비례원칙을 적용하지 않고, 합리적 입법재량의 범위 내에 있다고 인정되면 그 정당성이 인정될 수 있을 것이다. 그러나 직업선택의 자유나 근로권 등과 같은 기본권에 대한 침해를 초래하는 경우에는 비례원칙에 따른 엄격심사기준이 적용되어야 할 것이다.[22] 신규 근로자를 채용함에 있어 장애인 의무고용 대상자를 우선 선발하여 채용하는 우대조치는 차별행위가 아니다.[23] 사업장의 주차장에 장애인 전용 주차 구역을 설치하는 것, 사업장 통근버스의 경우 장애인 지정석을 운영하는 것 등은 편의제공 활동으로 볼 수 있는데, 장애인의 편의도모를 위하여 고용환경의 개선 내지 시설보완 등을 실행하는 것은 적극적 개선조치의 일환으로 받아들여진다.

1) 장애인고용의무의 정책적 특성

현실적으로 차별사건의 통계에서 보여지는 것처럼 장애를 이유로 하는 차별사건이 많은 것이 사실이다. 아울러 장애인의 재활과 사회참여가 보장되지 않고는 사회적 약자의 정책을 논하기는 어려운 것이 세계적인 추세라고 할 수 있다. 결국 장애인고용의무는 그

22) 장애인고용의무를 그대로 적용하기 어려운 업종에 대해서는 고용부처장관이 정하는 적용제외율에 따라 근로자의 총수에서 일정 수의 근로자를 제외할 수 있도록 규정한 장애인고용 제24조 제1항 단서 규정에 대하여 헌법재판소는 입법목적, 포괄위임금지의 원칙에 위반여부, 명확성원칙과 포괄위임금지의 원칙의 관계, 위임의 명확성에 대한 요구의 정도를 판단하는 기준에 대하여 설시하고 있다. 한편, 법률에 의한 기본권제한의 효과가 중할수록, 법률의 명확성에 대하여 보다 엄격한 요구를 해야 한다. 따라서 위임에 의하여 제정된 행정입법이 국민의 기본권을 침해하는 성격이 강할수록 보다 명확한 수권이 요구되며, 침해적 행정입법에 대한 수권의 경우에는 급부적 행정입법에 대한 수권의 경우보다 그 수권이 보다 명확해야 한다(헌법재판소 2003.07.24. 선고2002헌바82결정(전원재판부)).

23) 장애인고용법 제27조(국가와 지자체의 장애인고용의무) 및 제33조(장애인부담금의 납부 등)에 규정을 참고할 수 있는데, 이것은 기업이 장애인의 고용을 꺼려하거나 장애인에 대한 편견에 의해 고용이 기피될 경우를 위해서 만든 규정이며, 이러한 규정이 없을 경우 장애인에 대한 편견과 기피가 사라지지 않는 한 우리 사회의 주류를 이루고 있는 비장애인의 힘에 밀려 장애인의 취업은 불가능하게 된다. 따라서 장애인에 대한 의무고용제도는 장애인의 고용을 보장하기 위한 최소한의 규정으로서 적극적 조치에 해당하므로, 비장애인에 대한 차별로 보지 아니한다.

동안 장애를 이유로 차별을 받아온 사실과 정상적인 사람들과 경쟁을 통해서 장애인이 고용될 가능성은 희박하다는 현실적인 문제를 해소하기 위하여 취해지는 적극적 고용개선조치이면서 정책적 우대조치의 일환이라고 할 수 있다. 아울러, 장애인에 대한 고용의무는 원조(援助)적인 지원책의 한계를 극복하고 장애인이 스스로 자발적으로 사회생활을 영위할 수 있도록 하는 장치라는데 정책적 특성이 있다고 할 수 있다. 또한, 고용의무와 더불어 고용부담금도 징수한다는 점과 다른 적극적 고용개선조치와는 다르게 특별법에서 보다 강하게 보호되고 있으며, 그 지속성을 유지하고 있다는 점이 특색이라고 할 수 있다. 그리고 적용대상도 공공부분뿐만 아니라 민간부분에도 확대하여 운영되고 있고, 고용비율이상을 고용하는 경우 장려금을 지원하는 제도적인 장치도 마련하고 있다.

2) 장애인고용의무의 내용

장애인 고용의무제도는 자유경쟁을 원칙으로 하는 사회에서 심신의 장애로 인해 취업의 어려움이 있는 장애인이 스스로 고용의 장을 확보한다는 것은 어려운 일이므로, 사회연대책임의 원칙에 의하여 장애인 고용의무를 국가 및 지방자치단체, 사업주 등에게 부과하는 것이며, 장애인 고용의무제도의 실효성 확보수단으로서 가장 강력한 수단으로 평가되는 고용부담금제도는 사회연대책임의 이념을 반영하여 장애인의 고용에 따르는 경제적 부담을 장애인을 고용하는 사업주와 고용하지 아니하는 사업주 간에 평등하게 조정하고, 실업 중인 장애인의 고용촉진을 위해 장애인을 새로이 고용하는 사업주가 작업설비 등의 개선을 위하여 지는 부담을 줄이기 위한 사업주의 공동 갹출금이라고 할 수 있다. 이 부담금제도는 고용률을 하회하는 사업체의 사업주로부터 기금을 납부받아 고용률을 초과해서 장애인을 고용한 사업주에게 고용지원금을 지급함으로써 사업주 간의 장애인고용에 수반되는 경제적 부담을 평등화하자는 것이다. 그러므로 이상적으로는 장애인 고용의무가 완벽하게 지켜져서 부담금을 징수하지 않아도 되는 상태가 바람직하다는 점에서 볼 때, 장애인 고용부담금은 재정적인 목적보다는 고용에 어려움을 겪는 장애인의 고용촉진을 주된 목적으로 하는 '유도적 · 조정적 (특별)부담금'의 성격이 강하다고 할 수 있다.[24)]

장애인의 고용의무는 상시고용인원의 일정비율(5% 범위)을 고용하는 의무사항과 미고용인원에 대하여 고용부담금을 징수(납부)하는 것으로 크게 구분된다. 고용의무 비율산출에서 가장 큰 쟁점은 상시고용인원의 산출에 관한 것인데 직종을 불문하고 국내의 사업장에 근무(내국인의 해외 파견인력은 포함하고 현지 채용 등의 인원은 불포함)하는 상시근로자 수를 기준으로 고용인원을 산출한다.[25)] 다음으로, 고용부담금 징수 및 고용장려금

24) 헌법재판소 2003.07.24. 선고2001헌바96결정.

지급과 관련하여서는 장애인의무고용에 미달하는 사업주는 고용부담금을 납부하여야 한다. 부담금의 수준은 최저임금의 100분의 60 이상으로 고용부처장관이 고시하는 금액이다. 정해진 일정에 따라 미납하는 경우 가산금을 납부하여야 하며, 체납의 경우 국세체납처분의 방법에 따라 조치할 수 있다. 이는 의무고용에 대한 실행력을 강화하고 미고용부담금을 징수하여 장애인복지사업 및 새로운 고용창출사업을 추진하기 위한 재원 등으로 활용하게 된다.

한편, 장애인의무고용비율에 미달한 부분에 대하여는 고용부담금을 징수하지만, 의무고용비율이상을 초과하여 고용한 경우에는 고용장려금을 지원하고 있다. 이는 장애인고용촉진을 유도하는 장치로 풀이된다. 아울러 부담금징수와 고용장려금 지원은 고용의무이행을 대체할 수 있는 장치로 활용할 수 있다. 즉, 장애인 채용을 위하여 신규 일자리가 창출되지 않고는 기존의 인력을 해고하거나 퇴직자가 발생하지 않는 등의 결원이 생기지 않는 한 고용이 불가능한 점을 고려할 때 부담금징수는 고용의무에 대한 대체수단이면서 합리적인 공평의 부담을 기하는 장치가 될 수 있다. 또, 초과 고용시에는 장려금을 지원하여 고용촉진을 유도하는 것은 장애인 고용촉진의 실효성을 한층 강화할 수 있는 장치가 되고 고용주에게는 동기부여를 할 수 있는 합리적인 장치라고 평가할 수 있겠다.

3) 장애인고용의무의 합리적 이유

장애인고용의무와 관련한 부담금납부 사건을 통하여 살펴보면, 구 장애인고용촉진 및 직업재활법 제2조 제4호에 대한 헌법소원사건으로 청구인은 ○○대학교를 비롯한 11개 학교를 운영하는 법인으로, 장애인 고용의무와 고용부담금납부와 관련하여 상시고용인원 등의 산정에 이견이 있어 청구한 것이나 각하 처리되었다. 이 사건에서 헌법재판소[26]는 고용의무조항 및 고용부담금조항은 장애인이 그 능력에 맞는 직업생활을 통하여 인간다운 생활을 할 수 있도록 장애인의 고용을 촉진하기 위한 것으로 그 입법목적의 정당성이 인정되고, 사업주에게 일정한 비율의 장애인을 고용할 의무를 부과하고 이를 지키지 못한 사업주에게 부담금을 부과하는 것은 장애인고용을 촉진한다는 입법목적을 달성하기 위한 효과적인 방법이므로 방법의 적절성도 인정하고 있다. 또한 달리 이보다 덜 침해적인 방법으로 사업주에게 장애인 고용의무를 강제할 방법을 찾기 어렵고, 장애인 의무 고용률의 수준 또는 장애인 고용부담금의 금액이 과도하다고 볼 수 없어 최소 침해성 원칙에 위반되지 아니하며, 장애인의 고용촉진이라는 공익은 그로 인하여 제한되는 청구인의 직업의

25) 대법원 2010.04.08. 선고 2009두21055 판결.

26) 헌법재판소 2012.03.29. 선고 2010헌바432 결정(전원재판부).

자유 및 재산권에 비하여 적지 않다고 할 것이어서 법익의 균형성도 충족한다며 엄격한 심사(비례심사)기준을 적용하였다.

이 사건에서 청구인이 평등권 위반이라고 주장하고 있지만 장애인의 평등실현 내지 합리성 여부와 관련하여 차별심사기준에 의거하여 판단해 보면, 동 법령은 상대적으로 취업이 어려운 장애인의 고용촉진이라는 장애인 보호차원의 필요성 등에서 입법목적의 정당성이 인정되고, 고용의무를 강제하되 이행하지 않는 경우 부담금을 징수하는 것은 의무이행의 형평성을 기하였고, 대체보완수단을 제시함으로써 방법적으로도 합리성이 있고, 고용부담비율에서 공공부분이 적고 민간부분이 많은 것은 형평성의 문제소지가 있다고 볼 수도 있지만 우선적으로 국가와 지자체 및 공공기관과 일정규모이상의 기업들에게 부과하는 것으로 최소 침해성도 인정되고, 장애인이 정상적인 사회활동을 영위하기 위해서는 경제적인 활동이 기반이 되어야 하는데 고용은 이러한 기반을 가지는 기본적인 것으로 고용의무를 통한 수단의 적절성 등 합리성이 있다고 할 것이다.

(3) 특정 연령의 평등 및 고용촉진

고령자고용법에 의하면 특정 연령집단의 고용유지 및 촉진을 위한 지원조치를 하는 경우는 차별행위가 아니다. 아울러, 특정 연령층과 관련한 현존 차별의 시정 내지 직업적·사회적 통합을 목적으로 하는 국가적·사적 차원의 개선조치는 이러한 조치로 인해 나이에 따른 대우의 차이가 발생하더라도 수단적 측면에서 정당한 것[27]인 한 나이차별에 해당하지 않는다. 이러한 적극적 개선조치로는 정리해고에서 상대적으로 재취업이 어렵고 상대적으로 부양가족수가 많은 고연령자를 후선으로 젊은 연령층을 우선적인 대상으로 정하는 등 연령을 고려하는 경우[28], 해고의 위험을 완충하기 위하여 임금피크제를 적극 권장하고 적용 사업장에 고용유지금을 지원하는 조치[29], 특정 고연령의 구직활동을 지원하기 위하여 취업활동이 어렵고 생계유지가 어려운 고연령자를 우선 채용하는 경우나 정년 후 재고용조치를 하는 경우[30] 등은 연령 등을 고려한 적극적 개선조치의 일환으로 풀

---

27) 업무추진역발령 등 후선보임자의 선발과정에서 그 대상자 선정 기준이 연령, 인사고과불량자, 기타 인사자료를 활용하여 선발하였으나 대상자 중에는 많은 인원들이 고령자가 포함됨에 따라 이를 연령차별에 대한 불이익 조치라는 관점에서 다툼이 있었는 바, 법원은 대상자 선발 기준에는 단지 연령만을 기준으로 정한 것이 아니라 다른 선정기준과 함께 고령자도 포함된 것으로 합리성과 공정성을 결여한 연령차별이 아니라고 판단하고 있다. 이는 연령차별이 수단적인 측면에서 정당성을 인정받기 위해서는 단지 연령에 의한 심사기준이 아니라 여러 요소들 가운데 하나의 기준에 해당하는 경우는 가능하다는 점을 보여주고 있다고 보인다(대법원 2009.03.26. 선고 2007다54498, 54504 판결).

28) 대법원 2013.06.13. 선고 2011다60193 판결.

29) 2008년부터 임금피크제 보전수당제도를 도입하여 2010년에 임금피크제 지원금제도로 명칭변경되어 시행되고 있다.

이될 수 있다. 이처럼 특정 연령층이 나이로 인해 겪는 어려움이 나이차별의 직접적 결과임을 보여주는 증거가 없더라도 그들이 처한 열악한 지위를 개선하기 위한 조치 또는 그들의 직업적·사회적 통합을 촉진하기 위한 조치는 실질적 평등의 촉진 차원에서 차별예외에 해당하는 적극적 조치로 해석할 수 있다.[31] 차별예외로 인정될 수 있는 적극적 조치에서 공공부문에서 법령·조례 등에 근거하여 국가·지자체 등이 시행하는 공적 성격의 적극적 조치 외에 민간부문에서 사업주 등 개인이 자발적으로 시행하는 사적 성격의 적극적 조치도 인정된다고 본다.

3. 유럽연합의 적극적 개선조치에 대한 요건

(1) 채용에서의 여성고용할당제의 요건

브레멘 주(州) 남녀고용평등법의 쿼터규정에 대한 분쟁에서 비롯된 사건에서 해당 부서에는 남녀 각1명의 후보자중 남성후보자를 채용하려고 하다가 공무원대표위원회가 이에 동의하지 않고 주(州)의 중재위원회에 담당하도록 하였다. 중재위원회는 남녀 후보자가 동일한 자격이 있다는 것을 확인한 후에 주법의 쿼터규정에 기초하여 여성을 채용해야 할 것이라는 결정을 내렸는데, 이에 불복한 남성후보자가 노동법원에 제소하였다.[32]

30) 유럽사법재판소(ECJ)는 2005년 Mangold v Helm 사건(2005. 11. 22. 판결, Case C-144/04)에서 상대적으로 높은 실업률을 보이는 고령자의 고용을 촉진하기 위해 52세 이상 고령자의 경우 최고 2년을 초과하는 기간제 근로계약의 연쇄적 체결을 예외적으로 허용하는 독일의 개정법(2003.1.1. 시행)을 EU입법지침(2000/78/EC)에 위반하는 나이차별로 판결하였다. 독일 구법 하에서는 58세 이상 고령자의 경우 사용자는 객관적 사유 없이도 최고 2년의 범위 내에서 기간제 근로계약을 체결할 수 있게 했었다. 기간제 근로계약의 체결요건을 완화한 개정법에 대해 유럽사법재판소는 비례원칙에 반하는 것으로 판단했다. 단지 나이 때문에 안정적 고용의 이익으로부터 배제될 위험(즉, 고령근로자의 고용권 약화)이 있기 때문에 독일 개정법은 고령자의 직업적 통합을 달성하기 위한 적절하고 불가결한 수단의 범위를 벗어났다는 것이 판단의 이유이다.

31) 헌법재판소는 청년고용촉진 특별법(법률 제11792호로 개정된 것)에 대한 판단에서, 적극적 평등실현조치(Affirmative Action)에 대하여 대체로 '일정한 혜택을 통하여 종래 차별을 받아온 소수집단에게 사회의 각 영역에서 보다 많은 참여의 기회를 부여하려는 제반 조치'를 의미하는데, 미국에서 인종차별의 관행을 철폐하기 위하여 시행되어 온 소수인종집단에 대한 우대정책을 그 대표적인 예로 들었다. 우리 헌법재판소는 제대군인가산점제도 사건에서 '잠정적 우대조치'라는 표현을 사용하면서, "잠정적 우대조치라 함은, 종래 사회로부터 차별을 받아 온 일정집단에 대해 그동안의 불이익을 보상하여 주기 위하여 그 집단의 구성원이라는 이유로 취업이나 입학 등의 영역에서 직·간접적으로 이익을 부여하는 조치를 말한다."라고 설시한 바 있다(헌법재판소 1999.12.23, 선고 98헌마363 결정)는 선례를 인용하면서 위와 같이 적극적 평등실현조치는 과거부터 가해진 차별의 결과로 현재 불리한 처지에 있는 집단을 다른 집단과 동등한 처지에까지 끌어 올려 실질적 평등을 달성하고자 한다는 점에서 그 정당성의 근거를 찾을 수 있다고 설시하고 있다(헌법재판소 2014.08.28, 선고 2013헌마553 결정).

32) Eckhard Kalanke v. Freie Hansestadt Bremen(1995.10.17.). 이 카란케사건은 유럽연합의 평등대우와 적극적 조치에 관하여 규정한 입법지침 76/207 제2조의 해석을 둘러싸고 최초로 제기되었는데(쿼터제를 둘러싼 최초의 판결), 브레멘주 공직남녀평등처우법의 적용에 의해 적극적조치가 입법지침(76/207호 제2조)이 인정하는 한계를 넘는 위법한 조치인가 아닌가라는 문제를 다룬 것으로, 브

그 결과 연방노동법원은 브레멘법의 쿼터규정은 합헌이라 판단하면서, EU법과의 적법성에 관하여 유럽재판소의 판결을 구하였고, ECJ는 쿼터규정이 EU법에 위반된다는 판결을 하였다. 즉, 동일한 자격일 때 자동적으로 여성을 우선하는 쿼터규정은 EU법에 합치하지 않는다고 하고 쿼터제에 대해 타격을 주는 판결을 내린 것이다.[33] 그 후 법개정이 행해져 현재에는 가혹조항(사회적 제한조항)이 법률에서 정비되었다.

당시 해당 법령에 대한 독일연방노동법원의 입장은 자격의 유무에도 불구하고 여성후보자에게 일정비율의 자리를 유보하는 엄격한 쿼터제는 아니되고, 후보자의 능력에 의존한 쿼터제이어야 하며, 양성이 동등한 자격을 가지는 것이 아니라면 여성은 우선권을 얻지 않는다는 것이었다. ECJ판결은 Tesauro 법무관의견에 따라 이러한 제도를 설계한 브레멘 공직남녀평등처우법이 입법지침(76/207호)을 위반하는 것이라는 결론을 내렸고, ECJ는 여기에서 적극적 조치(입법지침 76/207호 제2조 제4항)는 평등대우조치(동 제1항), 즉 개인의 권리에 대한 예외 조치이므로 과거의 판례로부터 '엄격하게 해석되지 않으면 안 된다'라고 판단하고 있다. 즉, 적극적 조치가 '외견적으로는 차별적이라도 현실의 불평등한 상황을 불식 내지 감소시키기 위해'라는 목적이 있는 점은 인정하여야 하지만, 입법지침(76/207호)이 장려하는 것은 기회균등에 있고, 평등한 진출이라는 결과는 기회균등보장을 통하여서만 달성되는 것이며, 남녀가 동등한 자격을 가진다고 평가된 경우에 진출도가 낮은 부문에 있어서 '자동적으로', '절대 그리고 무조건의 우선권'을 여성에게 부여하는 조치는 입법지침(76/207호 제2조 제4항)이 인정하는 예외조치를 넘고 있는 것으로 적극적 조치의 경우도 일정한 한계가 있다는 점을 주지시키는 것이라는데 의미가 있다.

(2) 승진에서 여성할당제의 요건

주(州) 교사인 마샬(Marschall)이 슈베어테시에 있는 학교로 승진발령을 요청하였으나 관할 아른스베르크시는 그 자리에 여성을 채용할 계획이므로 신청을 받을 수 없다고 회신하였고, 이에 재심 청구하였으나 기각되자 지방행정법원에 소를 제기하면서 발생한 마샬사건은 교원의 인사를 둘러싼 소송으로 노르트라인 베스트팔렌주 여성지위향상법의

레멘주 공직남녀평등처우법에 따르면 그 자리에 대해 여성의 진출도가 낮은 경우에는 그 응모 내지 승진을 둘러싸고는 「남성후보자와 동등한 자격을 가진 여성이 우대된다」라고 하고, 「진출도가 낮은 경우(under-representation)」라는 것은 「각국내의 관련인사부서에서의 각 개별보수표의 직원수가 적으며 반수를 여성이 점하고 있지 않는 경우」를 말한다(4조 5항).

33) ECJ의 판결에 대해 독일 국내에서는 「경직된 쿼터(경직된 할당제)」는 전부 허용되지 않는다는 해석과 사회적 제한조항 내의 자동적인 경직된 쿼터(경직된 할당제) 적용을 금지하는 것에 지나지 않는 것이라고 하는 해석이 대립하고 있다가, 이 판결 이래 행정법원이 쿼터제는 허용되지 않는 것이라는 판결을 여러 차례 내리면서 결국 대부분 경직된 쿼터(경직된 할당제)는 일시적으로 적용될 수 없는 상태가 되었다.

쿼터규정이 문제가 되었다. 1989년 여성지위향상법에 의해 정하여진 주(州)공무원법(제25조 제5항)의 쿼터규정에 기초하여 행하여진 남녀후보자 중 여성후보자를 승진시킨 결정에 관하여, 남성후보자가 이에 불복하면서 겔젠키르헨 지방행정법원에 제소한 사건으로, 동법원은 1995년 ECJ의 선행판결을 구하였다. 그 결과 ECJ[34]는 동규정은 가혹조항(사회적 제한 조항)이 들어 있다면, 이에 따라 절대적인 여성우선이 회피되어지는 한, 여성 쿼터는 입법지침이 허용하는 적극적 조치(positive action)에 상당하는 적법한 것이라는 판결을 내렸는데 이는 카란케사건[35]과는 다른 입장에서의 판결에 해당한다. 이 사건은 독일 노르트라인 베스트팔렌주 공무원법에 "특정 직무계층의 상급직위에 있는 여성비율이 남성보다 적은 경우, 적격성·능력·직무실적에서 동등하다면 개개의 남성후보자에 유리하게 기울어진 특별한 사정이 없는 한 여성의 승진이 우선된다"고 규정된 여성우대조치가 EU입법지침에 위반하지 않는 것이라는 판단을 내렸다.[36] 즉, 마샬사건은 Ⓐ 남녀가 동등한 자격을 가진 때에 여성에게 우선권을 부여하는 것은 '절대적이고 무조건적인 우선권'이 아니라는 점, Ⓑ 입후보는 '모든 후보자에 특유한 개인적인 사정'을 고려하는 '객관적 평가'의 대상이 된 점이 카란케 사건의 결론과 다르며, 여성우대조치가 평등대우 원칙위반이 아니라고 결정을 내린 것이다.

---

34) Hellmut Marschall v. Land Nordrhein-Westfalen(1997.11.01).

35) EC위원회는 마샬사건이전 1996.03.27. 카란케 사건의 해석에 관한 코뮤니케(COM (1996)88final)를 발표하였는데, 거기에는, 엄격하고 자동적인 정원제에 이르지 않는 쿼터제도는 합법적이라고 말하면서, 합법적 조치로 ① 직무자격에 연결된 쿼터제에서, 진출도가 낮은 성에 속한 자를 우선하는 것을 원칙으로 하면서, 개개후보자의 고유한 상황에 부응하여, 예외를 인정하는 제도, ② 여성의 증가를 일정비율까지 일정의 기한 내에 달성하는 것으로 시행하고, 개개의 채용, 승진인사에 관하여는 자동적인 여성 우선룰(rule)을 과하지 않는 것, ③ 사용자에 대하여 진출도가 낮은 성에 속한 자를 우선적으로 채용 또는 승진시킬 의무를 과하는 것만으로 우선될 권리는 누구에게도 인정되지 않을 것, ④ 노동시장에 복귀한 여성을 고용하거나, 여성진출도가 낮은 분야에 일을 시키기 위해 여성을 고용하는 기업에 대해서는 사회보장비 부담을 경감하는 것, ⑤ 기타 적극적 조치로는 훈련, 전문직 오리엔테이션, 노동시간표재편성, 육아에 초점을 둔 조치를 예시하였다.

36) ECJ의 판결은 남녀후보자가 동등한 자격을 가진 경우에도 노동생활에 있어 여성의 역할이나 능력에 관한 편견이나 고정관념의 존재를 지적하였다. 또, 여성은 빈번히 일을 중단하고, 가사나 가정의 의무에 따라 노동시간의 유연성이 부족하고, 임신, 출산, 수유 때문에 일을 그만둘 가치가 있다는 우려 때문에 여성보다도 남성후보자를 우선적으로 승진시키는 경향이 있으므로 남성후보자와 여성후보자가 동등한 자격을 가졌다는 사실만으로는 균등한 기회가 주어진다는 것을 의미하는 것은 아니라고 하여, 동법의 적용이 평등지침 76/207호에 위반하지 않는다는 결론을 내렸다. 더하여 개별 사건에 있어서 입후보자가 객관적 평가(an objective assessment)의 대상이 된다는 것을 여성후보자와 동등한 자격을 가진 남성후보자에 보장하지 않으면 아니 되고, 그러한 평가에 있어서는 후보자 개개인 특유의 모든 기준이 고려되어야 하며, 그 중 하나 내지 복수의 기준이 남성후보자에게 유리하게 작용할 경우에는 여성후보자에 부여해 준 우선권을 뒤엎는다고 해야 한다고 판단하면서, 이때 이러한 기준은 여성후보자를 차별하는 것이어서는 안 된다는 조건을 붙였다.

(3) 여성할당제에 대한 적극적 조치의 적부 조건

채용이나 승진에서의 할당제는 '경직된 쿼터(경직적 할당제)[37)]'는 포함하지 않으며 남녀평등계획 전체 중에 여성의 지위향상을 목적으로 한 결과의 쿼터를 중심으로 한 법률인 독일 헤센주 남녀동등권법의 규정이 문제가 된 사건에서, 1994년 동법에 비판적인 바덱 외 45명의 헤센주 의회의원이 헤센주 헌법재판소에 대해 그 규범심사를 구하였고 헤센주 헌법재판소는 1997년 ECJ에 선행판결을 구하였다. 이에 ECJ[38)]는 EU헌법에 합치하는 것이라는 판결을 내렸는데 이는 마샬사건 판결을 답습·추인한 경우에 해당한다. 즉, 동일자격인 경우에 자동적이고 무조건적으로 우선하는 것이 아니라 더하여 후보자 개인의 특별한 사정을 고려한 경우에는 합법적이라는 것이다. 이 사건은 암스테르담 조약체결(1997) 후 2000년 남녀동등권 및 행정에 있어 여성차별철폐에 관한 독일 헤센주법에서 정한 여성우대조치에 관한 판단으로 동법(제1조)은 목표를 정하여 여성의 고용·승진을 위한 조건 및 그 근로조건에 관한 촉진계획을 채택함에 따라 공직에서 남녀고용기회균등에 그 목적이 있다고 정하고 있다. 여성 진출 기회가 과소한 부문에서 남녀후보자가 동등자격을 가진 경우에는 여성고용촉진계획의 목적에 따르기 위해 필요하다는 점이 증명되고, 다른 것보다 중요한 법적문제가 발생하지 아니할 때 입후보가 모든 후보자에 특유한 개인적 사정을 고려한 객관적평가의 대상이 된 것을 조건으로 하고, 여성후보자에 우선권을 부여하는 것이라고 하고 있는 것에 대하여 ECJ는 그 내용이 입법지침(76/207호)에 반하지 않는다고 판단하였다.[39)]

즉, Ⓐ 대학교육에서 비상근직 및 조수에 대해 적어도, 각 전공에서의 졸업생, 학위취득자 및 학생 간에 여성이 점하는 비율과 동률이 될 것을 요구하는 조치, Ⓑ 여성의 진출도가 낮고 훈련을 요하는 직업에 있어서 훈련생 중 적어도 반 정도가 여성에 할당되게

---

37) 경직적 할당제는 앞서 우리 헌법재판소(헌법재판소 2006.05.25. 선고2005헌마362결정(전원재판부))의 판단에서처럼 직무성격이나 구직인원 내지 경제활동인구 등과 무관하게 남성과 여성의 채용비율을 동일하게 가져가는 것으로 이러한 조건 없는 경직된 할당제는 합리성이 없는 것으로 볼 수 있다. 이는 헌법이 추구하는 상대적 평등이념에도 부합하지 않는 것이다.

38) Georg Badeck and Others v. hesischer Ministerpraesident and Landeswalt beim Staatsgerichhof des Landes Hessen(2000.03.28).

39) ECJ에 따르면 후보자의 선발절차에서 적성·능력·업무실적(자격)의 평가가 행해지는데 ① 후보자의 적성·능력·실적의 판단에 관하여 가정에서 일하면서 얻게 된 능력과 경험을 고려하게 되는 것, ② 연령이나 최후의 승진 년은 중요한 요소가 되는 경우 이외는 고려하지 않는 것, ③ 가정상황과 배우자의 수입은 중요시되지 않고, ④ 육아·개호를 필요로 하는 가족의 상황을 본 결과로서 아르바이트를 행하고 직업훈련을 중지하고 혹은 그 종료를 늦춰지도록 하는 것이 소극적 의미를 갖지 않는 것과 같은 적극적·소극적 기준을 나타내고 있고, 이러한 기준은 형식적이기보다는 사회생활의 현실에서 발생하는 불평등을 감소시킴으로써 실질적 평등에 도달하는 것을 목적으로 한다고 설시하였다.

하는 것을 요구하는 조치, Ⓒ 남녀후보자가 동등한 자격을 가진 경우 요구된 모든 조건을 충족한 여성 후보자는 여성의 진출도가 현저히 낮은 부분에서는 면접대상이 되는 것을 요구하는 조치, Ⓓ 근로자의 대표조직 및 관리감독직의 구성에 관하여 적어도 반수의 구성원이 여성이어야 한다는 목표를 감안하는 것을 권고한다는 조치가 입법지침(76/207호)에 위반하지 않으며, 이러한 요건들은 기타 여성우대조치로 활용할 수 있는 할당제의 적법성을 지니기 위한 조건들로 참고가 될 것으로 판단된다.

(4) 성별 적극적 조치에서의 적정성

스웨덴 예테보리 대학 교수직 취임을 둘러싸고 내린 판결에서 동대학은 '평등촉진을 위한 교수직·연구직에 관한 법률'에 근거해 남성응시자보다 자격면에서 조금 떨어지나 그 직을 수행할 충분한 자격을 갖추고 있으며 그 자격차가 인사상의 객관적 요건을 침해하지 않는다고 판단하여 여성교수를 임용한 것이 문제가 되었다. 이에 대하여 ECJ[40]는 입법지침(76/207호) 및 EC조약(암스테르담 협약) 제141조에 위반된다고 판결하였다. 이 사건은 스웨덴 남녀고용평등법의 내용에 있는 위법한 성적차별[41]이 입법지침(76/207호) 및 EC조약(제141조 제4항)에서 인정하는 한도(적극적 조치)를 넘는지에 대해 검토할만한 판결이라고 할 수 있다. 판결에 의하면 EC조약(제141조 제4항)은 노동생활에서 남녀의 완전한 평등을 보장하기 위해 직장에서 불이익을 방지하거나 또는 보상하는 것을 목적으로 우대조치를 구성원 국가에 인정하도록 하고 있으며, 그 추구하는 목적과의 관계에서 비례원칙에 반하는 수단을 선택하는 것은 인정되지 않는다는 것이다. 예정된 수의 직위 또는 적극적 조치의 적용을 인정하는 개별 상급 교육기관에서 특정 프로그램의 일부로서 창설된 직위를 충족하기 위한 절차로만 적용된다는 국내입법에 관해서도 적용범위를 한정하는 정도는 그 적극적 조치 또한 비례원칙에 반하는 성질을 변질시키는 것은 아니되지만, 복수의 후보자가 동등 또는 실질적으로 동등한 능력을 가지고 모든 후보자에게 특유한 개인적 사정을 고려한 객관적 평가에 따른다는 것을 조건으로 하여 진출도가 낮은 성에 속한 후보자에게 다른 성에 속한 경합후보자에 대항하는 우선권을 주는 판례법은 입법지침(76/207호) 및 EC조약(제141조 제4항)에 반하지 않는다고 간주되며, 상급

40) Katarina Abrahamsson, Lief Anderson v. elisabey Fogelqvist(2000.7).

41) 여기서 위법한 성적차별이라는 것은 각 후보자의 능력차이가 채용에서 요구된 객관성을 침해하는 정도가 크지 않은 경우에 진출도가 낮은 성에 속하고, 그 직위에 충분한 자격을 가진 자가 그렇지 않으면 임용되었을 다른 성에 속한 후보자에 우선하여 선발되는 것을 요구하는 조치이다. 이러한 조치는 그 조건의 범위와 효과가 명백하지 않고 궁극적으로는 진출도가 낮은 성에 속하고 있다는 사실 만에 기초하여 선발이 행해지는 결과에 이르게 될지도 모른다는 것, 또 입후보자가 모든 후보자에 특유한 개인적 사정을 고려한 객관적 평가에 따르지 않는다는 점에 있어 입법지침 위반이라 지적하였다.

교육기관에의 임용에서 적극적 조치를 규정한 국내규범의 합법성이 부인된 것은 충족된 직위의 레벨에 따라서는 판단할 수 없다는 것이다. 결국 적극적 개선조치도 비례원칙은 준수되어야 하고, 그 판단에서의 기준은 객관성을 유지하여야 정당성을 인정받을 수 있다는 점을 주지할 필요가 있다고 할 것이다.

4. 미국에서의 적극적 개선조치에 대한 판단기준

(1) 선발에서의 소수인종차별에 대한 적극적 개선조치의 적부

고용선발에서 흑인(소수인종 차별)에 대한 적극적 고용개선조치[42]에서 노조와 고용주인 알루미늄 화학회사(Kaiser)간 숙련노동자의 인종불균형을 시정하기 위해 적극적 개선조치를 취하기로 단체협약을 체결하였는데, 이 조치는 숙련기술훈련생의 정원을 흑인들에게 배정키로 하되, 잠정적으로 공장숙련노동자 중 흑인의 비율이 그 지역 노동시장에서 차지하는 흑인의 비율인 39%에 이를 때까지로 제한하였다. 그 결과 회사에서 숙련기술훈련생 13명을 선발하면서 그 중 7명이 흑인이었고 백인이 6명이었으며 선발된 흑인 노동자 중 가장 연공서열이 높은 노동자도 탈락한 백인노동자들 몇 사람보다 연공서열이 낮았는데, 탈락한 웨버(Weber)는 그러한 적극적 조치가 민권법 위반이며 백인 피용자를 차별한다고 주장하며 소송을 제기하였다. 재판에서 지방법원은 웨버의 주장을 지지하면서 적극적 조치가 민권법 제7편을 위반하였다고 판단하였고, 순회법정 상고심은 지방법원 판결을 지지하면서 적극적 조치에서 인종적 특혜는 민권법 제7편 위반이라는 판단을 하였다. 그러나 연방대법원은 순회법정 판결을 파기하며, 회사와 노조가 인종적 불균형과 격리를 해소하기 위해 자발적으로 채택한 적극적 조치는 제7편 위배가 아니며, 제7편 제정 취지에도 어긋나지 않는다고 하였다. 이 사건은 자발적인 적극적 조치 계획의 타당성을 지지하면서, 할당제라고 무조건 위법은 아니라는 판단을 하였다는데 의미가 있다.[43]

한편, 고용과 직접관련은 없지만 기회의 차별측면에서 대학입학선발(대학입학에서의 소수민 우대조치)과 관련한 Bakke사건[44]에서는 경직된 할당제는 위법이지만, 소수민에 대

---

42) Weber v. United Steelworkers of America, 443 U.S. 193(1979).

43) 그러나 카이저 회사는 자발적으로 적극적 개선조치를 실행한 것이 아니라 인종차별적 고용관행과 관련 연방법을 위반하여 기소된 상태였으며, 더욱이 채용상의 목적이 아닌 내부 노동시장에서 승진 등과 관련된 특혜에 불과했던 것이다.

44) 이 사건은 백인 남자 배키(Bakke)가 의대에 2년 연속 입학을 거절당하자 입학을 요구하는 소송을 제기하였다. 해당 의대는 100명중 16명을 소수민에게 배정, 배키는 특별 입학한 소수민의 성적이 자기보다 낮았음을 알고 헌법의 동등조항, 민권법 위반으로 소를 제기한 결과 예심법원에서는 학교당국은 인종을 고려해서 입학여부를 결정해서는 안 되고, 특별입학프로그램은 연방헌법과 주 헌법 및 민권법(제6조)에 위배된다고 하였다. 다만, 배키는 특별입학프로그램이 없었으면 자신이 입학할 수 있

한 특혜적 대우를 하는 것 자체는 불법이 아니라고 판단하였다. 결국, 미국 대법원은 소수민 우대가 역차별이 되어서는 아니되고, 입증책임은 피해자가 아니라 고용주에 있으며, 이러한 적극적 조치가 헌법과 법률에 위배되지 않는다는 점을 확인하였다는데 의의가 있다. 아울러, 적극적 개선조치는 일정비율 합리적인 목표제를 전제로 하며, 적용기간에 대한 기간설정도 한시적인 측면을 고려하여야 한다는 점을 제시하고 있다.

(2) 승진에서 소수민보호와 할당제에 대한 합리성 근거

승진에서 소수민보호 등을 위한 할당제 내지 목표제에 대한 적극적 고용개선조치가 그 합리성을 갖기 위해서는 이해관계자의 합의를 통한 목표설정과 합리적이고 적정한 비율에 근거한 합리적인 근거설정이 필요하다. 이러한 예로 승진에서 소수민 보호를 위한 적극적 조치로 클리블랜드시 소방관을 대변하는 소방관 조합지부 93지부가 시와 뱅가즈(The Vangards : 클리브랜드시에 고용된 흑인과 히스패닉 소방관들의 단체)간에 체결된 합의규약이 민권법 제7편에 위배된다고 주장하며 소를 제기하였는데, 클리블랜드 소방부는 소수민에 대한 차별을 해오다 1973년 소송에서 패하자 소수민 채용을 늘리게 되었다. 이후 소수민에 대한 할당제를 골격으로 하는 적극적 개선조치프로그램을 제시하여 합의하였는데, 합의규약의 내용은 이미 정해진 승진인원 중에서 일정수를 소수민에게 배정하며 앞으로의 승진시 일정비율을 소수민에게 할당하는 것으로 할당제는 4년 동안만 실시하기로 하였다. 법원은 이러한 규약이 과거의 차별에 대해 무고한 비소수계 소방관들에게 역효과를 주지만 그들은 사실상 과거의 차별로부터 혜택을 입었기 때문에 해소를 위해 그 정도의 짐을 나누어지는 것은 정의에 어긋나지 않고, 더욱이 소수민에 대한 이러한 특혜적 승진제도는 자격미달의 흑인을 채용하도록 요구하는 것도 아니고, 백인 소방관을 해고하라는 것도 아니며 비소수민 승진에 지장을 주는 것도 아니라는 것을 적시하였다.[45] 이 사건은 승진할당제 및 목표제를 근간으로 하는 합의규약이 제7편에 반하지 않는다는 것임을 확인하였다는데 의의가 있다.

또, 소수민에 대한 승진할당제(특혜적 승진제도)[46]를 통한 적극적 조치와 관련하여 승

으리라는 사실을 입증하지 못했으므로 입학허용 받을 자격이 없다고 하였다. 주 대법원은 예심판결 확인 및 변경(배키의 입학불가판정 변경)에 대한 입증책임이 대학에 있으며, 대학은 배키가 입학하지 못했으리라는 것을 입증하지 못했다고 판단하였고, 연방대법원은 이러한 주 대법원의 판단을 지지하였다. 반면에 대학이 앞으로의 입학사정에서 인종에 대해 어떠한 고려도 해서는 안 된다는 판결에 대해서는 거부하였다(Bakke v. Regents of the University of California at Davis 1978).

45) Local Number93, International Association of Firefighters v. Cleveland, 1985.

46) 이 사건은 특혜적 승진제도(할당제)에 관한 사건이다. 1972년 전국흑인지위향상협의회가 알라베마주 방위대를 흑인에 대한 고용차별을 이유로 패러다이스가 흑인측을 대표(원고)해 소송을 제기하였는데, 지방법원은 주방위대가 차별을 해왔다고 판정(한명의 흑인 순찰대원도 없었음)하고, 대략 흑인 고용

진 할당제는 동등보호조항에 의하더라도 정당화될 수 있는 것으로 특히 승진 할당제로 인해 진급의 기회가 막힌 것은 해고나 채용에서의 탈락과 비교해 보면 어떤 의미에서 진급 또는 승진이 늦어지는 것에 지나지 않기 때문에 비소수민이 입는 손상은 용인할 수 있는 정도이며 이로써 승진 할당제는 적법하다는 것으로, 승진할당제도가 어떤 경우에는 헌법의 동등보호조항에 위배되지 않음을 보여준 것이라는데 의의가 있다.

아울러, 채용과 승진에서 여성과 소수민을 위한 적극적 조치와 관련하여 1978년 산타클라라 교통청이 여성과 소수민을 위해 채용과 승진에 대해 채택한 적극적 프로그램[47]에 대해서도 다투어진 바 있다. 이에 대해 흑인에 대한 과거차별의 보상과 해소라는 명분으로 출발한 적극적 조치에 대한 명분은 어느 정도 사회적 합의가 조성되었고, 여성은 성별 직업 및 직무의 분리는 왜곡된 시장상황을 반영하는 것이고, 여성이 전통적인 남성 직업이나 직무로 진입하는 것을 기피한 결과를 반영한 것이기도 하고, 사회적 편견이나 사회화 또는 문화적 풍토 등이 사회일반의 태도 때문에 여성은 남성 지배적인 직무분야를 선택하는 것을 기피한다고 할 수 있다는 이유로 볼 때, 여성에게도 흑인과 마찬가지로 적극적 조치를 취하는 것이 정당하다는 점을 인정해 준 것이다.

(3) 해고에서의 연공서열보호와 소수민 차별

연공서열에서의 적극적 조치는 역차별을 제거하거나 최소화하는 방안을 선택하여야 한다. 또한 이러한 적극적 조치는 선의의 목적을 가져야 하며, 일정한 관행이 차별의 문제를 해소하는 기준이 될 수 없다. 해고에서의 연공서열보호와 관련하여 테네시주 멤피스 소방부사건[48]에서 예산삭감으로 소방대원을 감축하면서 해고는 연공서열 순으로 가장 나

이 25%에 이를 때까지 백인 한명을 채용 할 때마다 흑인대원 한명을 채용토록 명령하면서, 앞으로 채용과 승진 등에서 차별을 하지 않을 것과 이와 같은 50%할당제가 과거차별에 대한 현재의 결과를 해소하기 위한 것이라고 명시하였고, 하사로의 진급에는 자격을 갖춘 흑인들에게 50%를 배정하고, 하사보다 높은 직위에는 자격을 갖춘 흑인지원자 중 흑인 비율이 25%에 미치지 못한 경우에는 흑인들에게 50% 승진할당을 하도록 명령하였다(Paradise v. United States, 1986).

47) 이 사건에서 교통청은 전통적인 성별직무와 남성지배적인 직무에서 여성의 과소대표성을 개선하기로 결정하고 자격을 갖춘 지원자의 성을 고려해서 선발하기로 하였는데, 그 이유는 산타클라라 카운티의 여성이 36.4%를 차지하는데 비해 교통청의 여성인력은 전통적으로 여성직무들에 집중 되었고 이른바 숙련직에는 단 한명의 여성도 없었기 때문에, 교통청은 여성과 소수민이 과소 대표되고 있는 직무들에서 소수민의 비율이 그 지역의 소수민 노동력 비율에 이를 때까지 채용과 훈련, 그리고 승진에서 장기적인 적극적 조치를 실시하기로 결정하였다. 1982년 교통청은 55석의 숙련직 중에서 여성에게 6%에 해당하는 3석을 부여한다는 목표를 세웠는데 이 목표는 지나치지 않으며, 남성은 최소한의 침해를 받을 뿐이며 여전히 숙련직의 94%를 부여받고 있는 셈이고, 또한 조이스가 여성이라는 것이 유일한 결정요인이 아니라 여러 요인 중 하나이며, 남성인 존슨보다 먼저 조이스를 승진시킴으로써 존슨에게는 승진이 조금 늦어졌을 뿐이라는 부담을 지운 반면 다른 여성들에게 남성지배적인 업무를 선택하도록 하는 격려는 매우 클 것으로 기대된다고 하였다(Johnson v. Transportation Agency Santa Clara, California, 1978).

중에 채용된 사람부터 먼저 해고하는 것을 원칙으로 적용한 결과 적극적 조치에 의해 최근에 채용된 흑인들이 먼저 해고를 당하게 되었다. 이에 지방법원은 흑인들의 해고를 금지하는 임시명령을 내려, 특정 직무의 흑인 근로자들의 비율을 감소시키는 한 연공서열을 적용해 해고를 할 수 없도록 하였고, 상고심은 지방법원 판결을 확정하였는데, 연공서열제가 선의에 의한 것이 아니며 소수민에게 편중된 해고를 막기 위해 단체협약을 수정하는 것은 정당하다고 보았다. 그러나 연방대법원은 상고심을 파기하면서, 연공서열을 적용하면 서열이 낮은 흑인이 해고될 것인데 백인근로자를 해고토록 한 하급법원 판결은 지나친 월권이며, '선의의' 연공서열제를 보호함에 있어 무고한 근로자가 연공서열의 이익을 누리지 못하도록 하는 것은 합당하지 않다는 이유에서, 소수민의 해고를 막기 위한 적극적 조치는 적법하지 않다고 판단한 사례이다.

또, 잭슨교육위원회 사건[49]에서는 해고는 연공서열의 역순으로 하지만, 해고를 할 당시의 소수민 교사 비율보다 더 큰 비율의 소수민 교사를 해고해서는 안 된다는 단체협약에 덧붙여진 해고규정에 따라 소수민 교사들보다 비소수민 교사들이 해고를 당하자 동등보호조항과 제7편을 위반하였다고 소송을 제기하였다. 지방법원은 비소수민의 주장을 기각하면서 소수민 학생들에게 역할 모델을 제공함으로써 사회적인 차별을 치유하려는 시도로서 소수민 교사에 대한 특혜대우는 용인할 수 있다고 판결하였고, 순회상고심은 이를 확정하였다. 그러나 연방대법원은 원심파기결정을 하였는데, 해고에서 적극적 조치를 취할 경우 그 짐을 소수의 해고를 당한 사람들이 부담하게 되고, '해고를 당하면 모든 기회를 잃는 것'이므로 해고에 적극적 조치를 사용하는 것은 위헌이라고 판시하였다. 결국, 해고에서의 적극적 조치는 승진 등에서의 경우와는 달리 엄격하게 판단하고 있는데, 그것은 적극적 조치를 통하여 '이익을 보는 개인이나 집단보다 상대적으로 피해를 보는 집단에게 매우 심각한 결과를 야기하는 하는 것'은 인정하지 않는다는 것이다. 이러한 점에서 적극적 조치의 경우도 일정한 한계점이 있음을 주지할 필요가 있다.

(4) 조합가입에서의 인종차별과 채용목표제의 타당성

노동조합을 비롯하여 단체의 가입에서 가입자격에 대한 요건들은 차별적인 요소를 배제하여야 한다. 물론 각 단체의 목적에 적합한 기준을 마련하고, 그 목적에 맞는 활동을 하는 것은 당연한 것이지만 각 법령에서 금지하는 차별사유에 근거하여 가입대상을 제한하는 것은 차별행위가 될 수 있다. 또한, 법원도 직권으로 적극적 개선조치를 명할 수 있

48) Stotts v. Firefighters Local Union No. 1784, 1983.
49) Wygant v. Jackson Board of Education, 1985.

다. 이러한 사례로 철판노조와 뉴욕의 28지부는 오랜 인종차별의 역사를 지닌 곳으로 처음부터 백인노조로 출발하였다. 1946년 인터내셔널 유니언(전국노조)은 공식적으로 인종적인 제한을 철폐하였으나 28지부는 1969년까지 흑인 가입을 배제하고 있었는데, 그 방식은 노조가입을 위해 반드시 견습공 프로그램 훈련을 받도록 하고 흑인들에게 그 프로그램에 들어오지 못하게 하는 방식이었다. 즉, 발주자들이 조합을 통해 일을 부여하므로 뉴욕지역에서 일자리를 얻으려면 조합원이 되어야 했으나 흑인 및 히스패닉은 견습공 프로그램에서 배제하였다. 이에 대해 뉴욕주는 주법원에 시정명령을 요청하고 주법원은 견습공 선발절차에 인종제한 철폐명령을 내렸으나, 28지부가 명령준수를 거부함에 따라 연방정부(EEOC)는 소송을 제기하였다.[50] 그 결과 지방법원은 28지부가 가입시험, 직무수행과 연관되지 않은 교육프로그램의 이수 등 다양한 차별관행으로 유색인종을 배제시켰다고 결론을 내리고, 28지부에게 1981년까지 29%의 유색인종 조합원을 확보토록 목표를 정해 주었고, 28지부는 1982년까지 10.8%의 유색인종 조합원을 보유, 채용목표제를 준수하지 못했다는 판정을 받고 1987년까지 29.23%까지 유색인종 조합원을 확보토록 명령하였다. 이에 순회 상고심도 지방법원 판결을 지지하였고, 대법원은 상고심 판결을 확정하였는데, 체계적이고 지속적인 차별을 종식시키기 위해서는 차별의 실제 희생자들이 아니더라도 적극적 조치에 의해 평등한 고용기회를 누리게 할 수 있음을 판시하고, 법원의 차별해소적인 명령이 적법하다는 결론을 내렸다. 이 사건으로 채용목표제를 법원이 강제하는 조치의 타당성을 인정받았다고 할 수 있다.

Ⅲ. 적극적 개선조치의 영역 및 합리성 제고방안

적극적 고용개선조치가 고용상 차별금지제도에서 차별이 아닌 것으로 인정되는 것은 특정 집단 등이 자력에 의한 차별해소가 어려우므로 실질적인 평등실현 장치(조치)가 필요하고 이를 통하여 사회적인 인격의 가치를 실현할 수 있는 수단이 될 수 있다는 것이다. 물론 적극적 고용개선조치의 합리성 확보(전제조건)를 위해서는 그 필요성(장기간 사회적 불평등 해소 등 개선 필요)이 면밀하게 검토되고, 목표 수준(통계적 수치 등 수준)을 명확히 하여야 하며, 한시성 내지 잠정성을 가지고 추진되어야 한다. 아울러, 과도한 조치로 역차별의 문제가 야기되지 않도록 하여야 하며, 선의의 소수자 등을 보호하는 장치도 고려하는 등 엄격한 심사기준이 필요하다고 할 것이다. 다만, 적극적 개선조치가 차

50) Local 28 of the Sheet Metal Workers' International Association v. EEOC, 1986.

별해소를 목적으로 추진되므로 그 차별의 수준이 현격한 상황에서는 이를 해소하고자 하는 경우 합목적적이고 타당한 근거가 인정되면 합리성을 인정하고 있어, 이러한 부분에 해당하는 경우는 다소 완화된 비례심사를 하고 있다고 판단된다.

각국의 적극적 개선조치는 역사적인 배경과 사회적인 현상을 기반하고 있음을 주지할 필요가 있다. 각국의 제도 내용과 법원 등의 판단을 종합해 보면, 노예제의 유산을 가진 미국과 달리, 유럽은 자유주의 확산에 따른 여권신장, 저출산·고령화에 따른 여성고용증대 필요성 및 고용상 실질적 남녀평등을 구현할 목적으로 적극적 고용개선조치를 도입하였다. 적용대상도 미국과 달리 인종, 종교, 피부색, 민족, 성별 등 다양한 부문에서 고려되고 있고, 고용확대보다는 성차별의 해소에 초점을 두었으며, 사회민주주의 이념을 바탕으로 한 북유럽국가들의 경우 정부의 시장개입이 강하며, 공공부문 고용비중이 크다. 민간부문의 적극적 고용개선조치에 대하여는 기업에 의무를 부과하되, 노조와 기업간의 자율적 교섭방식으로 개선계획서를 작성·시행토록 하였고, 공공부문은 법에 의해 적극적 고용개선조치를 도입운영하고 있으며,[51] 구조적 불평등에 대한 보상보다는 일하기를 원하는 여성에 대한 사업주(공공부문 포함)의 우대조치를 강조하고 있다. EU의 평등지침은 여성고용 증진을 위한 적극적 조치를 각 국가에 권고함과 동시에 국가 간 적극적 고용개선조치의 한도 내지 범위를 정함으로써 역내 노동시장에 대한 국가 규제의 일관성을 확보토록 하고 있다. 공공부문에 한정된 판례이기는 하나 무조건적인 경직된 할당제에 대하여는 실질적 남녀평등을 침해할 우려가 있다는 점에서 제한되고 있는 반면, 동등한 능력·기술·경력을 갖추고 남성이 그 직위에 가야할 만한 더 중요한 이유가 없는 한 유연한 할당제는 인정된다.

한편, 미국의 판례는 인종(백인에 대비하여 흑인 등), 성별(남성들에 비하여 여성들)에 대한 불평등한 처우를 보상할 필요성과 현존하는 차별을 개선하기 위해 고용상 소수인 흑인을 우대하여 발생하는 부담을 다수인 백인들이 어느 정도 감수해야 한다는 점과 약자인 여성을 우대하여 발생하는 부담을 남성들이 어느 정도 감수해야 한다는 측면을 강조하고 있다.[52] 미국 대법원의 판결을 종합해 보면 적극적 조치는 일반적인 사회적 차별 이상의 과거차별이 있었음을 입증해야 한다. 과거차별을 치료하는 의도에서 수립되고 시행되며, 소수민에게 단순히 역할모델을 제시하는 것 이상의 목표를 가져야 하고, 인종 또

51) 정치분야(정당)에 먼저 도입하였는데, 영국 40%, 독일 50%, 프랑스 50%, 스웨덴의 사회민주당 40% 여성참여 할당제를 들 수 있다. 우리나라의 경우 여성공무원 채용목표제(30%), 정치분야에서 비례대표의원 비율 할당이 정당 규정으로 시행하고 있다.

52) 유럽판례도 모성과 가사를 부담하는 여성의 특수성을 감안하나, 남녀간 능력과 객관적 자격이 동등한 경우, 여성을 우대할 수 있다고 해석하는 경향이다.

는 성의 균형을 유지하기 위해서가 아니라 실질적 평등을 달성하기 위해서 실시되어야 한다. 또, 비소수민의 해고나 해직을 초래하는 적극적 조치는 찬성하지 않으며, 소수민이나 비소수민의 고용기회를 완전히 차단하거나 역차별 소지가 있는 프로그램에 대해서는 반대하는 입장을 취하고 있고, 노동조합이나 구성원들의 동의가 없는 연공서열제도에 관한 단체협약은 적법성 확보가 어렵고, 종료일이 명시되지 않더라도 소수민의 노동력이 일정비율에 이를 때까지 일시적으로 시행하고 일단 목표를 달성하면 자동으로 폐기되는 형태의 적극적 조치인 한시적인 프로그램을 선호한다. 아울러, 고정된 할당제가 아니라 유연성을 가지는 프로그램을 지지하고, 특히 성이나 인종이 채용과 승진을 결정하는 유일하고 결정적인 요인이 아니라 하나의 부가적인 요인으로 적극적 조치에서 고려될 경우를 지지하고 있다. 이러한 적극적 조치 판결은 민권법 제7편과 헌법의 동등보호조항에 대한 해석에 기초하며, 이 조항들을 자발적인 단체협약 및 법원명령 등에 적용하여 일정한 정의를 구현하려는 것들을 고려하고 있다.

우리의 경우도 법규상으로는 성별, 장애, 연령 등에 대하여 적극적 개선조치를 규정하고 있고, 이러한 조치는 각각의 법령에서 제도적으로 실행되고 있다. 사유별로 보면 성별에 의한 적극적 개선조치는 특히 여성에 대하여 채용이나 선발에서 주로 활용되고 있고, 일정부분 할당제를 기본 골격으로 운영하고 있는 것으로 보인다. 또, 장애인의 경우는 고용의무[53]를 비롯하여 보다 강력한 각종 시설 및 설비의 보완 등을 중심으로 편의제공의무를 부과하여 보호하고 있고, 이는 고용상에서 근로제공을 원만히 수행할 수 있도록 지원하는데 주안점을 두고 있는 것으로 풀이된다. 한편, 연령에 대한 적극적 개선조치는 몇 가지 제도적인 장치를 제외하면 현실적으로 많은 개선조치가 실행되지 못하고 일부 제한적인 부분에 대하여만 실행되고 있는 것으로 판단된다. 즉, 적극적 개선조치가 우리나라의 경우는 아직 채용과 승진 등 고용과정과 내용의 일부에서 적용되고 있는 반면에 미국 등의 경우는 채용과 승진, 해고, 조합 활동에 이르기까지 고용전반에 대하여 적용되고 있다는 점이 다르다.

결국, 적극적 조치란 차별의 금지만으로는 실질적으로 해소하기 불충분한 현존하는 현저한 차별을 해소하는데 필요한 조치로서 해당 차별을 받는 특정 집단에 속하는 개인을 잠정적으로 우대하되, 그로 인해 불이익을 당하는 비우대 집단의 개인이익을 과도하게 침해하지 않고 경직적이지 않은 조치이다. 이와 같은 특성을 지닌 적극적 조치는 차별이 아니다. 이는 차별의 금지만으로는 실질적으로 해소하기 어려운 현존하는 뿌리 깊은 차별을

53) 고용의무부담을 상시 인력의 일정비율을 고용 유지하는 것을 법규화하고 있는데, 미고용 시 고용부담금을 징수하고, 초과 고용 시 사업장에 고용지원금을 지급하고 있다.

해소하기 위한 조치이므로[54] 차별의 시정이 아니라 취약계층에 대한 보호조치 등 순전히 다양성을 확보하기 위한 차원에서 특정 집단을 우대하는 것은 적극적 조치라고 볼 수 없다. 이러한 적극적 조치는 ILO의 고용과 직업상의 차별에 관한 협약(제111호)에도 위법하지 않은 행위라고 규정하고 있다.

한편, 적극적 조치는 현저한 차별을 시정하는 것을 목표로 삼아야 한다. 즉, 어떠한 우대조치가 적극적 조치로 인정되기 위해서는 그것이 목표로 삼는 현저한 차별의 존부가 밝혀져야 한다. 현저한 차별 또는 불균형이 어느 정도의 불균형을 의미하는지는 사안별로 구체적으로 판단되어야 할 문제이지만 그를 판단하기 위해서는 불균형을 드러내는 통계적 수치 이외에 그 지속성도 함께 고려될 필요가 있다. 아울러, 현저한 불균형을 시정하여 달성하고자 하는 목표치는 구체적으로 설정되는 것이 바람직하다.[55]

적극적 조치는 그로써 시정하고자 하는 불균형이 시정되면 종료되는 잠정적 또는 한시적인 것이어야 하며, 그 자체가 한시적인 것임을 명시적으로 또는 암시적으로 밝혀야 한다. 참고로 목표제 방식의 적극적 조치 프로그램은 정해진 목표를 달성하고 그를 위해 계획된 조치를 점진적으로 시행하기 위한 시간계획표를 포함하는 것이 필요하다. 또한 적극적 조치 프로그램은 그 진행 사항을 주기적으로 검토하고 필요시 프로그램을 조정하며 여전히 프로그램이 필요한지 평가하는 것이 바람직하다. 반면에 적극적 조치 프로그램이 비우대집단의 개인의 권리 또는 이익을 과도하게 침해할 경우 정당화될 수 없다. 이때 과도한 침해가 어느 정도의 침해를 의미하는지는 사안별로 구체적으로 판단되어야 한다. 과

54) ILO의 협약 및 권고의 적용에 관한 전문가 위원회는 "차별의 금지는 차별을 실제로 해소하기에 불충분하다는 견지"에서 비롯된 것임을 지적한다(ILO, Equality in Employment and Occupation, General Survey of the Reports on the Discrimination (Employment and Occupation) Convention (No. 111) and Recommendation (No. 111), 1958, Report III (Part 4B), International Labour Conference, 75th Session, 1988, paragraph 166 및 146).

55) ILO의 '협약 및 권고의 적용에 관한 전문가 위원회'는 적극적 조치 프로그램이 다음 네 가지 구성요건을 포함할 필요가 있다고 보았다. 1) "우대하고자 하는 집단에 속하는 개인들의 진출 숫자와 같은 구체적인 목표", 2) "문제된 차별의 효과를 시정하기 위하여 필요한 수단", 3) "정해진 목표를 달성하고 그를 위해 계획된 조치를 시행하기 위한 시간계획표", 4) "진행 사항을 검토하고 프로그램의 시행 상의 어려움을 진단하며 어떤 조정이 이루어져야 할지를 결정하는 감독기구." 상기의 첫 번째 권고에 따라 적극적 조치 프로그램은 달성하고자 하는 목표치를 구체적으로 설정할 필요가 있다. 이때 그 조치는 위에서 언급한 불균형의 현저성을 측정하는 방법에서 비교 대상의 비율(지역노동시장의 비율, 해당 산업의 평균치 등) 또는 그에 근거한 특정 비율이 구체적 목표치로 설정될 수 있다(ILO, International Labour Conference, 75th Session, 1988, paragraph 168 참조). 한편, 미국에서는 공장 내 숙련 근로자 중 특정인종의 비율이 현격히 낮아 이를 지역노동시장에서의 비율에 접근할 수 있는 적극적 조치를 노사가 합의하여 결정하고 시행하는 것은 자발적이고 인종 의식적인 적극적 조치 계획으로 법에 위반되지 않는다는 결론과 함께 전통적으로 분리된 직업 범주에서의 현저한 인종적 불균형의 시정을 목적으로 하는 적극적 조치는 합법이라고 보고 있다(United Steelworkers of America v. Weber, 443 U.S. 193, 99 S.Ct. 2721(1979)(www.dol.gov)).

도한 침해를 평가하는 척도는 해당 프로그램이 비우대집단의 기회를 가로막는 정도 및 비우대집단의 개인의 생활에 끼치는 악영향 등을 고려할 수 있다. 즉, 어떤 적극적 조치 프로그램이 비우대집단이 고용될 가능성을 지나치게 낮출 경우, 또는 비우대집단 소속 개인들의 해고 등을 야기하여 그들의 생활에 큰 타격을 가할 경우에는 과도한 침해가 발생하였다고 볼 수 있다.[56)]

한편, 경직적 조치는 주로 경직적인 할당제 방식의 적극적 조치 프로그램을 의미하는 것으로 이는 정당화되기 어려운 경우도 있다. 할당제(절대적[57)], 상대적[58)])란 미리 특정 소수 집단에게 일정한 선발 비율을 할당하여 그 비율에 따라 해당 집단에 소속된 개인들을 선발하는 제도이다.[59)] 할당제 이외에 목표제 방식[60)]의 적극적 조치 프로그램을 고려할 수도 있다.

---

56) 미국연방대법원은 적극적 조치가 비우대 집단 소속 개인의 차별적 해고를 야기하여 해당 개인에게 심각한 피해를 야기할 경우 정당하지 않은 것으로 판단하였고 채용이나 훈련에서의 차별을 야기할 경우 비우대 집단이 짊어질 부담이 사회 전반으로 분산되어 그리 무겁지 않다는 점에서 정당한 것으로 판단하였다(Jane Hodges-Aeberhard, 'Affirmative Action in Employment: Recent Court Approaches to a Difficult Concept', International Labour Review, Vol. 138(1999), No.3, 254면. ; Wygant v. Jackson Bd. of Educ. 476 U.S. 267, 106 S.Ct. 1842 (1986)).

57) 절대적 할당제란 미리 특정 소수 집단에게 일정한 선발 비율을 할당하고 유자격 여부 또는 동등한 자격 여부와 관계없이 해당 집단에 소속된 개인들을 우선적으로 선발하는 제도이다. 할당제가 인정되는 예외적 경우는 불균형이 매우 크되 그를 시정하기 위하여 해당 소수 집단에 할당한 비율이 매우 낮을 경우인데, 장애인 및 소수 인종 집단을 위한 낮은 비율의 할당제는 비록 그것이 절대적이더라도 정당한 것으로 인정될 수도 있다(임공수, "모집·채용에서의 우대조치에 대한 합리적 이유-채용할당제와 고용의무를 중심으로-", 「산업관계연구(제27권제1호)」, 한국고용노사관계학회, 2017, 34면).

58) 상대적 할당제는 비록 특정 소수 집단에게 일정한 선발 비율을 할당하되 해당 집단의 후보자들이 일정 수준의 자격에 미달하는 경우 그들 대신 그들과 경합 중인 비우대 집단의 유자격자를 선발하는 제도로서 이때 해당 소수 집단에 속한다는 점이 선발을 결정하는 기준 중 단지 하나로 정해지는 것이 일반적이다. 이처럼 우대 집단에 속함이 선발의 결정적인 요소가 아니라는 요건은 선발에 있어서 일정 정도의 경쟁을 보장한다는 점에서 적극적 조치 프로그램의 정당성을 인정하게 하는 중요한 요건이다. 이와 같이 특정 소수 집단을 우대하되 일정 정도 경쟁을 보장하는 적극적 조치는 정당화된다(임공수, "모집·채용에서의 우대조치에 대한 합리적 이유-채용할당제와 고용의무를 중심으로-", 「산업관계연구(제27권제1호)」, 한국고용노사관계학회, 2017, 34면).

59) 우리나라는 청년고용할당제, 여성고용할당제, 지방인재할당제 등을 들 수 있다. 또, 일정규모이상의 사업체에 대하여 장애인고용(2~3%)을 의무화하고 있고, 국가유공자 및 그 가족에 대하여 의무고용(3~8%) 등을 관계법령에서 규정하고 있다.

60) 목표제 방식은 해당 소수 집단에 미리 할당된 선출 비율을 정해진 특정 시점까지 점진적으로 달성하기로 하고 그를 위해 성실히 노력하기로 하는 방식이다. 목표제는 일정 정도 경쟁을 보장할 경우 정당화되는데 목표제는 그 점진적인 성격 때문에 상대적 할당제보다 좀더 쉽게 정당화될 수 있다. 예로 여성공무원채용목표제 등이 활용되고 있다.

제 3 절 평등증진정책으로서의 정책적 우대조치

Ⅰ. 정책적 우대조치의 의의 및 전제조건

1. 정책적 우대조치의 의의

정책적 우대조치는 결과적인 측면에서 보면 적극적 개선조치와 중첩되는 외형을 보인다. 그러나 적극적 개선조치가 가지는 가장 큰 목적이 과거부터 현재까지 특정한 집단 등이 차별받아온 것을 해소하고자 하는 목적에 기인한 것으로 본다면, 정책적 우대조치는 차별해소와는 무관한 경우도 많고 사회적인 형평 내지 다양성을 반영한 정책적인 목적을 포함하는 것으로 달리 볼 여지가 있으므로 별도 검토가 필요하다고 할 것이다.

고용상 정책적 우대조치는 크게 세 가지로 요약된다. 첫째는 고용기회 확대 및 촉진에 대한 우대조치이다. 이는 채용시험에서 가산점을 부여하여 채용을 우대하는 방법, 채용목표 내지 고용할당을 통하여 일정비율까지 우선 선발하는 방법, 국가유공자 등 취업보호대상자에 대한 채용을 강제하는 방법(고용명령, 가산점 부여, 고용할당제), 미고용인력에 대하여 부담금을 징수하거나 초과 고용에 대하여 장려금을 지원하여 고용을 촉진하는 방법 등을 들 수 있다. 다음으로 승진 등에서의 우대조치로 일정비율을 상위로 승진하는데 할당제(쿼터제) 내지 목표제를 적용하여 여러 제재조치 내지 유인책을 취하여 이를 강제하는 것이다. 그리고 사회적 형평을 고려한 것으로 지역인재 할당제(지방대학출신, 비수도권 출신 등), 이공계우대조치(선발비율에 반영), 고졸채용 목표제, 여성고용 및 승진할당제, 장애인고용할당제, 기타 취약계층 우대조치 등을 들 수 있다.[61)]

정책적 우대조치는 사실상 차별이지만 법률적으로는 차별이라고 할 수 없는 합리적인 이유가 있는 차별의 내용들이 일반적이다. 그러나 헌법재판소의 공무원채용시험에서 군가산점을 규정한 사안에 대한 위헌결정처럼, 법률에 규정되어 있어도 위헌판결 등으로 그

61) 이러한 대상으로는 연소근로자, 국가유공자, 여성근로자, 고령근로자, 장애근로자, 저소득층 및 사회적 취약계층 등을 들 수 있고, 이를 배려하는 고용상 정책적인 용어들은 연소자 및 여성근로자 보호정책, 여성고용할당제, 국가유공자 및 그 자녀의 취업보호, 지방 및 지방대학출신할당제, 장애인고용할당제, 고령자우대정책, 이공계출신자고용우대정책, 출산장려정책에 따른 복지수혜 등 우대정책, 군필자 가산점수제도, 기타 취업보호제도 등을 들 수 있다.

합리성을 인정받지 못하는 경우도 있다. 이는 과도한 우대조치는 역차별을 불러올 수 있고 우대조치에 따른 다른 개인이나 집단의 형평이 더 큰 위험에 빠질 가능성이 크다면 그 합리성을 인정할 수 없기 때문이다. 즉, 법률에 의한 정책적인 차별도 그 정도가 과하여 보호대상 근로자에 비하여 상대적으로 비보호대상 근로자가 받는 불이익의 정도가 과도하다면 이 또한 차별행위가 될 수 있다. 이러한 사안은 미국의 적극적 개선조치의 사례에서 살펴보았다. 통상 정책적 차별은 사회적인 약자이거나, 국가정책 및 사회적으로 특별한 보호가 필요한 대상을 일반적인 사람들(근로자 등)과 구별하여 특별히 보호하기 위한 정책적인 사회적 배려행위에 해당된다.

2. 정책적 우대조치의 전제조건으로서 고려되는 부분

사회적 형평의 달성과 다양성의 확보라는 목적을 가진 정책적 우대조치는 잘못하면 적정수준 이상의 과도한 조치로 오히려 역차별 내지 불평등을 야기한다. 통상 적극적 개선조치에서 요구되는 것과 마찬가지로 정책적 우대조치에서도 보다 열악한 조건의 집단이나 계층에게 사회적 형평의 기회를 마련하거나 다양성을 확보하고자 하는 목적을 가지고 있으므로 그러한 조치를 취하고자 하는 목적을 명확히 하고, 그 목표수준을 적정하게 함은 물론, 상대적으로 다른 집단이나 계층에게 과도한 부담이나 역차별을 야기하지 않아야 하고, 추진기간에 대한 한시성의 전제조건이 필요하게 된다.

(1) 합목적성과 공익적인 필요성

법령 등에서 규정하는 정책적 우대조치는 그 필요성과 합목적성이 명확해야 한다. 이와 관련하여 국가유공자의 채용시 가산점제도[62]에 대하여 헌법재판소는 가산점제도의 주된 목적은 신체의 상이 또는 가족의 사망 등으로 정신적, 재정적으로 어려움을 겪어 통상적으로 일반인에 견주어 수험준비가 상대적으로 미흡한 국가유공자와 그 유족 등에게 가산점의 부여를 통해 헌법(제32조 제6항)이 규정하고 있는 우선적 근로의 기회를 제공함으로써 이들의 생활안정을 도모하고, 다시 한 번 국가와 사회에 봉사할 수 있는 기회를 부여하는데 있다고 할 수 있고, 이러한 입법목적은 헌법에 근거한 것으로서 정당하다고 판단하면서 입법목적의 정당성을 인정하였다. 또, 이 판결에서 유공자에 대한 가산점제도는 입법목적의 정당성 뿐만 아니라, 차별대우의 적합성(10%가산점 수준), 차별대우의 필요성 및 법익의 균형성이 모두 인정된다고 판단하였다. 반면에 공무원임용시험에서 가산점을 부여하는 제도인 제대군인지원에 관한 법률의 위헌심판[63]에서는 그 합리성을 인정

62) 헌법재판소 2001. 2. 22. 선고 2000헌마25 결정.

하지 않았다. 결국 정책적 우대조치에서 유공자는 자신의 희생으로 자신뿐만 아니라 가족의 생활까지 곤궁하게 하는 상태에까지 이르고 자력으로 근로활동에서 동등하게 경쟁할 여력이 없는 상태를 회복해 주려는 의도가 있는 반면에, 제대군인의 경우는 복무형태는 다양하고, 남성 국민이면 모두가 수행하는 군복무는 상대적으로 취업의 기회가 박탈될 만큼 불이익한 상황에 처해지지도 않은데, 오히려 상대적으로 여성 등에게 불리한 결과를 초래함으로써 사회적 불평등을 야기하는 결과를 초래하게 되므로 그 정당성을 인정받지 못하였다. 또, 정책적 우대조치는 공익적인 측면에서도 필요성이 인정되어야 한다. 즉 정책적 우대조치로 보호되는 소수의 이익이 공공의 이익을 해하게 된다면 정당성을 인정받기 어렵게 된다. 이러한 측면에서 공공복리 및 국가안보와 질서유지를 위하여는 개인의 권리도 일부 제한할 수 있는 근거가 될 수 있다.

(2) 통계적 평등수준

우대조치에서의 통계적인 기준은 중요한 지표로 풀이될 수 있다. 즉, 인구 구성비나 특정집단의 해당 조직에서 차지하는 비율 등은 차별을 판단하는 기준이 되기도 한다. 그러한 적정한 수준을 정하는 것은 평등수준을 정하는 기준이 될 수 있다. 고용할당제에서 특히 각종시험이나 각종 할당제에서 일정비율을 우선적으로 특정 집단에 대하여 배정하는 것은 절대적으로 부족한 구성비를 일정수준으로 끌어올리는 정책적인 장치가 된다. 국가유공자 채용가산점제도에서도 그러한 통계적인 자료가 판단에 활용되었음은 시사하는 바가 크다. 동 사건에서 국가유공자와 그 유족 등에 대한 지원제도는 여러 가지가 있으나, 그 중에서 이들의 생활안정과 직접적인 관련이 있는 것은 보상금과 취업보호라고 할 수 있을 것이다. 국가보훈처장이 제출[64]한 가산점제도 사건 심판자료(사회지표 대비 2000년

63) 헌법재판소 1999. 12. 23. 선고 98헌마363 결정.

64) 이 사건과 관련하여 국가보훈처장이 제출한 의견에서, 본 청구가 권리침해의 직접성과 현재성을 결여하였다고 하면서, 헌법 제32조 제6항은 "국가유공자·상이군경 및 전몰군경의 유가족은 법률이 정하는 바에 따라 우선적으로 근로의 기회를 부여받는다"고 규정하고 있고, 이 사건 법률조항에 의한 10%의 가산점 제도는 신체의 상이를 입은 국가유공자 본인 또는 가장의 사망, 부상 등으로 정신적·재정적인 곤란을 겪거나 상이자에 대한 간호 등으로 일반인에 견주어 수험준비에 전념하기 어려운 환경에서 성장한 국가유공자의 자녀에게 10%의 가산점을 부여함으로써 나라를 위하여 공헌·희생하는 과정에서 일반인에 비하여 입은 불이익을 보충하는 제도로서 합리적 차별이라 할 것이고, 국가유공자와 그 유가족에 대한 가산점제도가 없다면 오히려 나라를 위하여 공헌하거나 희생한 국가유공자와 그로 인하여 수험준비에 미흡하였던 그 유가족의 공무담임권과 직업선택의 자유를 제약하는 결과를 초래할 우려가 있으며, 1999년말 현재 취업보호대상자 중 국가·지방자치단체의 공무원 가점취업자는 7,108명으로 일반직 전체공무원 290,511명의 2.4%에 불과한 실정으로 일반기업체의 의무고용비율 3~8%에 훨씬 미달되는 수준으로서, 취업보호대상자에 대한 가산점부여는 제대군인에 대한 가산점부여시와는 달리 일반국민의 기본권인 공무담임권을 제한하는 수준에는 크게 미달하는 실정으로 청구인의 주장은 이유가 없다는 견해를 보이고 있다.

보상금수준 비교)에 의하면, 국가유공자인 독립유공자 및 군경희생자에 대한 보상금은 2000년을 기준으로 평균 67만 4천원으로서 최저생계비 92만원 8천원의 72.6% 수준에 그치고 있고, 채용응시자와 실제 합격자 간의 비중에서 국가유공자를 우대하는 것은 합당하다는 판결을 내린 바 있다. 이처럼 사회적 형평과 다양성을 확보하기 위한 정책적 우대조치는 현실적인 통계수준과 목표하고자 하는 달성 수치를 통계적인 수준에서 정할 필요가 있고, 그러한 통계적인 수준은 합리성을 확보하는 지표가 될 수 있기 때문에 합리적인 타당한 근거를 가져야 한다. 이때 통계적인 수준의 기준은 절대적인 수치 외에도 비례적인 수치가 고려될 필요가 있다. 즉, 고용상에서 여성근로자가 절대적으로 부족한 상황이라면 일정비율까지 고용하는 절대적인 수치를 기준으로 삼고, 승진에서 근로 중인 여성근로자가 절대 소수인데 비하여 절대수치를 적용할 수 없는 경우 일정한 비례수치를 종합하여 우대조치를 실행하는 것도 고려되어야 한다는 것이다.

(3) 상대적인 형평성

헌법재판소는 제대군인지원에 관한 법률(제16조 제1항 등) 위헌확인 판결[65]에서 시혜적 법률조항의 평등권 침해 판단에 관하여 이 사건 법령조항들의 내용은 일정한 군 복무기간을 공무원 재직기간에 산입할 수 있도록 하여 군복무를 마친 자에 대해 일종의 혜택을 부여하는 것이라 할 수 있는 바, 그러한 시혜적 성격의 법률에는 입법자에게 광범위한 입법형성의 자유가 인정되는 것으로 보았다. 이에 따라 그 내용이 합리적인 근거를 가지지 못하여 현저히 자의적일 경우에만 헌법에 위반된다고 판단하고 있으며, 앞서의 제대군인 가산점제도에 대하여는 공무원 채용시험에서 주로 군복무자가 남성인 점, 가산점이 당락을 좌우할 만큼 비중이 크다는 점, 다른 방법들로 보상이 가능한 점, 그리고 상대적으로 여성 등이 차별되는 상황이 발생한다는 점을 들어 위헌으로 판단하였다. 이는 보호되는 집단의 이익에 비하여 상대적으로 비보호되는 집단의 차별을 크게 발생시키는 우대조치는 합리성을 결한다는 점을 판단하고 있는 것이다.[66] 즉, 헌법재판소는 제대군인 가산점 사건에서 차별적 취급으로 인하여 다른 중대한 제한을 초래하게 된다면 입법형성권은 축소되어 보다 엄격한 심사척도가 적용되어야 할 것이라고 판단하였다.[67]

한편, 앞의 판례[68]에서 산업기능요원과 공익근무요원은 그 제도의 취지, 직무의 성격과

65) 헌법재판소 2012.08.23. 선고 2010헌마328 결정.

66) 미국에서도, 적극적 조치 등 정책적 우대조치를 통하여 이익을 보는 개인이나 집단보다 상대적으로 피해를 보는 집단에게 매우 심각한 결과를 야기하는 것은 인정하지 않는 입장을 보이고 있다(Wygant v. Jackson Board of Education, 1985).

67) 헌법재판소 1999.12.23. 선고 98헌마363 결정.

내용 등에 있어 상당한 차이가 있는 바, 산업기능요원은 공익근무요원과 달리 자신의 자율적 의사에 따라 그 복무를 선택하고, 그 복무관계는 공무수행관계로 보지 아니하며, 사기업체에서 자유로운 근무환경에서 근무하면서 자신의 전공과 기술을 활용할 수 있고 상당한 보수를 지급받기 때문에 이 사건 법령조항들이 군 복무기간의 유형과 내용에 따라 공무원 재직기간 산입 여부를 달리 보아 산업기능요원의 복무기간을 공무원 재직기간에 산입하지 않는 것은 합리적 차별이라고 할 것이므로, 산업기능요원의 평등권을 침해하지 않는다고 판단하였는데[69] 이러한 사례들은 상대적인 형평의 문제를 판단하는 근거가 될 수 있겠다.

(4) 정책적 우대조치의 잠정성

정책적 우대조치는 특정 목적을 달성하기 위한 수준 내지 기간설정이 필요하다. 정책적 우대조치도 적극적 개선조치와 같이 목표한 수준에 도달하면 조치가 해제되는 것이 일반적이다.[70] 그리고 그 적용범위나 기간의 제한 설정을 하거나, 일정기간 단위로 평가·분석 등을 통하여 추가적인 조치 내지 종료 등을 선언하게 되는데 이러한 점은 정책적 우대조치가 영구성을 가지는 것이 아니라 잠정성 내지 한시성을 가진다는 특징을 보여준다. 미국의 판례에서도 잠정성에 대한 판단을 보여주고 있다. 즉, 숙련훈련인원의 선발에서 흑인 인원을 50%까지 배정하면서 이에 도달하는 우대선발을 인정한 Weber 사건[71]과 흑인 인원을 50%까지 진급시키는 Paradise 사건[72]의 명령이 한시적이라는 점을 언급하고 있고, 소수인종우대정책의 정당성을 인정한 Metro Broadcasting 사건[73]에서는 우대정책이 범위나 기간이 적절하게 제한되어 있고 그 확대나 재제정 이전에 의회에 의한 재평가의 대상이라는 판단을 한 바 있다. 결국, 정책적 우대조치는 추구하는 목표값에 도달하는 경우 폐지하는 한시성을 가지므로 그 적정 수준과 기간 설정 및 추진상황에 따른 점검 내지 재평가와 피드백을 통한 조정 등 합리적인 고려가 필요하다.

---

68) 헌법재판소 2012.08.23. 선고 2010헌마328 결정.

69) 이러한 재판부의 판단과 달리 재판관 이강국, 재판관 김종대, 재판관 이동흡의 일부 반대의견으로 공무원연금법 제23조 제3항은 공무원 임용 전의 군 복무기간을 공무원 재직기간으로 산입할 수 있도록 하는 근거조항일 뿐이고, 같은 법 시행령 제16조의2에 의하여 비로소 산업기능요원의 복무기간이 공무원 재직기간에 산입되지 않게 되어 기본권 침해 문제가 발생하게 되므로, 공무원연금법 제23조 제3항에 대한 청구는 기본권침해의 직접성을 인정할 수 없어 각하하여야 한다고 하였다.

70) 그러한 예는 앞의 미국의 사례에서도 살펴보았다. 국내에서도 양성평등채용목표제실시지침(제정 2002.12.30. 행정자치부예규 제105호)에 의한 한시적인 규정(5년간), 청년고용촉진특별법(법률 제7185호, 2004년 제정)에 의한 한시적인 규정(2018년까지)에서도 찾아볼 수 있다.

71) United Steelworkers of America, v. Weber, 443 U.S. 193, 99(1979).

72) U.S. v. Paradise, 480 U.S. 149, 107(1987).

73) Fullilove v. Klutznick 448 U.S. 448, 100(1980).

Ⅱ. 주요 정책적 고용우대조치

우리나라가 시행하는 주요 정책적 우대조치는 주로 취업기회의 보장을 확대하려는 것이 대부분이다. 그리고 남녀성별에 대한 우대조치로 승진 상의 우대조치를 통하여 일정한 형평성을 찾으려는 승진할당제 등을 들 수 있다. 이러한 우대조치를 새로운 접근법으로 구분한다면 취업기회의 보호 내지 확대를 위한 우대조치, 고용촉진을 유도하려는 우대조치, 사회적 형평을 추구하는 우대조치로 구분해 볼 수 있다. 이들 취업기회의 확대, 고용촉진을 위한 조치, 사회적 형평을 위한 조치[74]는 주로 가산점 제도, 할당제, 부담금의 징수 내지 장려금의 지급, 고용명령제도, 제재조치 등으로 표출되고 있다.[75]

1. 여성취업기회 확대를 위한 모성보호조치

고용상에서 모성보호조치는 근로활동이 가능한 환경을 조성하여 여성이 취업하고자 하는 의욕을 증대시켜 취업기회를 확대하고 보호하고자 하는 일환으로 풀이된다. 여성근로자의 보호에 관하여는 헌법상의 모성보호를 비롯하여 일반법적인 것으로 양성평등기본법,[76] 근기법,[77] 남녀고용평등법[78]이 있다. 남녀고용평등법에서는 차별이 아닌 사유로 여성 근로자의 임신, 출산, 수유 등 모성보호를 위한 조치를 하는 경우를 들고 있다. 즉, 임신과 관련한 각종 법률 등에 규정된 보호규정을 따르는 것은 차별에 해당하지 않는 바, 이와 관련하여서는 근기법(제5장의 여성보호와 임산부의 보호) 등에서도 규정하고 있

74) 이공계우대정책으로 공무원임용시험령에서 응시자격제한은 '기술인력의 사회적 지위 향상과 국가경제 발전에 이바지하기 위한 것'으로 정당하다는 입장으로 이러한 정책은 국민에게 양질의 서비스를 제공하기 위하여 국가기술자격 취득자를 우대하는 것은 법익균형성이 인정되는 것이라는 엄격한 기준에 의해 그 정당성을 판단하고 있다(헌법재판소 2012.07.26. 선고 2010헌마264 결정).

75) 고용관련 우대조치로는 여성고용할당제, 국가유공자 고용의무 및 가산점제도, 장애인고용의무 및 부담금징수와 고용장려금 지급, 이공계출신우대조치, 지역인재우대조치, 고졸자취업촉진우대조치, 사회적 취약계층 우대조치, 청년실업대책의 일환으로 청년인턴제, 고령자고용촉진대책 등이 대표적이다.

76) 여성발전기본법상 차별금지 등과 관련하여서는 남녀평등의 촉진, 모성(母性)의 보호, 성차별적 의식의 해소, 적극적 조치, 성희롱 등을 규정하고 있다(동법은 현재 양성평등기본법(시행 2015.07.01., 법률 제12844호, 2014.11.19.))으로 변경되었다.

77) 근기법상 여자근로자를 보호하는 주요 규정으로는 생리휴가, 임신 중 근로제공의무의 경감, 산전·후휴가 및 휴가 중 해고제한, 유급수유시간, 연장근로제한, 사용금지 및 갱내근로금지 등을 들 수 있다.

78) 남녀고용평등법상 여자근로자 보호를 위한 주요 규정으로는 여성근로자에 대한 차별대우금지(모집과 채용에 있어서의 평등, 임금에 있어서의 평등, 임금 외의 금품에 있어서의 평등, 교육·배치 및 승진에 있어서의 평등, 정년·퇴직 및 해고에 있어서의 평등), 여성근로자의 모성보호 및 직장과 가정생활의 양립지원(육아휴직제도, 보육시설의 설치, 산전 후 휴가에 대한 지원), 직장내 성희롱 금지 등을 규정하고 있다.

다.[79] 따라서 위 근기법(제74조)상 임산부의 보호는 차별로 보지 않으며, 생후 1년 미만의 유아를 가진 여성근로자에게 근기법(제75조)에 해당하는 유급수유시간을 주는 것은 차별행위가 아니다. 또, 장애인등편의법에 의거 임산부를 위한 각종 편의시설을 설치하는 경우는 차별에 해당하지 않는다. 그러한 예로 시내버스나 지하철에서 임산부에 대한 우대석을 지정하는 경우가 이에 해당된다. 우리의 헌법도 가족생활에서의 양성 평등과 모성보호를 규정하고 있는데[80], 이러한 규정들은 모성보호를 위한 조치는 국가 등이 적극적으로 취하여야 하고 보장받는다는 것을 천명한 것이라 할 수 있다. 아울러, 모성보호조치는 성별에 의한 여성차별의 해소라는 측면의 의미도 담고 있다고 판단된다. 이러한 모성보호조치는 남성에 비하여 상대적으로 약자라고 인식되는 여성을 보호하고자 하는 것이고, 인류의 존속을 위한 출산과 육아를 담당하는 모체를 보호하려는 것이고, 건강한 모성의 보호는 건강한 미래세대를 위한 조치이며, 여성차별적인 요소를 제어하여 양성의 평등을 실현하기 위한 조치라고 할 수 있다. 그리고 이러한 보호조치에 의해 여성이 근로활동을 원만하게 정상적으로 수행할 수 있도록 하여 사회적인 형평의 달성과 취업기회를 획득하고 근로생활의 질을 향상할 수 있는 기반을 마련해 주고자 하는 측면에서 합리적인 이유가 있다고 할 것이다.

결국, 모성보호조치는 여성의 임신 및 출산을 보호하기 위한 국제 협약과 권고에 해당하는 것일 경우와 같은 차등대우(여성의 재생산 기능을 보호할 목적[81])가 국제노동기준상의 특별한 보호나 조치를 위한 차등대우는 차별이 아니다. ILO의 고용과 직업상의 차별에 관한 협약(제111호)도 국제노동기준상의 특별한 보호 및 지원 조치인 경우는 위법한 차등대우가 아니라고 규정하고 있다. 이러한 사항은 국내법으로도 국제노동기준에 의한 조치들에 대한 규정을 통하여 모성보호를 위한 여성근로자의 위험작업 금지, 임신 중 근로시간 단축 및 업무 변경, 출산휴가 등 다양한 형태의 제도를 규정하고 있고, 이러한 특별 보호조치인 여성근로자의 모성보호조치 등은 사회적으로 용인되는 합리성을 가지는

79) 근기법 제74조, 구 여성발전기본법 제18조(모성보호의 강화), 건강가정기본법 제8조(혼인과 출산), 장애인등편의법 제3조(편의시설 설치의 기본원칙) 등에서 근거를 볼 수 있다.

80) 헌법 제36조 ① 혼인과 가족생활은 개인의 존엄과 양성의 평등을 기초로 성립되고 유지되어야 하며, 국가는 이를 보장한다. ② 국가는 모성의 보호를 위하여 노력하여야 한다. ③ 모든 국민은 보건에 관하여 국가의 보호를 받는다.

81) 그 예로는 "임신 중의 여성에게 유해한 것이 증명된 유형의 작업에는 동 여성에 대한 특별한 보호를 제공"하도록 한 「여성에 대한 모든 형태의 차별철폐에 관한 협약」이 있다. 그와 유사한 ILO 협약 및 권고로는 「여성의 산전산후 고용에 관한협약(제3호)」, 「모성보호에 관한 협약(제103호 및 제183호)」, 「방사선으로부터 근로자 보호에 관한 권고(제114호)」, 「작업장에서의 화학물질 사용상 안전에 관한 협약(제170호)」, 「노동자 복지시설에 관한 권고(제102호)」, 「유급교육휴가에 관한 협약(제140호)」 등이 있다.

장치들이다.

2. 국가유공자 및 군필자 우대정책

국가유공자와 군필자에 대한 사건에서 공통점은 취업가산점의 부여에 관한 것이다. 유공자의 가산점 제도는 합헌, 군필자의 가산점제도는 위헌판결을 내린 점은 앞에서 살펴보았다. 더불어 국가유공자의 경우는 고용명령제도를 취하고 있다. 공무원 및 공공기관 등에 일정비율을 의무적으로 고용토록 하고 미이행 시 고용명령을 통하여 비율도달까지 고용의무를 지우고 있다.

국가유공자의 경우는 헌법(제32조 제6항)에서 규정하고 있는 것처럼 국가유공자·상이군경 및 전몰군경의 유가족은 법률이 정하는 바에 의하여 우선적으로 근로의 기회를 부여받는다. 이러한 취지는 국가유공자법(제2조)에서 규정하고 있는 것처럼 대한민국의 오늘은 애국정신을 바탕으로 전몰군경과 전상군경을 비롯한 국가유공자의 희생과 공헌 위에 이룩된 것이므로 이러한 희생과 공헌이 우리와 우리의 자손들에게 숭고한 애국정신의 귀감으로써 항구적으로 존중되고, 그 희생과 공헌의 정도에 상응하여 국가유공자와 그 유족의 영예로운 생활이 유지·보장되도록 실질적인 보상이 이루어져야 한다는 취지에서 천명하고 있다. 국가유공자의 여우를 통한 근로기회의 보장을 받는 유공자의 범위는 국가유공자법(제4조)에서 규정하고 있다.[82] 한편, 군필자는 제대군인지원에 관한 법률에 의하여 일정한 요건이 충족되는 경우 취업보호를 받을 수 있다. 물론 국가유공자법에 준하여 국가보훈처장으로 하여금 국가기관 및 공공기관에 대하여 취업명령을 내릴 수 있도록 규정하고 있다. 다만, 군필자의 취업에서의 우대문제인 가산점제도는 제대군인지원에관한법률에 의거 취업보호(제14조)를 받을 수 있었으나 헌법재판소의 결정에 따라 폐지되었다.[83] 그럼에도 불구하고 동법에 따라 가산점제도를 제외한 부분 외에 제대군인에 대한 취업보호의 문제는 법률에 의하여 보호받고 있으며 정책적 배려가 합법적으로 보장되고 있다고 보아야 한다. 이러한 유공자 등의 우대조치는 국가를 위해 헌신한 공로를 배려하는 측면도 있지만 유공자 등이 국가를 위해 헌신하는 동안 가정과 가사에 집중하지 못한

---

82) 국가유공자법에서 정하는 국가유공자의 범위는 법 제4조(적용 대상 국가유공자)에서 규정하고 있다. 이러한 대상이 되는 유공자 및 그 유가족은 취업보호를 받게 되는데 이는 헌법에서 규정하고 이를 법률에서 규정하고 있으므로 그 범위내에서는 일정부분 우대조치가 있어도 차별행위에 해당하지 않게 된다. 또 유공자 및 그 유가족에 대하여는 국가보훈처장이 국가기관 및 공공기관 등에 대하여 취업명령을 내릴 수 있고, 이 경우 해당 기관에서는 특별한 사유가 없는 한 고용명령을 이행하여야 한다.

83) 헌법재판소 1999.12.23. 선고 98헌마363결정 이후 여러(헌법재판소 2013.05.15. 선고2013헌마259 결정 ; 헌법재판소 2013.02.26. 선고 2013헌마68 결정 등) 차례 군가산점 불인정에 대한 위헌확인이 진행되었으나 대부분 각하되었다.

결과 그 가족들의 생활여건이 상대적으로 열악한 경우가 많기 때문에 이를 개선하기 위한 조치로 그 합목적성이 있다고 보여진다. 이러한 점은 국가유공자에 대한 판결에서 그 합리성이 인정되었음을 확인하였다.

3. 장애인 고용촉진을 위한 우대조치

고용촉진을 위한 우대조치로 대표적인 것이 장애인고용 우대조치이다. 장애인에 대한 차별금지는 물론, 편의제공의무와 더불어 장애인고용의무비율을 규정하여 법률로 강제하고 있다. 즉, 공공기관 및 일정 규모 이상의 사기업에 대하여 고용비율을 규정하고 미이행시에는 고용부담금을 징수하고, 초과 고용하는 경우 고용장려금을 지급하여 촉진하고 있다. 그리고 이를 위반하는 경우 제재조치를 취하고 있다.

장애인 고용 우대정책은 사회적인 약자를 배려한다는 합리적인 측면에서 접근된 사안이다. 특히 고용 등에서의 장애인에 대한 차별을 금지하고, 장애인의 정보 및 시설 등에의 접근, 편의제공의무 등의 사업을 펼치도록 하고 있다. 이를 위하여 고용노동부를 비롯하여 장애인고용촉진공단, 국가 및 지자체, 공공기관, 기타 각종 기관들에게 의무를 부과하고 있다. 크게 나누어서 장애인 우대정책을 살펴보면, 사회생활에 적응할 수 있도록 하는 각종 지원사업, 각종 시설의 설치 및 편의제공사업, 공공기관 등 일정비율 고용의무사업[84], 직업훈련 및 직업지도사업 등을 들 수 있다. 이를 효과적으로 수행하기 위하여 국가 및 지자체와 각 사업체에게 부담할 의무사항을 규정하고 위반 시에는 처벌하는 규정까지 마련하고 있다. 이를 위한 법률로는 장애인차별금지법, 장애인고용법 등이 있는데, 장애인고용법은 제2장(장애인 고용촉진 및 직업재활)과 제3장(장애인 고용 의무 및 부담금)에서 그 주요 내용을 규정하고 있다. 물론, 장애인차별금지법에서도 고용상 차별을 금지하는 내용과 편의제공의무[85] 등을 통하여 고용상 우대장치를 규정하고 있다. 과거부터 단지 장애를 가졌다는 이유만으로 고용현장에서 배제되어온 것은 사실이다. 그러나 장애

84) 국가 및 지자체 등은 상시고용인원의 100분의 3 이상을 의무고용하여야 하며, 미이행시에는 고용부담금을 납부하여야 한다. 국가는 이러한 재원과 특별재원을 기반으로 장애인고용을 위한 고용촉진사업과 직업지도 및 사회에 적응할 수 있는 재활사업, 편의시설 설치 및 운영사업을 실행하고 있다. 또 상시고용인원 50인 이상의 사업체는 100분 5 범위를 장애인으로 고용하여야 한다. 이를 위반할 경우 미이행에 대한 고용부담금 및 벌칙규정을 두고 있다.

85) 고용과 관련한 장애인근로자에 대한 차별행위를 할 수 없음은 물론 고용된 장애인을 위하여 작업활동과 근로활동이 가능하도록 각종 시설기준을 마련하고 있다. 물론, 고용과 관련한 것이 아닌 사회활동 일반에서는 전용좌석제, 승강기, 주차시설, 각종 요금할인제, 기타 많은 부분의 편의제공사업을 추진하고 있다. 고용과 관련하여서도 이에 준하는 조치들이 취해지고 특히 작업시설, 공동편의시설 등에 별도의 부가시설을 갖추어야 한다. 고용과 관련한 안정성을 확보하기 위하여 고용의무제, 해고금지사항 등 다양한 제도가 마련되어 있다.

인도 그 능력에 따라서 사회활동을 할 수 있고, 그러한 능력을 발휘할 수 있는 기회가 보장되어야 하는 것은 당연한 것이다. 만일 장애인이 정상적인 사회활동을 하지 못하고 소득이 없는 상황에서 국가나 사회가 부담해야 하는 비중은 그만큼 커질 수밖에 없다. 자발적인 소득활동을 통한 생활안정과 장애인이 가진 능력을 활용하여 국가적인 생산성을 향상시켜, 사회적 부담을 줄이고 사회적인 통합과 국민경제의 활력을 찾는 것은 합리적인 이유로서 큰 의미가 있다고 할 것이다. 특히 자발적인 취업활동이 어려운 현실을 감안할 때 고용부담과 부담금징수 및 장려금지원 등 촉진정책은 사회가 부담해야 할 일정한 부분을 고용영역에서 나누는 것이라고 할 수 있다.

4. 고령자 고용촉진을 위한 우대조치

고령자법 제4조의5(차별금지의 예외)에서는 "이 법이나 다른 법률에 따라 특정 연령집단의 고용유지·촉진을 위한 지원조치를 하는 경우"는 연령차별로 보지 않는다고 규정하고 있다. 고령자의 고용기회를 확대하기 위해서는 고령자가 수행할 수 있는 직무의 개발과 활용에 대한 정책적인 노력이 필요하겠지만, 특히 고용현장에 고령자가 잔류하거나 재진입하기 위한 기회가 확보되어야 한다. 그러므로 모집 및 채용단계에서의 차별이 제거되어야 하는데, 일반적으로 모집 및 채용단계에서의 연령에 대한 차별상황으로 대표적 유형은 지원자의 나이 특히 최고 연령을 제한하거나 특정 나이층을 선호하는 경우이다.[86] 나이에 관한 발언 모두가 차별의 증거로 되는 것은 아니다. 나이에 관한 언급이 불이익한 결정과는 무관하거나 흔히 있을 수 있는 견해 표명에 불과한 경우 불법적인 차별의도에 해당하지 않는다.[87] 생년월일이나 나이를 묻는 것 자체를 나이차별로 단정할 수는 없지만,[88] 나이 많은 지원자를 배제하거나 나이에 근거한 차별의도를 드러내는 것일 수 있기

86) 영국 고용평등(연령)규칙에 관한 ACAS(The Advisory, Conciliation and Arbitration Service)의 가이드라인에서는 "면접에서 나이와 관련된 질문은 피하는 것이 좋다. 그리고 당신은 이 직책을 담당하기에는 상당히 젊다 또는 당신 같은 사람은 보다 많은 책임감이 요구되는 일을 찾아보는 것이 좋지 않겠는가? 등"과 같은 언급은 하지 않아야 한다고 규정하고 있다(ACAS, Age and the Workplace, A guide for employers, 2006, 15면).

87) Mack A. Player, Federal law of employment discrimination, 3rd ed., West Group, 1992, 137~138면.

88) 미국 ADEA 관련 EEOC 규칙(29 C.F.R. §1625.5) - 입사지원서 등 고용관련 신청서 : 입사지원서 등 고용관련 신청서(employment applications)에 '생년월일'이나 '나이'와 같은 정보를 밝히도록 요구하는 것 자체가 법 위반은 아니다. 그러나 그러한 요구는 고령자를 단념케 하거나 나이에 근거한 차별을 암시할 수 있기 때문에, 그러한 요구가 법이 허용 내지 금지하는 목적을 위한 것인지 확인하기 위해 위와 같은 정보를 요구하는 고용관련 신청서는 엄격한 심사의 대상이 된다. ; 영국 고용평등(연령)규칙에 관한 ACAS의 가이드라인 : 지원서 양식에서 나이, 생년월일 기재란을 삭제하라. 또한 기간이나 날짜에 관한 불필요한 정보를 기재토록 요구하고 있지 않은지 검토해야 한다. 지원서 양식에서 나이와 관련된 정보를 요구하는 것은 나이차별에 해당할 수 있다(ACAS, Age and the Workplace, A guide for employers, 2006, 11면.).

때문에 나이차별에 해당할 수 있다.[89] 또, 특정 나이집단만을 대상으로 하는 모집 · 채용 광고는 간접차별에 해당할 수 있다.[90] 반면에 진정직업자격이나 정책적 우대조치에 해당하는 경우에는 나이차별이 성립하지 않는다.[91] 그러므로 모집채용에서의 응시연령제한 폐지, 정년연장조치 등은 고령자의 고용촉진을 위한 조치로 풀이된다.

미국 연방대법원은 2004년 판결[92]에서 상대적으로 나이가 많은 고령근로자들에 대한

---

89) Barbara T. Lindemann and David D. Kadue, Age Discrimination in Employment Law, Washington, D.C. : Bureau of National Affairs, 2003, 1185~1186면 ; 고령자가 절대 다수를 차지하는 파트타임 재고용 거부와 관련하여 희망퇴직자의 약 96%가 50세 이상이라는 사실로부터 아일랜드의 평등조사관청은 희망퇴직자를 파트타임 재고용 대상에서 배제하는 것은 나이가 젊은 근로자들보다 50세 이상의 근로자들에게 상당히 심각한 영향을 미치고, 피진정인은 회사의 정책이 나이차별과 무관하거나 비용절감이라는 경제적인 이유 외에 다른 정당한 사유를 입증하지 못했다는 점에 근거하여 차별로 판단하였다(McLoughin v Bus Eireann(DEC-E 2004-59). 홈페이지(www.equalitytribunal.ie)) ; 영국 고용평등(연령)규칙에 관한 ACAS의 가이드라인에서는 사용자가 직원을 채용함에 있어서 대학 졸업자일 것을 자격요건으로 요구하고 있는데, 오늘날에는 몇 십 년 전에 비해 훨씬 많은 사람들이 대학을 다니지만, 충분한 실무적 경험을 갖고 있는 고령자들이 대학교 졸업자일 가능성은 상대적으로 적으므로 사용자가 대학 졸업자 요구의 정당성을 입증할 수 없는 경우에는 간접적인 나이차별에 해당할 수 있다(ACAS, Age and the Workplace, A guide for employers, 2006(op. cit.), 14면).

90) 영국 고용평등(연령)규칙에 관한 ACAS의 가이드라인 : 광범위한 지원자 풀을 대상으로 모집 · 채용에 관한 광고를 하는 것이 바람직하다. 특정 연령층에 한정된 광고는 지원자의 다양성을 저해하고 간접차별에 해당할 수 있다. 예를 들어, 젊은 사람들을 고객으로 삼고 있는 잡지에만 광고를 내는 것은 고령자들에 대한 간접차별이 될 수 있다. 왜냐하면, 고령자들은 그 잡지를 구독할 가능성이 더 적고, 따라서 해당 구인광고를 보고 지원할 가능성도 더 적기 때문이다.

91) EU지침(2000/78/EC)은 채용에서의 나이차별(직접차별)의 예외로 설정 가능하다고 규정하고 있다. 우리나라의 경우 근기법상 취업최저연령규정과 임산부와 18세미만자의 도덕상 또는 보건상 유해하고 위험한 사업에 사용을 금지하는 규정, 항공법상 항공업무 종사자의 조종사자격증 보유규정과 자격증명 최저연령 등을 들 수 있다. 해당 업무가 요구하는 교육훈련 또는 퇴직 이전의 합리적인 고용기간에 근거한 채용상의 최고 연령의 설정(EU지침, 2000/78/EC)도 가능한데, 호주에서는 교육훈련 비용에 근거한 나이제한의 정당성 여부와 관련한 군 헬기 조정사의 나이제한(임용시점 19세 이상 28세 미만)에 대하여 호주의 인권기회평등위원회(HREOC)는 훈련투자비용에 대한 보상 가능성(훈련투자에 드는 높은 비용을 충분한 기간의 군복무로 보상받을 가능성)은 지원자의 전반적인 업무적합성을 판정하기 위한 기준의 일부를 형성할 수는 있으나 그 경우에도 직접적으로 판정되어야 하고 나이를 근거로 이러한 가능성이 가정되어서는 아니 된다(Robert Bledly사건. HREOC, Report of Inquiry into Complaints of Discrimination in Employment and Occupation Age Discrimination in the Australian Defence Force, Report No.8, Commonwealth of Australia, 2000).

92) 상대적으로 나이 많은 자에 대한 우대 내지 선호 : 50세 미만의 근로자들에게는 퇴직건강급여(retiree health benefits)의 수급자격을 폐지하고 50세 이상의 근로자들에 대해서만 계속 인정하겠다는 사용자의 결정에 반대하여 원고들(40대)이 소를 제기했다. 미국의 하급심 법원은 일종의 역나이차별(reverse age discrimination)로 보았으나 연방대법원은 상대적으로 젊은 근로자들에게 유리하게 작동하는 차별로부터 상대적으로 고령인 근로자를 보호하려는 것이 의회의 입법의도였기 때문에 보다 나이가 많은 고령근로자들에 대한 선호는 법(ADEA) 위반이 아니라고 보았다. 미국의 연방대법원은 ADEA 제623조 (a)상의 '나이'는 그 의미가 모호하고 두 가지(하나는 생물학적 연령, 다른 하나는 고령)로 해석할 수 있다고 지적하면서, 40세 이상의 자들만을 대상으로 하는 동법의 적용범위, 나이차별이라는 용어의 사회적 역사, 동법이 규정하고 있는 입법취지 및 의회의 기록 전반에 근거하여 위와 같은 결론을 내렸다(General Dynamics Land Systems, Inc. v. Cline, 540 U.S. 581

사용자의 우대·선호는 나이차별이 아니며, EEOC해석규칙(29 C.F.R. §1625.2, 법에 의해 보호되는 자들 간의 차별)은 명백히 잘못되었다고 밝히고 있다.[93] 이러한 연방대법원의 입장에 따라 EEOC는 해석규칙의 개정안을 제안하였다.[94] 일본의 경우도 '고연령자 등의 고용안정 등에 관한 법률'에서는 1994년 60세 정년을 의무화하고 2004년 고연령자 고용확보조치(정년연장·정년폐지 또는 계속고용제도의 도입)의 실시를 의무화(2006.4.1. 시행)하였다.[95]

고령자를 위한 정책적 우대조치에는 공공부문에서 법령·조례 등에 근거하여 국가·지자체 등이 시행하는 공적 성격의 정책적 조치와 민간부문에서 사업주 등 개별 기업이 자발적으로 시행하는 사적 성격의 정책적 조치가 있다.[96] 특히 정부는 현재 노인복지법에 의해 노인 일자리 사업을 추진하고 있다. 이러한 고령자를 위한 우대조치들은 인구구조의 변화에 기인하는 바가 크다. 고령사회를 넘어 초고령사회로 진입하고 있는 우리의 현실에서 출산율은 저하되고 노동력은 그만큼 축소되고 있다. 결국 인력활용의 문제가 발생하게 되었고, 더욱이 평균수명이 연장되면서 사회적 부담은 증가하고, 기존의 정년체계에서 퇴

(2004)).

93) 이 판결이 있기 이전까지 EEOC는 법(ADEA)상의 나이를 '생물학적' 나이로 해석하였다. 현행 EEOC해석규칙 역시 40세 이상의 사람들 사이에서 나이에 근거하여 보다 나이 많은 사람을 우대하거나 보다 나이 적은 사람을 우대하는 등의 어떠한 선호도 금지하고 있다. 다만 나이차별과 관련한 문제점들에 대응하기 위해 40세 이상의 고령근로자들에게 사용자가 추가적 편익을 제공하는 것은 예외적으로 허용하고 있다. 그런데 연방대법원은 법(ADEA)상의 나이를 생물학적 나이가 아니라 고령으로 해석하여 위와 같은 결론을 도출하였다. 미국의 고용상 연령차별금지법(ADEA)은 그 적용대상이 40세 이상인 자로 한정되어 있기 때문에 동법상의 나이를 생물학적 나이가 아닌 고령으로 해석할 여지가 있지만 우리의 경우에는 나이차별로부터 보호되는 자의 범위가 특정 연령층에 국한되지 않으므로 미국처럼 해석하기는 곤란하다.

94) 미국 ADEA 관련 EEOC규칙 개정안(29 C.F.R. §1625.2) - 법에 의해 금지되는 차별 : 고용의 어떠한 측면에서도 사용자가 40세 이상이라는 이유로 사람을 차별하는 것은 법상의 예외규정이 적용되지 않는 한 위법하다. 나이를 이유로 젊은 사람보다 나이든 사람을 선호하는 것은 그 젊은 사람이 40세 이상이라고 할지라도 동법(ADEA) 하에서 위법한 차별이 아니다.

95) 제8조(정년을 정한 경우의 연령) : "사업주가 그가 고용하는 근로자의 정년을 정하는 경우 당해 정년은 60세를 하회할 수 없다. 다만, 당해 사업주가 고용하는 근로자 가운데, 고연령자가 종사하는 것이 곤란하다고 인정되는 업무로서 후생노동성령에서 정한 업무에 종사하고 있는 근로자에 대해서는 그러하지 아니 하다."

96) 유럽사법재판소(ECJ)는 2005년 Mangold v Helm 사건(2005. 11. 22. 판결, Case C-144/04)에서 상대적으로 높은 실업률을 보이는 고령자의 고용을 촉진하기 위해 52세 이상 고령자의 경우 최고 2년을 초과하는 기간제 근로계약의 연쇄적 체결을 예외적 허용하는 독일의 개정법(2003.1.1. 시행)을 EU지침(2000/78/EC)에 위반하는 나이차별로 판결하였다. 독일 구법 하에서는 58세 이상 고령자의 경우 사용자는 객관적 사유 없이도 최고 2년의 범위 내에서 기간제 근로계약을 체결할 수 있게 했었다. 기간제 근로계약의 체결요건을 완화한 개정법에 대해 유럽사법재판소는 비례원칙에 반하는 것으로 판단했다. 단지 나이 때문에 안정적 고용의 이익으로부터 배제될 위험(즉, 고령근로자의 고용권 약화)이 있기 때문에 독일 개정법은 고령자의 직업적 통합을 달성하기 위한 적절하고 불가결한 수단의 범위를 벗어났다는 것이 판단의 이유이다.

직 후 장기간의 노후를 보장할 수 있는 소득이 확보되지 못하고 있다. 그러므로 숙련된 노동력의 활용을 통한 생산력의 제고와 고령자의 생계유지 등 사회문제를 해소하는 대안이 될 수 있는 현실을 감안할 때 고령자에 대한 고용유지 및 고용촉진정책은 시대가 요구하는 사안이며, 사회문제를 해소하는 방안이라고 할 것이다.

Ⅲ. 고용우대정책으로서의 청년채용할당제

1. 청년할당제의 정당성 및 필요성

적극적 개선조치를 취해야하는 경우는 오랜 기간 차별을 받아온 문제를 해소하기 위한 목적이 있어야 한다. 그러나 청년실업의 문제는 차별상황의 상존보다는 경기침체 등 경제적인 상황에 기인하는 것이 큰 원인에 해당한다. 물론 경기침체로 신규인력보다는 같은 임금으로 입직교육 등이 필요하지 않고 즉시 활용이 가능한 기왕의 경력근로자를 선호하는 것은 기업의 입장에서 보면 상대적으로 비용적인 측면에서 유리하기 때문에 이를 기준으로 선발에서 상대적인 배제 사유가 될 가능성이 없는 것은 아니다. 한편, 경기적인 측면에서 일정기간 청년실업은 사회문제를 야기하고 청년인력의 활용이 불가능할 경우 새로운 지식과 기능을 활용할 수 없고, 일시적으로는 경력직이 선호되지만 장래의 일군을 확보하지 못하면 기업의 입장에서는 장기적인 인력정책에 실패하게 될 가능성이 크다. 이러한 현실을 감안하여 민간부분이 아닌 공공부분에 대하여 일시적으로 특별법을 통하여 할당제를 취하는 것은 정부정책에서 일응 합리성을 가질 수 있을 것이다. 그러므로 청년고용할당제는 정책적 우대조치 측면에서 판단되어야 할 사안이라고 할 수 있다.

2. 청년고용촉진특별법에 의한 고용의무 문제

2013.05.22. 법률 제11792호로 개정된 청년고용촉진 특별법 제5조 제1항은 2014.01.01.부터 한시적으로 대통령령으로 정하는 공공기관과 지방공기업은 매년 정원의 100분의 3 이상씩 청년 미취업자를 고용하도록 의무화하였다. 청년할당제를 규정하고 있는 법 제5조 제1항과 그 시행령 제2조가 헌법상 보장된 청구인들(공공기관과 지방공기업에 취업하려고 하는 사람들)의 평등권, 직업선택의 자유 등을 침해한다고 주장하며 2013.08.06. 헌법소원심판을 청구하였는데, 청구인 중 1인은 자기관련성이 없어 각하되었고, 나머지 청구인들에 대한 심판청구는 기각되었다.[97]

97) 소위 청년할당제는 34세 이하의 청년 미취업자를 공공기관 및 공기업으로 하여금 일정비율이상 채

동 사건은 과잉금지원칙 내지 비례성심사기준을 활용하고 있다. 즉, 이러한 입법의 목적적인 측면에서의 정당성과 수단의 적합성, 피해의 최소성, 법익 균형성 등을 판단하면서 합헌의 의견은 보호대상이 34세 이하이고 이는 35세 이상의 평등권을 침해하지 않는 것이며, 한시적인 운영(2018년까지 일시적으로 운영)으로 사회적인 문제가 되고 있는 청년실업은 이를 통하여 해소될 수 있고, 이를 통하여 지속적인 경제성장과 사회 안정을 가져오는 공익적인 목적이 크다는 것이 정당성의 입장이다.

반면에 청년할당제가 위헌적이라는 부당성의 입장은 공공기관의 경영사정 내지 인력수요를 고려하지 않고 강제하므로 기존 인력의 감축이 강제되고 결과적으로 고령근로자에 대한 차별로 이어질 수 있고, 한정된 일자리를 감안할 때 적정한 일자리를 창출하지 않고 특정 연령대의 청년층에게 우선 배분하는 것은 세대 간의 갈등을 조장할 수 있으며, 채용에 있어서 일반국민에게 균등한 취업기회를 보장하고, 성별·나이 등을 배격하고 능력주의 내지 성적주의에 입각한 공정한 경쟁에 의한 채용기회를 보장하지 않는 것은 다른 연령층 미취업자들의 직업선택의 자유를 침해하는 것으로 합리성이 없다고 보았다.

3. 청년할당제와 고령자 차별 문제

청년할당제(고용의무)는 과거부터 현재까지 청년취업의 차별문제가 발생하고 이를 해소하기 위하여 취해진 것이 아니므로 적극적 개선조치로 보기에는 무리가 있고, 정책적 우대조치로 보아야 한다. 청년할당의 필요성은 이미 앞에서 살펴보았으므로 한시성을 중심으로 판단해 본다면 이 정책은 2018년까지 운영되는 특별법의 성격을 지니고 있다. 모든 청년실업을 구제하기 위한 것이 아니고, 일시적인 청년실업문제를 다소 해소할 목적을 가지고 있다. 그러므로 과도하지 않는 비중과 함께 과도하지 않은 기간을 운영하는 한시성을 가지고 있다. 이러한 점은 일응 경기변동이나 최근의 경기상황과 실업수준을 고려할 때 합리적인 수준으로 판단된다. 다만, 실업해소문제는 미시적인 고용할당보다는 근본적으로 일자리창출을 확대하는 인력정책이나 경제정책의 거시적인 관점도 고려하는 것이 필요할 것으로 판단된다.

특별법에 우선적으로 고려되는 연령층은 34세 이하자이다. 소위 청년층이라는 개념의

용하도록 규정한 청년고용촉진특별법 제5조 제1항에 대한 사건인데, 이 사건은 동법에서 규정한 해당기관에 매년 정원의 3%를 채용하도록 한 것은 35세 이상자의 평등권을 침해(연령차별)한다는 이유로 위헌소송을 청구한 사건으로 합헌(4인)과 위헌(5인)의 양론이 팽팽한 견해를 가지고 있었으나 위헌정족수 미달로 위헌결정은 나지 않았다. 그러나 양측의 견해를 살펴보면 청년할당제에 대하여 쟁점을 기준으로 합리적인 이유를 판단하는 기준을 살필 수 있다. 동 사건은 평등권 및 다른 미취업자의 직업선택의 자유 침해여부를 판단한 것으로 엄격한 심사기준이 활용되었다.

범주에 해당하는 사람들이다. 이는 청년실업이 문제가 되어 이를 해소하고자 하는 정책적 고려사항이다. 그렇다면 35세 이상자의 실업은 문제가 없다는 것인가. 물론 통상적인 경우라면 이러한 연령층은 이미 취업을 하였을 것이다. 그러나 우선 고려되는 비중은 3% 수준으로 과도하지 않은 점은 정당성을 주장하는 입장이 틀린 것은 아닌 것으로 판단된다. 그러나 엄격한 기준으로 판단한다면 부당성을 주장하는 입장에서처럼 보다 나이 많은 사람은 연령 때문에 상대적인 차별을 당하게 되는 점은 부정할 수 없다. 즉, 고령자고용법과의 문제와도 상충되는 사안으로 비록 그 비중이 적다고 하지만 고령자를 차별하는 정책임에는 부인할 수 없다고 할 것이다.

일자리는 일정한 한계를 가지고 있는 것이 현실이다. 그러므로 누군가(청년 등)가 그 자리를 메우면, 다른 취업희망자(고령자 등)는 기존 근로자에 의해 공석이 생기지 않으면 취업할 수가 없다.[98] 특별법에 대한 부당성을 주장하는 입장에서처럼 특정 연령대를 정책적으로 구제하기 위하여 우선 선발하는 경우 그 만큼 다른 연령대의 사람은 상대적으로 불이익을 받을 가능성을 배제하기는 어렵다. 그러므로 상대적으로 비보호대상에 대한 피해를 최소화하기 위하여 정책적인 배려가 필요한데, 과도하지 않은 우대정책의 비중, 적용대상의 한정, 적용기간 제한 등을 고려한 운영의 필요성이 크다고 할 것이므로, 이러한 측면에서 특별법이 과도하지 않은 비중(3%)과 적용범위(공공기관)를 한정하고, 한시성(5년간)을 가지고 있는 것은 합리적인 장치로서의 조치가 수반되고 있다고 할 수 있을 것이다.

Ⅳ. 정책적 우대조치의 한계와 합리성 제고방안

적극적 고용개선조치가 사회문화적인 배경과 현존하는 차별에 대하여 그 차별을 해소하거나 완화하기 위한 조치의 일환으로 그 범위를 크게 설정하면 정책적 우대조치와 중첩되는 영역이다. 그러나 정책적 우대조치는 현존하는 차별해소가 중점이 되는 것이 아니고, 고용환경의 변화, 고용정책의 변화, 사회문화적인 현실적인 문제, 상대적으로 열악한 약자의 보호와 다양성을 보완하여 사회적 형평을 도모하고자 하는 장치로 이해되는 것이

98) 일자리의 유한성을 상정하고 판단하면, 청년층과 고령층 고용이 대체관계에 있다는 것으로 풀이된다. 즉, 경제고용규모가 고정되어 있어 어느 한쪽이 확대 고용되면 다른 한쪽은 축소(노동총량이론)되는 결과가 되는 것이다. 그러나 고용총량이 지속적인 경제성장으로 새로운 일자리를 창출하면 한쪽의 고용확대가 다른 쪽의 고용을 구축하지 않게 된다. 그러므로 경기가 위축되는 경우 일자리에 한계가 있어 대체성이 강하게 나타날 것이고, 경제가 활성화되면 양쪽 모두에게 고용은 확대될 것이다(한국은행, "국제경제리뷰", 제2015-19호, 2015.10. 참조).

적극적 조치와의 차이라고 할 수 있다. 예를 들어 여성차별 해소를 위한 적극적 개선조치로 고용할당제 등을 취한다면, 같은 여성의 우대조치로 금지직종이나 취업 중 배려조치 등 모성보호조치는 여성차별의 개념에서의 접근이 아니라 정책적인 우대조치의 일환으로 볼 수 있는 여지가 크고, 여성차별해소를 위한 적극적 개선조치로 볼 여지도 함께 고려되고 있는 것으로 판단할 수 있다.

아울러, 앞에서 설명된 것처럼 국가보훈대상자가 특별히 고용상 차별을 받아온 것은 아니다. 그러나 국가에 봉사한 공로를 인정하고 현실적으로 처한 가정환경 등의 어려운 사정 등을 고려하여 취업상의 우대조치를 취하는 것은 정책적인 우대조치에 해당하는 것이다. 특히 최근에는 저소득층에 대한 사회적인 배려차원에서의 고용지원제도를 시행하는 것은 정책적 우대조치의 일환으로 이러한 사유들은 적극적 개선조치와는 다른 영역으로 상대적인 차별행위가 아닌 사유가 된다고 할 수 있다.

다만, 정책적 우대조치도 그 한계점이 없이 무한대로 합리적인 이유를 가지는 것은 아니고, 적극적 개선조치와 같은 일정한 한계점을 내재하고 있다고 판단된다. 즉, 정책적 우대조치가 합리성을 갖기 위해서는 명확하고 합리적인 목적이 있어야 한다. 그리고 그 목표는 합리적이고 객관성이 높은 통계적 지표 등 타당한 수준을 정해야 하고, 정책적 우대조치가 영구적으로 고착되는 것이 아닌 상대적인 역차별을 고려하여 잠정성 내지 한시성이 유지되어야 한다. 결국 고용우대조치도 상대적인 상황을 반영할 수밖에 없는 정책적인 과제를 지니고 있다고 판단된다. 일자리가 한정된 고용시장에서 고령자 고용우대를 취하면 청년실업이 늘어나고, 청년고용을 우대하면 고령자 고용은 퇴출되어야 하는 것처럼 정책적인 우대조치는 형평성과 적정성을 비교형량하여 추진되어야 그 합리성을 인정받을 수 있을 것이다. 즉, 정책적 우대조치도 역차별을 고려하는 등 적극적 개선조치에 준하는 엄격한 기준이 전제되어야 그 합리성을 인정받을 수 있을 것으로 판단된다.

제 4 절 고용차별에 대한 권리구제 및 정책적과제

Ⅰ. 고용차별에서 권리구제 대상

법령으로 금지하고 있는 차별행위 내지 불이익처우 등을 받은 모든 근로자 및 근로자가 되려는 구직자 등은 고용상 차별행위에 대한 권리구제의 대상이 된다. 차별행위에 대한 구제제도는 차별금지제도의 실효성 확보는 물론 고용평등증진을 위한 것이다. 현실적으로 고용상 차별금지를 법령에서 규정하고 있지만 차별행위로 근로자의 권리나 이익이 침해된 경우 이를 구제할 수 있는 장치가 없다면 사실상 차별금지제도는 선언적인 규정에 불과한 것이 될 수 있다. 그러므로 권리구제제도는 차별금지제도를 실효성 있게 추진하고 고용평등을 증진하기 위한 중요한 장치라고 할 수 있다. 이러한 권리구제는 법적조치, 소송, 심판, 조정, 지도감독, 권고 등을 고려할 수 있고, 내용적으로 벌칙적용, 원상회복, 손해배상, 이행명령, 침해배제조치 등을 들 수 있다. 이러한 조치들을 행정적구제, 사법적구제 등으로 논의되고 있으나,[99] 실제 권리구제는 구제기관을 통하여 실행되고 있는 점을 감안하면 구제기관을 중심으로 검토되는 것이 적절하다고 할 수 있는데, 현실적으로는 법원과 고용노동부를 포함한 노동위원회가 중심적 기능을 수행한다고 할 수 있다. 한편, 국가인권위원회도 조정·권고 기능을 가지고 있으므로 직·간접적으로 구제기능을 수행한다고 할 수 있고, 헌법재판소의 경우도 차별행위가 헌법이 규정한 평등권을 위반하는 경우에 해당하므로 헌법소원이나 위헌법률심판 등을 통하여 권리구제기능을 수행한다고 할 수 있으므로 이들 기관의 구제행위를 중심으로 설명한다. 아울러, 고용노동부는 노동정책의 입안 및 집행, 근로감독, 고용상 지도업무를 수행하고, 사안에 따라서는 예규나 지침, 법령의 제·개정, 질의회시, 차별시정제도의 안내와 인식제고 등 포괄적인 고용관련 업무를 수행하는 주무부처이다.[100]

99) 박성희, "고용상 차별의 구제에 관한 연구", 단국대박사학위논문, 2012, 41~43면.

100) 차별시정제도의 대상인 '차별적 처우'란 사용자가 임금 그 밖의 근로조건 등에 있어서 합리적인 이유 없이 불리하게 처우하는 것을 말한다. 이러한 금지대상은 직접적인 차별뿐만이 아니라 간접적인 차별도 포함된다. 즉, 형식적으로는 동일한 근로조건을 적용하지만, 특정 부류의 근로자에게 일방적으로 불리한 처우를 행하는 것도 차별이 될 수 있다는 점이다. 사용자는 근로자가 차별적 처우의 시정신청, 노동위원회에의 참석 및 진술, 재심신청 또는 행정소송의 제기, 시정명령 불이행의 신고 등을 이유로 해고, 그 밖의 불리한 처우를 하지 못한다. 위반시 2년 이하의 징역 또는 1천만원 이하의 벌

Ⅱ. 고용상 차별의 구제제도 외국 입법례

1. 미국의 입법례

민권법 706조(g)(1)에 의하면 법원은 위법적인 차별에 대해 해당행위의 금지, 피고용자의 백페이(back pay)부 복직이나 채용을 포함하는 적절한 적극적 시정조치, 그 밖에 법원이 적절하다고 판단되는 모든 형평법상의 구제를 명할 수 있다고 규정하고 있다. 당초 민권법은 징벌적 손해배상제도를 규정하지는 않았으나 1991년 개정시에 도입하였다. 이를 통하여 차별피해자의 적절한 보상과 효과적인 차별억제 및 권리보호의 강화 등을 기할 수 있다고 판단하고 있다. 이후 고용상 차별행위와 관련하여 고용상 연령차별금지법(ADEA), 장애인법(ADA) 등에서 징벌적 손해배상 등 배상제도를 도입하고 있다.

미국의 구제제도의 특징은 고용기회평등위원회(EEOC[101]))의 기능과 역할 및 징벌적 손해배상제도를 들 수 있다. 즉, 미국의 고용차별구제절차는 EEOC의 전치주의를 택하고 있어, 고용에 관한 권리를 침해받았다고 생각하는 사람은 법원에 차별소송을 제기하기 전에 EEOC에 구제신청을 하여야 한다. 아울러, 징벌적 손해배상제도는 행위자의 악의, 부주의 등에 대한 징벌을 목적으로 하거나 일반인들에게 본보기로 잘못된 행위를 억제하기 위하여 취해지는 실제 손해액을 넘는 손해배상이다. 이는 가해자의 비도덕적이고 무분별한 불법행위에 대한 일종의 제재를 부과하는 것이다.

2. 독일의 입법례

독일은 고용상 차별구제를 일반평등대우법(AGG)에 규정하고 있다. 즉, 차별금지원칙을 위반한 경우 사용자는 이로 인해 발생한 유형의 손해를 배상할 의무를 부담하고, 취업

금에 처해질 수 있다. 아울러, 사용자는 확정된 시정명령을 정당한 이유 없이 이행하지 아니한 경우 1억원 이하의 과태료에 처해질 수 있다. 한편, 소규모 사업장(5인 미만 사업장)은 차별금지법이 적용되지 않는 사안도 있다. 따라서 노동위원회를 통한 권리구제신청을 할 수 없다. 그러나 헌법 제11조와 근기법 제6조에 정해진 바에 따라 차별처우를 받지 않을 고유권리가 있으므로 차별처우를 받는 경우 고용노동부 근로감독과에 진정, 고소, 고발이 가능하며 차별임금에 대한 소급청구를 할 수 있다. 다만 이 경우는 입증책임의 전환이나 고소의 내용에 따르는 무고가능성에 염두를 두어 명백한 증거를 확보하여야 한다.

101) 민권법 제705조에서는 EEOC설치근거를 규정하면서, 5인의 위원으로 구성하며, 위원회 권한으로 동법에서 규정한 조정 또는 구제 조치에 의한 시행지원, 동법에 의거 피해자에 의해, 정부, 정부 기관 또는 행정기관이 아닌 피고를 상대로 제기된 민사소송에서의 조정 등의 업무를 규정하고 있다. 아울러, 각 기업에 대한 인종별·성별 고용 실태조사를 실시, 위반했을 때에는 직접 연방재판소에 제소할 수 있는 권한을 가지고 있다.

자는 무형의 손해에 대해서도 사용자에게 금전적 보상을 요구할 수 있다. 다만, 사용자가 의무위반에 대한 책임이 없는 경우에는 유형의 손해배상책임은 없고, 단체협약이나 경영협정 등에 대한 집단적 합의에 근거한 차별의 경우에는 사용자의 고의 또는 중과실이 있는 경우에만 손해배상 책임을 진다. 아울러, AGG는 재산적 손해뿐만 아니라 정신적 손해에 대하여도 청구할 수 있고, 손해배상청구와는 별도로 침해배제를 요구할 수 있다.[102]

독일에서 고용상 차별구제는 연방차별금지위원회와 노동법원이 담당하고 있다. AGG는 연방차별금지처의 설치근거를 두고 있으나 궁극적인 해결은 노동법원을 통해 이루어진다. 노동법원은 조정과 화해를 통해 분쟁이 해결되도록 노력하는 한편, 재판과 판결로 분쟁이 해결되더라도 신속하면서도 저렴한 비용을 보장하고 있다.

Ⅲ. 차별구제기관별 구제절차와 방법

1. 헌법재판소

헌법재판소가 차별구제와 관련하여 행하는 제도적인 장치는 위헌법률심사와 헌법소원을 통한 것이다. 기본권인 평등권이 침해된 차별금지위반에 대한 법령의 헌법위반에 대한 위헌법률심사가 그 하나이고, 헌법소원을 통한 구제신청이 그 하나이다.

(1) 헌법소원

공권력의 행사 또는 불행사(不行使)로 인하여 헌법상 보장된 기본권을 침해받은 자는 헌법재판소에 헌법소원을 청구할 수 있다. 고용상 차별금지행위를 위반하여 기본권인 평등권이 침해된 경우 이해관계자는 헌법소원을 통하여 구제받을 수 있다. 이러한 헌법소원을 권리구제형 헌법소원이라고 하며, 입법작용, 집행작용(행정작용), 사법작용에 대한 헌법소원으로 나누어지는데 이러한 권리구제형 헌법소원이 본래적의미의 헌법소원으로 볼 수 있다. 한편, 위헌법률심판의 제청이 법원에 의하여 기각된 경우에 제청신청을 한 당사자가 청구하는 헌법소원을 위헌심사형 헌법소원이라고 한다.

결국, 공권력의 행사 또는 불행사로 인하여 헌법상 보장된 기본권이 침해된 모든 국민은 헌법소원을 청구할 수 있고(침해사유가 발생하였음을 안 날로부터 90일 이내에, 사유가 발생한 날로부터 1년 이내에 청구하여야 한다. 다만, 위헌심사형 헌법소원은 위헌법률

---

102) AGG 제21조 제1항에서는 "차별을 당한 자는 차별금지에 대한 위반이 있는 경우 손해배상청구와는 별도로 침해의 배제를 요구할 수 있다. 추가적인 침해가 우려되는 경우 차별을 당한 자는 부작위를 청구할 수 있다"라고 규정하고 있다.

심판의 제청신청이 기각된 날로부터 30일 이내에 청구하여야 한다), 이러한 청구에 대하여 헌법재판소의 결정이 내려지면 권리구제를 받을 수 있다. 다만, 입법부작위 헌법소원은 제한적으로만 인정하는 것이 일반적이라고 할 수 있다.[103)]

(2) 위헌법률심사

우리 헌법은 법률이 헌법에 위반되는 여부가 재판의 전제가 된 경우[104)]에는 법원은 헌법재판소에 제청하여 그 심판에 의하여 재판한다(제107조)고 규정하고 있다. 차별처우를 받은 개인에게는 직접적이지는 않지만 각각의 법령상에 규정된 차별금지사항을 위반하여 평등권위반의 근거가 된 사건에서 법원을 통한 구제를 신청하고 법원이 당해사건의 문제가 된 법률규정을 대상으로 위헌법률심사를 청구할 수 있으므로 간접적으로 위헌법률심사를 통한 구제도 가능하다고 보아야 한다. 물론 법원은 직권으로 재판의 전제가 된 법률의 위헌법률심사를 신청할 수 있고, 이러한 신청에 따라 위헌법률판정이 내려지면 해당 법률조항 등에 따라 권리가 침해된 개인 등은 권리구제를 받을 수 있다. 특히 헌법재판소의 결정은 국민의 기본권을 보장하는 기능을 함으로써 이후 법률조항의 적용 및 해석에서, 그리고 법원의 재판 등에서 그 기속력을 가지며, 입법권을 가지는 국회도 해당법률의 위헌여부가 결정되면 이를 폐지 내지 개정을 하여야 하므로 궁극적으로 권리침해에 대한 권리구제를 받을 수 있다.[105)]

103) 입법부작위에 대한 헌법소원은 헌법에서 기본권보장을 위하여 법령에 명시적인 입법위임을 하였음에도 입법자가 상당한 기간 내에 이를 이행하지 아니한 경우이거나 헌법해석상 특정인에게 구체적인 기본권이 생겨 이를 보장하기 위한 국가의 행위의무 내지 보호의무가 발생하였음이 명백함에도 불구하고 입법자가 아무런 입법조치를 취하지 아니한 경우에 한하여만 허용된다고 보는 것이 헌법재판소의 확립된 판례이다(헌법재판소 2016.10.11. 2016헌마833 결정 등).

104) 법원이 어느 법률의 위헌 여부의 심판을 제청하기 위해서는 해당 법률이 헌법에 위반되는지가 재판을 하기 위한 전제가 되어야 하고, 여기에서 재판의 전제가 된다는 것은 위헌 여부가 문제 되는 법률이 법원에 계속 중인 해당 사건의 재판에 적용되고, 그 법률이 헌법에 위반되는지에 따라 해당 사건을 담당하는 법원이 다른 판단을 하게 되는 경우를 말한다(대법원 2015.10.15. 선고 2015아69 판결).

105) 제대군인지원에관한법률 제8조 제1항 등 위헌확인사건에서 헌법재판소는 제대군인에게 가산점을 규정한 동 법률의 규정은 헌법에서 이러한 가산점을 부여하도록 규정한 근거도 없고, 가산점으로 인하여 불이익을 받게 되는 대다수의 여성, 장애인 등 차별로 인하여 불이익을 받게 되는 대상이 큰 점 등을 들어 위헌결정이 내려졌고, 이로 인하여 동 법률조항은 효력을 상실하여 여성 등의 평등권침해에 대한 권리구제가 되었다고 볼 수 있다(헌법재판소 1999.12.23. 98헌마363 결정). 그러나 국가유공자 가산점제도와 관련하여 헌법재판소는 헌법 제32조 제6항은 "국가유공자·상이군경 및 전몰군경의 유가족은 법률이 정하는 바에 의하여 우선적으로 근로의 기회를 부여받는다."라고 규정하여 근로기회의 부여에 있어 국가유공자 등을 우대해야 할 헌법적 의무를 입법자에게 부과하고 있다. 그러나 입법자는 위 헌법규정에서 명시하고 있는 대상에 대해서뿐만 아니라 보호대상으로 명시하고 있지 않은 자에 대해서도 위 조항 및 헌법 전문에 나타난 대한민국의 건국이념 등을 고려하여 국가보훈적 예우가 필요하다고 판단되는 경우 이들을 특별히 배려하는 입법을 할 수 있으며, 그것이 현저히 자의적인 경우가 아니라면 평등권 침해라고 보기 어렵다고 판단하였다(헌법재판소 2016.09.29. 2014헌마

2. 법원

법원[106]을 통한 차별시정 등의 문제는 노동위 결정 등에 대한 행정소송[107], 차별조치에 대한 위자료 등 손해배상 소송, 해고에 따른 근로자지위확인 소송 등으로 진행된다고 할 수 있는데, 이러한 절차에서 행정소송은 조정 등의 결정주체가 노동위원회로서 행정기관이기 때문이다. 또 이러한 행정기관의 결정 이외에도 별도로 법원에 직접[108] 소송을 제기할 수 있는데 이러한 경우 민사소송절차가 일반적일 것이나 벌칙규정에 따라 벌금형이나 징역형이 부과된 경우 형사벌에 해당하므로 형사소송의 절차에 의한 경우도 가능할 것이다. 결국, 법원을 통한 권리구제는 현실적인 권리구제의 확정적 효력을 가지며, 법원은 실질적인 권리구제의 기능을 갖는다고 할 것이다.

(1) 구제이익 또는 소의이익과 관련한 판단

중앙노동위원회의 판정에 대해 행정법원에 취소소송을 제기할 수 있는데, 이 때 역시 소의이익이 문제가 된다. 중앙노동위원회 판정 후 사정의 변화에 따라 그 취소소송을 한다하더라도, 그 판정의 실현이 무의미하거나 불능으로 된 때에는 판정의 당부에 대한 실체적 판단에 앞서, 취소를 구할 법률상의 이익이 없게 되어 소의이익이 없으므로 취소소송이 각하된다. 예를 들면 해고를 한 회사가 실질적으로 폐업을 하게 되어 복귀할 회사가 없어진 이상 구제신청의 이익이 없게 된다.[109] 구제이익[110]이나 소의이익은 실질적인 내

---

541 결정).

106) 법원은 파견법에 따라 직접고용간주 근로자의 차별적인 근로조건의 적용사건과 관련하여, 사용사업주가 2년을 초과하여 계속적으로 파견근로자를 사용함으로써 해당 파견근로자를 직접 고용하여야 할 경우의 근로조건에 관하여 '사용사업주의 근로자 중 해당 파견근로자와 동종 또는 유사업무를 수행하는 근로자가 있는 경우 그 근로자에게 적용되는 취업규칙 등에서 정하는 근로조건'에 의하도록 규정하고 있는데, 이는 사용사업주와 직접고용관계를 맺게 된 모든 파견근로자에게 해석상 응당 적용되어야 할 근로조건을 다시금 확인하는 차원에서 명시한 것으로 보일 뿐 새삼스레 그 근로조건을 기존보다 상향하여 설정하기 위한 것이라고 하기는 어려운 점 등을 종합하여 보면, 직접고용간주 규정에 따라 사용사업주가 직접 고용한 것으로 간주되는 파견근로자의 근로조건은 사용사업주의 근로자 중 해당 파견근로자와 동종 또는 유사업무를 수행하는 근로자가 있을 경우 그 근로자에게 적용되는 취업규칙 등에서 정한 근로조건과 동일하다고 보는 것이 타당하다고 판단하였다(대법원 2016.01.14. 선고 2013다74592 판결).

107) 대법원 2014.11.27. 선고 2011두5391 판결 등.

108) 대법원 2015.10.29. 선고 2013다1051 판결 등.

109) 질병근로자들이 노동조합을 결성하고 원고를 조합장으로 선출하여 단체교섭을 요구하자 병원경영자가 노동조합을 혐오하여 위 병원을 폐업하고 원고를 비롯한 노동자를 모두 해고한 것이고 위장폐업이 아니라면, 그 사업체를 폐업함으로써 원고가 복귀할 사업체가 없어진 이상 원고의 부당노동행위 구제신청은 실익이 없게 되었다고 판시한 바 있다(대법원 1990.02.27. 선고 89누6501 판결).

110) 근로자가 부당해고 구제신청을 하여 해고의 효력을 다투던 중 근로계약기간의 만료 등으로 근로관계가 종료하였다면 근로자로서는 해고기간 중의 지급받지 못한 임금을 지급받기 위한 필요가 있다고

용은 같다 할 것이고, 다만 그것이 문제되는 시기가 구제절차냐 소송절차냐의 문제일 뿐이다.

구제이익 또는 소의이익이 문제되는 사례를 보면, 구제절차의 진행 중에 퇴직 등으로 계약관계가 종료된 경우[111]에 있어서, 사직원을 제출하여 계약관계가 종료되었다면 이후 해고의 정당성 판단 여하에 따라 이미 사용자로부터 지급받은 임금을 부당이득으로 반환하여야 하는 의무의 존부가 결정되므로 이를 면하기 위한 필요가 있거나, 퇴직금 산정시 해고기간을 합산할 이유가 있다고 하더라도 그러한 이익은 민사소송을 통해 하여야 할 것이지 중앙노동위원회의 판정을 다툴 소의이익은 없다[112]고 하였고, 폐업을 한 경우에 복귀할 사업장이 없으므로 부당노동행위 구제신청의 이익이 없고[113] 단체교섭 거부를 이유로 한 구제신청에서 이후 교섭이 타결된 경우 소의이익이 없다[114]고 판단하고 있다. 반면에, 사용자의 소의이익과 관련하여서는, 구제명령을 이행한 후에 취소소송을 제기하는 경우 구제명령의 이행은 공법상의 의무(행정기관(노동위원회)의 구제명령을 따를 의무)를 이행한 것에 불과한 것이므로 취소를 구할 소의이익이 있고[115] 계약관계가 종료되었다 하더라도 임금지급명령을 따를 공법상의 의무가 있다 할 것이므로 이를 면하기 위하여 취소를 구할 소의이익이 있다.[116]

법원의 판결에서 나타나는 구제이익[117] 등의 판단에 대해서, 퇴직 등으로 원직복귀명령은 불가능하다 하더라도 임금지급명령을 받을 필요성은 있고, 폐업이 되었다 하더라도 보상문제 등과 관련이 있을 수도 있으며, 조업재개 요구나 동일한 회사에 고용을 요구할 수도 있거나 폐업기간 동안의 임금지급 의무를 확인할 수 있고, 또한 이로 인한 정신적인 피해 배상을 청구할 권리가 있다고 할 수 있을 뿐만 아니라, 단체교섭이 타결되었다 하더라도 추후 그와 같은 행위를 하지 않을 부작위 명령을 받거나 사과문 게시명령을 구할 이익이 있을 수 있고, 지배개입 역시 재발 방지를 위한 명령을 구할 이익이 있다고 할

하더라도 이는 임금청구소송 등 민사소송절차를 통하여 해결될 수 있어 더 이상 구제절차를 유지할 필요가 없게 되었으므로 구제이익은 소멸한다고 보아야 한다(대법원 2012.06.28. 선고 2012두4036 판결).

111) 근로자가 부당해고 구제신청을 하여 해고의 효력을 다투던 중 근로계약의 만료 등으로 근로관계가 종료한 경우에는 구제이익이 없다고 보고 있다(대법원 2012.06.28. 선고 2012두4036 판결).

112) 대법원 1997.07.08. 선고 96누5987 판결.

113) 대법원 1990.02.27. 선고 89누6501 판결 ; 대법원 1991.12.24. 선고 91누2762 판결.

114) 대법원 1995.03.10. 선고 94누3209 판결.

115) 대법원 1996.04.23. 선고 95다53102 판결.

116) 대법원 1993.04.27. 선고 92누13196 판결 ; 대법원 1994.04.29. 선고 93누16680 판결.

117) 법원은 근로계약기간이 만료하였다는 이유만으로 기간제근로자가 차별적 처우의 시정을 구할 시정이익이 소멸하였다고 볼 수 없다고 판단하였다(대법원 2016.12.01. 선고 2014두43288 판결).

수 있다. 사용자의 경우 위와 같이 구제이익 등이 넓게 인정되고 있으므로 노동자의 경우도 마찬가지로 인정해야 할 것이고, 또한 부당노동행위의 행정구제절차의 특수성(준사법적 합의제 행정기관인 노동위원회를 통해 신속한 구제)에 비추어 하나의 절차 내에서 분쟁을 간명하게 해결하는 것이 타당하다고 보아야 한다.

(2) 구제명령 및 그 내용

구제명령은 대체로 신청인의 신청취지(구제신청서에 기입하는 구제의 내용)에 따르게 되는데, 신청이유, 즉 신청취지를 받아들여야 한다는 주장(이유)에 대하여 심리한 다음, 그 주장이 이유 있다고 판단되면, 신청취지에 따라 구제명령을 하게 된다. 반대로, 그 주장이 이유 없다고 판단되면, 구제신청을 기각하는 결정을 하고, 또한 구제이익이 없다거나, 신청기간을 지나쳐 버린 경우, 신청인 또는 피신청인 적격이 없는 경우 등에 있어서는 각하하는 결정을 하게 된다.

구제명령은 대체로 신청취지에 따르게 되나, 구제신청서에는 신청취지, 신청이유 등을 기재하여야 하는데, 이때 신청취지는 민사소송에서처럼 엄격히 할 것은 아니고, 신청의 전체 취지로 보아 어떠한 구제를 구하고 있는지 알 수 있을 정도면 되고, 노동위원회는 재량에 의해 신청하고 있는 구체적인 사실에 대응하여 적정한 구제를 할 수 있는 것으로 구제 내용이 구체적으로 특정되지 않았다고 하더라도 부당노동행위 또는 정당한 이유 없는 해고 등을 구성하는 구체적인 사실을 주장하고 있다면, 그에 관한 구제신청도 하고 있는 것으로 보아야 한다.[118] 즉, 적당한 구제명령을 할 수 있고, 반드시 신청취지만의 구제명령을 하는 것은 아니다.

일반적인 구제명령의 내용은 차별 내지 불이익취급에 대한 구제명령은 불이익취급으로부터 원상회복명령(예를 들면, 해고의 경우 원직복직 등)과 소급임금지급명령(불이익취급이 없었다면 얻을 수 있는 임금상당액)을 하게 된다.[119] 아울러, 소급임금지급명령에서 말하는 임금상당액의 액수는 통상임금에 한할 것이 아니라 할 것이고, 평균임금에 포함할 수 있는 모든 임금이 포함된다.[120] 따라서 상여금이 임금으로 볼 수 있다면 상여금 역시 포함된다 할 것이다. 시간외근로수당, 야간근로수당, 휴일근로수당 등 법정수당도 실제로

118) 대법원 1999.05.11. 선고 98두9233 판결.

119) 반조합계약의 경우 그 계약에 의해 불이익을 받은 경우, 위 불이익취급과 같은 명령을 하게 되고, 단체교섭거부의 경우는 단체교섭에 임하라거나 단체교섭에 성실히 임한다는 취지의 게시문을 공고하라거나 하는 명령을 하게 되고, 지배개입의 경우는 지배개입을 하지 말라거나 사과문을 게시하라거나 앞으로도 그런 행위는 하지 말라거나 그러한 뜻을 게시하라거나 하는 등의 명령을 하게 된다.

120) 대법원 1993.12.21. 선고 93다11463 판결.

그렇게 지급받을 수 있다고 보이는 사정(그동안 그러한 수당을 받아왔고, 해고된 기간에도 그러한 사유로 다른 노동자들이 수당을 받아온 사정 등)이 있다면, 그 상당액을 지급받을 수 있다.[121] 연월차휴가근로수당의 경우에도 지급받을 수 있다는 사정(회사가 휴가대신 휴가수당을 지급하는 관행이 있었고, 그동안 그렇게 해온 경우 등)이 있는 경우 지급 받을 수 있다. 호봉승급이 예상되거나 임금인상이 있거나 하는 사정이 있다면, 그 때 역시 지급청구를 할 수 있다.[122] 다만, 그 해고기간이 무급휴직 등과 겹친 경우 무급휴직의 사유가 해고와 관련이 있어, 무효가 되지 않는 이상 그 기간 동안에는 임금이 지급되지 않는다고 보아야 한다.[123]

3. 국가인권위원회

(1) 인권위를 통한 권리구제의 의의

인권위법 제1조(목적)에서는 모든 개인이 가지는 불가침의 기본적 인권을 보호하고 그 수준을 향상시킴으로써 인간으로서의 존엄과 가치를 구현하고 민주적 기본질서의 확립에 이바지함을 목적으로 한다고 동 법의 목적을 천명하고 있다. 또, 동 법 제2조(정의) 제4호에서는 평등권침해의 차별행위라 함은 합리적인 이유 없이 성별, 종교, 장애, 나이, 사회적 신분, 출신지역(출생지, 등록기준지, 성년이 되기 전의 주된 거주지역 등을 말한다), 출신국가, 출신민족, 용모 등 신체조건, 기혼·미혼·별거·이혼·사별·재혼·사실혼 등 혼인 여부, 임신 또는 출산, 가족형태 또는 가족상황, 인종, 피부색, 사상 또는 정치적 의견, 형의 효력이 실효된 전과, 성적(性的) 지향, 학력, 병력(病歷) 등을 이유로 한 고용(모집, 채용, 교육, 배치, 승진, 임금 및 임금 외의 금품 지급, 자금의 융자, 정년, 퇴직, 해고 등을 포함한다)과 관련하여 특정한 사람을 우대·배제·구별하거나 불리하게 대우하는 행위를 말한다고 규정하고 있다.

고용노동부와 노동위가 고용상의 문제에서 차별문제를 다루는데 비하여 인권위는 모든 국가행위와 사회일반의 차별행위를 다루는 국내의 유일한 기관이라고 할 수 있다. 이를 성실히 수행할 수 있도록 하기 위하여 동법 제3조에서는 그 독립성을 천명하고 있다. 인권위를 통한 차별행위에 대한 권리구제의 의의는 무엇보다도 사회 모든 분야에 대한 차별문제를 다루고 있다는 점이다. 고용부분에만 국한하여 본다고 하더라도 개별 고용관련 법령이 해당 법률의 목적에 부합하는 차별사유만을 이유로 하는 차별문제를 다루는데 비

121) 대법원 1992.12.08. 선고 92다39860 판결.
122) 대법원 1993.09.24. 선고 93다21736 판결.
123) 대법원 1994.09.13. 선고 93다50017 판결 ; 대법원 1994.10.25. 선고 94다25889 판결.

하여 인권위는 고용과 관련한 모든 부분에 대한 차별문제를 가장 포괄적으로 다루고 있다는 점이다. 다만, 인권위의 결정이나 권고는 직접적인 강제력 내지 집행력을 가지지 못하는 한계[124]가 있다. 즉, 인권위의 판단과 권고는 법원이나 노동위의 판단처럼 직접적인 집행력을 갖지 못하고, 입법이나 행정, 사법 등의 해당기관이 집행하는 법령 등의 행위에 권고적으로 작용하여 기존의 법령 및 제도 개선, 새로운 정책에의 반영 등에 직·간접적으로 작용한다고 보아야 한다. 그럼에도 불구하고 인권위의 결정이 다른 판정기관의 참고가 될 수 있고, 집행기관 등의 정책적인 판단에 영향을 미칠 수 있으므로 차별을 시정하고 평등을 촉진하는 매우 중요하고도 의미 있는 것이라고 할 수 있다. 이러한 집행력을 보완하기 위하여 차별금지법안[125]이 발의되었으나 회기도과로 폐기됨에 따라 아쉬움을 남기고 있다. 그러나 폐기 후에도 여러 차례 차별금지법안이 보완되어 발의[126]되고 있는 점은 향후 인권위의 역할과 차별구제제도의 실효성 확보에 중요한 기준이 될 것으로 판단된다.

(2) 결정 등의 구속력

위원회는 인권의 보호와 향상을 위하여 필요하다고 인정하는 경우 관계기관 등에 대하여 정책과 관행의 개선 또는 시정을 권고하거나 의견을 표명할 수 있고, 이 규정에 의하여 권고를 받은 기관의 장은 그 권고사항을 존중하고 이행하기 위하여 노력하여야 한다. 그리고 권고를 받은 기관의 장이 그 권고내용을 이행하지 않을 경우 그 이유를 위원회에 문서로 설명할 의무를 부과하고 있다. 아울러, 위원회는 필요하다고 인정하는 경우 위원회의 권고와 의견표명 및 권고를 받은 기관의 장이 설명한 내용을 공표할 수 있다. 또, 인권위법은 이 법에 의한 조정과 조정에 갈음하는 결정은 재판상의 화해와 같은 효력이

124) 국가인권위원회법 제19조(업무) 참조.

125) 차별금지법안은 헌법의 평등이념에 따라 성별 등을 이유로 한 정치적·경제적·사회적·문화적 생활의 모든 영역에서 합리적인 이유 없는 차별을 금지·예방하고 불합리한 차별로 인한 피해를 구제하기 위한 기본법으로서의 의도하에 법안이 마련되었는데 주요 내용에서 차별행위에 대하여 구제 효과를 높이고자 하였다. 안 제28조 및 제29조에서는 차별에 대한 구제 조치로 불합리한 차별로 인한 피해자가 권리구제를 위하여 취할 수 있는 조치를 명확히 하고, 특히 법원이 차별시정을 위한 적극적인 조치를 명할 수 있도록 할 필요에 따라 차별행위의 피해자 또는 그 사실을 알고 있는 사람이나 단체가 국가인권위원회에 진정을 제기할 수 있음을 명시하는 한편, 법원이 피해자의 청구에 따라 차별의 중지 등 그 시정을 위한 적극적 조치 및 손해배상 등의 판결을 할 수 있도록 하여 차별 관련 구제절차가 활성화되고, 특히 법원이 손해배상 외에도 개별적인 사건에서 적절한 차별시정을 할 수 있게 됨으로써 차별피해에 대한 효과적 구제가 가능하도록 하였고, 안 제30조 및 제31조에서는 입증책임의 배분 등과 관련하여 규정하였다. 이러한 법안의 내용은 차별행위에 대한 권리구제제도에서 고려되어야 할 것으로 판단된다.

126) 박은수의원이 대표발의한 "차별금지기본법안(2011)"과 권영길의원이 대표발의한 "차별금지법안(2011)", 김재은의원이 대표발의한 "차별금지법안(2012)"도 제출된 바 있다.

있다고 규정하고 있다. 이러한 효력은 피진정인, 그 소속기관·단체 또는 감독기관(소속기관 등)의 장에게 구제조치의 이행, 법령·제도·정책·관행의 시정 또는 개선 사항을 권고할 수 있다고 규정하고 있으며, 권고를 받은 소속기관 등의 장에 관하여는 이행 또는 노력의무 등을 부과하고 있다.

아울러, 위원회는 진정을 조사한 결과 진정의 내용이 범죄행위에 해당하고, 이에 대하여 형사처벌이 필요하다고 인정할 때에는 검찰총장에게 그 내용을 고발할 수 있다(다만, 피고발인이 군인 또는 군무원인 경우에는 소속 군 참모총장 또는 국방부장관에게 고발할 수 있다). 이때 고발을 받은 검찰총장, 군 참모총장 또는 국방부장관은 고발을 받은 날부터 3월 이내에 수사를 종료하고 그 결과를 위원회에 통보하여야 한다(다만, 3월 이내에 수사를 종료하지 못할 때에는 그 사유를 소명하여야 한다). 한편, 위원회가 진정을 조사한 결과 인권침해가 있다고 인정할 때에는 피진정인 또는 인권침해에 책임이 있는 자에 대한 징계를 소속기관 등의 장에게 권고할 수 있다. 이때 위원회로부터 권고를 받은 소속기관 등의 장은 이를 존중하여야 하며 그 결과를 위원회에 통보하여야 하는데, 이러한 절차를 통하여 직·간접적으로 구제의 구속력을 가진다.

4. 노동위원회 및 고용노동부

(1) 노동위의 차별행위 권리구제

노동관련 분쟁을 조정하고 해결하기 위하여 중앙노동위원회 및 각급 노동위원회를 운영하고 있다. 노동위원회는 노동위원회법 제2조의2(노동위원회의 소관 사무)에 의하면 노조법·근기법·근참법·교원노조법·공무원노조법·기간제법 및 파견법에 따른 판정·결정·의결·승인·인정 또는 차별시정 등에 관한 업무, 노조법·교원노조법 및 공무원노조법에 따른 노동쟁의 조정·중재 또는 관계 당사자의 자주적인 노동쟁의 해결지원에 관한 업무, 상기 업무수행과 관련된 조사·연구·교육 또는 홍보 등에 관한 업무, 그 밖에 다른 법률에 따라 노동위원회의 소관으로 규정된 업무를 수행한다. 법에서 규정한 것처럼 고용노동부관할 하에 독립적인 행정기관인 노동위원회를 설치하여 운영하고 있으며, 합의제 의사결정을 통한 고용 및 노동관계 분쟁조정 등의 업무를 수행한다.

또한, 고용노동부는 전반적인 고용 및 노동관계정책을 입안하여 추진한다. 고용노동부의 일선 행정청에서는 근로감독이나 지도를 통하여 노동관계에서 건전한 고용환경을 조성하기 위한 업무들이 추진되고 있다. 또, 각종 예규 및 지침을 마련하여 공정한 근로관계와 차별사항이 발생하지 않도록 사례 및 절차예시를 하여 미연에 방지할 수 있도록 함은 물론, 사안별로 업무질의회시를 통하여도 지침을 제시하고 지도업무를 수행한다. 결국 현장에서 발생하는 고용상 차별의 직접적인 관리감독기관으로서의 역할과 차별행위 판단 기능을 한다. 다만, 현행법에서는 차별행위 판정을 비정규직에 한정하여 노동위 권한으로 부여하고 있지만, 고용노동부가 지도감독업무를 통하여 여타의 고용현장에서의 현실적인 차별문제를 처리하고 있다고 할 것이다.

구제명령은 대체로 신청인의 신청취지(구제신청서에 기입하는 구제의 내용)에 따르게 되는데, 신청이유. 즉, 신청취지를 받아들여야 한다는 주장(이유)에 대하여 심리한 다음, 그 주장이 이유 있다고 판단되면, 신청취지에 따라 구제명령을 하게 된다. 반대로, 그 주장이 이유 없다고 판단되면, 구제신청을 기각[127]하는 결정을 하고, 또한 구제이익이 없다거나, 신청기간을 지나쳐 버린 경우, 신청인 또는 피신청인 적격이 없는 경우 등에 있어서는 각하[128]하는 결정을 하게 된다.

구제명령은 대체로 신청취지에 따르게 되므로, 구제신청서에는 신청취지, 신청이유 등을 기재하여야 하는바, 이때 신청취지는 민사소송에서처럼 엄격히 할 것은 아니고, 신청의 전체 취지로 보아 어떠한 구제를 구하고 있는지 알 수 있을 정도면 되고, 노동위원회는 재량에 의해 신청하고 있는 구체적인 사실에 대응하여 적정한 구제를 할 수 있는 것으로 구제 내용이 구체적으로 특정되지 않았다고 하더라도 부당노동행위 또는 정당한 이

127) 연봉제 전문계약직 근로자에게 명절 및 가정의 달 상여금을 미지급하고 종합건강검진을 미실시 한 것은 불리한 처우에 해당하지 않는다고 판정하여 '기각'결정을 내렸다. 이러한 결정을 내린 사유로, "명절 및 가정의 달 상여금 미지급"은 ① 이 사건 근로자는 전문계약직으로 연봉제 형태의 임금체계를 적용받고 비교대상근로자는 호봉제를 적용받는 점, ② 이 사건 근로자의 근무기간(약 1년) 급여를 호봉제로 환산하였을 경우 비교대상근로자(1993년 입사)보다 적다고 단정하기 어려운 점, ③ 이 사건 근로자는 채용 당시 전문성을 고려하여 호봉제가 적용되는 정규직 직원보다 상향된 보수를 지급하는 내용의 결재를 거쳐 채용된 점, ④ 비교대상근로자의 경우 보수규정에 따라 750%의 상여금을 지급받고 있고 이중 일부를 설, 추석, 가정의 달에 지급한 것이므로 위 상여금을 지급하였는지 여부만을 볼 것이 아니라 전체보수를 기준으로 판단하여야 하는 점 등을 종합적으로 고려하면 이 사건 근로자에 대한 처우에 있어 차별이 있다고 보기 어렵다고 보았다. 또, "종합건강검진 미실시"와 관련하여서는, 종합건강검진 제도는 관련규정에 따라 35세 이상 및 2년 이상 재직자에게 적용되는데 근속기간과 연령이 요건에 부합되면 고용형태를 고려하지 않고 동일하게 적용되므로 근로자에 대한 처우에 있어 차별이 있다고 보기 어렵다는 이유를 설시했다(서울지방노동위원회 2016.09.30. 2016차별11 결정).

128) 차별적 처우 시정신청의 제척기간이 도과하여 '각하'결정한 사례로, 이 사건 근로자의 차별적 처우 시정신청에 구제이익이 있는지 여부를 살펴보면, ① 근로자는 실질적으로 학교 교무보조 등의 유사 직무를 지속적으로 수행해 온 것으로 보이고, 이는 기간제법에서 정하고 있는 예외사유에 해당한다고 보기는 어려운 점, ② 사용자가 행한 '교육장 채용 직종으로의 전환' 절차는 내부질서를 규율할 뿐 이러한 절차가 계속 근로한 총 기간이 2년을 초과할 경우 기간의 정함이 없는 근로자로 전환된 것으로 간주됨을 명시하고 있는 기간제법 제4조를 무력화하는 효력을 가질 수는 없는 점, ③ 사용자는 2011.03.01. 이후 매년 근로계약기간이 종료된 이후 새로이 근로계약서를 작성하였고, 각 근무기간 사이에 근로관계의 단절이 없었던 점 등을 종합하여 볼 때, 근로자는 기간제법 제4조에 따라 계속 근로한 총 기간이 2년을 초과한 시점인 2013.03.01.에 기간의 정함이 없는 근로계약을 체결한 근로자로 전환되었다고 보아야 할 것이다(경기지방노동위원회 2016.05.04. 2016차별2 결정).

유 없는 해고 등(차별행위)을 구성하는 구체적인 사실을 주장하고 있다면, 그에 관한 구제신청도 하고 있는 것으로 보아야 한다[129]라고 하여, 노동위원회는 적당한 구제명령을 할 수 있다고 보이므로, 반드시 신청취지만의 구제명령을 하는 것은 아니다. 그러므로 차별사건에 대한 조정[130]결정을 통한 권리구제도 가능하다고 할 것이다.

일반적인 구제명령의 내용으로 차별행위나 불이익취급에 대한 구제명령은 차별행위나 불이익취급으로부터 원상회복명령(예를 들면, 차별적인 해고의 경우 원직복직 등)과 소급임금지급명령(불이익취급이 없었다면 얻을 수 있는 임금상당액, 손해배상[131] 등)을 하게 된다. 아울러, 이러한 차별행위가 반복적·고의적인 경우에는 배액명령(징벌적 손해배상)[132]을 내릴 수 있다. 한편, 반조합계약의 경우도 그 계약에 의해 불이익을 받은 경우, 위 불이익취급과 같은 명령을 하게 된다.

(2) 고용노동부의 차별시정업무

노동위원회가 합의제 의사결정기관으로써 부당노동행위와 고용상 차별행위에 대한 판정을 하지만 실질적인 고용관계상의 법령 제·개정 및 고용정책의 입안과 집행을 수행하는 것은 고용노동부이다. 그러므로 질의회신 같은 행정해석은 물론, 각종 예규 및 지침을 만들어 고용현장에서의 정책적인 집행력을 강화시키고, 가이드라인을 제시하는 등 실질적인 차별시정업무를 담당하는 최고의 정책기관이라고 할 수 있다. 이러한 고용노동부의 차

129) 대법원 1999.05.11. 선고 98두9233 판결.

130) 서울지방노동위원회 2013.03.21. 2013차별2 조정결정 외.

131) 파견근로자의 상여금과 연차휴가를 고의로 반복 차별한 것에 대해, 사용사업주와 파견사업주가 연대하여 손해액의 2배를 지급하라고 명령한 사례에서, 사용사업주와 파견사업주 모두에게 차별적 처우의 금지 및 시정의무가 부여되어 있는 점, 사용사업주가 차별행위가 있음을 충분히 알 수 있었던 점, 파견사업주들이 파견근로자들의 근로조건을 독립적·자율적으로 정할 수 없었던 점 등에 비추어 사용사업주와 파견사업주들 모두에게 당사자 적격이 인정되고, 파견근로자들과 같은 생산라인에서 혼재하여 근무하면서 업무대체가 가능한 점 등 주된 업무에 있어 본질적인 차이가 없어 비교대상근로자 선정은 타당하고, 사용사업주와 파견사업주들이 합의하여 파견근로자들의 상여금을 적게 지급하고 연차유급휴가를 부여하지 않아 발생한 연차유급휴가수당을 지급하지 않은 것은 합리적 이유가 없는 차별적 처우에 해당한다. 또한, 사용사업주와 파견사업주들은 차별적 처우가 포함된 근로자파견계약을 반복적·연속적으로 체결하면서 파견근로자들의 차별행위 금지를 위해 필요한 정보를 제공하지 아니하는 등, 수년간 다수의 파견근로자들에게 지속적으로 차별적 처우를 행한 것은 고의성이 명백한 반복적인 차별에 해당하므로, 차별적 처우로 인해 발생한 손해의 2배액을 금전배상금으로 지급하도록 함이 타당하다고 판단하였다(중앙노동위원회 2015.06.30. 2015차별3 결정).

132) 2011년 하도급 관계에서 원사업자가 수급사업자의 기술자료를 유용하여 손해가 발생한 경우 발생한 손해액의 3배까지 배상할 수 있도록 하는 「하도급거래 공정화에 관한 법률 일부개정법률안」이 국회를 통과함으로써 민사상 징벌적 손해배상제도가 최초로 입법화된 바 있고, 고용과 관련하여서는 기간제법(제13조)에 2014년 개정시에 차별행위에 대한 시정명령으로 배상명령이 가능하도록 규정하였는데, 이는 고용상 차별행위에 대하여 고의적이고 반복적인 경우 징벌적인 손해배상을 적용하여 차별금지의 실효성확보에 목적이 있다고 할 수 있다.

별시정활동을 크게 두 가지로 나눈다면 법령 등의 제 · 개정과 관련한 제도적인 차별시정과 실제 근로현장의 감독관을 운영하는 근로감독관제도를 들 수 있다.

먼저, 제도적인 차별시정으로, 고용과 관련한 정책적인 문제는 대부분 고용관계법령에 규정되어 있다. 이러한 법령의 제 · 개정은 주로 국회에서 하지만, 실질적인 법 집행기관인 고용노동부 및 소속기관에서 실행하고 있다. 특히 법률은 국회 외에도 행정입법도 가능하므로 실무적으로나 정책적으로 필요한 법률의 내용을 검토하고 연구하여 제 · 개정함은 물론 시행령인 대통령의 제정과 개정 및 고용노동부령인 규칙을 제 · 개정하는 업무를 수행한다. 이렇게 고용과 관련한 많은 법령 등의 제 · 개정작업은 종합적으로 고용노동부가 입안하여 추진하고 있다고 해도 과언이 아닐 것이다. 그러므로 정책부서인 고용노동부는 법령 제 · 개정을 통하여 불합리한 차별행위에 대한 시정업무를 실질적이고 직접적으로 수행하는 기관이라고 할 수 있다. 또한, 고용상의 문제는 법령에 모든 사항을 담을 수 있는 것은 아니다. 그러므로 각종 예규 및 지침이 마련되어 있고, 경제환경이나 여러 가지 환경적인 변화에 즉시적으로 대응할 수 있는 사안별 예규와 지침이 만들어져 있다. 이러한 예규와 지침은 고용현장에서 실질적인 업무 가이드라인이 되고 있으며 실행법의 성격마저 가지고 있다는 것이 특징이다.[133)]

다음은 근로감독 및 지도를 통한 차별시정이다. 사업체의 현장에서는 고용관련 법령과 예규 및 지침이 있어서도 사실상 사업주 등이 이를 정확히 지키는 것만은 아니며 때로는 몰라서 때로는 알면서도 위반하는 경우도 있다. 이러한 현상이 발생하면 기본적인 근로관계의 기준이 흔들리고 근로자의 인권 내지 근로권 등이 보장될 수 없게 된다. 이러한 점을 고려하여 고용노동부는 각 산하기관으로 지방노동청과 지청 등을 운영하고 있고, 각각 관할 행정구역상의 사업장에 대한 각종 진정과 고발 등 민원을 현장에서 접수하고 심문하고 조사하여 이를 조정 내지는 해소하는 역할을 하고 있다. 사실상 고용현장의 사법경찰과 같은 기능을 하는 것이다. 그렇기 때문에 고용차별과 관련하여 근로감독관의 역할은 매우 중요하다고 할 수 있다. 근로감독관은 이러한 진정, 고발 등에 대한 조치 외에도 지도활동을 통하여 사전적, 사후적 차별시정업무를 수행한다고 할 수 있다.

133) 차별과 관련한 대표적인 것으로 남녀고용평등업무처리규정(개정 2013.06.21. 고용노동부예규 제57호)이 있다. 동 규정은 차별행위와 판단기준 등을 상세히 규정하고 있다.

Ⅳ. 권리구제의 효과 및 내용

고용차별에 대한 권리구제는 헌법재판소, 법원, 국가인권위원회, 노동위원회 등의 기관을 통한 구제가 일반적이지만 구제의 효과면에서 구제제도는 벌칙적용을 기반으로 권리침해배제 및 차별행위중지, 원상회복, 손해배상, 동일유사행위 재발방지를 위한 필요조치, 법령제도정책, 관행의 시정 또는 개선, 고발 및 징계 등 다양한 형태의 권리구제제도를 들 수 있다.[134]

1. 침해배제조치

고용상 평등권 침해 내지 차별행위로 불이익한 조치가 발생한 경우 인권위 및 노동위 등 차별구제기관 등을 통한 차별행위 중지 조치 및 이와 관련한 동일유사한 행위의 재발방지를 위한 필요한 조치를 취하도록 요청할 수 있다.[135] 아울러, 법령이나 제도 및 정책적인 과제, 관행 등의 불합리하거나 차별금지를 위반하는 경우 해당 법령 등의 시정 또는 개선조치를 내릴 수 있다. 침해배제는 자력에 의한 청구를 통하여 구제기관의 조사와 결정으로 내려지겠지만, 구제기관은 직권으로 조사하여 시정 및 개선명령을 내릴 수도 있다.[136] 또한, 차별행위 등에 대하여 위반자를 고발조치할 수 있고, 필요한 경우 징계 등을 통하여 침해방지 및 재발방지의 효과를 가져올 수도 있다.

2. 원상회복조치

차별행위 등으로 권리가 침해되거나 불이익한 조치가 내려진 경우 이로 인하여 개인 등이 입은 지위나 권리에 대한 원상회복조치를 내릴 수 있다. 예를 들어 차별행위로 인하여 승진심사에서 누락된 경우 재심사를 통하여 가부결정을 통해 승진조치를 취하는 경우, 차별행위로 인하여 객관적으로 우월한 자가 채용에서 탈락한 경우 재 심사과정을 통하여 입사를 결정하는 경우, 차별행위를 통하여 불이익한 조치나 징계를 받은 자가 불이익한

134) 박성희, "고용상 차별의 구제에 관한 연구", 단국대박사학위논문, 2012, 78~100면에서는 행정상 구제, 형사상 구제, 민사상 구제로 설명하고 있다.

135) 국가인권위원회는 사립대학교 직원에 대한 직급별 정년차등과 관련하여 5급이상 일반직근로자는 만 60세로 6급이하 일반직근로자 등은 만 57세로 정년을 달리 정하고 있는 모대학교에 직원의 직급에 따라 정년을 달리 정하고 있는 관련 인사규정을 개정할 것을 권고 결정한 바 있다. 이러한 결정은 결론적으로 차별행위가 지속되는 것을 중지하여 침해배제조치를 수반하는 결과로 귀결된다고 할 수 있다(국가인권위원회 2016.07.19. 16진정0122900 결정).

136) 국가인권위원회 2016.11.14. 16직권0001700・16진정0246200(병합) 결정.

조치의 해소 및 징계의 철회 등을 들 수 있겠다. 원상회복은 보직의 경우에도 마찬가지로 차별조치에 따라 보직해임된 경우 차별조치를 시정하여 원직에 보임되는 경우도 같은 조치의 일환으로 볼 수 있다.[137] 원상회복은 궁극적으로 차별조치에 대하여 차별행위를 받은 자가 원하는 결론이 될 것이다. 그러나 부가적으로 재발방지를 위한 조치 내지는 차별행위자의 처벌조치도 병행되어야 그 실효성이 확보될 수 있을 것이다.

3. 손해배상 및 징벌적 손해배상

차별행위로 인하여 불이익한 손해 즉, 금전적 비금전적 손해를 받은 경우 그에 상응하는 손해배상을 명할 수 있다. 보직해임 등으로 정상적인 경우 받을 수 있었던 보수차액을 계산하여 청구할 수 있고, 정신적인 손해로 인하여 발생한 비용 내지 위자료 등도 청구가 가능할 것이다. 아울러, 차별행위금지 규정은 통상적으로 형사처벌 등이 수반되는 점을 감안할 때 벌금형도 부과될 수 있고, 재발방지 등을 위하여 징벌적인 손해배상명령을 손해액에 일정배수를 추가하여 부과하는 경우도 있다.[138] 다만, 아직 국내법으로는 극히 일부법령규정을 제외하면 징벌적 손해배상제도가 미약한 상황이므로 다른 국가들에서 운영되고 있는 제도적인 벤치마킹이 필요한 사안이라고 할 수 있다. 그럼에도 현행법령으로 근기법 제33조에서 규정한 이행강제금제도는 징벌적 손해배상제도에 원용할 수도 있을 것이다. 한편, 징벌적 손해배상의 경우 그 차별행위의 고의성, 차별행위의 지속성 및 반복성, 차별피해자에 대한 보복성, 차별 피해의 내용 및 규모 등을 고려하여 그 경중을 달리 판단할 수 있어야 할 것이다.[139]

---

137) 중앙노동위원회 2016.12.01. 2016부해975 결정 외.

138) 징벌적 손해배상제도란 가해자가 악의로 불법행위를 하는 경우 민사상의 손해배상제도에 형사적 제재를 가미하여 고액의 손해배상금을 부과하도록 하는 제도로서, 영국과 미국 등 일부 영미법국가에서 명예훼손, 불법감금, 공무원의 가혹행위영역 또는 제조물책임, 공해소송, 운송인책임소송 등에서 인정되고 있다. 차별행위를 보다 실효적으로 금지시키기 위해서는 징벌적 손해배상도 넓게 허용되어야 할 것이다. 즉, 법에서 금지한 차별행위가 악의적인 것으로 인정되는 경우, 법원은 차별행위를 한 자에 대하여 재산상 손해액 외에 손해액의 일정배수 이상의 배상금을 지급하도록 판결할 수 있도록 하여야 한다. 징벌적 손해배상제도를 도입하게 되면 불법행위 예방 및 억제, 피해자에 대한 손해전보액의 현실화 등의 장점이 있다. 다만, 고액의 손해배상액수로 가해자에게 지나친 부담을 주게 된다는 점, 민사영역인 손해배상영역에 대해 형사벌적 제재인 징벌적 개념 도입으로 헌법상 이중처벌 금지원칙에 위배될 가능성이 있다는 점 등이 문제로 지적될 수 있으므로 충분한 검토와 적정한 수준의 확보가 필요하다고 할 것이다. 한편, 우리 법체계상 손해배상은 실제로 발생한 손해만큼을 금전으로 전보(塡補)하는 '전보배상의 법리'를 채택하고 있는 바, 첫째, 징벌적 손해배상의 대상을 금지된 차별행위 전체로 할 것인지 또는 제한할 것인지, 둘째, 손해액에 대한 배상금수준의 적절성 등에 대한 논의가 필요할 것으로 보인다. 우리나라는 하도급공정화에관한법률(2011년)과 기간제법(2014년)에 도입하고 있다.

139) 중앙노동위원회 2015.06.30. 2015차별3 결정 참조.

4. 강제이행명령

고용상 강제이행명령제도는 근기법 제30조에서 규정하고 있는 부당해고 등에 대하여 구제명령을 발할 수 있는데, 강제이행명령제도의 기능을 한다.[140] 아울러, 노조법 제85조에서 규정하고 있는 부당노동행위에 대한 구제명령도 강제이행명령제도의 일환으로 운영되고 있다. 고용상 차별금지사항을 위반한 경우나 불이익취급한 경우 그 위반을 해소하거나 구제내용의 실현을 위하여 징벌적 또는 강제력을 갖는 강제이행명령의 구속력은 차별행위를 근절하고 평등권을 실현하는데 중요한 장치가 될 수 있을 것이다.

5. 부당노동행위구제

현행 노조법상의 부당노동행위는 명시적으로 고용상 차별금지사항에 대하여 규정하고 있는 것은 아니지만 제81조 제1호 내지 2호, 5호 등의 규정내용을 살펴보면 차별행위(불이익취급 등)를 근거로 부당노동행위로 간주하여 구제받을 가능성은 크다고 할 수 있다.[141] 물론 필요한 경우 차별행위에 대하여 적극적으로 규정하여 부당노동행위로 처벌하는 규정을 마련하는 것도 고려해 볼 수 있다.

Ⅴ. 권리구제에 대한 정책적 과제

우리나라의 고용상 차별에 대한 권리구제는 그 실효성을 강화하기 위하여 몇 가지 보완점을 가지고 있다. 우선 피해자를 위한 법률구조 요청 및 지원[142]이 확대되어야 한다. 아울러, 법원은 금지된 차별행위에 관한 소송 제기 전 또는 소송 제기 중에 피해자의 신청으로 피해자에 대한 차별이 소명되는 경우에는 본안 판결 전까지 차별행위의 중지 등 그 밖의 적절한 임시조치를 명할 수 있어야 하고, 법원은 피해자의 청구에 따라 차별행위의 중지, 원상회복, 임금 등 근로조건의 개선, 그 시정을 위한 적극적 조치 등의 판결을 할 수 있어야 한다. 또, 법원은 차별행위의 중지, 원상회복, 그 밖에 차별시정을 위한 적

140) 중앙노동위원회 2016.02.05. 2016긴급1 결정 외.

141) 중앙노동위원회 2016.09.02. 2016부해587 결정 외.

142) 이러한 지원제도로 소송지원제도를 들 수 있다. 소송지원제도는 차별피해의 실질적이고 효과적인 구제를 도모한다는 면에서 필요하지만, 소송지원의 내용(즉, 금전적 지원을 할 것인지, 국선 또는 소속 변호사의 조력을 할 것인지와 요건 등)을 명확히 할 필요가 있다. 따라서 소송을 지원하기 위한 요건, 절차 및 지원의 내용에 대한 세부사항을 명확히 규정할 필요가 있다. 현재 법률구조공단을 통한 소송지원제도와 국선변호인선임 등을 통한 소송지원제도가 활용되고 있다.

극적 조치가 필요하다고 판단하는 경우에는 그 이행 기간을 정하여 이행하도록 명하고, 이행기간까지 이행하지 아니하는 경우에는 늦어진 기간에 따라 일정한 배상을 하도록 민사집행법에 따라 명할 수 있도록 하여야 한다.

또한, 고용상 차별로 인하여 침해된 권리를 구제하는 것은 사후적인 조치 외에도 사전적으로 침해가 되지 않도록 예방하는 조치(교육의 의무부과를 통한 의식개선 등)가 중요하다.[143] 이를 위하여 고용차별에 대한 이해관계자들의 의식수준을 제고하는 것, 국가 및 지자체, 고용기관의 차별방지조치를 강구하고 실행할 수 있는 의무사항의 부과 등이 중요한 것이 된다. 아울러, 감독기관의 지도점점 강화, 관련법령의 고지제도를 강화하여 위반자에 대한 고지제도를 강화하고, 위반자에 대한 관련법령과 제도적인 내용에 대한 교육부과 등을 통하여 재발방지 및 사회적 징벌 내지 감시기능의 효과도 기대할 수 있다. 더하여 제3자를 통한 중재, 각종 판정기관 및 위원회 등에 의한 중재를 통한 구제방법도 가능할 것이다. 아울러, 차별예방 내지 피해자가 구제를 수월하게 받을 수 있도록 입증책임의 배분을 통하여 차별에 해당하는 행위가 있었다는 사실은 차별행위를 당하였다고 주장하는 자가 입증하되, 차별행위가 법에서 금지하는 차별행위가 아니라거나 그 행위에 정당한 사유가 있었다는 점은 차별행위를 당하였다고 주장하는 자의 상대방이 입증하도록 하여 피해자의 구제에 대한 실효성을 제고하여야 한다.

아울러, 고용차별금지기본법 등의 제정과 처벌규정 등을 강화하고, 차별판단기준의 마련과 차별행위관리를 위한 가이드라인의 마련이 필요하다. 즉, 헌법재판소나 법원, 노동위와 인권위 등의 차별행위 판단에서 합리성 등의 판단기준으로 고려되는 사항들에 대하여 고용상 차별사유별 판단기준 등 가이드라인의 제정운영이 필요하다. 미국의 경우 EEOC의 가이드라인은 우리에게 시사하는 바가 크다고 할 것이다. 우선 차별행위에 대한 전반적인 인식제고를 위한 교육 등을 통하여 제도 전반에 대한 인식하에 차별행위 발생 시 권리구제를 위한 조치가 가능하다는 점을 인식토록 하여 구제기관을 통한 권리구제 청구 및 고발조치 등 행동요령에 대한 가이드라인을 마련하여 각 사업장과 고용기관 및 근로자에게 주지시킬 필요가 있다. 그리고 각 사업장 및 고용기관과 근로자가 각각의 차별행위 사유에 대하여 차별여부를 판단할 수 있는 가이드라인을 만들어 배포하여야 한다. 이를 근거로 사업장에서 고용상 행위들에 대하여 차별여부를 판단할 수 있도록 하여 위반을 예방하고 합리적인 고용관리가 가능하도록 하여야 한다. 또, 차별행위 등 불이익대우나 처분이 발생할 경우 그 판단기준을 토대로 권리구제가 가능하도록 해야 한다.

143) 이러한 의식제고 및 예방노력은 성희롱예방교육 등 양성평등촉진을 위한 남녀고용평등에 대한 정책적인 고려에 의하여 실행되고 있으나 모든 차별행위에 대하여 실행될 필요가 있다.

제 3 편

고용증진정책

5 chapter 고용촉진정책

제1절 서 설

고용촉진의 의미는 크게 두 가지로 구분해 볼 수 있다. 먼저, 고용보험사업의 일환으로서의 고용촉진을 들 수 있다. 즉, 고용촉진이란 단순히 실업급여만을 지급하는 소극적인 대응에서 벗어나 실업을 예방하고 고용안정을 근본적으로 보장하기 위하여 고용조정과정에서 발생하는 잉여 노동력에 대한 전직훈련과 인력재배치를 통한 고용안정 및 산업구조의 원활한 조정을 가능하게 하고, 평소에 근로자의 직업능력을 지속적으로 개발·향상시키는 직업훈련사업 등의 적극적인 고용정책을 말한다.1) 실업보험 및 실업부조제도는 실직된 근로자에 대하여 실업급여를 지급함으로써 당해 근로자와 그 가족의 생활상의 안정을 기한다는 데 그 기본적인 취지가 있었으므로 실업에 대한 사후구제 수단적 성격을 벗어나지 못하였으나, 기술의 진보와 산업구조의 고도화의 결과로 고용조정이 광범위하게 이루어지면서 실업이 확대되고 고용의 불안정이 증대됨에 따라 실직자에 대한 실업급여만으로 근로자의 고용유지에 한계가 있다는 것이 인식된 것이 적극적인 고용정책 즉 고

1) 정부 등이 추진하고 있는 주요한 고용촉진 지원사업으로는, 고용노동부가 운영하는 취업성공패키지 및 50+새일터적응지원사업, 경력단절여성지원센터를 통한 직업교육훈련 프로그램, 고령자 인재은행이 운영하는 고령자 취업능력 향상 프로그램, 여성가족부가 운영하는 학업중단 청소년 자립 및 학습지원사업, 법무부가 운영하는 출소자 허그일자리 지원프로그램, 한국장애인고용촉진공단이 운영하는 시험고용 프로그램과 직업능력개발훈련 프로그램, 직업재활 프로그램, 지자체가 운영하는 자활근로, 희망리본 프로젝트, 한국보훈복지의료공단이 운영하는 전진기본교육 등을 들 수 있다.

용촉진의 배경이다.

다음으로, 고용시장정책으로서의 고용촉진이다. 고용시장정책은 소극적 고용시장정책과 적극적 고용시장정책으로 분류된다. 소극적 고용시장정책은 실업보상, 조기퇴직 등과 관련되고, 적극적 고용시장정책은 고용촉진을 목적으로 하는 다섯 가지 항목과 관련된다. 첫째, 공공고용 서비스와 행정으로, 이는 고용과 관련된 공공부문 서비스로서 노동시장정보 활성화를 통해 노동시장의 유연성 제고에 도움을 준다. 둘째, 노동시장 훈련으로, 이는 실업상태 또는 실업위기에 처한 성인을 위한 훈련과, 고용상태에 있는 성인을 위한 훈련을 포함하는데 훈련을 통해 취업능력을 높이려는 데 목적이 있다. 셋째, 청년대책으로, 이는 실업상태나 불리한 여건에 놓여 있는 근로경험이 없거나 적은 청년을 위한 대책과 전문적인 훈련을 지원하는 계획을 포함한다. 넷째, 고용보조로, 이는 민간부분의 정규고용보조, 창업을 하려는 실직자 보조, 공공 및 비 영리부분에서의 일자리 창출을 포함하는 것으로 정부가 직접 일자리를 창출하는 경우이다. 다섯째, 장애자 대책으로, 이는 장애자를 위한 재활훈련과 장애자를 위한 취업을 포함한다.

고용촉진정책에서는 전반적인 고용의 촉진을 추진함은 물론, 특히 사회적인 취약계층에 대한 배려정책을 구체화하여 실행하는 것이 공공의 이익에 부응하는 것이라고 할 수 있다. 전반적인 고용의 촉진은 일자리를 지속적으로 창출하는 것이 필요하고, 경기를 활성화하여 전반적인 산업의 확대를 도모하는 것이 필요하다. 이를 위한 고용유발산업을 육성하고, 고용촉진을 위한 지원프로그램의 활성화, 고용보험제도의 활성화 등이 필요하다고 할 수 있다.

한편, 사회적 취약계층의 고용촉진을 위하여는 고령자고용촉진, 장애인 고용촉진, 여성고용촉진 등을 들 수 있고, 국가유공자 및 그 유가족의 고용의무와 장애인고용의무와 부담금징구를 통한 고용창출사업의 추진, 그리고 이들을 위한 가산점제도의 활용 등을 들 수 있다. 최근 청년실업문제가 부각되고 있어 청년고용특별법의 제정에 의한 보호조치들도 이러한 고용촉진의 예라고 할 수 있다. 아울러, 특정 집단을 위한 적극적 고용개선조치들도 고용촉진을 위한 정책으로 풀이할 수 있다. 또한, 여성, 지역출신, 고졸 등에 대한 고용할당제 등도 이러한 정책적인 고려가 반영된 것이라고 할 수 있다. 본장에서는, 고용할당제, 여성고용촉진 및 장애인고용촉진을 중심으로 설명하고, 고령자고용촉진은 개요만 설명하고 고령자관리정책에서 상세히 다루기로 한다.

제 2 절 고용촉진정책과 고용할당제 등

Ⅰ. 취약계층 등 고용촉진정책 개요

취약계층 등에 대한 고용촉진정책에서 일반적으로 채택되는 정책으로는 고용할당제(여성, 고졸, 지방, 청년 등), 의무고용제(국가유공자와 가족, 장애인, 청년 등), 가산점제도(국가유공자 등), 고용부담금(장애인), 고용우대사항(청년, 이공계, 취업보호대상자 등 취약계층) 등을 들 수 있다. 물론 이러한 우대정책은 채용을 중심으로 다루어지고 있지만, 승진 등에서도 여성할당제를 적용하는 등 고용내용에서도 정책적인 고려가 반영되고 있다. 이러한 정책적인 고려 외에도 고용촉진 등을 위하여 고용보험(능력개발, 구직급여 등)등을 통한 지원, 일자리창출(경제정책 포함), 고용유발산업 육성 등을 추진할 필요성이 있다.

Ⅱ. 고용할당제도를 통한 고용촉진

고용할당제도에서 대표적인 것이 여성고용할당제도, 고졸할당제도, 지방할당제도, 청년고용할당제를 들 수 있다. 기업이 신규인력을 고용할 때 최종선발인원을 기준으로 일정비율을 할당하여 할당대상에게 배분하여 고용하는 것이다. 여성할당제는 남성대비 일정비율 이상(30%)을 고용하도록 하는 것이고, 고졸할당제도는 최종 고용인력의 일정비율(30%)을 고졸로 선발하는 것이다. 또한, 최근 청년실업의 해소를 위한 청년고용특별법을 마련하여 공공기관의 경우 3%를 청년(만 34세 미만)을 우선적으로 채용하도록 하고 있다. 아울러 지방할당제는 서울 및 수도권을 제외한 지방인력을 일정비율 고용하도록 하는 것이다. 통상 30%선 내외를 할당률로 정하고 있는데, 주로 공공기관이 채용에서 강제되고 있다. 그러나 수도권 등의 학교를 졸업한 응시자는 역차별을 당하는 결과를 초래한다고 할 수도 있다. 이러한 조치는 과거 오랜 기간 동안 차별 내지 기회의 균등한 보장을 받지 못한 결과 초래된 불균형을 시정하기 위한 장치로 적극적 고용개선조치의 일환으로 받아들여지고 있다.

Ⅲ. 고용의무 등을 통한 고용촉진제도

고용촉진정책의 일환으로 활용되는 제도는 국가유공자 및 유가족에 대한 고용의무제도(3~8%), 장애인에 대한 고용의무제도(3% 이상)를 들 수 있다. 이들 계층은 국가를 위해 헌신하는 동안 자신과 가족의 생활을 돌보지 못한 보상적인 차원에서의 정책적인 고려와 장애인이라는 사유로 차별받아온 현실을 해소하기 위하여 추진되는 정책이라고 할 수 있다. 아울러, 장애인에 대하여는 고용의무를 다하지 못하는 경우 고용부담금을 징구하여 고용의무불이행에 대한 대체수단 내지 의무이행의 형평을 기하고 있다. 고용우대제도는 다양한 대상에 적용하고 있는데, 취업보호대상자, 이공계출신자 등 그 대상도 고용상황에 따라 다양하게 운영되고 있다. 고용우대에는 대체적으로 선발시험 등에 가점제도를 부여하는 방식, 일정비율을 할당하는 방식 등을 병행하고 있다.

제 3 절 여성고용촉진

Ⅰ. 여성고용촉진을 위한 기본정책 방향

1. 여성고용촉진 기본 방향

여성고용촉진정책은 헌법의 평등이념에 따라 고용에서 남녀의 평등한 기회와 대우를 보장하고 모성 보호와 여성 고용을 촉진하여 남녀고용평등을 실현함과 아울러 근로자의 일과 가정의 양립을 지원함으로써 모든 국민의 삶의 질 향상에 이바지하는 것을 목적으로 하며, 여성고용촉진의 장애가 되는 차별은 사업주가 근로자에게 성별, 혼인, 가족 안에서의 지위, 임신 또는 출산 등의 사유로 합리적인 이유 없이 채용 또는 근로의 조건을 다르게 하거나 그 밖의 불리한 조치를 하는 행위(사업주가 채용조건이나 근로조건은 동일하게 적용하더라도 그 조건을 충족할 수 있는 남성 또는 여성이 다른 한 성(性)에 비하여 현저히 적고 그에 따라 특정성에게 불리한 결과를 초래하며 그 조건이 정당한 것임을 증명할 수 없는 경우를 포함)를 할 수 없다. 다만, ㉮ 직무의 성격에 비추어 특정성이 불가피하게 요구되는 경우, ㉯ 여성 근로자의 임신·출산·수유 등 모성보호를 위한 조치를 하는 경우, ㉰ 그 밖에 법령에 따라 적극적 고용개선조치(현존하는 남녀 간의 고용차별을 없애거나 고용평등을 촉진하기 위하여 잠정적으로 특정성을 우대하는 조치)를 하는 경우는 제외한다. 한편, 사업주·상급자 또는 근로자가 직장 내의 지위를 이용하거나 업무와 관련하여 다른 근로자에게 성적 언동 등으로 성적 굴욕감 또는 혐오감을 느끼게 하거나 성적 언동 또는 그 밖의 요구 등에 따르지 아니하였다는 이유로 고용에서 불이익을 주는 것을 성희롱이라고 하여 제재하고 있다.

2. 여성고용촉진을 위한 책무 및 정책

(1) 국가와 지방자치단체의 책무

국가와 지방자치단체는 이 법의 목적을 실현하기 위하여 국민의 관심과 이해를 증진시키고 여성의 직업능력 개발 및 고용 촉진을 지원하여야 하며, 남녀고용평등의 실현에 방해가 되는 모든 요인을 없애기 위하여 필요한 노력을 하여야 한다. 또한, 국가와 지방자치단체는 일·가정의 양립을 위한 근로자와 사업주의 노력을 지원하여야 하며 일·가정의 양립 지원에 필요한 재원을 조성하고 여건을 마련하기 위하여 노력하여야 한다.

(2) 근로자 및 사업주의 책무

근로자는 상호 이해를 바탕으로 남녀가 동등하게 존중받는 직장문화를 조성하기 위하여 노력하여야 한다. 아울러, 사업주는 해당 사업장의 남녀고용평등의 실현에 방해가 되는 관행과 제도를 개선하여 남녀근로자가 동등한 여건에서 자신의 능력을 발휘할 수 있는 근로환경을 조성하기 위하여 노력하여야 하며, 일·가정의 양립을 방해하는 사업장 내의 관행과 제도를 개선하고 일·가정의 양립을 지원할 수 있는 근무환경을 조성하기 위하여 노력하여야 한다.

(3) 남녀고용평등 및 촉진정책의 수립

고용부처장관은 남녀고용평등과 일·가정의 양립을 실현하기 위하여 ① 남녀고용평등의식 확산을 위한 홍보, ② 남녀고용평등 우수기업(적극적 고용개선조치 우수기업을 포함)의 선정 및 행정적·재정적 지원, ③ 남녀고용평등 강조 기간의 설정·추진, ④ 남녀차별 개선과 여성취업 확대를 위한 조사·연구, ⑤ 모성보호와 일·가정 양립을 위한 제도개선 및 행정적·재정적 지원, ⑥ 그 밖에 남녀고용평등의 실현과 일·가정의 양립을 지원하기 위하여 필요한 사항의 정책을 수립·시행하여야 하며, 이에 따른 정책의 수립·시행을 위하여 관계자의 의견을 반영하도록 노력하여야 하며, 필요하다고 인정되는 경우

관계 행정기관 및 지방자치단체, 그 밖의 공공단체의 장에게 협조를 요청할 수 있다.

(4) 남녀고용평등 기본계획 및 실태조사

고용부처장관은 남녀고용평등 실현과 일·가정의 양립에 관한 기본계획을 수립하여야 한다. 이때, 기본계획에는 ① 여성취업의 촉진에 관한 사항, ② 남녀의 평등한 기회보장 및 대우에 관한 사항, ③ 동일 가치 노동에 대한 동일 임금 지급의 정착에 관한 사항, ④ 여성의 직업능력 개발에 관한 사항, ⑤ 여성 근로자의 모성 보호에 관한 사항, ⑥ 일·가정의 양립 지원에 관한 사항, ⑦ 여성 근로자를 위한 복지시설의 설치 및 운영에 관한 사항, ⑧ 그 밖에 남녀고용평등의 실현과 일·가정의 양립 지원을 위하여 고용부처장관이 필요하다고 인정하는 사항이 포함되어야 한다. 아울러, 고용부처장관은 사업 또는 사업장의 남녀차별개선, 모성보호, 일·가정의 양립 실태를 파악하기 위하여 정기적으로 조사를 실시하여야 한다.

Ⅱ. 남녀의 평등한 기회보장 및 대우

1. 모집과 채용

사업주는 근로자를 모집하거나 채용할 때 남녀를 차별하여서는 아니 되며, 여성 근로자를 모집·채용할 때 그 직무의 수행에 필요하지 아니한 용모·키·체중 등의 신체적 조건, 미혼 조건, 그 밖에 법령으로 금지하여 정하는 조건을 제시하거나 요구하여서는 아니 된다.

2. 임금 및 임금 외의 금품

사업주는 동일한 사업 내의 동일 가치 노동에 대하여는 동일한 임금을 지급하여야 하며, 동일 가치 노동의 기준은 직무 수행에서 요구되는 기술, 노력, 책임 및 작업 조건 등으로 하고, 사업주가 그 기준을 정할 때에는 노사협의회의 근로자를 대표하는 위원의 의견을 들어야 하고, 임금차별을 목적으로 설립한 별개의 사업은 동일한 사업으로 본다. 아울러, 사업주는 임금 외에 근로자의 생활을 보조하기 위한 금품의 지급 또는 자금의 융자 등 복리후생에서 남녀를 차별하여서는 아니 된다.

3. 교육 · 배치 및 승진과 정년 · 퇴직 및 해고

사업주는 근로자의 교육 · 배치 및 승진에서 남녀를 차별하여서는 아니 된다. 또한, 사업주는 근로자의 정년 · 퇴직 및 해고에서 남녀를 차별하여서는 아니 되고, 여성 근로자의 혼인, 임신 또는 출산을 퇴직 사유로 예정하는 근로계약을 체결하여서는 아니 된다.

Ⅲ. 직장 내 성희롱의 금지 및 예방

1. 직장 내 성희롱의 금지

사업주, 상급자 또는 근로자는 직장 내 성희롱을 하여서는 아니 된다. 고용촉진환경을 조성하기 위하여 필요한 조치로써, 여기에서 성희롱의 주체는 모든 구성원이라고 할 수 있다. 즉, 남녀를 불문하고 상사와 동료를 불문하고 주체가 된다고 할 것이다.

2. 직장 내 성희롱 예방 교육

사업주는 직장 내 성희롱을 예방하고 근로자가 안전한 근로환경에서 일할 수 있는 여건을 조성하기 위하여 직장 내 성희롱의 예방을 위한 교육(성희롱 예방 교육 등)을 실시하여야 한다.

3. 성희롱 예방 교육의 위탁

사업주는 성희롱 예방 교육을 고용부처장관이 지정하는 기관(성희롱 예방 교육기관)에 위탁하여 실시할 수 있다. 성희롱 예방 교육기관은 법령으로 정하는 바에 따라 교육을 실시하고 교육이수증이나 이수자 명단 등 교육 실시 관련 자료를 보관하며 사업주나 피교육자에게 그 자료를 내주어야 한다.

고용부처장관은 성희롱 예방 교육기관이 ① 거짓이나 그 밖의 부정한 방법으로 지정을 받은 경우, ② 정당한 사유 없이 성희롱 예방교육 강사를 6개월 이상 계속하여 두지 아니한 경우의 어느 하나에 해당하면 그 지정을 취소할 수 있다.

4. 직장 내 성희롱 발생 시 조치

사업주는 직장 내 성희롱 발생이 확인된 경우 지체 없이 행위자에 대하여 징계나 그 밖에 이에 준하는 조치를 하여야 하고, 직장 내 성희롱과 관련하여 피해를 입은 근로자 또는 성희롱 피해 발생을 주장하는 근로자에게 해고나 그 밖의 불리한 조치를 하여서는 아니 된다.

5. 고객 등에 의한 성희롱 방지

사업주는 고객 등 업무와 밀접한 관련이 있는 자가 업무수행 과정에서 성적인 언동 등을 통하여 근로자에게 성적 굴욕감 또는 혐오감 등을 느끼게 하여 해당 근로자가 그로 인한 고충 해소를 요청할 경우 근무 장소 변경, 배치전환 등 가능한 조치를 취하도록 노력하여야 하며, 근로자가 이에 따른 피해를 주장하거나 고객 등으로부터의 성적 요구 등에 불응한 것을 이유로 해고나 그 밖의 불이익한 조치를 하여서는 아니 된다.

Ⅳ. 여성의 직업능력 개발 및 고용 촉진

1. 직업 지도 및 직업능력 개발

직업안정법에 따른 직업안정기관은 여성이 적성, 능력, 경력 및 기능의 정도에 따라 직업을 선택하고, 직업에 적응하는 것을 쉽게 하기 위하여 고용정보와 직업에 관한 조사·연구 자료를 제공하는 등 직업 지도에 필요한 조치를 하여야 한다. 아울러, 국가, 지방자치단체 및 사업주는 여성의 직업능력 개발 및 향상을 위하여 모든 직업능력 개발 훈련에서 남녀에게 평등한 기회를 보장하여야 한다.

2. 여성 고용 촉진

고용부처장관은 여성의 고용 촉진을 위한 시설을 설치·운영하는 비영리법인과 단체에 대하여 필요한 비용의 전부 또는 일부를 지원할 수 있으며, 여성의 고용 촉진을 위한 사업을 실시하는 사업주 또는 여성휴게실과 수유시설을 설치하는 등 사업장 내의 고용환경을 개선하고자 하는 사업주에게 필요한 비용의 전부 또는 일부를 지원할 수 있다.

3. 경력단절여성의 능력개발과 고용촉진지원

고용부처장관은 임신·출산·육아 등의 이유로 직장을 그만두었으나 재취업할 의사가 있는 경력단절여성을 위하여 취업유망 직종을 선정하고, 특화된 훈련과 고용촉진프로그램을 개발하여야 하며, 직업안정법에 따른 직업안정기관을 통하여 경력단절여성에게 직업정보, 직업훈련정보 등을 제공하고 전문화된 직업지도, 직업상담 등의 서비스를 제공하여야 한다.

V. 고용촉진을 위한 적극적 고용개선조치

1. 적극적 고용개선조치 시행계획의 수립·제출

고용부처장관은 ① 법령으로 정하는 공공기관·단체의 장, ② 법령으로 정하는 규모 이상의 근로자를 고용하는 사업의 사업주의 어느 하나에 해당하는 사업주로서 고용하고 있는 직종별 여성 근로자의 비율이 산업별·규모별로 고용노동부령으로 정하는 고용 기준에 미달하는 사업주에 대하여는 차별적 고용관행 및 제도 개선을 위한 적극적 고용개선조치 시행계획을 수립하여 제출할 것을 요구할 수 있다. 이 경우 해당 사업주는 시행계획을 제출하여야 한다.

상기의 사유에 해당하는 사업주는 직종별·직급별 남녀 근로자 현황을 고용부처장관에게 제출하여야 하며, 상기의 어느 하나에 해당하지 아니하는 사업주로서 적극적 고용개선조치를 하려는 사업주는 직종별 남녀 근로자 현황과 시행계획을 작성하여 고용부처장관에게 제출할 수 있으며, 이에 대하여 고용부처장관은 제출된 시행계획을 심사하여 그 내용이 명확하지 아니하거나 차별적 고용관행을 개선하려는 노력이 부족하여 시행계획으로서 적절하지 아니하다고 인정되면 해당 사업주에게 시행계획의 보완을 요구할 수 있다.

2. 시행계획 등의 게시 및 이행실적의 평가 및 지원

법령에 따라 시행계획을 제출한 사업주는 시행계획 및 이행실적을 근로자가 열람할 수 있도록 게시하는 등 필요한 조치를 하여야 한다. 또한, 법령에 따라 시행계획을 제출한 자는 그 이행실적을 고용부처장관에게 제출하여야 하며, 고용부처장관은 이에 따라 제출된 이행실적을 평가하고, 그 결과를 사업주에게 통보하여야 하며, 이에 따른 평가 결과 이행실적이 우수한 기업(적극적 고용개선조치 우수기업)에 표창을 할 수 있으며, 국가와 지방자치단체는 적극적 고용개선조치 우수기업에 행정적·재정적 지원을 할 수 있다.

한편, 고용부처장관은 평가 결과 이행실적이 부진한 사업주에게 시행계획의 이행을 촉구할 수 있으며, 평가 업무를 법령으로 정하는 기관이나 단체에 위탁할 수 있다.

3. 적극적 고용개선조치에 관한 협조

고용부처장관은 적극적 고용개선조치의 효율적 시행을 위하여 필요하다고 인정하면 관계 행정기관의 장에게 차별의 시정 또는 예방을 위하여 필요한 조치를 하여 줄 것을 요청할 수 있다. 이 경우 관계 행정기관의 장은 특별한 사유가 없으면 요청에 따라야 한다.

4. 적극적 고용개선조치에 관한 중요 사항 심의

적극적 고용개선조치에 관한 ① 여성 근로자 고용기준에 관한 사항, ② 법령에 따른 시행계획의 심사에 관한 사항, ③ 법령에 따른 적극적 고용개선조치 이행실적의 평가에 관한 사항, ④ 법령에 따른 적극적 고용개선조치 우수기업의 표창 및 지원에 관한 사항, ⑤ 그 밖에 적극적 고용개선조치에 관하여 고용정책심의회의 위원장이 회의에 부치는 사항은 고용정책기본법에 따른 고용정책심의회의 심의를 거쳐야 한다.

5. 적극적 고용개선조치의 조사 · 연구

고용부처장관은 적극적 고용개선조치에 관한 업무를 효율적으로 수행하기 위하여 조사 · 연구 · 교육 · 홍보 등의 사업을 할 수 있고, 필요하다고 인정하면 업무의 일부를 법령으로 정하는 자에게 위탁할 수 있다.

제 4 절 장애인고용촉진 및 직업재활

장애인의 고용촉진은 직업재활 등을 지원하여 장애인이 그 능력에 맞는 직업생활을 영위하여 인간다운 생활을 할 수 있도록 하는데 목적이 있다. 여기에서 장애인이란 신체 또는 정신상의 장애로 장기간에 걸쳐 직업생활에 상당한 제약을 받는 자로서 법령으로 정하는 기준에 해당하는 자를 말하고, 고용촉진 및 직업재활이란 장애인의 직업지도, 직업적응훈련, 직업능력개발훈련, 취업알선, 취업 및 취업 후 적응지도 등에 대하여 법령에서 정하는 조치를 강구하여 장애인이 직업생활을 통하여 자립할 수 있도록 하는 것을 말한다.

Ⅰ. 국가 등의 책임

1. 국가와 지방자치단체의 책임 및 국고의 부담

국가와 지방자치단체는 장애인의 고용촉진 및 직업재활에 관하여 사업주 및 국민 일반의 이해를 높이기 위하여 교육·홍보 및 장애인 고용촉진 운동을 지속적으로 추진하여야 하며, 사업주·장애인, 그 밖의 관계자에 대한 지원과 장애인의 특성을 고려한 직업재활 조치를 강구하여야 하고, 장애인의 고용촉진을 꾀하기 위하여 필요한 시책을 종합적이고 효과적으로 추진하여야 한다. 이 경우 중증장애인과 여성장애인에 대한 고용촉진 및 직업 재활을 중요시하여야 한다. 아울러, 국가는 매년 장애인 고용촉진 및 직업재활 사업에 드는 비용의 일부를 일반회계에서 부담할 수 있고, 매년 예산의 범위에서 장애인 고용촉진 및 직업재활 사업의 사무 집행에 드는 비용을 적극 지원한다.

2. 사업주의 책임

사업주는 장애인의 고용에 관한 정부의 시책에 협조하여야 하고, 장애인이 가진 능력을 정당하게 평가하여 고용의 기회를 제공함과 동시에 적정한 고용관리를 할 의무를 가지며, 근로자가 장애인이라는 이유로 채용·승진·전보 및 교육훈련 등 인사관리상의 차별대우를 하여서는 아니 되고, 직장 내 장애인 근로자의 안정적인 근무여건 조성과 채용 확대를 위하여 장애인 인식개선 교육을 실시하여야 한다. 한편, 고용부처장관은 사업주의 장애인 인식개선 교육이 원활하게 이루어지도록 교육교재 등을 개발하여 보급하여야 한다.

3. 장애인의 자립 노력

장애인은 직업인으로서의 자각을 가지고 스스로 능력 개발·향상을 도모하여 유능한 직업인으로 자립하도록 노력하여야 한다. 또한, 장애인의 가족 또는 장애인을 보호하고 있는 자는 장애인에 관한 정부의 시책에 협조하여야 하고, 장애인의 자립을 촉진하기 위하여 적극적으로 노력하여야 한다.

4. 장애인 고용촉진 및 직업재활 기본계획

고용부처장관은 관계 중앙행정기관의 장과 협의하여 장애인의 고용촉진 및 직업재활을 위한 기본계획을 세워야 하며, 기본계획에는 ① 장애인의 고용촉진 및 직업재활에 관한 사항, ② 법령에 따른 장애인 고용촉진 및 직업재활 기금에 관한 사항, ③ 장애인을 위한 시설의 설치·운영 및 지원에 관한 사항, ④ 그 밖에 장애인의 고용촉진 및 직업재활을 위하여 고용부처장관이 필요하다고 인정하는 사항이 포함되어야 하고, 기본계획, 장애인의 고용촉진 및 직업재활에 관한 중요 사항은 고용정책기본법에 따른 고용정책심의회의 심의를 거쳐야 한다.

5. 교육부처 및 보건복지부처와의 연계

교육부처장관은 장애인 등에 대한 특수교육법에 따른 특수교육 대상자의 취업을 촉진하기 위하여 필요하다고 인정하면 직업교육 내용 등에 대하여 고용부처장관과 협의하여야 하며, 보건복지부처장관은 직업재활 사업 등이 효율적으로 추진될 수 있도록 고용부처장관과 긴밀히 협조하여야 한다.

Ⅱ. 장애인 고용촉진 및 직업재활

1. 장애인 직업재활 실시 기관

장애인 재활실시기관은 ① 장애인 등에 대한 특수교육법에 따른 특수교육기관, ② 장애인복지법에 따른 장애인복지관, ③ 장애인복지법에 따른 장애인 직업재활시설, ④ 장애인복지법에 따른 장애인복지단체, ⑤ 직업능력 개발법에 따른 직업능력개발훈련시설, ⑥ 그 밖에 법령으로 정하는 기관으로서 고용부처장관이 장애인에 대한 직업재활 사업을 수행할 능력이 있다고 인정하는 기관이다.

장애인 직업재활 실시 기관(재활실시기관)은 장애인에 대한 직업재활 사업을 다양하게 개발하여 장애인에게 직접 제공하여야 하고, 특히 중증장애인의 자립능력을 높이기 위한 직업재활 실시에 적극 노력하여야 한다.

2. 직업지도 및 훈련

(1) 직업지도 및 취업 후 적응지도

고용부처장관과 보건복지부처장관은 장애인이 그 능력에 맞는 직업에 취업할 수 있도록 하기 위하여 장애인에 대한 직업상담, 직업적성 검사 및 직업능력 평가 등을 실시하고, 고용정보를 제공하는 등 직업지도를 하여야 한다. 또, 장애인이 그 능력에 맞는 직업생활을 할 수 있도록 하기 위하여 장애인에게 적합한 직종 개발에 노력하여야 하며, 직업지도를 할 때에 특별히 전문적 지식과 기술이 필요하다고 인정하면 이를 재활실시기관 등 관계 전문기관에 의뢰하고 그 비용을 지급할 수 있으며, 직업지도를 실시하거나 하려는 자에게 필요한 비용을 융자·지원할 수 있다.

아울러, 고용부처장관과 보건복지부처장관은 장애인의 직업안정을 위하여 필요하다고 인정하면 사업장에 고용되어 있는 장애인에게 작업환경 적응에 필요한 지도를 실시하여야 한다.

(2) 사업주에 대한 고용 지도

고용부처장관은 장애인을 고용하거나 고용하려는 사업주에게 필요하다고 인정하면 채용, 배치, 작업 보조구, 작업 설비 또는 작업 환경, 그 밖에 장애인의 고용관리에 관하여 기술적 사항에 대한 지도를 실시하여야 한다.

(3) 직업적응훈련

고용부처장관과 보건복지부처장관은 장애인이 그 희망·적성·능력 등에 맞는 직업생활을 할 수 있도록 하기 위하여 필요하다고 인정하면 직업 환경에 적응시키기 위한 직업적응훈련을 실시할 수 있고, 이에 따른 직업적응훈련의 효율적 실시를 위하여 필요하다고 인정하면 그 훈련 기준 등을 따로 정할 수 있으며, 장애인의 직업능력 개발·향상을 위하여 직업적응훈련 시설 또는 훈련 과정을 설치·운영하거나 하려는 자에게 필요한 비용(훈련비를 포함한다)을 융자·지원할 수 있다. 또, 직업적응훈련 시설에서 직업적응훈련을 받는 장애인에게 훈련수당을 지원할 수 있다.

(4) 직업능력개발훈련

고용부처장관은 장애인이 그 희망·적성·능력 등에 맞는 직업생활을 할 수 있도록 하기 위하여 장애인에게 직업능력개발훈련을 실시하여야 하며, 장애인의 직업능력 개발·향상을 위하여 직업능력개발훈련시설 또는 훈련 과정을 설치·운영하거나 하려는 자에게 필요한 비용(훈련비 포함)을 융자·지원할 수 있고, 직업능력개발훈련시설에서 직업능력개발훈련을 받는 장애인에게 훈련수당을 지원할 수 있다.

3. 고용 및 고용지원

(1) 지원고용 및 보호고용

고용부처장관과 보건복지부처장관은 중증장애인 중 사업주가 운영하는 사업장에서는 직무 수행이 어려운 장애인이 직무를 수행할 수 있도록 지원고용[2])을 실시하고 필요한

2) 지원고용은 미국의 1984년 발달장애법(Developmental Disabilities Act, 1984)에 의해 채택된 정신지체, 학습장애, 자폐증, 뇌성마비 등 발달장애인들을 위한 고용제도로 정상화(normal-action)의 정신을 바탕으로 하고 있다. 지원 고용의 필요성은 발달장애인들을 위한 최선의 직업재활서비스로 인식되어 왔던 기존의 보호 작업장은 장애인들이 비장애인과 분리된 특정의 장소에서 극히 단순한 작업에 종사하도록 되어 있기 때문에, 그러한 차별적이고 분리된 환경은 장애인들에게 문화적으로 정상적인 기회를 제공하지 못할 뿐만 아니라 일탈된 행동도 관대히 넘어가고, 따라서 그들이 지역사회의 직

지원을 하여야 한다.

아울러, 국가와 지방자치단체는 장애인 중 정상적인 작업 조건에서 일하기 어려운 장애인을 위하여 특정한 근로 환경을 제공하고 그 근로 환경에서 일할 수 있도록 보호고용[3])을 실시하여야 한다.

(2) 취업알선 및 취업알선기관 간의 연계

고용부처장관은 고용정보를 바탕으로 장애인의 희망·적성·능력과 직종 등을 고려하여 장애인에게 적합한 직업을 알선하여야 하며, 장애인이 직업생활을 통하여 자립할 수 있도록 장애인의 고용촉진을 위한 시책을 강구하여야 하고, 취업알선 및 고용촉진을 할 때에 필요한 경우에는 그 업무의 일부를 재활실시기관 등 관계 전문기관에 의뢰하고 그 비용을 지급할 수 있다. 또, 취업알선 시설을 설치·운영하거나 하려는 자에게 필요한 비용(취업알선을 위한 지원금 포함)을 융자·지원할 수 있다.

아울러, 고용부처장관은 장애인의 취업 기회를 확대하기 위하여 취업알선 업무를 수행하는 재활실시기관 간에 구인·구직 정보의 교류와 장애인 근로자 관리 등의 효율적인 연계를 꾀하고, 한국장애인고용공단에서 이를 종합적으로 집중 관리할 수 있도록 취업알

업 환경에 수용될 수 있는 수준으로 기능할 수 있는 가능성이 점차로 감소되는 문제점이 지적되면서 부각되었다. 지원 고용의 전제 조건은 다음과 같다. ① 실제의 작업(real work)에 고용되어야 한다. ② 그러한 고용은 정규적이고 통합된 작업환경(regular and integrated work setting)에서 이루어져야 한다. ③ 지속적인 지원이 있어야 하며 그러한 지원을 지속시키는데 필수적인 것이어야 한다. ④ 고용의 상태를 유지하기 위해서는 지속적인 지원을 필요로 하는 중증의 장애인을 대상으로 한다. 지원 고용의 대표적인 유형으로는, 직업코치(job coach)가 장애인과 1 : 1로 한 조를 이루어 직무를 수행하게 하는 개별화 배치모델(individual placement model), 4명에서 5명의 장애인을 집단으로 동일 직무에 배치하고 해당 업체의 직원에 의해 특별한 지도를 받게 하는 기업 내 집단고용모델(the enclave model), 4명에서 5명의 장애인과 직업코치가 한 조를 이루어 요청이 있는 업체로 이동하면서 작업을 수행하는 이동 작업자 모델(mobile crew model), 먼저 일정 기간 동안 현장 외의 장소에서 특정의 작업에 관해 집단으로 훈련을 받고, 다음 단계로 개별화 배치 모델과 같이 직업현장에 직업 코치에 의해 지원을 받는 고용 훈련 모델(employment training model) 등이 있다.

3) 보호고용은 일반직장의 작업조건 하에서 일하기 어려운 사람에게 특별한 작업환경을 마련해 주고 그 환경에서 근무하면서 보수를 받을 수 있도록 배려한 고용의 형태이다. 보호고용에는 장애인이 작업할 수 있는 시설이나 장비, 환경에 대한 배려가 있다. 우리나라에서는 근로사업장과 보호작업장에서 주로 보호 고용이 이루어진다. 근로사업장은 최저임금의 지급과 종합적인 재활 서비스의 제공을 강화하여 장애인들의 경제적 기반을 강화하고 지역사회로의 통합을 촉진하며, 장애의 유형, 연령별 특성과 사업장에서 수행 중인 일의 특성에 따라 재활계획을 수립한다. 근로사업장에서는 보호고용과 함께 적응훈련, 직업 평가, 취업 및 사후 지도, 전환고용 및 지원고용등 재활서비스도 제공한다. 보호작업장은 근로사업장에 비하여 장애의 정도가 더 심한 장애인을 대상으로 고용이 이루어진다. 보호고용은 보호된 환경에서 주로 장애인들 중심으로 고용이 이루어지므로 사회통합의 제한이라는 한계가 있으며, 임금의 수준이 낮고, 직종의 다양성도 떨어지게 된다. 따라서 각국에서는 가능한 한 보호고용에서 지역사회에 통합된 형태의 고용인 일반고용이나 지원고용으로 전이될 수 있도록 각종 정책을 펼치고 있다.

선전산망 구축 등의 조치를 강구하여야 하며, 이에 따른 취업알선전산망 구축 등의 조치를 강구할 때에는 직업안정법에 따른 직업안정기관과 연계되도록 하여야 한다.

(3) 자영업 장애인 및 장애인 근로자 자금지원

고용부처장관은 자영업을 영위하려는 장애인에게 창업에 필요한 자금 등을 융자하거나 영업장소를 임대할 수 있고, 이에 따른 영업장소의 연간 임대료는 국유재산법에도 불구하고 그 재산 가액(價額)에 1천분의 10 이상을 곱한 금액으로 고용부처장관이 정하되, 월할(月割)이나 일할(日割)로 계산할 수 있다. 또한, 고용부처장관은 장애인 근로자의 안정적인 직업생활을 위하여 필요한 자금을 융자할 수 있다. 다만, 고용부처장관은 거짓 또는 그 밖의 부정한 방법으로 융자받거나 지원받은 경우, 사업주가 융자 또는 지원금을 사업의 목적에 집행하지 아니한 경우에는 당해 금액 또는 지원에 상응하는 금액을 징수하여야 하며, 이 경우 그 사실이 있는 날부터 3년간 융자 또는 지원을 제한할 수 있다.

(4) 근로 지원인 서비스의 제공

고용부처장관은 중증장애인의 직업생활을 지원하는 사람(근로지원인)을 보내 중증장애인이 안정적·지속적으로 직업생활을 할 수 있도록 하는 등 필요한 서비스를 제공할 수 있다. 근로지원인 서비스란 직장생활에서 장애인이 수행하는 직무 중 핵심업무를 제외한 부수적인 업무를 근로지원인의 도움을 받아 처리할 수 있도록 지원하는 서비스이다.[4] 업무수행 능력은 보유하고 있으나 장애로 인해 부수적인 업무수행에 어려움을 겪고 있는 중증장애인근로자가 지원대상이다.

4) 일본에서는 근로지원인제도와 유사한 것으로 잡코치제도가 활용되고 있는데, 잡코치(Job Coach)는 장애인에게 일을 가르치는 것을 주된 역할로 하지만, 오늘날에는 더 넓은 의미로서 잡코치의 중요성이 대두되고 있다. 잡코치는 장애가 있는 사람의 평가, 직장 구하기, 직장 평가, 작업매칭 조정, 업무지원 및 후속 등의 지원 업무를 담당하는데, 세부적으로 ① 인간관계 및 직장생활 내 커뮤니케이션을 개선하기 위한 지원, ② 직무수행 및 통근사항, 사회생활기능, 여가활동 등에 대한 지원, ③ 직무내용 설정 및 직무수행 관련 지도방법에 대한 조언. 원조, ④ 장애의 이해 및 직장 종업원들의 장애인을 배려한 대응방법에 관한 조언 및 원조 등이다.

〈근로지원인 서비스 영역〉

장애유형	근로지원인 서비스 영역	비고
지체 뇌병변	① 업무수행과 관련된 컴퓨터 활용 등 부수적 지원 ② 핵심 업무 수행하는데 신체적으로 불가능하거나 장애로 인해 지나치게 많은 시간이 소모되는 물건을 들거나 이동 지원 ③ 출장 및 업무를 위한 휠체어 등 이동 지원 ④ 주된 업무와 관련된 전화를 받거나 손 등을 이용한 서류 정리 등	
시각	① 업무보고를 위한 프레젠테이션 등 기술적 지원 ② 서류 대독(代讀), 점역(點譯), 수기(手記) 등 업무와 관련한 지원 ③ 인터넷·신문·전문서적 등 업무와 관련한 정보 검색 ④ 직무상 강의, 교육 등 외부 스케줄과 관련된 지원 등	
청각 언어	① 비장애인 동료 또는 상관과의 대화 시 수화통역 지원 ② 직무상 연관된 고객관리 지원 ③ 직무상 강의, 교육 등 외부 스케줄과 관련된 지원 ④ 업무와 관련된 전화 받기, 대화 기록 등 지원 등	

4. 사업주 및 사업장 지원

(1) 장애인 고용 사업주에 대한 지원

고용부처장관은 장애인을 고용하거나 고용하려는 사업주에게 장애인 고용에 드는 ① 장애인을 고용하는 데에 필요한 시설과 장비의 구입·설치·수리 등에 드는 비용, ② 장애인의 직업생활에 필요한 작업 보조 공학기기 또는 장비 등, ③ 장애인의 적정한 고용관리를 위하여 장애인 직업생활 상담원, 작업 지도원, 수화 통역사 또는 낭독자 등을 배치하는 데에 필요한 비용, ④ 그 밖에 앞의 ①부터 ③까지의 내용에 준하는 것으로서 장애인의 고용에 필요한 비용 또는 기기의 비용 또는 기기 등을 융자하거나 지원할 수 있다. 이 경우 중증장애인 및 여성장애인을 고용하거나 고용하려는 사업주를 우대하여야 한다.

또, 고용부처장관은 장애인인 사업주가 장애인을 고용하거나 고용하려는 경우에는 해당 사업주 자신의 직업생활에 필요한 작업 보조 공학기기 또는 장비 등을 지원할 수 있다. 아울러, 고용부처장관은 장애인을 고용하거나 고용하려는 사업주에게 장애인의 신체적·정신적 조건, 직업능력 등에 관한 정보, 그 밖의 자료를 제공하여야 한다.

(2) 장애인 표준사업장에 대한 지원

고용부처장관은 장애인 표준사업장을 설립·운영하거나 설립하려는 사업주에게 그 설립·운영에 필요한 비용을 융자하거나 지원할 수 있고, 이에 따른 융자 또는 지원을 할 때에 중증장애인과 여성장애인을 고용하거나 고용하려는 사업주, 지방자치단체로부터 지원을 받거나 비영리 법인 또는 다른 민간 기업으로부터 출자를 받는 등 지역 사회의 적극적 참여를 통하여 장애인 표준사업장을 설립·운영하거나 설립하려는 사업주를 우대하여야 한다.

한편, 장애인 고용의무가 있는 사업주가 장애인 표준사업장을 발행주식 총수 또는 출자총액 등 법령으로 정하는 기준에 따라 실질적으로 지배하고 있는 경우에는 고용의무와 고용률을 적용할 때에는 그 장애인 표준사업장에 고용된 근로자를 해당 사업주가 고용하는 근로자 수(다만, 여성·중증장애인을 제외한 장애인은 그 총수의 2분의 1에 해당하는 수를 말하며, 그 수에서 소수점 이하는 올린다)에 포함하고, 해당 장애인 표준사업장을 해당 사업주의 사업장으로 본다. 그럼에도 불구하고 장애인 고용의무가 있는 둘 이상의 사업주가 장애인 표준사업장의 주식을 소유하거나 출자한 경우에는 그 비율에 해당하는 근로자 수를 해당 사업주가 고용하고 있는 근로자 수에 포함한다. 다만, 장애인 고용의무가 있는 둘 이상의 사업주 중 실질적 지배사업주가 있는 경우에는 장애인 고용의무가 있는 다른 사업주가 주식을 소유하거나 출자한 비율에 해당하는 근로자 수를 제외한 나머지 근로자 수를 실질적 지배사업주가 고용하는 근로자 수에 포함한다.

또한, 고용부처장관은 중앙행정기관의 장, 지방자치단체 및 공공기관의 운영에 관한 법률에 따른 공공기관 등에 장애인 표준사업장에서 생산하는 제품을 우선적으로 구매하도록 하는 등 필요한 협조를 요청할 수 있다.

(3) 장애인 고용 우수사업주에 대한 우대

고용부처장관은 장애인의 고용에 모범이 되는 사업주를 장애인 고용 우수사업주로 선정하여 사업을 지원하는 등의 조치(우대조치)를 할 수 있고, 이에 따른 장애인 고용 우수사업주의 선정·우대조치 등에 필요한 사항은 법령으로 정한다.

Ⅲ. 장애인 고용의무 및 부담금

1. 장애인 고용의무

(1) 국가와 지방자치단체의 장애인 고용 의무

국가와 지방자치단체의 장은 장애인을 소속 공무원 정원의 100분의 3 이상 고용하여야 하며, 각 시험 실시 기관(각급기관)의 장은 장애인이 신규채용 인원의 100분의 3(장애인 공무원의 수가 해당 정원의 100분의 3 미만이면 100분의 6) 이상 채용되도록 시험을 실시하여야 하며, 임용권을 위임받은 기관의 장이 공개채용을 하지 아니하고 공무원을 모집하는 경우에도 준용한다.

공안직군 공무원, 검사, 경찰·소방·경호 공무원 및 군인 등에 대하여는 적용하지 아니한다(다만, 국가와 지방자치단체의 장은 공안직군 공무원 등에 대하여도 장애인이 고용될 수 있도록 노력하여야 한다), 채용시험 및 모집에 응시하는 장애인의 응시 상한 연령은 중증장애인인 경우에는 3세, 그 밖의 장애인인 경우에는 2세를 각각 연장한다.

또, 국가공무원법에 따른 중앙인사기관의 장과 지방자치단체의 장은 소속 각급기관의 공무원 채용계획을 포함한 장애인 공무원 채용계획과 그 실시 상황을 법령으로 정하는 바에 따라 고용부처장관에게 제출하여야 하고, 고용부처장관은 이에 따른 장애인 공무원 채용계획이 적절하지 아니하다고 인정되면 장애인 공무원 채용계획을 제출한 자에게 그 계획의 변경을 요구할 수 있고, 고용 의무의 이행 실적이 현저히 부진한 때에는 그 내용을 공표할 수 있다.

(2) 사업주의 장애인 고용 의무

상시 50명 이상의 근로자를 고용하는 사업주(건설업에서 근로자 수를 확인하기 곤란한 경우에는 공사 실적액이 고용부처장관이 정하여 고시하는 금액 이상인 사업주)는 그 근로자의 총수(건설업에서 근로자 수를 확인하기 곤란한 경우에는 법령으로 정하는 바에 따라 공사 실적액을 근로자의 총수로 환산한다)의 100분의 5의 범위에서 법령으로 정하는 비율(의무고용률) 이상에 해당(그 수에서 소수점 이하는 버린다)하는 장애인을 고용하여야 한다. 다만, 이에도 불구하고 특정한 장애인의 능력에 적합하다고 인정되는 직종에 대하여는 장애인을 고용하여야 할 비율을 법령으로 따로 정할 수 있다. 이 경우 그 비율은 의무고용률로 보지 아니한다.

한편, 의무고용률은 전체 인구 중 장애인의 비율, 전체 근로자 총수에 대한 장애인 근로자의 비율, 장애인 실업자 수 등을 고려하여 5년마다 정한다.

2. 의무고용의 특례

(1) 공공기관 장애인 의무고용률의 특례

공공기관의 운영에 관한 법률에 따른 공공기관 중 같은 법(제5조)에 따라 공기업 및 준정부기관으로 지정받은 공공기관의 의무고용률은 상시 고용하고 있는 근로자 수의 100분의 3으로 한다. 이 경우 의무고용률에 해당하는 장애인 수를 계산할 때에 소수점 이하는 버린다.

(2) 장애인 고용인원 산정의 특례

국가 등 의무고용인원 및 고용률에 대한 장애인 고용인원을 산정하는 경우 중증장애인의 고용은 그 인원의 2배에 해당하는 장애인의 고용으로 본다. 다만, 소정근로시간이 법령으로 정하는 시간 미만인 중증장애인은 제외한다.

3. 고용장려금의 지급 및 제한

(1) 장애인 고용장려금의 지급

고용부처장관은 장애인의 고용촉진과 직업 안정을 위하여 장애인을 고용한 사업주에게 고용장려금을 지급할 수 있으며, 고용장려금은 매월 상시 고용하고 있는 장애인 수에서 의무고용률에 따라 고용하여야 할 장애인 총수(그 수에서 소수점 이하는 올린다)를 뺀 수에 법령에서 정한 지급단가를 곱한 금액으로 하고(다만, 납부할 부담금이 있는 경우에는 그 금액을 뺀 금액으로 한다), 고용장려금의 지급단가 및 지급기간은 고용부처장관이 최저임금법에 따라 월 단위로 환산한 최저임금액의 범위에서 부담기초액, 장애인 고용부담금 납부 의무의 적용 여부, 그 장애인 근로자에게 지급하는 임금, 고용기간 및 장애정도 등을 고려하여 다르게 정할 수 있다. 이 경우 중증장애인과 여성장애인에 대하여는 우대하여 정하여야 한다.

한편, 고용보험법과 산업재해보상보험법에 따른 지원금 및 장려금 지급 대상인 장애인 근로자 및 그 밖에 장애인 고용촉진과 직업안정을 위하여 국가나 지방자치단체로부터 지원을 받는 등 법령으로 정하는 장애인 근로자에 대하여는 법령으로 정하는 바에 따라 고용장려금의 지급을 제한할 수 있다.

(2) 부당이득금의 징수 및 지급 제한

고용부처장관은 고용장려금을 받은 자가 ① 거짓이나 그 밖의 부정한 방법으로 고용장려금을 받은 경우, ② 그 밖에 잘못 지급된 고용장려금이 있는 경우의 어느 하나에 해당하는 경우에는 지급한 금액을 징수하여야 한다. 다만, ①호의 경우에는 지급한 금액의 5배의 범위에서 법령으로 정하는 금액을 추가로 징수하여야 한다. 아울러, 추가 징수에 있어서 거짓이나 그 밖의 부정한 방법으로 고용장려금의 지급신청을 한 날부터 3개월 이내에 자진하여 그 부정행위를 신고한 자에 대하여는 추가징수를 면제할 수 있다.

한편, 고용부처장관은 고용장려금을 거짓이나 그 밖의 부정한 방법으로 지급받았거나 받으려 한 자에 대하여는 1년간의 고용장려금을 지급하지 아니한다. 다만, 고용장려금을 받은 날부터 3년이 지난 경우에는 그러하지 아니하다.

4. 장애인고용부담금

(1) 장애인 고용부담금의 납부 등

의무고용률에 못 미치는 장애인을 고용하는 사업주(상시 50명 이상 100명 미만의 근로자를 고용하는 사업주는 제외한다)는 법령으로 정하는 바에 따라 매년 고용부처장관에게 장애인 고용부담금(부담금)을 납부하여야 하며, 부담금은 사업주가 의무고용률에 따라 고용하여야 할 장애인 총수에서 매월 상시 고용하고 있는 장애인 수를 뺀 수에 법령에 따른 부담기초액을 곱한 금액의 연간 합계액으로 한다.

부담기초액은 장애인을 고용하는 경우에 매월 드는 ① 장애인을 고용하는 경우 필요한 시설·장비의 설치, 수리에 드는 비용, ② 장애인의 적정한 고용관리를 위한 조치에 필요한 비용, ③ 그 밖에 장애인을 고용하기 위하여 특별히 드는 비용 등의 비용의 평균액을 기초로 하여 고용정책심의회의 심의를 거쳐 최저임금법에 따라 월 단위로 환산한 최저임금액의 100분의 60 이상의 범위에서 고용부처장관이 정하여 고시하되, 장애인 고용률(매월 상시 고용하고 있는 근로자의 총수에 대한 고용하고 있는 장애인 총수의 비율)에 따라 부담기초액의 2분의 1 이내의 범위에서 가산할 수 있다. 다만, 장애인을 상시 1명 이상 고용하지 아니한 달이 있는 경우에는 그 달에 대한 사업주의 부담기초액은 최저임금법에 따라 월 단위로 환산한 최저임금액으로 한다.

고용부처장관은 장애인복지법 및 산업재해보상보험법에 따른 직업재활시설 또는 장애인표준사업장, 그 밖에 고용부처장관이 정하는 장애인자립작업장에 생산설비와 원료·기술 등을 제공하고 생산관리 및 생산품의 판매를 전담하는 사업주 또는 직업재활시설 및 장애인자립작업장에 도급을 주어 그 생산품을 납품받는 사업주에 대하여 부담금을 감면할 수 있고, 사업주는 다음 연도 1월 31일(연도 중에 사업을 그만두거나 끝낸 경우에는 그 사업을 그만두거나 끝낸 날부터 60일)까지 고용부처장관에게 부담금 산출에 필요한 사항으로서 법령으로 정하는 사항을 적어 신고하고 해당 연도의 부담금을 납부하여야 한다.

(2) 부담금 등 과오납금의 충당과 환급

고용부처장관은 사업주가 부담금, 그 밖에 이 법에 따른 징수금과 체납처분비로 납부한 금액 중 잘못 납부한 금액을 환급하려는 때 또는 사업주에게 고용장려금을 지급하여야 하는 때에는 법령으로 정하는 순위에 따라 납부하여야 하는 부담금, 그 밖에 장애인고용법에 따른 징수금에 우선 충당하고, 그 잔액을 해당 사업주에게 환급하거나 지급할 수 있다.

(3) 가산금과 연체금의 징수

고용부처장관은 부담금을 징수하는 때에는 사업주가 납부하여야 할 부담금의 100분의 10에 상당하는 금액을 가산금으로 징수하며, 법령에 따른 납부금의 납부 의무자가 납부 기한까지 부담금을 납부하지 아니하였을 때에는 그 연체 기간에 대하여 36개월을 초과하지 아니하는 범위에서 은행법에 따른 은행의 연체이자율 등을 고려하여 법령으로 정하는 대로 월 단위로 연체금을 징수한다.

5. 납부금 통지와 독촉 및 체납처분

고용부처장관은 장애인고용법에 따른 징수를 하려 할 때에는 법령으로 정하는 바에 따라 납부 의무자에게 그 금액과 납부 기한을 서면으로 알려야 한다. 부담금이나 그 밖에 이 법에 따른 징수금의 징수 우선순위는 국세 및 지방세의 다음으로 한다.

한편, 고용부처장관은 부담금, 그 밖에 장애인고용법에 따른 징수금을 납부 의무자가 납부하지 아니하였을 때에는 기한을 정하여 독촉하여야 하고, 이에 따라 독촉을 하는 경우에는 10일 이상의 납부 기간을 주어 독촉장을 발부하여야 하며, 독촉을 받은 자가 그 납부 기한까지 부담금이나 그 밖에 장애인고용법에 따른 징수금을 납부하지 아니하였을 때에 고용부처장관은 국세 체납처분의 예에 따라 징수할 수 있으며, 이에 따른 체납처분의 예에 따라 압류한 재산의 공매(公賣)에 전문 지식이 필요하거나 그 밖에 특수한 사정이 있어 직접 공매하기에 적당하지 아니하다고 인정하는 때에는 법령으로 정하는 대로 자산관리공사법에 따라 설립된 한국자산관리공사에 이를 대행하게 할 수 있고, 이 경우 공매는 고용부처장관이 한 것으로 본다.

6. 시효 및 결손처분

부담금이나 그 밖에 이 법에 따른 징수금을 징수하거나 그 환급을 받을 권리와 고용장려금을 받을 권리는 3년간 행사하지 아니하면 소멸시효가 완성된다.

다만, 장애인고용법에 따른 부담금 등에 대한 소멸시효는 ① 고용장려금의 청구, ② 고용장려금 환수금의 반환 명령, ③ 부담금 환급금의 청구, ④ 납부 통지, ⑤ 납부 독촉, ⑥ 체납처분 절차에 따라 행하는 교부 청구, ⑦ 그 밖의 민법에서 규정하고 있는 시효중단 사유에 해당하는 사유로 중단되며, 이에 따라 중단된 소멸시효는 Ⓐ 반환 명령에 따른 납부 기한, Ⓑ 부담금 환급금의 청구 중의 기간, Ⓒ 법령에 따라 통지한 납부 기한, Ⓓ 독촉에 따른 납부 기한, Ⓔ 교부청구 중의 기간의 어느 하나에 해당하는 기간이 지난 때부터 새로 진행한다. 다만, 고용장려금의 청구에 따라 중단된 소멸시효의 진행은 민법에 따른다.

아울러, 고용부처장관은 체납자에게 ⓐ 체납처분이 종결되고 체납액에 충당될 배분 금액이 체납액보다 적을 때, ⓑ 소멸시효가 완성될 때, ⓒ 그 밖에 법령으로 정하는 바에 따라 징수 가능성이 없을 때의 어느 하나에 해당하는 사유가 있을 때에는 부담금이나 그 밖에 이 법에 따른 징수금을 결손처분(缺損處分)할 수 있다.

Ⅳ. 한국장애인고용공단의 사업

장애인이 직업생활을 통하여 자립할 수 있도록 지원하고, 사업주의 장애인 고용을 전문적으로 지원하기 위하여 설립된 한국장애인고용공단은 ① 장애인의 고용촉진 및 직업재활에 관한 정보의 수집·분석·제공 및 조사·연구, ② 장애인에 대한 직업상담, 직업적성검사, 직업능력 평가 등 직업지도, ③ 장애인에 대한 직업적응훈련, 직업능력개발훈련, 취업알선, 취업 후 적응지도, ④ 장애인 직업생활 상담원 등 전문요원의 양성·연수, ⑤ 사업주의 장애인 고용환경 개선 및 고용 의무 이행 지원, ⑥ 사업주와 관계 기관에 대한 직업재활 및 고용관리에 관한 기술적 사항의 지도·지원, ⑦ 장애인의 직업적응훈련 시설, 직업능력개발훈련시설 및 장애인 표준사업장 운영, ⑧ 장애인의 고용촉진을 위한 취업알선 기관 사이의 취업알선전산망 구축·관리, 홍보·교육 및 장애인 기능경기 대회 등 관련 사업, ⑨ 장애인 고용촉진 및 직업재활과 관련된 공공기관 및 민간 기관 사이의 업무 연계 및 지원, ⑩ 장애인 고용에 관한 국제 협력, ⑪ 그 밖에 장애인의 고용촉진 및 직업재활을 위하여 필요한 사업 및 고용부처장관 또는 중앙행정기관의 장이 위탁하는 사업, ⑫ ①호부터 ⑪호까지의 사업에 딸린 사업을 수행한다.

Ⅴ. 장애인 고용촉진 및 직업재활 기금

1. 장애인 고용촉진 및 직업재활 기금의 설치

고용부처장관은 한국장애인고용공단의 운영, 고용장려금의 지급 등 장애인의 고용촉진 및 직업재활을 위한 사업을 수행하기 위하여 장애인 고용촉진 및 직업재활 기금을 설치한다.

2. 기금의 재원

기금은 ① 정부 또는 정부 외의 자로부터의 출연금 또는 기부금, ② 법령에 따른 부담금·가산금 및 연체금, ③ 기금의 운용에 따라 생기는 수익금과 그 밖의 공단 수입금, ④ 법령에 따른 차입금, ⑤ 기금을 지출할 때 자금이 부족하거나 부족할 것으로 예상되면 기금의 부담으로 금융기관 및 다른 기금, 그 밖의 재원 등으로부터 차입을 한 차입금의 재원으로 조성한다. 아울러, 정부는 회계연도마다 ①호에 따른 출연금을 세출예산에 계상(計上)하여야 한다.

3. 기금의 용도

기금은 ① 한국장애인고용공단에의 출연, ② 법령에 따른 고용장려금, ③ 장애인 고용촉진 및 직업재활 정책에 관한 조사·연구에 필요한 경비, ④ 직업지도, 직업적응훈련, 직업능력개발훈련, 취업알선 또는 장애인 고용을 위한 시설과 장비의 설치·수리에 필요한 비용의 융자·지원, ⑤ 장애인을 고용하거나 고용하려는 사업주에 대한 비용·기기 등의 융자·지원, ⑥ 장애인 표준사업장을 설립하여 운영하거나 설립·운영하려는 사업주에 대한 비용의 융자·지원, ⑦ 직업지도, 취업알선, 취업 후 적응지도를 행하는 자에 대한 필요한 경비의 융자·지원, ⑧ 장애인에 대한 직업적응훈련, 직업능력개발훈련을 행하는 자 및 그 장애인에 대한 훈련비·훈련수당, ⑨ 자영업 장애인에 대한 창업자금 융자 및 영업장소 임대, 장애인 근로자에 대한 직업생활 안정 자금 등의 융자, ⑩ 사업주의 장애인 고용관리를 위한 장애인 직업생활 상담원 등의 배치에 필요한 경비, ⑪ 차입금의 상환금과 이자, ⑫ 장애인과 사업주 등이 금융기관으로부터 대여받은 자금의 이차보전(利差補塡), ⑬ 법령에 따른 포상금, ⑭ 그 밖에 장애인 고용촉진 및 직업재활을 위하여 법령으로 정하는 사업에 필요한 비용과 ①호부터 ⑩호까지의 사업 수행에 따르는 경비에 규정하는 비용의 지급에 사용한다.

4. 기금의 운용·관리

기금은 고용부처장관이 운용·관리하고, 기금의 회계연도는 정부의 회계연도에 따르며, 기금을 운용할 때에는 그 수익이 법령으로 정하는 수준 이상이 되도록 하여야 하고, ① 은행법이나 그 밖의 법률에 따른 은행 또는 체신관서에의 예탁, ② 국가 또는 지방자치단체가 발행하는 채권의 매입, ③ 은행법이나 그 밖의 법률에 따른 은행이나 그 밖에 법령으로 정하는 자가 그 지급을 보증하는 채권의 매입, ④ 공공자금관리기금법에 따른 공공자금관리기금으로의 예탁, ⑤ 그 밖에 법령으로 정하는 방법의 어느 하나에 해당되는 방법에 따라 운용하여야 한다.

5. 기금의 회계기관

고용부처장관은 기금의 수입과 지출에 관한 사무를 행하게 하기 위하여 소속 공무원 중에서 기금수입징수관, 기금재무관, 기금지출관 및 기금출납공무원을 임명하며, 법령에 따라 한국장애인고용공단에 업무를 위탁한 경우에는 기금의 출납업무수행을 위하여 공단의 상임이사 중에서 기금수입담당이사와 기금지출원인행위 담당이사를, 한국장애인고용공단의 직원 중에서 기금지출원과 기금출납원을 각각 임명하여야 한다. 이 경우 기금수입담당이사는 기금수입징수관의 업무를, 기금지출원인행위 담당이사는 기금재무관의 업무를, 기금지출원은 기금지출관의 업무를, 기금출납원은 기금출납공무원의 업무를 각각 수행한다.

Ⅵ. 장애인고용촉진을 위한 실효성 확보조치

1. 장애인 직업생활 상담원

고용부처장관은 장애인의 직업지도, 직업적응훈련, 직업능력개발훈련, 취업 후 적응지도 등 장애인의 고용촉진 및 직업재활을 위한 업무를 담당하는 장애인 직업생활 상담원 등 전문요원을 양성하여야 하며, 필요하다고 인정하면 법령에 따른 재활실시기관에서 전문요원에 대한 협조 요청이 있을 때에는 지원하여야 한다. 한편, 법령으로 정하는 일정 수 이상의 장애인 근로자를 고용하는 사업주는 장애인 직업생활 상담원을 두어야 한다.

2. 보고와 검사

고용부처장관은 장애인 실태조사, 장애인 고용의무 이행점검, 고용장려금 및 사업주에 대한 각종 지원, 부담금징수 등의 업무수행을 위하여 필요하다고 인정하면 관계 공무원으로 하여금 사업장에 출입하여 관계자에게 질문 또는 서류 검사를 하게 하거나 필요한 보고를 하게 할 수 있고, 이에 따라 사업장에 출입하는 공무원은 그 권한을 표시하는 증표를 지니고 이를 관계인에게 내보여야 한다. 이 경우 증표는 공무원증으로 대신할 수 있다.

3. 세제 지원 및 경비 보조

정부 외의 자에게서 받은 출연금 또는 기부금과 고용장려금, 법령의 규정에 따른 지원에 대하여는 조세특례제한법으로 정하는 바에 따라 조세를 감면한다.

아울러, 국가 또는 지방자치단체는 장애인 고용촉진 사업을 수행하는 자에게는 그에 따른 비용의 전부 또는 일부를 법령으로 정하는 바에 따라 보조할 수 있다.

4. 국가와 지방자치단체에 대한 특례

국가공무원법에 따른 중앙인사기관의 장과 지방자치단체의 장이 공무원이 아닌 근로자를 고용하는 경우에는 그 근로자에 대하여 고용의무 등에 관한 규정을 적용한다. 이 경우 ① 국가공무원법에 따른 견습근무 중인 사람, ② 국가공무원법 및 지방공무원법에 따른 교육훈련(실무수습 포함)을 받고 있는 공무원 임용 예정자, ③ 그 밖에 국가와 지방자치단체의 복지대책, 실업대책 등에 따라 고용하는 사람으로서 법령으로 정하는 사람에 해당하는 사람은 근로자 및 장애인 총수에서 제외한다.

5. 자료 제공과 협조

국가기관, 지방자치단체, 재활실시기관, 그 밖에 장애인과 관련된 기관 및 단체는 장애인의 고용촉진 및 직업재활을 위하여 고용부처장관이 실시하는 시책에 협조하여야 한다.

고용부처장관은 이에 따른 시책을 수행하는 자(국가기관과 지방자치단체는 제외)에게 필요한 지원을 할 수 있고, 장애인 고용촉진 및 직업재활 사업의 효율적인 운영을 위하여 필요하면 중앙행정기관, 지방자치단체, 그 밖의 장애인 고용촉진 및 직업재활 사업과 관련되는 기관·단체에 필요한 자료의 제공을 요청할 수 있다. 또, 법령에 따라 고용부처장관의 권한 일부를 위임받거나 위탁받은 공단 등은 부담금 부과·징수, 장애인의 고용촉진 및 직업재활, 그 밖에 위임받거나 위탁받은 업무 수행상 필요하면 행정자치부·국토교통부·보건복지부처·국세청·지방자치단체 등 관계 행정기관이나 장애인 고용촉진 및 직업재활 사업과 관련되는 기관·단체 등에 필요한 자료의 제공을 요청할 수 있다. 이에 따라 자료의 제공을 요청받은 자는 정당한 사유가 없으면 이에 따라야 하고, 상기에 따라 고용부처장관 및 한국장애인고용공단 등에 제공되는 자료에 대하여는 수수료·사용료 등을 면제한다.

6. 벌칙 및 양벌조치

(1) 징역 또는 벌금

거짓이나 그 밖의 부정한 방법으로 고용장려금을 지급받은 자는 5년 이하의 징역 또는 1천만원 이하의 벌금에 처하고 비밀누설금지 규정을 위반하여 비밀을 누설하거나 도용한 자는 2년 이하의 징역 또는 1천만원 이하의 벌금에 처한다.

(2) 양벌규정

법인의 대표자나 법인 또는 개인의 대리인, 사용인, 그 밖의 종업원이 그 법인 또는 개인의 업무에 관하여 벌칙규정의 위반행위를 하면 그 행위자를 벌하는 외에 그 법인 또는 개인에게도 해당 조문의 벌금형을 과(科)한다. 다만, 법인 또는 개인이 그 위반행위를 방지하기 위하여 해당 업무에 관하여 상당한 주의와 감독을 게을리하지 아니한 경우에는 그러하지 아니하다.

(3) 과태료

법령에 따른 명령을 위반한 자에게는 300만원 이하의 과태료를 부과한다. 또, 법령에 따른 신고를 하지 아니하였거나 거짓된 신고를 한 때, 법령에 따른 검사를 거부·방해·기피한 때 또는 보고를 하지 아니하였거나 거짓된 보고를 하였을 때의 어느 하나에 해당하는 자에게는 200만원 이하의 과태료를 부과한다. 아울러, 한국장애인고용공단의 명칭사용금지를 위반하였을 때, 장애인 직업생활 상담원 배치를 위반하였을 때, 법령이 정한 질문 등에 대하여 답변을 거부·방해·기피하거나 또는 거짓된 답변을 하였을 때의 어느 하나에 해당하는 자에게는 100만원 이하의 과태료를 부과한다.

(4) 벌칙 적용에서의 공무원 의제

장애인고용법에 따른 일부 업무를 지방고용노동관서의 장, 특별시장, 광역시장, 도지사 또는 특별자치도지사에게 위임하거나 한국장애인고용공단에 위탁할 수 있고, 이러한 업무를 위탁받아 행하는 한국장애인고용공단의 임원 및 직원은 형법(제129조부터 제132조까지)의 규정을 적용하는 경우 공무원으로 본다.

제5절 고령자고용촉진

Ⅰ. 고령자고용촉진정책 추진배경 및 경과

1. 추진배경

우리나라는 2000년 65세 이상자가 전체인구의 7.2%를 차지해 고령화사회에 진입한 이후 2017년에는 14%를 넘어 고령사회로 진입하였고, 2026년에는 고령자가 20%에 달해 초고령사회가 될 예정이다. 우리나라가 고령화사회에서 초고령사회로 도달하는데 26년이 걸리는 것으로 추정돼 일본 36년(2006년), 프랑스 155년(2019년)과 비교할 때 세계적으로 유례가 없는 빠른 고령화가 진행될 가능성이 크다. 또한 2016년 합계출산율이 OECD 회원국 중 가장 낮은 수준인 1.17명이며, 평균수명의 연장도 고령화 가속화의 주원인으로 작용하고 있다. 이에 따라 인구구조의 중장기 예측에 부합되는 체계적이고 종합적인 고령자 고용촉진대책 수립의 필요성이 높아지게 되었다.

2. 추진경과

1991년 「고령자고용촉진법」을 제정, 고령자가 그 능력에 적합한 직업에 취업하는 것을 지원·촉진하기 위한 기반은 어느 정도 마련되었으나, 인구구조의 중장기 예측에 부합되는 체계적·종합적인 고령자고용정책은 없는 실정이었다. 이에, 그간의 정책실태 및 성과를 분석·평가하여 지속적 성장기반을 구축하기 위한 새로운 고령인력의 활용정책방안을 마련하여 추진함으로써 고령화가 사회·경제 전반에 미치는 부정적인 영향을 최소화하고자 할 필요성이 제기되었다. 이를 위해 노동부는 2005년 12월 고령자 고용촉진대책 수립을 위한 T/F팀을 구성하고, 부내 의견수렴 및 쟁점조정회의, 전문가회의를 거쳐 관계부처와 협의해, 처음으로 '고령자 고용촉진 기본계획(2007~2011년)'을 마련한 바 있다.

3. 고령자 주요 고용촉진대책 현황

(1) 기준고용률제도

정부는 고령자고용촉진을 위해 300인 이상 대기업 대상으로 업종별로 일정비율 이상의 고령자를 고용하도록 하는 기준고용률 제도를 시행하고 있다. '기준고용률'이란 사업장에서 상시 고용하는 고령자의 비율로 제조업의 경우 전체 상시근로자의 2%, 운수업, 부동산 및 임대업 6%, 기타업종 3%를 기준고용률로 정하고 있다.

제1차 기본계획에서는 능력 있는 고령자가 좋은 일자리에서 '오랫동안' 일할 수 있는 기반을 조성하고, 장기적인 노동력의 절대규모 감소에도 미리 대비하고 고령자 고용률(55세~64세, 60.7%, 2006. 5월)이 적어도 일본수준(63%, '04년)으로 높아질 수 있도록 4개 전략과제를 정하고 이를 달성하기 위해 9개 중점과제를 추진하였다. 첫째, 60세 이상까지 고령근로자 고용확보를 위해 연공급 임금체계 등 기업의 고령자 고용연장 기피요인을 해소하고 정년을 단계적으로 연장하는 한편, 고령근로자 안전·보건 증진, 둘째, 실직고령자의 재취직 촉진을 위해 고령자에게 직업능력개발기회를 근원적으로 보장하고, 기업의 고령인력 채용을 지도·지원하며, 기업의 이·전직자에 대한 재취업 지원활동 장려, 고령자 취업지원인프라 기반 확충, 셋째, 다양한 취업기회 제공을 위해 사회적일자리 확대 제공, 고령자 공동창업 및 고령자 다수고용형 창업 지원, 넷째, 고령자 친화적 여건 조성을 위해 고용상 연령차별 해소, 고령자에 대한 인식 개선 캠페인 전개, 사회보험 개편 등을 추진하였다.

(2) 정년연장 권고

정부는 고령자의 고용을 촉진하기 위하여 정년의 연장을 권장하고 있다. 고령자고용촉진법은 기업의 정년에 대해서는 '정년을 정할 경우 60세 이상이 되도록 노력'하도록 규정하고 있으며, 고용부처장관은 상시 300인 이상의 근로자를 사용하는 사업주로서 정년을 현저히 낮게 정한 사업주에 대하여 정년연장에 관한 계획을 작성하여 제출할 것을 요청할 수 있으며, 제출한 계획이 적절하지 아니하다고 인정하는 때에는 그 계획의 변경을 권고할 수 있도록 명시하고 있다. 이를 통하여 2016년부터 정년은 60세로 연장되어 공공부문의 경우는 대부분이 도입되었다.

(3) 취업알선 지원

실직한 고령자를 대상으로 노동부 고용지원센터와 전국 47개의 고령자인재은행, 경총에서 운영되는 고급인력정보센터 등을 통해 취업을 알선하고 있다. 비영리법인 또는 공익단체 중 고령자의 직업지도와 취업알선 등에 필요한 전문인력과 시설을 갖춘 단체를 고령자 인재은행으로 지정하여 고령자에 대한 구인·구직등록, 직업지도 및 취업알선, 직업상담 및 정년퇴직자의 재취업 상담 등 실시하고 있으며, 퇴직한 고급중견경력인력에 대한 취업알선과 상담·자문 등의 활동을 지원하기 위해 경총에 고급인력정보센터를 설치하여 운영비를 지원하고 있다.

(4) 직업훈련 실시

한국산업인력공단 주관으로 한국노인복지회 등 126개 기관을 단기적응 훈련실시기관으로 지정하여 운영하고 있다. 훈련직종은 건물관리원, 주차관리인 등 고령자 우선고용직종 중에서 수요가 많은 직종을 선정하였으며, 각 직종별로 작업수행능력훈련을 실시하고 직업관 등 직업생활의 기본소양교육과 작업장 안전수칙 등 산재예방 및 안전관리요령 훈련을 실시하고 있다. 또한 고령자의 직업훈련을 촉진하기 위하여 40세 이상인 근로자로서 자비로 직업훈련기관, 사설학원에서 실시하는 교육훈련을 수강하는 자에게 연간 100만원을 한도로 근로자수강지원금을 지급하고 있다.

(5) 고령자 우선고용직종의 선정과 채용지도

정부는 고령자에게 적합한 직종을 선정하고 선정직종에서 고령자의 우선채용을 권고하고 있다. 공공부문 70개 직종, 민간부문 90개 직종을 우선고용직종으로 선정·보급하였고, 국가 및 지방자치단체, 정부투자기관, 정부출연기관의 장은 고령자 적합 직종에서 신규채용을 실시할 경우 의무적으로 고령자를 우선 채용하여야 하며 채용현황을 매년 고용부처 장관에게 제출하여야 한다.

(6) 고용촉진장려금 지급

고령자를 다수고용하거나 신규 고용한 사업주, 정년퇴직자를 계속 고용한 사업주에 대한 장려금을 지원하고 있다. 현재 실시 중인 장려금은 고령자다수고용촉진장려금, 정년퇴직자계속고용장려금, 신규고령자고용촉진장려금으로, 「고령자다수고용촉진장려금」은 고용기간이 1년 이상인 55세 이상 고령자를 매분기 월평균 근로자수의 업종별 지원기준율(4~42%) 이상 고용하였을 경우 지원기준율 초과고령자 1인당 15만원씩 5년간 사업주에게 지원하는 제도이다. 「정년퇴직자계속고용장려금」은 정년을 57세 이상으로 정한 사업장에서 18개월 이상 계속 근무한 정년도래자를 퇴직시키지 아니하거나 정년퇴직 후 3월 이내에 재고용하고 고용전 3월, 고용후 6월간 고용조정으로 근로자를 이직시키지 아니한 사업주에게 계속고용 1인당 월 30만원을 6개월간(중소제조업은 12개월) 지원하고 있다. 「신규고용촉진장려금」 구직등록 후 3개월 이상 초과하여 실업상태에 있는 준고령자(만50세 이상)를 피보험자로 새로이 고용하는 사업주에게 지원하는데 채용 후 1년간 지원하되 신규채용 근로자 1인당 월 15단원에서 30만원 지급된다.

Ⅱ. 고령자고용촉진의 목적 및 기본정책방향

고령자고용촉진정책은 합리적인 이유 없이 연령을 이유로 하는 고용차별을 금지하고, 고령자(高齡者)가 그 능력에 닻는 직업을 가질 수 있도록 지원하고 촉진함으로써, 고령자의 고용안정과 국민경제의 발전에 이바지하는 것을 목적으로 한다. 아울러, 고령자 고용촉진은 출산율저하로 활용인력감소현상에 대한 노동인력의 확보, 전문인력의 활용확대로 국가생산력 증대, 고령자의 생활안정 도모 등에도 중요한 목적이 있다.

1. 고령자와 기준고용률

고령자는 인구와 취업자의 구성 등을 고려하여 법령으로 정하는 연령(55세 이상) 이상인 자를 말한다. 준고령자는 법령으로 정하는 연령(50세-55세) 이상인 자로서 고령자가 아닌 자를 말한다.

사업장에서 상시 사용하는 근로자를 기준으로 하여 사업주가 고령자의 고용촉진을 위하여 고용하여야 할 고령자의 비율로서 고령자의 현황과 고용 실태 등을 고려하여 사업의 종류별로 법령으로 정하는 비율을 말한다.

2. 정부의 책무

정부는 고용에서 연령을 이유로 차별하는 관행을 해소하기 위하여 연령차별금지정책을 수립·시행하며, 고령자의 고용에 관하여 사업주와 국민 일반의 이해를 높이고, 고령자의 고용촉진과 직업안정을 꾀하기 위하여 고령자 고용촉진 대책의 수립·시행, 직업능력개발훈련 등 필요한 시책을 종합적이고 효과적으로 추진할 필요가 있다.

3. 사업주의 책무

사업주는 연령을 이유로 하는 고용차별을 해소하고, 고령자의 직업능력계발·향상과 작업시설·업무 등의 개선을 통하여 고령자에게 그 능력에 맞는 고용 기회를 제공함과 아울러 정년연장 등의 방법으로 고령자의 고용이 확대되도록 노력하여야 한다.

4. 고령자 고용촉진 기본계획의 수립

고용부처장관은 고령자의 고용촉진에 관한 기본계획을 관계 중앙기관의 장과 협의하여 5년마다 수립하여야 하며, 기본계획에는 ① 고령자의 현황과 전망, ② 고령자의 직업능력개발, ③ 고령자의 취업알선, ④ 재취업 및 전직(轉職) 지원 등 취업 가능성의 개선방안, ⑤ 그 밖에 고령자의 고용촉진에 관한 주요시책의 사항이 포함되어야 한다.

또, 고용부처장관은 기본계획을 수립할 때에는 고용정책기본법에 따른 고용정책심의회의 심의를 거쳐야 하고, 필요하다고 인정하면 관계 행정기관 또는 공공기관의 장에게 기본계획의 수립에 필요한 자료의 제출을 요청할 수 있다.

5. 고용촉진환경조성을 위한 조치

① 직무의 성격에 비추어 특정 연령기준이 불가피하게 요구되는 경우(진정직업자격, BFOQ), ② 근속기간의 차이를 고려하여 임금이나 임금 외의 금품과 복리후생에서 합리적인 차등을 두는 경우, ③ 법령에 따라 근로계약, 취업규칙, 단체협약 등에서 정년을 설정하는 경우, ④ 법령에 따라 특정 연령집단의 고용유지·촉진을 위한 지원조치를 하는 경우(적극적 개선조치, AA)가 아닌 한, 사업주는 Ⓐ 모집·채용, Ⓑ 임금, 임금 외의 금품 지급 및 복리후생, Ⓒ 교육·훈련, Ⓓ 배치·전보·승진, Ⓔ 퇴직·해고의 분야에서 합리적인 이유 없이 연령을 이유로 근로자 또는 근로자가 되려는 자를 차별하여서는 아니 되며, 이를 적용할 때 합리적인 이유 없이 연령 외의 기준을 적용하여 특정 연령집단에 특히 불리한 결과를 초래하는 경우에는 연령차별로 보아 금지하고 있다.

또한, 연령차별 금지의 위반으로 연령차별을 당한 사람(피해자)은 국가인권위원회법에 따라 국가인권위원회에 그 내용을 진정할 수 있고, 국가인권위원회는 진정을 조사한 결과 연령차별이 있다고 판단하여 피진정인, 그 소속 기관·단체 또는 감독기관의 장에게 구제조치 등을 권고할 경우 그 권고내용을 고용부처장관에게도 통보하여야 한다.

아울러, 고용부처장관은 국가인권위원회로부터 구제조치 등의 권고를 받은 사업주가 정당한 사유 없이 권고를 이행하지 아니하고 ① 피해자가 다수인인 연령차별행위에 대한 권고 불이행, ② 반복적 연령차별행위에 대한 권고 불이행, ③ 피해자에게 불이익을 주기 위한 고의적 권고 불이행, ④ 그 밖에 피해의 내용과 규모 등을 고려하여 시정명령이 필요하다고 법령으로 정하는 경우의 어느 하나에 해당하여 그 피해의 정도가 심각하다고 인정되면 피해자의 신청에 의하거나 직권으로 시정명령을 할 수 있다. 이러한 시정명령에는 Ⓐ 연령차별행위의 중지, Ⓑ 피해의 원상회복, Ⓒ 연령차별행위의 재발방지를 위한 조치, Ⓓ 그 밖에 연령차별시정을 위하여 필요하다고 법령으로 정한 조치의 사항을 포함하여야 하며, 피해자의 신청에 따라 시정명령을 할 경우 그 신청을 받은 날부터 3개월 이내에 하여야 한다. 또한, 고용부처장관은 시정명령을 할 때에는 ⓐ 시정명령의 이유, ⓑ 시정명령의 내용, ⓒ 시정기한, ⓓ 시정명령에 대한 불복 절차의 사항을 명시한 서면을 해당 사업주와 피해자에게 각각 내주어야 한다.

고용부처장관은 연령차별행위를 한 사업주에게 법령에 따른 시정명령의 이행상황을 제출할 것을 요구할 수 있고, 피해자는 연령차별행위를 한 사업주가 시정명령을 이행하지 아니하면 고용부처장관에게 신고할 수 있다.

한편, 사업주는 근로자가 법령이 금지하는 연령차별행위에 대한 진정, 자료제출, 답변·증언, 소송, 신고 등을 하였다는 이유로 근로자에게 해고, 전보, 징계, 그 밖의 불리한 처우를 하여서는 아니 된다.

6
chapter

고용안정정책

제1절 서 설

고용안정정책은 국내외 경기의 변동, 산업구조의 변화 등으로 고용기회가 감소하거나 또는 노동력이 과잉되어 고용상태가 불안하게 되는데 대비하여 고용기회의 확대 및 촉진, 실업의 예방, 사업주의 고용조정에 대한 지원 및 기타 고용안정을 도모하기 위한 정책의 실시를 목적으로 하고 있다. 고용안정을 위한 정책사업으로는 ① 고용조정지원사업, ② 지역고용촉진의 촉진사업, ③ 고령자 등의 고용촉진사업, ④ 고용촉진시설에 대한 지원사업 등이 있다.

고용조정지원사업은 산업구조의 조정과정에서 불가피하게 발생하는 잉여인력을 감원하지 아니하고 근로시간 단축, 휴업, 훈련 등을 실시하여 계속 고용하는 경우 지원함으로써 기업의 경쟁력 강화와 근로자의 고용 및 임금의 안정을 동시에 도모하기 위한 것이다. 지역고용촉진사업은 산업구조의 변화 등에 따라 특정지역 또는 특정업종에서의 고용사정이 현저히 악화되어 당해 지역의 사회불안이 야기되고, 당해 업종에 종사하는 근로자의 생활이 위협받거나 그러한 우려가 있는 경우에 당해 지역의 고용을 촉진·장려함으로써 사양산업 밀집지역의 고용안정을 도모하기 위한 것이다. 고용안정사업에서는 그밖에도 고용촉진을 위한 채용장려금, 재고용장려금, 장기실업자·고령자·여성 등 취직 곤란 자에 대하여 고용을 촉진하기 위한 고용촉진장려금제도, 탁아시설 등 각종 고용촉진시설에 대한 지원사업과 건설근로자 퇴직공제부금지원제도를 하고 있다.

고용안정정책은 비자발적인 실업이 없는 상태를 추구한다. 즉, 누구든지 근로의 의욕과 근로의 능력을 가진 경우 취업할 수 있고, 그러한 취업활동을 통하여 안정적인 경제적 활동과 생활안정이 보장되는 고용환경을 만드는 것이다. 이를 위하여 우선적으로는 취업기회를 최대한 보장할 수 있는 정책, 근로의 능력을 고도화하거나 원하는 일자리에 취업할 수 있는 능력의 개발을 지원하는 정책, 취업활동과 관련하여 차별받지 않고 균등하게 기회가 부여될 수 있도록 하는 정책을 기본방향으로 설정할 수 있다. 다시 말하면, 고용안정정책은 모든 근로자가 각자의 능력을 개발·발휘할 수 있는 직업에 취업할 기회를 제공하고, 정부와 민간부문이 협력하여 각 산업에서 필요한 노동력이 원활하게 수급되도록 지원함으로써 근로자의 직업안정을 도모하고 국민경제의 균형있는 발전에 이바지함을 정책적인 목적으로 하며, 누구든지 성별, 연령, 종교, 신체적 조건, 사회적 신분 또는 혼인 여부 등을 이유로 취업기회, 직업소개 또는 직업지도를 받거나 고용관계를 결정할 때 차별대우를 받지 않도록 하는 정책을 말한다고 할 수 있다.

안정적인 고용활동을 지원하기 위하여 직업안정기관의 역할, 유용한 고용정보와 양질의 서비스의 체계적인 제공, 근로자의 직업지도, 체계적인 근로자공급채널의 투명화, 이를 안정적으로 관리하고 규제할 수 있는 시스템의 구축으로 국가와 지방자치단체의 책무 등에 대한 내용을 다룰 수 있다.

제 2 절 고용안정을 위한 정부의 책무 및 주요 추진 사업

Ⅰ. 고용안정을 위한 정부 등의 책무

1. 고용안정을 위한 정부의 책무

정부는 고용안정의 목적을 달성하기 위하여 ① 노동력의 수요와 공급을 적절히 조절하는 업무, ② 구인자, 구직자에게 국내외의 직업을 소개하는 업무, ③ 구직자에 대한 직업지도 업무, ④ 고용정보를 수집·정리 또는 제공하는 업무, ⑤ 구직자에 대한 직업훈련 또는 재취업을 지원하는 업무, ⑥ 직업소개사업, 직업정보제공사업, 근로자 모집 또는 근로자공급사업의 지도·감독에 관한 업무, ⑦ 노동시장에서 취업이 특히 곤란한 사람에 대한 고용을 촉진하는 업무, ⑧ 직업안정기관, 지방자치단체 및 민간 고용서비스 제공기관과의 업무 연계·협력과 고용서비스 시장의 육성에 관한 시책을 수행한다.

또한, 정부는 ②호부터 ⑤까지 및 ⑦호의 업무에 관한 사업을 ㉮ 무료직업소개사업을 하는 자, ㉯ 유료직업소개사업을 하는 자, ㉰ 직업정보제공사업을 하는 자와 공동으로 하거나, 그 밖에 ②호부터 ⑤까지 및 ⑦호의 업무와 관련된 전문기관으로서 법령으로 정하는 기관의 자에게 위탁할 수 있고, 이에 따른 사업에 드는 비용은 법령으로 정하는 지원대상 및 지원방법에 따라 일반회계 또는 고용보험법에 따른 고용보험기금에서 지원할 수 있다.

2. 지방자치단체의 국내 직업소개 업무

지방자치단체의 장은 필요한 경우 구인자·구직자에 대한 국내 직업소개, 직업지도, 고용정보제공 업무를 할 수 있고, 이에 따른 업무를 수행하는 데에 필요한 전문인력을 둘 수 있다.

고용부처장관은 정부의 업무를 원활하게 수행하기 위하여 필요하다고 인정하면 지방자치단체의 장과 공동으로 구인자·구직자에 대한 국내 직업소개, 직업지도, 고용정보제공 업무를 할 수 있다.

Ⅱ. 직업안정기관 및 직업안정사업

1. 직업안정기관

직업소개, 직업지도 등 직업안정업무를 수행하는 지방고용노동행정기관을 말한다. 그러므로 직업안정기관은 직업안정사업을 추진하는 중추적인 역할을 수행한다. 고용노동부산하의 고용지원센터도 이러한 직업안정사업의 일선기관이고, 고용정보원[1]도 직업안정기관

1) 한국고용정보원은 고용지원 서비스를 제공하기 위해 세워진 기관이다. 2006년 독립 기관으로 정식 출범했다. 한국고용정보원의 전신은 1979년 노동청 직할로 세워진 국립중앙직업안정소이다. 구인 기업과 구직자를 효과적으로 연결하기 위해 각 지역별로 직업안정소를 세우고 구인, 구직 전산망을 구축하는 것이 초기 과제였다. 1986년 국내 최초로 직업사전을 발간했다. 1995년 고용보험 전산망과 고용정보 전산망 등 2대 전산망을 구축했다. 그해에 조직을 개편해 중앙고용정보관리소로 이름을 바꿨다. 1998년에는 고용안정정보망인 워크넷(work-net) 서비스를 시작했다. 2001년 정부가 조직개편을 실시하면서 노동부 산하에 있던 한국고용정보원은 한국산업인력공단 소속 기관으로 바뀌었다. 종합적인 고용정보 인프라에 대한 수요가 높아지자 2006년 한국고용정보원은 산업인력공단으로부터 분리돼 독립 기관으로 새로 출범했다. 주요 사업은 Ⓐ 고용 정보를 수집해 필요한 기업이나 구직자에게 제공하고, Ⓑ 고용 동향을 분석하며, Ⓒ 고용 정보, 고용 보험, 직업훈련, 외국인근로자 관리 등과 관련된

이라고 할 수 있다. 즉, 좁은 뜻으로는 직업안정국, 중앙직업안정소 및 지방사무소 직업안정과 등이 그것이며, 직업안정위원회, 직업안정업무의 일부를 분담하는 학교, 구인·구직 등의 협력 등을 행하는 각 중앙행정기관 또는 지방자치단체는 이를 보조하는 기관으로서 넓은 뜻의 직업안정기관에 포함된다. 고용노동부 직업안정국은 고용노동부의 내부국으로서 설치되고 있으며, 노동행정 가운데 직업에 관한(직업훈련관계를 제외) 모든 행정에 대하여 직업안정정책 및 계획의 수립·조정 등을 시행하는 최고책임기관이다.

2. 직업지도

직업지도란 취업하려는 사람이 그 능력과 소질에 알맞은 직업을 쉽게 선택할 수 있도록 하기 위한 직업적성검사, 직업정보의 제공, 직업상담, 실습, 권유 또는 조언, 그 밖에 직업에 관한 지도를 말한다. 즉, 취업하고자 하는 자의 진로결정 및 능력과 소질에 적합한 직업의 선택을 용이하게 하기 위하여 실시하는 직업적성검사, 직업정보제공, 직업상담 등 직업에 관한 지도를 말하는 것으로, 직업에 대한 적응성을 확대하기 위해 실시하는 실습, 지시, 조언 등도 직업지도에 포함된다. 특히 신규학교졸업자와 연소자에 대한 직업지도가 필요하며, 신체장애자에 대하여는 장애인고용법에서 장애인고용촉진공단의 설립을 규정하고 장애인에 대한 적성검사의 실시와 고용정보의 제공 등 특별지도를 의무화하고 있다.

직업지도는 주로 졸업을 앞둔 학생 등 취업준비생을 대상으로 하는 것이 일반적인데 이러한 직업지도의 대상으로, ① 직업적 준비과정에 관한 문제, ② 직업의 선택과 결정에 관한 문제, ③ 직업의 세계에 대한 정보와 자료의 수집·보관·제공에 관한 문제, ④ 취업준비생 자신의 직업적 적합성을 이해하는 것에 관련된 문제, ⑤ 직업적 능력을 발달시키는 것에 관련된 문제 등이다.

아울러, 직업지도가 성공하기 위해서는 ① 개인에 대한 중요한 이해, ② 직업자체에 대한 정확한 이해, ③ 양자의 상호관련성에 대한 합리적이고 현실적인 판단이 이루어져야 된다. 직업지도는 국가의 경제적 발달과 밀접하게 관련되어 있기 때문에 20세기 초반 이래 선진국에서는 활발한 활동과 연구가 이루어지고 있다. 이를 위해 직업명사전의 출간,

---

정보통신망 등을 개발 운영하는 것이다. 구직자가 적성에 맞는 직업과 진로를 선택할 수 있도록 직업심리검사와 상담프로그램 등도 개발해 공급하고 있다. 취업 알선 시스템인 워크넷(www.work.go.kr)을 비롯해 모두 8종류의 고용 관련 전산망을 운영한다. 워크넷은 청소년, 고령자, 파트타임, 여성 등 4개 분야로 나뉘어 운영되는 취업 포털이다. 공공근로시스템(www.ilmoa.go.kr)에서는 정부가 추진하는 사업 관련 일자리 정보가 제공된다. 이외에 대졸 취업 준비생 전용 사이트인 잡영(jobyoung.go.kr)을 비롯해 고용보험시스템(www.ei.go.kr), 직업훈련시스템(www.hrd.go.kr), 외국인고용관리시스템(www.eps.go.kr) 등을 운영한다.

직업정도의 수집 · 개발 · 보급이 이루어져 오고 있으며 다양한 지도방법을 개발하고 있다. 현장견학, 직업정보의 전시, 현장실습, 자유토론회, 직업상담 등이 직업지도에 활용되고 있다.

3. 직업소개사업

직업소개는 일반적으로는 직업을 구하고 있는 자에게 직업을 알선하는 것을 말하지만 법률용어로는 구인자와 구직자간에 고용계약의 성립을 알선하는 것을 말하며, 공급계약으로 근로자를 타인에게 사용토록 하는 근로자공급사업과 고용주 스스로 또는 타인을 시켜 자기의 피용자가 되도록 권유하는 근로자모집과 구별된다. 직업소개사업은 노동력의 수요공급을 원활하게 조정하고 폐해발생을 방지하는 관점에서 국가가 직업안정기관을 설치하여 행하는 것이 이상적이지만 직업안정법은 지방자치단체와 비영리법인 또는 공익단체는 고용부처장관의 승인 내지 허가를 받아 무료직업소개사업을 할 수 있으며 이밖에 고용부처장관의 허가를 받아 일정요금을 받고 유료직업소개사업을 할 수 있도록 규정하고 있다.

결국, 직업소개란 구인 또는 구직의 신청을 받아 구직자 또는 구인자(求人者)를 탐색하거나 구직자를 모집하여 구인자와 구직자 간에 고용계약이 성립되도록 알선하는 것으로, 직업소개사업은 크게 무료직업소개사업과 유료직업소개사업으로 나눌 수 있다. 우선, 무료직업소개사업은 직업소개사업을 수행함에 있어 수수료, 회비 또는 그 밖의 어떠한 금품도 받지 아니하고 하는 직업소개사업을 말한다. 반면에, 유료직업소개사업은 무료직업소개사업이 아닌 직업소개사업을 말한다. 그러므로 유료직업소개사업은 일정한 수수료 등을 받을 수 있다. 그러나 이러한 수수료 등의 취급은 법령으로 규정할 필요가 있다. 유료직업소개사업이 자칫 금품에 비중을 두어 직업소개사업 본연의 목적을 달성하는 것보다 영리가 목적이 되어서는 아니 되기 때문이다.

4. 근로자공급사업

공급계약에 따라 근로자를 타인에게 사용하게 하는 사업을 말한다(다만, 파견법 제2조 제2호에 따른 근로자파견사업은 제외). 근로자공급사업은 노동조합법에 의한 노동조합과 국외직업안내사업의 허가를 받은 자 및 근로자 공급예정지역에서 노동시장의 개척능력을 갖추고 진출근로자의 안전보호능력이 있다고 고용부처장관이 인정하는 자만이 허가를 받을 수 있으며, 국내근로자공급사업의 경우는 노동조합만이 허가를 받아 사업을 할 수 있다. 근로자공급사업의 경우에는 공급사업자와 근로자 사이에 고용계약이 성립되어 있을 것이 요구되지 않으며 계약상 또는 사실상 지배관계가 있다는 점이 근로자파견사업과 다르다.

5. 직업정보제공사업 및 고용서비스

직업정보제공사업은 신문, 잡지, 그 밖의 간행물 또는 유선·무선방송이나 컴퓨터통신 등으로 구인·구직 정보 등 직업정보를 제공하는 사업을 말하고, 고용서비스는 구인자 또는 구직자에 대한 고용정보의 제공, 직업소개, 직업지도 또는 직업능력개발 등 고용을 지원하는 서비스를 말한다. 고용부처장관은 법령에서 정하는 일정한 요건에 해당하는 자로서 구인자·구직자가 편리하게 이용할 수 있는 시설과 장비를 갖추고 직업소개 또는 취업정보 제공 등의 방법으로 구인자·구직자에 대한 고용서비스 향상에 기여하는 기관을 고용서비스 우수기관으로 인증할 수 있고, 고용부처장관은 이에 따른 고용서비스 우수기관 인증업무를 법령으로 정하는 전문기관에 위탁할 수 있고, 고용서비스 우수기관으로 인증을 받은 기관에 대하여는 법령에 따른 공동사업을 하거나 위탁할 수 있는 사업에 우선적으로 참여하게 하는 등 필요한 지원을 할 수 있다.

한편, 고용부처장관은 법령에 따라 고용서비스 우수기관으로 인증을 받은 자가 ① 거짓이나 그 밖의 부정한 방법으로 인증을 받은 경우, ② 정당한 사유 없이 1년 이상 계속 사업 실적이 없는 경우, ③ 우수기관 인증기준에 따른 인증기준을 충족하지 못하게 된 경우, ④ 고용서비스 우수기관으로 인증을 받은 자가 폐업한 경우의 어느 하나에 해당하면 인증을 취소할 수 있다. 고용서비스 우수기관 인증의 유효기간은 인증일부터 3년으로 하며, 고용서비스 우수기관으로 인증을 받은 자가 법령에 따른 인증의 유효기간이 지나기 전에 다시 인증을 받으려면 법령으로 정하는 바에 따라 고용부처장관에게 재인증을 신청하여야 한다.

제 3 절 직업안정기관의 직업소개 및 직업지도

Ⅰ. 직업안정업무 담당기관 및 직원

1. 업무 담당기관

노동력의 수요와 공급을 적절히 조절하는 업무, 구인자, 구직자에게 국내외의 직업을 소개하는 업무, 구직자에 대한 직업지도 업무, 고용정보를 수집·정리 또는 제공하는 업무, 구직자에 대한 직업훈련 또는 재취업을 지원하는 업무, 직업소개사업, 직업정보제공사업, 근로자 모집 또는 근로자공급사업의 지도·감독에 관한 업무, 노동시장에서 취업이 특히 곤란한 사람에 대한 고용을 촉진하는 업무, 직업안정기관, 지방자치단체 및 민간 고용서비스 제공기관과의 업무 연계·협력과 고용서비스 시장의 육성에 관한 업무의 일부는 직업소개, 직업지도 등 직업안정업무를 수행하는 지방고용노동행정기관의 장이 수행한다.

2. 담당직원의 전문성 확보

정부는 직업안정기관의 장이 직업소개, 직업지도 등의 업무를 전문적으로 수행할 수 있도록 전담 공무원을 양성하고 배치하는 등 담당직원의 전문성 확보에 노력하여야 하며, 고용부처장관은 소속 공무원 중에서 직업소개, 직업지도 등을 담당할 직업지도관을 지명할 수 있고, 이에 따른 직업지도관의 자격 등에 관한 사항은 고용부처장관이 정한다.

3. 시장·군수 등의 협력

특별자치도지사·시장·군수 및 구청장(자치구의 구청장을 말함)은 ① 구인자 또는 구직자의 신원증명이나 그 밖의 조회에 관한 회답, ② 구인·구직에 관한 중계(中繼) 또는 공보(公報)의 업무에 관하여 직업안정기관의 장이 요청할 때에는 협조하여야 한다.

Ⅱ. 직업소개

1. 구인의 신청

직업안정기관의 장은 구인신청의 수리(受理)를 거부하여서는 아니 된다. 다만, ① 구인신청의 내용이 법령을 위반한 경우, ② 구인신청의 내용 중 임금, 근로시간, 그 밖의 근로조건이 통상적인 근로조건에 비하여 현저하게 부적당하다고 인정되는 경우, ③ 구인자가 구인조건을 밝히기를 거부하는 경우의 어느 하나에 해당하는 경우에는 그러하지 아니하다.

2. 구직의 신청

직업안정기관의 장은 구직신청의 수리를 거부하여서는 아니 된다. 다만, 그 신청 내용이 법령을 위반한 경우에는 그러하지 아니하다. 또, 직업안정기관의 장은 구직자의 요청이 있거나 필요하다고 인정하여 구직자의 동의를 받은 경우에는 직업상담 또는 직업적성검사를 할 수 있다.

3. 근로조건의 명시

구인자가 직업안정기관의 장에게 구인신청을 할 때에는 구직자가 취업할 업무의 내용과 근로조건을 구체적으로 밝혀야 하며, 직업안정기관의 장은 이를 구직자에게 알려 주어야 한다.

4. 직업소개의 원칙

직업안정기관의 장은 구직자에게는 그 능력에 알맞은 직업을 소개하고, 구인자에게는 구인조건에 적합한 구직자를 소개하도록 노력하여야 하고, 가능하면 구직자가 통근할 수 있는 지역에서 직업을 소개하도록 노력하여야 한다.

5. 광역 직업소개

직업안정기관의 장은 통근할 수 있는 지역에서 구직자에게 그 희망과 능력에 알맞은 직업을 소개할 수 없을 경우 또는 구인자가 희망하는 구직자나 구인 인원을 채울 수 없을 경우에는 광범위한 지역에 걸쳐 직업소개를 할 수 있다.

6. 훈련기관 알선

직업안정기관의 장은 구직자의 취업을 위하여 직업능력개발훈련을 받는 것이 필요하다고 인정되면 구직자가 직업능력개발법에 따른 직업능력개발훈련시설 등에서 직업능력개발훈련을 받도록 알선할 수 있다.

Ⅲ. 직업지도

1. 직업지도의 대상

직업안정기관의 장은 새로 취업하려는 사람, 신체 또는 정신에 장애가 있는 사람, 그 밖에 취업을 위하여 특별한 지도가 필요한 사람의 어느 하나에 해당하는 사람에게 직업지도를 하여야 한다.

2. 직업안정기관의 장과 학교의 장 등의 협력

직업안정기관의 장은 필요하다고 인정하는 경우에는 초·중등교육법 및 고등교육법에 따른 각급 학교의 장이나 직업능력개발법에 따른 공공직업훈련시설의 장이 실시하는 무료직업소개사업에 협력하여야 하며, 이들이 요청하는 경우에는 학생 또는 직업훈련생에게 직업지도를 할 수 있다.

Ⅳ. 고용정보의 제공 및 구직 등의 개척

1. 고용정보의 수집·제공

직업안정기관의 장은 관할 지역의 각종 고용정보를 수시로 또는 정기적으로 수집하고 정리하여 구인자, 구직자, 그 밖에 고용정보를 필요로 하는 자에게 적극적으로 제공하여야 한다.

또, 직업안정기관의 장은 고용정보를 수집하여 분석한 결과 관할 지역에서 노동력의 수요와 공급에 급격한 변동이 있거나 현저한 불균형이 발생하였다고 판단되는 경우에는 적절한 대책을 수립하여 추진하여야 한다.

2. 구인·구직의 개척

직업안정기관의 장은 구직자의 취업 기회를 확대하고 산업에 부족한 인력의 수급을 지원하기 위하여 구인·구직의 개척에 노력하여야 한다.

제4절 직업소개와 정보제공 및 근로자 모집과 공급사업

Ⅰ. 직업소개사업 및 직업정보제공사업

1. 무료직업소개사업

무료직업소개사업은 소개대상이 되는 근로자가 취업하려는 장소를 기준으로 하여 국내 무료직업소개사업과 국외 무료직업소개사업으로 구분하되, 국내 무료직업소개사업을 하려는 자는 주된 사업소의 소재지를 관할하는 특별자치도지사·시장·군수 및 구청장에게 신고(신고사항 변경 포함)하여야 하고, 국외 무료직업소개사업을 하려는 자는 고용부처장관에게 신고(신고사항 변경 포함)하여야 한다. 아울러, 무료직업소개사업을 하려는 자는 법령으로 정하는 비영리법인 또는 공익단체이어야 한다.

한편, ① 한국산업인력공단법에 따른 한국산업인력공단이 하는 직업소개, ② 장애인고용법에 따른 한국장애인고용공단이 장애인을 대상으로 하는 직업소개, ③ 교육 관계법에 따른 각급 학교의 장, 직업능력개발법에 따른 공공직업훈련시설의 장이 재학생·졸업생 또는 훈련생·수료생을 대상으로 하는 직업소개, ④ 산업재해보상보험법에 따른 근로복지공단이 업무상 재해를 입은 근로자를 대상으로 하는 직업소개의 어느 하나에 해당하는 직업소개의 경우에는 신고를 하지 아니하고 무료직업소개사업을 할 수 있다.

2. 유료직업소개사업

유료직업소개사업은 소개대상이 되는 근로자가 취업하려는 장소를 기준으로 하여 국내 유료직업소개사업과 국외 유료직업소개사업으로 구분하되, 국내 유료직업소개사업을 하려는 자는 주된 사업소의 소재지를 관할하는 특별자치도지사·시장·군수 및 구청장에게 등록하여야 하고, 국외 유료직업소개사업을 하려는 자는 고용부처장관에게 등록하여야 한다. 등록한 사항을 변경하려는 경우에도 또한 같다.

한편, 등록을 하고 유료직업소개사업을 하려는 자는 둘 이상의 사업소를 둘 수 없다. 다만, 사업소별로 직업소개 또는 직업상담에 관한 경력, 자격 또는 소양이 있다고 인정되는 사람 등 법령으로 정하는 사람을 1명 이상 고용하는 경우에는 그러하지 아니하다. 또, 등록을 하고 유료직업소개사업을 하는 자는 고용부처장관이 결정·고시한 요금 외의 금품을 받아서는 아니 된다. 다만, 법령으로 정하는 고급·전문인력을 소개하는 경우에는 당사자 사이에 정한 요금을 구인자로부터 받을 수 있다.

3. 명의대여 등의 금지 및 선급금의 수령 금지

유료직업소개사업을 등록한 자는 타인에게 자기의 성명 또는 상호를 사용하여 직업소개사업을 하게 하거나 그 등록증을 대여하여서는 아니 된다.

아울러, 등록을 하고 유료직업소개사업을 하는 자 및 그 종사자는 구직자에게 제공하기 위하여 구인자로부터 선급금을 받아서는 아니 된다.

4. 연소자에 대한 직업소개의 제한

무료직업소개사업 또는 유료직업소개사업을 하는 자와 그 종사자(직업소개사업자등)는 구직자의 연령을 확인하여야 하며, 18세 미만의 구직자를 소개하는 경우에는 친권자나 후견인의 취업동의서를 받아야 한다.

직업소개사업자등은 18세 미만의 구직자를 근로기준법에 따라 18세 미만자의 사용이 금지되는 직종의 업소에 소개하여서는 아니 되며, 청소년보호법에 따른 청소년인 구직자를 청소년유해업소에 소개하여서는 아니 된다.

5. 유료직업소개사업의 종사자

등록을 하고 유료직업소개사업을 하는 자는 미성년자, 피성년후견인 및 피한정후견인, 파산선고를 받고 복권되지 아니한 자, 직업안정법, 성매매알선 등 행위의 처벌에 관한 법률, 풍속영업의 규제에 관한 법률 또는 청소년 보호법을 위반하거나 직업소개사업과 관련된 행위로 선원법을 위반한 자로서 금고 이상의 실형을 선고받고 그 집행이 끝나거나 집행을 하지 아니하기로 확정된 날부터 3년이 지나지 아니한 자, 금고 이상의 형의 집행유예를 선고받고 그 유예기간이 끝난 날부터 3년이 지나지 아니한 자, 벌금형이 확정된 후 2년이 지나지 아니한 자에 해당하는 자, 해당 신고 또는 등록을 하거나 허가를 받고 사업을 하는 자가 공익을 해칠 우려가 있는 경우로서 거짓이나 그 밖의 부정한 방법으로 신고·등록하였거나 허가를 받은 경우, 직업안정법의 명령을 위반한 경우 등에 해당하는 경우로 사업의 등록이나 허가가 취소된 후 5년이 지나지 아니한 자를 고용하여서는 아니 되며, 사업소별로 법령으로 정하는 자격을 갖춘 직업상담원을 1명 이상 고용하여야 한다. 다만, 유료직업소개사업을 하는 사람과 동거하는 가족이 본문에 따른 직업상담원의 자격을 갖추고 특정 사업소에서 상시 근무하는 경우에 해당 사업소에 직업상담원을 고용한 것으로 보며, 유료직업소개사업을 하는 자가 직업상담원 자격을 갖추고 특정 사업소에서 상시 근무하는 경우에 해당 사업소에는 직업상담원을 고용하지 아니할 수 있다.

아울러, 유료직업소개사업의 종사자 중 법령에 따른 직업상담원이 아닌 사람은 직업소개에 관한 사무를 담당하여서는 아니 된다.

6. 직업정보제공사업자의 준수 사항 및 겸업 금지

법령에 따라 무료직업소개사업을 하는 자 또는 법령에 따라 유료직업소개사업을 하는 자로서 직업정보제공사업을 하는 자와 법령에 따라 직업정보제공사업을 하는 자는 법령으로 정하는 사항을 준수하여야 한다.

아울러, 식품위생법에 따른 식품접객업 또는 공중위생관리법에 따른 숙박업을 경영하는 자는 무료직업소개사업 또는 유료직업소개사업을 할 수 없다.

Ⅱ. 근로자의 모집

1. 근로자의 모집 및 국외 취업자의 모집

근로자를 고용하려는 자는 광고, 문서 또는 정보통신망 등 다양한 매체를 활용하여 자유롭게 근로자를 모집할 수 있다.

한편, 누구든지 국외에 취업할 근로자를 모집한 경우에는 고용부처장관에게 신고하여야 하며, 신고에 필요한 사항은 법령으로 정한다.

2. 모집방법 등의 개선 권고

고용부처장관은 건전한 모집질서를 확립하기 위하여 필요하다고 인정하는 경우에는 법령에 따른 근로자 모집방법 등의 개선을 권고할 수 있고, 권고를 하려는 경우에는 고용정책심의회의 심의를 거쳐야 한다.

3. 금품 등의 수령 금지

근로자를 모집하려는 자와 그 모집업무에 종사하는 자는 어떠한 명목으로든 응모자로부터 그 모집과 관련하여 금품을 받거나 그 밖의 이익을 취하여서는 아니 된다. 다만, 법령에 따라 유료직업소개사업을 하는 자가 구인자의 의뢰를 받아 구인자가 제시한 조건에 맞는 자를 모집하여 직업소개 한 경우에는 그러하지 아니하다.

Ⅲ. 근로자공급사업

1. 근로자공급사업의 허가

누구든지 고용부처장관의 허가를 받지 아니하고는 근로자공급사업을 하지 못하며, 근로자공급사업 허가의 유효기간은 3년으로 하되, 유효기간이 끝난 후 계속하여 근로자공급사업을 하려는 자는 법령으로 정하는 바에 따라 연장허가를 받아야 한다. 이 경우 연장허가의 유효기간은 연장 전 허가의 유효기간이 끝나는 날부터 3년으로 한다.

2. 국내 및 국외 근로자공급사업

근로자공급사업은 공급대상이 되는 근로자가 취업하려는 장소를 기준으로 국내 근로자공급사업과 국외 근로자공급사업으로 구분하며, 각각의 사업의 허가를 받을 수 있는 자의 범위는 ① 국내 근로자공급사업의 경우는 노조법에 따른 노동조합, ② 국외 근로자공급사업의 경우는 국내에서 제조업·건설업·용역업, 그 밖의 서비스업을 하고 있는 자(다만, 연예인을 대상으로 하는 국외 근로자공급사업의 허가를 받을 수 있는 자는 민법(제32조)에 따른 비영리법인으로 한다)이다. 이때 고용부처장관이 근로자공급사업을 허가하는 경우 국내 근로자공급사업에 대하여는 노동조합의 업무범위와 해당 지역별·직종별 인력수급상황 및 고용관계 안정유지 등을, 국외 근로자공급사업에 대하여는 해당 직종별 인력수급상황, 고용관계 안정유지 및 근로자취업질서 등을 종합적으로 고려하여야 한다.

제 5 절 근로자공급사업 등의 관리

Ⅰ. 거짓 구인광고 등 금지

법령에 따른 직업소개사업, 근로자 모집 또는 근로자공급사업을 하는 자나 이에 종사하는 사람은 거짓 구인광고를 하거나 거짓 구인조건을 제시하여서는 아니 된다.

Ⅱ. 손해배상책임의 보장

법령에 따라 등록을 하고 유료직업소개사업을 하는 자 또는 허가를 받고 국외 근로자공급사업을 하는 자(유료직업소개사업자등)는 직업소개, 근로자 공급을 할 때, 고의 또는 과실로 근로자 또는 근로자를 소개·공급받은 자에게 손해를 발생하게 한 경우에는 그 손해를 배상할 책임이 있고, 이에 따른 손해배상책임을 보장하기 위하여 유료직업소개사업자등은 법령으로 정하는 바에 따라 보증보험 또는 공제에 가입하거나 예치금을 금융기관에 예치하여야 한다.

한편, 사업자협회는 상기의 손해배상책임을 보장하기 위하여 고용부처장관이 정하는 바에 따라 공제사업을 할 수 있고, 사업자협회가 상기의 공제사업을 하려면 공제규정을 제정하여 고용부처장관의 승인을 받아야 한다. 공제규정을 변경할 때에도 또한 같다. 이때 공제규정에는 공제사업의 범위, 공제계약의 내용, 공제금, 공제료, 공제금에 충당하기 위한 책임준비금, 그 밖에 공제사업의 운영에 필요한 사항이 포함되어야 한다.

Ⅲ. 허가등록 등의 관리

1. 허가·등록 또는 신고 및 사업의 폐업신고

법령에 따라 신고 또는 등록을 하거나 허가를 받고 사업을 하는 자가 그 사업을 폐업한 경우에는 폐업한 날부터 7일 이내에 고용부처장관 또는 특별자치도지사·시장·군수·구청장에게 신고하여야 한다.

2. 등록 · 허가 등의 취소

고용부처장관 또는 특별자치도지사 · 시장 · 군수 · 구청장은 법령에 따라 신고 또는 등록을 하거나 허가를 받고 사업을 하는 자가 공익을 해칠 우려가 있는 경우로서 ① 거짓이나 그 밖의 부정한 방법으로 신고 · 등록하였거나 허가를 받은 경우, ② 직업소개사업 또는 근로자공급사업의 결격사유[2]에 해당하게 된 경우, ③ 법령에 따른 명령을 위반한 경우의 어느 하나에 해당하는 경우에는 6개월 이내의 기간을 정하여 그 사업을 정지하게 하거나 등록 또는 허가를 취소할 수 있다.

또, 고용부처장관 또는 특별자치도지사 · 시장 · 군수 · 구청장은 직업소개사업 및 근로자제공사업의 결격사유에 해당하는 사유가 있는 임원이 있는 법인에 해당하는 사유로 등록 또는 허가를 취소하여야 할 때에는 미리 해당 임원을 바꾸어 임명할 기간을 1개월 이상 주어야 한다.

고용부처장관 또는 특별자치도지사 · 시장 · 군수 · 구청장은 법령에 따라 등록 또는 허가를 취소하려면 청문을 하여야 한다.

3. 폐쇄조치

고용부처장관 또는 특별자치도지사 · 시장 · 군수 · 구청장은 법령에 따른 신고 또는 등록을 하지 아니하거나 허가를 받지 아니하고 사업을 하거나 법령에 따른 정지 또는 취소의 명령을 받고도 사업을 계속하는 경우에는 관계 공무원으로 하여금 ① 해당 사업소 또는 사무실의 간판이나 그 밖의 영업표지물의 제거 또는 삭제, ② 해당 사업이 위법한 것

---

2) 직업안정법 제38조(결격사유) 다음 각 호의 어느 하나에 해당하는 자는 직업소개사업의 신고 · 등록을 하거나 근로자공급사업의 허가를 받을 수 없다.
   1. 미성년자, 피성년후견인 및 피한정후견인
   2. 파산선고를 받고 복권되지 아니한 자
   3. 금고 이상의 실형을 선고받고 그 집행이 끝나거나 집행을 하지 아니하기로 확정된 날부터 2년이 지나지 아니한 자
   4. 이 법, 성매매알선 등 행위의 처벌에 관한 법률, 풍속영업의 규제에 관한 법률 또는 청소년 보호법을 위반하거나 직업소개사업과 관련된 행위로 선원법을 위반한 자로서 다음 각 목의 어느 하나에 해당하는 자
      가. 금고 이상의 실형을 선고받고 그 집행이 끝나거나 집행을 하지 아니하기로 확정된 날부터 3년이 지나지 아니한 자
      나. 금고 이상의 형의 집행유예를 선고받고 그 유예기간이 끝난 날부터 3년이 지나지 아니한 자
      다. 벌금형이 확정된 후 2년이 지나지 아니한 자
   5. 금고 이상의 형의 집행유예를 선고받고 그 유예기간 중에 있는 자
   6. 제36조에 따라 해당 사업의 등록이나 허가가 취소된 후 5년이 지나지 아니한 자
   7. 임원 중에 제1호부터 제6호까지의 어느 하나에 해당하는 자가 있는 법인

임을 알리는 안내문 등의 게시, ③ 해당 사업의 운영을 위하여 반드시 필요한 기구 또는 시설물을 사용할 수 없게 하는 봉인(封印)의 조치를 하게 할 수 있다.

4. 사업자의 지위승계

근로자공급사업 등의 폐업신고(신고하지 아니하고 폐업한 경우를 포함)를 한 자가 다시 법령에 따라 신고·등록을 하거나 허가를 받은 경우(재신고등) 재신고 등을 한 사업자는 폐업신고 전의 사업자의 지위를 승계하며, 이의 경우 고용부처장관 또는 특별자치도지사·시장·군수·구청장은 재신고등을 한 사업자에 대하여 폐업신고 전의 위반행위를 사유로 법령에 따른 행정처분을 할 수 있다. 다만, ① 위반행위가 사업의 정지처분 기준에 해당하는 경우로서 폐업신고를 한 날부터 재신고등을 한 날까지의 기간이 1년을 초과한 경우, ② 위반행위가 등록·허가의 취소처분 기준에 해당하는 경우로서 폐업신고를 한 날부터 재신고등을 한 날까지의 기간이 5년을 초과한 경우의 어느 하나에 해당하는 경우는 그러하지 아니하다.

한편, 고용부처장관 또는 특별자치도지사·시장·군수·구청장은 법령에 따라 행정처분을 하는 경우에 폐업기간, 폐업의 사유 및 행정처분의 사유가 된 위반행위의 존속 여부 등을 고려하여야 한다.

Ⅳ. 사업자 등의 조건 및 의무

1. 결격사유

① 미성년자, 금치산자 및 한정치산자, ② 파산선고를 받고 복권되지 아니한 자, ③ 금고 이상의 실형을 선고받고 그 집행이 끝나거나 집행을 하지 아니하기로 확정된 날부터 2년이 지나지 아니한 자, ④ 직업안정법, 성매매알선 등 행위의 처벌에 관한 법률, 풍속영업의 규제에 관한 법률 또는 청소년보호법을 위반하거나 직업소개사업과 관련된 행위로 선원법을 위반한 자로서 ㉮ 금고 이상의 실형을 선고받고 그 집행이 끝나거나 집행을 하지 아니하기로 확정된 날부터 3년이 지나지 아니한 자, ㉯ 금고 이상의 형의 집행유예를 선고받고 그 유예기간이 끝난 날부터 3년이 지나지 아니한 자, ㉰ 벌금형이 확정된 후 2년이 지나지 아니한 자의 어느 하나에 해당하는 자, ⑤ 금고 이상의 형의 집행유예를 선고받고 그 유예기간 중에 있는 자, ⑥ 직업안정법에 따라 해당 사업의 등록이나 허가가 취소된 후 5년이 지나지 아니한 자, ⑦ 직업안정법상 직업소개사업 및 근로자공급사

업을 행하는 사업체의 임원 중에 앞의 사유에 해당하는 자가 있는 법인의 어느 하나에 해당하는 자는 직업소개사업의 신고·등록을 하거나 근로자공급사업의 허가를 받을 수 없다.

2. 직업소개사업을 하는 자 등에 대한 교육훈련

고용부처장관 또는 특별자치도지사·시장·군수·구청장은 직업소개사업을 하는 자 및 그 종사자가 직업소개, 직업상담 등을 할 때 필요한 전문지식 및 직업윤리의식을 향상시킬 수 있도록 교육훈련을 하여야 한다.

3. 보고 및 조사

고용부처장관 또는 특별자치도지사·시장·군수·구청장은 필요하다고 인정하면 법령에 따라 신고 또는 등록을 하거나 허가를 받고 사업을 하는 자에게 이 법 시행에 필요한 자료를 제출하게 하거나 필요한 사항을 보고하게 할 수 있고, 사실의 확인 등을 위하여 필요하면 소속 공무원으로 하여금 직업안정법을 적용받는 사업의 사업장이나 그 밖의 시설에 출입하여 서류·장부 또는 그 밖의 물건을 조사하고 관계인에게 질문하게 할 수 있다.

4. 자료 협조의 요청 및 비밀보장 의무

고용부처장관 또는 특별자치도지사·시장·군수·구청장은 필요하다고 인정하면 관계 행정기관의 장에게 이 법 시행에 필요한 자료 협조를 요청할 수 있다.

아울러, 직업소개사업, 직업정보제공사업, 근로자 모집 또는 근로자공급사업에 관여하였거나 관여하고 있는 자는 업무상 알게 된 근로자 또는 사용자에 관한 비밀을 누설하여서는 아니 된다.

5. 수수료 및 국조보조

유료직업소개사업의 등록을 하려는 자는 고용노동부령으로 정하는 바에 따라 수수료를 내야 한다. 등록한 사항을 변경하는 경우에도 또한 같다. 또한, 고용부처장관은 법령에 따른 무료직업소개사업 경비의 전부 또는 일부를 보조할 수 있다.

6. 권한의 위임

직업안정법에 따른 고용부처장관의 권한은 그 일부를 법령으로 정하는 바에 따라 직업안정기관의 장이나 특별자치도지사·시장·군수 또는 구청장에게 위임할 수 있다.

제 4 편

인력정책

7 chapter

능력개발정책

제1절 서 설

근로자의 생애에 걸친 직업능력개발을 촉진·지원하고 산업현장에서 필요로 하는 기술·기능 인력을 양성하며 산학협력 등에 관한 사업을 수행함으로써 근로자의 고용촉진·고용안정 및 사회·경제적 지위 향상과 기업의 생산성 향상을 도모하고 사회·경제의 발전에 이바지함을 목적으로 하는 직업능력 및 인재개발정책은 산업현장에서 매우 중요한 정책이라고 할 수 있다.

이러한 직업능력개발 및 인력개발정책에는 근로자에게 직업에 필요한 직무수행능력을 습득·향상시키기 위하여 실시하는 훈련인 직업능력개발훈련, 직업능력개발훈련 과정·매체의 개발 및 직업능력개발에 관한 조사·연구 등을 하는 사업인 직업능력개발사업을 들 수 있다. 직업능력개발훈련을 위한 시설로는 국가·지방자치단체 및 법령으로 정하는 공공단체(이하 "공공단체"라 함)가 직업능력개발훈련을 위하여 설치한 시설로서 고용부처장관과 협의하거나 고용부처장관의 승인을 받아 설치한 시설인 공공직업훈련시설, 직업능력개발훈련을 위하여 설립·설치된 직업훈련원·직업전문학교 등의 시설로서 고용부처장관이 지정한 시설인 지정직업훈련시설(직업능력개발원 등)을 들 수 있다. 한편, 고등교육법에 따른 전문대학으로서 학위과정인 다기능기술자과정을 운영하면서 직업훈련과정을 병설운영하는 교육·훈련기관으로 기능대학(한국 폴리텍대학 등)이 있다. 한편, 인력운영의 전문성 제고와 산업인력의 체계적인 개발 및 관리운영 등을 위하여 한국산업인력공단 등을 운영하고 있다.

넓은 의미의 인력정책이란 현존하는 노동력 및 잠재적 노동력을 창출하고, 유지하며, 활용하는 정책이라고 할 수 있고, 좁은 의미의 인력정책은 주로 구조적 이유에 의한 실업자대책으로 볼 수도 있다. 국제적으로는 인력정책을 노동력정책이라는 관점에서 접근하고 있다. 즉, 적극적 노동력정책이란 노동력의 유지·관리·활용을 종전보다 훨씬 장기적인 관점(노동능력의 양성, 보전 등)에서 행하고, 근로자의 적성, 희망을 배려하여 배치하며, 고용을 사회경제의 중심적 과제로 삼는 노동력에 관한 정책이다.

인력정책을 효율적으로 추진하기 위해서는 인력수급의 예측을 보다 면밀히 하고, 이에 따라 예측되는 인력의 수요와 공급을 기반으로, 수요되는 직업에 대한 능력개발을 추진하는 것이 일반적이다. 경제가 원활하게 성장·발전하기 위하여는 기업에서 요구하는 기술과 지식을 갖춘 노동력이 항상 순조롭게 공급되지 않으면 안 된다. 그런데 산업구조가 끊임없이 변화함에 따라 노동력에 대한 수요의 양적·질적 속성도 계속 변화하고 있다. 이러한 노동력에 대한 수요측면의 변화가 있는 반면, 공급측면은 개별 가계수준에서 교육훈련투자를 결정하고 주로 사적 부담에 의하여 교육훈련을 받음으로써 변화하는데, 교육훈련투자를 결정하는 사람들은 장·단기인력에 대한 수요에 관하여 정확한 정보를 갖기 어렵다. 따라서 국가정책적 차원에서 볼 때 인력에 대한 장·단기수요와 공급의 예측은 그것을 정책의 기초로 삼을 뿐 아니라 노동력에 대한 수요자 및 공급자에게 하나의 정보로서 제공해 줄 수도 있다.

한편, 교육훈련을 받은 노동력의 공급원천은 정규교육, 각종 직업훈련 그리고 현장훈련 등을 통하여 이루어지는데, 노동시장정책으로서 적극적인 정책의 대상으로 되는 것은 공공직업훈련과 사업내 직업훈련을 포함한 민간직업훈련, 그리고 기타 직업훈련이라 할 수 있다.

또한, 인력정책은 청소년, 기혼여성, 고령자 그리고 장애자 등 비교적 취업하기 어려운 계층에 대한 정책적인 고려가 필요하다. 이러한 계층의 근로자가 계속 구직활동을 하고 있으면 소위 구조적 실업으로서 실업률을 높이게 된다. 따라서 이들에 대한 특별한 대책이 필요하다. 본장에서는 인력정책을 직업능력 내지 인재개발정책적인 측면에서 직업능력개발정책을 살펴보고자 한다.

제 2 절 직업능력개발정책의 기본방향

Ⅰ. 직업능력개발훈련의 기본원칙

직업능력개발훈련은 근로자 개인의 희망·적성·능력에 맞게 근로자의 생애에 걸쳐 체계적으로 실시되어야 하고, 민간의 자율과 창의성이 존중되도록 하여야 하며, 노사의 참여와 협력을 바탕으로 실시되어야 하며, 근로자의 성별, 연령, 신체적 조건, 고용형태, 신앙 또는 사회적 신분 등에 따라 차별하여 실시되어서는 아니 되며, 모든 근로자에게 균등한 기회가 보장되도록 하여야 한다.

특히, 고령자·장애인, 국민기초생활 보장법에 따른 수급권자, 국가유공자법에 따른 국가유공자와 그 유족 또는 가족, 5·18유공자법에 따른 5·18민주유공자와 그 유족 또는 가족, 제대군인법에 따른 제대군인 및 전역예정자, 여성근로자, 중소기업기본법에 따른 중소기업의 근로자, 제조업의 생산직에 종사하는 근로자, 일용근로자, 단시간근로자, 기간을 정하여 근로계약을 체결한 근로자, 일시적 사업에 고용된 근로자, 파견법에 따른 파견근로자를 대상으로 하는 직업능력개발훈련은 중요시되어야 한다. 또, 직업능력개발훈련은 교육 관계법에 따른 학교교육 및 산업현장과 긴밀하게 연계될 수 있도록 하여야 한다.

Ⅱ. 직업능력개발기본계획

1. 국가 및 사업주 등의 책무

국가와 지방자치단체는 근로자의 생애에 걸친 직업능력개발을 위하여 사업주·사업주단체 및 근로자단체 등이 하는 직업능력개발사업과 근로자가 자율적으로 수강하는 직업능력개발훈련 등을 촉진·지원하기 위하여 필요한 시책을 마련하여야 한다. 이 경우 국가는 지방자치단체가 마련한 시책을 시행하는데 필요한 지원을 할 수 있다. 아울러, 이러한 직업능력개발을 위하여 사업주 및 사업주 단체, 근로자는 노력 및 협조의무를 부담하여야 한다.

사업주는 근로자를 대상으로 직업능력개발훈련을 실시하고, 직업능력개발훈련에 많은 근로자가 참여하도록 하며, 근로자에게 직업능력개발을 위한 휴가를 주거나 인력개발담당자(직업능력개발훈련시설 및 기업 등에서 직업능력개발사업의 기획·운영·평가 등을 하는 사람을 말함)를 선임하는 등 직업능력개발훈련 여건을 조성하기 위한 노력을 하여야 한다. 또한, 근로자는 자신의 적성과 능력에 따른 직업능력개발을 위하여 노력하여야 하고, 국가·지방자치단체 또는 사업주 등이 하는 직업능력개발사업에 협조하여야 한다.

사업주단체, 근로자단체 및 산업발전법에 따른 산업부문별 인적자원개발협의체 등은 직업능력개발훈련이 산업현장의 수요에 맞추어 이루어지도록 산업부문별 직업능력개발훈련 수요조사 등 필요한 노력을 하여야 한다.

한편, 직업능력개발훈련을 실시하는 자는 직업능력개발훈련에 관한 상담·취업지도, 선발기준 마련 등을 함으로써 근로자가 자신의 적성과 능력에 맞는 직업능력개발훈련을 받을 수 있도록 노력하여야 한다.

2. 직업능력개발기본계획의 수립 · 시행

고용부처장관은 관계 중앙행정기관의 장과 협의하고 고용정책기본법에 따른 고용정책심의회의 심의를 거쳐 근로자의 직업능력개발 촉진에 관한 직업능력개발기본계획을 5년마다 수립·시행하여야 하고, 직업능력개발기본계획에는 직업능력개발에 관한 정책의 기본방향, 고용정책기본법에 따른 인력의 수급(需給) 동향 및 전망을 반영한 직업능력개발훈련의 수급에 관한 사항, 근로자가 자율적으로 행하는 직업능력개발훈련의 지원에 관한 사항, 사업주가 근로자를 위하여 실시하는 직업능력개발사업의 지원에 관한 사항, 근로자단체, 사업주단체 또는 산업부문별 인적자원개발협의체 등이 하는 직업능력개발사업의 지원에 관한 사항, 산업발전의 추이(推移)와 노동시장의 인력수급 상황을 감안하여 국가경제의 지속적인 발전에 필요한 인력의 양성에 관한 사항, 직업능력개발훈련의 표준 설정, 직업능력개발훈련교사 및 인력개발담당자의 육성·지원, 직업능력개발훈련 매체 및 방법의 개발·보급 등 직업능력개발훈련의 여건 조성에 관한 사항, 직업능력개발훈련과 자격의 연계에 관한 사항, 직업능력개발사업의 평가에 관한 사항, 그 밖에 근로자의 고용촉진 및 고용안정을 위하여 직업능력개발사업을 할 필요가 있다고 인정되는 사항이 포함되어야 한다.

한편, 고용부처장관은 직업능력개발기본계획을 수립하는 경우에는 사업주단체 및 근로자단체 등 관련 기관·단체 등의 의견을 수렴하여야 하며, 필요하다고 인정할 때에는 관계 행정기관, 지방자치단체 및 공공단체의 장(이하 "관계행정기관장등"이라 함)에게 자료의 제출을 요청할 수 있다. 아울러, 고용부처장관은 근로자의 직업능력개발을 위한 정책 수립 및 제도개선에 필요한 다양한 조사·연구·개발을 지속적이고 적극적으로 추진하여 실효성 있는 성과가 극대화될 수 있도록 하여야 한다.

3. 직업능력개발정보망의 구축

고용부처장관은 직업능력개발에 관한 정보의 수집·관리·제공, 근로자의 직업능력개발 경력의 관리 및 직업능력개발과 자격의 효율적 연계를 위하여 직업능력개발정보망을 구축하여야 하고, 직업능력개발사업을 하는 자 또는 관계행정기관장등에게 직업능력개발정보망의 구축·운영에 필요한 자료 제출을 요구할 수 있다. 직업능력개발사업을 하는 자 또는 관계행정기관장 등은 특별한 사정이 없으면 그 요구에 적극 협조하여야 하며, 관계행정기관장 등이 직업능력개발정보망을 활용하여 업무를 처리할 수 있도록 필요한 조치를 취하여야 한다.

4. 직업능력개발훈련의 표준

고용부처장관은 직업능력개발훈련의 상호호환·인정·교류가 가능하도록 직업능력개발훈련과 관련된 기술·자원·운영 등에 관한 직업능력개발훈련의 표준을 정할 수 있고, 직업능력개발훈련의 표준을 정하려는 경우에는 사업주단체 및 근로자단체 등 관련 기관·단체 등의 의견을 수렴하여야 한다.

Ⅲ. 직업능력개발의 지원

1. 훈련계약과 권리·의무

사업주와 직업능력개발훈련을 받으려는 근로자는 직업능력개발훈련에 따른 권리·의무 등에 관하여 훈련계약을 체결할 수 있고, 이때 사업주는 훈련계약을 체결할 때에는 해당 직업능력개발훈련을 받는 사람이 직업능력개발훈련을 이수한 후에 사업주가 지정하는 업무에 일정 기간 종사하도록 할 수 있다. 이 경우 그 기간은 5년 이내로 하되, 직업능력개발훈련기간의 3배를 초과할 수 없고, 훈련계약을 체결하지 아니한 경우에 고용근로자가 받은 직업능력개발훈련에 대하여는 그 근로자가 근로를 제공한 것으로 본다.

아울러, 훈련계약을 체결하지 아니한 사업주는 직업능력개발훈련을 근기법에 따른 기준근로시간 내에 실시하되, 해당 근로자와 합의한 경우에는 기준근로시간 외의 시간에 직업능력개발훈련을 실시할 수 있다.

한편, 기준근로시간 외의 훈련시간에 대하여는 생산시설을 이용하거나 근무장소에서 하는 직업능력개발훈련의 경우를 제외하고는 연장근로와 야간근로에 해당하는 임금을 지급하지 아니할 수 있다.

2. 훈련수당

직업능력개발훈련을 실시하는 자는 직업능력개발훈련을 받는 훈련생에게 훈련수당을 지급할 수 있다. 직업훈련을 통하여 근로자 개인의 직무능력이 향상되고 이는 생산성의 증대로 이어질 수 있지만, 별도의 시간을 할애하여 훈련에 임하는 경우 근로시간의 누수, 생산성 및 업무공백에 대한 부담 등이 발생할 수 있으므로 훈련수당의 지급을 통하여 직업능력개발을 촉진・활성화하는 효과를 가져올 수 있다.

3. 직업능력개발훈련과 재해 위로금

직업능력개발훈련을 실시하는 자는 해당 훈련시설에서 직업능력개발훈련을 받는 근로자(산업재해보상보험법을 적용받는 사람은 제외)가 직업능력개발훈련 중에 그 직업능력개발훈련으로 인하여 재해를 입은 경우에는 재해 위로금을 지급하여야 한다. 이 경우 위탁에 의한 직업능력개발훈련을 받는 근로자에 대하여는 그 위탁자가 재해 위로금을 부담하되, 위탁받은 자의 훈련시설의 결함이나 그 밖에 위탁받은 자에게 책임이 있는 사유로 인하여 재해가 발생한 경우에는 위탁받은 자가 재해 위로금을 지급하여야 한다.

4. 공공단체의 직업능력개발사업

공공단체는 근로자의 직업능력개발을 위하여 실업자, 국민기초생활 보장법에 따른 수급권자, 여성가장 또는 청소년으로서 법령으로 정하는 요건[1]에 해당하는 사람에 대한 직업

---

1) 직업능력개발법시행령 제6조 제1항의 각호
1. 국민기초생활 보장법에 따른 수급권자로서 다음 각 목의 어느 하나에 해당하는 사람
가. 국민기초생활 보장법 제9조 제5항에 따라 생계급여를 받는 사람 중 「국민기초생활 보장법 시행령」 제11조 제2항에 따른 취업대상자
나. 국민기초생활 보장법 제15조에 따른 자활급여를 받는 사람 중 같은 조 제1항 제2호에 따른 기능습득의 지원대상자
다. 그 밖에 국민기초생활 보장법 제9조제5항에 따른 생계급여를 받거나 같은 법 제15조에 따른 자활급여를 받는 사람 중 직업능력개발훈련이 필요한 사람으로서 고용고용부처장관이 정하여 고시하는 사람
2. 다음 각 목의 어느 하나에 해당하는 여성가장
가. 이혼, 사별(死別) 등의 사유로 배우자가 없는 사람
나. 미혼여성으로 부모가 모드 없거나 부모가 모두 부양능력이 없는 사람

능력개발훈련, 국가경제의 기간(基幹)이 되는 산업 중 인력이 부족한 직종 및 정보통신산업·자동차산업 등 국가전략산업 중 인력이 부족한 직종과 그 밖에 산업현장의 인력수요 증대에 따라 인력을 양성할 필요가 있다고 고용부처장관이 고시하는 직종에 따른 국가기간·전략산업직종의 인력수급을 위한 직업능력개발훈련, 직업능력개발사업에 관한 조사·교육·홍보사업, 직업능력개발훈련 과정·매체 및 방법 등의 개발·보급사업, 직업능력개발훈련교사와 인력개발담당자의 양성 및 능력개발사업, 또한 근로자(사업주에게 고용된 사람만 해당)를 위한 직무능력향상훈련, 중소기업이나 고용보험법령에 따른 기업(우선지원 대상기업)에 근무하는 근로자 등을 위하여 중소기업 또는 우선지원 대상기업과 공동으로 실시하는 직업능력개발사업, 직업능력개발에 관한 방송사업 및 원격훈련사업, 그 밖에 근로자의 평생직업능력개발 촉진을 위한 사업으로서 고용부처장관이 정하여 고시하는 사업을 할 수 있다.

5. 직업능력개발사업 지원 소요재원 및 국제협력 증진

직업능력개발사업과 그 지원 또는 융자에 필요한 재원은 일반회계, 고용보험법에 따른 고용보험기금 등에 의한다. 한편, 고용부처장관은 근로자의 직업능력개발에 관하여 외국인의 기능·기술 훈련, 근로자의 직업능력개발에 관한 국제회의 개최 및 참가 등 국제기구·외국정부 또는 외국기관과의 교류·협력사업을 할 수 있다.

다. 본인과 주민등록표상 세대(世帶)를 같이하는 배우자, 본인 또는 배우자의 직계혈족 및 형제·자매로서 60세 이상 또는 18세 미만이거나 장애, 질병, 군복무 및 재학(在學) 등의 사유로 근로능력이 없다고 인정되는 사람을 부양하는 사람

라. 그 밖에 취업 촉진을 위한 직업능력개발훈련이 필요한 여성가장으로서 고용고용부처장관이 정하여 고시하는 사람

3. 초·중등교육법에 따른 고등학교(이와 같은 수준의 학력을 인정받는 학교를 포함한다) 또는 고등교육법 제2조에 따른 학교에 진학하지 아니할 것으로 예정된 사람 중 고용노동부령으로 정하는 청소년

제3절 사업주 및 근로자의 자율적인 직업능력개발 지원

Ⅰ. 근로자의 자율적인 직업능력개발 지원

1. 직업능력개발훈련 지원

(1) 실업자에 대한 지원

국가와 지방자치단체는 실업자, 국민기초생활 보장법에 따른 수급권자, 여성가장 또는 청소년으로서 법령으로 정하는 요건에 해당하는 사람, 그 밖에 법령으로 정하는 바에 해당하는 사람(실업자 등)의 고용촉진 및 고용안정을 위하여 직업능력개발훈련을 실시하거나 직업능력개발훈련을 받는 사람에게 비용을 지원하여야 한다.

(2) 근로자의 자율적 직업능력개발 지원

고용부처장관은 근로자의 자율적인 직업능력개발을 지원하기 위하여 근로자에게 고용부처장관의 인정을 받은 직업능력개발훈련과정의 수강 비용, 고등교육법에 따른 전문대학 또는 이와 같은 수준 이상의 학력이 인정되는 교육과정의 수업료 및 그 밖의 납부금, 그 밖에 상기의 비용에 준하는 비용으로서 법령으로 정하는 비용을 지원하거나 융자할 수 있다. 이에 따라 고용부처장관은 지원 또는 융자를 하는 경우에 법령으로 정하는 기준에 해당하는 기업에 고용된 근로자, 근로자 중 법령으로 정하는 근로자를 우대할 수 있다.

(3) 국가기간 · 전략산업직종에 대한 직업능력개발훈련

국가와 지방자치단체는 국가경제의 기간(基幹)이 되는 산업 중 인력이 부족한 직종, 정보통신산업 · 자동차산업 등 국가전략산업 중 인력이 부족한 직종, 그 밖에 산업현장의 인력수요 증대에 따라 인력을 양성할 필요가 있다고 고용부처장관이 고시하는 직종(국가기간 · 전략산업직종)에 대한 원활한 인력수급을 위하여 필요한 직업능력개발훈련을 실시할 수 있다.

2. 직업능력개발훈련의 위탁

직업능력개발훈련을 실시하려는 국가 또는 지방자치단체는 법령으로 정하는 자와 위탁계약을 체결하여 직업능력개발훈련을 실시할 수 있으며, 이에 따라 직업능력개발훈련을 위탁한 자는 이를 위탁받은 자가 거짓이나 그 밖의 부정한 방법으로 위탁을 받은 경우, 거짓이나 그 밖의 부정한 방법으로 훈련비용을 받았거나 받으려고 한 경우, 위탁계약을 위반하여 직업능력개발훈련을 실시한 경우, 시정 요구에 따르지 아니한 경우, 법령에 따른 보고 및 자료 제출 명령에 따르지 아니하거나 거짓으로 따른 경우의 어느 하나에 해당하면 시정을 요구하거나 위탁계약을 해지할 수 있다. 다만, 부정한 방법으로 위탁을 받은 경우와 거짓이나 부정한 방법으로 훈련비용을 받았거나 받으려고 한 경우에는 위탁계약을 해지하여야 한다. 이때 국가 또는 지방자치단체는 위탁계약이 해지된 자(위탁계약이 해지된 자 중 훈련비용이 법령으로 정하는 금액 미만인 경우는 제외)에 대하여는 그 해지일부터 5년의 범위에서 직업능력개발훈련의 위탁과 법령에 따른 직업능력개발훈련과정의 인정을 하지 아니할 수 있다.

3. 직업능력개발계좌의 발급 및 운영

고용부처장관은 실업자 등의 자율적 직업능력개발을 지원하기 위하여 직업능력개발훈련 비용을 지원하는 계좌(직업능력개발계좌)를 발급하고 이들의 직업능력개발에 관한 이력을 종합적으로 관리하는 제도를 운영할 수 있고, 실업자 등이 직업능력개발계좌를 활용하여 필요한 직업능력개발훈련을 받을 수 있도록 직업능력개발계좌에서 훈련비용이 지급되는 직업능력개발훈련과정(계좌적합훈련과정)에 대한 정보를 실업자 등에게 제공하여야 한다.

4. 직업능력개발훈련과정 · 계좌적합훈련과정의 인정 및 인정취소

근로자가 훈련비용을 지원 또는 융자 받을 수 있는 직업능력개발훈련을 실시하려는 자와 계좌적합훈련과정을 운영하려는 자는 그 직업능력개발훈련과정(계좌적합훈련과정을 포함)에 대하여 고용부처장관으로부터 인정을 받아야 한다. 이때 고용부처장관은 직업능력개발훈련과정의 인정을 받은 자가 거짓이나 그 밖의 부정한 방법으로 인정을 받은 경우, 거짓이나 그 밖의 부정한 방법으로 훈련비용을 지원 또는 융자를 받았거나 받으려고 한 경우, 직업능력개발훈련을 수강하는 근로자로부터 거짓이나 그 밖의 부정한 방법으로 비용을 받았거나 받으려고 한 경우, 직업능력개발훈련을 수강하는 근로자에게 거짓이나 그 밖의 부정한 방법으로 훈련비용을 지원 또는 융자받게 한 경우, 인정받은 내용을 위반하여 직업능력개발훈련을 실시한 경우, 시정명령에 따르지 아니한 경우, 보고 및 자료 제출 명령에 따르지 아니하거나 거짓으로 따른 경우의 어느 하나에 해당하면 시정을 명하거나 그 훈련과정의 인정을 취소할 수 있다. 다만, 부정한 방법 등으로 인정, 융자, 비용지원 등을 받은 경우에 해당하는 경우에는 인정을 취소하여야 한다. 이때 인정이 취소된 자에 대하여는 그 취소일부터 5년의 범위에서 직업능력개발훈련의 위탁 등 인정을 하지 아니할 수 있다.

Ⅱ. 사업주 등의 직업능력개발사업 지원

1. 직업능력개발사업 지원

(1) 사업주 및 사업주단체 등에 대한 지원

고용부처장관은 근로자 직업능력개발훈련(위탁하여 실시하는 경우를 포함), 근로자를 대상으로 하는 자격검정사업, 고용보험법에 따른 우선지원대상기업 또는 중소기업과 공동으로 우선지원대상기업 또는 중소기업에서 근무하는 근로자 등을 위하여 실시하는 직업능력개발사업, 직업능력개발훈련을 위하여 필요한 시설(기숙사를 포함) 및 장비·기자재를 설치·보수하는 등의 사업, 직업능력개발에 대한 조사·연구, 직업능력개발훈련 과정 및 매체의 개발·보급 등의 사업, 그 밖에 법령으로 정하는 사업의 어느 하나에 해당하는 직업능력개발사업을 하는 사업주나 사업주단체·근로자단체 또는 그 연합체(사업주단체 등)에게 그 사업에 필요한 비용을 지원하거나 융자할 수 있다.

고용부처장관은 상기에 따른 지원 또는 융자를 하는 경우에 해당 사업주 외의 다른 사업주에게 고용된 근로자를 대상으로 하는 직업능력개발훈련, 국가기간·전략산업직종에 대한 직업능력개발훈련, 근로자참여 및 협력증진에 관한 법률에 따라 노사협의회에서 의결된 근로자의 교육훈련 및 능력개발 기본계획에 따라 실시되는 직업능력개발훈련(노사협의회가 없는 경우에는 노동조합 또는 근로자 과반수를 대표하는 대표자와 협의하여 수립된 훈련계획에 따라 실시되는 직업능력개발훈련), 유급휴가(근기법에 따른 월차·연차 유급휴가는 제외)를 주어서 하는 직업능력개발훈련, 고용보험법에 의한 우선지원대상기업 등에 대한 직업능력개발사업, 법령으로 정하는 기준에 해당하는 기업의 사업주가 하는 직업능력개발사업의 어느 하나에 해당하는 직업능력개발사업을 하는 사업주 또는 사업주단체등을 우대할 수 있다.

(2) 산업부문별 인적자원개발협의체의 지원

고용부처장관은 산업부문별 인적자원개발협의체가 산업부문별 인력수급 및 직업능력개발훈련 수요에 대한 조사·분석, 자격 및 직업능력개발훈련 기준의 개발·보급, 직업능력개발훈련 과정 및 매체 등의 개발·보완·보급사업, 그 밖에 상기 사업에 준하는 직업능력개발사업으로서 법령으로 정하는 사업의 어느 하나에 해당하는 직업능력개발사업을 실시하는 경우에 그 산업부문별 인적자원개발협의체에 필요한 비용을 지원하거나 융자할 수 있다.

(3) 직업능력개발단체의 직업능력개발사업 지원

고용부처장관은 법령으로 정하는 비영리법인 또는 비영리단체(직업능력개발단체)가 실시하는 직업능력개발사업에 필요한 비용을 지원하거나 융자할 수 있다.

2. 직업능력개발훈련과정의 인정 및 인정취소

직업능력개발훈련을 실시하려는 자(직업능력개발훈련을 위탁받아 실시하려는 자 포함)는 그 직업능력개발훈련과정에 대하여 고용부처장관으로부터 인정을 받아야 한다.

고용부처장관은 직업능력개발훈련과정의 인정을 받은 자가 ① 거짓이나 그 밖의 부정한 방법으로 인정을 받은 경우, ② 거짓이나 그 밖의 부정한 방법으로 비용 또는 융자를 받았거나 받으려고 한 경우, ③ 직업능력개발훈련을 위탁한 사업주·사업주단체등으로부터 거짓이나 그 밖의 부정한 방법으로 비용을 받았거나 받으려고 한 경우, ④ 직업능력개발훈련을 위탁한 사업주·사업주단체등이 거짓이나 그 밖의 부정한 방법으로 훈련비용을 지원 또는 융자받게 한 경우, ⑤ 인정받은 내용을 위반하여 직업능력개발훈련을 실시한 경우, ⑥ 시정명령에 따르지 아니한 경우, ⑦ 보고 및 자료 제출 명령에 따르지 아니하거나 거짓으로 따른 경우의 어느 하나에 해당하면 시정을 명하거나 그 훈련과정의 인정을 취소할 수 있다(다만, ①~④까지에 해당하는 경우에는 인정을 취소하여야 한다). 이때 인정이 취소된 자(②~④까지에 해당하여 인정이 취소된 자 중 비용이 법령으로 정하는 금액 미만인 경우는 제외)에 대하여는 그 취소일부터 5년의 범위에서 직업능력개발훈련의 위탁과 인정을 하지 아니할 수 있다.

제 4 절 능력개발훈련

Ⅰ. 능력개발훈련시설

1. 공공직업훈련시설의 설치

국가, 지방자치단체 또는 공공단체는 공공직업훈련시설을 설치·운영할 수 있다. 이 경우 국가 또는 지방자치단체가 공공직업훈련시설을 설치하려는 때에는 고용부처장관과 협의하여야 하며, 공공단체가 공공직업훈련시설을 설치하려는 때에는 고용부처장관의 승인을 받아야 하며, 이에 따라 승인을 받은 공공직업훈련시설이 ① 거짓이나 그 밖의 부정한 방법으로 승인을 받은 경우, ② 정당한 사유 없이 계속하여 1년 이상 직업능력개발훈련을 실시하지 아니한 경우, ③ 그 밖에 법령에 따른 명령을 위반한 경우의 어느 하나에 해당되면 고용부처장관은 그 승인을 취소할 수 있다. 다만, 거짓이나 그 밖의 부정한 방법으로 승인을 받은 경우에는 그 승인을 취소하여야 한다.

2. 지정직업훈련시설

(1) 훈련시설의 운영

지정직업훈련시설을 설립·설치하여 운영하려는 자는 ① 해당 훈련시설을 적절하게 운영할 수 있는 인력·시설 및 장비 등을 갖추고 있을 것(다만, 시설의 건축물 용도는 건축법에 적합하여야 함), ② 해당 훈련시설을 적절하게 운영할 수 있는 교육훈련 실시 경력을 갖추고 있을 것, ③ 직업능력개발훈련을 실시하려는 훈련 직종별로 해당 직종과 관련된 직업능력개발훈련교사 1명 이상을 둘 것(다만, 그 훈련 직종에 관련된 직업능력개발훈련교사가 정하여지지 아니한 경우에는 그러하지 아니함), ④ 그 밖에 직업능력개발훈련시설의 운영에 필요하다고 법령으로 정하는 요건을 갖출 것의 요건을 갖추어 고용부처장관의 지정을 받아야 한다. 다만, 소속 근로자 등의 직업능력개발훈련을 위한 전용시설을 운영하는 사업주 또는 사업주단체등이 지정을 받으려는 경우에는 ②호 및 ③호의 요건을 갖추지 아니할 수 있고, 위탁받아 직업능력개발훈련을 실시하려는 자가 지정을 받으려는 경우에는 ③호의 요건을 갖추지 아니할 수 있다.

(2) 훈련시설운영의 결격사유

지정직업훈련시설을 지정받으려는 자가 ① 금치산자·한정치산자·미성년자, ② 파산선고를 받고 복권되지 아니한 자, ③ 금고 이상의 형을 선고받고 그 집행이 끝나거나(집행이 끝난 것으로 보는 경우 포함) 집행이 면제된 날부터 2년이 지나지 아니한 자, ④ 금고 이상의 형의 집행유예를 선고받고 그 유예기간 중에 있는 자, ⑤ 법원의 판결에 따라 자격이 정지되거나 상실된 자, ⑥ 지정직업훈련시설의 지정이 취소된 날부터 1년이 지나지 아니한 자 또는 직업능력개발훈련의 정지처분을 받고 그 정지기간 중에 있는 자, ⑦ 평생교육법에 따라 평생교육시설의 설치인가취소 또는 등록취소를 처분받고 1년이 지나지 아니한 자 또는 평생교육과정의 운영정지처분을 받고 그 정지기간 중에 있는 자, ⑧ 학원의 설립·운영 및 과외교습에 관한 법률(학원법)에 따라 학원의 등록말소 또는 교습소의 폐지처분을 받고 1년이 지나지 아니한 자 또는 학원·교습소의 교습정지처분을 받고 그 정지기간 중에 있는 자, ⑨ 법령에 따라 위탁의 제한 또는 인정의 제한을 받고 있는 자, ⑩ 법인의 임원 중 ①부터 ⑨까지의 어느 하나에 해당하는 사람이 있는 법인의 어느 하나에 해당하면 법령에 따른 지정을 받을 수 없다.

(3) 훈련비 징수 및 반환

지정직업훈련시설을 운영하는 자는 근로자로부터 훈련비를 받을 수 있고, 근로자가 직업능력개발훈련을 계속 받을 수 없는 경우 또는 지정취소·폐업 등으로 직업능력개발훈련을 계속할 수 없는 경우에는 훈련비 반환 등 근로자 보호를 위하여 필요한 조치를 하여야 한다.

(4) 훈련시설의 지정취소

고용부처장관은 법령에 따른 지정직업훈련시설이 ① 거짓이나 그 밖의 부정한 방법으로 지정을 받은 경우, ② 법령에 따른 지정 요건[2)]을 갖추지 못한 경우, ③ 결격사유[3)]에

2) 근로자직업능력개발법시행령 제24조(직업능력개발훈련시설의 지정) 제1항 직업능력개발훈련시설의 지정을 받으려는 자의 요건
  1. 다음 각 목의 어느 하나에 해당하는 사람을 1명 이상 고용하고 있을 것. 다만, 사업주가 소속 근로자 등의 직업능력개발을 위하여 직업능력개발훈련을 위한 전용시설을 운영하려는 경우에는 그러하지 아니하며, 원격훈련의 경우에는 고용고용부처장관이 따로 정하여 고시하는 인력을 고용하여야 한다.
    가. 「국가기술자격법」에 따른 직업상담사 1급 또는 2급의 자격증 소지자
    나. 직업능력개발훈련시설, 「초·중등교육법」 및 「고등교육법」에 따른 학교, 「청소년기본법」에 따른 청소년단체 또는 직업안정기관(「직업안정법」에 따른 직업소개사업의 사업소를 포함한다)에서 직업소개, 직업상담 또는 직업지도 업무에 2년 이상 종사한 경력이 있는 사람

해당하게 된 경우, ④ 정당한 사유 없이 계속하여 1년 이상 직업능력개발훈련을 실시하지 아니한 경우, ⑤ 변경지정을 받지 아니하고 지정 내용을 변경하는 등 부정한 방법으로 지정직업훈련시설을 운영한 경우, ⑥ 훈련생을 모집할 때 과대광고 또는 거짓 광고를 한 경우, ⑦ 시정명령에 따르지 아니한 경우, ⑧ 그 밖에 법령에 따른 명령을 위반한 경우의 어느 하나에 해당하면 그 시정을 명하거나 그 지정의 취소 또는 1년 이내의 기간을 정하여 직업능력개발훈련의 정지를 명할 수 있다. 다만, ①호 또는 ③호에 해당하는 경우에는 그 지정을 취소하여야 한다.

다. 「초·중등교육법」에 따른 교원자격증을 가지고 있는 사람으로서 교사 근무경력이 2년 이상인 사람

라. 직업상담, 직업지도 등의 업무에 종사한 경력이 있는 사람 중 가목부터 다목까지의 규정에 준하는 사람으로서 고용고용부처장관이 정하여 고시하는 사람

2. 직업능력개발훈련시설로 지정을 받으려는 시설의 연면적이 180제곱미터 이상이고, 주된 강의실 또는 실습실의 면적은 60제곱미터 이상이어야 하며, 시설을 임차하는 경우에는 임차기간이 1년 이상일 것. 다만, 원격훈련의 경우에는 그러하지 아니하다.
3. 직업능력개발훈련시설의 지정을 받으려는 자는 1년 이상의 교육훈련 실시 경력을 갖출 것. 다만, 사업주나 사업주단체가 소속 근로자 등의 직업능력개발을 위하여 직업능력개발훈련을 위한 전용시설을 운영하려는 경우에는 그러하지 아니하다.
4. 직업능력개발훈련시설의 운영에 필요한 시설(제2호에 따른 시설은 제외한다)·장비 등에 관하여 고용고용부처장관이 정하여 고시하는 기준을 갖출 것

3) 근로자직업능력개발법 제29조(결격사유) 지정직업훈련시설을 지정받으려는 자의 결격사유

1. 피성년후견인·피한정후견인·미성년자
2. 파산선고를 받고 복권되지 아니한 자
3. 금고 이상의 형을 선고받고 그 집행이 끝나거나(집행이 끝난 것으로 보는 경우를 포함한다) 집행이 면제된 날부터 2년이 지나지 아니한 자
4. 금고 이상의 형의 집행유예를 선고받고 그 유예기간 중에 있는 자
5. 법원의 판결에 따라 자격이 정지되거나 상실된 자
6. 직업능력개발법 제31조제1항제1호 및 제4호부터 제8호까지의 규정에 따라 지정직업훈련시설의 지정이 취소된 날부터 1년이 지나지 아니한 자 또는 직업능력개발훈련의 정지처분을 받고 그 정지기간 중에 있는 자
7. 평생교육법 제42조제1항제1호, 제3호 및 제5호에 따라 평생교육시설의 설치인가취소 또는 등록취소를 처분받고 1년이 지나지 아니한 자 또는 평생교육과정의 운영정지처분을 받고 그 정지기간 중에 있는 자
8. 학원법 제17조에 따라 학원의 등록말소 또는 교습소의 폐지처분을 받고 1년이 지나지 아니한 자 또는 학원·교습소의 교습정지처분을 받고 그 정지기간 중에 있는 자
9. 직업능력개발법 제16조제3항에 따른 위탁의 제한 또는 제19조제3항·제24조제3항에 따른 인정의 제한을 받고 있는 자(위탁받거나 인정받은 일부 훈련과정이 위탁제한 또는 인정제한을 받은 경우 제외)
10. 법인의 임원 중 제1호부터 제9호까지의 어느 하나에 해당하는 사람이 있는 법인(3개월 이내에 그 임원을 바꾸어 임명한 경우 제외)

Ⅱ. 직업능력개발훈련법인

1. 직업능력개발훈련법인의 설립

고용부처장관은 ① 직업능력개발훈련, ② 근로자의 직업능력개발을 위한 조사·연구사업, ③ 직업능력개발훈련 과정 및 매체 등의 개발·보급사업에 따른 직업능력개발사업을 목적으로 하는 비영리법인(직업능력개발훈련법인)의 설립을 허가할 수 있다.

고용부처장관은 직업능력개발훈련법인이 Ⓐ 거짓이나 그 밖의 부정한 방법으로 설립허가를 받은 경우, Ⓑ 설립허가 조건을 위반한 경우, Ⓒ 목적 달성이 불가능한 경우, Ⓓ 목적사업 외의 사업을 한 경우, Ⓔ 위탁의 제한 또는 인정취소 등으로 인정의 제한을 받거나 지정직업훈련시설의 지정이 취소된 경우, Ⓕ 법령에 따른 명령이나 정관을 위반한 경우, Ⓖ 정당한 사유 없이 설립허가를 받은 날부터 6개월 이내에 목적사업을 시작하지 아니하거나 1년 이상 사업실적이 없는 경우의 어느 하나에 해당하면 시정을 명하거나 그 법인의 설립허가를 취소할 수 있다. 다만, ⓐ 거짓이나 그 밖의 부정한 방법으로 설립허가를 받은 경우, ⓑ 설립허가 조건을 위반한 경우, ⓒ 목적 달성이 불가능한 경우 중 어느 하나에 해당하면 그 허가를 취소하여야 한다. 또한, 직업능력개발훈련법인이 수익사업을 하는 경우에는 ㉮ 수익을 목적사업 외의 사업에 사용한 경우, ㉯ 해당 사업을 계속하는 것이 직업능력개발훈련법인의 목적에 위배된다고 인정되는 경우에 해당하면 그 법인에 그 수익사업의 시정이나 정지를 명할 수 있어야 한다.

2. 직업능력개발훈련법인 해산의 특례

직업능력개발훈련법인이 영리를 목적으로 하는 지정직업훈련시설로 전환하려는 경우에는 민법 제77조(법인의 해산사유)에도 불구하고 고용부처장관의 허가를 받아 해산할 수 있고, 이에 따라 고용부처장관의 허가를 받으려는 직업능력개발훈련법인은 해산허가신청서에 잔여재산처분계획서를 첨부하여 고용부처장관에게 제출하여야 한다. 이때 상기의 해산과 잔여재산처분계획은 이사 3분의 2 이상의 동의를 받아야 한다.

또, 해산되는 직업능력개발훈련법인은 민법 제80조(해산 법인 잔여재산의 귀속)에도 불구하고 그 잔여재산의 전부 또는 일부를 잔여재산처분계획서에서 정한 자에게 귀속시킬 수 있다. 이 경우 그 재산을 귀속받은 자는 재산 귀속일부터 10년 동안 직업능력개발훈련 외의 목적으로 그 재산을 처분하거나 변경하여서는 아니 된다.

Ⅲ. 직업능력개발훈련교사

1. 훈련교사의 자격

직업능력개발훈련교사나 그 밖에 해당 분야에 전문지식이 있는 사람 등으로서 법령으로 정하는 사람은 직업능력개탈훈련을 위하여 근로자를 가르칠 수 있으며, 직업능력개발훈련교사가 되려는 사람은 법령에 따른 직업능력개발훈련교사 양성을 위한 훈련과정을 수료하는 등 법령으로 정하는 기준을 갖추어 고용부처장관으로부터 직업능력개발훈련교사 자격증을 발급받아야 한다.

2. 훈련교사의 결격사유

① 금치산자·한정치산자, ② 금고 이상의 형을 선고받고 그 집행이 끝나거나(집행이 끝난 것으로 보는 경우를 포함) 집행이 면제된 날부터 2년이 지나지 아니한 사람, ③ 금고 이상의 형의 집행유예를 선고받고 그 유예기간 중에 있는 사람, ④ 법원의 판결에 따라 자격이 상실되거나 정지된 사람, ⑤ 거짓이나 그 밖의 부정한 방법으로 자격증을 발급받은 경우, 고의 또는 중대한 과실로 직업능력개발훈련에 중대한 지장을 준 경우, 자격증을 빌려 준 경우에 해당되어 자격이 취소된 후 3년이 지나지 아니한 사람은 법령에 따른 직업능력개발훈련교사가 될 수 없다.

3. 훈련교사의 자격취소

고용부처장관은 직업능력개발훈련교사의 자격을 취득한 사람이 거짓이나 그 밖의 부정한 방법으로 자격증을 발급받은 경우, 피성년후견인·피한정후견인, 금고 이상의 형을 선고받고 그 집행이 끝나거나(집행이 끝난 것으로 보는 경우를 포함) 집행이 면제된 날부터 2년이 지나지 아니한 사람, 금고 이상의 형의 집행유예를 선고받고 그 유예기간 중에 있는 사람, 법원의 판결에 따라 자격이 상실되거나 정지된 사람, 고의 또는 중대한 과실로 직업능력개발훈련에 중대한 지장을 준 경우, 자격증을 빌려 준 경우에 해당하면 그 자격을 취소하거나 일정한 기간(3년)의 범위에서 그 자격을 정지시켜야 한다.

4. 훈련교사의 양성

국가, 지방자치단체, 공공단체 또는 고용부처장관이 고시하는 법인·단체는 직업능력개발훈련교사 양성을 위한 훈련시설 또는 훈련과정을 설치·운영할 수 있다. 이 경우 국가 및 지방자치단체가 아닌 자가 훈련시설 또는 훈련과정을 설치·운영하려면 고용부처장관의 승인을 받아야 하며, 이에 따라 승인을 받으려는 자는 ① 직업능력개발훈련교사 양성을 위한 훈련시설 또는 훈련과정을 적절하게 운영할 수 있는 인력·시설 및 장비를 갖추고 있을 것, ② 해당 승인을 받으려는 자는 그 훈련시설 또는 훈련과정을 적절하게 운영할 수 있는 교육훈련 경력을 갖춘 자일 것, ③ 법령이 규정하고 있는 결격사유에 해당하지 아니할 것, ④ 그 밖에 직업능력개발훈련교사 양성을 위하여 필요하다고 법령으로 정하는 요건을 갖출 것의 요건을 갖추어야 한다.

한편, 고용부처장관은 훈련시설 및 훈련과정의 운영에 대한 승인을 받은 자가 Ⓐ 거짓이나 그 밖의 부정한 방법으로 승인을 받은 경우, Ⓑ 지정직업훈련시설을 지정받으려는 자의 결격사유에 해당하게 된 경우, Ⓒ 법령에 따른 승인 요건을 충족하지 못하게 된 경우, Ⓓ 정당한 사유 없이 계속하여 1년 이상 직업능력개발훈련교사 양성을 위한 훈련을 실시하지 아니한 경우, Ⓔ 시정명령에 따르지 아니한 경우, Ⓕ 그 밖에 법령에 따른 명령을 위반한 경우의 어느 하나에 해당하는 경우에는 시정을 명하거나 그 승인을 취소할 수 있다.

5. 훈련교사의 능력개발

고용부처장관은 직업능력개발훈련교사의 능력개발을 위하여 직업능력개발사업을 할 수 있고, 직업능력개발훈련교사의 능력개발을 위한 직업능력개발사업을 하는 자에게 필요한 비용을 지원하거나 융자할 수 있다.

Ⅳ. 직업능력개발훈련의 훈련기준

고용부처장관은 체계적이고 효과적인 직업능력개발훈련을 위하여 훈련의 대상이 되는 직종별로 훈련의 목표, 교과 내용 및 시설·장비와 교사 등에 관한 훈련기준[4]을 정하여야 한다. 이러한 훈련기준에는 훈련의 목표, 교과목 및 그 내용, 시설 및 장비, 훈련기간 및 훈련시간, 훈련방법, 훈련교사, 적용기간, 그 밖에 훈련기준의 설정에 필요하다고 고용부처장관이 정하여 고시하는 사항을 담아야 한다.

4) 현재 이러한 기준으로 직업능력개발훈련의 훈련기준(시행 2011.1.1., 고용노동부고시 제2010-28호, 2010.12.7.)이 있다. 이 훈련기준에는 직종별로 상세하게 훈련기준을 제시하고 있다.

제 5 절 기능대학의 능력개발

Ⅰ. 기능대학의 설립운영

1. 기능대학의 설립

국가, 지방자치단체 또는 사립학교법에 따른 학교법인은 산업현장에서 필요로 하는 인력을 양성하고 근로자의 직업능력개발을 지원하기 위하여 기능대학을 설립·경영할 수 있으며, 국가가 기능대학을 설립·경영하려면 관계 중앙행정기관의 장은 교육부처장관 및 고용부처장관과 각각 협의하여야 하며, 지방자치단체가 기능대학을 설립·경영하려면 해당 지방자치단체의 장은 고용부처장관과 협의를 한 후 교육부처장관의 인가를 받아야 한다.

한편, 학교법인이 기능대학을 설립·경영하려면 고용부처장관의 추천을 거쳐 교육부처장관의 인가를 받아야 하고, 기능대학을 설립·경영하려는 자는 시설·설비 등 법령으로 정하는 설립기준을 갖추어야 한다.

2. 교육훈련과정의 구분

(1) 기능대학의 교육·훈련 기본과정

기능대학의 교육훈련 기본과정은 다기능기술자과정과 직업훈련과정으로 구성한다. 다기능기술자과정은 둘 이상의 직종에 관한 기능과 지식을 고르게 보유함으로써 제품의 개발로부터 제작에 이르는 전 공정에서 생산성 향상과 기술적 문제의 해결에 기여할 수 있는 인력을 양성하기 위한 교육·훈련과정으로 구성한다. 그리고 직업훈련과정은 ① 기능장과정(전공분야의 최상급 숙련기능 및 생산관리기법에 관한 지식을 보유함으로써 작업관리 및 소속 기능인의 지도·감독 등의 업무를 수행하는 생산현장의 중간관리자를 양성하기 위한 직업훈련과정), ② 직업능력개발훈련의 과정, ③ 그 밖에 다기능기술자과정 외의 교육·훈련과정으로 구성한다.

(2) 기능대학의 기타 교육훈련과정

기능대학은 기본 교육·훈련과정 외에 ① 직업능력개발사업(직업능력개발훈련은 제외),

② 중소기업기술지도 및 창업보육센터 운영 등 산학협력사업, ③ 고용부처장관, 다른 중앙행정기관의 장, 지방자치단체의 장 또는 사업주 등이 위탁하는 사업, ④ 교육·훈련생의 직업상담 및 고용촉진사업, ⑤ 그 밖에 지역주민의 평생능력개발 등 지역발전에 기여할 수 있는 사업의 사업을 수행할 수 있다.

3. 기능대학의 학점인정 및 학위수여

학장은 ① 고등교육법에 따른 전문대학 이상의 국내외의 다른 학교에서 취득한 학점, ② 학점인정 등에 관한 법률에 따라 인정받은 학점, ③ 평생교육법에 따른 평생교육기관에서 취득한 학점의 어느 하나에 해당하는 학점을 법령으로 정하는 범위에서 학칙으로 정하는 바에 따라 이를 기능대학에서 취득한 학점으로 인정할 수 있다.

학장은 숙련기술장려법에 따라 Ⓐ 대한민국명장으로 선정된 사람, Ⓑ 숙련기술전수자로 선정된 사람, Ⓒ 전국기능경기대회 또는 국제기능올림픽대회에서 입상한 사람 및 Ⓓ 산업체에서 전공학과와 관련된 기능·기술 분야에 근무한 경력이 있는 사람, Ⓔ 1년 이상의 직업능력개발훈련과정을 수료한 사람의 어느 하나에 해당하는 사람에게 법령으로 정하는 바에 따라 그에 상당한 학점을 인정할 수 있다.

4. 기능대학의 학칙

학장은 기능대학을 효율적으로 운영하기 위하여 학칙을 제정 또는 개정할 수 있고, 이에 따른 학칙을 제정 또는 개정한 때에는 이를 교육부처장관 및 고용부처장관에게 보고(정보통신망법에 따른 정보통신망을 이용한 보고를 포함)하여야 한다.

Ⅱ. 교원의 자격 및 임용

1. 교원의 종별·자격 및 정원

기능대학에 학장 외에 교수·부교수·조교수 등으로 구분하고, 기능대학에는 교원 외에 법령으로 정하는 바에 따른 직업능력개발훈련교사, 산학겸임교원(관련 분야의 전문지식이 있는 사람으로서 해당 관련 분야에 종사하면서 기능대학의 교원으로 겸임된 사람을 말함), 초빙교원(특수한 분야의 기술과 전문지식을 필요로 하는 교과를 가르치기 위하여 임용된 사람을 말함), 시간강사 및 조교를 둘 수 있다.

2. 교원의 임용 · 정년 · 복무

교원의 임용은 교육 관계 법령에서 정하는 바에 따른다. 다만, 사립학교법에도 불구하고 한국산업인력공단법에 따라 한국산업인력공단 산하에 있는 기능대학의 학장은 해당 기능대학을 설립 · 경영하는 학교법인이 고용부처장관의 승인을 받아 임용한다.

교육공무원법 및 사립학교법에도 불구하고, 교원의 정년은 ① 국가가 설립 · 경영하는 경우는 법령으로 정하고, ② 지방자치단체가 설립 · 경영하는 경우는 조례로 정하며, ③ 학교법인이 설립 · 경영하는 경우는 정관으로 정하되, 60세 이상으로 한다.

3. 교직원의 파견근무 및 시설 · 장비의 활용

학장은 교육 · 훈련 및 사업을 효율적으로 수행하기 위하여 필요한 경우 해당 기능대학의 교직원을 다른 기능대학, 한국산업인력공단법에 따른 한국산업인력공단, 고용부처장관이 정하여 고시하는 기준에 적합한 산업체 등에 일정 기간 파견하여 근무하게 하거나 다른 기능대학의 교직원, 한국산업인력공단 및 산업체의 직원 등을 파견받아 근무하게 할 수 있다.

학장은 교육 · 훈련 및 사업을 수행함에 있어서 필요한 경우 해당 기능대학의 교육 · 훈련용 시설 및 장비를 다른 기능대학, 한국산업인력공단, 대학, 고등학교 등에 제공하여 사용하게 할 수 있다.

Ⅲ. 사업회계 및 수업료

1. 사업계획의 제출 및 회계연도

학장은 법령으로 정하는 바에 따라 매년 해당 회계연도의 사업계획을 작성하여 고용부처장관에게 제출하여야 한다. 다만, 둘 이상의 기능대학을 설립 · 경영하는 학교법인은 그 법인이 각 기능대학별 사업계획을 종합작성하여 제출할 수 있다. 기능대학의 회계연도는 정부의 회계연도에 따르며, 기능대학은 사업의 수입 · 지출을 다른 사업의 수입 · 지출과 구분하여 회계처리하여야 한다.

2. 수업료 등 징수금 수납

기능대학은 다기능기술자과정의 학생 및 직업훈련과정의 훈련생에 대하여 수업료와 그 밖의 징수금을 받을 수 있다.

3. 기능대학 및 학생 등에 대한 지원

국가·지방자치단체 또는 사업주 등은 기능대학 설립·경영자에게 교육·훈련시설의 설치, 장비구입, 학교운영 등에 필요한 비용의 전부 또는 일부를 지원할 수 있다.

아울러, 국가 또는 지방자치단체는 기능대학의 설립·경영을 위하여 필요한 때에는 국유재산법 또는 공유재산 및 물품 관리법에도 불구하고 기능대학의 설립·경영자(국가, 지방자치단체 또는 공공단체가 설립한 학교법인에 한정)에게 국유·공유재산을 무상으로 대부할 수 있으며, 건물이나 그 밖의 시설물을 축조하기 위한 사용·수익을 허가할 수 있고, 기능대학의 다기능기술자과정의 학생 및 직업훈련과정의 훈련생에 대하여 그 재학기간 중의 교육·훈련에 필요한 비용의 전부 또는 일부를 지원할 수 있다.

Ⅳ. 기능대학의 관리감독

1. 인가의 취소

교육부처장관은 기능대학이 ① 거짓이나 그 밖의 부정한 방법으로 인가를 받은 때, ② 시설·설비 등 설립기준에 미달하게 된 때, ③ 정하여진 휴가기간을 제외하고 정당한 사유 없이 2개월 이상 수업을 하지 아니한 때의 어느 하나에 해당하는 때에는 그 설립인가를 취소할 수 있다.

교육부처장관이 기능대학의 설립인가를 취소하려면 고용부처장관과 협의하여야 하며, 기능대학 설립인가를 취소하려면 청문을 하여야 한다.

2. 기능대학에 대한 감독

고용부처장관은 기능대학 및 기능대학을 설립·경영하는 학교법인에 대하여 교육 관계 법령에서 정한 교육부처장관의 권한 중 ① 기능대학 및 기능대학을 설립·경영하는 학교법인에 대한 지도·감독, ② 기능대학을 설립·경영하는 학교법인의 임원취임 승인 및 그 취소, ③ 학교법인이 설립한 기능대학의 교원의 임면보고 수리 및 해직·해임 등의 요구에 관한 사항, ④ 그 밖에 법령으로 정하는 사항을 위탁받아 관장한다.

교육부처장관과 고용부처장관은 기능대학 또는 기능대학의 설립·경영자에게 필요한 보고를 하게 하거나 자료를 제출하게 할 수 있다.

3. 유사명칭의 사용금지 및 다른 법률과의 관계

직업능력개발법에 의한 기능대학이 아닌 자는 기능대학 또는 이와 유사한 명칭을 사용할 수 없다. 아울러, 기능대학의 설립·경영과 관련하여 동 법에 정하지 아니한 사항은 교육 관계 법령 중 전문대학에 관한 규정을 적용한다.

제 6 절 직업능력개발사업의 평가 및 부정행위 등의 제재

Ⅰ. 직업능력개발훈련의 평가

1. 직업능력개발훈련시설 등에 대한 평가

고용부처장관은 직업능력개발훈련의 질적 수준을 높이기 위하여 ① 직업능력개발훈련을 위탁받아 실시한 자, ② 직업능력개발훈련과정의 인정을 받아 직업능력개발훈련을 실시한 자, ③ ①호 및 ②호의 자 외에 중앙행정기관의 장 또는 지방자치단체의 장이 위탁한 직업능력개발훈련을 실시한 자(고용부처장관이 사전에 해당 중앙행정기관의 장 또는 지방자치단체의 장과 협의하여 평가하기로 정한 자에 한정), ④ 직업능력개발훈련시설 및 직업능력개발훈련법인에 해당하는 자에 대하여 훈련실시 능력, 훈련성과 등 법령으로 정하는 사항에 대한 평가를 실시할 수 있고, 평가를 실시한 때에는 그 결과를 사업주, 근로자 등이 알 수 있도록 공개하여야 한다.

2. 직업능력개발훈련시설 평가 결과에 따른 차등지원

고용부처장관은 법령에 따른 지원 또는 융자를 할 때에는 직업능력개발훈련의 질적 수준을 제고하고 훈련의 성과를 제고하기 위하여 직업능력개발기관 및 직업능력개발과정, 직업능력개발과정의 실시 내용 등에 대한 평가 결과에 따라 차등을 둘 수 있다.

Ⅱ. 부정행위 등에 대한 제재

1. 부정행위에 따른 지원·융자 또는 수강의 제한

국가 또는 지방자치단체는 법령에 따른 직업능력개발훈련을 받고 있거나 받은 근로자가 거짓이나 그 밖의 부정한 방법으로 훈련비용 및 훈련수당을 지원받았거나 지원받으려 한 경우, 직업능력개발훈련을 위탁받은 자와 공모하여, 거짓이나 그 밖의 부정한 방법으로 위탁을 받은 경우, 거짓이나 그 밖의 부정한 방법으로 훈련비용을 받았거나 받으려고 한 경우, 위탁계약을 위반하여 직업능력개발훈련을 실시한 경우, 시정 요구에 따르지 아니한 경우, 법령에 따른 보고 및 자료 제출 명령에 따르지 아니하거나 거짓으로 따른 경우에 해당하는 행위를 하여 위탁계약이 해지된 경우의 어느 하나에 해당하면 거짓이나 부정한 방법으로 훈련비용 및 훈련수당을 지원받았거나 지원받으려고 한 날(거짓이나 부정한 방법으로 위탁을 받은 경우에는 위탁계약이 해지된 날)부터 3년의 범위에서 법령으로 정하는 기간 동안 직업능력개발훈련의 수강을 제한하거나 법령에 따른 지원 또는 융자를 아니할 수 있다.

아울러, 고용부처장관은 법령에 따라 비용의 지원 또는 융자를 받으려고 하거나 이미 받은 근로자나 사업주, 사업주단체 등, 산업부문별 인적자원개발협의체 또는 직업능력개발단체가 ① 거짓이나 그 밖의 부정한 방법으로 비용을 지원·융자받았거나 지원·융자받으려 한 경우, ② 직업능력개발훈련을 위탁받아 실시하는 자 또는 직업능력개발훈련과정의 인정을 받아 직업능력개발훈련을 실시하는 자와 공모하여 거짓이나 그 밖의 부정한 방법으로 직업능력개발훈련과정 등을 인정받은 경우, 거짓이나 그 밖의 부정한 방법으로 훈련비용을 지원 또는 융자를 받았거나 받으려고 한 경우, 직업능력개발훈련을 수강하는 근로자로부터 거짓이나 그 밖의 부정한 방법으로 비용을 받았거나 받으려고 한 경우, 직업능력개발훈련을 수강하는 근로자에게 거짓이나 그 밖의 부정한 방법으로 훈련비용을 지원 또는 융자받게 한 경우, 법령에 따라 인정받은 내용을 위반하여 직업능력개발훈련을 실시한 경우, 시정명령에 따르지 아니한 경우, 법령에 따른 보고 및 자료 제출 명령에 따르지 아니하거나 거짓으로 따른 경우 또는 거짓이나 그 밖의 부정한 방법으로 직업능력개발훈련과정 등을 인정받은 경우, 거짓이나 그 밖의 부정한 방법으로 비용 또는 융자를 받았거나 받으려고 한 경우, 직업능력개발훈련을 위탁한 사업주·사업주단체등으로부터 거짓이나 그 밖의 부정한 방법으로 비용을 받았거나 받으려고 한 경우, 직업능력개발훈련을 위탁한 사업주 · 사업주단체등이 거짓이나 그 밖의 부정한 방법으로 훈련비용을 지원 또는 융자받게 한 경우, 법령에 따라 인정받은 내용을 위반하여 직업능력개발훈련을 실시한 경우, 시정명령에 따르지 아니한 경우, 법령에 따른 보고 및 자료 제출 명령에 따르지 아니하거나 거짓으로 따른 경우에 해당하는 행위를 하여 인정이 취소된 경우의 어느 하나에 해당하면 거짓이나 그 밖의 부정한 방법으로 비용의 지원 또는 융자를 받으려고 하거나 이미 받은 날부터 3년의 범위에서 법령으로 정하는 기간 동안 직업능력개발훈련의 수강을 제한하거나 지원 또는 융자를 아니할 수 있다.

2. 부정수급액의 반환 및 추가징수

국가 또는 지방자치단체는 위탁계약이 해지된 자 또는 수강이나 지원 · 융자의 제한을 받은 근로자가 이미 지원 또는 융자받은 금액 중 거짓이나 그 밖의 부정한 방법으로 지원 또는 융자받은 금액의 반환을 명할 수 있다.

고용부처장관은 인정이 취소된 자 또는 수강 또는 지원 · 융자가 제한되는 근로자나 사업주, 사업주단체 등, 산업부문별 인적자원개발협의체 또는 직업능력개발단체가 이미 지원 또는 융자받은 금액 중 거짓이나 그 밖의 부정한 방법으로 지원 또는 융자받은 금액의 반환을 명할 수 있다.

국가 · 지방자치단체 또는 고용부처장관은 지원 또는 융자에 대하여 반환을 명하는 경우에는 거짓이나 그 밖의 부정한 방법으로 지원 또는 융자를 받은 금액에 대하여 법령으로 정하는 기준에 따라 ① 위탁계약이 해지된 자 또는 인정이 취소된 자(Ⓐ 부정수급액이 법령으로 정하는 금액 미만인 경우 : 그 금액의 5배 이하의 금액, Ⓑ 부정수급액이 법령으로 정하는 금액 이상인 경우 : 그 금액 이하의 금액), ② 지원 · 융자 또는 수강이 제한되는 근로자나 사업주, 사업주단체 등, 산업부문별 인적자원개발협의체 또는 직업능력개발단체 : 부정수급액 이하의 금액을 추가로 징수할 수 있다.

국가 · 지방자치단체나 고용부처장관은 지원 또는 융자받은 반환금 또는 추가징수금을 기한 내에 내지 아니한 경우에는 국세 또는 지방세 체납처분의 예에 따라 징수할 수 있다.

Ⅲ. 직업능력개발 실효성 확보 조치

1. 지도 · 감독

고용부처장관은 ① 고용부처장관으로부터 위탁받아 직업능력개발훈련을 실시하는 자,

② 직업능력개발훈련과정의 인정을 받은 자, ③ 직업능력개발훈련과정에 대하여 지원 또는 융자를 받는 자, ④ 공공직업훈련시설을 설치·운영하는 공공단체 및 지정직업훈련시설을 설치·운영하는 자, ⑤ 직업능력개발훈련법인, ⑥ 법령에 따라 승인을 받아 직업능력개발훈련교사의 양성을 위한 훈련시설 또는 훈련과정을 운영하는 자, ⑦ 법령에 따라 업무를 대행하는 자의 어느 하나에 해당하는 자에게 필요한 보고를 명하거나 자료를 제출하게 하거나, 관계 공무원 등으로 하여금 직업능력개발훈련 등을 하는 장소에 출입하여 관계 서류를 조사하게 하거나 관계인에게 질문을 하게 하는 등 지도·감독을 할 수 있고, 이에 따라 조사를 하는 경우에는 조사를 받는 자에게 미리 조사 일시·조사 내용 등 필요한 사항을 알려야 한다. 다만, 긴급하거나 미리 알릴 경우 그 목적을 달성할 수 없다고 인정되는 경우에는 그러하지 아니하다.

2. 권한의 위임·위탁 및 업무의 대행

고용부처장관은 이 법에 따른 권한의 일부를 법령으로 정하는 바에 따라 지방고용노동관서의 장 또는 지방자치단체의 장에게 위임하거나 공공단체의 장 등 법령으로 정하는 자에게 위탁할 수 있다.

또한, 고용부처장관은 직업능개발정보망의 구축, 직업능력개발의 조사연구, 직업능력표준의 마련, 직업능력개발 사업주 및 기관 등에 대한 지원업무, 직업능력개발기관의 평가 등에 대한 업무의 일부를 한국산업인력공단, 한국장애인고용공단, 근로복지공단 등, 정부출연기관법 및 과기출연기관법에 따른 연구기관, 사업주단체, 산업부문별 인적자원개발협의체, 직업능력개발단체에게 대행하게 할 수 있다.

3. 벌칙 적용 시의 공무원 의제

고용부처장관이 직업능력개발사업의 주요 사항에 위탁하고 이를 위탁받아 수행하는 업무에 종사하는 사람은 형법(제129조부터 제132조까지)의 규정을 적용할 때에는 공무원으로 본다. 이는 위탁기관의 직무수행에서의 책임감을 강하게 하여 부정한 방법이 아닌 법령에 부합하는 실효성 있는 직업능력개발사업을 추진하도록 하는데 의미가 있다.

4. 청문

고용부처장관은 ① 법령에 따른 직업능력개발훈련과정의 인정취소, ② 법령에 따른 공공직업훈련시설의 승인취소, ③ 법령에 따른 지정직업훈련시설의 지정취소, ④ 법령에 따른 직업능력개발훈련법인의 설립허가취소, ⑤ 법령에 따른 직업능력개발훈련교사의 자격

취소, ⑥ 법령에 따른 훈련시설 또는 훈련과정의 승인취소의 어느 하나에 해당하는 처분을 하려면 청문을 실시하여야 한다.

5. 부정행위 신고 포상금 및 과태료

고용부처장관은 직업능력개발사업을 하거나 위탁을 받은 자의 부정행위를 신고하는 자에게 예산의 범위에서 포상금을 지급할 수 있다

한편, ① 법령을 위반하여 재해 위로금을 지급하지 아니한 자, ② 법령에 따른 비용 지원·융자 관련 서류를 보존하지 아니한 자, ③ 법령에 따른 신고를 하지 아니한 자, ④ 법령을 위반하여 훈련비를 반환하지 아니한 자, ⑤ 법령을 위반하여 기능대학이 아닌 자가 기능대학 또는 이와 유사한 명칭을 사용한 자, ⑥ 법령에 따른 보고를 하지 아니하거나 거짓으로 보고한 자, ⑦ 법령에 따른 자료 제출명령에 따르지 아니하거나 거짓 자료를 제출한 자, ⑧ 법령에 따른 관계 공무원의 질문에 거짓으로 답변한 자 또는 관계 공무원의 지도·감독을 거부·방해·기피한 자의 어느 하나에 해당하는 자에게는 300만원 이하의 과태료를 부과한다.

8 chapter

실업관리정책

제1절 서 설

국민경제에서 가장 주요한 정책적과제의 하나가 완전고용이다. 그러나 완전고용은 현실적으로 불가능한 문제인지도 모른다. 고용은 국가경제를 실현하는 기반이 된다. 그런데 완전고용문제의 이면에는 실업의 문제가 있다. 따라서 실업은 국가정책과 고용시장정책 측면에서 대단히 중요한 과제가 된다.

한편, 실업자를 취업시켜 실업률을 낮추기 위해서는 실업자가 어떤 원인으로 실업상태로 되었는가를 알지 못하면 그 문제를 해소할 수가 없다. 즉, 실업의 발생원인별 특성을 살펴봄으로써 각각의 원인에 대응하는 실업정책을 수립할 수가 있게 된다. 실업은 크게 수요부족실업과 비수요부족실업으로 나눌 수가 있다. 수요부족실업이란 총수요의 부족으로 말미암아 노동력에 대한 수요가 감퇴되고 그 때문에 기업에 의해 해고, 일시해고 등이 있음으로써 발생하는 실업으로 전형적인 것이 경기적 실업이다. 이는 경기의 후퇴로 인해 발생하는 단기적인 실업현상이다. 또, 비수요 부족실업에는 마찰적 실업, 구조적 실업, 계절적 실업 등이 있다. 그러나 실업자를 실제로 이와 같은 유형으로 구분하는 것은 상당히 어려운 일이다. 그럼에도 실업유형에 따라 대책이 달라지므로 실업대책이라는 정책적 요구와의 관련하에서는 이들 실업의 유형을 구분하는 것은 대단히 중요하다. 특히 실업을 크게 수요부족실업과 비수요 부족실업으로 나누는 것이 무엇보다도 중요하다. 왜냐면 이

두 가지에 대한 실업대책의 방향은 매우 다르기 때문이다.

또 하나의 중요한 과제는 비수요 부족실업을 어느 정도까지 낮추는 것이 물가상승을 자극하지 않는가를 결정하는 문제이다. 이는 실업과 인플레이션과의 사이에는 상충되는 관계가 존재하기 때문에 지나치게 비수요 부족실업률을 낮추고자 하는 경우에는 상당한 인플레이션을 감수하지 않을 수 없게 된다. 이와 같은 이유로 경제학자들은 경제사회마다 그 사회에서 부득이 수용하지 않으면 안 되는 일정수준의 비수요 부족실업률이 존재한다고 생각하고 있다. 그와 같은 의미의 실업률을 결정한다는 것이 실업대책에 있어서 중요한 하나의 정책과제가 된다.

이밖에도 경기가 후퇴하여 노동력에 대한 수요가 감소할 때는 실업이 증가한다. 이 때 주로 가구주 등의 실직이나 노동시간 감소를 보전하기 위하여 그 가구의 배우자나 자녀들은 새롭게 취업하려 노동시장에 참가하여 구직활동을 하게 되는데 이로 인하여 실업이 더욱 증가하는 개념의 부가노동자효과가 있다. 또, 실업률이 높을 때에는 일부의 실업자들은 취업가능성의 감소로 구직활동에서 실망한 나머지 노동시장참가 자체를 포기하여 비경제활동인구가 되는데 이를 실망노동자효과라고 한다. 아울러, 구직의 가능성이 높았더라면 노동시장에 참가하여 적어도 구직활동을 했을 사람들이 그와 같은 전망이 없거나 낮다고 판단되면 비경제활동인구화하는 경우로 은폐된 실업이라고도 할 수 있는 잠재실업, 종래의 제품 또는 신제품의 생산에 사용되는 자본과 노동의 새로운 결합방법이 도입됨에 따라 노동력의 해고가 이루어짐으로써 발생하는 기술적 실업이 있다.

제 2 절 실업에 대한 일반론

Ⅰ. 실업의 의의

실업이란 근로할 의욕과 능력을 가진 자가 자기의 능력에 상응한 근로의 기회를 얻지 못하고 있는 상태를 말한다. 실업의 문제는 중요한 정책목표의 하나인 완전고용이 실현되지 못한 결과로 나타나는 현대사회의 보편적 현상으로써 사회적·경제적으로 여러 가지 의미를 지니고 있다. 실업으로 말미암아 근로자는 소득획득이 불가능하여 경제적으로 생활이 어려워지게 됨은 물론 실업이 장기화되면 소외감과 무력감에 빠져 정신질환까지 이르는 수도 있다.

아울러, 실업은 국민경제적으로 인적자원의 효율적 활용을 불가능하게 하여 성장의 저해요인이 되며 다수의 실업이 존재할 경우 사회불안의 원인이 된다. 만약, 사회보장제도가 잘 갖추어져 있으면 국가의 경제적 부담으로 당분간 실업의 부정적 영향을 축소시킬 수 있지만 그렇지 못한 나라에서는 실업으로 인한 개인의 곤경이 집단불안과 저항으로 바로 직결되기 쉽다. 계획경제체제에서는 의도적으로라도 실업의 발생을 방지할 수 있지만 자본, 노동 등 생산요소의 자유로운 거래가 인정되는 자본주의사회에서는 보편적 현상으로 실업이 발생한다.

Ⅱ. 실업의 형태와 발생원인

1. 경기적 실업

경기가 침체되어 노동자가 보유하고 있는 기능과 숙련도를 충분히 발휘할 수 있는 직장이 없기 때문에 부득이 노동생산성이 낮은 타업무에 종사하는 상태를 말한다. 현대 자본주의사회에 있어서 나타나는 실업의 가장 현저한 특징은 경기순환에 따라 실업의 증감변동이 나타난다는 것이다. 호황기에는 기업의 투자와 고용이 증가한다. 그러나 호황을 지나 후퇴국면에 들어서면 생산감소와 이에 따른 고용감소가 불가피하게 된다. 이와 같이 경기후퇴로 인하여 발생하는 실업을 경기적 실업이라고 한다.

2. 구조적 실업

산업구조의 변화와 함께 필연적으로 발생하는 만성적·장기적인 실업상태로, 즉 일할 의욕이 있으면서도 유효수요의 부족으로 취업할 기회가 없는 것을 의미한다. 실업 중에서 경기변동에 의한 일시적 실업이 아니라 경제구조의 변화에서 오는 장기적이며 만성적인 실업이다.

케인스는 실업은 20세기의 장기에 걸친 정체기에 선진자본주의국가에서 산업구조의 변화와 더불어 필연적으로 발생하는 현상이라고 보고 이 현상을 구조적 실업이라고 명명하였다. 이는 경제성장에 따라 노동력 수요는 질적 구조가 고도화되어 가는데 노동력공급구조가 이에 적절하게 대응하여 변화하지 못하여 노동력수급구조상의 불균형 때문에 발생하는 실업이다.

3. 마찰적 실업

노동수급의 일시적 부조화에 따른 실업으로 자발적 실업과 대응하는 것이다. 산업구조의 변화에 따라 노동수요의 방향이 바뀌어도 노동자가 그와 동시에 이동할 수 없기 때문에 또는 노동수요의 단속성이나 특정 생산재의 부족 등으로 인해 일시적으로 생기는 실업을 말한다.

산업구조 변동으로 쇠퇴산업에서 성장산업으로 근로자가 이동할 때, 보다 좋은 일자리를 찾아 근로자가 스스로 이동할 때, 해고로 불가피하게 다른 직장을 구할 때, 신규노동력이 처음으로 일자리를 찾을 때 마찰적 실업이 발생한다. 근로자가 더 적합한 곳을 찾아 이동한다는 의미에서 사회적 생산력의 증가에도 기여하지만 노동시장의 기능이 제대로 발휘되지 아니하므로 마찰적 실업이 증대하는 것은 결코 바람직하지 않다.

4. 계절적 실업

유동적 실업형태로, 산업의 계절적 번한(繁閑)에 따른 노동수요의 극심한 변화가 원인이 되어 발생한다. 이러한 실업의 직접적인 영향은 중소 영세규모의 제조·운수·상업 부문에서 일하는 도시 하층근로자와 농어촌의 계절근로자가 받게 되는 것을 말한다. 기후 또는 계절적 수급의 변화요인 때문에 발생하는 실업으로 공급측면에서 변화요인은 재화흐름의 등락이나 생산기술의 차이로 인하여 생긴다. 장기적으로 일정한 패턴을 가지고 있기 때문에 대개 이에 대응한 일자리를 개발할 수 있다. 그러므로 산업사회 전체로 볼 때는 계절적 실업이 그다지 많지 않은 것이 보통이다. 그러나 지역별·부문별 노동이동이 용이하지 않으면 계절적 실업은 상당히 존재할 수 있다.

계절적 실업은 수요의 변화에 따라 발생한다는 점에서 경기적 실업과 유사하지만 계절의 변화에 따른 실업의 발생을 정확하게 예측할 수 있다는 점에서 다르다.

5. 기술적 실업

기술진보에 따른 자본의 유기적 구성의 고도화로 야기되는 실업으로, 이는 마르크스형 실업이라고도 한다. 마르크스는 자본주의 사회에서 발생하는 실업의 본질을 절대적 과잉인구로서가 아니라 자본축적에 대한 상대적 과잉인구로서 해명하였다. 자본수요의 상대적 부족에 의한 실업으로, 실물적인 생산력이 부족한 것이 아니라 오히려 실물적 생산력의 향상으로 노동수요가 감소한데 기인하는 실업이다. 즉, 노동집약적 기술진보의 영향을 집중적으로 받는 산업에서 발생하는 고용의 감퇴로 인한 실업을 말한다.

6. 자발적실업과 비자발적 실업

자발적 실업은 일할 의사는 있으나, 현재의 임금수준이 낮다고 생각하여 스스로 실업하고 있는 상태를 말한다. J. M. 케인즈가 1930년 전후 대공항기에 발생한 대량실업에 대하여, 완전고용을 전제로 하여 설명하려고 하였을 때 분류한 개념의 하나로, 마찰적 실업 및 비자발적 실업과 대비된다. 자발적 실업은 완전 고용상태가 아니면 발생하지 않지만 경제발전에 수반하여 완전고용 경향의 증대, 소득수준의 향상, 직업선택 가능성의 확대, 여가활용의 증대 등으로 인해 노동시장에서도 자발적 실업자의 증대를 볼 수 있다.

비자발적 실업은 자본주의 경제체제 하에서 취업할 의사는 있으나 유효수요의 부족으로 취업하지 못하는 상태를 말한다. 수요부족실업이라고도 하며, 케인즈가 지적하였기 때문에 케인즈적 실업이라고도 한다.

Ⅲ. 실업문제의 접근방법과 해소방안

1. 실업문제의 접근방법

(1) 양면적 접근방법

세계의 모든 자본주의국가에서 실행하고 있는 실업대책은 여러 가지 정책적수단을 동시에 활용하는 것으로써 재정정책, 통화정책, 고용시장정책, 사회보험정책으로 구성된다. 실업은 경제상황의 변수인 만큼 거시·미시경제정책과 병행되지 않는 실업정책은 그 효과가 반감되거나 실효성을 잃기 쉽다. 전체 실업자의 절반에 달하는 노동력이 내수와 직결된 부문. 즉, 건설업과 자영업에서 방출되고 있는 우리나라의 경우 내수진작을 위한 통화량 확대, 소득보전정책, 기업지원정책 등은 자치 인플레를 과도하게 자극하여 기업수요를 더 악화시킬 우려가 없는 것은 아니지만 인플레를 두려워하여 내수의 결빙상태를 그대로 방치하는 것은 더 위험하다. 그러므로 실업대책은 경제정책과 노동시장정책 간의 적절한 조정을 행하는 양면적 접근이 필수적이며 기획재정부처, 고용부처, 보건복지부처, 산업통상자원부처 등 경제·노동·복지 관련 부처 간의 긴밀한 협력과 상호조정이 요구된다.

(2) 소극적 정책과 적극적 정책 접근방법

경기침체로 둔화된 경기가 회복된다고 할지라도 향후 일정기간은 고실업현상이 지속될 가능성이 높다. 그러므로 사회안전망으로는 경쟁력을 상실해 가는 실업자에게 현금혜택과

제도적 보호를 위주로 하는 정책을 편성하고, 실업정책으로는 현금혜택에서 일자리 복지로 초점을 옮겨 교육훈련, 일자리창출 같은 정책위주로 운영하는 것이 바람직하다. 실업정책은 적극적 고용시장정책에 비중을 두어야 한다. 현금혜택을 위주로 한 소극적 정책은 두 가지 점에서 역효과를 낳는다. 첫째, 실업자의 기대임금을 높여 시장임금의 형성과정을 저해하고, 근로자와 일자리 조응과정을 교란시킨다. 둘째, 인플레를 자극하여 거시경제정책의 기반을 무너뜨릴 위험이 많다는 점이다.

(3) 예방적 · 미래대응적 접근방법

사후적 · 반응적 정책기조로부터 예방적 · 미래대응적기조로 옮겨가야 한다. 적극적 고용시장정책을 위한 고용정책기구의 정비는 미래 대응적 정책을 실행하는 데 필수적 전제이며, 실업예산을 정치권의 성격변화와 관계없이 경제성장률과 실업률에 연동시키는 제도 역시 대단히 중요한 정책사안이다. 실업정책은 실직자의 생계보장과 취업촉진의 기능을 넘어서서 그 자체 거시 · 미시경제정책의 중요한 요소이다. 예방적 · 미래대응적 정책기조는 실업정책을 성장정책의 핵심부분으로 편입시킨다.

(4) 정책대상 맞춤형 접근방법

고실업 사태에 가장 큰 타격을 받는 이른바 취약계층을 가려내어 이 집단의 특성에 맞는 지원프로그램을 집중적으로 개발하는 방법을 말한다. 이는 실업자가 특정 집단에 집중되어 있을 때에 효력을 발휘한다.

가장 타격을 많이 받는 취약계층은 미숙련 · 저학력 노동자이다. 이는 1990년대 고실업 위기에 처한 전세계 자본주의국가에 공통적으로 나타나는 현상으로 선진국과 후진국을 막론하고 인적자본이 취약한 집단을 우선적으로 고용시장에서 밀어내고 있다. 우리나라도 여기에서 예외가 아니다. 그러므로 미숙련 · 저학력 근로자의 시장경쟁력을 배양하는 정부의 공식적 프로그램을 개발하는 것이 필요할 것이다. 여기서 한걸음 더 나아가 청년층, 여성근로자, 사무직과 기능직 집단을 세분화하고 각 집단별 특성에 맞는 프로그램을 개발할 필요가 있다.

2. 실업의 해소방안

(1) 공공사업과 산업별 경기부양

정부주도의 공공사업은 미숙련 실직자들과 빈곤계층에게 취업기회를 확대해 주는 중요한 채널이다. 지역공동체에 필요한 여러 가지 업무를 이들에게 분배하여 소득기회를 유지하도록 하는 것이 공공사업(공공근로)의 내용인데 청소, 가로정비, 산불감시, 민원업무, 자원재활용, 교통정리, 주차관리, 자료정리, 공공시설 보수 및 정비, 자율방범활동, 각종 도우미와 지원서비스 등 많은 대책이 활용되고 있으나 실직자의 생계에 어느 정도 도움이 될지는 미지수이다. 특히 실업정책의 경험이 미진한 우리나라 정부가 대규모 공공사업을 효율적으로 수행할 능력을 배양하고 있는가의 문제는 더욱 신중한 논의를 필요로 한다.

산업별로 보면 건설업과 도소매, 개인서비스업의 위축이 실업자를 양산하는 중요한 요인이 되고 있다. 이 중 건설업은 미숙련·단순노무자에게 취업기회를 대량으로 제공하는 일자리의 저수지 역할을 수행하여 왔다고 볼 수 있다. 그러나 건설업 경기는 내수 및 주택경기와 맞물려 있으며 국내소비가 늘어나지 않는 한 활성화되기 어렵다. 그러므로 이런 경우 도로, 교량, 고속전철, 항만, 공항, 테마파크조성, 관광단지조성, 공원조성과 같은 대규모 건설사업을 국가주도로 실행하는 것이 주효할 것이다. 이와 함께 주택 경기를 되살릴 수 있는 각종 지원책, 예를 들면 양도세 및 취득세와 같은 세금감면, 주택소유규제 철폐, 각종 건설규제의 해제 등을 실행하는 것도 중요하다.

(2) 해외시장개척과 인력수출

통상적으로 실업의 해소에서는 해외시장의 개척으로 효과를 가져오기 어려운 경우도 있다. 주로 현지인력을 활용하는 경우 고용에는 별다른 도움이 되질 않기 때문이다. 그러나 현지인력 대신에 국내인력을 송출하고 주재원을 파견하는 등 해외시장 개척과 인력활용방법에 따라서는 상당부분 고용창출이 수반되고 있는 실업해소에 큰 영향을 줄 수 있다. 특히, 판로를 중심으로 해외시장을 개척하고 생산거점은 국내에 두는 경우 판로의 확장에 따른 국내 고용시장의 활성화는 매우 긍정적으로 작용한다. 아울러, 판로개척과 인력의 파견은 새로운 시장을 개척하고 또 다른 상품시장의 탐색에도 활용될 수 있으므로 해외시장개척은 실업해소는 물론 경제활성화에 매우 중요한 요소라고 할 수 있다. 특히 국내시장이 협소한 우리나라의 현실을 감안하면 이러한 정책은 생존에 더욱 중요한 문제라고 할 수 있다. 그러므로 각종 지원정책의 적용으로 활성화할 수 있는 대안이 필요하다고 할 수 있다.

(3) 창업지원과 내수진작

우리나라에서 자영업은 취업자의 약 30%로 무급가족종사자를 합하면 총 취업자의 40%에 육박하는 대단히 중요한 경제부문이다. 이 부문이 외환위기와 함께 급격하게 위축되었으며, 그 결과 노동력 흡수기능을 상실하였다. 우리나라의 자영업은 조직부문에서 밀려나온 노동력을 수용하는 완충지대의 역할을 수행하여 왔기 때문에 자영업의 활성화 정도는 실업률의 증감과 직결된다. 따라서 자영업을 어떻게 활성화시키는가가 실업극복의 관건이 될 것이다. 자영업은 내수가 살아나지 않는 한 위축상태를 벗어나지 못할 것이므로 내수진작을 위한 경기부양책이 급선무이다. 다음으로 직장경험이 있는 사람들이 자신의 경험과 기술을 바탕으로 소규모 사업을 창업하는 데에 도움을 주는 프로그램을 실행하는 것이 필요하다. 정부에서도 고용효과를 창출하는 벤처기업을 위주로 창업지원프로그램을 운영하고 있는데, 벤처기업뿐만 아니라 어떤 형태이든 소규모 자영업을 시작하고자 하는 실직자들이 쉽게 이용할 수 있는 제도적 혜택을 개발하는 것이 중요하다.

(4) 청년실업 정책

청년실업[1]은 이제 그 위험수위를 넘어서서 사회문제로 부상하였고, 향후 더욱 어려운 현실에 직면하게 될 전망이다.

청년실업의 해결방식은 대체토 교육기회의 제공과 교육기관의 확충으로 모아진다. 예를 들어 고등학교, 전문학교, 대학교에 직업알선센터를 설치하여 구직자와 구인 기업간의 정보교환 촉진, 창업지원센터와 산학협력사업단 등을 통하여 창업지원 및 마케팅 등 판로와 수익증대 및 고용창출을 실현하고, 산업체와 학교간의 협력사업을 추진하여 고용창출과 수익창출을 증대하도록 지원, 공사설 직업교육기관을 확충하여 기능습득 지원, 고학력자들에게 대기업 인턴제 도입 및 전체 기업에의 확대, 고용·직업훈련 바우처제도 도입 등을 들 수 있다.

(5) 고령자 실업정책

우리 사회는 이미 고령화 사회에 접어들었고, 그간의 고용구조(정년 60세)는 퇴직 후 일할 의욕과 생계를 위해서는 반드시 직업이 필요한 상황이 되었다. 통상 평균수명이 70 전후일 때는 60정년 후 퇴직금으로 일정기간 생활이 가능하였으나 이제 평균수명이 80을 넘어가면서 퇴직 후의 시간이 직장 생활하는 시간보다 더 길어지면서 생계를 위한 대책이 필요하게 되었다. 더구나 저출산 기조가 사회적으로 만연하면서 점점 인력공급은 위축되어 가고 있으므로 그간의 경험과 노하우를 활용할 필요성도 커지고 있다. 고령자의 생활불안은 큰 사회문제로 부각되어 가고 있는 시점에서 고령자가 수행할 일자리를 다양하

1) 앞서 설명한 것처럼 청년실업구제를 위하여 청년고용할당제가 시행되고 있다. 즉, 2004.3.5. 청년실업해소특별법(법률 제7185호)이 제정되어, 2009.10.9. 청년고용촉진 특별법(법률 제9797호)으로 변경되어 시행되고 있는데, 한시적으로 대통령령으로 정하는 공공기관과 지방공기업은 매년 정원의 100분의 3이상씩 청년 미취업자를 고용하도록 의무화하였다.

게 개발할 필요가 있으며, 이들이 재취업할 수 있는 기회가 보장되어야 고령자의 생활안정과 인력부족 문제 등 사회적인 문제를 풀어나갈 수 있다고 할 것이다.

제 3 절 실업관리와 고용정책

Ⅰ. 실업예방과 구제

1. 실업예방 장치 및 예방정책

가장 단순하게 실업을 예방하는 장치로는 양질의 일자리를 만들고, 고용은 늘리는 것이다. 즉, 고용으로 재직의 안정을 도모하고 일자리를 늘리는 부양정책으로 실업은 예방될 수 있다. 그러나 여러 가지 요인에 의해서 일정부분의 실업은 존재한다. 다만, 일할 의욕이 있으나 일자리가 없어서 실업상태에 놓인 근로희망자에 대한 대책을 강구하는 것이라면 이러한 대책이 가장 중요한 문제가 된다고 할 것이다.

경기침체로 일자리도 줄고 소비가능성이 없고 판매가 불가능한 경우에도 생산을 지속한다는 것은 있을 수 없으므로 사실상 소비가 진작되어 재화의 소비가능성이 증대되면 생산이 증대되고 생산력을 높이려면 고용을 늘리게 되므로 자연히 일자리가 늘어나 실업은 줄게 된다. 그러나 이러한 경우는 지극히 경기가 호황기이거나 정상적인 경제구조에서 가능한 일이다. 실업은 비정상적인 경제구조에서 더 많은 문제가 발생할 수 있고, 악순환이 생겨날 수 있다. 그러므로 여기에 적절한 실업방지대책으로 실업의 구제 대책이 필요하게 된다. 즉, 실업으로 실직한 인력을 재취업할 수 있도록 각종 프로그램을 통하여 지원하여야 한다. 이를 위하여 맞춤형 직업능력개발을 강화하고, 고용정보를 공유할 수 있는 정보망을 확충하여야 한다. 물론 간접적으로 고용을 늘릴 수 있는 요인들을 활성화하는 것이 구제책이 될 수 있다. 아울러, 실업상태에서의 생활안정 등을 지원할 수 있는 고용보험 등 사회보험의 확충도 필요하다고 할 것이다.

한편, 실업은 총수요의 감퇴 등의 여러 경제적 이유로 발생하지만 실업을 예방한다는 것은 쉬운 일이 아니다. 국가의 경제정책적 차원에서 사양산업의 장래를 예견하고 미리 이에 대처한다든지, 선진국에서 보듯 예컨대 조선수요의 감소를 예상하여 사전에 제품을 철구조물, 해상구조물 등의 생산 등으로 다변화시키는 노력 등을 할 수는 있다. 그러나 실업을 적극적으로 막기는 어려운 경우가 많다. 그 때문에 고용정책적 차원에서는 우선 경기후퇴시에 대량실업이 발생하지 않도록 해고를 자제하도록 설득하는 방법이 있으며, 근무교대제를 가령 2교대에서 3교대로 바꾸도록 유도하든지 근로시간을 단축시켜 감소된 작업량에 대하여 상대적으로 많은 근로자의 고용을 유지하도록 함으로써 해고자를 감소시키도록 유도하는 방법도 있을 수 있다.

이 밖에도 근기법에서는 사용자가 근로자에 대하여 정당한 이유없이 해고, 휴직, 정직, 전직, 감봉 기타 징벌을 하지 못하도록 하는 등의 해고의 제한을 가하고, 해고의 예고제를 도입하고 있다. 즉, 사용자가 근로자를 해고하고자 할 때에는 적어도 30일 전에 그 예고를 하도록 하여, 30일 전에 예고를 하지 아니한 경우는 30일분 이상의 통상임금을 지급하도록 하고 있다. 다만, 천재, 지변 등 기타 부득이한 사유로 근로자의 귀책사유가 있는 경우에는 그러하지 않도록 규정하고 있다. 이러한 규정들은 사용자의 해고를 절차적으로나 방법적으로 어렵게 하여 근로자의 해고를 억제하여 실업을 방지하고자 하는 장치를 마련한 것이다. 이러한 실업예방을 위한 각종 조치는 기업경영상 해고가 불가피하더라도 실직되는 근로자들은 대단히 어려움을 격기 때문에 국가정책적 차원에서 취해지지 않으면 안 되는 것이다.

2. 실업구제정책

실업구제정책으로 다양한 형태의 정책적인 모습을 볼 수 있겠지만 가장 일반적인 형태로 사회보험의 성격을 지닌 실업보험형태를 가지고 있다. 실업보험제도는 실업사고에 대한 사후 소득보장을 위한 실업급여의 지급뿐만 아니라 노동의 수급조절, 직업훈련, 고용시장정보의 제공, 직업안정사업 등 실업의 원인을 제거하고 실업자를 경제활동에 복귀시켜 국민경제생활의 안녕을 기하기 위한 제도로, 국가는 실업이 소득기회의 상실로 근로자의 생활을 위협하는 것은 물론 노동력의 재생산을 저해하여 인적자원의 활용면에서 중대한 장애가 되기 때문에 이에 더한 구제대책을 강구하여 왔다. 즉, 실업이라는 사고를 보험의 원리에 의하여 해결하고자 한 것이다.

실업보험제도는 실업에 대한 사회적 책임이 강하게 인식되기 시작하면서 실업의 문제를 종합적으로 타개하기 위한 대책 및 고용정책의 일환으로 등장하였다. 이러한 제도는 급부와 반대급부의 형평을 기본으로 하면서 정부가 강제적으로 관리하는 시스템을 지니는 일반적 특징을 지니고 있다.

실업보험제도의 유형으로는 의무적 실업보험제도·임의적 실업보험제도 및 실업수당제도와 일시금형태로 크게 나누어진다. 실업수당제도의 경우에는 사용자와 근로자는 부담이 없고, 국가가 단독으로 비용을 부담하고 있다. 우리나라에서는 실업보험과 관련된 사업 또는 제도로써 의료보험 · 영세민취로사업 · 산업재해보상보험 · 해고수당 · 퇴직금 및 고용보험(고용보험 등 사회보험정책은 복지정책에서 세부적으로 다루기로 한다) 등이 있다.

실업보험제도는 국가에 따라 구체적 모습은 조금 다르지만 일반적으로는 다음과 같은 원칙에 토대를 두고 운영되고 있다. 첫째, 실업이 발생하는 것은 개인적 책임만에 의한 것이 아니라 사회적 책임에 의한 것이기도 하다는 점. 둘째, 실업보험제도의 운영은 국가기관에서 담당한다는 점. 셋째, 실업보험의 가입과 수혜대상은 일정기간 피보험자로서 고용되고 보험료를 납부한 자로 되는 것이 원칙이라는 점. 넷째, 보험료와 보험금은 총체적으로 균형을 이루도록 한다는 점. 다섯째, 실업보험의 가입대상은 근로의사와 능력이 있고 구직생활 중에 있으나 취업기회를 얻지 못한 자에 한정한다는 점. 여섯째, 실업보험금의 지급은 일정기간 자금의 일부를 해당하는 금액으로 한다는 점을 들 수 있다.

Ⅱ. 실업극복을 위한 고용정책

1. 경기부양정책

수요부족실업에 대한 가장 근본적인 대책은 경기부양정책이라고 할 수 있다. 이것은 고용정책을 담당하는 노동부 차원의 정책이 아니며, 기재부, 지경부 등을 위시한 경제관련 정책담당기관이 국민경제적 관점에서 세워져야 할 정책이다. 이를 위하여 지나친 물가상승을 유발시키지 않는 범위내에서 재화의 공급량을 증가시켜서 총수요를 증가시키지 않으면 안 된다. 이 때 특히 자금의 흐름을 정확히 파악하여 생산적 용도에 자금이 공급되고 그것이 투기자금화하지 않도록 경계할 필요가 있다. 이 밖에도 재정, 금리, 환율, 조세 등의 부문에서도 경기부양정책은 추구될 수 있다. 아울러 고용창출정책의 일환으로 정책적으로 공공사업을 실시하여 고용을 창출할 수도 있다. 공공부문에서의 취업기회의 확대, 소득보조적인 취업사업 등이 이에 속한다.

2. 일자리창출 정책

일자리 창출은 경기가 회복되면 자연스럽게 확대되는 것이 자율시장의 원리이다. 그러나 경기둔화와 침체기가 장기화되면서 좀처럼 일자리는 늘어나지 않고 폐업 등으로 점점 줄어든다. 삶의 근간이 되는 직장은 줄어들고 이로 인하여 소득원을 상실한 근로인력으로 가계가 위협받는 상황이 발생한다. 이때 정부는 경기부양책과 소득지원을 위한 사업을 확대하여 일자리를 늘리고 고용을 창출한다. 그러나 이러한 정책도 단기성 처방에 불과한 경우가 허다하고 결국 경기회복이 안 되면 일자리는 더욱 줄어들게 된다. 더욱이 인건비의 상승으로 국내기업들이 상대적으로 인건비가 저렴한 해외로 공장 등을 이전하면서 고용은 더욱 어렵게 된다. 아울러, 투자가 줄어들고, 외국기업들이 국내에 투자하지 않고 실업은 더욱 악화된다. 이때 다양한 형태의 일자리 늘리기 정책이 필요하게 된다. 그러나 근본적으로는 전체적인 산업의 경기활성화 내지 부양책이 체계적으로 이루어지지 않는 경우 실패하는 경우가 일반적이다.

3. 산학협력사업 정책

학내창업의 지원, 산업과 학교가 협력하는 사업의 확대, 산학이 연계된 공동프로젝트 내지 연구를 통하여 일자리를 늘리고 산업을 진작시키는 노력은 어제 오늘의 일이 아니다. 모범적인 산학협력은 투자와 인력공급 등이 원활하게 이루어진다. 굴지의 IT업체 등은 산학협력을 기반으로 탄생한 경우가 많다. 산학협력은 인력의 공급과 투자의 연계가 원활한 장점을 가지고 있다. 미국의 경우 대학의 연구소는 산학연계가 일반적이다. 기업은 대학에 연구비를 지원하고 대학은 인력과 연구를 통하여 결과물은 공동의 이익을 위하여 활용한다. 국내에도 학내 창업이 활성화되고 있고, 이러한 노력은 새로운 창조활동으로 각광을 받고 있다.

4. 청년실업대책 및 인턴정책

(1) 청년실업 대책

외환위기와 국제 금융위기를 겪으면서 대학졸업자의 50%도 안되는 취업률을 보이고 있는 것이 우리의 현실이다. 대학만 졸업하면 취업과 생활이 보장되던 시대는 먼 옛말이 되고 있다. 대학을 졸업하고도 취업이 되질 않아 졸업을 미루거나 대학원에 진학을 한다. 그러나 대학원을 졸업해도 상황은 여전하다. 청년실업의 문제는 일반적인 것이 우리의 현실이다. 결국, 청년실업의 문제는 급변하는 사회와 경제동향을 주시하여 적절한 인력을 양성하여 사회에서 필요로 하는 시의적절한 인재를 배출하는 것이 필요하고, 산학협력의 확대, 창업지원의 활성화, 소규모 기업활동의 지원확대를 고려할 수밖에 없을 것이다.

(2) 인턴정책

90년대 초반까지만 해도 인턴은 본 업무를 수행하기 전에 기업의 실무에 대한 경험의 축적에 대한 선험적인 학습과정이었다. 그리고 인턴은 일반적으로 정규직으로 해당기업에 취업을 전제로 하였다. 그러나 현실은 많은 변화를 겪고 있다. 인턴은 인턴으로서의 자리를 굳히고 인턴이 곧 취업으로 연결되지 못하고 있다. 결국 비정규직의 양산만을 한 결과가 되고 있다. 그러나 한편으로는 인턴의 확대는 그나마 막혀 있는 취업의 가장 손쉬운 입문과정으로 인식되고 있다. 정부가 정책적으로 기업에 각종 인센티브를 제공함으로써 기업도 적극적이다. 즉, 기업은 저렴한 인건비로 고학력의 인력을 활용하고 선험적인 실무를 통한 인턴인력을 정규 채용을 통하여 업무에의 적응도를 높이고 있다. 결국, 취업희망자에게도 비정규직이지만 취업가능성을 높이는 계기가 되고 있다. 바람직한 패턴은 아니지만 청년실업과 일자리가 부족한 상황에서 그나마 다행스런 방안이라고 할 수 있다. 다만, 인턴제도가 청년실업의 해소를 위한 일시적인 방편에 그치고 있다는 점이 아쉬움이라고 할 수 있다.

5. 사회적 기업 육성

최근 일자리 창출과 취약계층의 지원을 함께 해결할 수 있는 사회적 기업의 육성이 새롭게 각광을 받고 있다. 우선 사회적 기업은 다양한 형태의 기업형성을 도모할 수 있다. 그리고 성격에 따라서는 무한적인 일자리의 창출이 가능하다. 아울러, 사회적 취약계층을 지원할 수 있는 기능을 중심으로 사업이 영위되면서 일석2조의 효과도 가져올 수 있다.

6. 일자리 쪼개기

일자리 쪼개기는 더 이상의 산업성장이이나 일자리를 늘릴 수 없다면 기존의 일자리를 나누는 것이다. 1명이 하던 일을 2명이 수행하고 대신에 고임금을 다소 완화하여 지급하고, 근로시간을 단축하거나 시간외 근로를 축소하여 여러 명의 근로자를 취업할 수 있게 할 수 있는 장치이다. 다만, 근본적인 실업문제를 해소에는 한계가 있다는 것이 단점이라고 할 수 있다. 유럽국가에서는 6명이 수행하는 업무에 7명을 선발하여 1명은 연간 2개월씩 교대로 휴가 내지 역량개발 등에 활용하여 고용을 추가 확보하고 있는데, 시사하는 바가 크다고 할 수 있다.

7. 고용보조금 지원

현행 고용보조금은 장애인 등의 고용을 기준고용이상으로 운영하는 경우 미달된 사업체의 부담금을 징수하는 대신에 초과된 사업체는 지원금을 지원하고 있다. 고용보조금은 다양한 성격과 특성의 지원제도를 운영할 수 있으나 신규 채용을 통한 보조금지원, 고령자 채용을 위한 보조금지원, 재취업자를 위한 보조금지원 등 다양한 형태의 고용창출에 대한 지원금제도를 고려할 수 있다. 그러나 지원금의 재원마련에 대한 부담이 문제이며, 장기적인 대안보다는 일시적인 대안으로 작용하는 경우가 일반적이다.

8. 취약계층 맞춤형 일자리의 창출

일자리 창출은 구직대상 내지 취약계층의 성격에 맞는 맞춤형 일자리의 마련도 필요하다. 다양한 성격의 업무특성을 고려한 일자리의 마련 즉, 고령자가 재취업할 수 있는 일자리, 육아와 병행할 수 있는 일자리, 장애인 등이 근로활동을 할 수 있는 일자리 등을 창출하는 것이다.

Ⅲ. 실업관리와 지원

1. 사회보험제도의 확충

실업관련 보험의 확대, 재취업지원 프로그램의 운영, 일시적인 실업시에 생활보조금의 지원(실업수당), 고용보험법에서 구직활동비나 교육훈련비, 이주비 등을 지원하는 것을 실행하고 있다. 이러한 실업대책과 사회보험제도의 실현과 더불어 다양한 형태의 실업대책과 사회보험제도의 준비가 필요하다. 현행 고용보험제도 등의 실업관련 사업의 분야를 다양화하고 지원을 강화하는 방향으로 추진하여 동기유인이 가능하도록 할 필요가 있다.

2. 고용 및 실업정보관리

고용정보망의 구축과 정확한 일자리 정보 및 인력정보를 구인자와 구직자가 손쉽게 접근할 수 있도록 구축되어야 한다. 특히 취업희망자의 역량이나 업무능력 등 전문분야 내지 활용가능성을 정확하게 관리하여 제공하는 것이 필요하고, 사업장의 업무내용을 정확하게 기술하여 제공하는 것이 필요하다.

3. 재취업지원을 위한 지원제도 확충

이직이 자유롭고 고용정보가 신속하고 정확하게 제공되고, 재취업을 위한 교육이 활성화되어 있다면 성공적인 재취업이 가능할 것이다. 결국, 맞춤형일자리의 운영 프로그램을 개발하고 정확하고 접근성이 좋은 고용정보의 제공과 취업알선을 통해서 또는 구직활동을 통해서 연계되도록 매칭프로그램을 강화할 필요가 있다.

4. 실업률관리와 조정

완전고용은 사실상 불가능하다. 그러나 실업률이 적을수록 삶과 경기는 호황이라고 할 수 있다. 아울러, 정적한 실업률의 유지와 관리는 경기회복과 양질의 인력을 유지하는 효과를 가져올 수 있다. 실업률을 관리한다는 것은 사실상 어려운 문제이다. 그러나 실업율의 변동추이는 산업의 동향과 경제동향을 알리는 중요한 지표가 된다. 그러므로 실업이 늘어나는 경우 경기부양 등을 통해 일자리를 늘리고, 인력재배치 및 조정이 필요한 경우 인력의 양질화를 도모할 수 있는 교육을 확대하는 등의 실업관리와 조정활동이 필요하다.

제 4 절 인력수급의 조절정책

Ⅰ. 인력의 공급 및 수요 정책

1. 인력수급정책의 의의

인력수급정책. 즉, 인력의 수요와 공급정책은 고용의 지역적 · 직업적 특수성을 고려하여, 국민경제의 노동력을 효율적으로 활용하기 위한 정책으로, 이는 노동력의 이용을 양에서 질로 전환하기 위한 여러 훈련방법으로써 인적 능률의 개발을 목적으로 하고 있다. 경제의 변화에 따라 이에 소요되는 인적 자원도 그 양상을 달리하게 되는데, 바로 이러한 경제적 필요를 충족시켜 주기 위한 정책이다.

또한, 경제가 필요로 하는 인적 자원을 양성하여 이들의 유동성과 질적인 향상을 도모하여 잠재적인 노동능력을 최대한으로 신장하여, 양적 노동공급부족을 조정함은 물론, 질적인 면으로도 우수한 노동력을 확보, 기술혁신 · 경제발전 등에 대응하자는 데 그 주안점을 두고 있다. 인력정책은 또한 잠재적 노동력의 개발에 중점을 둔 재정정책 · 금융정책 · 교육정책 · 보건복지정책 등과 관련된 종합적인 정책이다.

2. 인력 수요와 공급의 연동성

인력수급은 국가에서 설정한 목표를 달성하기 위한 산업분야별 · 직종별 인력수요를 충족시키기 위하여 학교교육 혹은 직업훈련을 통하여 노동시장으로 인력을 공급하는 것(공급기관으로 대학 및 고교 등 교육기관, 직업훈련기관 등을 들 수 있다)과 필요한 인력을 고용하는 정부를 비롯한 공공기관, 사기업 및 모든 고용시장을 수요자의 입장에서 판단할 수 있다.

인력정책은 인간의 잠재적 능력을 개발해서 노동력의 실제적인 또는 잠재적인 구성원으로 활용하는 것을 목표로 하고 있다. 인력정책을 개발함에 있어 수요의 개념은 국가목표와 자원을 비교할 때 생기게 된다.

인력의 수요와 공급은 상호 독립된 것처럼 논의되고는 있으나 이들은 사실상 상호 의존적인 관계를 가지고 있다. 예를 들면 훈련된 인력의 공급은 새로운 직종(職種)을 창조하고, 훈련된 인력의 부족은 필요한 것으로 인식되었던 직종을 수정하거나 대체(代替)시키며 또한 인력수요에 대한 체계적인 홍보활동은 인력의 공급을 증대시킨다. 인력수급은 다분히 직업분야와 시간에 의존적이다. 즉, 복잡하고 급속히 변화하는 사회 속에서 국가목표는 빈번하게 수정되고, 따라서 인력수급의 추정치는 변화하게 된다. 오랜 기간 동안 변화하지 않는 한 가지 사실이 있다면 그것은 교육에 전적으로 의존하고 있는 전문기술직 분야의 인력에 대한 수요가 다른 직종에 비하여 급속한 속도로 계속 증대되고 있다는 것이다.

Ⅱ. 양적 조절정책

1. 양적 조절과 확장정책

확장정책은 경기가 불황일 때 위축된 경기를 회복시키려는 목적으로 시행하는 재정정책을 말한다. 일반적으로 경기불황으로 시중의 통화량이 감소하면 화폐의 가치가 상승하고 물가는 하락하게 된다. 따라서 정부와 중앙은행은 경기부양정책으로 세금인하, 지준율인하, 공개시장 매수, 금리인하, 재할인율 인하 등의 정책을 실시하게 된다. 이러한 확장정책에 따라 산업이 활성화되고 고용유발요인이 되어 고용여력이 확장되고 이러한 고용상황에 필요한 인력의 공급과 수요는 증대된다고 할 수 있다.

양적 인적자원의 수급조절은 공급인력과 수급인력의 적절한 조절을 통하여 적기에 적소에 인력공급과 수요가 매치되도록 하는 것이다. 이를 통하여 실업 등을 조절할 수 있다. 양적 수급조절은 사실상 실업정책에서 실업률과의 연관성을 많이 갖는 부분에 해당한다. 과잉공급이 발생하면 실업이 늘고, 필요인력이 공급되지 못하면 고용미달로 산업생산에 차질을 가져와 경제적으로 어려움을 겪을 수 있다. 양적수급조절정책은 주로 공급확장과 수요확장을 유도하는 정책을 활용한다. 일자리 창출, 경기부양을 위한 확장정책, 채용인력의 확대, 정년조정 등을 통하여 양적으로 인력공급과 인력수요를 확대하려는 것이다.

2. 경기조절과 부양정책

호황과 불황이 주기적으로 되풀이되는 경기변동은 자본주의경제의 본질적인 특징이다. 경기정책은 이러한 경기변동의 여러 결과에 대한 사후적 대책으로서 또는 경제안정과 순조로운 경제성장을 위한 경기조정적인 정책(anti-cycle policy)으로서 취해지는 각종 정책의 총칭이다. 재정·생산·시장·가격 등 각 방면에서의 이들 정책의 내용은 경기국면과 여러 여건에 따라 달라진다. 1929년의 대공황 이전에 선진자본주의국가들이 취한 경기정책은 기껏해야 신용통제, 자유경쟁의 부활, 금본위제로의 완전복귀를 주요내용으로 하는 소극적인 자유방임주의에 머물러 있었다. 그러나 대공황과 그 뒤 1930년대의 대불황은 이러한 자유방임주의적 정책 기조를 붕괴시켰다. 이에 따라 케인즈(J. M. Keynes)의 유효수요의 원리와 승수이론에 그 이론적 근거를 갖는 팽창주의적 경기정책이 대두되었다. 이러한 팽창주의적 경기정책은 경쟁적 가격기구에 의한 저축과 투자의 자연적인 균형과 자동적인 완전고용의 실현을 부정하는 것이었다. 그것은 대량으로 존재하고 있었던 노동 및 생산설비의 실업을 구제하기 위해서는 적극적인 재정투융자를 통해서 유효수요를 창출·자극할 것을 주장했다. 제2차 세계대전까지 선진자본주의제국의 경기정책은 불황타개를 위한 팽창주의적 경기정책이었다고 할 수 있다. 그러다가 제2차 세계대전 이후 1950년대부터는 경기정책의 성격이 다소 변모되었다. 즉, 경기정책의 중점이 단순한 유효수요의 창출에서 단기적으로는 경제안정과 장기적으로는 지속적인 경제성장의 달성에로 옮겨졌다. 이것은 자동안정장치에 대한 논의에서 대표적으로 제시된다. 즉, 인플레이션의 압력이 가중되는 호황기에는 정부지출의 삭감, 세수증가 및 금융긴축 등에 의해 유효수요를 억제하고, 불황기에는 감면세, 사회보장비지출의 확대, 공공지출의 증대, 금융완화 등에 의해 유효수요를 창출하여 제도적으로 경제안정을 도모하게 된다. 이러한 경기정책의 실현은 통계자료의 정비, 수리·계량경제학의 발전에 따른 경기예측 기술의 진보에 의해서 가능하게 되었다고 할 수 있다. 또한, 주기적인 경기변동의 간헐적인 대불황으로 특징지어지는 자본주의경제의 운동 그 자체가 국민경제에서의 정부부문의 비중과 역할을 크게 증대시켜 앞의 내용을 갖는 경기정책을 낳았다고도 볼 수 있다.

한편, 경기안정화정책은 경기 변동의 진폭을 작게 함으로써 국민경제의 지속적이고 안정적인 성장을 이루기 위한 일련의 정책을 말한다. 일반적으로 정부는 경기 안정화를 위해 각종 금융·재정 혹은 공공 투자 정책을 활용한다. 호경기에 정부는 긴축재정 정책을 쓰는데 이는 경기 과열을 막기 위해 재정 지출을 축소하고 세입을 증가시킨다. 또 금리와 세율을 인상해 민간 투자와 소비 억제를 유도한다. 중앙은행도 국공채를 매각하거나 지급준비율 인상, 재할인율을 인상하여 시중의 통화공급을 줄이기 위한 정책을 쓴다. 이와 반대로 불경기 때 정부는 팽창정책을 쓰게 된다. 이는 경기침체를 막기 위해 재정 지출을 증대하고 금리와 세율을 인하하여 민간투자와 소비 활성화를 유도한다. 중앙은행에서는 국공채를 매입하고 재할인율 인하, 지급준비율 인하 등으로 경기부양을 위해 시중의 통화공급을 늘린다. 경기부양정책[2]은 주로 확장정책을 활용한다.

Ⅲ. 질적 조절정책

1. 인적자원의 질적 수급조절정책

질적 조절정책은 고용시장의 내부(즉, 기업의 내부 역량제고)와 외부(인적자원의 공급과 수요자 모두)에서 다양한 형태로 진행되고, 이러한 정책적 지원(자금, 비용 등)과 유인동기부여, 해당기업의 우대조치 등으로 자발적인 질적 향상을 도모할 수 있도록 권장하고 촉진하는 방법, 범정부적인 차원에서의 획일적인 분야별 표준 인적자원정책을 마련하여 추진하는 방법 등을 들 수 있다.

질적 수급정책은 고급의 전문가 양성을 위한 산학협동과정(계약학과), 맞춤형교육과정(직무 및 산업별 교과과정) 등을 들 수 있다. 이를 위하여 대학 및 분야별직업학교, 직업능력개발원 등을 활용할 수 있다. 아울러, 입직 인적자원을 위하여는 핵심역량 중심의 사업개편, 업무 및 기능 조정, 역량개발 및 개선, 재교육 강화, 내부인력의 외부위탁교육, 직무별 전문가 과정을 활용하는 것이다. 이러한 수급정책은 양질의 일자리는 물론 단위직무 내지 산업에서 필수 역량을 기반으로 하는 전문성을 제고하는데 중점을 두고 수급정책을 수립하고 추진되어야 한다. 이러한 수급조절은 실업문제를 조절하는데 유용할 수 있다.

2) 정부는 2016년 경기부양정책 5가지 방안으로, 승용차 개별소비세 인하, 내집연금 3종세트 조기출시, 1분기 재정 조기집행 추가 확대, 중기 설비투자 지원펀드 조성(기업투자의 촉진을 위한 경기부양정책으로 기업은행에서 2조원 규모의 투자촉진펀드를 조성), 신서비스 육성 등의 실행을 발표한 바 있다.

2. 질적 인력정책으로서의 기술정책

인력정책에서 질적 수급조절을 위해서는 근로자의 역량을 제고하는 것이다. 특히, 기술의 발달은 새로운 기술을 습득하고 활용할 수 있는 역량을 보유하는 것이 필요하다. 많은 부분이 질적 수급조절정책으로 활용될 수 있지만, 현대사회는 기술력의 질적 향상이 인적자원의 전문성을 제고하는 가장 중요한 부분이라고 할 수 있고, 기업의 입장에서도 경쟁력을 갖는 관건이라고 할 수 있으므로 기술혁신 및 기술정책을 중심으로 질적 수급정책의 일면을 설명할 수 있다.

(1) 기술정책의 의의

기술정책(technology policy)[3]은 기술혁신과 기술수준의 제고를 위하여 시행하는 일련의 정책들을 지칭한다. 기술정책은 기술혁신과 기술수준의 제고 그 자체가 목적이라기보다는 국가와 산업, 기업의 경쟁력, 근로자의 전문성을 제고하기 위한 산업정책 등을 효과적으로 보완하고 대체하는 정책으로서의 성격이 강하다. 특히, 경제발전 양상이 투입

3) 우리나라의 기술정책의 주요 역사를 살펴보면 1967년 과학기술처의 설립과 함께 본격적으로 시작되었다. 과학기술처의 설립은 대한민국 정부에서 과학기술이 국가 발전에 있어 독립적이고 중요한 요소임을 명확히 인식하는 것을 의미한다. 또한 1967년에는 대표적인 과학기술 연구기관인 한국과학기술연구소(KIST)가 설립되었다. 미국의 연구기관 바텔의 시스템을 벤치마킹하고 미국의 원조로 설립된 현대적 연구기관 한국과학기술연구소(KIST)는 해외의 한국인 과학자들을 대거 유치하고, 대한민국의 경제발전을 지원하고 선도하는 기술개발을 추진하였다. 이후 한국과학기술연구소(KIST)로부터 한국원자력연구원, 한국전자통신연구원, 한국화학연구원 등 우리나라의 분야별 주요 정부 출연 연구기관들이 독립되어 설립되었다. 2014년 현재 30여 개에 이르는 이공계 정부 출연 연구기관들은 90년대까지 우리나라 과학기술발전의 중추적 역할을 수행하였으며, 2000년대 이후에는 국가기술혁신 체계에서 첨단 원천기술개발, 공공기술개발, 중소기업 지원 등을 목표로 적극적인 역할을 수행하고 있다. 1971년에는 이공계 석박사 인력을 체계적으로 양성할 수 있는 고급 교육기관인 한국과학원(KAIS)이 설립되었다. 한국과학원은 이공계의 우수·고급 인력을 국내에서 박사학위 과정까지 자체적으로 양성하여 대학과 연구소, 산업체에 공급하는 역할을 수행하였다. 이후 주요 대학들도 이공계 대학원 과정의 석박사 과정을 설립·강화하면서 자체적으로 고급인력을 양성할 수 있는 대학원 시스템을 확립하였다. 한편, KAIS는 KIST와 1981년에 한국과학기술원(KAIST)으로 통합되었다가 1989년에 KIST가 다시 분리되었고 KAIST는 한국과학기술대학(KIT)과 통합되었다. 1970년대 이후, 정부는 과학기술처 등을 통하여, 대규모 연구개발 예산 지원 체계를 갖추고, 중화학공업 중심의 국가 발전 계획을 지원하였다. 과학기술처는 1982년부터 특정 연구개발사업을 운영하였다. 상공부는 1987년부터 공업기반기술개발사업을, 동력자원부는 1988년부터 대체에너지 기술개발사업을 운영함으로써 과학기술 연구개발에 대규모의 예산을 직접 지원하였고 연구개발의 성과가 산업 경쟁력 강화로 연계될 수 있도록 다양한 노력을 기울였다. 2000년대 들어서면서 한국의 기술정책은 질적인 변화를 보이기 시작한다. 기존의 직접적인 대규모 연구개발 투자와 선진국의 주요 기술에 대한 창조적 모방 기조에서 민간부문을 지원하고 프런티어 분야와 공공기술 분야에 대한 연구개발 투자에 노력을 집중한 것이다. 기술정책의 지향점도 창의적 모방(추격형 기술혁신 체계)에서 새로운 가치의 창조(탈추격형 기술혁신 체계)로 전환된다. 결국 기술정책은 기술혁신을 통한 경제발전, 산업구조의 대변혁은 물론, 고급인적자원의 양성과 인프라를 구축하여 인적자원의 혁신적인 질적향상을 도모하였으며, 기술인력의 양적확장으로 고용시장이 확대되는 결과를 낳았다.

의존적인 패턴(input driven pattern)에서 혁신 주도형 패턴(innovation driven pattern)으로 전환됨에 따라 경제발전과 경제성장을 위해서도 전통적인 경제정책과 산업정책 못지않게 기술정책의 중요성이 강조되고 있다.

(2) 접근방법 및 주요 연구영역

정부의 기술개발에 대한 정책적인 개입은 크게 공급 측면에서 이루어지는 기술개발 촉진(technology push)정책과 수요 측면에서 이루어지는 기술수요 창출(demand pull)정책으로 구분할 수 있다. 기술개발 촉진정책은 국가적으로 필요한 기술의 효율적 개발을 촉진하기 위해 정부가 직접 개입하는 방법이다. 정책수단으로는 정부의 직접적인 재정 지원, 세제혜택, 금융 지원, 국공립 연구기관을 통한 과학기술개발 등을 들 수 있다. 정부는 국가 과학기술위원회와 미래창조과학부를 중심으로 주요 기술 분야에 대한 국가 기술지도를 만들어 국가적 차원의 기술개발을 추진하고 있다. 다른 선진국가들도 기술지도의 중요성을 강조하고 있다. 반면 기술수요 창출정책은 기술개발에 필요한 환경과 여건을 효과적으로 조성해 줌으로써 기술개발 주체가 활발하게 개발 행위를 할 수 있게 해주는 다양한 장치를 뜻한다. 기술수요 창출정책은 기술개발 촉진정책에 비하여 간접적인 성격을 가지고 있지만 좀더 시장 친화적인 정책에 가깝다고 볼 수 있다. 구체적인 정책수단으로는 개발된 과학기술을 통해 생산된 제품에 대한 정부의 구매 또는 정부 구매 시 가점 부여[4])를 우선 들 수 있다.

최근에는 기술개발자에 대한 다양한 유인정책이 고안되고 있는데, 지적재산권 발명과정에서의 직무발명 제도와 포상제도 등 연구개발 성과에 대한 보상 체계를 강화하고 있다. 지적 재산권의 소유권을 강화하는 정책과 함께 기술개발자에 대한 보상 제도를 강화함으로써 더욱더 창의적인 기술개발 생태계를 유지하고자 한다.

(3) 기술인력의 양성 및 활용

기술정책은 국가전략 기술개발, 기술투자 확대 및 투자 효율성 제고, 지역혁신 체계의 활성화, 산업과 민간기업 지원, 기술인력의 양성 및 활용의 세부분야로 나누어 볼 수 있

4) 우리나라의 중소기업이 개발한 제품에 가점을 주거나, 세계적 표준 또는 환경기준을 만족시키는 제품에 가점을 주는 방식으로 기술개발을 촉진할 수 있다. 이를 위해서는 정부가 기술시장과 기술이 내재된 제품의 시장에 대한 다양한 정보를 가지고 있어야 한다. 또한 정부는 대형 공공사업의 실행 과정에서 이 공공사업을 효과적으로 추진할 수 있는 기술개발 연구를 유도·촉진할 있다. 주요 사회간접자본 등에 대한 건설은 다양한 분야의 기술들에 대한 결합을 포함한다. U-city 구축, 고속전철 노선의 추가 건설, 환경친화적 도시의 구현 등은 모두 최근의 혁신적인 기술개발과 상용화를 포함하고 있다. 향후 정부의 공공사업 추진과 기술수요 창출정책은 더욱 밀접한 관련을 맺을 것으로 기대된다.

는데, 이중 특히, 인력정책과 관련하여 기술인력의 양성 및 활용의 분야가 중요한 의미를 가진다. 기술정책을 통하여 사회적 수요에 맞게 기술인력의 숙련과 역량을 효과적으로 제고하고 이러한 기술인력을 적극적으로 활용할 수 있다. 나노기술, 바이오기술, 융합기술 등 첨단기술 분야의 고급인력 부족을 미리 예측하고, 이에 적절한 질적·양적 인력양성을 추진하는 것이 중요하다. 아울러, 20대, 30대, 40대, 50대 등 기술인력 생애 주기별로 전문성과 지식이 효과적으로 활용될 수 있는 다양한 정책 마련이 필요하다. 특히, 고경력 및 고령의 기술인력에 대한 효과적인 활용은 고령화사회를 대비하고 그들이 가진 지식과 경험을 사장(死藏)하지 않고 활용한다는 점이 중요 쟁점이라고 할 수 있다. 이외에도 두뇌유출과 두뇌유치, 바람직한 기술문화 형성 등이 있다.

제 5 편

고령인력정책

9
chapter

고령자관리정책

제1절 서 설

평균수명은 지속적으로 늘어나면서 출산율은 급감하여 인력부족과 고령인력에 대한 사회문제에 대한 해법을 찾는 것은 당면한 과제가 되고 있다. 특히 퇴직연령은 60세, 평균수명은 80세를 넘어섰고, 지속적으로 수명은 연장되고 있다. 이러한 상황에서 근로기간에는 안정적인 수입원이 확보되었지만 퇴직 후의 수입은 불안하고, 더욱이 평균수명연장에 따른 퇴직 후의 기간이 근로기간과 거의 같은 수준으로 늘어남에 따라 고령자의 생활안정지원 대책은 매우 중요한 과제가 되고 있다. 또한, 출산율의 저하는 이러한 고령인력의 활용을 더욱 강하게 요청하고 있어, 고령인력에 대한 적절한 대책은 인력부족문제를 해소하고 고령자의 생활안정을 도모하여 사회적인 비용의 절감과 불안정한 고령사회의 사회문제에 대한 해법으로 부각되고 있다.

이러한 고령인력에 대한 고용상의 정책으로는 고령인력이 재취업이나 일할 수 있는 일자리를 마련하는 것은 물론, 고령인력이 차별받지 않고, 그간의 업무적인 전문성과 경험을 발휘하여 사회적인 생산성을 제고하는데 기여할 수 있는 기회를 만들어 주고, 노후 생활이 건강하고 윤택한 안정적인 기반이 될 수 있도록 하는 것은 경제정책 및 국가정책에 시급하게 고려해야 할 사안으로 판단된다. 이하에서는 고령자고용법 등을 중심으로 고령인력의 관리정책에 대하여 설명하고, 다음 장에서는 고령인력의 생활안정을 도모할 수 있는 정책적인 대안들에 대하여 설명하기로 한다.

제 2 절 고령인력정책의 기본방향

Ⅰ. 고령인력정책에서의 고령자

고령인력정책은 합리적인 이유 없이 연령을 이유로 하는 고용차별을 금지하고, 고령자(高齡者)가 그 능력에 맞는 직업을 가질 수 있도록 지원하고 촉진함으로써, 고령자의 고용안정과 국민경제의 발전에 이바지하는 것을 목적으로 하여야 한다.

고령자고용법에 의하면 고령자란 인구와 취업자의 구성 등을 고려하여 법령으로 정하는 연령 이상(만 55세 이상)인 자를 말하고, 준고령자란 법령으로 정하는 연령 이상(만 50세 이상 55세 미만)인 자로서 고령자가 아닌 자를 말한다. 고령인력정책에서의 고령자는 일할능력이 있는 일정 연령이상(취업, 미취업)의 모두를 대상으로 접근되어야 한다.

Ⅱ. 고령인력정책의 기본방향

1. 고령인력정책 기본계획

고령화에 대비하여 정부는 고용에서 연령을 이유로 차별하는 관행을 해소하기 위하여 연령차별금지정책을 수립·시행하며, 고령자의 고용에 관하여 사업주와 국민 일반의 이해를 높이고, 고령자의 고용촉진과 직업안정을 꾀하기 위하여 고령자 고용촉진 대책의 수립·시행, 직업능력개발훈련 등 필요한 시책을 종합적이고 효과적으로 추진하여야 한다. 이를 위하여 고용부처장관은 고령자의 고용촉진에 관한 기본계획(기본계획)을 관계 중앙기관의 장과 협의하여 5년마다 수립하여야 하며, 기본계획에는 ① 고령자의 현황과 전망, ② 고령자의 직업능력개발, ③ 고령자의 취업알선, ④ 재취업 및 전직(轉職) 지원 등 취업 가능성의 개선방안, ⑤ 그 밖에 고령자의 고용촉진에 관한 주요시책의 사항이 포함되어야 한다.

2. 고령인력정책의 심의

고용부처장관은 기본계획을 수립할 때에는 고용정책기본법에 따른 고용정책심의회의 심의를 거쳐야 하고, 필요하다고 인정하면 관계 행정기관 또는 공공기관의 장에게 기본계획의 수립에 필요한 자료의 제출을 요청할 수 있다.

아울러, 사업주는 연령을 이유로 하는 고용차별을 해소하고, 고령자의 직업능력계발·향상과 작업시설·업무 등의 개선을 통하여 고령자에게 그 능력에 맞는 고용 기회를 제공함과 아울러 정년연장 등의 방법으로 고령자의 고용이 확대되도록 노력하여야 한다.

Ⅲ. 고령인력 활용을 위한 처우개선

1. 모집·채용 등에서의 연령차별 금지

사업주는 ① 모집·채용, ② 임금, 임금 외의 금품 지급 및 복리후생, ③ 교육·훈련, ④ 배치·전보·승진, ⑤ 퇴직·해고의 분야에서 합리적인 이유 없이 연령을 이유로 근로자 또는 근로자가 되려는 자를 차별하여서는 아니 되며, 이를 적용할 때 합리적인 이유 없이 연령 외의 기준을 적용하여 특정 연령집단에 특히 불리한 결과를 초래하는 경우에는 연령차별로 본다.

2. 차별금지의 예외

① 직무의 성격에 비추어 특정 연령기준이 불가피하게 요구되는 경우, ② 근속기간의 차이를 고려하여 임금이나 임금 외의 금품과 복리후생에서 합리적인 차등을 두는 경우, ③ 법령에 따라 근로계약, 취업규칙, 단체협약 등에서 정년을 설정하는 경우, ④ 법령에 따라 특정 연령집단의 고용유지·촉진을 위한 지원조치를 하는 경우에는 연령차별로 보지 아니한다.

3. 진정과 권고의 통보 및 시정명령

연령차별 금지의 위반으로 연령차별을 당한 사람(피해자)은 국가인권위원회법에 따라 국가인권위원회에 그 내용을 진정할 수 있고, 국가인권위원회는 진정을 조사한 결과 연령차별이 있다고 판단하여 피진정인, 그 소속 기관·단체 또는 감독기관의 장에게 구제조치 등을 권고할 경우 그 권고내용을 고용부처장관에게도 통보하여야 한다.

고용부처장관은 국가인권위원회로부터 구제조치 등의 권고를 받은 사업주가 정당한 사유 없이 권고를 이행하지 아니하고 ① 피해자가 다수인인 연령차별행위에 대한 권고 불이행, ② 반복적 연령차별행위어 대한 권고 불이행, ③ 피해자에게 불이익을 주기 위한 고의적 권고 불이행, ④ 그 밖에 피해의 내용과 규모 등을 고려하여 시정명령이 필요하다고 법령으로 정하는 경우의 어느 하나에 해당하여 그 피해의 정도가 심각하다고 인정되면 피해자의 신청에 의하거나 직권으로 시정명령을 할 수 있다.

시정명령에는 Ⓐ 연령차별행위의 중지, Ⓑ 피해의 원상회복, Ⓒ 연령차별행위의 재발방지를 위한 조치, Ⓓ 그 밖에 연령차별시정을 위하여 필요하다고 법령으로 정한 조치의 사항을 포함하여야 하며, 피해자의 신청에 따라 시정명령을 할 경우 그 신청을 받은 날부터 3개월 이내에 하여야 한다.

또, 고용부처장관은 시정명령을 할 때에는 ⓐ 시정명령의 이유, ⓑ 시정명령의 내용, ⓒ 시정기한, ⓓ 시정명령에 대한 불복 절차의 사항을 명시한 서면을 해당 사업주와 피해자에게 각각 내주어야 한다.

고용부처장관은 연령차별행위를 한 사업주에게 시정명령의 이행상황을 제출할 것을 요구할 수 있고, 피해자는 연령차별행위를 한 사업주가 시정명령을 이행하지 아니하면 고용부처장관에게 신고할 수 있다.

4. 해고나 그 밖의 불리한 처우의 금지

사업주는 근로자가 법령이 금지하는 연령차별행위에 대한 진정, 자료제출, 답변·증언, 소송, 신고 등을 하였다는 이유로 근로자에게 해고, 전보, 징계, 그 밖의 불리한 처우를 하여서는 아니 된다.

제 3 절 정부의 고령자 취업지원

Ⅰ. 구인 · 구직 정보수집 및 정보관리

1. 구인 · 구직 정보수집

고용부처장관 및 특별시장 · 광역시장 · 도지사 · 특별자치도지사(고용부처장관등)는 고령자의 고용을 촉진하기 위하여 고령자와 관련된 구인(求人) · 구직(求職) 정보를 수집하고 구인 · 구직의 개척에 노력하여야 하며 관련 정보를 구직자 · 사업주 및 관련 단체 등에 제공하여야 한다.

2. 구인 · 구직 정보관리 및 제공

구인정보에 대한 정보데이터를 통합적이고 체계적으로 구축하여 관리하여야 한다. 이렇게 통합관리 되는 정보는 고령인력이 활용할 수 있도록 적절한 방법으로 제공되거나 개인이 손쉽게 정보열람이 가능하도록 하여야 한다. 이울러 구직정보도 통합관리 되어 기업에서 필요로 하는 인력을 적절하게 찾을 수 있도록 하여 구인자와 구직자가 자유롭게 대면할 수 있는 데이터 관리가 되어야 한다. 다만, 개인 신상 등에 대한 정보보안을 강화할 수 있는 방안을 강구하여야 한다.

Ⅱ. 고령자에 대한 직업능력 개발훈련

고용부처장관등은 고령자의 고용을 촉진하고 직업능력의 개발 · 향상을 위하여 고령자를 대상으로 법령으로 정하는 바에 따라 직업능력 개발훈련을 실시하여야 하며, 고용부처장관등은 고령자가 작업환경에 쉽게 적응할 수 있도록 하기 위하여 필요하다고 인정하면 취업 전에 안전 · 보건에 관한 내용을 포함하여 법령으로 정하는 적응훈련을 실시하도록 조치하여야 한다.

고령자의 직업능력 개발훈련과 해당 훈련생의 보호에 관한 사항은 직업능력개발법을 준용하되 고령자의 신체적 · 정신적 조건 등을 고려하여 특별한 배려를 하여야 한다.

Ⅲ. 사업주에 대한 고용지도 및 지원

1. 사업주에 대한 고용지도

고용부처장관은 필요하다고 인정하면 고령자를 고용하고 있거나 고용하려는 사업주에게 채용, 배치, 작업시설, 작업환경 등 고령자의 고용 관리에 관한 기술적 사항에 대하여 상담, 자문, 그 밖에 필요한 지원을 하여야 하고, 고령자를 고용하고 있거나, 고용하려는 사업주에 대하여 고령자의 신체적 · 정신적 조건, 직업능력 등에 관한 정보와 그 밖의 자료를 제공하여야 한다.

2. 사업주의 고령자 교육 · 훈련 및 작업환경 개선에 대한 지원

고용부처장관은 사업주가 고령자의 고용촉진을 위하여 필요한 교육이나 직업훈련 등을 실시할 경우 그 비용의 전부 또는 일부를 지원할 수 있고, 사업주가 고령자의 취업에 적합하도록 시설을 개선할 경우 그 비용의 전부 또는 일부를 지원할 수 있다. 또, 지원금은 예산(고용보험법에 따른 고용보험기금을 포함)에서 지급하되, 그 지급기준 등에 관한 사항은 고용부처장관이 정한다.

Ⅳ. 고령자의 취업알선 기능 강화

정부는 고령자가 그 능력에 맞는 직업에 취업할 수 있도록 고령자에 대한 직업상담, 직업적성검사 등 적절한 직업지도와 취업알선 등을 하여야 하며, 고령자에 대한 직업지도와 취업알선 등을 위하여 관련 행정기구와 시설을 정비하도록 노력하여야 한다.

고용부처장관등은 고령자의 직업지도와 취업알선 등을 담당하게 하기 위하여 소속 공무원 중에서 직업지도관을 지명하며, 직업지도관의 자격 등 필요한 사항은 고용부처장관이 정한다.

V. 고령자 고용정보센터 및 고용지원센터

1. 고령자 고용정보센터의 운영

고용부처장관등은 고령자의 직업지도와 취업알선 등의 업무를 효율적으로 수행하기 위하여 필요한 지역에 고령자 고용정보센터를 운영할 수 있다.

고령자 고용정보센터는 ① 고령자에 대한 구인·구직 등록, 직업지도 및 취업알선, ② 고령자에 대한 직장 적응훈련 및 교육, ③ 정년연장과 고령자 고용에 관한 인사·노무관리와 작업환경 개선 등에 관한 기술적 상담·교육 및 지도, ④ 고령자 고용촉진을 위한 홍보, ⑤ 그 밖에 고령자 고용촉진을 위하여 필요한 업무를 수행한다.

2. 고령자인재은행의 지정

고용부처장관은 ① 직업안정법에 따라 무료직업소개사업을 하는 비영리법인이나 공익단체, ② 직업능력개발법에 따라 직업능력개발훈련을 위탁받을 수 있는 대상이 되는 기관 중 고령자의 직업지도와 취업알선 또는 직업능력개발훈련 등에 필요한 전문 인력과 시설을 갖춘 단체 또는 기관을 고령자인재은행으로 지정할 수 있다.

상기 모두에 해당하는 고령자인재은행의 사업범위는 ㉮ 고령자에 대한 구인·구직 등록, 직업지도 및 취업알선, ㉯ 취업희망 고령자에 대한 직업상담 및 정년퇴직자의 재취업상담, ㉰ 고령자의 직업능력개발훈련, ㉱ 그 밖에 고령자 고용촉진을 위하여 필요하다고 인정하여 고용부처장관이 정하는 사업의 사업 모두로 하고, ①호에만 해당하는 고령자인재은행의 사업범위는 ㉮호, ㉯호 및 ㉱호의 사업만으로 하며, ②호에만 해당하는 고령자인재은행의 사업범위는 ㉰호 및 ㉱호의 사업만으로 한다.

또, 고용부처장관은 고령자인재은행에 대하여 직업안정 업무를 하는 행정기관이 수집한 구인·구직 정보, 지역 내의 노동력 수급상황, 그 밖에 필요한 자료를 제공할 수 있고, 고령자인재은행에 대하여 예산의 범위에서 소요 경비의 전부 또는 일부를 지원할 수 있다.

3. 중견전문인력 고용지원센터의 지정

고용부처장관은 퇴직한 고령자로서 경력 등을 고려하여 법령으로 정하는 자(중견전문인력)의 직업지도와 취업알선 등을 전문적으로 지원하는 중견전문인력 고용지원센터를 지정할 수 있다.

중견전문인력 고용지원센터는 직업안정법에 따라 무료직업소개사업을 하는 비영리법인 또는 공익단체로서 필요한 전문인력과 시설을 갖춘 단체 중에서 지정하며, 중견전문인력 고용지원센터는 ① 중견전문인력의 구인·구직 등록, 직업상담 및 취업알선, ② 중견전문인력의 중소기업에 대한 경영자문 및 자원봉사활동 등의 지원, ③ 그 밖에 중견전문인력의 취업에 필요한 사업으로서 법령으로 정하는 사업을 한다.

4. 고령자인재은행 및 중견전문인력 고용지원센터의 지정취소

고용부처장관은 고령자인재은행 또는 중견전문인력 고용지원센터로 지정을 받은 자가 ① 무료직업소개사업을 폐지하는 경우, ② 직업안정법에 따라 사업의 정지처분을 받은 경우, ③ 직업능력개발법에 따라 직업능력개발훈련시설의 승인취소처분·지정취소처분 또는 직업능력개발훈련의 정지처분을 받은 경우, ④ 직업능력개발법에 따라 지정직업훈련시설이 폐업한 경우, ⑤ 직업능력개발법에 따라 직업능력개발훈련법인의 설립허가 취소처분을 받은 경우, ⑥ 사업실적 부진 등 고용부처장관이 정하는 사유에 해당하는 경우에는 법령으로 정하는 바에 따라 그 지정을 취소할 수 있다.

고령자인재은행 또는 중견전문인력 고용지원센터로 지정을 받은 자가 그 업무를 폐지하거나 휴업하려는 경우에는 법령으로 정하는 바에 따라 고용부처장관에게 신고하여야 한다.

제 4 절 고령자의 고용촉진 및 고용안정

Ⅰ. 고령자 고용촉진을 위한 정책사업

고용부처장관은 고령자의 고용촉진을 위하여 ① 고령자에게 적합한 사회적 일자리의 창출, ② 고령자의 자영업 창업 지원, ③ 고령자를 대상으로 하는 취업박람회의 지원, ④ 고령자 고용촉진과 고용안정에 관한 정책의 수립과 제도개선에 필요한 조사와 연구, ⑤ 고령자인재은행, 중견전문인력 고용지원센터 등 관련 기관의 종사자에 대한 교육이나 필요한 인력의 양성, ⑥ 고령자 고용 강조기간의 설정과 추진, ⑦ 고령자 고용 우수기업의 선정과 지원, ⑧ 그 밖에 고령자 고용촉진을 위하여 필요한 사업을 할 수 있다.

Ⅱ. 사업주의 고령자 고용 노력의무 및 지원

1. 사업주의 고령자 고용 노력의무 및 고용현황의 제출

법령으로 정하는 수 이상의 근로자를 사용하는 사업주는 기준고용률 이상의 고령자를 고용하도록 노력하여야 한다. 또한, 사업주는 법령으로 정하는 바에 따라 매년 고령자 고용현황을 고용부처장관에게 제출하여야 하며, 고용부처장관은 사업주로서 상시 고용하는 고령자의 비율이 기준고용률에 미달하는 사업주에 대하여 고령자의 고용촉진 및 안정을 위하여 필요한 조치의 시행을 권고할 수 있고, 이 권고에 따른 조치를 시행하는 사업주에게 고용부처장관은 상담, 자문, 그 밖에 필요한 협조와 지원을 할 수 있다.

2. 고령자 고용촉진을 위한 세제지원

사업주가 기준고용률을 초과하여 고령자를 추가로 고용하는 경우에는 조세특례제한법으로 정하는 바에 따라 조세를 감면한다. 아울러, 고용부처장관은 예산의 범위에서 ① 고령자를 새로 고용하거나 다수의 고령자를 고용한 사업주 또는 고령자의 고용안정을 위하여 필요한 조치를 취한 사업주에게 일정 기간 지급하는 고용 지원금, ② 사업주가 근로자대표의 동의를 받아 일정 연령 이상까지 고용을 보장하는 조건으로 일정 연령, 근속시점 또는 임금액을 기준으로 임금을 감액하는 제도를 시행하는 경우에 그 제도의 적용을 받는 근로자에게 일정 기간 지급하는 고용 지원금(이 경우 "근로자대표"란 근로자의 과반수로 조직된 노동조합이 있는 경우에는 그 노동조합의 대표자를 말하며, 해당 노동조합이 없는 경우에는 근로자의 과반수를 대표하는 자를 말함), ③ 고령자와 준고령자의 고용안정 및 취업의 촉진 등을 목적으로 임금체계 개편, 직무 재설계(고령자나 준고령자에게 적합한 직무를 개발하고 설계하는 것을 말함) 등에 관하여 전문기관의 진단을 받는 사업주에게 지원하는 고용 지원금의 구분에 따른 고용 지원금을 지급할 수 있다.

Ⅲ. 우선고용직종의 선정 및 고용

1. 우선고용직종의 선정

고용부처장관은 고용정책심의회의 심의를 거쳐 고령자와 준고령자를 고용하기에 적합한 직종(우선고용직종)을 선정하고, 선정된 우선고용직종을 고시하여야 하며, 우선고용직종의 개발 등 고령자와 준고령자의 고용촉진에 필요한 사항에 대하여 조사·연구하고 관련 자료를 정리·배포하여야 한다.

2. 국가 등의 우선고용직종에 대한 고용

국가 및 지방자치단체, 공공기관의 운영에 관한 법률에 따라 공공기관으로 지정받은 기관의 장은 그 기관의 우선고용직종에 법령으로 정하는 바에 따라서 고령자와 준고령자를 우선적으로 고용하여야 하며, 이에 규정한 자 외의 사업주는 우선고용직종에 고령자와 준고령자를 우선적으로 고용하도록 노력하여야 한다.

3. 고용 확대의 요청

고용부처장관은 고령자와 준고령자를 우선적으로 채용한 실적이 부진한 자에게 그 사유를 제출하게 할 수 있으며, 그 사유가 정당하지 아니한 자(사유를 제출하지 아니한 자를 포함)에게 고령자와 준고령자의 고용을 확대하여 줄 것을 요청할 수 있다. 아울러, 고용부처장관은 법령에 따른 권고를 따르지 아니하는 사업주에게 그 사유를 제출하게 할 수 있으며, 그 사유가 정당하지 아니한 사업주(사유를 제출하지 아니한 사업주를 포함)에게 고령자의 고용을 확대하여 줄 것을 요청할 수 있다.

4. 내용 공표 및 취업알선 중단

고용부처장관은 정당한 사유 없이 법령에 따른 고용 확대 요청에 따르지 아니한 자에게 그 내용을 공표하거나 직업안정 업무를 하는 행정기관에서 제공하는 직업지도와 취업알선 등 고용 관련 서비스를 중단할 수 있다.

제 5 절 정년운영과 퇴직자 고용지원

Ⅰ. 정년설정 및 정연연장 지원

1. 정년설정

사업주가 근로자의 정년을 정하는 경우에는 그 정년이 60세 이상이 되도록 노력하여야 한다. 그러나 선진국들의 사례를 살펴보면 정년제도를 완전히 폐지한 경우도 허다하다. 아울러, 현재 우리나라의 경우 국민연금 등 연금수급연령을 65세로 규정하고 있는 점 등을 고려할 때 점진적으로 정년을 65세 이상으로 설정하는 것이 필요하다고 할 것이다.

2. 정년제도 운영현황의 제출

법령으로 정하는 수 이상의 근로자를 사용하는 사업주는 법령으로 정하는 바에 따라 매년 정년 제도의 운영 현황을 고용부처장관에게 제출하여야 하며, 고용부처장관은 이에 따른 사업주로서 정년을 현저히 낮게 정한 사업주에게 정년의 연장을 권고할 수 있고, 이에 따른 권고를 정당한 사유 없이 따르지 아니한 경우 그 내용을 공표할 수 있다.

3. 정년 연장에 대한 지원

고용부처장관은 정년 연장에 따른 사업체의 인사와 임금 등에 대하여 상담, 자문, 그 밖에 필요한 협조와 지원을 하여야 한다. 2016년부터 정부는 정년연령을 60세로 변경하여 고시하면서 공공부문에 대하여 일괄적으로 적용하고 있다. 정년연장에 따른 고용비용과 정원운영을 탄력적으로 운영할 수 있도록 하기 위하여 일정연령부터 임금피크제를 도입하도록 하였고, 일정연령 이후에는 정원 외로 운영할 수 있도록 하여 정원운영의 탄력성을 기하도록 조치하고 있다.

Ⅱ. 정년퇴직자의 재고용 및 지원

1. 정년퇴직자의 재고용

사업주는 정년에 도달한 자가 그 사업장에 다시 취업하기를 희망할 때 그 직무수행 능력에 맞는 직종에 재고용하도록 노력하여야 하며, 고령자인 정년퇴직자를 재고용할 때 당사자 간의 합의에 의하여 근로기준법에 따른 퇴직금과 같은 법에 따른 연차유급(年次有給) 휴가일수 계산을 위한 계속근로기간을 산정할 때 종전의 근로기간을 제외할 수 있으며 임금의 결정을 종전과 달리할 수 있다.

2. 정년퇴직자의 재고용 지원

고용부처장관은 정년퇴직자를 재고용하거나 그 밖에 정년퇴직자의 고용안정에 필요한 조치를 하는 사업주에게 장려금 지급 등 필요한 지원을 할 수 있다. 재고용형 임금피크제, 정년연장형 임금피크제 등을 도입하는 경우 고용지원금을 지원하고 있다.

3. 퇴직예정자 등의 구직활동지원

사업주는 정년퇴직 등의 사유로 이직예정인 고령자의 구직활동을 지원하도록 노력하여야 하며, 고용부처장관은 이에 따른 지원 조치를 성실히 이행하는 사업주에 대하여 인건비, 장려금 지급 등 필요한 지원을 할 수 있다.

10
chapter

생활안정정책

제1절 서 설

근로자의 생활안정 지원정책은 고령인력을 막론하고 모든 근로자에게 매우 중요한 과제이다. 다만 상대적으로 고령인력에 대한 생활안정지원정책은 고령인력에 적합하고 실현 가능한 정책적 등 그 필요성이 더 크다는 측면에서 고령인력정책에서 설명하고자 한다.

고령인력의 생활안정정책으로 중요한 것은 안정적인 생활의 유지와 건강유지문제가 가장 중요한 과제가 된다고 할 수 있다. 수입원의 안정적인 마련과 건강유지는 고령인력에게는 두 마리의 토끼와 같은 존재라고 할 수 있는데, 우선 수입원의 안정적인 마련은 재취업지원, 연금수급권보호, 창업지원 등을 들 수 있다. 이를 위하여 최저생계비 보장정책 내지 지원정책이 필요한데, 이는 소득이 가능하도록 취업을 지원하거나 사회보험 등에 의한 정책적인 고려가 필요하다. 다음으로 건강유지는 건강유지에 필요한 비용의 지원(목돈 포함) 내지 확보, 건강한 생활을 위한 육체적 정신적 건강의 유지를 위한 프로그램의 활용이 필요하다. 이를 위하여 소속감 내지 사교적인 인간관계의 형성과 성취감과 의미있는 일에 대한 관심 등이 필요하다. 여기에는 건강지원 프로그램, 힐링 및 봉사활동과 사교활동의 지원을 들 수 있다. 그리고 퇴직 후 제2의 인생을 설계하기 위해 필요한 각종 퇴직 지원프로그램의 지원과 활용이 필요하다고 할 수 있다. 또, 고령생활안정정책에서 연금제도는 매우 중요한 장치 중에 하나이다. 국민연금제도는 사회보험정책에서 설명하기로 하고 이하에서는 퇴직연금제도를 중심으로 연금제도를 설명한다.

제 2 절 재정 및 생활안정 지원

고령인력의 안정적인 생활의 영위를 위하여 가장 중요한 것은 재정적인 문제를 해결하는 것이다. 재정적인 문제가 해결되면 고령자 생활의 기본적인 부분은 해소가 된다. 다음으로 원만한 고령인력의 생활을 위해서는 건강문제에 대한 해소이다. 그리고 소속감이나 성취감 등 정신적인 안정과 만족 등 정신건강과 사회참여에 대한 역할을 할 수 있는 기회를 만들어 주는 것이다.

Ⅰ. 재취업지원

1. 고령인력 적합 일자리 창출

경험과 노하우를 활용할 수 있는 일자리의 개발과 활용이 필요하다. 육체적으로는 체력이 뒷받침되지 못하므로, 적은 체력을 요하는 일자리, 보다 정신적·정서적인 일자리를 개발하는 것이다. 우선 기업내에서의 일자리는 그간의 직무경험과 후진양성에 필요한 전문적인 자문역할, 사내교육을 위한 강사, 기업과 학교 및 지역간을 연계하여 협업할 수 있는 일자리 등을 고려하는 것이 필요하다.

다음으로 업무노하우와 지식을 활용하는 일자리, 경험을 활용할 수 있는 각종 상담사의 역할을 할 수 있는 일자리를 개발하는 것이다. 청소년 상담사, 사적 계약관계에 대한 자문, 행정적인 처리에 대한 자문, 사업운영과 사무적인 자문 등을 들 수 있다. 그리고 사회적 기업의 육성을 통한 취약계층에 대한 지원사업 내지 관련 업무, 일반관리업무 등 다양한 형태의 경험과 노하우를 활용할 수 있는 일자리를 고령인력에게 개방할 수 있도록 하여야 한다.

2. 고령자 차별금지 강화

특정 직무에 고령자는 적합하지 않는 업무 등과 같은 나이와 관련한 편견은 버려야 한다. 직무를 수행하는 것은 근로자가 가지고 있는 지식과 경험 등 역량에 달려 있는 것이지 연령이 많고 적음에 있는 것이 아니다. 그러므로 직무에서 차지하는 고령자를 차별하는 관행을 과감하게 금지시키고 모든 근로자가 그 능력에 따라 직무를 수행할 수 있다는 전제하에 인력운영의 패러다임의 변화를 가져와야 한다. 스튜어디스는 젊고 아름다운 여성이 하는 직업으로 인식되던 시대가 있었다. 그러나 세계의 유수항공사들은 남녀를 불문하고 연령을 불문하고 그 업무를 원만하게 수행하고 있음을 종종 접하게 된다. 나이에 대한 편견은 이제 더 이상 고용문제에서 전제되어서는 아니된다. 그러므로 이를 관행적으로 고용 등에 활용하는 경우 처벌수위를 강화하여 고령인력을 충분히 활용할 수 있는 여건을 만들어야 한다.

3. 고령자 역량개발 지원

특화되지 못한 고령근로자는 도태되기 쉽고 새로운 일자리를 가지는 것은 어렵다. 그러므로 근로자 개인도 평생동안 일할 수 있는 역량을 갖추어야 한다. 이를 위하여 정책적으로 입직교육에서부터 공공직업훈련기관에서는 고령자가 경험과 전문성을 보다 더 효과적으로 활용할 수 있는 매칭 역량개발을 추진함은 물론, 별다른 특징적인 역량이 없는 고령자도 역량진단 등을 통하여 적합한 직무수행능력을 배양할 수 있도록 제도적인 장치가 마련되어야 한다. 이를 활성화하기 위하여 일정연령 이상의 경우 필요한 교육훈련 등을 통하여 개발하고자 하는 역량개발을 지원할 수 있는 제도적인 장치가 마련되어야 한다.

4. 고령인력 활용정책의 강화

직무와 역량데이터의 설계가 필요하다. 고용인력의 직업능력개발기관은 사회에 통용되는 직무를 체계화하고 이러한 직무별 수행요건에 대한 직무명세서를 마련함은 물론 해당 직무별 직무역량에 대한 정의와 이를 갖추기 위한 필요한 절차, 과정, 내용을 통합적으로 마련하여 개별 근로자의 역량진단 등을 통하여 적성에 맞는 역량을 개발할 수 있도록 하고, 이러한 개발 수준을 데이터화하여 고용기관 및 근로의욕이 있는 대상자가 연계될 수 있도록 하는 장치가 필요하다. 즉, 기본적인 역량데이터의 마련과 직무별 역량데이터에 근접하거나 보유하고 있는 근로자를 데이터화 하고 고용기관은 이를 통하여 대상근로자와 접촉하거나 협상을 통하여 고용관계를 이어갈 수 있도록 하여야 한다. 그리고 한편으로는 그러한 역량 데이터를 근로자는 데이터 운영기관에 제공하여 본인 스스로 공개적으로 역량수준을 표출할 수 있도록 하여야 한다. 이러한 데이터의 마련은 고용정책에서 매우 중요한 정책적 자료가 될 수 있을 것으로 판단된다.

Ⅱ. 소득활동지원과 연금수급권의 조정

1. 고령인력활용과 소득활동 지원

2016년부터 정년이 60세로 상향되었다. 이러한 정책적인 결정은 고령화에 따른 인력활용과 최근 출산율의 저하에 따른 인력부족 등에 대한 해소방안과도 연관을 갖는다. 그러나 근본적인 문제는 고령인력이 직장생활의 시간 이상으로 미취업상태에 놓여 노후 생활이 불안정한 것과도 무관하지 않다. 결국 정년 연장을 통하여 일할 수 있는 기간을 늘려주고, 부족한 인력을 활용함은 물론, 노후 생활을 원만하게 할 수 있는 소득활동을 강화해 주는 기능을 한다고 할 수 있다.

이미 우리나라는 고령화사회에 접어들었고, 노령화가 많이 진행된 이웃 일본의 사례나 구미 선진국의 사례를 살펴보면 정년이 없거나 보통 65세 이상으로 운영되고 있다. 우리의 경우 이미 평균수명이 80세를 넘어섰고, 이를 기준으로 살펴보면 정년 60세라고 하더라도 퇴직 후 20년 이상은 소득이 없는 연금이나 다른 소득활동을 통하여 생활해 나가야 한다.

2. 국민연금 등 연금수급권의 조정

앞서 설명한 것처럼 정년은 60세인데 연금수급은 65세로 퇴직 후 5년간 소득이 없는 상태에 놓이게 된다. 새로운 직업을 선택하는 것이 어려운 현실을 감안할 때 고령인력의 안정적인 생활이 불가능한 상태에 놓이게 된다. 그러므로 국민연금 등의 연금수급연령을 정년 설정시기와 맞출 필요가 있다고 할 수 있다. 결국, 국민연금 등의 수급은 65세가 되어야 가능하므로 우리의 정년도 65세 이상으로 설정하는 것이 필요하다. 이렇게 할 경우 노동력의 활용과 노령인력의 안정적인 생활보장이 가능한 소득활동이 실효성을 가질 수 있다고 할 수 있다.

3. 평생직업의 활성화

정년의 개념은 과거 우리나라의 평균수명이 60세 미만일 때 일반적으로 고려되었던 개념이다. 그러나 일할 역량이 있고, 전문성과 경험을 가지고 있어도 이를 활용하지 못한다면 국가적으로도 큰 손실이다. 그러므로 점진적이고 체계적인 평생직업의 프로그램을 활성화할 필요가 있다. 근로할 능력이 없는 건강상의 문제나 또는 일할 필요성이 없는 등의 사유가 아닌 한 일할 의욕과 능력이 있는 경우 일할 수 있는 여건이 형성되지 않고는 부족한 인력의 충원은 어렵다. 즉, 단지 연령이 많다는 이유로 일자리를 빼앗기는 것은 자유민주주의의 시장원리에 맞지 않을뿐더러 국가생산력을 저하시키고 국민경제에도 도움이 되질 않는다. 그러므로 정년이 없이 고용정책을 가지는 국가나 종신고용의 형태를 취하는 국가들의 고용정책을 벤치마킹할 필요가 있다고 할 것이다.

Ⅲ. 창업지원

창업활동의 지원은 또 다른 고용창출효과를 가져올 수 있다. 반면에 준비 없는 창업은 실패를 가져와 고용의 불안과 노후생활이 불안정해질 수 있다. 그러므로 체계적인 창업지원 프로그램의 운영이 필요하다. 퇴직 전 일정기간 노후설계와 더불어 창업지원 프로그램을 운영하여 고령인력의 활용과 생활안정을 도모할 필요가 있다. 이를 위하여 체계적인 창업가이드 지원 프로그램, 창업자금 지원, 창업과 안정적인 사업운영 지원(창업 및 운영 도우미 제도 등)을 도모하고 재취업에 필요한 지원 프로그램을 활성화하여야 한다. 즉, 창업지원 프로그램은 재취업 프로그램과 연계하여 운영될 필요가 있다.

Ⅳ. 노후자금마련 및 주거안정 지원

1. 개인연금 등의 보완

노후생활의 안정적인 보장은 스스로 준비해야 하는 것이지만 고용상태에서 개인연금이나 노후자금을 마련할 수 있는 노후재형저축 등의 제도를 마련하는 것도 필요하다. 국민연금 등이 정상적인 생활수준을 유지하는데 부족한 경우 별도의 연금 등을 가입 의무화하는 등의 장치가 필요하다. 예를 들어 소득과 생활비, 물가수준 등을 고려한 최저생계비 이상의 연금가입을 의무화하는 등의 조치가 필요하다. 이러한 예로 건강보험 외에 장기요양보험의 가입을 의무화한 사례를 참고할 수 있겠다.

2. 주택연금제도 활성화

안정적인 노령생활을 위하여는 주거문제를 해소하는 것도 필요하다. 그러므로 임대주택의 활성화와 더불어 주택연금제도를 활성화하여 노후생활이 안정적으로 유지될 수 있도록 하여야 한다.

제 3 절 퇴직연금제도

국민연금이나 개인연금 등과 더불어 퇴직연금제도의 의무화를 고려하여야 한다. 퇴직금을 일시 수령하여 탕진하는 경우 노후생활은 보장될 수 없다. 그러므로 퇴직연금을 의무화하여 모든 근로자가 퇴직연금제도로 편입될 수 있도록 하여야 한다. 그리고 퇴직연금 등도 가입자가 소득이 있을 때 불입금액을 자율적으로 조정할 수 있도록 하여 노후자금을 소득이 있을 때 확충할 수 있도록 하여야 한다.

Ⅰ. 퇴직급여제도의 의의

근로자 퇴직급여제도의 설정 및 운영에 필요한 사항을 정함으로써 근로자의 안정적인 노후생활 보장에 이바지함을 목적으로 퇴직연금제도를 운영한다. 퇴직연금제도는 근로자를 사용하는 모든 사업 또는 사업장(사업)에 적용한다. 다만, 동거하는 친족만을 사용하는 사업 및 가구 내 고용활동에는 적용하지 아니한다.

퇴직급여제도에서 "급여"란 퇴직급여제도나 개인형퇴직연금제도에 의하여 근로자에게 지급되는 연금 또는 일시금을 말하고, "퇴직급여제도"란 확정급여형퇴직연금제도, 확정기여형퇴직연금제도 및 퇴직금제도를 말한다. 또, "퇴직연금제도"란 확정급여형퇴직연금제도(근로자가 받을 급여의 수준이 사전에 결정되어 있는 퇴직연금제도), 확정기여형퇴직연금제도(급여의 지급을 위하여 사용자가 부담하여야 할 부담금의 수준이 사전에 결정되어 있는 퇴직연금제도) 및 개인형퇴직연금제도(가입자의 선택에 따라 가입자가 납입한 일시금이나 사용자 또는 가입자가 납입한 부담금을 적립·운용하기 위하여 설정한 퇴직연금제도로서 급여의 수준이나 부담금의 수준이 확정되지 아니한 퇴직연금제도)를 말한다.

Ⅱ. 퇴직급여제도

1. 퇴직급여제도의 설정

사용자는 퇴직하는 근로자에게 급여를 지급하기 위하여 퇴직급여제도 중 하나 이상의 제도를 설정하여야 한다. 다만, 계속근로기간이 1년 미만인 근로자, 4주간을 평균하여 1주간의 소정근로시간이 15시간 미만인 근로자에 대하여는 그러하지 아니하다. 퇴직급여제도를 설정하는 경우에 하나의 사업에서 급여 및 부담금 산정방법의 적용 등에 관하여 차등을 두어서는 아니 된다. 또, 사용자가 퇴직급여제도를 설정하거나 설정된 퇴직급여제도를 다른 종류의 퇴직급여제도로 변경하려는 경우에는 근로자의 과반수가 가입한 노동조합이 있는 경우에는 그 노동조합, 근로자의 과반수가 가입한 노동조합이 없는 경우에는 근로자 과반수(근로자대표)의 동의를 받아야 한다. 이에 따라 설정되거나 변경된 퇴직급여제도의 내용을 사용자가 변경하려는 경우에는 근로자대표의 의견을 들어야 한다. 다만, 근로자에게 불리하게 변경하려는 경우에는 근로자대표의 동의를 받아야 한다.

2. 새로 성립된 사업의 퇴직급여제도

근로자퇴직급여보장법 전부개정법률(법률 제10967호) 시행일 이후 새로 성립(합병·분할된 경우는 제외)된 사업의 사용자는 근로자대표의 의견을 들어 사업의 성립 후 1년 이내에 확정급여형퇴직연금제도나 확정기여형퇴직연금제도를 설정하여야 한다.

3. 가입자에 대한 둘 이상의 퇴직연금제도 설정

사용자가 가입자에 대하여 확정급여형퇴직연금제도 및 확정기여형퇴직연금제도를 함께 설정하는 경우 및 확정급여형퇴직연금제도의 급여 및 확정기여형퇴직연금제도의 부담금 수준은 확정급여형퇴직연금제도의 급여수준에 확정급여형퇴직연금규약으로 정하는 설정 비율을 곱한 금액, 확정기여형퇴직연금제도의 부담금의 부담 수준에 확정기여형퇴직연금규약으로 정하는 설정 비율을 곱한 금액으로 하며, 사용자는 각각의 설정 비율의 합이 1 이상이 되도록 퇴직연금규약을 정하여 퇴직연금제도를 설정하여야 한다.

4. 수급권의 보호

퇴직연금제도의 급여를 받을 권리는 양도하거나 담보로 제공할 수 없으나, 가입자는 주택구입 등 법령으로 정하는 사유와 요건을 갖춘 경우에는 법령으로 정하는 한도에서 퇴직연금제도의 급여를 받을 권리를 담보로 제공할 수 있다. 이 경우 법령에 따라 등록한 퇴직연금사업자는 제공된 급여를 담보로 한 대출이 이루어지도록 협조하여야 한다.

5. 퇴직금제도

(1) 퇴직금제도의 설정

퇴직금제도를 설정하려는 사용자는 계속근로기간 1년에 대하여 30일분 이상의 평균임금을 퇴직금으로 퇴직 근로자에게 지급할 수 있는 제도를 설정하여야 한다. 다만, 사용자는 주택구입 등 법령으로 정하는 사유로 근로자가 요구하는 경우에는 근로자가 퇴직하기 전에 해당 근로자의 계속근로기간에 대한 퇴직금을 미리 정산하여 지급할 수 있다. 이 경우 미리 정산하여 지급한 후의 퇴직금 산정을 위한 계속근로기간은 정산시점부터 새로 계산한다.

한편, 사용자가 퇴직급여제도나 개인형퇴직연금제도를 설정하지 아니한 경우에는 법령에 따른 퇴직금제도를 설정한 것으로 본다.

(2) 퇴직금의 지급 및 퇴직금의 시효

사용자는 근로자가 퇴직한 경우에는 그 지급사유가 발생한 날부터 14일 이내에 퇴직금을 지급하여야 한다. 다만, 특별한 사정이 있는 경우에는 당사자 간의 합의에 따라 지급기일을 연장할 수 있다. 한편, 퇴직급여보장법에 따른 퇴직금을 받을 권리는 3년간 행사하지 아니하면 시효로 인하여 소멸한다.

6. 퇴직급여 등의 우선변제

사용자에게 지급의무가 있는 퇴직금, 확정급여형퇴직연금제도의 급여, 확정기여형퇴직연금제도의 부담금 중 미납입 부담금 및 미납입 부담금에 대한 지연이자, 개인형퇴직연금제도의 부담금 중 미납입 부담금 및 미납입 부담금에 대한 지연이자(퇴직급여 등)는 사용자의 총재산에 대하여 질권 또는 저당권에 의하여 담보된 채권을 제외하고는 조세·공과금 및 다른 채권에 우선하여 변제되어야 한다. 다만, 질권 또는 저당권에 우선하는 조세·공과금에 대하여는 그러하지 아니하다. 한편, 최종 3년간의 퇴직급여 등은 사용자의 총재산에 대하여 질권 또는 저당권에 의하여 담보된 채권, 조세·공과금 및 다른 채권에 우선하여 변제되어야 한다.

퇴직급여 등 중 퇴직금, 확정급여형퇴직연금제도의 급여는 계속근로기간 1년에 대하여 30일분의 평균임금으로 계산한 금액으로 하고, 퇴직급여 등 중 확정기여형퇴직연금제도의 부담금 및 개인형퇴직연금제도의 부담금은 가입자의 연간 임금총액의 12분의 1에 해당하는 금액으로 계산한 금액으로 한다.

Ⅲ. 확정급여형퇴직연금제도

1. 확정급여형퇴직연금제도의 설정

확정급여형퇴직연금제도를 설정하려는 사용자는 근로자대표의 동의를 얻거나 의견을 들어 퇴직연금사업자 선정에 관한 사항, 가입자에 관한 사항, 가입기간에 관한 사항, 급여 수준에 관한 사항, 급여 지급능력 확보에 관한 사항, 급여의 종류 및 수급요건 등에 관한 사항, 운용관리업무 및 자산관리업무의 수행을 내용으로 하는 계약의 체결 및 해지와 해지에 따른 계약의 이전(移轉)에 관한 사항, 운용현황의 통지에 관한 사항, 가입자의 퇴직 등 급여 지급사유 발생과 급여의 지급절차에 관한 사항, 퇴직연금제도의 폐지·중단 사유 및 절차 등에 관한 사항, 그 밖에 확정급여형퇴직연금제도의 운영을 위하여 법령으로 정하는 사항을 포함한 확정급여형퇴직연금규약을 작성하여 고용부처장관에게 신고하여야 한다. 한편, 퇴직연금사업자는 매년 1회 이상 적립금액 및 운용수익률 등을 법령으로 정하는 바에 따라 가입자에게 알려야 한다.

2. 가입기간 및 급여수준

가입기간은 퇴직연금제도의 설정 이후 해당 사업에서 근로를 제공하는 기간으로 하고, 해당 퇴직연금제도의 설정 전에 해당 사업에서 제공한 근로기간에 대하여도 가입기간으로 할 수 있다. 이 경우 퇴직금을 미리 정산한 기간은 제외한다. 한편, 급여 수준은 가입자의 퇴직일을 기준으로 산정한 일시금이 계속근로기간 1년에 대하여 30일분의 평균임금에 상당하는 금액 이상이 되도록 하여야 한다.

3. 급여 지급능력 확보

확정급여형퇴직연금제도를 설정한 사용자는 급여 지급능력을 확보하기 위하여 매 사업연도 말 매 사업연도 말일 현재를 기준으로 산정한 가입자의 예상 퇴직시점까지의 가입기간에 대한 급여에 드는 비용 예상액의 현재가치에서 장래 근무기간분에 대하여 발생하는 부담금 수입 예상액의 현재가치를 뺀 금액으로서 법령으로 정하는 방법에 따라 산정한 금액, 가입자와 가입자였던 사람의 해당 사업연도 말일까지의 가입기간에 대한 급여에 드는 비용 예상액을 법령으로 정하는 방법에 따라 산정한 금액에 해당하는 금액 중 더 큰 금액(기준책임준비금)에 100분의 60 이상으로 법령으로 정하는 비율을 곱하여 산출한 금액(최소적립금) 이상을 적립금으로 적립하여야 한다. 다만, 해당 퇴직연금제도 설정 이전에 해당 사업에서 근로한 기간을 가입기간에 포함시키는 경우 법령으로 정하는 비율에 따른다.

또, 확정급여형퇴직연금제도의 운용관리업무를 수행하는 퇴직연금사업자는 매 사업연도 종료 후 6개월 이내에 법령으로 정하는 바에 따라 산정된 적립금이 최소적립금을 상회하고 있는지 여부를 확인하여 그 결과를 법령으로 정하는 바에 따라 사용자에게 알려야 한다. 다만, 최소적립금보다 적은 경우에는 그 확인 결과를 근로자대표에게도 알려야 하고, 사용자는 확인 결과 적립금이 법령으로 정하는 수준에 미치지 못하는 경우에는 법령으로 정하는 바에 따라 적립금 부족을 해소하여야 하며, 확인 결과 매 사업연도 말 적립금이 기준책임준비금을 초과한 경우 사용자는 그 초과분을 향후 납입할 부담금에서 상계(相計)할 수 있으며, 매 사업연도 말 적립금이 기준책임준비금의 100분의 150을 초과하고 사용자가 반환을 요구하는 경우 퇴직연금사업자는 그 초과분을 사용자에게 반환할 수 있다.

4. 급여 종류 및 수급요건

확정급여형퇴직연금제도의 급여 종류는 연금 또는 일시금으로 하되, 수급요건은 연금은 55세 이상으로서 가입기간이 10년 이상인 가입자에게 지급할 것(이 경우 연금의 지급기간은 5년 이상이어야 한다). 또, 일시금은 연금수급 요건을 갖추지 못하거나 일시금 수급을 원하는 가입자에게 지급할 것과 같다.

사용자는 가입자의 퇴직 등 급여를 지급할 사유가 발생한 날부터 14일 이내에 퇴직연금사업자로 하여금 적립금의 범위에서 지급의무가 있는 급여 전액(사업의 도산 등 법령으로 정하는 경우에는 법령에 따른 금액에 대한 적립금의 비율에 해당하는 금액)을 지급하도록 하여야 한다(다만, 퇴직연금제도 적립금으로 투자된 운용자산 매각이 단기간에 이루어지지 아니하는 등 특별한 사정이 있는 경우에는 사용자, 가입자 및 퇴직연금사업자 간의 합의에 따라 지급기일을 연장할 수 있다). 사용자는 퇴직연금사업자가 지급한 급여수준이 법령에 따른 급여수준에 미치지 못할 때에는 급여를 지급할 사유가 발생한 날부터 14일 이내에 그 부족한 금액을 해당 근로자에게 지급하여야 한다. 이 경우 특별한 사정이 있는 경우에는 당사자 간의 합의에 따라 지급기일을 연장할 수 있다.

아울러, 급여의 지급은 가입자가 지정한 개인형퇴직연금제도의 계정으로 이전하는 방법으로 한다. 다만, 가입자가 55세 이후에 퇴직하여 급여를 받는 경우 등 법령으로 정하는 사유가 있는 경우에는 그러하지 아니하며, 가입자가 개인형퇴직연금제도의 계정을 지정하지 아니하는 경우에는 해당 퇴직연금사업자가 운영하는 계정으로 이전한다. 이 경우 가입자가 해당 퇴직연금사업자에게 개인형퇴직연금제도를 설정한 것으로 본다.

Ⅳ. 확정기여형퇴직연금제도

1. 확정기여형퇴직연금제도의 설정

확정기여형퇴직연금제도를 설정하려는 사용자는 근로자대표의 동의를 얻거나 의견을 들어 부담금의 부담·납입에 관한 사항, 적립금의 운용에 관한 사항, 적립금의 운용방법 및 정보의 제공 등에 관한 사항, 적립금의 중도인출에 관한 사항, 퇴직연금사업자 선정에 관한 사항, 가입자에 관한 사항, 가입기간에 관한 사항, 급여의 종류 및 수급요건 등에 관한 사항, 운용관리업무 및 자산관리업무의 수행을 내용으로 하는 계약의 체결 및 해지와 해지에 따른 계약의 이전(移轉)에 관한 사항, 운용현황의 통지에 관한 사항, 가입자의 퇴직 등 급여 지급사유 발생과 급여의 지급절차에 관한 사항, 퇴직연금제도의 폐지·중단 사유 및 절차 등에 관한 사항, 그 밖에 확정기여형퇴직연금제도의 운영에 필요한 사항으로서 법령으로 정하는 사항을 포함한 확정기여형퇴직연금규약을 작성하여 고용부처장관에게 신고하여야 한다.

2. 부담금의 부담수준 및 납입

확정기여형퇴직연금제도를 설정한 사용자는 가입자의 연간 임금총액의 12분의 1이상에 해당하는 부담금을 현금으로 가입자의 확정기여형퇴직연금제도 계정에 납입하여야 하며, 가입자는 사용자가 부담하는 부담금 외에 스스로 부담하는 추가 부담금을 가입자의 확정기여형퇴직연금 계정에 납입할 수 있다.

사용자는 매년 1회 이상 정기적으로 부담금을 가입자의 확정기여형퇴직연금제도 계정에 납입하여야 한다. 이 경우 사용자가 정하여진 기일(확정기여형퇴직연금규약에서 납입 기일을 연장할 수 있도록 한 경우에는 그 연장된 기일)까지 부담금을 납입하지 아니한 경우 그 다음 날부터 부담금을 납입한 날까지 지연 일수에 대하여 연 100분의 40 이내의 범위에서 은행법에 따른 은행이 적용하는 연체금리, 경제적 여건 등을 고려하여 법령으로 정하는 이율에 따른 지연이자를 납입하여야 하며, 이 경우 사용자가 천재지변, 그 밖에 법령으로 정하는 사유에 따라 부담금 납입을 지연하는 경우 그 사유가 존속하는 기간에 대하여는 적용하지 아니한다.

사용자는 확정기여형퇴직연금제도 가입자의 퇴직 등 법령으로 정하는 사유가 발생한 때에 그 가입자에 대한 부담금을 미납한 경우에는 그 사유가 발생한 날부터 14일 이내에 부담금 및 지연이자를 해당 가입자의 확정기여형퇴직연금제도 계정에 납입하여야 한다. 다만, 특별한 사정이 있는 경우에는 당사자 간의 합의에 따라 납입 기일을 연장할 수 있다. 또, 가입자는 퇴직할 때에 받을 급여를 갈음하여 그 운용 중인 자산을 가입자가 설정한 개인형퇴직연금제도의 계정으로 이전해 줄 것을 해당 퇴직연금사업자에게 요청할 수 있고, 이에 따른 가입자의 요청이 있는 경우 퇴직연금사업자는 그 운용 중인 자산을 가입자의 개인형퇴직연금제도 계정으로 이전하여야 한다. 이 경우 확정기여형퇴직연금제도 운영에 따른 가입자에 대한 급여는 지급된 것으로 본다.

3. 적립금 운용방법 및 정보제공과 적립금의 중도인출

확정기여형퇴직연금제도의 가입자는 적립금의 운용방법을 스스로 선정할 수 있고, 반기마다 1회 이상 적립금의 운용방법을 변경할 수 있고, 퇴직연금사업자는 반기마다 1회 이상 위험과 수익구조가 서로 다른 세 가지 이상의 적립금 운용방법을 제시하여야 한다. 또, 퇴직연금사업자는 운용방법별 이익 및 손실의 가능성에 관한 정보 등 가입자가 적립금의 운용방법을 선정하는 데 필요한 정보를 제공하여야 한다. 한편, 확정기여형퇴직연금제도에 가입한 근로자는 주택구입 등 법령이 정하는 사유가 발생하면 적립금을 중도인출할 수 있다.

4. 둘 이상의 사용자가 참여하는 확정기여형퇴직연금제도 설정

퇴직연금사업자가 둘 이상의 사용자를 대상으로 하나의 확정기여형퇴직연금제도 설정을 제안하려는 경우에는 법령으로 정하는 사항이 포함된 확정기여형퇴직연금제도의 표준규약과 운용관리업무 및 자산관리업무에 관한 표준계약서의 사항에 대하여 고용부처장관의 승인을 받아야 한다.

Ⅴ. 개인형퇴직연금제도

1. 개인형퇴직연금제도의 설정 및 운영

퇴직연금사업자는 개인형퇴직연금제도를 운영할 수 있고, 퇴직급여제도의 일시금을 수령한 사람, 확정급여형퇴직연금제도 또는 확정기여형퇴직연금제도의 가입자로서 자기의 부담으로 개인형퇴직연금제도를 추가로 설정하려는 사람, 자영업자 등 안정적인 노후소득 확보가 필요한 사람으로서 법령으로 정하는 사람의 어느 하나에 해당하는 사람은 개인형퇴직연금제도를 설정할 수 있다.

아울러, 개인형퇴직연금제도를 설정한 사람은 자기의 부담으로 개인형퇴직연금제도의 부담금을 납입한다. 다만, 법령으로 정하는 한도를 초과하여 부담금을 납입할 수 없고, 개인형퇴직연금제도 적립금의 운용방법 및 운용에 관한 정보제공에 관하여는 법령이 정하는 바에 따른다. 또, 개인형퇴직연금제도의 급여의 종류별 수급요건 및 중도인출에 관하여는 법령으로 정한다.

2. 10명 미만을 사용하는 사업에 대한 특례

상시 10명 미만의 근로자를 사용하는 사업의 경우 사용자가 개별 근로자의 동의를 받거나 근로자의 요구에 따라 개인형퇴직연금제도를 설정하는 경우에는 해당 근로자에 대하여 퇴직급여제도를 설정한 것으로 본다.

개인형퇴직연금제도를 설정하는 경우에는 사용자가 퇴직연금사업자를 선정하는 경우에 개별 근로자의 동의를 받을 것(다만, 근로자가 요구하는 경우에는 스스로 퇴직연금사업자를 선정할 수 있다), 사용자는 가입자별로 연간 임금총액의 12분의 1이상에 해당하는 부담금을 현금으로 가입자의 개인형퇴직연금제도 계정에 납입할 것, 사용자가 부담하는 부담금 외에 가입자의 부담으로 추가 부담금을 납입할 수 있을 것, 사용자는 매년 1회 이상 정기적으로 부담금을 가입자의 개인형퇴직연금제도 계정에 납입할 것, 그 밖에 근로자의 급여 수급권의 안정적인 보호를 위하여 법령으로 정하는 사항은 준수되어야 한다.

사용자는 개인형퇴직연금제도 가입자의 퇴직 등 법령으로 정하는 사유가 발생한 때에 해당 가입자에 대한 부담금을 납입하지 아니한 경우에는 그 사유가 발생한 날부터 14일 이내에 그 부담금과 지연이자를 해당 가입자의 개인형퇴직연금제도의 계정에 납입하여야 한다. 다만, 특별한 사정이 있는 경우에는 당사자 간의 합의에 따라 납입 기일을 연장할 수 있다.

Ⅵ. 퇴직연금사업자 및 업무의 수행

1. 퇴직연금사업자의 등록

자본시장과 금융투자업에 관한 법률에 따른 투자매매업자, 투자중개업자 또는 집합투자업자, 보험업법에 따른 보험회사, 은행법에 따른 은행, 신용협동조합법에 따른 신용협동조합중앙회, 새마을금고법에 따른 새마을금고중앙회, 산업재해보상보험법에 따른 근로복지공단(근로복지공단의 퇴직연금사업 대상은 상시 30명 이하의 근로자를 사용하는 사업에 한함), 그 밖에 이에 준하는 자로서 법령으로 정하는 자의 어느 하나에 해당하는 자로서 퇴직연금사업자가 되려는 자는 재무건전성 및 인적·물적 요건 등 법령으로 정하는 요건을 갖추어 고용부처장관에게 등록하여야 한다.

2. 퇴직연금사업자에 대한 등록취소 및 이전명령

고용부처장관은 퇴직연금사업자가 해산한 경우, 거짓이나 그 밖의 부정한 방법으로 등록을 한 경우, 법령에 따른 등록요건을 갖추지 못하게 된 경우, 법령에 따른 고용부처장관 또는 금융위원회의 명령에 따르지 아니한 경우의 어느 하나에 해당되는 경우에는 법령으로 정하는 바에 따라 시정을 명하거나 등록을 취소할 수 있다. 다만, 해산한 경우와 거짓이나 그 밖의 부정한 방법으로 등록을 한 경우에 해당하는 경우에는 등록을 취소하여야 한다.

등록이 취소된 퇴직연금사업자는 등록이 취소된 날부터 3년간 퇴직연금사업자 등록을 할 수 없고, 퇴직연금제도 관련 업무를 중단하려는 퇴직연금사업자는 고용부처장관에게 등록의 말소를 신청하여야 한다. 이 경우 등록이 말소된 퇴직연금사업자는 말소된 날부터 2년간 퇴직연금사업자 등록을 할 수 없다.

한편, 등록취소 처분을 받거나 등록말소를 신청한 퇴직연금사업자는 설정된 퇴직연금제도의 이전에 필요한 조치 등 법령으로 정하는 가입자 보호조치를 하여야 하고, 고용부처장관은 등록을 취소하거나 말소하는 경우에 근로자의 퇴직급여등 수급권 보호를 위하여 필요하다고 인정하면 등록이 취소되거나 말소되는 퇴직연금사업자에게 그 업무의 전부 또는 일부를 다른 퇴직연금사업자에게 이전할 것을 명할 수 있다. 이 경우 고용부처장관은 그 업무의 전부 또는 일부를 이전받는 퇴직연금사업자의 동의를 받아야 한다.

3. 운용관리업무에 관한 계약의 체결

퇴직연금제도를 설정하려는 사용자 또는 가입자는 퇴직연금사업자와 사용자 또는 가입자에 대한 적립금 운용방법 및 운용방법별 정보의 제공, 연금제도 설계 및 연금 계리(計理), 적립금 운용현황의 기록·보관·통지, 사용자 또는 가입자가 선정한 운용방법을 법령에 따른 자산관리업무를 수행하는 퇴직연금사업자에게 전달하는 업무, 그 밖에 운용관리업무의 적절한 수행을 위하여 법령으로 정하는 업무의 업무(운용관리업무)를 하는 것을 내용으로 하는 계약을 체결하여야 한다. 다만, 연금제도 설계 및 연금 계리(計理)의 업무는 확정급여형퇴직연금제도를 설정할 때에만 해당한다.

이에 따라 운용관리업무를 수행하는 퇴직연금사업자는 법령으로 정하는 일부 업무를 인적·물적 요건 등 법령으로 정하는 요건을 갖춘 자에게 처리하게 할 수 있다.

4. 자산관리업무에 관한 계약의 체결

퇴직연금제도를 설정한 사용자 또는 가입자는 계좌의 설정 및 관리, 부담금의 수령, 적립금의 보관 및 관리, 운용관리업무를 수행하는 퇴직연금사업자가 전달하는 적립금 운용지시의 이행, 급여의 지급, 그 밖에 자산관리업무의 적절한 수행을 위하여 법령으로 정하는 업무(자산관리업무)의 수행을 내용으로 하는 계약을 퇴직연금사업자와 체결하여야 한다.

사용자 또는 가입자가 계약을 체결하려는 경우에는 근로자 또는 가입자를 피보험자 또는 수익자로 하여 법령으로 정하는 보험계약 또는 신탁계약의 방법으로 하여야 한다.

5. 운용관리업무의 수행

퇴직연금사업자는 선량한 관리자로서의 주의의무를 다하여야 하며, 퇴직연금사업자는 적립금의 운용방법을 제시하는 경우에 운용방법에 관한 정보의 취득과 이해가 쉬울 것, 운용방법 간의 변경이 쉬울 것, 적립금 운용결과의 평가 방법과 절차가 투명할 것, 확정기여형퇴직연금제도와 개인형퇴직연금제도의 경우에는 법령으로 정하는 원리금보장 운용방법이 하나 이상 포함될 것, 적립금의 중장기 안정적 운용을 위하여 분산투자 등 법령으로 정하는 운용방법 및 기준 등에 따를 것의 요건을 갖춘 운용방법을 제시하여야 한다.

6. 모집업무의 위탁

퇴직연금사업자는 퇴직연금사업자로 고용부처장관에게 등록된 자가 아닐 것, 퇴직연금제도에 대한 전문 지식이 있는 자로서 법령으로 정하는 요건을 갖출 것, 등록이 취소된 경우 그 등록이 취소된 날로부터 3년이 경과하였을 것의 요건을 모두 갖춘 자(퇴직연금제도 모집인)에게 퇴직연금제도를 설정하거나 가입할 자를 모집하는 업무(모집업무)로서 법령으로 정하는 업무를 위탁할 수 있다. 이에 따라 퇴직연금사업자는 퇴직연금제도 모집업무를 위탁한 경우에는 위탁받은 자를 고용부처장관에게 등록하여야 한다. 이 경우 고용부처장관은 그 등록업무를 법령으로 정하는 바에 따라 고용부처장관이 정하는 기관에 위탁할 수 있고, 퇴직연금제도 모집업무를 위탁받은 자는 등록을 하지 아니하고는 퇴직연금제도 모집업무를 수행하여서는 아니 되고, 퇴직연금사업자는 등록한 퇴직연금제도 모집인 이외의 자에게 모집업무를 위탁하여서는 아니 되며, 등록 신청, 방법, 절차 및 그 밖에 등록을 위하여 필요한 사항은 고용부처장관이 정한다.

고용부처장관은 법령의 요건을 갖추지 못한 경우, 위탁받은 자의 준수사항을 위반한 경우의 어느 하나에 해당하는 경우 퇴직연금제도 모집인에 대한 등록을 취소하거나 6개월 이내에서 모집업무를 정지할 수 있고, 업무를 위탁한 경우 위탁받은 자는 위탁한 업무를 다른 자에게 다시 위탁하지 아니할 것, 허위 정보에 의한 모집행위 금지 등 퇴직연금제도의 적절한 운영을 위하여 필요한 사항으로서 법령으로 정하는 사항을 지켜야 하며, 퇴직연금사업자는 모집업무를 위탁받은 자가 이에 따른 준수사항을 지키지 아니한 경우에는 모집업무의 위탁을 취소하여야 한다.

퇴직연금사업자는 퇴직연금제도 모집인이 퇴직연금제도 모집업무를 수행함에 있어서 법령을 준수하고 건전한 거래질서를 해하는 일이 없도록 성실히 관리하여야 하며, 이를 위한 퇴직연금제도 모집업무수행기준을 정하여야 하며, 퇴직연금제도 모집인이 모집업무를 수행함에 있어서 사용자 또는 가입자에게 손해를 끼친 경우에 민법(제756조)을 준용한다.

Ⅶ. 사용자 등의 책무 및 정부의 감독

1. 사용자의 책무

사용자는 법령 및 퇴직연금규약을 준수하고 가입자 등을 위하여 법령으로 정하는 사항에 관하여 성실하게 퇴직급여법에 따른 의무를 이행하여야 하며, 퇴직연금제도(개인형퇴직연금제도는 제외)를 설정한 사용자는 매년 1회 이상 가입자에게 해당 사업의 퇴직연금제도 운영 상황 등 법령으로 정하는 사항에 관한 교육을 하여야 한다. 이 경우 사용자는 퇴직연금사업자에게 그 교육의 실시를 위탁할 수 있다.

퇴직연금제도를 설정한 사용자는 자기 또는 제3자의 이익을 도모할 목적으로 운용관리업무 및 자산관리업무의 수행계약을 체결하는 행위, 그 밖에 퇴직연금제도의 적절한 운영을 방해하는 행위로서 법령으로 정하는 행위의 어느 하나에 해당하는 행위를 하여서는 아니 된다.

2. 퇴직연금사업자의 책무

퇴직연금사업자는 법령을 준수하고 가입자를 위하여 성실하게 그 업무를 하여야 함은 물론, 퇴직연금사업자는 법령에 따른 계약의 내용을 지켜야 한다.

또, 퇴직연금사업자는 정당한 사유 없이 운용관리업무의 수행계약 체결을 거부하는 행위, 자산관리업무의 수행계약 체결을 거부하는 행위, 특정 퇴직연금사업자와 계약을 체결할 것을 강요하는 행위, 그 밖에 사용자 또는 가입자의 이익을 침해할 우려가 있는 행위로서 법령으로 정하는 행위의 어느 하나에 해당하는 행위를 하여서는 아니 된다.

아울러, 운용관리업무를 수행하는 퇴직연금사업자는 계약체결 시 가입자 또는 사용자의 손실의 전부 또는 일부를 부담하거나 부담할 것을 약속하는 행위, 가입자 또는 사용자에게 경제적 가치가 있는 과도한 부가적 서비스를 제공하거나 가입자 또는 사용자가 부담하여야 할 경비를 퇴직연금사업자가 부담하는 등 법령으로 정하는 특별한 이익을 제공하거나 제공할 것을 약속하는 행위, 가입자의 성명·주소 등 개인정보를 퇴직연금제도의 운용과 관련된 업무수행에 필요한 범위를 벗어나서 사용하는 행위, 자기 또는 제3자의 이익을 도모할 목적으로 특정 운용 방법을 가입자 또는 사용자에게 제시하는 행위의 어느 하나에 해당하는 행위를 하여서는 아니 된다.

개인형퇴직연금제도를 운영하는 퇴직연금사업자는 해당 사업의 퇴직연금제도 운영 상황 등 법령으로 정하는 사항에 대하여 매년 1회 이상 가입자에게 교육을 하여야 하며, 퇴직연금사업자는 법령으로 정하는 바에 따라 퇴직연금제도의 취급실적을 사용자(개인형퇴직연금제도의 취급실적은 제외), 고용부처장관 및 금융감독원장에게 제출하여야 하고, 퇴직연금사업자는 법령에 따른 계약 체결과 관련된 약관 또는 표준계약서(약관등)를 제정하거나 변경하려는 경우에는 미리 금융감독원장에게 보고하여야 한다. 다만, 근로자 또는 사용자의 권익이나 의무에 불리한 영향을 주지 아니하는 경우로서 금융위원회가 정하는 경우에는 약관 등의 제정 또는 변경 후 10일 이내에 금융감독원장에게 보고할 수 있다.

퇴직연금사업자는 매년 말 적립금 운용 수익률 및 수수료 등을 금융위원회가 정하는 바에 따라 공시하여야 한다.

3. 정부의 책무

정부는 퇴직연금제도가 활성화될 수 있도록 지원방안을 마련하여야 하고, 정부는 퇴직연금제도의 건전한 정착 및 발전을 위하여 노사단체, 퇴직연금업무의 수행과 관련된 기관·단체와 공동으로 연구사업 지원 등 필요한 조치를 할 수 있다. 또, 정부는 퇴직연금제도의 급여 지급 보장을 위한 장치 마련 등 근로자의 급여 수급권 보호를 위한 방안을 강구하도록 노력하여야 한다.

4. 사용자에 대한 감독

고용부처장관은 사용자가 퇴직연금제도의 설정 또는 그 운영 등에 관하여 퇴직급여법 또는 퇴직연금규약에 위반되는 행위를 한 경우에는 기간을 정하여 그 위반의 시정을 명할 수 있고, 고용부처장관은 사용자가 이에 따른 기간 이내에 시정명령에 따르지 아니하는 경우에는 퇴직연금제도 운영의 중단을 명할 수 있다.

5. 퇴직연금사업자에 대한 감독

고용부처장관은 퇴직연금사업자가 퇴직급여법을 위반하는 행위를 한 경우에는 기간을 정하여 그 위반의 시정을 명할 수 있고, 고용부처장관은 퇴직연금사업자가 시정명령에 따르지 아니하는 경우에는 이 법에 따라 수행하는 업무를 다른 퇴직연금사업자에게 이전할 것을 명할 수 있다.

한편, 금융위원회는 퇴직연금제도의 안정적 운영과 근로자의 수급권 보호를 위하여 법령으로 정하는 업무에 관하여 퇴직연금사업자를 감독하고, 퇴직연금사업자가 법령를 위반하는 경우 퇴직연금사업자에 대한 주의, 그 임원에 대한 주의 또는 그 직원에 대한 주의·견책·감봉·정직·면직의 요구, 해당 위반행위에 대한 시정명령, 임원의 해임권고 또는 직무정지요구, 6개월 이내의 영업의 일부정지의 조치를 할 수 있다.

또, 금융감독원장은 퇴직연금사업자의 업무 및 재산상황 등을 검사할 수 있고, 법령에 따라 퇴직연금사업자가 보고한 약관 등이 이 법에 위배될 경우에는 변경·보완을 명할 수 있다.

6. 금융거래정보의 제공 요청

고용부처장관은 사용자가 급여 지급능력을 확보하였는지 등 퇴직연금제도 운영을 감독하기 위하여 필요한 경우 금융실명거래 및 비밀보장에 관한 법률 및 신용정보의 이용 및 보호에 관한 법률에도 불구하고 자산관리업무 및 운용관리업무 계약을 체결한 사업에 관한 가입자 현황, 급여 지급 현황, 부담금 납입 현황, 적립금 운용현황에 관한 정보의 금융거래에 관한 정보 또는 자료(금융거래정보)의 제공을 퇴직연금사업자에게 요청할 수 있고, 고용부처장관이 금융거래정보를 요청할 때에는 요청대상 거래기간, 요청의 법적 근거, 사용목적, 요청하는 금융거래정보의 내용의 사항을 적은 문서로 요청하여야 하며, 금융거래정보의 요청은 퇴직연금제도 운영의 건전성 감독을 위하여 필요한 최소한도에 그쳐야 한다.

퇴직연금사업자가 고용부처장관에게 금융거래정보를 제공하는 경우에는 그 퇴직연금사업자는 금융거래정보를 제공한 날부터 10일 이내에 제공한 금융거래정보의 주요 내용, 사용목적, 제공받은 자 및 제공일자 등을 해당 사용자 또는 가입자에게 서면으로 알려야 한다. 이 경우 통지에 드는 비용에 관하여는 금융실명거래 및 비밀보장에 관한 법률을 준용한다.

고용부처장관은 퇴직연금사업자에게 금융거래정보를 요구하는 경우에는 그 사실을 기록하여야 하며, 금융거래정보를 요구한 날부터 5년간 그 기록을 보관하여야 하고, 금융거래정보를 제공받아 알게 된 자는 그 알게 된 금융거래정보를 타인에게 제공 또는 누설하거나 그 목적 외의 용도로 이용하여서는 아니 된다.

Ⅷ. 퇴직연금제도의 실효성 확보 조치

1. 퇴직연금제도의 폐지 · 중단 시의 처리

퇴직연금제도가 폐지되거나 운영이 중단된 경우에는 폐지된 이후 또는 중단된 기간에 대하여는 퇴직금제도를 적용한다.

사용자는 퇴직연금제도가 폐지된 경우 지체 없이 적립금으로 급여를 지급하는 데에 필요한 조치로서 미납 부담금의 납입 등 법령으로 정하는 조치를 하여야 한다.

사용자와 퇴직연금사업자는 법령에 따른 사유 등으로 퇴직연금제도가 중단된 경우에 적립금 운용에 필요한 업무 등 법령으로 정하는 기본적인 업무를 유지하여야 하며, 사용자와 퇴직연금사업자는 퇴직연금제도가 폐지되어 가입자에게 급여를 지급하는 경우에 가입자가 지정한 개인형퇴직연금제도의 계정으로 이전하는 방법으로 지급하여야 한다.

가입자가 급여를 받은 경우에는 법령에 따라 중간정산되어 받은 것으로 본다. 이 경우 중간정산 대상기간의 산정 등에 필요한 사항은 법령으로 정한다.

2. 업무의 협조 및 청문

고용부처장관은 법령이 정하는 바에 따라 필요한 경우에 금융위원회 등 관련 기관에 자료의 제출을 요청할 수 있다. 이 경우 자료의 제출을 요청받은 기관은 정당한 사유가 없으면 이를 거부하여서는 아니 된다. 아울러, 고용부처장관은 등록취소 또는 이전명령을 하려는 경우에는 청문을 하여야 한다.

3. 보고 및 조사

고용부처장관은 퇴직급여법이 정하는 바에 따라 필요한 범위에서 사용자 및 퇴직연금사업자에게 퇴직연금제도의 실시 상황 등에 관한 보고, 관계 서류의 제출 또는 관계인의 출석을 요구할 수 있고, 고용부처장관은 법령이 정하는 바에 따라 필요하다고 인정하는 경우에는 소속 직원으로 하여금 퇴직연금제도를 실시하는 사업장 및 해당 퇴직연금사업자의 사업장에 출입하여 사용자 및 퇴직연금사업자 등 관계인에 대하여 질문하거나 장부 등 서류를 조사하게 할 수 있으며, 사업장 및 해당 퇴직연금사업자의 사업장에 출입하여 관계인에 대하여 질문하거나 장부 등 서류를 조사하려는 직원은 그 권한을 나타내는 증표를 지니고 이를 관계인에게 내보여야 한다.

4. 권한의 위임 · 위탁

퇴직급여법에 대한 고용부처장관의 권한은 법령으로 정하는 바에 따라 그 일부를 금융위원회 또는 금융감독원장에게 위탁하거나 지방고용노동관서의 장에게 위임할 수 있고, 퇴직급여법에 따른 금융위원회의 권한은 법령으로 정하는 바에 따라 그 일부를 금융감독원장에게 위탁할 수 있다.

5. 벌칙 및 양벌규정

(1) 벌칙

금융거래정보를 제공받아 알게 된 자는 그 알게 된 금융거래정보를 타인에게 제공 또는 누설하거나 그 목적 외의 용도로 이용한 자는 5년 이하의 징역 또는 3천만원 이하의 벌금에 처한다. 아울러, 법령을 위반하여 퇴직금을 지급하지 아니한 자, 근로자가 퇴직할 때에 법령을 위반하여 급여를 지급하지 아니하거나 부담금 또는 지연이자를 납입하지 아니한 자, 법령을 위반하여 가입자 보호조치를 하지 아니한 퇴직연금사업자, 법령을 위반한 퇴직연금사업자의 어느 하나에 해당하는 자는 3년 이하의 징역 또는 2천만원 이하의 벌금에 처하는 등 그 경중에 따라 벌칙규정을 적용한다.

(2) 양벌규정

법인의 대표자나 법인 또는 개인의 대리인, 사용인, 그 밖의 종업원이 그 법인 또는 개인의 업무에 관하여 벌칙규정의 위반행위를 하면 그 행위자를 벌하는 외에 그 법인 또는 개인에게도 해당 조문의 벌금형을 과(科)한다. 다만, 법인 또는 개인이 그 위반행위를 방지하기 위하여 해당 업무에 관하여 상당한 주의와 감독을 게을리하지 아니한 경우에는 그러하지 아니하다.

(3) 과태료

법령에 따른 매년 1회 이상 교육을 하지 아니한 사용자와 매년 1회 이상 교육을 하지 아니한 퇴직연금사업자에 해당하는 자에게는 1천만원 이하의 과태료를 부과하고, 확정급여형퇴직연금규약 또는 확정기여형퇴직연금규약을 신고하지 아니한 사용자, 법령에 따른 책무를 위반한 사용자와 퇴직연금사업자에 해당하는 자에게는 500만원 이하의 과태료를 부과한다. 이때 과태료는 법령으로 정하는 바에 따라 고용부처장관이 부과·징수한다.

제4절 건강관리와 사회활동지원

건강한 생활은 근로할 능력을 유지할 수 있도록 하고, 생활의 활력을 가져오며, 노령이라는 전제에 대한 불신을 해소할 수 있다. 그러므로 근로자 특히 고령인력의 건강관리는 고용정책에서 중요한 과제라고 할 수 있다. 모든 근로자에게 동일하게 적용되는 근로환경 외에 일정연령 이상의 근로자에게는 건강관리에 필요한 프로그램을 활성화하고, 업무적인 재조정과 적절한 활용방법을 강구할 필요가 있다.

Ⅰ. 건강지원 프로그램 강화

고령근로자에 대한 건강지원 프로그램은 제도적으로는 장기요양보험 등의 활성화, 검진제도의 강화, 건강한 생활습관 유지를 위한 강좌운영 등이 필요하다.

1. 장기요양보험 등 보험제도의 활용

고령근로자일수록 건강문제에 노출될 가능성이 크고, 젊은 근로자보다 요양기간이 장기화될 가능성이 높다. 일단 건강이 약화되면 근로능력의 상실은 물론 근로의욕마저 저하될 수 있으므로 고령근로자에게 건강문제는 매우 중요한 관건이 될 수 있다. 이렇게 노출된 고령근로자가 장기간의 요양 등을 요하는 경우 치료와 재활을 통하여 다시 근로현장에 복귀할 수 있는 장기요양보험 등에 대한 확충이 필요하다.

2. 검진제도 강화 및 검진휴가

법정 건강검진은 정상적인 젊은 층의 근로자를 기준으로 설정된 것으로 고령근로자에게는 새로운 기준이 필요하다. 즉, 고령근로자에게는 보다 안정적인 건강상태를 체크하고 문제가 발견될 경우 즉시 요양 등의 조치가 가능하도록 하여야 한다. 그러나 면역력 및 체력이 저하된 고령근로자는 아주 짧은 기간에 건강상태가 악화될 수 있으므로 정기검진 등의 주기를 탄력적으로 운영할 필요가 있다. 이러한 탄력성은 직무의 내용과 업종에 따라 검진 주기의 조정 및 건강관리를 위한 검진휴가 등의 조치가 수반되어야 할 것이다.

3. 건강한 생활습관 활성화

건강한 신체는 건강한 생활습관의 유지가 관건이다. 그러므로 고령근로자의 건강유지강좌에 대한 의무이수 등 근로생활과 건강한 생활습관을 가질 수 있도록 지속적인 교육훈련이 필요하다. 필요한 경우 일정 연령의 근로자에게는 의무교육을 실시하는 등의 장치가 필요하고, 사업주에게도 일정연령이상의 고령근로자를 고용하고 있는 경우 주기적인 건강강좌를 의무적으로 실시할 것을 강제할 필요가 있다. 이를 통하여 스스로 체크를 통한 근로자의 건강유지 및 근로능력을 유지할 수 있고, 건강문제로 근로능력상실 방지 및 의료 등의 비용발생을 미연에 방지할 수 있다.

4. 근로시간 조정 및 건강휴가제도

고령근로자는 일반적으로 체력적으로 젊은 근로자보다 부족하다. 그러므로 근로시간에 대한 기준도 일정연령의 근로자에게는 특별한 조건(예를 들어 1일기준근로시간을 8시간에서 7시간으로 단축 등)이 부여되어야 한다. 이는 법령으로 규정하는 것이 필요하다고 할 수 있다. 그리고 일과 건강생활이 병행될 수 있도록 건강(관리)휴가제도를 마련하는 등의 조치가 필요하다.

Ⅱ. 사회활동 프로그램 강화

건강한 신체 못지않게 중요한 것이 정신건강이다. 특히 고령근로자는 사회적인 의미와 역할에 대하여 의미를 부여하는 등 보다 다른 차원의 동기부여가 필요하다. 그러므로 고령근로자들이 사회적인 참여와 소속감 및 역할을 할 수 있는 소위 의미있는 직무나 활동에 참여할 수 있는 기회를 마련해 주는 것도 필요하다. 요즘 대부분의 기업 및 굴지의 기업들은 기업의 사회적 책임을 중요한 과업으로 추진하는 경우가 많다. 이러한 직무수행에 고령근로자들을 참여시키는 방법도 중요한 고령인력운영정책에 해당할 수 있다.

1. 봉사활동 지원

봉사활동은 이제 기업이 수행하는 미션의 근간이 되고 있다. 형식적인 차원을 넘어 체계적이고 지속적이며, 지속가능한 경영활동으로 여겨진다. 이러한 기업의 활동에 고령인력이 중심적으로 참여할 수 있는 기회를 마련하고, 이러한 참여를 통하여 성취감과 사회적인 역할을 할 수 있도록 배려하는 것은 고령인력을 활용하는 좋은 방법이 될 수 있다. 사회적인 경험과 직무적인 경험을 바탕으로 다양한 형태의 봉사활동 등 사회공헌 프로그램설계에 참여시키고 직접 그러한 봉사활동을 주관하며 참여하는 경우 기업의 생산성과 더불어 기업의 미션을 다하는 동기부여가 될 것이다.

2. 사교활동 지원 활성화

기업은 국제적으로 또는 전국적으로 영업행위 등 활동을 한다. 그리고 기업은 지역사회와 소통하고, 산학협력을 통한 공동의 목표를 추진하고, 교류하며 함께 성장한다. 이러한 것은 기업의 경영전략이 될 수도 있고, 기업의 미래를 위한 투자가 될 수도 있다. 그리고 사회와 소통하는 과정에서 기업은 성장을 한다. 이러한 기업의 역할과 관련한 직무에서 또는 소통하는 가교역할을 수행하는 직무에서 고령인력을 활용하는 경우 고령근로자는 사교의 장이 될 수도 있고, 일과 보람이라는 긍지를 가질 수 있다. 결국 일을 통하여 사교활동과 기업의 성장을 이루는 것인데, 이러한 역할에 고령근로자를 활용하는 것은 고령인력정책의 방법이 될 수 있다.

Ⅲ. 퇴직지원 프로그램 활성화

특정한 조직에서 특정한 업무만을 수행하던 고령자의 퇴직은 새로운 사회로의 첫발을 내딛는 두려움과 어설픔의 시작이라고 할 수 있다. 혹자는 투자를 잘못해서 재산을 탕진하고 생활이 곤궁해지는가 하면, 혹자는 새로운 일에 적응하지 못해서 건강을 해치거나 삶의 의욕을 상실하는 등 많은 문제들이 노출되고 있다. 그러므로 체계적인 퇴직지원프로그램은 제2의 인생을 설계하는 고령인력에 대한 종합적인 기본서와 같은 지침이 될 수 있다.

이러한 퇴직지원 프로그램은 앞서 설명한 창업지원 프로그램을 비롯하여 재취업 프로그램, 노후설계를 위한 프로그램, 취미활동을 개발하는 프로그램 등 기업의 특성과 근로자의 욕구에 적절한 수단과 방법을 통하여 지원하는 것은 고령인력을 활용하고, 고령사회 문제를 해소하는 중요한 과정과 방법이 될 수 있다.

제 6 편

근로관계정책

제11장　근로기준정책

제12장　근로보호정책

11 chapter

근로기준정책

제 1 절 기본방향 및 기본원칙

근로관계의 기본정신은 근로환경 등 근로관계에서 인간의 존엄성을 실현하기 위한 기본적인 생활의 보장, 노사대등의 원리에 의한 자유로운 의사에 따른 근로조건의 결정과 실행을 통해 건강하고 문화적인 삶을 영위할 수 있도록 하는데 있다. 즉, 근로기준정책에서의 기본방향과 원칙으로 '근로자의 기본적인 생활의 보장'이 하나이고, 다른 하나는 '근로조건의 결정과 실행에 노사대등의 원리'를 들 수 있다. 통상 노동관계법에서 논의되고 있는 분야는 근로관계와 노사관계로 요약되는데, 이는 개별 근로관계와 집단적 노사관계로 표현되기도 한다. 근로기준정책은 개별적인 고용관계의 영역에서 다루어지며, 자율적이고 합리적인 근로기준의 설정을 통해 근로자가 인간다운 삶을 영위할 수 있도록 하는데 있다. 다만, 역사적으로 약자의 지위에 있던 근로자의 지위를 보호하기 위하여 근로환경의 기준이 강제적으로 규제되고 있음도 주지할 필요가 있다.

Ⅰ. 근로조건 기준정책의 기본방향

근로관계설정의 기본조건을 천명한 근기법에서는 헌법에 따라 근로조건의 기준을 정함으로써 근로자의 기본적 생활을 보장, 향상시키며 균형 있는 국민경제의 발전을 꾀하는 것을 목적으로 한다고 규정하고 있고, 동 법에서 근로자란 직업의 종류와 관계없이 임금을 목적으로 사업이나 사업장에 근로를 제공하는 자로 근로계약에 따라 사용자와 고용관계를 맺고 있는 자를 대상으로 동 근로관계정책을 적용함을 규정하고 있다.

근기법은 상시 5명 이상의 근로자를 사용하는 모든 사업 또는 사업장에 적용한다. 다만, 동거하는 친족만을 사용하는 사업 또는 사업장과 가사(家事) 사용인에 대하여는 적용하지 아니한다. 또, 상시 4명 이하의 근로자를 사용하는 사업 또는 사업장에 대하여는 근기법의 일부 규정을 적용할 수 있으며, 근기법과 동법시행령은 국가, 특별시・광역시・도, 시・군・구, 읍・면・동, 그 밖에 이에 준하는 것에 대하여도 적용된다.

아울러, 사용자는 근기법과 동법시행령의 요지(要旨)와 취업규칙을 근로자가 자유롭게 열람할 수 있는 장소에 항상 게시하거나 갖추어 두어 근로자에게 널리 알려야 하고, 사용자는 기숙사에 관한 규정과 기숙사규칙을 기숙사에 게시하거나 갖추어 두어 기숙(寄宿)하는 근로자에게 널리 알려야 한다.

Ⅱ. 근로관계의 기본원칙

근로조건의 기준을 규정한 근기법에서의 근로조건은 최저기준이므로 ① 근로관계 당사자는 이 기준을 이유로 근로조건을 낮출 수 없고, ② 근로조건은 근로자와 사용자가 동등한 지위에서 자유의사에 따라 결정하여야 하며, ③ 근로자와 사용자는 각자가 단체협약, 취업규칙과 근로계약을 지키고 성실하게 이행할 의무를 부과하고 있다.

즉, 근로기준정책에서 규정하고 있는 사항은 최저기준으로 이를 하회하는 근로조건은 인정되지 않고, 최저기준이상으로 설정되어야 한다. 이는 인간다운 삶의 기본조건을 충족할 수 있는 최저기준을 보장하기 위한 장치라고 할 수 있다. 또, 근로조건의 결정은 노사가 자유로운 의사에 따라 이루어져야 하며, 노사 쌍방이 규정한 계약 등은 성실한 이행을 전제로 하는 기본원칙을 준수하여야 한다. 아울러, 이러한 기본원칙을 강화하기 위하여 다음과 같은 금지정책 등을 추진하여야 한다.

1. 균등한 처우

사용자는 근로자에 대하여 남녀의 성(性)을 이유로 차별적 대우를 하지 못하고, 국적・신앙 또는 사회적 신분을 이유로 근로조건에 대한 차별적 처우를 하지 못한다. 근로조건은 임금 등 보상, 복리후생, 근로시간, 휴가 및 휴게, 기타 근로자에게 적용되는 대우에 관한 사항으로 근로제공과 이에 대한 반대급부 및 근로관계에서 제공되는 일체의 것이라고 할 수 있다. 아울러, 성별, 국적, 신앙, 사회적 신분은 예시적인 것으로 열거되지 않는 사유 등에 대하여 합리적인 이유 없는 불이익한 대우 및 차별적 처우를 모두 포함한다고 할 수 있다.

2. 강제근로의 금지

사용자는 폭행, 협박, 감금, 그 밖에 정신상 또는 신체상의 자유를 부당하게 구속하는 수단으로써 근로자의 자유의사에 어긋나는 근로를 강요하지 못한다. 과거 노예적인 예속관계에서 제공하던 근로관계의 청산을 의미하는 것으로 근로자의 인격을 존중하고 인간된 권리로서의 근로권을 자유의지에 따라 자유로운 결정으로 행사할 수 있도록 하는데 의미가 있다.

3. 폭행의 금지

사용자는 사고의 발생이나 그 밖의 어떠한 이유로도 근로자에게 폭행을 하지 못한다. 업무상의 과실 또는 고의 등으로 사고가 발생한 경우 징계, 귀책사유에 의한 배상책임 등을 근로자에게 물을 수는 있어도 폭행을 행사할 수는 없다. 폭행에는 물리적인 폭행 외에 언어적인 폭행, 협박 등도 포함된다고 보아야 한다. 전근대적인 노예적인 근로형태에서 강제근로나 폭행 등 가혹행위를 통하여 근로시키는 것을 금지하고자 하는데 목적이 있다. 어떠한 이유로도 폭행을 할 수 없으므로 폭행을 한 경우 형법 등을 적용하여 형사처벌의 대상이 된다 할 것이다.

4. 중간착취의 배제

누구든지 법률에 따르지 아니하고는 영리로 다른 사람의 취업에 개입하거나 중간인으로서 이익을 취득하지 못한다. 그러므로 근로계약도 근로자와 사용자가 당사자로서 체결하여야 하고, 근로의 대가로 지급되는 임금도 해당 근로자에게 직접 지급되어야 하는 것이 원칙이다. 다만, 파견법 등 법률에 의한 경우 합법적인 것으로 중간착취의 배제원칙에 제외된다고 할 것이다.

5. 공민권 행사의 보장

사용자는 근로자가 근로시간 중에 선거권, 그 밖의 공민권(公民權) 행사 또는 공(公)의 직무를 집행하기 위하여 필요한 시간을 청구하면 거부하지 못한다. 다만, 그 권리 행사나 공(公)의 직무를 수행하는 데에 지장이 없으면 청구한 시간을 변경할 수 있다. 여기에서 공민권 행사와 공의직무에서 선거권은 대통령선거, 국회의원선거, 지자체장 및 지자체의원 선거 등 법률에 따라 시행되는 국가적인 선거를 의미하므로 노동조합의 대의원 선거 등은 이에 해당하지 않으며, 각종 이익단체의 선거도 포함되지 않는다.

제 2 절 근로기준 및 조건의 법정화

Ⅰ. 근로계약상 근로조건 기준

1. 근로조건

법령에서 정하는 기준에 미치지 못하는 근로조건을 정한 근로계약은 그 부분에 한하여 무효로 하고, 이에 따라 무효로 된 부분은 법령에서 정한 기준에 따르며, 근로계약은 기간을 정하지 아니한 것과 일정한 사업의 완료에 필요한 기간을 정한 것 외에는 그 기간은 1년을 초과하지 못한다. 즉, 법령에서 정하는 기준은 최저의 기준이므로 강행적인 것이며, 최저 기준을 상회하는 조건이라도 일정한 요건과 절차를 구비하여야 저하시킬 수 있다.

2. 근로조건의 명시 및 서면교부

사용자는 근로계약을 체결할 때에 근로자에게 "임금, 소정근로시간, 근기법에 따른 휴일, 연차 유급휴가, 그 밖에 근기법시행령으로 정하는 근로조건"의 사항을 명시하여야 하고, 근로계약 체결 후 동 사항을 변경하는 경우에도 또한 같다. 또, 사용자는 이와 관련한 임금의 구성항목·계산방법·지급방법 및 "소정근로시간, 휴일, 연차 유급휴가"의 사항이 명시된 서면을 근로자에게 교부하여야 한다. 다만, 이러한 명시사항이 단체협약 또는 취업규칙의 변경 등 근기법시행령으로 정하는 사유로 인하여 변경되는 경우에는 근로자의 요구가 있으면 그 근로자에게 교부하여야 한다.

3. 단시간근로자의 근로조건

단시간근로자의 근로조건은 그 사업장의 같은 종류의 업무에 종사하는 통상 근로자의 근로시간을 기준으로 산정한 비율에 따라 결정되어야 하며, 4주 동안(4주 미만으로 근로하는 경우에는 그 기간)을 평균하여 1주 동안의 소정근로시간이 15시간 미만인 근로자에 대하여는 근기법에서 정하는 휴일과 연차유급휴가를 적용하지 아니한다.

4. 근로조건의 위반에 대한 손해배상 청구

명시된 근로조건이 사실과 다를 경우에 근로자는 근로조건 위반을 이유로 손해의 배상을 청구할 수 있으며 즉시 근로계약을 해제할 수 있고, 이에 따라 근로자가 손해배상을 청구할 경우에는 노동위원회에 신청할 수 있으며, 근로계약이 해제되었을 경우에는 사용자는 취업을 목적으로 거주를 변경하는 근로자에게 귀향여비를 지급하여야 한다.

Ⅱ. 전근대적 고용관행의 청산을 위한 금지사항

1. 위약 예정의 금지

사용자는 근로계약 불이행에 대한 위약금 또는 손해배상액을 예정하는 계약을 체결하지 못한다. 여기에서 근로계약 불이행 중 기본적인 근로제공의무를 이행하지 않은 경우에 근로제공을 강제하는 것은 강제근로의 배제원칙에 위배되고, 이러한 불이행을 이유로 근로대가의 임금지급을 정지하면 될 것이지 위약금이나 손해배상액을 미리 예정하여 계약을 체결하는 것은 부당한 것이 된다. 다만, 신원보증보험과 같은 경우 일정부분 허용된다.

2. 전차금 상계의 금지

사용자는 전차금(前借金)이나 그 밖에 근로할 것을 조건으로 하는 전대(前貸)채권과 임금을 상계하지 못한다. 다만, 근로소득의 원천징수, 사전합의 승인한 조합비의 공제 등 사전에 근로자가 동의하거나 합의한 경우는 일정부분 허용된다. 즉, 근로자가 근로를 전제로 하여 사용자 또는 사용자가 운영하는 기금(사내기금 등) 등으로부터 대출을 받고 이를 상계하는 것을 약정한 경우 가능할 수 있는데, 이 경우에도 수령임금을 일괄해서 모두 상계할 수는 없다. 그것은 근로자의 생계를 유지할 수 있는 수준을 확보하기 위한 것이다. 민법상으로도 임금을 상계할 수 있는 것은 반을 넘지 않는 한도를 규정하고 있다.

3. 강제저금의 금지

사용자는 근로계약에 덧붙여 강제 저축 또는 저축금의 관리를 규정하는 계약을 체결하지 못한다. 이는 근로소득의 사용처분에 대하여 근로자의 자유의사에 반할 수 있는 상황을 방지하기 위한 것이다. 사용자가 근로자의 자발적인 위탁으로 저축을 관리하는 경우에도 저축의 종류·기간 및 금융기관을 근로자가 결정하고, 근로자 본인의 이름으로 저축할 것, 근로자가 저축증서 등 관련 자료의 열람 또는 반환을 요구할 때에는 즉시 이에 따를 것의 사항을 지켜야 한다.

4. 취업방해의 금지

누구든지 근로자의 취업을 방해할 목적으로 비밀 기호 또는 명부를 작성·사용하거나 통신을 하여서는 아니 된다. 이와 관련하여 사용증명서의 경우도 근로자가 요구한 사항 외에 다른 정보들을 임의로 발급하는 것을 금지하고 있다. 이는 개인정보보호차원의 문제를 넘어서 근로자가 특정 사용자로부터 불이익한 처분자료를 꼬리표처럼 물고 다니는 상황을 방지하는 효과를 가져올 수 있다. 아울러, 사용자와 근로자가 당사자의 지위에서 자유로운 근로계약이 이루어질 수 있도록 하여 제3자가 근로계약 등에 개입하는 것을 방지할 수 있다.

Ⅲ. 해고 등의 제한

1. 부당해고 등의 제한

사용자는 근로자에게 정당한 이유 없이 해고, 휴직, 정직, 전직, 감봉, 그 밖의 징벌(懲罰)(이하 "부당해고 등"이라 한다)을 하지 못하고, 근로자가 업무상 부상 또는 질병의 요양을 위하여 휴업한 기간과 그 후 30일 동안 또는 산전(産前)·산후(産後)의 여성이 이 법에 따라 휴업한 기간과 그 후 30일 동안은 해고하지 못한다. 다만, 사용자가 근기법에 따라 일시보상을 하였을 경우 또는 사업을 계속할 수 없게 된 경우에는 그러하지 아니하다. 결국, 해고 등의 극단적인 조치는 정당한 사유가 존재하여야 하고 절차적으로도 법상 규정된 사항을 준수하여야 한다. 아울러, 법상 보호되어야 할 대상의 경우는 특칙을 두어 엄격하게 제한하여 보호하여야 한다.

2. 경영상 이유에 의한 해고의 제한

사용자가 경영상 이유에 의하여 근로자를 해고하려면 긴박한 경영상의 필요가 있어야 한다. 이 경우 경영악화를 방지하기 위한 사업의 양도·인수·합병은 긴박한 경영상의 필요가 있는 것으로 본다.

경영상 이유에 의한 해고의 경우에 사용자는 해고를 피하기 위한 노력을 다하여야 하며, 합리적이고 공정한 해고의 기준을 정하고 이에 따라 그 대상자를 선정하여야 한다. 이 경우 남녀의 성을 이유로 차별하여서는 아니 되며, 이에 따른 해고를 피하기 위한 방법과 해고의 기준 등에 관하여 그 사업 또는 사업장에 근로자의 과반수로 조직된 노동조합이 있는 경우에는 그 노동조합(근로자의 과반수로 조직된 노동조합이 없는 경우에는 근로자의 과반수를 대표하는 자를 말한다. 이하 "근로자대표"라 한다)에 해고를 하려는 날의 50일 전까지 통보하고 성실하게 협의하여야 하고, 일정한 규모 이상의 인원을 해고하려면 고용부처장관에게 신고하여야 한다.

통상 정리해고는 4요건을 갖추어야 한다. 즉, 해고를 하지 않고는 사업을 유지할 수 없는 피할 수 없는 정당한 사유의 존재, 극단적인 해고를 피하기 위한 사전적인 노력, 해고를 위한 합리적이고 공정한 기준의 마련, 그리고 노사 간의 성실한 협의를 통하여만 정리해고를 할 수 있도록 엄격하게 제한하고 있다. 또, 당해 근로자의 일정규모 이상을 해고하는 경우 신고의무를 부과하고 있다.

3. 해고의 예고 및 해고사유 등의 서면통보

사용자는 근로자를 해고(경영상 이유에 의한 해고를 포함)하려면 적어도 30일 전에 예고를 하여야 하고, 30일 전에 예고를 하지 아니하였을 때에는 30일분 이상의 통상임금을 지급하여야 한다. 다만, 천재·사변, 그 밖의 부득이한 사유로 사업을 계속하는 것이 불가능한 경우 또는 근로자가 고의로 사업에 막대한 지장을 초래하거나 재산상 손해를 끼친 경우로서 법령으로 정하는 사유에 해당하는 경우에는 그러하지 아니하다. 사용자는 근로자를 해고하려면 해고사유와 해고시기를 서면으로 통지하여야 하며, 근로자에 대한 해고는 서면으로 통지하여야 효력이 있다.

4. 해고예고의 적용 예외

통상적인 경우 해고는 해고예고를 미리 하여야 하나 일정한 경우 예외사유가 있다. 즉, 일용근로자로서 3개월을 계속 근무하지 아니한 자, 2개월 이내의 기간을 정하여 사용된 자, 월급근로자로서 6개월이 되지 못한 자, 계절적 업무에 6개월 이내의 기간을 정하여 사용된 자, 수습 사용 중인 근로자에 대하여는 해고예고 통지없이 해고가 가능하며, 해고예고수당 등의 지급의무도 발생하지 않는다.

5. 해고된 근로자의 우선 재고용

경영상이유에 따라 근로자를 해고한 사용자는 근로자를 해고한 날부터 3년 이내에 해고된 근로자가 해고 당시 담당하였던 업무와 같은 업무를 할 근로자를 채용하려고 할 경우 근로자가 원하면 그 근로자를 우선적으로 고용하여야 하고, 정부는 경영상이유에 따라 해고된 근로자에 대하여 생계안정, 재취업, 직업훈련 등 필요한 조치를 우선적으로 취하여야 한다. 이러한 조치로 고용보험법 등에서 규정하고 있는 실업수당, 재취업훈련 등의 제도가 마련되어 있다.

Ⅳ. 부당해고 등의 구제

1. 부당해고 등의 구제신청

사용자가 근로자에게 부당해고 등을 하면 근로자는 노동위원회에 구제를 신청할 수 있으며, 구제신청은 부당해고 등이 있었던 날부터 3개월 이내에 하여야 한다. 통상 구제신청은 해고된 근로자가 종사한 사업장이 소재하는 지방노동위원회(시·도 단위)에 할 수 있고, 지노위의 결정에 불복하는 경우 중앙노동위원회에 재심을 신청할 수 있다. 또, 중노위의 결정에 불복하는 경우 행정법원에 제소할 수 있다.

2. 구제신청에 대한 조사와 심문

노동위원회는 구제신청을 받으면 지체 없이 필요한 조사를 하여야 하며 관계 당사자를 심문하여야 하고, 심문을 할 때에는 관계 당사자의 신청이나 직권으로 증인을 출석하게 하여 필요한 사항을 질문할 수 있다.

또, 노동위원회는 심문을 할 때에는 관계 당사자에게 증거 제출과 증인에 대한 반대심문을 할 수 있는 충분한 기회를 주어야 하며, 조사와 심문에 관한 세부절차는 노동위원회법에 따른 중앙노동위원회가 정하는 바에 의한다.

3. 구제명령과 그 내용

노동위원회는 심문을 끝내고 부당해고 등이 성립한다고 판정하면 사용자에게 구제명령을 하여야 하며, 부당해고 등이 성립하지 아니한다고 판정하면 구제신청을 기각하는 결정을 하여야 하며, 이에 따른 판정, 구제명령 및 기각결정은 사용자와 근로자에게 각각 서면으로 통지하여야 한다.

또, 구제명령(해고에 대한 구제명령만을 말함)을 할 때에 근로자가 원직복직(原職復職)을 원하지 아니하면 원직복직을 명하는 대신 근로자가 해고기간 동안 근로를 제공하였더라면 받을 수 있었던 임금 상당액 이상의 금품을 근로자에게 지급하도록 명할 수 있다.

4. 구제명령 등의 확정 및 효력

노동위원회법에 따른 지방노동위원회의 구제명령이나 기각결정에 불복하는 사용자나 근로자는 구제명령서나 기각결정서를 통지받은 날부터 10일 이내에 중앙노동위원회에 재심을 신청할 수 있고, 이에 따른 중앙노동위원회의 재심판정에 대하여 사용자나 근로자는 재심판정서를 송달받은 날부터 15일 이내에 행정소송법의 규정에 따라 소(訴)를 제기할 수 있고, 이 기간 이내에 재심을 신청하지 아니하거나 행정소송을 제기하지 아니하면 그 구제명령, 기각결정 또는 재심판정은 확정된다. 아울러, 노동위원회의 구제명령, 기각결정 또는 재심판정은 노동위원회법에 따른 중앙노동위원회에 대한 재심 신청이나 행정소송 제기에 의하여 그 효력이 정지되지 아니한다.

5. 이행강제금

노동위원회는 구제명령(구제명령을 내용으로 하는 재심판정을 포함)을 받은 후 이행기한까지 구제명령을 이행하지 아니한 사용자에게 2천만원 이하의 이행강제금을 부과하며, 이에 따른 이행강제금을 부과하기 30일 전까지 이행강제금을 부과·징수한다는 뜻을 사용자에게 미리 문서로써 알려 주어야 하고, 이행강제금을 부과할 때에는 이행강제금의 액수, 부과 사유, 납부기한, 수납기관, 이의제기방법 및 이의제기기관 등을 명시한 문서로써 하고, 이행강제금을 부과하는 위반행위의 종류와 위반 정도에 따른 금액, 부과·징수된 이행강제금의 반환절차, 그 밖에 필요한 사항은 법령에 의해 정해진다. 또, 노동위원회는 최초의 구제명령을 한 날을 기준으로 매년 2회의 범위에서 구제명령이 이행될 때까지 반복하여 이행강제금을 부과·징수할 수 있다. 이 경우 이행강제금은 2년을 초과하여 부과·징수하지 못한다. 한편, 노동위원회는 구제명령을 받은 자가 구제명령을 이행하면 새로운 이행강제금을 부과하지 아니하되, 구제명령을 이행하기 전에 이미 부과된 이행강제금은 징수하여야 하며, 이행강제금 납부의무자가 납부기한까지 이행강제금을 내지 아니하면 기간을 정하여 독촉을 하고 지정된 기간에 이행강제금을 내지 아니하면 국세 체납처분의 예에 따라 징수할 수 있고, 근로자는 구제명령을 받은 사용자가 이행기한까지 구제명령을 이행하지 아니하면 이행기한이 지난 때부터 15일 이내에 그 사실을 노동위원회에 알려줄 수 있다.

V. 사용증명 및 근로자 명부

1. 사용증명서

사용자는 근로자가 퇴직한 후라도 사용 기간, 업무 종류, 지위와 임금, 그 밖에 필요한 사항에 관한 증명서를 청구하면 사실대로 적은 증명서를 즉시 내주어야 하며, 증명서에는 근로자가 요구한 사항만을 적어야 한다. 다만, 법적고지의무가 있는 사항 등에 대하여 공개 내지 자료확인 등을 요청받은 경우 이에 응하는 것은 허용될 수 있다.

2. 근로자의 명부

사용자는 각 사업장별로 근로자 명부를 작성하고 근로자의 성명, 생년월일, 이력, 성별, 주소, 종사하는 업무의 종류, 고용 또는 고용갱신 연월일, 계약기간을 정한 경우에는 그 기간, 그 밖의 고용에 관한 사항, 해고, 퇴직 또는 사망한 경우에는 그 연월일과 사유, 그 밖에 필요한 사항을 적어야 하며, 이에 따라 근로자 명부에 적을 사항이 변경된 경우에는 지체 없이 정정하여야 한다.

3. 계약 서류의 보존

사용자는 근로자 명부와 근로계약서, 임금대장, 임금의 결정·지급방법과 임금계산의 기초에 관한 서류, 고용·해고·퇴직에 관한 서류, 승급·감급에 관한 서류, 휴가에 관한 서류, 근기법에 따른 승인·인가에 관한 서류, 근기법에 따른 서면 합의 서류, 연소자의 증명에 관한 서류 등 근로계약에 관한 중요한 서류를 3년간 보존하여야 한다.

한편, 근로계약에 관한 중요한 서류의 보존기간은 근로자 명부는 근로자가 해고되거나 퇴직 또는 사망한 날, 근로계약서는 근로관계가 끝난 날, 임금대장은 마지막으로 써 넣은 날, 고용, 해고 또는 퇴직에 관한 서류는 근로자가 해고되거나 퇴직한 날, 승인이나 인가에 관한 서류는 승인이나 인가를 받은 날, 서면 합의 서류는 서면 합의한 날, 연소자의 증명에 관한 서류는 18세가 되는 날(18세가 되기 전에 해고되거나 퇴직 또는 사망한 경우에는 그 해고되거나 퇴직 또는 사망한 날), 그 밖의 서류는 완결한 날에 해당하는 날부터 기산한다.

제3절 임금지급의 원칙 및 특례

Ⅰ. 임금지급의 원칙 및 시효

1. 임금지급 기본원칙

임금은 통화(通貨)로 직접 근로자에게 그 전액을 지급하여야 한다. 다만, 법령 또는 단체협약에 특별한 규정이 있는 경우에는 임금의 일부를 공제하거나 통화 이외의 것으로 지급할 수 있으며, 임금은 매월 1회 이상 일정한 날짜를 정하여 지급하여야 한다. 다만, 임시로 지급하는 임금, 수당, 그 밖에 이에 준하는 것 또는 1개월을 초과하는 기간의 출근 성적에 따라 지급하는 정근수당, 1개월을 초과하는 일정 기간을 계속하여 근무한 경우에 지급되는 근속수당, 1개월을 초과하는 기간에 걸친 사유에 따라 산정되는 장려금, 능률수당 또는 상여금, 그 밖에 부정기적으로 지급되는 모든 수당에 대하여는 그러하지 아니하다. 즉, 통상적으로 임금지급과 관련하여 법상 문제가 되는 사항은 근기법에서 규정하고 있는 임금지급의 4대원칙(직접불, 통화불, 전액불, 정기불)에 대한 이행, 최저임금법에서 정하는 최저임금수준의 유지 등이 문제가 될 뿐 이를 준수한다는 전제하에서의 지급주기 내지는 시기의 문제는 당사자 간에 정하기에 따라 조정이 가능하다.

2. 임금지급 4대원칙의 내용

(1) 통화불의 원칙

사용자는 근로자에게 통화로서 임금을 지급하여야 하며, 근로자에게 불리한 현물급여는 금지된다. 따라서 법령이나 단체협약에 의한 예외를 제외하고는 임금은 강제 통용력이 있는 화폐로 지급되어야 한다. 다만, 은행에서 발행하는 자기앞수표는 통화지급의 원칙에 위배되지 않는다.

(2) 직접불의 원칙

임금은 직접 근로자 본인에게 지급되어야 한다. 이에는 법령이나 단체협약에 의한 예외가 인정되지 않으며, 위임이나 대리에 의한 임금수령도 인정되지 않는다. 그러나 근로자가 질병 등으로 인해 그 가족이 사자(심부름)로서 임금을 수령하거나 근로자의 희망에 의해 지정된 은행계좌에 이체하는 경우는 직접불의 원칙에 위배되지 않는다. 다만, 선원인 근로자는 해상근로의 특성으로 직접지급의 예외가 허용된다.

(3) 전액불의 원칙

법령 또는 단체협약에 의해 임금의 공제가 인정되는 경우를 제외하고는 임금은 그 전액을 근로자에게 지불하여야 한다. 법령에 의해 공제가 인정되는 것은 갑종근로소득세, 주민세, 의료보험료, 국민연금기여금, 고용보험료 등이 있으며, 단체협약에 의하여 인정되는 경우는 조합비 일괄공제가 있다. 그러나 사용자는 근로자에 대한 채권 또는 채무불이행으로 인한 손해배상채권과 임금채권을 상계할 수 없다.

(4) 정기불의 원칙

근로자의 생활안정을 위하여 임금은 매월 일정한 날에 1회 이상 지급하여야 한다. '매월 1회 이상'이라 함은 매월 1일부터 말일까지 적어도 1회 이상은 임금을 지급하여야 한다는 의미이다. 다만, 1월을 초과하는 기간의 출근성적에 의하여 지급하는 정근수당, 1월을 초과하는 일정기간의 계속근무에 대하여 지급되는 근속수당, 1월을 초과하는 기간에 걸친 사유에 의하여 산정되는 장려금, 능률수당 또는 상여금, 기타 부정기적으로 지급되는 제수당은 예외가 인정된다.

3. 임금지급 4대원칙의 예외관련 법률문제

임금지급원칙의 주요한 예외관련 법률문제로 몇 가지를 살펴본다면, 첫째, 법원의 압류명령에 관한 것이다. 집행법원의 압류명령에 의하여 채권자의 전부명령이 있을 때에는 민사소송법(제579조)에 위배되지 않는 범위내의 임금에서 공제할 수 있다. 둘째, 단체협약에 의한 임금공제의 문제이다. 근기법에 임금은 근로자에게 통화로 직접 그 전액을 지급하도록 규정되어 있고, 또한 임금에 대하여는 전차금을 상쇄하지 못하도록 규정되어 있으므로 회사가 채무액을 근로자의 개별 동의 없이 임금에서 공제하도록 규정한 단체협약은 그 부분이 무효로 된다. 셋째, 임금채권양도의 문제이다. 근로자의 임금채권은 그 양도를 금지하는 법규정이 없으므로 이를 양도는 할 수 있으나, 그 임금의 지급에 관하여 사용자는 근로자에게 지급해야 하므로 임금채권 양수자라 할지라도 사용자에 대하여 그 지급을 청구할 수 없다. 넷째, 임금수령권의 포기에 관한 문제이다. 근로자의 임금에 관하여 사용자와 근로자가 합의에 의하여 이를 받지 않기로 하든가 또는 이를 포기하는 일은 근기법에 정하여진 근로조건을 어기는 것이 되어 부당하다.

4. 최저임금 및 지급방식

고용노동부 산하 최저임금심의위원회는 매년 최저임금을 정하여 고시하는데, 이는 시간당 임금을 기준으로 고시되며, 업종별로 그 기준이 달리 고시된다. 이러한 최저임금수준 이상의 임금기준을 설정하여 지급하여야 하며, 이보다 낮은 수준의 임금지급은 법률위반이다. 또, 비록 정규직의 통상임금지급방식인 월급개념의 지급이 아니라고 하더라도 월 1회 이상의 지급을 원칙으로 하되 근기법 등 법상 적용되는 근로조건을 유지하여야 한다.

5. 임금대장 및 임금시효

사용자는 각 사업장별로 임금대장을 작성하고 임금과 가족수당 계산의 기초가 되는 사항, 임금액, 성명, 주민등록번호, 고용 연월일, 종사하는 업무, 임금 및 가족수당의 계산기초가 되는 사항, 근로일수, 근로시간수, 연장근로, 야간근로 또는 휴일근로를 시킨 경우에는 그 시간수, 기본급, 수당, 그 밖의 임금의 내역별 금액(통화 외의 것으로 지급된 임금이 있는 경우에는 그 품명 및 수량과 평가총액), 임금의 일부를 공제한 경우에는 그 금액 등에 대한 사항을 임금을 지급할 때마다 기록하여야 한다. 또, 근기법에 따른 임금채권은 3년간 행사하지 아니하면 시효로 소멸한다.

Ⅱ. 임금지급의 특례

1. 도급 사업에 대한 임금 지급

사용자는 도급이나 그 밖에 이에 준하는 제도로 사용하는 근로자에게 근로시간에 따라 일정액의 임금을 보장하여야 한다. 또, 사업이 여러 차례의 도급에 따라 행하여지는 경우에 하수급인(下受給人)이 직상(直上) 수급인의 귀책사유로 근로자에게 임금을 지급하지 못한 경우에는 그 직상 수급인은 그 하수급인과 연대하여 책임을 진다.

2. 건설업에서의 임금 지급 연대책임

건설업에서 사업이 2차례 이상 건설산업기본법에 따른 도급(공사도급)이 이루어진 경우에 같은 법에 따른 건설업자가 아닌 하수급인이 그가 사용한 근로자에게 임금(해당 건설공사에서 발생한 임금으로 한정)을 지급하지 못한 경우에는 그 직상 수급인은 하수급인과 연대하여 하수급인이 사용한 근로자의 임금을 지급할 책임을 지며, 직상 수급인이 같은 법에 따른 건설업자가 아닌 때에는 그 상위 수급인 중에서 최하위의 건설업자를 직상 수급인으로 본다.

3. 건설업의 공사도급에 있어서의 임금에 관한 특례

공사도급이 이루어진 경우로서 직상 수급인이 하수급인을 대신하여 하수급인이 사용한 근로자에게 지급하여야 하는 임금을 직접 지급할 수 있다는 뜻과 그 지급 방법 및 절차에 관하여 직상 수급인과 하수급인이 합의한 경우, 민사집행법에 따른 확정된 지급명령, 하수급인의 근로자에게 하수급인에 대하여 임금채권이 있음을 증명하는 민사집행법에 따른 집행증서, 소액사건심판법에 따라 확정된 이행권고결정, 그 밖에 이에 준하는 집행권원이 있는 경우, 하수급인이 그가 사용한 근로자에 대하여 지급하여야 할 임금채무가 있음을 직상 수급인에게 알려주고, 직상 수급인이 파산 등의 사유로 하수급인이 임금을 지급할 수 없는 명백한 사유가 있다고 인정하는 경우의 어느 하나에 해당하는 때에는 직상 수급인은 하수급인에게 지급하여야 하는 하도급 대금 채무의 부담 범위에서 그 하수급인이 사용한 근로자가 청구하면 하수급인이 지급하여야 하는 임금(해당 건설공사에서 발생한 임금으로 한정)에 해당하는 금액을 근로자에게 직접 지급하여야 한다.

건설산업기본법에 따른 발주자의 수급인(원수급인)으로부터 공사도급이 2차례 이상 이루어진 경우로서 하수급인(도급받은 하수급인으로부터 재하도급 받은 하수급인을 포함)이 사용한 근로자에게 그 하수급인에 대한 집행권원이 있는 경우에는 근로자는 하수급인이 지급하여야 하는 임금(해당 건설공사에서 발생한 임금으로 한정)에 해당하는 금액을 원수급인에게 직접 지급할 것을 요구할 수 있다. 원수급인은 근로자가 자신에 대하여 민법에 따른 채권자대위권을 행사할 수 있는 금액의 범위에서 이에 따라야 한다.

직상 수급인 또는 원수급인이 상기에 따라 하수급인이 사용한 근로자에게 임금에 해당하는 금액을 지급한 경우에는 하수급인에 대한 하도급 대금 채무는 그 범위에서 소멸한 것으로 본다.

4. 비상시 지급

사용자는 근로자가 출산하거나 질병에 걸리거나 재해를 당한 경우, 혼인 또는 사망한 경우, 부득이한 사유로 1주일 이상 귀향하게 되는 경우 등 근로자의 생계나 생활에 어려움이 발생하는 비상(非常)한 경우의 비용에 충당하기 위하여 임금 지급을 청구하면 지급

기일 전이라도 이미 제공한 근로에 대한 임금을 지급하여야 한다. 여기에서 청구할 수 있는 임금은 기왕의 근로제공이 이루어진 부분으로 임금지급시기가 도래하지 않은 부분에 해당하는 임금이다. 그러므로 근로제공이 이루어지지 않은 임금(가불금 등)에 대한 청구는 당연지급의무대상이 아니다.

5. 휴업수당

사용자의 귀책사유로 휴업하는 경우에 사용자는 휴업기간 동안 그 근로자에게 평균임금의 100분의 70 이상의 수당을 지급하여야 한다. 다만, 평균임금의 100분의 70에 해당하는 금액이 통상임금을 초과하는 경우에는 통상임금을 휴업수당으로 지급할 수 있으며, 상기 사항에도 불구하고 부득이한 사유로 사업을 계속하는 것이 불가능하여 노동위원회의 승인을 받은 경우에는 상기의 기준에 못 미치는 휴업수당을 지급할 수 있다.

Ⅲ. 금품청산 및 임금채권 우선변제

1. 퇴직급여 제도와 금품청산

사용자가 퇴직하는 근로자에게 지급하는 퇴직급여 제도에 관하여는 근기법 및 근로자퇴직급여 보장법이 정하는 퇴직급여를 주어야 한다. 퇴직급여는 근속연수 매 1년마다 법령에서 정하는 기준에 따라 지급되어야 한다. 퇴직급여는 퇴직과 동시(중간정산은 별개로 한다)에 지급하여야 하며, 퇴직급여를 연금형식으로 지급할 수 있다.

한편, 사용자는 근로자가 사망 또는 퇴직한 경우에는 그 지급 사유가 발생한 때부터 14일 이내에 임금, 보상금, 그 밖에 일체의 금품을 지급하여야 한다. 다만, 특별한 사정이 있을 경우에는 당사자 사이의 합의에 의하여 기일을 연장할 수 있다.

2. 미지급 임금에 대한 지연이자

사용자는 근로자의 근로에 대하여 지급하여야 하는 임금 및 근로자퇴직급여 보장법에 따른 급여(일시금만 해당됨)의 전부 또는 일부를 그 지급 사유가 발생한 날부터 14일 이내에 지급하지 아니한 경우 그 다음 날부터 지급하는 날까지의 지연 일수에 대하여 연 100분의 40 이내의 범위에서 은행법에 따른 은행이 적용하는 연체금리 등 경제 여건을 고려하여 지연이자(20%)를 지급하여야 한다. 다만, 사용자가 천재·사변, 그 밖에 법령으로 정하는 사유[1)]에 따라 임금 지급을 지연하는 경우 그 사유가 존속하는 기간에 대하여는 적용하지 아니한다.

3. 임금채권의 우선변제

임금, 재해보상금, 그 밖에 근로관계로 인한 채권은 사용자의 총재산에 대하여 질권(質權)·저당권 또는 동산·채권 등의 담보에 관한 법률(동산채권담보법)에 따른 담보권에 따라 담보된 채권 외에는 조세·공과금 및 다른 채권에 우선하여 변제되어야 한다. 다만, 질권·저당권 또는 동산채권담보법에 따른 담보권에 우선하는 조세·공과금에 대하여는 그러하지 아니하다. 그러나 "최종 3개월분의 임금, 재해보상금"에 해당하는 채권은 사용자의 총재산에 대하여 질권·저당권 또는 동산채권담보법에 따른 담보권에 따라 담보된 채권, 조세·공과금 및 다른 채권에 우선하여 변제되어야 한다.

제 4 절 근로시간 및 휴게 등 정책

Ⅰ. 근로시간

1. 기준 근로시간

근기법에서 규정하고 있는 기준 근로시간으로 1주간의 근로시간은 휴게시간을 제외하고 40시간을 초과할 수 없으며, 1일의 근로시간은 휴게시간을 제외하고 8시간을 초과할 수 없다. 당초 기준근로시간은 주당 48시간이었으나 44시간으로 단축되었다가 다시 40시간으로 단축되었다. 이는 국제적으로 노동기준이 변경됨에 따라 점점 단축되고 있는 추세를 반영한 것이다. 기준 근로시간이 단축되었음에도 한국은 여전히 가장 많은 노동시간을 가진 나라 중에 하나이다. 이러한 기준 근로시간의 단축은 근로자의 노동강도를 줄이고 삶의 질적인 향상과 여가시간을 중시하는 경향에 따른 것이다. 기준근로시간은 연소자(15

1) 근로기준법시행령 제18조(지연이자의 적용제외 사유) 법 제37조제2항에서 "그 밖에 대통령령으로 정하는 사유"란 다음 각 호의 어느 하나에 해당하는 경우를 말한다.
   1. 「임금채권보장법」 제7조제1항 각 호의 어느 하나에 해당하는 경우
   2. 「채무자 회생 및 파산에 관한 법률」, 「국가재정법」, 「지방자치법」 등 법령상의 제약에 따라 임금 및 퇴직금을 지급할 자금을 확보하기 어려운 경우
   3. 지급이 지연되고 있는 임금 및 퇴직금의 전부 또는 일부의 존부(存否)를 법원이나 노동위원회에서 다투는 것이 적절하다고 인정되는 경우
   4. 그 밖에 제1호부터 제3호까지의 규정에 준하는 사유가 있는 경우

세 이상 18세 미만)에 대해서는 1일 7시간 1주 40시간, 유해·위험작업에서는 1일 6시간 1주 34시간의 예외가 있다.

2. 탄력적 근로시간제

사용자는 취업규칙(취업규칙에 준하는 것을 포함)에서 정하는 바에 따라 2주 이내의 일정한 단위기간을 평균하여 1주간의 근로시간이 기준 근로시간을 초과하지 아니하는 범위에서 특정한 주에 주당 40시간 근로를, 특정한 날에 8시간 근로를 초과하여 근로하게 할 수 있다. 다만, 특정한 주의 근로시간은 48시간을 초과할 수 없다. 아울러, 사용자는 근로자대표와의 서면 합의에 따라 대상 근로자의 범위, 단위기간(3개월 이내의 일정한 기간으로 정하여야 함), 단위기간의 근로일과 그 근로일별 근로시간, 서면합의의 유효기간을 정하면 3개월 이내의 단위기간을 평균하여 1주간의 근로시간이 40시간을 초과하지 아니하는 범위에서 특정한 주에 40시간을, 특정한 날에 8시간을 초과하여 근로하게 할 수 있다. 다만, 특정한 주의 근로시간은 52시간을, 특정한 날의 근로시간은 12시간을 초과할 수 없다.

한편, 탄력적 근로시간제는 15세 이상 18세 미만의 근로자와 임신 중인 여성 근로자에 대하여는 적용하지 아니하며, 사용자는 이 제도를 통하여 근로자를 근로시킬 경우에는 기존의 임금 수준이 낮아지지 아니하도록 임금보전방안(賃金補塡方案)을 강구하여야 한다.

3. 선택적 근로시간제

사용자는 취업규칙(취업규칙에 준하는 것을 포함)에 따라 업무의 시작 및 종료 시각을 근로자의 결정에 맡기기로 한 근로자에 대하여 근로자대표와의 서면 합의에 따라 대상 근로자의 범위(15세 이상 18세 미만의 근로자는 제외), 정산기간(1개월 이내의 일정한 기간으로 정하여야 함), 정산기간의 총 근로시간, 반드시 근로하여야 할 시간대를 정하는 경우에는 그 시작 및 종료 시각, 근로자가 그의 결정에 따라 근로할 수 있는 시간대를 정하는 경우에는 그 시작 및 종료 시각, 표준근로시간(유급휴가 등의 계산 기준으로 사용자와 근로자대표가 합의하여 정한 1일의 근로시간)을 정하면 1개월 이내의 정산기간을 평균하여 1주간의 근로시간이 40시간을 초과하지 아니하는 범위에서 1주간에 40시간을, 1일에 8시간을 초과하여 근로하게 할 수 있다.

4. 근로시간 계산의 특례

근로자가 출장이나 그 밖의 사유로 근로시간의 전부 또는 일부를 사업장 밖에서 근로하여 근로시간을 산정하기 어려운 경우에는 소정근로시간을 근로한 것으로 본다(간주근로시간). 다만, 그 업무를 수행하기 위하여 통상적으로 소정근로시간을 초과하여 근로할 필요가 있는 경우에는 그 업무의 수행에 통상 필요한 시간을 근로한 것으로 보나 이에도 불구하고 그 업무에 관하여 근로자대표와의 서면합의를 한 경우에는 그 합의에서 정하는 시간을 그 업무의 수행에 통상 필요한 시간으로 본다.

또, 업무의 성질에 비추어 업무수행방법을 근로자의 재량(재량근로시간)에 위임할 필요가 있는 업무로서 신상품 또는 신기술의 연구개발이나 인문사회과학 또는 자연과학분야의 연구 업무, 정보처리시스템의 설계 또는 분석 업무, 신문, 방송 또는 출판 사업에서의 기사의 취재, 편성 또는 편집 업무, 의복·실내장식·공업제품·광고 등의 디자인 또는 고안 업무, 방송 프로그램·영화 등의 제작 사업에서의 프로듀서나 감독 업무, 그 밖에 고용부처장관이 정하는 업무는 사용자가 근로자대표와 서면합의로 정한 시간을 근로한 것으로 본다. 이 경우 그 서면합의에는 ① 대상 업무, ② 사용자가 업무의 수행 수단 및 시간 배분 등에 관하여 근로자에게 구체적인 지시를 하지 아니한다는 내용, ③ 근로시간의 산정은 그 서면합의로 정하는 바에 따른다는 내용의 사항을 명시하여야 한다.

5. 근로시간 및 휴게시간의 특례

운수업, 물품 판매 및 보관업, 금융보험업, 영화 제작 및 흥행업, 통신업, 교육연구 및 조사 사업, 광고업, 의료 및 위생 사업, 접객업, 소각 및 청소업, 이용업, 그 밖에 공중의 편의 또는 업무의 특성상 필요한 경우로서 사회복지사업의 어느 하나에 해당하는 사업에 대하여 사용자가 근로자대표와 서면 합의를 한 경우에는 주(週) 12시간을 초과하여 연장근로를 하게 하거나 근기법에 따른 휴게시간을 변경할 수 있다.

Ⅱ. 연장근로

1. 합의 연장근로

당사자 간에 합의하면 1주간에 12시간을 한도로 기준근로시간외의 근로시간을 연장할 수 있고, 근기법의 정산기간을 평균하여 1주간에 12시간을 초과하지 아니하는 범위에서 선택적근로시간제의 근로시간을 연장할 수 있다. 다만, 미성년자, 임신 중의 여성근로자 등에게는 일정부분 제한이 있다.

2. 인가연장근로와 대휴명령제도

사용자는 특별한 사정이 있으면 고용부처장관의 인가와 근로자의 동의를 받아 합의연장근로시간을 연장할 수 있다. 다만, 사태가 급박하여 고용부처장관의 인가를 받을 시간이 없는 경우에는 사후에 지체 없이 승인을 받아야 한다. 한편, 인가연장근로인 근로시간의 연장이 부적당하다고 인정하면 고용부처장관은 그 후 연장시간에 상당하는 휴게시간이나 휴일을 줄 것을 명(대휴명령)할 수 있다.

3. 연장·야간 및 휴일 근로

일정한 요건이 충족되는 경우 연장·야간 및 휴일 근로를 할 수 있는데, 이 경우 사용자는 연장근로(기준근로시간을 초과한 근로시간)와 야간근로(오후 10시부터 오전 6시까지 사이의 근로) 또는 휴일근로에 대하여는 통상임금을 기준하여 일정비율이상을 가산하여 지급하여야 한다. 이 경우 가산임금은 가산사유별로 각각 가산하여 지급하여야 한다. 즉, 연장근로, 야간근로, 휴일근로, 휴일연장근로, 휴일야간근로에 대하여 그 사유별로 각각 가산하여 가산임금을 지급하여야 한다.

Ⅲ. 휴게와 휴일 및 휴가

1. 휴게

사용자는 근로시간이 4시간인 경우에는 30분 이상, 8시간인 경우에는 1시간 이상의 휴게[2)]시간을 근로시간 도중에 주어야 하며, 휴게시간은 근로자가 자유롭게 이용할 수 있다. 휴게시간은 근로시간의 도중에 주어야 하므로 시작 전이나 종료 후에 주는 것은 허용되지 않는다고 볼 수 있다. 다만, 휴게시간을 점심시간 등으로 활용하는 것은 무방하다고 할 수 있다.

2. 휴일

사용자는 근로자에게 1주일에 평균 1회 이상의 유급휴일을 주어야 한다. 통상 휴일은

2) 사전적인 의미로는 소모된 몸을 쉬고 피로한 정신을 회복하는 것으로 어떤 일을 하다가 잠깐 쉬는 것이다. 그러므로 휴식과 거의 같은 의미로 쓰여진다. 다만, 근기법에서 '휴게'라고 규정하고 있는 것은 근로자가 근로제공 동안에는 사용자의 지휘감독하에 있으므로 휴게시간은 이러한 사용자의 지휘감독을 벗어나 자유로이 사용할 수 있는 시간이라는 의미에서 휴게시간이라고 규정한 것으로 판단된다.

달력에서 표기한 일요일만을 의미하는 것은 아니므로 주중 특정일을 휴일로 지정하여 운영하는 것도 가능하다. 이 경우 현행 일반적인 주5일 근무제에서의 토요일과 일요일은 1회 이상으로 보아 2일 모두를 유급으로 볼 수도 있고, 그 중 1일은 유급, 1일은 무급으로 볼 수도 있다. 그러므로 기준근로시간의 개념에서 40시간을 어떻게 배분하여 근로하느냐의 문제는 노사간의 자율적인 합의로 결정할 수 있다. 즉, 월요일부터 금요일까지 1일 7시간 근로하고 토요일은 5시간 근무하고 일요일은 유급휴일로 하는 방법도 법률상 위반은 아니라는 것이다.

한편, 주휴일과 유급휴일은 같은 개념의 휴일은 아니다. 주당 1일을 유급휴일로 하는 것은 통상 주휴라고 하고, 이를 유급휴일로 한다. 법상 유급휴일은 주휴일과 근로자의 날이다. 그 외의 휴일(국경일 등)은 원칙적으로 유급휴일은 아니므로 이 경우 휴일 내지 유급휴일로 정하는 것은 노사간에 합의로 결정할 사항이다.

3. 보상 휴가제

사용자는 근로자대표와의 서면 합의에 따라 근기법에 따른 연장근로·야간근로 및 휴일근로에 대하여 임금을 지급하는 것에 갈음하여 휴가를 줄 수 있다. 이 경우 보상휴가는 통상근로시간과 동일하게 계산하는 것이 아니라 가산임금을 계산하는 방식에 따라야 한다. 즉, 연장근로는 통상근로의 50% 가산(최초 4시간은 25% 가산), 야간근로는 통상근로의 100% 가산(4시간근로의 경우 1일의 휴가)의 근로시간을 인정하여 보상휴가를 부여하여야 한다는 점이다.

4. 연차 유급휴가

사용자는 1년간 8할 이상 출근한 근로자에게 15일의 유급휴가(기본유급휴가)를 주어야 하고, 계속하여 근로한 기간이 1년 미만인 근로자에게 1개월 개근 시 1일의 유급휴가(월유급휴가)를 주어야 하며, 근로자의 최초 1년간의 근로에 대하여 유급휴가를 주는 경우에는 월유급휴가를 포함하여 15일로 하고, 근로자가 월유급휴가를 이미 사용한 경우에는 그 사용한 휴가 일수를 15일에서 뺀다.

또, 사용자는 3년 이상 계속하여 근로한 근로자에게는 기본유급휴가에 최초 1년을 초과하는 계속 근로 연수 매 2년에 대하여 1일을 가산한 유급휴가(가산유급휴가)를 주어야 한다. 이 경우 가산휴가를 포함한 총 휴가 일수는 25일을 한도로 하며, 사용자는 연차휴가를 근로자가 청구한 시기에 주어야 하고, 그 기간에 대하여는 취업규칙 등에서 정하는 통상임금 또는 평균임금을 지급하여야 한다. 다만, 근로자가 청구한 시기에 휴가를 주는 것이 사업 운영에 막대한 지장이 있는 경우에는 그 시기를 변경(연차휴가사용시기변경권)할 수 있다.

연차휴가의 규정을 적용하는 경우 근로자가 업무상의 부상 또는 질병으로 휴업한 기간, 임신 중의 여성이 근기법에 따른 보호휴가로 휴업한 기간의 어느 하나에 해당하는 기간은 출근한 것(간주근로)으로 본다.

한편, 연차휴가는 1년간 행사하지 아니하면 소멸된다. 다만, 사용자의 귀책사유로 사용하지 못한 경우에는 소멸하지 않으므로 연차휴가수당청구권이 발생하고, 이때 수당은 시간급(1일 8시간 기준)으로 환산하여 지급한다.

5. 연차 유급휴가의 사용 촉진

사용자가 연차유급휴가의 사용을 촉진하기 위하여 휴가청구권발생일로부터 1년의 기간이 끝나기 3개월 전을 기준으로 10일 이내에 사용자가 근로자별로 사용하지 아니한 휴가일수를 알려주고, 근로자가 그 사용 시기를 정하여 사용자에게 통보하도록 서면으로 촉구할 것, 이러한 사용 촉구에도 불구하고 근로자가 촉구를 받은 때부터 10일 이내에 사용하지 아니한 휴가의 전부 또는 일부의 사용 시기를 정하여 사용자에게 통보하지 아니하면 휴가청구권발생일로부터 1년의 기간이 끝나기 2개월 전까지 사용자가 사용하지 아니한 휴가의 사용 시기를 정하여 근로자에게 서면으로 통보할 것의 조치를 하였음에도 불구하고 근로자가 휴가를 사용하지 아니하여 휴가청구권이 소멸된 경우에는 사용자는 그 사용하지 아니한 휴가에 대하여 보상할 의무가 없고, 이 경우 사용자의 귀책사유에 해당하지 아니하는 것으로 본다.

6. 유급휴가의 대체

사용자는 근로자대표와의 서면합의에 따라 연차 유급휴가일에 갈음하여 특정한 근로일에 근로자를 휴무시킬 수 있다. 즉, 자발적인 휴가사용을 통한 휴가의 소진, 또는 사용촉진을 통한 휴가의 소진의 방법으로 연차유급휴가를 소진할 수 있다. 그러나 부득이한 경우(사용자의 귀책사유 내지는 업무상 불가피한 경우 등) 휴가를 사용하지 못하거나 예정된 휴가일에 근로를 제공한 경우에는 특정일을 지정하여 대체휴가를 사용토록 강제하는 것이다. 다만, 노사간의 합의에 의하도록 하고 있다.

Ⅳ. 근로시간, 휴게, 휴일 적용의 제외

근로시간, 휴게와 휴일에 관한 규정은 ① 토지의 경작·개간, 식물의 재식(栽植)·재배·채취 사업, 그 밖의 농림 사업, ② 동물의 사육, 수산 동식물의 채포(採捕)·양식 사업, 그 밖의 축산, 양잠, 수산 사업, ③ 감시(監視) 또는 단속적(斷續的)으로 근로에 종사하는 자로서 사용자가 고용부처장관의 승인을 받은 자, ④ 사업의 종류에 관계없이 관리·감독 업무 또는 기밀을 취급하는 업무에 종사하는 근로자의 어느 하나에 해당하는 근로자에 대하여는 적용하지 아니한다. 그러므로 실제 근로상황에 따라 근로시간 및 휴게나 휴일에 관한 부분은 달리 계산하여 정할 수 있다.

12
chapter

근로보호정책

제1절 서 설

근로기준정책도 넓은 의미에서 근로보호를 위한 정책이라고 할 수 있다. 다만, 본장에서 다루는 근로보호정책은 상대적으로 약자인 근로자의 보호, 여성근로자의 보호(모성보호), 연소근로자의 보호, 기타 특별한 보호가 필요한 근로자의 보호(장애인, 취업보호대상자 등)에 관한 사항(시간외, 휴게 및 휴가권, 근무장소 및 사용업무 등)과 최저의 근로조건에 대한 보호조치(근로시간, 안전시설, 보건 및 재해보호 등), 과도한 제재를 피하고 합리적인 기준을 마련하기 위한 장치, 사업장과 관련한 보호규칙(취업규칙, 기숙사 규칙 등) 등을 들 수 있다. 아울러, 각종 우대조치 등 고용보호조치들도 근로보호정책의 일환으로 풀이될 수 있다.

이러한 보호조치는 고용과 관련하여 넓은 의미에서 적극적 개선조치와 정책적 우대조치 부분도 있다. 정책적 우대조치들로 국가유공자와 장애인근로자의 고용의무와 가산점 등 우대조치(세부사항은 고용평등정책에서 설명), 취업보호대상의 우대조치, 지역인재의 고용할당제와 고졸인재할당제 등도 근로보호조치의 일환으로 볼 수 있다. 아울러, 유해 및 위험시설에 대한 근로보호나 건강보호조치 들도 근로보호조치의 대상이라고 할 수 있다. 다만, 본장에서는 여성근로자의 모성보호조치, 연소근로자의 보호조치, 사업장의 규칙 운영, 장애인의 편의제공의무 등을 중심으로 설명한다.

제 2 절 모성보호조치

Ⅰ. 여성근로자

1. 시간외근로 제한

사용자는 산후 1년이 지나지 아니한 여성에 대하여는 단체협약이 있는 경우라도 1일에 2시간, 1주일에 6시간, 1년에 150시간을 초과하는 시간외근로를 시키지 못한다. 이는 과도한 시간외근로 등을 통한 건강침해 방지와 모성보호를 위한 장치로 풀이될 수 있다.

2. 생리휴가 보장

사용자는 여성 근로자가 청구하면 월 1일의 생리휴가를 주어야 한다. 청구하면 주는 것으로 청구하지 않는 경우는 부여할 의무는 없다. 다만, 유급휴가를 주어야 하는 것은 아니므로 무급으로 부여해도 법률위반이 아니다. 원칙적으로는 생리시기에 모성보호를 위한 장치이므로 생리활동이 없는 경우는 해당하지 않으나 실제 생리활동의 여부와는 상관하지 않으며, 정확히 생리시기에 맞추어 청구하거나 주어야 하는 것도 아니다. 아울러 생리활동은 임신시기에는 없는 것으로 보아야 하므로 여성이라도 임신 중에 생리휴가를 부여하지 않아도 법률 위반은 아니다.

3. 임산부의 보호

사용자는 임신 중의 여성에게 산전과 산후를 통하여 90일의 보호휴가를 주어야 한다. 이 경우 휴가 기간의 배정은 산후에 45일 이상이 되어야 하며, 사용자는 임신 중인 여성이 임신 16주 이후 유산 또는 사산한 경우로서 그 근로자가 청구하면 법령으로 정하는 바에 따라 보호휴가를 주어야 한다. 다만, 인공 임신중절 수술(모자보건법 제14조 제1항에 따른 경우는 제외[1])에 따른 유산의 경우는 그러하지 아니하다. 또, 상기의 휴가 중

1) 모자보건법 제14조(인공임신중절수술의 허용한계) 제1항 의사는 "본인이나 배우자가 대통령령으로 정하는 우생학적(優生學的) 또는 유전학적 정신장애나 신체질환이 있는 경우, 본인이나 배우자가 대통령령으로 정하는 전염성 질환이 있는 경우, 강간 또는 준강간(準强姦)에 의하여 임신된 경우, 법률상 혼인할 수 없는 혈족 또는 인척간에 임신된 경우, 임신의 지속이 보건의학적 이유로 모체의 건강을 심각하게 해치고 있거나 해칠 우려가 있는 경우"의 어느 하나에 해당되는 경우에만 본인과 배우자

최초 60일은 유급으로 한다. 다만, 남녀고용평등법에 따라 산전후휴가급여 등이 지급된 경우에는 그 금액의 한도에서 지급의 책임을 면한다.

한편, 사용자는 임신 중의 여성 근로자에게 시간외근로를 하게 하여서는 아니 되며, 그 근로자의 요구가 있는 경우에는 쉬운 종류의 근로로 전환하여야 하고, 보호휴가 종료 후에는 휴가 전과 동일한 업무 또는 동등한 수준의 임금을 지급하는 직무에 복귀시켜야 한다.

4. 태아검진 시간의 허용

사용자는 임신한 여성근로자가 임산부의 진단과 종합검진 및 산전(産前)·분만·산후(産後)관리, 영유아 및 미숙아 등에 대한 건강관리 및 건강진단, 임산부·영유아 및 미숙아 등의 건강상의 위해요인 발견, 감염병의 예방 및 관리에 관한 법률(감염병예방법) 제24조 제1항 각 호[2]의 질병 및 그 밖에 보건복지부처장관이 심의회의 심의를 거쳐 정하는 질병의 예방접종 등 정기적으로 건강진단·예방접종을 실시하거나 모자보건요원에게 그 가정을 방문하여 보건진료를 하게 하는 등 보건관리에 필요한 정기건강진단을 받는데 필요한 시간을 청구하는 경우 이를 허용하여 주어야 하며, 이에 따른 건강진단 시간을 이유로 그 근로자의 임금을 삭감하여서는 아니 된다. 태아검진 등 시간에 대하여 임금삭감을 할 수 없으므로 유급으로 부여하여야 한다.

5. 육아 시간

생후 1년 미만의 유아(乳兒)를 가진 여성 근로자가 청구하면 1일 2회 각각 30분 이상의 유급 수유 시간을 주어야 한다. 통상 1일의 근로시간은 8시간을 기준근로시간으로 보므로 8시간 근로를 전제할 때 시작시간부터 끝나는 시간 사이 2회 이상 각각 30분 이상 주어야 한다.

(사실상의 혼인관계에 있는 사람을 포함)의 동의를 받아 인공임신중절수술을 할 수 있다.

2) 감염병예방법 제24조(정기예방접종) 제1항 특별자치도지사 또는 시장·군수·구청장은 "디프테리아, 폴리오, 백일해, 홍역, 파상풍, 결핵, B형간염, 유행성이하선염, 풍진, 수두, 일본뇌염, b형헤모필루스인플루엔자, 폐렴구균, 그 밖에 보건복지부장관이 감염병의 예방을 위하여 필요하다고 인정하여 지정하는 감염병"의 질병에 대하여 관할 보건소를 통하여 정기예방접종을 실시하여야 한다.

Ⅱ. 육아휴직 및 근로보호

1. 육아휴직

사업주는 근로자가 만 8세 이하 또는 초등학교 2학년 이하의 자녀(입양한 자녀를 포함)를 양육하기 위하여 육아휴직을 신청하는 경우에 이를 허용하여야 한다. 다만, 단축개시예정일의 전날까지 해당 사업에서 계속 근로한 기간이 1년 미만인 근로자가 신청한 경우, 같은 영유아의 육아를 위하여 배우자가 육아휴직(다른 법령에 따른 육아휴직을 포함)을 하고 있는 근로자가 신청한 경우, 사업주가 직업안정법에 따른 직업안정기관에 구인신청을 하고 14일 이상 대체인력을 채용하기 위하여 노력하였으나 대체인력을 채용하지 못한 경우(다만, 직업안정기관의 장의 직업소개에도 불구하고 정당한 이유 없이 2회 이상 채용을 거부한 경우는 제외), 육아기 근로시간 단축을 신청한 근로자의 업무 성격상 근로시간을 분할하여 수행하기 곤란하거나 그 밖에 육아기 근로시간 단축이 정상적인 사업 운영에 중대한 지장을 초래하는 경우로서 사업주가 이를 증명하는 경우에는 그러하지 아니하다.

육아휴직의 기간은 1년 이내(1자녀에 대하여 유급휴직 1년, 무급휴직 2년 총3년)로 하고, 육아휴직기간은 근속기간에 포함된다. 사업주는 육아휴직을 이유로 해고나 그 밖의 불리한 처우를 하여서는 아니 되며, 육아휴직 기간에는 그 근로자를 해고하지 못한다. 다만, 사업을 계속할 수 없는 경우에는 그러하지 아니하다. 사업주는 육아휴직을 마친 후에는 휴직 전과 같은 업무 또는 같은 수준의 임금을 지급하는 직무에 복귀시켜야 한다. 기간제근로자 또는 파견근로자의 육아휴직 기간은 기간제법에 따른 사용기간 또는 파견법에 따른 근로자파견기간에 산입하지 아니한다.

2. 육아기 근로시간 단축

사업주는 육아휴직을 신청할 수 있는 근로자가 육아휴직 대신 근로시간의 단축(이하 "육아기 근로시간 단축"이라 함)을 신청하는 경우에 이를 허용하여야 한다. 다만, 대체인력 채용이 불가능한 경우, 정상적인 사업 운영에 중대한 지장을 초래하는 경우 등의 경우에는 그러하지 아니한데, 사업주가 육아기 근로시간 단축을 허용하지 아니하는 경우에는 해당 근로자에게 그 사유를 서면으로 통보하고 육아휴직을 사용하게 하거나 그 밖의 조치를 통하여 지원할 수 있는지를 해당 근로자와 협의하여야 한다.

사업주가 해당 근로자에게 육아기 근로시간 단축을 허용하는 경우 단축 후 근로시간은 주당 15시간 이상이어야 하고 30시간을 넘어서는 아니 된다. 육아기 근로시간 단축의 기간은 1년 이내로 하고, 사업주는 육아기 근로시간 단축을 이유로 해당 근로자에게 해고나 그 밖의 불리한 처우를 하여서는 아니 된다. 사업주는 근로자의 육아기 근로시간 단축기간이 끝난 후에 그 근로자를 육아기 근로시간 단축 전과 같은 업무 또는 같은 수준의 임금을 지급하는 직무에 복귀시켜야 한다.

3. 육아기 근로시간 단축 중 근로조건

사업주는 육아기 근로시간 단축을 하고 있는 근로자에 대하여 근로시간에 비례하여 적용하는 경우 외에는 육아기 근로시간 단축을 이유로 그 근로조건을 불리하게 하여서는 아니 된다. 육아기 근로시간 단축을 한 근로자의 근로조건(육아기 근로시간 단축 후 근로시간을 포함)은 사업주와 그 근로자 간에 서면으로 정한다. 사업주는 육아기 근로시간 단축을 하고 있는 근로자에게 단축된 근로시간 외에 연장근로를 요구할 수 없다. 다만, 그 근로자가 명시적으로 청구하는 경우에는 사업주는 주 12시간 이내에서 연장근로를 시킬 수 있다. 육아기 근로시간 단축을 한 근로자에 대하여 근기법에 따른 평균임금을 산정하는 경우에는 그 근로자의 육아기 근로시간 단축 기간을 평균임금 산정기간에서 제외한다.

4. 육아휴직과 육아기 근로시간 단축의 사용형태

근로자는 육아휴직이나 육아기 근로시간 단축을 하려는 경우에는 육아휴직의 1회 사용, 육아기 근로시간 단축의 1회 사용, 육아휴직의 분할 사용(1회만 할 수 있다), 육아기 근로시간 단축의 분할 사용(1회만 할 수 있다), 육아휴직의 1회 사용과 육아기 근로시간 단축의 1회 사용의 방법 중 하나를 선택하여 사용할 수 있다. 이 경우 어느 방법을 사용하든지 그 총 기간은 1년을 넘을 수 없다.

5. 육아지원을 위한 그 밖의 조치

사업주는 초등학교 취학 전까지의 자녀를 양육하는 근로자의 육아를 지원하기 위하여 업무를 시작하고 마치는 시간 조정, 연장근로의 제한, 근로시간의 단축, 탄력적 운영 등 근로시간 조정, 그 밖에 소속 근로자의 육아를 지원하기 위하여 필요한 조치의 어느 하나에 해당하는 조치를 하도록 노력하여야 한다. 고용부처장관은 사업주가 상기의 조치를 할 경우 고용 효과 등을 고려하여 필요한 지원을 할 수 있다.

Ⅲ. 사용금지 및 제한 사항

1. 유해 · 위험사업에 사용 금지

사용자는 임신 중이거나 산후 1년이 지나지 아니한 여성(이하 "임산부"라 함)과 18세 미만자를 도덕상 또는 보건상 유해·위험한 사업에 사용하지 못한다. 또, 사용자는 임산부가 아닌 18세 이상의 여성을 보건상 유해·위험한 사업 중 임신 또는 출산에 관한 기능에 유해·위험한 사업에 사용하지 못한다.[3)]

구분	사용금지직종
임신 중인 여성	1. 「산업안전기준에 관한 규칙」 제59조와 제60조에서 규정한 둥근톱으로서 지름 25센티미터 이상, 같은 규칙 제61조와 제62조에서 규정하는 띠톱으로서 풀리(Pulley)의 지름 75센티미터 이상의 기계를 사용하여 목재를 가공하는 업무 2. 「산업안전기준에 관한 규칙」 제5편제3장과 제4장에 따른 정전작업, 활선작업 및 활선근접작업 3. 「산업안전기준에 관한 규칙」 제6편제2장제3절에서 규정한 통나무비계의 설치 또는 해체업무와 제6편제5장에 따른 건물 해체작업(지상에서 작업을 보조하는 업무를 제외한다) 4. 「산업안전기준에 관한 규칙」 제6편제3장제3절에서 규정하는 터널작업, 같은 규칙 제439조에 따른 추락위험이 있는 장소에서의 작업, 같은 규칙 제452조에 따른 붕괴 또는 낙하의 위험이 있는 장소에서의 작업 5. 「산업보건기준에 관한 규칙」 제58조제4호에 따른 진동작업 6. 「산업보건기준에 관한 규칙」 제69조제2호 및 제3호에 따른 고압작업 및 잠수작업 7. 「산업보건기준에 관한 규칙」 제108조에 따른 고열작업이나 한랭작업 8. 「원자력법」 제97조에 따른 방사선 작업 종사자 등의 피폭선량이 선량한도를 초과하는 원자력 및 방사선 관련 업무 9. 납, 수은, 크롬, 비소, 황린, 불소(불화수소산), 염소(산), 시안화수소(시안산), 2-브로모프로판, 아닐린, 수산화칼륨, 페놀, 에틸렌글리콜모노메틸에테르, 에틸렌글리콜모노에틸에테르, 에틸렌글리콜모노에틸에테르 아세테이트, 염화비닐, 벤젠 등 유해물질을 취급하는 업무 10. 사이토메갈로바이러스(Cytomegalovirus)·B형 간염 바이러스 등 병원체로 인하여 오염될 우려가 짙은 업무. 다만, 의사·간호사·방사선기사 등으로서 면허증을 소지한 자 또는 양성 중에 있는 자를 제외한다. 11. 신체를 심하게 펴거나 굽힌다든지 또는 지속적으로 쭈그려야 하거나 앞으로 구부린 채 있어야 하는 업무 12. 연속작업에 있어서는 5킬로그램 이상, 단속작업에 있어서는 10킬로그램 이상의 중량물을 취급하는 업무 13. 그 밖에 고용고용부처장관이 「산업재해보상보험법」 제8조에 따른 산업재해보상보험및예방심의위원회(이하 "산업재해보상보험및예방심의위원회"라 한다. 이하 이 표에

3) 사용금지직종 및 업무와 관련하여서는 근로기준법 제65조에 근거하여 동법시행령 제40조(별표4)에서 상세히 규정하고 있다.

	서 같다)의 심의를 거쳐 지정하여 고시하는 업무
산후 1년이 지나지 아니한 여성	1. 납, 비소를 취급하는 업무. 다만, 모유 수유를 하지 아니하는 여성으로서 본인이 취업 의사를 사업주에게 서면으로 제출한 경우에는 그러하지 아니한다. 2. 2-브로모프로판을 취급하거나 노출될 수 있는 업무 3. 그 밖에 고용고용부처장관이 산업재해보상보험및예방심의위원회의 심의를 거쳐 지정하여 고시하는 업무
임산부가 아닌 18세 이상인 여자	1. 2-브로모프로판을 취급하거나 노출될 수 있는 업무. 다만, 의학적으로 임신할 가능성이 전혀 없는 여성인 경우에는 그러하지 아니하다. 2. 그 밖에 고용고용부처장관이 산업재해보상보험및예방심의위원회의 심의를 거쳐 지정하여 고시하는 업무
18세 미만인 자	1. 「산업보건기준에 관한 규칙」 제69조제2호 및 제3호에 따른 고압작업 및 잠수작업 2. 「건설기계관리법」, 「도로교통법」 등에서 18세 미만인 자에 대하여 운전·조종면허 취득을 제한하고 있는 직종 또는 업종의 운전·조종업무 3. 「청소년보호법」 등 다른 법률에서 18세 미만 청소년의 고용이나 출입을 금지하고 있는 직종이나 업종 4. 교도소 또는 정신병원에서의 업무 5. 소각 또는 도살의 업무 6. 유류를 취급하는 업무(주유업무는 제외한다) 7. 2-브로모프로판을 취급하거나 노출될 수 있는 업무 8. 그 밖에 고용고용부처장관이 산업재해보상보험및예방심의위원회의 심의를 거쳐 지정하여 고시하는 업무

2. 갱내근로의 금지

사용자는 여성과 18세 미만인 자를 갱내(坑內)에서 근로시키지 못한다. 다만, 보건·의료, 보도·취재 등. 즉, 보건, 의료 또는 복지 업무, 신문·출판·방송프로그램 제작 등을 위한 보도·취재업무, 학술연구를 위한 조사 업무, 관리·감독 업무, 그리고 이들 업무와 관련된 분야에서 하는 실습 업무를 수행하기 위하여 일시적으로 필요한 경우에는 그러하지 아니하다.

3. 야간근로와 휴일근로의 제한

사용자는 18세 이상의 여성을 오후 10시부터 오전 6시까지의 시간 및 휴일에 근로시키려면 그 근로자의 동의를 받아야 한다. 또, 사용자는 임산부와 18세 미만자를 오후 10시부터 오전 6시까지의 시간 및 휴일에 근로시키지 못한다. 다만, 18세 미만자의 동의가 있는 경우, 산후 1년이 지나지 아니한 여성의 동의가 있는 경우, 임신 중의 여성이 명시적으로 청구하는 경우의 어느 하나에 해당하는 경우로서 고용부처장관의 인가를 받으면 그러하지 아니하지만, 이 경우 고용부처장관의 인가를 받기 전에 근로자의 건강 및 모성보호를 위하여 그 시행 여부와 방법 등에 관하여 그 사업 또는 사업장의 근로자대표와 성실하게 협의하여야 한다.

제3절 연소근로자의 근로보호

Ⅰ. 근로연령제한 및 보호조치

1. 취업 최저 연령과 취직인허증

15세 미만인 자(초·중등교육법에 따른 중학교에 재학 중인 18세 미만인 자 포함)는 근로자로 사용하지 못한다. 취직인허증을 받을 수 있는 자는 13세 이상 15세 미만인 자로 한다. 다만, 예술공연 참가를 위한 경우에는 13세 미만인 자도 취직인허증을 받을 수 있고, 이 경우 취직인허증을 받으려는 자는 법규로 정하는 바에 따라 고용부처장관에게 신청하여야 하는데, 이에 따른 신청은 학교장(의무교육 대상자와 재학 중인 자로 한정) 및 친권자 또는 후견인의 서명을 받아 사용자가 될 자와 연명(連名)으로 하여야 한다. 결국, 고용부처장관이 발급한 취직인허증(就職認許證)을 지닌 자는 근로자로 사용할 수 있고, 취직인허증은 본인의 신청에 따라 의무교육에 지장이 없는 경우에는 직종(職種)을 지정하여서만 발행할 수 있다. 한편, 고용부처장관은 거짓이나 그 밖의 부정한 방법으로 취직인허증을 발급받은 자에게는 그 인허를 취소하여야 한다.

2. 연소자 증명서

사용자는 18세 미만인 자에 대하여는 그 연령을 증명하는 가족관계기록사항에 관한 증명서와 친권자 또는 후견인의 동의서를 사업장에 갖추어 두어야 한다. 이렇게 연소자 증명서를 사업장에 갖추도록 하는 것은 연소근로자에게 강제노동이나 부당한 노동관행 등이 행해지는 경우를 방지하고, 사업장 지도감독 등에서 그 사실들을 확인할 수 있도록 하는데 있다.

3. 유해·위험사업에 사용 제한

연소근로자의 근로보호는 성장기의 연소근로자에게 유해하고 위험한 사업에의 사용은 금지되어야 한다. 특히 유해하고 위험한 사업은 아직 미숙한 연소근로자에게는 성년근로자에 비하여 사고의 위험이 높고 미래세대인 성장기의 연소근로자에게 건강을 해칠 수 있기 때문에 특별히 보호되어야 한다. 아울러, 건강 및 보건보호조치도 수반되어야 한다. 이러한 취지에서 법령에서는 갱내근로의 금지를 규정하고 있다.

Ⅱ. 근로계약 및 임금청구

1. 근로계약 및 후견제도

친권자나 후견인은 미성년자의 근로계약을 대리할 수 없다. 다만, 친권자, 후견인 또는 고용부처장관은 근로계약이 미성년자에게 불리하다고 인정하는 경우에는 이를 해지할 수 있다. 사용자는 18세 미만인 자와 근로계약을 체결하는 경우에는 근로조건을 서면으로 명시하여 교부하여야 한다.

2. 임금청구권 보호

미성년자는 독자적으로 임금을 청구할 수 있으므로 친권자 등으로 하여금 임금청구를 대리로 할 수 없다. 결국, 근로관계의 형성은 미성년자라도 근로자의 자의적인 의사결정으로 하도록 하여 근로자가 원치 않는 근로를 강제하는 것을 방지하기 위한 것이며, 그러한 근로계약에 따라 받게 되는 임금은 근로자로 하여금 수령하도록 하여 근로제공의 당사자가 권리행사를 하도록 하고 제3자가 임금청구권을 침해하지 못하도록 하고자 하는 취지를 가진다고 할 것이다.

Ⅲ. 근로시간 제한 및 연장근로

1. 근로시간 제한

15세 이상 18세 미만인 자의 근로시간은 1일에 7시간, 1주일에 40시간을 초과하지 못한다. 이는 주 기준근로시간은 충족시키되 1일 기준근로시간을 줄여서 연소근로자를 보호하려는 취지이며, 특히 성장기의 연소근로자를 혹독한 근로로부터 보호하려는 취지이기도 하다.

2. 연장근로

당사자 사이의 합의에 따라 1일에 1시간, 1주일에 6시간을 한도로 연장할 수 있다. 근로시간의 결정은 당사자만이 할 수 있고, 제3자가 개입하여 강제근로할 수 있는 요소를 차단하도록 하여 연소근로자의 근로행위를 자의적으로 결정하도록 하는 것이다. 또한, 너무 장시간 또는 무리한 근로시간의 연장을 제한하여 성장기 연소근로자의 건강 등을 보호하고자 하는 취지이다.

제 4 절 장애인근로자의 근로보호

Ⅰ. 장애인근로자의 고용보호

1. 사업주 등에 대한 시책

사업주는 장애인의 고용에 관한 정부의 시책에 협조하여야 하고, 장애인이 가진 능력을 정당하게 평가하여 고용의 기회를 제공함과 동시에 적정한 고용관리를 할 의무를 가지고, 사업주는 근로자가 장애인이라는 이유로 채용·승진·전보 및 교육훈련 등 인사관리상의 차별대우를 하여서는 아니 된다.

아울러, 사업주는 직장 내 장애인 근로자의 안정적인 근무여건 조성과 채용 확대를 위하여 장애인 인식개선 교육을 실시하여야 한다. 이때, 고용부처장관은 사업주의 장애인 인식개선 교육이 원활하게 이르어지도록 교육교재 등을 개발하여 보급하여야 한다.

또한, 국가와 지방자치단체는 장애인의 고용촉진 및 직업재활에 관하여 사업주 및 국민 일반의 이해를 높이기 위하여 교육·홍보 및 장애인 고용촉진 운동을 지속적으로 추진하여야 한다. 아울러, 국가와 지방자치단체는 사업주·장애인, 그 밖의 관계자에 대한 지원과 장애인의 특성을 고려한 직업재활 조치를 강구하여야 하고, 장애인의 고용촉진을 꾀하기 위하여 필요한 시책을 종합적이고 효과적으로 추진하여야 한다. 이 경우 중증장애인과 여성장애인에 대한 고용촉진 및 직업재활을 중요시하여야 한다.

2. 직업지도 및 훈련지원

고용부처장관과 보건복지부처장관은 장애인이 그 능력에 맞는 직업에 취업할 수 있도록 하기 위하여 장애인에 대한 직업상담, 직업적성 검사 및 직업능력 평가 등을 실시하고, 고용정보를 제공하는 등 직업지도를 하여야 한다. 이 경우 고용부처장관과 보건복지부처장관이 직업지도를 할 때에 특별히 전문적 지식과 기술이 필요하다고 인정하면 이를 재활실시기관 등 관계 전문기관에 의뢰하고 그 비용을 지급할 수 있으며, 직업지도를 실시하거나 하려는 자에게 필요한 비용을 융자·지원할 수 있다.

고용부처장관과 보건복지부처장관은 장애인이 그 능력에 맞는 직업생활을 할 수 있도록 하기 위하여 장애인에게 적합한 직종 개발에 노력하여야 한다. 아울러, 고용부처장관과 보건복지부처장관은 장애인이 그 희망·적성·능력 등에 맞는 직업생활을 할 수 있도록 하기 위하여 필요하다고 인정하면 직업 환경에 적응시키기 위한 직업적응훈련을 실시할 수 있고, 고용부처장관은 장애인이 그 희망·적성·능력 등에 맞는 직업생활을 할 수 있도록 하기 위하여 장애인에게 직업능력개발훈련을 실시하여야 한다.

3. 사업주 등의 장애인 고용 의무

국가와 지방자치단체의 장, 사업주(50인 이상을 상시고용하는 사업주)는 장애인고용법에서 정하는 일정비율이상을 신규채용시에 우선 고용하여야 한다. 의무고용률에 해당하는 장애인 수를 계산할 때에 소수점 이하는 버리고, 장애인 고용인원을 산정하는 경우 중증장애인의 고용은 그 인원의 2배에 해당하는 장애인의 고용으로 본다. 다만, 소정근로시간이 법령으로 정하는 시간 미만인 중증장애인은 제외한다.

한편, 고용부처장관은 장애인의 고용촉진과 직업안정을 위하여 장애인을 고용한 사업주에게 고용장려금을 지급할 수 있다. 고용장려금의 지급단가 및 지급기간은 고용부처장관이 최저임금법에 따라 월 단위로 환산한 최저임금액의 범위에서 법령에 따른 부담기초액, 장애인 고용부담금 납부 의무의 적용 여부, 그 장애인 근로자에게 지급하는 임금, 고용기간 및 장애정도 등을 고려하여 다르게 정할 수 있다. 이 경우 중증장애인과 여성장애인에 대하여는 우대하여 정하여야 한다.

Ⅱ. 장애인의 근로보호를 위한 편의제공

1. 고용에서의 정당한 편의제공

사용자는 장애인이 해당 직무를 수행함에 있어서 장애인 아닌 사람과 동등한 근로조건에서 일할 수 있도록 ① 시설·장비의 설치 또는 개조, ② 재활, 기능평가, 치료 등을 위한 근무시간의 변경 또는 조정, ③ 훈련 제공 또는 훈련에 있어 편의 제공, ④ 지도 매뉴얼 또는 참고자료의 변경, ⑤ 시험 또는 평가과정의 개선, ⑥ 화면낭독·확대 프로그램, 무지점자단말기, 확대 독서기, 인쇄물음성변환출력기 등 장애인보조기구의 설치·운영과 낭독자, 한국수어 통역자 등의 보조인 배치의 정당한 편의를 제공하여야 하며, 정당한 편의의 구체적 내용 및 적용대상 사업장의 단계적 범위 등에 관하여는 법령으로 정한다.

아울러, 사용자는 정당한 사유 없이 장애를 이유로 장애인의 의사에 반하여 다른 직무에 배치하여서는 아니 된다.

2. 교육훈련에서의 정당한 편의제공

교육책임자는 장애인의 교육활동에 불이익이 없도록 ① 장애인의 입학 및 교육기관 내에서의 이동 및 접근에 불이익이 없도록 하기 위한 각종 이동용 보장구의 대여 및 수리, ② 장애인 및 장애인 관련자가 필요로 하는 경우 교육보조인력의 배치, ③ 장애로 인한 학습 참여의 불이익을 해소하기 위한 확대 독서기, 보청기기, 높낮이 조절용 책상, 각종 보완·대체 의사소통 도구 등의 대여 및 보조견의 배치나 휠체어의 접근을 위한 여유 공간 확보, ④ 시·청각 장애인의 교육에 필요한 한국수어 통역, 문자통역(속기), 점자자료, 점자·음성변환용코드가 삽입된 자료, 자막, 큰 문자자료, 화면낭독·확대프로그램, 보청기기, 무지점자단말기, 인쇄물음성변환출력기를 포함한 각종 장애인보조기구 등 의사소통 수단, ⑤ 교육과정을 적용함에 있어서 학습진단을 통한 적절한 교육 및 평가방법의 제공, ⑥ 그 밖에 장애인의 교육활동에 불이익이 없도록 하는 데 필요한 사항으로서 법령으로 정하는 사항을 적극적으로 강구하고 제공하여야 한다.

3. 편의제공의무의 예외

정당한 사유 없이 장애인에 대하여 정당한 편의 제공을 거부하는 경우는 차별행위가 되므로 고용에서 장애인유형 내지 상태에 따른 편의제공의무를 이행하는 것은 당연한 것이다. 그러나 정당한 사유가 존재하는 경우에는 예외로 볼 수 있다. 즉, 편의제공을 위하여 시설보완이 필요한 경우 현실적·물리적으로 시설보완이 불가능한 상황, 사업주 등이 편의제공을 위한 시설보완에 소요되는 되는 비용을 감당하기 어려운 경우 등을 들 수 있다. 예를 들어 승강기설치가 필요한 경우 물리적으로 시설보완이 불가능한 경우, 영세사업장의 사업주가 소요비용을 감당할 수 없는 경우 등은 정당한 사유가 될 가능성이 높다. 이러한 경우는 편의제공의무를 이행하지 못하는 정당한 사유가 될 수 있다.

제5절 사업장 규칙 등

Ⅰ. 취업규칙

1. 취업규칙의 작성·신고

상시 10명 이상의 근로자를 사용하는 사용자는 업무의 시작과 종료 시각, 휴게시간, 휴일, 휴가 및 교대 근로에 관한 사항, 임금의 결정·계산·지급 방법, 임금의 산정기간·지급시기 및 승급(昇給)에 관한 사항, 가족수당의 계산·지급 방법에 관한 사항, 퇴직에 관한 사항, 퇴직금(근로자퇴직급여 보장법 제8조), 상여 및 최저임금에 관한 사항, 근로자의 식비, 작업 용품 등의 부담에 관한 사항, 근로자를 위한 교육시설에 관한 사항, 산전후휴가·육아휴직 등 근로자의 모성 보호 및 일·가정 양립 지원에 관한 사항, 안전과 보건에 관한 사항, 근로자의 성별·연령 또는 신체적 조건 등의 특성에 따른 사업장 환경의 개선에 관한 사항, 업무상과 업무 외의 재해부조(災害扶助)에 관한 사항, 표창과 제재에 관한 사항, 그 밖에 해당 사업 또는 사업장의 근로자 전체에 적용될 사항에 관한 취업규칙을 작성하여 고용부처장관에게 신고하여야 한다. 이를 변경하는 경우에도 또한 같다.

2. 규칙의 작성 및 변경 절차

사용자는 취업규칙의 작성 또는 변경에 관하여 해당 사업 또는 사업장에 근로자의 과반수로 조직된 노동조합이 있는 경우에는 그 노동조합, 근로자의 과반수로 조직된 노동조합이 없는 경우에는 근로자의 과반수의 의견을 들어야 한다. 다만, 취업규칙을 근로자에게 불리하게 변경하는 경우에는 그 동의를 받아야 하고, 취업규칙을 신고할 때에는 상기의 의견을 적은 서면을 첨부하여야 한다. 동의방식에서 개별근로자의 동의를 얻을 경우 자유로운 의사결정이 보장되지 않는 회람방식 등은 허용할 수 없고, 사업장 내지 부서별로 원거리에 소재하는 경우 자유로운 토론과 의견제시 등을 통한 부서 내지 사업장별 근로자동의여부 취합 등은 가능하다.

3. 제재 규정의 제한

취업규칙에서 근로자에 대하여 감급(減給)의 제재를 정할 경우에 그 감액은 1회의 금액이 평균임금의 1일분의 2분의 1을, 총액이 1임금지급기의 임금 총액의 10분의 1을 초과하지 못한다. 결국 감급은 여러 번 할 수 있으나 감급 1회에 대하여 1일분에 대한 한계와 1임금지급기(주급은 주 단위, 월급은 월 단위 등)의 총액에 대한 한계를 지켜야 한다. 이는 소득원인 급여로 생활하는 근로자의 생활보호를 위한 장치로 풀이할 수 있다.

4. 단체협약 및 취업규칙과 근로계약의 효력 위계

취업규칙은 법령이나 해당 사업 또는 사업장에 대하여 적용되는 단체협약과 어긋나서는 아니 되며, 고용부처장관은 법령이나 단체협약에 어긋나는 취업규칙의 변경을 명할 수 있다. 또, 취업규칙에서 정한 기준에 미달하는 근로조건을 정한 근로계약은 그 부분에 관하여는 무효로 한다. 이 경우 무효로 된 부분은 취업규칙에 정한 기준에 따른다. 결국 근로조건 등으로 규율되는 규칙 내지 계약은 법령을 최상위로 하여 단체협약, 취업규칙, 근로계약의 순위로 효력위계를 갖는다.

Ⅱ. 기숙사규칙

1. 기숙사 생활의 보장

사용자는 사업 또는 사업장의 부속 기숙사에 기숙하는 근로자의 사생활의 자유를 침해하지 못하며, 기숙사 생활의 자치에 필요한 임원 선거에 간섭하지 못한다.

2. 규칙의 작성과 변경

부속 기숙사에 근로자를 기숙시키는 사용자는 기상(起床), 취침, 외출과 외박에 관한 사항, 행사에 관한 사항, 식사에 관한 사항, 안전과 보건에 관한 사항, 건설물과 설비의 관리에 관한 사항, 그 밖에 기숙사에 기숙하는 근로자 전체에 적용될 사항에 관하여 기숙사규칙을 작성하여야 한다.

사용자는 이에 따른 규칙의 작성 또는 변경에 관하여 기숙사에 기숙하는 근로자의 과반수를 대표하는 자의 동의를 받아야 하고, 사용자와 기숙사에 기숙하는 근로자는 기숙사 규칙을 지켜야 한다.

3. 설비와 안전 위생

사용자는 부속 기숙사에 대하여 근로자의 건강, 풍기(風紀)와 생명의 유지에 필요한 조치를 강구하여야 한다. 이에 따라 강구하여야 할 조치의 기준으로, 기숙사 침실의 넓이는 1인당 2.5제곱미터 이상으로 하며, 1실의 거주인원은 15명 이하로 하여야 한다.

Ⅲ. 근로보호를 위한 실효성 확보 조치

1. 근로감독 및 지도

(1) 감독 기관 및 근로감독관 배치

근로조건의 기준 및 근로보호를 위하여 고용노동부와 그 소속 기관에 근로감독관을 두며, 근로감독관의 자격, 임면(任免), 직무 배치에 관한 사항은 법령으로 정하도록 규정하고 있다. 이에 따라 근로감독관규정을 별도로 마련하여 시행하고 있다. 동 규정에서는 근로감독관의 자격, 임면, 직무 배치 등에 대하여 규정하고 있다. 이 규정에 따르면 근로감독관의 주요 업무로는 고용평등에 관한 업무, 여성근로자 보호에 관한 업무, 노동조합에 관한 업무, 노사분규에 관한 업무, 근로기준에 관한 업무, 임금에 관한 업무, 산업보건에 관한 업무, 산업안전에 관한 업무 등을 들 수 있다.

(2) 근로감독관의 권한 및 비밀의무

근로감독관은 사업장, 기숙사, 그 밖의 부속 건물에 임검(臨檢)하고 장부와 서류의 제출을 요구할 수 있으며 사용자와 근로자에 대하여 심문(尋問)할 수 있고, 의사인 근로감독관이나 근로감독관의 위촉을 받은 의사는 취업을 금지하여야 할 질병에 걸릴 의심이 있는 근로자에 대하여 검진할 수 있으며, 이 경우에 근로감독관이나 그 위촉을 받은 의사는 그 신분증명서와 고용부처장관의 임검 또는 검진지령서(檢診指令書)를 제시하여야 하고, 임검 또는 검진지령서에는 그 일시, 장소 및 범위를 분명하게 적어야 한다. 근로감독관은 이 법이나 그 밖의 노동관계 법령 위반의 죄에 관하여 사법경찰관리의 직무를 행할 자와 그 직무범위에 관한 법률(사법경찰직무법)에서 정하는 바에 따라 사법경찰관의 직무를 수행한다.

한편, 근로감독관은 직무상 알게 된 비밀을 엄수하여야 한다. 근로감독관을 그만 둔 경우에도 또한 같다.

(3) 감독 기관에 대한 신고

사업 또는 사업장에서 근로기준법 또는 법령을 위반한 사실이 있으면 근로자는 그 사실을 고용부처장관이나 근로감독관에게 통보할 수 있으며, 사용자는 이의 통보를 이유로 근로자에게 해고나 그 밖에 불리한 처우를 하지 못한다.

(4) 사법경찰권 행사자의 제한

이 법이나 그 밖의 노동관계 법령에 따른 임검, 서류의 제출, 심문 등의 수사는 검사와 근로감독관이 전담하여 수행한다. 다만, 근로감독관의 직무에 관한 범죄의 수사는 그러하지 아니하다.

2. 벌칙 등 부과

(1) 벌칙

근로기준 및 근로보호를 위한 주요 사항들에 대하여 위반자는 처벌을 받는다. 즉, 위반사항의 경중에 따라 많게는 5년 이하의 징역 또는 3천만원 이하의 벌금에 처하게 되고, 적게는 500만원 이하의 벌금에 처하게 된다. 아울러 근로감독관이 이 법을 위반한 사실을 고의로 묵과하면 3년 이하의 징역 또는 5년 이하의 자격정지에 처한다. 이처럼 벌칙규정을 강화함으로써 근로조건의 준수는 물론, 근로보호조치에 대한 실효성을 제고할 수 있다고 할 수 있다.

(2) 고발

확정되거나 행정소송을 제기하여 확정된 구제명령 또는 구제명령을 내용으로 하는 재심판정을 이행하지 아니한 자는 1년 이하의 징역 또는 1천만원 이하의 벌금에 처하게 되는데, 이의 죄는 노동위원회의 고발이 있어야 공소를 제기할 수 있고, 검사는 이에 따른 죄에 해당하는 위반행위가 있음을 노동위원회에 통보하여 고발을 요청할 수 있다.

(3) 양벌규정

사업주의 대리인, 사용인, 그 밖의 종업원이 해당 사업의 근로자에 관한 사항에 대하여 근로기준준수와 근로보호를 위한 규정을 위반하여 처벌되는 벌칙규정에서 정하는 위반행위를 하면 그 행위자를 벌하는 외에 그 사업주에게도 해당 조문의 벌금형을 과(科)한다. 다만, 사업주가 그 위반행위를 방지하기 위하여 해당 업무에 관하여 상당한 주의와 감독을 게을리하지 아니한 경우에는 그러하지 아니하다.

(4) 과태료

근로기준의 준수와 근로보호를 위하여 규정하고 있는 근로기준법 등의 내용을 위반하여 ① 고용부처장관, 노동위원회 또는 근로감독관의 요구가 있는 경우에 보고 또는 출석을 하지 아니하거나 거짓된 보고를 한 자, ② 법령요지 등의 게시(제14조), 사용증명서(제39조), 근로자명부 작성(제41조), 계약서류보존(제42조), 임금대장 작성(제48조), 연소자 증명서(제66조), 임신중 근로자의 근로시간 단축(제77조 제7항), 재해보상서류보존(제91조), 취업규칙작성 및 신고(제93조), 기숙사 생활보장(제98조제2항) 및 기숙가규칙의 작성 및 변경(제99조)을 위반한 자, ③ 근로감독관의 권한 중 근로감독관 또는 그 위촉을 받은 의사의 임검(臨檢)이나 검진을 거절, 방해 또는 기피하고 그 심문에 대하여 진술을 하지 아니하거나 거짓된 진술을 하며 장부·서류를 제출하지 아니하거나 거짓 장부·서류를 제출한 자에 대하여는 500만원 이하의 과태료를 부과한다.

제 7 편

임금정책

13
chapter

임금관리정책

제1절 서 설

임금이란 근로자의 근로제공을 대가로 지급되는 일체의 금품이다. 이러한 임금은 근로자와 사용자간의 시장임금 등을 고려하여 자율적으로 결정하는 것이 일반적이다. 다만, 상대적으로 열악한 지위에 있는 근로자를 보호하기 위하여 정부는 최저임금제도설정 등 다양한 임금보호조치와 가이드라인을 결정하여 강제하고 있다. 이러한 과정들은 정부정책적인 판단과 근로자의 생활안정과 근로조건의 질 향상이라는 목적과 사용자의 지불능력, 물가수준 등 다양한 상황을 고려하여 결정되고 상황에 따라서는 물가조절 등을 통한 경제정책의 일환으로 임금정책의 방향을 설정하여 운영하고 있다.

한편, 임금에 대한 정의는 다양하게 서술되고 있는데 노동용역의 제공에 대한 보수라는 입장도 있다. 임금은 그 기본행위가 계약이든 그 형태를 묻지 않고 근로제공에 대한 대가라고 할 수 있다. 즉, 사람의 노동력을 활용하여 수행된 일에 대한 대가라는 것이다. 그리고 노동력을 제공하는 근로자에게는 가장 중요한 소득의 원천이고 임금을 지급하는 사용자 등은 가장 중요한 비용에 해당하는데 이러한 임금은 어떻게 설정되는 것일까. 이것은 다음에서 설명하게 될 임금이론이나 정책적인 문제를 통하여 설명될 수 있다. 즉, 정책적인 측면에서 임금문제를 다루게 된다면, 임금의 지급원칙, 최저임금제, 임금가이드라인, 동일가치노동과 동일임금, 중간착취배제, 중간정산 및 임금청산, 퇴직금제도, 임금채권보장제도 등이 일반적인 것이라 할 수 있다.

임금은 노동력제공에 대한 대가의 크기로, 이는 근로자에게는 생계비의 가장 주된 원천이 되므로 매우 중요한 경제활동의 자원이 된다. 반면에 사업주에게 임금은 생산비의 일부를 형성하므로 노사간에는 언제나 긴장관계를 형성할 수 있다. 즉, 근로자는 더 많은 임금을 요구하게 되고 사업주는 더 적은 임금을 지급하고자 하여 분쟁을 유발할 수 있기 때문이다. 그러므로 임금수준은 근로자와 사용자간에 자유로운 의사합의로 결정되는 것이 일반적이지만 복지사회를 추구하는 현대에는 임금수준이 단순히 당사자 간의 의사결정으로 이루어지기에는 많은 환경적인 요인들이 이를 제약하고 있다고 할 수 있다. 가장 큰 생계비의 원천이 되는 근로자의 입장에서는 물가수준이나 엥겔지수 등 최저생활이 가능한 수준이상의 조건을 충족할 수 있어야 하고 이를 보장받지 못하는 경우 근로제공을 기대하기는 어렵기 때문이며, 사용자에게는 생산자재비의 변동에 따라 이윤이 불가능한 경우에도 고임금의 지급을 부담해야 할 경우 기업의 도산을 초래할 수도 있으며, 경제정책적인 측면에서는 이러한 어려움은 근로자의 생계유지 등 사회불안의 요인으로 작용할 수 있고, 경제활동의 둔화를 초래하여 사회전체적인 경제침체로 국가적인 어려움을 초래할 수 있어, 정책적인 측면에서 이를 조정 내지 관리하여야 할 요인으로 작용하게 된다. 이러한 측면에서 임금정책은 단순히 당사자 간의 자유로운 의사결정에 의한 결정 외에도 국가적인 정책적 고려대상이 될 수밖에 없는 것이다.

결국, 임금수준의 결정은 원칙적으로 노사간의 자유로운 의사합의로 결정되어야 한다. 그러나 임금이 근로자에게는 소득의 원천이고 사용자에게는 주요한 비용이므로, 근로자의 생활과 사용자의 정상적인 사업을 위하여 이를 적정하게 유지하는 것은 중요한 정책적인 사안이라고 할 수 있다. 그러므로 임금관리정책에서 임금수준의 결정과 임금가이드라인으로서의 최저임금제도는 중요한 정책사항이라고 할 수 있다.

제 2 절 임금의 의의와 임금이론

Ⅰ. 임금과 소득정책

1. 임금의 의의

고용자와 피고용자와의 계약에 의하여 성립된 근로제공의 대가를 임금으로 보는데, 근로제공의 질과 양의 크기를 의미하는 임금수준은 보는 입장에 따라 의미가 달라진다. 근로자의 입장에서는 보다 많이 받기를 원하며, 최소한의 생활을 보장할 수 있는 생활급임금을 요구한다. 기업가의 입장에서는 생산에 필요한 지급항목인 노무비가 되기 때문에 보다 적게 지급하기를 바라며, 생산성이나 능률에 견주어 결정해야 한다는 능률급임금이나 생산성임금을 주장한다. 또한, 국민경제의 입장에서는 임금이 경제순환에 있어서 구매력이나 가격으로서의 중요성을 지니고 있기 때문에 임금수준이 너무 높거나 너무 낮아도 어려운 문제를 야기하게 되므로 적정선을 꾀하게 될 것이다.

지나친 고임금은 근로자의 생활수준을 높일지 모르나 기업의 노무비 증가에 의한 이윤폭의 감소나 지급능력이 못 따르게 되어 생산축소가 일어날 뿐만 아니라 생산가가 높아져 국제경쟁력을 약화시키며 소득수준 향상에 의한 수입증가로 도리어 근로자의 실업을 초래할 위험성이 있다. 반대로 지나친 저임금은 기업가에게는 유리할지 모르나 근로의욕을 상실하게 하고 노동력의 재생산을 불가능하게 하여 인적자원의 유지와 개발에 큰 차질을 가져올 것이 분명하다. 저임금은 특히 과잉생산 상태 하에서는 유효수요부족으로 나타나 불황을 야기시킨다. 따라서 임금이 기업의 지급능력이나 노동생산성을 장기에 걸쳐 상회하거나 하회해도 문제가 일어나므로 소득으로서의 임금, 비용으로서의 임금, 구매력이나 가격으로서의 임금이 국민경제적 차원에서 균형관계를 유지하도록 하여야 한다.

2. 임금형태

자본주의사회에서 근로자의 보수는 일정한 노동분량에 대해서 지불되는 화폐, 즉 근로의 가격으로서 나타난다. 그것은 임금의 본질인 노동력의 가치 혹은 가격이 금전적인 수치로 전화(轉化)된 형태이다. 임금의 형태는 매우 복잡·다양하지만 그것에는 두 개의 지배적인 기본형태가 있다. 그것은 시간임금과 성과임금(산출고 임금)이며, 다른 여러 가지의 임금형태도 대부분은 이 두 개의 기본형태의 복잡한 변형조합에 해당한다. 노동력은 항상 일정한 기간에 걸쳐 판매되는 것이므로 노동력의 1일의 가치, 1주간의 가치 등으로 나타나는 전화형태는 일임금, 주임금 등의 시간임금의 형태를 취하지 않을 수 없다. 이러한 의미에서 시간임금은 노동력의 가치의 가장 직접적인 전화형태이다. 이 임금형태하에서는 근로일수에 의해, 즉 매월 노동자에 의해 제공되는 근로분량에 의해 임금액은 달라진다. 따라서 일임금, 주임금 등의 노임의 총액과 시간당 임금인 근로의 가격과는 일단 구별해서 생각하지 않으면 안 된다. 가령 명목적인 일임금이나 주임금이 상승해도 근로의 가격이 그대로 있거나 하락할 수도 있다. 성과임금 piece wages은 시간임금이 전화한 형태이며 단가곱하기 개수라는 산식으로 지불된다. 평균적인 숙련과 강도로 근로하는 1인의 근로자가 일정의 제품을 하루에 10개 생산하는 것이 경험적으로 명백하고 또 일 임금이 100원이라고 하면 1개당 단가는 10원으로 된다. 성과임금은 시간 임금과 같이 근로자의 살아있는 근로에 대해 지불되는 화폐가 아니고 이미 만들어진 생산물에 포함되어 있는 근로에 대해 지불되는 것이다. 그러므로 이 경우 임금은 근로자의 작업능력에 따라 결정되는 것이다. 그러나 성과임금의 본질은 시간임금과 마찬가지로 역시 부불노동(잉여노동)이 착취된다.

결국, 임금형태는 근로자가 받는 임금을 구성하는 각 항목의 금액계산방법으로, 임금을 크게 나누면 고정급(固定給)과 능률급(能率給)으로 나눌 수 있다. 고정급은 시간급·일급·주급·월급 등과 같이 시간을 계산단위로 하여 지급되는 임금을 말하며, 능률급은 근로에 의하여 생산된 생산물의 수량을 계산단위로 하여 지급되는 임금을 말한다. 예를 들면, 보험회사의 외무사원에 적용되고 있는 수당급은 능률급 임금이며, 고정급은 시간임금인 것이다. 일반적으로 고정급은 근로자의 수입이 안정되지만 근로의욕을 자극하는 것이 적으며 반대로 능률급은 작업능률이 올라가는 이점이 있는 반면 근로자의 생활이 안정되지 못한다. 이 2가지 중 어느 것을 채택하는가는 업종이나 직종에 따라 결정된다. 현실적으로는 정액급이 대부분이고, 생산고를 확인할 수 있는 기업체에서는 능률급을 겸하고 있는 곳도 있다. 최근에는 생산성 제고를 위하여 능률급제도를 시행하고 있는 업체도 많다.

3. 임금체계

급여체계라고도 할 수 있다. 기업이 근로자에 지불해야 할 임금총액을 개개의 근로자에 어떻게 분배하는가 하는 문제와 관련이 있다. 임금의 산정기초와 지불하는 방식을 나타내는 것으로 크게 나누어 생활급(연령급, 근속급, 가족급 등)을 중심으로 한 생활급 체계, 능률급을 중심으로 한 능률급 체계로 나뉜다.[1] 한편으로는 연공서열형 임금체계와 직무급체계로 나누기도 한다. 어떠한 체계를 임금체계로 구성할 것인가 하는 것은 각 기관 내지 기업의 인력정책과 관련이 있다. 즉, 연공형 인력정책을 가지는 경우 연공형 임금체계를 구축하게 되고, 성과중심의 인력정책을 가지는 경우 성과연봉제 등의 임금체계를 구축하게 된다.

한편, 근로기준법에 사용자는 연장시간근로와 야간근로 또는 휴일근로에 대해서는 통상임금의 100분의 50 이상을 가산하여 지급하여야 한다고 규정하고 있다. 그리고 광의의 기본급은 협의의 기본급과 능률자극을 위한 가급금, 즉 장려급으로 나누어지고 협의의 기본급의 주요한 내용을 이루는 것은 연령급, 능력급 및 근속급의 세 가지이다. 이것이 전적으로 직무평가에 입각하여 결정하는 소위 직무급제이다. 그리고 기준임금은 적어도 노동자 자신 및 그 가족의 최저생활을 보장할 수 있는 것이라야 한다. 그러나 특수한 경제사정 아래에서는 기준임금이 이와 같은 임금의 최저한도에 미달하는 수도 있다. 이와 같은 사태에 대처하기 위해 발생한 급여가 가족수당 및 지역수당 같은 것이며, 이것들이 기준임금에 가산됨으로써 광의의 기본급과 기준임금은 각각 그 내용을 달리하게 된다. 즉 전자는 후자의 일부분을 구성하는 데 지나지 않게 된다.

임금체계와 관련하여 유럽에서는 직무급이 일반적이기 때문에 임금체계라는 용어가 쓰이지 않고 있으며, 일본이나 우리나라에서 사용하고 있는 개념으로, 제2차 세계대전 후 많이 사용하고 있다. 임금체계의 구성항목은 기준내임금과 기준외임금으로 나눌 수 있다. 소정 근로시간 내의 근로에 대하여 지급되는 임금이 기준내임금이며, 소정 근로시간 외의 근로에 대하여 지급되는 것이 기준외임금이다. 기준내임금으로서 무엇보다 중요한 항목은 기본급으로서, 이것은 근로자가 정상적인 상태에서 근무하는 대가로 지급되는 약속된 임금부문으로서, 수당·능률급·상여금 등을 산정하는 기초가 된다. 따라서 기본급은 그 근로자의 기업에서의 임금상의 품격을 표시하는 것이라고도 할 수 있다. 기본급의 결정방법은 연공급·직무급 체계로 나눌 수 있다.

---

1) 임금구성이라고 불리어지며 노동자에 대하여 임금으로서 지급되는 것의 구성내용을 말한다. 임금의 구성내용은 기본급과 능률자극을 위한 장려가급금으로 귀결된다. 그리고 장려가급금의 산정에 관하여는 각종의 형태가 구별되고 있다. 그런데 현실적으로 지급되는 임금에는 이들 이외에 각종 수당이 포함되어 있다. 임금체계에서 기준임금은 노동자가 소정의 통상노동에 종사한 경우에 지불되는 임금이다. 그것은 ① 노동협정에서 정해진 통상노동시간에 있어서의 노동에 대한 임금인 동시에, ② 노동협약에서 정해진 통상작업조건 하에서 행해지는 노동에 대한 임금이다. 그리고 소정의 통상노동시간 및 작업조건 이외에 행한 노동에 대해서는 기준임금 이외에 특별임금이 지불되는데, 이것이 기준외임금이다. 기준외임금에는 잔업수당, 휴일근무수당, 야간근무수당 등 특별 및 초과노동수당이 포함된다.

연공급체계는 근로자의 속인적인 요인(연령·학력·근속연수 등)에 의하여 결정되는 것으로서, 국내에서 많이 볼 수 있는 형태이다. 직무급체계는 여러 직무의 내용을 분석하여 각 직무에서 요구되는 기능과 책임도 및 작업환경 등의 제조건이 같은 정도의 것을 하나의 직급 내지 직책에 편입하여 각 직급 내지 직책에 따라 임금을 결정하는 것으로서, 각 근로자의 연령·근속연수·가족수 등을 고려하지 않고, 다만 그 속하는 직무에 해당하는 임금이 지급된다.

한편, 임금체계는 그 지급시기에 따라 정기적으로 지급되는 정기임금과 지급기일이 정하지 않고 수시로 지급되는 부정기임금(특별임금)이 있다. ① 정기임금에는 일정한 기간 내 소정근로에 대해 지급되는 기본급과 그 소정근로에 부수되어 지급되는 여러 수당(직무수당, 능률수당, 기술수당, 가족수당, 벽지수당 등)으로 이루어지는 소정내 임금(기준임금)과 위 소정근로 이외의 근로에 대해 지급되는 소정외 임금(기준외 임금)으로 연장·야근·휴일근로수당과 휴가수당 등이 있다. 기준임금의 근간이 되는 기본급에는 일정한 기간에 따라 지급되는 시급, 주급 및 월급 등의 정액급과 그 성과에 따라 지급되는 성과급 그리고 정액급과 성과급을 혼용한 병용급 등이 있다. ② 부정기임금은 특별한 사유에 따라 부정기적으로 지급되는 퇴직금, 해고예고수당, 특별상여금 등이 있다.

4. 임금지수

임금수준의 시간적(공간적) 변동을 나타내기 위해 사용하는 지수를 의미한다. 임금지수는 첫째, 노동력 가격으로서의 임금수준의 변동을 나타내는 지수와 둘째, 국민경제 전체로 본 근로자 1인당 수입수준의 변동을 나타내는 지수. 셋째, 기업의 입장에서 본 비용으로서의 인건비 총액 등의 변화를 나타내는 임금의 지수 등이 있다. 첫째 지수는 근로자의 연령별·성별·직종별·사업규모별 등의 웨이트(weight)의 변화를 고려하여 산출한다. 둘째 지수는 통계상의 평균임금을 그대로 지수화 한다. 셋째 지수는 국민소득통계에 의해 분석된다. 일반적으로 널리 사용되는 임금지수는 둘째 의미의 것이다. 임금지수는 기준시의 임금액을 100이라 하고 그 후의 임금액을 지수화한 명목임금지수와 다시 그것을 소비자 물가지수로 나누어 산출한 실질임금지수가 있다.

5. 임금통제

노사간(勞使間)의 자주적 결정에 맡겨져야 할 임금결정을 국가권력으로 규제하는 정책으로, 임금통제에는 직접통제와 간접통제가 있다. 직접통제에는 법령으로 표준임금이나 최고·최저임금을 정하여 강제하는 것으로서, 나치 독일이나 제2차 세계대전 중 일본에서 실시된 임금통제가 있다. 간접통제는 제2차 세계대전 후 물가안정의 일환으로 국가가 백서(白書)를 발표한다거나, 임금심의회 같은 국가기관에 의한 권고형태로 간접적인 임금규제를 하려는 것이다.

예를 들면 임금 상승률을 생산성 상승률의 범위 내에 머물게 하여 코스트인플레이션을 억제하려는 소득정책 등이다. 우리의 경우, 과거부터 여러 방법으로 간접통제 또는 간접통제와 직접통제의 절충방식을 채용하여 임금통제를 해왔다. 물론 그 배경에는 경제개발·성장이라는 명분이 있었다. 그러나 민간정부 탄생 후 사실상 간접통제와 자율조정이 절충적으로 채용되고 있다고 보는 견해가 많다.

오늘날에는 전세계적으로 소득정책에 의한 임금통제방법이 지배적이다. 즉 법적 강제력을 갖는 임금통제와 영국의 사회계약에서 볼 수 있는 정부·노동조합간에 임금 인상률 및 기타 사항에 관한 계약을 체결하는 방법이다. 임금의 최저한을 강제하는 최저임금제도도 넓은 의미에서 임금통제라고 할 수 있고, 정부가 고시하는 임금가이드라인도 일정한 한도의 임금통제에 해당한다. 특히 임금가이드라인은 공공기관에 대하여는 강제성이 강화되어 가고 있다.

6. 소득정책

고용에서의 임금은 근로자에게는 소득 그 자체로서 임금과 소득은 중요한 상관관계에 있다고 할 수 있다. 소득정책은 완전고용과 물가안정의 양립(兩立)을 추구하는 정책이다. 즉, 완전고용의 실현을 추구하면 물가가 상승하고, 물가안정을 추구하면 다수의 실업자가 발생하는 문제를 극복하기 위한 것이 소득정책이다. 재정·금융 정책 등 총수요관리정책은 인플레이션을 진정시킬 수 있는 정통적 정책이다. 총수요를 관리함으로써 경제성장을 억제하고, 자원의 유휴화(예를 들면 실업)를 초래하게 되면 인플레이션은 감속한다.

불황(不況)으로써 인플레이션을 억제하는 이 같은 정통적 정책은 불황이라는 사회적 비용을 수반해야 하는데, 이 문제점을 해결하는 보다 직접적인 방법으로 제창된 것이 소득정책이다. 임금상승률이 생산성 상승률을 상회하지 않도록 임금결정을 유도하게 된다. 임금·물가를 동결하기도 하지만, 정책 당국의 권고나 설득으로 사기업의 자발적 억제에 기대한다. 이것은 현실의 임금이나 가격이 시장수급에 의해서가 아니라 단체교섭에 따른 노사협력관계나 거대기업의 가격관리에 의해서 결정된다는 인식을 배경으로 한다. 유럽·미국에서의 소득정책이 성공하지 못한 주요 원인은 가격이나 임금을 억제함으로써 분배율을 규제한 데 있다. 소득정책이 민간의 호응을 얻으려면 먼저 노사간에 분배율에 관한 합의가 이루어져야 한다.

Ⅱ. 임금결정이론

임금결정이론은 임금이 어떠한 기준과 특성에 따라 결정되는지에 대한 문제를 다룬다. 즉, 임금이론은 노동의 수요 및 공급을 중심으로 이들에게 미치는 영향적 요소가 어떻게 관계되며, 이러한 영향들이 임금수준을 결정하는 주된 요소로 작용하느냐에 대한 학설이라고 할 수 있다.

이러한 임금이론에서 논의되는 것으로는 임금생존비설, 임금기금설, 노동가치설, 한계생산력설, 임금세력설, 시장물가임금론 등을 들 수 있다.

1. 임금기금설

사회에는 임금지불에 충당해야 할 일정액의 임금기금이 존재하는데, 이것을 근로자수로 나눈 것이 바로 평균임금이라고 주장하는 학설을 말한다. 임금기준이란 유동자본 중에서 노동의 고용에 지불되는 부분이다. 이 학설은 Malthus에서 발상되어, J. S. Mill에 의해서 정식화되었다. 이 학설의 논거에서, 임금은 노동의 수급, 즉 직접적으로 노동구매에 지출되는 유동자본과 고용되는 근로자수의 비율에 의해서 결정되는데, 이 의미에서 자본(임금기금)은 저축과 부가 증대함에 따라 증대하기는 하지만 어떤 일정시기에서는 미리 결정된 액이라는 것이다. 이 학설이 실질적으로 임금기금으로서 생각하고 있는 것은 생활자료 특히 식료이며, 이것을 임금의 기초에 두고 또 고정된 양이라고 간주한 것은 나폴레옹 전쟁 및 대륙봉쇄라는 시대적 배경에 영향 받은 바 컸다. 이 소박한 형태의 임금결정이론에 대해서는 일정시기에 임금으로서의 유동자본은 결코 고정된 액이 아니라는 비판이 가해져, J. S. Mill 자신이 이 학설의 오류를 공식적으로 인정하였다. 왜냐하면 임금기금은 경제체계 내에서 결정되어야 할 성질의 변수이며, 결코 하나의 여건으로서 간주할 수는 없기 때문이다. Mill의 이러한 견해에 대하여 N. W. Senior가 근대임금이론의 전조가 되는 새로운 요인을 도입하였는데, 그는 임금기금이 신축적임을 인정하면서, 첫째, 노동의 생산성(능률)과, 둘째, 이들 상품생산에 고용된 근로자의 수에 의하여 결정된다고 주장하였다. 그에 의하면 노동의 생산성은 근로자들의 근면성, 기술, 체력과 지력, 자연의 조력, 자본이용, 정부간섭의 유무에 의존한다고 하고, 이 중 특히 자본이용을 강조하였다. 따라서 그의 이론은 임금기금을 더 이상 고정적으로 생각하지 않으며 근대임금이론인 한계생산력설에 매우 가깝게 생산성을 강조하기에 이르렀다. 따라서 이것을 신임금기금설이라 부른다.

2. 임금생존비설

임금은 근로자와 그의 가족이 생활해 나가는 데 필요한 최저생활비에 의해서 결정된다는 것이다. 이것은 스미스와 맬더스를 거쳐 리카도에 의해 완성된 가장 오래된 이론으로, 리카도는 근로자의 생존비 즉, 최저생활비를 자연가격이라 하고, 이것을 중심으로 임금(시장가격)이 결정된다고 하였다. 이러한 이론은 최저임금제도에서의 기본적인 전제조건이 최저생계비 등을 고려하여 책정된다고 봤을 때 일정부분 연계가능성을 가질 수 있다. 즉, 최저임금은 물가수준 등을 고려하여 근로자의 최저생활에 소요되는 비용추정 등을 고려하여 판단된다고 볼 수 있기 때문이다.

3. 임금재생산비설

D. Ricardo는 임금, 즉 노동의 가격에 대해서도 일반상품에 대해서와 같이 자연가격과 시장가격을 생각하였다. 자연가격으로서의 임금은 근로자가 평균적으로 생활하고 근로자 자신과 그의 가족을 지탱하기 위해서 관습적으로 불가결한 식료, 필수품 및 편의품의 양을 구입할 수 있는 수준의 임금을 말한다. 후에 K. H. Marx는 이러한 사고방식을 계승하여 노동력의 가치는 노동력의 재생산에 필요한 근로자 생활자료의 가치로서, 그것은 자본가와의 교환에서 근로자가 받는 임금이어야 한다고 주장하였다. 물론 리카도와 마르크스 간에는 가치론 등에서 커다란 차이점이 존재하지만, 임금이 노동력의 유지에 필요한 비용이라는 공통점이 발견되므로 이것을 넓은 의미에서 모두 임금재생산비설이라고 한다.

4. 임금세력설

근로자의 사회적인 세력(노동조합)이 임금의 결정에 크게 영향을 미친다는 임금이론으로, 근로자 중심 사회에서 지배적인 영향력을 발휘하는 이론이다. 이것은 Hobson 등에 의해 주장되었다. 임금세력설은 산업현장에서의 상황을 고려하면 노동조합과 사용자간의 협상을 통하여 임금수준을 결정하므로 현대사회에서의 일반적인 현상이라고 할 수 있다. 즉, 임금인상률 및 복지수준 등 근로조건은 노사간의 자유로운 의사결정의 결과로 나타나지만 이때 노사간의 힘의 균형에 따라 인상률의 폭이 결정된다고 볼 수도 있으므로 노사간의 힘의 균형은 임금수준을 결정하는 중요한 영향력을 가진다고 할 수 있다.

5. 임금철칙설

임금철칙설은 광의로는 A. R. J. Turgot 이래의 임금최저생활자료설을 말하지만, 협의로는 F. Lassale이 그의 저서 『*Offenenes Antwortschreiben*(1863)』에서 정식화한 설을 가리킨다. 그는 임금결정에는 수요와 공급의 제력이 작용하지만 일국의 평균임금은 생계유지와 자손번식을 위해 관습적으로 필요로 하는 생활필수품의 양이 측정되는 수준에서 결정된다는 사실을 '임금결정의 철칙'이라고 했다. 그에 의하면 현실의 시장임금은 일시적으로는 이 필요생계비로부터 상하로 괴리될 수도 있지만 결국 이것에 환원되지 않을 수 없다. 왜냐하면 임금이 그것 이상으로 상승할 때에는 근로자의 생활향상→결혼과 번식의 증가→근로자인구증가→노동공급증가→임금하락의 메커니즘, 그 반대의 경우에는 근로자의 빈곤→국외이주의 증가·결혼감소·산아제한→근로자수의 감소→노동공급감소→임금상승의 메커니즘이 작용하기 때문이라는 것이다. 그러나 현실에서는 근로자의 생활이 향상된다고 하여 번식의 증가와 인구의 증가로 연결되지는 않는다. 오히려 선진국의 경우 생활이 향상되어도 출산율은 저하되는 현상을 보이고 있기 때문이다.

6. 노동가치설

노동가치설은 마르크스에 의하여 주창된 이론으로, 마르크스는 임금의 생존비수준을 수용하였지만 그것에 도달하는 과정은 임금생존비설과 전혀 달랐다. 그는 맬서스의 인구이론을 인류에 대한 모욕이라고 하면서 거부하였다. 임금을 생존수준으로 저하시키는 근본적인 힘은 근로자의 무지와 무절제가 아니라 오히려 자본주의적인 불황에 의하여 야기되는 실업이라고 하였다.

그의 노동가치설에 의하면 노동력의 가치는 근로자계급의 유지와 재생산에 필요한 생존수단을 생산하는 데 필요한 노동시간에 의하여 결정된다. 노동만이 모든 가치를 창조하고 그 때 생산된 총가치는 임금으로 근로자들에게 지불되는 것보다 크며, 그 큰 부분을 잉여가치로서 자본가가 수취한다. 근로자들이 임금으로 받는 필요노동 이상의 잉여노동을 하지 않으면 안 되는 것은, 자본가가 생산수단을 독점적으로 소유하기 때문이며, 근로자들이 필요노동시간과 잉여노동시간을 합친 만큼의 시간을 노동하지 않고자 한다면 취업할 수 없다.

그런데 자본가간의 심한 경쟁관계는 계속적인 자본축적과 생산 확대를 통하여 경쟁에서 이기도록 유도한다. 그 때 생산 확대를 위하여 노동의 추가적인 수요가 필요하며, 그

것이 임금을 상승시키고 잉여가치를 감소시킨다. 자본가들은 임금상승을 노동절약적인 기계의 도입에 의하여 극복하고자 하므로 기술적 실업이 발생하고, 그것이 산업예비군을 증가시키며 다시금 임금을 생존비수준으로까지 인하시킨다고 설명한다.

7. 한계생산력설

이 설은 19세기 후반에 한계주의의 등장으로 나타난 이론으로 매우 정치한 이론적인 구성으로 되어 있으나, 지나치게 추상화의 정도가 높아 노동에 대한 가격인 임금뿐 아니라 어떠한 생산요소의 가격에 대하여도 같은 방법으로 설명하고 있다. 이 이론은 수요를 통하여 이론을 전개하며 노동공급은 주어진 것으로 가정하고 있어 공급측에 대한 설명은 없다.

이 학설은 노동의 수요를 설명함에 있어 두 가지 명제를 기초로 하고 있는데, 그 하나는 개별적 기업들은 그들이 이윤을 얻을 수 있을 때까지 고용량을 늘린다. 즉, 고용노동단위당 비용이 기업에 대한 그 근로자의 기여분과 같아질 때까지 고용을 확대한다. 다른 하나는 이윤극대화를 위한 기업간의 경쟁을 통해 그 기업의 생산물에 기여한 근로자의 한계생산물의 가치와 임금이 같아지게 된다는 것이다. 이와 같이 한계생산력설은 한계생산력이 바로 임금을 결정한다고 하지는 않는다, 그러한 의미에서 한계생산력설은 임금이론이 아니라고 할 수도 있다. 한계생산력설에서 임금은 노동시장의 수요와 공급에 의하여 결정된다고 한다. 그 결정된 수준의 임금을 바라보면서 개별기업은 자신의 한계생산물가치곡선, 즉 노동수요곡선의 높이가 노동시장에서 주어진 임금수준과 같은 곳에서 해당 기업의 고용량을 결정한다.

따라서 한계생산력설은 기업수준에서는 고용이론이며, 그것이 노동시장 또는 산업수준에서는 임금의 결정에 있어 수요측면을 적극 강조하였다는 의미에서 임금이론이라고 부를 수 있다. 이것은 완전경쟁조건하이며, 만약 시장이 불완전경쟁상태, 예컨대 완전한 독점상태라고 한다면 물론 한계생산력설은 고용이론이면서 동시에 임금이론일 수도 있겠다. 왜냐하면 독점기업의 경우는 기업의 노동시장이 바로 산업의 노동시장으로 되기 때문이다.

이 이론의 문제점은 전반적인 지지자들도 인정하는 바와 같이 실제적용에는 그것이 대단히 개략적이고 조잡하다는 점인데 특히 장기적인 적용에 있어서 그러하다. 그러나 장기간에 걸친 임금의 변동이나 상호경제조건 또는 경제구조가 현저히 다른 국가간, 지역간 또는 산업간의 임금격차설명에는 상당한 유용성이 있다고 생각된다. 예컨대 경제성장단계가 현저히 다른 두 개 또는 세 개 국가간의 임금수준의 격차는 결국 가장 중요한 부분이 각국의 한계생산물가치의 차이라고 보는 것이 타당하기 때문이다. 따라서 한계생산력설은 많은 학자들이 불만을 표시하는 가운데서도 현대임금이론으로서는 가장 큰 영향력을 발휘하는 이론으로 되고 있다.

8. 시장물가 임금론

임금은 자유로운 시장기능에 의한 시장물가수준에 따라 결정된다. 수요와 공급의 법칙과 소비자물가수준 등 시장상황에 따라 임금이 오르고 내릴 수 있으며 여기에서 적정한 수준의 임금이 결정된다고 보는 것이다. 결국 노동의 가치는 시장의 물가수준에 따라 변동되고 결정된다고 본다. 여기에서 주지할 것은 고임금의 전문가도 시장물가와 시장상황의 변동에 따라 급락을 반복할 수 있고, 비숙련의 근로자도 시장물가와 시장상황에 따라서 급등을 반복할 수 있다는 것이다.

제 3 절 임금수준의 결정주체와 결정요소

Ⅰ. 임금수준결정 주체

임금수준을 결정하는 것은 여러 가지 경제환경적, 물적, 인적요소에 의하여 결정된다. 그러나 그러한 수준을 결정하는 주체는 크게 3가지로 요약할 수 있다. 즉, 근로자, 사용자, 국가라고 할 수 있다. 우선 근로자는 근로를 통하여 수입을 얻고 이를 토대로 생활을 하는 주체로 보다 높은 수준의 임금을 요구한다. 다음으로 사용자로 생산비용에 상당부분을 차지하는 임금을 최대한으로 적게 지급하고 생산비를 줄여 이익을 극대화하려고 한다. 그리고 국가는 국가경제의 원활한 유지와 운영을 위하여 양 당사자의 임금수준요구나 경제상황을 고려하여 가이드라인을 제시하는 등 국가경제차원에서의 임금수준을 고려한다.

한편, 실질적인 임금수준의 주체라고 할 수 있는 근로자의 단체인 노동조합과 사용자의 단체를 들 수 있는데, 산업별 또는 업종별 임금수준의 통일성을 기하고 교섭력을 높여 안정적인 형평을 기하고자 임금교섭 등을 통하여 그 수준을 결정하고 이에 소속된 양당사자의 근로자와 사용자에게 일괄적으로 임금수준을 적용한다. 아울러, 국가도 노사정위원회 등을 통하여 또는 최저임금위원회 등을 통하여 임금수준에 대한 가이드라인을 제시하는 등 세 주체간의 임금정책에 간여한다. 결국, 임금수준의 결정주체는 근로자와 사용자를 비롯한 이들의 단체와 국가 등이 실제행사하고 있다고 볼 수 있어, 임금수준의 결정에 작용하는 중요한 요인이라고 할 수 있다.

Ⅱ. 명목임금과 실질임금

통상 임금을 논할 때 명목임금과 실질임금이라는 주제를 논한다. 즉, 노사간의 임금교섭을 통하여 매년 결정되는 임금을 보통의 화폐단위로 나타낸 것을 명목임금이라고 보는데 이는 물가상승이나 여타조건을 고려하지 않고 단순히 화폐단위로만 측정한 것이다. 그러나 실질임금은 물가상승 등을 제거한 실질적인 구매력을 기준으로 임금수준을 판단하는 것을 말한다. 따라서 명목임금이 아무리 높은 비율로 상승하더라도 물가가 그보다 더 높은 비율로 상승하게 된다면 실질임금은 감소하게 되는 것이다. 이러한 실질임금의 변화는 근로자의 실질소득이나 실질구매력 또는 복지수준의 변화를 나타내는 자료로 활용된다. 이처럼 물가수준과 임금은 상호작용하는 면이 있는데 특히 임금의 인상은 물가상승률과 밀접한 관련성을 가지고 그 인상률을 산정하게 된다. 즉, 물가상승률에 따라 실질적인 구매력이 비례하여 상승할 수 있도록 하고자 하는 요구가 크게 작용한다. 물론 이러한 임금인상에 대하여 기업은 비용증가부담을 제품가격인상으로 소비자에게 전가하기도 하고, 임금이 상대적으로 인상될 때 노동 대신 다른 생산요소로 대체하고자 하는 욕구가 생겨 대체탄력성의 크기에 따라 임금이 물가에 영향을 미치게 된다. 이처럼 임금은 물가에 영향을 미치기도 하고 물가가 임금에 영향을 미치기도 한다.

한편, 임금은 생산성과도 연관성을 가지는데, 주로 논의되는 것이 물적생산성과 부가가치생산성이다. 물적생산성은 물적생산량을 종업원수(노동투입량)로 나눈 것이고, 부가가치생산성은 부가가치액을 종업원 수로 나눈 것이다. 통상 임금의 지불과 수취를 둘러싸고 노사쌍방은 이해의 대립관계에 있다. 근로자나 노동조합측 입장에서 보면 임금상승률은 최소한도 생계비의 상승률수준으로 보장되어야 하며 그 이상으로 되어야 한다고 주장할 것이다. 그러나 기업측 입장은 임금상승률은 부가가치생산성의 상승률을 초과할 수 없다고 할 것이다. 이러한 대립은 근로자들은 물가상승률 등 여러 요인들에 따라 최소한의 생계가 유지될 수 있는 수준을 요구할 수밖에 없으며, 기업측은 부가가치상승률수준이하로 정하고자 하는데 이는 기업측의 비용부담이 가중되어 영업손실로 귀착하고 도산까지도 갈 수 있기 때문이다. 그러므로 쌍방간의 적정한 수준에서 합의를 할 수밖에 없으며 어느 일방도 과도한 요구를 관철하려고 하는 경우 쌍방 모두가 불이익한 상황을 만들 수 있다.

Ⅲ. 임금수준결정의 기초적인 임금요소

임금수준의 결정은 경제상황, 노동력수급, 물가, 생산성, 지불능력, 생활수준 등 종합적인 상황을 고려하여 결정될 수밖에 없다. 즉, 임금수준의 결정요인으로는 국민경제의 동향, 노동력의 수급관계, 소비자물가 등의 상승, 생산성 및 생산가격의 상승, 생계비 등 생활수준, 일반임금시세, 노동조합의 단체교섭력, 기업의 지급능력 등 임금 및 물가요소들이 종합적으로 작용하여 결정된다.

Ⅳ. 임금가이드라인

임금과 물가의 악순환을 방지하기 위해 국가가 바람직한 임금 상승률을 민간 노사에게 제시함으로써 절도 있는 임금 상승률을 실현하려는 정책을 말한다. 법률에 의하지 않는 완만한 소득정책의 일종을 의미한다. 따라서 강제력은 없지만 위반한 기업에게는 국가가 정부조달 물자의 수주를 막는 등의 제재를 가하는 경우도 있다. 미국을 비롯하여 구미 선진국에서 채용하고 있는 예가 많다.

우리나라의 경우는 임금가이드라인을 제시하여 특히 공공부분에 강제력이 강화되고 있다. 이는 공공기관의 경우 정부의 통제력이 강하게 미치고 있음을 시사하고 있는데 실제 정부는 공공기관의 예산 등에 대한 통제와 경영성과평가 등에 이러한 가이드라인의 준수 여부를 판단하여 강제력을 강화하고 있다. 이렇게 정부가 공공부분에 대하여 가이드라인의 적용 내지 준수를 강화하는 것은 국민경제에서 차지하는 공공부분의 비중이 크고 이러한 공공부분의 임금인상수준이 민간부분에도 영향을 미치기 때문에 이를 통하여 사회 전반에 대한 임금수준에 대한 가이드라인으로 작용한다. 이는 경제성장이나 물가수준 등 국민경제 전반에 대한 예측력을 강화하는 기능도 할 수 있다.

제 4 절 최저임금제도

Ⅰ. 최저임금제도의 의의

1. 최저임금제도의 의의 및 적용대상

최저임금제도는 국가가 임금액의 최저한도를 결정하고 사용자에게 그 지급을 법적으로 강제하는 제도로, 최저임금제도는 근로자에 대하여 임금의 최저수준을 보장하여 근로자의 생활안정과 노동력의 질적 향상을 꾀함으로써 국민경제의 건전한 발전에 이바지하는 것을 목적으로 하고, 최저임금제도는 근로자를 사용하는 모든 사업 또는 사업장(이하 "사업"이라 한다)에 적용하지만, 동거하는 친족만을 사용하는 사업과 가사(家事) 사용인 및 선원법의 적용을 받는 선원과 선원을 사용하는 선박의 소유자에게는 적용하지 아니한다. 아울러, 정신장애나 신체장애로 근로능력이 현저히 낮은 자, 그 밖에 최저임금을 적용하는 것이 적당하지 아니하다고 인정되는 자로서 사용자가 법령으로 정하는 바에 따라 고용부처장관의 인가를 받은 자에 대하여는 적용하지 아니한다.

2. 최저임금제도의 경제적 효과

최저임금제의 도입목적은 근로자에게 합당한 임금을 보장해줌으로써 빈곤을 줄이는데 있다. 최저임금제도가 물가, 투자, 청소년의 임금, 노동공급, 소득분배 등에 미치는 효과는 사전적으로 예측이 어려울 뿐만 아니라, 실증적 분석의 결과도 한 국가의 경제성장, 노동수급행태, 기업가의 최적기술수준의 선택방법에 따라 다르게 나타난다.

(1) 긍정적 효과

최저임금제의 긍정적 효과는 첫째, 최저임금제는 저임금근로자의 임금을 인상시킴으로써 노동력 보호와 그들의 생활안정에 기여할 것이다. 둘째, 저임금계층의 집중적 임금개선으로 산업 간, 직종 간 그리고 지역 간 임금격차를 완화하여 임금구조를 개선시킨다. 셋째, 최저임금제가 실시되면 저임금에 의존하던 기업이 충격을 받아 경영의 쇄신과 근대화 및 임금압박을 극복하지 않으면 안 된다. 넷째, 최저임금제의 실시로 한계기업에 종사하던 실직근로자가 부가가치생산성이 높은 산업부분으로 이동함으로써 산업구조가 고도화된다. 다섯째, 임금상승이 근로자 생활을 안정시키면 노사분규를 예방하여 산업평화의 유지에 기여하고 유효수요의 증대로 생산을 촉진하는 기능도 있다.

(2) 부정적 효과

최저임금제의 부정적 효과로는 산업별·업종별·고용형태별·기능별 임금격차가 존재하기 때문에 모든 분야에 최저임금제를 도입한다는 것은 특정산업의 존립을 위태롭게 하고, 노동생산성이 매우 낮은 산업을 기준으로 적용한다면 의미가 없다. 한편, 서비스업종이나 전근대적 비정규부분에 최저임금제를 도입하기는 어려울 것이다. 그 이유는 첫째, 고용감소를 초래한다는 것이다. G. J. Stigler에 의하면 최저임금제는 한계생산력설에 의하여 고용감소를 가져온다고 한다. 즉, 최저임금은 사용자에게 임금비용의 상승을 가져오기 때문에 사용자로서는 이윤극대화원리에 따라 비효율적인 근로자를 기계로 대체하게 되므로 고용이 감소한다고 한다. 둘째, 지역 간의 자원배분을 왜곡시키고, 그 결과 전반적인 생산도 감소된다는 것이다. 자본, 노동 등이 지역에 따라 다르고 노동이 풍부한 곳의 임금은 상대적으로 낮다. 셋째, 노동력의 질적 저하를 가져올 수 있다. 수급근로자와 같이 직장생활초기에는 기술습득을 위한 훈련과정에 있기 때문에 교육비로서 보상을 받는다는 의미에서 임금이 낮은 경우가 있다. 넷째, 가격인상과 이로 인한 물가상승을 불러일으킬 수 있다. 최저임금제는 노동비용의 상승으로 제품가격을 인상시키고 만약 저임금업종과 해당 근로자가 많다면 이것은 전반적인 물가상승으로 연결된다. 다섯째, 소득분배구조를 더욱 왜곡시킬 가능성이 있다. 최저임금수준 이하의 임금을 받던 근로자 중 일부는 최저임금을 받아 소득이 향상되겠지만 일부 근로자는 실직으로 저임금이나마 소득획득의 기회를 잃게 된다. 이에 비하여 고임금계층의 최저임금의 영향으로 같은 비율 또는 그 이상의 임금인상을 가져올 수도 있다. 이렇게 되면 노동소득의 분배구조는 더욱 악화되게 된다.

Ⅱ. 최저임금액의 결정적용 및 효력

1. 최저임금의 결정기준과 구분

최저임금은 근로자의 생계비, 유사 근로자의 임금, 노동생산성 및 소득분배율 등을 고려하여 정한다. 이 경우 사업의 종류별로 구분하여 정할 수 있다. 이 경우 사업의 종류별 구분은 최저임금법에 따른 최저임금위원회의 심의를 거쳐 고용부처장관이 정한다.

2. 최저임금액

최저임금액(최저임금으로 정한 금액을 말함)은 시간·일(日)·주(週) 또는 월(月)을 단위로 하여 정한다. 이 경우 일·주 또는 월을 단위로 하여 최저임금액을 정할 때에는 시간급(時間給)으로도 표시하여야 한다. 다만, 수습 사용 중에 있는 자로서 수습 사용한 날부터 3개월 이내인 자와 근기법에 따라 감시(監視) 또는 단속적(斷續的)으로 근로에 종사하는 자로서 사용자가 고용부처장관의 승인을 받은 자에 대하여는 법령으로 정하는 바에 따라 최저임금액과 다른 금액으로 최저임금액을 정할 수 있다.

또한, 임금이 통상적으로 도급제나 그 밖에 이와 비슷한 형태로 정하여져 있는 경우로서 최저임금액을 정하는 것이 적당하지 아니하다고 인정되면 법령으로 정하는 바에 따라 최저임금액을 따로 정할 수 있다.

3. 최저임금의 적용을 위한 임금의 환산

최저임금의 적용 대상이 되는 근로자의 임금을 정하는 단위기간이 최저임금의 단위기간과 다른 경우에 해당 근로자의 임금을 최저임금의 단위기간에 맞추어 환산하는 방법은 법령으로 정한다.

4. 최저임금의 효력

사용자는 최저임금의 적용을 받는 근로자에게 최저임금액 이상의 임금을 지급하여야 하며, 이 법에 따른 최저임금을 이유로 종전의 임금수준을 낮추어서는 아니 된다. 또, 최저임금의 적용을 받는 근로자와 사용자 사이의 근로계약 중 최저임금액에 미치지 못하는 금액을 임금으로 정한 부분은 무효로 하며, 이 경우 무효로 된 부분은 이 법으로 정한 최저임금액과 동일한 임금을 지급하기로 한 것으로 본다. 다만, 매월 1회 이상 정기적으로 지급하는 임금 외의 임금으로서 고용부처장관이 정하는 것, 근기법에 따른 '소정(所定)근로시간' 또는 '소정의 근로일'에 대하여 지급하는 임금 외의 임금으로서 고용부처장관이 정하는 것, 그 밖에 최저임금액에 산입하는 것이 적당하지 아니하다고 인정하여 고용부처장관이 따로 정하는 것의 어느 하나에 해당하는 임금은 최저임금 등에 산입(算入)하지 아니하지만, 여객자동차 운수사업법에 따른 일반택시운송사업에서 운전업무에 종사하는 근로자의 최저임금에 산입되는 임금의 범위는 생산고에 따른 임금을 제외한 법령으로 정하는 임금으로 한다. 또, 근로자가 자기의 사정으로 소정근로시간 또는 소정의 근로일의 근로를 하지 아니한 경우와 사용자가 정당한 이유로 근로자에게 소정근로시간 또는 소정의 근로일의 근로를 시키지 아니한 경우의 어느 하나에 해당하는 사유로 근로하지 아니한 시간 또는 일에 대하여 사용자가 임금을 지급할 것을 강제하는 것은 아니다.

한편, 도급으로 사업을 행하는 경우 도급인은 도급인이 도급계약 체결 당시 인건비 단가를 최저임금액에 미치지 못하는 금액으로 결정하는 행위와 도급인이 도급계약 기간 중 인건비 단가를 최저임금액에 미치지 못하는 금액으로 낮춘 행위에는 도급인이 책임을 져야하며, 수급인이 근로자에게 최저임금액에 미치지 못하는 임금을 지급한 경우 도급인은 해당 수급인과 연대(連帶)하여 책임을 진다. 아울러, 두 차례 이상의 도급으로 사업을 행하는 경우에는 "수급인"은 "하수급인(下受給人)"으로 보고, "도급인"은 "직상(直上) 수급인(하수급인에게 직접 하도급을 준 수급인)"으로 본다.

Ⅲ. 최저임금의 결정 및 고시

1. 최저임금의 결정

고용부처장관은 매년 8월 5일까지 최저임금을 결정하여야 한다. 이 경우 고용부처장관은 법령으로 정하는 바에 따라 최저임금위원회에 심의를 요청하고, 위원회가 심의하여 의결한 최저임금안에 따라 최저임금을 결정하여야 하며, 위원회는 고용부처장관으로부터 최저임금에 관한 심의 요청을 받은 경우 이를 심의하여 최저임금안을 의결하고 심의 요청을 받은 날부터 90일 이내에 고용부처장관에게 제출하여야 한다.

또, 고용부처장관은 위원회가 심의하여 제출한 최저임금안에 따라 최저임금을 결정하기가 어렵다고 인정되면 20일 이내에 그 이유를 밝혀 위원회에 10일 이상의 기간을 정하여 재심의를 요청할 수 있고, 위원회는 재심의 요청을 받은 때에는 그 기간 내에 재심의하여 그 결과를 고용부처장관에게 제출하여야 하며, 고용부처장관은 위원회가 재심의에서 재적위원 과반수의 출석과 출석위원 3분의 2 이상의 찬성으로 당초의 최저임금안을 재의결한 경우에는 그에 따라 최저임금을 결정하여야 한다.

2. 최저임금안에 대한 이의 제기

고용부처장관은 최저임금위원회로부터 최저임금안을 제출받은 때에는 법령으로 정하는 바에 따라 최저임금안을 고시하는데, 이에 대하여 근로자를 대표하는 자나 사용자를 대표하는 자는 고시된 최저임금안에 대하여 이의가 있으면 고시된 날부터 10일 이내에 법령으로 정하는 바에 따라 고용부처장관에게 이의를 제기할 수 있고, 이의가 이유 있다고 인정되면 고용부처장관은 그 내용을 밝혀 위원회에 최저임금안의 재심의를 요청하여야 한다. 이때 고용부처장관은 재심의를 요청한 최저임금안에 대하여 위원회가 재심의하여 의결한 최저임금안이 제출될 때까지는 최저임금을 결정하여서는 아니 된다.

3. 최저임금의 고시와 효력발생 및 주지의무

고용부처장관은 최저임금을 결정한 때에는 지체 없이 그 내용을 고시하여야 한다. 이때 고시된 최저임금은 다음 연도 1월 1일부터 효력이 발생한다. 다만, 고용부처장관은 사업의 종류별로 임금교섭시기 등을 고려하여 필요하다고 인정하면 효력발생 시기를 따로 정할 수 있다.

한편, 최저임금의 적용을 받는 사용자는 법령으로 정하는 바에 따라 해당 최저임금을 그 사업의 근로자가 쉽게 볼 수 있는 장소에 게시하거나 그 외의 적당한 방법으로 근로자에게 널리 알려야 한다.

Ⅳ. 최저임금위원회

1. 최저임금위원회의 설치 및 기능

최저임금에 관한 심의와 그 밖에 최저임금에 관한 중요 사항을 심의하기 위하여 고용노동부에 최저임금위원회를 둔다.

위원회는 최저임금에 관한 심의 및 재심의, 최저임금 적용 사업의 종류별 구분에 관한 심의, 최저임금제도의 발전을 위한 연구 및 건의, 그 밖에 최저임금에 관한 중요 사항으로서 고용부처장관이 회의에 부치는 사항에 대한 심의기능을 수행한다.

2. 위원회의 구성

위원회는 근로자를 대표하는 위원(근로자위원), 사용자를 대표하는 위원(사용자위원), 공익을 대표하는 위원(공익위원)인 각 9명(총 27명)의 위원으로 구성한다. 위원회에는 2명의 상임위원을 두고, 상임위원은 공익위원이 되며, 위원의 임기는 3년으로 하되, 연임할 수 있다. 또, 위원이 궐위(闕位)되면 그 보궐위원의 임기는 전임자(前任者) 임기의 남은 기간으로 하며, 위원은 임기가 끝났더라도 후임자가 임명되거나 위촉될 때까지 계속하여 직무를 수행한다.

위원회에는 위원장과 부위원장 각 1명을 두며, 위원장과 부위원장은 공익위원 중에서 위원회가 선출한다. 위원장은 위원회의 사무를 총괄하며 위원회를 대표한다. 위원장이 불가피한 사유로 직무를 수행할 수 없을 때에는 부위원장이 직무를 대행한다.

위원회에는 관계 행정기관의 공무원 중에서 3명 이내의 특별위원을 둘 수 있는데, 특별위원은 위원회의 회의에 출석하여 발언할 수 있다.

3. 위원회의 회의 및 의견청취

위원회의 회의는 고용부처장관이 소집을 요구하는 경우, 재적위원 3분의 1이상이 소집을 요구하는 경우, 위원장이 필요하다고 인정하는 경우에 위원장이 소집한다.

위원장은 위원회 회의의 의장이 되며, 위원회의 회의는 이 법으로 따로 정하는 경우 외에는 재적위원 과반수의 출석과 출석위원 과반수의 찬성으로 의결한다. 위원회가 의결을 할 때에는 근로자위원과 사용자위원 각 3분의 1 이상의 출석이 있어야 한다. 다만, 근로자위원이나 사용자위원이 2회 이상 출석요구를 받고도 정당한 이유 없이 출석하지 아니하는 경우에는 그러하지 아니하다.

위원회는 그 업무를 수행할 때에 필요하다고 인정하면 관계 근로자와 사용자, 그 밖의 관계인의 의견을 들을 수 있다.

4. 전문위원회와 사무국

위원회는 필요하다고 인정하면 사업의 종류별 또는 특정 사항별로 전문위원회를 둘 수 있는데, 전문위원회는 위원회 권한의 일부를 위임받아 위원회 기능을 수행하며, 전문위원회는 근로자위원, 사용자위원 및 공익위원 각 5명 이내의 같은 수로 구성한다.

위원회에 그 사무를 처리하게 하기 위하여 사무국을 두고, 사무국에는 최저임금의 심의 등에 필요한 전문적인 사항을 조사·연구하게 하기 위하여 3명 이내의 연구위원을 둘 수 있다.

Ⅴ. 최저임금제도의 실효성 확보조치

1. 생계비 및 임금실태 등의 조사

고용부처장관은 근로자의 생계비와 임금실태 등을 매년 조사하여야 한다. 이러한 조치는 변동하는 물가와 재화의 가격 등에 따른 최저생계비 내지 최저임금의 기준을 조정하기 위한 기초자료로 활용하기 위한 것이며, 적정한 임금수준의 결정에 합리성을 기하기 위하여 필요한 조치라고 할 수 있다.

2. 최저임금제도에 대한 근로감독관의 권한

고용부처장관은 근로감독관에게 법령으로 정하는 바에 따라 최저임금제도에 관한 감독 사무를 관장하도록 하고, 근로감독관은 이에 따른 권한을 행사하기 위하여 사업장에 출입하여 장부와 서류의 제출을 요구할 수 있으며 그 밖의 물건을 검사하거나 관계인에게 질문할 수 있으며, 이때 출입·검사를 하는 근로감독관은 그 신분을 표시하는 증표를 지니고 이를 관계인에게 내보여야 한다. 또, 근로감독관은 최저임금제도에 대한 위반의 죄에 관하여 사법경찰직무법으로 정하는 바에 따라 사법경찰관의 직무를 행한다.

3. 벌칙 및 양벌규정

최저임금액보다 적은 임금을 지급하거나 최저임금을 이유로 종전의 임금을 낮춘 자는 3년 이하의 징역 또는 2천만원 이하의 벌금에 처한다. 이 경우 징역과 벌금은 병과(倂科)할 수 있다. 또, 근로자에게 해당 최저임금을 법령에서 규정한 방법으로 널리 알리지 아니한 자, 임금에 관한 사항의 보고를 하지 아니하거나 거짓 보고를 한 자, 근로감독관의 요구 또는 검사를 거부·방해 또는 기피하거나 질문에 대하여 거짓 진술을 한 자의 어느 하나에 해당하는 자에게는 100만원 이하의 과태료를 부과한다. 과태료는 법령으로 정하는 바에 따라 고용부처장관이 부과·징수하며, 과태료 처분에 불복하는 자는 그 처분을 고지받은 날부터 30일 이내에 고용부처장관에게 이의를 제기할 수 있고, 과태료 처분을 받은 자가 이의를 제기하면 고용부처장관은 지체 없이 관할 법원에 그 사실을 통보하여야 하며, 그 통보를 받은 관할 법원은 비송사건절차법에 따른 과태료 재판을 한다. 반면에 기간에 이의를 제기하지 아니하고 과태료를 내지 아니하면 국세 체납처분의 예에 따라 징수한다.

아울러, 법인의 대표자, 대리인, 사용인, 그 밖의 종업원이 그 법인의 업무에 관하여 최저임금의 위반행위를 하면 그 행위자를 벌할 뿐만 아니라 그 법인에도 해당 조문의 벌금형을 과(科)한다. 또, 개인의 대리인, 사용인, 그 밖의 종업원이 그 개인의 업무에 관하여 최저임금의 위반행위를 하면 그 행위자를 벌할 뿐만 아니라 그 개인에게도 해당 조문의 벌금형을 과한다.

14
chapter

임금보장정책

제1절 서 설

임금보장정책은 근로자의 생활보장을 통하여 근로생활의 질을 향상시켜 인간다운 삶을 향유할 수 있도록 하는 것이 일차적인 목적이고, 한편으로는 근로자의 생계비와 경제활동의 원천이 되는 임금의 보장이 수반되지 못할 경우 노사간의 갈등유발은 물론 산업평화를 해쳐서 국가경제에 미치는 악영향을 제거하고자 하는 정책적인 목적도 가지고 있다. 이러한 임금보장정책은 앞에서 설명한 최저임금제를 비롯하여 근기법 등에 규정하여 법령으로 보호하고 있는 내용으로 중간착취배제원칙, 임금의 지급원칙, 금품청산제도, 임금채권보장제도(임금채권보장법), 임금채권우선변제제도, 퇴직급제도(퇴직급여법), 비상시기왕의 근로에 대한 중간정산제도, 근로조건의 명시에 특히 임금과 관련한 사항을 근로계약서에 구체적으로 명시하도록 한 사항, 균등대우와 함께 평등법에서 규정하고 있는 동일가치노동 동일임금규정 등은 노동가치의 차별을 배제하여 임금을 보장받을 수 있도록 하는 임금보장과 관련한 정책적인 주요 사항들이라고 할 수 있다.

아울러, 근기법에서 사용자는 전차금(前借金)이나 그 밖에 근로할 것을 조건으로 하는 전대(前貸)채권과 임금을 상계하지 못하도록 한 규정, 미지급임금에 대한 지연이자를 배상하도록 한 규정, 사업이 여러 차례의 도급에 따라 행하여지는 경우에 하수급인(下受給人)이 직상(直上) 수급인의 귀책사유로 근로자에게 임금을 지급하지 못한 경우에는 그 직상 수급인과 그 하수급인의 연대책임규정 및 이와 관련하여 건설업에서의 임금 지급 연대책임과 건설업의 공사도급에 있어서의 임금에 관한 특례도 규정하고 있다. 또, 사용자는 근로자가 출산, 질병, 재해, 그 밖에 법령으로 정하는 비상(非常)한 경우의 비용에 충당하기 위하여 임금 지급을 청구하면 지급기일 전이라도 이미 제공한 근로에 대한 임금을 지급하도록 한 규정 등도 임금보장정책이 반영된 법령사항이라고 할 수 있다.

제 2 절 임금평등원칙

Ⅰ. 균등처우와 노동가치 평등의 의의

임금평등원칙은 차별적 임금설정의 문제와 관련한 동일가치노동 동일임금의 문제로 이는 남녀 간의 차별을 시정하기 위한 문제에서 출발한 것이다.

근로조건 중에서 특별히 임금에 대해 이러한 원칙이 등장한 것은 임금은 근로자가 제공하는 노동력의 가격이자 근로자의 주된 생계원이 되는 점에서 가장 핵심적인 근로조건이 되기 때문이다. 또한 임금이 차별적이고 불공정하게 지급되면 근로자와 그 가족의 생활유지가 어렵게 됨은 별개로 하고, 근로자의 근로의욕의 상실 및 생산성이 저하될 뿐 아니라 근로자의 노동력에 대한 평가절하로 인해 근로자는 인간으로서의 존엄과 인권을 심히 손상받기 때문이다. 이러한 점에서 '동일가치노동 · 동일임금원칙'은 정의와 공정, 평등을 실현하여 고용인권을 구현하는 이론적 장치라 할 수 있다.[1)]

이 원칙은 환경적인 요인도 고려되어야 한다고 할 수 있는데, 근로환경의 문제라고 판단할 수 있는 것은 우리나라도 유교적인 전통적 근로관념을 기반으로 판단해 보면 언제나 남성이 여성보다 높은 임금을 기준으로 출발했다. 물론 이를 점점 시정하면서 여러 요건(소위 군복무기간을 근속기간으로 인정하는 사례 등)들이 다르기 때문이라고 제시되고 있지만 이는 이미 우리의 근로환경이 오랜 시간 정착되어온 관행적인 근로환경적인 요인

1) 이 원칙의 생성배경과 의의에 관해서는 한국여성연구회 · 한국여성노동자회 · 인천여성노동자회, 『여성노동자와 임금 ―동일노동 동일임금의 이론과 현실―』, 동녘, 1991, 23~32면 ; 조순경, "동일노동 임금의 의의와 과제 ―직무평가제도의 가능성과 한계―", 『동일노동 · 동일임금의 실현을 위한 심포지움자료』, 한국여성민우회, 1991, 1~2면 ; 本多淳亮(1994), "國際的 視野カらみた同一價値勞働 同一賃金の原則", 『賃金と社會保障』, 下旬号, 36-39면 ; ILO(1993), Equal Pay Protection in Industrialised Market Economics: In Search of Greater Effectiveness, 1~5면.

을 그 배경으로 한다고 할 수 있다. 즉, 주요업무는 남성, 잡무나 단순한 서무업무는 여성 등이 수행하는 것으로 인식하여 마치 이러한 고용관행이 임금수준을 달리 정할 수 있는 명분을 제공하였고, 이에 근거한 임금차별이 당연한 것처럼 여겨지던 환경적인 요인에 기인하였다. 그러나 시대가 변하여 여성의 사회적 진출이 활성화되고 관리직이나 주요 업무에 여성이 배치되어 수행성과도 높으면서도 그러한 관행은 시정되지 못하였고 임금 외에도 각종 복리후생의 혜택, 기타 교육훈련 및 여타의 근로조건에서 차별적인 대우가 지배하고 있었다. 최근에 많은 시정이 지속되고 있으나 아직도 일정부분 차별적 임금설정 등이 있는 것으로 파악되고 있다.

한편, 차별적 임금설정의 한 유형으로는 임금형태 내지 고용형태라고 할 수 있다. 임금형태 내지 고용형태에 따른 고용계약의 차이를 기반으로 차별적인 임금설정을 하는 경우로 이는 주로 비정규직 내지 정규직간의 관계와도 유사한 부분들이 있다. 임금의 형태는 지급형태와 산정형태로 나누어 볼 수 있고, 이러한 형태는 변동급, 고정급, 실적급, 성과급, 근속급, 직무급, 기타임금을 나누어 볼 수 있다. 또 지급형태는 다시 실적이나 성과에 따라 책정되는 변동급의 형태인 연봉제나 성과급제와 근속기간이나 호봉승급(호봉제) 등에 따라 실적이나 성과와는 무관하게 지급되는 고정급의 형태를 생각할 수 있고, 고정급적 요소와 변동급적 요소가 가미된 직무급의 형태로 구분해 볼 수 있겠다. 다른 한편으로는 시간적인 개념(산정형태)을 통해 시간급, 일급, 주급, 월급제와 연봉제로도 분류해 볼 수 있을 것이다. 어느 형태를 취하든 이는 기업마다의 특성과 업무특성에 따라 판단할 선택이므로 이러한 임금형태 자체에는 법률적인 문제가 발생할 여지는 없어 보인다. 다만, 그러한 형태가 혼재되어 있는 사업장에서 동일한 업무 내지 유사한 업무를 수행하는 각각의 근로자에 대하여 임금형태에 따라 그 가치와 환가가치에 대하여 차별을 두는 경우, 또는 이러한 형태가 소위 정규직과 비정규직간에 구분하여 운영하면서 그 노동가치의 경중을 달리하여 임금수준을 책정하여 지급하는 경우 이는 차별행위가 될 것이다. 다만, 임금형태별 차별이 정규직과 비정규직의 문제와 동일하게 취급할 수 없는 것은 임기제의 유기근로자인 전문직이나 임원대우 등 임원의 경우 사실상 계약직 내지 비정규직이지만 보상수준은 정규직보다 높은 수준의 급부가 주어지므로 임금형태별 차별문제에서 다루어지는 것이 합리적일 것이다.

통상적으로 소위 말하는 정규직의 경우는 월급제 내지 연봉제를 시행하면서 근기법에서 정한 임금지급원칙인 월 1회 이상 지급하는 형태를 취하고 있으나, 소위 비정규직의 경우는 일당(일급), 주급, 또는 기본급이 없는 순수한 실적급 등 특수한 산정형태 내지 지급형태를 취하기 때문에 사실상의 정규직과 비정규직의 문제로 차별의 문제가 될 여지가 있을 수 있으며, 특히 파트타임제 등 시간급제, 일급제, 주급제 등과 소위 정규직인 월급제의 시간단위 임금으로 환산할 경우 수행하는 업무가 동일하거나 유사한 경우 및 난이도와 경중이 같은 업무임에도 불구하고 차등 대우(노동가치 차별 등)하는 경우는 문제가 될 수 있을 것이다. 이하에서는 법상 규정하고 있는 노동가치, 동일가치노동 동일임금, 보상의 환가가치 차별 및 시정조치에 대하여 간략하게 설명하고 동일가치노동동일임금과 관련한 차별문제를 중심으로 개괄적으로 설명하자 한다.

Ⅱ. 동일가치노동

1. 직무수행과 노동가치

미국 등 외국의 경우 동일가치노동의 판단기준을 직무수행에서 필요한 기술이나 기능, 노력정도, 의사결정권의 난이도, 책임과 직무가 수행되는 작업조건 내지 직무수행요건에 두고 있다. 이러한 노동으로는 같거나 실질적으로 차이가 없는 유사한 노동, 다르지만 동일한 것으로 평가되는 노동과 동일가치를 가진 것으로 평가되는 노동을 포함한다고 보아야 한다.

통상 직무평가에서 같은 수준으로 평가되는 직무의 권한과 난이도, 직무수행에 요구되는 지식이나 기술, 해당직무가 조직이나 성과에 기여되는 비중, 즉 직무의 값이 같은 것으로 평가되는 경우 그 노동의 가치는 같은 것으로 판단하고 있다.

2. 동일가치노동과 동일임금 근거와 동향

근기법(균등한 처우)에 의하면 사용자는 근로자에 대하여 남녀의 성(性)을 이유로 차별적 대우를 하지 못하고, 국적·신앙 또는 사회적 신분을 이유로 근로조건에 대한 차별적 처우[2]를 하지 못하도록 규정하고 있다. 아울러, 남녀고용평등법(임금)에서는 사업주는

2) 국가인권위원법(제2조)에서는 고용상 차별행위에 대하여 포괄적으로 규정하고 있는데, "평등권 침해의 차별행위"란 합리적인 이유 없이 성별, 종교, 장애, 나이, 사회적 신분, 출신 지역(출생지, 등록기준지, 성년이 되기 전의 주된 거주지 등을 말한다), 출신 국가, 출신 민족, 용모 등 신체조건, 기혼·미혼·별거·이혼·사별·재혼·사실혼 등 혼인 여부, 임신 또는 출산, 가족 형태 또는 가족 상황, 인종, 피부색, 사상 또는 정치적 의견, 형의 효력이 실효된 전과(前科), 성적(性的) 지향, 학력, 병력(病歷) 등을 이유로 고용(모집, 채용, 교육, 배치, 승진, 임금 및 임금 외의 금품 지급, 자금의 융자, 정년, 퇴직, 해고 등을 포함한다)과 관련하여 특정한 사람을 우대·배제·구별하거나 불리하게 대우하는 행위를 말한다. 다만, 현존하는 차별을 없애기 위하여 특정한 사람(특정한 사람들의 집단을 포함한다. 이하 이 조에서 같다)을 잠정적으로 우대하는 행위와 이를 내용으로 하는 법령의 제정·개정 및 정책

동일한 사업 내의 동일 가치 노동에 대하여는 동일한 임금을 지급하여야 하고, 동일 가치 노동의 기준은 직무 수행에서 요구되는 기술, 노력, 책임 및 작업조건 등으로 하고, 사업주가 그 기준을 정할 때에는 노사협의회의 근로자를 대표하는 위원의 의견을 듣도록 규정하고 있다.

동일노동과 동일임금원칙은 1919년 ILO가 설립되자 처음으로 국제협약에 명시되었고, 제2차 세계대전 후 UN이 설립되자 1948년에 채택한 세계인권선언에서 기본적 원칙으로 명시되었다. 1950년대 이후에는 '동일노동 · 동일임금원칙'은 '동일가치노동 · 동일임금원칙'으로 발전되어 UN과 ILO의 핵심적인 국제노동기준으로 확립되었다. 이 원칙은 임금과 관련하여 성별 뿐 아니라 인종, 국적, 종교, 사회적 신분, 고용형태 등 모든 사유에 의한 차별을 예방, 제거하기 위해 생성 · 발전되었지만, 특히 남녀차별 그 중에서도 주로 여성에 대한 임금차별을 예방 · 제거하기 위한 법적 대책으로 발전되어 왔다. ILO가 1951년에 동일가치노동에 대한 동일보수에 관한 협약과 권고를 채택한 것이 그 기폭제가 되었다.

미국의 연방법 중에서 임금에서의 차별을 금지하는 법에는 1963년에 제정된 동일임금법(EPA)과 1964년에 제정된 민권법(Civil Right Act) 제7편이 있다. 동일임금법(EPA)은 최저임금과 최대 근로시간을 규정한 공정근로기준법(FLSA)의 조항(제6조 d)으로 제정되었다. 이 법은 본질적으로 동일한 노동에 종사하는 남녀에 대해 동일한 임금을 지급할 것을 요구한다. 그런데 이 법은 동일한 가치의 노동에 동일한 임금을 지급할 것을 요구하지는 않는다.

이에 비해 민권법 제7편은 인종이나 성, 종교 등의 이유로 특정인을 고용에서 불리하게 처우하는 것을 금지하는 포괄적인 반차별법이다. 이 법은 직접적 차별과 간접적 차별을 금지한다. 임금차별소송에 관해서는 동일한 노동 뿐 아니라 동일한 가치를 가진 노동에서의 동일임금지급도 요구한다. 이러한 민권법 제7편에 대한 해석은 대법원의 판결[3]로 확립되었다.

남녀임금차별과 관련된 분쟁은 요건이 충족되면 동일임금법이나 민권법 제7편 중 어느

의 수립 · 집행은 평등권 침해의 차별행위(이하 "차별행위"라 한다)로 보지 아니한다. 이외에도 재화 · 용역 · 교통수단 · 상업시설 · 토지 · 주거시설의 공급이나 이용과 관련, 교육시설이나 직업훈련기관에서의 교육 · 훈련이나 그 이용과 관련, 성희롱[업무, 고용, 그 밖의 관계에서 공공기관(국가기관, 지방자치단체, 초 · 중등교육법 제2조, 고등교육법 제2조와 그 밖의 다른 법률에 따라 설치된 각급학교, 공직자윤리법 제3조의2제1항에 따른 공직유관단체를 말한다)의 종사자, 사용자 또는 근로자가 그 직위를 이용하여 또는 업무 등과 관련하여 성적 언동 등으로 성적 굴욕감 또는 혐오감을 느끼게 하거나 성적 언동 또는 그 밖의 요구 등에 따르지 아니한다는 이유로 고용상의 불이익을 주는 것을 말한다] 행위도 규정하고 있다.

3) County of Washington, Oregon v. Gunther, 452 US 161(1981)

하나를 근거로 고용평등기회위원회(EEOC)에 진정하거나 소송할 수 있다. 동일임금법의 위반에 대한 구제책으로는 위반행위의 금지명령, 원상회복적 임금지급, 손해배상, 변호사 수임료의 보전 등이다. 두 법의 적용범위는 기본적으로 상업활동을 직접적으로 하거나 이와 밀접한 관련을 가진 모든 사업주와 그에 고용된 모든 근로자에게 적용된다. 여기에는 연방 및 주의 공무원도 포함된다. 그런데 동일임금법의 적용범위는 민권법 제7편에서 제외되는 15인 미만의 근로자를 가진 사업장에도 적용된다. 두 법에 의한 동일임금지급의 세부적인 사항에 관하여 동일임금법의 시행규칙과 연방 고용평등기회위원회(EEOC)가 마련한 동일임금매뉴얼이 규정하고 있으며, 노동부 여성국은 사업주가 스스로 동일임금지급여부를 점검할 수 있는 자가점검표를 마련하고 있다.

3. 동일가치노동의 의미와 판단기준

임금지급과 관련하여 임금형태별 기준은 고용형태별 기준과 상통하는 것으로 임금의 지급방식이 다르다고 해도, 그 지급형태별 해당근로자의 근로상황이 동일한 직종의 동일한 업무를 내용(기능과 지식, 난이도 등)으로 한다면 동일가치의 노동을 수행하는 것이 되므로 노동가치에 대한 차별은 법률위반이 된다. 그러므로 임금지급형태에 따라 근로자를 고용과정상의 고용조건이나 복리후생, 교육, 시설이용 등의 차별은 인정되지 않는다고 보아야 한다. 다만, 당사자 간 자유로운 의사에 의해 특별히 개별근로계약에서 규정한 사항이 있다면 그에 따를 것이므로 이를 문제시 하기는 곤란할 것으로 판단된다.

EPA는 사용자는 실질적으로 동일한 기술, 노력, 책임, 그리고 동일한 사업장안에서 유사한 근로조건에서 수행되는 업무를 수행하는 남성과 여성에게 차별적인 임금을 지급하여서는 안 된다는 것을 규정하고 있다. EPA에서 동일노동을 결정하는 요소는 네 가지이다. 우리나라 남녀고용평등법에서도 같은 규정을 두고 있다.[4] 법원도 이러한 네 가지 기준에 대하여 구체적으로 판단하고 있다.[5]

---

4) 우리나라도 남녀고용평등법에서 규정하고 있고, 남녀고용평등업무처리규정에서는 기술, 노력, 책임, 작업조건을 규정하면서 네 가지에 대한 용어의 정의를 규정하고 있다. ① 기술 : 자격증, 습득된 경험 등 업무수행 능력 또는 솜씨의 객관적 수준, ② 노력 : 업무수행에 필요한 육체적·정신적 힘의 작용, ③ 책임 : 업무에 내재된 의무의 성격·범위, 사업주가 당해 직무에 의존하는 정도, ④ 작업조건 : 소음, 열, 물리적·화학적 위험의 정도 등 당해 업무에 종사하는 근로자가 통상적으로 처하는 작업환경.

5) 대법원 2013.03.14. 선고 2010다101011 판결.

(1) 기술

기술이란 업무를 수행하는데 요구되는 경험, 훈련, 교육, 그리고 능력과 같은 요소들을 말한다. 중요한 문제는 개개 근로자가 어떠한 기술을 가지고 있느냐가 아니라 해당 업무에 어떠한 기술이 필요한가이다. 회계정리 업무를 하는 근로자 중 한 명이 문학 박사학위를 가지고 있다 하더라도 그 학위가 업무에서 요구되는 것은 아니기 때문에 EPA에서 말하는 기술이 더 높다고 평가할 수 없다. 그러므로 사업주는 직무에서 사용되지 않는 기술을 가진 남성에게 여성보다 더 많은 급여를 지급하여서는 아니된다. 또한 법은 동일임금을 지급하기 위해서는 동일한 또는 실질적으로 동일한 기술을 요구한다. 즉, 완전히 똑같은 기술이 아닌, 요구되는 기술의 정도가 본질적으로 같을 때, 수반되는 기술의 차이점은 임금의 차이를 정당화하지 못할 것이다. 병원의 남성잡역부와 여성 견습 간호사는 다른 기술을 요하는 다른 업무를 수행하지만 그들 직무의 일반적 성격이 동일하다면, 각각 요구되는 기술의 정도는 본질적으로 같다고 볼 수 있다.[6]

(2) 노력

동일한 노력이란 그 직무수행에 필요한 신체적 또는 정신적 노력이나 긴장의 양이 동일하거나 실질적으로 차이가 없는 경우를 말한다. 만약 사업주가 남성근로자에 의해 수행된 부가적인 직무를 이유로 여성근로자보다 더 많은 급여를 지급하기 위해서는 사업주는 그 부가적인 직무가 정기적으로 되풀이되는 요구이며, 실질적으로 일정 시간을 소비한다는 것을 입증해야 한다. 또한 부가적인 업무가 부가적인 급여에 상응한다는 점을 보여주어야 한다. 사업주가 남성근로자에만 부가적인 업무를 부과한 것이 진정으로 업무상 필요한 행위(BFOQ)라는 점을 입증하지 못하는 한, 민권법 제7편에 상충될 수 있다.

예를 들면, 남성과 여성이 함께 영업업무를 하고 있고, 그 중 한 명이 영업서무업무(회계 및 출납 등)를 병행하고 있는 경우 이 서무업무가 본질적인 것이고 일반적인 업무에 해당한다면 이 서무업무를 병행하는 담당자는 다른 영업업무를 수행하는 사람과 동등한 것으로 간주되기는 힘들 것이다.

(3) 책임

동일한 책임은 본질적으로 직무수행에서 요구되는 동일한 정도의 책임을 의미한다. 책임의 수준을 결정함에 있어 고려되어야 할 요소는 ⓐ 근로자가 감독없이 일하는 범위, ⓑ

6) Hodgson v. Brookhaven General Hospital (436 F.2d 719 5th Cir. (1972)).

근로자가 감독기능을 수행하는 범위, ⓒ 남성 또는 여성의 직무수행에 대한 사용자의 영향이다. 그리하여 남성과 여성의 일이 유사한 감독을 조건으로 할 때, 남성과 여성의 책임은 동일하다. 그러나 남성의 일이 감독을 필요로 함에 반해 여성의 일이 감독을 필요로 하지 않는다면, 책임은 동일하지 않다. 즉, 구매자의 개인수표를 받아줄 것인지 결정할 의무를 대리하는 판매직원은 다른 직원보다 더 큰 책임이 있다. 반면, 마감시간에 문단속을 하는 업무를 담당하는 것과 같은 근소한 차이는 차별적 임금을 정당화시키지 못한다.

(4) 작업조건

EPA는 본질적으로 동일한 노동이 유사한 작업조건에서 이루어질 것을 요구한다. 1974년의 대법원 판결(Corning Glass Works v. Brennan [417 U.S. 188])에 따르면, 근로조건은 직무가 수행되는 주변환경과 위험을 포함한다. 더위, 추위, 소음, 연기, 먼지, 사고의 위험에 노출되는 것 또는 열악한 환기시설이 근무 조건의 예이다. 실외에서 수행되는 직무는 실내에서 수행되는 직무와는 다른 근무 조건을 수반한다. 또한 유독성물질로 작업하는 근로자는 안전한 물질로 작업하는 근로자보다 높은 위험부담을 가진다고 할 것이다.

Ⅲ. 동일임금의 범위와 동일가치노동 동일임금원칙 적용방법

1. 동일가치노동과 동일임금의 범위

통상 같은 직무값을 가지는 노동의 경우 그 직무에 대한 가치를 같게 평가하고 그에 따른 임금이나 수당은 같은 수준으로 지급되는 것이 원칙이다. 그러나 근로자의 능력과 기능, 기술, 업무능력과 성과와 상관없는 근로자의 특성. 즉, 성별, 연령, 신체적 조건, 용모, 신앙, 신분 등 기타 근로자의 특성에 따라 임금을 달리 적용한다면 이는 차별이라고 할 수 있다.[7)]

이러한 동일가치노동 동일임금은 고용과 관련하여 사용자가 근로자에게 지급하는 모든 형태의 금품과 혜택을 포함하는데, 동일임금은 비교대상에 있는 근로자들에게 직접적이나 간접적 차별없이 동일한 근거와 방법, 규모로 지급하는 것을 말한다. 그러므로 직접적인 임금 외에도 복리후생의 급부나 복리시설의 이용권, 기타 급부나 대우도 동일하거나 같은

7) 현행 임금피크제의 경우 이러한 노동가치적인 기준을 고려하지 않고 단지 연령이라는 기준만을 고려한 점은 노동가치적인 차별행위에 해당한다고 볼 수 있다(임공수, 「임금피크제의 문제와 운용」, 2007, 207~211면.).

수준으로 책정되고 지급되어야 한다. 그렇지 않은 경우 합리성을 결하게 된다고 보아야 한다.

미국의 1963년 EPA와 민권법 제7편은 통상적인 임금항목에 속하지 않는 보수에 대해서도 적용할 수 있다. 즉, 임금은 휴가 및 휴일수당, 시간외 근로나 위험한 근무에 대한 초과임금 등을 포함한 총액수를 의미한다. 그리고 연금, 보험 혹은 퇴직금에 대한 사용주의 분담액과 같은 복리후생비와 근로자에게 지급되는 식사와 같은 현물급여 역시 임금에 포함된다.

2. 동일가치노동 · 동일임금원칙의 적용방법

(1) 적용범위

EPA의 적용대상은 상당히 제한적이다. 법원에서 해석된 바와 같이 이러한 법조항은 여성이 남성과 동일하거나 실질적으로 유사한 노동에 고용되어 있을 뿐 아니라 동일한 지역에서 근무해야 한다는 요건을 요구한다. 이에 의하면 동일한 회사에서 남성과 동일한 직무를 수행하고 있더라도 사업장이 다른 경우는 동법의 적용을 받지 못한다.

반면, 민권법 제7편의 동일가치소송에 있어서는 여성이 자신의 노동을 다른 직종에 속하는 남성과 비교할 수 있다. 그러나 동일임금법과 민권법 제7편은 비교 범위를 동일사업장으로 제한하고 있기 때문에 원고가 다른 회사에 종사하고 있는 근로자와 비교하는 것은 허용되지 않는다.

(2) 사용자의 방어와 입증책임

EPA에 의해 사용자는 실질적으로 동일한 직무에서 성에 기인한 임금차별이 연공급체계, 업적급체계, 생산물의 양 또는 질에 의해 임금을 산정하는 임금체계, 성 이외의 다른 요인 중의 하나에 기인하여 발생했음을 입증하면 임금차별은 정당화된다.

연공급체계, 업적급체계, 생산물의 양 또는 질에 의해 임금을 산정하는 임금체계로 임금 차별을 정당화하기 위해서는 사용자는 그러한 임금체계의 채택과 시행방법이 정당하고 모든 근로자에게 동일하게 적용된다는 것을 입증해야 한다. 업적급체계는 근로자의 우수성에 대한 주관적인 결정에서 나아가 다른 근로자와의 임금 차별의 정도와 사유가 공식적이고 객관적이어야 하며, 객관적인 업무수행에 기초하여야 한다.

성별 이외의 요소의 방어는 야간교대근무를 하거나 교육훈련을 받은 모든 근로자에게 추가 수당을 주는 경우에 할 수 있다. 그러나 만약 여성이 야간 교대근무나 교육훈련의 대상자에서 제외되어 있는 경우에는 방어요인이 될 수 없다. 성 이외의 또 다른 요소의 예는 red circle에 의한 임금율이다. 예를 들어 건강의 악화로 기계공에서 서기로 전직한 근로자의 경우, 모든 여성 서기 종사자들의 임금을 올리지 않고도 그의 높은 임금을 그대로 지급할 수 있다.

현재까지 미국의 법원이 인정하는 차별의 정의는 다음의 두 원칙으로 요약된다. 첫째는 고용, 임금, 승진, 배치 등의 측면에서 남녀의 차별대우를 금지하는 원칙이다. 이때는 피고가 입증책임을 가지나, 만약 피고가 부당한 처우를 경영상의 이유를 들어 정당화할 수 있다면 원고측이 피고의 차별적인 의도를 입증해야 한다. 둘째로 고용, 임금, 승진, 배치 등에서 기업이 갖고 있는 기준 자체가 여성에게 불리하면 불법이라는 원칙이다. 이 경우 입증책임은 피고에게 있다. 따라서 '부당한 처우'를 주장한 경우보다 원고가 유리하다.

(3) 직무평가

EPA도 민권법 제7편도 특정한 방법으로 동일노동여부를 결정해야 한다고 규정하고 있지 않다. 영국과 같이 사실인정과정에서 중립적인 전문가에게 직무평가를 지시할 수 있는 절차도 없다. 직무평가의 실시는 전적으로 당사자들의 선택에 맡겨져 있다. 동일임금법 아래에서 제기되는 대부분의 소송은 남녀의 노동이 동일하거나 실질적으로 유사하다. 따라서 법원은 비분석적인 방법으로 남녀노동을 비교한다.

이에 비해 민권법 제7편에 의한 동일가치노동관련 소송은 서로 다른 두 직무를 비교해야 하기 때문에 보다 복잡한 방법이 요구된다. 소송당사자들에 의해 직무평가가 활용될 수 있다. 민권법 제7편의 소송에 있어서 문제는 사용주가 임금결정에 있어 고의적으로 성차별을 했느냐 하는 점에 있다.

이론상 직무평가제도의 성편견이 쟁점화 되기도 했으나 소송에서는 아직 표면화되지 않았다. 성편견 문제는 대부분의 기존 직무평가제도가 시장상황을 반영하고 있다는 데에 기인한다. 직무평가가 직무내용에 기초하여 직무의 가치를 체계화하는 수단으로서 장려되었지만 실제로 그것은 시장임금율과 직무내용을 연동시키는 작용을 한다. 미국의 경우는 시장의 수급상황이 직무평가제에 반영되는 사례가 많다. 예를 들어, 시장이 섬세함보다 무거운 물건을 끌어올리는 것에 보다 큰 가치를 두면 직무평가제도도 이러한 요소에 보다 큰 가중치를 준다. 법원은 사용주가 이러한 직무평가제도를 사용했다면 고의적으로 여성을 차별하고 있지 않은 것으로 받아들였다.

(4) EEOC가 마련한 동일임금 분석방법

1) 차별적인 대우 비교분석방법

임금차별의 명백한 증거는 드물기 때문에 연방 고용기회평등위원회의 조사관은 비교 가능한 증거가 임금차별을 나타내는 지를 평가해야만 한다. 임금에 대한 비교분석방법은 크게 3가지로 구성되어 있다. 즉, ① 직무의 유사성이나 다른 객관적인 요소로 원고와 유사한 상황에 놓인 근로자를 찾아내고 그들의 임금을 비교한다. ② 원고의 임금수준이 비교대상 근로자의 임금수준보다 낮은 경우, 그와 같은 임금격차가 차별적이지 않다는 것을 설명할 수 있는 자료를 요청하고 기업주의 설명을 평가한다. ③ 위원회는 통계를 활용하여 체계적인 조사가 필요한 지를 검토한다.

2) 차별적인 효과(간접차별) 분석

차별적인 효과 분석의 목적은 '형식적으로는 공정하지만 그 운영에 있어서는 차별적인 제도'를 찾아내는 것이다. 이것은 사용자의 중립적인 임금정책이나 제도가 보호대상 근로자 집단에게 불이익을 주는지 여부에 초점을 두는 것이다. 다시 말해서 임금차별이 발생했는지를 판단하는 또 다른 분석수단이다. 임금 영역에 있어서 차별적인 효과분석의 대상이 되는 제도에는 교육상의 자격, 업적평가, 시험, 자격기준 및 기타의 정책이나 제도들이 포함된다. 차별적인 효과에 대한 분석은 차별적인 대우와 관련해서 앞에서 설명한 것과 동일한 통계적 방법을 사용할 수 있다. 조사관은 차별적인 효과분석을 이용하여 특정한 정책이나 제도가 그러한 차이를 가져왔는지의 여부에 대해서 결정해야 한다. 예컨대 사업주가 가장인 근로자에게 추가적인 보수를 지급한다면 그 정책은 아마도 여성에게는 차별적인 효과를 주게 될 것이다. 사업주의 의사결정 과정을 구성하는 요인들을 분리해서 분석할 수 없는 경우에는 조사관은 의사결정과정 전체를 하나의 통일된 고용제도로 분석해도 된다. 예컨대 사업주가 임금결정과 관련된 기록들을 파기했거나 혹은 보관하지 않은 경우에 차별적인 효과의 특정한 원인들을 구별하는 것은 불가능하다. 차별적인 효과들이 발견된다면 조사관은 그러한 임금제도나 정책이 문제된 직위와 관련된 직무인지 혹은 사업필요성과 연관되어 있는지의 여부를 결정해야만 한다. 만일 직무와 관련되어 있지 않고 사업상의 필요성과 관련이 없다면 조사관은 청구가 이유 있다고 해야 한다. 그리고 임금제도나 정책이 직무 관련성이 있거나 사업상에 필요한 경우라고 하더라도 조사관은 보호대상 근로자 집단에 대한 차별적인 효과를 가져 오지 않는 사용자의 사업상 필요를 충족시킬 수 있는 하나 또는 그 이상의 대안적 제도가 존재하는지를 결정해야 한다.

(5) 동일가치노동 · 동일임금원칙의 위반사례

EEOC는 ① 법에서 보호하고 있는 집단에 속하는 근로자에게 다른 비슷한 상황에 있는 근로자보다 낮은 임금을 지불하고 그에 대한 사용주의 설명이 만족스럽지 못한 경우, ② 사용자가 중립적인 임금정책이나 제도를 도입, 실시함에도 불구하고 그러한 정책이나 제도가 보호대상 집단에 속하는 근로자에게 상대적으로 불리한 결과를 초래하고, 기업주가 그러한 제도나 정책이 직무와 관련되어 있거나 혹은 업무상 필요에 의한 것이라고 정당화할 수 없는 경우, ③ 사용자가 보호대상이 아닌 근로자집단이 집중적으로 종사하고 있는 직무에 대해서는 직무평가결과에 따라 일관성 있게 임금을 지불하는 반면에 보호대상 근로자들이 집중적으로 종사하는 직무에 대해서 직무평가 결과에 의해서 지불되어야 할 수준보다 낮은 임금을 지불하는 경우, ④ 차별적인 임금제도는 시정되었으나 그러한 제도에 의해서 발생된 임금격차가 해소되지 않는 경우, ⑤ 임금에 영향을 주는 차별적인 제도 예컨대, 보호대상 집단에 속하는 근로자를 그렇지 않는 집단에 속하는 근로자보다 낮은 임금을 지급하는 직무에 배치하거나 혹은 승진이나 업적평가, 훈련기회 등에서 차별하기 때문에 보호대상 집단에 속하는 근로자의 임금이 인위적으로 낮아지는 경우 등을 위반 사례로 들고 있다.

Ⅳ. 보상의 환가가치 차별 및 시정조치

1. 보상의 환가가치 차별

보상의 환가가치는 유형무형의 금전적 비금전적 보상을 모두 포함하여 판단되어야 할 문제이다. 예를 들어 파트타임 근로자와 일당제 근로자가 편의점에서 같은 일을 한다고 가정할 때, 시간급으로 환가하여 그 업무의 질과 양, 난이도 등이 같다면 보상에서의 환가가치는 같은 수준에서 결정되어야 한다는 것이다. 파트타임은 시간당 1만원이고 일당제는 시간당 1만5천원이라면 이는 차별사유가 되는 것이다. 또, 기타급부나 복리후생 등 시설이용에서도 같은 적용이 되어야 하며, 특성별 차별은 인정되지 않는다고 보아야 한다.

2. 차별에 대한 시정조치

대부분 고용상의 차별에 대한 시정조치는 고용노동부, 노동위원회, 인권위 등 고용상의 차별시정을 위해 운영되는 기관을 통하여 시정권고 내지는 지도가 이루어진다. 그러므로 차별구제를 위한 시정조치는 이러한 기관을 통하여 가능하며, 사용자가 자발적으로 월급제 근로자보다 상대적으로 열악한 파트타임제나 일당제 근로자를 위한 보상정책을 하는 것은 무방할 것으로 보인다. 이는 일종의 적극적 고용개선조치의 일환으로 판단할 수 있기 때문이다.

제 3 절 임금청산과 퇴직급여

Ⅰ. 임금청산의 의미 및 퇴직급여제도의 의의

1. 임금청산의 의미

임금청산의 문제는 미지급임금으로 인하여 근로자의 생활이 불안정해지거나 이로 인하여 경제적인 예속에서 벗어나지 못하고 근로자가 자유로이 이직하지 못하도록 하는 것을 방지하고 사용자의 임금지급의무를 강제하기 위한 장치로서의 역할을 한다. 이러한 근기법의 규정으로 퇴직급여제도(제34조), 금풍청산(제36조)규정, 그리고 다소 연관성은 떨어지지만 비상시지급(45조)과 중간정산의 문제를 염두에 둘 수 있다. 퇴직급여 제도는 근로자가 퇴직하는 경우 법에서 정한 1년 근무마다 1개월치의 임금을 퇴직급여로 주도록 규정한 사항으로 이는 퇴직급여법에서 상세히 규정하고 있다. 또, 금품 청산규정은 근로자가 사망 또는 퇴직한 경우에는 그 지급 사유가 발생한 때부터 14일 이내에 임금, 보상금, 그 밖에 일체의 금품을 지급하도록 사용자의 의무로 규정하면서, 다만, 특별한 사정이 있을 경우에는 당사자 사이의 합의에 의하여 기일을 연장할 수 있도록 단서규정을 두고 있다. 기일연장에 대하여는 쌍방이 합의에 의하는 경우 그 기한의 제한은 없다고 보는 것이 일반적인 견해이다. 그러나 특별한 사정이 없는 한 무한한 기간을 인정하는 것은 아니며 일반적인 임금채권시효기간 내지 상사채권의 시효기간(5년) 이내로 보아야 하는 것이 합리적일 것이다. 한편, 사용자는 근로자가 출산, 질병, 재해, 그 밖에 법령으로 정하는 비상(非常)한 경우의 비용에 충당하기 위하여 임금 지급을 청구하면 지급기일 전이라도 이미 제공한 근로에 대한 임금을 지급하도록 하고 있다. 이는 불가피한 근로자의 경제적인 어려움으로 곤란을 겪게 되는 상황에서 이를 해결할 수 있는 여력을 주고자 하는 취지로 판단된다. 아울러, 이러한 경우가 아니라도 근로자는 퇴직금 중간정산을 신청할 수 있고, 사용자는 이에 응하여 중간정산을 실시할 수 있다. 다만, 이 경우는 의무사항이 아니므로 사용자가 중간정산을 실시하지 않아도 법규정을 위반하는 것은 아니다. 이하에서는 임금청산의 문제는 일반적으로 퇴직시에 임금청산과 관련하여 발생하게 되므로 퇴직금 및 퇴직연금제도를 중심으로 퇴직급여제도에 대하여 설명하고자 한다.

2. 퇴직급여제도의 의의

퇴직급여를 보장하려는 취지는 퇴직급여제도를 통하여 근로자의 안정적인 노후생활을 보장하고자 하는데 있다. 퇴직급여제도는 ① 퇴직금제도와 ② 퇴직연금제도로 구분되는데, 퇴직연금제도는 근로자가 지급받을 급여의 수준이 사전에 결정되어 있는 퇴직연금인 확정급여형퇴직연금과 급여의 지급을 위하여 사용자가 부담하여야 할 부담금의 수준이 사전에 결정되어 있는 퇴직연금인 확정기여형퇴직연금으로 구분되어 있다. 퇴직연금제도는 생활안정정책에서 후술한다.

이러한 퇴직급여제도는 근로자를 사용하는 모든 사업 또는 사업장(이하 "사업"이라 한다)에 적용된다. 다만, 동거의 친족만을 사용하는 사업 및 가사사용인에 대하여는 적용하지 아니한다. 또, 사용자는 퇴직하는 근로자에게 급여를 지급하기 위하여 퇴직급여제도 중 하나 이상의 제도를 설정하여야 한다. 다만, 계속근로기간이 1년 미만인 근로자, 4주간을 평균하여 1주간의 소정근로시간이 15시간 미만인 근로자에 대하여는 그러하지 아니하며, 퇴직급여제도를 설정함에 있어서 하나의 사업안에 차등을 두어서는 아니 되고, 사용자가 퇴직급여제도의 종류를 선택하거나 선택한 퇴직급여제도를 다른 종류의 퇴직급여제도로 변경하고자 하는 경우에는 당해 사업에 근로자의 과반수로 조직된 노동조합이 있는 경우에는 그 노동조합, 근로자의 과반수로 조직된 노동조합이 없는 경우에는 근로자의 과반수의 동의를 얻어야 하고, 사용자가 선택되거나 변경된 퇴직급여제도의 내용을 변경하고자 하는 경우에는 근로자대표의 의견을 들어야 한다. 다만, 근로자에게 불이익하게 변경하고자 하는 경우에는 근로자대표의 동의를 얻어야 한다.

Ⅱ. 퇴직금의 우선변제

1. 퇴직금제도의 설정

퇴직금제도를 설정하고자 하는 사용자는 계속근로기간 1년에 대하여 30일분 이상의 평균임금을 퇴직금으로 퇴직하는 근로자에게 지급할 수 있는 제도를 설정하여야 하며, 근로자의 요구가 있는 경우에는 근로자가 퇴직하기 전에 당해 근로자가 계속 근로한 기간에 대한 퇴직금을 미리 정산하여 지급할 수 있다. 이 경우 미리 정산하여 지급한 후의 퇴직금 산정을 위한 계속근로기간은 정산시점부터 새로이 기산한다.

2. 퇴직금의 지급

사용자는 근로자가 퇴직한 경우에는 그 지급사유가 발생한 날부터 14일 이내에 퇴직금을 지급하여야 한다. 다만, 특별한 사정이 있는 경우에는 당사자간의 합의에 의하여 지급기일을 연장할 수 있다.

3. 퇴직금의 시효

근로자가 계속근로로 발생한 퇴직금은 퇴직일에 지급하여야 한다. 이는 사용자의 의무이다. 그러나 퇴직금은 영구적으로 청구권이 존재하는 것은 아니고 근로자가 퇴직일로부터 3년간 행사하지 아니하면 시효로 인하여 소멸한다.

4. 퇴직금의 우선변제

퇴직금은 사용자의 총재산에 대하여 질권·저당권 또는 동산채권담보법에 따른 담보권에 의하여 담보된 채권을 제외하고는 조세·공과금 및 다른 채권에 우선하여 변제되어야 한다. 다만, 질권·저당권 또는 동산채권담보법에 따른 담보권에 우선하는 조세·공과금에 대하여는 그러하지 아니하다. 그러나 최종 3년간의 퇴직금은 사용자의 총재산에 대하여 질권·저당권 또는 동산채권담보법에 따른 담보권에 의하여 담보된 채권, 조세·공과금 및 다른 채권에 우선하여 변제되어야 한다.

제 4 절 임금채권보장

Ⅰ. 임금채권 및 우선변제권

임금채권보장 및 임금채권우선변제와 관련하여 임금, 재해보상금, 그 밖에 근로관계로 인한 채권은 사용자의 총재산에 대하여 질권(質權)·저당권 또는 동산채권담보법에 따른 담보권에 따라 담보된 채권 외에는 조세·공과금 및 다른 채권에 우선하여 변제되어야 한다(다만, 질권·저당권 또는 동산채권담보법에 따른 담보권에 우선하는 조세·공과금에 대하여는 그러하지 아니하다). 아울러, 최종 3개월분의 임금 및 재해보상금은 사용자의 총재산에 대하여 질권·저당권 또는 동산채권담보법에 따른 담보권에 따라 담보된 채권, 조세·공과금 및 다른 채권에 우선하여 변제되어야 한다.

이러한 임금채권보장제도는 근로자가 불측의 상황에서 생계가 불안정해지는 것을 예방하고 생활을 안정시키고자 하는 정책적인 고려가 있는 것으로 판단된다. 이하에서는 임금채권보장법의 내용을 중심으로 이를 설명하고자 한다.

Ⅱ. 임금채권보장의 목적

경기 변동과 산업구조 변화 등으로 사업을 계속하는 것이 불가능하거나 기업의 경영이 불안정하여, 임금 등을 지급받지 못하고 퇴직한 근로자에게 그 지급을 보장하는 조치를 마련함으로써 근로자의 생활안정에 이바지하는 것을 목적으로 한다. 여기에서 임금 등이란 근기법에 따른 임금·퇴직금 및 휴업수당을 말하고, 임금채권의 보장과 관련한 정책적인 적용범위는 산업재해보상보험법(제6조)에 따른 사업 또는 사업장(이하 “사업”이라 한다)에 적용한다. 다만, 국가와 지방자치단체가 직접 수행하는 사업은 그러하지 아니하다.

Ⅲ. 임금채권의 지급보장

1. 체불 임금 등의 지급

고용부처장관은 사업주가 파산 등 법령으로 정하는 사유에 해당하는 경우에 퇴직한 근로자가 지급받지 못한 임금 등의 지급을 청구하면 제3자의 변제에 관한 민법(제469조)에도 불구하고 그 근로자의 미지급 임금 등을 사업주를 대신하여 지급한다. 이에 따라 고용부처장관이 사업주를 대신하여 지급하는 임금등(이하 “체당금(替當金)”이라 함)의 범위는 ① 근기법(제38조)에 따른 최종 3개월분의 임금 및 퇴직급여법(제11조제2항)에 따른 최종 3년간의 퇴직금, ② 근기법(제46조)에 따른 휴업수당(최종 3개월분으로 한정)이다. 다만, 법령으로 정하는 바에 따라 근로자의 퇴직 당시의 연령 등을 고려하여 그 상한액을 제한할 수 있으며 체당금이 적은 경우에는 지급하지 아니할 수 있다.

또, 사업장 규모 등 법령으로 정하는 기준에 해당하는 근로자가 앞의 체당금을 청구하는 경우 법령으로 정하는 공인노무사로부터 체당금 청구서 작성, 사실확인 등에 관한 지원을 받을 수 있고, 고용부처장관은 근로자가 공인노무사로부터 지원을 받은 경우 그에 드는 비용의 전부 또는 일부를 지원할 수 있으며, 지원금액 및 구체적인 지급방법 등에 관한 사항, 체당금의 지급대상이 되는 근로자와 사업주의 기준 및 그 밖에 체당금의 청구와 지급 등에 필요한 사항은 법령으로 정하는 바에 의한다.

2. 미지급 임금 등의 청구권의 대위 및 수급권의 보호

고용부처장관은 법령에 따라 근로자에게 체당금을 지급하였을 때에는 그 지급한 금액의 한도에서 그 근로자가 해당 사업주에 대하여 미지급 임금 등을 청구할 수 있는 권리를 대위(代位)하고, 근기법(제38조)에 따른 임금채권 우선변제권 및 퇴직급여법(제11조)에 따른 퇴직금채권 우선변제권은 대위되는 권리에 존속한다. 한편, 체당금을 지급받을 권리는 양도하거나 담보로 제공할 수 없으나, 체당금의 수령은 법령으로 정하는 바에 따라 위임할 수 있고, 미성년자인 근로자는 독자적으로 체당금의 지급을 청구할 수 있다.

3. 퇴직의 증명서류 제출 및 재산목록의 제출

법령에 따라 체당금을 지급받으려는 자는 퇴직을 증명하는 서류와 그 밖에 법령으로 정하는 서류를 고용부처장관에게 제출하여야 하며, 사업주는 근로자가 관련 서류를 요구하면 그 요구에 따라야 한다.

아울러, 고용부처장관은 법령에 따라 근로자에게 체당금을 지급하려는 경우에는 법령으로 정하는 바에 따라 해당 사업주에게 재산 관계를 구체적으로 밝힌 재산목록의 제출을 명할 수 있고, 이에 따른 재산목록 제출명령을 받은 사업주는 특별한 사유가 없으면 7일 이내에 고용부처장관에게 재산 관계를 구체적으로 밝힌 재산목록을 제출하여야 한다.

4. 부정행위에 따른 반환요구

고용부처장관은 거짓이나 그 밖의 부정한 방법으로 체당금을 지급받으려 한 자에게는 법령으로 정하는 바에 따라 지급신청한 체당금의 전부 또는 일부를 지급하지 아니할 수 있고, 이미 지급받은 자에게는 법령으로 정하는 바에 따라 그 지급받은 체당금의 전부 또는 일부를 반환하도록 요구할 수 있다. 이에 따라 체당금의 반환을 요구하는 경우 법령으로 정하는 기준에 따라 거짓이나 그 밖의 부정한 방법으로 지급받은 체당금에 상당하는 금액 이하의 금액을 추가하여 징수할 수 있고, 이 경우에 체당금의 지급이 거짓의 보고·진술·증명·서류제출 등 위계(僞計)의 방법에 의한 것이면 그 행위를 한 자는 체당금

수급자와 연대하여 반환책임을 진다.

Ⅳ. 사업주의 부담금 및 부담금 경감

1. 사업주의 부담금

고용부처장관은 법령에 따라 미지급 임금 등을 대신 지급하는데 드는 비용에 충당하기 위하여 사업주로부터 부담금을 징수하며, 이에 따라 사업주가 부담하여야 하는 부담금은 그 사업에 종사하는 근로자의 보수총액에 1천분의 2의 범위에서 위원회의 심의를 거쳐 고용부처장관이 정하는 부담금비율을 곱하여 산정한 금액으로 한다. 보수총액을 결정하기 곤란한 경우에는 보험료징수법(제13조 제6항)에 따라 고시하는 노무비율(勞務比率)에 따라 보수총액을 결정하며, 도급사업의 일괄적용에 관한 보험료징수법의 부담금 징수에 관하여 준용한다.

2. 부담금의 경감

고용부처장관은 ① 상시 5명 미만의 근로자를 사용하는 사업주, ② 근로기준법 또는 퇴직급여법에 따라 퇴직금을 미리 정산하여 지급한 사업주, ③ 퇴직급여법 부칙에 따른 퇴직보험 등에 가입한 사업주, 퇴직급여법에 따른 퇴직연금제도를 설정한 사업주(같은 법에 따른 특례 적용 사업의 사업주를 포함), ④ 외국인고용법에 따라 외국인근로자 출국만기보험·신탁에 가입한 사업주의 어느 하나에 해당하는 사업주에 대하여는 퇴직급여법에 따른 부담금을 경감할 수 있다. 이 경우 그 경감기준은 고용부처장관이 위원회의 심의를 거쳐 정한다.

3. 소멸시효

부담금이나 그 밖에 임금채권보장법에 따른 징수금을 징수하거나 체당금·부담금을 반환받을 권리는 3년간 행사하지 아니하면 시효로 소멸하며, 이에 따른 소멸시효에 관하여는 임금채권보장법에 규정된 것 외에는 민법에 따르며, 소멸시효의 중단 등에 관하여는 보험료징수법(제42조 및 제43조)을 준용한다.

V. 임금채권보장기금

1. 기금의 설치 및 기금의 조성

고용부처장관은 임금채권보장법에 따른 체당금의 지급에 충당하기 위하여 임금채권보장기금(이하 "기금"이라 함)을 설치한다.

한편, 기금은 사업주의 변제금(辨濟金), 사업주의 부담금, 차입금, 기금의 운용으로 생기는 수익금, 그 밖의 수입금의 재원으로 조성한다. 그리고 고용부처장관은 기금을 운용하는 데에 필요하면 기금의 부담으로 금융기관이나 다른 기금 등으로부터 차입할 수 있다.

2. 기금의 용도

기금은 체당금의 지급과 과오납한 금액 등의 반환, 차입금 및 그 이자의 상환, 임금체불 예방과 청산 지원 등 임금제도 관련 연구, 법률구조법에 따른 대한법률구조공단에의 출연(다만, 체불근로자 법률구조사업 지원으로 한정), 법령에 따라 업무를 위탁받은 자에의 출연, 법령에 따른 공인노무사 조력 비용 지원, 그 밖에 임금채권보장사업과 기금의 관리 · 운용의 용도에 사용한다.

3. 기금의 관리 · 운용

기금은 고용부처장관이 관리 · 운용하며, 기금의 관리 · 운용 등에 관하여는 산업재해보상보험법을 준용한다. 즉, 기금의 관리 · 운용방법으로는 금융기관 또는 체신관서에의 예입(預入) 및 금전신탁, 재정자금에의 예탁, 투자신탁 등의 수익증권 매입, 국가 · 지방자치단체 또는 금융기관이 직접 발행하거나 채무이행을 보증하는 유가증권의 매입, 그 밖에 기금 증식을 위하여 법령으로 정하는 사업으로 할 수 있다.

아울러, 고용부처장관은 회계연도마다 위원회의 심의를 거쳐 기금운용계획을 세워야 하고, 보험급여에 충당하기 위하여 책임준비금을 적립하여야 하는데, 고용부처장관은 회계연도마다 책임준비금을 산정하여 적립금 보유액이 책임준비금의 금액을 초과하면 그 초과액을 장래의 보험급여 지급 재원으로 사용하고, 부족하면 그 부족액을 보험료 수입에서 적립하여야 한다. 한편, 기금의 결산상 잉여금이 생기면 이를 적립금으로 적립하여야 하고, 기금의 결산상 손실금이 생기면 적립금을 사용할 수 있다

Ⅵ. 임금채권보장을 위한 실효성 확보장치

1. 관계기관의 협조

(1) 보고 및 서류제출

고용부처장관은 법령으로 정하는 바에 따라 임금채권보장법을 적용받는 사업의 사업주나 그 사업에 종사하는 근로자 등 관계 당사자에게 기금의 관리 · 운용, 체당금의 지급 사항을 위하여 필요한 보고나 관계 서류의 제출을 요구할 수 있다.

(2) 관계 기관 등에 대한 협조요청

고용부처장관은 임금채권보장사업을 효율적으로 운영하기 위하여 필요하다고 인정하면 관계 행정기관, 지방자치단체, 그 밖의 기관 · 단체 등에 대하여 필요한 자료의 제출 등 협조를 요청할 수 있으며, 이 경우 협조를 요청받은 관계 기관 또는 단체는 특별한 사유가 없으면 협조하여야 한다.

(3) 검사 및 신고

고용부처장관은 퇴직급여법을 시행하기 위하여 필요하다고 인정하면 관계 공무원으로 하여금 이 법을 적용받는 사업장에 출입하여 관계 서류를 검사하거나 관계인에게 질문하게 할 수 있다. 이 경우 출입 · 검사를 하는 공무원은 그 권한을 표시하는 증표를 지니고 이를 관계인에게 내보여야 한다.

한편, 사업주가 임금채권보장법 또는 동법에 따른 명령을 위반하는 사실이 있으면 근로자는 그 사실을 근로감독관에게 신고하여 시정을 위한 조치를 요구할 수 있다.

(4) 권한의 위임 · 위탁

임금채권보장법에 따른 고용부처장관의 권한은 법령으로 정하는 바에 따라 그 일부를 지방고용노동관서의 장에게 위임하거나 산업재해보상보험법에 따른 근로복지공단과 국민건강보험법에 따른 국민건강보험공단에 위탁할 수 있다.

2. 벌칙 및 양벌규정

(1) 벌칙

임금채권보장법에 따라 임금채권보장 업무에 종사하거나 종사하였던 자는 누구든지 업무 수행과 관련하여 알게 된 사업주 또는 근로자 등의 정보를 누설하거나 다른 용도로 사용하여서는 아니되는데 이를 위반한 자는 10년 이하의 징역 또는 1억원 이하의 벌금에 처한다.

또한, 거짓이나 그 밖의 부정한 방법으로 체당금 또는 융자를 받은 자, 거짓이나 그 밖의 부정한 방법으로 다른 사람으로 하여금 체당금 또는 융자를 받게 한 자, 정당한 사유 없이 재산목록의 제출을 거부하거나 거짓의 재산목록을 제출한 자는 3년 이하의 징역 또는 3천만원 이하의 벌금에 처하고, 부당하게 체당금 또는 융자를 받기 위하여 거짓의 보고·증명 또는 서류제출을 한 자, 다른 사람으로 하여금 부당하게 체당금 또는 융자를 받게 하기 위하여 거짓의 보고·증명 또는 서류제출을 한 자는 2년 이하의 징역 또는 2천만원 이하의 벌금에 처한다.

(2) 양벌규정

임금채권보장법에 의한 법인의 대표자나 법인 또는 개인의 대리인, 사용인, 그 밖의 종업원이 그 법인 또는 개인의 업무에 관하여 벌칙규정의 위반행위를 하면 그 행위자를 벌하는 외에 그 법인 또는 개인에게도 해당 조문의 벌금형을 과(科)한다. 다만, 법인 또는 개인이 그 위반행위를 방지하기 위하여 해당 업무에 관하여 상당한 주의와 감독을 게을리하지 아니한 경우에는 그러하지 아니하다.

(3) 과태료

정당한 사유 없이 법령에 따른 보고나 관계 서류의 제출요구에 따르지 아니한 자 또는 거짓 보고를 하거나 거짓 서류를 제출한 자, 정당한 사유 없이 법령에 따른 관계 공무원의 질문에 답변을 거부하거나 검사를 거부·방해 또는 기피한 자에게는 500만원 이하의 과태료를 부과한다.

제5절 임금보장과 금지사항 등

임금보장을 위한 것으로는 여러 가지 제도적인 장치가 있다. 그리고 근로기준 등의 법규화 내용에는 일정부분 임금부분에 대한 보장장치와 연관되는 부분도 많다. 이와 관련한 사항으로 미지급임금에 대한 문제, 도급사업의 임금문제, 비상시 지급 및 중간정산, 임금청구권의 보호와 직접지급은 앞에서 설명하였으므로 여기서는 중간착취배제와 전차금상계 금지, 임금항목 등의 명시·서면작성 의무를 중심으로 설명하기로 한다

Ⅰ. 중간착취배제

1. 중간착취배제의 의의

누구든지 법률에 의하지 아니하고는 영리를 목적으로 타인의 취업에 개입하거나 중간인으로서 이익을 취하지 못한다. 이와 같이 근기법에서는 이러한 중간착취배제를 기본원칙으로 명시하여 취업시 또는 취업중에 영리를 목적으로 개입하여 수수료나 소개료 등을 착취하는 것을 금지하고 있다. 이러한 중간착취배제 규정은 과거에 제3자가 근로자에게 취업을 미끼로 이익을 취하던 전근대적인 노사관계를 불식시키기 위하여 규정되었다고 할 수 있다.

그러나 중간착취는 전근대적 폐습의 하나로써 엄격하게 법으로 금지되었으나 사회·경제적 사정의 변동으로 이를 일정부분 허용하지 않을 수 없게 되었다. 그러므로 법률로 허용되지 아니하는 중간착취는 철저히 금지하여 임금을 유일한 생활수단으로 하는 근로자의 생활을 보장하여야 할 것이다. 중간착취배제는 강행적 효력규정이므로 이를 위반한 자는 5년 이하의 징역 또는 3,000만원 이하의 벌금에 처해진다.

2. 중간착취배제의 내용 및 대상

고용에서의 임금을 매개로하는 중간착취라 함은 타인의 취업을 소개하거나 알선을 조건으로 소개료, 수수료 등을 수령하거나, 취업 후에 중개인, 사용자 등이 그 지위를 이용하여 근로자의 임금의 일부를 착취하는 것 등을 말한다.[8]

아울러, "누구든지" 중간착취를 할 수 없으므로, "누구든지"라고 함은 근기법의 적용을 받는 사업주 또는 사용자는 물론이고, 기타 사인, 단체 및 공무원 등을 묻지 아니한다고 보아야 한다.

3. 중간착취배제의 예외

법률에 의한 예외로는 ① 직업안정법에 규정된 직업소개사업, 근로자모집사업 및 근로자공급사업이 있고 ② 파견근로자보호등에 관한 법률상의 근로자파견사업 ③ 기타 경비용역법에 의한 경비용역 사업, 항만운송사업법에 의한 하역사업, 공중위생법에 의한 청소용역사업 및 엔지니어링 기술진흥법에 의한 기술용역사업의 경우 등은 중간착취에 해당하지 않는다.[9] 이는 법령에서 규정하고 있는 법률에 의한 경우 예외를 인정하고 있는 사안들에 해당한다.

4. 중간착취와 영리 목적

영리의 목적에 대하여 ① 개입 또는 중개행위는 이를 계속·반복함으로써 영업을 하는 것을 가리키므로 우연적이고 1회적인 것은 제도적 악폐를 조성하지 않는 한 이 법 위반으로 볼 수 없다는 견해와 ② 1회의 행위라 하더라도 반복·계속의 의사가 있는 것으로 인정되면 법 위반이 된다는 견해, ③ 영리의 목적을 가진 이상 1회의 개입도 법 위반이 되고 반드시 반복·계속의 의사는 필요하지 아니하다는 견해가 있다.

5. 타인의 취업에 개입하거나 중간인으로서의 이익취득

"타인의 취업에 개입하여"라는 것은 근기법이 적용되는 근로관계의 개시 및 존속 등에 관여하여 알선 또는 소개행위를 하는 것을 말한다.[10] 중간인이란 근로관계의 존속 중 다

---

8) 구 근로기준법(2007.04.11. 법률 제8372호로 전문 개정되기 전의 것) 제8조의 입법 취지와 직업안정법 등의 관련 법률 조항들을 종합적으로 고려해 볼 때, 위 조항의 '영리로 타인의 취업에 개입'하는 행위, 즉 제3자가 영리로 타인의 취업을 소개 또는 알선하는 등 근로관계의 성립 또는 갱신에 영향을 주는 행위에는 취업을 원하는 사람에게 취업을 알선해 주기로 하면서 그 대가로 금품을 수령하는 정도의 행위도 포함되고, 반드시 근로관계 성립 또는 갱신에 직접적인 영향을 미칠 정도로 구체적인 소개 또는 알선행위에까지 나아가야만 하는 것은 아니다(대법원 2008.09.25. 선고 2006도7660 판결).

9) 고용부처장관의 허가를 받지 않은 근로자공급사업자가 공급을 받는 자와 체결한 공급계약을 유효로 본다면, 근로기준법 제8조에서 금지하고 있는 법률에 의하지 아니하고 영리로 타인의 취업에 개입하여 이득을 취득하는 것을 허용하는 결과가 될 뿐만 아니라, 위와 같은 직업안정법의 취지에도 명백히 반하는 결과에 이르게 되므로 직업안정법에 위반된 무허가 근로자공급사업자와 공급을 받는 자 사이에 체결한 근로자공급계약은 효력이 없다고 보아야 한다(대법원 2004.06.25 선고 2002다56130 판결).

10) 여기서 '영리로 타인의 취업에 개입'한다고 함은 제3자가 영리로 타인의 취업을 소개 또는 알선하는 등 근로관계의 성립 또는 갱신에 영향을 주는 행위를 말한다(대법원 2007.08.23. 선고 2007도3192

른 사람이 근로자와 사용자 사이에 일정한 지위를 가지고 있음을 말한다. 그리고 "이익"이라 함은 보상금·수수료·소개료·중개료 및 수고비 등 형식적 명칭에 상관없이 일체의 금품 및 경제적 가치가 있는 것을 포함하며, 유형·무형의 모두가 해당된다. 또한 근로자·사용자는 물론 제3자 등 누구로부터 이익을 받았는가는 묻지 아니한다.

Ⅱ. 전차금상계금지

1. 전차금의 의의 및 전차금상계금지의 의미

사용자는 전차금(前借金)이나 그 밖에 근로할 것을 조건으로 하는 전대(前貸)채권과 임금을 상계하지 못한다. '전차금'이란 취업한 후에 임금에서 변제할 것을 예정하여 근로계약 체결시에 사용자가 근로자에게 대부하는 금전을 말하며, 전차금 등은 근로자를 사용자에게 신분적으로 장기간 구속하게 하여 근로자에게 사실상 강제근로를 강요하는 폐단을 발생시킬 수 있고, 근로자에게 불리한 근로조건을 감수케 하는 수단으로 이용될 수 있기 때문에 근기법은 임금과의 상계를 금지하고 있다. 임금상계는 임금의 전액지급원칙에 위반되는 사안에 해당한다.

헌법이 근로조건은 인간의 존엄성을 보장하도록 법률로 정하도록 규정(헌법 제32조 제3항)하고 있고, 이와 같은 헌법상 근로조건의 법정주의를 실현하기 위하여 근기법, 선원법, 퇴직급여법 등이 제정되었다. 근기법에서는 임금 전액지급의 원칙(제43조 제1항), 매월 1회 이상 일정 기일 지급의 원칙(제43조 제2항) 등을 규정하고 있는 것과는 별도로 금품청산의무 및 그 의무 위반에 대한 형사처벌 규정을 두고 있다(제36조, 제109조 제1항, 위 조항은 선원법 제5조 제1항에 의하여 선원의 근로관계에도 적용된다). 이처럼 사용자의 금품청산의무 위반에 대하여 민사상 이행지체책임과는 별도로 형사책임을 부과하는 입법 취지는, 사용자로 하여금 기일 내에 금품을 근로자에게 어김없이 지급되게 함으로써 근로자의 생활안정을 도모하거나,[11] 근로자가 사망 또는 퇴직으로 근로관계가 종료된 후에도 근로자가 당연히 지급받아야 할 임금 등의 금품이 조속히 지급되지 아니한다면 근로자는 금품을 받기 위하여 사업장에 남아 있는 등 부당하게 사용자에게 예속되기 쉽고, 또 근로자 및 근로자 가족의 생활이 위협받을 우려가 있을 뿐만 아니라, 시간이 흐름에 따라 금품을 지급받지 못할 위험이 커지므로 이를 방지하기 위한 것이다.[12]

판결).

11) 대법원 1993.07.13. 선고 92도2089 판결 : 대법원 1998.06.26. 선고 98도1260 판결.

2. 임금상계금지의 범위

대법원[13]은 "근기법에서 규정한 전차금상계금지와 관련하여, 임금의 전액지급의 원칙에 비추어 사용자가 근로자의 급료나 퇴직금 등 임금채권을 수동채권으로 하여 사용자의 근로자에 대한 다른 채권으로 상계할 수 없지만, 그렇다고 하여 사용자가 근로자에 대한 채무명의의 집행을 위하여 근로자의 자신에 대한 임금채권 중 2분의 1 상당액에 관하여 압류 및 전부명령을 받는 것까지 금지하는 취지는 아니고, 같은 법 제21조는 사용자가 전차금 기타 근로할 것을 조건으로 하는 전대채권과 임금을 서로 상계하지 못한다는 취지를 규정한 데 불과하므로 이를 근거로 하여 위와 같은 사용자의 임금채권에 관한 압류 및 전부명령이 허용되지 않는다고 풀이할 수도 없다."라고 판시하고 있는바, 임금채권 중 2분의 1을 초과하는 부분에 대해서는 압류 및 전부명령이 가능하다. 단, 무조건 임금채권의 2분의 1까지 압류 및 전부명령이 가능한 것은 아니고 민사집행법 제246조에 따라 최소 150만원까지는 근로자에게 지급되어야 한다.

3. 전차금상계금지와 금품청산 논쟁

사용자의 금품청산의무 위반죄에 관한 근로기준법 규정의 합헌성이 문제가 된 사안에서, 헌법재판소[14]와 대법원[15]은 "위 규정은 사용자와 근로자 사이의 근로관계가 종료된 후에도 퇴직금이 신속하게 지급되지 않는다면 퇴직 근로자와 그 가족의 생활이 곤란하게 될 수 있고 시간의 경과에 따라 퇴직금의 지급에 불편과 위험이 따를 우려가 있으며, 임금이 생계의 원천인 근로자의 경우 임금의 지급이 장기간에 걸치거나 부정기적으로 행하여지면 근로자의 생활이 불안하게 되기 때문에 이를 방지하기 위한 것이므로 그 입법 목적이 정당한 점, 근로자의 생계수단인 퇴직금 및 임금의 지급을 확보함으로써 근로자의 생활을 보장하고자 하는 공익적 요청이 사용자의 계약의 자유 및 기업활동의 자유에 대한 제한보다 더 우선시되어야 하므로 법익의 균형성도 갖춘 점, 위와 같은 입법 목적, 공익적 요청 등에 비추어 임금 등의 체불행위를 형사처벌하기로 한 입법자의 판단이 자의적이라고 할 수 없을 뿐만 아니라, 사용자가 임금의 체불이나 미불을 방지할 수 없었다는 것이 사회통념상 인정될 정도가 되어 사용자에게 더 이상의 적법행위를 기대할 수 없다거나 사용자가 퇴직금 및 임금의 지급을 위하여 최선의 노력을 다하였으나 경영부진으로

12) 대법원 2005.05.13. 선고 2004도8620 판결.
13) 대법원 1994.03.16. 선고 93마1822 판결.
14) 헌법재판소 2005.09.29. 선고 2002헌바11 전원재판부 결정.
15) 대법원 2011.11.10. 선고 2011도10539 판결.

인한 자금 사정 등으로 도저히 지급기일 내에 퇴직금 및 임금을 지급할 수 없었다는 등의 불가피한 사정이 인정되는 경우에는 그러한 사유는 위 근기법위반죄의 책임조각사유가 될 수 있으므로 회사가 채무를 변제할 수 없고 경제활동을 유지·계속하는 것이 불가능하게 된 경제적 파탄상태에 이른 경우에까지도 위와 같은 구체적 사정을 고려함이 없이 일률적으로 사용자에게 퇴직금 및 임금의 지급을 강제하고 형사처벌을 하는 것은 아닌 점 등에 비추어 보면, 위 각 규정이 민사법과 형사법 체계를 엄격히 분리하고 있는 헌법의 근본규범에 위배된다고 볼 수 없다."고 판시하여 합헌설의 입장을 취하고 있다.

4. 임금채권상계금지 예외사항

근기법이 임금 전액지급의 원칙을 선언한 취지는 사용자가 일방적으로 임금을 공제하는 것을 금지하여 근로자에게 임금 전액을 확실하게 지급받게 함으로써 근로자의 경제생활을 위협하는 일이 없도록 그 보호를 도모하려는 데 있으므로 사용자가 근로자에 대하여 가지는 채권을 가지고 일방적으로 근로자의 임금채권을 상계하는 것은 금지되지만, 사용자가 근로자의 동의를 얻어 근로자의 임금채권에 대하여 상계하는 경우에 그 동의가 근로자의 자유로운 의사에 터 잡아 이루어진 것이라고 인정할 만한 합리적인 이유가 객관적으로 존재하는 때에는 근기법에 위반되지 않고, 다만 임금 전액지급의 원칙의 취지에 비추어 볼 때 그 동의가 근로자의 자유로운 의사에 기초하였다는 판단은 엄격하고 신중하게 이루어져야 한다.[16]

(1) 법령이나 단체협약에 따른 상계

법령이나 단체협약에 특별한 규정이 있는 경우에는 예외적으로 상계나 공제가 허용된다(근기법 제43조 제1항 단서). 법령에 근거하여 상계할 수 있는 것으로는 근로소득세, 국민건강보험 보험료, 국민연금 보험료, 고용보험료 등 각종 공적보험료 및 공과금이 있고, 단체협약에 근거하여 상계·공제할 수 있는 것으로는 노동조합비, 소비조합 구매 대금, 사택 사용료, 대부금 등이 있다.

(2) 임금채권에 대한 압류 및 전부명령

임금 전액지급의 원칙에 비추어 사용자가 근로자의 급료나 퇴직금 등 임금채권을 수동채권으로 하여 사용자의 근로자에 대한 다른 채권으로 상계할 수는 없으나, 사용자가 근로자에 대한 집행권원의 집행을 위하여 임금채권에 관한 전부명령을 받는 것까지 금지되

16) 대법원 2001.10.23. 선고 2001다25184 판결 ; 창원지방법원 2016.01.27. 선고 2015노1996 판결.

지는 않는다.[17] 근기법은 사용자가 전차금 기타 근로한 것을 조건으로 하는 전대채권과 임금을 서로 상계하지 못한다는 취지를 규정한 데 불과하므로, 이를 근거로 하여 위와 같은 사용자의 임금채권에 관한 압류 및 전부명령이 허용되지 않는다고 볼 수도 없다.[18]

(3) 조정적 상계

사용자가 근로자에 대하여 가지는 채권으로 근로자의 임금채권과 상계하지 못함이 원칙이나, 다만 계산의 착오 등으로 임금을 초과 지급한 경우, 근로자가 퇴직 후 그 재직 중 받지 못한 임금이나 퇴직금을 청구하거나, 근로자가 비록 재직 중에 임금을 청구하더라도 위 초과 지급한 시기와 상계권 행사의 시기가 임금의 정산, 조정의 실질을 잃지 않을 만큼 근접하여 있고 나아가 사용자가 상계의 금액과 방법을 미리 예고하는 등으로 근로자 경제생활의 안정을 해할 염려가 없는 때에는, 사용자는 위 초과 지급한 임금의 반환청구권을 자동채권으로 하여 근로자의 임금채권이나 퇴직금채권과 상계할 수 있다.[19]

Ⅲ. 임금보장을 위한 조치

1. 임금항목 등 근로조건 명시와 서면작성

사용자는 근로계약을 체결할 때에 근로자에게 ① 임금, ② 소정근로시간, ③ 법령에 따른 휴일, ④ 연차 유급휴가, ⑤ 그 밖에 법령으로 정하는 근로조건의 사항을 명시하여야 한다. 근로계약 체결 후 이 내용을 변경하는 경우에도 또한 같다. 또, 사용자는 임금과 관련한 임금의 구성항목·계산방법·지급방법 및 ②부터 ④까지의 사항이 명시된 서면을 근로자에게 교부하여야 한다. 다만, 근로계약체결에 따른 사항이 근로자대표와의 서면합의 변경, 단체협약 또는 취업규칙의 변경 등 법령으로 정하는 사유로 인하여 변경되는 경우에는 근로자의 요구가 있으면 그 근로자에게 교부하여야 한다. 이렇게 근로조건 중 임금항목 및 계산등과 관련한 사항을 특히 서면으로 명시하고 이를 교부하도록 한 것은 임금에 대한 보장을 강화하기 위한 장치로 풀이될 수 있다.

---

17) 대법원 1977.09.28. 선고 77다1137 전원합의체 판결.
18) 대법원 1994.03.16. 선고 93마1822 판결.
19) 대법원 1995.12.21. 선고 94다26721 전원합의체 판결 ; 대법원 2010.05.20. 선고 2007다90760 전원합의체 판결.

2. 미지급 임금에 대한 지연이자

사용자는 근로기준법에 따라 지급하여야 하는 임금 및 퇴직급여법에 따른 급여(일시금만 해당)의 전부 또는 일부를 그 지급 사유가 발생한 날부터 14일 이내에 지급하지 아니한 경우 그 다음 날부터 지급하는 날까지의 지연 일수에 대하여 연 100분의 40 이내의 범위에서 은행법에 따른 은행이 적용하는 연체금리 등 경제 여건을 고려하여 법령으로 정하는 이율에 따른 지연이자를 지급하여야 한다.

3. 도급 사업에 대한 임금 지급

사업이 여러 차례의 도급에 따라 행하여지는 경우에 하수급인(下受給人)이 직상(直上) 수급인의 귀책사유로 근로자에게 임금을 지급하지 못한 경우에는 그 직상 수급인은 그 하수급인과 연대하여 책임을 진다.

한편, 건설업에서 사업이 2차례 이상 건설산업기본법에 따른 도급(이하 "공사도급"이라 함)이 이루어진 경우에 같은 법에 따른 건설업자가 아닌 하수급인이 그가 사용한 근로자에게 임금(해당 건설공사에서 발생한 임금으로 한정)을 지급하지 못한 경우에는 그 직상 수급인은 하수급인과 연대하여 하수급인이 사용한 근로자의 임금을 지급할 책임을 지며, 이 경우 직상 수급인이 건설산업기본법에 따른 건설업자가 아닌 때에는 그 상위 수급인 중에서 최하위의 같은 호에 따른 건설업자를 직상 수급인으로 본다.

4. 비상시 지불 및 중간정산

사용자는 근로자가 출산, 질병, 재해, 그 밖에 비상(非常)한 경우의 비용에 충당하기 위하여 임금 지급을 청구하면 지급기일 전이라도 이미 제공한 근로에 대한 임금을 지급하여야 한다.

여기에서 비상(非常)한 경우란 근로자나 그의 수입으로 생계를 유지하는 자가 출산하거나 질병에 걸리거나 재해를 당한 경우, 혼인 또는 사망한 경우, 부득이한 사유로 1주일 이상 귀향하게 되는 경우를 말한다.

아울러, 비상시 지불과 함께 기왕에 발생한 퇴직금에 대하여도 일정한 경우 중간정산이 가능하다.

5. 청구권의 보호 및 직접 지급

임금지급청구권은 법령으로 보호되며, 대리인을 통하지 않은 근로자에게 직접 지급하여야 한다. 이는 연소근로자의 경우도 같다. 다만, 직접지급의 방식으로 근로자가 제시한 은행계좌로 지급하는 방식, 선원근로자의 경우 가족에게 지급하는 방식 등 일정한 요건이 충족되는 경우에는 예외가 인정된다.

제 8 편

근로복지정책

15
chapter

복지향상정책

제 1 절 근로복지 기본원칙 및 정책적 지원

Ⅰ. 근로복지정책의 목적 및 기본원칙

근로복지정책의 수립 및 복지사업의 수행은 목적론적으로는 근로자의 삶의 질을 향상시키고 국민경제의 균형 있는 발전에 이바지할 수 있도록 하기 위한 것으로, 근로복지정책은 근로자의 경제·사회활동의 참여기회 확대, 근로의욕의 증진 및 삶의 질 향상을 기본원칙으로 하여야 한다. 또 이를 수립·시행할 때에는 근로자가 성별, 나이, 신체적 조건, 고용형태, 신앙 또는 사회적 신분 등에 따른 차별을 받지 아니하도록 배려하고 지원하여야 하고, 근로자의 복지향상을 위한 지원을 할 때에는 중소·영세기업 근로자, 기간제근로자, 단시간근로자, 파견근로자, 하수급인이 고용하는 근로자, 저소득근로자 및 장기근속근로자가 우대될 수 있도록 하여야 한다.

Ⅱ. 근로복지정책을 위한 국가 등의 책무

근로복지정책을 수립하고 시행하기 위해여 국가 또는 지방자치단체는 근로복지정책을 수립·시행하는 경우 근로복지정책의 기본원칙에 따라 예산·기금·세제·금융상의 지원을 하여 근로자의 복지증진이 이루어질 수 있도록 노력하여야 하고, 사업주는 해당 사업장 근로자의 복지증진을 위하여 노력하고 근로복지정책에 협력하여야 하며, 노동조합 및 근로자는 근로의욕 증진을 통하여 생산성 향상에 노력하고 근로복지정책에 협력하여야 한다.

Ⅲ. 근로복지기본계획

근로복지기본계획에는 근로자의 주거안정에 관한 사항, 근로자의 생활안정에 관한 사항, 근로자의 재산형성에 관한 사항, 우리사주제도에 관한 사항, 사내근로복지기금제도에 관한 사항, 선택적 복지제도 지원에 관한 사항, 근로자지원프로그램 운영에 관한 사항, 근로자를 위한 복지시설의 설치 및 운영에 관한 사항, 근로복지사업에 드는 재원 조성에 관한 사항, 그 밖에 근로복지증진을 위하여 필요한 사항을 주된 내용으로 하며 고용부처장관은 기본계획을 수립하였을 때에는 이를 공표하여야 한다.

Ⅳ. 근로복지정책의 실행을 위한 정책적 지원

1. 자료 제공 및 전산망 이용

고용부처장관은 행정자치부처·보건복지부처·국토교통부처·국세청 등 국가기관과 지방자치단체 및 관련 기관·단체에 법령에 따른 근로복지사업을 수행하는 데에 필요한 근로소득증명원 등 법령으로 정하는 자료의 제공 및 관계 전산망의 이용을 요청할 수 있고, 이 경우 자료의 제공 등을 요청받은 기관 및 단체는 특별한 사유가 없으면 이에 따라야 한다.

2. 근로복지종합정보시스템 운영 및 복지제도 운영지원

고용부처장관은 근로복지정책을 효과적으로 수행하기 위하여 근로복지종합정보시스템을 구축하여 운영할 수 있고, 고용부처장관은 근로복지종합정보시스템을 통하여 근로자지원프로그램 및 선택적 복지제도의 운영을 지원할 수 있다.

3. 융자업무취급기관

국가 또는 지방자치단체는 금융회사 등(융자업무취급기관)으로 하여금 법령에 따른 융자업무를 취급하게 할 수 있는데, 여기에는 은행법(제8조 제1항)에 따라 설립한 은행과 그 밖에 법령으로 정하는 금융회사 등이다.

4. 세제 지원

국가 또는 지방자치단체는 근로복지기본법에 따른 주거안정·생활안정·재산형성, 근로복지시설 및 근로복지진흥기금의 설치·운영, 우리사주제도 및 사내근로복지기금제도의 활성화 등 근로자의 복지증진을 위하여 조세에 관한 법률에서 정하는 바에 따라 세제상의 지원을 할 수 있다.

제 2 절 근로복지지원제도

Ⅰ. 근로자의 생활안정 및 재산형성

1. 생활안정자금의 지원

국가는 근로자의 생활안정을 지원하기 위하여 근로자 및 그 가족의 의료비·혼례비·장례비 등의 융자 등 필요한 지원을 하여야 하며, 국가는 경제상황 및 근로자의 생활안정자금이 필요한 시기 등을 고려하여 임금을 받지 못한 근로자 등의 생활안정을 위한 생계비의 융자 등 필요한 지원을 할 수 있다. 이러한 의료비·혼례비·장례비·생계비 등의 지원대상 및 절차 등에 관하여 필요한 사항은 법령으로 정한다.

2. 학자금의 지원

국가는 근로자 및 그 자녀의 교육기회를 확대하기 위하여 장학금의 지급 또는 학자금의 융자 등 필요한 지원을 할 수 있으며, 이를 위하여 장학금의 지급과 학자금의 융자대상 및 절차 등에 관하여 필요한 사항은 법령으로 정한다.

이에 따라 장학금 지급 또는 학자금 융자 등의 지원을 받을 수 있는 근로자는 고용부처장관이 정하는 기간 이상 근속 중이고 그 임금 수준이 고용부처장관이 정하는 기준 이하인 근로자로 한다. 다만, 배우자의 소득이나 자신과 배우자의 보유재산의 합이 고용부처장관이 정하는 기준을 초과하는 경우에는 장학금의 지급 또는 학자금의 융자 대상에서 제외한다. 이러한 장학금 또는 학자금의 범위, 지원조건 및 그 밖에 필요한 사항은 고용부처장관이 정한다.

3. 근로자우대저축

국가는 근로자의 재산형성을 지원하기 위하여 근로자를 우대하는 저축에 관한 제도를 운영하여야 한다. 근로자 우대저축으로는 금리에서의 우대, 예금 등을 담보로 하는 대출의 우대, 가입조건의 우대 등을 들 수 있다. 실제 저소득 근로자를 위한 금리우대 등이 활용되고 있으며, 목돈마련저축, 재형(재산형성)저축 등이 운영되고 있다.

Ⅱ. 근로자의 주거안정

1. 근로자주택공급제도의 운영

국가 또는 지방자치단체는 근로자의 주택취득 또는 임차 등을 지원하기 위하여 주택사업자가 근로자에게 주택을 우선하여 분양 또는 임대(이하 "공급"이라 한다)하도록 하는 제도를 운영할 수 있고, 국토교통부장관은 주거기본법에 따른 주택종합계획에 따라 근로자에게 공급하는 주택(근로자주택)의 공급계획을 포함하여야 한다. 한편, 근로자주택의 종류, 규모, 공급대상 근로자, 공급방법과 그 밖에 필요한 사항은 국토교통부장관이 고용부처장관과 협의하여 정한다.

2. 근로자주택자금 등의 융자

국가는 주택사업자가 근로자주택을 건설하거나 구입하는 경우, 근로자가 주택사업자로부터 근로자주택을 취득하는 경우의 어느 하나에 해당하는 때에는 주택사업자 또는 근로자가 그 필요한 자금(근로자주택자금)을 융자받을 수 있도록 주택도시기금법에 따른 기금으로 지원할 수 있고, 근로자주택자금의 융자대상 및 절차와 그 밖에 지원에 필요한 사항은 국토교통부장관이 고용부처장관과 협의하여 정한다.

아울러, 국가는 근로자의 주거안정을 위하여 근로자가 주택을 구입 또는 신축하거나 임차하는 경우 그에 필요한 자금(주택구입자금등)을 융자받을 수 있도록 주택도시기금법에 따른 기금으로 지원할 수 있고, 국가 또는 지방자치단체는 융자업무취급기관으로 하여금 주택구입자금등을 일반대출 이자율보다 낮은 이자율로 근로자에게 융자하게 하고 그 이자 차액을 보전(補塡)할 수 있다. 또, 주택구입자금등의 융자대상 및 절차와 그 밖에 지원에 필요한 사항은 국토교통부장관이 고용부처장관과 협의하여 정한다.

3. 근로자의 이주 등에 대한 지원

국가는 취업 또는 근무지 변경 등으로 이주하거나 가족과 떨어져 생활하는 근로자의 주거안정을 위하여 필요한 지원을 할 수 있다. 이러한 제도를 시행하기 위하여 공동근로복지기금 지원 사업 운영규정(고용노동부고시 제2016-16호, 2016.3.17., 제정), 사내(공동)근로복지기금 업무처리지침(고용노동부예규 제106호, 2016.1.19., 일부개정) 등을 제도적으로 마련하고 있으며, 지자체의 자치법규로 서울특별시 근로자 권리 보호 및 증진을 위한 조례(서울특별시조례 제6181호, 2016.3.24., 일부개정)를 마련하여 운영하고 있다.

Ⅲ. 근로자 신용보증 지원

1. 신용보증 지원 및 대상

산업재해보상보험법에 따른 근로복지공단은 담보능력이 미약한 근로자(구직신청한 실업자 및 산업재해보상보험법에 따른 재해근로자를 포함)가 금융회사 등에서 생활안정자금 및 학자금 등의 융자를 받음으로써 부담하는 금전채무에 대하여 해당 금융회사 등과의 계약에 따라 그 금전채무를 보증할 수 있다. 이 경우 보증대상 융자사업 및 보증대상 근로자는 법령으로 정한다.

한편, 신용보증업무 및 금융업무를 취급하는 금융회사는 공단과 채무를 보증한다는 내용, 신용보증 대상 융자사업 및 근로자, 근로자 1명당 신용보증 지원 한도, 보증채무의 이행청구 사유·시기 및 방법, 대위변제(代位辨濟) 심사·범위 및 결손금에 대한 금융회사 등과의 분담비율, 금융회사 등이 공단에 신용보증 지원사업 운영과 관련하여 통지하여야 할 사항, 그 밖에 근로자 신용보증 지원을 위하여 필요한 사항을 내용으로 하는 계약을 체결하여야 하며, 공단이 동 계약을 체결하거나 변경하려는 경우에는 고용부처장관의 승인을 받아야 한다.

2. 보증관계 및 보증료

근로복지공단이 근로복지기본법에 따라 근로자에 대하여 신용보증을 하기로 결정하였을 때에는 그 뜻을 해당 근로자와 그 근로자가 융자를 받으려는 금융회사 등에 통지하여야 하고, 신용보증관계는 통지를 받은 금융회사 등이 융자금을 해당 근로자에게 지급한 때에 성립한다. 아울러, 근로복지공단은 근로복지기본법에 따라 신용을 보증받은 근로자로부터 보증금액에 대하여 연율 100분의 1의 범위에서 법령으로 정하는 바에 따라 보증료를 받을 수 있다.

3. 통지의무

근로복지기본법에 따라 통지받은 금융회사 등은 주된 채무관계가 성립한 경우, 주된 채무의 전부 또는 일부가 소멸한 경우, 근로자가 채무를 이행하지 아니한 경우, 근로자가 기한의 이익을 상실한 경우, 그 밖에 보증채무에 영향을 미칠 우려가 있는 사유가 발생한 경우의 어느 하나에 해당하는 경우에는 지체 없이 그 사실을 근로복지공단에 통지하여야 한다.

4. 보증채무의 이행

근로복지기본법에 따라 융자사업을 대행하는 금융회사 등은 계약 내용에 정하여진 보증채무의 이행청구 사유가 발생한 경우에는 근로복지공단에 보증채무 이행을 청구할 수 있고, 이행청구시에 근로복지공단은 금융회사 등의 보증채무의 이행청구가 있는 경우에는 근로복지기본법의 계약 내용에 따라 대위변제금을 지급하여야 한다. 또, 근로복지공단은 보증채무를 이행하였을 때에는 구상권을 직접 행사하거나 금융회사 등에 그 구상권의 행사를 위탁할 수 있는데, 구상권의 행사를 위탁받은 금융회사 등은 그 구상권 행사에 관하여 근로복지공단을 갈음하여 모든 재판상 또는 재판 외의 행위를 할 수 있다.

5. 지연이자

근로복지공단이 보증채무를 이행하였을 때에는 해당 근로자로부터 그 지급한 대위변제금에 대하여 연이율 100분의 20을 초과하지 아니하는 범위에서 법령으로 정하는 바에 따라 이행일부터 근로자가 변제하는 날까지의 지연이자(遲延利子)를 징수할 수 있다. 이 경우 지연이자는 대위변제금을 초과할 수 없다.

Ⅳ. 근로복지시설 등에 대한 지원

1. 근로복지시설 설치 등의 지원

국가 또는 지방자치단체는 근로자를 위한 근로복지시설의 설치·운영을 위하여 노력하여야 하며, 고용부처장관은 사업의 종류 및 사업장 근로자의 수 등을 고려하여 근로복지시설의 설치기준을 정하고 사업주에게 이의 설치를 권장할 수 있다. 또, 국가는 사업주(사업주단체를 포함) · 노동조합(지부 · 분회 등을 포함) · 공단 또는 비영리법인이 근로복지시설을 설치 · 운영하는 경우에는 필요한 지원을 할 수 있고, 근로복지시설을 설치 · 운영하는 지방자치단체 · 사업주 · 노동조합 · 근로복지공단 또는 비영리법인에 그 비용의 일부를 예산의 범위에서 지원할 수 있다.

2. 근로복지시설의 운영위탁 및 이용료

국가 또는 지방자치단체는 근로복지기본법에 따라 설치한 근로복지시설을 효율적으로 운영하기 위하여 필요한 경우에는 근로복지공단 또는 비영리단체에 운영을 위탁할 수 있으며, 근로복지시설의 운영을 위탁한 경우에는 예산의 범위에서 운영에 필요한 경비의 일부를 보조할 수 있다.

한편, 근로복지시설을 설치 · 운영하는 자는 근로자의 소득수준, 가족관계 등을 고려하여 근로복지시설의 이용자를 제한하거나 이용료를 차등하여 받을 수 있다.

3. 민간복지시설 이용비용의 지원

국가는 근로자가 근로복지기본법에 따라 국가 또는 지방자치단체가 설치한 근로복지시설을 이용하기가 곤란하여 민간이 운영하는 복지시설을 이용하는 경우 비용의 일부를 지원할 수 있고, 지원대상 및 절차 등 필요한 사항은 법령으로 정한다.

제 3 절 우리사주제도

Ⅰ. 우리사주의 설립

1. 우리사주제도의 목적 및 설립

우리사주제도는 근로자로 하여금 우리사주조합을 통하여 해당 우리사주조합이 설립된 주식회사(우리사주제도 실시회사)의 주식을 취득 · 보유하게 함으로써 근로자의 경제 · 사회적 지위향상과 노사협력 증진을 도모함을 목적으로 한다. 아울러, 우리사주조합을 설립하려는 주식회사의 소속 근로자는 근로복지기본법에 따른 우리사주조합원의 자격을 가진 근로자 전체의 5분의 1 이상의 동의를 받아 우리사주조합설립준비위원회를 구성하여 법령으로 정하는 바에 따라 우리사주조합을 설립할 수 있다. 이 경우 우리사주조합설립준비위원회는 우리사주조합의 설립에 대한 회사의 지원에 관한 사항 등 법령으로 정하는 사항을 미리 해당 회사와 협의하여야 하며, 우리사주조합의 설립 및 운영에 관하여 근로복지기본법에서 규정한 사항을 제외하고는 민법 중 사단법인에 관한 규정을 준용한다.

2. 우리사주조합원의 자격

우리사주제도 실시회사의 우리사주조합에 조합원으로 가입할 수 있는 근로자는 우리사주제도 실시회사의 소속 근로자, 우리사주제도 실시회사가 법령으로 정하는 바에 따라 해당 발행주식 총수의 100분의 50 이상의 소유를 통하여 지배하고 있는 주식회사(지배관계회사)의 소속 근로자 또는 우리사주제도 실시회사로부터 도급받아 직전 연도 연간 총매출액의 100분의 50 이상을 거래하는 주식회사(수급관계회사)의 소속 근로자로서, 지배관계회사 또는 수급관계회사의 경우에는 각각 소속 근로자 전원의 과반수로부터 동의를 받을 것, 해당 우리사주제도 실시회사의 우리사주조합으로부터 동의를 받을 것, 해당 지배관계회사 또는 해당 수급관계회사 자체에 우리사주조합이 설립되어 있는 경우 자체 우리사주조합이 해산될 것의 요건을 모두 갖춘 근로자이다.

근로자가 일정한 경우에는 우리사주제도 실시회사의 우리사주조합원이 될 수 없으며, 우리사주조합원이 일정한 경우에는 우리사주제도 실시회사의 우리사주조합원의 자격을 상실한다. 다만, 해당 우리사주제도 실시회사, 지배관계회사 및 수급관계회사의 주주총회에서 임원으로 선임된 사람에 해당하는 근로자는 법령에 따라 배정받은 해당 우리사주제도 실시회사의 주식과 법령에 따라 부여된 우리사주매수선택권에 한정하여 우리사주조합원의 자격을 유지할 수 있다. 일정한 경우에 해당하는 것으로는 ① 해당 우리사주제도 실시회사, 지배관계회사 및 수급관계회사의 주주총회에서 임원으로 선임된 사람, ② 해당 우리사주제도 실시회사, 지배관계회사, 수급관계회사의 소속 근로자로서 주주(다만, 법령으로 정하는 소액주주인 경우는 제외), ③ 지배관계회사 또는 수급관계회사의 근로자가 해당 우리사주제도 실시회사의 우리사주조합에 가입한 후 소속 회사에 우리사주조합을 설립하게 되는 경우의 그 지배관계회사 또는 수급관계회사의 근로자, ④ 그 밖에 근로기간 및 근로관계의 특수성 등에 비추어 우리사주조합원의 자격을 인정하기 곤란한 근로자로서 법령으로 정하는 사람이 여기에 해당한다.

다만, 근로자의 소속 회사가 지배관계회사로의 편입 또는 지배관계회사에서 제외되는 경우와 수급관계회사로의 편입 또는 수급관계회사에서 제외되는 경우의 어느 하나에 해당하게 되어 우리사주제도 실시회사의 우리사주조합원의 자격에 변동이 생기면 법령에 따라 배정받은 우리사주제도 실시회사의 주식과 법령에 따라 부여된 우리사주매수선택권에 한정하여 변경 전 우리사주제도 실시회사의 우리사주조합의 우리사주조합원 자격을 유지한다.

3. 우리사주조합의 운영

우리사주조합은 전체 우리사주조합원의 의사를 반영하여 민주적으로 운영되어야 하고, 규약의 제정과 변경에 관한 사항, 우리사주조합기금의 조성에 관한 사항, 예산 및 결산에 관한 사항, 우리사주조합의 대표자 등 임원 선출, 그 밖에 우리사주조합의 운영에 관하여 중요한 사항은 우리사주조합원 총회의 의결을 거쳐야 한다.

또, 우리사주조합의 대표자는 우리사주조합원이 열람할 수 있도록 우리사주조합원 명부, 규약, 우리사주조합의 임원 및 대의원의 성명과 주소록, 회계에 관한 장부 및 서류, 우리사주조합 및 우리사주조합원의 우리사주 취득·관리에 관한 장부 및 서류를 작성하여 그 주된 사무소에 갖추어 두고, 이를 10년간 보존하여야 한다. 이 경우 그 장부와 서류를 전자거래기본법에 따른 전자문서(전자문서)로 작성·보관할 수 있다.

4. 우리사주조합기금의 조성 및 사용

우리사주조합은 우리사주를 취득하기 위하여 우리사주제도 실시회사 또는 그 주주 등이 출연한 금전과 물품, 우리사주조합원이 출연한 금전, 근로복지기본법에 따른 차입금과 조합계정의 우리사주에서 발생한 배당금, 그 밖에 우리사주조합기금에서 발생하는 이자 등 수입금의 재원으로 우리사주조합기금을 조성할 수 있다.

한편, 우리사주조합은 조성한 우리사주조합기금을 법령으로 정하는 금융회사 등에 보관 또는 예치하는 방법으로 관리하여야 하며, 조성된 우리사주조합기금은 우리사주의 취득, 근로복지기본법에 따른 차입금 상환 및 그 이자의 지급용도로 사용하여야 한다.

5. 우리사주 취득에 따른 계정 관리

우리사주조합은 우리사주제도 실시회사의 주식의 직접 매입 또는 신주의 배정 등을 통하여 우리사주제도 실시회사의 주식을 취득하는 경우 그 취득한 우리사주를 우리사주조합원의 계정(조합원계정)과 우리사주조합의 계정(조합계정)으로 구분하여 배정하고, 법령으로 정하는 재원별 계정 처리방법에 따라 관리하여야 한다.

Ⅱ. 우리사주 배정 및 매수권

1. 우리사주조합원에 대한 우선배정의 범위

자본시장법에 따른 주권상장법인(코스닥시장에 주권이 상장된 법인은 제외) 또는 주권을 같은 법에 따른 유가증권시장에 상장하려는 법인이 같은 법에 따라 주권을 모집 또는 매출하는 경우에 우리사주조합원은 같은 법에 따라 모집 또는 매출하는 주식 총수의 100분의 20의 범위에서 우선적으로 배정받을 권리가 있고, 이외의 법인 외의 법인이 자본시장법에 따라 모집 또는 매출하거나 유상증자를 하는 경우 그 모집 등을 하는 주식 총수의 100분의 20의 범위에서 상법(제418조)에도 불구하고 우리사주조합원에게 해당 주식을 우선적으로 배정할 수 있다.

2. 우리사주매수선택권의 부여의 범위

우리사주제도 실시회사는 발행주식총수의 100분의 20의 범위에서 정관으로 정하는 바에 따라 주주총회의 결의로 우리사주조합원에게 그 결의된 기간(제공기간) 이내에 미리 정한 가격(행사가격)으로 신주를 인수하거나 해당 우리사주제도 실시회사가 보유하고 있는 자기주식을 매수할 수 있는 권리(우리사주매수선택권)를 부여할 수 있다. 다만, 발행주식총수의 100분의 10의 범위에서 우리사주매수선택권을 부여하는 경우에는 정관으로 정하는 바에 따라 이사회 결의로 우리사주매수선택권을 부여할 수 있다.

한편, 우리사주매수선택권을 부여하려는 우리사주제도 실시회사는 정관에 ① 우리사주조합원에게 우리사주매수선택권을 부여할 수 있다는 내용, ② 우리사주매수선택권의 행사에 따라 발행하거나 양도할 주식의 종류와 수, ③ 이미 부여한 우리사주매수선택권을 이사회의 결의를 통하여 취소할 수 있다는 내용 및 취소 사유, ④ 우리사주매수선택권 부여를 위한 이사회 및 주주총회의 결의 요건의 사항을 정하여야 한다. 또, 우리사주매수선택권을 부여하려는 우리사주제도 실시회사가 상기 사항에 따른 주주총회의 결의 또는 이사회의 결의를 하는 경우에는 Ⓐ 우리사주매수선택권의 부여방법, Ⓑ 우리사주매수선택권의 행사가격과 그 조정에 관한 사항, Ⓒ 우리사주매수선택권의 제공기간 및 행사기간, Ⓓ 우리사주매수선택권의 행사에 따라 발행하거나 양도할 주식의 종류와 수의 사항을 포함하여야 한다.

3. 우리사주매수선택권 부여의 취소

우리사주매수선택권을 부여한 우리사주제도 실시회사는 ① 해당 우리사주제도 실시회사가 파산·해산 등으로 우리사주매수선택권의 행사에 응할 수 없는 경우, ② 우리사주매수선택권을 부여받은 우리사주조합원이 고의 또는 과실로 해당 우리사주제도 실시회사에 중대한 손해를 끼친 경우, ③ 우리사주매수선택권을 부여하는 계약서에서 정한 취소 사유가 발생한 경우의 어느 하나에 해당하는 경우에는 우리사주매수선택권의 부여를 취소할 수 있다. 다만, ②와 ③의 경우에는 해당 우리사주제도 실시회사의 정관으로 정하는 바에 따라 이사회의 의결에 따라야 한다.

4. 우리사주의 우선배정 및 매수선택권부여의 제한

우리사주제도 실시회사는 근로복지기본법에 따라 우리사주를 우선배정하거나 우리사주매수선택권을 부여할 때에는 우리사주조합이 관리하고 있는 우리사주제도 실시회사의 주식, 신규로 발행하는 우선배정 주식 및 우리사주매수선택권을 행사할 때에 취득할 우리사주제도 실시회사의 주식을 합산한 주식 수가 우리사주제도 실시회사가 신규로 발행하는 주식 및 우리사주 매수선택권을 행사할 때에 취득할 우리사주제도 실시회사의 주식과 이미 발행한 주식을 합산한 주식 총수의 100분의 20을 넘지 아니하도록 하여야 한다.

5. 우리사주조합의 차입을 통한 우리사주의 취득

우리사주조합은 우리사주제도 실시회사, 지배관계회사, 수급관계회사, 그 회사의 주주 및 법령으로 정하는 금융회사 등으로부터 우리사주 취득자금을 차입하여 우리사주를 취득할 수 있고, 우리사주제도 실시회사, 지배관계회사, 수급관계회사 및 그 회사의 주주는 차입금의 상환을 위하여 우리사주조합에 금전과 물품을 출연할 것을 해당 우리사주조합과 약정할 수 있으며, 우리사주조합은 차입금으로 취득한 우리사주를 해당 차입금을 융자하거나 융자보증한 우리사주제도 실시회사 및 금융회사 등에 담보로 제공할 수 있다. 이 경우 차입금 상환액에 해당하는 우리사주에 대하여는 상환 즉시 담보권을 해지할 것을 조건으로 하여야 한다. 또, 우리사주제도 실시회사가 우리사주조합이 차입금으로 취득한 우리사주를 담보로 받는 경우에는 그 담보로 받는 주식만큼 우리사주제도 실시회사에 대하여 상법(제341조의3)을 적용하지 아니한다.

Ⅲ. 우리사주의 예탁 및 인출과 처분

1. 우리사주의 예탁

우리사주조합은 우리사주를 취득하는 경우 법령으로 정하는 수탁기관에 예탁하여야 하며, 이에 따라 예탁한 우리사주를 다음의 구분에 따른 기간의 범위에서 법령으로 정하는 기간 동안 계속 예탁하여야 한다. 그 구분으로 ① 우리사주제도 실시회사 또는 그 주주 등이 출연한 금전과 물품 등으로 취득한 우리사주는 8년, ② 우리사주조합원이 출연한 금전으로 취득한 우리사주는 1년. 다만, 우리사주조합원의 출연에 협력하여 우리사주제도 실시회사가 법령으로 정하는 금액 이상으로 출연하는 경우 우리사주조합원이 출연한 금전으로 취득한 우리사주에 대하여는 5년으로 한다. ③ 근로복지기본법에 따른 차입금 및 조합계정의 우리사주에서 발생한 배당금과 그 밖에 우리사주조합기금에서 발생하는 이자 등 수입금의 금전으로 취득한 우리사주는 금전의 출연주체 및 차입대상자를 기준으로 우리사주를 나누어 ①과 ②의 구분에 준하는 기간으로 한다.

한편, 우리사주조합 또는 우리사주조합원은 예탁된 우리사주를 양도하거나 담보로 제공할 수 없다. 다만, 우리사주조합원의 금융·경제생활에 필요한 경우로서 법령으로 정하는 경우에는 그러하지 아니하다. 이 경우에 따라 우리사주를 담보로 제공받은 권리자는 예탁기간 중에는 권리를 행사할 수 없다.

2. 우리사주의 인출

우리사주조합원은 우리사주조합이 해산하거나 우리사주조합원이 사망한 경우 등 법령으로 정하는 사유가 발생한 경우에는 같은 항의 예탁기간 중임에도 불구하고 우리사주조합을 통하여 우리사주를 인출할 수 있으며, 우리사주조합원이 우리사주를 인출하는 경우 우리사주조합은 규약에 따라 우리사주조합, 우리사주조합원 순서로 우선하여 매입하도록 할 수 있다.

3. 비상장법인의 우리사주의 처분

국가는 자본시장법에 따른 증권시장에 주권이 상장되지 아니한 법인(비상장법인)인 우리사주제도 실시회사의 우리사주조합원이 우리사주를 불가피하게 처분하려는 경우 환금(換金)을 보장하기 위하여 주식의 거래 등에 관하여 필요한 조치를 하도록 노력하여야 한다. 또, 우리사주조합이 설립된 이후 3년 이내에 우리사주제도 실시회사의 주식이 증권시장에 상장되지 아니한 경우 비상장법인인 우리사주제도 실시회사는 해당 우리사주조합이 관리하는 조합원계정의 우리사주를 매수하기 위하여 준비금을 적립할 수 있다.

아울러, 비상장법인인 우리사주제도 실시회사는 우리사주의 환금을 보장하기 위하여 필요한 경우 상법(제341조)에도 불구하고 우리사주조합원 또는 퇴직하는 우리사주조합원의 우리사주를 자기의 계산으로 취득할 수 있다. 이 경우 취득한 주식은 ① 우리사주조합에의 출연, ② 상법(제342조)의 예에 따른 처분, ③ 주주총회 결의에 의하여 주주에게 배당할 이익으로써의 소각(消却)의 방법으로 처분하여야 한다.

Ⅳ. 우리사주 보유에 따른 주주총회의 의결권 행사

우리사주조합의 대표자는 우리사주조합원의 의사표시에 대하여 주주총회 의안에 대한 의결권을 행사하여야 하며, 우리사주조합의 대표자는 우리사주조합원이 의결권 행사의 위임을 요청한 경우에는 해당 우리사주조합원의 주식보유분에 대한 의결권의 행사를 그 우리사주조합원에게 위임하여야 한다. 의결권 행사의 구체적인 방법은 법령으로 정한다.

Ⅴ. 우리사주조합의 해산

우리사주조합은 ① 해당 우리사주제도 실시회사의 파산, ② 사업의 폐지를 위한 해당 우리사주제도 실시회사의 해산, ③ 사업의 합병·분할·분할합병 등을 위한 해당 우리사주제도 실시회사의 해산, ④ 지배관계회사 또는 수급관계회사의 근로자가 해당 우리사주제도 실시회사의 우리사주조합에 가입하는 경우(다만, 지배관계회사 또는 수급관계회사 자체에 설립된 우리사주조합이 우리사주를 예탁하고 있거나, 우리사주조합원이 우리사주 매수선택권을 부여받은 경우에는 법령으로 정하는 기간 동안은 해산하지 아니한다), ⑤ 우리사주조합의 임원이 없고 최근 3회계연도의 기간 동안 계속하여 우리사주 및 우리사주 취득 재원의 조성 등으로 자산을 보유하지 아니하였으며 우리사주조합의 해산에 대하여 법령으로 정하는 바에 따라 우리사주조합의 조합원에게 의견조회를 한 결과 존속의 의사표명이 없는 경우의 어느 하나에 해당하는 사유가 발생한 경우에 해산한다. 이 경우 우리사주조합의 청산인은 법령으로 정하는 바에 따라 해산 사유를 명시하여 고용부처장관에게 보고하여야 한다. 이때 우리사주조합이 해산하는 경우 우리사주조합의 재산은 규약으로 정하는 바에 따라 우리사주조합원에게 귀속한다. 다만, 우리사주조합이 채무가 있는 경우에는 그 채무를 청산하고 남은 재산만 우리사주조합원에게 귀속한다.

Ⅵ. 우리사주제도 활성화 지원 및 근로자의 회사인수 지원

국가는 우리사주제도의 활성화를 위하여 우리사주조합원의 우리사주 보유, 우리사주제도 실시회사 등의 우리사주조합에 대한 지원, 비상장법인의 우리사주에 대한 환금성 보장 등에 필요한 지원을 할 수 있다. 아울러, 국가는 회사의 도산 등으로 인하여 해당 회사의 근로자가 우리사주조합을 통하여 해당 회사를 인수할 경우 그 주식취득에 필요한 자금 등을 지원할 수 있다.

제 4 절 사내근로복지기금제도

Ⅰ. 복지기금제도의 목적 및 근로조건 유지

사내근로복지기금(복지기금)제도는 사업주로 하여금 사업 이익의 일부를 재원으로 복지기금을 설치하여 효율적으로 관리·운영하게 함으로써 근로자의 생활안정과 복지증진에 이바지하게 함을 목적으로 한다. 아울러, 사용자는 근로복지기본법에 따른 복지기금의 설립 및 출연을 이유로 근로관계 당사자 간에 정하여진 근로조건을 저하시킬 수 없다.

Ⅱ. 복지기금의 설립

1. 법인격 및 설립

복지기금은 법인으로 하며, 사내근로복지기금법인(기금법인)을 설립하려는 경우에는 해당 사업 또는 사업장(사업)의 사업주가 기금법인설립준비위원회(준비위원회)를 구성하여 설립에 관한 사무와 설립 당시의 이사 및 감사의 선임에 관한 사무를 담당하게 하여야 한다.

준비위원회는 법령으로 정하는 바에 따라 기금법인의 정관을 작성하여 고용부처장관의 설립인가를 받아야 하며, 이에 따라 설립인가를 받았을 때에는 설립인가증을 받은 날부터 3주 이내에 기금법인의 주된 사무소의 소재지에서 기금법인의 설립등기를 하여야 하며, 기금법인은 설립등기를 함으로써 성립한다.

준비위원회는 법인이 성립됨과 동시에 법령에 따라 최초로 구성된 사내근로복지기금협의회(복지기금협의회)로 보며, 준비위원회는 기금법인의 설립등기를 한 후 지체 없이 기금법인의 이사에게 사무를 인계하여야 한다.

2. 정관변경 및 기금법인의 기관

기금법인의 정관을 변경하려는 때에는 법령으로 정하는 바에 따라 고용부처장관의 인가를 받아야 한다. 즉, 정관변경인가 신청에는 정관변경 이유서, 개정될 정관(신·구조문대비표 첨부), 정관변경에 관한 복지기금협의회 회의록 사본을 제출하여야 한다. 한편, 기금법인에는 복지기금협의회, 이사 및 감사를 둔다.

Ⅲ. 복지기금협의회

1. 복지기금협의회의 구성

복지기금협의회는 근로자와 사용자를 대표하는 같은 수의 위원으로 구성하며, 각 2명 이상 10명 이하로 하며, 근로자를 대표하는 위원은 법령으로 정하는 바에 따라 근로자가 선출하는 사람이 되고, 사용자를 대표하는 위원은 해당 사업의 대표자와 그 대표자가 위촉하는 사람이 된다.

한편, 근로자참여 및 협력증진에 관한 법률(근로자참여법)에 따른 노사협의회가 구성되어 있는 사업의 경우에는 그 노사협의회의 위원이 복지기금협의회의 위원이 될 수 있다.

2. 복지기금협의회의 기능

복지기금협의회는 복지기금 조성을 위한 출연금액의 결정, 이사 및 감사의 선임과 해임, 사업계획서 및 감사보고서의 승인, 정관의 변경, 회사 내의 다른 근로복지제도와의 통합운영 여부 결정, 기금법인의 합병 및 분할·분할합병의 사항을 협의·결정하고, 복지기금협의회의 운영에 관한 사항은 법령으로 정한다.

3. 회의록의 작성 및 보관

기금법인은 ① 개최 일시 및 장소, ② 출석위원, ③ 협의내용 및 결정사항, ④ 그 밖의 토의사항을 기록한 복지기금협의회의 회의록을 작성하여 출석위원 전원의 서명 또는 날인을 받아야 하며, 작성일부터 10년간 이를 보관하여야 한다. 이 경우 그 회의록을 전자문서로 작성·보관할 수 있다.

Ⅳ. 기금법인의 임원

1. 이사 및 감사

기금법인에 근로자와 사용자를 대표하는 같은 수의 각 3명 이내의 이사와 각 1명의 감사를 두며, 이사는 정관으로 정하는 바에 따라 기금법인을 대표하며, 기금법인의 관리·운영에 대한 사항, 예산의 편성 및 결산에 대한 사항, 사업보고서의 작성에 대한 사항, 정관으로 정하는 사항, 그 밖에 이사가 집행하도록 복지기금협의회가 협의·결정하는 사항에 대한 사무를 집행한다. 이때 기금법인의 사무집행은 이사의 과반수로써 결정하며, 감사는 기금법인의 사무 및 회계에 관한 감사를 한다.

2. 이사 등의 임기

복지기금협의회의 위원 및 이사의 임기는 각각 3년, 감사의 임기는 2년으로 한다. 다만, 복지기금협의회의 위원, 이사 및 감사가 궐위되었을 때에는 후임자의 임기는 전임자 임기의 남은 기간으로 한다. 또, 복지기금협의회의 위원, 이사 및 감사는 그 임기가 만료된 경우라도 후임자가 선출될 때까지 그 직무를 담당한다.

3. 이사 등의 신분

복지기금협의회의 위원, 이사 및 감사는 비상근(非常勤)·무보수로 하며, 사용자는 복지기금협의회의 위원, 이사 및 감사에 대하여 기금법인에 관한 직무수행을 이유로 불이익한 처우를 하여서는 아니 되고, 복지기금협의회의 위원, 이사 및 감사의 기금법인 업무수행에 필요한 시간에 대하여는 근로한 것으로 본다.

4. 비밀유지 및 겸직과 자기거래금지

복지기금협의회의 위원, 이사 및 감사는 그 직무수행과 관련하여 알게 된 비밀을 누설하여서는 아니 되며, 사내근로복지기금사업과 관련하여 겸직 또는 자기거래를 할 수 없다.

V. 복지기금의 조성 및 사업운영

1. 복지기금의 조성

사업주는 직전 사업연도의 법인세 또는 소득세 차감 전 순이익의 100분의 5를 기준으로 복지기금협의회가 협의·결정하는 금액을 법령으로 정하는 바에 따라 사내근로복지기금의 재원으로 출연할 수 있고, 사업주 또는 사업주 외의 자는 출연 외에 유가증권, 현금, 그 밖에 법령으로 정하는 재산을 출연할 수 있다.

2. 기금법인의 사업

기금법인은 그 수익금으로 법령으로 정하는 바에 따라 주택구입자금등의 보조, 우리사주 구입의 지원 등 근로자 재산형성을 위한 지원, 장학금·재난구호금의 지급, 그 밖에 근로자의 생활원조, 모성보호 및 일과 가정생활의 양립을 위하여 필요한 비용 지원, 기금법인 운영을 위한 경비지급, 근로복지시설로서 법령으로 정하는 시설에 대한 출자·출연 또는 같은 시설의 구입·설치 및 운영, 해당 사업으로부터 직접 도급받는 업체의 소속 근로자 및 해당 사업에의 파견근로자의 복리후생 증진, 사용자가 임금 및 그 밖의 법령에 따라 근로자에게 지급할 의무가 있는 것 외에 법령으로 정하는 사업을 시행할 수 있다.

한편, 기금법인은 근로복지기본법에 따라 출연받은 재산 및 복지기금협의회에서 출연재산으로 편입할 것을 의결한 재산(기본재산) 중에서 법령으로 정하는 바에 따라 산정되는 금액을 상기의 사업(복지기금사업)에 사용할 수 있다. 이 경우 기금법인의 사업을 법령에 따라 선택적 복지제도를 활용하여 운영할 때에는 법령으로 정하는 범위에서 정관으로 정하는 바에 따라 그 산정되는 금액을 높일 수 있다. 또, 기금법인은 근로자의 생활안정 및 재산형성 지원을 위하여 필요하다고 인정되어 법령으로 정하는 경우에는 근로자에게 필요한 자금을 기본재산 중에서 대부할 수 있다. 아울러, 기금법인은 업무수행상 필요한 경우를 제외하고는 부동산을 소유할 수 없다.

3. 복지기금의 운용

복지기금은 금융회사 등에의 예입 및 금전신탁, 투자신탁 등의 수익증권 매입, 국가·지방자치단체 또는 금융회사 등이 직접 발행하거나 채무이행을 보증하는 유가증권의 매입, 복지기금이 그 회사 주식을 출연받아 보유하게 된 경우에 법령으로 정하는 한도 내에서 그 보유주식 수에 따라 그 회사 주식의 유상증자에 참여, 그 밖에 복지기금의 운용을 위하여 법령으로 정하는 사업의 방법으로 운용한다.

4. 복지기금의 회계

복지기금의 회계연도는 사업주의 회계연도에 따른다. 다만, 정관으로 달리 정한 경우에는 그러하지 아니하다. 기금법인은 자금차입을 할 수 없으며, 매 회계연도의 결산 결과 복지기금의 손실금이 발생한 경우에는 다음 회계연도로 이월하며, 잉여금이 발생한 경우에는 이월손실금을 보전한 후 복지기금에 전입한다.

5. 기금법인의 관리·운영 서류의 작성 및 보관

기금법인은 사업보고서, 대차대조표, 손익계산서, 감사보고서 등 서류를 법령으로 정하는 바에 따라 작성하여야 하며, 작성일부터 5년간 이를 보관하여야 한다. 이 경우 그 서류를 전자문서로 작성·보관할 수 있다.

6. 기금법인의 관리·운영사항 공개

기금법인은 사업보고서, 대차대조표, 손익계산서, 감사보고서 및 복지기금협의회의 회의록을 법령으로 정하는 바에 따라 공개하여야 하며, 항상 근로자가 열람할 수 있게 하여야 한다. 이 경우 전자문서로 작성·보관하는 서류에 대해서는 정보통신망을 이용하는 등 전자적 방법으로 공개하고 열람하게 할 수 있다.

Ⅵ. 복지기금의 해산 및 합병

1. 복지기금의 해산

기금법인은 해당 회사 사업의 폐지, 근로복지기본법에 따른 기금법인의 합병, 근로복지기본법에 따른 기금법인의 분할·분할합병의 사유로 해산한다.

한편, 사업의 폐지로 인하여 해산한 기금법인의 재산은 법령으로 정하는 바에 따라 사업주가 해당 사업을 경영할 때에 근로자에게 미지급한 임금, 퇴직금, 그 밖에 근로자에게 지급할 의무가 있는 금품을 지급하는 데에 우선 사용하여야 하며, 잔여재산이 있는 경우에는 그 100분의 50을 초과하지 아니하는 범위에서 정관에서 정하는 바에 따라 소속 근로자의 생활안정자금으로 지원할 수 있으며, 이를 사용 후 잔여재산이 있는 경우에는 그 잔여재산은 정관에서 지정한 자에게 귀속한다. 다만, 정관에서 지정한 자가 없는 경우에는 법령으로 정하는 바에 따라 근로복지진흥기금에 귀속한다.

2. 기금법인의 합병

(1) 기금법인의 합병

기금법인은 사업의 합병·양수 등에 따라 합병할 수 있으며, 합병을 하는 경우에는 ① 합병 전 각 기금법인의 재산과 합병 후 기금법인의 재산의 변동, ② 합병 대상인 각 기금법인의 근로자에 대한 합병 후 지원수준, ③ 합병의 추진 일정, ④ 그 밖에 합병에 관한 중요 사항이 포함된 합병계약서를 작성하여 복지기금협의회의 의결을 거쳐야 한다. 또, 합병 대상인 각 기금법인의 근로자에 대한 합병 후 지원수준은 합병 전 각 기금법인의 근로자별 평균 기금잔액, 합병 후 사업주의 출연예정액 등을 고려하여 합병 후 3년을 초과하지 아니하는 범위에서 합병 전 각 기금법인의 근로자별로 달리 정할 수 있다.

(2) 합병에 의한 기금법인의 설립 및 등기

기금법인의 합병으로 인하여 기금법인을 설립하는 경우에는 사업의 합병으로 인하여 설립되는 사업의 사업주가 준비위원회를 구성하여 법령에 따른 기금법인의 설립절차를 거쳐야 하고, 기금법인의 합병으로 인하여 존속하는 기금법인은 변경등기를, 소멸하는 기금법인은 해산등기를 하여야 한다.

(3) 합병의 효력발생·효과

기금법인의 합병은 합병으로 인하여 설립되는 기금법인의 설립등기 또는 존속하는 기금법인의 변경등기를 함으로써 그 효력이 생기고, 합병으로 인하여 설립되거나 존속하는 기금법인은 합병으로 인하여 소멸되는 기금법인의 권리·의무를 승계한다.

3. 기금법인의 분할 합병

(1) 기금법인의 분할 · 분할합병

기금법인은 사업의 분할·분할합병 등에 따라 분할 또는 분할합병을 할 수 있으며, 기금법인이 분할을 하는 경우에는 기금법인 재산의 배분, 분할의 추진 일정, 그 밖에 분할에 관한 중요 사항이 포함된 분할계획서를 작성하여 복지기금협의회의 의결을 거쳐야 한다. 기금법인이 분할합병을 하는 경우에는 기금법인 재산의 배분 및 합병에 따른 기금법인 재산의 변동, 분할합병 대상인 각 기금법인의 근로자에 대한 합병 후 지원수준, 분할합병의 추진 일정, 그 밖에 분할합병에 관한 중요 사항이 포함된 분할합병계약서를 작성하여 복지기금협의회의 의결을 거쳐야 한다.

한편, 재산배분을 할 때에는 원칙적으로 근로자 수를 기준으로 배분하되, 분할 전 사업별 사내근로복지기금 조성의 기여도 등을 고려하여 배분할 수 있다.

(2) 분할 · 분할합병에 의한 기금법인의 설립 및 등기

기금법인의 분할·분할합병으로 인하여 기금법인을 설립하는 경우에는 사업의 분할·분할합병 등으로 인하여 설립되는 사업의 사업주가 준비위원회를 구성하여 법령에 따른 기금법인의 설립절차를 거쳐야 하고, 기금법인의 분할·분할합병으로 인하여 존속하는 기금법인은 변경등기를, 소멸하는 기금법인은 해산등기를 하여야 한다.

(3) 분할 · 분할합병의 효력발생 · 효과

기금법인의 분할 등은 분할·분할합병으로 인하여 설립되는 기금법인의 설립등기 또는 존속하는 기금법인의 변경등기를 함으로써 그 효력이 생긴다. 또, 분할·분할합병으로 인하여 설립되거나 존속하는 기금법인은 분할계획서 또는 분할합병계약서에서 정하는 바에 따라 분할되는 기금법인의 권리·의무를 승계한다.

제5절 공동근로복지기금 제도

Ⅰ. 공동근로복지기금의 조성 및 지원

1. 공동근로복지기금의 조성

둘 이상의 사업주는 복지기금사업을 시행하기 위하여 공동으로 이익금의 일부를 출연하여 공동근로복지기금(이하 "공동기금"이라 한다)을 조성할 수 있다.

공동기금 사업주 또는 사업주 이외의 자는 공동의 이익금의 출연 외에 유가증권, 현금, 공동근로복지기금법인(이하 "공동기금법인"이라 한다)의 업무 수행에 필요한 부동산, 공동기금법인의 정관에서 정한 재산을 출연할 수 있다. 아울러, 공동근로복지기금의 사업과 관련하여서는 복지기금의 운영 등에 관한 사항을 준용한다.

2. 공동기금제도의 촉진 및 지원

공동기금법인이 ① 주택구입자금등의 보조, 우리사주 구입의 지원 등 근로자 재산형성을 위한 지원, ② 장학금·재난구호금의 지급, 그 밖에 근로자의 생활원조, ③ 모성보호 및 일과 가정생활의 양립을 위하여 필요한 비용 지원, ④ 기금법인 운영을 위한 경비지급, ⑤ 근로복지시설로서 법령으로 정하는 시설에 대한 출자·출연 또는 같은 시설의 구입·설치 및 운영, ⑥ 해당 사업으로부터 직접 도급받는 업체의 소속 근로자 및 해당 사업에의 파견근로자의 복리후생 증진, ⑦ 사용자가 임금 및 그 밖의 법령에 따라 근로자에게 지급할 의무가 있는 것 외에 근로자의 체육·문화활동의 지원, 근로자의 날 행사의 지원, 그 밖에 근로자의 재산 형성 지원 및 생활 원조를 위한 사업으로서 정관에서 정하는 사업을 시행하는 경우에는 근로복지진흥기금에서 법령으로 정하는 바에 따라 필요한 비용을 지원할 수 있다.

Ⅱ. 공동근로복지기금법인의 구성 등

1. 공동기금법인의 설립준비위원회 구성

공동기금법인을 설립하려는 사업주는 공동으로 각 사업주 또는 사업주가 위촉하는 사람으로 설립준비위원회를 구성하여 설립에 관한 사무와 설립 당시의 이사 및 감사의 선임에 관한 사무를 담당하게 할 수 있다.

2. 공동근로복지기금협의회의 구성

공동기금법인은 기금의 운영에 관한 주요사항을 협의·결정하기 위하여 공동근로복지기금협의회(이하 "공동기금협의회"라 한다)를 둔다. 공동기금협의회는 각 기업별 근로자와 사용자를 대표하는 각 1인의 위원으로 구성한다. 이 경우 근로자를 대표하는 위원은 복지기금근로자위원의 선출방식을 준용하여 선출하고, 사용자를 대표하는 위원은 해당 사업의 대표자 또는 그 대표자가 위촉하는 사람이 된다.

3. 공동기금법인의 분쟁조정

공동기금법인에서 공동기금 운영방식, 사용용도, 출연금 규모 등에 있어서 분쟁이 발생하는 경우에는 정관으로 정하는 바에 따라 처리한다. 그러므로 공동기금법인은 분쟁조정과 관련하여 미리 정관에 세부적으로 규정할 필요가 있다.

Ⅲ. 공동기금법인의 해산 및 합병

1. 공동기금법인의 해산

공동기금법인은 공동기금법인 참여 회사 중 과반수 회사의 사업의 폐지, 공동기금법인의 합병, 공동기금법인의 분할·분할합병의 사유로 해산한다.

한편, 해산한 공동기금법인의 재산처리는 상기의 해산사유에 따라 공동기금법인이 해산하는 경우에는 공동기금법인의 기금조성에 의해 공동기금법인에 출연한 비율에 따라 참여회사에 배분하여야 하며, 잔여재산이 있는 경우에는 정관으로 정하는 바에 따라 처리한다.

2. 공동기금법인의 합병

공동기금법인은 참여회사 과반수 회사의 사업의 합병·양수 등에 따라 합병할 수 있고, 공동기금법인의 합병 절차 등에 관하여는 복지기금의 합병 등 절차를 준용한다. 한편, 공동기금법인은 참여회사 과반수 회사의 사업의 분할·분할합병 등에 따라 분할 또는 분할합병을 할 수 있으며, 공동기금법인의 분할·분할합병 절차 등에 관하여는 복지기금의 절차를 준용한다.

제6절 선택적 복지제도 및 근로자지원프로그램

Ⅰ. 선택적 복지제도

1. 선택적 복지제도 실시

사업주는 근로자가 여러 가지 복지항목 중에서 자신의 선호와 필요에 따라 자율적으로 선택하여 복지혜택을 받는 제도(선택적 복지제도)를 설정하여 실시할 수 있다. 또, 사업주는 선택적 복지제도를 실시할 때에는 해당 사업 내의 모든 근로자가 공평하게 복지혜택을 받을 수 있도록 하여야 한다. 다만, 근로자의 직급, 근속연수, 부양가족 등을 고려하여 합리적인 기준에 따라 수혜 수준을 달리할 수 있다.

2. 선택적 복지제도의 설계·운영

사업주는 선택적 복지제도를 설계하는 경우 근로자의 사망·장해·질병 등에 관한 기본적 생활보장항목과 건전한 여가·문화·체육활동 등을 지원할 수 있는 개인별 추가선택항목을 균형 있게 반영할 수 있도록 노력하여야 하며, 근로자가 선택적 복지제도의 복지항목을 선택하고 사용하는 데 불편이 없도록 전산관리서비스를 직접 제공하거나 제3자에게 위탁하여 제공될 수 있도록 노력하여야 한다. 한편, 선택적 복지제도는 복지기금사업을 하는 데 활용할 수 있다.

Ⅱ. 근로자지원프로그램

1. 근로자지원프로그램

사업주는 근로자의 업무수행 또는 일상생활에서 발생하는 스트레스, 개인의 고충 등 업무저해요인의 해결을 지원하여 근로자를 보호하고, 생산성 향상을 위한 전문가 상담 등 일련의 서비스를 제공하는 근로자지원프로그램을 시행하도록 노력하여야 한다. 한편, 사업주와 근로자지원프로그램 참여자는 근로자지원프로그램 조치를 시행하는 과정에서 법령이 정하는 경우를 제외하고는 근로자의 비밀이 침해받지 않도록 익명성을 보장하여야 한다.

2. 성과 배분

사업주는 해당 사업의 근로자와 협의하여 정한 해당 연도 이익 등의 경영목표가 초과 달성된 경우 그 초과된 성과를 근로자에게 지급하거나 근로자의 복지증진을 위하여 사용하도록 노력하여야 한다.

3. 발명 · 제안 등에 대한 보상

사업주는 해당 사업의 근로자가 직무와 관련하여 발명 또는 제안하거나 새로운 지식 · 정보 · 기술을 개발하여 회사의 생산성 · 매출액 등의 증가에 이바지한 경우 이에 따라 적절한 보상을 하도록 노력하여야 한다. 이 경우 구체적인 보상기준은 근로자참여법에 따른 노사협의회 등을 통하여 정한다.

Ⅲ. 국가 또는 지방자치단체의 지원

국가 또는 지방자치단체는 선택적 복지제도, 근로자지원프로그램, 성과 배분, 발명 · 제안 등에 대한 보상을 활성화하기 위하여 필요한 지원을 할 수 있다. 이를 위하여 국가 등은 근로복지진흥기금 등을 설치하고 이를 통하여 각종 지원프로그램을 통한 근로자의 복지증진사업을 시행하고 있다.

제 7 절 근로복지진흥기금

Ⅰ. 근로복지진흥기금의 설치 및 조성

고용부처장관은 근로복지사업에 필요한 재원을 확보하기 위하여 근로복지진흥기금을 설치한다.

근로복지진흥기금은 국가 또는 지방자치단체의 출연금, 국가 또는 지방자치단체 외의 자가 출연하는 현금·물품과 그 밖의 재산, 다른 기금(우리사주조합기금 및 사내근로복지기금은 제외)으로부터의 전입금, 근로복지진흥기금의 운용에 필요한 경우에는 근로복지진흥기금의 부담으로 금융회사 또는 다른 기금 등으로부터의 차입금, 근로복지기본법에 따른 보증료, 구상금, 지연이자, 복권 및 복권기금법에 따라 배분된 복권수익금, 근로복지기본법에 따라 기금법인 해산 시 정관으로 근로복지진흥기금에 귀속하도록 정한 재산, 사업주 및 사업주단체의 기부금, 고용정책 기본법에 따라 조성된 자금, 근로복지진흥기금의 운용으로 생기는 수익금, 그 밖의 수입금의 재원으로 조성한다.

Ⅱ. 근로복지진흥기금의 관리·운용 및 회계처리

1. 근로복지진흥기금의 관리·운용

근로복지진흥기금은 공단이 관리·운용하며, 공단은 근로복지진흥기금을 운용할 때 공단의 다른 회계와 구분하여 회계처리하여야 하고, 근로복지진흥기금의 관리·운용 등에 필요한 사항은 법령으로 정한다.

2. 근로복지진흥기금의 회계처리

법령에 따른 자금은 근로복지진흥기금 중 다른 사업목적으로 조성·운영되는 자금과 각각 구분하여 회계처리하여야 하고, 이러한 자금은 각각 근로복지기본법에 따른 사업비에 사용하여야 한다.

다만, 근로복지기본법에 따른 사업비를 위하여 근로복지공단은 고용부처장관의 승인을 받아 근로복지진흥기금 내에서 구분하여 회계처리하는 자금 간에 상호 전용(轉用)하여 사용할 수 있다.

Ⅲ. 근로복지진흥기금의 용도

근로복지진흥기금은 근로자에 대한 주택구입자금등에 대한 융자, 근로자의 생활안정을 위한 자금의 융자, 근로자 또는 그 자녀에 대한 장학금의 지급 및 학자금의 융자, 근로복지기본법에 따른 근로복지종합정보시스템 운영과 신용보증 지원에 필요한 사업비, 우리사주제도 관련 지원, 사내근로복지기금제도 관련 지원, 근로복지시설 설치·운영자금 지원, 근로자 정서함양을 위한 문화·체육활동 지원, 선택적 복지제도 관련 지원, 근로자지원프로그램 관련 지원, 근로자 건강증진을 위한 의료사업에 필요한 사업비, 근로복지사업 연구·개발에 필요한 경비, 고용정책 기본법에 따른 실업대책사업의 실시·운영에 필요한 사업비, 근로복지진흥기금의 운용을 위한 수익사업에의 투자, 근로복지진흥기금의 조성·관리·운용에 필요한 경비, 그 밖에 근로자의 복지증진을 위하여 법령으로 정하는 사업에 필요한 지원의 용도에 사용한다.

16 chapter 사회보험정책

제1절 서 설

보험은 국가나 공공단체에 의해 유지되는 공적보험과 민간단체나 민영회사에 의하여 유지되는 민영보험으로 구분된다. 전자는 대부분 법규에 의한 강제성을 띠고 있는 데 비해서 후자는 자발적 보험이 대부분이다. 공적보험으로는 국민연금보험, 국민건강보험, 산재보험, 고용보험 등 사회보험 외에도 무역보험, 예금보험, 우체국보험 등과 같이 공공기관이 운영하는 보험도 있다. 민영보험에는 생명보험, 손해보험, 제3보험이 있다. 생명보험은 사망이나 질병과 같은 신체손해를 대상으로 한다는 점에서 상법에서는 상해보험과 같이 인보험으로 분류한다. 손해보험은 재산상의 손해 혹은 배상책임 손해를 담보대상으로 한다. 따라서 손해보험은 실제 손실부분에 대해서만 보상한다고 하여 실손보험이라고 하고, 생명보험은 사람의 인명을 대상으로 한다는 점에서 보험가액을 설정할 수 없기 때문에 정액보험으로 계약한다. 실손보상을 하느냐 여부가 생명보험과 손해보험을 구분하는 기준이 되는 것이다. 그렇지만 상해보험, 질병보험, 간병보험 등은 사람을 대상으로 한다는 점에서 인보험의 성격을 지니고 있지만 업무상으로는 실손보상적 성격도 지니고 있으므로 제3보험으로 별도로 정의한다. 그렇지만 생명보험과 손해보험의 구분은 생명보험회사와 손해보험회사의 업무영역과 관련된 문제이기 때문에 정책적으로 결정된다.

보험은 개인이나 기업이 가지고 있는 리스크를 일정한 보험료를 납입하고 보험회사에 전가함으로써 사고로 경제적 손실이 발생하더라도 보상을 받을 수 있도록 하는 리스크관리방법의 하나이다.

사회보험제도로서 국민건강보험은 질병이나 부상으로 인해 발생한 고액의 진료비로 가계에 과도한 부담이 되는 것을 방지하기 위하여, 국민들이 평소에 보험료를 내고 보험자인 국민건강보험공단이 이를 관리·운영하다가 필요시 보험급여를 제공함으로써 국민 상호간 위험을 분담하고 필요한 의료서비스를 받을 수 있도록 하는 제도이다. 산재보험은 산재근로자와 그 가족의 생활을 보장하기 위하여 국가가 책임을 지는 의무보험으로 원래 사용자의 근로기준법상 재해보상책임을 보장하기 위하여 국가가 사업주로부터 소정의 보험료를 징수하여 그 기금(재원)으로 사업주를 대신하여 산재근로자에게 보상을 해주는 제도이다. 고용보험은 실직근로자에게 실업급여를 지급하는 전통적 의미의 실업보험사업 외에 산업구조조정의 촉진 및 실업예방, 고용촉진 등을 위한 고용안정사업, 근로자의 생애 직업능력개발을 위한 직업능력개발사업을 상호 연계하여 실시하고 있다. 노인장기요양보험제도는 고령이나 노인성 질병 등의 사유로 일상생활을 혼자서 수행하기 어려운 노인 등에게 신체활동 또는 가사활동 등을 지원하여 노후생활의 안정을 도모하고 그 가족의 부담을 덜어주기 위한 제도이다. 국민연금은 가입자가 퇴직 등으로 소득원을 잃을 경우 일정한 소득을 보장하여 국민의 생활안정과 복지증진에 기여하기 위해 마련된 제도이다.[1] 우리나라의 연금제도에는 국민연금·공무원연금·군인연금·사립학교교직원연금 등이 있다.

사회보험은 그 대상인 피보험자가 노령, 상병, 실업 혹은 사망과 같은 일정한 사고의

1) 이 제도의 주요 내용을 살펴보면 첫째, 적용대상은 18세 이상 60세 미만의 국내거주국민으로 하되, 「공무원연금법」·「군인연금법」 등 다른 법률에 의하여 연금적용을 받고 있는 자는 제외하도록 하고 있다. 그러나 외국인의 경우에도 국민연금의 적용을 받는 사업장에 종사하는 경우에는 본인의 희망에 따라 적용될 수 있다. 둘째, 가입자는 사업장가입자·지역가입자 및 임의계속가입자로 구분되고 있으며 상시 5인 이상의 근로자를 사용하고 있는 사업장 근로자는 당연히 가입하여야 하나 5인 미만의 사업장과 농어민·도시자영자 등은 본인의 희망에 따라 가입할 수 있다. 셋째, 보험료율은 부담자의 부담능력을 고려하여 제도 시행 초에는 낮게 출발하되 연차적으로 상향조정하도록 하고 있다. 즉, 1988년부터 1992년까지는 소득월액의 3%, 1993년부터 1997년까지는 6%, 1998년부터는 9%로 하고 있다. 부담방법은 사업장가입자의 경우, 근로자 본인과 사용자가 균등부담하고 지역가입자와 임의계속가입자는 가입자 본인이 전액부담하게 된다. 넷째, 급여의 종류는 노령연금·장애연금·유족연금 및 반환일시금의 4종류로 구분된다(이 중 반환일시금은 1999년 1월 1일부로 폐지됨. 따라서 1999년 1월 1일 이후 자격을 상실한 사업장가입자는 도시자영자 가입자 등에 자동 편입되어 반환일시금을 받을 수 없게 된다). 그 중 노령연금은 가입기간·연령·소득의 유무 등에 따라 완전노령연금·감액노령연금·조기노령연금·재직자노령연금 및 특례노령연금으로 세분된다. 급여의 수준은 노령연금을 기준으로 할 때 일반적으로 가입자자격상실 당시 보수 또는 소득월액의 약 40%를 매월의 연금으로 지급받게 된다. 다섯째, 이러한 제도의 관리·운영은 국민연금관리공단이라는 특수법인에 의하여 시행되며, 이 국민연금관리공단은 가입자의 기록을 유지·관리하고 보험료를 징수하며 제급여를 지급하는 업무 이외에 가입자나 연금수급권자에 대한 각종 복지증진사업도 병행하게 된다.

발생에 의한 생활의 불안을 보장하는 것을 목적으로 하고, 그를 위한 소요자금을 주로 보험료 수입에 의하여 조달받는 제도이다. 사회보험은 민영보험으로 주로 운영되는 생명보험과 손해보험 시장으로 충분히 담보되지 않는 위험을 담보하는 사회보장적 성격의 보험이다. 사회보험은 국민의 경제생활의 보장을 목적으로 하고, 소득보장을 중심으로 하며 때때로 현금 급부를 대신하여 현물급부방식을 취한다. 사회보험에 있어서는 대부분의 경우 보험료의 부담은 근로자, 사용자 및 국가 등 3자가 담당하며 또한 그 대상은 일반국민이 된다. 이하에서는 4대 사회보험인 공적보험정책(국민연금, 고용보험, 산재보험, 건강보험 등)을 중심으로 설명하기로 한다.

제 2 절 고용보험정책

Ⅰ. 고용보험정책의 의의 및 고용보험사업의 적용

고용보험(보험)의 시행을 통하여 실업의 예방, 고용의 촉진 및 근로자의 직업능력의 개발과 향상을 꾀하고, 국가의 직업지도와 직업소개 기능을 강화하며, 근로자가 실업한 경우에 생활에 필요한 급여를 실시하여 근로자의 생활안정과 구직 활동을 촉진함으로써 경제·사회 발전에 이바지하는 것을 목적으로 고용보험정책을 추진한다.

고용보험은 고용부처장관이 관장하고, 보험은 정책목적을 이루기 위하여 고용보험사업으로 고용안정·직업능력개발 사업, 실업급여, 육아휴직 급여 및 산전후휴가 급여 등을 실시한다. 보험사업에 드는 비용을 충당하기 위하여 징수하는 보험료와 그 밖의 징수금에 대하여는 고용보험 및 산업재해보상보험의 보험료징수 등에 관한 법률(보험료징수법)으로 정하는 바에 따르며, 보험료징수법에 따라 징수된 고용안정·직업능력개발 사업의 보험료 및 실업급여의 보험료는 각각 그 사업에 드는 비용에 충당한다. 다만, 실업급여의 보험료는 육아휴직 급여 및 산전후휴가 급여 등에 드는 비용에 충당할 수 있다. 국가는 매년 보험사업에 드는 비용의 일부를 일반회계에서 부담할 수 있고, 매년 예산의 범위에서 보험사업의 관리·운영에 드는 비용을 부담할 수 있다.

아울러, 고용보험법 및 보험료징수법(보험에 관한 사항만 해당)의 시행에 관한 주요 사항을 심의하기 위하여 고용노동부에 고용보험위원회(위원회)를 두며, 위원회는 ① 보험제도 및 보험사업의 개선에 관한 사항, ② 보험료징수법에 따른 보험료율의 결정에 관한 사항, ③ 고용보험법에 따른 보험사업의 평가에 관한 사항, ④ 고용보험법에 따른 기금운용 계획의 수립 및 기금의 운용 결과에 관한 사항, ⑤ 그 밖에 위원장이 보험제도 및 보험사업과 관련하여 위원회의 심의가 필요하다고 인정하는 사항을 심의한다. 위원회는 위원장 1명을 포함한 20명 이내의 위원으로 구성하는데, 위원장은 고용노동부차관이 되고, 위원은 근로자를 대표하는 사람, 사용자를 대표하는 사람, 공익을 대표하는 사람, 정부를 대표하는 사람 중에서 각각 같은 수(數)로 고용부처장관이 임명하거나 위촉하는 사람이 된다. 위원회는 심의 사항을 사전에 검토·조정하기 위하여 위원회에 전문위원회를 둘 수 있고, 위원회 및 전문위원회의 구성·운영과 그 밖에 필요한 사항은 법령으로 정한다.

한편, 고용보험은 근로자를 사용하는 모든 사업 또는 사업장(사업)에 적용한다(다만, 산업별 특성 및 규모 등을 고려하여 법령으로 정하는 사업에 대하여는 적용하지 아니함). 다만, 65세 이상인 자, 소정(所定)근로시간이 법령으로 정하는 시간 미만인 자, 국가공무원법과 지방공무원법에 따른 공무원(다만, 법령으로 정하는 바에 따라 별정직 및 계약직 공무원의 경우는 본인의 의사에 따라 고용보험에 가입할 수 있다), 사립학교교직원 연금법의 적용을 받는 자, 그 밖에 법령으로 정하는 자에 해당하는 근로자에게는 이 법을 적용하지 아니한다. 다만, 65세 이상인 자의 근로자에 대한 고용안정·직업능력개발 사업에 관하여는 그러하지 아니하다.

Ⅱ. 피보험자격의 취득 및 상실

1. 피보험자격의 취득일

피보험자는 고용보험법이 적용되는 사업에 고용된 날에 피보험자격을 취득한다. 다만, 법령에 따라 적용 제외 근로자였던 자가 피보험자가 된 경우에는 그 적용을 받게 된 날, 보험료징수법에 따른 보험관계 성립일 전에 고용된 근로자의 경우에는 그 보험관계가 성립한 날의 경우에는 각각 그 해당되는 날에 피보험자격을 취득한 것으로 본다.

2. 피보험자격의 상실일

피보험자는 피보험자가 법령에 따른 적용 제외 근로자에 해당하게 된 경우에는 그 적용 제외 대상자가 된 날, 보험료징수법에 따라 보험관계가 소멸한 경우에는 그 보험관계가 소멸한 날, 피보험자가 이직한 경우에는 이직한 날의 다음 날, 피보험자가 사망한 경우에는 사망한 날의 다음 날의 어느 하나에 해당하는 날에 각각 그 피보험자격을 상실한다.

3. 피보험자격에 관한 신고

사업주는 그 사업에 고용된 근로자의 피보험자격의 취득 및 상실 등에 관한 사항을 법령으로 정하는 바에 따라 고용부처장관에게 신고하여야 한다.

한편, 보험료징수법에 따라 원수급인(元受給人)이 사업주로 된 경우에 그 사업에 종사하는 근로자 중 원수급인이 고용하는 근로자 외의 근로자에 대하여는 그 근로자를 고용하는 ① 건설산업기본법에 따른 건설업자, ② 주택법에 따른 주택건설사업자, ③ 전기공사업법에 따른 공사업자, ④ 정보통신공사업법에 따른 정보통신공사업자, ⑤ 소방시설공사업법에 따른 소방시설업자, ⑥ 문화재수리 등에 관한 법률에 따른 문화재수리업자의 하수급인(下受給人)이 신고를 하여야 한다. 이 경우 원수급인은 법령으로 정하는 바에 따라 하수급인에 관한 자료를 고용부처장관에게 제출하여야 한다.

4. 이직의 확인

사업주는 법령에 따라 피보험자격의 상실을 신고할 때 근로자가 이직으로 피보험자격을 상실한 경우에는 피보험 단위기간·이직 사유 및 이직 전에 지급한 임금(근기법에 따른 임금을 말함)·퇴직금 등의 명세를 증명하는 서류(이직확인서)를 작성하여 고용부처장관에게 제출하여야 한다. 다만, 법령에 따른 수급자격의 인정신청을 원하지 아니하는 피보험자격 상실자(일용근로자는 제외)에 대하여는 그러하지 아니하다.

이직으로 피보험자격을 상실한 자는 실업급여의 수급자격의 인정신청을 위하여 종전의 사업주에게 이직확인서의 교부를 청구할 수 있다. 이 경우 청구를 받은 사업주는 이직확인서를 내주어야 한다.

5. 피보험자격의 확인 및 피보험자격 이중 취득의 제한

피보험자 또는 피보험자였던 자는 언제든지 고용부처장관에게 피보험자격의 취득 또는 상실에 관한 확인을 청구할 수 있고, 이 경우 고용부처장관은 이 청구에 따르거나 직권으로 피보험자격의 취득 또는 상실에 관하여 확인을 하며, 확인 결과를 법령으로 정하는 바에 따라 그 확인을 청구한 피보험자 및 사업주 등 관계인에게 알려야 한다.

한편, 근로자가 보험관계가 성립되어 있는 둘 이상의 사업에 동시에 고용되어 있는 경우에는 법령으로 정하는 바에 따라 그 중 한 사업의 근로자로서의 피보험자격을 취득한다.

Ⅲ. 고용안정 · 직업능력개발 사업

1. 고용안정 · 직업능력개발 사업의 실시

고용부처장관은 피보험자 및 피보험자였던 자, 그 밖에 취업할 의사를 가진 자(피보험자등)에 대한 실업의 예방, 취업의 촉진, 고용기회의 확대, 직업능력개발 · 향상의 기회 제공 및 지원, 그 밖에 고용안정과 사업주에 대한 인력 확보를 지원하기 위하여 고용안정 · 직업능력개발 사업을 실시하여야 하는데, 이에 따른 고용안정 · 직업능력개발 사업을 실시할 때에는 근로자의 수, 고용안정 · 직업능력개발을 위하여 취한 조치 및 실적 등 법령으로 정하는 기준에 해당하는 기업을 우선적으로 고려하여야 한다.

2. 고용창출의 지원 및 고용조정의 지원

고용부처장관은 고용환경 개선, 근무형태 변경 등으로 고용의 기회를 확대한 사업주에게 법령으로 정하는 바에 따라 필요한 지원을 할 수 있다.

한편, 고용부처장관은 경기의 변동, 산업구조의 변화 등에 따른 사업 규모의 축소, 사업의 폐업 또는 전환으로 고용조정이 불가피하게 된 사업주가 근로자에 대한 휴업, 직업전환에 필요한 직업능력개발 훈련, 인력의 재배치 등을 실시하거나 그 밖에 근로자의 고용안정을 위한 조치를 하면 법령으로 정하는 바에 따라 그 사업주에게 필요한 지원을 할 수 있고, 고용조정으로 이직된 근로자를 고용하는 등 고용이 불안정하게 된 근로자의 고용안정을 위한 조치를 하는 사업주에게 법령으로 정하는 바에 따라 필요한 지원을 할 수 있다.

아울러, 고용부처장관은 이러한 지원을 할 때에는 고용정책기본법에 따른 업종에 해당하거나 지역에 있는 사업주에게 우선적으로 지원할 수 있다.

3. 고용촉진 및 고용안정지원

(1) 지역고용의 촉진

고용부처장관은 고용기회가 뚜렷이 부족하거나 산업구조의 변화 등으로 고용사정이 급속하게 악화되고 있는 지역으로 사업을 이전하거나 그러한 지역에서 사업을 신설 또는 증설하여 그 지역의 실업 예방과 재취업 촉진에 기여한 사업주, 그 밖에 그 지역의 고용기회 확대에 필요한 조치를 한 사업주에게 법령으로 정하는 바에 따라 필요한 지원을 할 수 있다.

(2) 고령자등 고용촉진의 지원

고용부처장관은 고령자 등 노동시장의 통상적인 조건에서는 취업이 특히 곤란한 자(고령자등)의 고용을 촉진하기 위하여 고령자등을 새로 고용하거나 이들의 고용안정에 필요한 조치를 하는 사업주 또는 사업주가 실시하는 고용안정 조치에 해당된 근로자에게 법령으로 정하는 바에 따라 필요한 지원을 할 수 있다.

(3) 건설근로자 등의 고용안정 지원

고용부처장관은 건설근로자 등 고용상태가 불안정한 근로자를 위하여 고용상태의 개선을 위한 사업, 계속적인 고용기회의 부여 등 고용안정을 위한 사업, 그 밖에 법령으로 정하는 고용안정 사업을 실시하는 사업주에게 필요한 지원을 할 수 있고, 이러한 사업과 관련하여 사업주가 단독으로 고용안정 사업을 실시하기 어려운 경우로서 법령으로 정하는 경우에는 사업주 단체에 대하여도 지원을 할 수 있다.

(4) 고용안정 및 취업 촉진

고용부처장관은 피보험자등의 고용안정 및 취업을 촉진하기 위하여 고용관리 진단 등 고용개선 지원 사업, 피보험자등의 창업을 촉진하기 위한 지원 사업, 그 밖에 피보험자등의 고용안정 및 취업을 촉진하기 위한 사업으로서 법령으로 정하는 사업을 직접 실시하거나 이를 실시하는 자에게 필요한 비용을 지원 또는 대부할 수 있다.

(5) 고용촉진 시설에 대한 지원

고용부처장관은 피보험자등의 고용안정·고용촉진 및 사업주의 인력 확보를 지원하기 위하여 법령으로 정하는 바에 따라 상담 시설, 어린이집, 그 밖에 법령으로 정하는 고용촉진 시설을 설치·운영하는 자에게 필요한 지원을 할 수 있다.

4. 사업주 직업훈련 지원

(1) 사업주에 대한 직업능력개발 훈련의 지원

고용부처장관은 피보험자등의 직업능력을 개발·향상시키기 위하여 법령으로 정하는 직업능력개발 훈련을 실시하는 사업주에게 법령으로 정하는 바에 따라 그 훈련에 필요한 비용을 지원할 수 있다.

(2) 비용 지원의 기준

고용부처장관이 법령에 따라 사업주에게 비용을 지원하는 경우 지원 금액은 보험료징수법에 따른 해당 연도 고용보험료 또는 같은 법에 따른 해당 연도 고용보험 개산보험료 중 고용안정·직업능력개발 사업의 보험료에 법령으로 정하는 비율을 곱한 금액으로 하되, 그 한도는 법령으로 정한다.

(3) 피보험자등에 대한 직업능력개발 지원

고용부처장관은 피보험자등이 직업능력개발 훈련을 받거나 그 밖에 직업능력 개발·향상을 위하여 노력하는 경우에는 법령으로 정하는 바에 따라 필요한 비용을 지원할 수 있으며, 필요하다고 인정하면 법령으로 정하는 바에 따라 피보험자등의 취업을 촉진하기 위한 직업능력개발 훈련을 실시할 수 있다.

또, 고용부처장관은 법령으로 정하는 저소득 피보험자등이 직업능력개발 훈련을 받는 경우 법령으로 정하는 바에 따라 생계비를 대부할 수 있다.

(4) 직업능력개발 훈련 시설에 대한 지원

고용부처장관은 피보험자등의 직업능력 개발·향상을 위하여 필요하다고 인정하면 법령으로 정하는 바에 따라 직업능력개발 훈련 시설의 설치 및 장비 구입에 필요한 비용의 대부, 그 밖에 고용부처장관이 정하는 직업능력개발 훈련 시설의 설치 및 장비 구입·운영에 필요한 비용을 지원할 수 있다.

(5) 직업능력개발의 촉진지원

고용부처장관은 피보험자등의 직업능력 개발·향상을 촉진하기 위하여 직업능력개발 사업에 대한 기술지원 및 평가 사업, 자격검정 사업 및 숙련기술장려법에 따른 숙련기술장려 사업, 그 밖에 법령으로 정하는 사업을 실시하거나 이를 실시하는 자에게 그 사업의 실시에 필요한 비용을 지원할 수 있다.

고용부처장관은 직업능력 개발·향상과 인력의 원활한 수급(需給)을 위하여 필요하다고 인정하면 법령으로 정하는 바에 따라 고용부처장관이 정하는 직종에 대한 직업능력개발 훈련 사업을 위탁하여 실시할 수 있다.

(6) 건설근로자 등의 직업능력개발 지원

고용부처장관은 건설근로자 등 고용상태가 불안정한 근로자를 위하여 직업능력 개발·

향상을 위한 사업으로 법령으로 정하는 사업을 실시하는 사업주에게 그 사업의 실시에 필요한 비용을 지원할 수 있고, 동 사업과 관련하여 사업주가 단독으로 직업능력개발 사업을 실시하기 어려운 경우로서 법령으로 정하는 경우에는 사업주 단체에 대하여도 지원할 수 있다.

5. 고용정보의 제공 및 고용 지원 기반의 구축

고용부처장관은 사업주 및 피보험자등에 대한 구인·구직·훈련 등 고용정보의 제공, 직업·훈련 상담 등 직업지도, 직업소개, 고용안정·직업능력개발에 관한 기반의 구축 및 그에 필요한 전문 인력의 배치 등의 사업을 할 수 있고, 필요하다고 인정하면 업무의 일부를 직업안정법에 따른 민간직업상담원에게 수행하도록 할 수 있다.

6. 지방자치단체 등에 대한 지원

고용부처장관은 지방자치단체 또는 법령으로 정하는 비영리법인·단체가 그 지역에서 피보험자등의 고용안정·고용촉진 및 직업능력개발을 위한 사업을 실시하는 경우에는 법령으로 정하는 바에 따라 필요한 지원을 할 수 있다.

7. 부정행위에 따른 지원의 제한

고용부처장관은 거짓이나 그 밖의 부정한 방법으로 고용보험사업과 관련한 고용안정·직업능력개발 사업의 지원을 받은 자 또는 받으려는 자에게 법령으로 정하는 바에 따라 그 지원을 제한하거나 거짓이나 그 밖의 부정한 방법으로 지원받은 금액을 반환하도록 명할 수 있고, 이에 따라 반환을 명하는 경우에는 이에 추가하여 법령으로 정하는 기준에 따라 그 거짓이나 그 밖의 부정한 방법으로 지급받은 금액의 5배 이하의 금액을 징수할 수 있다.

또, 거짓이나 그 밖의 부정한 방법으로 직업능력개발 사업의 지원을 받은 자 또는 받으려는 자에 대한 지원의 제한, 반환 및 추가징수에 관하여는 근로자직업능력 개발법의 규정을 준용하며, 보험료를 체납한 자에게는 고용부처장관이 정하는 바에 따라 고용안정·직업능력개발 사업의 지원을 하지 아니할 수 있다.

Ⅳ. 실업급여

1. 실업급여의 종류 및 수급권

실업급여는 구직급여와 취업촉진 수당으로 구분하며, 취업촉진 수당은 조기(早期) 재취업 수당, 직업능력개발 수당, 광역 구직활동비, 이주비 등이다.

한편, 실업급여를 받을 권리는 양도 또는 압류하거나 담보로 제공할 수 없고, 피보험자로서 65세 전에 이직한 자가 그 이직과 관련하여 실업한 상태에서 65세가 되는 경우에도 실업급여의 대상이 된다.

2. 구직급여

(1) 구직급여의 수급 요건 및 피보험 단위기간

구직급여는 이직한 피보험자가 ① 이직일 이전 18개월간(기준기간) 법령에 따른 피보험 단위기간이 통산(通算)하여 180일 이상일 것, ② 근로의 의사와 능력이 있음에도 불구하고 취업(영리를 목적으로 사업을 영위하는 경우를 포함)하지 못한 상태에 있을 것, ③ 이직사유가 법령에 따른 수급자격의 제한 사유에 해당하지 아니할 것, ④ 재취업을 위한 노력을 적극적으로 할 것, ⑤ 수급자격 인정신청일 이전 1개월 동안의 근로일수가 10일 미만일 것, ⑥ 최종 이직일 이전 기준기간의 피보험 단위기간 180일 중 다른 사업에서 법령에 따른 수급자격의 제한 사유에 해당하는 사유로 이직한 사실이 있는 경우에는 그 피보험 단위기간 중 90일 이상을 일용근로자로 근로하였을 것의 요건을 모두 갖춘 경우에 지급한다. 다만, ⑤와 ⑥은 최종 이직 당시 일용근로자였던 자만 해당한다. 피보험자가 이직일 이전 18개월 동안에 질병·부상, 그 밖에 법령으로 정하는 사유로 계속하여 30일 이상 보수의 지급을 받을 수 없었던 경우에는 18개월에 그 사유로 보수를 지급받을 수 없었던 일수를 가산한 기간을 기준기간(3년을 초과할 때에는 3년)으로 한다.

한편, 피보험 단위기간은 피보험기간 중 보수 지급의 기초가 된 날을 합하여 계산하고, 이에 따라 피보험 단위기간을 계산할 때에는 최후로 피보험자격을 취득한 날 이전에 구직급여를 받은 사실이 있는 경우에는 그 구직급여와 관련된 이직일 이전의 보수 지급의 기초가 된 날은 피보험 단위기간에 넣지 아니한다.

(2) 실업의 신고 및 수급자격의 인정

구직급여를 지급받으려는 자는 이직 후 지체 없이 직업안정기관에 출석하여 실업을 신고하여야 하고, 이에 따른 실업의 신고에는 구직 신청과 법령에 따른 수급자격의 인정신청을 포함하여야 한다.

구직급여를 지급받으려는 자는 직업안정기관의 장으로부터 법령에 따른 구직급여의 수급 요건을 갖추었다는 사실(수급자격)의 인정을 받아야 하며, 직업안정기관의 장은 이에 따른 수급자격의 인정신청을 받으면 그 신청인에 대한 수급자격의 인정 여부를 결정하고, 법령으로 정하는 바에 따라 신청인에게 그 결과를 알려야 한다.

신청인이 피보험자로서 마지막에 이직한 사업에 고용되기 전에 피보험자로서 이직한 사실이 있을 것, 마지막 이직 이전의 이직과 관련하여 구직급여를 받은 사실이 없을 것의 요건을 모두 갖춘 경우에는 마지막에 이직한 사업을 기준으로 수급자격의 인정 여부를 결정한다. 다만, 마지막 이직 당시 일용근로자로서 피보험 단위기간이 1개월 미만인 자가 수급자격을 갖추지 못한 경우에는 일용근로자가 아닌 근로자로서 마지막으로 이직한 사업을 기준으로 결정한다.

수급자격의 인정을 받은 자(수급자격자)가 법령에 따른 기간에 새로 수급자격의 인정을 받은 경우에는 새로 인정받은 수급자격을 기준으로 구직급여를 지급한다.

(3) 실업의 인정

구직급여는 수급자격자가 실업한 상태에 있는 날 중에서 직업안정기관의 장으로부터 실업의 인정을 받은 날에 대하여 지급한다.

실업의 인정을 받으려는 수급자격자는 법령에 따라 실업의 신고를 한 날부터 계산하기 시작하여 1주부터 4주의 범위에서 직업안정기관의 장이 지정한 날(실업인정일)에 출석하여 재취업을 위한 노력을 하였음을 신고하여야 하고, 직업안정기관의 장은 직전 실업인정일의 다음 날부터 그 실업인정일까지의 각각의 날에 대하여 실업의 인정을 한다. 다만, ① 직업능력개발 훈련 등을 받는 수급자격자, ② 천재지변, 대량 실업의 발생 등 법령으로 정하는 사유가 발생한 경우의 수급자격자, ③ 그 밖에 법령으로 정하는 수급자격자에 해당하는 자에 대한 실업의 인정 방법은 법령으로 정하는 기준에 따른다. 그럼에도 불구하고 수급자격자가 Ⓐ 질병이나 부상으로 직업안정기관에 출석할 수 없었던 경우로서 그 기간이 계속하여 7일 미만인 경우, Ⓑ 직업안정기관의 직업소개에 따른 구인자와의 면접 등으로 직업안정기관에 출석할 수 없었던 경우, Ⓒ 직업안정기관의 장이 지시한 직업능력개발 훈련 등을 받기 위하여 직업안정기관에 출석할 수 없었던 경우, Ⓓ 천재지변이나 그 밖의 부득이한 사유로 직업안정기관에 출석할 수 없었던 경우의 어느 하나에 해당하면 직업안정기관에 출석할 수 없었던 사유를 적은 증명서를 제출하여 실업의 인정을 받을 수 있다.

직업안정기관의 장은 실업을 인정할 때에는 수급자격자의 취업을 촉진하기 위하여 재취업 활동에 관한 계획의 수립 지원, 직업소개 등 법령으로 정하는 조치를 하여야 한다. 이 경우 수급자격자는 정당한 사유가 없으면 직업안정기관의 장의 조치에 따라야 한다.

한편, 수급자격자는 실업의 인정을 받으려 하는 기간(실업인정대상기간) 중에 근로를 제공한 경우에는 그 사실을 직업안정기관의 장에게 신고하여야 한다. 아울러, 직업안정기관의 장은 필요하다고 인정하면 수급자격자의 실업인정대상기간 중의 근로 제공 사실에 대하여 조사할 수 있다.

(4) 급여의 기초가 되는 임금일액 및 구직급여일액

구직급여의 산정 기초가 되는 임금일액(기초일액(基礎日額))은 법령에 따른 수급자격의 인정과 관련된 마지막 이직 당시 근로기준법에 따라 산정된 평균임금으로 한다. 다만, 마지막 이직일 이전 3개월 이내에 피보험자격을 취득한 사실이 2회 이상인 경우에는 마지막 이직일 이전 3개월간(일용근로자의 경우에는 마지막 이직일 이전 4개월 중 최종 1개월을 제외한 기간)에 그 근로자에게 지급된 임금 총액을 그 산정의 기준이 되는 3개월의 총 일수로 나눈 금액을 기초일액으로 하며, 이에 따라 산정된 금액이 근로기준법에 따른 그 근로자의 통상임금보다 적을 경우에는 그 통상임금액을 기초일액으로 한다. 다만, 마지막 사업에서 이직 당시 일용근로자였던 자의 경우에는 그러하지 아니하다.

또, 상기에 따라 기초일액을 산정하는 것이 곤란한 경우와 보험료를 보험료징수법에 따른 기준보수를 기준으로 낸 경우에는 기준보수를 기초일액으로 한다(단, 보험료를 기준보수로 낸 경우에도 상기에 따라 산정한 기초일액이 기준보수보다 많은 경우에는 제외). 상기에도 불구하고 이들 규정에 따라 산정된 기초일액이 그 수급자격자의 이직 전 1일 소정근로시간에 이직일 당시 적용되던 최저임금법에 따른 시간 단위에 해당하는 최저임금액을 곱한 금액(최저기초일액)보다 낮은 경우에는 최저기초일액을 기초일액으로 하며, 산정된 기초일액이 보험의 취지 및 일반 근로자의 임금 수준 등을 고려하여 법령으로 정하는 금액을 초과하는 경우에는 법령으로 정하는 금액을 기초일액으로 한다.

한편, 구직급여일액은 ① 근로기준법의 평균임금으로 하되 통상임금보다 적은 경우는 통상임금을 그 수급자격자의 기초일액에 100분의 50을 곱한 금액, ② 최저임금법의 최저임금액에 기한 최저기초일액의 경우에는 그 수급자격자의 기초일액에 100분의 90을 곱한 금액(최저구직급여일액)의 구분에 따른 금액으로 한다. 다만, 이렇게 산정된 구직급여일액이 최저구직급여일액보다 낮은 경우에는 최저구직급여일액을 그 수급자격자의 구직급여일액으로 한다.

(5) 수급기간

1) 수급기간 및 수급일수

구직급여는 고용보험법에 따로 규정이 있는 경우 외에는 그 구직급여의 수급자격과 관련된 이직일의 다음 날부터 계산하기 시작하여 12개월 내에 법령에 따른 소정급여일수를 한도로 하여 지급한다. 이에 따른 12개월의 기간 중 임신·출산·육아, 그 밖에 법령으로 정하는 사유로 취업할 수 없는 자가 그 사실을 수급기간에 직업안정기관에 신고한 경우에는 12개월의 기간에 그 취업할 수 없는 기간을 가산한 기간(4년을 넘을 때에는 4년)에 법령에 따른 소정급여일수를 한도로 하여 구직급여를 지급한다.

한편, 산업재해보상보험법에 따른 요양급여를 받는 경우, 질병 또는 부상으로 3개월 이상의 요양이 필요하여 이직하였고, 이직 기간 동안 취업활동이 곤란하였던 사실이 요양기간과 상병상태를 구체적으로 밝힌 주치의사의 소견과 요양을 위하여 이직하였다는 사업주의 의견을 통하여 확인된 경우의 어느 하나에 해당하는 경우에는 해당 최초 요양일에 신고를 한 것으로 본다.

2) 대기기간 및 소정급여일수

법령에 따른 실업의 신고일부터 계산하기 시작하여 7일간은 대기기간으로 보아 구직급여를 지급하지 아니한다.

하나의 수급자격에 따라 구직급여를 지급받을 수 있는 날(소정급여일수)은 대기기간이 끝난 다음날부터 계산하기 시작하여 피보험기간과 연령에 따라 별표에서 정한 일수가 되는 날까지로 한다. 이에 따른 피보험기간은 그 수급자격과 관련된 이직 당시의 적용 사업에서의 고용기간(고용보험적용 제외자에 해당하는 근로자로 고용된 기간은 제외)으로 한다. 다만, 그 사업에 고용되기 전에 다른 적용사업에서 이직한 사실이 있고 그 이직일부터 3년 이내에 피보험자격을 재취득한 경우에는 그 이직 전 적용사업에서의 고용기간을 포함하여 피보험기간을 계산하며, 이에 따라 피보험기간을 계산할 때 이직할 당시의 적용사업에서 피보험자격을 재취득하기 전에 구직급여를 지급받은 사실이 있는 경우에는 그 구직급여와 관련된 이직일 이전의 고용기간은 피보험기간에 포함하여 계산하지 아니한다.

수급자격자가 소정급여일수 내에 법령에 따른 임신·출산·육아, 그 밖에 법령으로 정하는 사유로 수급기간을 연장한 경우에는 그 기간만큼 구직급여를 유예하여 지급한다.

하나의 피보험기간에 피보험자로 된 날이 법령에 따른 피보험자격 취득이 확인된 날부터 소급하여 3년 전이면 그 확인된 날부터 소급하여 3년이 되는 날에 그 피보험자격을 취득한 것으로 보아 피보험기간을 계산한다.

3. 연장급여

(1) 훈련연장급여

직업안정기관의 장은 수급자격자의 연령·경력 등을 고려할 때 재취업을 위하여 직업능력개발 훈련 등이 필요하면 그 수급자격자에게 직업능력개발 훈련 등을 받도록 지시할 수 있고, 이에 따라 직업능력개발 훈련 등을 받도록 지시한 경우에는 수급자격자가 그 직업능력개발 훈련 등을 받는 기간 중 실업의 인정을 받은 날에 대하여는 소정급여일수를 초과하여 구직급여를 연장하여 지급할 수 있다. 이 경우 연장하여 지급하는 구직급여(훈련연장급여)의 지급 기간은 법령으로 정하는 기간을 한도로 한다.

(2) 개별연장급여

직업안정기관의 장은 취업이 특히 곤란하고 생활이 어려운 수급자격자로서 법령으로 정하는 자에게는 그가 실업의 인정을 받은 날에 대하여 소정급여일수를 초과하여 구직급여를 연장하여 지급할 수 있으며, 이에 따라 연장하여 지급하는 구직급여(개별연장급여)는 60일의 범위에서 법령으로 정하는 기간 동안 지급한다.

(3) 특별연장급여

고용부처장관은 실업의 급증 등 법령으로 정하는 사유가 발생한 경우에는 60일의 범위에서 수급자격자가 실업의 인정을 받은 날에 대하여 소정급여일수를 초과하여 구직급여를 연장하여 지급할 수 있다. 다만, 이직 후의 생활안정을 위한 일정 기준 이상의 소득이 있는 수급자격자 등 법령으로 정하는 수급자격자에 대하여는 그러하지 아니하다.

고용부처장관은 연장하여 지급하는 구직급여(특별연장급여)를 지급하려면 기간을 정하여 실시하여야 한다.

(4) 연장급여의 수급기간 및 구직급여일액

법령의 규정에 따른 연장급여를 지급하는 경우에 그 수급자격자의 수급기간은 그 수급자격자의 수급기간에 연장되는 구직급여일수를 더하여 산정한 기간으로 한다.

법령에 따라 훈련연장급여를 지급하는 경우에 그 일액은 해당 수급자격자의 구직급여 일액의 100분의 100으로 하고, 법령에 따라 개별연장급여 또는 특별연장급여를 지급하는 경우에 그 일액은 해당 수급자격자의 구직급여일액의 100분의 70을 곱한 금액으로 하며, 이에 따라 산정된 구직급여일액이 법령에 따른 최저구직급여일액보다 낮은 경우에는 최저구직급여일액을 그 수급자격자의 구직급여일액으로 한다.

(5) 연장급여의 상호 조정

법령에 따른 연장급여는 그 수급자격자가 지급받을 수 있는 구직급여의 지급이 끝난 후에 지급하는데, 훈련연장급여를 지급받고 있는 수급자격자에게는 그 훈련연장급여의 지급이 끝난 후가 아니면 개별연장급여 및 특별연장급여를 지급하지 아니한다. 또, 개별연장급여 또는 특별연장급여를 지급받고 있는 수급자격자가 훈련연장급여를 지급받게 되면 개별연장급여나 특별연장급여를 지급하지 아니한다. 특별연장급여를 지급받고 있는 수급자격자에게는 특별연장급여의 지급이 끝난 후가 아니면 개별연장급여를 지급하지 아니하고, 개별연장급여를 지급받고 있는 수급자격자에게는 개별연장급여의 지급이 끝난 후가 아니면 특별연장급여를 지급하지 아니한다.

4. 취업촉진 수당

(1) 조기재취업 수당

조기재취업 수당은 수급자격자(외국인근로자의 고용 등에 관한 법률에 따른 외국인 근로자는 제외)가 안정된 직업에 재취직하거나 스스로 영리를 목적으로 하는 사업을 영위하는 경우로서 법령으로 정하는 기준에 해당하면 지급하되, 수급자격자가 안정된 직업에 재취업한 날 또는 스스로 영리를 목적으로 하는 사업을 시작한 날 이전의 법령으로 정하는 기간에 조기재취업 수당을 지급받은 사실이 있는 경우에는 조기재취업 수당을 지급하지 아니한다.

조기재취업 수당의 금액은 구직급여의 소정급여일수 중 미지급일수의 비율에 따라 법령으로 정하는 기준에 따라 산정한 금액으로 한다.

조기재취업 수당을 지급받은 자에 대하여 고용보험법의 규정을 적용할 때에는 그 조기재취업 수당의 금액을 구직급여일액으로 나눈 일수분에 해당하는 구직급여를 지급한 것으로 본다.

수급자격자를 조기에 재취업시켜 구직급여의 지급 기간이 단축되도록 한 자에게는 법령으로 정하는 바에 따라 장려금을 지급할 수 있다.

(2) 직업능력개발 수당

직업능력개발 수당은 수급자격자가 직업안정기관의 장이 지시한 직업능력개발 훈련 등을 받는 경우에 그 직업능력개발 훈련 등을 받는 기간에 대하여 지급하되, 법령에 따라 구직급여의 지급이 정지된 기간에 대하여는 직업능력개발 수당을 지급하지 아니한다.

직업능력개발 수당의 지급 요건 및 금액에 필요한 사항은 법령으로 정한다. 이 경우 인력의 수급 상황을 고려하여 고용부처장관이 특히 필요하다고 인정하여 고시하는 직종에 관한 직업능력개발 훈련 등에 대하여는 직업능력개발 수당의 금액을 다르게 정할 수 있다.

(3) 광역 구직활동비

광역 구직활동비는 수급자격자가 직업안정기관의 소개에 따라 광범위한 지역에 걸쳐 구직 활동을 하는 경우로서 법령으로 정하는 기준에 따라 직업안정기관의 장이 필요하다고 인정하면 지급할 수 있다. 광역 구직활동비의 금액은 구직 활동에 통상 드는 비용으로 하되, 그 금액의 산정은 법령으로 정하는 바에 따른다.

(4) 이주비

이주비는 수급자격자가 취업하거나 직업안정기관의 장이 지시한 직업능력개발 훈련 등을 받기 위하여 그 주거를 이전하는 경우로서 법령으로 정하는 기준에 따라 직업안정기관의 장이 필요하다고 인정하면 지급할 수 있다.

이주비의 금액은 수급자격자 및 그 수급자격자에 의존하여 생계를 유지하는 동거 친족의 이주에 일반적으로 드는 비용으로 하되, 그 금액의 산정은 법령으로 정하는 바에 따라 따른다.

(5) 취업촉진 수당의 지급 제한

거짓이나 그 밖의 부정한 방법으로 실업급여를 받았거나 받으려 한 자에게는 그 급여를 받은 날 또는 받으려 한 날부터의 취업촉진 수당을 지급하지 아니한다. 다만, 그 급여와 관련된 이직 이후에 새로 수급자격을 취득하면 그 새로운 수급자격에 따른 취업촉진 수당은 그러하지 아니하다.

거짓이나 그 밖의 부정한 방법이 법령에 따른 신고의무의 불이행 또는 거짓의 신고 등 법령으로 정하는 사유에 해당하면 취업촉진 수당의 지급을 제한하지 아니한다.

거짓이나 그 밖의 부정한 방법으로 실업급여를 지급받았거나 받으려 한 자가 상기에 따라 취업촉진 수당을 지급받을 수 없게 되어 조기재취업 수당을 지급받지 못하게 된 경우에도 조기재취업 수당을 지급받은 자에 대하여 고용보험법의 규정을 적용할 때에는 그 조기재취업 수당의 금액을 구직급여일액으로 나눈 일수분에 해당하는 구직급여를 적용할 때는 그 지급받을 수 없게 된 조기재취업 수당을 지급받은 것으로 본다.

5. 수급제한 및 질병 등의 특례

(1) 지급되지 아니한 구직급여

수급자격자가 사망한 경우 그 수급자격자에게 지급되어야 할 구직급여로서 아직 지급되지 아니한 것이 있는 경우에는 그 수급자격자의 ① 배우자(사실상의 혼인 관계에 있는 자를 포함), ② 자녀, ③ 부모, ④ 손자녀, ⑤ 조부모 또는 ⑥ 형제자매로서 수급자격자와 생계를 같이하고 있던 자의 청구에 따라 그 미지급분을 지급하며, 이에 따라 지급되지 아니한 구직급여를 지급받을 수 있는 자의 순위는 앞의 열거된 순서로 한다. 이 경우 같은 순위자가 2명 이상이면 그 중 1명이 한 청구를 전원(全員)을 위하여 한 것으로 보며, 그 1명에게 한 지급은 전원에 대한 지급으로 본다.

수급자격자가 사망하여 실업의 인정을 받을 수 없었던 기간에 대하여는 법령으로 정하는 바에 따라 지급되지 아니한 구직급여의 지급을 청구하는 자가 그 수급자격자에 대한 실업의 인정을 받아야 한다. 이 경우 수급자격자가 실업의 인정을 받으려 하는 기간(실업인정대상기간) 중에 근로를 제공하거나 창업한 경우에 해당하면 지급되지 아니한 구직급여를 청구하는 자가 직업안정기관의 장에게 신고하여야 한다.

(2) 이직 사유에 따른 수급자격의 제한

피보험자가 ① 중대한 귀책사유(歸責事由)로 해고된 피보험자로서 ㉮ 형법 또는 직무와 관련된 법률을 위반하여 금고 이상의 형을 선고받은 경우, ㉯ 사업에 막대한 지장을 초래하거나 재산상 손해를 끼친 경우로서 법령으로 정하는 기준에 해당하는 경우, ㉰ 정당한 사유 없이 근로계약 또는 취업규칙 등을 위반하여 장기간 무단 결근한 경우의 어느 하나에 해당하는 경우, ② 자기 사정으로 이직한 피보험자로서 Ⓐ 전직 또는 자영업을 하기 위하여 이직한 경우, Ⓑ ①의 중대한 귀책사유가 있는 자가 해고되지 아니하고 사업주의 권고로 이직한 경우, Ⓒ 그 밖에 법령으로 정하는 정당한 사유에 해당하지 아니하는 사유로 이직한 경우의 어느 하나에 해당한다고 직업안정기관의 장이 인정하는 경우에는 수급자격이 없는 것으로 본다.

(3) 훈련 거부 등에 따른 급여의 지급 제한

수급자격자가 직업안정기관의 장이 소개하는 직업에 취직하는 것을 거부하거나 직업안정기관의 장이 지시한 직업능력개발 훈련 등을 거부하면 법령으로 정하는 바에 따라 구직급여의 지급을 정지한다. 다만, ① 소개된 직업 또는 직업능력개발 훈련 등을 받도록 지시된 직종이 수급자격자의 능력에 맞지 아니하는 경우, ② 취직하거나 직업능력개발 훈련 등을 받기 위하여 주거의 이전이 필요하나 그 이전이 곤란한 경우, ③ 소개된 직업의 임금 수준이 같은 지역의 같은 종류의 업무 또는 같은 정도의 기능에 대한 통상의 임금 수준에 비하여 100분의 20 이상 낮은 경우 등 고용부처장관이 정하는 기준에 해당하는 경우, ④ 그 밖에 정당한 사유가 있는 경우의 어느 하나에 해당하는 정당한 사유가 있는 경우에는 그러하지 아니하다.

수급자격자가 정당한 사유 없이 고용부처장관이 정하는 기준에 따라 직업안정기관의 장이 실시하는 재취업 촉진을 위한 직업 지도를 거부하면 법령으로 정하는 바에 따라 구직급여의 지급을 정지한다.

(4) 부정행위에 따른 급여의 지급 제한

거짓이나 그 밖의 부정한 방법으로 실업급여를 받았거나 받으려 한 자에게는 그 급여를 받은 날 또는 받으려 한 날부터의 구직급여를 지급하지 아니한다. 다만, 그 급여와 관련된 이직 이후에 새로 수급자격을 취득한 경우 그 새로운 수급자격에 따른 구직급여에 대하여는 그러하지 아니하다.

한편, 거짓이나 그 밖의 부정한 방법이 법령에 따른 신고의무의 불이행 또는 거짓의 신고 등 법령으로 정하는 사유에 해당하면 그 실업인정대상기간에 한하여 구직급여를 지급하지 아니한다. 또, 거짓이나 그 밖의 부정한 방법으로 실업급여를 지급받았거나 받으려 한 자가 구직급여를 지급받을 수 없게 된 경우에도 이직 당시 고용된 사업장에서 고용된 기간을 적용할 때는 그 구직급여를 지급받은 것으로 보며, 구직급여를 지급받을 수 없게 된 경우에도 상병급여를 지급할 수 있는 일수는 그 수급자격자에 대한 구직급여 소정급여일수에서 그 수급자격에 의하여 구직급여가 지급된 일수를 뺀 일수를 한도로 그 지급받을 수 없게 된 일수분의 구직급여를 지급받은 것으로 본다.

(5) 반환명령

직업안정기관의 장은 거짓이나 그 밖의 부정한 방법으로 구직급여를 지급받은 자에게 지급받은 전체 구직급여의 전부 또는 일부의 반환을 명할 수 있고, 이에 추가하여 법령으로 정하는 기준에 따라 그 거짓이나 그 밖의 부정한 방법으로 지급받은 구직급여액에 상당하는 액수 이하의 금액을 징수할 수 있고, 이 경우에 거짓이나 그 밖의 부정한 방법이 사업주(사업주의 대리인·사용인, 그 밖의 종업원을 포함한다)의 거짓된 신고·보고 또는 증명으로 인한 것이면 그 사업주도 그 구직급여를 지급받은 자와 연대(連帶)하여 책임을 진다. 아울러, 직업안정기관의 장은 수급자격자 또는 수급자격이 있었던 자에게 잘못 지급된 구직급여가 있으면 그 지급금액을 징수할 수 있다.

(6) 질병 등의 특례

수급자격자가 법령에 따라 실업의 신고를 한 이후에 질병·부상 또는 출산으로 취업이 불가능하여 실업의 인정을 받지 못한 날에 대하여는 그 수급자격자의 청구에 의하여 구직급여일액에 해당하는 금액(상병급여)을 구직급여에 갈음하여 지급할 수 있다. 다만, 법령에 따라 구직급여의 지급이 정지된 기간에 대하여는 상병급여(傷病給與)를 지급하지 아니한다. 이에 따른 상병급여는 그 취업할 수 없는 사유가 없어진 이후에 최초로 구직급여를 지급하는 날(구직급여를 지급하는 날이 없는 경우에는 직업안정기관의 장이 정하는 날)에 지급한다. 다만, 필요하다고 인정하면 고용부처장관이 따로 정하는 바에 따라 지급할 수 있으나, 수급자격자가 근기법에 따른 휴업보상, 산업재해보상보험법에 따른 휴업급여, 그 밖에 이에 해당하는 급여 또는 보상으로서 법령으로 정하는 보상 또는 급여를 지급받을 수 있는 경우에는 상병급여를 지급하지 아니한다.

상병급여를 지급할 수 있는 일수는 그 수급자격자에 대한 구직급여 소정급여일수에서 그 수급자격에 의하여 구직급여가 지급된 일수를 뺀 일수를 한도로 한다. 이 경우 상병급여를 지급받은 자에 대하여 고용보험법의 규정을 적용할 때에는 상병급여의 지급 일수에 상당하는 일수분의 구직급여가 지급된 것으로 본다.

Ⅴ. 육아휴직 급여

1. 육아휴직 급여

(1) 육아휴직 급여 조건

고용부처장관은 남녀고용평등법에 따른 육아휴직을 30일(근기법에 따른 산전후휴가기간 90일과 중복되는 기간은 제외) 이상 부여받은 피보험자 중 ① 육아휴직을 시작한 날

이전에 피보험 단위기간이 통산하여 180일 이상일 것, ② 같은 자녀에 대하여 피보험자인 배우자가 육아휴직(30일 미만은 제외한다)을 부여받지 아니하고 있을 것, ③ 육아휴직을 시작한 날 이후 1개월부터 끝난 날 이후 12개월 이내에 신청할 것(다만, 같은 기간에 법령으로 정한 사유로 육아휴직 급여를 신청할 수 없었던 자는 그 사유가 끝난 후 30일 이내에 신청하여야 한다)의 요건을 모두 갖춘 경우에 육아휴직 급여를 지급한다.

(2) 육아휴직의 확인 및 취업의 신고

사업주는 피보험자가 육아휴직 급여를 받으려는 경우 법령으로 정하는 바에 따라 사실의 확인 등 모든 절차에 적극 협력하여야 한다.

피보험자가 육아휴직 급여 기간 중에 이직 또는 새로 취업(취직한 경우 1주간의 소정근로시간이 15시간 미만인 경우는 제외)하거나 사업주로부터 금품을 지급받은 경우에는 그 사실을 직업안정기관의 장에게 신고하여야 한다. 아울러, 직업안정기관의 장은 필요하다고 인정하면 육아휴직 급여 기간 중의 이직, 취업 여부 등에 대하여 조사할 수 있다.

(3) 급여의 지급 제한

피보험자가 육아휴직 급여 기간 중에 그 사업에서 이직하거나 새로 취업한 경우에는 그 이직 또는 취업하였을 때부터 육아휴직 급여를 지급하지 아니하고, 피보험자가 사업주로부터 육아휴직을 이유로 금품을 지급받은 경우 법령으로 정하는 바에 따라 급여를 감액하여 지급할 수 있다.

거짓이나 그 밖의 부정한 방법으로 육아휴직 급여를 받았거나 받으려 한 자에게는 그 급여를 받은 날 또는 받으려 한 날부터의 육아휴직 급여를 지급하지 아니한다. 다만, 그 급여와 관련된 육아휴직 이후에 새로 육아휴직 급여 요건을 갖춘 경우 그 새로운 요건에 따른 육아휴직 급여는 그러하지 아니하다.

2. 산전후휴가 급여

(1) 산전후휴가 급여 신청

고용부처장관은 남녀고용평등법에 따라 피보험자가 근로기준법에 따른 산전후휴가 또는 유산·사산휴가를 받은 경우로서 휴가가 끝난 날 이전에 피보험 단위기간이 통산하여 180일 이상일 것, 휴가를 시작한 날(근로자의 수 등이 법령으로 정하는 기준에 해당하는 기업이 아닌 경우는 휴가 시작 후 60일이 지난 날로 본다) 이후 1개월부터 휴가가 끝난 날 이후 12개월 이내에 신청할 것(다만, 그 기간에 법령으로 정하는 사유로 산전후휴가

급여등을 신청할 수 없었던 자는 그 사유가 끝난 후 30일 이내에 신청하여야 한다)의 요건을 모두 갖춘 경우에 산전후휴가 급여 등(산전후휴가 급여등)을 지급한다.

(2) 산전후휴가 급여등의 수급권 대위

사업주가 산전후휴가 급여등의 지급사유와 같은 사유로 그에 상당하는 금품을 근로자에게 미리 지급한 경우로서 그 금품이 산전후휴가 급여등을 대체하여 지급한 것으로 인정되면 그 사업주는 지급한 금액(법령에 따른 상한액을 초과할 수 없다)에 대하여 그 근로자의 산전후휴가 급여등을 받을 권리를 대위한다.

(3) 지급 기간

산전후휴가 급여등은 근로기준법에 따른 휴가 기간에 대하여 근로기준법의 통상임금(휴가를 시작한 날을 기준으로 산정한다)에 해당하는 금액을 지급한다. 다만, 근로자의 수 등이 법령으로 정하는 기준에 해당하는 기업이 아닌 경우에는 휴가 기간 중 60일을 초과한 일수(30일을 한도로 한다)로 한정한다. 이에 따른 산전후휴가 급여등의 지급 금액은 법령으로 정하는 바에 따라 그 상한액과 하한액을 정할 수 있다.

Ⅵ. 고용보험기금

1. 기금의 설치 및 조성

고용부처장관은 보험사업에 필요한 재원에 충당하기 위하여 고용보험기금(기금)을 설치한다. 기금은 보험료와 고용보험법에 따른 징수금·적립금·기금운용 수익금과 그 밖의 수입으로 조성한다.

2. 기금의 관리·운용 및 기금의 용도

기금은 고용부처장관이 관리·운용하고, 기금의 관리·운용에 관한 세부 사항은 국가재정법의 규정에 따른다.

고용부처장관은 ① 금융기관에의 예탁, ② 재정자금에의 예탁, ③ 국가·지방자치단체 또는 금융기관에서 직접 발행하거나 채무이행을 보증하는 유가증권의 매입, ④ 보험사업의 수행 또는 기금 증식을 위한 부동산의 취득 및 처분, ⑤ 그 밖에 법령으로 정하는 기금 증식 방법에 따라 기금을 관리·운용한다.

한편, 기금은 ① 고용안정·직업능력개발 사업에 필요한 경비, ② 실업급여의 지급, ③ 육아휴직 급여 및 산전후휴가 급여등의 지급, ④ 보험료의 반환, ⑤ 일시 차입금의 상환금과 이자, ⑥ 고용보험법과 보험료징수법에 따른 업무를 대행하거나 위탁받은 자에 대한 출연금, ⑦ 그 밖에 고용보험법의 시행을 위하여 필요한 경비로서 법령으로 정하는 경비와 사업의 수행에 딸린 경비의 용도에 사용하여야 한다.

3. 기금운용 계획 및 기금의 적립

고용부처장관은 매년 기금운용 계획을 세워 고용보험위원회 및 국무회의의 심의를 거쳐 대통령의 승인을 받아야 하며, 고용부처장관은 매년 기금의 운용 결과에 대하여 고용보험위원회의 심의를 거쳐 공표하여야 한다.

한편, 고용부처장관은 대량 실업의 발생이나 그 밖의 고용상태 불안에 대비한 준비금으로 여유자금을 적립하여야 하며, 이에 따른 여유자금의 적정규모는 고용안정·직업능력개발 사업 계정의 연말 적립금(해당 연도 지출액의 1배 이상 1.5배 미만), 실업급여 계정의 연말 적립금(해당 연도 지출액의 1.5배 이상 2배 미만)과 같다.

4. 기금계정의 설치 및 기금의 출납

고용부처장관은 한국은행에 고용보험기금계정을 설치하여야 하며, 고용보험기금계정은 고용안정·직업능력개발 사업 및 실업급여로 구분하여 관리하여야 하고, 기금의 관리·운용을 하는 경우 출납에 필요한 사항은 법령으로 정한다.

5. 잉여금과 손실금의 처리 및 차입금

기금의 결산상 잉여금이 생기면 이를 적립금으로 적립하여야 하며, 기금의 결산상 손실금이 생기면 적립금을 사용하여 이를 보전(補塡)할 수 있다.

한편, 기금을 지출할 때 자금 부족이 발생하거나 발생할 것으로 예상되는 경우에는 기금의 부담으로 금융기관·다른 기금과 그 밖의 재원 등으로부터 차입을 할 수 있다.

Ⅶ. 심사 및 재심사청구

1. 심사와 재심사 및 심사의 청구

(1) 심사와 재심사

피보험자격의 취득·상실에 대한 확인, 실업급여 및 육아휴직 급여와 산전후휴가 급여 등에 관한 처분(원처분(原處分)등)에 이의가 있는 자는 법령에 따른 심사관에게 심사를 청구할 수 있고, 그 결정에 이의가 있는 자는 심사위원회에 재심사를 청구할 수 있다. 이에 따른 심사의 청구는 확인 또는 처분이 있음을 안 날부터 90일 이내에, 재심사의 청구는 심사청구에 대한 결정이 있음을 안 날부터 90일 이내에 각각 제기하여야 하며, 심사 및 재심사의 청구는 시효중단에 관하여 재판상의 청구로 본다.

(2) 심사의 청구

법령에 따른 심사의 청구는 원처분등을 한 직업안정기관을 거쳐 심사관에게 하여야 하며, 직업안정기관은 심사청구서를 받은 날부터 5일 이내에 의견서를 첨부하여 심사청구서를 심사관에게 보내야 한다. 또, 심사의 청구는 법령으로 정하는 바에 따라 문서로 하여야 한다.

(3) 보정 및 각하

심사의 청구가 법령에 따른 기간이 지났거나 법령으로 정한 방식을 위반하여 보정(補正)하지 못할 것인 경우에 심사관은 그 심사의 청구를 결정으로 각하(却下)하여야 한다. 한편, 심사의 청구가 법령으로 정한 방식을 어긴 것이라도 보정할 수 있는 것인 경우에 심사관은 상당한 기간을 정하여 심사청구인에게 심사의 청구를 보정하도록 명할 수 있다. 다만, 보정할 사항이 경미한 경우에는 심사관이 직권으로 보정할 수 있다. 아울러, 심사관은 심사청구인이 보정기간에 그 보정을 하지 아니하면 결정으로써 그 심사청구를 각하하여야 한다.

2. 대리인의 선임

심사청구인 또는 재심사청구인은 법정대리인 외에 ① 청구인의 배우자, 직계존속·비속 또는 형제자매, ② 청구인인 법인의 임원 또는 직원, ③ 변호사나 공인노무사, ④ 법령에 따른 심사위원회의 허가를 받은 자의 어느 하나에 해당하는 자를 대리인으로 선임할 수 있다.

3. 고용보험심사관 및 심사관의 권한

(1) 고용보험심사관

법령에 따른 심사를 행하게 하기 위하여 고용보험심사관(심사관)을 두며, 심사관은 심사청구를 받으면 30일 이내에 그 심사청구에 대한 결정을 하여야 한다. 다만, 부득이한 사정으로 그 기간에 결정할 수 없을 때에는 1차에 한하여 10일을 넘지 아니하는 범위에서 그 기간을 연장할 수 있다.

당사자는 심사관에게 심리·결정의 공정을 기대하기 어려운 사정이 있으면 그 심사관에 대한 기피신청을 고용부처장관에게 할 수 있고, 심사청구인이 사망한 경우 그 심사청구인이 실업급여의 수급권자이면 유족이, 그 외의 자인 때에는 상속인 또는 심사청구의 대상인 원처분등에 관계되는 권리 또는 이익을 승계한 자가 각각 심사청구인의 지위를 승계한다.

(2) 심사관의 권한

심사관은 심사의 청구에 대한 심리를 위하여 필요하다고 인정하면 심사청구인의 신청 또는 직권으로 ① 심사청구인 또는 관계인을 지정 장소에 출석하게 하여 질문하거나 의견을 진술하게 하는 것, ② 심사청구인 또는 관계인에게 증거가 될 수 있는 문서와 그 밖의 물건을 제출하게 하는 것, ③ 전문적인 지식이나 경험을 가진 제삼자로 하여금 감정(鑑定)하게 하는 것, ④ 사건에 관계가 있는 사업장 또는 그 밖의 장소에 출입하여 사업주·종업원이나 그 밖의 관계인에게 질문하거나 문서와 그 밖의 물건을 검사하는 것의 조사를 할 수 있다.

(3) 심사관의 결정 및 결정의 방법과 결정의 효력

심사관은 심사의 청구에 대한 심리(審理)를 마쳤을 때에는 원처분등의 전부 또는 일부를 취소하거나 심사청구의 전부 또는 일부를 기각한다. 고용보험심사관의 결정은 법령으로 정하는 바에 따라 문서로 하여야 하고, 심사관은 결정을 하면 심사청구인 및 원처분등을 한 직업안정기관의 장에게 각각 결정서의 정본(正本)을 보내야 한다.

심사청구에 대한 결정은 심사청구인 및 직업안정기관의 장에게 결정서의 정본을 보낸 날부터 효력이 발생하며, 결정은 원처분등을 행한 직업안정기관의 장을 기속(羈束)한다.

4. 원처분등의 집행 정지

심사의 청구는 원처분등의 집행을 정지시키지 아니한다. 다만, 심사관은 원처분등의 집행에 의하여 발생하는 중대한 위해(危害)를 피하기 위하여 긴급한 필요가 있다고 인정하면 직권으로 그 집행을 정지시킬 수 있고, 이에 따라 집행을 정지시키려고 할 때에는 그 이유를 적은 문서로 그 사실을 직업안정기관의 장에게 알려야 하며, 이에 따라 직업안정기관의 장은 통지를 받으면 지체 없이 그 집행을 정지하여야 한다. 또, 심사관은 집행을 정지시킨 경우에는 지체 없이 심사청구인에게 그 사실을 문서로 알려야 한다.

5. 고용보험심사위원회 및 재심사

(1) 고용보험심사위원회

재심사를 하게 하기 위하여 고용노동부에 고용보험심사위원회(심사위원회)를 두며, 근로자를 대표하는 자 및 사용자를 대표하는 자 각 1명 이상을 포함한 15명 이내의 위원으로 구성하고, 금치산자·한정치산자 또는 파산의 선고를 받고 복권되지 아니한 자, 금고 이상의 형을 선고받고 그 형의 집행이 종료되거나 집행을 받지 아니하기로 확정된 후 3년이 지나지 아니한 자의 어느 하나에 해당하는 자는 위원에 임명될 수 없다.

(2) 재심사의 상대방 및 심리

재심사의 청구는 원처분등을 행한 직업안정기관의 장을 상대방으로 한다. 심사위원회는 재심사의 청구를 받으면 그 청구에 대한 심리 기일(審理期日) 및 장소를 정하여 심리 기일 3일 전까지 당사자 및 그 사건을 심사한 심사관에게 알려야 하며, 당사자는 심사위원회에 문서나 구두로 그 의견을 진술할 수 있고, 심사위원회의 재심사청구에 대한 심리는 공개한다. 다만, 당사자의 양쪽 또는 어느 한 쪽이 신청한 경우에는 공개하지 아니할 수 있다.

6. 결정의 고지 및 다른 법률과의 관계

직업안정기관의 장이 원처분등을 하거나 심사관이 법령에 따라 결정서의 정본을 송부하는 경우에는 그 상대방 또는 심사청구인에게 원처분등 또는 결정에 관하여 심사 또는 재심사를 청구할 수 있는지의 여부, 청구하는 경우의 경유(經由) 절차 및 청구 기간을 알려야 한다.

한편, 재심사의 청구에 대한 재결은 행정소송법(제18조)을 적용할 경우 행정심판에 대한 재결로 보며, 심사 및 재심사의 청구에 관하여 이 법에서 정하고 있지 아니한 사항은 행정심판법의 규정에 따른다.

Ⅷ. 실효성 확보 조치

1. 불이익 처우의 금지

사업주는 근로자가 법령에 따른 확인의 청구를 한 것을 이유로 그 근로자에게 해고나 그 밖의 불이익한 처우를 하여서는 아니 된다.

2. 소멸시효

고용보험법의 규정에 따른 지원금·실업급여·육아휴직 급여 또는 산전후휴가 급여등을 지급받거나 그 반환을 받을 권리는 3년간 행사하지 아니하면 시효로 소멸한다. 다만, 보험료징수법에 따라 고용보험료를 면제받는 기간 중에 발생하는 사업주의 지원금을 지급받을 권리는 보험에 가입한 날이 속하는 그 보험연도의 직전 보험연도 첫날에 소멸한 것으로 본다. 소멸시효의 중단에 관하여는 산업재해보상보험법을 준용한다.

3. 보고 및 자료제출

고용부처장관은 필요하다고 인정하면 피보험자 또는 수급자격자를 고용하고 있거나 고용하였던 사업주, 보험료징수법에 따른 보험사무대행기관 및 보험사무대행기관이었던 자에게 피보험자의 자격 확인, 부정수급(不正受給)의 조사 등 고용보험법의 시행에 필요한 보고, 관계 서류의 제출 또는 관계인의 출석을 요구할 수 있다.

이직한 자는 종전의 사업주 또는 그 사업주로부터 보험 사무의 위임을 받아 보험 사무를 처리하는 보험사무대행기관에 실업급여를 지급받기 위하여 필요한 증명서의 교부를 청구할 수 있다. 이 경우 청구를 받은 사업주나 보험사무대행기관은 그 청구에 따른 증명서를 내주어야 한다.

고용부처장관은 피보험자, 수급자격자 또는 지급되지 아니한 실업급여의 지급을 청구하는 자에게 피보험자의 자격 확인, 부정수급의 조사 등 고용보험법의 시행에 필요한 보고를 하게 하거나 관계 서류의 제출 또는 출석을 요구할 수 있다.

4. 조사 및 자료의 요청

고용부처장관은 피보험자의 자격 확인, 부정수급의 조사 등 이 법의 시행을 위하여 필요하다고 인정하면 소속 직원에게 피보험자 또는 수급자격자를 고용하고 있거나 고용하였던 사업주의 사업장 또는 보험사무대행기관 및 보험사무대행기관이었던 자의 사무소에 출입하여 관계인에 대하여 질문하거나 장부 등 서류를 조사하게 할 수 있고, 고용부처장관이 이에 따라 조사를 하는 경우에는 그 사업주 등에게 미리 조사 일시·조사 내용 등 조사에 필요한 사항을 알려야 한다. 다만, 긴급하거나 미리 알릴 경우 그 목적을 달성할 수 없다고 인정되는 경우에는 그러하지 아니하다.

한편, 고용부처장관은 보험사업의 효율적인 운영을 위하여 필요하면 관계 중앙행정기관·지방자치단체, 그 밖의 공공단체 등에게 필요한 자료의 제출을 요청할 수 있고, 이에 따라 자료의 제출을 요청받은 자는 정당한 사유가 없으면 요청에 따라야 한다.

5. 벌칙 및 양벌규정

법령을 위반하여 근로자를 해고하거나 그 밖에 근로자에게 불이익한 처우를 한 사업주는 3년 이하의 징역 또는 1천만원 이하의 벌금에 처하고, 거짓이나 그 밖의 부정한 방법으로 실업급여·육아휴직 급여 및 산전후휴가 급여등을 받은 자는 1년 이하의 징역 또는 300만원 이하의 벌금에 처한다.

아울러, 법인의 대표자나 법인 또는 개인의 대리인, 사용인, 그 밖의 종업원이 그 법인 또는 개인의 업무에 관하여 벌칙규정의 위반행위를 하면 그 행위자를 벌하는 외에 그 법인 또는 개인에게도 해당 조문의 벌금형을 과(科)한다. 다만, 법인 또는 개인이 그 위반행위를 방지하기 위하여 해당 업무에 관하여 상당한 주의와 감독을 게을리하지 아니한 경우에는 그러하지 아니하다.

한편, ① 고용보험법을 위반하여 신고를 하지 아니하거나 거짓으로 신고한 자, ② 이직확인서를 제출하지 아니하거나 거짓으로 작성하여 제출한 자, ③ 이직확인서를 내주지 아니한 자, ④ 고용보험법에 따른 요구에 불응하여 보고를 하지 아니하거나 거짓으로 보고한 자, 같은 요구에 불응하여 문서를 제출하지 아니하거나 거짓으로 적은 문서를 제출한 자 또는 출석하지 아니한 자, ⑤ 고용보험법에 따른 요구에 불응하여 증명서를 내주지 아니한 자, ⑥ 고용보험법에 따른 질문에 답변하지 아니하거나 거짓으로 진술한 자 또는 조사를 거부·방해하거나 기피한 자의 어느 하나에 해당하는 사업주, 보험사무대행기관의 대표자 또는 대리인·사용인, 그 밖의 종업원에게는 300만원 이하의 과태료를 부과한다.

또한, ① 고용보험법에 따라 요구된 보고를 하지 아니하거나 거짓으로 보고한 자, 문서를 제출하지 아니하거나 거짓으로 적은 문서를 제출한 자 또는 출석하지 아니한 자, ② 고용보험법에 따른 질문에 답변하지 아니하거나 거짓으로 진술한 자 또는 검사를 거부·방해하거나 기피한 자의 어느 하나에 해당하는 피보험자, 수급자격자 또는 지급되지 아니한 실업급여의 지급을 청구하는 자에게는 100만원 이하의 과태료를 부과하고, 고용보험법에 따른 심사 또는 재심사의 청구를 받아 하는 심사관 및 심사위원회의 질문에 답변하지 아니하거나 거짓으로 진술한 자 또는 검사를 거부·방해하거나 기피한 자에게는 100만원 이하의 과태료를 부과한다.

제 3 절 산업재해보상보험정책

Ⅰ. 업무상재해와 산재보험

산업재해보상보험 사업은 근로자의 업무상의 재해를 신속하고 공정하게 보상하며, 재해근로자의 재활 및 사회 복귀를 촉진하기 위하여 이에 필요한 보험시설을 설치·운영하고, 재해 예방과 그 밖에 근로자의 복지 증진을 위한 사업을 시행하여 근로자 보호에 이바지하는 것을 목적으로 한다.

보험사업을 위하여 국가는 회계연도마다 예산의 범위에서 보험사업의 사무 집행에 드는 비용을 일반회계에서 부담하여야 하고, 회계연도마다 예산의 범위에서 보험사업에 드는 비용의 일부를 지원할 수 있다. 또, 보험사업에 드는 비용에 충당하기 위하여 징수하는 보험료나 그 밖의 징수금에 관하여는 보험료징수법에서 정하는 바에 따른다. 산재보험에서 업무상의 재해는 업무상의 사유에 따른 근로자의 부상·질병·장해 또는 사망을 말한다.

산업재해보상보험 및 예방에 관한 중요 사항을 심의하게 하기 위하여 고용노동부에 산업재해보상보험및예방심의위원회(이하 "위원회"라 한다)를 두되, 위원회는 근로자를 대표하는 자, 사용자를 대표하는 자 및 공익을 대표하는 자로 구성하되, 그 수는 각각 같은 수로 한다. 또, 위원회는 그 심의 사항을 검토하고, 위원회의 심의를 보조하게 하기 위하여 위원회에 전문위원회를 둘 수 있다.

한편, 산재보험사업을 효율적으로 운영하기 위하여 근로복지공단(이하 이 절에서 "공단"이라 한다)을 설립하고, 공단은 ① 보험가입자와 수급권자에 관한 기록의 관리·유지, ② 보험료징수법에 따른 보험료와 그 밖의 징수금의 징수, ③ 보험급여의 결정과 지급, ④ 보험급여 결정 등에 관한 심사 청구의 심리·결정, ⑤ 산업재해보상보험 시설의 설치·운영, ⑥ 업무상 재해를 입은 근로자 등의 요양 및 재활, ⑦ 재활보조기구의 연구개발·검정 및 보급, ⑧ 근로자의 복지 증진을 위한 사업, ⑨ 그 밖에 정부로부터 위탁받은 사업, ⑩ ⑤호·⑥호·⑦호·⑧호 및 ⑨호에 따른 사업에 딸린 사업을 수행한다.

또, 공단은 상기의 ⑥호 및 ⑦호의 사업을 위하여 의료기관, 연구기관 등을 설치·운영할 수 있고, ③호에 따른 사업의 수행에 필요한 자문을 하기 위하여 공단에 관계 전문가 등으로 구성되는 보험급여자문위원회를 둘 수 있다.

Ⅱ. 보험급여

1. 산재보험 대상으로서의 업무상의 재해

(1) 업무상재해의 범위

근로자가 업무상의 사유로 부상·질병 또는 장해가 발생하거나 사망하면 업무상의 재해로 본다. 다만, 업무와 재해 사이에 상당인과관계(相當因果關係)가 없는 경우에는 그러하지 아니하다.

(2) 업무상 사고와 업무상 질병

① 근로자가 근로계약에 따른 업무나 그에 따르는 행위를 하던 중 발생한 사고, ② 사업주가 제공한 시설물 등을 이용하던 중 그 시설물 등의 결함이나 관리소홀로 발생한 사고, ③ 사업주가 제공한 교통수단이나 그에 준하는 교통수단을 이용하는 등 사업주의 지배관리하에서 출퇴근 중 발생한 사고, ④ 사업주가 주관하거나 사업주의 지시에 따라 참여한 행사나 행사준비 중에 발생한 사고, ⑤ 휴게시간 중 사업주의 지배관리하에 있다고 볼 수 있는 행위로 발생한 사고, ⑥ 그 밖에 업무와 관련하여 발생한 사고는 업무상 사고로 본다.

아울러, ① 업무수행 과정에서 물리적 인자(因子), 화학물질, 분진, 병원체, 신체에 부담을 주는 업무 등 근로자의 건강에 장해를 일으킬 수 있는 요인을 취급하거나 그에 노출되어 발생한 질병, ② 업무상 부상이 원인이 되어 발생한 질병, ③ 그 밖에 업무와 관련하여 발생한 질병은 업무상 질병으로 본다.

(3) 업무상 사고 또는 질병이 아닌 경우

근로자의 고의·자해행위나 범죄행위 또는 그것이 원인이 되어 발생한 부상·질병·장해 또는 사망은 업무상의 재해로 보지 아니한다. 다만, 그 부상·질병·장해 또는 사망이 정상적인 인식능력 등이 뚜렷하게 저하된 상태에서 한 행위로 발생한 경우로서 법령으로 정하는 사유가 있으면 업무상의 재해로 보며, 업무상의 재해의 구체적인 인정 기준은 법령으로 정한다.

(4) 업무상질병판정위원회

업무상 질병의 인정 여부를 심의하기 위하여 공단 소속 기관에 업무상질병 판정위원회(판정위원회)를 두며, 판정위원회의 심의에서 제외되는 질병과 판정위원회의 심의 절차는 법령으로 정한다.

(5) 사망의 추정

사고가 발생한 선박 또는 항공기에 있던 근로자의 생사가 밝혀지지 아니하거나 항행(航行) 중인 선박 또는 항공기에 있던 근로자가 행방불명 또는 그 밖의 사유로 그 생사가 밝혀지지 아니하면 법령으로 정하는 바에 따라 사망한 것으로 추정하고, 유족급여와 장의비에 관한 규정을 적용한다.

공단은 이에 따른 사망의 추정으로 보험급여를 지급한 후에 그 근로자의 생존이 확인되면 그 급여를 받은 자가 선의(善意)인 경우에는 받은 금액을, 악의(惡意)인 경우에는 받은 금액의 2배에 해당하는 금액을 징수하여야 한다.

2. 보험급여의 종류와 산정 기준

보험급여의 종류는 ① 요양급여, ② 휴업급여, ③ 장해급여, ④ 간병급여, ⑤ 유족급여, ⑥ 상병(傷病)보상연금, ⑦ 장의비(葬儀費), ⑧ 직업재활급여이다. 다만, 진폐에 따른 보험급여의 종류는 요양급여, 간병급여, 장의비, 직업재활급여, 진폐보상연금 및 진폐유족연금으로 한다.[2)]

2) "유족"이란 사망한 자의 배우자(사실상 혼인 관계에 있는 자를 포함)·자녀·부모·손자녀·조부모 또는 형제자매를 말한다. "치유"란 부상 또는 질병이 완치되거나 치료의 효과를 더 이상 기대할 수 없고 그 증상이 고정된 상태에 이르게 된 것을 말한다. 또, 장해란 부상 또는 질병이 치유되었으나 정신적 또는 육체적 훼손으로 인하여 노동능력이 상실되거나 감소된 상태를 말한다. 아울러, "폐질"

이에 따른 보험급여는 법령에 따른 보험급여를 받을 수 있는 자(수급권자)의 청구에 따라 지급한다. 보험급여를 산정하는 경우 해당 근로자의 평균임금을 산정하여야 할 사유가 발생한 날부터 1년이 지난 이후에는 매년 전체 근로자의 임금 평균액의 증감률에 따라 평균임금을 증감하되, 그 근로자의 연령이 60세에 도달한 이후에는 소비자물가변동률에 따라 평균임금을 증감한다. 다만, 법령에 따라 산정한 금액을 평균임금으로 보는 진폐에 걸린 근로자에 대한 보험급여는 제외하며, 이에 따른 전체 근로자의 임금 평균액의 증감률 및 소비자물가변동률의 산정 기준과 방법은 법령으로 정한다. 이 경우 산정된 증감률 및 변동률은 매년 고용부처장관이 고시한다.

또, 보험급여(진폐보상연금 및 진폐유족연금은 제외)를 산정할 때 해당 근로자의 근로형태가 특이하여 평균임금을 적용하는 것이 적당하지 아니하다고 인정되는 경우로서 법령으로 정하는 경우에는 법령으로 정하는 산정 방법에 따라 산정한 금액을 평균임금으로 하며, 진폐 등 법령으로 정하는 직업병으로 보험급여를 받게 되는 근로자에게 그 평균임금을 적용하는 것이 근로자의 보호에 적당하지 아니하다고 인정되면 법령으로 정하는 산정 방법에 따라 산정한 금액을 그 근로자의 평균임금으로 하고, 보험급여(장의비는 제외)를 산정할 때 그 근로자의 평균임금 또는 법령의 규정에 따라 보험급여의 산정 기준이 되는 평균임금이 전체 근로자의 임금 평균액의 1.8배(최고 보상기준 금액)를 초과하거나, 2분의 1(최저 보상기준 금액)보다 적으면 그 최고 보상기준 금액이나 최저 보상기준 금액을 각각 그 근로자의 평균임금으로 한다. 다만, 휴업급여 및 상병보상연금을 산정할 때에는 최저 보상기준 금액을 적용하지 아니한다.

한편, 최고 보상기준 금액이나 최저 보상기준 금액의 산정방법 및 적용기간은 법령으로 정한다. 이 경우 산정된 최고 보상기준 금액 또는 최저 보상기준 금액은 매년 고용부처장관이 고시한다.

(1) 요양급여

1) 요양급여의 내용 및 요양급여의 신청

요양급여는 근로자가 업무상의 사유로 부상을 당하거나 질병에 걸린 경우에 그 근로자에게 지급한다. 이에 따른 요양급여는 법령에 따른 산재보험 의료기관에서 요양을 하게 한다. 다만, 부득이한 경우에는 요양에 갈음하여 요양비를 지급할 수 있고, 요양급여의 범

이란 업무상의 부상 또는 질병에 따른 정신적 또는 육체적 훼손으로 노동능력이 상실되거나 감소된 상태로서 그 부상 또는 질병이 치유되지 아니한 상태를 말하고, "진폐"(塵肺)란 분진을 흡입하여 폐에 생기는 섬유증식성(纖維增殖性) 변화를 주된 증상으로 하는 질병을 말한다.

위는 ① 진찰 및 검사, ② 약제 또는 진료재료와 의지(義肢)나 그 밖의 보조기의 지급, ③ 처치, 수술, 그 밖의 치료, ④ 재활치료, ⑤ 입원, ⑥ 간호 및 간병, ⑦ 이송, ⑧ 그 밖에 법령으로 정하는 사항으로 한다. 그러나 부상 또는 질병이 3일 이내의 요양으로 치유될 수 있으면 요양급여를 지급하지 아니한다.

한편, 요양급여(진폐에 따른 요양급여는 제외)를 받으려는 자는 소속 사업장, 재해발생 경위, 그 재해에 대한 의학적 소견, 그 밖에 법령으로 정하는 사항을 적은 서류를 첨부하여 공단에 요양급여의 신청을 하여야 한다. 이 경우 요양급여 신청의 절차와 방법은 법령으로 정한다.

근로자를 진료한 법령에 따른 산재보험 의료기관은 그 근로자의 재해가 업무상의 재해로 판단되면 그 근로자의 동의를 받아 요양급여의 신청을 대행할 수 있다.

2) 건강보험의 우선 적용

산업재해보상보험법(산재법)에 따라 요양급여의 신청을 한 자는 공단이 같은 법에 따른 요양급여에 관한 결정을 하기 전에는 국민건강보험법에 따른 요양급여 또는 의료급여법에 따른 의료급여(건강보험 요양급여등)를 받을 수 있고, 이에 따라 건강보험 요양급여등을 받은 자가 국민건강보험법 또는 의료급여법에 따른 본인 일부 부담금을 산업재해보상보험법에 따른 산재보험 의료기관에 납부한 후에 같은 법에 따른 요양급여 수급권자로 결정된 경우에는 그 납부한 본인 일부 부담금 중 같은 법에 따른 요양급여에 해당하는 금액을 공단에 청구할 수 있다.

3) 산재보험 의료기관의 지정 · 지정취소 및 과징금

업무상의 재해를 입은 근로자의 요양을 담당할 의료기관(산재보험 의료기관)은 ① 산업재해보상보험법에 따라 공단에 두는 의료기관, ② 의료법에 따른 상급종합병원, ③ 의료법에 따른 의료기관과 지역보건법에 따른 보건소(지역보건법에 따른 보건의료원을 포함)로서 법령으로 정하는 인력 · 시설 등의 기준에 해당하는 의료기관 또는 보건소 중 공단이 지정한 의료기관 또는 보건소로 한다. 다만, 의료기관이나 보건소를 산재보험 의료기관으로 지정할 때에는 Ⓐ 의료기관이나 보건소의 인력 · 시설 · 장비 및 진료과목, Ⓑ 산재보험 의료기관의 지역별 분포의 요소를 고려하여야 한다.

공단은 상급종합병원 및 보건소가 산재보험 의료기관으로서 ① 업무상의 재해와 관련된 사항을 거짓이나 그 밖의 부정한 방법으로 진단하거나 증명한 경우, ② 산업재해보상보험법에 따른 진료비를 거짓이나 그 밖의 부정한 방법으로 청구한 경우, ③ 산업재해보상보험법에 따른 평가 결과 지정취소나 진료제한 등의 조치가 필요한 경우, ④ 의료법 위반이나 그 밖의 사유로 의료업을 일시적 또는 영구적으로 할 수 없게 되거나, 소속 의사가 의료행위를 일시적 또는 영구적으로 할 수 없게 된 경우, ⑤ 인력·시설 등의 기준에 미치지 못하게 되는 경우, ⑥ 진료제한 등의 조치를 위반하는 경우의 어느 하나의 사유에 해당하면 그 지정을 취소(보건소의 경우만 해당된다)하거나 12개월의 범위에서 업무상의 재해를 입은 근로자를 진료할 수 없도록 하는 진료제한 조치 또는 개선명령(진료제한등의 조치)을 할 수 있다. 이에 따라 지정이 취소된 산재보험 의료기관은 지정이 취소된 날부터 1년의 범위에서 법령으로 정하는 기간 동안은 산재보험 의료기관으로 다시 지정받을 수 없다.

또, 공단은 상급종합병원 및 보건소인 산재보험 의료기관이 ① 산업재해보상보험법에 따른 요양급여의 산정 기준을 위반하여 같은 법에 따른 진료비를 부당하게 청구한 경우, ② 같은 법을 위반하여 공단이 아닌 자에게 진료비를 청구한 경우, ③ 같은 법에 따른 진료계획을 제출하지 아니하는 경우, ④ 같은 법에 따른 보고, 제출 요구 또는 조사에 응하지 아니하는 경우, ⑤ 산재보험 의료기관의 지정 조건을 위반한 경우의 어느 하나의 사유에 해당하면 12개월의 범위에서 진료제한 등의 조치를 할 수 있다.

한편, 공단은 진료제한 조치를 하여야 하는 경우로서 그 진료제한 조치가 그 산재보험 의료기관을 이용하는 근로자에게 심한 불편을 주거나 그 밖에 특별한 사유가 있다고 인정되면, 그 진료제한 조치를 갈음하여 거짓이나 부정한 방법으로 지급하게 한 보험급여의 금액 또는 거짓이나 부정·부당하게 지급받은 진료비의 5배 이하의 범위에서 과징금을 부과할 수 있다.

4) 진료비 및 약제비의 청구와 진료계획의 제출

산재보험 의료기관이 산업재해보상보험법에 따라 요양을 실시하고 그에 드는 비용(이하 "진료비"라 한다)을 받으려면 공단에 청구하여야 하고, 이에 따라 청구된 진료비에 관한 심사 및 결정, 지급 방법 및 지급 절차는 법령으로 정한다. 공단은 같은 법에 따른 약제의 지급을 약사법에 따라 등록한 약국을 통하여 할 수 있고, 이에 따른 약국이 약제비를 받으려면 공단에 청구하여야 한다.

한편, 산재보험 의료기관은 산업재해보상보험법에 따라 요양급여를 받고 있는 근로자의 요양기간을 연장할 필요가 있는 때에는 그 근로자의 상병경과(傷病經過), 치료예정기간 및 치료방법 등을 적은 진료계획을 법령으로 정하는 바에 따라 공단에 제출하여야 하고, 공단은 이에 따라 제출된 진료계획이 적절한지를 심사하여 산재보험 의료기관에 대하여 치료기간의 변경을 명하는 등 법령으로 정하는 필요한 조치(진료계획 변경 조치 등)를 할 수 있다.

5) 요양기관 변경

공단은 ① 요양 중인 산재보험 의료기관의 인력·시설 등이 그 근로자의 전문적인 치료 또는 재활치료에 맞지 아니하여 다른 산재보험 의료기관으로 옮길 필요가 있는 경우, ② 생활근거지에서 요양하기 위하여 다른 산재보험 의료기관으로 옮길 필요가 있는 경우, ③ 산업재해보상보험법에 따른 상급종합병원에서 전문적인 치료 후 다른 산재보험 의료기관으로 옮길 필요가 있는 경우, ④ 그 밖에 법령으로 정하는 절차를 거쳐 부득이한 사유가 있다고 인정되는 경우의 어느 하나에 해당하는 사유가 있으면 요양 중인 근로자를 다른 산재보험 의료기관으로 옮겨 요양하게 할 수 있다.

또, 요양 중인 근로자는 ①호부터 ③까지의 어느 하나에 해당하는 사유가 있으면 공단에 전원(轉院) 요양[3]을 신청할 수 있다.

6) 추가상병 요양급여의 신청

업무상의 재해로 요양 중인 근로자는 그 업무상의 재해로 이미 발생한 부상이나 질병이 추가로 발견되어 요양이 필요한 경우, 그 업무상의 재해로 발생한 부상이나 질병이 원인이 되어 새로운 질병이 발생하여 요양이 필요한 경우의 어느 하나에 해당하는 경우에는 그 부상 또는 질병(이하 "추가상병"이라 한다)에 대한 요양급여를 신청할 수 있다.

7) 재요양 및 간병급여

산업재해보상보험법에 따른 요양급여를 받은 자가 치유 후 요양의 대상이 되었던 업무상의 부상 또는 질병이 재발하거나 치유 당시보다 상태가 악화되어 이를 치유하기 위한 적극적인 치료가 필요하다는 의학적 소견이 있으면 다시 같은 법에 따른 요양급여(재요양)를 받을 수 있다.

아울러, 간병급여는 산업재해보상보험법에 따른 요양급여를 받은 자 중 치유 후 의학적으로 상시 또는 수시로 간병이 필요하여 실제로 간병을 받는 자에게 지급한다.

---

3) "전원요양"이라 함은 최초 요양승인을 받고 현재 요양 중인 근로자가 보험시설 또는 의료기관의 소재지·인력 또는 시설 등이 그 근로자의 요양에 적합하지 않은 경우 다른 보험시설이나 의료기관에서 요양하게 하는 것을 말한다.

(2) 휴업급여

1) 휴업급여

휴업급여는 업무상 사유로 부상을 당하거나 질병에 걸린 근로자에게 요양으로 취업하지 못한 기간에 대하여 지급하되, 1일당 지급액은 평균임금의 100분의 70에 상당하는 금액으로 한다. 다만, 취업하지 못한 기간이 3일 이내이면 지급하지 아니한다.

2) 부분휴업급여

요양 또는 재요양을 받고 있는 근로자가 그 요양기간 중 일정 기간 또는 단시간 취업을 하는 경우에는 그 취업한 날 또는 취업한 시간에 해당하는 그 근로자의 평균임금에서 그 취업한 날 또는 취업한 시간에 대한 임금을 뺀 금액의 100분의 90에 상당하는 금액을 지급할 수 있다. 다만, 산업재해보상보험법에 따라 최저임금액을 1일당 휴업급여 지급액으로 하는 경우에는 최저임금액(법령에 따라 감액하는 경우에는 그 감액한 금액)에서 취업한 날 또는 취업한 시간에 대한 임금을 뺀 금액을 지급할 수 있으며, 이에 따라 단시간 취업하는 경우 취업하지 못한 시간(8시간에서 취업한 시간을 뺀 시간)에 대하여는 같은 법의 규정에 따라 산정한 1일당 휴업급여 지급액에 8시간에 대한 취업하지 못한 시간의 비율을 곱한 금액을 지급한다.

3) 저소득 근로자의 휴업급여

산업재해보상보험법에 따라 산정한 1일당 휴업급여 지급액이 최저 보상기준 금액의 100분의 80보다 적거나 같으면 그 근로자에 대하여는 평균임금의 100분의 90에 상당하는 금액을 1일당 휴업급여 지급액으로 한다. 다만, 그 근로자의 평균임금의 100분의 90에 상당하는 금액이 최저 보상기준 금액의 100분의 80보다 많은 경우에는 최저 보상기준 금액의 100분의 80에 상당하는 금액을 1일당 휴업급여 지급액으로 한다. 이때 산정한 휴업급여 지급액이 최저임금법에 따른 시간급 최저임금액에 8을 곱한 금액(이하 "최저임금액"이라 한다)보다 적으면 그 최저임금액을 그 근로자의 1일당 휴업급여 지급액으로 한다.

4) 고령자의 휴업급여

휴업급여를 받는 근로자가 61세가 되면 그 이후의 휴업급여는 법령에 따라 산정한 금액을 지급한다. 다만, 61세 이후에 취업 중인 자가 업무상의 재해로 요양하거나 61세 전에 산업재해보상보험법에 따른 업무상 질병으로 장해급여를 받은 자가 61세 이후에 그 업무상 질병으로 최초로 요양하는 경우 법령으로 정하는 기간에는 고령자의 휴업급여지급기준(산재법 별표 1)을 적용하지 아니한다.

5) 재요양 기간 중의 휴업급여

재요양을 받는 자에 대하여는 재요양 당시의 임금을 기준으로 산정한 평균임금의 100분의 70에 상당하는 금액을 1일당 휴업급여 지급액으로 한다. 이 경우 평균임금 산정사유 발생일은 법령으로 정하며, 이에 따라 산정한 1일당 휴업급여 지급액이 최저임금액보다 적거나 재요양 당시 평균임금 산정의 대상이 되는 임금이 없으면 최저임금액을 1일당 휴업급여 지급액으로 한다.

장해보상연금을 지급받는 자가 재요양하는 경우에는 1일당 장해보상연금액(산재법에 따라 산정한 장해보상연금액을 365로 나눈 금액을 말함)과 같은 법에 따라 산정한 1일당 휴업급여 지급액을 합한 금액이 장해보상연금의 산정에 적용되는 평균임금의 100분의 70을 초과하면 그 초과하는 금액 중 휴업급여에 해당하는 금액은 지급하지 아니한다. 다만, 재요양 기간 중의 휴업급여를 산정할 때에는 이를 적용하지 아니한다.

(3) 장해급여

1) 장해급여

장해급여는 근로자가 업무상의 사유로 부상을 당하거나 질병에 걸려 치유된 후 신체 등에 장해가 있는 경우에 그 근로자에게 지급하며, 장해급여는 장해등급에 따라 산업재해보상보험법에 따른 장해보상연금 또는 장해보상일시금으로 하되, 그 장해등급의 기준은 법령으로 정하는 바, 이에 따른 장해보상연금 또는 장해보상일시금은 수급권자의 선택에 따라 지급한다. 다만, 법령으로 정하는 노동력을 완전히 상실한 장해등급의 근로자에게는 장해보상연금을 지급하고, 장해급여 청구사유 발생 당시 대한민국 국민이 아닌 자로서 외국에서 거주하고 있는 근로자에게는 장해보상일시금을 지급한다.

장해보상연금은 수급권자가 신청하면 그 연금의 최초 1년분 또는 2년분(노동력을 완전히 상실한 장해등급의 근로자에게는 그 연금의 최초 1년분부터 4년분까지)의 2분의 1에 상당하는 금액을 미리 지급할 수 있다. 이 경우 미리 지급하는 금액에 대하여는 100분의 5의 비율 범위에서 법령으로 정하는 바에 따라 이자를 공제할 수 있고, 장해보상연금 수급권자의 수급권이 법령에 따라 소멸한 경우에 이미 지급한 연금액을 지급 당시의 각각의 평균임금으로 나눈 일수(日數)의 합계가 법령에 따른 장해보상일시금의 일수에 못 미치면 그 못 미치는 일수에 수급권 소멸 당시의 평균임금을 곱하여 산정한 금액을 유족 또는 그 근로자에게 일시금으로 지급한다.

2) 장해보상연금 등의 수급권의 소멸

장해보상연금 또는 진폐보상연금의 수급권자가 ① 사망한 경우, ② 대한민국 국민이었던 수급권자가 국적을 상실하고 외국에서 거주하고 있거나 외국에서 거주하기 위하여 출국하는 경우, ③ 대한민국 국민이 아닌 수급권자가 외국에서 거주하기 위하여 출국하는 경우, ④ 장해등급 또는 진폐장해등급이 변경되어 장해보상연금 또는 진폐보상연금의 지급 대상에서 제외되는 경우의 어느 하나에 해당하면 그 수급권이 소멸한다.

3) 장해등급 등의 재판정

공단은 장해보상연금 또는 진폐보상연금 수급권자 중 그 장해상태가 호전되거나 악화되어 이미 결정된 장해등급 또는 진폐장해등급(이하 이 조에서 "장해등급 등"이라 한다)이 변경될 가능성이 있는 자에 대하여는 그 수급권자의 신청 또는 직권으로 장해등급 등을 재판정할 수 있고, 이에 따른 장해등급 등의 재판정 결과 장해등급 등이 변경되면 그 변경된 장해등급 등에 따라 장해급여 또는 진폐보상연금을 지급한다.

장해등급 등 재판정은 1회 실시하되 그 대상자·시기 및 재판정 결과에 따른 장해급여 또는 진폐보상연금의 지급 방법은 법령으로 정한다.

4) 재요양에 따른 장해급여

장해보상연금의 수급권자가 재요양을 받는 경우에도 그 연금의 지급을 정지하지 아니한다. 재요양을 받고 치유된 후 장해상태가 종전에 비하여 호전되거나 악화된 경우에는 그 호전 또는 악화된 장해상태에 해당하는 장해등급에 따라 장해급여를 지급한다. 이 경우 재요양 후의 장해급여의 산정 및 지급 방법은 법령으로 정한다.

(4) 유족급여 및 유족보상연금

1) 유족급여

유족급여는 근로자가 업무상의 사유로 사망한 경우에 유족에게 지급한다. 또, 유족급여는 산업재해보상보험법에 따른 유족보상연금이나 유족보상일시금으로 하되, 유족보상일시금은 근로자가 사망할 당시 같은 법에 따른 유족보상연금을 받을 수 있는 자격이 있는 자가 없는 경우에 지급하며, 이에 따른 유족보상연금을 받을 수 있는 자격이 있는 자가 원하면 같은 법의 유족보상일시금의 100분의 50에 상당하는 금액을 일시금으로 지급하고 유족보상연금은 100분의 50을 감액하여 지급한다. 유족보상연금을 받던 자가 그 수급자격을 잃은 경우 다른 수급자격자가 없고 이미 지급한 연금액을 지급 당시의 각각의 평균임금으로 나누어 산정한 일수의 합계가 1,300일에 못 미치면 그 못 미치는 일수에 수급자격 상실 당시의 평균임금을 곱하여 산정한 금액을 수급자격 상실 당시의 유족에게 일시금으로 지급한다.

2) 유족보상연금 수급자격자의 범위

유족보상연금을 받을 수 있는 자격이 있는 자(이하 “유족보상연금 수급자격자”라 함)는 근로자가 사망할 당시 그 근로자와 생계를 같이 하고 있던 유족(그 근로자가 사망할 당시 대한민국 국민이 아닌 자로서 외국에서 거주하고 있던 유족은 제외) 중 처(사실상 혼인 관계에 있는 자를 포함)와 남편(사실상 혼인 관계에 있는 자를 포함)·부모 또는 조부모로서 각각 60세 이상인 자, 자녀 또는 손자녀로서 각각 18세 미만인 자, 형제자매로서 18세 미만이거나 60세 이상인 자, 앞의 어느 하나에 해당하지 아니하는 남편·자녀·부모·손자녀·조부모 또는 형제자매로서 장애인복지법에 따른 장애인 중 법령으로 정한 장애등급 이상에 해당하는 자의 어느 하나에 해당하는 자로 하며, 이때 근로자가 사망할 당시 태아(胎兒)였던 자녀가 출생한 경우에는 출생한 때부터 장래에 향하여 근로자가 사망할 당시 그 근로자와 생계를 같이 하고 있던 유족으로 본다. 이때, 유족보상연금 수급자격자 중 유족보상연금을 받을 권리의 순위는 배우자·자녀·부모·손자녀·조부모 및 형제자매의 순서로 한다.

3) 유족보상연금 수급자격자의 자격 상실과 지급 정지

유족보상연금 수급자격자인 유족이 ① 사망한 경우, ② 재혼한 때(사망한 근로자의 배우자만 해당하며, 재혼에는 사실상 혼인 관계에 있는 경우를 포함), ③ 사망한 근로자와의 친족 관계가 끝난 경우, ④ 자녀·손자녀 또는 형제자매가 18세가 된 경우, ⑤ 장애인이었던 자로서 그 장애 상태가 해소된 경우, ⑥ 근로자가 사망할 당시 대한민국 국민이었던 유족보상연금 수급자격자가 국적을 상실하고 외국에서 거주하고 있거나 외국에서 거주하기 위하여 출국하는 경우, ⑦ 대한민국 국민이 아닌 유족보상연금 수급자격자가 외국에서 거주하기 위하여 출국하는 경우의 어느 하나에 해당하면 그 자격을 잃는다.

유족보상연금을 받을 권리가 있는 유족보상연금 수급자격자(유족보상연금 수급권자)가 그 자격을 잃은 경우에 유족보상연금을 받을 권리는 같은 순위자가 있으면 같은 순위자에게, 같은 순위자가 없으면 다음 순위자에게 이전된다. 또, 유족보상연금 수급권자가 3개월 이상 행방불명이면 법령으로 정하는 바에 따라 연금 지급을 정지하고, 같은 순위자가 있으면 같은 순위자에게, 같은 순위자가 없으면 다음 순위자에게 유족보상연금을 지급한다.

4) 수급권자인 유족의 순위

산업재해보상보험법에 따른 유족 간의 수급권의 순위는 ① 근로자가 사망할 당시 그 근로자와 생계를 같이 하고 있던 배우자·자녀·부모·손자녀 및 조부모, ② 근로자가 사망할 당시 그 근로자와 생계를 같이 하고 있지 아니하던 배우자·자녀·부모·손자녀 및 조부모 또는 근로자가 사망할 당시 근로자와 생계를 같이 하고 있던 형제자매, ③ 형제자매의 순서로 하되, 각 호의 자 사이에서는 각각 그 적힌 순서에 따른다. 이 경우 같은 순위의 수급권자가 2명 이상이면 그 유족에게 똑같이 나누어 지급한다. 이때 부모는 양부모(養父母)를 선순위로, 실부모(實父母)를 후순위로 하고, 조부모는 양부모의 부모를 선순위로, 실부모의 부모를 후순위로, 부모의 양부모를 선순위로, 부모의 실부모를 후순위로 한다. 수급권자인 유족이 사망한 경우 그 보험급여는 같은 순위자가 있으면 같은 순위자에게, 같은 순위자가 없으면 다음 순위자에게 지급하며, 근로자가 유언으로 보험급여를 받을 유족을 지정하면 그 지정에 따른다.

(5) 상병보상연금

1) 상병보상연금의 지급요건

요양급여를 받는 근로자가 요양을 시작한 지 2년이 지난 날 이후에 ① 그 부상이나 질병이 치유되지 아니한 상태일 것, ② 그 부상이나 질병에 따른 폐질(廢疾)의 정도가 법령으로 정하는 폐질등급 기준에 해당할 것, ③ 요양으로 인하여 취업하지 못하였을 것의 요건 모두에 해당하는 상태가 계속되면 휴업급여 대신 상병보상연금을 그 근로자에게 지급한다. 상병보상연금은 산업재해보상보험법에 따른 폐질등급에 따라 지급한다.

2) 저소득 근로자의 상병보상연금

상병보상연금을 산정할 때 그 근로자의 평균임금이 최저임금액에 70분의 100을 곱한 금액보다 적을 때에는 최저임금액의 70분의 100에 해당하는 금액을 그 근로자의 평균임금으로 보아 산정한다.

산업재해보상보험법에서 정한 바에 따라 산정한 상병보상연금액을 365로 나눈 1일당 상병보상연금 지급액이 같은 법에서 정한 바에 따라 산정한 1일당 휴업급여 지급액보다 적으면 같은 법에서 정한 바에 따라 산정한 금액을 1일당 상병보상연금 지급액으로 한다.

3) 고령자의 상병보상연금

상병보상연금을 받는 근로자가 61세가 되면 그 이후의 상병보상연금은 산업재해보상보험법에 따른 1일당 상병보상연금 지급기준에 따라 산정한 금액을 지급한다.

4) 재요양 기간 중의 상병보상연금

재요양을 시작한 지 2년이 지난 후에 상병상태가 법령에서 정한 요건 모두에 해당하는 자에게는 휴업급여 대신 산업재해보상보험법에 따른 폐질등급에 따라 상병보상연금을 지급한다. 이 경우 상병보상연금을 산정할 때에는 재요양 기간 중의 휴업급여 산정에 적용되는 평균임금을 적용하되, 그 평균임금이 최저임금액에 70분의 100을 곱한 금액보다 적거나 재요양 당시 평균임금 산정의 대상이 되는 임금이 없을 때에는 최저임금액의 70분의 100에 해당하는 금액을 그 근로자의 평균임금으로 보아 산정하고, 이에 따른 상병보상연금을 받는 근로자가 장해보상연금을 받고 있으면 같은 법에 따른 폐질등급별 상병보상연금의 지급일수에서 같은 법에 따른 장해등급별 장해보상연금의 지급일수를 뺀 일수에 평균임금을 곱하여 산정한 금액을 그 근로자의 상병보상연금으로 하되, 이에 따른 상병보상연금을 받는 근로자가 61세가 된 이후에는 같은 법에 따라 산정한 1일당 상병보상연금 지급액에서 제1항 후단에 따른 평균임금을 기준으로 산정한 1일당 장해보상연금 지급액을 뺀 금액을 1일당 상병보상연금 지급액으로 한다. 한편, 장해보상연금을 받는 근로자가 재요양하는 경우에는 상병보상연금을 지급하지 아니한다. 다만, 재요양 중에 폐질등급이 높아지면 재요양을 시작한 때부터 2년이 경과한 것으로 보아 법령에 따라 산정한 상병보상연금을 지급한다.

5) 연금의 지급기간 및 지급시기

장해보상연금, 유족보상연금, 진폐보상연금 또는 진폐유족연금의 지급은 그 지급사유가 발생한 달의 다음 달 초일부터 시작되며, 그 지급받을 권리가 소멸한 달의 말일에 끝난다. 반면에, 장해보상연금, 유족보상연금, 진폐보상연금 또는 진폐유족연금은 그 지급을 정지할 사유가 발생한 때에는 그 사유가 발생한 달의 다음 달 초일부터 그 사유가 소멸한 달의 말일까지 지급하지 아니한다.

장해보상연금, 유족보상연금, 진폐보상연금 또는 진폐유족연금은 매년 이를 12등분하여 매달 25일에 그 달 치의 금액을 지급하되, 지급일이 토요일이거나 공휴일이면 그 전날에 지급한다. 다만, 장해보상연금, 유족보상연금, 진폐보상연금 또는 진폐유족연금을 받을 권리가 소멸한 경우에는 지급일 전이라도 지급할 수 있다.

(6) 장의비

장의비는 근로자가 업무상의 사유로 사망한 경우에 지급하되, 평균임금의 120일분에 상당하는 금액을 그 장제(葬祭)를 지낸 유족에게 지급한다. 다만, 장제를 지낼 유족이 없거나 그 밖에 부득이한 사유로 유족이 아닌 자가 장제를 지낸 경우에는 평균임금의 120일분에 상당하는 금액의 범위에서 실제 드는 비용을 그 장제를 지낸 자에게 지급하되, 이에 따른 장의비가 법령으로 정하는 바에 따라 고용부처장관이 고시하는 최고 금액을 초과하거나 최저 금액에 미달하면 그 최고 금액 또는 최저 금액을 각각 장의비로 한다.

(7) 직업재활 및 직업훈련 급여

1) 직업재활급여

직업재활급여의 종류는 ① 장해급여 또는 진폐보상연금을 받은 자나 장해급여를 받을 것이 명백한 자로서 법령으로 정하는 자(장해급여자) 중 취업을 위하여 직업훈련이 필요한 자(훈련대상자)에 대하여 실시하는 직업훈련에 드는 비용 및 직업훈련수당, ② 업무상의 재해가 발생할 당시의 사업에 복귀한 장해급여자에 대하여 사업주가 고용을 유지하거나 직장적응훈련 또는 재활운동을 실시하는 경우에 각각 지급하는 직장복귀지원금, 직장적응훈련비 및 재활운동비와 같다.

2) 직업훈련비용

훈련대상자에 대한 직업훈련은 공단과 계약을 체결한 직업훈련기관(직업훈련기관)에서 실시하게 한다. 법령에 따른 직업훈련에 드는 비용(직업훈련비용)은 직업훈련을 실시한 직업훈련기관에 지급한다. 다만, 직업훈련기관이 장애인고용법, 고용보험법 또는 직업능력개발법이나 그 밖에 다른 법령에 따라 직업훈련비용에 상당한 비용을 받은 경우 등 법령으로 정하는 경우에는 지급하지 아니한다. 한편, 직업훈련비용의 금액은 고용부처장관이 훈련비용, 훈련기간 및 노동시장의 여건 등을 고려하여 고시하는 금액의 범위에서 실제 드는 비용으로 하되, 직업훈련비용을 지급하는 훈련기간은 12개월 이내로 한다.

3) 직업훈련수당

직업훈련수당은 직업훈련을 받는 훈련대상자에게 그 직업훈련으로 인하여 취업하지 못하는 기간에 대하여 지급하되, 1일당 지급액은 최저임금액에 상당하는 금액으로 한다. 다만, 휴업급여나 상병보상연금을 받는 훈련대상자에게는 직업훈련수당을 지급하지 아니한다.

상기에 따른 직업훈련수당을 받는 자가 장해보상연금 또는 진폐보상연금을 받는 경우에는 1일당 장해보상연금액 또는 1일당 진폐보상연금액(법령에 따라 산정한 진폐보상연금액을 365로 나눈 금액)과 1일당 직업훈련수당을 합한 금액이 그 근로자의 장해보상연금 또는 진폐보상연금 산정에 적용되는 평균임금의 100분의 70을 초과하면 그 초과하는 금액 중 직업훈련수당에 해당하는 금액은 지급하지 아니한다.

(8) 직장복귀지원금 등

직장복귀지원금, 직장적응훈련비 및 재활운동비는 장해급여자에 대하여 고용을 유지하거나 직장적응훈련 또는 재활운동을 실시하는 사업주에게 각각 지급한다. 이 경우 직장복귀지원금, 직장적응훈련비 및 재활운동비의 지급요건은 각각 법령으로 정한다.

직장복귀지원금은 고용부처장관이 임금수준 및 노동시장의 여건 등을 고려하여 고시하는 금액의 범위에서 사업주가 장해급여자에게 지급한 임금액으로 하되, 그 지급기간은 12개월 이내로 한다.

직장적응훈련비 및 재활운동비는 고용부처장관이 직장적응훈련 또는 재활운동에 드는 비용을 고려하여 고시하는 금액의 범위에서 실제 드는 비용으로 하되, 그 지급기간은 3개월 이내로 한다.

장해급여자를 고용하고 있는 사업주가 고용보험법에 따른 지원금, 장애인고용법에 따른 장애인 고용장려금이나 그 밖에 다른 법령에 따라 직장복귀지원금, 직장적응훈련비 또는 재활운동비(직장복귀지원금 등)에 해당하는 금액을 받은 경우 등 법령으로 정하는 경우에는 그 받은 금액을 빼고 직장복귀지원금 등을 지급한다. 그러나 사업주가 장애인고용법에 따른 의무로써 장애인을 고용한 경우 등 법령으로 정하는 경우에는 직장복귀지원금 등을 지급하지 아니한다.

(9) 보험급여의 일시지급

대한민국 국민이 아닌 근로자가 업무상의 재해에 따른 부상 또는 질병으로 요양 중 치유되기 전에 출국하기 위하여 보험급여의 일시지급을 신청하는 경우에는 출국하기 위하여 요양을 중단하는 날 이후에 청구 사유가 발생할 것으로 예상되는 보험급여를 한꺼번에 지급할 수 있고, 이에 따라 한꺼번에 지급할 수 있는 금액은 ① 출국하기 위하여 요양을 중단하는 날부터 업무상의 재해에 따른 부상 또는 질병이 치유될 것으로 예상되는 날까지의 요양급여, ② 출국하기 위하여 요양을 중단하는 날부터 업무상 부상 또는 질병이 치유되거나 그 상병상태가 취업할 수 있게 될 것으로 예상되는 날(그 예상되는 날이 요양 개시일부터 2년이 넘는 경우에는 요양 개시일부터 2년이 되는 날)까지의 기간에 대한 휴업급여, ③ 출국하기 위하여 요양을 중단할 당시 업무상의 재해에 따른 부상 또는 질병이 치유된 후에 남을 것으로 예상되는 장해의 장해등급에 해당하는 장해보상일시금, ④ 출국하기 위하여 요양을 중단할 당시 요양 개시일부터 2년이 지난 후에 상병보상연금의 지급대상이 되는 폐질상태가 지속될 것으로 예상되는 경우에는 그 예상되는 폐질등급(요양 개시일부터 2년이 경과한 후 출국하기 위하여 요양을 중단하는 경우에는 그 당시의 상병상태에 따른 폐질등급)과 같은 장해등급에 해당하는 장해보상일시금에 해당하는 금액, ⑤ 요양 당시 받고 있는 진폐장해등급에 따른 진폐보상연금의 보험급여를 미리 지급하는 기간에 따른 이자 등을 고려하여 법령으로 정하는 방법에 따라 각각 환산한 금액을 합한 금액으로 한다. 이 경우 해당 근로자가 ③호 및 ④호에 따른 보험급여의 지급사유 모두에 해당될 것으로 의학적으로 판단되는 경우에는 ④호에 해당하는 보험급여의 금액은 합산하지 아니한다.

(10) 특별급여

1) 장해특별급여

보험가입자의 고의 또는 과실로 발생한 업무상의 재해로 근로자가 법령으로 정하는 장해등급 또는 진폐장해등급에 해당하는 장해를 입은 경우에 수급권자가 민법에 따른 손해배상청구를 갈음하여 장해특별급여를 청구하면 장해급여 또는 진폐보상연금 외에 법령으로 정하는 장해특별급여를 지급할 수 있다. 다만, 근로자와 보험가입자 사이에 장해특별급여에 관하여 합의가 이루어진 경우에 한한다.

수급권자가 상기에 따른 장해특별급여를 받으면 동일한 사유에 대하여 보험가입자에게 민법이나 그 밖의 법령에 따른 손해배상을 청구할 수 없다.

2) 유족특별급여

보험가입자의 고의 또는 과실로 발생한 업무상의 재해로 근로자가 사망한 경우에 수급권자가 민법에 따른 손해배상청구를 갈음하여 유족특별급여를 청구하면 유족급여 또는 진폐유족연금 외에 법령으로 정하는 유족특별급여를 지급할 수 있다. 이때, 유족특별급여에 관하여는 장해특별급여 규정을 준용하여 이 경우 "장해특별급여"는 "유족특별급여"로 본다.

3. 다른 보상이나 배상과의 관계

수급권자가 산업재해보상보험법에 따라 보험급여를 받았거나 받을 수 있으면 보험가입자는 동일한 사유에 대하여 근기법에 따른 재해보상 책임이 면제된다.

수급권자가 동일한 사유에 대하여 산업재해보상보험법에 따른 보험급여를 받으면 보험가입자는 그 금액의 한도 안에서 민법이나 그 밖의 법령에 따른 손해배상의 책임이 면제된다. 이 경우 장해보상연금 또는 유족보상연금을 받고 있는 자는 장해보상일시금 또는 유족보상일시금을 받은 것으로 본다.

수급권자가 동일한 사유로 민법이나 그 밖의 법령에 따라 산업재해보상보험법의 보험급여에 상당한 금품을 받으면 공단은 그 받은 금품을 법령으로 정하는 방법에 따라 환산한 금액의 한도 안에서 이 법에 따른 보험급여를 지급하지 아니한다. 아울러, 요양급여를 받는 근로자가 요양을 시작한 후 3년이 지난 날 이후에 상병보상연금을 지급받고 있으면 근로기준법을 적용할 때 그 사용자는 그 3년이 지난 날 이후에는 같은 법에 따른 일시보상을 지급한 것으로 본다.

4. 보험급여와 징수금 및 수급권

(1) 미지급의 보험급여 및 보험급여 지급의 제한

보험급여의 수급권자가 사망한 경우에 그 수급권자에게 지급하여야 할 보험급여로서 아직 지급되지 아니한 보험급여가 있으면 그 수급권자의 유족(유족급여의 경우에는 그 유족급여를 받을 수 있는 다른 유족)의 청구에 따라 그 보험급여를 지급한다. 이의 경우에 그 수급권자가 사망 전에 보험급여를 청구하지 아니하면 유족의 청구에 따라 그 보험급여를 지급한다. 아울러, 보험급여는 지급 결정일부터 14일 이내에 지급하여야 한다.

한편, 공단은 근로자가 요양 중인 근로자가 정당한 사유 없이 요양에 관한 지시를 위반하여 부상·질병 또는 장해 상태를 악화시키거나 치유를 방해한 경우, 장해보상연금 또는 진폐보상연금 수급권자가 법령에 따른 장해등급 또는 진폐장해등급 재판정 전에 자해(自害) 등 고의로 장해 상태를 악화시킨 경우의 어느 하나에 해당되면 보험급여의 전부 또는 일부를 지급하지 아니할 수 있다. 이에 따라 공단은 보험급여를 지급하지 아니하기로 결정하면 지체 없이 이를 관계 보험가입자와 근로자에게 알려야 한다.

(2) 부당이득의 징수 및 보험급여 등의 충당

공단은 보험급여를 받은 자가 ① 거짓이나 그 밖의 부정한 방법으로 보험급여를 받은 경우, ② 수급권자 또는 수급권이 있었던 자가 법령의 규정에 따른 신고의무를 이행하지 아니하여 부당하게 보험급여를 지급받은 경우, ③ 밖에 잘못 지급된 보험급여가 있는 경우의 어느 하나에 해당하면 그 급여액에 해당하는 금액(①의 경우에는 그 급여액의 2배에 해당하는 금액)을 징수하여야 한다. 이 경우 공단이 산업재해보상보험법에 따른 요양급여 정산 방법에 따라 국민건강보험공단등에 청구하여 받은 금액은 징수할 금액에서 제외한다. ①호의 경우 보험급여의 지급이 보험가입자·산재보험 의료기관 또는 직업훈련기관의 거짓된 신고, 진단 또는 증명으로 인한 것이면 그 보험가입자·산재보험 의료기관 또는 직업훈련기관도 연대하여 책임을 진다.

공단은 산재보험 의료기관이나 법령에 따른 약국이 Ⓐ 거짓이나 그 밖의 부정한 방법으로 진료비나 약제비를 지급받은 경우, Ⓑ 법령에 따른 요양급여의 산정 기준을 위반하여 부당하게 진료비나 약제비를 지급받은 경우, Ⓒ 그 밖에 진료비나 약제비를 잘못 지급받은 경우의 어느 하나에 해당하면 그 진료비나 약제비에 해당하는 금액을 징수하여야 한다. 다만, Ⓐ호의 경우에는 그 진료비나 약제비의 2배에 해당하는 금액(법령에서 별도로 정하는 과징금을 부과하는 경우에는 그 진료비에 해당하는 금액)을 징수한다.

한편, 산업재해보상보험법에 따른 보험급여액의 징수, 같은 법에 따른 장해특별급여액의 징수, 같은 법에 따른 유족특별급여액의 징수 및 부당이득의 징수에 관하여는 보험료징수법을 준용하고, 이 경우 "건강보험공단"은 "공단"으로 본다. 아울러, 공단은 산업재해보상보험법의 부당이득의 징수규정에 따라 부당이득을 받은 자, 연대책임이 있는 보험가입자 또는 산재보험 의료기관에 지급할 보험급여·진료비 또는 약제비가 있으면 이를 부당이득 징수규정에 따라 징수할 금액에 충당할 수 있다.

(3) 제3자에 대한 구상권

공단은 제3자의 행위에 따른 재해로 보험급여를 지급한 경우에는 그 급여액의 한도 안에서 급여를 받은 자의 제3자에 대한 손해배상청구권을 대위(代位)한다. 다만, 보험가입자인 2 이상의 사업주가 같은 장소에서 하나의 사업을 분할하여 각각 행하다가 그 중 사업주를 달리하는 근로자의 행위로 재해가 발생하면 그러하지 아니하다.

상기의 경우에 수급권자가 제3자로부터 동일한 사유로 산업재해보상보험법의 보험급여에 상당하는 손해배상을 받으면 공단은 그 배상액을 법령으로 정하는 방법에 따라 환산한 금액의 한도 안에서 동법에 따른 보험급여를 지급하지 아니한다. 아울러, 수급권자 및 보험가입자는 제3자의 행위로 재해가 발생하면 지체 없이 공단에 신고하여야 한다.

(4) 수급권의 보호 및 대위

근로자의 보험급여를 받을 권리는 퇴직하여도 소멸되지 아니하며, 보험급여를 받을 권리는 양도 또는 압류하거나 담보로 제공할 수 없다. 한편, 보험가입자(보험료징수법에 따른 하수급인을 포함)가 소속 근로자의 업무상의 재해에 관하여 산업재해보상보험법에 따른 보험급여의 지급 사유와 동일한 사유로 민법이나 그 밖의 법령에 따라 보험급여에 상당하는 금품을 수급권자에게 미리 지급한 경우로서 그 금품이 보험급여에 대체하여 지급한 것으로 인정되는 경우에 보험가입자는 같은 법으로 정하는 바에 따라 그 수급권자의 보험급여를 받을 권리를 대위한다.

(5) 요양급여 비용의 정산

공단은 국민건강보험법에 따른 국민건강보험공단 또는 의료급여법에 따른 시장, 군수 또는 구청장(국민건강보험공단 등)이 산업재해보상보험법에 따른 요양급여의 수급권자에게 건강보험 요양급여 등을 우선 지급하고 그 비용을 청구하는 경우에는 그 건강보험 요양급여 등이 같은 법에 따라 지급할 수 있는 요양급여에 상당한 것으로 인정되면 그 요양급여에 해당하는 금액을 지급할 수 있다.

공단이 수급권자에게 요양급여를 지급한 후 그 지급결정이 취소된 경우로서 그 지급한 요양급여가 국민건강보험법 또는 의료급여법에 따라 지급할 수 있는 건강보험 요양급여 등에 상당한 것으로 인정되면 공단은 그 건강보험 요양급여 등에 해당하는 금액을 국민건강보험공단 등에 청구할 수 있다.

Ⅲ. 진폐에 따른 보험급여의 특례

1. 진폐에 대한 업무상 재해의 인정기준

근로자가 진폐에 걸릴 우려가 있는 작업으로서 암석, 금속이나 유리섬유 등을 취급하는 작업 등 법령으로 정하는 분진작업에 종사하여 진폐에 걸리면 업무상 질병으로 본다.

2. 진폐연금 및 요양급여

(1) 진폐보상연금

진폐보상연금은 업무상 질병인 진폐에 걸린 근로자(진폐근로자)에게 지급한다. 진폐보상연금은 법령에 따른 평균임금을 기준으로 하여 산정하는 진폐장해등급별 진폐장해연금과 기초연금을 합산한 금액으로 한다. 이 경우 기초연금은 최저임금액의 100분의 60에 365를 곱하여 산정한 금액으로 한다.

진폐보상연금을 받던 사람이 그 진폐장해등급이 변경된 경우에는 변경된 날이 속한 달의 다음 달부터 기초연금과 변경된 진폐장해등급에 해당하는 진폐장해연금을 합산한 금액을 지급한다.

(2) 진폐유족연금

진폐유족연금은 진폐근로자가 진폐로 사망한 경우에 유족에게 지급한다. 진폐유족연금은 사망 당시 진폐근로자에게 지급하고 있거나 지급하기로 결정된 진폐보상연금과 같은 금액으로 한다. 이 경우 진폐유족연금은 법령에 따라 산정한 유족보상연금을 초과할 수 없다.

진폐에 대한 진단을 받지 아니한 근로자가 업무상 질병인 진폐로 사망한 경우에 그 근로자에 대한 진폐유족연금은 기초연금과 진폐장해등급별로 법령에 따라 산정한 진폐장해연금을 합산한 금액으로 한다.

(3) 진폐에 대한 요양급여 등의 청구

분진작업에 종사하고 있거나 종사하였던 근로자가 업무상 질병인 진폐로 요양급여 또는 진폐보상연금을 받으려면 법령으로 정하는 서류를 첨부하여 공단에 청구하여야 한다.

상기에 따라 요양급여 등을 청구한 사람이 요양급여 등의 지급 또는 부지급 결정을 받은 경우에는 진단이 종료된 날부터 1년이 지나거나 요양이 종결되는 때에 다시 요양급여 등을 청구할 수 있다. 다만, 법령에 따른 건강진단기관으로부터 합병증(진폐근로자보호법에 따른 합병증)이나 심폐기능의 고도장해 등으로 응급진단이 필요하다는 의학적 소견이 있으면 1년이 지나지 아니한 경우에도 요양급여 등을 청구할 수 있다.

3. 진폐의 진단

공단은 근로자가 요양급여 등을 청구하면 진폐근로자보호법에 따른 건강진단기관에 진폐판정에 필요한 진단을 의뢰하여야 하며, 건강진단기관은 이에 따라 진폐에 대한 진단을 의뢰받으면 법령으로 정하는 바에 따라 진폐에 대한 진단을 실시하고 그 진단결과를 공단에 제출하여야 한다.

근로자가 진폐근로자보호법의 규정에 따른 건강진단을 받은 후에 건강진단기관이 같은 법에 따라 해당 근로자의 흉부 엑스선 사진 등을 고용부처장관에게 제출한 경우에는 산업재해보상보험법에 따라 요양급여 등을 청구하고 진단결과를 제출한 것으로 본다.

4. 진폐심사회의 및 판정과 결정

(1) 진폐심사회의

진폐의 진단에 따른 진단결과에 대하여 진폐병형 및 합병증 등을 심사하기 위하여 공단에 관계 전문가 등으로 구성된 진폐심사회의를 둔다.

(2) 진폐판정 및 보험급여의 결정

공단은 진폐의 진단결과를 받으면 진폐심사회의의 심사를 거쳐 해당 근로자의 진폐병형, 합병증의 유무 및 종류, 심폐기능의 정도 등을 판정(진폐판정)하여야 한다. 이 경우 진폐판정에 필요한 기준은 법령으로 정하며, 공단은 이의 진폐판정 결과에 따라 요양급여의 지급 여부, 진폐장해등급과 그에 따른 진폐보상연금의 지급 여부 등을 결정하여야 한다. 이 경우 진폐장해등급 기준 및 합병증 등에 따른 요양대상인정기준은 법령으로 정한다.

공단은 합병증 등으로 심폐기능의 정도를 판정하기 곤란한 진폐근로자에 대하여는 진폐장해등급 기준에도 불구하고 진폐병형을 고려하여 진폐장해등급을 결정한다. 이 경우 진폐장해등급 기준은 법령으로 정하고, 공단은 보험급여의 지급 여부 등을 결정하면 그 내용을 해당 근로자에게 알려야 한다.

5. 진폐에 따른 요양급여의 지급 절차와 기준

공단은 법령에 따라 요양급여를 지급하기로 결정된 진폐근로자에 대하여는 산재보험 의료기관 중 진폐근로자의 요양을 담당하는 의료기관(진폐요양 의료기관)에서 요양을 하게 한다.

고용부처장관은 진폐요양 의료기관이 적정한 요양을 제공하는 데 활용할 수 있도록 전문가의 자문 등을 거쳐 입원과 통원의 처리기준, 표준적인 진료기준 등을 정하여 고시할 수 있고, 공단은 진폐요양 의료기관에 대하여 시설, 인력 및 의료의 질 등을 고려하여 3개 이내의 등급으로 나누어 등급화할 수 있다. 이 경우 그 등급의 구분 기준, 등급별 요양대상 환자 및 등급별 요양급여의 산정 기준은 법령으로 정한다. 진폐요양 의료기관을 평가하는 업무에 대하여 자문하기 위하여 공단에 진폐요양의료기관평가위원회를 둔다.

6. 진폐에 따른 사망의 인정 및 사망원인 확인

(1) 진폐에 따른 사망의 인정

분진작업에 종사하고 있거나 종사하였던 근로자가 진폐, 합병증이나 그 밖에 진폐와 관련된 사유로 사망하였다고 인정되면 업무상의 재해로 본다. 이 경우 진폐에 따른 사망 여부를 판단하는 때에 고려하여야 하는 사항은 법령으로 정한다.

(2) 진폐에 따른 사망원인의 확인

분진작업에 종사하고 있거나 종사하였던 근로자의 사망원인을 알 수 없는 경우에 그 유족은 해당 근로자가 진폐 등으로 사망하였는지 여부에 대하여 확인하기 위하여 병리학 전문의가 있는 산재보험 의료기관 중에서 공단이 지정하는 의료기관에 전신해부에 대한 동의서를 첨부하여 해당 근로자의 시신에 대한 전신해부를 의뢰할 수 있다. 이 경우 그 의료기관은 시체해부 및 보존에 관한 법률에도 불구하고 전신해부를 할 수 있고, 공단은 이에 따라 전신해부를 실시한 의료기관 또는 유족에게 그 비용의 전부 또는 일부를 지원할 수 있다. 이 경우 비용의 지급기준 및 첨부서류 제출, 그 밖에 비용지원 절차에 관한 사항은 법령으로 정한다.

Ⅳ. 근로복지 사업

1. 근로복지 사업

고용부처장관은 근로자의 복지 증진을 위한 ① 업무상의 재해를 입은 근로자의 원활한 사회 복귀를 촉진하기 위한 요양이나 외과 후 처치에 관한 시설, 의료재활이나 직업재활에 관한 시설의 보험시설의 설치·운영, ② 장학사업 등 재해근로자와 그 유족의 복지 증진을 위한 사업, ③ 그 밖에 근로자의 복지 증진을 위한 시설의 설치·운영 사업을 하며, 공단 또는 재해근로자의 복지 증진을 위하여 설립된 법인 중 고용부처장관의 지정을 받은 법인(지정법인)에게는 근로자의 복지 증진을 위한 사업을 하게 하거나 보험시설의 운영을 위탁할 수 있다.

2. 국민건강보험 요양급여 비용의 본인 일부 부담금의 대부

공단은 업무상 질병에 대하여 요양 신청을 한 경우로서 요양급여의 결정에 걸리는 기간 등을 고려하여 법령으로 정하는 자에 대하여 국민건강보험법에 따른 요양급여 비용의 본인 일부 부담금에 대한 대부사업을 할 수 있고, 이에 따라 대부를 받은 자에게 지급할 동법에 따른 요양급여가 있으면 그 요양급여를 대부금의 상환에 충당할 수 있으며, 대부의 금액·조건 및 절차는 고용부처장관의 승인을 받아 공단이 정한다.

3. 장해급여자의 고용 촉진

고용부처장관은 보험가입자에 대하여 장해급여 또는 진폐보상연금을 받은 자를 그 적성에 맞는 업무에 고용하도록 권고할 수 있다.

Ⅴ. 산업재해보상보험 및 예방기금

1. 산업재해보상보험 및 예방기금의 설치 · 조성

고용부처장관은 보험사업, 산업재해 예방 사업에 필요한 재원을 확보하고, 보험급여에 충당하기 위하여 산업재해보상보험및예방기금(기금)을 설치하며, 기금은 보험료, 기금운용 수익금, 적립금, 기금의 결산상 잉여금, 정부 또는 정부 아닌 자의 출연금 및 기부금, 차입금, 그 밖의 수입금을 재원으로 하여 조성한다. 아울러, 정부는 산업재해 예방 사업을 수행하기 위하여 회계연도마다 기금지출예산 총액의 100분의 3의 범위에서 정부의 출연금으로 세출예산에 계상(計上)하여야 한다.

2. 기금의 용도

기금은 ① 보험급여의 지급 및 반환금의 반환, ② 차입금 및 이자의 상환, ③ 공단에의 출연, ④ 산업안전보건법에 따른 용도, ⑤ 재해근로자의 복지 증진, ⑥ 한국산업안전보건공단법에 따른 한국산업안전보건공단에 대한 출연, ⑦ 보험료징수법에 따른 업무를 위탁받은 자에의 출연, ⑧ 그 밖에 보험사업 및 기금의 관리와 운용의 용도에 사용한다.

고용부처장관은 회계연도마다 ①부터 ⑧까지에 해당하는 기금지출예산 총액의 100분의 8 이상을 ④와 ⑥에 따른 용도로 계상하여야 한다.

3. 기금의 관리 · 운용

기금은 고용부처장관이 관리 · 운용하며, 고용부처장관은 ① 금융기관 또는 체신관서에의 예입(預入) 및 금전신탁, ② 재정자금에의 예탁, ③ 투자신탁 등의 수익증권 매입, ④ 국가 · 지방자치단체 또는 금융기관이 직접 발행하거나 채무이행을 보증하는 유가증권의 매입, ⑤ 그 밖에 기금 증식을 위하여 법령으로 정하는 사업의 방법에 따라 기금을 관리 · 운용하여야 하며, 이에 따라 고용부처장관은 기금을 관리 · 운용할 때에는 그 수익이 법령으로 정하는 수준 이상이 되도록 하여야 하고, 기업회계의 원칙에 따라 기금을 계리하여야 한다. 한편, 고용부처장관은 기금의 관리·운용에 관한 업무의 일부를 공단 또는 한국산업안전보건공단에 위탁할 수 있다. 아울러, 고용부처장관은 회계연도마다 위원회의 심의를 거쳐 기금운용계획을 세워야 한다.

Ⅵ. 심사 청구 및 재심사 청구

1. 심사 청구의 제기

① 산업재해보상보험법에 따른 보험급여에 관한 결정, ② 진료비에 관한 결정, ③ 약제비에 관한 결정, ④ 진료계획 변경 조치 등, ⑤ 보험급여의 일시지급에 관한 결정, ⑥ 부당이득의 징수에 관한 결정, ⑦ 수급권의 대위에 관한 결정의 어느 하나에 해당하는 공단의 결정 등(보험급여 결정 등)에 불복하는 자는 공단에 심사 청구를 할 수 있고, 심사 청구는 그 보험급여 결정 등을 한 공단의 소속 기관을 거쳐 공단에 제기하여야 하며, 심사 청구는 보험급여 결정 등이 있음을 안 날부터 90일 이내에 하여야 한다. 한편, 심사 청구서를 받은 공단의 소속 기관은 5일 이내에 의견서를 첨부하여 공단에 보내야 하며, 보험급여 결정 등에 대하여는 행정심판법에 따른 행정심판을 제기할 수 없다.

2. 산업재해보상보험심사위원회

산업재해보상에 따른 심사 청구를 심의하기 위하여 공단에 관계 전문가 등으로 구성되는 산업재해보상보험심사위원회(심사위원회)를 두며, 심사위원회의 구성과 운영에 필요한 사항은 법령으로 정한다.

3. 심사 청구에 대한 심리·결정

공단은 심사 청구서를 받은 날부터 60일 이내에 심사위원회의 심의를 거쳐 심사 청구에 대한 결정을 하여야 한다. 다만, 부득이한 사유로 그 기간 이내에 결정을 할 수 없으면 1차에 한하여 20일을 넘지 아니하는 범위에서 그 기간을 연장할 수 있다.

심사 청구 기간이 지난 후에 제기된 심사 청구 등 법령으로 정하는 사유에 해당하는 경우에는 심사위원회의 심의를 거치지 아니할 수 있고, 결정기간을 연장할 때에는 최초의 결정기간이 끝나기 7일 전까지 심사 청구인 및 보험급여 결정 등을 한 공단의 소속 기관에 알려야 한다.

공단은 심사 청구의 심리를 위하여 필요하면 청구인의 신청 또는 직권으로 ① 청구인 또는 관계인을 지정 장소에 출석하게 하여 질문하거나 의견을 진술하게 하는 것, ② 청구인 또는 관계인에게 증거가 될 수 있는 문서나 그 밖의 물건을 제출하게 하는 것, ③ 전문적인 지식이나 경험을 가진 제3자에게 감정하게 하는 것, ④ 소속 직원에게 사건에 관계가 있는 사업장이나 그 밖의 장소에 출입하여 사업주 · 근로자, 그 밖의 관계인에게 질문하게 하거나, 문서나 그 밖의 물건을 검사하게 하는 것, ⑤ 심사 청구와 관계가 있는 근로자에게 공단이 지정하는 의사 · 치과의사 또는 한의사(의사 등)의 진단을 받게 하는 것의 행위를 할 수 있다.

4. 재심사 청구의 제기

심사 청구에 대한 결정에 불복하는 자는 산업재해보상보험재심사위원회(재심사위원회)에 재심사 청구를 할 수 있다. 다만, 판정위원회의 심의를 거친 보험급여에 관한 결정에 불복하는 자는 심사 청구를 하지 아니하고 재심사 청구를 할 수 있다.

재심사 청구는 그 보험급여 결정등을 한 공단의 소속 기관을 거쳐 재심사위원회에 제기하여야 하고, 재심사 청구는 심사 청구에 대한 결정이 있음을 안 날부터 90일 이내에 제기하여야 한다. 다만, 심사 청구를 거치지 아니하고 재심사 청구를 하는 경우에는 보험급여에 관한 결정이 있음을 안 날부터 90일 이내에 제기하여야 한다.

5. 재심사위원회

재심사 청구를 심리 · 재결하기 위하여 고용부처에 재심사위원회를 두며, 재심사위원회는 위원장 1명을 포함한 60명 이내의 위원으로 구성하되, 위원 중 2명은 상임위원으로, 1명은 당연직위원으로 한다.

재심사위원회의 위원 중 근로자 단체 및 사용자 단체가 각각 추천하는 자로 구성한다. 이 경우 근로자 단체 및 사용자 단체가 추천한 자는 같은 수로 하여야 하나, 근로자단체나 사용자단체가 각각 추천하는 사람이 위촉하려는 전체 위원 수의 5분의 1보다 적은 경우에는 근로자단체와 사용자단체가 추천하는 위원 수를 전체 위원 수의 5분의 2 미만으로 할 수 있다.

재심사위원회의 위원장 및 위원은 ① 3급 이상의 공무원 또는 고위공무원단에 속하는 일반직 공무원으로 재직하고 있거나 재직하였던 자, ② 판사 · 검사 · 변호사 또는 경력 10년 이상의 공인노무사, ③ 고등교육법에 따른 학교에서 부교수 이상으로 재직하고 있거나 재직하였던 자, ④ 노동관계 업무 또는 산업재해보상보험 관련 업무에 15년 이상 종사한 자, ⑤사회보험이나 산업의학에 관한 학식과 경험이 풍부한 자의 어느 하나에 해당하는 자 중에서 고용부처장관의 제청으로 대통령이 임명한다. 다만, 당연직위원은 고용부처장관이 소속 3급의 일반직 공무원 또는 고위공무원단에 속하는 일반직 공무원 중에서 지명하는 자로 한다.

금치산자·한정치산자 또는 파산선고를 받고 복권되지 아니한 자, 금고 이상의 형을 선고받고 그 형의 집행이 종료되거나 집행을 받지 아니하기로 확정된 후 3년이 지나지 아니한 자, 심신 상실자·심신 박약자의 어느 하나에 해당하는 자는 위원에 임명될 수 없으며, 재심사위원회의 위원은 금고 이상의 형을 선고받은 경우, 오랜 심신 쇠약으로 직무를 수행할 수 없게 된 경우의 어느 하나에 해당하는 경우 외에는 그 의사에 반하여 면직되지 아니한다.

6. 위원의 제척·기피·회피

재심사위원회의 위원은 ① 위원 또는 그 배우자나 배우자였던 자가 그 사건의 당사자가 되거나 그 사건에 관하여 공동권리자 또는 의무자의 관계에 있는 경우, ② 위원이 그 사건의 당사자와 민법에 따른 친족이거나 친족이었던 경우, ③ 위원이 그 사건에 관하여 증언이나 감정을 한 경우, ④ 위원이 그 사건에 관하여 당사자의 대리인으로서 관여하거나 관여하였던 경우, ⑤ 위원이 그 사건의 대상이 된 보험급여 결정 등에 관여한 경우의 어느 하나에 해당하는 경우에는 그 사건의 심리(審理)·재결(裁決)에서 제척(除斥)된다.

7. 심사 청구인 및 재심사 청구인의 지위 승계

심사 청구인 또는 재심사 청구인이 사망한 경우 그 청구인이 보험급여의 수급권자이면 법령에 따른 유족이, 그 밖의 자이면 상속인 또는 심사 청구나 재심사 청구의 대상인 보험급여에 관련된 권리·이익을 승계한 자가 각각 청구인의 지위를 승계한다.

Ⅶ. 산재보험사업의 특례와 실효성 확보조치

1. 산재보험사업의 특례

(1) 국외의 사업에 대한 특례

국외 근무 기간에 발생한 근로자의 재해를 보상하기 위하여 우리나라가 당사국이 된 사회 보장에 관한 조약이나 협정(사회보장관련조약)으로 정하는 국가나 지역에서의 사업에 대하여는 고용부처장관이 금융위원회와 협의하여 지정하는 자(보험회사)에게 산업재해보상보험법에 따른 보험사업을 자기의 계산으로 영위하게 할 수 있으며, 이에 따라 보험사업을 영위하는 보험회사는 산업재해보상보험법과 근로자를 위한 사회보장관련조약에서 정부가 부담하는 모든 책임을 성실히 이행하여야 한다.

보험회사는 보험업법에 따른 사업 방법에 따라 보험사업을 영위한다. 이 경우 보험회사가 지급하는 보험급여는 산업재해보상보험법에 따른 보험급여보다 근로자에게 불이익하여서는 아니 된다. 또, 보험회사는 보험사업을 영위할 때 산업재해보상보험법에 따른 공단의 권한을 행사할 수 있다.

(2) 해외파견자에 대한 특례

보험료징수법에 따른 보험가입자가 대한민국 밖의 지역(법령으로 정하는 지역은 제외)에서 하는 사업에 근로시키기 위하여 파견하는 자(해외파견자)에 대하여 공단에 보험 가입 신청을 하여 승인을 받으면 해외파견자를 그 가입자의 대한민국 영역 안의 사업(2개 이상의 사업이 있는 경우에는 주된 사업을 말함)에 사용하는 근로자로 보아 산업재해보상보험법을 적용할 수 있다.

해외파견자의 보험급여의 기초가 되는 임금액은 그 사업에 사용되는 같은 직종 근로자의 임금액 및 그 밖의 사정을 고려하여 고용부처장관이 정하여 고시하는 금액으로 하며, 해외파견자에 대한 보험급여의 지급 등에 필요한 사항은 법령으로 정한다.

산업재해보상보험법의 적용을 받는 해외파견자의 보험료 산정, 보험 가입의 신청 및 승인, 보험료의 신고 및 납부, 보험 관계의 소멸, 그 밖에 필요한 사항은 보험료징수법으로 정하는 바에 따른다.

(3) 현장실습생에 대한 특례

산업재해보상보험법이 적용되는 사업에서 현장 실습을 하고 있는 학생 및 직업 훈련생(현장실습생) 중 고용부처장관이 정하는 현장실습생은 산업재해보상보험법을 적용할 때는 그 사업에 사용되는 근로자로 본다.

현장실습생이 실습과 관련하여 입은 재해는 업무상의 재해로 보아 법령에 따른 보험급여를 지급하며, 현장실습생에 대한 보험급여의 기초가 되는 임금액은 현장실습생이 지급받는 훈련수당 등 모든 금품으로 하되, 이를 적용하는 것이 현장실습생의 재해보상에 적절하지 아니하다고 인정되면 고용부처장관이 정하여 고시하는 금액으로 할 수 있다.

(4) 중·소기업 사업주에 대한 특례

법령으로 정하는 중·소기업 사업주(근로자를 사용하지 아니하는 자를 포함)는 공단의 승인을 받아 자기 또는 유족을 보험급여를 받을 수 있는 자로 하여 보험에 가입할 수 있다. 이 경우 그 사업주는 산업재해보상보험법을 적용할 때 근로자로 본다.

이에 따른 중·소기업 사업주에 대한 보험급여의 지급 사유인 업무상의 재해의 인정 범위는 법령으로 정하고, 중·소기업 사업주에 대한 보험급여의 산정 기준이 되는 평균임금은 고용부처장관이 정하여 고시하는 금액으로 한다.

업무상의 재해가 보험료의 체납 기간에 발생하면 법령으로 정하는 바에 따라 그 재해에 대한 보험급여의 전부 또는 일부를 지급하지 아니할 수 있다.

(5) 특수형태근로종사자에 대한 특례

계약의 형식에 관계없이 근로자와 유사하게 노무를 제공함에도 근로기준법 등이 적용되지 아니하여 업무상의 재해로부터 보호할 필요가 있는 자로서 주로 하나의 사업에 그 운영에 필요한 노무를 상시적으로 제공하고 보수를 받아 생활할 것, 노무를 제공함에 있어서 타인을 사용하지 아니할 것의 모두에 해당하는 자 중 법령으로 정하는 직종에 종사하는 자(특수형태근로종사자)의 노무(勞務)를 제공받는 사업은 산업재해보상보험법의 적용을 받는 사업으로 본다.

특수형태근로종사자는 산업재해보상보험법을 적용할 때에는 그 사업의 근로자로 본다. 다만, 특수형태근로종사자가 같은 법의 적용 제외를 신청한 경우에는 근로자로 보지 아니한다.

사업주는 특수형태근로종사자로부터 노무를 제공받거나 제공받지 아니하게 된 경우에는 이를 법령으로 정하는 바에 따라 공단에 신고하여야 한다.

특수형태근로종사자는 산업재해보상보험법의 적용을 원하지 아니하는 경우 보험료징수법으로 정하는 바에 따라 공단에 산업재해보상보험법의 적용 제외를 신청할 수 있다. 다만, 사업주가 보험료를 전액 부담하는 특수형태근로종사자의 경우에는 그러하지 아니하다. 이에 따라 산업재해보상보험법의 적용 제외를 신청한 경우에는 신청한 날의 다음 날부터 적용하지 아니한다. 다만, 처음 산업재해보상보험법의 적용을 받은 날부터 70일 이내에 적용 제외를 신청한 경우에는 처음 적용을 받은 날로 소급하여 적용하지 아니한다.

특수형태근로종사자에 대한 보험급여 지급사유인 업무상의 재해의 인정 기준은 법령으로 정하며, 이에 따른 업무상의 재해가 보험료 체납기간 중에 발생한 경우에는 법령으로 정하는 바에 따라 그 업무상의 재해에 따른 보험급여의 전부 또는 일부를 지급하지 아니할 수 있다.

(6) 국민기초생활 보장법상의 수급자에 대한 특례

산업재해보상보험법에 따른 근로자가 아닌 자로서 국민기초생활 보장법에 따른 자활급여 수급자 중 고용부처장관이 정하여 고시하는 사업에 종사하는 자는 산업재해보상보험법의 적용을 받는 근로자로 보며, 이 경우 자활급여 수급자의 보험료 산정 및 보험급여의 기초가 되는 임금액은 자활급여 수급자가 동 사업에 참여하여 받는 자활급여로 한다.

2. 수급권 보호 및 소멸시효 등

① 보험급여를 받을 권리, ② 산재보험 의료기관의 권리, ③ 약국의 권리, ④ 보험가입자의 권리, ⑤ 국민건강보험공단 등의 권리는 3년간 행사하지 아니하면 시효로 말미암아 소멸한다. 소멸시효에 관하여는 산업재해보상보험법에 규정된 것 외에는 민법에 따른다.

한편, 보험급여를 받을 권리 등의 소멸시효는 청구로 중단된다. 이 경우 청구가 업무상의 재해 여부의 판단을 필요로 하는 최초의 청구인 경우에는 그 청구로 인한 시효중단의 효력은 다른 보험급여에도 미친다.

심사 청구 및 재심사 청구의 제기는 시효의 중단에 관하여 민법(제168조)에 따른 재판상의 청구로 보며, 재심사 청구에 대한 재결은 행정소송법(제18조)을 적용할 때 행정심판에 대한 재결로 본다. 아울러, 심사 청구 및 재심사 청구에 관하여 산업재해보상보험법에서 정하고 있지 아니한 사항에 대하여는 행정심판법에 따른다.

3. 사업주의 조력 및 신고사항

(1) 보험사업에 대한 보고 및 수급권자의 신고

공단은 필요하다고 인정하면 법령으로 정하는 바에 따라 산업재해보상보험법의 적용을 받는 사업의 사업주 또는 그 사업에 종사하는 근로자 및 보험료징수법에 따른 보험사무대행기관에게 보험사업에 관하여 필요한 보고 또는 관계 서류의 제출을 요구할 수 있다.

장해보상연금, 유족보상연금, 진폐보상연금 또는 진폐유족연금을 받을 권리가 있는 자는 보험급여 지급에 필요한 사항으로서 법령으로 정하는 사항을 공단에 신고하여야 하며, 수급권자 및 수급권이 있었던 자는 수급권의 변동과 관련된 사항으로서 법령으로 정하는 사항을 공단에 신고하여야 한다.

수급권자가 사망하면 가족관계의 등록 등에 관한 법률에 따른 신고 의무자는 1개월 이내에 그 사망 사실을 공단에 신고하여야 한다.

(2) 연금 수급권자등의 출국신고

대한민국 국민인 장해보상연금 수급권자, 유족보상연금 수급권자, 진폐보상연금 수급권자, 진폐유족연금 수급권자(장해보상연금 수급권자등) 또는 유족보상연금·진폐유족연금 수급자격자가 외국에서 거주하기 위하여 출국하는 경우에는 장해보상연금 수급권자등은 이를 공단에 신고하여야 한다.

장해보상연금 수급권자등과 유족보상연금·진폐유족연금 수급자격자가 외국에서 거주하는 기간에 장해보상연금, 유족보상연금, 진폐보상연금 또는 진폐유족연금을 받는 경우 장해보상연금 수급권자등은 그 수급권 또는 수급자격과 관련된 사항으로서 법령으로 정하는 사항을 매년 1회 이상 법령으로 정하는 바에 따라 공단에 신고하여야 한다.

(3) 사업주의 조력

보험급여를 받을 자가 사고로 보험급여의 청구 등의 절차를 행하기 곤란하면 사업주는 이를 도와야 한다. 또한, 사업주는 보험급여를 받을 자가 보험급여를 받는 데에 필요한 증명을 요구하면 그 증명을 하여야 하며, 사업주의 행방불명, 그 밖의 부득이한 사유로 증명이 불가능하면 그 증명을 생략할 수 있다.

(4) 사업장 등에 대한 조사

공단은 보험급여에 관한 결정, 심사 청구의 심리·결정 등을 위하여 확인이 필요하다고 인정하면 소속 직원에게 이 법의 적용을 받는 사업의 사무소 또는 사업장과 보험사무대행기관의 사무소에 출입하여 관계인에게 질문을 하게 하거나 관계 서류를 조사하게 할 수 있고, 이의 경우에 공단 직원은 그 권한을 표시하는 증표를 지니고 이를 관계인에게 내보여야 한다.

(5) 산재보험 의료기관에 대한 조사 및 진찰 요구

공단은 보험급여에 관하여 필요하다고 인정하면 법령으로 정하는 바에 따라 보험급여를 받는 근로자를 진료한 산재보험 의료기관(의사를 포함)에 대하여 그 근로자의 진료에 관한 보고 또는 그 진료에 관한 서류나 물건의 제출을 요구하거나 소속 직원으로 하여금 그 관계인에게 질문을 하게 하거나 관계 서류나 물건을 조사하게 할 수 있다. 한편, 공단은 보험급여에 관하여 필요하다고 인정하면 법령으로 정하는 바에 따라 보험급여를 받은 자 또는 이를 받으려는 자에게 산재보험 의료기관에서 진찰을 받을 것을 요구할 수 있다.

4. 포상금 및 보험급여 중지

(1) 포상금의 지급

공단은 법령에 따라 보험급여, 진료비 또는 약제비를 부당하게 지급받은 자를 신고한 사람에게 예산의 범위에서 법령으로 정하는 바에 따라 포상금을 지급할 수 있다.

(2) 보험급여의 일시 중지

공단은 보험급여를 받고자 하는 자가 ① 요양 중인 근로자가 공단의 전원 요양 지시를 정당한 사유 없이 따르지 아니하는 경우, ② 공단이 직권으로 실시하는 장해등급 또는 진폐장해등급 재판정 요구에 응하지 아니하는 경우, ③ 법령에 따른 보고·서류제출 또는 신고를 하지 아니하는 경우, ④ 법령에 따른 질문이나 조사에 응하지 아니하는 경우, ⑤ 법령에 따른 진찰 요구에 따르지 아니하는 경우의 어느 하나에 해당되면 보험급여의 지급을 일시 중지할 수 있다.

5. 벌칙

산재보험 의료기관이나 약국의 종사자로서 거짓이나 그 밖의 부정한 방법으로 진료비나 약제비를 지급받은 자는 3년 이하의 징역 또는 3천만원 이하의 벌금에 처하고, 거짓이나 그 밖의 부정한 방법으로 보험급여를 받은 자는 2년 이하의 징역 또는 2천만원 이하의 벌금에 처한다. 또한, 비밀을 누설한 자는 2년 이하의 징역 또는 1천만원 이하의 벌금에 처한다. 아울러, 법인의 대표자나 법인 또는 개인의 대리인, 사용인, 그 밖의 종업원이 그 법인 또는 개인의 업무에 관하여 벌칙규정을 위반행위를 하면 그 행위자를 벌하는 외에 그 법인 또는 개인에게도 해당 조문의 벌금형을 과(科)한다. 다만, 법인 또는 개인이 그 위반행위를 방지하기 위하여 해당 업무에 관하여 상당한 주의와 감독을 게을리하지 아니한 경우에는 그러하지 아니하다.

한편, 근로복지공단 또는 이와 비슷한 명칭을 사용한 자, 공단이 아닌 자에게 진료비를 청구한 자의 어느 하나에 해당하는 자에게는 200만원 이하의 과태료를 부과한다. 또한, ① 진료계획을 정당한 사유 없이 제출하지 아니하는 자, ② 법령에 따른 질문에 답변하지 아니하거나 거짓된 답변을 하거나 검사를 거부·방해 또는 기피한 자, ③ 법령에 따른 보고를 하지 아니하거나 거짓된 보고를 한 자 또는 서류나 물건의 제출 명령에 따르지 아니한 자, ④ 공단의 소속 직원의 질문에 답변을 거부하거나 조사를 거부·방해 또는 기피한 자, ⑤ 법령에 따른 신고를 하지 아니한 자의 어느 하나에 해당하는 자에게는 100만원 이하의 과태료를 부과한다.

제4절 건강보험정책

Ⅰ. 건강보험의 목적 및 건강보험기관

1. 건강보험의 목적 및 관장

건강보험사업은 국민의 질병·부상에 대한 예방·진단·치료·재활과 출산·사망 및 건강증진에 대하여 보험급여를 실시함으로써 국민보건을 향상시키고 사회보장을 증진함을 목적으로 한다. 아울러, 국민건강보험과 관련한 사업은 보건복지부처장관이 관장한다.

2. 건강보험정책심의위원회

건강보험정책에 관한 요양급여의 기준, 요양급여비용에 관한 사항, 직장가입자의 보험료율, 지역가입자의 보험료부과점수당 금액, 그 밖에 건강보험에 관한 주요 사항으로서 법령이 정하는 사항을 심의·의결하기 위하여 보건복지부처장관 소속하에 건강보험정책심의위원회(위원회)를 운영하고 있다. 위원회 위원은 ① 근로자단체 및 사용자단체가 각각 2인씩, 시민단체(비영리민간단체 지원법의 규정에 따른 비영리민간단체), 소비자단체, 농어업인단체 및 자영업자단체가 각각 1인씩 추천하는 8인, ② 의료계를 대표하는 단체 및 약업계를 대표하는 단체가 추천하는 8인, ③ 법령이 정하는 중앙행정기관 소속 공무원 2인, 국민건강보험공단의 이사장 및 건강보험심사평가원의 원장이 각각 1인씩 추천하는 2인, 건강보험에 관한 학식과 경험이 풍부한 4인 등 위원장 1인과 부위원장 1인을 포함한 25인의 위원으로 구성하며, 위원장은 보건복지부처차관이 되고, 부위원장은 ③의 위원 중에서 위원장이 지명하는 자가 되며, 위원은 보건복지부처장관이 임명 또는 위촉한다.

3. 국민건강보험공단

건강보험의 보험자는 국민건강보험공단(공단)으로 하며, 공단은 법인으로 하고, 국민건강보험법에서 정하지 아니한 사항은 민법 중 재단법인에 관한 규정을 준용한다. 공단은 ① 가입자 및 피부양자의 자격관리, ② 보험료 기타 이 법에 의한 징수금의 부과·징수,

③ 보험급여의 관리, ④ 가입자 및 피부양자의 건강의 유지·증진을 위하여 필요한 예방사업, ⑤ 보험급여비용의 지급, ⑥ 자산의 관리·운영 및 증식사업, ⑦ 의료시설의 운영, ⑧ 건강보험에 관한 교육훈련 및 홍보, ⑨ 건강보험에 관한 조사연구 및 국제협력, ⑩ 국민연금법, 고용보험 및 산업재해보상보험의 보험료징수 등에 관한 법률, 임금채권보장법 및 석면피해구제법(징수위탁근거법)에 따라 위탁받은 업무, ⑪ 그 밖에 건강보험법 또는 다른 법령에 의하여 위탁받은 업무, ⑫ 기타 건강보험과 관련하여 보건복지부처장관이 필요하다고 인정한 업무를 관장한다. 또, 공단은 당해 업무의 제공 또는 시설의 이용이 특정인을 위한 것일 경우 그 업무의 제공 또는 시설의 사용에 대하여 공단의 정관이 정하는 바에 의하여 수수료 또는 사용료를 징수할 수 있고, 공공기관의 정보공개에 관한 법률에 의하여 건강보험과 관련하여 보유·관리하고 있는 정보를 공개한다.

4. 건강보험심사평가원

요양급여비용을 심사하고 요양급여의 적정성을 평가하기 위하여 건강보험심사평가원(심사평가원)을 설립한다. 심사평가원은 ① 요양급여비용의 심사, ② 요양급여의 적정성에 대한 평가, ③ 심사 및 평가 기준의 개발, ④ ① 내지 ③의 업무와 관련된 조사연구 및 국제협력, ⑤ 다른 법률의 규정에 의하여 지급되는 급여비용의 심사 또는 의료의 적정성 평가에 관하여 위탁받은 업무, ⑥ 건강보험과 관련하여 보건복지부처장관이 필요하다고 인정한 업무, ⑦ 기타 보험급여비용의 심사와 보험급여의 적정성 평가와 관련하여 법령이 정하는 업무를 관장한다.

Ⅱ. 가입자

1. 적용대상

국내에 거주하는 국민으로서 의료급여법에 따라 의료급여를 받는 자(수급권자), 독립유공자법 및 국가유공자법에 의하여 의료보호를 받는 자(유공자등의료보호대상자, 다만, 유공자등의료보호대상자중 건강보험의 적용을 보험자에게 신청한 자, 건강보험의 적용을 받고 있던 자가 유공자등의료보호대상자가 된 경우로서 보험자에게 건강보험의 적용배제신청을 하지 아니한 자는 그러하지 아니하다)에 해당하는 자 외의 자는 이 법에 의한 건강보험의 가입자(가입자) 또는 피부양자가 된다. 여기에서 피부양자는 직장가입자의 배우자, 직장가입자의 직계존속(배우자의 직계존속 포함), 직장가입자의 직계비속(배우자의 직계비속 포함) 및 그 배우자, 직장가입자의 형제·자매에 해당하는 자중 직장가입자에 의하여 주로 생계를 유지하는 자로서 보수 또는 소득이 없는 자를 말한다.

2. 가입자의 종류

가입자는 직장가입자 및 지역가입자로 구분하고, 모든 사업장의 근로자 및 사용자와 공무원 및 교직원은 직장가입자가 된다. 다만, 1월 미만의 기간동안 고용되는 일용근로자, 병역법의 규정에 의한 현역병(지원에 의하지 아니하고 임용된 하사를 포함), 전환복무된 사람 및 무관후보생, 선거에 의하여 취임하는 공무원으로서 매월 보수 또는 이에 준하는 급료를 받지 아니하는 자, 기타 사업장의 특성, 고용형태 및 사업의 종류 등을 고려하여 법령으로 정하는 사업장의 근로자 및 사용자와 공무원 및 교직원에 해당하는 자를 제외한다. 이중 지역가입자는 가입자중 직장가입자와 그 피부양자를 제외한 자를 말한다.

3. 사업장의 신고

사업장의 사용자는 법령에 따라 직장가입자가 되는 근로자·공무원 및 교직원을 사용하는 사업장(적용대상사업장)이 된 때, 휴업·폐업 등 법령으로 정하는 사유가 발생한 때에 해당하는 경우 그 때부터 14일 이내에 보건복지부처령으로 정하는 바에 따라 보험자에게 신고하여야 하며, 법령에 따라 직장가입자가 되는 근로자·공무원 및 교직원을 사용하는 사업장이 된 때에 해당되어 보험자에게 신고한 내용이 변경된 때에도 또한 같다.

4. 자격취득의 시기

가입자는 국내에 거주하게 된 날에 직장가입자 또는 지역가입자의 자격을 얻는다. 다만, 수급권자이었던 자는 그 대상자에서 제외된 날, 직장가입자의 피부양자이었던 자가 그 자격을 잃은 날, 유공자등의료보호대상자이었던 자는 그 대상자에서 제외된 날, 유공자등의료보호대상자로서 유공자등 의료보호대상자 중 건강보험의 적용을 보험자에게 신청한 날에 해당하는 자는 그 해당되는 날에 각각 자격을 얻는다. 이 경우 당해 직장가입자의 사용자 및 지역가입자의 세대주는 그 내역을 법령이 정하는 바에 의하여 자격취득일부터 14일 이내에 보험자에게 신고하여야 한다.

5. 자격변동의 시기

가입자는 ① 지역가입자가 적용대상사업장의 사용자로 되거나, 근로자·공무원 또는 교직원(근로자등)으로 사용된 날, ② 직장가입자가 다른 적용대상사업장의 사용자로 되거나 근로자 등으로 사용된 날, ③ 직장가입자인 근로자 등이 그 사용관계가 종료된 날의 다음 날, ④ 직장가입자인 사용자의 사업장에 휴업·폐업 등 법령으로 정하는 사유가 발생한 경우에는 사유가 발생한 날의 다음 날, ⑤ 지역가입자가 다른 세대로 전입한 날의 어느 하나에 해당하게 된 날에 그 자격이 변동된다. 또, 가입자가 자격이 변동된 경우 사용자 또는 세대주는 상기 ① 및 ②에 따라 자격이 변동된 경우에는 사용자가, 상기 ③에서 ⑤까지의 규정에 따라 자격이 변동된 경우에는 지역가입자의 세대주가 각각 그 내역을 법령으로 정하는 바에 따라 자격이 변동된 날부터 14일 이내에 보험자에게 신고하여야 한다.

한편, 국방부장관 및 법무부장관은 직장가입자 또는 지역가입자가 병역법에 따른 현역병(지원에 의하지 아니하고 임용된 하사를 포함), 전환복무된 사람 및 군간부후보생이 된 경우, 교도소, 그 밖에 이에 준하는 시설에 수용되어 있는 경우에 해당하는 경우에는 그 변동일부터 1월 이내에 법령이 정하는 바에 따라 보험자에게 통지하여야 한다.

6. 자격상실의 시기

가입자는 사망한 날의 다음 날, 국적을 잃은 날의 다음 날, 국내에 거주하지 아니하게 된 날의 다음 날, 직장가입자의 피부양자가 된 날, 수급권자가 된 날, 건강보험의 적용을 받고 있던 자로서 유공자등의료보호대상자가 된 자가 건강보험의 적용배제신청을 한 날에 해당하게 된 날에 그 자격을 잃는다. 이에 따라 자격을 잃은 경우 당해 직장가입자의 사용자 및 지역가입자의 세대주는 그 내역을 법령이 정하는 바에 의하여 자격을 잃은 날부터 14일 이내에 보험자에게 신고하여야 한다.

Ⅲ. 보험급여

1. 요양급여의 의의

가입자 및 피부양자의 질병·부상·출산 등에 대하여 진찰·검사, 약제·치료재료의 지급, 처치·수술 기타의 치료, 예방·재활, 입원, 간호, 이송의 요양급여를 실시한다. 이에 의한 요양급여의 방법·절차·범위·상한 등 요양급여의 기준은 법령으로 정하되, 요양급여의 기준을 정함에 있어 업무 또는 일상생활에 지장이 없는 질환 기타 법령이 정하는 사항은 요양급여의 대상에서 제외할 수 있다.

2. 요양기관

요양급여(간호 및 이송을 제외)는 ① 의료법에 의하여 개설된 의료기관, ② 약사법에 의하여 등록된 약국, ③ 약사법의 규정에 의하여 설립된 한국희귀의약품센터, ④ 지역보건법에 의한 보건소·보건의료원 및 보건지소, ⑤ 농어촌 등 보건의료를 위한 특별조치법에 의하여 설치된 보건진료소의 요양기관에서 행한다. 이 경우 보건복지부처장관은 공익 또는 국가시책상 요양기관으로 적합하지 아니하다고 인정되는 의료기관등으로서 법령이 정하는 의료기관등은 요양기관에서 제외할 수 있다. 다만, 보건복지부처장관은 요양급여를 효율적으로 하기 위하여 필요한 경우에는 법령이 정하는 바에 의하여 시설·장비·인력 및 진료과목등 법령이 정하는 기준에 해당하는 요양기관을 전문요양기관으로 인정할 수 있다.

3. 요양급여

(1) 요양급여비용의 청구와 지급

요양기관은 요양급여비용의 지급을 공단에 청구할 수 있다. 이 경우 심사청구는 이를 공단에 대한 요양급여비용의 청구로 본다. 또, 요양기관은 의료법에 따른 의사회·치과의사회·한의사회·조산사회 또는 신고한 각각의 지부 및 분회, 의료법에 따른 의료기관단체, 약사법의 규정에 따른 약사회 또는 동법의 규정에 따라 신고한 지부 및 분회로 하여금 심사청구를 대행하게 할 수 있다.

(2) 요양급여의 대상여부의 확인

가입자 또는 피부양자는 본인 일부부담금 외에 부담한 비용이 법령의 규정에 의하여 요양급여의 대상에서 제외되는 것인지에 대하여 건강보험심사평가원에 확인을 요청할 수 있고, 이에 의한 확인요청을 받은 건강보험심사평가원은 그 결과를 확인요청한 자에게 통보하여야 한다. 이 경우 확인 요청한 비용이 요양급여의 대상에 대한 비용에 해당하는 것으로 확인된 때에는 그 내용을 공단 및 관련 요양기관에 통보하여야 한다.

(3) 요양비 및 부가급여

공단은 가입자 또는 피부양자가 법령이 정하는 긴급 기타 부득이한 사유로 인하여 요양기관과 유사한 기능을 수행하는 기관으로서 법령이 정하는 기관(법령의 규정에 의하여 업무정지처분기간중인 요양기관을 포함)에서 질병·부상·출산등에 대하여 요양을 받거나 요양기관외의 장소에서 출산을 한 때에는 그 요양급여에 상당하는 금액을 법령이 정하는 바에 의하여 그 가입자 또는 피부양자에게 요양비로 지급하며, 요양을 실시한 기관은 보건복지부처장관이 정하는 요양비명세서 또는 요양의 내역을 기재한 영수증을 요양을 받은 자에게 교부하여야 하며, 요양을 받은 자는 이를 공단에 제출하여야 한다.

아울러, 공단은 건강보험법에 규정한 요양급여 외에 법령이 정하는 바에 의하여 장제비·상병수당 기타의 급여를 실시할 수 있다.

(4) 장애인에 대한 특례 및 건강검진

공단은 장애인복지법에 의하여 등록한 장애인인 가입자 및 피부양자에게는 보장구에 대하여 보험급여를 실시할 수 있다. 보장구에 대한 보험급여의 범위·방법·절차 기타 필요한 사항은 법령으로 정한다.

한편, 공단은 가입자 및 피부양자에 대하여 질병의 조기발견과 그에 따른 요양급여를 하기 위하여 건강검진을 실시한다. 아울러, 건강검진의 대상·회수·절차 기타 필요한 사항은 법령으로 정한다.

(5) 급여의 확인 및 요양비등의 지급

공단은 보험급여를 실시함에 있어서 필요하다고 인정되는 때에는 보험급여를 받는 자에 대하여 문서, 기타 물건의 제출을 요구하거나 관계인으로 하여금 질문 또는 진단을 하게 할 수 있다. 또한, 공단은 법령에 의하여 지급의무가 있는 요양비 또는 부가급여의 청구가 있는 때에는 지체없이 이를 지급하여야 한다.

4. 급여의 제한 및 정지

(1) 급여의 제한

공단은 보험급여를 받을 수 있는 자가 ① 고의 또는 중대한 과실로 인한 범죄행위에 기인하거나 고의로 사고를 발생시킨 때, ② 고의 또는 중대한 과실로 공단이나 요양기관의 요양에 관한 지시에 따르지 아니한 때, ③ 고의 또는 중대한 과실로 법령의 규정에 의한 문서 기타 물건의 제출을 거부하거나 질문 또는 진단을 기피한 때, ④ 업무상 또는 공무상 질병·부상·재해로 인하여 다른 법령에 의한 보험급여나 보상 또는 보상을 받게 되는 때에 해당하는 경우에는 보험급여를 하지 아니한다.

공단은 보험급여를 받을 수 있는 자가 다른 법령에 의하여 국가 또는 지방자치단체로부터 보험급여에 상당하는 급여를 받거나 보험급여에 상당하는 비용을 지급받게 되는 때에는 그 한도내에서 보험급여를 실시하지 아니한다. 다만, 보험급여를 실시하지 아니하는 기간(급여제한기간) 중 실시된 보험급여에 대하여는 Ⓐ 급여제한기간 중에 보험급여를 받은 사실이 있음을 공단이 통지한 날부터 2개월이 경과한 날이 속한 달의 납부기한 이내에 체납된 보험료를 완납한 경우, Ⓑ 급여제한기간 중 보험급여를 받은 사실이 있음을 공단이 통지한 날부터 2개월이 경과한 날이 속하는 달의 납부기한 이내에 법령의 규정에 따라 승인된 보험료를 1회 이상 납부한 경우(다만, 분할납부 승인을 받은 자가 정당한 사유 없이 2회 이상 그 승인된 보험료를 납부하지 아니한 경우에는 그 보험급여를 인정하지 아니한다)의 어느 하나에 해당하는 경우에 한하여 그 보험급여를 인정한다.

(2) 급여의 정지 및 현역병 등에 대한 특례

보험급여를 받을 수 있는 자가 ① 국외에 여행 중인 때, ② 국외에서 업무에 종사하고 있는 때, ③ 병역법에 따른 현역병(지원에 의하지 아니하고 임용된 하사를 포함), 전환복무된 사람 및 무관후보생에 해당하게 된 때, ④ 교도소 기타 이에 준하는 시설에 수용되어 있는 때에 해당하게 된 때에는 그 기간중 보험급여를 하지 아니한다. 다만, ③ 및 ④의 경우 요양기관에서 법령으로 정하는 치료 등(요양급여)을 받은 경우 그에 따라 공단이 부담하는 비용(요양급여비용)을 법무부장관·국방부장관·국민안전처장관 또는 경찰청장으로부터 예탁 받아 지급할 수 있다. 이 경우 법무부장관·국방부장관·국민안전처장관 또는 경찰청장은 예산상 불가피한 경우 외에는 연간(年間) 들어갈 것으로 예상되는 요양급여비용을 법령으로 정하는 바에 따라 미리 공단에 예탁하여야 한다.

5. 부당이득의 징수

공단은 사위 기타 부당한 방법으로 보험급여를 받은 자 또는 보험급여비용을 받은 요양기관에 대하여 그 급여 또는 급여비용에 상당하는 금액의 전부 또는 일부를 징수한다. 이 경우에 있어 사용자 또는 가입자의 허위의 보고 또는 증명에 의하거나 요양기관의 허위의 진단에 의하여 보험급여가 실시된 때에는 공단은 이들에 대하여 보험급여를 받은 자와 연대하여 동항의 규정에 의한 징수금을 납부하게 할 수 있고, 이 경우에 있어 공단은 사위 기타 부당한 방법으로 보험급여를 받은 자와 같은 세대에 속한 가입자(사위 기타 부당한 방법으로 보험급여를 받은 자가 피부양자인 경우에는 그 직장가입자를 말함)에 대하여 사위 기타 부당한 방법으로 보험급여를 받은 자와 연대하여 동항의 규정에 의한 징수금을 납부하게 할 수 있으며, 이 경우에 있어 요양기관이 가입자 또는 피부양자로부터 사위 기타 부당한 방법으로 요양급여비용을 받은 때에는 공단은 당해 요양기관으로부터 이를 징수하여 가입자 또는 피부양자에게 지체없이 지급하여야 한다.

6. 구상권 및 수급권 보호

공단은 제3자의 행위로 인한 보험급여사유가 발생하여 가입자 또는 피부양자에게 보험급여를 한 때에는 그 급여에 소요된 비용의 한도내에서 그 제3자에 대한 손해배상청구의 권리를 얻으며, 이 경우에 있어 보험급여를 받은 자가 제3자로부터 이미 손해배상을 받은 때에는 공단은 그 배상액의 한도내에서 보험급여를 하지 아니한다. 보험급여를 받을 권리는 양도 또는 압류할 수 없다.

7. 요양급여 비용의 정산

공단은 산업재해보상보험법에 따른 근로복지공단이 건강보험법에 따라 요양급여를 받을 수 있는 자에게 산업재해보상보험법에 따른 요양급여를 지급한 후 그 지급결정이 취소된 경우로서 그 요양급여의 비용을 청구하는 경우에는 그 요양급여가 이 법에 따라 실시할 수 있는 요양급여에 상당한 것으로 인정되면 그 요양급여에 해당하는 금액을 지급할 수 있다.

Ⅳ. 보험료

1. 보험료 및 보수월액

공단은 건강보험사업에 소요되는 비용에 충당하기 위하여 법령의 규정에 의한 보험료의 납부의무자로부터 보험료를 징수하되, 보험료는 가입자의 자격을 취득한 날이 속하는 달의 다음 달부터 가입자의 자격을 상실한 날의 전날이 속하는 달까지 징수한다. 다만, 가입자의 자격을 매월 1일에 취득한 경우에는 그 달부터 징수한다. 또, 보험료를 징수함에 있어서 가입자의 자격이 변동된 경우에는 변동된 날이 속하는 달의 보험료는 변동되기 전의 자격을 기준으로 징수한다. 다만, 가입자의 자격이 매월 1일에 변동된 경우에는 변동된 자격을 기준으로 징수한다.

직장가입자의 월별 보험료액은 법령의 규정에 의하여 산정한 보수월액에 법령의 규정에 의한 보험료율을 곱하여 얻은 금액으로 하고, 지역가입자의 월별 보험료액은 세대단위로 산정하되, 지역가입자가 속한 세대의 월별 보험료액은 법령의 규정에 의하여 산정한 보험료부과점수에 법령의 규정에 따른 보험료부과점수당 금액을 곱한 금액으로 한다. 아울러, 법령의 규정에 따른 보수월액은 직장가입자가 지급받는 보수를 기준으로 하여 산정하되, 법령이 정하는 기준에 따라 상·하한을 정할 수 있고, 이에 의한 보수는 근로자등이 근로의 제공으로 인하여 사용자·국가 또는 지방자치단체로부터 지급받는 금품(실비변상적인 성격의 것을 제외)으로서 법령이 정하는 것을 말한다. 이 경우 보수관련 자료가 없거나 불명확한 경우 등 법령이 정하는 사유에 해당하는 경우에는 보건복지부처장관이 정하여 고시하는 금액을 보수로 본다. 또, 보수월액의 산정 및 보수가 지급되지 아니하는 사용자의 보수월액의 산정 등에 관하여 필요한 사항은 법령으로 정한다.

한편, 휴직 기타의 사유로 보수의 전부 또는 일부가 지급되지 아니하는 가입자(휴직자등)의 보험료는 당해 사유가 발생하기 전월의 보수월액을 기준으로 보험료를 산정한다.

2. 보험료부과점수와 보험료율

법령의 규정에 따른 보험료부과점수는 지역가입자의 소득·재산·생활수준·경제활동참가율 등을 참작하여 정하되, 법령이 정하는 기준에 따라 상·하한을 정할 수 있고, 이에 의하여 보험료부과점수의 산정방법·기준을 정함에 있어 법령에 의하여 재산권의 행사가 제한되는 재산에 대하여는 다른 재산과 달리 정할 수 있다.

한편, 직장가입자의 보험료율은 1천분의 80의 범위안에서 심의위원회의 의결을 거쳐 법령으로 정하되, 국외에서 업무에 종사하고 있는 직장가입자에 대한 보험료율은 이 범위안에서 정하여진 보험료율의 100분의 50으로 한다. 아울러, 지역가입자의 보험료부과점수당 금액은 심의위원회의 의결을 거쳐 법령으로 정한다.

3. 보험료의 면제 및 보험료의 경감

공단은 직장가입자가 국외에서 업무에 종사하고 있는 경우, 병역법에 따라 소집되어 복무 중에 있는 자에 해당하는 경우, 교도소, 그 밖에 이에 준하는 시설에 수용되어 있는 경우에 해당되는 때에는 당해 가입자의 보험료를 면제한다. 다만, 병역법에 따라 소집되어 복무 중에 있는 자에 해당하는 직장가입자의 경우에는 국내에 거주하는 피부양자가 없는 경우에 이를 적용한다.

지역가입자가 국외에서 업무에 종사하고 있는 경우, 병역법에 따라 소집되어 복무 중에 있는 자에 해당하는 경우, 교도소, 그 밖에 이에 준하는 시설에 수용되어 있는 경우 중 어느 하나에 해당되는 때에는 그 가입자가 속한 세대의 보험료를 산정함에 있어서 그 가입자의 소득·재산·생활수준·경제활동참가율 등을 고려하여 정하되, 법령으로 정하는 기준에 따라 상한과 하한을 정하는 것에 따른 보험료부과점수를 제외한다.

상기의 보험료 면제 또는 보험료 산정에서 제외되는 보험료부과점수에 대하여는 국외에서 업무에 종사하고 있는 경우, 병역법에 따라 소집되어 복무 중에 있는 자에 해당하는 경우, 교도소, 그 밖에 이에 준하는 시설에 수용되어 있는 경우의 어느 하나에 해당하는 급여정지 사유가 발생한 날이 속하는 달의 다음 달부터 사유가 해소된 날이 속하는 달까지 적용한다. 다만, 급여정지 사유가 매월 1일에 해소된 경우에는 그 달의 보험료를 면제하지 아니하거나 보험료 산정에서 보험료부과점수를 제외하지 아니한다.

한편, ① 도서·벽지·농어촌 등 법령이 정하는 지역에 거주하는 자, ② 65세 이상인 자, ③ 장애인복지법에 따라 등록한 장애인, ④ 국가유공자 등 예우 및 지원에 관한 법률의 규정에 따른 국가유공자, ⑤ 휴직자, ⑥ 그 밖에 생활이 어렵거나 천재지변 등의 사유로 보험료의 경감이 필요하다고 보건복지부처장관이 정하여 고시하는 자의 어느 하나에 해당하는 가입자 중 법령이 정하는 가입자에 대하여는 그 가입자 또는 그 가입자가 속한 세대의 보험료의 일부를 경감할 수 있다.

4. 보험료의 부담

직장가입자의 보험료는 직장가입자와 직장가입자가 근로자인 경우에는 근로자가 소속되어 있는 사업장의 사업주, 직장가입자가 공무원인 경우에는 그 공무원이 소속되어 있는 국가 또는 지방자치단체의 구분에 의한 자가 각각 보험료액의 100분의 50씩 부담한다. 다만, 직장가입자가 교직원인 경우의 보험료액은 그 직장가입자가 100분의 50을, 교직원이 소속되어 있는 사립학교(사립학교교직원 연금법에 규정된 사립학교)를 설립·운영하는 자가 100분의 30을, 국가가 100분의 20을 각각 부담하되, 그 부담액의 전액을 부담할 수 없을 때에는 그 부족액을 학교에 속하는 회계에서 부담하게 할 수 있다.

지역가입자의 보험료는 그 가입자가 속한 세대의 지역가입자 전원이 연대하여 부담한다.

5. 보험료의 납부

(1) 보험료의 납부의무

직장가입자의 보험료는 사용자가 납부한다. 이 경우 사업장의 사용자가 2명 이상인 때에는 그 사업장의 사용자는 해당 직장가입자의 보험료를 연대하여 납부한다. 사용자는 직장가입자가 부담하여야 하는 그 달의 보험료액을 그 보수에서 공제하여 납부하여야 한다. 이 경우 직장가입자에게 그 공제액을 통지하여야 한다.

지역가입자의 보험료는 그 가입자가 속한 세대의 지역가입자 전원이 연대하여 납부한다. 다만, 소득·재산·생활수준·경제활동참가율 등을 고려하여 법령으로 정하는 기준에 해당하는 미성년자는 납부의무를 부담하지 아니한다.

(2) 보험료 납부기한

건강보험법의 규정에 의하여 보험료의 납부의무가 있는 자는 가입자에 대한 해당월의 보험료를 그 다음달 10일까지 납부하여야 한다. 다만, 지역가입자의 보험료는 보건복지부처령이 정하는 바에 의하여 분기별로 납부할 수 있다.

(3) 보험료 등의 독촉 및 체납처분

공단은 건강보험법에 따른 납부의무자가 보험료 등을 납부하지 아니한 때에는 기한을 정하여 독촉할 수 있다. 이 경우 직장가입자의 사용자가 2인 이상인 때 또는 지역가입자의 세대가 2인 이상으로 구성된 때 그 중 1인에게 행한 독촉은 해당 사업장의 다른 사용자 또는 세대구성원인 다른 지역가입자 모두에게 효력이 있는 것으로 본다. 이 경우 독촉을 하는 때에는 10일 이상 15일 이내의 납부기한을 정하여 독촉장을 발부하여야 한다.

또, 공단은 독촉을 받은 자가 그 납부기한까지 보험료 등을 납부하지 아니한 때에는 보건복지부처장관의 승인을 얻어 국세체납처분의 예에 의하여 이를 징수할 수 있고, 국세체납처분의 예에 의하여 압류한 재산의 공매에 전문지식이 필요하거나 기타 특수한 사정이 있어 직접 공매하기에는 적당하지 아니하다고 인정하는 때에는 한국자산관리공사법에 따라 설립된 한국자산관리공사로 하여금 이를 대행하게 할 수 있으며, 이 경우 공매는 공단이 한 것으로 본다.

(4) 체납보험료의 분할납부

공단은 보험료를 3회 이상 체납한 자에 대하여 법령이 정하는 바에 따라 분할납부 승인을 할 수 있으나, 분할납부 승인을 받은 자가 정당한 사유 없이 2회 이상 그 승인된 보험료를 납부하지 아니한 때에는 그 분할납부의 승인을 취소한다.

(5) 연체금

공단은 보험료 등의 납부의무자가 납부기한까지 이를 납부하지 아니한 때에는 그 납부기한이 경과한 날부터 체납된 보험료 등의 100분의 3에 해당하는 연체금을 징수하고, 보험료 등의 납부의무자가 체납된 보험료 등을 납부하지 아니한 때 납부기한이 경과한 날부터 1개월이 경과할 때마다 체납된 보험료 등의 100분의 1에 해당하는 연체금을 제1항에 따른 가산금에 가산하여 징수한다. 이 경우 연체금은 체납된 보험료등의 100분의 9를 초과하지 못한다. 다만, 천재·지변 기타 법령이 정하는 부득이한 사유가 있는 경우에는 연체금은 이를 징수하지 아니할 수 있다.

6. 보험료 징수

(1) 결손처분

공단은 ① 체납처분이 종결되고 체납액에 충당될 배분금액이 그 체납액에 미달하는 경우, ② 당해 권리에 대한 소멸시효가 완성된 경우, ③ 기타 징수할 가능성이 없다고 인정되는 경우로서 법령이 정하는 경우에 해당하는 사유가 있는 때에는 재정운영위원회의 의결을 얻어 보험료 등을 결손처분할 수 있다. 그러나 ③의 사유에 의하여 결손처분을 한 후 다른 압류할 수 있는 재산이 있었던 것을 발견한 때에는 지체없이 그 처분을 취소하고 체납처분을 하여야 한다.

(2) 보험료 등의 징수순위

보험료 등은 국세 및 지방세를 제외한 기타의 채권에 우선하여 징수한다. 다만, 보험료 등의 납부기한 전에 전세권·질권·저당권 또는 동산채권담보법에 따른 담보권의 설정을 등기 또는 등록한 사실이 증명되는 재산의 매각에 있어서 그 매각대금 중에서 보험료 등을 징수하는 경우의 그 전세권·질권·저당권 또는 동산채권담보법에 따른 담보권에 의하여 담보된 채권에 대하여는 그러하지 아니하다.

(3) 보험료 등의 납입고지

공단은 보험료 등을 징수하고자 하는 때에는 납부의무자에게 징수하고자 하는 보험료 등의 종류, 납부하여야 하는 금액, 납부기한 및 장소의 사항을 기재한 문서로써 납입의 고지를 하여야 하며, 이때 납입의 고지를 함에 있어서 납부의무자가 신청한 경우에는 전자문서교환방식 등에 의하여 전자문서로 고지할 수 있고, 전자문서로 고지한 경우에는 법령이 정하는 정보통신망에 저장되거나 납부의무자가 지정한 전자우편주소에 입력된 때에 그 납부의무자에게 도달된 것으로 본다.

또, 직장가입자의 사용자가 2인 이상인 때 또는 지역가입자의 세대가 2인 이상으로 구성된 때 그 중 1인에게 행한 고지는 해당 사업장의 다른 사용자 또는 세대구성원인 다른 지역가입자 모두에게 효력이 있는 것으로 보며, 휴직자등의 보험료는 휴직 등의 사유가 종료될 때까지 법령으로 정하는 바에 따라 납입의 고지를 유예할 수 있다.

(4) 보험료 등의 충당과 환급

공단은 납부의무자가 보험료 등 연체금 또는 체납처분비로서 납부한 금액 중 과오납부한 금액이 있는 때에는 즉시 그 초과납부액 또는 오납액을 환급금으로 결정하여야 하고, 이에 의한 환급금은 법령으로 정하는 바에 따라 납부할 보험료등과 체납처분비에 충당하여야 하며, 충당후의 잔여금은 결정일부터 30일 이내에 납부자에게 지급하여야 한다. 이 경우 공단이 환급금을 충당하거나 지급할 때에는 환급금에 법령으로 정하는 이자를 가산하여야 한다.

Ⅴ. 이의신청 및 심사청구

1. 이의신청

가입자 및 피부양자의 자격·보험료 등·보험급여 및 보험급여비용에 관한 공단의 처분에 이의가 있는 자는 공단에 이의신청을 할 수 있고, 요양급여비용 및 요양급여의 적정성에 대한 평가 등에 관한 심사평가원의 처분에 이의가 있는 공단·요양기관 기타의 자는 심사평가원에 이의신청을 할 수 있다.

이의신청은 처분이 있음을 안 날부터 90일 이내에 문서로 이를 하여야 하며 처분이 있은 날부터 180일을 경과하면 이를 제기하지 못한다. 다만, 정당한 사유에 의하여 그 기간내에 이의신청을 할 수 없었음을 소명한 때에는 그러하지 아니하다. 또, 요양기관이 건강보험법에 따른 건강보험심사평가원의 확인에 대하여 이의신청을 하는 경우 통보받은 날부터 30일 이내에 이를 하여야 한다.

2. 심판청구

건강보험법의 규정에 의한 이의신청에 대한 결정에 불복이 있는 자는 건강보험분쟁조정위원회에 심판청구를 할 수 있다. 이 경우 심판청구를 하고자 하는 자는 법령으로 정하는 심판청구서를 처분을 행한 공단 또는 심사평가원에 제출하거나 건강보험분쟁조정위원회에 제출하여야 한다.

3. 건강보험분쟁조정위원회

건강보험법에 따른 심판청구를 심리·의결하기 위하여 보건복지부처에 건강보험분쟁조정위원회(분쟁조정위원회)를 두며, 분쟁조정위원회는 위원장을 포함한 35인 이내의 위원으로 구성하고, 위원장을 제외한 위원 중 1인은 당연직위원으로 하며, 회의는 위원장, 당연직위원 및 위원장이 매 회의마다 지정하는 7인의 위원을 포함하여 총 9인으로 구성한다. 분쟁조정위원회는 구성원 과반수의 출석과 출석위원 과반수의 찬성으로 의결한다.

4. 행정소송

공단 또는 심사평가원의 처분에 이의가 있는 자와 건강보험법의 규정에 의한 이의신청 또는 심판청구에 대한 결정에 불복이 있는 자는 행정소송법이 정하는 바에 의하여 행정소송을 제기할 수 있다.

Ⅵ. 시효 및 특례

1. 시효 및 기간의 계산

① 보험료·연체금을 징수할 권리, ② 보험료·연체금으로 과오납부한 금액을 환급받을 권리, ③ 보험급여를 받을 권리, ④ 보험급여비용을 받을 권리, ⑤ 과다납부된 본인일부부담금을 반환받을 권리는 3년간 행사하지 아니하면 소멸시효가 완성된다. 다만, 이에 따른 시효는 보험료의 고지 또는 독촉, 보험급여 또는 보험급여비용의 청구의 사유로 인하여 중단된다. 그러나 휴직자등의 보험료를 징수할 권리의 소멸시효는 고지가 유예된 경우 휴직 등의 사유가 종료될 때까지 진행하지 아니한다.

한편, 건강보험법에 의한 명령에 규정된 기간의 계산에 관하여 같은 법에 정한 사항 외에는 민법의 기간에 관한 규정을 준용한다.

2. 외국인 및 실업자에 대한 특례

(1) 외국인등에 대한 특례

정부는 외국정부가 사용자인 사업장의 근로자의 건강보험에 관하여 외국정부와의 합의에 의하여 이를 따로 정할 수 있다. 국내에 체류하고 있는 재외국민 또는 외국인으로서 법령이 정하는 사람은 건강보험법의 적용을 받는 가입자 또는 피부양자가 된다.

(2) 실업자에 대한 특례

사용관계가 종료된 직장가입자 중 법령이 정하는 자가 지역가입자가 된 이후 최초로 고지 받은 지역가입자 보험료의 납부기한 이내에 공단에 직장가입자로서의 자격을 유지할 것을 신청한 경우에는 법령이 정하는 기간동안 직장가입자의 자격을 유지한다. 다만, 신청자가 신청 후 최초로 납부하여야 할 보험료를 그 납부기한까지 납부하지 아니한 때에는 그러하지 아니하다. 이에 따라 공단에 신청한 가입자(임의계속가입자)는 사용관계가 종료된 날이 속하는 달을 제외한 직전 3월간 지급받은 보수의 평균액을 기준으로 보수월액을 산정한다. 또, 임의계속가입자의 보험료는 보건복지부처장관이 고시하는 바에 따라 그 일부를 경감할 수 있고, 임의계속가입자의 보험료는 그 임의계속가입자가 전액을 부담하고 납부한다.

3. 근로자의 권익보호

고용 기간이 1개월 미만인 일용근로자, 병역법에 따른 현역병(지원에 의하지 아니하고 임용된 하사를 포함), 전환복무된 사람 및 무관후보생, 선거에 당선되어 취임하는 공무원으로서 매월 보수 또는 보수에 준하는 급료를 받지 아니하는 사람, 그 밖에 사업장의 특성, 고용 형태 및 사업의 종류 등을 고려하여 법령으로 정하는 사업장의 근로자 및 사용자와 공무원 및 교직원에 해당하지 아니하는 모든 사업장의 근로자를 고용하는 사용자는 그 고용한 근로자가 이 법에 의한 직장가입자로 되는 것을 방해하거나 그가 부담하는 부담금의 증가를 기피할 목적으로 정당한 사유없이 근로자의 승급 또는 임금인상을 하지 아니하거나 해고 기타 불이익한 조치를 할 수 없다.

4. 업무위탁과 재정지원

(1) 업무의 위탁

공단은 법령으로 정하는 바에 따라 ① 보험료의 수납 또는 보험료 납부의 확인에 관한 업무, ② 보험급여비용의 지급에 관한 업무, ③ 징수위탁근거법의 위탁에 따라 징수하는 연금보험료, 고용보험료, 산업재해보상보험료, 부담금 및 분담금 등 등(징수위탁보험료등)의 수납 또는 보험료 납부의 확인에 관한 업무를 체신관서, 금융기관 또는 그 밖의 자에게 위탁할 수 있다. 또, 공단은 그 업무의 일부를 국가기관·지방자치단체 또는 다른 법령에 의한 사회보험업무를 수행하는 법인 기타의 자에게 위탁할 수 있다.

(2) 보험재정에 대한 정부지원

국가는 매년 예산의 범위 안에서 당해연도 보험료 예상수입액의 100분의 14에 상당하는 금액을 국고에서 공단에 지원하며, 이에 따라 지원된 재원을 가입자 및 피부양자에 대한 보험급여, 건강보험사업에 대한 운영비, 법령의 규정에 따른 보험료 경감에 대한 지원의 사업에 사용한다.

한편, 공단은 국민건강증진법이 정하는 바에 따라 동법에 따른 국민건강증진기금에서 자금을 지원받을 수 있고, 이에 따라 지원된 재원을 건강검진 등 건강증진에 관한 사업, 가입자 및 피부양자의 흡연으로 인한 질병에 대한 보험급여, 가입자 및 피부양자 중 65세 이상 노인에 대한 보험급여의 사업에 사용한다.

(3) 출연금의 용도

공단은 국민연금법, 산업재해보상보험법, 고용보험법, 임금채권보장법 및 석면피해구제법에 따라 국민연금기금, 산업재해보상보험및예방기금, 고용보험기금, 임금채권보장기금 및 석면피해구제기금으로부터 각각 지급받은 출연금을 업무위탁에 소요되는 비용에 사용하여야 한다.

Ⅶ. 실효성 확보수단

1. 신고의무와 자료제출 및 검사와 감독

(1) 신고 및 서류제출

공단은 사용자 및 세대주로 하여금 가입자의 거주지변경 또는 보수·소득 기타 건강보험사업을 위하여 필요한 사항을 신고하게 하거나 관계서류를 제출하게 할 수 있고, 이에 따라 신고 또는 제출받은 자료에 대한 사실여부를 확인할 필요가 있다고 인정하는 때에는 소속직원으로 하여금 당해 사항에 관하여 조사하게 할 수 있다.

(2) 소득 축소·탈루 자료 송부 등

공단은 신고한 보수나 소득 등에 축소나 탈루가 있다고 인정하는 경우에는 보건복지부처장관을 거쳐 소득의 축소 또는 탈루에 관한 사항을 문서로 국세청장에게 송부할 수 있다.

국세청장은 이 규정에 의하여 송부받은 사항에 대하여 국세기본법 등 관련법령의 규정에 의한 세무조사를 실시한 경우 그 조사결과중 보수·소득에 관한 사항을 공단에 송부한다.

(3) 자료의 제공

공단 및 심사평가원은 국가·지방자치단체·요양기관, 보험업법에 의한 보험사업자 및 보험료율 산출기관 그 밖의 공공단체 등에 대하여 건강보험사업을 위하여 필요한 자료의 제공을 요청할 수 있고, 공단은 국가·지방자치단체, 그 밖의 공공기관 및 공공단체 등에 대하여 건강보험법에 따른 공단의 업무로 정하고 있는 사항에 대한 업무를 수행하기 위하여 필요한 자료의 제공을 요청할 수 있으며, 자료의 제공을 요청받은 자는 성실히 이에 응하여야 한다.

(4) 보고와 검사

보건복지부처장관은 사용자 또는 세대주에게 가입자의 이동·보수·소득 기타 필요한 사항에 관한 보고 또는 서류제출을 명하거나 소속공무원으로 하여금 관계인에게 질문을 하게 하거나 관계서류를 검사하게 할 수 있고, 요양기관에 대하여 요양·약제의 지급등 보험급여에 관한 보고 또는 서류제출을 명하거나 소속공무원으로 하여금 관계인에게 질문을 하게 하거나 관계서류를 검사하게 할 수 있다.

(5) 공단 등에 대한 감독

보건복지부처장관은 공단 및 심사평가원에 대하여 그 사업에 관한 보고를 명하거나 사업 또는 재산상황을 검사하여 정관 또는 규정의 변경 기타 필요한 처분을 명하는 등 감독상 필요한 조치를 할 수 있다.

2. 업무정지 등 제재조치

(1) 업무정지

보건복지부처장관은 요양기관이 ① 속임수나 그 밖의 부당한 방법으로 보험자·가입자 및 피부양자에게 요양급여비용을 부담하게 한 때, ② 명령에 위반하거나 거짓 보고를 하거나 소속공무원의 검사 또는 질문을 거부·방해 또는 기피한 때의 어느 하나에 해당하는 때에는 1년의 범위 안에서 기간을 정하여 요양기관의 업무정지를 명할 수 있고, 이에 따라 업무정지처분을 받은 자는 해당 업무정지기간 중에는 요양급여를 행하지 못한다. 이 때 업무정지처분의 효과는 그 처분이 확정된 요양기관을 양수한 자 또는 합병 후 존속하는 법인에 승계되고, 업무정지처분의 절차가 진행 중인 때에는 양수인 또는 합병 후 존속하는 법인에 대하여 그 절차를 계속 진행할 수 있다. 다만, 양수인 또는 합병 후 존속하는 법인이 그 처분 또는 위반사실을 알지 못하였음을 증명하는 때에는 그러하지 아니하다. 또, 업무정지처분을 받았거나 업무정지처분의 절차가 진행 중인 자는 행정처분을 받은 사실 또는 행정처분절차가 진행 중인 사실을 법령으로 정하는 바에 따라 양수인 또는 합병 후 존속하는 법인에 지체 없이 통지하여야 한다.

(2) 과징금

보건복지부처장관은 요양기관이 속임수나 그 밖의 부당한 방법으로 보험자·가입자 및 피부양자에게 요양급여비용을 부담하게 한 경우에 해당하여 업무정지처분을 하여야 하는 경우로서 그 업무정지처분이 그 요양기관을 이용하는 자에게 심한 불편을 주거나 보건복지부처장관이 정하는 특별한 사유가 있는 경우 그 업무정지처분에 갈음하여 속임수나 그 밖의 부당한 방법으로 부담하게 한 금액의 5배 이하의 금액을 과징금으로 부과·징수할 수 있다. 이 경우 보건복지부처장관은 12개월의 범위 안에서 분할납부를 하게 할 수 있고, 과징금을 납부하여야 할 자가 납부기한까지 납부하지 아니한 경우 국세 체납처분의 예에 따라 징수하며, 징수한 과징금은 법령에 따라 공단이 요양급여비용으로 지급하는 자금, 응급의료에 관한 법률에 따른 응급의료기금에의 지원 외의 용도로는 사용할 수 없다.

(3) 위반사실의 공표

보건복지부처장관은 법령에 따른 행정처분을 받은 요양기관 중 관련 서류를 위조·변조하여 요양급여비용을 거짓으로 청구한 요양기관으로서 ① 거짓으로 청구한 금액이 1천500만원 이상인 경우, ② 요양급여비용총액 중 거짓으로 청구한 금액의 비율이 100분의 20이상인 경우의 어느 하나에 해당하는 경우 그 위반행위, 처분내용, 해당 요양기관의 명칭·주소 및 대표자 성명, 그 밖에 다른 요양기관과의 구별에 필요한 사항으로서 법령으로 정하는 사항을 공표할 수 있다. 이 경우 공표 여부를 결정함에 있어서 그 위반행위의 동기, 정도, 횟수 및 결과 등을 고려하여야 한다.

한편, 보건복지부처장관은 상기에 따른 공표 여부 등을 심의하기 위하여 건강보험공표심의위원회(공표심의위원회)를 설치·운영한다. 또, 보건복지부처장관은 공표심의위원회의 심의를 거친 공표대상자에게 공표대상자인 사실을 통지하여 소명자료를 제출하거나 출석하여 의견진술을 할 수 있는 기회를 부여하여야 하며, 공표심의위원회가 소명자료 또는 진술의견을 고려하여 공표대상자를 재심의한 후 공표대상자를 선정한다.

3. 벌칙 및 양벌규정

대행청구단체의 종사자로서 거짓 그 밖에 부정한 방법으로 요양급여비용의 청구를 한 자는 3년 이하의 징역 또는 3천만원 이하의 벌금에 처한다. 또, 대행청구단체가 아닌 자로 하여금 대행하게 한 자 등에 해당하는 자는 1년 이하의 징역 또는 1천만원 이하의 벌금에 처하는 등 건강보험법의 규정을 위반하는 경우 경중에 따라 벌칙규정을 적용한다. 또한, 법인의 대표자, 법인이나 개인의 대리인·사용인 기타 종사자가 그 법인 또는 개인의 업무에 관하여 건강보험법이 규정한 사항을 위반행위를 한 때에는 그 행위자를 벌하는 외에 그 법인 또는 개인에 대하여도 각 해당조의 벌금형을 과한다.

아울러, 가입자 및 피부양자 또는 가입자 및 피부양자이었던 자가 그 자격을 잃은 후 그 자격을 증명하던 서류를 사용하여 보험급여를 받은 때에는 그 급여에 상당하는 금액 이하의 과태료에 처한다. 또, 법령을 위반하여 건강보험증 또는 신분증명서의 양도·대여, 그 밖의 부정한 사용을 통하여 보험급여를 받은 자에게는 그 보험급여에 상당하는 금액 이하의 과태료를 부과하는 등(건강보험증 또는 신분증명서를 양도·대여하여 보험급여를 받게 한 자도 또한 같다) 건강보험법이 규정한 사항을 위반하는 경우 그 사안에 따라 과태료를 부과한다.

한편, 과태료는 법령이 정하는 바에 의하여 보건복지부처장관이 부과·징수한다. 이에 의한 과태료처분에 불복이 있는 자는 그 처분의 고지를 받은 날부터 30일 이내에 보건복지부처장관에게 이의를 제기할 수 있고, 이에 의한 과태료처분을 받은 자가 이의를 제기한 때에는 보건복지부처장관은 지체없이 관할법원에 그 사실을 통보하여야 하며, 그 통보를 받은 관할법원은 비송사건절차법에 의한 과태료의 재판을 한다. 이때 기간내에 이의를 제기하지 아니하고 과태료를 납부하지 아니한 때에는 국세체납처분의 예에 의하여 이를 징수한다.

제 5 절 국민연금정책

Ⅰ. 국민연금사업 및 가입자

1. 국민연금제도의 목적 및 가입과 보험료

국민의 노령, 장애 또는 사망에 대하여 연금급여를 실시함으로써 국민의 생활 안정과 복지 증진에 이바지하는 것을 목적으로 하는 것으로, 국민연금사업은 보건복지부처장관이 맡아 주관한다.

국민연금 가입자는 사업장에 고용된 근로자 및 사용자로서 국민연금에 가입된 자(사업장가입자), 사업장가입자가 아닌 자로서 국민연금에 가입된 자(지역가입자), 사업장가입자 및 지역가입자 외의 자로서 국민연금에 가입된 자(임의가입자), 국민연금 가입자 또는 가입자였던 자가 국민연금 가입자 또는 가입자였던 자로서 60세가 된 자(연금보험료를 납부한 사실이 없는 자, 노령연금 수급권자로서 급여를 지급받고 있는 자, 반환일시금을 지급받은 자는 제외), 전체 국민연금 가입기간의 5분의 3이상을 법령으로 정하는 직종의 근로자로 국민연금에 가입하거나 가입하였던 사람(특수직종근로자)으로서 법령에 따라 노령연금 수급권을 취득한 사람, 법령에 따라 특례노령연금 수급권을 취득한 사람중 노령연금 급여를 지급받지 않는 사람으로 가입자로 된 자(임의계속가입자)로 구분된다.

연금보험료는 국민연금사업에 필요한 비용으로서 사업장가입자의 경우에는 부담금 및 기여금의 합계액을, 지역가입자·임의가입자 및 임의계속가입자의 경우에는 본인이 내는 금액으로, 기준소득월액(연금보험료와 급여를 산정하기 위하여 가입자의 소득월액을 기준으로 하여 법령으로 정하는 금액을 말하며, 그 결정방법 및 적용기간 등에 관하여는 법령으로 정함)과 평균소득월액(매년 사업장가입자 및 지역가입자 전원(全員)의 기준소득월액을 평균한 금액을 말하는데, 이때 소득은일정한 기간 근로를 제공하여 얻은 수입에서 법령으로 정하는 비과세소득을 제외한 금액 또는 사업 및 자산을 운영하여 얻는 수입에서 필요경비를 제외한 금액을 말한다. 이 경우 국민연금가입자(가입자)의 종류에 따른 소득 범위와 산정방법은 법령으로 정함)으로 산정한다. 또, 사업장가입자의 사용자가 부담하는 금액(부담금), 사업장가입자가 부담하는 금액(기여금)으로 구분된다.

2. 국민연금 재정 계산 및 급여액 조정

급여 수준과 연금보험료는 국민연금 재정이 장기적으로 균형을 유지할 수 있도록 조정(調整)되어야 하며, 보건복지부처장관은 법령으로 정하는 바에 따라 5년마다 국민연금 재정 수지를 계산하고, 국민연금의 재정 전망과 연금보험료의 조정 및 국민연금기금의 운용 계획 등이 포함된 국민연금 운영 전반에 관한 계획을 수립하여 국무회의의 심의를 거쳐 대통령의 승인을 받아야 하며, 승인받은 계획을 국회에 제출하고 법령으로 정하는 바에 따라 공시하여야 한다. 또, 급여액은 국민의 생활수준, 임금, 물가, 그 밖에 경제사정에 뚜렷한 변동이 생기면 그 사정에 맞게 조정되어야 한다.

3. 국민연금심의위원회

국민연금사업에 관한 ① 국민연금제도 및 재정 계산에 관한 사항, ② 급여에 관한 사항, ③ 연금보험료에 관한 사항, ④ 국민연금기금에 관한 사항, ⑤ 그 밖에 국민연금제도의 운영과 관련하여 보건복지부처장관이 회의에 부치는 사항을 심의하기 위하여 보건복지부처에 국민연금심의위원회를 둔다.

국민연금심의위원회는 위원장·부위원장 및 위원으로 구성하되, 위원장은 보건복지부처 차관이 되고, 부위원장은 공익을 대표하는 위원 중에서 호선(互選)하며, 위원은 ① 사용자를 대표하는 위원으로서 사용자 단체가 추천하는 자 4명, ② 근로자를 대표하는 위원으로서 근로자 단체가 추천하는 자 4명, ③ 지역가입자를 대표하는 위원(농어업인 단체가 추천하는 자 2명, 농어업인 단체 외의 자영자(自營者) 관련 단체가 추천하는 자 2명, 소비자단체와 시민단체가 추천하는 자 2명), ④ 공익을 대표하는 위원으로서 국민연금에 관한 전문가 5명을 보건복지부처장관이 지명하거나 위촉한다.

Ⅱ. 국민연금가입자 및 자격

1. 가입 대상

국내에 거주하는 국민으로서 18세 이상 60세 미만인 자는 국민연금 가입 대상이 된다. 다만, 공무원연금법, 군인연금법 및 사립학교교직원 연금법을 적용받는 공무원, 군인 및 사립학교 교직원, 그 밖에 법령으로 정하는 자는 제외한다.

2. 가입자의 종류

가입자는 사업장가입자, 지역가입자, 임의가입자 및 임의계속가입자로 구분한다.

(1) 사업장가입자

사업의 종류, 근로자의 수 등을 고려하여 법령으로 정하는 사업장(당연적용사업장)의 18세 이상 60세 미만인 근로자와 사용자는 당연히 사업장가입자가 된다. 다만, 공무원연금법, 사립학교교직원 또는 별정우체국법에 따른 퇴직연금, 장해연금 또는 퇴직연금일시금이나 군인연금법에 따른 퇴역연금, 상이연금, 퇴역연금일시금을 받을 권리를 얻은 자(퇴직연금등수급권자)는 제외한다. 다만, 퇴직연금등수급권자가 국민연금과 직역연금의 연계에 관한 법률에 따라 연계 신청을 한 경우에는 그러하지 아니하다.

한편, 상기의 사항에도 불구하고 국민연금에 가입된 사업장에 종사하는 18세 미만 근로자는 자기가 원하면 사용자의 동의를 받아 사업장가입자가 될 수 있고, 국민기초생활보장법에 따른 수급자는 본인의 희망에 따라 사업장가입자가 되지 아니할 수 있다.

(2) 지역가입자

사업장가입자가 아닌 자로서 18세 이상 60세 미만인 자는 당연히 지역가입자가 된다. 다만, ① 공무원연금법, 군인연금법, 사립학교교직원 연금법 및 별정우체국법을 적용받는 공무원, 군인, 교직원 및 별정우체국 직원, 그 밖에 법령으로 정하는 국민연금 가입 대상에서 제외되는 자, 사업장가입자, 지역가입자 및 임의계속가입자, 별정우체국 직원, 노령연금 수급권자 및 퇴직연금등수급권자의 어느 하나에 해당하는 자의 배우자로서 별도의 소득이 없는 자, ② 퇴직연금등수급권자(다만, 퇴직연금등수급권자가 국민연금과 직역연금의 연계에 관한 법률에 따라 연계 신청을 한 경우에는 그러하지 아니하다), ③ 18세 이상 27세 미만인 자로서 학생이거나 군 복무 등의 이유로 소득이 없는 자(연금보험료를 납부한 사실이 있는 자는 제외), ④ 국민기초생활 보장법에 따른 수급자, ⑤ 1년 이상 행방불명된 자(이 경우 행방불명된 자에 대한 인정 기준 및 방법은 법령으로 정함)의 어느 하나에 해당하는 자는 제외한다.

(3) 임의가입자

사업장가입자 및 지역가입자의 어느 하나에 해당하는 자 외의 자로서 18세 이상 60세 미만인 자는 법령으로 정하는 바에 따라 국민연금공단에 가입을 신청하면 임의가입자가 될 수 있으며, 임의가입자는 법령으로 정하는 바에 따라 국민연금공단에 신청하여 탈퇴할 수 있다.

(4) 임의계속가입자

① 국민연금 가입자 또는 가입자였던 자로서 60세가 된 자(다만, 연금보험료를 납부한 사실이 없는 자, 노령연금 수급권자로서 급여를 지급받고 있는 자, 가입기간이 10년 미만인 자가 60세가 된 때에 해당하는 사유로 반환일시금을 지급받은 자의 어느 하나에 해당하는 자는 제외), ② 법령으로 정하는 직종에 종사하거나 종사하였던 근로자(특수직종근로자)로서 특례노령연금 수급권을 취득한 자의 어느 하나에 해당하는 자는 65세가 될 때까지 법령으로 정하는 바에 따라 국민연금공단에 가입을 신청하면 임의계속가입자가 될 수 있다. 이 경우 가입 신청이 수리된 날에 그 자격을 취득한다. 또, 임의계속가입자는 법령으로 정하는 바에 따라 국민연금공단에 신청하면 탈퇴할 수 있으며, 임의계속가입자가 사망한 때, 국적을 상실하거나 국외로 이주한 때, 탈퇴 신청이 수리된 때, 법령으로 정하는 기간 이상 계속하여 연금보험료를 체납한 때의 어느 하나에 해당하게 된 날의 다음 날에 그 자격을 상실한다.

3. 가입자 자격의 취득 시기

사업장가입자는 사업의 종류, 근로자의 수 등을 고려하여 법령으로 정하는 사업장(당연적용사업장)의 18세 이상 60세 미만인 근로자와 사용자는 사업장에 고용된 때 또는 그 사업장의 사용자가 된 때, 당연적용사업장으로 된 때의 어느 하나에 해당하게 된 날에 그 자격을 취득한다.

지역가입자는 ① 사업장가입자의 자격을 상실한 때, ② 법령에 따른 국민연금 가입 대상 제외자에 해당하지 아니하게 된 때, ③ 법령에 따른 배우자가 별도의 소득이 있게 된 때, ④ 18세 이상 27세 미만인 자가 소득이 있게 된 때의 어느 하나에 해당하게 된 날에 그 자격을 취득한다. ③ 또는 ④의 경우 소득이 있게 된 때를 알 수 없는 경우에는 법령에 따른 신고를 한 날에 그 자격을 취득한다. 한편, 임의가입자는 가입 신청이 수리된 날에 자격을 취득한다.

4. 가입자 자격의 상실 시기

(1) 사업장가입자

사업장가입자는 ① 사망한 때, ② 국적을 상실하거나 국외로 이주한 때, ③ 사용관계가 끝난 때, ④ 60세가 된 때에는 그 사유에 해당하게 된 날의 다음 날에 자격을 상실한다. 다만, 법령에 따른 국민연금 가입 대상 제외자에 해당하게 된 때에는 이에 해당하게 된 날에 자격을 상실한다.

(2) 지역가입자

지역가입자는 ① 사망한 때, ② 국적을 상실하거나 국외로 이주한 때, ③ 배우자로서 별도의 소득이 없게 된 때, ④ 60세가 된 때의 어느 하나에 해당하게 된 날의 다음 날에 자격을 상실한다. 다만, Ⓐ 법령에 따른 국민연금 가입 대상 제외자에 해당하게 된 때, Ⓑ 사업장가입자의 자격을 취득한 때에는 그에 해당하게 된 날에 그 자격을 상실한다.

(3) 임의가입자

임의가입자는 ① 사망한 때, ② 국적을 상실하거나 국외로 이주한 때, ③ 탈퇴 신청이 수리된 때, ④ 60세가 된 때, ⑤ 법령으로 정하는 기간 이상 계속하여 연금보험료를 체납한 때의 어느 하나에 해당하게 된 날의 다음 날에 자격을 상실한다. 다만, Ⓐ 사업장가입자 또는 지역가입자의 자격을 취득한 때, Ⓑ 국민연금 가입 대상 제외자에 해당하게 된 때에는 그에 해당하게 된 날에 그 자격을 상실한다.

5. 국민연금 가입기간

(1) 국민연금 가입기간의 계산

국민연금 가입기간은 월 단위로 계산하되, 가입자의 자격을 취득한 날이 속하는 달의 다음 달부터 자격을 상실한 날의 전날이 속하는 달까지로 한다. 다만, ① 가입자가 자격을 취득한 날이 그 속하는 달의 초일인 경우(자격 취득일이 속하는 달에 다시 그 자격을 상실하는 경우는 제외), ② 임의계속가입자의 자격을 취득한 경우, ③ 가입자가 희망하는 경우의 어느 하나에 해당하는 경우 자격을 취득한 날이 속하는 달은 가입기간에 산입하되, 가입자가 그 자격을 상실한 날의 전날이 속하는 달에 자격을 다시 취득하면 다시 취득한 달을 중복하여 가입기간에 산입하지 아니한다.

가입기간을 계산할 때 연금보험료를 내지 아니한 기간은 가입기간에 산입하지 아니한다. 다만, 사용자가 근로자의 임금에서 기여금을 공제하고 연금보험료를 내지 아니한 경우에는 그 내지 아니한 기간의 2분의 1에 해당하는 기간을 근로자의 가입기간으로 산입한다. 이 경우 1개월 미만의 기간은 1개월로 한다.

국민건강보험법에 따른 국민건강보험공단(건강보험공단)이 법령으로 정하는 바에 따라 근로자에게 그 사업장의 체납 사실을 통지한 경우에는 통지된 체납월(滯納月)의 다음 달부터 체납 기간은 가입기간에 산입하지 아니한다. 이 경우 그 근로자는 법령으로 정하는 바에 따라 기여금을 건강보험공단에 낼 수 있다. 법령에 따라 지급받은 반환일시금이 법령에 따른 부당이득에 해당하는 경우 이를 반납하지 아니하는 때에는 그에 상응하는 기간을 가입기간에 산입하지 아니한다.

(2) 연금보험료 일부 납부 월의 가입기간 계산

가입기간을 계산할 때 연금보험료의 일부가 납부된 경우에는 그 일부 납부된 보험료를 다른 일부 납부된 월의 미납 연금보험료와 연체금 등에 충당하고, 충당 후 완납된 월은 가입기간에 산입한다. 이 경우 충당의 대상 및 방법, 가입기간의 계산 및 급여의 지급 등에 필요한 사항은 법령으로 정한다. 이에 따라 충당한 후에도 일부 납부된 연금보험료가 있는 경우에는 이를 최초 연금 지급월에 반환한다. 다만, 가입자 또는 가입자였던 자의 청구가 있는 경우에는 일부 납부된 월의 미납된 연금보험료와 연체금 등을 납부받아 해당 월을 가입기간에 산입할 수 있고, 이에 따라 연금보험료 또는 연체금 등을 반환하거나 납부받는 때에는 법령으로 정하는 이자를 더하여야 한다.

(3) 군 복무기간에 대한 가입기간 추가 산입

① 병역법에 따른 현역병, ② 병역법에 따른 공익근무요원의 어느 하나에 해당하는 자가 노령연금 수급권을 취득한 때(이 조에 따라 가입기간이 추가 산입되면 노령연금 수급권을 취득할 수 있는 경우를 포함)에는 6개월을 가입기간에 추가로 산입한다. 다만, 병역법에 따른 병역의무를 수행한 기간이 6개월 미만인 경우에는 그러하지 아니한다.

상기사항에도 불구하고 Ⓐ 병역법에 따른 병역의무를 수행한 기간의 전부 또는 일부가 공무원연금법·사립학교교직원 연금법 및 별정우체국법에 따라 재직기간에 산입되거나 군인연금법에 따라 복무기간에 산입된 경우, Ⓑ 병역법에 따른 병역의무를 수행한 기간 중 연금보험료를 납부하여 가입기간으로 인정된 경우(다만, 당해 가입기간이 6개월 미만인 경우를 제외)의 어느 하나에 해당하는 경우에는 상기사항을 적용하지 아니하며, 상기사항에 따라 가입기간을 추가로 산입하는데 필요한 재원은 국가가 전부를 부담한다.

(4) 출산에 대한 가입기간 추가 산입

2 이상의 자녀가 있는 가입자 또는 가입자였던 자가 노령연금수급권을 취득한 때(이 조에 따라 가입기간이 추가 산입되면 노령연금수급권을 취득할 수 있는 경우를 포함한

다)에는 ① 자녀가 2명인 경우(12개월), ② 자녀가 3명 이상인 경우(둘째 자녀에 대하여 인정되는 12개월에 2자녀를 초과하는 자녀 1명마다 18개월을 더한 개월 수)에 따른 기간을 가입기간에 추가로 산입한다. 다만, 추가로 산입하는 기간은 50개월을 초과할 수 없으며, 자녀 수의 인정방법 등에 관하여 필요한 사항은 법령으로 정한다.

한편, 추가 가입기간은 부모가 모두 가입자 또는 가입자였던 자인 경우에는 부와 모의 합의에 따라 2명 중 1명의 가입기간에만 산입하되, 합의하지 아니한 경우에는 균등 배분하여 각각의 가입기간에 산입하고, 가입기간을 추가로 산입하는데 필요한 재원은 국가가 전부 또는 일부를 부담한다.

(5) 가입기간의 합산

가입자의 자격을 상실한 후 다시 그 자격을 취득한 자에 대하여는 전후(前後)의 가입기간을 합산하고, 가입자의 가입 종류가 변동되면 그 가입자의 가입기간은 각 종류별 가입기간을 합산한 기간으로 한다.

Ⅲ. 국민연금공단

1. 국민연금공단의 업무

보건복지부처장관의 위탁을 받아 국민연금제도의 목적을 달성하기 위한 사업을 효율적으로 수행하기 위하여 국민연금공단(공단)을 설립하고, 공단은 ① 가입자에 대한 기록의 관리 및 유지, ② 연금보험료의 부과, ③ 급여의 결정 및 지급, ④ 가입자, 가입자였던 자 및 법령에 따른 수급권자를 위한 노후설계 상담, 소득활동 지원 및 자금의 대여와 복지시설의 설치·운영 등 복지증진사업, ⑤ 가입자 및 가입자였던 자에 대한 기금증식을 위한 자금 대여사업, ⑥ 국민연금법 또는 다른 법령에 따라 위탁받은 사항, ⑦ 그 밖에 국민연금사업에 관하여 보건복지부처장관이 위탁하는 사항의 업무를 한다.

2. 공단에 대한 감독

공단은 법령으로 정하는 바에 따라 회계연도마다 사업 운영 계획과 예산에 관하여 보건복지부처장관의 승인을 받아야 하고, 회계연도가 끝나고 2개월 내에 사업 실적과 결산을 보건복지부처장관에게 보고하여야 한다.

보건복지부처장관은 공단에 대하여 사업에 관한 보고를 명하거나, 사업이나 재산 상황을 검사할 수 있으며, 필요하다고 인정하면 정관의 변경을 명하는 등 감독에 필요한 조치를 할 수 있다.

3. 복지사업과 대여사업

공단은 가입자, 가입자였던 자 및 수급권자의 복지를 증진하기 위하여 법령으로 정하는 바에 따라 ① 자금의 대여, ② 노인복지법에 따른 노인복지시설의 설치・공급・임대와 운영, ③ ②에 따른 노인복지시설의 부대시설로서 체육시설의 설치・이용에 관한 법률(체육시설법)에 따른 체육시설의 설치 및 운영, ④ 그 밖에 법령으로 정하는 복지사업을 할 수 있다.

한편, ②와 ③에 따른 복지사업을 실시하기 위하여 국민연금기금으로부터 법령으로 정하는 법인에 출자할 수 있다. 또, 공단은 법령으로 정하는 바에 따라 가입자와 가입자였던 자에 대하여 국민연금기금의 증식을 위한 대여사업을 할 수 있고, ① 및 ③에 따른 대여 업무를 담당하는 공단의 임직원은 그 직무를 수행하면서 고의 또는 중대한 과실로 공단에 손해를 끼쳤을 때에는 그 손해를 배상하여야 한다.

4. 복지시설의 설치사업 등에 관한 특례

공단이 노인복지법에 따른 노인복지시설의 설치・공급・임대와 운영과 이에 따른 노인복지시설의 부대시설로서 체육시설법에 따른 체육시설의 설치 및 운영을 위하여 복지시설을 설치하기 위하여 국가, 지방자치단체, 한국토지주택공사법에 따른 한국토지주택공사, 그 밖에 법령으로 정하는 공공기관이 조성한 토지를 취득하는 경우 공단을 국가 또는 지방자치단체로 본다.

5. 노후설계 상담 및 소득활동 지원

공단은 법령으로 정하는 바에 따라 가입자, 가입자였던 자 및 수급권자의 다층보장체계를 통한 적정 노후소득 보장을 위하여 노후설계 상담 및 소득활동 지원 사업을 할 수 있다.

Ⅳ. 국민연금급여

1. 연금급여의 종류 및 수급권

(1) 급여의 종류 및 급여지급

국민연금법에 따른 급여의 종류는 ① 노령연금, ② 장애연금, ③ 유족연금, ④ 반환일시금으로 한다. 한편, 급여는 받을 권리가 있는 자(수급권자)의 청구에 따라 공단이 지급한다. 연금액은 지급사유에 따라 기본연금액[4]과 부양가족연금액[5]을 기초로 산정한다.

---

4) 수급권자의 기본연금액은 ① ㉮ 연금 수급 3년 전 연도의 평균소득월액을 연금 수급 3년 전 연도와 대비한 연금 수급 전년도의 전국소비자물가변동률(「통계법」 제3조에 따라 통계청장이 매년 고시하는 전국소비자물가변동률을 말한다. 이하 이 조에서 같다)에 따라 환산한 금액, ㉯ 연금 수급 2년 전 연도의 평균소득월액을 연금 수급 2년 전 연도와 대비한 연금 수급 전년도의 전국소비자물가변동률에 따라 환산한 금액, ㉰ 연금 수급 전년도의 평균소득월액에 따라 산정한 금액을 합산하여 3으로 나눈 금액, ② 가입자 개인의 가입기간 중 매년 기준소득월액을 대통령령으로 정하는 바에 따라 보건복지부장관이 고시하는 연도별 재평가율에 의하여 연금 수급 전년도의 현재가치로 환산한 후 이를 합산한 금액을 총 가입기간으로 나눈 금액(다만, ㉮ 법 제18조에 따라 추가로 산입되는 가입기간의 기준소득월액은 제1호에 따라 산정한 금액의 2분의 1에 해당하는 금액, ㉯ 법 제19조에 따라 추가로 산입되는 가입기간의 기준소득월액은 제1호에 따라 산정한 금액에 따라 산정하여야 하는 금액은 그 금액으로 한다)의 금액을 합한 금액에 1천분의 1천200을 곱한 금액으로 한다. 다만, 가입기간이 20년을 초과하면 그 초과하는 1년(1년 미만이면 매 1개월을 12분의 1년으로 계산한다)마다 본문에 따라 계산한 금액에 1천분의 50을 곱한 금액을 더한다. 한편, 상기의 금액을 수급권자에게 적용할 때에는 연금 수급 2년 전 연도와 대비한 전년도의 전국소비자물가변동률을 기준으로 매년 3월 말까지 그 변동률에 해당하는 금액을 더하거나 빼되, 미리 국민연금심의위원회의 심의를 거쳐야 하고, 이때 조정된 금액을 수급권자에게 적용할 때 그 적용 기간은 해당 조정연도 4월부터 다음 연도 3월까지로 한다.

5) 부양가족연금액은 수급권자(유족연금의 경우에는 사망한 가입자 또는 가입자였던 자)를 기준으로 하는 ① 배우자(연 15만원), ② 18세 미만이거나 장애등급 2급 이상인 자녀(배우자가 혼인 전에 얻은 자녀를 포함)(연 10만원), ③ 60세 이상이거나 장애등급 2급 이상인 부모(부 또는 모의 배우자, 배우자의 부모를 포함)(연 10만원)의 자로서 수급권자에 의하여 생계를 유지하고 있는 자에 대하여 해당 호에 규정된 각각의 금액으로 한다. 이 경우 생계유지에 관한 대상자별 인정기준은 대통령령으로 정한다. 다만, 배우자·자녀·부모의 자가 ㉮ 연금 수급권자(「국민연금과 직역연금의 연계에 관한 법률」에 따른 연계급여 수급권자를 포함), ㉯ 퇴직연금등수급권자, ㉰ 「공무원연금법」, 「사립학교교직원연금법」, 「별정우체국법」 또는 「군인연금법」에 따른 유족연금 수급권자의 어느 하나에 해당하면 부양가족연금액 계산에서 제외한다. 그러나 ①~③의 자는 부양가족연금액을 계산할 때 2명 이상의 연금수급권자의 부양가족연금 계산 대상이 될 수 없다. 한편, ①~③에 해당하는 자가 Ⓐ 사망한 때, Ⓑ 수급권자에 의한 생계유지의 상태가 끝난 때, Ⓒ 배우자가 이혼한 때, Ⓓ 자녀가 다른 사람의 양자가 되거나 파양(罷養)된 때, Ⓔ 자녀가 18세가 된 때(다만, 수급권자가 그 권리를 취득할 당시부터 장애등급 2급 이상의 상태에 있는 자는 제외한다), Ⓕ 장애등급 2급 이상의 상태에 있던 자녀 또는 부모가 그 장애상태에 해당하지 아니하게 된 때, Ⓖ 배우자가 혼인 전에 얻은 자녀와의 관계가 이혼으로 인하여 종료된 때, Ⓗ 재혼한 부 또는 모의 배우자와 수급자의 관계가 부모와 그 배우자의 이혼으로 인하여 종료된 경우의 어느 하나에 해당하게 되면 부양가족연금액의 계산에서 제외한다.

(2) 연금액의 최고한도

연금의 월별 지급액은 ① 가입자였던 최종 5년 동안의 기준소득월액(연금 수급 전년도를 기준으로 연금 수급 2년 전 연도와 대비한 전년도의 전국소비자물가변동률을 기준으로 매년 3월 말까지 그 변동률에 해당하는 금액을 더하거나 빼되, 미리 국민연금심의위원회의 심의를 거쳐 조정)을 평균한 금액을 연금 수급 2년 전 연도와 대비한 전년도의 전국소비자물가변동률을 기준으로 매년 3월 말까지 그 변동률에 해당하는 금액을 더하거나 빼되, 미리 국민연금심의위원회의 심의를 거쳐 조정한 금액, ② 가입기간 동안의 기준소득월액(연금 수급 전년도를 기준으로 연금 수급 2년 전 연도와 대비한 전년도의 전국소비자물가변동률을 기준으로 매년 3월 말까지 그 변동률에 해당하는 금액을 더하거나 빼되, 미리 국민연금심의위원회의 심의를 거쳐 조정)을 평균한 금액을 연금 수급 2년 전 연도와 대비한 전년도의 전국소비자물가변동률을 기준으로 매년 3월 말까지 그 변동률에 해당하는 금액을 더하거나 빼되, 미리 국민연금심의위원회의 심의를 거쳐 조정한 금액 중에서 많은 금액을 넘지 못한다.

(3) 연금 지급 기간 및 지급 시기

연금은 지급하여야 할 사유가 생긴 날(법령에 따른 반납금을 내거나 법령에 따른 추납보험료(追納保險料)를 냄에 따라 연금을 지급하여야 할 사유가 생긴 경우에는 해당 금액을 낸 날)이 속하는 달의 다음 달부터 수급권이 소멸한 날이 속하는 달까지 지급한다.

또, 연금은 매월 말일에 그 달의 금액을 지급하되, 지급일이 토요일이나 공휴일이면 그 전날에 지급한다. 다만, 수급권이 소멸하거나 연금 지급이 정지된 경우에는 그 지급일 전에 지급할 수 있고, 지급을 정지하여야 할 사유가 생기면 그 사유가 생긴 날이 속하는 달의 다음 달부터 그 사유가 소멸한 날이 속하는 달까지는 지급하지 아니한다.

(4) 미지급 급여

수급권자가 사망한 경우 그 수급권자에게 지급하여야 할 급여 중 아직 지급되지 아니한 것이 있으면 그 배우자·자녀·부모·손자녀·조부모 또는 형제자매의 청구에 따라 그 미지급 급여를 지급한다. 다만, 형제자매의 경우에는 수급권자의 사망 당시 수급권자에 의하여 생계를 유지하고 있던 자에 한하며, 그 인정 기준은 법령으로 정한다.

급여를 받을 순위는 배우자, 자녀, 부모, 손자녀, 조부모, 형제자매의 순으로 한다. 이 경우 순위가 같은 사람이 2명 이상이면 똑같이 나누어 지급하되, 지급 방법은 법령으로 정한다.

(5) 중복급여의 조정

수급권자에게 2 이상의 급여 수급권이 생기면 수급권자의 선택에 따라 그 중 하나만 지급하고 다른 급여의 지급은 정지된다. 다만, 수급권자가 선택하지 아니한 급여가 유족연금일 때(선택한 급여가 반환일시금일 때를 제외)에는 유족연금액의 100분의 20에 해당하는 금액을, 선택하지 아니한 급여가 반환일시금일 때(선택한 급여가 장애연금이고, 선택하지 아니한 급여가 본인의 연금보험료 납부로 인한 반환일시금일 때를 제외)에는 법령의 규정에 상당하는 금액의 어느 하나에 해당하는 경우에는 법령에 규정된 금액을 선택한 급여에 추가하여 지급한다.

(6) 부당이득의 환수 및 수급권

1) 부당이득 등의 환수

공단은 거짓이나 그 밖의 부정한 방법으로 급여를 받거나 수급권이 소멸 또는 정지된 급여, 그 밖에 과오급(過誤給)된 급여를 받은 자에 대하여 법령으로 정하는 바에 따라 지급한 금액을 환수하여야 한다. 이 경우 거짓이나 그 밖의 부정한 방법으로 급여를 받았으면 법령으로 정하는 이자를 더하여 환수하여야 한다. 또, 법령에 따라 사망한 것으로 추정된 자의 생존이 확인되면 공단은 그 사망의 추정을 근거로 급여를 지급받은 자로부터 그 지급 금액을 환수하여야 한다.

상기 급여에 해당하는 금액을 반환하여야 할 자에게 다른 급여의 수급권이 있거나 과오납금 등 반환받을 금액이 있으면 공단은 이를 상기 환수할 금액(환수금)에 충당할 수 있다. 다만, 공단은 상기 환수할 금액이 법령으로 정하는 금액 미만인 경우에는 징수하지 아니할 수 있다.

2) 환수금의 고지, 독촉 및 체납처분

공단은 법령에 따라 환수금을 징수하려면 기한을 정하여 환수할 금액, 납부 기한 등을 적은 문서로써 납입의 고지를 하여야 하며, 고지를 받은 자가 그 기한까지 환수금을 내지 아니하면 기한을 정하여 법령으로 정하는 바에 따라 독촉하여야 하고, 독촉을 받은 자가 그 기한까지 환수금을 내지 아니하면 보건복지부처장관의 승인을 받아 국세 체납처분의 예에 따라 이를 징수할 수 있다.

3) 수급권 보호

급여를 받을 권리는 양도·압류하거나 담보로 제공할 수 없고, 수급권자에게 지급된 급여로서 법령으로 정하는 금액 이하의 급여는 압류할 수 없다.

4) 미납금의 공제 지급

가입자 또는 가입자였던 자가 수급권을 취득하거나 사망한 경우 법령에 따라 대여한 자금의 상환금에 관한 채무가 있으면 이를 국민연금법에 따른 급여(사망일시금을 포함하고 지급이 정지된 급여는 제외)에서 공제할 수 있다. 다만, 국민연금법에 따른 급여 중 연금급여(일시보상금으로 지급되는 장애연금은 제외)의 수급권자에 대하여는 해당 연금 월액의 2분의 1을 초과하여 공제할 수 없다. 한편, 상환금에 관한 채무를 공제하려면 20일 이상의 기한을 정하여 문서로 그 채무의 변제를 최고(催告)하여야 하며, 그 기한까지 채무를 변제하지 아니하면 해당 급여에서 공제할 것임을 미리 수급권자에게 통지하여야 하고, 이에 따라 공제한 금액은 그 액수만큼 수급권자에게 지급된 것으로 본다.

5) 조세와 그 밖의 공과금 면제

국민연금법에 따른 급여로 지급된 금액에 대하여는 조세특례제한법이나 그 밖의 법률 또는 지방자치단체가 조례로 정하는 바에 따라 조세, 그 밖에 국가 또는 지방자치단체의 공과금을 감면한다.

2. 노령연금

(1) 노령연금 수급권자

가입기간이 20년 이상인 가입자 또는 가입자였던 자에 대하여는 60세(특수직종근로자는 55세)가 된 때부터 그가 생존하는 동안 노령연금을 지급한다.

한편, 가입기간이 10년 이상 20년 미만인 가입자 또는 가입자였던 자에 대하여는 60세(특수직종근로자는 55세)가 된 때부터 그가 생존하는 동안 노령연금액에서 일정한 금액을 뺀 연금(감액노령연금)을 지급한다. 또, 가입기간이 10년 이상인 자가 소득이 있는 업무에 종사하고 있으면 60세 이상 65세 미만(특수직종근로자는 55세 이상 60세 미만)인 기간에는 일정한 금액의 연금(재직자노령연금)을 지급한다.

아울러, 가입기간이 10년 이상인 가입자 또는 가입자였던 자로서 55세 이상인 자가 소득이 있는 업무에 종사하지 아니하는 경우 본인이 희망하면 60세가 되기 전이라도 그가 생존하는 동안 일정한 금액의 연금(조기노령연금)을 받을 수 있다.

(2) 지급의 연기에 따른 가산

재직자노령연금의 수급권자가 연금지급의 연기를 희망하는 경우에는 1회에 한하여 연기할 수 있고, 이에 따라 지급의 연기를 신청한 수급권자가 연금의 지급을 희망하는 경우의 연금액은 지급의 연기를 신청한 때의 노령연금액(부양가족연금액을 제외)을 법령에 따라 조정한 금액에 연기되는 매 1개월마다 그 금액의 1천분의 5를 더한 액으로 한다.

(3) 노령연금액

① 노령연금액은 기본연금액에 부양가족연금액을 더한 금액으로 한다. ② 감액노령연금액은 기본연금액의 1천분의 500에 해당하는 금액에 부양가족연금액을 더한 금액으로 한다. 다만, 가입기간이 10년을 초과하면 그 초과하는 1년(1년 미만이면 매 1개월을 12분의 1년으로 계산한다)마다 기본연금액의 1천분의 50에 해당하는 금액을 더한다. ③ 재직자노령연금액은 가입기간 등에 따라 노령연금액에서 부양가족연금액을 제외한 금액에 수급권자의 연령별로 ㉮ 60세(특수직종근로자는 55세)인 자는 1천분의 500, ㉯ 61세(특수직종근로자는 56세)인 자는 1천분의 600, ㉰ 62세(특수직종근로자는 57세)인 자는 1천분의 700, ㉱ 63세(특수직종근로자는 58세)인 자는 1천분의 800, ㉲ 64세(특수직종근로자는 59세)인 자는 1천분의 900의 비율을 곱한 금액으로 한다. ④ 조기노령연금액은 가입기간에 따라 노령연금액 및 감액노령연금액에 따른 노령연금액 중 부양가족연금액을 제외한 금액에 수급연령별로 ㉠ 55세부터 지급받는 경우에는 1천분의 700, ㉡ 56세부터 지급받는 경우에는 1천분의 760, ㉢ 57세부터 지급받는 경우에는 1천분의 820, ㉣ 58세부터 지급받는 경우에는 1천분의 880, ㉤ 59세부터 지급받는 경우에는 1천분의 940의 구분에 따른 비율(청구일이 연령도달일이 속한 달의 다음 달 이후인 경우에는 1개월마다 1천분의 5를 더한다)을 곱한 금액에 부양가족연금액을 더한 금액으로 한다.

(4) 분할연금 수급권자

혼인 기간(배우자의 가입기간 중의 혼인 기간만 해당)이 5년 이상인 자가 Ⓐ 노령연금 수급권자인 배우자와 이혼한 후 60세가 된 때, Ⓑ 60세가 된 이후에 노령연금 수급권자인 배우자와 이혼한 때, Ⓒ 60세가 된 이후에 배우자였던 자가 노령연금 수급권을 취득한 때, Ⓓ 배우자였던 자가 노령연금 수급권을 취득한 후 본인이 60세가 된 때의 어느 하나에 해당하게 되면 그때부터 그가 생존하는 동안 배우자였던 자의 노령연금을 분할한 일정한 금액의 연금(분할연금)을 받을 수 있다. 이에 따른 분할연금액은 배우자였던 자의 노령연금액(부양가족연금액은 제외) 중 혼인 기간에 해당하는 연금액을 균등하게 나눈 금액으로 하며, 분할연금을 청구할 권리는 Ⓐ~Ⓓ의 어느 하나에 해당하는 때부터 3년이 지나면 소멸한다.

(5) 분할연금과 노령연금의 관계

법령에 따른 분할연금 수급권은 그 수급권을 취득한 후에 배우자였던 자에게 생긴 사유로 노령연금 수급권이 소멸·정지되어도 영향을 받지 아니한다.

수급권자에게 2 이상의 분할연금 수급권이 생기면 법령에도 불구하고 2 이상의 분할연금액을 합산하여 지급한다. 다만, 2 이상의 분할연금 수급권과 다른 급여(노령연금을 제외)의 수급권이 생기면 그 2 이상의 분할연금 수급권을 하나의 분할연금 수급권으로 보고 본인의 선택에 따라 분할연금과 다른 급여 중 하나만 지급하고 선택하지 아니한 분할연금 또는 다른 급여의 지급은 정지된다.

분할연금 수급권자는 법령에 따른 유족연금을 지급할 때 노령연금 수급권자로 보지 아니하며, 분할연금 수급권자에게 노령연금 수급권이 발생한 경우에는 분할연금액과 노령연금액을 합산하여 지급한다.

(6) 조기노령연금의 지급 정지

법령에 따라 조기노령연금을 받고 있는 60세 미만인 자가 법령에 따른 소득이 있는 업무에 종사하게 되면 그 기간에 해당하는 조기노령연금은 지급을 정지하며, 이에 따라 조기노령연금의 지급이 정지된 자가 그 후에 소득이 있는 업무에 종사하지 아니하게 되어 60세 도달 전에 다시 조기노령연금을 수급하게 되거나 60세에 도달한 경우의 조기노령연금액은 ① 지급 정지 전후의 가입기간을 합산하여 산정한 법령에 따른 노령연금액(부양가족연금액을 제외)에 재 수급 당시의 국민연금법에서 정한 연령별 비율에서 기 수급기간 1개월마다 1천분의 5를 뺀 비율을 곱한 금액에 부양가족연금액을 더한 금액, ② ①에 따른 조기노령연금액(부양가족연금액을 제외)이 지급 정지되기 전의 조기노령연금액보다 적어지는 경우에는 지급 정지되기 전의 조기노령연금액과 같다.

3. 장애연금

(1) 장애연금의 수급권자

가입 중에 생긴 질병(당해 질병의 초진일이 가입 중에 있는 경우로서 가입자가 가입

당시 발병 사실을 알지 못한 경우를 포함)이나 부상으로 완치된 후에도 신체상 또는 정신상의 장애가 있는 자에 대하여는 그 장애가 계속되는 동안 장애 정도에 따라 장애연금을 지급하며, 이에 따른 질병이나 부상을 입은 자가 초진일(初診日)부터 1년 6개월이 지나도 완치되지 아니하면 그 1년 6개월이 지난 날을 기준으로 장애 정도를 결정한다. 다만, 그 1년 6개월이 지난 날에 장애연금의 지급 대상이 되지 아니한 자가 그 질병이나 부상이 악화되어 60세가 되기 전에 장애연금 지급 대상이 되는 경우에는 본인의 청구에 따라 그 청구한 날을 기준으로 장애 정도를 결정한다.

법령에 따라 장애연금의 수급권이 소멸된 자가 장애연금 수급권을 취득할 당시의 질병이나 부상이 악화되어 60세가 되기 전에 다시 장애연금의 지급 대상이 되는 경우에는 본인의 청구에 따라 그 청구한 날을 기준으로 장애 정도를 결정한다. 한편, 장애연금의 지급 대상이 되는 자가 법령에 다라 반환일시금을 지급받았으면 장애연금을 지급하지 아니한다. 장애 정도에 관한 장애등급은 1급, 2급, 3급 및 4급으로 구분하되, 등급 구분의 기준과 장애 정도의 심사에 관한 사항은 법령으로 정한다.

(2) 장애연금액

장애연금액은 장애 등급에 따라 ① 장애등급 1급에 해당하는 자에 대하여는 기본연금액에 부양가족연금액을 더한 금액, ② 장애등급 2급에 해당하는 자에 대하여는 기본연금액의 1천분의 800에 해당하는 금액에 부양가족연금액을 더한 금액, ③ 장애등급 3급에 해당하는 자에 대하여는 기본연금액의 1천분의 600에 해당하는 금액에 부양가족연금액을 더한 금액으로 한다. 장애등급 4급에 해당하는 자에 대하여는 기본연금액의 1천분의 2천250에 해당하는 금액을 일시보상금으로 지급한다.

(3) 장애의 중복 조정

장애연금 수급권자에게 다시 장애연금을 지급하여야 할 장애가 발생한 때에는 전후의 장애를 병합(倂合)한 장애 정도에 따라 장애연금을 지급한다. 다만, 전후의 장애를 병합한 장애 정도에 따른 장애연금이 전의 장애연금보다 적으면 전의 장애연금을 지급한다.

(4) 장애연금액의 변경

공단은 장애연금 수급권자의 장애 정도를 심사하여 장애등급이 다르게 되면 그 등급에 따라 장애연금액을 변경하고, 장애등급에 해당되지 아니하면 장애연금 수급권을 소멸시키며, 장애연금의 수급권자는 그 장애가 악화되면 공단에 장애연금액의 변경을 청구할 수 있으나, 이 경우 60세 이상인 장애연금 수급권자에 대하여는 적용하지 아니한다.

(5) 일시보상금에 대한 평가

법령에 따른 일시보상금 수급권자에게 중복급여의 조정, 장애의 중복 조정, 장애연금액의 변경 및 법령에 따른 소멸시효를 적용할 때에는 일시보상금 지급 사유 발생일이 속하는 달의 다음 달부터 기본연금액의 1천분의 400을 12로 나눈 금액이 67개월 동안 지급된 것으로 본다.

4. 유족연금

(1) 유족연금의 수급권자

① 노령연금 수급권자, ② 가입기간이 10년 이상인 가입자였던 자, ③ 가입자, ④ 장애등급이 2급 이상인 장애연금 수급권자의 어느 하나에 해당하는 자가 사망하면 그 유족에게 유족연금을 지급한다. 다만, 가입기간이 1년 미만인 가입자가 질병이나 부상으로 사망하면 가입 중에 생긴 질병이나 부상으로 사망한 경우에만 유족연금을 지급한다.

가입기간이 10년 미만인 가입자였던 자가 가입 중에 생긴 질병이나 부상 또는 그 부상으로 생긴 질병으로 가입 중의 초진일 또는 가입자 자격을 상실한 후 1년 이내의 초진일부터 2년 이내에 사망하면 그 유족에게 유족연금을 지급할 수 있다. 다만, 법령에 따라 본인이나 유족이 반환일시금을 지급받은 경우에는 유족연금을 지급하지 아니한다.

(2) 유족의 범위

유족연금을 지급받을 수 있는 유족은 가입자 또는 가입자였던 자가 사망할 당시 그에 의하여 생계를 유지하고 있던 ① 배우자, ② 자녀(다만, 18세 미만이거나 장애등급 2급 이상인 자만 해당), ③ 배우자의 부모를 포함한 부모(다만, 60세 이상이거나 장애등급 2급 이상인 자만 해당), ④ 손자녀(다만, 18세 미만이거나 장애등급 2급 이상인 자만 해당), ⑤ 배우자의 조부모를 포함한 조부모(다만, 60세 이상이거나 장애등급 2급 이상인 자만 해당)의 자로 한다. 이 경우 가입자 또는 가입자였던 자에 의하여 생계를 유지하고 있던 자에 관한 인정 기준은 법령으로 정한다.

유족연금은 순위에 따라 최우선 순위자에게만 지급하되, ① 유족의 수급권이 소멸되거나 정지되면 ②에 따른 유족에게 지급하고, 이 경우 같은 순위의 유족이 2명 이상이면 그 유족연금액을 똑같이 나누어 지급하되, 지급 방법은 법령으로 정한다.

(3) 유족연금액

유족연금액은 가입기간에 따라 ① 가입기간이 10년 미만이면 기본연금액의 1천분의 400에 해당하는 금액, ② 가입기간이 10년 이상 20년 미만이면 기본연금액의 1천분의 500에 해당하는 금액, ③ 가입기간이 20년 이상이면 기본연금액의 1천분의 600에 해당하는 금액에 부양가족연금액을 더한 금액으로 한다. 다만, 노령연금 수급권자가 사망한 경우의 유족연금액은 사망한 자가 지급받던 노령연금액을 초과할 수 없다.

(4) 유족연금 수급권의 소멸

유족연금 수급권자가 ① 수급권자가 사망한 때, ② 배우자인 수급권자가 재혼한 때, ③ 자녀나 손자녀인 수급권자가 다른 사람에게 입양되거나 파양된 때, ④ 장애등급 2급 이상에 해당하지 아니한 자녀 또는 손자녀인 수급권자가 18세가 된 때, ⑤ 장애로 수급권을 취득한 자가 장애등급 2급 이상에 해당하지 아니하게 된 때의 어느 하나에 해당하게 되면 그 수급권은 소멸한다. 또, 부모, 손자녀 또는 조부모인 유족의 유족연금 수급권은 가입자 또는 가입자였던 자의 사망 당시의 태아가 출생하여 수급권을 갖게 되면 소멸한다.

(5) 배우자에 대한 유족연금의 지급 정지

유족연금의 수급권자인 배우자에 대하여는 수급권이 발생한 때부터 3년 동안 유족연금을 지급한 후 55세가 될 때까지 지급을 정지한다. 다만, 그 수급권자가 ① 장애등급이 2급 이상인 경우, ② 가입자 또는 가입자였던 자의 18세 미만인 자녀 또는 장애등급 2급 이상인 자녀의 생계를 유지한 경우, ③ 법령으로 정하는 소득이 있는 업무에 종사하지 아니하는 경우의 어느 하나에 해당하면 지급을 정지하지 아니한다. 또, 유족연금의 수급권자인 배우자의 소재를 1년 이상 알 수 없는 때에는 유족인 자녀의 신청에 의하여 그 소재 불명의 기간동안 그에게 지급하여야 할 유족연금은 지급을 정지하고, 배우자 외의 자에 대한 유족연금의 수급권자가 2명 이상인 경우 그 수급권자 중에서 1년 이상 소재를 알 수 없는 자가 있으면 다른 수급권자의 신청에 따라 그 소재 불명의 기간에 해당하는 그에 대한 유족연금의 지급을 정지한다. 한편, 유족연금의 지급이 정지된 자의 소재가 확인된 경우에는 본인의 신청에 의하여 지급 정지를 해제한다.

5. 반환일시금

(1) 반환일시금

가입자 또는 가입자였던 자가 ① 가입기간이 10년 미만인 자가 60세가 된 때, ② 가입자 또는 가입자였던 자가 사망한 때(다만, 가입자 또는 가입기간이 10년 이상인 가입자였던 자가 사망한 때에는 법령에 따라 유족연금이 지급되지 아니하는 경우만 해당), ③ 국적을 상실하거나 국외로 이주한 때의 어느 하나에 해당하게 되면 본인이나 그 유족의 청구에 의하여 반환일시금을 지급받을 수 있다. 이때 반환일시금의 액수는 가입자 또는 가입자였던 자가 납부한 연금보험료(사업장가입자 또는 사업장가입자였던 자의 경우에는 사용자의 부담금을 포함)에 법령으로 정하는 이자를 더한 금액으로 한다.

(2) 반납금 납부와 가입기간

반환일시금을 받은 자로서 다시 가입자의 자격을 취득한 자는 지급받은 반환일시금에 법령으로 정하는 이자를 더한 금액(반납금)을 공단에 낼 수 있고, 반납금은 법령으로 정하는 바에 따라 분할하여 납부하게 할 수 있다. 이 경우 법령으로 정하는 이자를 더하여야 하며, 이에 따라 반납금을 낸 경우에는 그에 상응하는 기간은 가입기간에 넣어 계산한다.

(3) 반환일시금 수급권의 소멸

반환일시금의 수급권은 ① 수급권자가 다시 가입자로 된 때, ② 수급권자가 노령연금의 수급권을 취득한 때, ③ 수급권자가 장애연금의 수급권을 취득한 때, ④ 수급권자의 유족이 유족연금의 수급권을 취득한 때의 어느 하나에 해당하면 소멸한다.

(4) 사망일시금

가입자 또는 가입자였던 자가 사망한 때에 법령에 따른 유족이 없으면 그 배우자·자녀·부모·손자녀·조부모 또는 형제자매에게 사망일시금을 지급한다. 다만, 가입자 또는 가입자였던 자가 사망한 때에 실종 등으로 인하여 행방을 알 수 없는 자에게는 사망일시금을 지급하지 아니하며, 배우자·자녀·부모·손자녀·조부모 또는 형제자매가 없는 경우에는 4촌 이내의 방계혈족(傍系血族)으로서 가입자 또는 가입자였던 자에 의하여 생계를 유지하고 있던 자에게 사망일시금을 지급한다. 이 경우 행방을 알 수 없는 자에 대한 인정 기준 및 방법, 가입자 또는 가입자였던 자에 의하여 생계를 유지하고 있던 자에 대한 인정 기준은 법령으로 정한다.

한편, 사망일시금은 가입자 또는 가입자였던 자의 반환일시금에 상당하는 금액으로 하되, 그 금액은 사망한 가입자 또는 가입자였던 자의 최종 기준소득월액을 법령에 따른 연도별 재평가율에 따라 사망일시금 수급 전년도의 현재가치로 환산한 금액과 같은 호에 준하여 산정한 가입기간 중 기준소득월액의 평균액 중에서 많은 금액의 4배를 초과하지 못하며, 사망일시금을 받을 자의 순위는 배우자·자녀·부모·손자녀·조부모·형제자매 및 4촌 이내의 방계혈족 순으로 한다. 이 경우 순위가 같은 사람이 2명 이상이면 똑같이 나누어 지급하되, 그 지급 방법은 법령으로 정한다.

(5) 유족연금과 사망일시금의 관계

법령에 따른 유족연금 수급권자에 대하여는 법령에 따라 유족연금수급권이 소멸할 때까지 지급받은 유족연금액이 법령에 따른 사망일시금액보다 적을 때에는 그 차액을 일시금으로 지급한다.

6. 급여 제한

(1) 급여의 제한

가입자 또는 가입자였던 자가 고의로 질병·부상 또는 그 원인이 되는 사고를 일으켜 그로 인하여 장애를 입은 경우에는 그 장애를 지급 사유로 하는 장애연금을 지급하지 아니할 수 있다. 또, 가입자 또는 가입자였던 자가 고의나 중대한 과실로 요양 지시에 따르지 아니하거나 정당한 사유 없이 요양 지시에 따르지 아니하여 ① 장애를 입거나 사망한 경우, ② 장애나 사망의 원인이 되는 사고를 일으킨 경우, ③ 장애를 악화시키거나 회복을 방해한 경우의 어느 하나에 해당하게 되면 법령으로 정하는 바에 따라 이를 원인으로 하는 급여의 전부 또는 일부를 지급하지 아니할 수 있다.

(2) 장애연금액의 변경 제한 및 유족연금의 지급 제한

장애연금의 수급권자가 고의나 중대한 과실로 요양 지시에 따르지 아니하거나 정당한 사유 없이 요양 지시에 따르지 아니하여 장애를 악화시키거나 회복을 방해한 경우에는 법령에 따라 장애연금액을 변경하지 아니할 수 있다.

한편, 가입자 또는 가입자였던 자를 고의로 사망하게 한 유족에게는 유족연금을 지급하지 아니하고, 유족연금의 수급권자가 될 수 있는 자를 고의로 사망하게 한 유족에게는 유족연금을 지급하지 아니하며, 유족연금의 수급권자가 다른 수급권자를 고의로 사망하게 한 경우에는 그에게는 유족연금을 지급하지 아니한다.

(3) 연금보험료의 미납에 따른 지급 제한

장애연금의 경우에는 당해 질병 또는 부상의 초진일 당시, 유족연금의 경우에는 사망일 당시 ① 연금보험료를 낸 사실이 없는 경우, ② 연금보험료를 낸 기간(법령에 따라 기여금을 낸 기간을 포함)이 그 연금보험료를 낸 기간과 연금보험료를 내지 아니한 기간(법령에 따른 납부 기한으로부터 1개월이 지나지 아니한 기간과 법령에 따라 연금보험료를 내지 아니한 기간은 제외)을 합산한 기간의 3분의 2보다 짧은 경우(다만, 연금보험료를 내지 아니한 기간이 6개월 미만인 경우는 제외)의 어느 하나에 해당하면 그 연금을 지급하지 아니한다.

(4) 지급의 정지

수급권자가 ① 수급권자가 정당한 사유 없이 법령에 따른 공단의 서류, 그 밖의 자료 제출 요구에 응하지 아니한 때, ② 장애연금 또는 유족연금의 수급권자가 정당한 사유 없이 법령에 따른 공단의 진단 요구 또는 확인에 응하지 아니한 때, ③ 장애연금 수급권자가 고의나 중대한 과실로 요양 지시에 따르지 아니하거나 정당한 사유 없이 요양 지시에 따르지 아니하여 회복을 방해한 때, ④ 수급권자가 정당한 사유 없이 법령에 따른 신고를 하지 아니한 때의 어느 하나에 해당하면 급여의 전부 또는 일부의 지급을 정지할 수 있고, 이에 따라 급여의 지급을 정지하려는 경우에는 지급을 정지하기 전에 법령으로 정하는 바에 따라 급여의 지급을 일시 중지할 수 있다.

Ⅴ. 비용 부담 및 연금보험료의 징수

1. 관리운영비용의 국고 부담

국가는 매년 공단 및 건강보험공단이 국민연금사업을 관리·운영하는 데에 필요한 비용의 전부 또는 일부를 부담한다.

2. 연금보험료의 부과·징수

보건복지부처장관은 국민연금사업 중 연금보험료의 징수에 관하여 이 법에서 정하는 사항을 건강보험공단에 위탁하고, 공단은 국민연금사업에 드는 비용에 충당하기 위하여 가입자와 사용자에게 가입기간 동안 매월 연금보험료를 부과하고, 건강보험공단이 이를 징수한다.

사업장가입자의 연금보험료 중 기여금은 사업장가입자 본인이, 부담금은 사용자가 각각 부담하되, 그 금액은 각각 기준소득월액의 1천분의 45에 해당하는 금액으로 한다. 또, 지역가입자, 임의가입자 및 임의계속가입자의 연금보험료는 지역가입자, 임의가입자 또는 임의계속가입자 본인이 부담하되, 그 금액은 기준소득월액의 1천분의 90으로 한다.

공단은 기준소득월액 정정 등의 사유로 당초 징수 결정한 금액을 다시 산정함으로써 연금보험료를 추가로 징수하여야 하는 경우 가입자 또는 사용자에게 그 추가되는 연금보험료를 나누어 내도록 할 수 있다. 이 경우 분할 납부 신청 대상, 분할 납부 방법 및 납부 기한 등 연금보험료의 분할 납부에 필요한 사항은 법령으로 정한다.

3. 납입의 고지

건강보험공단은 공단이 법령에 따라 연금보험료를 부과한 때에는 그 납부 의무자에게 연금보험료의 금액, 납부 기한, 납부 장소 등을 적은 문서로써 납입의 고지를 하여야 한다. 다만, 연금보험료를 자동 계좌이체의 방법으로 내는 기간 동안에는 이를 생략할 수 있다.

또, 건강보험공단은 납부 의무자의 신청이 있는 경우에는 납입의 고지를 전자문서교환방식 등에 의하여 전자문서로 할 수 있고, 이에 따라 전자문서로 고지한 경우 법령으로 정하는 정보통신망에 저장하거나 납부 의무자가 지정한 전자우편주소에 입력된 때에 그 납부 의무자에게 도달된 것으로 본다.

한편, 연금보험료를 연대하여 납부하여야 하는 자 중 1명에게 한 고지는 다른 연대 납부 의무자에게도 효력이 있다.

4. 연금보험료의 납부 기한 및 원천공제 납부

연금보험료는 납부 의무자가 다음 달 10일까지 내야 한다. 다만, 농업·임업·축산업 또는 수산업을 경영하거나 이에 종사하는 자(농어업인)는 본인의 신청에 의하여 분기별 연금보험료를 해당 분기의 다음 달 10일까지 낼 수 있다. 연금보험료를 납부 기한의 1개월 이전에 미리 낸 경우에는 그 전달의 연금보험료 납부 기한이 속하는 날의 다음 날에 낸 것으로 본다. 납부 의무자가 연금보험료를 자동 계좌이체의 방법으로 낼 경우에는 법령으로 정하는 바에 따라 연금보험료를 감액하거나 재산상의 이익을 제공할 수 있다.

한편, 사용자는 사업장가입자가 부담할 기여금을 그에게 지급할 매달의 임금에서 공제하여 납부해야 하고, 이에 따라 임금에서 기여금을 공제하면 공제계산서를 작성하여 사업장가입자에게 내주어야 한다. 이 경우 기여금 공제 내용을 알 수 있는 급여명세서 등은 공제계산서로 본다.

해당 사업장의 사용자는 법인이 아닌 사업장의 사용자가 2명 이상인 때에는 그 사업장 가입자의 연금보험료와 그에 따른 징수금을 연대하여 납부할 의무를 진다.

5. 연금보험료 납부의 예외

납부 의무자는 사업장가입자 또는 지역가입자가 ① 사업 중단, 실직 또는 휴직 중인 경우, ② 병역법에 따른 병역의무를 수행하는 경우, ③ 초·중등교육법이나 고등교육법에 따른 학교에 재학 중인 경우, ④ 형의 집행 및 수용자의 처우에 관한 법률에 따라 교정시설에 수용 중인 경우, ⑤ 종전의 사회보호법에 따른 보호감호시설이나 치료감호법에 따른 치료감호시설에 수용 중인 경우, ⑥ 1년 미만 행방불명된 경우(이 경우 행방불명의 인정 기준 및 방법은 법령으로 정함), ⑦ 재해·사고 등으로 소득이 감소되거나 그 밖에 소득이 있는 업무에 종사하지 아니하는 경우로서 법령으로 정하는 경우의 어느 하나에 해당하는 사유로 연금보험료를 낼 수 없으면 법령으로 정하는 바에 따라 그 사유가 계속되는 기간에는 연금보험료를 내지 아니할 수 있고, 이에 따라 연금보험료를 내지 아니한 기간은 가입기간에 산입하지 아니한다.

6. 연금보험료의 추후 납부

① 연금보험료를 내지 아니한 가입자 : 그 연금보험료를 내지 아니한 기간, ② 병역법에 따른 병역의무를 마친 후 가입자의 자격을 취득한 자 : 해당 병역의무를 수행한 기간 (공무원연금법, 사립학교교직원 연금법, 별정우체국법에 따른 재직 기간에 포함된 기간, 군인연금법에 따른 복무 기간에 포함된 기간 및 1988년 1월 1일 전에 병역의무를 수행한 기간은 제외)의 어느 하나에 해당하는 자는 해당 호에 규정된 기간의 전부 또는 일부에 상응하는 보험료(추납보험료)의 추후 납부를 신청할 수 있다.

추납보험료는 추후 납부를 신청한 날이 속하는 달의 연금보험료에 추후 납부하려는 기간의 개월 수를 곱한 금액으로 하고, 법령으로 정하는 바에 따라 분할하여 납부할 수 있다. 이 경우 법령으로 정하는 이자를 더하여야 한다. 이때 추납보험료를 낸 경우에는 그에 상응하는 기간은 가입기간에 넣어서 계산한다.

7. 보험료 납부 특례

(1) 임의계속가입자의 자격상실자에 대한 미납보험료 납부의 특례

임의계속가입자의 자격을 상실한 자는 법령으로 정하는 바에 따라 납부 기한이 지난 보험료의 전부 또는 일부를 건강보험공단에 납부할 수 있다. 다만, 연금보험료 납입의 고지에 따른 납부 기한으로부터 3년이 지나면 연금보험료를 낼 수 없다.

(2) 사업장가입자 및 지역가입자의 연금보험료의 납기 전 징수

사업장가입자의 연금보험료 납부 의무자 및 지역가입자에게 ① 국세, 지방세, 그 밖의 공과금이 체납되어 체납처분을 받은 때, ② 강제집행을 받은 때, ③ 파산 선고를 받은 때, ④ 경매가 개시된 때, ⑤ 법인이 해산한 때의 어느 하나에 해당하는 사유가 있으면 납기(법령에 따라 납부 기한을 연장한 경우에는 그 기한을 말함) 전이라도 연금보험료를 징수할 수 있다.

(3) 연금보험료 등의 독촉 및 체납처분

건강보험공단은 사업장가입자와 지역가입자가 연금보험료와 그에 따른 징수금을 기한(법령에 따라 납부 기한을 연장한 경우에는 그 기한을 말함)까지 내지 아니하면 법령으로 정하는 바에 따라 기한을 정하여 독촉하여야 한다. 이에 따라 독촉할 경우에는 10일 이상의 납부 기한을 정하여 독촉장을 발부하여야 하며, 법령에 따라 연금보험료를 연대하여 내야 하는 자 중 1명에게 한 독촉은 다른 연대 납부 의무자에게도 효력이 있고, 독촉을 받은 자가 그 기한까지 연금보험료와 그에 따른 징수금을 내지 아니하면 보건복지부처장관의 승인을 받아 국세 체납처분의 예에 따라 징수할 수 있다.

건강보험공단은 국세 체납처분의 예에 따라 압류한 재산을 매각할 때 전문지식이 필요하거나 그 밖에 특수한 사정이 있어 직접 매각하는 것이 적당하지 아니하다고 인정되면 법령으로 정하는 바에 따라 한국자산관리공사법에 따라 설립된 한국자산관리공사에 매각을 대행시킬 수 있다. 이 경우 한국자산관리공사가 한 매각은 공단이 한 것으로 본다.

(4) 연체금

건강보험공단은 연금보험료의 납부 의무자가 납부 기한(법령에 따라 납부 기한을 연장한 경우에는 그 기한을 말함)까지 연금보험료를 내지 아니하면 그 납부 기한이 경과한 날부터 체납된 연금보험료의 1천분의 30에 해당하는 연체금을 징수한다.

건강보험공단은 연금보험료의 납부 의무자가 체납된 연금보험료를 내지 아니하면 납부기한이 경과한 날부터 1개월이 경과할 때마다 체납된 연금보험료의 1천분의 10에 해당하는 연체금을 법령에 따른 연체금에 가산하여 징수한다. 이 경우 연체금은 체납된 연금보험료의 1천분의 90을 초과하지 못한다.

(5) 연금보험료의 징수권

1) 연금보험료 징수의 우선순위

연금보험료나 그 밖의 국민연금법에 따른 징수금을 징수하는 순위는 국민건강보험법에 따른 보험료와 같은 순위로 한다.

2) 연금보험료 등의 징수권 소멸

지역가입자, 임의가입자 및 임의계속가입자의 연금보험료 및 연체금을 징수할 권리는 ① 가입자 또는 가입자였던 자가 사망한 때, ② 본인이 노령연금을 받거나 법령에 따라 반환일시금을 받은 때, ③ 법령에 따라 소멸시효가 완성된 때의 어느 하나에 해당하는 때에 소멸한다.

(6) 과오납금의 충당과 반환 및 지역가입자 보험료 납부 의제 적용

공단은 연금보험료, 연체금, 체납처분비에서 발생한 과오납금이 있으면 법령으로 정하는 바에 따라 그 과오납금을 연금보험료나 그 밖의 국민연금법에 따른 징수금에 충당하여야 한다. 이에 따라 충당하고 남은 금액이 있는 경우 공단은 이를 반환결정하여야 하고, 건강보험공단은 법령으로 정하는 바에 따라 지급하여야 한다.

한편, 법령에 따른 당연적용사업장이 그 기준에 미달하게 된 경우 사용자가 신고할 때까지 납부한 보험료는 지역가입자로서 납부한 보험료로 본다.

Ⅵ. 국민연금기금

1. 기금의 설치 및 조성

보건복지부처장관은 국민연금사업에 필요한 재원을 원활하게 확보하고, 국민연금법에 따른 급여에 충당하기 위한 책임준비금으로서 국민연금기금(기금)을 설치하며, 기금은 ① 연금보험료, ② 기금 운용 수익금, ③ 적립금, ④ 공단의 수입지출 결산상의 잉여금의 재원으로 조성한다.

2. 기금의 관리 및 운용

기금은 보건복지부처장관이 관리·운용하며, 보건복지부처장관은 국민연금 재정의 장기적인 안정을 유지하기 위하여 그 수익을 최대로 증대시킬 수 있도록 국민연금기금운용위원회에서 의결한 바에 따라 ① 법령으로 정하는 금융기관에 대한 예입 또는 신탁, ② 공공사업을 위한 공공부문에 대한 투자, ③ 자본시장과 금융투자업에 관한 법률에 따른 증권의 매매 및 대여, ④ 자본시장과 금융투자업에 관한 법률에 따른 지수 중 금융투자상품지수에 관한 파생상품시장에서의 거래, ⑤ 법령에 따른 복지사업 및 대여사업, ⑥ 기금의 본래 사업 목적을 수행하기 위한 재산의 취득 및 처분, ⑦ 그 밖에 기금의 증식을 위하여 법령으로 정하는 사업의 방법으로 기금을 관리·운용하되, 가입자, 가입자였던 자 및 수급권자의 복지증진을 위한 사업에 대한 투자는 국민연금 재정의 안정을 해치지 아니하는 범위에서 하여야 한다. 다만, ②의 경우에는 기획재정부장관과 협의하여 국채를 매입한다.

⑤와 ⑥에 따른 사업 외의 사업으로 기금을 관리·운용하는 경우에는 자산 종류별 시장수익률을 넘는 수익을 낼 수 있도록 신의를 지켜 성실하게 하여야 한다. 다만, ②에 따라 기금을 공공자금관리기금법에 따른 공공자금관리기금(관리기금)에 예탁할 경우 그 수익률은 같은 법에 따라 공공자금관리기금운용위원회가 5년 만기 국채 수익률 이상의 수준에서 법령으로 정하는 바에 따라 국민연금기금운용위원회와 협의하여 정한다.

3. 건강보험공단에 출연

보건복지부처장관은 연금보험료 등의 징수에 소요되는 비용을 국민연금기금운용위원회의 의결을 거쳐 기금에서 건강보험공단에 출연할 수 있다. 이 경우 출연금의 규모, 기준 등에 관하여 필요한 사항은 법령으로 정한다.

4. 국민연금기금운용위원회

기금의 운용에 관하여 ① 기금운용지침에 관한 사항, ② 기금을 관리기금에 위탁할 경우 예탁 이자율의 협의에 관한 사항, ③ 기금 운용 계획에 관한 사항, ④ 법령에 따른 기금의 운용 내용과 사용 내용에 관한 사항, ⑤ 그 밖에 기금의 운용에 관하여 중요한 사항으로서 운용위원회 위원장이 회의에 부치는 사항을 심의·의결하기 위하여 보건복지부처에 국민연금기금운용위원회(운용위원회)를 둔다.

운용위원회는 위원장인 보건복지부처장관, 당연직 위원인 기획재정·농림수산식품·산업통상자원·고용노동 부처 차관과 공단 이사장 및 위원장이 위촉하는 ① 사용자를 대표하는 위원으로서 사용자 단체가 추천하는 자 3명, ② 근로자를 대표하는 위원으로서 노동조합을 대표하는 연합단체가 추천하는 자 3명, ③ 지역가입자를 대표하는 위원으로서 Ⓐ 농어업인 단체가 추천하는 자 2명, Ⓑ 농어업인 단체 외의 자영자 관련 단체가 추천하는 자 2명, Ⓒ 소비자단체 및 시민단체가 추천하는 자 2명, ④ 관계 전문가로서 국민연금에 관한 학식과 경험이 풍부한 자 2명의 위원으로 구성한다.

5. 국민연금기금운용실무평가위원회

기금의 운용에 관하여 ① 기금 운용 자산의 구성과 기금의 회계 처리에 관한 사항, ② 기금 운용 성과의 측정에 관한 사항, ③ 기금의 관리·운용과 관련하여 개선하여야 할 사항, ④ 운용위원회에 상정할 안건 중 실무평가위원회의 위원장이 필요하다고 인정한 사항, ⑤ 그 밖에 운용위원회에서 심의를 요청한 사항을 심의·평가하기 위하여 운용위원회에 국민연금기금운용실무평가위원회(실무평가위원회)를 둔다.

실무평가위원회는 위원장인 보건복지부처차관, 위원 중에서 호선하는 부위원장 및 위원장이 위촉하는 ① 운용위원회의 위원 중 위원장과 당연직 위원(공단이사장은 제외)이 각각 지명하는 소속 부처의 3급 국가공무원 또는 고위공무원단에 속하는 일반직 공무원, ② 사용자를 대표하는 위원으로서 사용자 단체가 추천하는 자 3명, ③ 근로자를 대표하는 위원으로서 노동조합을 대표하는 연합단체가 추천하는 자 3명, ④ 지역가입자를 대표하는 위원으로서 Ⓐ 농어업인 단체가 추천하는 자 2명, Ⓑ 농어업인 외의 자영자 관련 단체가 추천하는 자 2명, Ⓒ 소비자단체와 시민단체가 추천하는 자 2명, ⑤ 국민연금제도와 국민연금기금 운용에 관한 학식과 경험이 풍부한 자 2명의 위원으로 구성한다.

각 단체가 위원을 추천하려면 ① 변호사 또는 공인회계사의 자격이 있는 자, ② 사회복지학·경제학 또는 경영학 등을 전공하고 고등교육법에 따른 대학에서 전임강사 이상의 직(職)에 3년 이상 재직 중인 자, ③ 사회복지학·경제학 또는 경영학 등의 박사학위를 가진 자로서 연구기관이나 공공기관에서 3년 이상 재직한 경력이 있는 자의 어느 하나에 해당하는 자 중에서 추천하여야 한다.

6. 국민연금기금 운용지침

운용위원회는 가입자의 권익이 극대화되도록 매년 ① 공공사업에 사용할 기금 자산의 비율, ② 공공사업에 대한 기금 배분의 우선순위, ③ 가입자, 가입자였던 자 및 수급권자의 복지 증진을 위한 사업비, ④ 기금의 증식을 위한 가입자 및 가입자였던 자에 대한 대여사업비에 관한 국민연금기금운용지침(기금운용지침)을 마련하여야 한다.

7. 기금 운용계획 심의 및 공시

보건복지부처장관은 매년 기금 운용계획을 세워서 운용위원회 및 국무회의의 심의를 거쳐 대통령의 승인을 받아야 하며, 정부는 기금 운용계획을 전년도 10월 말까지 국회에 보고하여야 한다.

보건복지부처장관은 기금의 운용 내용을, 기획재정부장관은 관리기금에 예탁된 기금의 사용 내용을 각각 다음 연도 6월 말까지 운용위원회에 제출하여야 하고, 운용위원회의 위원장은 기금의 운용 내용과 사용 내용을 운용위원회의 심의를 거쳐 국회에 제출하고 법령으로 정하는 바에 따라 공시하여야 한다.

Ⅶ. 심사청구와 재심사청구

1. 심사청구 및 재심사청구

가입자의 자격, 기준소득월액, 연금보험료, 그 밖의 국민연금법에 따른 징수금과 급여에 관한 공단 또는 건강보험공단의 처분에 이의가 있는 자는 그 처분을 한 공단 또는 건강보험공단에 심사청구를 할 수 있고, 이에 따른 심사청구는 그 처분이 있음을 안 날부터 90일 이내에 문서(전자정부법에 따른 전자문서를 포함)로 하여야 하며, 처분이 있은 날부터 180일을 경과하면 이를 제기하지 못한다. 다만, 정당한 사유로 그 기간에 심사청구를 할 수 없었음을 증명하면 그 기간이 지난 후에도 심사 청구를 할 수 있다.

한편, 심사청구에 대한 결정에 불복하는 자는 그 결정통지를 받은 날부터 90일 이내에 국민연금재심사위원회에 재심사를 청구할 수 있다.

2. 국민연금심사위원회 및 징수심사위원회

심사청구 사항을 심사하기 위하여 공단에 국민연금심사위원회(심사위원회)를 두고, 건강보험공단에 징수심사위원회를 두되, 심사위원회 및 징수심사위원회의 구성·운영 및 심사 등에 필요한 사항은 법령으로 정한다.

3. 국민연금재심사위원회

재심사청구 사항을 심사하기 위하여 보건복지부처에 국민연금재심사위원회(재심사위원회)를 두고, 재심사위원회의 구성·운영 및 재심사 등에 필요한 사항은 법령으로 정한다.

4. 행정심판과의 관계

재심사위원회의 재심사와 재결에 관한 절차에 관하여는 행정심판법을 준용하고, 재심사청구 사항에 대한 재심사위원회의 재심사는 행정소송법(제18조)을 적용할 때 행정심판법에 따른 행정심판으로 본다.

Ⅷ. 연금의 중복급여 조정 등 실효성 확보조치

1. 연금의 중복급여의 조정

장애연금 또는 유족연금의 수급권자가 이 법에 따른 장애연금 또는 유족연금의 지급사유와 같은 사유로 ① 근로기준법에 따른 장해보상, 같은 법에 따른 유족보상 또는 같은 법에 따른 일시보상, ② 산업재해보상보험법에 따른 장해급여, 같은 법에 따른 유족급여, 같은 법에 따른 진폐보상연금 또는 같은 법에 따른 진폐유족연금, ③ 선원법에 따른 장해보상, 같은 법에 따른 일시보상 또는 같은 법에 따른 유족보상, ④ 어선원 및 어선 재해보상보험법에 따른 장해급여, 같은 법에 따른 일시보상급여 또는 같은 법에 따른 유족급여의 어느 하나에 해당하는 급여를 받을 수 있는 경우에는 장애연금액이나 유족연금액은 그 2분의 1에 해당하는 금액을 지급한다.

2. 대위권

공단은 제3자의 행위로 장애연금이나 유족연금의 지급 사유가 발생하여 장애연금이나 유족연금을 지급한 때에는 그 급여액의 범위에서 제3자에 대한 수급권자의 손해배상청구권에 관하여 수급권자를 대위(代位)한다.

제3자의 행위로 장애연금이나 유족연금의 지급 사유가 발생한 경우 그와 같은 사유로 제3자로부터 손해배상을 받았으면 공단은 그 배상액의 범위에서 장애연금이나 유족연금을 지급하지 아니한다.

3. 시효

연금보험료, 환수금, 그 밖의 국민연금법에 따른 징수금을 징수하거나 환수할 권리는 3년간, 급여를 받거나 과오납금을 반환받을 수급권자 또는 가입자 등의 권리는 5년간 행사하지 아니하면 각각 소멸시효가 완성되며, 이에 따른 급여의 지급이나 과오납금 등의 반환청구에 관한 기간을 계산할 때 그 서류의 송달에 들어간 일수는 그 기간에 산입하지 아니한다.

급여를 지급받을 권리는 그 급여 전액에 대하여 지급이 정지되어 있는 동안은 시효가 진행되지 아니한다.

연금보험료나 그 밖의 국민연금법에 따른 징수금 등의 납입 고지, 법령에 따른 독촉과 급여의 지급 또는 과오납금 등의 반환청구는 소멸시효 중단의 효력을 가지며, 이에 따라 중단된 소멸시효는 납입 고지나 독촉에 따른 납입 기간이 지난 때부터 새로 진행된다.

4. 근로자의 권익 보호

사용자는 근로자가 가입자로 되는 것을 방해하거나 부담금의 증가를 기피할 목적으로 정당한 사유 없이 근로자의 승급(昇級) 또는 임금 인상을 하지 아니하거나 해고(解雇)나 그 밖의 불리한 대우를 하여서는 아니 된다.

5. 외국인에 대한 적용

국민연금법의 적용을 받는 사업장에 사용되고 있는 외국인과 국내에 거주하는 외국인으로서 법령으로 정하는 자 외의 외국인은 당연히 사업장가입자 또는 지역가입자가 된다. 다만, 국민연금법에 따른 국민연금에 상응하는 연금에 관하여 그 외국인의 본국 법이 대한민국 국민에게 적용되지 아니하면 그러하지 아니하다.

이에 따라 사업장가입자 또는 지역가입자가 된 외국인에게는 반환일시기금, 반납금납부와 가입기간, 반환일시금 수급권의 소멸의 규정을 적용하지 아니한다. 다만, ① 외국인의 본국 법이 대한민국 국민에게 반환일시기금, 반납금납부와 가입기간, 반환일시금 수급권의 소멸의 규정에 따른 반환일시금에 상응하는 급여를 지급하도록 규정하고 있는 경우의 외국인, ② 외국인근로자의 고용 등에 관한 법률에 따른 외국인근로자로서 건강보험법을 적용받는 사업장에 사용된 자, ③ 출입국관리법에 따라 산업연수활동을 할 수 있는 체류자격을 가지고 필요한 연수기간 동안 지정된 연수장소를 이탈하지 아니한 자로서 국민연금법을 적용받는 사업장에 사용된 자의 어느 하나에 해당하는 외국인에 대하여는 그러하지 아니하다.

6. 외국과의 사회보장협정

대한민국이 외국과 사회보장협정을 맺은 경우에는 국민연금법에도 불구하고 국민연금의 가입, 연금보험료의 납부, 급여의 수급 요건, 급여액의 산정, 급여의 지급 등에 관하여 그 사회보장협정에서 정하는 바에 따른다.

7. 실효성 확보조치

(1) 벌칙

거짓이나 그 밖의 부정한 방법으로 급여를 받은 자는 3년 이하의 징역이나 1천만원 이하의 벌금에 처한다. 또, ① 법령에 따른 부담금의 전부 또는 일부를 사업장가입자에게 부담하게 하거나 임금에서 기여금을 공제할 때 기여금을 초과하는 금액을 사업장가입자의 임금에서 공제한 사용자, ② 법령에 따른 납부 기한까지 정당한 사유 없이 연금보험료를 내지 아니한 사용자, ③ 법령을 위반하여 근로자가 가입자로 되는 것을 방해하거나 부담금의 증가를 기피할 목적으로 정당한 사유 없이 근로자의 승급 또는 임금 인상을 하지 아니하거나 해고나 그 밖의 불리한 대우를 한 사용자, ④ 법령을 위반하여 업무를 수행하면서 알게 된 비밀을 누설한 자의 어느 하나에 해당하는 자는 1년 이하의 징역이나 500만원 이하의 벌금에 처한다. 아울러, 법령을 위반하여 신고를 하지 아니하거나 거짓으로 신고한 사용자, 법령에 따라 공단 또는 공단의 직원이 서류나 그 밖의 자료 제출을 요구하거나 조사·질문을 할 때 이를 거부·기피·방해하거나 거짓으로 답변한 사용자의 어느 하나에 해당하는 자는 50만원 이하의 벌금에 처한다.

(2) 양벌규정

법인의 대표자나 법인 또는 개인의 대리인, 사용인, 그 밖의 종업원이 그 법인 또는 개인의 업무에 관하여 벌칙규정의 위반행위를 하면 그 행위자를 벌하는 외에 그 법인 또는 개인에게도 해당 조문의 벌금형을 과(科)한다. 다만, 법인 또는 개인이 그 위반행위를 방지하기 위하여 해당 업무에 관하여 상당한 주의와 감독을 게을리하지 아니한 경우에는 그러하지 아니하다.

(3) 과태료

① 법령에 따른 신고를 하지 아니한 자, ② 법령에 따른 통지를 하지 아니한 자, ③

법령에 따라 공단 또는 공단의 직원이 서류나 그 밖의 소득·재산 등에 관한 자료의 제출을 요구하거나 조사·질문할 때 이를 거부·기피·방해하거나 거짓으로 답변한 가입자, 가입자였던 자 또는 수급권자의 어느 하나에 해당하는 자에게는 10만원 이하의 과태료를 부과한다.

(4) 과태료의 부과·징수 절차

국민연금법에 따른 과태료는 법령으로 정하는 바에 따라 보건복지부처장관이 부과·징수하며, 이에 따른 과태료 처분에 불복하는 자는 그 처분을 고지받은 날부터 30일 이내에 보건복지부처장관에게 이의를 제기할 수 있고, 이에 따라 과태료 처분을 받은 자가 이의를 제기하면 보건복지부처장관은 지체 없이 관할 법원에 그 사실을 알려야 하며, 그 통보를 받은 관할 법원은 비송사건절차법에 따른 과태료 재판을 한다. 기간에 이의를 제기하지 아니하고 과태료를 내지 아니하면 국세 체납처분의 예에 따라 징수한다.

제 9 편

근로환경정책

17 chapter

안전보건정책

제1절 서 설

근로환경정책은 다양한 형태의 정책적인 모습이 있을 수 있겠지만 근로환경의 안전성 및 근로자의 건강과 보건측면에서 접근될 수 있는 문제가 가장 중요한 내용이 될 것이다. 이를 위하여 사전적으로는 사업장에서의 안전사고를 미연에 방지하고 근로자의 건강상태를 최적으로 유지할 수 있도록 하는 것이 필요하고, 사업장의 위험요소를 사전에 제거하거나 불가피한 경우 이를 최소화할 수 있는 정책적과 제도적인 장치를 마련하는 것이다. 이를 위하여 안전보건관리체계를 시스템적으로 구축하여, 안전보건에 대한 지속적이고 체계적인 교육과 안전보호조치를 취하는 것이 필요하다. 이는 사업장의 출입제한이나 안전보호구의 착용, 위험물질의 반입금지 내지 위험물질의 접근금지나 제한 등을 들 수 있다. 이를 위하여 전문성을 갖춘 자로 하여금 위험물질의 취급허가를 주어 이를 관리하고 유지할 수 있도록 하는 장치, 위험물질의 표시를 통하여 사전에 인지할 수 있도록 하는 장치, 위험요소로부터 분리 내지 격리시키는 조치 등 다양한 형태의 제도적인 장치를 고려할 수 있을 것이다.

그리고 다른 한편으로는 안전사고 등의 발생 시에 이를 신속하게 수습하고 재발하지 않도록 하는 장치, 사고사업장 내지는 사고위험성이 높은 사업장에 대한 지도와 관리감독의 강화, 인사상의 사고에 대하여는 재활이나 치료 등의 의료조치, 부주의나 고의 등의 사고에 대한 조치, 빈발사업장에 대한 제재조치 등 다양한 형태의 사후관리정책을 생각할 수 있을 것이다. 이하에서는 사전적이고 사후적인 차원에서의 근로환경정책으로 산업안전보건정책과 재해 재발방지 및 재해관리정책, 근로자의 건강 및 보건정책을 중심으로 설명하고자 한다.

제 2 절 산업안전보건정책 및 사업주 등의 의무

Ⅰ. 산업안전보건관리의 목적 및 적용대상

산업안전보건정책은 산업안전·보건에 관한 기준을 확립하고 그 책임의 소재를 명확하게 하여 산업재해를 예방하고 쾌적한 작업환경을 조성함으로써 근로자의 안전과 보건을 유지·증진함을 목적으로 하는 것이 기본정책이다.

산업안전보건정책에서 산업재해란 근로자가 업무에 관계되는 건설물·설비·원재료·가스·증기·분진 등에 의하거나 작업 또는 그 밖의 업무로 인하여 사망 또는 부상하거나 질병에 걸리는 것을 말한다. 산업안전보건정책에서 작업환경측정과 안전보건진단은 중요한 정책 중에 하나인데, 작업환경측정은 작업환경 실태를 파악하기 위하여 해당 근로자 또는 작업장에 대하여 사업주가 측정계획을 수립한 후 시료(試料)를 채취하고 분석·평가하는 것을 말하고, 안전·보건진단은 산업재해를 예방하기 위하여 잠재적 위험성을 발견하고 그 개선대책을 수립할 목적으로 고용부처장관이 지정하는 자가 하는 조사·평가를 말한다.

정부가 시행하는 산업안전보건정책은 모든 사업 또는 사업장에 적용한다. 다만, 유해·위험의 정도, 사업의 종류·규모 및 사업의 소재지 등을 고려하여 법령으로 정하는 사업에는 전부 또는 일부를 적용하지 아니할 수 있다.

Ⅱ. 정부의 책무 및 사업주와 근로자의 의무

1. 정부의 책무

정부는 산업안전보건정책의 목적을 달성하기 위하여 ① 산업안전·보건정책의 수립·

집행·조정 및 통제, ② 재해 다발 사업장에 대한 재해 예방 지원 및 지도, ③ 유해하거나 위험한 기계·기구·설비 및 방호장치(防護裝置)·보호구(保護具) 등의 안전성 평가 및 개선, ④ 유해하거나 위험한 기계·기구·설비 및 물질 등에 대한 안전·보건상의 조치기준 작성 및 지도·감독, ⑤ 사업의 자율적인 안전·보건 경영체제 확립을 위한 지원, ⑥ 안전·보건의식을 북돋우기 위한 홍보·교육 및 무재해운동 등 안전문화 추진, ⑦ 안전·보건을 위한 기술의 연구·개발 및 시설의 설치·운영, ⑧ 산업재해에 관한 조사 및 통계의 유지·관리, ⑨ 안전·보건 관련 단체 등에 대한 지원 및 지도·감독, ⑩ 그 밖에 근로자의 안전 및 건강의 보호·증진의 사항을 성실히 이행할 책무를 지며, 정부는 정책사항을 효율적으로 수행하기 위한 시책을 마련하여야 하며, 이를 위하여 필요하다고 인정할 때에는 한국산업안전보건공단법에 따른 한국산업안전보건공단, 그 밖의 관련 단체 및 연구기관에 행정적·재정적 지원을 할 수 있다.

2. 사업주 및 근로자의 의무

사업주는 법령에 따른 명령에서 정하는 산업재해 예방을 위한 기준을 지키며, 해당 사업장의 안전·보건에 관한 정보를 근로자에게 제공하고, 근로조건을 개선하여 적절한 작업환경을 조성함으로써 신체적 피로와 정신적 스트레스 등으로 인한 건강장해를 예방함과 동시에 근로자의 생명을 지키고 안전 및 보건을 유지·증진시켜야 하며, 국가의 산업재해 예방시책에 따라야 한다. 이 경우 사업주는 이를 준수하기 위하여 지속적으로 사업장 유해·위험요인에 대한 실태를 파악하고 이를 평가하여 관리·개선하는 등 필요한 조치를 하여야 하며, 기계·기구와 그 밖의 설비를 설계·제조 또는 수입하는 자, 원재료 등을 제조·수입하는 자, 건설물을 설계·건설하는 자의 어느 하나에 해당하는 자는 설계·제조·수입 또는 건설을 할 때 법령에 따른 명령으로 정하는 기준을 지켜야 하고, 그 물건을 사용함으로 인하여 발생하는 산업재해를 방지하도록 노력하여야 한다.

아울러, 근로자는 법령에 따른 명령으로 정하는 산업재해 예방을 위한 기준을 지켜야 하며, 사업주나 그 밖의 관련 단체에서 실시하는 산업재해 방지에 관한 조치에 따라야 한다.

Ⅲ. 산업재해 예방계획의 수립 및 공표

1. 산업재해 예방계획의 수립·공표

고용부처장관은 산업재해 예방에 관한 중·장기 기본계획을 수립하여야 하며, 이에 따라 고용부처장관은 수립한 산업재해 예방계획을 산업재해보상보험법에 따른 산업재해보상보험및예방심의위원회의 심의를 거쳐 공표하여야 한다. 이를 변경하려는 경우에도 또한 같다.

2. 행정기관 및 공공기관의 협조

고용부처장관은 수립된 산업재해 예방계획을 효율적으로 시행하기 위하여 필요하다고 인정할 때에는 관계 행정기관의 장 또는 공공기관의 운영에 관한 법률에 따른 공공기관의 장에게 필요한 협조를 요청할 수 있다.

행정기관(고용부처는 제외)의 장은 사업장의 안전 및 보건에 관하여 규제를 하려면 미리 고용부처장관과 협의하여야 하며, 고용부처장관이 이에 따른 협의과정에서 해당 규제에 대한 변경을 요구하면 행정기관의 장은 이에 응하여야 하며, 고용부처장관은 필요한 경우 국무총리에게 협의·조정 사항을 보고하여 확정할 수 있다. 또, 고용부처장관은 산업재해 예방을 위하여 필요하다고 인정할 때에는 사업주, 사업주단체, 그 밖의 관계인에게 필요한 사항을 권고하거나 협조를 요청할 수 있다.

3. 사업장의 산업재해 발생건수 등 공표 및 기록과 보고

고용부처장관은 산업재해를 예방하기 위하여 필요하다고 인정할 때에는 법령으로 정하는 사업장의 산업재해 발생건수, 재해율 또는 그 순위 등을 공표할 수 있다.

아울러, 사업주는 산업재해가 발생하였을 때에는 법령으로 정하는 바에 따라 재해발생 원인 등을 기록·보존하여야 하며, 이에 따라 기록한 산업재해 중 법령으로 정하는 산업재해에 대하여는 그 발생 개요·원인 및 보고 시기, 재발방지 계획 등을 법령으로 정하는 바에 따라 고용부처장관에게 보고하여야 한다. 다만, 산업재해보상보험법에 따른 요양급여, 같은 법에 따른 유족급여 또는 진폐유족연금을 신청한 경우에는 그러하지 아니하다.

4. 법령 요지의 게시

사업주는 산업안전보건법에 따른 명령의 요지를 상시 각 사업장에 게시하거나 갖추어 두어 근로자로 하여금 알게 하여야 하고, 근로자대표는 ① 산업안전보건위원회(법령에 따라 노사협의체를 설치·운영하는 경우에는 노사협의체를 말함)가 의결한 사항, ② 안전·보건 관리조직과 그 직무에 관한 사항, 안전·보건교육에 관한 사항, 작업장 안전관리에 관한 사항, 작업장 보건관리에 관한 사항, 사고 조사 및 대책 수립에 관한 사항, 그 밖에 안전·보건에 관한 사항, ③ 안전·보건에 관한 협의체의 구성 및 운영, 작업장의 순회점검 등 안전·보건관리, 수급인이 근로자에게 하는 안전·보건교육에 대한 지도와 지원, 법령에 따른 작업환경측정, 작업 장소에서 발파작업을 하는 경우와 작업 장소에서 화재가 발생하거나 토석 붕괴 사고가 발생하는 경우에 대비한 경보의 운영과 수급인 및 수급인의 근로자에 대한 경보운영 사항의 통보, ④ 물질안전보건자료의 작성·비치 등(화학물질 및 화학물질을 함유한 제제 중 법령으로 정하는 분류기준에 해당하는 화학물질 및 화학물질을 함유한 제제를 기재한 자료, ⑤ 법령에 따른 작업환경측정에 관한 사항, ⑥그 밖에 법령으로 정하는 안전과 보건에 관한 사항에 관한 내용 또는 결과를 통지할 것을 사업주에게 요청할 수 있고, 사업주는 이에 성실히 응하여야 한다.

5. 안전·보건표지의 부착

사업주는 사업장의 유해하거나 위험한 시설 및 장소에 대한 경고, 비상시 조치에 대한 안내, 그 밖에 안전의식의 고취를 위하여 법령으로 정하는 바에 따라 안전·보건표지를 설치하거나 부착하여야 한다. 이 경우 외국인고용법에 따른 외국인근로자를 채용한 사업주는 고용부처장관이 정하는 바에 따라 외국어로 된 안전·보건표지와 작업안전수칙을 부착하도록 노력하여야 한다.

제 3 절 안전보건 관리체계

Ⅰ. 안전보건관리자 등

1. 안전보건관리책임자

사업주는 ① 산업재해 예방계획의 수립에 관한 사항, ② 안전보건관리규정의 작성 및 변경에 관한 사항, ③ 근로자의 안전·보건교육에 관한 사항, ④ 작업환경측정 등 작업환경의 점검 및 개선에 관한 사항, ⑤ 근로자의 건강진단 등 건강관리에 관한 사항, ⑥ 산업재해의 원인 조사 및 재발 방지대책 수립에 관한 사항, ⑦ 산업재해에 관한 통계의 기록 및 유지에 관한 사항, ⑧ 안전·보건과 관련된 안전장치 및 보호구 구입 시의 적격품 여부 확인에 관한 사항, ⑨ 그 밖에 산업안전보건법에 따른 근로자의 유해·위험 예방조치에 관한 사항으로서 법령으로 정하는 사항의 업무를 총괄·관리할 안전보건관리책임자

(관리책임자)를 두어야 한다.

한편, 관리책임자는 법령에 따른 안전관리자와 보건관리자를 지휘·감독하고, 관리책임자를 두어야 할 사업의 종류·규모, 그 밖에 필요한 사항은 법령으로 정한다.

2. 관리감독자

사업주는 사업장의 관리감독자(경영조직에서 생산과 관련되는 업무와 그 소속 직원을 직접 지휘·감독하는 부서의 장 또는 그 직위를 담당하는 자를 말함)로 하여금 직무와 관련된 안전·보건에 관한 업무로서 안전·보건점검 등 법령으로 정하는 업무를 수행하도록 하여야 한다. 다만, 위험 방지가 특히 필요한 작업으로서 법령으로 정하는 작업에 대하여는 소속 직원에 대한 특별교육 등 법령으로 정하는 안전·보건에 관한 업무를 추가로 수행하도록 하여야 하고, 이에 따른 관리감독자가 있는 경우에는 건설기술관리법에 따른 안전관리책임자 및 안전관리담당자를 각각 둔 것으로 본다.

3. 안전관리자

사업주는 산업재해 예방계획의 수립에 관한 사항, 안전보건관리규정의 작성 및 변경에 관한 사항, 근로자의 안전·보건교육에 관한 사항, 작업환경측정 등 작업환경의 점검 및 개선에 관한 사항, 근로자의 건강진단 등 건강관리에 관한 사항, 산업재해의 원인 조사 및 재발 방지대책 수립에 관한 사항, 산업재해에 관한 통계의 기록 및 유지에 관한 사항, 안전·보건과 관련된 안전장치 및 보호구 구입 시의 적격품 여부 확인에 관한 사항, 그 밖에 근로자의 유해·위험 예방조치에 관한 사항으로서 법령으로 정하는 사항 중 안전에 관한 기술적인 사항에 관하여 사업주 또는 관리책임자를 보좌하고 관리감독자에게 지도·조언을 하도록 사업장에 안전관리자를 두어야 하며, 안전관리자를 두어야 할 사업의 종류·규모, 안전관리자의 수·자격·직무·권한·선임방법, 그 밖에 필요한 사항은 법령으로 정한다.

또, 고용부처장관은 산업재해 예방을 위하여 필요하다고 인정할 때에는 안전관리자를 정수(定數) 이상으로 늘리거나 다시 임명할 것을 명할 수 있고, 법령으로 정하는 종류 및 규모에 해당하는 사업의 사업주는 고용부처장관이 지정하는 안전관리 업무를 전문적으로 수행하는 기관(안전관리대행기관)에 안전관리자의 업무를 위탁할 수 있으며, 안전관리대행기관의 지정 요건 및 절차에 관한 사항은 법령으로 정하고, 안전관리대행기관의 업무수행기준, 안전관리대행지역, 그 밖에 필요한 사항도 법령으로 정한다.

4. 보건관리자

사업주는 산업재해 예방계획의 수립에 관한 사항, 안전보건관리규정의 작성 및 변경에 관한 사항, 근로자의 안전·보건교육에 관한 사항, 작업환경측정 등 작업환경의 점검 및 개선에 관한 사항, 근로자의 건강진단 등 건강관리에 관한 사항, 산업재해의 원인 조사 및 재발 방지대책 수립에 관한 사항, 산업재해에 관한 통계의 기록 및 유지에 관한 사항, 안전·보건과 관련된 안전장치 및 보호구 구입 시의 적격품 여부 확인에 관한 사항, 그 밖에 근로자의 유해·위험 예방조치에 관한 사항으로서 법령으로 정하는 사항 중 보건에 관한 기술적인 사항에 관하여 사업주 또는 관리책임자를 보좌하고 관리감독자에게 지도·조언을 하도록 하기 위하여 사업장에 보건관리자를 두어야 하고, 보건관리자를 두어야 할 사업의 종류·규모, 보건관리자의 수·자격·직무·권한·선임방법, 그 밖에 필요한 사항은 법령으로 정한다.

5. 산업보건의

사업주는 근로자의 건강관리나 그 밖의 보건관리자의 업무를 지도하기 위하여 사업장에 산업보건의를 두어야 한다. 다만, 의사를 보건관리자로 둔 경우에는 그러하지 아니하다. 산업보건의를 두어야 할 사업의 종류·규모, 산업보건의의 자격·직무·권한·선임방법, 그 밖에 필요한 사항은 법령으로 정한다.

6. 안전보건총괄책임자

같은 장소에서 행하여지는 사업의 일부를 도급을 주어 하는 사업으로서 법령으로 정하는 사업의 사업주는 그가 사용하는 근로자와 그의 수급인(하수급인(下受給人) 포함)이 사용하는 근로자가 같은 장소에서 작업을 할 때에 생기는 산업재해를 예방하기 위한 업무를 총괄·관리하기 위하여 그 사업의 관리책임자를 안전보건총괄책임자로 지정하여야 한다. 이 경우 관리책임자를 두지 아니하여도 되는 사업에서는 그 사업장에서 사업을 총괄·관리하는 자를 안전보건총괄책임자로 지정하여야 하고, 이에 따라 안전보건총괄책임자를 지정한 경우에는 건설기술관리법에 따른 안전총괄책임자를 둔 것으로 본다.

7. 안전관리자 등의 지도·조언

법령에 따른 안전관리자 또는 보건관리자가 산업재해 예방계획의 수립에 관한 사항, 안전보건관리규정의 작성 및 변경에 관한 사항, 근로자의 안전·보건교육에 관한 사항,

작업환경측정 등 작업환경의 점검 및 개선에 관한 사항, 근로자의 건강진단 등 건강관리에 관한 사항, 산업재해의 원인 조사 및 재발 방지대책 수립에 관한 사항, 산업재해에 관한 통계의 기록 및 유지에 관한 사항, 안전·보건과 관련된 안전장치 및 보호구 구입 시의 적격품 여부 확인에 관한 사항, 그 밖에 근로자의 유해·위험 예방조치에 관한 사항으로서 법령으로 정하는 사항 중 안전 또는 보건에 관한 기술적인 사항에 관하여 사업주 또는 관리책임자에게 건의하거나 관리감독자에게 지도·조언하는 경우에 사업주·관리책임자 및 관리감독자는 이에 상응하는 적절한 조치를 하여야 한다.

Ⅱ. 산업안전보건위원회

사업주는 산업안전·보건에 관한 중요 사항을 심의·의결하기 위하여 근로자와 사용자가 같은 수로 구성되는 산업안전보건위원회를 설치·운영하여야 하며, 사업주는 ① 산업재해 예방계획의 수립에 관한 사항, 안전보건관리규정의 작성 및 변경에 관한 사항, 근로자의 안전·보건교육에 관한 사항, 작업환경측정 등 작업환경의 점검 및 개선에 관한 사항, 근로자의 건강진단 등 건강관리에 관한 사항, 산업재해에 관한 통계의 기록 및 유지에 관한 사항, ② 산업재해의 원인 조사 및 재발 방지대책 수립에 관한 사항 중 중대재해에 관한 사항, ③ 유해하거나 위험한 기계·기구와 그 밖의 설비를 도입한 경우 안전·보건조치에 관한 사항에 대하여는 산업안전보건위원회의 심의·의결을 거쳐야 하고, 산업안전보건위원회의 회의는 법령으로 정하는 바에 따라 개최하고 그 결과를 회의록으로 작성하여 보존하여야 한다.

산업안전보건위원회는 해당 사업장 근로자의 안전과 보건을 유지·증진시키기 위하여 필요한 사항을 정할 수 있고, 사업주와 근로자는 산업안전보건위원회가 심의·의결 또는 결정한 사항을 성실하게 이행하여야 하며, 산업안전보건위원회의 심의·의결 또는 결정은 법령에 따른 명령, 단체협약, 취업규칙 및 법령에 따른 안전보건관리규정에 반하여서는 아니 된다.

Ⅲ. 안전보건관리규정

1. 안전보건관리규정의 작성

사업주는 사업장의 안전·보건을 유지하기 위하여 ① 안전·보건 관리조직과 그 직무에 관한 사항, ② 안전·보건교육에 관한 사항, ③ 작업장 안전관리에 관한 사항, ④ 작업장 보건관리에 관한 사항, ⑤ 사고 조사 및 대책 수립에 관한 사항, ⑥ 그 밖에 안전·보건에 관한 사항이 포함된 안전보건관리규정을 작성하여 각 사업장에 게시하거나 갖춰 두고, 이를 근로자에게 알려야 하며, 이의 안전보건관리규정은 해당 사업장에 적용되는 단체협약 및 취업규칙에 반할 수 없다. 이 경우 안전보건관리규정 중 단체협약 또는 취업규칙에 반하는 부분에 관하여는 그 단체협약 또는 취업규칙으로 정한 기준에 따른다. 안전보건관리규정을 작성하여야 할 사업의 종류·규모와 안전보건관리규정에 포함되어야 할 세부적인 내용 등에 관하여 필요한 사항은 법령으로 정한다.

2. 안전보건관리규정의 작성·변경 절차

사업주는 법령에 따라 안전보건관리규정을 작성하거나 변경할 때에는 산업안전보건위원회의 심의·의결을 거쳐야 한다. 다만, 산업안전보건위원회가 설치되어 있지 아니한 사업장의 경우에는 근로자대표의 동의를 받아야 한다.

3. 안전보건관리규정의 준수

사업주와 근로자는 안전보건관리규정을 지켜야 하고, 안전보건관리규정에 관하여는 산업안전보건법에서 규정한 것을 제외하고는 그 성질에 반하지 아니하는 범위에서 근로기준법의 취업규칙에 관한 규정을 준용한다.

제4절 유해위험 예방조치

Ⅰ. 안전 및 보건조치

1. 안전조치

사업주는 사업을 할 때 ① 기계·기구, 그 밖의 설비에 의한 위험, ② 폭발성, 발화성 및 인화성 물질 등에 의한 위험, ③ 전기, 열, 그 밖의 에너지에 의한 위험을 예방하기 위하여 필요한 조치를 하여야 하며, 사업주는 굴착, 채석, 하역, 벌목, 운송, 조작, 운반, 해체, 중량물 취급, 그 밖의 작업을 할 때 불량한 작업방법 등으로 인하여 발생하는 위험을 방지하기 위하여 필요한 조치를 하여야 한다. 또, 사업주는 작업 중 근로자가 추락할 위험이 있는 장소, 토사·구축물 등이 붕괴할 우려가 있는 장소, 물체가 떨어지거나 날아올 위험이 있는 장소, 그 밖에 작업 시 천재지변으로 인한 위험이 발생할 우려가 있는 장소에는 그 위험을 방지하기 위하여 필요한 조치를 하여야 한다.

2. 보건조치

사업주는 사업을 할 때 ① 원재료·가스·증기·분진·흄(fume)·미스트(mist)·산소결핍·병원체 등에 의한 건강장해, ② 방사선·유해광선·고온·저온·초음파·소음·진동·이상기압 등에 의한 건강장해, ③ 사업장에서 배출되는 기체·액체 또는 찌꺼기 등에 의한 건강장해, ④ 계측감시(計測監視), 컴퓨터 단말기 조작, 정밀공작 등의 작업에 의한 건강장해, ⑤ 단순반복작업 또는 인체에 과도한 부담을 주는 작업에 의한 건강장해, ⑥ 환기·채광·조명·보온·방습·청결 등의 적정기준을 유지하지 아니하여 발생하는 건강장해 등의 건강장해를 예방하기 위하여 필요한 조치를 하여야 한다.

3. 근로자의 준수 사항

근로자는 법령에 따른 안전조치와 보건조치에 대하여 사업주가 한 조치로서 법령으로 정하는 조치 사항을 지켜야 할 의무가 있다. 이는 아무리 철저한 조치를 시행하여도 근로자가 준수하지 않을 경우 산업안전보건정책은 그 실효성(근로자의 안전과 건강의 유지

목적달성)을 가질 수 없기 때문에 근로자는 반드시 법령에 따라 취해지는 안전조치와 보건조치에 따라라 할 의무가 있음을 명시할 필요가 있다고 할 것이다.

4. 작업중지

사업주는 산업재해가 발생할 급박한 위험이 있을 때 또는 중대재해가 발생하였을 때에는 즉시 작업을 중지시키고 근로자를 작업장소로부터 대피시키는 등 필요한 안전·보건상의 조치를 한 후 작업을 다시 시작하여야 하며, 근로자는 산업재해가 발생할 급박한 위험으로 인하여 작업을 중지하고 대피하였을 때에는 지체 없이 그 사실을 바로 위 상급자에게 보고하고, 바로 위 상급자는 이에 대한 적절한 조치를 하여야 하고, 사업주는 산업재해가 발생할 급박한 위험이 있다고 믿을 만한 합리적인 근거가 있을 때에는 작업을 중지하고 대피한 근로자에 대하여 이를 이유로 해고나 그 밖의 불리한 처우를 하여서는 아니 된다.

고용부처장관은 중대재해가 발생하였을 때에는 그 원인 규명 또는 예방대책 수립을 위하여 중대재해 발생원인을 조사하고, 근로감독관과 관계 전문가로 하여금 법령으로 정하는 바에 따라 안전·보건진단이나 그 밖에 필요한 조치를 하도록 할 수 있고, 누구든지 중대재해 발생현장을 훼손하여 이의 원인조사를 방해하여서는 아니 된다.

5. 기술상의 지침 및 작업환경의 표준

고용부처장관은 법령에 따라 사업주가 하여야 할 조치에 관한 기술상의 지침 또는 작업환경의 표준을 정하여 사업주에게 지도·권고할 수 있고, 이에 따른 지침과 표준을 정할 때 필요하다고 인정하면 해당 분야별로 기준제정위원회를 구성·운영할 수 있다.

Ⅱ. 유해작업의 도급 금지 및 안전보건조치

1. 유해작업 도급 금지

안전·보건상 유해하거나 위험한 작업 중 법령으로 정하는 작업은 고용부처장관의 인가를 받지 아니하면 그 작업만을 분리하여 도급(하도급 포함)을 줄 수 없으며, 이에 따라 유해하거나 위험한 작업을 도급 줄 때 지켜야 할 안전·보건조치의 기준은 법령으로 정한다. 한편, 고용부처장관은 인가를 할 경우 안전·보건평가를 하여야 하고, 인가를 받은 자가 기준에 미달하게 된 경우에는 인가를 취소하여야 한다.

2. 도급사업 시의 안전 · 보건조치

같은 장소에서 행하여지는 사업의 일부를 도급을 주어 하는 사업으로서 법령으로 정하는 사업의 사업주는 그가 사용하는 근로자와 그의 수급인이 사용하는 근로자가 같은 장소에서 작업을 할 때에 생기는 산업재해를 예방하기 위하여 ① 안전 · 보건에 관한 협의체의 구성 및 운영, ② 작업장의 순회점검 등 안전 · 보건관리, ③ 수급인이 근로자에게 하는 안전 · 보건교육에 대한 지도와 지원, ④ 그 밖에 산업재해 예방을 위하여 법령으로 정하는 사항의 조치를 하여야 한다.

이에 따른 사업주는 그의 수급인이 사용하는 근로자가 법령으로 정하는 산업재해 발생위험이 있는 장소에서 작업을 할 때에는 법령으로 정하는 산업재해 예방을 위한 조치를 하여야 하며, 사업주는 법령으로 정하는 바에 따라 그가 사용하는 근로자, 그의 수급인 및 그의 수급인이 사용하는 근로자와 함께 정기적으로 또는 수시로 작업장에 대한 안전 · 보건점검을 하여야 하고, 사업주는 그의 수급인 또는 수급인의 근로자가 해당 작업과 관련하여 산업안전보건법 또는 같은 법에 따른 명령을 위반한 경우에 산업재해를 예방하기 위하여 필요하다고 인정하면 그 위반행위의 시정을 요구할 수 있다.

한편, 건설공사 등의 사업을 타인에게 도급하는 자는 그 시공방법 · 공기(工期) 등에 대하여 안전하고 위생적인 작업 수행을 해칠 우려가 있는 조건을 붙여서는 아니 된다.

3. 산업안전보건관리비의 계상

건설업, 선박건조 · 수리업, 그 밖에 법령으로 정하는 사업을 타인에게 도급하는 자와 이를 자체사업으로 하는 자는 도급계약을 체결하거나 자체사업계획을 수립하는 경우 고용부처장관이 정하여 고시하는 바에 따라 산업재해 예방을 위한 산업안전보건관리비를 도급금액 또는 사업비에 계상(計上)하여야 하며, 고용부처장관은 이에 따른 산업안전보건관리비의 효율적인 집행을 위하여 ① 공사의 진척 정도에 따른 사용기준, ② 사업의 규모별 · 종류별 사용방법 및 구체적인 내용, ③ 그 밖에 산업안전보건관리비 사용에 필요한 사항호의 사항에 관한 기준을 정할 수 있다.

한편, 수급인 또는 자체사업을 하는 자는 그 산업안전보건관리비를 다른 목적으로 사용하여서는 아니 된다. 이 경우 기준이 정하여져 있는 산업안전보건관리비는 그 기준에 따라 사용하고 법령으로 정하는 바에 따라 그 사용명세서를 작성하여 보존하여야 하며, 수급인 또는 자체사업을 하는 자 중 법령으로 정하는 자가 산업안전보건관리비를 사용하려는 경우에는 미리 그 사용방법, 재해예방 조치 등에 관하여 고용부처장관이 지정하는 전문기관(재해예방 전문지도기관)의 지도를 받아야 한다.

4. 안전·보건에 관한 협의체의 구성·운영에 관한 특례

도급사업으로서 법령으로 정하는 종류 및 규모에 해당하는 사업의 사업주는 근로자와 사용자가 같은 수로 구성되는 안전·보건에 관한 노사협의체를 법령으로 정하는 바에 따라 구성·운영할 수 있고, 사업주가 이에 따라 노사협의체를 구성·운영하는 경우에는 산업안전보건위원회 및 안전·보건에 관한 협의체를 각각 설치·운영하는 것으로 보며, 이에 따라 노사협의체를 구성·운영하는 사업주는 법령에 따른 도급사업의 사항에 대하여 노사협의체의 심의·의결을 거쳐야 한다. 이 경우 노사협의체에서 의결되지 아니한 사항의 처리방법은 법령으로 정한다. 노사협의체는 그 사업장 근로자의 안전과 보건을 유지·증진시키기 위하여 필요한 사항을 정할 수 있고, 노사협의체는 산업재해 예방 및 산업재해가 발생한 경우의 대피방법 등 법령으로 정하는 사항에 대하여 협의하여야 한다.

Ⅲ. 안전 및 보건교육

1. 안전보건교육

사업주는 해당 사업장의 근로자에 대하여 법령으로 정하는 바에 따라 정기적으로 안전·보건에 관한 교육을 하여야 하며, 사업주는 근로자를 채용할 때와 작업내용을 변경할 때에는 그 근로자에 대하여 법령으로 정하는 바에 따라 해당 업무와 관계되는 안전·보건에 관한 교육을 하여야 하고, 사업주는 유해하거나 위험한 작업에 근로자를 사용할 때에는 법령으로 정하는 바에 따라 그 업무와 관계되는 안전·보건에 관한 특별교육을 하여야 한다. 사업주는 이의 규정에 따른 안전·보건에 관한 교육을 그에 필요한 인력·시설·장비 등을 갖춘 전문기관으로서 법령으로 정하는 기관에 위탁할 수 있다.

2. 관리책임자 등에 대한 교육

① 관리책임자, 법령에 따른 안전관리자 및 보건관리자, ② 재해예방 전문지도기관의 종사자의 자는 고용부처장관이 실시하는 안전·보건에 관한 직무교육을 받아야 하지만, 다른 법령에 따라 교육을 받는 등 일정한 경우에는 직무교육의 전부 또는 일부를 면제할 수 있다.

3. 유해하거나 위험한 기계 · 기구 등의 방호조치

유해하거나 위험한 작업을 필요로 하거나 동력(動力)으로 작동하는 기계·기구로서 법령으로 정하는 것은 고용부처장관이 정하는 유해·위험 방지를 위한 방호조치를 하지 아니하고는 양도·대여·설치·사용하거나, 양도·대여의 목적으로 진열하여서는 아니 된다.

또, 기계·기구·설비 및 건축물 등으로서 법령으로 정하는 것을 타인에게 대여하거나 대여받는 자는 법령으로 정하는 유해·위험 방지를 위하여 필요한 조치를 하여야 한다.

Ⅳ. 안전인증

1. 안전인증

고용부처장관은 유해하거나 위험한 기계·기구·설비 및 방호장치·보호구(안전인증대상 기계·기구 등)의 안전성을 평가하기 위하여 그 안전에 관한 성능과 제조자의 기술능력 및 생산 체계 등에 관한 안전인증기준을 정하여 고시할 수 있다. 이 경우 안전인증기준은 안전인증대상 기계·기구 등의 종류별, 규격 및 형식별로 정할 수 있다.

안전인증대상 기계·기구 등으로서 근로자의 안전·보건에 필요하다고 인정되어 법령으로 정하는 것(의무안전인증대상 기계·기구 등)을 제조(외국에서 제조하여 대한민국으로 수출하는 경우 및 의무안전인증 대상 기계·기구 등을 설치하거나 주요 구조 부분을 변경하는 경우를 포함)하는 자는 의무안전인증 대상 기계·기구 등이 안전인증기준에 맞는지에 대하여 고용부처장관이 실시하는 안전인증을 받아야 한다. 다만, 중고품인 의무안전인증대상 기계·기구 등을 외국으로부터 수입하는 등 법령으로 정하는 경우에는 수입하는 자가 안전인증을 받을 수 있으며, ① 연구·개발을 목적으로 제조·수입하거나 수출을 목적으로 제조하는 경우, ② 고용부처장관이 정하여 고시하는 외국의 안전인증기관에서 인증을 받은 경우, ③ 다른 법령에서 안전성에 관한 검사나 인증을 받은 경우의 어느 하나에 해당하면 별도로 정하는 바에 따라 안전인증의 전부 또는 일부를 면제할 수 있다.

의무안전인증 대상 기계·기구 등이 아닌 안전인증대상 기계·기구 등의 안전에 관한 성능 등을 평가받으려면 그 제조자가 고용부처장관에게 안전인증을 신청할 수 있다. 이 경우 고용부처장관이 정하여 그시한 안전인증기준에 따라 안전인증을 할 수 있다.

2. 안전인증의 표시

안전인증을 받은 자는 안전인증을 받은 안전인증대상 기계·기구 등이나 이를 담은 용기 또는 포장에 법령으로 정하는 바에 따라 안전인증의 표시(안전인증표시)를 하여야 하며, 안전인증을 받은 안전인증대상 기계·기구 등이 아닌 것은 안전인증표시 또는 이와 유사한 표시를 하거나 안전인증에 관한 광고를 할 수 없고, 안전인증을 받은 안전인증대상 기계·기구 등을 제조·수입·양도·대여하는 자는 안전인증표시를 임의로 변경하거나 제거하여서는 아니 된다.

고용부처장관은 ① 안전인증을 받지 못한 기계·기구 등에 대하여 안전인증표시나 이와 유사한 표시를 한 경우, ② 법령에 따라 안전인증이 취소되거나 안전인증표시의 사용금지 명령을 받은 경우의 어느 하나에 해당하면 안전인증표시나 이와 유사한 표시를 제거할 것을 명하여야 한다.

3. 안전인증의 취소

고용부처장관은 안전인증을 받은 자가 ① 거짓이나 그 밖의 부정한 방법으로 안전인증을 받은 경우, ② 안전인증을 받은 안전인증대상 기계·기구 등의 안전에 관한 성능 등이 안전인증기준에 맞지 아니하게 된 경우, ③ 정당한 사유 없이 법령에 따른 확인을 거부, 기피 또는 방해하는 경우의 어느 하나에 해당하면 안전인증을 취소하거나 6개월 이내의 기간을 정하여 안전인증표시의 사용을 금지하거나 안전인증기준에 맞게 개선하도록 명할 수 있다. 다만, 거짓이나 그 밖의 부정한 방법으로 안전인증을 받은 경우에는 안전인증을 취소하여야 하고, 이에 따라 고용부처장관은 안전인증을 취소한 경우에는 법령으로 정하는 바에 따라 그 사실을 공고하여야 한다.

한편, 안전인증이 취소된 자는 안전인증이 취소된 날부터 1년 이내에는 같은 규격과 형식의 안전인증대상 기계·기구 등에 대하여 안전인증을 신청할 수 없다.

4. 의무안전인증대상 기계·기구 등의 제조·수입·사용 등 금지

① 안전인증을 받지 아니한 경우(법령에 따라 안전인증이 전부 면제되는 경우는 제외), ② 고용부처장관이 정하여 고시하는 안전인증기준에 맞지 아니하도록 개조된 경우, ③ 법령에 따라 안전인증이 취소되거나 안전인증표시의 사용 금지 명령을 받은 경우의 어느 하나에 해당하는 의무안전인증대상 기계·기구 등은 제조·수입·양도·대여·사용하거나 양도·대여의 목적으로 진열할 수 없다.

고용부처장관은 이에 위반하여 의무안전인증대상 기계·기구 등을 제조·수입·양도·대여하는 자에게 법령으로 정하는 바에 따라 그 의무안전인증대상 기계·기구 등을 수거하거나 파기할 것을 명할 수 있다.

V. 자율안전확인 및 안전검사

1. 자율안전 확인

(1) 자율안전 확인의 신고

의무안전인증대상 기계·기구 등이 아닌 안전인증대상 기계·기구 등으로서 법령으로 정하는 것(자율안전 확인대상 기계·기구 등)을 제조(자율안전 확인대상 기계·기구 등을 설치하거나 주요 구조 부분을 변경하는 경우를 포함)하거나 수입하는 자는 자율안전 확인대상 기계·기구 등의 안전에 관한 성능이 고용부처장관이 정하여 고시하는 안전기준(자율안전기준)에 맞는지 확인(자율안전 확인)하여 고용부처장관에게 신고(신고한 사항을 변경하는 경우 포함)하여야 한다. 다만, ① 연구·개발을 목적으로 제조·수입하거나 수출을 목적으로 제조하는 경우, ② 법령에 따른 안전인증을 받은 경우(안전인증이 취소되거나 안전인증표시의 사용 금지 명령을 받은 경우는 제외), ③ 법령으로 정하는 다른 법령에서 안전성에 관한 검사나 인증을 받은 경우의 어느 하나에 해당하는 경우에는 신고를 면제할 수 있다. 이에 따라 신고를 한 자는 자율안전 확인대상 기계·기구 등이 자율안전기준에 맞는 것임을 증명하는 서류를 보존하여야 한다.

(2) 자율안전 확인의 표시

법령에 따라 신고를 한 자는 자율안전 확인대상 기계·기구 등이나 이를 담은 용기 또는 포장에 법령으로 정하는 바에 따라 자율안전 확인의 표시(자율안전 확인표시)를 하여야 하며, 이에 따라 신고된 자율안전 확인대상 기계·기구 등이 아닌 것은 자율안전 확인표시 또는 이와 유사한 표시를 하거나 자율안전 확인에 관한 광고를 할 수 없고, 이에 따라 신고된 자율안전 확인대상 기계·기구 등을 제조·수입·양도·대여하는 자는 자율안전 확인표시를 임의로 변경하거나 제거하여서는 아니 된다.

한편, 고용부처장관은 ① 법령을 위반하여 자율안전 확인표시나 이와 유사한 표시를 한 경우, ② 거짓이나 그 밖의 부정한 방법으로 신고를 한 경우, ③ 자율안전 확인표시의 사용 금지 명령을 받은 경우의 어느 하나에 해당하면 자율안전 확인표시나 이와 유사한 표시를 제거할 것을 명하여야 한다.

(3) 자율안전 확인표시의 사용 금지

고용부처장관은 신고된 자율안전 확인대상 기계·기구 등의 안전에 관한 성능이 자율안전기준에 맞지 아니하게 된 경우에는 신고한 자에게 6개월 이내의 기간을 정하여 자율안전 확인표시의 사용을 금지하거나 자율안전기준에 맞게 개선하도록 명할 수 있다.

(4) 자율안전 확인대상 기계·기구 등의 제조·수입·사용 등 금지

① 법령에 따른 신고를 하지 아니한 경우, ② 거짓이나 그 밖의 부정한 방법으로 신고를 한 경우, ③ 고용부처장관이 정하여 고시하는 자율안전기준에 맞지 아니한 경우, ④ 자율안전 확인표시의 사용 금지 명령을 받은 경우의 어느 하나에 해당하는 자율안전 확인대상 기계·기구 등은 제조·수입·양도·대여·사용하거나 양도·대여의 목적으로 진열할 수 없다.

고용부처장관은 이를 위반하여 자율안전 확인대상 기계·기구 등을 제조·수입·양도·대여하는 자에게 고용노동부령으로 정하는 바에 따라 그 자율안전 확인대상 기계·기구 등을 수거하거나 파기할 것을 명할 수 있다.

2. 안전검사

(1) 유해위험기계 등 안전검사

유해하거나 위험한 기계·기구·설비로서 법령으로 정하는 것(유해위험기계 등)을 사용하는 사업주는 유해·위험기계 등의 안전에 관한 성능이 고용부처장관이 정하여 고시하는 검사기준에 맞는지에 대하여 고용부처장관이 실시하는 검사(안전검사)를 받아야 한다. 다만, 다른 법령에서 안전성에 관한 검사나 인증을 받은 경우에는 안전검사를 면제할 수 있다.

안전검사에 합격한 유해·위험기계 등을 사용하는 사업주는 그 유해·위험기계 등이 안전검사에 합격한 것임을 나타내는 표시를 하여야 하고, 안전검사를 받지 아니한 유해·위험기계등, 안전검사에 불합격한 유해·위험기계 등의 어느 하나에 해당하는 유해·위험기계 등은 사용하여서는 아니 된다.

안전검사의 신청, 검사 주기 및 검사합격 표시 방법에 관하여 필요한 사항은 법령으로 정한다. 이 경우 검사 주기는 유해·위험기계 등의 종류, 사용연한(使用年限) 및 위험성을 고려하여 정한다.

(2) 자율검사프로그램에 따른 안전검사

사업주가 근로자대표와 협의하여 법령에 따른 안전검사기준, 검사 주기 및 검사합격 표시 방법 등을 충족하는 검사프로그램(자율검사프로그램)을 정하고 고용부처장관의 인정을 받아 그에 따라 유해·위험기계 등의 안전에 관한 성능검사를 하면 안전검사를 받은 것으로 본다. 이 경우 자율검사프로그램의 유효기간은 2년으로 한다.

사업주는 자율검사프로그램에 따라 검사를 하려면 법령으로 정하는 자격 및 경험을 가진 자, 법령으로 정하는 교육을 마친 자에게 검사를 하게하고 그 결과를 기록·보존하여야 하고, 이에 따라 사업주는 검사를 고용부처장관이 지정하는 검사기관(지정검사기관)에 위탁할 수 있다.

고용부처장관은 자율검사프로그램의 인정을 받은 자가 ① 거짓이나 그 밖의 부정한 방법으로 자율검사프로그램을 인정받은 경우(인정 취소 사유에 해당), ② 자율검사프로그램을 인정받고도 검사를 하지 아니한 경우, ③ 인정받은 자율검사프로그램의 내용에 따라 검사를 하지 아니한 경우, ④ 자격을 가진 자 또는 지정검사기관이 검사를 하지 아니한 경우의 어느 하나에 해당하면 자율검사프로그램의 인정을 취소하거나 인정받은 자율검사프로그램의 내용에 따라 검사를 하도록 하는 등 개선을 명할 수 있다.

자율검사프로그램의 인정이 취소된 유해·위험기계 등은 사용하여서는 아니 되며, 자율검사프로그램에 포함되어야 할 내용, 자율검사프로그램의 인정 요건, 인정 방법 및 인정 절차, 지정검사기관의 지정 요건 및 지정 절차에 관하여 필요한 사항은 법령으로 정한다.

Ⅵ. 안전과 보건조사 및 조치

1. 방호장치 제조사업 등의 지원

고용부처장관은 근로자의 유해·위험 방지를 위한 방호장치 또는 보호구를 제조하는 자와 작업환경 개선시설을 설계·시공하는 자에게는 제조물의 품질 및 설계·시공 능력 향상을 위하여 예산의 범위에서 필요한 지원을 할 수 있고, 이에 따른 지원을 받으려는 자는 법령으로 정하는 요건을 갖추어 고용부처장관에게 등록하여야 하며, 고용부처장관은 이에 따라 등록한 자가 거짓이나 그 밖의 부정한 방법으로 등록한 것으로 확인된 경우에는 그 등록을 취소할 수 있다.

2. 유해위험물질제조 등의 금지 및 허가

(1) 제조 등의 금지

누구든지 ① 직업성 암을 유발하는 것으로 확인되어 근로자의 보건에 특히 해롭다고 인정되는 물질, ② 법령에 따라 유해성·위험성을 평가하거나 유해성·위험성을 조사한 유해인자(有害因子) 가운데 근로자에게 중대한 건강장해를 일으킬 우려가 있는 물질의 어느 하나에 해당하는 물질로서 법령으로 정하는 물질을 제조·수입·양도·제공 또는 사용하여서는 아니 되며, 이에도 불구하고 시험·연구를 위한 경우로서 법령으로 정하는 기준에 맞는 경우에는 고용부처장관의 승인을 받아 물질을 제조·수입 또는 사용할 수 있다. 다만, 고용부처장관은 승인을 받은 자가 같은 항에 따른 기준에 적합하지 아니하게 된 경우에는 승인을 취소하여야 한다.

(2) 제조 등의 허가

직업성 암을 유발하는 것으로 확인되어 근로자의 건강에 특히 해롭다고 인정되는 물질 및 유해성·위험성이 평가된 유해인자나 유해성·위험성이 조사된 화학물질 가운데 근로자에게 중대한 건강장해를 일으킬 우려가 있는 물질에 해당하는 물질로서 법령으로 정하는 물질을 제조하거나 사용하려는 자는 법령으로 정하는 바에 따라 미리 고용부처장관의 허가를 받아야 한다. 허가받은 사항을 변경할 때에도 또한 같다. 이에 따른 물질의 제조·사용설비, 작업방법, 그 밖의 허가기준은 법령으로 정하고, 허가를 받은 자(유해물질 제조·사용자)는 그 제조·사용설비를 법령이 정한 기준에 적합하도록 유지하여야 하며, 그 기준에 적합한 작업방법으로 물질을 제조·사용하여야 한다.

고용부처장관은 유해물질 제조·사용자의 제조·사용설비 또는 작업방법이 법령이 정한 기준에 적합하지 아니하다고 인정할 때에는 그 기준에 적합하도록 제조·사용설비를 수리·개조 또는 이전하도록 하거나 그 기준에 적합한 작업방법으로 그 물질을 제조·사용하도록 명할 수 있으며, 고용부처장관은 유해물질 제조·사용자가 ① 거짓이나 그 밖의 부정한 방법으로 허가를 받은 경우(허가 취소 사유), ② 법령에 따른 허가기준에 맞지 아니하게 된 경우, ③ 법령을 위반한 경우, ④ 법령에 따른 명령을 위반한 경우, ⑤ 자체 검사 결과 이상을 발견하고도 즉시 보수 및 필요한 조치를 하지 아니한 경우의 어느 하나에 해당하면 그 허가를 취소하거나 6개월 이내의 기간을 정하여 영업을 정지하게 할 수 있다.

3. 석면조사 및 취급기준 준수

(1) 석면조사

법령으로 정하는 일정 규모 이상의 건축물이나 설비를 철거하거나 해체하려는 자(건축물 등 철거·해체자)는 고용부처장관이 지정하는 기관(석면조사기관)으로 하여금 ① 해당 건축물이나 설비에 석면이 함유되어 있는지 여부, ② 건축물이나 설비에 함유된 석면의 종류 및 함유량, ③ 석면이 함유된 제품의 위치 및 면적의 사항을 조사(석면조사)하도록 한 후 그 결과를 기록·보존하여야 한다. 다만, 석면함유 여부가 명백한 경우 등 법령으로 정하는 사유에 해당할 경우에는 석면조사를 생략할 수 있다.

고용부처장관은 건축물 등 철거·해체자가 석면조사를 하지 아니하고 건축물이나 설비를 철거·해체하는 경우에는 석면조사를 하고 그 결과를 고용부처장관에게 보고할 때까지 작업을 중지할 것을 명할 수 있고, 고용부처장관은 석면조사의 정확성 및 신뢰성을 확보하기 위하여 석면조사기관의 석면조사 능력을 평가하고, 평가결과에 따라 석면조사기관을 지도·교육할 수 있다. 이 경우 평가 및 지도·교육의 방법, 절차 등은 고용부처장관이 정하여 고시한다.

(2) 석면 해체·제거 작업기준 및 석면의 해체·제거

석면조사 결과 석면이 함유된 건축물이나 설비를 철거·해체하는 자는 법령으로 정하는 석면해체·제거의 작업기준을 준수하여야 하고, 법령에 따른 석면조사 결과 법령으로 정하는 함유량과 면적 이상의 석면이 함유되어 있는 경우 건축물 등 철거·해체자는 고용부처장관에게 등록한 자(석면해체·제거업자)로 하여금 그 석면을 해체·제거하도록 하여야 한다. 다만, 건축물 등 철거·해체자가 인력·장비 등에서 석면해체·제거업자와 동등한 능력을 갖추고 있는 경우 등 법령으로 정하는 사유에 해당할 경우에는 제외한다.

석면해체·제거는 해당 건축물이나 설비에 대하여 석면조사를 실시한 기관이 하여서는 아니 되며, 석면해체·제거업자는 석면해체·제거작업을 하기 전에 고용부처장관에게 신고하고, 석면해체·제거작업에 관하여 법령으로 정하는 사항을 기재한 서류를 보존하여야 한다. 아울러, 고용부처장관은 석면해체·제거업자의 신뢰성을 유지하기 위하여 석면해체·제거작업의 안전성을 평가한 후 그 결과를 공표할 수 있다.

(4) 석면농도기준의 준수

석면해체·제거업자는 석면해체·제거작업이 완료된 후 해당 작업장의 공기 중 석면농도가 법령으로 정하는 기준(석면농도기준) 이하가 되도록 하고, 그 증명자료를 고용부처장관에게 제출하여야 한다.

석면해체·제거작업 완료 후 작업장의 공기 중 석면농도가 석면농도기준을 초과한 경우 건축물 등 철거·해체자는 해당 건축물이나 설비를 철거하거나 해체하여서는 아니 된다.

4. 유해인자의 관리

(1) 유해인자의 관리

고용부처장관은 근로자의 건강장해를 유발하는 화학물질 및 물리적 인자 등(유해인자)을 법령으로 정하는 분류기준에 따라 분류하고 관리하여야 하고, 고용부처장관은 유해인자의 노출기준을 정하여 관보 등에 고시하며, 유해인자가 근로자의 건강에 미치는 유해성·위험성을 평가하고 그 결과를 관보 등에 공표할 수 있다.

(2) 유해인자 허용기준의 준수

사업주는 발암성 물질 등 근로자에게 중대한 건강장해를 유발할 우려가 있는 유해인자로서 법령으로 정하는 유해인자는 작업장 내의 그 노출 농도를 고용노동부령으로 정하는 허용기준 이하로 유지하여야 한다. 다만, ① 시설 및 설비의 설치나 개선이 현존하는 기술로 가능하지 아니한 경우, ② 천재지변 등으로 시설과 설비에 중대한 결함이 발생한 경우, ③ 법령으로 정하는 임시 작업과 단시간 작업의 경우, ④ 그 밖에 법령으로 정하는 경우의 어느 하나에 해당하는 경우에는 그러하지 아니하다.

(3) 신규화학물질의 유해성·위험성 조사

법령으로 정하는 화학물질 외의 화학물질(신규화학물질)을 제조하거나 수입하려는 사업주(수입을 대행하는 자가 따로 있는 경우에는 그 수입을 대행하는 자를 말함)는 화학물질에 의한 근로자의 건강장해를 예방하기 위하여 고용노동부령으로 정하는 바에 따라 그 신규화학물질의 유해성·위험성을 조사하고 그 조사보고서를 고용부처장관에게 제출하여야 한다. 다만, ① 일반 소비자의 생활용으로 제공하기 위하여 신규화학물질을 수입하는 경우로서 법령으로 정하는 경우, ② 신규화학물질의 수입량이 소량이거나 그 밖에 위해(危害)의 정도가 적다고 인정되는 경우로서 법령으로 정하는 경우의 어느 하나에 해당하는 경우에는 그러하지 아니하다. 이에 따라 사업주는 유해성·위험성 조사에 따라 해당 신규화학물질에 의한 근로자의 건강장해를 방지하기 위하여 즉시 필요한 조치를 하여야 한다.

고용부처장관은 신규화학물질의 유해성·위험성 조사보고서가 제출되면 고용노동부령으로 정하는 바에 따라 그 신규화학물질의 명칭, 유해성·위험성, 조치 사항 등을 공표하고 관계 부처에 통보하여야 하고, 고용부처장관은 신규화학물질의 유해성·위험성 조사보고서에 따라 근로자의 건강장해 방지를 위하여 필요하다고 인정할 때에는 해당 사업주에게 시설·설비를 설치·정비하고 보호구를 갖춰 두는 등의 조치를 하도록 명할 수 있다.

사업주가 신규화학물질을 양도하거나 제공하는 경우에는 근로자의 건강장해 방지를 위하여 조치하여야 할 사항을 기록한 서류를 함께 제공하여야 한다.

제5절 근로자의 보건관리

Ⅰ. 작업환경의 측정

1. 작업환경측정

사업주는 유해인자로부터 근로자의 건강을 보호하고 쾌적한 작업환경을 조성하기 위하여 인체에 해로운 작업을 하는 작업장으로서 법령으로 정하는 작업장은 법령으로 정하는 자격을 가진 자로 하여금 작업환경측정을 하도록 한 후 그 결과를 기록·보존하고 법령으로 정하는 바에 따라 고용부처장관에게 보고하여야 한다. 이 경우 근로자대표가 요구하면 작업환경측정 시 근로자대표를 입회시켜야 한다.

사업주는 상기에 따른 작업환경측정의 결과를 해당 작업장 근로자에게 알려야 하며 그 결과에 따라 근로자의 건강을 보호하기 위하여 해당 시설 및 설비의 설치 또는 개선 등 적절한 조치를 하여야 한다. 또, 사업주는 작업환경측정 및 작업환경측정에 따른 시료의 분석을 고용부처장관이 지정하는 측정기관(지정측정기관)에 위탁할 수 있으며, 이에 따라 사업주로부터 작업환경측정을 위탁받은 지정측정기관은 작업환경측정을 한 후 그 결과를 법령으로 정하는 바에 따라 고용부처장관에게 전산자료로 제출하여야 한다. 이 경우 사업주는 작업환경측정 결과보고를 한 것으로 본다. 또, 사업주는 법령에 따른 산업안전보건위원회 또는 근로자대표가 요구하면 작업환경측정 결과에 대한 설명회를 직접 개최하거나 작업환경측정을 한 기관으로 하여금 개최하도록 하여야 한다.

고용부처장관은 작업환경측정의 정확성과 신뢰성을 확보하기 위하여 지정측정기관의 작업환경측정·분석 능력을 평가하고, 평가 결과에 따라 지도·교육을 하여야 한다. 이 경우 평가 및 지도·교육의 방법·절차 등은 고용부처장관이 정하여 고시하며, 고용부처장관은 작업환경측정의 수준을 향상시키기 위하여 필요한 경우 지정측정기관을 평가한 후 그 결과를 공표할 수 있다. 이 경우 평가기준 등은 법령으로 정한다.

2. 작업환경측정 신뢰성평가

고용부처장관은 법령에 따른 작업환경측정 결과의 정확성과 정밀성을 평가하기 위하여 필요하다고 인정하는 경우에는 신뢰성평가를 할 수 있다. 이때, 사업주와 근로자는 신뢰성평가를 받을 때에는 적극적으로 협조하여야 한다.

Ⅱ. 건강진단 및 관리

1. 근로자 건강진단

사업주는 근로자의 건강을 보호·유지하기 위하여 고용부처장관이 지정하는 기관 또는 국민건강보험법에 따른 건강검진을 하는 기관(건강진단기관)에서 근로자에 대한 건강진단을 하여야 한다. 이 경우 근로자대표가 요구할 때에는 건강진단 시 근로자대표를 입회시켜야 한다. 아울러, 사업주는 법령에 따른 건강진단 결과 근로자의 건강을 유지하기 위하여 필요하다고 인정할 때에는 작업장소 변경, 작업 전환, 근로시간 단축, 작업환경측정, 시설·설비의 설치 또는 개선, 그 밖에 적절한 조치를 하여야 하고, 산업안전보건위원회 또는 근로자대표가 요구할 때에는 직접 또는 건강진단을 한 건강진단기관으로 하여금 건강진단 결과에 대한 설명을 하도록 하여야 한다. 다만, 본인의 동의 없이는 개별 근로자의 건강진단 결과를 공개하여서는 아니 되며, 건강진단 결과를 근로자의 건강 보호·유지 외의 목적으로 사용하여서는 아니 된다. 한편, 근로자는 사업주가 실시하는 건강진단을 받아야 한다. 다만, 사업주가 지정한 건강진단기관에서 진단 받기를 희망하지 아니하는 경우에는 다른 건강진단기관으로부터 이에 상응하는 건강진단을 받아 그 결과를 증명하는 서류를 사업주에게 제출할 수 있다.

고용부처장관은 근로자의 건강을 보호하기 위하여 필요하다고 인정할 때에는 사업주에게 특정 근로자에 대한 임시건강진단의 실시나 그 밖에 필요한 조치를 명할 수 있다. 또, 고용부처장관은 건강진단의 정확성과 신뢰성을 확보하기 위하여 건강진단기관의 건강진단·분석 능력을 평가하고, 평가 결과에 따른 지도·교육을 하여야 한다. 이 경우 평가 및 지도·교육의 방법·절차 등은 고용부처장관이 정하여 고시하며, 건강진단의 수준향상을 위하여 건강진단기관 중 고용부처장관이 지정하는 기관을 평가한 후 그 결과를 공표할 수 있다. 아울러, 건강진단기관은 건강진단을 실시한 때에는 법령으로 정하는 바에 따라 그 결과를 근로자 및 사업주에게 통보하고 고용부처장관에게 보고하여야 한다.

2. 직업성 질환 역학조사

고용부처장관은 직업성 질환의 진단 및 예방, 발생 원인의 규명을 위하여 필요하다고 인정할 때에는 근로자의 질병과 작업장의 유해요인의 상관관계에 관한 직업성 질환 역학조사(疫學調査)를 할 수 있고, 역학조사를 하는 경우 사업주와 근로자는 적극적으로 협조하여야 하며, 고용부처장관은 역학조사를 위하여 필요하면 근로자의 건강진단 결과, 국민건강보험법에 따른 요양급여기록 및 건강검진 결과, 고용보험법에 따른 고용정보, 암관리법에 따른 질병정보 및 사망원인 정보 등을 관련 기관에 요청할 수 있다. 이 경우 자료의 제출을 요청받은 기관은 특별한 사유가 없으면 요청에 응하여야 한다.

3. 건강관리수첩

고용부처장관은 건강장해가 발생할 우려가 있는 업무로서 법령으로 정하는 업무에 법령으로 정하는 기간 이상 종사한 근로자에게 건강관리수첩을 발급하여야 한다. 건강관리수첩을 받은 자는 그 건강관리수첩을 타인에게 양도하거나 대여하여서는 아니 된다.

Ⅲ. 건강관리를 위한 제한

1. 질병자의 근로 금지·제한

사업주는 감염병, 정신병 또는 근로로 인하여 병세가 크게 악화될 우려가 있는 질병으로서 법령으로 정하는 질병에 걸린 자에게는 의사의 진단에 따라 근로를 금지하거나 제한하여야 하고, 이에 따라 근로가 금지되거나 제한된 근로자가 건강을 회복하였을 때에는 지체 없이 취업하게 하여야 한다.

2. 유해 위험작업에서의 근로시간 연장 제한

사업주는 유해하거나 위험한 작업으로서 법령으로 정하는 작업에 종사하는 근로자에게는 1일 6시간, 1주 34시간을 초과하여 근로하게 하여서는 아니 된다. 이는 통상근로환경에서 근무하는 것보다 위험에 노출될 가능성이 큰 근로자의 건강유지를 보호하기 위한 조치라고 할 수 있다.

3. 자격 등에 의한 취업 제한

사업주는 유해하거나 위험한 작업으로서 법령으로 정하는 작업의 경우 그 작업에 필요한 자격·면허·경험 또는 기능을 가진 근로자가 아닌 자에게 그 작업을 하게 하여서는 아니 되고, 고용부처장관은 이에 따른 자격·면허 취득자의 양성 또는 근로자의 기능 습득을 위하여 교육기관을 지정할 수 있다.

제6절 산업안전지도사 및 산업위생지도사

Ⅰ. 산업안전 및 위생 지도사

1. 지도사의 직무

(1) 산업안전지도사

산업안전지도사는 타인의 의뢰를 받아 ① 공정상의 안전에 관한 평가·지도, ② 유해·위험의 방지대책에 관한 평가·지도, ③ ①호 및 ②호의 사항과 관련된 계획서 및 보고서의 작성, ④ 그 밖에 산업안전에 관한 사항으로서 법령으로 정하는 사항의 직무를 한다.

(2) 산업위생지도사

산업위생지도사는 타인의 의뢰를 받아 ① 작업환경의 평가 및 개선 지도, ② 작업환경 개선과 관련된 계획서 및 보고서의 작성, ③ 산업위생에 관한 조사·연구, ④ 그 밖에 산업위생에 관한 사항으로서 법령으로 정하는 사항의 직무를 한다.

2. 지도사의 자격 및 시험

지도사가 되려는 자는 고용부처장관이 시행하는 지도사시험에 합격하여야 한다. 다만, 법령으로 정하는 자격의 보유자에 대하여는 지도사시험의 일부를 면제할 수 있고, 고용부처장관은 지도사시험 실시를 법령으로 정하는 전문기관으로 하여금 대행하게 할 수 있다.

아울러, 지도사시험 실시를 대행하는 전문기관의 임직원은 형법(제129조부터 제132조까지)의 규정을 적용할 때에는 공무원으로 본다. 지도사시험의 과목, 다른 자격 보유자에 대한 시험 면제의 범위, 그 밖에 필요한 사항은 법령으로 정한다.

3. 지도사의 등록

지도사가 그 직무를 시작할 때에는 법령으로 정하는 바에 따라 고용노동부에 등록하여야 하며, 이에 따라 등록한 지도사는 그 직무를 조직적·전문적으로 하기 위하여 법인을 설립할 수 있다. 다만, ① 금치산자 또는 한정치산자, ② 파산선고를 받은 자로서 복권되지 아니한 자, ③ 금고 이상의 실형을 선고받고 그 집행이 끝나거나(집행이 끝난 것으로 보는 경우를 포함한다) 집행이 면제된 날부터 2년이 지나지 아니한 자, ④ 금고 이상의 형의 집행유예를 선고받고 그 유예기간 중에 있는 자, ⑤ 산업안전보건법을 위반하여 벌금형을 선고받고 1년이 지나지 아니한 자, ⑥ 등록이 취소된 후 2년이 지나지 아니한 자의 어느 하나에 해당하는 자는 등록을 할 수 없으며, 고용부처장관은 지도사가 ①부터 ⑤호까지의 규정 중 어느 하나에 해당하게 된 경우에는 그 등록을 취소를 명할 수 있다.

4. 지도사에 대한 지도

고용부처장관은 공단으로 하여금 ① 지도사에 대한 지도·연락 및 정보의 공동이용체제의 구축·유지, ② 지도사의 업무 수행과 관련된 사업주의 불만·고충의 처리 및 피해에 관한 분쟁의 조정, ③ 그 밖에 지도사 업무의 발전을 위하여 필요한 사항으로서 법령으로 정하는 사항의 업무를 하게 할 수 있다.

Ⅱ. 손해배상의 책임

지도사는 업무 수행과 관련하여 고의 또는 과실로 의뢰인에게 손해를 입힌 경우에는 그 손해를 배상할 책임이 있고, 법령에 따라 등록한 지도사는 상기에 따른 손해배상책임을 보장하기 위하여 법령으로 정하는 바에 따라 보증보험에 가입하거나 그 밖에 필요한 조치를 하여야 한다.

제7절 감독명령 및 실효성 확보 조치

Ⅰ. 안전보건명령 및 감독관리

1. 유해·위험 방지 계획서의 제출 명령

법령으로 정하는 업종 및 규모에 해당하는 사업의 사업주는 해당 제품생산 공정과 직접적으로 관련된 건설물·기계·기구 및 설비 등 일체를 설치·이전하거나 그 주요 구조부분을 변경할 때에는 산업안전보건법에 따른 명령에서 정하는 유해·위험 방지 사항에 관한 계획서(유해·위험방지계획서)를 작성하여 법령으로 정하는 바에 따라 고용부처장관에게 제출하여야 한다. 아울러, 기계·기구 및 설비 등으로서 ① 유해하거나 위험한 작업을 필요로 하는 것, ② 유해하거나 위험한 장소에서 사용하는 것, ③ 건강장해를 방지하기 위하여 사용하는 것의 어느 하나에 해당하는 것으로서 법령으로 정하는 것을 설치·이전하거나 그 주요 구조부분을 변경하려는 사업주에 대하여도 같다.

건설업 중 법령으로 정하는 공사를 착공하려는 사업주는 법령으로 정하는 자격을 갖춘 자의 의견을 들은 후 산업안전보건법 또는 이 법에 따른 명령에서 정하는 유해·위험방지계획서를 작성하여 법령으로 정하는 바에 따라 고용부처장관에게 제출하여야 한다.

고용부처장관은 유해·위험방지계획서를 심사한 후 근로자의 안전과 보건을 위하여 필요하다고 인정할 때에는 공사를 중지하거나 계획을 변경할 것을 명할 수 있고, 유해·위험방지계획서를 제출한 사업주는 법령으로 정하는 바에 따라 고용부처장관의 확인을 받아야 한다.

2. 안전·보건진단 명령

고용부처장관은 법령으로 정하는 사업장에 대하여 고용부처장관이 지정하는 기관(안전·보건진단기관)이 실시하는 안전·보건진단을 받을 것을 명할 수 있다. 한편, 사업주는 상기에 따른 안전·보건진단업무에 적극 협조하여야 하며, 정당한 사유 없이 이를 거부하거나 방해 또는 기피하여서는 아니 된다. 이 경우 근로자대표가 요구할 때에는 안전·보건진단에 근로자대표를 입회시켜야 한다.

3. 공정안전보고서의 제출 명령

법령으로 정하는 유해・위험설비를 보유한 사업장의 사업주는 그 설비로부터의 위험물질 누출, 화재, 폭발 등으로 인하여 사업장 내의 근로자에게 즉시 피해를 주거나 사업장 인근지역에 피해를 줄 수 있는 사고(중대 산업사고)를 예방하기 위하여 법령으로 정하는 바에 따라 공정안전보고서를 작성하여 고용부처장관에게 제출하고, 사업장에 갖춰 두어야 한다.

사업주는 상기에 따라 공정안전보고서를 작성할 때에는 제19조에 따른 산업안전보건위원회의 심의를 거쳐야 한다. 다만, 산업안전보건위원회가 설치되어 있지 아니한 사업장의 경우에는 근로자대표의 의견을 들어야 한다.

고용부처장관은 공정안전보고서를 심사한 후 근로자의 안전 및 보건의 유지・증진을 위하여 필요하다고 인정하는 경우에는 그 공정안전보고서의 변경을 명할 수 있고, 고용부처장관은 법령으로 정하는 바에 따라 공정안전보고서의 이행 상태를 정기적으로 평가할 수 있으며, 고용부처장관은 공정안전보고서의 이행 상태를 평가한 결과 보완 상태가 불량한 사업장의 사업주에게는 공정안전보고서를 다시 제출하도록 명할 수 있다.

4. 안전보건개선계획수립 및 제출 명령

고용부처장관은 사업장, 시설, 그 밖의 사항에 대하여 산업재해 예방을 위하여 종합적인 개선조치를 할 필요가 있다고 인정할 때에는 법령으로 정하는 바에 따라 사업주에게 그 사업장, 시설, 그 밖의 사항에 관한 안전보건개선계획의 수립・시행을 명할 수 있고, 이에 따른 명령을 하는 경우 필요하다고 인정할 때에는 해당 사업주에게 법령으로 정하는 바에 따라 안전・보건진단을 받아 안전보건개선계획을 수립・제출할 것을 명할 수 있다.

사업주는 상기에 따른 안전보건개선계획을 수립할 때에는 산업안전보건위원회의 심의를 거쳐야 한다. 다만, 산업안전보건위원회가 설치되어 있지 아니한 사업장의 경우에는 근로자대표의 의견을 들어야 하고, 사업주와 근로자는 안전보건개선계획을 준수하여야 한다.

5. 감독상의 조치

근로기준법에 따른 근로감독관은 산업안전보건법 등에 따른 명령을 시행하기 위하여 필요한 경우로서 법령으로 정하는 경우에는 ① 사업장, ② 점검대상 기관의 사무소, ③ 석면해체・제거업자의 사무소, ④ 등록한 지도사(指導士)의 사무소의 장소에 출입하여 관계자에게 질문을 하고, 장부, 서류, 그 밖의 물건의 검사 및 안전・보건점검을 하며, 검사에 필요한 한도에서 무상으로 제품·원재료 또는 기구를 수거할 수 있다. 이 경우 근로감독관은 해당 사업주 등에게 그 결과를 서면으로 알려야 한다.

고용부처장관은 산업안전보건법 등에 따른 명령의 시행을 위하여 필요하다고 인정하는 경우에는 사업주·근로자 또는 법령에 따라 등록한 지도사에게 보고 또는 출석을 명할 수 있고, 공단에 위탁된 권한을 행사하기 위하여 필요하다고 인정할 때에는 공단 소속 직원으로 하여금 사업장에 출입하여 산업재해 예방에 필요한 검사 및 지도 등을 하게 하거나, 역학조사를 위하여 필요한 경우 관계자에게 질문하거나 필요한 서류의 제출을 요구하게 할 수 있다.

고용부처장관은 검사 등의 결과 필요하다고 인정할 때에는 사업주에게 건설물 또는 그 부속건설물·기계·기구·설비·원재료의 대체·사용중지·제거 또는 시설의 개선, 그 밖에 안전·보건상 필요한 조치를 하도록 명할 수 있다. 이 경우 고용부처장관의 명령을 받은 사업주는 그 명령받은 사항을 법령으로 정하는 바에 따라 근로자가 쉽게 볼 수 있는 장소에 게시하여야 하며, 고용부처장관은 산업재해가 발생할 급박한 위험이 있을 때 또는 법령에 따른 명령이 지켜지지 아니하거나 위험 상태가 해제 또는 개선되지 아니하였다고 판단될 때에는 해당 기계·설비와 관련된 작업의 전부 또는 일부를 중지할 것을 명할 수 있고, 고용부처장관은 산업재해 예방을 위하여 필요하다고 인정할 때에는 근로자에게 안전보건관리규정의 준수 등 적절한 조치를 할 것을 명할 수 있다.

6. 영업정지의 요청

고용부처장관은 사업주가 ① 산업안전보건조치를 위반하여 많은 근로자가 사망하거나 사업장 인근지역에 중대한 피해를 주는 등 법령으로 정하는 사고가 발생한 경우, ② 법령에 따른 명령을 위반함에 따라 근로자가 업무로 인하여 사망한 경우의 어느 하나에 해당하는 산업재해를 발생시킨 경우에는 관계 행정기관의 장에게 관계 법령에 따라 해당 사업의 영업정지나 그 밖의 제재를 가할 것을 요청하거나 공공기관의 운영에 관한 법률에 따른 공공기관의 장에게 그 기관이 시행하는 사업의 발주 시 필요한 제한을 해당 사업자에게 가할 것을 요청할 수 있고, 이에 따라 요청을 받은 관계 행정기관의 장 또는 공공기관의 장은 정당한 사유가 없으면 이에 따라야 하며, 그 조치 결과를 고용부처장관에게 통보하여야 한다.

7. 감독기관에 대한 신고

사업장에서 산업안전보건법 또는 이 법에 따른 명령을 위반한 사실이 있으면 근로자는 그 사실을 고용부처장관 또는 근로감독관에게 신고할 수 있으며, 사업주는 이의 신고를 이유로 해당 근로자에 대하여 해고나 그 밖의 불리한 처우를 하지 못한다.

Ⅱ. 실효성 확보 조치

1. 산업재해 예방시설의 설치 및 운영

고용부처장관은 ① 산업안전·보건에 관한 지도시설·연구시설 및 교육시설, ② 작업환경의 측정 및 안전·보건진단을 위한 시설, ③ 그 밖에 법령으로 정하는 산업재해 예방을 위한 시설의 산업재해 예방시설을 설치·운영할 수 있다.

2. 명예산업안전감독관

고용부처장관은 산업재해 예방활동에 대한 참여와 지원을 촉진하기 위하여 근로자, 근로자단체, 사업주단체 및 산업재해 예방 관련 전문단체에 소속된 자 중에서 명예산업안전감독관을 위촉할 수 있다.

사업주는 명예산업안전감독관으로서 정당한 활동을 한 것을 이유로 그 명예산업안전감독관에 대하여 불리한 처우를 하여서는 아니 된다.

3. 재해 예방의 재원

① 재해 예방 관련 시설과 그 운영에 필요한 비용, ② 재해 예방 관련 사업, 비영리법인에 위탁하는 업무 및 기금 은용·관리에 필요한 비용, ③ 그 밖에 재해 예방에 필요한 사업으로서 고용부처장관이 인정하는 사업의 사업비의 용도에 사용하기 위한 재원(財源)은 산업재해보상보험법에 따른 산업재해보상보험 및 예방기금에서 지원한다.

4. 산업재해 예방활동의 촉진

정부는 사업주, 사업주단체, 근로자단체, 산업재해 예방 관련 전문단체, 연구기관 등이 하는 산업재해 예방사업 중 법령으로 정하는 사업에 드는 경비의 전부 또는 일부를 예산의 범위에서 보조하거나 그 밖에 필요한 지원(이하 "보조·지원"이라 한다)을 할 수 있다. 이 경우 고용부처장관은 보조·지원이 산업재해 예방사업의 목적에 맞게 효율적으로 사용되도록 관리·감독을 하여야 한다.

고용부처장관은 보조·지원을 받은 자가 ① 거짓이나 그 밖의 부정한 방법으로 보조·지원을 받은 경우, ② 산업재해 예방사업의 목적에 맞게 사용되지 아니한 경우, ③ 보조·지원을 받은 사업주가 안전·보건상의 조치의무를 위반하여 산업재해를 발생시킨 경우로서 법령으로 정하는 경우의 어느 하나에 해당하는 경우 해당 금액 또는 지원에 상응하는 금액을 환수하여야 하고, 이의 어느 하나에 해당하는 경우 고용노동부령으로 정하는 바에 따라 그 사실을 안 날부터 3년의 범위에서 보조·지원을 제한할 수 있다.

5. 청문 및 처분기준

고용부처장관은 산업안전보건법에 따른 지정의 취소, 인가의 취소, 안전인증의 취소, 자율검사프로그램 인정의 취소, 승인의 취소, 허가의 취소, 등록의 취소의 어느 하나에 해당하는 처분을 하려면 청문을 하여야 한다.

6. 벌칙 및 과태료

산업안전보건법에서 규정한 법령을 위반하여 근로자를 사망에 이르게 한 자는 7년이하의 징역 또는 1억원 이하의 벌금에 처하는 등 같은 법상의 금지사항 및 의무사항을 위반하는 경우 그 경중에 따라 5년 이하의 징역 또는 5천만원이하의 벌금에 처하게 되며, 이러한 위반행위에 대한 처벌은 법인의 대표자나 법인 또는 개인의 대리인, 사용인, 그 밖의 종업원이 그 법인 또는 개인의 업무에 관하여 산업안전보건법에서 정하는 벌칙규정에 대한 위반행위를 하면 그 행위자를 벌하는 외에 그 법인 또는 개인에게도 해당 조문의 벌금형을 과(科)한다. 다만, 법인 또는 개인이 그 위반행위를 방지하기 위하여 해당 업무에 관하여 상당한 주의와 감독을 게을리 하지 아니한 경우에는 그러하지 아니하다.

아울러, 석면조사를 하지 아니하고 건축물 또는 설비를 철거하거나 해체한 자와 법령을 위반하여 건축물 또는 설비를 철거하거나 해체한 자에게는 5천만원 이하의 과태료를 부과하는 등 그 경중에 따라 과태료처분을 한다.

18
chapter

재해예방관리정책

제1절 서 설

사회가 산업화되어 갈수록 각종 환경위험이나 기술위험이 늘어난다. 기술은 우리 생활에 각종 편의를 제공하지만 그와 더불어 각종 위험 또한 양산한다. 본 장에서 살펴보고자 하는 산업재해도 산업화가 만들어 낸 기술위험의 가장 전형적인 예에 속한다. 산업재해란 근로자가 사업에 관계되는 건설물, 설비, 원재료, 가스, 증기, 분진 등에 의하거나 작업 기타 업무에 기인하여 사망 또는 부상하거나 질병에 이환되는 것으로서 안전재해와 직업병을 포괄하는 개념이다. 근로자들은 기술을 직접 사용하면서 일상적·지속적으로 산업재해의 위험에 직면하고 있다. 따라서 근로자들은 사회구성원 중 기술위험의 피해를 가장 심각하게 받을 우려가 있으므로 특별한 보호가 요구되는 것은 당연하다 하겠다.

우리나라에서는 1960년대 이후 산업화가 급속하게 이루어져 왔으며, 그 과정에서 엄청나게 많은 산업재해가 발생하였다. 그러나 경제성장이라는 절대 절명의 과제 앞에서 산업재해는 사회적으로 큰 관심을 끌지 못했다. 그 결과 우리나라는 산업재해왕국이라는 부끄러운 오명을 뒤집어쓰게 되었을 뿐만 아니라 재해를 당한 근로자와 가족들의 고통은 말할 것도 없고 국가경제에 있어서도 엄청난 부담을 떠안게 되었다.

산업재해는 자연재해라기보다 주로 인위적인 재해이며, 따라서 인간의 노력으로 상당부분 관리가 가능하다는 데 그 특징이 있다. 인간의 노력을 통해 산업재해를 관리할 수 있다는 것은 크게 두 가지 측면에서 설명할 수 있다. 첫째는 산업재해가 발생하는 작업장을 중심으로 직접적인 이해당사자인 노사가 합동으로 대처해야한다. 특히, 노동조합이 이 문제를 쟁점화하고 노사관계의 관점에서 합리적으로 관리해 가는 방법이다. 노사관계의 관점에서 산업재해문제를 관리하고 해결책을 모색해 나갈 수 있기 위해서는 노동조합이 임금인상 위주의 좁은 활동목표를 벗어나 산업재해문제까지 포괄할 때 가능하다. 그러나 그 동안 우리의 경험을 통해 볼 때 노동조합이 노동운동의 대상으로 산업재해문제를 부각시키기 시작한 것은 비교적 최근의 일이다. 둘째는 산업재해란 외부성이 큰 공공재적 특성을 가지고 있어 국가가 공공의 관점에서 관리하고 해결책을 찾아가는 방법이다. 그러나 국가적 차원에서 산업재해의 문제에 대한 체계적인 관심을 갖는다는 것도 성장 위주의 경제정책이 기조를 이룰 경우 부차적인 관심사로 전락할 수밖에 없다. 결국 산업재해에 대한 관심과 해결책은 합리적인 노동운동의 성장과 경제발전 수준의 향상이라는 두 가지 변수와 밀접한 관련을 가지고 있다고 볼 수 있다.

특히 우리나라의 산업재해는 상대적으로 영세사업장에서 많이 발생하고 있고, 근속기준으로는 1년 이하의 신입근로자가 많다는 특징을 가지고 있다. 또, 사망이나 높은 장애등급에 해당하는 중대재해율이 높다. 이러한 재해는 사회적 비용을 크게 발생시키며 이로 인하여 근로환경을 악화시키고 생산성의 저하로 이어지고 경제적인 성장에도 저해하게 된다. 또, 스트레스나 과로로 인한 질병과 사망률이 상승하면서 직업병의 대상영역이 확대되고 있는 특성을 가지고 있어 산업재해에 대한 체계적인 예방과 관리대책이 매우 중요한 의미를 가지고 있다.

산업재해의 관리는 크게 사전적 관리와 사후적 관리로 나누어 볼 수 있는데 사전적 관리는 위험이 재해로 현실화되지 않도록 하는 조치로서 산업재해의 예방적 차원의 정책적 조치가 주로 여기에 해당하고, 사후관리는 재해가 발생한 상황에서 그 피해를 최소화하고 재발방지를 위한 노력으로서 주로 산업재해 보상보험제도(산재관리)와 재해사업장관리 등이 이와 관련된다.

제 2 절 산업재해예방체계

Ⅰ. 산재관리체계 및 특징

우리나라에서 산업재해에 법제화는 1953년 5월 근로기준법의 제6장에 10개조의 위험방지에 관한규정을 두었던 것을 시초로 볼 수 있다. 산업재해대책이 정부정책으로 자리잡기 시작한 것은 산업안전보건법이 제정(1981.12)되어 시행령과 시행규칙이 정비된 이후인 1983년부터이다. 우리나라의 산업재해와 직업병을 예방하기 위한 각종 규제활동은 이 법을 근거로 하고 있다. 그러나 이 법은 실제 실행력을 갖지는 못했고, 1990년 1월에 개정된 산업안전보건법의 내용에 안전보건관리체계 개선, 근로자 대표의 안전보건 참여 확대, 안전보건관리규정 작성 의무화, 근로자의 건강관리 강화, 유해 위험작업 규제 강화, 정부의 재해예방 투자 확대, 법규위반사업장에 벌칙 강화 등이 포함되어, 사업주의 근로자 보호의무를 강화시키고, 현실에 근접하도록 조항을 마련하고, 협의조정권을 확보하여 노동부의 위상을 강화하여 그 실행력이 강화되었다.

산재예방을 위한 산업안전과 근로환경보건을 위한 정책적인 내용은 앞에서 다루었으므로 여기에서는 관리체계(추진시스템)와 정책집행력의 환경적인 특성을 중심으로 설명하고자 한다.

1. 산업재해 관리체계

산업재해는 고용노동부와 한국산업안전보건공단, 관련 산하기관 등을 중심으로 비교적 긴밀하게 이루어지고 있다.

고용노동부는 본부와 지방청 및 지청으로 나누어져서 본부는 정책개발업무를 담당하고 지방청과 지청은 직업적인 사업장 지도감독을 담당한다. 산하조직으로는 한국산업안전보건공단, 산업안전협회, 산업보건협회를 포함한 유관 민간단체들이 있어서 집행에 필요한 기술적 및 교육적 지원을 하고 있다. 소규모 조직으로 고용노동부가 수많은 사업장을 일일이 감독하기란 현실적으로 불가능하기 때문에 사업장 단위로 산업재해 관리체계를 두어서 자율적인 관리를 하도록 하고 있다. 이를 구체적으로 살펴보면, 첫째, 사업장에서의 근로자의 안전 및 보건유지의 궁극적인 책임은 사업주에게 있다. 단일 사업장의 경우 사업주가 안전보건관리 책임을 질 수 있지만, 사업장이 여러 개 있는 경우 구체적인 사업장에서의 안전보건업무를 일일이 관장하기 어려워 사실상 공장장 등 해당 사업장 최고책임자가 안전보건 책임자가 되도록 하고 있다. 둘째, 동일한 장소에서 행해지는 사업의 일부를 도급을 줄 경우, 사업주는 그가 사용하는 근로자 및 수급인이 사용하는 근로자의 산업재해를 예방하기 위하여 원사업의 관리책임자를 안전보건 총괄자로 임명, 총괄적인 안전보건관리책임을 맡겨야 한다. 셋째, 사업장에서 주어진 산업안전보건 관리업무 중 안전에 관한 기술적인 사항은 안전관리자가, 보건에 관한 기술적인 사항은 보건관리자가 관리하게 되어 있다. 보건관리자는 원칙적으로 의사여야 하지만 산업간호사 등 의사가 아닌 보건관리자를 두는 경우에는 외부 의사를 산업보건의로 위촉해야 한다. 또한 특정작업을 취급하는 경우 보건관리자의 업무를 보조할 수 있도록 안전담당자와 보건담당자를 선임해야 한다. 넷째, 100인 이상 사업장에는 사업장 안전보건에 관하여 사업주가 책임지고 있는 사항을 심의하기 위하여 산업안전보건위원회를 둔다.

2. 산업재해 규제를 위한 집행능력

정부가 산업재해에 대한 규제를 효과적으로 수행할 수 있기 위해서는 규제에 필요한 집행능력을 잘 구비하고 있어야 하는데 이러한 집행능력은 통상조직, 예산, 전문인력정보 등 여러 가지 측면에서 측정할 수 있다.

첫째, 산업재해를 규제하기 위해 사용되는 예산규모를 살펴보면 한국산업안전보건공단이 설립되어 공단예산이 산재예방예산에 산입되면서 큰 폭으로 늘기 시작하였고, 산재예방기금이 설치되면서 다시 큰 폭으로 증가하였다. 그러나 산재예방예산의 재원이 정부의 일반회계예산보다 기업주들이 출연한 산업재해보상보험특별회계예산에서 대부분 조달되고 있기 때문에 실제로 정부의 산재예방을 위한 예산지출은 근로감독관의 인건비나 사무소 운영비 등의 일반경비 외에는 사실상 거의 이루어지지 않는 것으로 보아도 무방하다.

둘째, 우리나라 산업재해 규제에서 가장 심각하게 부족한 자원은 인력일 것이다. 재해예방을 위해서는 정부의 규제감독 인력뿐만 아니라 사업장에서의 안전보건 관리요원이 필수적이다. 산업재해의 예방을 위한 각종 법적 의무들이 사업장에서 제대로 이행하고 있는지를 감독하는 것은 일선 근로감독관의 임무다. 그러나 현재의 근로감독관 수는 수많은 사업장을 방문하여 규제위반 여부를 감독하기에는 턱없이 부족한 형편이다.

셋째, 산업재해의 예방은 고도의 기술적 전문성을 요하는 분야이다. 기술인력뿐만 아니라 이에 관한 경험과 노하우가 축적되어 있어야 하며 각종 측정장비, 진단장비 및 보호시설 등이 결합되어야 효과적인 예방업무를 수행할 수 있다. 그러나 이러한 분야에 있어서 우리나라의 기술수준은 매우 낙후되어 있다. 우선, 근로자의 안전을 직접적으로 보호하는 보호구, 배기장치 등 안전보건 설비의 생산이 영세하고 비전문적인 업체들에 의해 이루어지고 있어서 안정적인 성능을 유지하지 못하고 있는 형편이다. 다음으로 직업병 예방에 필수적인 작업환경측정을 제대로 해낼 기관이 거의 없으며 직업병 연구, 판정 및 예방활동 등을 수행하는 전문 연구기관도 턱없이 부족한 실정이다.

3. 산업재해 규제의 환경적 조건

1960년대 이래 우리 사회에서는 경제성장 이데올로기가 줄곧 지배해 왔고 산업재해의 규제는 기업의 경제활동에 많은 영향을 줄 수 있기 때문에 이에 대한 사회적 관심도가 낮고 집행과정에서 많은 저항에 부딪힐 수밖에 없었다. 게다가 산업재해에 대해 관심을 가질 수 있는 환경적 여건도 조성되지 못했다.

우선, 국회의 경우 산업재해문제가 사회적으로 큰 관심거리가 되지 못했기 때문에 이 분야에 대한 정치적 중요성을 낮게 평가했던 것이 사실이다. 국회가 이 문제에 대해 무관심했던 것은 전문성 부족 때문이기도 하다. 산업재해에 대한 규제는 고도의 기술적 · 전문적 내용을 특징으로 하기 때문에 전문성이 부족한 국회의원들이 구체적인 집행에 관한 사항은 규제기관에 맡겨 버리는 것이 통례였다. 이러한 기술적 전문성은 비단 국회뿐만 아니라 감사원이나 이익집단 등 관련 행위자들의 정책과정에의 참여를 제한하는 요인이 되어 왔다.

정부부처의 경우 경제부처들은 기본적으로 경기활성화를 우선적으로 추구함으로써 산업재해의 규제와 상충되는 목표를 가지고 있다. 이들의 고객집단은 기업이며 규제를 비롯한 기업들의 애로와 고충을 처리해 주어야 할 입장에 있으므로 규제의 집행과 관련하여 견제를 할 가능성이 있다.

기업이 산업재해에 대해 반규제적 성향을 띠는 것은 지극히 자연스러운 일이어서 그리 놀랄 일이 아니다. 그러나 피해당사자인 근로자측에서 산업재해에 대한 이익투입활동이 저조한 점은 문제점으로 지적될 수 있다. 그 동안 근로자들은 주로 임금인상이나 고용, 단체협약 등 집단적 노사관계에만 지나치게 관심을 기울인 나머지 산업안전에 대해서는 별로 관심을 갖지 못했다.

한편, 산업재해의 문제를 사회적으로 이슈화시켜 줄 수 있는 공익단체의 성장이 늦었다는 점과 규제기관인 고용노동부가 정부 내에서 낮은 위상을 차지하고 있는 점도 산업재해에 대한 관심이 적은 주요 이유이자 원인이라 할 수 있다.

4. 산업재해 규제상의 특징

산업재해담당부처의 산업재해에 대한 규제집행과정에서 나타나는 특징을 살펴보면 다음과 같다. 첫째, 집행관료들이 산업재해의 높은 재량권을 행사하고 있다. 그 이유로는 규제의 내용이 너무 기술적·전문적이고 규제대상이 광범위해 법에서 일일이 규정하기 어려워 고용노동부에 포괄 위임된다는 점, 집행능력이 법에서 요구하는 수준에 비해 턱없이 부족해 선택적 규제가 불가피하다는 점, 집행활동에 대한 감독제도가 철저하지 못하다는 점을 들 수 있다.

둘째, 산업재해담당부처의 낮은 위상과 경제주의 이데올로기의 지배로 경제부서의 눈치보기식 집행이 주를 이루어 왔다. 고용정책은 경제성장을 위한 기반조성이라는 목적에 충실했고 경제요구와 상충되는 정책의 실시에는 경제부서의 눈치를 살필 수밖에 없다는 것이다. 이는 상충되는 요구가 제기되는 상황에서 정책선택의 균형을 유지하기보다 일방의 요구에만 충실하게 이루어졌음을 의미한다.

셋째, 규제대상기관 대비 감독관 수의 부족으로 선택적 규제가 일반화되어 있다. 선택적 규제로 인해 재해율이 높고 재해위험요소가 산적한 중소기업에 대해서는 규제활동이 저조하게 나타나는 반면, 재해시설에 투자할 수 있는 여력과 노조가 잘 조직화된 대기업에 대해서는 활발한 규제활동이 이루어지는 모순된 특징도 드러난다.

넷째, 산업재해규제는 기본적으로 사전규제체제이나 실제의 운영은 재해가 발생한 후에 비로소 중대재해조사반이 투입되는 땜질하기식 규제가 일반화되어 있다. 이러한 규제관행 하에서 기업들은 몰라서 또는 당장의 경제적 사정 때문에 설마하면서 사전예방을 소홀히 하게 된다. 또 형식적 점검과 처벌의 회피, 부정부패의 연루 등도 산업재해규제의 집행과정에서 나타나는 주요 특징으로 볼 수 있다.

Ⅱ. 산업재해관리

산재위험은 사전적으로 예방하는 것이 가장 바람직하다. 그러나 산재위험이 가지는 불확실성 때문에 언제 어디서 누구에게 큰 재해로 나타날지 아무도 예측할 수 없다. 더욱이 복잡한 사회로 이행할수록 이러한 불확실성은 증가한다고 볼 수 있다. 이로 인하여 산업재해의 완전한 사전예방이란 불가능하기 때문에 산재발생 이후에 피해의 복구 및 재발방지를 위한 학습 등 위험의 사후적 관리는 위험관리에서 매우 중요한 위치를 점하게 된다. 여기에서는 산업재해보상보험제도를 중심으로 산업재해로 인한 피해의 사후적 관리가 어떻게 이루어지고 있는지를 살펴본다.

1. 산업재해보상보험법

보험제도의 구체적인 내용은 앞에서 다루었으므로 여기에서는 제도적인 취지측면에서 설명하기로 한다.

보험이란 자기의 위험을 시간적 및 사회적으로 분산시키는 제도로 보험의 효시는 영국에서 화물선의 선주들이 풍랑이나 해적 등으로 화물을 잃게 될 경우 손실을 분담하기 위해 고안된 것이다. 재해 피해자의 입장에서 재해의 책임이 자기에게 있을 때 또는 가해자가 불분명하거나 있더라도 보상능력이 없을 때, 손실을 복구받을 도리가 없게 된다. 또한, 사람은 언제든지 자신이 예기치 못한 원인에 의해 가해자가 되어 피해자의 손실을 전액 보상해 주어야 할 처지에 놓일 수 있다. 보험은 이러한 경우에 수많은 사람들에게 손실을 분산시킬 수 있는 좋은 수단이 된다. 즉, 보상책임을 사회적으로 분산시키는 것이 바람직하다는 인식에서 보험제도가 발달하게 되었다. 현대사회에서는 가입이 사회적으로 의무화되는 사회보험들이 발달하고 있는데 산재보험도 이러한 좋은 예의 하나라 할 수 있다. 우리나라는 1962년 당시 보사부에 사회보험제도심의위원회를 설치하여 처음으로 이에 대한 연구를 시작하였고, 1963년 법률 제1438호로 공포되어 1964년 7월 1일부터 시행하게 되었고, 이후 여러 차례의 개정을 통하여 현재에 이르고 있다. 현행 산업재해보상보험법의 취지에서도 밝히고 있는 것처럼 이 법은 산업재해보상보험 사업을 시행하여 근로자의 업무상의 재해를 신속하고 공정하게 보상하며, 재해근로자의 재활 및 사회 복귀를 촉진하기 위하여 이에 필요한 보험시설을 설치·운영하고, 재해 예방과 그 밖에 근로자의 복지 증진을 위한 사업을 시행하여 근로자 보호에 이바지하는 것을 목적으로 한다(제1조)고 규정하여 재해보상과 예방 및 근로자복지증진을 주목적으로 제정된 법이다.

2. 산업재해보상보험의 운영

산업재해보상보험업무는 노동부 노동보험국에서 직접 관장해오다가 1995년부터 근로복지공단을 설립하여 실무적인 업무를 맡도록 하고, 노동부는 정책적인 사항을 관장하는 방식으로 업무분장을 하였다. 산업재해보상보험은 사업주들에게 강제로 징수하는 보험료를 재원으로 한다. 보험료는 당해 사업장의 1년간의 임금총액을 기준으로 보험료율을 곱하여 산정하며, 사업주가 스스로 당해연도의 보험료를 계산하여 납부하는 자진보고 납부제도 등을 채택하고 있다.

Ⅲ. 재해사업장 관리 및 재발방지 대책

재해발생대상 사업장에 대하여는 어느 것도 예측할 수 있는 것은 없다. 위험도가 높은 물질을 제조 공급하는 사업장이라고 하여 반드시 재해율이 높고, 그렇지 않은 사업장의 경우 반드시 재해율이 낮다고는 볼 수 없다. 다만, 개연성을 근거로 판단해 본다면 일반적으로 판단할 수 있는 위험도에 따라 재해가능성에 대한 위험도가 높다고 볼 수 있으며, 비록 재해율이 적다고 하더라도 한 번 사고가 발생하면 그 규모나 재해정도가 상당히 상대적으로 크다고 전망할 수 있기 때문에, 정부가 재해위험도를 분류하여 위험물질 표시제도, 재해예방을 위한 지도점검 등을 체계적으로 규제하고자 하는 제도적인 장치를 마련하고 있는 것으로 판단된다. 그럼에도 불구하고 매년 사전적인 예측과는 다른 차원에서 재해가 발생하고 있으며 이러한 것은 정신적이거나 사업운영상의 내부적인 문제점들도 안고 있는 것으로 판단된다. 그러므로 이러한 요인들을 보다 체계적으로 분석하여 인식도를 제고시키는 교육훈련의 강화, 사고예방을 관리할 수 있는 인력의 배치와 전문지식을 제고하고, 정책당국과 협력관계를 강화하는 응급대처관리체계를 구축할 필요가 있다. 이하에서는 이러한 측면에서 사고발생을 방지하고 재발방지를 위한 노력들에 대하여 설명하고자 한다.

1. 재해관리체계의 강화

체계정비 및 재해발생시 사후처리 등 신속대응 가능하도록 하는 훈련실시. 즉, 민방위훈련과 같이 이제 사업장의 재해관리와 예방차원에서 직장 재해관리 및 예방훈련이라는 특성을 접목하여 체계적인 재해관리 및 예방훈련을 주기적으로 실시할 필요가 있다고 판단되며, 이러한 훈련상황의 점검과 지도관리도 필요할 것으로 판단된다.

2. 재해예방 지도 및 관리감독 강화

일선지도감독기관의 재해예방지도 점검 강화 및 관리감독을 강화할 필요가 있다. 재해관상태의 상시적인 모니터링과 지도관리를 통하여 위험요소가 발견되는 즉시 행정조치를 취할 수 있도록 하여 이를 사전에 방지할 수 있도록 하는 노력을 하여야 한다. 또, 감독관리 활동을 강화하고 전문인력을 충원하여 일정 비율의 사업장 단위당 인력이 할당될 수 있도록 하여 책임감독이 가능하도록 하여야 한다.

3. 교육훈련강화 및 전문성 제고

재해발생에 따른 사고와 재산상, 인사상의 피해사례에 대한 경각심을 고취할 수 있도록 하는 교육을 강화하고, 인식도를 제고할 수 있도록 하여야 한다. 이를 통하여 일상에서 항상 재해예방에 대한 인식을 일상화되도록 하는 조치가 필요하다. 아울러, 위험물질 및 사고와의 연계성을 고려하여 위험물질의 취급상의 교육을 강화하여 사고방지를 제고하고, 재해발생시에 대처할 수 있는 요령을 체득할 수 있도록 하는 등의 교육을 강화할 필요가 있다. 또, 각각의 사업장에 재해관리와 예방에 필요한 전문성을 갖춘 인력을 배치하여 이러한 재해관리와 예방이 상시화될 수 있도록 모니터링할 수 있어야 한다.

4. 각종 혜택 축소 및 인센티브 제도 운영

사고발생사유 및 발생률에 따른 특성별 각종 혜택을 축소하고, 반대로 재해율이 개선되거나 재해가 없거나 거의 없는 경우, 모범적으로 재해안전관리를 실천하는 사업장의 경우 각종 혜택을 확대하여 운영하는 인센티브제도를 운영하는 것이 필요하다. 즉, 상벌체계를 강화함으로써 사업주나 근로자 모두가 동기부여될 수 있는 인센티브제도를 강화하는 것이 필요하다.

제 3 절 산재관리 사후관리책으로서의 재해보상

Ⅰ. 보상의 종류

산재보상의 수급조건과 세부 내용은 사회보험부분에서 세부적으로 다루었으므로 여기서는 주요 보상의 내용과 수급권 등 특징적인 기본내용을 중심으로 설명한다.

1. 요양보상 및 장해보상

근로자가 업무상 부상 또는 질병에 걸리면 사용자는 그 비용으로 필요한 요양을 행하거나 필요한 요양비를 부담하여야 하는 바, 이에 따른 업무상 질병과 요양의 범위 및 요양보상의 시기는 법령으로 정한다.

한편, 근로자가 업무상 부상 또는 질병에 걸리고, 완치된 후 신체에 장해가 있으면 사용자는 그 장해 정도에 따라 평균임금에 별표에서 정한 일수를 곱한 금액의 장해보상을 하여야 한다. 이미 신체에 장해가 있는 자가 부상 또는 질병으로 인하여 같은 부위에 장해가 더 심해진 경우에 그 장해에 대한 장해보상 금액은 장해 정도가 더 심해진 장해등급에 해당하는 장해보상의 일수에서 기존의 장해등급에 해당하는 장해보상의 일수를 뺀 일수에 보상청구사유 발생 당시의 평균임금을 곱하여 산정한 금액으로 한다.

2. 휴업보상

사용자는 법령에 따라 요양 중에 있는 근로자에게 그 근로자의 요양 중 평균임금의 100분의 60의 휴업보상을 하여야 하며, 이에 따른 휴업보상을 받을 기간에 그 보상을 받을 자가 임금의 일부를 지급받은 경우에는 사용자는 평균임금에서 그 지급받은 금액을 뺀 금액의 100분의 60의 휴업보상을 하여야 한다.

3. 유족보상

근로자가 업무상 사망한 경우에는 사용자는 근로자가 사망한 후 지체 없이 그 유족에게 평균임금 1,000일분의 유족보상을 하여야 하며, 유족의 범위, 유족보상의 순위 및 보상을 받기로 확정된 자가 사망한 경우의 유족보상의 순위는 법령으로 정한다.

4. 장의비

근로자가 업무상 사망한 경우에는 사용자는 근로자가 사망한 후 지체 없이 평균임금 90일분의 장의비를 지급하여야 한다.

5. 일시보상 및 분할보상

산업재해보상보험법에 따라 보상을 받는 근로자가 요양을 시작한지 2년이 지나도 부상 또는 질병이 완치되지 아니하는 경우에는 사용자는 그 근로자에게 평균임금 1,340일분의 일시보상을 하여 그 후의 이 법에 따른 모든 보상책임을 면할 수 있다. 한편, 사용자는 지급 능력이 있는 것을 증명하고 보상을 받는 자의 동의를 받으면 법령에서 정한 보상에 대하여는 법령에 따른 보상금을 1년에 걸쳐 분할보상을 할 수 있다.

Ⅱ. 심사와 중재

1. 고용부처장관의 심사와 중재

업무상의 부상, 질병 또는 사망의 인정, 요양의 방법, 보상금액의 결정, 그 밖에 보상의 실시에 관하여 이의가 있는 자는 고용부처장관에게 심사나 사건의 중재를 청구할 수 있으며, 청구가 있으면 고용부처장관은 1개월 이내에 심사나 중재를 하여야 한다. 또, 고용부처장관은 필요에 따라 직권으로 심사나 사건의 중재를 할 수 있으며, 심사나 중재를 위하여 필요하다고 인정하면 의사에게 진단이나 검안을 시킬 수 있다. 이때, 심사나 중재의 청구와 심사나 중재의 시작은 시효의 중단에 관하여는 재판상의 청구로 본다.

2. 노동위원회의 심사와 중재

고용부처장관이 법령에 규정한 기간에 심사 또는 중재를 하지 아니하거나 심사와 중재의 결과에 불복하는 자는 노동위원회에 심사나 중재를 청구할 수 있고, 청구가 있으면 노동위원회는 1개월 이내에 심사나 중재를 하여야 한다.

Ⅲ. 재해보상의 예외

1. 도급 사업에 대한 예외

사업이 여러 차례의 도급에 따라 행하여지는 경우의 재해보상에 대하여는 원수급인(元受給人)을 사용자로 보며, 이의 경우에 원수급인이 서면상 계약으로 하수급인에게 보상을 담당하게 하는 경우에는 그 수급인도 사용자로 본다. 다만, 2명 이상의 하수급인에게 똑같은 사업에 대하여 중복하여 보상을 담당하게 하지 못한다.

한편, 상기 원수급인이 보상의 청구를 받으면 보상을 담당한 하수급인에게 우선 최고(催告)할 것을 청구할 수 있다. 다만, 그 하수급인이 파산의 선고를 받거나 행방이 알려지지 아니하는 경우에는 그러하지 아니하다.

2. 휴업보상과 장해보상의 예외

근로자가 중대한 과실로 업무상 부상 또는 질병에 걸리고 또한 사용자가 그 과실에 대하여 노동위원회의 인정을 받으면 휴업보상이나 장해보상을 하지 아니하여도 된다.

Ⅳ. 보상 청구권의 보호 등

1. 보상 청구권 및 보상청구권의 시효

보상을 받을 권리는 퇴직으로 인하여 변경되지 아니하고, 양도나 압류하지 못한다. 아울러, 법령의 규정에 따른 재해보상 청구권은 3년간 행사하지 아니하면 시효로 소멸한다.

2. 다른 손해배상과의 관계

보상을 받게 될 자가 동일한 사유에 대하여 민법이나 그 밖의 법령에 따라 산업재해보상보험법의 재해보상에 상당한 금품을 받으면 그 가액(價額)의 한도에서 사용자는 보상의 책임을 면한다.

3. 서류의 보존

사용자는 재해보상에 관한 중요한 서류를 재해보상이 끝나지 아니하거나 재해보상 청구권이 시효로 소멸되기 전에 폐기하여서는 아니 된다.

제 4 절 재해사업장관리 및 재해근로자의 재활지원

Ⅰ. 재해사업장관리 및 재발방지

1. 재해사업장 관리

재해발생사업장에 대한 제재를 비롯하여 향후 재발가능성을 차단하거나 최소화하는 정책을 추진하여야 한다. 인사사고의 경우는 현행 산업재해보험요율을 가산하는 정책을 통한 규제와 일정한 제재조치들이 수반되고 있다. 그러나 보다 근본적인 재해관리를 위하여는 재해관리체계의 확립과 사업장의 위험요소를 최소화하는 정책이 수반되어야 한다.

각종 위험시설 및 유해물질 들에 대하여는 인적요소와 격리하거나 반드시 취급자격을 가진 사람 외에는 접근, 이용이 금지되도록 하거나 취급자격을 갖춘 사람과 동행, 지도하에 취급되도록 하여야 한다.

그리고 각 사업장의 위해 위험요소물질 등에 대한 안전요령 및 취급요령, 규칙을 매뉴얼화하여 체계적으로 관리되도록 하여야 한다. 이러한 규제조치 등에 위반되는 경우 매우 엄격한 제재조치를 통하여 재발방지에 만전을 기하도록 하는 관리정책이 필요하다.

2. 재해예방조치

재해발생의 경우 대부분의 재해와의 연관성을 분석해 보면 입직 초기 근속기간이 얼마 안된 신입직원의 경우가 많다. 그러므로 입직시부터 체계적인 예방 매뉴얼을 통한 학습과 취급이 가능하도록 하여야 한다.

그리고 안전 불감증에 노출되지 않도록 주기적인 안전교육의 의무화, 신규위험요소 등이 발생 및 예상되는 경우 모든 관련자에 대한 체계적인 학습이 진행되어야 한다. 이는 무엇보다도 안전의식이 가장 중요한 요소에 해당하므로 철저한 생활의식속에 안전이 행동과 생각을 지배할 수 있는 강도 높은 의식함양을 갖출 수 있도록 하여야 한다.

Ⅱ. 재해근로자의 재활 및 생활지원

1. 재활훈련 및 의료지원

재해근로자의 가장 큰 문제는 재해로 인한 장애의 발생이다. 심각한 경우 근로능력을 상실하는 경우도 허다하므로 재해발생으로 지속적인 재활 및 치료가 필요한 경우 이를 부담 없이 치료받을 수 있어야 한다. 이 경우 경제적인 부담이 가장 큰 문제가 될 수 있다. 일실 소득과 비용은 더욱 어려운 생활을 만들 수 있으므로 의료지원서비스를 강화하고, 정상적으로 근로능력을 회복할 수 있도록 재활훈련시설의 이용 및 재활비용의 지원이 필요하다고 할 것이다.

적기에 적절한 재활훈련이 수반되지 않을 경우 영구적인 장애로 이어질 수 있고 이는 근로자의 생활을 곤궁하게 함은 물론 가족의 생활까지 어렵게 만들므로, 우선적으로 근로자가 재활을 통한 근로능력의 회복이 가능하도록 하는 것은 최우선적인 정책적 과제라고 할 것이다.

2. 재해근로자 생활지원

산업재해보상보험법에 의한 보상은 피해에 대한 직접적인 보상의 성격을 띠는 것이지만 이로써 재해의 피해가 완벽하게 복구되는 것은 아니다. 예컨대, 재해로 인하여 신체장애를 입은 사람은 정상적인 사회활동을 수행하기가 어렵게 될 뿐만 아니라 그 후유증도 지속적으로 남게 될 가능성이 크다. 이러한 경우에는 이들 재해 근로자들의 정상적인 사회복귀를 돕고, 지속적인 치료혜택 및 생활안정 지원을 제공하는 등의 복지증진정책이 필요하다. 현재 고용부처가 시행하고 있는 재해근로자의 복지증진 프로그램으로는 산업재활원, 근로복지공단, 직업훈련재활시설 등 산재보험시설의 운영, 재해근로자의 생활안정 지원, 자녀 학자금지원, 생활정착금 대부 등을 들 수 있다. 즉, 재해근로자에 대한 소득지원 및 보완정책이 추가로 고려되어야 할 것이다.

3. 재해근로자의 근로복귀 지원

재해로 인하여 근로능력의 전반적인 상실 내지 많은 부분 상실되는 경우도 있다. 우선 근로능력이 완전히 회복된 경우에는 다시 사업장에 복귀할 수 있도록 조치하여야 한다. 다음으로 재해로 인하여 상당한 부분 근로능력이 상실된 경우에는 그러한 상황에 적절한 직무 등을 배정하여 근로현장에 복귀할 수 있는 제도적인 장치가 마련되어야 한다. 만일 근로현장에의 복귀가 이루어지지 않는다면, 재해로 인한 근로능력의 상실과 이를 회복하려고 노력한 재활훈련이 아무 소용이 없는 결과가 되고 마는 것이다. 그러므로 재해관리의 최종적인 목표는 당해 근로자의 복귀에 대한 정책적인 고려가 수반되어야 할 것이다.

노사관계정책

제10편

19
chapter

갈등관리정책

제1절 서 설

Ⅰ. 기본방향

갈등관리정책은 헌법에 의한 근로자의 단결권·단체교섭권 및 단체행동권을 보장하여 근로조건의 유지·개선과 근로자의 경제적·사회적 지위의 향상을 도모하고, 노사관계를 공정하게 조정하여 노동쟁의를 예방·해결함으로써 산업평화의 유지와 국민경제발전에 이바지하고자 하는 것으로, 원만한 노사관계는 고용정책에 매우 중요한 요소가 된다.

Ⅱ. 노사관계 당사자

1. 근로자 및 노동조합

직업의 종류를 불문하고 임금·급료 기타 이에 준하는 수입에 의하여 생활하는 자를 말한다. 한편, 노동조합은 근로자가 주체가 되어 자주적으로 단결하여 근로조건의 유지·개선 기타 근로자의 경제적·사회적 지위의 향상을 도모함을 목적으로 조직하는 단체 또는 그 연합단체를 말한다. 다만, ① 사용자 또는 항상 그의 이익을 대표하여 행동하는 자의 참가를 허용하는 경우, ② 경비의 주된 부분을 사용자로부터 원조받는 경우, ③ 공제·수양 기타 복리사업만을 목적으로 하는 경우, ④ 근로자가 아닌 자의 가입을 허용하는 경우(다만, 해고된 자가 노동위원회에 부당노동행위의 구제신청을 한 경우에는 중앙노동위원회의 재심판정이 있을 때까지는 근로자가 아닌 자로 해석하여서는 아니된다), ⑤ 주로 정치운동을 목적으로 하는 경우에 해당하는 경우에는 노동조합으로 보지 아니한다.

2. 사용자 및 사용자 단체

사업주, 사업의 경영담당자 또는 그 사업의 근로자에 관한 사항에 대하여 사업주를 위하여 행동하는 자를 말한다. 아울러, 사용자 단체란 노동관계에 관하여 그 구성원인 사용자에 대하여 조정 또는 규제할 수 있는 권한을 가진 사용자의 단체를 말한다.

Ⅲ. 노사분쟁

1. 노동쟁의

노동조합과 사용자 또는 사용자단체(노동관계 당사자)간에 임금·근로시간·복지·해고 기타 대우등 근로조건의 결정에 관한 주장의 불일치로 인하여 발생한 분쟁상태를 말한다. 이 경우 주장의 불일치라 함은 당사자간에 합의를 위한 노력을 계속하여도 더 이상 자주적 교섭에 의한 합의의 여지가 없는 경우를 말한다.

2. 쟁의행위

파업·태업·직장폐쇄 기타 노동관계 당사자가 그 주장을 관철할 목적으로 행하는 행위와 이에 대항하는 행위로서 업무의 정상적인 운영을 저해하는 행위를 말한다.

3. 손해배상 청구의 제한

사용자는 노동조합법에 의한 단체교섭 또는 쟁의행위로 인하여 손해를 입은 경우에 노동조합 또는 근로자에 대하여 그 배상을 청구할 수 없다.

4. 정당행위

형법 제20조의 규정은 노동조합이 단체교섭·쟁의행위 기타의 행위로서 노조법의 목적을 달성하기 위하여 한 정당한 행위에 대하여 적용된다. 다만, 어떠한 경우에도 폭력이나 파괴행위는 정당한 행위로 해석되어서는 아니된다.

Ⅳ. 갈등조정의 실효성 확보조치

1. 벌칙

쟁의행위의 제한과 금지사항을 위반한 자는 5년 이하의 징역 또는 5천만원 이하의 벌금에 처하며, 노동조합법의 규정에 따라 사안의 경중에 의거하여 벌칙규정이 적용된다. 아울러, 단체협약의 내용 중 임금·복리후생비, 퇴직금에 관한 사항, 근로 및 휴게시간, 휴일, 휴가에 관한 사항, 징계 및 해고의 사유와 중요한 절차에 관한 사항, 안전보건 및 재해부조에 관한 사항, 시설·편의제공 및 근무시간 중 회의참석에 관한 사항, 쟁의행위에 관한 사항, 조정서의 내용 또는 중재재정서의 내용을 준수하지 아니한 자 등 위반자에 대하여는 1천만원 이하의 벌금에 처한다.

2. 양벌규정

법인 또는 단체의 대표자, 법인·단체 또는 개인의 대리인·사용인 기타의 종업원이 그 법인·단체 또는 개인의 업무에 관하여 벌칙규정의 위반행위를 한 때에는 행위자를 벌하는 외에 그 법인·단체 또는 개인에 대하여도 각 해당 조의 벌금형을 과한다.

3. 과태료

행정소송을 제기한 경우에 관할법원은 중앙노동위원회의 신청에 의하여 결정으로써, 판결이 확정될 때까지 중앙노동위원회의 구제명령의 전부 또는 일부를 이행하도록 명할 수 있으며, 당사자의 신청에 의하여 또는 직권으로 그 결정을 취소할 수 있는데, 이때 법원의 명령에 위반한 자는 500만원 이하의 금액(당해 명령이 작위를 명하는 것일 때에는 그 명령의 불이행 일수 1일에 50만원 이하의 비율로 산정한 금액)의 과태료에 처한다.

제2절 노동조합

Ⅰ. 노동조합의 법인격 및 보호

1. 노동조합의 조직 · 가입

근로자는 자유로이 노동조합을 조직하거나 이에 가입할 수 있다. 다만, 공무원과 교원에 대하여는 따로 법률(교원노조법, 공무원노조법)로 정한다.

2. 법인격의 취득

노동조합은 그 규약이 정하는 바에 의하여 법인으로 할 수 있고, 당해 노동조합을 법인으로 하고자 할 경우에는 법령이 정하는 바에 의하여 등기를 하여야 하며, 법인인 노동조합에 대하여는 노조법에 구정된 것을 제외하고는 민법 중 사단법인에 관한 규정을 적용한다.

3. 노동조합의 보호요건

노동조합법에 의하여 설립된 노동조합이 아니면 노동위원회에 노동쟁의의 조정 및 부당노동행위의 구제를 신청할 수 없고, 이의 규정은 부당노동행위(① 근로자가 노동조합에 가입 또는 가입하려고 하였거나 노동조합을 조직하려고 하였거나 기타 노동조합의 업무를 위한 정당한 행위를 한 것을 이유로 그 근로자를 해고하거나 그 근로자에게 불이익을 주는 행위, ② 근로자가 어느 노동조합에 가입하지 아니할 것 또는 탈퇴할 것을 고용조건으로 하거나 특정한 노동조합의 조합원이 될 것을 고용조건으로 하는 행위(다만, 노동조합이 당해 사업장에 종사하는 근로자의 3분의 2 이상을 대표하고 있을 때에는 근로자가 그 노동조합의 조합원이 될 것을 고용조건으로 하는 단체협약의 체결은 예외로 하며, 이 경우 사용자는 근로자가 그 노동조합에서 제명된 것 또는 그 노동조합을 탈퇴하여 새로 노동조합을 조직하거나 다른 노동조합에 가입한 것을 이유로 근로자에게 신분상 불이익한 행위를 할 수 없다), ③ 근로자가 정당한 단체행위에 참가한 것을 이유로 하거나 또는 노동위원회에 대하여 사용자가 이 조의 규정에 위반한 것을 신고하거나 그에 관한 증언을 하거나 기타 행정관청에 증거를 제출한 것을 이유로 그 근로자를 해고하거나 그 근로자에게 불이익을 주는 행위)의 규정에 의한 근로자의 보호를 부인하는 취지로 해석되어서는 아니된다.

또, 노동조합법에 의하여 설립된 노동조합이 아니면 노동조합이라는 명칭을 사용할 수 없다.

4. 조세의 면제

노동조합에 대하여는 그 사업체를 제외하고는 세법이 정하는 바에 따라 조세를 부과하지 아니한다. 이처럼 노동조합의 과세면제는 조합자체는 영리의 사업을 수행하는 사업체와는 다른 성격을 인정하는 것이고, 조합에게 재정적 부담을 지우지 않기 위한 조치로 풀이된다.

5. 차별대우의 금지

노동조합의 조합원은 어떠한 경우에도 인종, 종교, 성별, 연령, 신체적 조건, 고용형태, 정당 또는 신분에 의하여 차별대우를 받지 아니한다. 이는 조합원 간의 차별이 존재하는 것을 부인하는 것이며, 모두가 평등한 존재로 인정되어야 하고, 동등한 권리를 인정하고자 하는 것이다.

Ⅱ. 노동조합의 설립

1. 설립의 신고

노동조합을 설립하고자 하는 자는 ① 명칭, ② 주된 사무소의 소재지, ③ 조합원수, ④ 임원의 성명과 주소, ⑤ 소속된 연합단체가 있는 경우에는 그 명칭, ⑥ 연합단체인 노동조합에 있어서는 그 구성노동단체의 명칭, 조합원수, 주된 사무소의 소재지 및 임원의 성명·주소의 사항을 기재한 신고서에 규약을 첨부하여 연합단체인 노동조합과 2 이상의 특별시·광역시·도·특별자치도에 걸치는 단위노동조합은 고용부처장관에게, 2 이상의 시·군·구(자치구를 말함)에 걸치는 단위노동조합은 특별시장·광역시장·도지사에게, 그 외의 노동조합은 특별자치도지사·시장·군수·구청장(자치구의 구청장을 말함)에게 제출하여야 하며, 이의 규정에 의한 연합단체인 노동조합은 동종산업의 단위노동조합을 구성원으로 하는 산업별 연합단체와 산업별 연합단체 또는 전국규모의 산업별 단위노동조합을 구성원으로 하는 총연합단체를 말한다.

2. 노동조합 규약

노동조합은 그 조직의 자주적·민주적 운영을 보장하기 위하여 당해 노동조합의 규약에 ① 명칭, ② 목적과 사업, ③ 주된 사무소의 소재지, ④ 조합원에 관한 사항(연합단체인 노동조합에 있어서는 그 구성단체에 관한 사항), ⑤ 소속된 연합단체가 있는 경우에는 그 명칭, ⑥ 대의원회를 두는 경우에는 대의원회에 관한 사항, ⑦ 회의에 관한 사항, ⑧ 대표자와 임원에 관한 사항, ⑨ 조합비 기타 회계에 관한 사항, ⑩ 규약변경에 관한 사항, ⑪ 해산에 관한 사항, ⑫ 쟁의행위와 관련된 찬반투표 결과의 공개, 투표자 명부 및 투표용지 등의 보존·열람에 관한 사항, ⑬ 대표자와 임원의 규약위반에 대한 탄핵에 관한 사항, ⑭ 임원 및 대의원의 선거절차에 관한 사항, ⑮ 규율과 통제에 관한 사항을 기재하여야 한다.

3. 신고증의 교부

고용부처장관, 특별시장·광역시장·도지사·특별자치도지사 또는 시장·군수·구청장(행정관청)은 설립신고서를 접수한 때에는 3일 이내에 신고증을 교부하여야 한다. 다만, 행정관청은 설립신고서 또는 규약이 기재사항의 누락 등으로 보완이 필요한 경우에는 법령이 정하는 바에 따라 20일 이내의 기간을 정하여 보완을 요구하여야 한다. 이 경우 보완된 설립신고서 또는 규약을 접수한 때에는 3일 이내에 신고증을 교부하여야 하고, 행정관청은 설립하고자 하는 노동조합이 ① 사용자 또는 항상 그의 이익을 대표하여 행동하는 자의 참가를 허용하는 경우, 경비의 주된 부분을 사용자로부터 원조받는 경우, 공제·수양 기타 복리사업만을 목적으로 하는 경우, 근로자가 아닌 자의 가입을 허용하는 경우(다만, 해고된 자가 노동위원회에 부당노동행위의 구제신청을 한 경우에는 중앙노동위원회의 재심판정이 있을 때까지는 근로자가 아닌 자로 해석하여서는 아니된다), 주로 정치운동을 목적으로 하는 경우에 해당하는 경우, ② 법령의 규정에 의하여 보완을 요구하였음에도 불구하고 그 기간내에 보완을 하지 아니하는 경우의 1에 해당하는 경우에는 설립신고서를 반려하여야 한다. 노동조합이 신고증을 교부받은 경우에는 설립신고서가 접수된 때에 설립된 것으로 본다.

4. 변경사항의 신고

노동조합은 법령의 규정에 의하여 설립신고된 사항 중 ① 명칭, ② 주된 사무소의 소재지, ③ 대표자의 성명, ④ 소속된 연합단체의 명칭의 1에 해당하는 사항에 변경이 있는 때에는 그 날부터 30일 이내에 행정관청에게 변경신고를 하여야 한다. 또, 노동조합은 매년 1월 31일까지 ① 전년도에 규약의 변경이 있는 경우에는 변경된 규약내용, ② 전년도에 임원의 변경이 있는 경우에는 변경된 임원의 성명, ③ 전년도 12월 31일 현재의 조합원수(연합단체인 노동조합에 있어서는 구성단체별 조합원수)의 사항을 행정관청에게 통보하여야 한다. 다만, 전년도에 변경신고된 사항은 그러하지 아니하다.

Ⅲ. 노동조합의 관리

1. 서류비치

노동조합은 조합설립일부터 30일 이내에 ① 조합원 명부(연합단체인 노동조합에 있어서는 그 구성단체의 명칭), ② 규약, ③ 임원의 성명 · 주소록, ④ 회의록, ⑤ 재정에 관한 장부와 서류의 서류를 작성하여 그 주된 사무소에 비치하여야 하며, 회의록 및 재정에 관한 장부와 서류는 3년간 보존하여야 한다.

2. 총회 및 대의원회의

(1) 총회 및 총회의 의결사항

노동조합은 매년 1회 이상 총회를 개최하여야 하며, 노동조합의 대표자는 총회의 의장이 된다. 총회는 ① 규약의 제정과 변경에 관한 사항, ② 임원의 선거와 해임에 관한 사항, ③ 단체협약에 관한 사항, ④ 예산 · 결산에 관한 사항, ⑤ 기금의 설치 · 관리 또는 처분에 관한 사항, ⑥ 연합단체의 설립 · 가입 또는 탈퇴에 관한 사항, ⑦ 합병 · 분할 또는 해산에 관한 사항, ⑧ 조직형태의 변경에 관한 사항, ⑨ 기타 중요한 사항은 총회의 의결을 거쳐야 한다. 총회는 재적조합원 과반수의 출석과 출석조합원 과반수의 찬성으로 의결한다. 다만, 규약의 제정 · 변경, 임원의 해임, 합병 · 분할 · 해산 및 조직형태의 변경에 관한 사항은 재적조합원 과반수의 출석과 출석조합원 3분의 2 이상의 찬성이 있어야 하며, 임원의 선거에 있어서 출석조합원 과반수의 찬성을 얻은 자가 없는 경우에는 규약이 정하는 바에 따라 결선투표를 실시하여 다수의 찬성을 얻은 자를 임원으로 선출할 수 있다. 아울러, 규약의 제정 · 변경과 임원의 선거 · 해임에 관한 사항은 조합원의 직접 · 비밀 · 무기명투표에 의하여야 한다.

(2) 대의원회

노동조합은 규약으로 총회에 갈음할 대의원회를 둘 수 있으며, 대의원은 조합원의 직접·비밀·무기명투표에 의하여 선출되어야 하고, 대의원의 임기는 규약으로 정하되 3년을 초과할 수 없다. 한편, 대의원회를 둔 때에는 총회에 관한 규정은 대의원회에 이를 준용한다.

(3) 임시총회등의 소집 및 회의소집의 절차

노동조합의 대표자는 필요하다고 인정할 때에는 임시총회 또는 임시대의원회를 소집할 수 있고, 조합원 또는 대의원의 3분의 1 이상(연합단체인 노동조합에 있어서는 그 구성단체의 3분의 1 이상)이 회의에 부의할 사항을 제시하고 회의의 소집을 요구한 때에는 지체없이 임시총회 또는 임시대의원회를 소집하여야 한다.

한편, 행정관청은 노동조합의 대표자가 조합원 또는 대의원의 3분의 1 이상이 회의소집 요구에 의한 회의의 소집을 고의로 기피하거나 이를 해태하여 조합원 또는 대의원의 3분의 1 이상이 소집권자의 지명을 요구한 때에는 15일 이내에 노동위원회의 의결을 요청하고 노동위원회의 의결이 있는 때에는 지체없이 회의의 소집권자를 지명하여야 하며, 노동조합에 총회 또는 대의원회의 소집권자가 없는 경우에 조합원 또는 대의원의 3분의 1 이상이 회의에 부의할 사항을 제시하고 소집권자의 지명을 요구한 때에는 15일 이내에 회의의 소집권자를 지명하여야 한다.

아울러, 총회 또는 대의원회는 회의개최일 7일전까지 그 회의에 부의할 사항을 공고하고 규약에 정한 방법에 의하여 소집하여야 한다. 다만, 노동조합이 동일한 사업장내의 근로자로 구성된 경우에는 그 규약으로 공고기간을 단축할 수 있다. 한편, 노동조합이 특정 조합원에 관한 사항을 의결할 경우에는 그 조합원은 표결권이 없다.

(4) 규약 및 결의처분의 시정

행정관청은 노동조합의 규약이 노동관계법령에 위반한 경우에는 노동위원회의 의결을 얻어 그 시정을 명할 수 있으며, 노동조합의 결의 또는 처분이 노동관계법령 또는 규약에 위반된다고 인정할 경우에는 노동위원회의 의결을 얻어 그 시정을 명할 수 있다. 다만, 규약위반시의 시정명령은 이해관계인의 신청이 있는 경우에 한한다. 이때 시정명령을 받은 노동조합은 30일 이내에 이를 이행하여야 한다. 다만, 정당한 사유가 있는 경우에는 그 기간을 연장할 수 있다.

3. 조합원의 권리와 의무

노동조합의 조합원은 균등하게 그 노동조합의 모든 문제에 참여할 권리와 의무를 가진다. 다만, 노동조합은 그 규약으로 조합비를 납부하지 아니하는 조합원의 권리를 제한할 수 있다.

4. 임원의 선거 및 노조전임자

노동조합의 임원은 그 조합원 중에서 선출되어야 하고, 임원의 임기는 규약으로 정하되 3년을 초과할 수 없다.

한편, 근로자는 단체협약으로 정하거나 사용자의 동의가 있는 경우에는 근로계약 소정의 근로를 제공하지 아니하고 노동조합의 업무에만 종사할 수 있으며, 이의 규정에 의하여 노동조합의 업무에만 종사하는 자(전임자)는 그 전임기간동안 사용자로부터 어떠한 급여도 지급받아서는 아니된다.

또, 사용자는 전임자의 정당한 노동조합 활동을 제한하여서는 아니 되며, 단체협약으로 정하거나 사용자가 동의하는 경우에는 사업 또는 사업장별로 조합원 수 등을 고려하여 결정된 근로시간 면제 한도(근로시간 면제 한도)를 초과하지 아니하는 범위에서 근로자는 임금의 손실 없이 사용자와의 협의·교섭, 고충처리, 산업안전 활동 등 법령에서 정하는 업무와 건전한 노사관계 발전을 위한 노동조합의 유지·관리업무를 할 수 있다. 아울러, 노동조합은 급여 지급을 요구하고 이를 관철할 목적으로 쟁의행위를 하여서는 아니된다.

5. 근로시간면제심의위원회

근로시간 면제 한도를 정하기 위하여 근로시간면제심의위원회(위원회)를 고용노동부에 두며, 근로시간 면제 한도는 위원회가 심의·의결한 바에 따라 고용부처장관이 고시하되, 3년마다 그 적정성 여부를 재심의하여 결정할 수 있다. 한편, 위원회는 노동계와 경영계가 추천하는 위원 각 5명, 정부가 추천하는 공익위원 5명으로 구성되며, 위원장은 공익위원 중에서 위원회가 선출하고, 위원회는 재적위원 과반수의 출석과 출석위원 과반수의 찬성으로 의결한다.

6. 조합의 회계감사 및 운영상황의 공개

노동조합의 대표자는 그 회계감사원으로 하여금 6월에 1회 이상 당해 노동조합의 모든 재원 및 용도, 주요한 기부자의 성명, 현재의 경리 상황 등에 대한 회계감사를 실시하게 하고 그 내용과 감사결과를 전체 조합원에게 공개하여야 하며, 노동조합의 회계감사원은 필요하다고 인정할 경우에는 당해 노동조합의 회계감사를 실시하고 그 결과를 공개할 수 있다.

노동조합의 대표자는 회계연도마다 결산결과와 운영상황을 공표하여야 하며 조합원의 요구가 있을 때에는 이를 열람하게 하여야 하고, 노동조합은 행정관청이 요구하는 경우에는 결산결과와 운영상황을 보고하여야 한다.

Ⅳ. 노동조합의 해산

노동조합은 ① 규약에서 정한 해산사유가 발생한 경우, ② 합병 또는 분할로 소멸한 경우, ③ 총회 또는 대의원회의 해산결의가 있는 경우, ④ 노동조합의 임원이 없고 노동조합으로서의 활동을 1년 이상 하지 아니한 것으로 인정되는 경우로서 행정관청이 노동위원회의 의결을 얻은 경우에는 해산하며, ①호 내지 ③호의 사유로 노동조합이 해산한 때에는 그 대표자는 해산한 날부터 15일 이내에 행정관청에게 이를 신고하여야 한다.

제3절 단체교섭 및 단체협약

Ⅰ. 단체교섭 및 단체협약체결권한

노동조합의 대표자는 그 노동조합 또는 조합원을 위하여 사용자나 사용자단체와 교섭하고 단체협약을 체결할 권한을 가지며, 교섭대표노동조합(대표노조)의 대표자는 교섭을 요구한 모든 노동조합 또는 조합원을 위하여 사용자와 교섭하고 단체협약을 체결할 권한을 가진다.

노동조합과 사용자 또는 사용자단체로부터 교섭 또는 단체협약의 체결에 관한 권한을 위임받은 자는 그 노동조합과 사용자 또는 사용자단체를 위하여 위임받은 범위안에서 그 권한을 행사할 수 있고, 이에 따라 교섭 또는 단체협약의 체결에 관한 권한을 위임한 때에는 그 사실을 상대방에게 통보하여야 한다.

Ⅱ. 단체교섭

1. 교섭창구 단일화 절차

하나의 사업 또는 사업장에서 조직형태에 관계없이 근로자가 설립하거나 가입한 노동조합이 2개 이상인 경우 노동조합은 대표노조(2개 이상의 노동조합 조합원을 구성원으로 하는 교섭대표기구를 포함)을 정하여 교섭을 요구하여야 한다. 다만, 대표노조를 자율적으로 결정하는 기한 내에 사용자가 이 조에서 정하는 교섭창구 단일화 절차를 거치지 아니하기로 동의한 경우에는 그러하지 아니하다.

대표노조 결정 절차(교섭창구 단일화 절차)에 참여한 모든 노동조합은 법령으로 정하는 기한 내에 자율적으로 대표노조를 정하며, 이에 따른 기한내에 대표노조를 정하지 못하고 사용자의 동의를 얻지 못한 경우에는 교섭창구 단일화 절차에 참여한 노동조합의 전체 조합원 과반수로 조직된 노동조합(2개 이상의 노동조합이 위임 또는 연합 등의 방법으로 교섭창구 단일화 절차에 참여한 노동조합 전체 조합원의 과반수가 되는 경우를 포함)이 대표노조가 된다.

대표노조를 결정하지 못한 경우에는 교섭창구 단일화 절차에 참여한 모든 노동조합은 공동으로 교섭대표단(공동교섭대표단)을 구성하여 사용자와 교섭하여야 한다. 이 때 공동교섭대표단에 참여할 수 있는 노동조합은 그 조합원 수가 교섭창구 단일화 절차에 참여한 노동조합의 전체 조합원 100분의 10 이상인 노동조합으로 하나, 이에 따른 공동교섭대표단의 구성에 합의하지 못할 경우에 노동위원회는 해당 노동조합의 신청에 따라 조합원 비율을 고려하여 이를 결정할 수 있다.

대표노조를 결정함에 있어 교섭요구 사실, 조합원 수 등에 대한 이의가 있는 때에는 노동위원회는 법령으로 정하는 바에 따라 노동조합의 신청을 받아 그 이의에 대한 결정을 할 수 있다.

2. 교섭단위 결정

대표노조를 결정하여야 하는 단위(교섭단위)는 하나의 사업 또는 사업장으로 하나, 이에도 불구하고 하나의 사업 또는 사업장에서 현격한 근로조건의 차이, 고용형태, 교섭 관행 등을 고려하여 교섭단위를 분리할 필요가 있다고 인정되는 경우에 노동위원회는 노동관계 당사자의 양쪽 또는 어느 한 쪽의 신청을 받아 교섭단위를 분리하는 결정을 할 수 있다.

3. 공정대표의무

대표노조와 사용자는 교섭창구 단일화 절차에 참여한 노동조합 또는 그 조합원 간에 합리적 이유 없이 차별을 하여서는 아니 되며, 노동조합은 대표노조와 사용자가 이를 위반하여 차별한 경우에는 그 행위가 있은 날(단체협약의 내용의 일부 또는 전부가 이에 위반되는 경우에는 단체협약 체결일을 말함)부터 3개월 이내에 법령으로 정하는 방법과 절차에 따라 노동위원회에 그 시정을 요청할 수 있고, 노동위원회는 이에 따른 신청에 대하여 합리적 이유 없이 차별하였다고 인정한 때에는 그 시정에 필요한 명령을 하여야 한다.

4. 교섭등의 원칙

노동조합과 사용자 또는 사용자단체는 신의에 따라 성실히 교섭하고 단체협약을 체결하여야 하며 그 권한을 남용하여서는 아니되고, 정당한 이유없이 교섭 또는 단체협약의 체결을 거부하거나 해태하여서는 아니된다.

Ⅲ. 단체협약

1. 단체협약의 작성

단체협약은 서면으로 작성하여 당사자 쌍방이 서명 또는 날인하여야 하고, 단체협약의 당사자는 단체협약의 체결일부터 15일 이내에 이를 행정관청에게 신고하여야 한다. 한편, 행정관청은 단체협약 중 위법한 내용이 있는 경우에는 노동위원회의 의결을 얻어 그 시정을 명할 수 있다.

2. 단체협약의 유효기간

단체협약에는 2년을 초과하는 유효기간을 정할 수 없으며, 단체협약에 그 유효기간을 정하지 아니한 경우 또는 2년을 초과하는 유효기간을 정한 경우에 그 유효기간은 2년으로 한다.

단체협약의 유효기간이 만료되는 때를 전후하여 당사자 쌍방이 새로운 단체협약을 체결하고자 단체교섭을 계속하였음에도 불구하고 새로운 단체협약이 체결되지 아니한 경우에는 별도의 약정이 있는 경우를 제외하고는 종전의 단체협약은 그 효력만료일부터 3월까지 계속 효력을 갖는다. 다만, 단체협약에 그 유효기간이 경과한 후에도 새로운 단체협약이 체결되지 아니한 때에는 새로운 단체협약이 체결될 때까지 종전 단체협약의 효력을 존속시킨다는 취지의 별도의 약정이 있는 경우에는 그에 따르되, 당사자 일방은 해지하고자 하는 날의 6월전까지 상대방에게 통고함으로써 종전의 단체협약을 해지할 수 있다.

3. 기준의 효력

단체협약에 정한 근로조건 기타 근로자의 대우에 관한 기준에 위반하는 취업규칙 또는 근로계약의 부분은 무효로 하며, 근로계약에 규정되지 아니한 사항 또는 상기의 규정에 의하여 무효로 된 부분은 단체협약에 정한 기준에 의한다.

4. 단체협약의 해석

단체협약의 해석 또는 이행방법에 관하여 관계 당사자간에 의견의 불일치가 있는 때에는 당사자 쌍방 또는 단체협약에 정하는 바에 의하여 어느 일방이 노동위원회에 그 해석 또는 이행방법에 관한 견해의 제시를 요청할 수 있고, 노동위원회는 요청을 받은 때에는 그 날부터 30일 이내에 명확한 견해를 제시하여야 하며, 이때 노동위원회가 제시한 해석 또는 이행방법에 관한 견해는 중재재정과 동일한 효력을 가진다.

Ⅳ. 단체협약의 구속력

1. 일반적 구속력

하나의 사업 또는 사업장에 상시 사용되는 동종의 근로자 반수 이상이 하나의 단체협약의 적용을 받게 된 때에는 당해 사업 또는 사업장에 사용되는 다른 동종의 근로자에 대하여도 당해 단체협약이 적용된다.

2. 지역적 구속력

하나의 지역에 있어서 종업하는 동종의 근로자 3분의 2 이상이 하나의 단체협약의 적용을 받게 된 때에는 행정관청은 당해 단체협약의 당사자의 쌍방 또는 일방의 신청에 의하거나 그 직권으로 노동위원회의 의결을 얻어 당해 지역에서 종업하는 다른 동종의 근로자와 그 사용자에 대하여도 당해 단체협약을 적용한다는 결정을 할 수 있고, 행정관청이 이의 규정에 의한 결정을 한 때에는 지체없이 이를 공고하여야 한다.

제4절 쟁의행위

Ⅰ. 쟁의행위의 기본원칙

쟁의행위는 그 목적·방법 및 절차에 있어서 법령 기타 사회질서에 위반되어서는 아니되며, 조합원은 노동조합에 의하여 주도되지 아니한 쟁의행위를 하여서는 아니된다.

Ⅱ. 노동조합의 지도와 책임

쟁의행위는 그 쟁의행위와 관계없는 자 또는 근로를 제공하고자 하는 자의 출입·조업 기타 정상적인 업무를 방해하는 방법으로 행하여져서는 아니되며 쟁의행위의 참가를 호소하거나 설득하는 행위로서 폭행·협박을 사용하여서는 아니되며, 작업시설의 손상이나 원료·제품의 변질 또는 부패를 방지하기 위한 작업은 쟁의행위 기간 중에도 정상적으로 수행되어야 한다. 아울러, 노동조합은 쟁의행위가 적법하게 수행될 수 있도록 지도·관리·통제할 책임이 있다.

Ⅲ. 금지 및 제한사항

1. 근로자의 구속제한 및 쟁의행위의 제한과 금지

근로자는 쟁의행위 기간 중에는 현행범 외에는 노동조합법 위반을 이유로 구속되지 아니한다. 아울러, 노동조합의 쟁의행위는 그 조합원의 직접·비밀·무기명투표에 의한 조합원 과반수의 찬성으로 결정하지 아니하면 이를 행할 수 없고, 교섭대표노동조합이 결정된 경우에는 그 절차에 참여한 노동조합의 전체 조합원(해당 사업 또는 사업장 소속 조합원으로 한정)의 직접·비밀·무기명투표에 의한 과반수의 찬성으로 결정하지 아니하면 쟁의행위를 할 수 없다.

방위사업법에 의하여 지정된 주요방위산업체에 종사하는 근로자중 전력, 용수 및 주로 방산물자를 생산하는 업무에 종사하는 자는 쟁의행위를 할 수 없으며 주로 방산물자를 생산하는 업무에 종사하는 자의 범위는 법령으로 정한다.

2. 폭력행위 등의 금지

쟁의행위는 폭력이나 파괴행위 또는 생산 기타 주요업무에 관련되는 시설과 이에 준하는 시설로서 법령이 정하는 시설을 점거하는 형태로 이를 행할 수 없으며, 사업장의 안전보호시설에 대하여 정상적인 유지·운영을 정지·폐지 또는 방해하는 행위는 쟁의행위로서 이를 행할 수 없다.

행정관청은 쟁의행위가 폭력행위 등 법령에서 금지되는 행위에 해당한다고 인정하는 경우에는 노동위원회의 의결을 얻어 그 행위를 중지할 것을 통보하여야 한다. 다만, 사태가 급박하여 노동위원회의 의결을 얻을 시간적 여유가 없을 때에는 그 의결을 얻지 아니하고 즉시 그 행위를 중지할 것을 통보할 수 있고, 이의 경우에 행정관청은 지체없이 노동위원회의 사후승인을 얻어야 하며 그 승인을 얻지 못한 때에는 그 통보는 그때부터 효력을 상실한다.

3. 사용자의 채용제한

사용자는 쟁의행위 기간 중 그 쟁의행위로 중단된 업무의 수행을 위하여 당해 사업과 관계없는 자를 채용 또는 대체할 수 없으며, 쟁의행위기간 중 그 쟁의행위로 중단된 업무를 도급 또는 하도급 줄 수 없다.

상기의 규정은 필수공익사업의 사용자가 쟁의행위 기간 중에 한하여 당해 사업과 관계없는 자를 채용 또는 대체하거나 그 업무를 도급 또는 하도급 주는 경우에는 적용하지 아니하며, 이의 경우 사용자는 당해 사업 또는 사업장 파업참가자의 100분의 50을 초과하지 않는 범위 안에서 채용 또는 대체하거나 도급 또는 하도급 줄 수 있다. 이 경우 파업참가자 수의 산정 방법 등은 법령으로 정한다.

4. 쟁의행위 기간 중의 임금지급 요구의 금지

사용자는 쟁의행위에 참가하여 근로를 제공하지 아니한 근로자에 대하여는 그 기간 중의 임금을 지급할 의무가 없고, 노동조합은 쟁의행위 기간에 대한 임금의 지급을 요구하여 이를 관철할 목적으로 쟁의행위를 하여서는 아니된다.

5. 필수유지업무에 대한 쟁의행위의 제한

"필수유지업무"라 함은 철도사업, 도시철도사업 및 항공운수사업, 수도사업, 전기사업,

가스사업, 석유정제사업 및 석유공급사업, 병원사업 및 혈액공급사업, 한국은행사업, 통신사업으로 필수공익사업의 업무 중 그 업무가 정지되거나 폐지되는 경우 공중의 생명·건강 또는 신체의 안전이나 공중의 일상생활을 현저히 위태롭게 하는 업무로서 법령이 정하는 업무를 말하는데, 필수유지업무의 정당한 유지·운영을 정지·폐지 또는 방해하는 행위는 쟁의행위로서 이를 행할 수 없다.

Ⅳ. 필수유지업무

1. 필수유지업무협정

노동관계 당사자는 쟁의행위 기간 동안 필수유지업무의 정당한 유지·운영을 위하여 필수유지업무의 필요 최소한의 유지·운영 수준, 대상직무 및 필요인원 등을 정한 협정(필수유지업무협정)을 서면으로 체결하여야 한다. 이 경우 필수유지업무협정에는 노동관계 당사자 쌍방이 서명 또는 날인하여야 한다.

2. 필수유지업무 유지·운영 수준 등의 결정

노동관계 당사자 쌍방 또는 일방은 필수유지업무협정이 체결되지 아니하는 때에는 노동위원회에 필수유지업무의 필요 최소한의 유지·운영 수준, 대상직무 및 필요인원 등의 결정을 신청하여야 하고, 이의 규정에 따른 신청을 받은 노동위원회는 사업 또는 사업장별 필수유지업무의 특성 및 내용 등을 고려하여 필수유지업무의 필요 최소한의 유지·운영 수준, 대상 직무 및 필요인원 등을 결정할 수 있으며, 이의 규정에 따른 노동위원회의 결정은 특별조정위원회가 담당하고, 노동위원회의 결정에 대한 해석 또는 이행방법에 관하여 관계 당사자간에 의견이 일치하지 아니하는 경우에는 특별조정위원회의 해석에 따른다. 이 경우 특별조정위원회의 해석은 노동위원회의 결정과 동일한 효력이 있다.

3. 노동위원회의 결정에 따른 쟁의행위

노동위원회는 사업 또는 사업장별 필수유지업무의 특성 및 내용 등을 고려하여 필수유지업무의 필요 최소한의 유지·운영 수준, 대상직무 및 필요인원 등을 결정할 수 있는데, 이에 대한 노동위원회의 결정이 있는 경우 그 결정에 따라 쟁의행위를 한 때에는 필수유지업무를 정당하게 유지·운영하면서 쟁의행위를 한 것으로 본다.

4. 필수유지업무 근무 근로자의 지명

노동조합은 필수유지업무협정이 체결되거나 필수유지업무 운영 등에 대한 노동위원회의 결정이 있는 경우 사용자에게 필수유지업무에 근무하는 조합원 중 쟁의행위 기간 동안 근무하여야 할 조합원을 통보하여야 하며, 사용자는 이에 따라 근로자를 지명하고 이를 노동조합과 그 근로자에게 통보하여야 한다. 다만, 노동조합이 쟁의행위 개시 전까지 이를 통보하지 아니한 경우에는 사용자가 필수유지업무에 근무하여야 할 근로자를 지명하고 이를 노동조합과 그 근로자에게 통보하여야 하며, 이에 따른 통보·지명시 노동조합과 사용자는 필수유지업무에 종사하는 근로자가 소속된 노동조합이 2개 이상인 경우에는 각 노동조합의 해당 필수유지업무에 종사하는 조합원 비율을 고려하여야 한다.

V. 조정전치주의와 직장폐쇄

1. 조정전치주의

노동관계 당사자는 노동쟁의가 발생한 때에는 어느 일방이 이를 상대방에게 서면으로 통보하여야 하며, 쟁의행위는 법령의 규정에 의한 조정절차(조정종료 결정 후의 조정절차를 제외)를 거치지 아니하면 이를 행할 수 없다. 다만, 법령의 규정에 의한 기간내에 조정이 종료되지 아니하거나 법령의 규정에 의한 기간내에 중재재정이 이루어지지 아니한 경우에는 그러하지 아니하다.

2. 직장폐쇄

사용자는 노동조합이 쟁의행위를 개시한 이후에만 직장폐쇄를 할 수 있으며, 이의 규정에 의한 직장폐쇄를 할 경우에는 미리 행정관청 및 노동위원회에 각각 신고하여야 한다.

제 5 절 노동쟁의 조정제도

Ⅰ. 조정제도의 원칙

1. 자주적 조정의 노력

노동관계 당사자가 직접 노사협의 또는 단체교섭에 의하여 근로조건 기타 노동관계에 관한 사항을 정하거나 노동관계에 관한 주장의 불일치를 조정하고 이에 필요한 노력을 하는 것을 방해하지 아니한다. 아울러, 노동관계 당사자는 단체협약에 노동관계의 적정화를 위한 노사협의 기타 단체교섭의 절차와 방식을 규정하고 노동쟁의가 발생한 때에는 이를 자주적으로 해결하도록 노력하여야 한다. 또한, 국가 및 지방자치단체는 노동관계 당사자간에 노동관계에 관한 주장이 일치하지 아니할 경우에 노동관계 당사자가 이를 자주적으로 조정할 수 있도록 조력함으로써 쟁의행위를 가능한 한 예방하고 노동쟁의의 신속·공정한 해결에 노력하여야 한다.

2. 신속한 처리 및 공익사업등의 우선적 취급

노동관계의 조정을 할 경우에는 노동관계 당사자와 노동위원회 기타 관계기관은 사건을 신속히 처리하도록 노력하여야 한다. 한편, 국가·지방자치단체·국공영기업체·방위산업체 및 공익사업에 있어서의 노동쟁의의 조정은 우선적으로 취급하고 신속히 처리하여야 한다.

3. 사적 조정·중재

노동관계 당사자가 쌍방의 합의 또는 단체협약이 정하는 바에 따라 각각 다른 조정 또는 중재방법(사적조정등)에 의하여 노동쟁의를 해결하는 것을 방해하지 아니하며, 노동관계 당사자는 이의 규정에 의하여 노동쟁의를 해결하기로 한 때에는 이를 노동위원회에 신고하여야 한다.

사적조정등에 의하여 노동쟁의를 해결하기로 한 때에는 ① 조정에 의하여 해결하기로 한 때에는 조정기간은 조정을 개시한 날부터 기산, ② 중재에 의하여 해결하기로 한 때에는 쟁의행위의 금지기간은 중재를 개시한 날부터 기산하여 적용되고, 조정 또는 중재가 이루어진 경우에 그 내용은 단체협약과 동일한 효력을 가진다. 아울러, 사적조정 등을 수행하는 자는 노동위원회법에서 정하는 심판담당공익위원의 자격을 가진 자로 한다. 이 경우 사적조정 등을 수행하는 자는 노동관계 당사자로부터 수수료, 수당 및 여비 등을 받을 수 있다.

Ⅱ. 조정

1. 조정의 개시 및 조정기간

노동위원회는 관계 당사자의 일방이 노동쟁의의 조정을 신청한 때에는 지체없이 조정을 개시하여야 하며 관계 당사자 쌍방은 이에 성실히 임하여야 하며, 노동위원회는 조정 신청 전이라도 원활한 조정을 위하여 교섭을 주선하는 등 관계 당사자의 자주적인 분쟁 해결을 지원할 수 있다. 한편, 조정은 조정의 신청이 있은 날부터 일반사업에 있어서는 10일, 공익사업에 있어서는 15일 이내에 종료하여야 하며, 조정기간은 관계 당사자간의 합의로 일반사업에 있어서는 10일, 공익사업에 있어서는 15일 이내에서 연장할 수 있다.

2. 조정위원회의 구성

노동쟁의의 조정을 위하여 노동위원회에 조정위원회를 두며, 조정위원회는 조정위원 3인으로 구성하고, 조정위원은 당해 노동위원회의 위원 중에서 사용자를 대표하는 자, 근로자를 대표하는 자 및 공익을 대표하는 자 각 1인을 그 노동위원회의 위원장이 지명하되, 근로자를 대표하는 조정위원은 사용자가, 사용자를 대표하는 조정위원은 노동조합이 각각 추천하는 노동위원회의 위원 중에서 지명하여야 한다. 다만, 조정위원회의 회의 3일 전까지 관계 당사자가 추천하는 위원의 명단제출이 없을 때에는 당해 위원을 위원장이 따로 지명할 수 있다.

노동위원회의 위원장은 근로자를 대표하는 위원 또는 사용자를 대표하는 위원의 불참 등으로 인하여 조정위원회의 구성이 어려운 경우 노동위원회의 공익을 대표하는 위원 중에서 3인을 조정위원으로 지명할 수 있다. 다만, 관계 당사자 쌍방의 합의로 선정한 노동위원회의 위원이 있는 경우에는 그 위원을 조정위원으로 지명한다.

3. 단독조정

노동위원회는 관계 당사자 쌍방의 신청이 있거나 관계 당사자 쌍방의 동의를 얻은 경우에는 조정위원회에 갈음하여 단독조정인에게 조정을 행하게 할 수 있고, 단독조정인은 당해 노동위원회의 위원 중에서 관계 당사자의 쌍방의 합의로 선정된 자를 그 노동위원회의 위원장이 지명한다.

4. 조정안의 작성

조정위원회 또는 단독조정인은 조정안을 작성하여 이를 관계 당사자에게 제시하고 그 수락을 권고하는 동시에 그 조정안에 이유를 붙여 공표할 수 있으며, 필요한 때에는 신문 또는 방송에 보도 등 협조를 요청할 수 있으며, 조정위원회 또는 단독조정인은 관계 당사자가 수락을 거부하여 더 이상 조정이 이루어질 여지가 없다고 판단되는 경우에는 조정의 종료를 결정하고 이를 관계 당사자 쌍방에 통보하여야 한다. 아울러, 조정안이 관계 당사자의 쌍방에 의하여 수락된 후 그 해석 또는 이행방법에 관하여 관계 당사자간에 의견의 불일치가 있는 때에는 관계 당사자는 당해 조정위원회 또는 단독조정인에게 그 해석 또는 이행방법에 관한 명확한 견해의 제시를 요청하여야 하며, 조정위원회 또는 단독조정인은 요청을 받은 때에는 그 요청을 받은 날부터 7일 이내에 명확한 견해를 제시하여야 한다.

한편, 조정위원회 또는 단독조정인의 해석 또는 이행방법에 관한 견해가 제시될 때까지는 관계 당사자는 당해 조정안의 해석 또는 이행에 관하여 쟁의행위를 할 수 없다.

5. 조정의 효력 및 조정종료 결정 후의 조정

조정안이 관계 당사자에 의하여 수락된 때에는 조정위원 전원 또는 단독조정인은 조정서를 작성하고 관계 당사자와 함께 서명 또는 날인하여야 한다. 조정서의 내용은 단체협약과 동일한 효력을 가지며, 조정위원회 또는 단독조정인이 제시한 해석 또는 이행방법에 관한 견해는 중재재정과 동일한 효력을 가진다.

한편, 노동위원회는 조정의 종료가 결정된 후에도 노동쟁의의 해결을 위하여 조정을 할 수 있고, 이의 규정에 따른 조정에 관하여는 앞의 조정위원회의 구성 및 조정에 대한 규정을 준용한다.

Ⅲ. 중재

1. 중재의 개시 및 중재시의 쟁의행위 금지

노동위원회는 관계 당사자의 쌍방이 함께 중재를 신청한 때, 관계 당사자의 일방이 단체협약에 의하여 중재를 신청한 때의 어느 하나에 해당하는 때에는 중재를 행하며, 노동쟁의가 중재에 회부된 때에는 그 날부터 15일간은 쟁의행위를 할 수 없다.

2. 중재위원회의 구성 및 위원장

노동쟁의의 중재 또는 재심을 위하여 노동위원회에 중재위원회를 두며, 중재위원회는 중재위원 3인으로 구성하고, 중재위원은 당해 노동위원회의 공익을 대표하는 위원 중에서 관계 당사자의 합의로 선정한 자에 대하여 그 노동위원회의 위원장이 지명한다. 다만, 관계 당사자간에 합의가 성립되지 아니한 경우에는 노동위원회의 공익을 대표하는 위원 중에서 지명한다. 아울러, 중재위원회에 위원장을 두며, 위원장은 중재위원 중에서 호선한다.

3. 주장의 확인 및 중재재정

중재위원회는 기일을 정하여 관계 당사자 쌍방 또는 일방을 중재위원회에 출석하게 하여 주장의 요점을 확인하여야 하고, 관계 당사자가 지명한 노동위원회의 사용자를 대표하는 위원 또는 근로자를 대표하는 위원은 중재위원회의 동의를 얻어 그 회의에 출석하여 의견을 진술할 수 있다.

중재재정은 서면으로 작성하여 이를 행하며 그 서면에는 효력발생 기일을 명시하여야 하며, 이의 규정에 의한 중재재정의 해석 또는 이행방법에 관하여 관계 당사자간에 의견의 불일치가 있는 때에는 당해 중재위원회의 해석에 따르며 그 해석은 중재재정과 동일한 효력을 가진다.

4. 중재재정 등의 확정

관계 당사자는 지방노동위원회 또는 특별노동위원회의 중재재정이 위법이거나 월권에 의한 것이라고 인정하는 경우에는 그 중재재정서의 송달을 받은 날부터 10일 이내에 중앙노동위원회에 그 재심을 신청할 수 있고, 관계 당사자는 중앙노동위원회의 중재재정이나 재심결정이 위법이거나 월권에 의한 것이라고 인정하는 경우에는 행정소송법(제20조)

의 규정에 불구하고 그 중재재정서 또는 재심결정서의 송달을 받은 날부터 15일 이내에 행정소송을 제기할 수 있다.

중재재정은 상기의 기간내에 재심을 신청하지 아니하거나 행정소송을 제기하지 아니한 때에는 그 중재재정 또는 재심결정은 확정되며, 중재재정이나 재심결정이 확정된 때에는 관계 당사자는 이에 따라야 한다.

5. 중재재정 등의 효력

중재재정의 내용은 단체협약과 동일한 효력을 가지며, 노동위원회의 중재재정 또는 재심결정은 중앙노동위원회에의 재심신청 또는 행정소송의 제기에 의하여 그 효력이 정지되지 아니한다.

Ⅳ. 공익사업 등의 조정에 관한 특칙

1. 공익사업의 범위

(1) 공익사업

공중의 일상생활과 밀접한 관련이 있거나 국민경제에 미치는 영향이 큰 사업으로서 ① 정기노선 여객운수사업 및 항공운수사업, ② 수도사업, 전기사업, 가스사업, 석유정제사업 및 석유공급사업, ③ 공중위생사업, 의료사업 및 혈액공급사업, ④ 은행 및 조폐사업, ⑤ 방송 및 통신사업을 말한다.

(2) 필수공익사업

공익사업으로서 그 업무의 정지 또는 폐지가 공중의 일상생활을 현저히 위태롭게 하거나 국민경제를 현저히 저해하고 그 업무의 대체가 용이하지 아니한 ① 철도사업, 도시철도사업 및 항공운수사업, ② 수도사업, 전기사업, 가스사업, 석유정제사업 및 석유공급사업, ③ 병원사업 및 혈액공급사업, ④ 한국은행사업, ⑤ 통신사업을 말한다.

2. 특별조정위원회의 구성

공익사업의 노동쟁의의 조정을 위하여 노동위원회에 특별조정위원회를 두며, 특별조정위원회는 특별조정위원 3인으로 구성하고, 특별조정위원은 그 노동위원회의 공익을 대표하는 위원 중에서 노동조합과 사용자가 순차적으로 배제하고 남은 4인 내지 6인 중에서 노동위원회의 위원장이 지명한다. 다만, 관계 당사자가 합의로 당해 노동위원회의 위원이 아닌 자를 추천하는 경우에는 그 추천된 자를 지명한다.

3. 특별조정위원회의 위원장

특별조정위원회에 위원장을 두며, 위원장은 공익을 대표하는 노동위원회의 위원인 특별조정위원 중에서 호선하고, 당해 노동위원회의 위원이 아닌 자만으로 구성된 경우에는 그 중에서 호선한다. 다만, 공익을 대표하는 위원인 특별조정위원이 1인인 경우에는 당해 위원이 위원장이 된다.

V. 긴급조정

1. 긴급조정의 결정

고용부처장관은 쟁의행위가 공익사업에 관한 것이거나 그 규모가 크거나 그 성질이 특별한 것으로서 현저히 국민경제를 해하거나 국민의 일상생활을 위태롭게 할 위험이 현존하는 때에는 긴급조정의 결정을 할 수 있고, 긴급조정의 결정을 하고자 할 때에는 미리 중앙노동위원회 위원장의 의견을 들어야 하며, 긴급조정을 결정한 때에는 지체없이 그 이유를 붙여 이를 공표함과 동시에 중앙노동위원회와 관계 당사자에게 각각 통고하여야 한다.

2. 긴급조정시의 쟁의행위 중지 및 중앙노동위원회의 조정

관계 당사자는 긴급조정의 결정이 공표된 때에는 즉시 쟁의행위를 중지하여야 하며, 공표일부터 30일이 경과하지 아니하면 쟁의행위를 재개할 수 없다. 아울러, 중앙노동위원회는 긴급조정결정 통고를 받은 때에는 지체없이 조정을 개시하여야 한다.

3. 중앙노동위원회의 중재회부 결정권

중앙노동위원회의 위원장은 조정이 성립될 가망이 없다고 인정한 경우에는 공익위원의 의견을 들어 그 사건을 중재에 회부할 것인가의 여부를 결정하여야 하며, 회부여부 결정은 긴급조정 결정 통고를 받은 날부터 15일 이내에 하여야 한다.

4. 중앙노동위원회의 중재

중앙노동위원회는 당해 관계 당사자의 일방 또는 쌍방으로부터 중재신청이 있거나 중재회부의 결정을 한 때에는 지체없이 중재를 행하여야 한다.

제6절 부당노동행위제도

Ⅰ. 부당노동행위 유형

1. 불이익취급

① 근로자가 노동조합에 가입 또는 가입하려고 하였거나 노동조합을 조직하려고 하였거나 기타 노동조합의 업무를 위한 정당한 행위를 한 것을 이유로 그 근로자를 해고하거나 그 근로자에게 불이익을 주는 행위, ② 근로자가 정당한 단체행위에 참가한 것을 이유로 하거나 또는 노동위원회에 대하여 사용자가 이 조의 규정에 위반한 것을 신고하거나 그에 관한 증언을 하거나 기타 행정관청에 증거를 제출한 것을 이유로 그 근로자를 해고하거나 그 근로자에게 불이익을 주는 행위는 금지된다.

2. 비열계약(황견계약)

근로자가 어느 노동조합에 가입하지 아니할 것 또는 탈퇴할 것을 고용조건으로 하거나 특정한 노동조합의 조합원이 될 것을 고용조건으로 하는 행위. 다만, 노동조합이 당해 사업장에 종사하는 근로자의 3분의 2 이상을 대표하고 있을 때에는 근로자가 그 노동조합의 조합원이 될 것을 고용조건으로 하는 단체협약의 체결은 예외로 하며, 이 경우 사용자는 근로자가 그 노동조합에서 제명된 것 또는 그 노동조합을 탈퇴하여 새로 노동조합을 조직하거나 다른 노동조합에 가입한 것을 이유로 근로자에게 신분상 불이익한 행위를 할 수 없다.

3. 거부 · 해태행위

노동조합의 대표자 또는 노동조합으로부터 위임을 받은 자와의 단체협약체결 기타의 단체교섭을 정당한 이유없이 거부하거나 해태하는 행위는 부당노동행위로 간주된다.

4. 지배개입

근로자가 노동조합을 조직 또는 운영하는 것을 지배하거나 이에 개입하는 행위와 노동조합의 전임자에게 급여를 지원하거나 노동조합의 운영비를 원조하는 행위. 다만, 근로자가 근로시간 중에 정당한 조합 활동을 하는 것을 사용자가 허용함은 무방하며, 또한 근로자의 후생자금 또는 경제상의 불행 기타 재액의 방지와 구제 등을 위한 기금의 기부와 최소한의 규모의 노동조합사무소의 제공은 예외로 한다.

Ⅱ. 구제신청 및 구제명령

1. 구제신청 및 조사

사용자의 부당노동행위로 인하여 그 권리를 침해당한 근로자 또는 노동조합은 노동위원회에 그 구제를 신청할 수 있고, 구제의 신청은 부당노동행위가 있은 날(계속하는 행위는 그 종료일)부터 3월 이내에 이를 행하여야 한다.

아울러, 노동위원회는 부당노동행위에 의한 구제신청을 받은 때에는 지체없이 필요한 조사와 관계 당사자의 심문을 하여야 하며, 노동위원회는 심문을 할 때에는 관계 당사자의 신청에 의하거나 그 직권으로 증인을 출석하게 하여 필요한 사항을 질문할 수 있고, 노동위원회는 심문을 함에 있어서는 관계 당사자에 대하여 증거의 제출과 증인에 대한 반대심문을 할 수 있는 충분한 기회를 주어야 한다.

2. 구제명령

노동위원회는 심문을 종료하고 부당노동행위가 성립한다고 판정한 때에는 사용자에게 구제명령을 발하여야 하며, 부당노동행위가 성립되지 아니한다고 판정한 때에는 그 구제신청을 기각하는 결정을 하여야 하며, 이때 판정·명령 및 결정은 서면으로 하되, 이를 당해 사용자와 신청인에게 각각 교부하여야 하고, 관계 당사자는 노동위원회의 명령이 있을 때에는 이에 따라야 한다.

3. 구제명령의 확정

지방노동위원회 또는 특별노동위원회의 구제명령 또는 기각결정에 불복이 있는 관계당사자는 그 명령서 또는 결정서의 송달을 받은 날부터 10일 이내에 중앙노동위원회에 그 재심을 신청할 수 있고, 중앙노동위원회의 재심판정에 대하여 관계 당사자는 그 재심판정서의 송달을 받은 날부터 15일 이내에 행정소송법이 정하는 바에 의하여 소를 제기할 수 있으며, 규정된 기간내에 재심을 신청하지 아니하거나 행정소송을 제기하지 아니한 때에는 그 구제명령·기각결정 또는 재심판정은 확정된다. 이때 기각결정 또는 재심판정이 확정된 때에는 관계 당사자는 이에 따라야 한다.

사용자가 행정소송을 제기한 경우에 관할법원은 중앙노동위원회의 신청에 의하여 결정으로써, 판결이 확정될 때까지 중앙노동위원회의 구제명령의 전부 또는 일부를 이행하도록 명할 수 있으며, 당사자의 신청에 의하여 또는 직권으로 그 결정을 취소할 수 있다.

4. 구제명령 등의 효력

노동위원회의 구제명령·기각결정 또는 재심판정은 중앙노동위원회에의 재심신청이나 행정소송의 제기에 의하여 그 효력이 정지되지 아니한다.

제 7 절 노동위원회제도

노동관계에 있어서 판정 및 조정업무의 신속·공정한 수행을 위하여 노동위원회를 설치하고 그 운영에 관한 사항을 규정함으로써 노동관계의 안정과 발전에 이바지함을 목적으로 노동위원회를 운영한다.

Ⅰ. 노동위원회의 구성 및 소관사무

1. 노동위원회의 구분·소속

노동위원회는 중앙노동위원회·지방노동위원회 및 특별노동위원회로 구분하고, 중앙노동위원회 및 지방노동위원회는 고용부처장관 소속하에 두며, 지방노동위원회의 명칭·위치 및 관할구역은 법령으로 정한다. 한편, 특별노동위원회는 특정한 사항을 관장하기 위하여 필요한 경우에 당해 특정사항을 관장하는 중앙행정기관의 장 소속하에 둔다.

2. 노동위원회의 소관 사무

노동위원회의 소관 사무는 ① 노동조합법 · 근로기준법 · 근로자참여법 · 교원노조법 · 공무원노조법 · 기간제법 및 파견법에 따른 판정 · 결정 · 의결 · 승인 · 인정 또는 차별시정 등에 관한 업무, ② 노동조합법 · 교원노조법 및 공무원노조법에 따른 노동쟁의 조정 · 중재 또는 관계 당사자의 자주적인 노동쟁의 해결지원에 관한 업무, ③ ①호 및 ②호의 업무수행과 관련된 조사 · 연구 · 교육 또는 홍보 등에 관한 업무, ④ 그 밖에 다른 법률에 따라 노동위원회의 소관으로 규정된 업무와 같다.

3. 노동위원회의 관장

중앙노동위원회는 ① 지방노동위원회 및 특별노동위원회의 처분에 대한 재심사건, ② 2 이상의 지방노동위원회의 관할구역에 걸친 노동쟁의의 조정사건, ③ 다른 법률에 의하여 그 권한에 속하는 것으로 규정된 사건을 관장한다.

지방노동위원회는 당해 관할구역에서 발생하는 사건을 관장하되, 2 이상의 관할구역에 걸친 사건(②호의 조정사건을 제외)은 주된 사업장의 소재지를 관할하는 지방노동위원회에서 관장한다.

특별노동위원회는 관계법률이 정하는 바에 따라 그 설치목적으로 규정된 특정사항에 관한 사건을 관장한다. 아울러, 특별노동위원회는 ① 근로자위원 · 사용자위원 및 공익위원의 수, ② 상임위원의 1에 해당하는 사항에 대하여는 당해 특별노동위원회의 설치근거가 되는 법률에서 달리 정할 수 있고, 특별노동위원회에 대하여는 심판담당공익위원 · 차별시정담당공익위원 및 조정담당공익위원은 이를 공익위원으로 본다.

중앙노동위원회위원장은 효율적인 노동쟁의의 조정을 위하여 필요하다고 인정하는 경우에는 ②호의 규정에 불구하고 지방노동위원회를 지정하여 당해 사건을 처리하게 할 수 있고, 주된 사업장을 정하기 어렵거나 주된 사업장의 소재지를 관할하는 지방노동위원회에서 처리하기 곤란한 사정이 있는 경우에는 직권으로 또는 관계당사자나 지방노동위원회위원장의 신청에 따라 지방노동위원회를 지정하여 당해 사건을 처리하게 할 수 있다.

4. 노동위원회의 지위

노동위원회는 그 권한에 속하는 업무를 독립적으로 수행하며, 중앙노동위원회위원장은 중앙노동위원회 및 지방노동위원회의 예산 · 인사 · 교육훈련 기타 행정사무를 총괄하며, 소속공무원을 지휘 · 감독하며, 행정사무의 지휘 · 감독권의 일부를 법령이 정하는 바에 의하여 지방노동위원회위원장에게 위임할 수 있다.

Ⅱ. 노동위원회의 조직

1. 노동위원회의 구성

노동위원회는 근로자를 대표하는 위원(근로자위원)과 사용자를 대표하는 위원(사용자위원) 및 공익을 대표하는 위원(공익위원)으로 구성한다.

노동위원회의 위원의 수는 근로자위원·사용자위원은 각 10인 이상 50인 이하, 공익위원은 10인 이상 70인 이하의 범위 안에서 각 노동위원회의 업무량을 감안하여 법령으로 정한다. 이 경우 근로자위원과 사용자위원은 동수로 한다.

근로자위원은 노동조합이 추천한 자 중에서 위촉하고 사용자위원은 사용자단체가 추천한 자 중에서 위촉하되, 중앙노동위원회의 경우에는 고용부처장관의 제청으로 대통령이, 지방노동위원회의 경우에는 지방노동위원회위원장의 제청으로 중앙노동위원회위원장이 각각 위촉한다.

공익위원은 당해 노동위원회위원장·노동조합 및 사용자단체가 각각 추천한 자 중에서 노동조합과 사용자단체가 순차적으로 배제하고 남은 자를 위촉대상 공익위원으로 하고, 그 위촉대상 공익위원 중에서 중앙노동위원회의 공익위원은 고용부처장관의 제청으로 대통령이, 지방노동위원회의 공익위원은 지방노동위원회위원장의 제청으로 중앙노동위원회위원장이 각각 위촉하나, 노동조합 또는 사용자단체가 공익위원의 추천 또는 추천된 공익위원을 순차적으로 배제하는 절차를 거부하는 경우에는 당해 노동위원회위원장이 위촉대상 공익위원을 선정할 수 있다. 한편, 공익위원은 ① 심판사건을 담당하는 심판담당공익위원, ② 차별시정사건을 담당하는 차별시정담당공익위원, ③ 조정(調整)사건을 담당하는 조정담당공익위원으로 구분하여 위촉한다.

2. 공인노무사의 권리구제 대리

노동위원회는 판정·결정·승인·인정 또는 차별시정 등에 관한 사건에 있어서 공인노무사법에 따라 사회취약계층을 위하여 공인노무사로 하여금 권리구제업무를 대리하게 할 수 있고, 이에 따라 사회취약계층을 위한 권리구제업무를 대리하는 경우의 요건, 대상, 공인노무사의 보수에 관한 사항 등 필요한 사항은 법령으로 정한다.

3. 위원의 임기

노동위원회 위원의 임기는 3년으로 하되, 연임할 수 있고, 위원이 궐위된 경우 보궐위원의 임기는 전임자의 잔임기간으로 한다. 다만, 위원장 또는 상임위원이 궐위되어 후임자를 임명한 경우 후임자의 임기는 새로이 개시된다. 아울러, 노동위원회 위원은 그 임기가 만료된 경우 후임자가 위촉될 때까지 계속 그 직무를 집행한다.

4. 공익위원의 자격기준

(1) 중앙노동위원회

중앙노동위원회의 공익위원은 다음의 구분에 따라 다음 각 목의 어느 하나에 해당하는 자로서 노동문제에 관한 지식과 경험이 있는 자중에서 위촉한다.

1) 심판담당공익위원 및 차별시정담당공익위원

노동문제와 관련된 학문을 전공한 자로서 공인된 대학에서 부교수 이상으로 재직한 자, 판사·검사·군법무관·변호사 또는 공인노무사의 직에 7년 이상 재직한 자, 노동관계업무에 7년 이상 종사한 자로서 2급 또는 2급상당 이상의 공무원이나 고위공무원단에 속하는 공무원으로 재직한 자, 기타 노동관계업무에 15년 이상 종사하여 전문적 지식과 경험을 갖춘 자로서 심판담당공익위원 또는 차별시정담당공익위원으로 적합하다고 인정되는 자 중에서 위촉한다.

2) 조정담당공익위원

공인된 대학에서 부교수 이상으로 재직한 자, 판사·검사·군법무관·변호사 또는 공인노무사의 직에 7년 이상 재직한 자, 노동관계업무에 7년 이상 종사한 자로서 2급 또는 2급상당 이상의 공무원이나 고위공무원단에 속하는 공무원으로 재직한 자, 기타 노동관계업무에 15년 이상 종사한 자 또는 사회적 덕망이 있는 자로서 조정담당공익위원으로 적합하다고 인정되는 자 중에서 위촉한다.

(2) 지방노동위원회

지방노동위원회의 공익위원은 다음의 구분에 따라 다음 각 목의 어느 하나에 해당하는 자로서 노동문제에 관한 지식과 경험이 있는 자중에서 위촉한다.

1) 심판담당공익위원 및 차별시정담당공익위원

노동문제와 관련된 학문을 전공한 자로서 공인된 대학에서 조교수 이상으로 재직한 자, 판사·검사·군법무관·변호사 또는 공인노무사의 직에 3년 이상 재직한 자, 노동관계업무에 3년 이상 종사한 자로서 3급 또는 3급상당 이상의 공무원이나 고위공무원에 속하는 공무원으로 재직한 자, 노동관계업무에 10년 이상 종사한 자로서 4급 또는 4급상당 이상의 공무원으로 재직한 자, 기타 노동관계업무에 10년 이상 종사하여 전문적 지식과 경험을 갖춘 자로서 심판담당공익위원 또는 차별시정담당공익위원으로 적합하다고 인정되는 자 중에서 위촉한다.

2) 조정담당공익위원

공인된 대학에서 조교수 이상으로 재직한 자, 판사·검사·군법무관·변호사 또는 공인노무사의 직에 3년 이상 재직한 자, 노동관계업무에 3년 이상 종사한 자로서 3급 또는 3급상당 이상의 공무원이나 고위공무원단에 속하는 공무원으로 재직한 자, 노동관계업무에 10년 이상 종사한 자로서 4급 또는 4급상당 이상의 공무원으로 재직한 자, 기타 노동관계업무에 10년 이상 종사한 자 또는 사회적 덕망이 있는 자로서 조정담당공익위원으로 적합하다고 인정되는 자 중에서 위촉한다.

5. 위원장 및 위원장의 직무

노동위원회에 위원장 1인을 두며, 중앙노동위원회위원장은 중앙노동위원회의 공익위원 자격을 가진 자중에서 고용부처장관의 제청으로, 지방노동위원회위원장은 지방노동위원회의 공익위원 자격을 가진 자중에서 중앙노동위원회위원장의 추천과 고용부처장관의 제청으로 대통령이 각각 임명하고, 중앙노동위원회위원장은 정무직으로 한다.

노동위원회위원장(위원장)은 공익위원이 되며, 심판사건·차별시정사건과 조정사건을 담당할 수 있고, 위원장은 당해 노동위원회를 대표하며 회무를 통리하고, 위원장이 부득이한 사유로 직무를 수행할 수 없는 때에는 공익위원 중에서 법령이 정하는 바에 의하여 선임된 자가 그 직무를 대행한다.

6. 상임위원

노동위원회에 상임위원을 두며 상임위원은 당해 노동위원회의 공익위원 자격을 가진 자 중에서 중앙노동위원회위원장의 추천과 고용부처장관의 제청으로 대통령이 임명하며,

상임위원은 공익위원이 되며, 심판사건·차별시정사건과 조정사건을 담당할 수 있다. 각 노동위원회에 두는 상임위원의 수 및 계급 등은 법령으로 정한다.

7. 위원의 행위규범과 신분보장

노동위원회의 위원은 법과 양심에 따라 공정하고 성실하게 업무를 수행하여야 한다. 아울러, 중앙노동위원회는 노동위원회 위원이 업무를 수행하기 위하여 준수하여야 할 행위규범 및 그 운영에 관련된 사항을 노동위원회 전원회의의 의결을 거쳐 정할 수 있으며, 행위규범은 ① 노동위원회 위원의 업무수행과 관련하여 향응·금품 등을 받는 행위의 금지에 관한 사항, ② 노동위원회 위원이 관계 당사자 일방에 편파적이거나 사건처리를 방해하는 등 공정성 및 중립성을 훼손하는 행위의 금지·제한에 관한 사항, ③ 부문별위원회 출석 등 성실한 업무수행과 관련된 사항, ④ 그 밖에 노동위원회 위원의 품위유지 등을 위하여 필요한 사항을 정한다.

한편, 국가공무원법 제33조의 규정에 해당하는 자는 노동위원회 위원에 위촉될 수 없으며, 노동위원회 위원은 ① 국가공무원법 제33조의 규정에 해당하게 된 경우, ② 장기간의 심신쇠약으로 직무를 수행할 수 없게 된 경우, ③ 직무와 관련된 비위사실이 있거나 노동위원회 위원직을 유지하기에 적합하지 아니하다고 인정되는 비위사실이 있는 경우, ④ 행위규범을 위반하여 위원으로서 직무를 수행하기 곤란한 경우의 어느 하나에 해당하는 경우를 제외하고는 그 의사에 반하여 면직 또는 해촉되지 아니한다. 다만, 노동위원회 위원이 ①호에 해당하게 된 경우에는 당연히 면직 또는 해촉된다.

8. 위원회의 사무조직

중앙노동위원회에는 사무처를, 지방노동위원회에는 사무국을 두며, 사무처와 사무국의 조직·운영에 관하여 필요한 사항은 법령으로 정하고, 고용부처장관은 노동위원회 사무처 또는 사무국 소속 직원을 고용노동부와 노동위원회 간에 전보할 경우 중앙노동위원회위원장의 의견을 들어야 한다.

중앙노동위원회에는 사무처장 1인을 두며, 사무처장은 중앙노동위원회 상임위원 중 1인이 겸직하고, 사무처장은 중앙노동위원회위원장의 명을 받아 사무처의 사무를 처리하며 소속 직원을 지휘·감독한다.

사무처와 사무국에 조사관을 두며, 조사관은 위원장, 부문별위원회의 위원장 또는 주심위원의 지휘를 받아 노동위원회의 소관 사무 수행에 필요한 조사를 하고 부문별위원회에 출석하여 의견을 진술할 수 있고, 조사관은 중앙노동위원회위원장이 노동위원회 사무처 또는 사무국 소속 공무원 중에서 임명하되, 그 임명·자격 등에 관하여 필요한 사항은 법령으로 정한다.

Ⅲ. 노동위원회의 회의

1. 회의의 구성

노동위원회에는 전원회의 외에 그 권한에 속하는 업무를 부문별로 처리하기 위하여 다른 법률에 특별한 규정이 있는 경우를 제외하고는 심판위원회·차별시정위원회·조정위원회·특별조정위원회·중재위원회·교원노동관계조정위원회 및 공무원노동관계조정위원회(부문별위원회)를 둔다.

전원회의는 당해 노동위원회 소속위원 전원으로 구성하며 ① 노동위원회의 운영등 일반적인 사항의 결정, ② 근로조건의 개선에 관한 권고, ③ 법령의 규정에 의한 지시 및 규칙의 제정(중앙노동위원회에 한함)의 사항을 처리한다.

심판위원회는 심판담당공익위원 중 위원장이 지명하는 3인(위원장 또는 상임위원 1인을 포함하여야 한다)으로 구성하며, 노동조합법·근로기준법·근로자참여법 그 밖의 법률에 따라 노동위원회의 판정·의결·승인 또는 인정 등을 받도록 규정된 사항을 처리한다.

차별시정위원회는 차별시정담당공익위원 중 위원장이 지명하는 3인(위원장 또는 상임위원 1인을 포함하여야 한다)으로 구성하며, 기간제법 또는 파견법에 따른 차별시정과 관련된 사항을 처리한다.

조정위원회·특별조정위원회 및 중재위원회는 노동조합법이 정하는 바에 따라 구성하며 동법의 규정에 의한 조정·중재 기타 이와 관련된 사항을 각각 처리한다. 이 경우 공익위원은 조정담당공익위원(위원장 또는 상임위원을 포함)중에서 선정한다.

위원장은 위원장 또는 상임위원의 업무가 과도하여 정상적인 업무수행이 곤란하게 되는 등 부득이한 사유가 있는 경우에는 위원장 또는 상임위원을 제외한 심판담당공익위원 3인과 차별시정담당공익위원 3인으로 각각 심판위원회와 차별시정위원회를 구성할 수 있으며, 위원장은 부문별위원회를 구성함에 있어서 특정 부문별위원회에 사건이 과도하게 집중되는 등 부득이한 사유가 있는 경우에는 심판담당공익위원·차별시정담당공익위원 또는 조정담당공익위원의 담당 분야와 관계없이 위원으로 지명할 수 있다.

교원노동관계조정위원회는 교원노조법이 정하는 바에 따라 설치·구성하며, 동법의 규정에 의한 조정·중재 기타 이와 관련된 사항을 처리한다.

공무원노동관계조정위원회는 공무원노조법이 정하는 바에 따라 설치·구성하며, 동법의 규정에 의한 조정·중재 그 밖에 이와 관련된 사항을 처리한다.

2. 단독심판

위원장은 ① 신청기간을 넘기는 등 신청의 요건을 명백하게 갖추지 못한 경우, ② 관계 당사자 쌍방의 신청이 있거나 동의를 얻은 경우의 어느 하나에 해당하는 경우에는 심판담당공익위원 또는 차별시정담당공익위원 1인을 지명하여 사건을 처리하게 할 수 있다.

3. 회의의 소집

위원장은 전원회의의 의장이 되며 부문별위원회위원장은 다른 법률에 특별한 규정이 있는 경우를 제외하고는 부문별위원회 위원 중에서 호선하고 당해 부문별위원회의 의장이 된다.

위원장 또는 부문별위원회위원장은 전원회의 또는 부문별위원회를 각각 소집한다. 다만, 위원장은 필요하다고 인정하는 경우에는 부문별위원회를 소집할 수 있다. 아울러, 위원장 또는 부문별위원회위원장은 전원회의 또는 부문별위원회를 구성하는 위원 과반수가 회의의 소집을 요구한 때에는 이에 응하여야 한다.

4. 주심위원

부문별위원회위원장은 부문별위원회의 원활한 운영을 위하여 필요하다고 인정하는 경우에는 주심위원을 지명하여 사건의 처리를 주관하도록 할 수 있다.

5. 의결 및 권고

(1) 화해의 권고

노동위원회는 노동조합법조 또는 근로기준법의 규정에 따른 판정·명령 또는 결정이 있기 전까지 관계 당사자의 신청 또는 직권에 의하여 화해를 권고하거나 화해안을 제시할 수 있고, 화해안을 작성함에 있어서 관계 당사자의 의견을 충분히 들어야 하며, 관계 당사자가 화해안을 수락한 때에는 관계 당사자와 화해에 관여한 위원 전원이 서명 또는 날인한 화해조서를 작성하여야 한다. 작성된 화해조서는 민사소송법에 따른 재판상 화해의 효력을 갖는다.

(2) 의결

노동위원회의 전원회의는 재적위원 과반수의 출석으로 개의하고 출석위원 과반수의 찬성으로 의결한다.

부문별위원회의 회의는 구성위원 전원의 출석으로 개의하고 출석위원 과반수의 찬성으로 의결한다. 다만, 공무원노동관계조정위원회의 전원회의는 재적위원 과반수의 출석으로 개의하고 출석위원 과반수의 찬성으로 의결한다.

아울러, 전원회의 또는 부문별위원회의 회의에 참여한 위원은 그 의결 사항에 대하여 서명 또는 날인하여야 한다.

(3) 의결결과의 통지

노동위원회는 부문별위원회의 의결결과를 지체 없이 당사자에게 통보하여야 하고, 그 처분에 관하여 당사자에게 서면으로 통지하여야 하며, 처분의 효력은 명령서·결정서 또는 재심판정서를 받은 날부터 발생한다.

(4) 보고 및 의견청취

위원장 또는 부문별위원회위원장은 소관회의에 부의된 사항에 관하여 구성위원 또는 조사관으로 하여금 회의에 보고하도록 할 수 있다.

심판위원회·차별시정위원회는 의결하기 전에 당해 노동위원회의 근로자위원 및 사용자위원 각 1人 이상의 의견을 들어야 한다. 다만, 근로자위원 또는 사용자위원이 출석요구를 받고 정당한 이유없이 출석하지 아니하는 경우에는 그러하지 아니하다.

6. 회의의 공개 및 회의 질서유지

노동위원회의 회의는 공개한다. 다만, 당해 회의의 결의에 의하여 공개하지 아니할 수 있다. 한편, 위원장 또는 부문별위원회위원장은 소관회의의 공정한 진행을 방해하거나 질서를 문란하게 하는 자에 대하여는 퇴장명령 그 밖에 질서유지에 필요한 조치를 취할 수 있다.

7. 위원의 제척·기피

위원은 ① 위원 또는 그 배우자나 배우자이었던 자가 당해 사건의 당사자가 되거나 당해 사건의 당사자와 공동권리자 또는 의무자의 관계에 있는 경우, ② 위원이 당해 사건의 당사자와 민법(제777조)의 규정에 따른 친족의 관계에 있거나 있었던 경우, ③ 위원이 당해 사건에 관하여 진술이나 감정을 한 경우, ④ 위원이 당해 사건에 관하여 당사자의 대리인으로서 관여하거나 관여하였던 경우, ⑤ 위원이 당해 사건의 원인이 된 처분 또는 부작위에 관여한 경우의 어느 하나에 해당하는 경우에는 당해 사건에 관한 직무집행에서 제척된다.

위원장은 상기의 사유가 있는 때에는 직권 또는 당사자의 신청에 따라 제척의 결정을 하여야 한다.

당사자는 심의·의결 또는 조정의 공정을 기대하기 어려운 위원이 있을 경우에는 위원장에게 그 사유를 적어 기피신청을 할 수 있다. 이때, 위원장은 기피신청이 이유있다고 인정되는 경우에는 그 위원을 교체하여야 하며, 사건이 접수되는 즉시 법령의 규정에 따른 제척신청 및 기피신청을 할 수 있음을 사건당사자에게 알려야 한다.

Ⅳ. 노동위원회의 권한

1. 협조요청

노동위원회는 그 사무집행을 위하여 필요하다고 인정할 때에는 관계행정기관에 협조를 요청할 수 있으며 협조를 요청받은 관계행정기관은 특별한 사유가 없는 한 이에 응하여야 하며, 관계행정기관으로 하여금 근로조건의 개선에 관하여 필요한 조치를 하도록 권고할 수 있다.

2. 위원회의 조사권

노동위원회는 법령의 규정에 따른 소관 사무와 관련하여 사실관계의 확인 등 그 사무집행을 위하여 필요하다고 인정할 때에는 사용자·사용자단체·노동조합 기타 관계인에 대하여 출석·보고 또는 필요한 서류의 제출을 요구하거나 위원장 또는 부문별위원회위원장이 지명한 위원 또는 조사관으로 하여금 사업 또는 사업장의 업무상황·서류 기타 물건을 조사하게 할 수 있고, 이의 규정에 의하여 조사하는 위원 또는 조사관은 그 권한을 표시하는 증표를 관계인에게 제시하여야 하며, 관계당사자 외에 필요하다고 인정되어 출석한 자에 대하여는 법령이 정하는 바에 의하여 비용을 변상한다.

3. 중앙노동위원회의 제 권한

(1) 지시권

중앙노동위원회는 지방노동위원회 또는 특별노동위원회에 대하여 노동위원회의 사무처리에 관한 기본방침 및 법령의 해석에 관하여 필요한 지시를 할 수 있다.

(2) 규칙제정권

중앙노동위원회는 중앙노동위원회·지방노동위원회 또는 특별노동위원회의 운영 기타 필요한 사항에 관한 규칙을 제정할 수 있다.

(3) 재심권

중앙노동위원회는 당사자의 신청이 있는 경우 지방노동위원회 또는 특별노동위원회의 처분을 재심하여 이를 인정·취소 또는 변경할 수 있고, 이의 규정에 의한 신청은 관계법령에 특별한 규정이 있는 경우를 제외하고는 지방노동위원회 또는 특별노동위원회가 행한 처분을 통지받은 날부터 10일 이내에 하여야 하며, 이의 기간은 불변기간으로 한다.

4. 중앙노동위원회의 처분에 대한 소

중앙노동위원회의 처분에 대한 소는 중앙노동위원회위원장을 피고로 하여 처분의 통지를 받은 날부터 15일 이내에 이를 제기하여야 하며, 노동위원회법에 의한 소의 제기로 처분의 효력은 정지하지 아니하고, 이 때의 기간은 불변기간으로 한다.

Ⅴ. 실효성 확보조치

1. 비밀엄수의 의무

노동위원회의 위원이나 직원 또는 그 위원이나 직원이었던 자는 그 직무에 관하여 지득한 비밀을 누설하여서는 아니된다.

노동위원회의 사건처리에 관여한 위원이나 직원 또는 그 위원이나 직원이었던 자로서 변호사·공인노무사 등은 영리를 목적으로 당해 사건에 관하여 그 직무를 행하여서는 아니 된다.

2. 벌칙적용에 있어서의 공무원 의제

노동위원회의 위원 중 공무원이 아닌 위원은 형법 기타 법률에 의한 벌칙의 적용에 있어서 공무원으로 본다.

3. 벌칙 및 양벌규정과 과태료

(1) 벌칙

비밀엄수의무를 위반한 자는 1년 이하의 징역 또는 300만원 이하의 벌금에 처하고, 노동위원회의 조사권 등과 관련하여 ① 노동위원회의 보고 또는 서류제출 요구에 응하지 아니하거나 거짓의 보고 또는 서류를 제출한 자, ② 관계 위원 또는 조사관의 조사를 거부·방해 또는 기피한 자에 해당하는 자는 500만원 이하의 벌금에 처한다.

(2) 양벌규정

법인 또는 단체의 대표자, 법인·단체 또는 개인의 대리인·사용인 기타의 종업원이 그 법인·단체 또는 개인의 업무에 관하여 벌칙규정의 위반행위를 한 때에는 행위자를 벌하는 외에 그 법인·단체 또는 개인에 대하여도 동조의 벌금형을 과한다.

(3) 과태료

위원장은 회의의 공정한 진행을 방해하거나 질서를 문란하게 하는 사람에 대하여 퇴장명령 등 그 밖에 질서유지에 필요한 조치를 할 수 있는데 이때 퇴장명령에 불응한 자는 100만원 이하의 과태료에 처하며, 이의 규정에 따른 과태료는 법령이 정하는 바에 따라 노동위원회가 부과·징수하고, 이의 규정에 따른 과태료 처분에 불복하는 자는 그 처분을 고지받은 날부터 30일 이내에 노동위원회에 이의를 제기할 수 있으며, 과태료 처분을 받은 자가 이의를 제기한 때에는 노동위원회는 지체 없이 관할 법원에 그 사실을 통보하여야 하며 그 통보를 받은 관할 법원은 비송사건절차법에 따른 과태료의 재판을 한다.

20 chapter

노사협력정책

제1절 서 설

노사협력정책은 국가차원에서는 노사정위원회를 사업장차원에서는 노사협의회를 통하여 운영되고 있다. 물론 이러한 기준은 조직단위에 대한 문제이고 노사간의 각종 위원회 등 공동의사결정제도를 가지는 경우는 통상적으로 노사협력정책의 일환으로 풀이 할 수 있다. 다만, 노사정위원회는 노사공의 3자협력체제를 노사협의회는 노사의2자 협력체제를 가진다고 할 수 있다.

노사협력은 근로자와 사용자 쌍방이 참여와 협력을 통하여 노사 공동의 이익을 증진함으로써 산업 평화를 도모하고 국민경제 발전에 이바지함을 목적으로 한다. 이러한 노사협력의 기본협의체인 노사협의회란 근로자와 사용자가 참여와 협력을 통하여 근로자의 복지증진과 기업의 건전한 발전을 도모하기 위하여 구성하는 협의기구를 말하는데, 노사협의회(이하 "협의회"라 한다)는 근로조건에 대한 결정권이 있는 사업이나 사업장 단위로 설치하여야 한다. 다만, 상시(常時) 30명 미만의 근로자를 사용하는 사업이나 사업장은 그러하지 아니하다. 하나의 사업에 지역을 달리하는 사업장이 있을 경우에는 그 사업장에도 설치할 수 있다.

아울러, 각종 노사협력위원회, 경영협의회 등 다양한 형태의 협의체와 각종 프로그램을 통한 협력정책을 들 수 있다.

제 2 절 노사정위원회

Ⅰ. 설치목적 및 정책적 의미

근로자와 사용자 및 정부가 신뢰와 협조를 바탕으로 노동 정책 및 이와 관련된 경제·사회 정책 등을 협의하고, 대통령의 자문에 응하게 하기 위하여 경제사회발전노사정위원회를 설치하고, 그 기구 및 운영 등에 필요한 사항을 규정함으로써 산업평화를 도모하고 국민경제의 균형 있는 발전에 이바지하는 것을 목적으로 설치된 조직으로 근로자와 사용자 및 정부가 신뢰와 협조를 바탕으로 고용·노동정책 및 이와 관련된 사항을 협의하고, 대통령의 자문에 응하게 하기 위한 비상근장관급을 위원장으로 하는 대통령자문기구이다.

노사정위원회는 1999년 8월 6일에는 대통령령 제16519호에 의거하여 17조문과 부칙 2조로 구성된 노사정위원회의 설치 및 운영 등에 관한 법률을 제정·공포함으로써 공식적이고 제도적인 기구가 되었다. 사용자의 책임성확보와 근로자의 생산성과 유연성 강화를 통한 신노사문화를 정부가 일방적이지 않은 합리적이고 상생적인 틀을 제도화를 가져가는 것이 목적이다. 또한 노사정위원회의 합의사항에 대해서는 정부가 위원회에 참여하고 있기 때문에 합의사항의 이행에 대한 담보가 상당한 정도로 이루어져 왔다. 즉, 노사정위원회는 대통령의 단순한 자문기구가 아니라 사회적 합의기구의 성격을 지니고 있는 것이다. 그러나 사회적 파트너들 간에 사회적 협의의 경험이 충분히 축적되지 않은데서 비롯되는 상호간 신뢰의 부족문제를 극복해야 하는 한계를 가지고 있다. 즉, 근로자와 사용자 및 정부(노사정)는 서로에 대한 신뢰를 바탕으로 성실하게 협의에 임하여야 하며, 그 결과를 최대한 존중하여야 한다.

Ⅱ. 위원회의 구성 및 기능

1. 위원회의 구성

위원회는 위원장 1명, 상임위원 1명, 근로자·사용자·정부·공익을 대표하는 위원 각 2명으로 구성하며, 위원장과 상임위원은 대통령이 위촉하고, 근로자를 대표하는 위원은 전국 규모의 노동단체 대표자 중에서, 사용자를 대표하는 위원은 전국 규모의 사용자단체 대표자 중에서 대통령이 각각 위촉하며, 정부를 대표하는 위원은 기획재정부장관과 고용부처장관으로 한다. 또, 공익을 대표하는 위원은 노동·경제·사회 문제에 관하여 학식과 경험이 풍부한 사람으로서 위원장, 전국 규모의 노동단체 및 전국 규모의 사용자단체가 추천하는 사람 중에서 전국 규모의 노동단체 및 전국 규모의 사용자단체가 순차적으로 배제하고 남은 사람을 위촉다상자로 하여 위원장의 제청으로 대통령이 위촉한다. 한편, 대통령은 위원회의 기능에 따른 사항을 협의하기 위하여 필요한 경우에는 추가로 산업통상자원부장관 등 관계 행정기관의 장을 특별위원으로 위촉할 수 있다.

2. 위원회의 기능

대통령소속하의 경제사회발전노사정위원회는 근로자의 고용안정과 근로조건 등에 관한 노동 정책 및 이에 중대한 영향을 미치는 산업·경제 및 사회 정책에 관한 사항, 노사관계 발전을 위한 제도·의식(意識) 및 관행의 개선에 관한 사항, 위원회에서 의결된 사항의 이행 방안에 관한 사항, 노사정 협력 증진을 위한 사업의 지원 방안에 관한 사항, 그 밖에 대통령이 자문하는 사항에 대한 기능을 수행한다.

Ⅲ. 위원회의 운영

1. 위원회의 회의

위원장은 회의를 소집하고, 그 의장이 된다. 회의 대통령이 소집을 요구할 때, 재적위원 3분의 1 이상이 소집을 요구할 때, 그 밖에 위원장이 필요하다고 인정할 때 소집하는데, 위원회의 회의는 재적위원 과반수의 출석으로 개의(開議)하고, 출석위원 3분의 2 이상의 찬성으로 의결한다. 이때, 위원회가 의결을 할 때에는 근로자를 대표하는 위원, 사용자를 대표하는 위원 및 정부를 대표하는 위원 각 2분의 1 이상이 출석하여야 한다.

2. 상무위원회

위원회에는 위원회의 회의에 부칠 의안을 검토·조정하고 위원회로부터 위임받은 사항을 처리하며 그 밖에 위원회 활동을 지원하기 위하여 상무위원회를 두며, 상무위원회는 상무위원장 1명을 포함한 20경 이내의 상무위원으로 구성하며, 위원회의 상임위원은 상무위원장을 겸임한다. 상무위원은 노동단체, 사용자단체 및 관계 행정기관의 실무 책임자와 공익을 대표하는 관계 전문가 중에서 위원회의 위원장이 위촉한다. 이 경우 공익을 대표하는 상무위원은 관계 전문가로서 위원회의 위원장, 전국 규모의 노동단체 및 전국 규모의 사용자단체가 추천하는 사람 중에서 전국 규모의 노동단체 및 전국 규모의 사용자단체가 순차적으로 배제하고 남은 사람을 위촉한다.

3. 의제별 · 업종별 위원회

위원회는 1년 이내의 존속기간을 정하여 의제별·업종별 위원회를 상무위원회에 둘 수 있다. 다만, 필요한 경우에는 1년 이내의 범위에서 존속기간을 한 차례 연장할 수 있다. 의제별·업종별 위원회의 위원장은 위원회의 위원장이 임명한다.

의제별·업종별위원회는 위원장 1인을 포함하여 20인 이내의 위원으로 구성하며, 의제별·업종별위원회의 위원장(의제별·업종별위원장)은 노동·경제·사회 문제에 관하여 학식과 경험이 풍부한 자 중에서 위원장이 임명하고, 의제별·업종별위원회의 위원은 전국 규모의 노동단체에서 추천하는 자, 전국 규모의 사용자단체에서 추천하는 자, 관계행정기관의 장이 추천하는 공무원, 공익을 대표하는 관계전문가, 그 밖에 위원장이 의제와 관련하여 필요하다고 인정하는 자 중에서 위원장이 위촉한다. 이들 중 공익을 대표하는 의제별·업종별위원회의 위원은 노동·경제·사회문제에 관하여 학식과 경험이 풍부한 자로서 위원장, 전국 규모의 노동단체 및 사용자단체가 추천하는 자 중에서 전국 규모의 노동단체 및 사용자단체가 순차적으로 배제하고 남은 자를 위촉 대상자로 하여 위원장이 위촉한다.

4. 지역노사정협의회

지방자치단체의 장은 관할 지역의 노사정 협력 증진을 위하여 지역노사정협의회를 둘 수 있는데, 지역노사정협의회는 위원장 1인을 포함한 30인 이내의 위원으로 구성한다. 지역노사정협의회의 위원장은 관할 지방자치단체의 장이 되며, 지역노사정협의회의 위원은 근로자를 대표하는 자, 사용자를 대표하는 자, 공익을 대표하는 자, 당해지방자치단체를 대표하는 자, 당해지역의 지방고용노동관서를 대표하는 자 중에서 관할 지방자치단체의 장이 위촉한다. 이 경우 근로자를 대표하는 위원과 사용자를 대표하는 위원은 동수로 한다. 이러한 지역노사정협의회는 지역내 노사정협력방안에 관한 사항, 지역내 실업 및 고용대책에 관한 사항, 그 밖에 지역경제 및 지역 노사관계 발전에 관한 사항을 협의한다.

제 3 절 노사협의회제도

Ⅰ. 협의회의 구성

1. 협의회의 구성

협의회는 근로자와 사용자를 대표하는 같은 수의 위원으로 구성하되, 각 3명 이상 10명 이하로 한다. 이중 근로자를 대표하는 위원(근로자위원)은 근로자가 선출하되, 근로자의 과반수로 조직된 노동조합이 있는 경우에는 노동조합의 대표자와 그 노동조합이 위촉하는 자로 하고, 사용자를 대표하는 위원(사용자위원)은 해당 사업이나 사업장의 대표자와 그 대표자가 위촉하는 자로 한다.

2. 의장과 간사

협의회에 의장을 두며, 의장은 위원 중에서 호선(互選)한다. 이 경우 근로자위원과 사용자위원 중 각 1명을 공동의장으로 할 수 있고, 의장은 협의회를 대표하며 회의 업무를 총괄한다. 또, 노사 쌍방은 회의 결과의 기록 등 사무를 담당하는 간사 1명을 각각 둔다.

3. 위원의 임기 및 신분

위원의 임기는 3년으로 하되, 연임할 수 있고, 보궐위원의 임기는 전임자 임기의 남은 기간으로 하며, 위원은 임기가 끝난 경우라도 후임자가 선출될 때까지 계속 그 직무를 담당한다. 한편, 위원은 비상임·무보수로 하고, 사용자는 협의회 위원으로서의 직무 수행과 관련하여 근로자위원에게 불이익을 주는 처분을 하여서는 아니 되며, 위원의 협의회 출석 시간과 이와 직접 관련된 시간으로서 근로자참여법에 따른 협의회규정으로 정한 시간은 근로한 시간으로 본다.

4. 사용자의 의무

사용자는 근로자위원의 선출에 개입하거나 방해하여서는 아니 되며, 근로자위원의 업무를 위하여 장소의 사용 등 기본적인 편의를 제공하여야 한다.

5. 시정명령

고용부처장관은 사용자가 협의회 위원으로서의 직무 수행과 관련하여 근로자위원에게 불이익을 주는 처분을 하여서는 아니 되는 규정을 위반하여 근로자위원에게 불이익을 주는 처분을 하거나 근로자위원의 선출에 개입하거나 방해하는 경우에는 그 시정(是正)을 명할 수 있다.

Ⅱ. 협의회의 운영

1. 회의 및 회의 소집과 정족수

협의회는 3개월마다 정기적으로 회의를 개최하여야 하며, 협의회는 필요에 따라 임시 회의를 개최할 수 있다. 의장은 협의회의 회의를 소집하며 그 의장이 되고, 의장은 노사 일방의 대표자가 회의의 목적을 문서로 밝혀 회의의 소집을 요구하면 그 요구에 따라야 하며, 의장은 회의 개최 7일 전에 회의 일시, 장소, 의제 등을 각 위원에게 통보하여야 한다.

한편, 회의는 근로자위원과 사용자위원 각 과반수의 출석으로 개최하고 출석위원 3분의 2 이상의 찬성으로 의결한다.

2. 자료의 사전 제공

근로자위원은 회의 소집시에 통보된 의제 중 근로자참여법의 협의 사항 및 의결 사항과 관련된 자료를 협의회 회의 개최 전에 사용자에게 요구할 수 있으며 사용자는 이에 성실히 따라야 한다. 다만, 그 요구 자료가 기업의 경영·영업상의 비밀이나 개인정보에 해당하는 경우에는 그러하지 아니하다.

3. 회의의 공개 및 비밀 유지

협의회의 회의는 공개한다. 다만, 협의회의 의결로 공개하지 아니할 수 있다. 한편, 협의회의 위원은 협의회에서 알게 된 비밀을 누설하여서는 아니 된다.

4. 협의회규정

협의회는 그 조직과 운영에 관한 규정(협의회규정)을 제정하고 협의회를 설치한 날부터 15일 이내에 고용부처장관에게 제출하여야 한다. 이를 변경한 경우에도 또한 같다. 아울러, 협의회규정의 규정 사항과 그 제정・변경 절차 등에 관하여 필요한 사항은 법령으로 정한다.

5. 회의록 비치

협의회는 개최 일시 및 장소, 출석 위원, 협의 내용 및 의결된 사항, 그 밖의 토의사항을 기록한 회의록을 작성하여 갖추어 두어야 하며, 이에 따른 회의록은 작성한 날부터 3년간 보존하여야 한다.

Ⅲ. 협의회의 임무

1. 협의 사항

협의회가 협의하여야 할 사항은 ① 생산성 향상과 성과 배분, ② 근로자의 채용・배치 및 교육훈련, ③ 근로자의 고충처리, ④ 안전, 보건, 그 밖의 작업환경 개선과 근로자의 건강증진, ⑤ 인사・노무관리의 제도 개선, ⑥ 경영상 또는 기술상의 사정으로 인한 인력의 배치전환・재훈련・해고 등 고용조정의 일반원칙, ⑦ 작업과 휴게 시간의 운용, ⑧ 임금의 지불방법・체계・구조 등의 제도 개선, ⑨ 신기계・기술의 도입 또는 작업 공정의 개선, ⑩ 작업 수칙의 제정 또는 개정, ⑪ 종업원지주제(從業員持株制)와 그 밖에 근로자의 재산형성에 관한 지원, ⑫ 직무 발명 등과 관련하여 해당 근로자에 대한 보상에 관한 사항, ⑬ 근로자의 복지증진, ⑭ 사업장 내 근로자 감시 설비의 설치, ⑮ 여성근로자의 모성보호 및 일과 가정생활의 양립을 지원하기 위한 사항, ⑯ 그 밖의 노사협조에 관한 사항으로, 각 호의 사항에 대하여 법령의 정족수에 따라 의결할 수 있다.

2. 의결 사항

사용자는 ① 근로자의 교육훈련 및 능력개발 기본계획의 수립, ② 복지시설의 설치와 관리, ③ 사내근로복지기금의 설치, ④ 고충처리위원회에서 의결되지 아니한 사항, ⑤ 각종 노사공동위원회의 설치의 어느 하나에 해당하는 사항에 대하여는 협의회의 의결을 거쳐야 한다.

3. 보고 사항

사용자는 정기회의에 ① 경영계획 전반 및 실적에 관한 사항, ② 분기별 생산계획과 실적에 관한 사항, ③ 인력계획에 관한 사항, ④ 기업의 경제적·재정적 상황의 어느 하나에 해당하는 사항에 관하여 성실하게 보고하거나 설명하여야 한다. 아울러, 근로자위원은 근로자의 요구사항을 보고하거나 설명할 수 있으며, 근로자위원은 사용자가 법령에 따른 보고와 설명을 이행하지 아니하는 경우에는 정기회의 보고사항에 관한 자료를 제출하도록 요구할 수 있으며 사용자는 그 요구에 성실히 따라야 한다.

4. 의결 사항의 공지 및 이행

협의회는 의결된 사항을 신속히 근로자에게 널리 알려야 하고, 근로자와 사용자는 협의회에서 의결된 사항을 성실하게 이행하여야 한다.

5. 임의 중재

협의회는 ① 의결 사항에 관하여 협의회가 의결하지 못한 경우, ② 협의회에서 의결된 사항의 해석이나 이행 방법 등에 관하여 의견이 일치하지 아니하는 경우의 어느 하나에 해당하는 경우에는 근로자위원과 사용자위원의 합의로 협의회에 중재기구(仲裁機構)를 두어 해결하거나 노동위원회나 그 밖의 제삼자에 의한 중재를 받을 수 있으며, 이에 따른 중재 결정이 있으면 협의회의 의결을 거친 것으로 보며 근로자와 사용자는 그 결정에 따라야 한다.

Ⅳ. 고충처리

1. 고충처리위원

모든 사업 또는 사업장에는 근로자의 고충을 청취하고 이를 처리하기 위하여 고충처리위원을 두어야 한다. 다만, 상시 30명 미만의 근로자를 사용하는 사업이나 사업장은 그러하지 아니하다.

2. 고충처리위원의 구성 및 임기

고충처리위원은 노사를 대표하는 3명 이내의 위원으로 구성하되, 협의회가 설치되어 있는 사업이나 사업장의 경우에는 협의회가 그 위원 중에서 선임하고, 협의회가 설치되어 있지 아니한 사업이나 사업장의 경우에는 사용자가 위촉한다. 위원의 임기에 관하여는 협의회 위원의 임기에 관한 규정을 준용한다.

3. 고충의 처리

고충처리위원은 근로자로부터 고충사항을 청취한 경우에는 10일 이내에 조치 사항과 그 밖의 처리결과를 해당 근로자에게 통보하여야 하고, 고충처리위원이 처리하기 곤란한 사항은 협의회의 회의에 부쳐 협의 처리한다.

Ⅴ. 보칙 및 벌칙

1. 권한의 위임

고용부처장관의 권한은 법령으로 정하는 바에 따라 그 일부를 지방고용노동관서의 장에게 위임할 수 있다.

2. 벌칙

협의회의 설치를 정당한 사유 없이 거부하거나 방해한 자, 협의회에서 의결된 사항을 정당한 사유 없이 이행하지 아니한 자, 중재 결정의 내용을 정당한 사유 없이 이행하지 아니한 자는 1천만원 이하의 벌금에 처하고, 사용자가 정당한 사유 없이 고용부처장관이 사용자에게 근로자위원에게 불이익을 주는 처분 및 근로자위원의 선출에 개입하거나 방해하는 경우에 그 시정(是正)을 명하였는데도 시정명령을 이행하지 아니하거나 법령에 따른 자료제출 의무를 이행하지 아니하면 500만원 이하의 벌금에 처한다. 또, 사용자가 협의회를 정기적으로 개최하지 아니하거나 고충처리위원을 두지 아니한 경우에는 200만원 이하의 벌금에 처한다.

3. 과태료

사용자가 협의회규정을 제출하지 아니한 때에는 200만원 이하의 과태료를 부과하고, 과태료는 법령으로 정하는 바에 따라 고용부처장관이 부과·징수한다. 한편, 과태료 처분에 불복하는 자는 그 처분을 고지받은 날부터 30일 이내에 고용부처장관에게 이의를 제기할 수 있으며, 과태료 처분을 받은 자가 이의를 제기하면 고용부처장관은 지체 없이 관할 법원에 그 사실을 통보하여야 하며, 그 통보를 받은 관할 법원은 비송사건절차법에 따른 과태료 재판을 한다. 그러나 법령에 따른 기간에 이의를 제기하지 아니하고 과태료를 내지 아니하면 국세 체납처분의 예에 따라 징수한다.

제4절 노사공동위원회

Ⅰ. 노사공동현안 참여 및 협력

노사는 대립관계에 서면서도 공존의 상생적 협력관계를 가지는 양면성을 지니고 있다. 그러므로 때로는 대립하여 갈등하고, 때로는 공동의 목표를 위해 협력하며 함께 성장하는 파트너십을 가진다. 이런 측면에서 경영환경이 어려울 때 서로 협력하며 어려움을 극복하고 성장하는 기반을 다지기도 한다. 특히 노사가 협력하여 파트너십을 가지는 조직은 더욱 안정적이면서 성장을 해간다고 할 수 있다. 이러한 측면에서 노사협력은 고용에서 매우 중요한 기반이 된다고 할 수 있다.

노사가 협력하는 방법은 다양하지만 구체적인 모양이나 형태는 노사간의 공동협력체를 운영한다는 점이다. 이렇게 형성된 대표적인 것이 독일 등 유럽에서 일반적으로 운영되는 경영협의회가 있고, 노사간의 각종 현안을 협력하여 풀어가는 노사공동위원회가 존재한다. 이러한 노사공동위원회는 제도개선위원회, 성과개선위원회, 안전관리 위원회 등 다양한 형태로 운영되고 있다. 즉, 노사협력제도의 근간에는 노사가 경영의 최고 의사결정 과정 등에 참여하는 형태를 가진다는 것이다. 이러한 측면에서 경영참여제도는 노사협력제도의 한 유형이라고 볼 수 있다. 형태는 다양하지만 최고 의사결정기구인 이사회에 근로자가 참여하는 방법, 청년보드를 통하여 중간간부회의 등에 참여하는 방법, 앞의 각종 노사공동회의체를 통하여 참여하는 방법을 들 수 있다. 본 절에서는 경영참여제도와 노사제도개선위원회 등을 중심으로 노사간의 협력관계를 설명하고자 한다.

Ⅱ. 경영참여제도

1. 경영참여제도의 의의

경영참여제도의 유형에서 노사협력의 형태로 독일의 경우 경영협의회를 들 수 있다. 이는 우리나라의 노사협의회와 유사한 형태로 볼 수 있다. 그러나 내면적으로 살펴보면 그 성격이 상당한 부분 차이가 난다. 경영참여란 근로자 또는 노동조합이 해당 기업의 경영에 참여하여 경영진과 함께 해당 기업의 경영상의 권한과 책임을 분담하는 것이라고 할 수 있다.

2. 경영참여 방법과 노사협력

근로자의 경영참여방법은 의사결정과정에서의 참여와 경영성과 및 결과(배분 등)에 대한 참여로 나누어 볼 수 있다. 이러한 경영참여는 노사간의 협력관계가 아니고는 형성되기 어려운 것이다. 즉, 경영은 경영진이 담당하는 것으로 그 권한과 책임을 근로자 등에게 나누어 줄 가능성은 적다. 그러나 종업원지주제도와 같은 지분참여를 통한 방법, 경영기획과 집행과정에 참여하는 방법을 통하여 실행되는 것은 노사간의 신뢰를 바탕으로 공동의 목표인 기업의 이윤창출과 종업원에 대한 이익배분을 달성하고, 보다 건전한 노사문화의 형성과 기업의 성장에 대한 공동의 이익이 합치하기 때문이다. 그러므로 근로자의 경영참여는 노사협력의 가장 중요한 부분에 해당할 수 있다.

3. 경영협의회

경영협의회는 형태에 따라서는 의사결정기구로서의 역할, 자문기구로서의 역할 등 다양하게 운영할 수 있다. 의사결정기구로서의 운영을 전제로 하는 경우는 사실상 최고의사결기구로서의 기능을 할 가능성이 크다. 그러나 자문기구로서의 역할을 수행하는 경우는 최고의사결정의 참여 내지 의견수렴기구로서의 기능으로 제한적인 역할이 될 수 있다. 이러한 참여형태는 해당 기업의 정책적인 판단에 따라서 달라지겠지만 통상 최고의사결정이나 중간의사결정을 지원하기 위한 자문기구로서의 역할이 일반적이고 최고의사결정기관으로서 운영되는 사례도 상당부분 차지한다.

Ⅲ. 노사공동제도개선 및 협력위원회

일반적으로 노사 공동의 제도개선위원회나 노사협력위원회 등을 많이 활용하는데, 이러한 위원회 등은 자문기구로서의 역할이 대부분이다. 물론, 특정 사안에 대하여 실제 문제진단과 이를 해소하기 위한 제도개선까지 실행하는 경우도 상당수 있다. 그러나 경영과 그 집행을 경영진에게 맡기고 있는 일반적인 기업의 특성상 현안 등에 대한 의견타진과 자문 등을 통한 의견수렴이 일반적인 것이라고 할 수 있다.

1. 노사공동제도개선위원회

일반적으로 많이 활용되는 노사공동 제도개선위원회는 기업의 특성에 따라 생산개선위원회, 품질개선위원회 등을 운영하는 것이 일반적이고, 기업의 특성과는 무관하게 노사공동의 관심사인 인사제도개선위원회는 통상적인 기업이 일반적으로 노사협력을 위해 설치하여 운영하고 있다. 즉, 인사제도개선위원회를 통하여 단체교섭 및 단체협약이나 노사협의회에서 논의된 인사노무제도개선을 위한 공동위원회를 노사가 함께 구성하여 제도개선을 합리적으로 개선하기 위하여 협력하는 형태라고 할 수 있다.

2. 청년이사회 및 실무위원회

중간관리자 및 하위직 근로자의 참신하고 혁신적인 아이디어와 실무에서 최고 의사결정기구에 직접 의사전달 할 수 있는 창구로서의 역할을 하는 청년이사회(실무자의 이사회 참여 등), 중간관리자 및 실무자의 협의체(실무위원회, 실무협의회)를 통한 의견수렴과 아이디어의 제출 등에 효과적으로 활용되는 기구를 운영하는 것이 일반적이다. 이러한 기구들은 현안문제 및 경영일반에 대한 의견제시, 현안사안의 협의, 필요한 경우 일정한 범위내에서의 의사결정과 집행까지 실행하는 역할을 한다.

3. 노사협력위원회

노사간의 협력과 이해를 증진하기 위하여 노사간의 각종 위원회는 각각의 기능을 한다. 명칭과 기능 및 형식은 달라도 노사가 공동의 관심사항과 이해도모를 위하여 때로는 서로간의 입장차이의 간극을 좁히고, 때로는 갈등의 완충장치로서, 때로는 특정한 사안에 대한 해결을 위하여 각종 협력위원회를 활용하는 경우가 있는데 이러한 협의체는 모두 노사간의 협력을 위한 역할을 한다고 할 수 있다.

제11편

국제고용정책

21 chapter

국제고용협력정책

제 1 절 국제노동기준의 표준화

국제인력정책 내지 국제고용협력정책은 유엔의 창설과 국제노동기구(ILO)의 창설을 계기로 많은 변화를 가져왔다. 즉, 개별국가의 고용정책에 따라 운영되던 고용의 문제는 국제적인 표준과 공조를 표방하고 있다. 이러한 정책적인 문제를 반영한 것이 ILO의 헌장과 ILO의 협약을 들 수 있다. 모든 회원국은 국제노동기구가 마련한 협약에 대하여 국내에서 비준하는 경우 조약과 같은 효력을 가지고 국내법의 효력을 가지며, 이는 법의 일반원칙에 따라 국내의 법규가 되는 것이다. 이처럼 국제노동기구의 헌장, 협약의 이행 등을 통하여 국제노동기준의 표준화의 과정을 밟고 있다. 이하에서는 국제노동기구의 헌장에서 고용과 연관성이 많은 부분을 중심으로 살펴보고, 고용정책과 관련이 큰 주요 협약의 내용을 중심으로 설명하고자 한다.

Ⅰ. ILO의 조직 및 헌장

헌장은 전문과 조직 및 총회, 규약사항과 일반사항, 부칙과 부속서로 구성되어 있다. 1919년 6월 28일 성립된 베르사유조약 제13편(노동편)에 근거하여 1944년 필라델피아에서 채택된 ILO의 목적에 관한 선언을 달성하기 위하여 행한 기본헌장으로 국제노동기구는 1946년의 제29차 총회에서 이 헌장의 정신을 지도원리로 삼을 것을 결의하였다. 헌장의 취지는 세계의 영속하는 평화는 사회정의를 기초로 하여서만 확립될 수 있다. 그리고 세계평화 및 협조가 위험하게 될 만큼 커다란 사회적 불안을 일으키는 것과 같은 부정, 궁핍을 다수의 국민들에게 초래하는 근로조건이 존재하고, 한편 이들 근로조건을 예를 들면 1일 및 1주의 최장노동시간의 설정을 포함하는 근로시간의 규제, 노동력 공급의 조정, 실업의 방지, 타당한 생활임금 지급, 고용에서 생기는 질병·질환·부상에 대한 근로자의 보호, 아동·연소자·부인의 보호, 노년 및 폐질에 대한 급부, 자국 이외의 나라에 있어서 사용되어지는 경우에 있어서 근로자의 이익의 보호, 동일가치의 노동에 대한 동일임금의 원칙의 승인, 결사자유의 원칙의 승인, 직업적·기술적 교육의 조직 및 기타 조치에 의해 개선하는 것이 급선무이다. 또, 어떤 나라가 인도적인 근로조건을 채용하지 않는 것은 자유로이 근로조건의 해결을 희망하는 다른 나라의 장애로 되고 있기 때문에 이와 같은 여러 목적을 달성하기 위해 이 헌장이 작성되어진 것이다. 총 4장, 40조 및 부속서로 구성되어 있다.

1. ILO 조직

회원국은 1945년 11월 1일에 이 기구의 회원국이었던 국가와 본조 제3항 및 제4항의 규정에 따라 회원국이 되는 기타의 국가들이 된다. 기구로는 회원국 대표의 총회, 이사회, 이사회 관할하의 국제노동기구 사무국으로 구성되어 있다. 회원국 대표의 총회 회의는 필요에 따라 수시로 개최하며 최소한 매년 1회 개최한다. 총회는 각 회원국대표 4명으로 구성한다. 그 중 2명은 정부대표로 하며 나머지 2명은 각 회원국의 근로자 및 사용자를 각각 대표하는 자로 한다. 이사회는 정부를 대표하는 28명, 사용자를 대표하는 14명, 근로자를 대표하는 14명 등 총 56명으로 구성되어 있다. 국제노동기구 사무국의 임무는 근로생활 및 근로조건의 국제적 조정에 관련되는 사항에 관한 정보수집 및 배포. 특히, 국제협약의 체결을 위해 총회에 제출키로 되어 있는 사항의 검토와 총회 또는 이사회가 명하는 특별조사의 실시를 포함한다. 사무국은 이사회의 지시에 따라 총회의 의제의 각종 항목에 관한 문서의 준비, 총회의 결정에 대한 법령의 입안과 행정상의 관행 및 감독제도의 개선, 관련 정부의 요청이 있을 때에 가능한 모든 적절한 지원 제공, 협약의 실효적인 준수와 관련, 이 헌장의 규정에 의하여 사무국에 요구되는 임무 수행, 국제적 관심사인 산업 및 고용문제에 관한 출판물을 이사회가 필요하다고 간주하는 언어로 편집 및 간행 등의 사항을 행한다.

2. 총회 및 의결사항

제2장에 해당하는 절차규정에서는 총회의 표결 및 의결사항 등에 대하여 규정하고 있다. 특히 규약사항 및 권고사항에 대한 결정과 의무 등이 중요한 규정이라고 할 수 있는데, 협약사항에서 회원국의 의무로는 ① 협약은 비준을 위하여 모든 회원국에 통보된다. ② 각 회원국은 총회 회기 종료 후 늦어도 1년 이내에 또는 예외적인 사정 때문에 1년 이내에 불가능할 때에는 가능한 한 빨리, 그러나 어떤 경우에도 총회 회기 종료 후 18개월 이내에 입법 또는 다른 조치를 위하여 그 사항을 관장하는 권한 있는 기관(competent authorities)에 제출한다. ③ 회원국은 협약을 위의 권한 있는 기관에 제출하기 위하여 이 조에 따라 취한 조치, 권한이 있다고 간주된 기관에 관한 상세한 설명 및 그 기관이 취한 조치를 국제노동기구 사무총장에게 통보한다. ④ 회원국은 그 사항을 관장하는 권한 있는 기관의 동의를 얻는 경우 협약의 공식적 비준을 사무총장에게 통보하고 또한 협약의 규정을 실시하기 위하여 필요한 조치를 취한다. ⑤ 회원국은 그 사항을 관장하는 권한 있는 기관의 동의를 얻지 못할 경우 협약이 취급하고 있는 사항에 관하여 자국의 법률 및 관행의 현황을 이사회가 요청하는 적당한 기간마다 국제노동기구 사무총장에게 보고하는 것 외에는 어떠한 추가의무도 지지 아니한다. 이 보고에는 입법, 행정조치, 단체협약 및 다른 방법으로 협약의 규정이 어느 정도로 시행되고 있는지 또는 시행하려 하는지를 명시하고 또한 협약의 비준을 방해하거나 지연시키는 어려운 사항을 기술한다.

그리고 권고사항에서 회원국의 의무로는 ① 권고는 국내입법 또는 다른 방법으로 시행되도록 심의를 위하여 모든 회원국에게 통보된다. ② 각 회원국은 총회 회기 종료 후 늦어도 1년 이내에 또는 예외적인 사정 때문에 1년 이내에 불가능할 때에는 가능한 한 빨리, 그러나 어떠한 경우에도 총회 회기 종료 후 18개월 이내에 입법 또는 다른 조치를 위하여 그 사항을 관장하는 권한 있는 기관에 제출한다. ③ 회원국은 권고를 위의 권한 있는 기관에 제출하기 위하여 이조에 따라 취한 조치 및 권한이 있는 것으로 인정한 기관에 관한 상세한 설명 및 그 기관이 취한 조치를 국제노동기구 사무총장에게 통지한다. ④ 회원국은 권고를 위의 권한 있는 기관에 제출하는 것을 제외하고는 권고가 취급하고 있는 사항에 관하여 자국의 법률 및 관행의 현황을 이사회가 요청하는 적당한 기간마다 국제노동기구 사무총장에게 보고하는 것 외에는 어떠한 추가 의무도 지지 아니한다. 이 보고에는 권고의 규정이 어느 정도로 시행되고 있는지 또는 시행하려 하는지 및 어떠한 규정을 채택하거나 적용함에 있어서 필요하다고 인정된 또는 인정될 수 있는 수정안을 제시한다.

아울러, 협약의 비준수에 대한 해명을 요구하는데, 어느 회원국이 관할권 범위 내에서, 자국이 당사국으로 되어 있는 협약의 실효성 있는 준수를 어떤 측면에서든 보장하지 못하고 있음을 사용자 또는 근로자단체가 국제노동기구 사무국에 진정한 경우에, 이사회는 그 진정을 진정대상이 된 정부에 통보하고, 이 사항에 관하여 적절한 해명을 하도록 그 정부에 권유할 수 있다. 이사회는 당해 정부로부터 합당한 기간 내에 해명을 통보받지 못하거나 또는 이사회가 접수한 해명이 만족스럽지 아니할 경우, 위의 진정 및 해명이 있을 때에는 그 해명에 대해 공표할 권리를 가진다.

3. 필라델피아 선언

국제노동기구는 1944년 5월 10일, 「필라델피아」 제26차 회의에서 국제노동기구의 목적 및 회원국의 정책 기조가 될 원칙에 관한 선언을 채택하였는데, 이를 ILO헌장의 부속서라고 한다.

① 총회는 이 기구가 기초하고 있는 기본 원칙, 특히 다음 사항을 재확인한다고 선언하면서, ⓐ 노동은 상품이 아니다. ⓑ 표현 및 결사의 자유는 부단한 진보에 필수적이다. ⓒ 일부의 빈곤은 전체의 번영을 위험하게 한다. ⓓ 결핍과의 전쟁은 각국 안에서는 불굴의 의지로, 그리고 근로자 및 사용자 대표는 정부 대표와 동등한 지위에서 일반 복지의 증진을 위한 자유로운 토의와 민주적인 결정에 함께 참여하는 지속적이고도 협조적인 국제적 노력에 의하여 수행할 것을 요한다.

② 항구적 평화는 사회정의에 기초함으로써만 확립될 수 있다는 국제노동기구 헌장 선언의 진실성은 경험상 충분히 증명되어 있다고 믿어, 총회는 다음 사항을 확인한다. ⓐ 모든 인간은 인종, 신조 또는 성별에 관계없이 자유 및 존엄과 경제적 안정 및 기회균등의 조건하에 물질적 복지 및 정신적 발전을 추구할 권리를 가진다. ⓑ 이를 가능케 할 상태의 실현은 국가적 및 국제적 정책 및 조치의 중심 목적이어야 한다. ⓒ 모든 국가적 및 국제적 정책과 조치, 특히 경제적, 정치적 성격의 정책과 조치는 이러한 과정에서 판단되어야 하며, 또한 근본목표의 달성을 촉진하며 방해하지 않는 한도 내에서 채택되어야 한다. ⓓ 이러한 근본목표에 비추어 모든 국제적 경제정책, 재정정책 및 조치를 검토하고 심의하는 것은 국제노동기구의 책무이다. ⓔ 국제노동기구는 수임된 임무를 수행함에 있어 관련된 모든 경제적 및 재정적 요소를 감안하여 그 결정 및 권고 중에 적절하다고 인정하는 규정을 포함시킬 수 있다.

③ 총회는 전 세계 국가에게 ⓐ 완전고용 및 생활수준의 향상, ⓑ 근로자가 기술 및 기능을 최대한도로 발휘하여 만족을 누릴 수 있고, 일반의 복지에 최대한으로 공헌할 수 있는 직업에 고용, ⓒ 이러한 목적달성의 방편으로서 모든 관련자에 대한 적절한 보장 하에 훈련을 위한 시설제공과 고용 및 정착 목적의 이민을 포함한 노동의 이동을 위한 편의의 제공, ⓓ 모든 사람에게 경제발전과실의 공정분배를 보장할 수 있는 임금 및 소득, 근로시간 및 다른 근로조건에 관한 정책, 최저생활급에 의한 보호를 요하는 자를 포함한 모든 근로자에 대한 최저생활급 지급, ⓔ 단체교섭권의 효과적인 인정, 생산능률의 지속적 향상 및 사회적·경제적 조치의 준비와 적용에 관한 근로자와 사용자간의 협력, ⓕ 기본소득 제공으로 보호할 필요가 있는 모든 사람에 대한 기본소득의 보장과 이들에게 종합의료를 제공하는 사회보장조치의 확대, ⓖ 모든 직업에 있어서 근로자의 생명 및 건강의 적절한 보호, ⓗ 아동을 위한 복지제공 및 모성의 보호, ⓘ 적절한 영양공급과 주거 및 휴식·문화시설의 제공, ⓙ 교육 및 직업에 있어서 기회균등의 보장을 달성하기 위한 계획을 촉진해야 하는 국제노동기구의 엄숙한 책무를 승인한다.

④ 이 선언에 명시된 목적 달성에 필요한 세계 생산자원의 보다 충분하며 광범위한 이용은 생산 및 소비의 증대, 격심한 경기변동의 회피, 세계 저개발지역의 경제적·사회적 발전의 촉진, 1차 생산물 가격의 국제적 안정성 확보 및 국제무역량의 고도, 지속적 증대 조치를 포함하는 효과적인 국제적 및 국내적 조치에 의하여 확보될 수 있음을 확신하여, 총회는 국제노동기구가 이 위대한 사업 및 모든 사람의 건강, 교육 및 복지의 증진에 관한 책임의 일부를 맡은 국제단체와 충분히 협력할 것을 서약한다.

⑤ 총회는 이 선언에 언급된 원칙이 전 인류에 충분히 적용될 수 있음과 이를 어떻게 적용하는가는 각국민이 처한 사회적 경제적 발달의 단계를 충분히 고려하여 결정할 수 있다고 하더라도, 아직 종속적인 상태에 있거나 이미 자치에 도달한 경우에 대해서도 이 원칙을 점진적으로 적용하는 것이 문명세계 전체의 관심사항임을 확인하고 있다.

Ⅱ. ILO 협약

1. 주요 고용관련 협약

ILO의 주요 협약은 제14호 협약인 주휴(공업) 협약(1921년), 제19호 협약인 균등대우(재해보상) 협약(1925년), 제26호 협약인 최저임금결정제도 협약(1928년), 제29호 협약인 강제근로 협약(1930년), 제95호 협약인 임금보호 협약(1949년), 제100호 협약인 동등보수 협약(1951년), 제111호 협약인 차별(고용과 직업) 협약(1958년), 제118호 협약인 균등대우(사회보장) 협약(1962년), 제121호 협약인 업무상 상해 급부 협약(1964년), 제122호 협약인 고용정책 협약(1964년), 제131호 협약인 최저임금 결정 협약(1970년), 제142호 협약인 인적자원 개발 협약(1975년), 제150호 협약인 노동행정 협약(1978년), 제168호 협약인 고용촉진과 실업방지 협약(1988년), 제175호 협약인 단시간근로 협약(1994년) 등 고용과 관련한 모든 분야의 협약을 마련하고 있다고 할 수 있다. 특히 이들 협약에서 고용조건의 가장 핵심적인 부분에 해당하는 임금과 차별문제를 규정한 동등보수 협약 및 차별협약은 동일가치노동 동일임금과 고용에서의 차별문제로 부각되고 있는 현 상황을 감안할 때 고용정책에서 현안에 해당하는 협약이라고 할 수 있다.

2. 동등보수 협약(동일가치노동 동일임금 협약)

동일가치근로에 대한 동등 보수란 남녀차별 없이 동등하게 지불되는 보수를 의미하고, 비준국은 보수수준 결정방법과 일치하는 한도 내에서 모든 근로자에 대한 동일가치 근로에 대한 동등보수원칙 적용을 촉진·보장하여야 하며, 이 협약은 고용에 의하여 발생한 근로에 대하여 사용자가 근로자에게 직·간접적으로 혹은 현금·현물의 형태로 지불하는 최저임금, 급료, 그 밖의 모든 형태의 추가급여에 적용한다.

이 협약에서 '보수'라는 용어는 통상적인 기본급이나 최저임금 또는 급료와 근로자의 고용을 이유로 사용자가 근로자에게 현금 또는 현물로 직·간접적으로 지급하는 모든 부가적 급부를 포함하고, '동일가치 근로에 대한 남녀근로자의 동등보수'라는 용어는 성별에 기초한 차별이 없이 정해지는 보수율을 말한다.

그리고 회원국은 보수율 결정에 사용되는 방법에 적합한 수단을 사용하여 이 방법과 양립하는 한 동일가치 근로에 대한 남녀근로자의 동등보수의 원칙을 모든 근로자에게 적용하도록 촉진하고 그 적용을 보장하여야 한다. 또, 수행될 업무에 기초한 객관적인 직무평가를 장려하는 조치가 이 협약 규정의 이행에 효과적인 경우에는 그러한 조치를 취하여야 하고, 이러한 평가에 사용되는 방법은 보수율 결정을 담당하는 정부 당국, 또는 보수율이 단체협약에 의하여 결정되는 경우에는 그 당사자들이 결정할 수 있다. 아울러, 성별과 무관하게 이러한 객관적 평가에 의해 결정되는 업무 수행상 차이에 따른 근로자간의 보수율의 차이는 동일가치의 근로에 대한 남녀근로자의 동등보수의 원칙에 반하는 것으로 간주되어서는 안된다.

결국, 회원국은 국내법의 규정 등으로 동 협약의 강제적 시행을 규정하고 있고, 동일가치노동에 대한 보수는 남녀를 불문하고 모든 근로자에게 적용되어야 할 것을 규정하고 있다. 이에 따라 국내법에서는 남녀고용평등법에서 이러한 취지를 규정하였고, 동일가치 노동에 대한 판단기준(기술, 작업환경 등)을 규정하고 있다.

3. 고용상 차별철폐협약(고용과 직업에서의 차별철폐협약)

이 협약은 고용과 직업에 있어서 모든 형태의 차별을 철폐할 목적으로 국가정책을 결정·추진함으로써 기회와 대우의 평등을 촉진하고자 하는 근본 목표를 협약 비준국에게 부여하고, 차별이란 인종·피부색·성별·종교·정치적 견해·출신국·사회적 출신성분에 의거하여 행하여지는 모든 차별, 배제, 또는 우대로서, 고용과 직업에 있어서의 기회 또는 대우균등을 저해하는 효과가 있는 행위를 의미한다. 협약 비준국은 협약의 기본정책에 위반되는 법조항을 철폐하고 행정조치 및 관행을 수정하여야 하며 사용자 단체 및 근로자 단체와의 협력이행에 도움이 되는 법안을 제정하고 교육 프로그램을 추진하여야 함을 명시하고 있다.

이 협약에서 "차별대우"란 ① 고용 또는 직업에 있어서의 기회 또는 대우의 균등을 무효로 만들거나 손상시키는 효과가 있는, 인종·피부색·성별·종교·정치적 견해·출신국 또는 사회적 출신에 기초하여 행하여지는 모든 차별, 배제 또는 우대, ② 고용 또는 직업에 있어서의 기회 또는 대우의 균등을 무효로 만들거나 손상시키는 효과가 있는 다른 차별, 배제 또는 우대로서, 해당 회원국이 대표적인 사용자단체와 근로자단체가 있는 경우에 그 단체 및 기타 적합한 단체와 협의한 후 결정한 것을 말한다. 특정 업무와 관련하여 그 업무의 고유한 요건에 의한 차별, 배제 또는 우대는 차별대우로 간주하지 않는다(진정직업자격). 그리고 이 협약의 목적상, '고용' 및 '직업'이라는 용어는 직업훈련에 대한 접근, 고용 및 특정 직업에 대한 접근, 고용조건을 포함한다.

이 협약의 적용을 받는 회원국은 고용 및 직업에 있어서의 차별을 철폐하기 위하여, 국내여건과 관행에 적합한 방법으로 고용과 직업에 있어서의 기회 및 대우의 균등을 촉진하기 위하여 수립된 국가정책을 선언하고 추진할 것을 약속하며, 이 협약의 적용을 받는 회원국은 국내여건과 관행에 적합한 방법으로 ① 상기 정책을 인정하고 준수하도록 장려하는데 있어 사용자단체와 근로자단체, 기타 적절한 단체의 협력을 얻을 것, ② 상기 정책의 인정 및 준수를 확보하기 위하여 그러한 법령을 제정하고 그러한 교육 프로그램을 장려할 것, ③ 상기 정책과 양립하지 않는 모든 규정을 폐지하고 모든 행정 명령이나 관행을 변경할 것, ④ 고용 관련 상기 정책을 국가 정부당국의 직접 관리하에 수행할 것,

⑤ 직업지도, 직업훈련 및 취업알선 활동에 있어서의 상기 정책 준수를 국가 정부당국의 감독 하에 확보할 것, ⑥ 이 협약의 적용에 관한 연례보고서에 상기 정책 추진을 위하여 취해진 조치와 그 조치의 결과를 기재할 것을 약속한다.

아울러, 국가의 안전에 해가 되는 활동에 하고 있다고 타당한 혐의를 받고 있거나 그러한 활동에 종사하고 있는 사람에게 영향을 미치는 어떠한 조치도 차별로 간주하여서는 안 된다. 다만, 이 개인은 국내의 관행에 따라 설립된 권한 있는 기관에 이의를 제기할 권리를 가져야 한다.

또, 국제노동기구의 총회가 채택한 다른 협약 또는 권고에서 규정한 특별한 보호 또는 지원 조치는 차별로 간주하여서는 안 되고, 모든 회원국은 대표적인 사용자 및 근로자 단체가 있는 경우에는 그들 단체와 협의한 후 성별, 연령, 신체장애, 부양책임 또는 사회·문화적 지위를 이유로 특별한 보호 또는 지원이 필요하다고 일반적으로 인정되는 사람의 특정한 필요를 충족시키기 위하여 만들어진 특별 조치(적극적 개선조치)가 차별로 간주되어서는 안 된다고 결정할 수 있다.

이러한 규정에 따라 우리나라도 국가인권위원회법을 비롯하여 고용정책기본법, 근로기준법, 남녀고용평등법, 장애인차별금지법, 고령자고용법 등에서 고용상의 차별금지 내지 균등대우 규정을 두고 있다.

제 2 절 국제노동기관

국제노동기준을 마련하고 이를 이행하도록 강제하거나 협력하는 기관으로는 각종 국제기구를 들 수 있다. 특히, UN, ILO, 국제노동재단, 세계노동연맹[1] 등은 이러한 국제노

1) 1920년에 헤이그에서 국제 기독교 노동조합 연맹(영어: International Federation of Christian Trade Unions, IFCTU)이라는 이름으로 유럽 기독교 민주주의당과 연합해서 노동조합 연맹을 만들었다. 레룸 노바룸과 콰드라지시모 안노에 근거를 두고 로마 가톨릭 교구에서는 당시 유럽에서 세속적인 노동조합의 대안으로 만들었다. 단체에서 처음 채택한 법규는 노동자 노동 권리를 쟁취하기 위해 노력할 뿐 아니라, 인간의 존엄성, 민주주의와 국제 연대 등에 대해서도 가치를 부여했다. 1920년대 후반에는 세계 경제에 혼돈의 소용돌이가 유럽의 권위주의 정권을 지배했다. 1930년대 독일 나치 정권은 단체 지도자를 나치 강제 수용소로 보냈고, 베니토 무솔리니는 이탈리아 조합을 금지시켰다. 2차 세계 대전 동안 독일군은 네덜란드를 점령해서 연맹을 파괴해서 1945년까지는 활동이 불가능 했다. 1945년 9월 세계 노동조합 연맹이 결성되어 세계 노동 연맹과 합류하기를 원했다. 10월에 브뤼셀에 의회를 소집하여 투표하였으나, 세계 노동조합 연맹의 고압적 자세 때문에 통합은 부결되었다. 국제 자유 노동조합 연맹과 제휴하는 문제도 논의되었으나, 자본주의자와 공산주의자 둘다의 탐욕을 비난할 수 있게 독립적으로 남기를 원했다. 하지만 국제 사회역사 기구에 따르면 국제 자유 노동조합

동기준에 대하여 직·간접적으로 관련이 있다고 할 수 있다. 이하에서는 UN과 국제노동기구(ILO)를 중심으로 이러한 국제노동기준에 대한 마련과 이행을 위한 장치들에 대하여 설명하고자 한다.

Ⅰ. 국제연맹 및 국제연합

1. 국제법 주체로서의 국제연맹과 국제연합

(1) 국가의 국제법 주체성

전통적인 국제법 주체는 국가이며, 국제법 주체로서는 초국가적인 유럽석탄철강공동체(ECSC)[2], 유럽원자력공동체(EURATOM)[3], 유럽경제공동체(EEC)[4]가 있다. 그리고

연맹 회원들이 기독교 조직과 연합하는 것에 대해 반대 했다고 한다. 1950년대 후반 국제 기독교 노동조합 연맹은 아시아와 아프리카에서 이슬람과 불교 노동자들과 자주 일하게 되면서 1959년에는 사이공에서 사회적 행동에 있어 세계 종교적 문제에 대해 통합 가능성에 대해 논의하는 세미나를 열었다. 1968년 룩셈부르크에서 열린 16차 의회에서 세계 노동 연맹으로 변경하기로 결정했다. 과거 연맹의 기독교적 이념과 단절하고 사람과 우주가 신의 피조물이라는 영적 개념과 관계없이 인류 공동체가 자유, 존엄, 정의와 인류애를 추구하는 개념을 새 헌장으로 채택했다. 1980년대와 1990년대 들어서 세계화가 노동조합의 자격을 위협하는 일이 잦아지면서 연맹은 비슷한 노동 지도자의 전 세계 통합을 실현하기 위해 더욱 노력했다. 모리셔스에서 열린 1993년 의회에서는 전 세계 노동자 조직을 공격하는 기업에 대항하는 영구적인 대응책을 내어 놓기도 했다. 국제 노동 기구에서 협의체 자격을 얻고 세계 사회 포럼의 국제 의회에 참가했다. 2006년 10월 31일 국제 자유 노동조합 연맹과 함께 국제 노동조합 연맹으로 합류하면서 공식적으로 해체되었다.

2) 유럽석탄철강공동체(European Coal and Steel Community, ECSC)는 1951년 4월 18일, 파리에서 프랑스, 서독, 이탈리아, 벨기에, 네덜란드, 룩셈부르크가 모여 석탄과 강철 자원의 공동 관리에 대한 조약을 비준함으로 발족했다. 이 공동체는 나중에 유럽경제공동체와 유럽공동체를 거쳐 유럽연합으로까지 발전하게 되었다.

3) 유럽원자력공동체(EURopean ATOMic Energy Community, EURATOM)는 유럽연합의 일원으로 만들어진 국제기구이다. 1957년 3월 25일에 로마 조약에 의하여 만들어졌고, 같은 날에 유럽경제공동체가 설립되었다. 유럽 원자력 공동체는 개별적인 기구이지만, 회원국과 조직은 유럽 연합에 통합되어 있다. 1967년에 EURATOM과 EEC, 그리고 지금은 사라진 유럽석탄철강공동체(ECSC)의 조직적 구조는 1965년에 체결된 합병 조약에 의해 통합되었다. 유라톰의 목적은 원자력에너지 시장에 대한 전문가 육성과 공동체를 통한 에너지의 분배, 그리고 핵에너지의 개발 및 비공동체 국가들에 대한 잉여에너지 판매이다. 유라톰은 유럽 석탄 철강 공동체와 유사하기 때문에 없애고 유럽 공동체와 통합시켜서 유럽 원자력 공동체를 새로운 유럽 공동체로 만들자고 몇몇이 제안했다. 특히, 유럽 헌법을 제정하기 위한 조약이 진전되던 중에 폐지 내용이 제안되었다. 그러나 유라톰은 유럽 연합의 법적 성격으로부터 제외시키자는 결정이 나왔다. 몇몇 회원국에서 반핵감정으로 인한 걱정으로 헌법에 반대하였기 때문이다.

4) 유럽경제공동체(European Economic Community, 약칭 EEC, 영국에서는 "공동 시장(Common Market)"으로 더 잘 알려짐)는 1957년에 벨기에, 프랑스, 독일, 이탈리아, 룩셈부르크, 네덜란드 사이의 경제통합을 실현하기 위한 목적으로 설립된 국제기관이었다. 1967년에는 위의 6개국 외의 6개국이 더해져 기관이 유럽 석탄 철강 공동체와 유럽 원자력 공동체와의 사이로 통합되어 유럽 공동체들로 불리는 체제로 이행했다. 유럽 연합(EU)이 1993년에 발족했을 때, 유럽 경제 공동체는 유럽

이 중간적인 존재형태의 국제법 주체로서는 국제연맹[5]과 국제연합[6] 등의 국제조직을 들 수 있겠다. 유네스코[7] 등도 국제조직의 한 종류이지만 이들은 국제연맹과 국제연합보다

연합의 세 개의 기둥에 있어서의 제 1의 기둥인 유럽 공동체로 여겨져 유럽 경제 공동체의 조직은 유럽연합의 기관으로서 존속하고 있다.

5) 제1차 세계대전에서 승리한 연합국을 주축으로 국제 평화와 안전을 유지하고 경제적·사회적 국제협력을 증진시킨다는 목적으로 1920년 설립되었다. 설립 구상은 대전 중에 영국과 프랑스에서 이미 진행되었으나, 미국 대통령 토머스 윌슨(Thomas Woodrow Wilson)이 1918년 1월 〈평화를 위한 14개 조항〉에서 제창하면서 표면화 되었다. 1919년 1월 개최된 파리강화회의(파리평화회의)에서 집단안보와 국제분쟁의 중재, 무기감축, 개방외교를 원칙으로 하는 연맹의 규약을 정하고 본부는 스위스의 제네바에 두었다. 성립 후 10년간 국제평화와 안전을 위하여 순조롭고 효과적으로 운영되었으며, 국제협력 분야에서는 상당한 성과를 올렸다. 그러나 1930년대 들어 독일·이탈리아·일본·소련 등의 침략행위에 대하여 합당한 조치를 취할 수 없을 정도로 약화되었다. 즉, 제창국인 미국이 베르사유조약에 대한 의회의 인준거부로 인하여 처음부터 불참하였고, 영국·프랑스 간의 이견이 많았으며, 신흥군국주의 세력의 도발에 대하여 집단적인 제재능력을 갖지 못하였다. 일본의 만주·중국 침략, 이탈리아의 에티오피아 침략, 독일의 베르사유조약 거부를 막지 못한 국제연맹은 제2차 세계대전의 발발과 함께 스스로 붕괴되었다. 1946년 4월 18일 개최된 연맹총회에서 해체를 결의하고, 국제연맹의 구조와 형식, 목적을 이어받은 국제연합을 발족시켰다.

6) 1946년 붕괴된 국제연맹을 계승한 것으로 유엔(UN: United Nations)이라고도 한다. 이 명칭은 미국 대통령 프랭클린 루스벨트(Franklin Delano Roosevelt)가 고안한 것이며, 제2차 세계대전 중 26개국 대표가 모여 추축국에 대항하여 계속 싸울 것을 결의하였던 1942년의 '연합국 선언'에서 처음 사용하였다. 1945년 샌프란시스코에서 개최된 '국제기구에 관한 연합국 회의'에 참석한 50개국 대표는 1944년 덤바턴오크스에서 회합한 미국·영국·중국·소련 등 4개국 대표가 합의한 초안을 기초로 국제연합헌장을 작성하였다. 50개국 대표는 1945년 6월 26일 국제연합헌장에 서명했으며, 폴란드가 추후 서명하였다. 국제연합은 미국·영국·프랑스·중국·소련과 여타 서명국 과반수가 국제연합헌장을 비준한 1945년 10월 24일 공식 출범하였으며, 이후 매년 10월 24일을 국제연합의 날로 기념하고 있다. 본부는 미국 뉴욕시(市)에 있다. 주요활동은 크게 평화유지활동·군비축소활동·국제협력활동으로 나눌 수 있으며, 2001년 세계평화에 기여한 공로가 인정되어 전 국제연합 사무총장 코피 아난과 공동으로 노벨평화상을 받았다. 2007년 1월 한국인 최초로 반기문 국제연합 사무총장이 취임했다. 크게 주요기구와 보조기구(Subsidiary Orgnas)·전문기구(Specialized Agenies)로 구성되어 있으며, 주요기구에는 총회·안전보장이사회·경제사회이사회·신탁통치이사회·국제사법재판소·사무국이 있다. 보조기구는 총회 및 이사회 산하에 설치된 기구를, 전문기구는 국제연합 산하기관은 아니지만 경제사회이사회와의 협정을 통해 각 전문분야에서 정부간 협력을 증진할 목적으로 설립된 기구를 포함한다.

7) 유엔교육과학문화기구(United Nations Educational, Scientific and Cultural Organization: UNESCO)로 교육·과학·문화의 보급 및 교류를 통하여 국가간의 협력증진을 목적으로 설립된 국제연합전문기구이다. 1945년 11월 영국과 프랑스의 공동주체로 런던에서 열린 유네스코창설준비위원회에서 44개국 정부대표에 의해 유네스코헌장이 채택되었으며, 1946년 11월 20개 서명국가들이 헌장비준서를 영국 정부에 기탁함으로써 최초의 국제연합전문기구로 발족했다. 모든 이를 위한 평생교육, 인류에 기여하는 과학, 세계유산보호와 창의성을 바탕으로 하는 문화발전, 정보와 정보학의 기반구축에 활동목표를 두고 있으며, 각 분야별 주요 활동은 ① 교육분야: 문맹퇴치, 초등의무교육의 보급, 난민교육 등, ② 과학분야: 생물학·해양학·환경문제에 대한 국제적인 연구, 정보교환 등 사회과학 분야에서는 인권문제에 관한 연구·분석, 개발도상국의 통신설비·정보시설 지원, 언론인을 육성 지원 등, ③ 문화분야: 세계문화유산 지정, 가치있는 문화유적의 보존 및 보수 지원, 세계 각국의 독자성 있는 전통문화 보존지원, 세계 각국의 문학 및 사상에 관한 문헌의 번역소개 등이다. 이밖에 라디오·텔레비전·영화의 개발 보급, 출판기술의 향상, 우주통신의 개발과 평화적 이용, 매스미디어를 이용한 교육의 보급에도 많은 기여를 하고 있으며, 교육·과학용 자재의 구입을 용이하게 하기 위하여 '유네스코 쿠폰제도'를 운영한다. 또한 인재 양성을 위한 연구보조금의 지급 등도 이루어지고 있다. 기구로

도 규모가 작은 국제조직이다(ECSC는 파리조약[8])의 실효에 따라 이미 소멸했다).

(2) 국제연합 등의 국제법 주체성

국가가 국제법 주체이면서 초국가적인 유럽경제공동체등도 국제법 주체라고 할 수 있는데, 이들의 조직체가 국제법 주체로 이해되는 것은 그것이 국제사회에 있어서 현실의 주체이면서 독립한 주체이고 또한 계속성 있는 주체라는 사실에 있다고 이해할 수 있다. 그리고 국제연합 등도 이러한 실제적, 자주적, 영속적인 주체라 생각될 수 있다.

2. 연혁

(1) 베르사이유평화조약과 국제연맹

제1차대전이 종료한 직후인 1919년 6월 28일에 미합중국의 대통령인 윌슨(Woodrow Wilson) 등의 노력으로 베르사이유평화조약[9])이 조인(調印)되어 이는 1920년 1월 10일에 효력을 발생했다. 이 베르사이유평화조약(베르사이유강화조약이라고도 함)은 그 제1편으로 국제연맹규약[10])을 포함하고 있어 이에 기초하여 국제연맹이 설립되었다. 베르사이

는 총회·집행위원회 및 사무국이 있다. 총회는 회원국 전체의 대표로 구성되는 최고의사결정기관이며, 2년에 1회씩 약 1개월에 걸쳐 개최된다. 주요 임무는 집행위원회위원의 선거, 사무국장의 임명, 가입의 승인, 유네스코의 정책·사업계획·예산의 심의와 의결, 국제조약 및 권고의 채택 등이다. 집행위원회는 총회에서 선출한 58명으로 구성되며 임기는 4년이다. 매년 2회 이상 소집되며. 주요 임무는 총회 의사일정의 준비, 총회에서 채택한 사업의 실행 및 예산의 집행을 감독하는 외에 사무총장을 추천하여 총회에서 임명하게 한다. 사무국은 임기 6년의 사무총장 지휘 아래 총회와 집행위원회의 의결사항들을 집행한다. 사무국은 파리 본부와 세계 각지에 설치된 지역사무처 및 각종 부속기관으로 구성된다. 본부의 직원은 세계 각국에서 모집된 전문가를 포함하여 2,200명에 달하며, 60개국의 지역사무처에는 500여 명이 일하고 있다. 주요 임무는 총회와 집행위원회에 제출할 사업계획과 예산안을 준비하며, 전반적인 활동에 관해 보고하고 총회에서 결정된 사업계획과 예산에 따라 각종 사업을 추진한다. 2011년 기준 회원국은 195개국이며, 8개의 준회원국이 있다. 준회원국은 총회의 투표권이 없고 이사회의 직책을 맡을 수 없는 점 외에 회원국과 같은 권한을 갖는다. 한국은 1950년에 가입했고, 1987년 제24회 총회에서 집행위원국에 선출된 바 있다. 본부는 프랑스 파리에 있다.

8) 파리조약(Treaty of Paris)은 1951년 4월 18일, 프랑스, 서독, 이탈리아, 베네룩스 삼국 (벨기에, 네덜란드, 룩셈부르크) 사이에 체결된 조약으로, 이 조약으로 인해 유럽 석탄 철강 공동체 (ECSC)가 설립되었다. ECSC는 후에 유럽 연합의 일부분이 된다. 이 조약은 1952년 7월 23일에 효력이 발생하여 효력 발생 후 정확히 50년 만인 2002년 7월 23일에 소멸되었다. 이 조약은 제2차 세계 대전이 끝난 후에 유럽에 평화를 가져오기 위한 기초적인 조약으로 여겨진다. 2차대전의 주요 추축국들은 전쟁 무기의 기본이 되는 중요 자원인 석탄과 철강의 생산을 제한받았었다.

9) 베르사유 조약(Treaty of Versailles)은 1919년 6월, 독일 제국과 연합국 사이에 맺어진 제1차 세계 대전의 평화협정이다. 파리 강화 회의 중에 완료되었고 협정은 1919년 6월 28일 11시 11분에 베르사유 궁전 거울의 방에서 서명되어 1920년 1월 10일 공포되었다. 조약은 국제 연맹의 탄생과 독일 제재를 규정하는 내용을 포함한다. 독일 제재에 관한 안건은 파리 강화 회의 중 다뤄지지 않았다.

10) 국제연맹의 기본법에 해당하는 것으로 제1차 세계대전을 종결하기 위한 파리평화회의에서 채택된 베르사유대독평화조약을 비롯한 그 밖의 평화조약의 제1편을 이루는 것이다. 원래의 체약국은 베르사유조약 서명국 32개국, 중립국 13개국이며, 전문과 26개조의 개방조약(開放條約)이다. 전쟁에 호소하지

유평화조약은 15편, 440조의 포괄적 내용의 조약이었으나 그 13편에 노동편이 규정되어 있다.

국제연맹에는 원(原)가맹국으로서 45개국이 가입했다. 원가맹국에는 제1차대전의 전승국(32개국)뿐만 아니라 중립국(13개국)도 포함되어 있으며, 이점은 전승국만이 원가맹국이었던 국제연합과 큰 차이점이다. 이 국제연맹의 원가맹국에는 영국, 프랑스, 이탈리아, 일본 등의 전승국이 포함되어 있다.

미국과 이들 4개국은 총칭하여 5대국으로 불렸다. 또한 후에 패전국인 독일이 가입가맹국으로서 국제연맹에 가입을 인정받았다. 그러나 국제연맹규약을 포함하는 베르사이유평화조약의 성립에 진력을 다하여 국제연맹의 설립에 공헌한 미국은 원가맹국으로서 가입하지 않았고 결국 국제연맹에 가입하지 않았다.

(2) 국제연맹의 취약성

미국이 국제연맹에 가입하지 않은 것이 국제연맹의 기반을 약하게 한 것은 부정할 수 없는 것이지만, 국제연맹의 기반을 결정적으로 약화시킨 것은 일본, 독일, 이탈리아가 국제연맹에서 계속하여 탈퇴한 것이었다. 일본, 독일은 1933년에 탈퇴하고 이탈리아는 1937년에 탈퇴했다.

그 후 1939년에는 소련이 핀란드를 침공한 것을 이유로 국제연맹에서 제명되었다. 이에 따라 국제연맹은 그 존립의 기반을 잃고 사실상 붕괴하게 되었으나 그 법적 소멸은 1946년 4월 18일 연맹총회의 결의에 의한 것이었고, 이에 따라 국제연맹은 익일 19일에 폐지되었다.

(3) 국제연합의 성립

제2차대전이 종료한 직후인 1945년 10월 24일 국제연맹을 대신하는 국제평화기구로서 국제연합이 성립했다. 그리고 다음해인 1946년 1월 10일 제1차 총회가 런던에서 개최되어 활동을 개시하게 되었다. 국제연합은 국제연합헌장11)에 기초하여 설립된 국제조직인

않을 것을 약속하고, 군비축소의 필요를 인정하였으며, 상호간에 독립과 영토의 보전을 옹호할 것을 약속하였다. 규약 위반국에 대해서는 경제제재를 가할 수 있는 집단안전보장제도를 정하였다. 1946년 국제연합이 발족함에 따라 효력을 잃었다.

11) 국제연합의 근본조직과 기본적 활동원칙을 정한 근본법으로 1944년 8~10월 미국 워싱턴 교외에 있는 덤바턴오크스에서 열린 미국·영국·소련 및 미국·영국·중국이라는 2가지의 3국회의에서 '전반적 국제기구 설립에 관한 제안'이 작성되어 이것이 국제연합헌장의 원안이 되었다. 그 후 1945년 2월의 얄타회담을 거쳐 6월 26일 샌프란시스코에서 50개국이 국제연합헌장에 서명함으로써(그 후 폴란드가 가입하여 원가맹국은 51개국이 되었다) 10월 24일 발효되었다. 국제연합헌장 제1조는 국제연합의 목적으로서 국제평화 및 안전을 유지할 것, 여러 국가 간의 우호관계를 발전시킬 것, 경제적·사

데, 이 국제연합헌장(UN헌장이라 약칭)은 '국제연합의 헌법'이라고도 불리고 있다. 이는 헌장이라는 표현을 쓰고는 있으나 다수국간의 조약의 일종이다.

국제연합의 원가맹국은 51개국이며, 이는 제2차대전 당시 연합국으로 싸운 나라들이었다. 연합국의 수는 1942년 1월 1일에 워싱턴선언이 서명된 당시에는 26개국이었다고 한다. 그 후에 원가맹국에 가입가맹국이 더하여 2015년에는 190개국 이상이 되었다.

이처럼 국제연합의 가맹국은 굉장히 많아, 현재도 계속 늘어나고 있는 상황이다. 이는 국제연맹과 달라 세계의 대국이 모두 가입하고 있으며, 식민지국에서 독립한 다수의 신흥국이 가입하고 또 가입할 것이라는 점이다. 그리고 이에 따라 국제연합의 국제평화기구로서의 역할이 높아졌으며, 발전도상국의 발언력도 강해졌다.

3. 조직

(1) 국제연맹의 주요기관과 관련 조직

국제연맹의 주요기관은 총회, 이사회, 사무국의 3개이다. 총회(연맹총회)는 전가맹국으로 구성된 의사결정기관이다. 그 권한은 국제연맹규약에 의해 정해진 국제연맹의 행동범위에 속하는 모든 사항에 미치며, 또한 행동범위에 속해 있지 않더라도 세계평화에 영향을 주는 사항이라면 그러한 모든 사항에도 미친다고 되어 있다(국제연맹규약 3조). 그리고 그 의사결정(결의)의 방법은 규약 그 외의 조약에 특별한 규정이 없는 한 원칙적으로 전원일치라고 되어 있다.

이사회(연맹이사회)도 중요한 의사결정기관이며 원칙적으로 총회와 같은 권한을 가지고 있다. 따라서 이사회도 세계평화에 영향 있는 모든 사항에 관하여 결의할 권한을 가지고 있다. 즉, 이사회도 총회와 같은 임무를 가지고 있다. 이에 관하여는 "총회와 이사회는 원칙적으로 경합적인 권한을 가진다"라고 표현되기도 한다. 또한, 결의의 방법도 총회

회적·문화적·인도적인 문제의 해결을 위하여 국제협력을 달성할 것 등을 들고 있다. 국제연합의 여러 기구 중 특히 중요한 지위를 차지하고 있는 것은 안전보장이사회와 총회이다. 제24조에 의하면 국제간의 평화 및 안전을 유지할 중요한 책임은 안전보장이사회가 지고 있으며, 평화의 파괴에 대한 강제조처를 결정할 수 있는 것도 안전보장이사회이다(제7장). 안전보장이사회의 결의는 5개 상임이사국을 포함한 9개 이사국(1965년까지는 7개 이사국)의 찬성투표로써 성립된다(27조 3항). 즉 5개 상임이사국은 거부권이 부여되어 있다. 이는 국제연합에 있어서 강대국의 지위 우위를 의미하며, 강대국의 협조를 세계평화유지의 기본적 전제로 하고 있음을 말해 준다. 위와 같은 안전보장이사회의 권능을 제외한다면 총회는 국제연합의 중심적인 기구이다. 총회는 전가입국으로 구성되고(9조 1항), 헌장의 범위 내에 있는 모든 문제, 또는 헌장에 규정된 기구의 권한과 임무에 관한 문제를 토의하여 가입국 또는 안전보장이사회, 또는 그 쌍방에 권고할 수 있다(10조). 또한 경제사회이사회나 신탁통치이사회는 총회의 권위 아래에서 활동하게 되어 있다. 헌장은 전문과 본문 111개조(19장)로 이루어지며 위에 든 규정 외에 지역적 결정, 경제사회이사회, 신탁통치이사회, 국제사법재판소, 사무국, 헌장 개정, 그 밖에 많은 규정을 포함하고 있다.

와 같이 원칙적으로 전원일치로 되어 있다. 이사회는 전가맹국은 아니고, 상임이사국과 총회에 의해 선거된 비상임이사국에 의하여 구성되어 있다. 이에 비하여 사무국은 의사결정기관이 아니며 또한, 집행기관도 아니고, 총회나 이사회를 보좌하는 행정기관이었다. 즉, 회의의 준비, 운영이나 회의문서의 배부, 보관이나 회의를 위한 보고서 작성 등의 활동을 행하는 기관이었다. 사무국은 총회나 이사회와 같이 전부 또는 일부의 가맹국에 의해 구성된 것이 아니라 개인의 자격으로 임명된 사무총장과 그 회의 직원으로 구성되어 있다.

국제연맹 그 자체의 기관인 총회, 이사회, 사무국 이외에 국제연맹과 유기적으로 결합하고 있으며 또한 고도의 독립성을 가진 조직으로서 국제노동기구와 상설국제사법재판소가 있다. 국제노동기구는 베르사이유평화조약 제13편의 노동편에 기초하여 설립된 상설적인 국제조직이다(유기적 결합성을 강하게 의식하는 견해에 따르면 국제연맹의 조직 일부라고 할 수 있는 여지도 있다).

이 국제노동기구는 후술하는 것처럼 총회, 이사회, 사무국의 3개의 기관을 가지는 조직체이지만 제2차대전에 의해 국제연맹이 사실상 붕괴한 1945년 10월 24일에 국제연합이 성립되자 국제연합의 전문기관의 하나가 되었다. 그리고 그와 함께 근본규범도 국제노동헌장에서 국제노동기구헌장으로 변경되었다.

상설국제사법재판소(Permanent Court of International Justice)는 베르사이유평화조약 제13편에 기초하여 설립된 국제노동기구와 다르게 베르사이유평화조약 제1편 국제연맹규약의 14조에 기초하여 네덜란드 헤이그에 설립된 임시기구(ad hoc)가 아닌 국제재판소이다(이는 국제연맹 조직의 일부가 아니다. 즉 국제연맹의 사법기관이 아니다). 그 재판은 상설국제사법재판소규정에 기초하여 행해졌으나, 1940년 5월 독일의 네덜란드 침공에 의하여 사실상 활동이 정지됐다.

그 후 제2차대전 후인 1945년 10월 24일 국제연합이 설립되자 상설국제사법재판소는 개편되어 국제연합의 중요한 조직으로 주요기관의 하나인 국제사법재판소(International Court of Justice)가 되었으며, 재판절차를 결정하는 상설국제사법재판소규정도 개정되어 국제사법재판소규정이 되었다. 그러나 그 소재지는 국제연합의 본부인 뉴욕이 아니라 상설국제사법재판소의 소재지와 같은 네덜란드의 헤이그에 있다.

(2) 국제연합의 주요기관과 그 밖의 기관

국제연합의 주요기관은 총회, 안전보장이사회, 경제사회이사회, 신탁통치이사회, 국제사법재판소, 사무국으로 총 6개이다. 보조기관으로서 군사참모위원회, 인권위원회, 마약위원회, 국제법위원회, 우주공간평화이용위원회 등이 있다. 그 밖에 만국우편연합, 국제전기통신연합, 세계기상기관 등의 기관도 있으나 이들은 ILO와 같은 주요기관이나 보조기관이 아니라 전문기관이다.

총회(UN총회)는 국제연합 가맹국에 의해 구성된 의사결정기관이다. 그 심의, 결정에 관한 사항은 UN헌장에 의해 결정된 범위 내의 모든 사항에 미친다. 또한 총회는 국제헌장의 범위 내의 모든 문제에 관하여 안전보장이사회 및 가맹국에 권고할 수 있다(UN헌장 10조). 또한 총회는 국제연합의 예산을 승인하고(동 17조 1항), 가맹국에 분담금의 할당을 행할 수 있다(동조 2항).

총회에서의 심의, 결정의 결과는 조약이라는 형식을 취하는 일이 있다. 예를 들어 1979년 제34차 총회에서 채택된 '여성에 대한 모든 형태의 차별의 철폐에 관한 조약' 등이 있다. 표결은 가중투표제에 의하지 않고 가맹국 각각이 1표의 투표권을 행사한다. 표결은 원칙적으로 출석 및 투표하는 가맹국의 과반수에 의하나, 비상임이사국의 선거 등의 중요문제에 관한 표결은 3분의 2 이상의 찬성에 의한다(동 18조).

안전보장이사회는 국제연맹의 이사회에 상응하는 것으로 미국, 러시아, 중국, 영국, 프랑스로 구성된 임기가 없는 5상임이사국과 총회에 의해 선출된 2년의 임기를 가진 10개국의 비상임이사국에 의해 구성된다. 안전보장이사회는 국제 평화 및 안전의 유지를 위협할 우려가 있는 (분쟁)에 관하여 조사하고 조정하는 방법을 권고할 수 있으며(동 33조, 36조), 더 심각한 사태에 관하여는 평화에 관한 위협, 평화의 파괴 또는 침략행위의 존재를 결정하고 평화를 회복하기 위한 비군사적 조치 및 군사적 조치의 강제조치를 결정할 수 있다(동 39조, 41조, 42조). 군사적 조치는 안전보장이사회가 가맹국으로부터 군대를 제공받아 UN군을 조직하여 행한다(동 43조).

안전보장이사회는 상임이사국이 1개국이라도 반대하면 결정을 채택할 수 없다(동 27조 3항 참조). 안전보장이사회가 국제 평화 및 안전의 유지에 관하여 지는 책임은 국제연합의 신속하고 유효한 행동을 확보하기 위하여 국제연합가맹국은 국제평화 및 안전의 유지에 관한 중요한 책임을 안전보장이사회에 부담시킬 수 있는 것이라고 규정하는 헌장 24조 1항에 기초하는 것이다. 또한 동조항은 "(가맹국은) 안전보장이사회가 그 책임에 기초한 의무를 행하는데 있어서 가맹국을 대신하여 행동하는데 동의한다"라고 규정하고 있다. 이에 따라 안전보장이사회는 평화 및 안전의 유지에 관한 한 총회에 우선하는 권한을 가진다고 이해할 수 있다.

경제사회이사회는 총회에서 선출된 이사국에 대하여 이들의 활동의 방향을 정하고 조정하기 위한 연구, 보고, 국제회의의 소집, 조약의 작성 및 권고를 행한다(동 62조). 표결은 출석 및 투표하는 이사국의 과반수에 의해 결정된다(동 67조 2항).

신탁통치이사회는 총회의 권위에 근거하여 신탁통치제도의 제(諸)문제를 전문적이고 계속적으로 담당한다(동 87조). 신탁통치이사회는 신탁통치지역의 시정국(施政國), 안전보장이사회의 상임이사국이면서 신탁통지지역의 시정국이지 않은 나라, 총회가 선임하는 가맹국으로 구성된다(동 86조). 원래 신탁통치지역은 현재 미국이 통치하는 태평양제도(諸島) 이외는 독립에 의해 존재하지 않게 되었다.

사무국은 1인의 사무총장과 사무총장에 의해 지휘, 감독되는 직원에 의해 구성된다. 사무총장은 안전보장이사회의 권고에 기초하여 총회가 임명한다(동 97조). 사무국은 회의의 준비, 설명 등의 행정사무적인 임무를 수행하는데, 사무총장은 이러한 사무국의 임무수행에 그치지 않고 국제평화와 안전유지에 위협되는 사항에 관하여 안전보장이사회에 '주의'를 줄 수 있다(동 99조). 이에 따라 사무총장은 총회나 안전보장이사회로부터 중개(仲介), 조정 등의 정치적 임무를 위탁받게 된다.

국제사법재판소는 국제연합의 주요 기관 중 하나로서 국제연맹시대의 상설국제사법재판소의 개편에 의해 설립된 상설의 국제적인 사법재판소이다(이는 국제연합의 조직의 일부이다). 그 소재지는 상설국제사법재판소와 같은 헤이그이다. 재판소는 총회 및 안전보장이사회에 의해 선출된 15인의 재판관에 의해 구성된다(국제사법재판소규정 3조 1항). 재판관의 임기는 9년이나, 재임할 수 있다(동 13조 1항).

모든 가맹국은 당사자능력을 가지고 국제사법재판소에 소를 제기할 수 있으나 선택조항(optional clause)[12]을 수락하거나 재판조약을 체결하고 있는 경우는 별도로 하고, 상대국은 응소할 의무를 지지 않는다. 이렇게 각 가맹국이 당사자능력을 가지는 것은, 국가가 아닌 국제기관이나 법인, 사인은 원칙적으로 당사자능력을 가지지 않는다는 것이다. 따라서 가맹국과 법인, 사인간의 법적 분쟁이 발생해도 법인, 사인은 원칙적으로 소를 제기할 수 없다.

그러나 법인이나 사인이 외국에서 신체적 또는 정신적 손해를 입은 경우 피해자의 본국이 피해자를 대리하는(대리인으로서 행위하는) 것이 아니라 본국이 가지는 외교적 보호의 권한을 행사하여 손해를 발생시킨 외국(영역국)에 대하여 각종 조치를 취하도록 요

12) 현행 국제법 아래에서 국가는 자기 의사(意思)에 관계없이 국제재판에 복종할 의무는 없다. 그러나 법적 분쟁에 있어서 특별선언(特別宣言)에 의한 국제재판소의 관할을 의무적으로 인정하는 것도 가능하며 국제사법재판소규정(제36조 제2항)도 그 길을 열어주고 있다. 이 선언을 할 것인가의 여부는 각국의 자유로운 선택에 맡겨져 있으므로 이 조항을 선택조항 또는 임의조항이라고 부른다.

구하는 경우가 있다. 그리고 영역국이 신속하게 적절한 조치를 취하지 않는 경우에는 본국이 외교적 보호의 권한의 행사로서 국제사법재판소에 손해배상청구의 소를 제기할 수 있다. 이러한 사례는 실제로 비교적 많이 이루어지고 있다고 한다.

Ⅱ. 국제노동기구

1. 국제법 주체로서의 국제노동기구

(1) 국제법 주체로서의 국가

현대 국제사회의 주된 국제법 주체는 국가이다. 국가란, 영토를 기초로, 그곳에 사는 주민(주로 국민)에 의해 조직되고, 대표기관 및 각종 기관을 가진 조직적 통일체이다. 국가는 그 존재가 승인됨으로서 당연히 국제법 주체성(국제법인격 이라고도 함)을 인정받고 국제법 질서에 있어서의 권리·의무의 귀속주체가 된다. 또한 국가는 국제법인격을 인정받는 것에 의해 국제법률행위능력과 국제불법행위능력도 인정받게 된다.

(2) 국제법 주체로서의 국제조직

오늘날 국제법 주체인 국제조직의(국제단체라고도 한다) 중요성이 커져감에 따라 이러한 국제조직도 국제법인격을 인정받을 수 있다. 예를 들면 유네스코(UNESCO)와 세계보건기구(WHO)[13], 국제통화기금(IMF)[14] 등의 전문기관(경제, 사회, 문화 등의 전문

13) 세계보건기구(World Health Organization: WHO)는 보건·위생 분야의 국제적인 협력을 위하여 설립한 UN(United Nations: 국제연합)의 전문기구이다. 1946년 61개국의 세계보건기구헌장 서명 후 1948년 26개 회원국의 비준을 거쳐 정식으로 발족하였다. 1923년에 설립한 국제연맹(League of Nations) 산하 보건기구와 1909년 파리에서 개설한 국제공중보건사무소에서는 약물을 표준화하고, 전염병을 통제하며 격리 조치하는 업무를 수행하였다. WHO에서는 이 업무를 이어받아 세계 인류가 신체적·정신적으로 최고의 건강 수준에 도달하는 것을 목적으로 활동한다. 이를 위해 중앙검역소 업무와 연구자료 제공, 유행성 질병 및 전염병 대책 후원, 회원국의 공중보건 관련 행정 강화와 확장 지원 등의 일을 맡아 본다. 헌장에서 건강은 육체적·정신적·사회적으로 완전히 행복한 상태를 말하며, 단순히 질병에 관한 것만을 지칭하는 것이 아니라고 정의한다. WHO는 국제보건사업의 지도적·조정적 기구의 성격을 띠며, 주요사업은 본부 사무국을 중심으로 한 중앙기술사업과 각 지역 사무국을 중심으로 한 각국에 대한 기술원조로 나누어진다. 주요기관으로는 총회·이사회·사무국이 있다. 총회는 주요정책의 결정 기관으로 매년 회의를 개최하고, 이사회는 30여 명의 보건전문가로 구성되며 3년마다 새로 선출한다. 사무국은 전세계에 설치된 지역사무소와 각 분야별로 행정요원들이 활동한다. 그밖에 전문가자문부회·전문가위원회 및 세계 각 지역에 지역위원회·지역사무국으로 구성된 지역기구가 있다. 재정은 회원국 정부의 기부금으로 충당한다. 2012년 현재 가맹국은 194개국이며 한국은 1949년 제2차 로마 총회에서, 북한은 1973년에 가입하였다. 본부는 스위스 제네바(주네브)에 있다.

14) 국제통화기금(International Monetary Fund: IMF)은 세계무역 안정을 목적으로 설립한 국제금

분야에 서 국제연합(UN)과 제휴한 국제조직)이다. 국제노동기구(International Labour Organisation: ILO라고 약칭. 프랑스어로는 OIT, 독일어로는 IAO로 약칭)도 이와 같은 전문기관의 하나로 중요한 국제법 주체이다. 또한, 유럽경제공동체(EC)[15] 등의 조직체도 마찬가지다.

(3) 조약의 의의와 변천

조약은 이전에는 '문서에 의한 국가 간의 합의'라고 이해되어 왔지만 오늘날에는 '국제법 주체의 일정한 권리·의무를 발생시키기 위한 문서에 의한 합의'로 이해된다. 그리고 어떤 국가와 다른 국가 사이에 체결되는 계약형 조약은 일반적으로 두 국가간 조약이라고 불린다. 한편, 국제조직도 중요하며 총회 이외의 결의기관에서 채택되어 성립하는 입법형 조약은 국제조직조약이라고 부르는 것도 가능하지만 일반적으로는 다수국간조약이라고 불린다.

융기구이다. 1944년 체결된 브레턴우즈협정에 따라 1945년에 설립되어, 1947년 3월부터 국제부흥개발은행(IBRD: International Bank for Reconstruction and Development)과 함께 업무를 개시한 국제금융기구다. 이 두 기구를 총칭하여 브레턴우즈기구라고도 한다. 2011년 기준 가입국은 총 188개국이며, 본부는 미국 워싱턴에 있다. 총회·이사회·사무국과 그밖에 20개국 재무장관위원회, 잠정위원회, 개발위원회 등이 있다. 최고기관인 총회는 각 가맹국이 임명하는 대표 1인과 대리 1인으로 구성되며, 회합은 연차회합과 임시로 열리는 특별회합이 있다. 100억 달러로 출발해 여러 차례 증자를 통해 1970년 10월 30일부터 총액 289억 510만 달러가 되었다. 가맹국은 일정한 할당액에 따라 25%를 금으로, 75%를 자국 통화로 납입하도록 되어 있었으나 1978년 4월 신협정에 따라 금에 의한 납입은 SDR(Special Drawing Rights, 특별인출권)로 납입하게 되었다. IMF가 인정할 경우, 다른 회원국 통화 또는 자국 통화로 납입할 수 있다. 할당액은 각 가맹국이 IMF의 자금을 이용할 때 대출한도를 정하는 기준이 된다.

15) 유럽경제공동체(EC)는 1967년 7월 1일 EEC, ECSC, Euratom 3개 기관의 집행부를 통합하여 설립하였으며, EEC가 핵심이 되어 활동한다. 3개 공동체 자체는 별개로 존재하였으며 평화와 경제번영을 위한 유럽통합이 목적이었다. EC의 창립회원국은 벨기에·프랑스·서독·이탈리아·룩셈부르크·네덜란드였다. 1973년 덴마크·아일랜드·영국이, 1981년에 그리스, 1986년에는 포르투갈과 스페인이 가입하며 모두 12개국이 회원으로 활동하였다. 그 후 스웨덴·핀란드·오스트리아가 가입하여 회원국이 모두 15개국으로 늘어났다. 중심기관은 유럽회의·유럽재판소·각료이사회·EC위원회 등 4개였다. 관세동맹을 결성하고 공동 통상 및 농업정책을 실시하며 유럽통화제도를 마련하였으나 가맹국의 이해 대립으로 효율적인 활동이 어렵게 되자 1985년 12월 다수결제도를 도입하는 등 활성화를 위해 노력하였다. 지역 내 인구 약 3억 4,000만, 국내총생산 총액 약 2조 4,800억 달러에 달하는 경제·정치 블록을 이루었다. 1993년 5월 EFTA(European Freed Trade Association: 유럽자유무역연합)와 통합하여 EEA(European Economic Area: 유럽경제지역)를 결성하고, 1994년 1월 1일부터 상품·사람·자본·서비스 등의 자유이동을 제한하는 물리적 문제, 조세 문제를 해결하고 유럽단일시장을 탄생시켰다. 1993년 11월 1일 마스트리히트조약 발효에 따라 1994년 1월 1일부터 EC는 EU(European Union: 유럽연합)로 공식명칭을 바꾸었다. 사무국은 브뤼셀에 있었다.

2. 연혁

(1) 제2차대전 이전까지의 ILO의 목적과 의무

국제노동기구(ILO)는 제1차대전 종료 직후인 1919년에 베르사유강화조약 13편[16]의 노동편에 의거하여 설립되었다. 이 당시 국제노동기구는 자치적인 기관이라고는 하나 국제연맹과 유기적으로 결합하여 국제연맹 조직의 일부로 보여지기도 했다. 그 목적과 의무는 노사의 이해(利害)를 국제노동입법 등의 평화적 수단으로 조정하고, 이에 의해 사회적 부정을 시정하려고 하는 것이었다.

그리고, ILO가 설립된 1919년부터 1921년까지 3년간은 가장 활동적인 제1기라고 불려(1939년까지의 20년간은 4시기로 구별된다), 제1회부터 제3회까지의 총회에서 조약 16개와 권고 18개가 채택되었다. 이 시기까지 ILO의 목적과 의무는 주로 비인도적인 근로조건의 배제로 사회적 부정을 시정하는 것이라고 할 수 있다.

(2) 제2차대전 이후 ILO의 목적 · 임무

제2차대전이 종료하기 직전에 1944년 5월 10일에 필라델피아에서 개최된 ILO 제26회 총회에서 '국제노동기구의 목적에 대한 선언'. 즉, 필라델피아 선언(Declaration of Philadelphia)이 채택되어 ILO의 앞으로의 목적과 임무를 명확히 했다. 그리고 1945년 10월에 ILO와 국제연합(국제연맹이 아님)과의 협정이 체결되어 ILO는 국제연합과 긴밀하게 협력은 했으나 그 이후로는 독립된 하나의 국제조직이 되었다.

---

16) 베르사이유조약(Treaty of Versailles, Versailles Peace Treaty)은 제1차 세계대전 후 전쟁에 승리한 연합국과 패전국 독일의 강화조약이다. 1919년 6월 28일 프랑스 베르사유에서 서명, 1920년 1월 10일 발효되었다. 조약 본문은 15편 440개조로 이루어져 있으며, 유럽에서의 독일의 영토의 할양과 해외식민지의 포기, 자르(Saar)지역의 국제연맹에 의한 통치, 군비제한, 라인 무장금지지역의 설정, 전쟁의 책임의 승인과 손해의 배상 등을 규정한다. 제1편 '국제연맹규약'은 보편성을 주창하였지만 당초에는 유럽의 기구에 그쳤다. 또한 위임통치를 도입하여(22조) 식민지체제 유지를 도모하였다. 제2편 '독일의 경계'와 연동하고, 제3편 '유럽정치조항'은 알자스 로레누의 대프 반환(57조) 등 영토의 할양과 국민투표에 의한 귀속을 규정하고 독일은 면적 56,980㎢, 인구 647만 명을 손실하였다. 또한 브레스트 리트프스크 조약의 실효와 러시아의 배상취득권을 정하였다(116조). 제4편 '독일 외에서의 독일의 권리 및 이익'은 일체의 식민지와 중국 등의 독일 이권포기를 정하고 산둥(山東)의 이권을 일본에 양도하였기(156조) 때문에 5·4운동을 촉발하여 중국은 조인 불능이 되었다. 제5편 '육군해군 및 항공조항'은 육군 10만 명' 해군 15,000명으로 제한하고, 잠수함과 군용기를 금지하였다. 제6편은 '포로와 분묘', 제7편 '제재'에 기초하여 네덜란드 망명 중의 빌헬름 Ⅱ세를 전쟁범죄인으로서 인도하라는 요구가 있었지만 네덜란드는 이것을 거부하였다. 제8편 '배상'은 윌슨의 14개조의 취지에 따른 상금을 폐지하였지만 전쟁책임을 독일에 일방적으로 인정하도록 하고(231조) 배상을 부과하였다. 그리고 제9편 '재정조항', 제10편 '경제조항', 제11편 '항공', 제12편 '항만, 수로 및 철도', 제13편 '노동', 제14편 '보장', 제15편 '잡칙'의 규정이 마련되었다. 이 중 13편(노동편)은 387조에서 427조까지에 이르며, 그 내용은 ILO의 헌장 내용으로 되었다.

이와 같은 새로운 ILO의 목적과 임무는 필라델피아선언에 의해 종래 ILO의 목적과 임무를 재확인하고 이것을 승인함과 동시에 노동조약을 개선하고 사회정의를 실현하며 이를 통해 항구적 평화의 확립에 기여하는 등의 새로운 목적과 임무를 추가하게 되었다.[17)]

3. 조직

(1) 원(原)가맹국과 가입가맹국

ILO는 상설기관이면서 국제법인격을 가진다. 가맹국은 1945년 2월 1일에 이 기관의 가맹국이었던 나라(원가맹국)와, 그 후에 가맹국이 된 나라(가입가맹국) 이렇게 두 종류로 분류된다. 이러한 두 종류의 가맹국을 합치면 2011년 기준 가맹국 총 수는 183개국(2011년 가사노동조약은 189호 조약. 또한 원가맹국은 43개국)이다.

(2) 현대의 ILO 목적 · 임무

오늘날 ILO의 목적과 임무는 기본적으로 필라델피아 선언에 의해 규정되어 있지만, 그 조직과 작용(행위를 뜻함)은 ILO 헌장 즉 국제노동기구헌장(Constitution of the International Labour Organization)에 규정되어 있다. 이 ILO 헌장은 1948년 4월 20일에 발효된 것이지만 Constitution이란 말에서도 쉽게 이해되듯이, 이것은 ILO의 기본법(근본규범)이다. 하지만 개정이 불가능한 것은 아니고 경우에 따라서 개정될 수 있다. 예를 들어 1946년에 ILO 헌장 37조에 2항이 추가된 것이 한 예이다.

필라델피아 선언과 ILO 헌장과의 관계는 다소 복잡하다. '선언'이나 '헌장' 둘다 ILO의 목적 · 임무를 규정하기 때문이다. 하지만 선언은 ILO 조직을 언급하지 않음과 동시에 목적 · 임무를 언급하지 않았다. 또한 그 범위는 노동조약 개선에 의한 사회정의의 실현뿐만 아니라 보다 넓게 경제적 및 재정적 요소에 대한 고려를 없애는 것, 즉 경제적 불안정의 제거에 따라 근로조건뿐만 아니라 생활조건의 개선까지 이른다. 이에 비해서 헌장은 ILO의 기본법으로서 그 조직을 언급함과 동시에 목적 · 임무를 언급하고 노동조약의 개

17) ILO의 원칙은 필라델피아 선언(ILO의 임무와 목적에 관한 선언, Declaration Concerning Aims and Purposes of International Labour Organisation) 제1부에 다음 4가지 형태로 구체화되었다.
① 노동은 상품이 아니다.
② 표현의 자유와 결사의 자유는 지속적인 진보에 필수적이다.
③ 일부의 빈곤은 전체의 번영을 위태롭게 한다.
④ 궁핍에 대한 싸움은, 각국에서의 지속적인 노력과 함께 또한 노사대표가 정부대표와 동등한 위치에서 공동의 복지를 증진시킨다고 하는 목적 하에 자유롭게 토의하고 민주적인 결정에 함께 참여하는 지속적이고도 상호협조적인 국제적 노력에 의해 수행되어야 한다.

선(인도적인 노동조약의 채택)에 의한 사회정의의 실현을 중심으로 하고 있다. 하지만 선언도 제29회 총회에서 '부속서'로서의 ILO 헌장의 본문의 일부라는 것이 승인되었다.

(3) ILO의 각종 기관

ILO의 결의기관은 총회(Conference)이다. 총회는 각 가맹국의 4명의 대표로 구성된다. 이 4명의 구성은 두 명이 정부대표이고, 남은 두 명이 각각 노동자대표와 사용자대표이다(헌장 3조 1항).[18] 이 삼자비율은 현재는 2 대 1 대 1로 되어 있지만, 정부대표가 두 명이라는 것에는 문제가 있으며 이것을 1 대 1 대 1로 해도 충분히 성립될 수 있다는 견해가 있다.

집행기관은 이사회(Governing Body)다. 이사회는 총회가 각 가맹국 대표에 의해 구성되는 것과 달리 일부 가맹국 대표에 의해 즉, 정부대표 28인과 노동자대표 14인과 사용자대표 14인의 합계 56인에 의해 구성된다(헌장 7조 1항). 이사회는 집행기관이지만 총회의 의사일정의 결정·사무국장의 임명·주요산업국의 결정·예산안의 작성 등을 한다.

사무기관(집행기관의 손발처럼 활동하는 기관)은 국제노동사무국이다. 사무국은 사무국장과 직원으로 구성된다(8조 1항·9조 1항). 사무국장은 앞서 기술한 바와 같이 이사회에서 임명된다. 사무국 본부는 제네바에 두고, 각국에 연락사무소·지역사무소·지구사무소·지국·통신원 등을 두지만, 각국에 위치한 이 기관에 대해서는 헌장에 규정이 없다. 사무국 직원은 사무국장에 의해 국적이 다른 사람으로부터 선임되며, 그 중 몇 명은 여성이어야 한다(헌장 9조 1항·2항·3항).

18) 전통적인 국제법의 구조에서 보면, 정부 대표 이외의 비정부단체에 투표권을 인정한다는 것은 극히 이례적인 일로서, 정부간 국제회의에서 정부 대표가 아닌 자에게 투표권을 부여하고 있는 곳은 ILO 이외에는 찾아보기 어렵다. 1919년 베르사이유조약 및 ILO 창설을 논의했던 국제노동법제위원회(Commission on International Labour Legislation: 미국, 영국, 프랑스, 이탈리아 등 주요 5개국에서 각 2명씩, 벨기에, 쿠바, 폴란드, 체코 등 5개국에서 각 1명씩, 총 10개국의 대표 15명으로 구성)에서도 노사정 대표의 비례에 관한 문제는 주요 논쟁사항이었다. 일부는 정부대표에게만 투표권을 주는 1국 1표제를 주장하였고, 프랑스, 미국, 이탈리아, 쿠바 대표는 노사정 3자의 투표권을 같게 하자고 주장하였다. 영국, 벨기에 등은 국제노동총회는 단순히 결의만 하는데 그치는 회의가 아니라 가맹국이 자국의 입법부에서 비준을 받아야 하는 조약을 작성하는 회의이므로 정부측에 적어도 노사를 합친 것과 같은 수의 발언권을 주는 것이 필요하다고 주장했고, 그 결과 타협의 산물로 오늘날 ILO 헌장 제3조 제1항에 규정된 '대표배분제도'(정부 2, 노 1, 사 1)가 채택되었다. 현행 대표배분방식은 총회에서 조약이 채택되면 그것을 비준하고 비준 후의 실시에 대하여 국제적인 책임을 져야 하는 것은 정부이고 노사 단체는 직접적인 책임이 없다고 보기 때문에 정부 대표에게 보다 많은 비중을 두어야 한다는 사고, 즉 정부간 국제기구로서의 ILO의 성격이 반영되어 있다고 한다(권중동, 『ILO와 국제노동기준』, 중앙경제, 2000, 48~52면 및 66~68면 참조).

4. 조약 및 권고

(1) 두 종류의 국제문서

총회가 어떤 의제에 대해 제안(의안)을 채택하는 경우 총회는 조약의 형식을 취할지 권고의 형식을 취할지를 결정해야 한다. 조약(convention)은 국제법 주체 간에 일정한 권리·의무를 발생시키기 위한 문서에 의한 합의이자 관계당사자 간에 권리·의무를 발생시키는 것이다. 이에 비해 권고(recommendation)는 관계당사자가 목표한 기준을 설정하는 것이다. 따라서 관계당사자에 대해 권리·의무를 발생시킬 필요성이 높은 경우에는 총회는 조약의 형식을 채택하고, 반드시 권리·의무를 발생시킬 필요성이 높지 않은 경우에는(단순히 목표한 기준을 설정하는 것만으로 족할 경우)에 총회는 권고의 형식을 채택한다. 하지만 총회의 채택에 필요한 요건은 어떠한 경우에도 출석대표의 3분의 2 이상의 찬성이므로 조약과 권고의 차이는 없다.

조약이나 권고 모두 국제문서의 한 종류이지만 권리·의무의 발생여부에 착안해 조약은 의무창설문서(Obligation-creating instrument)라고 불리며, 권고는 기준설정문서(standard-defining instrument)라고 불리기도 한다. 하지만 이와 같은 권리·의무를 발생시키는지의 구별은 그다지 결정적인 것은 아니다. 왜냐하면 ILO 가맹국은 조약을 비준하지 않으면 권리·의무의 귀속주체는 되지 않기 때문이다.

(2) 조약과 권고

조약 또는 권고가 총회에서 채택된 경우에는, 총회의장과 사무국장이 각각 2통에 서명한다. 이 인증행위는 조약 또는 권고가 일정형식으로 성립했다는 것과, 내용이 진실인지를 공증하는 행위이다. 그 후 한통은 ILO 사무국의 기록에 기탁(寄託)되고 다른 한통은 국제연합 사무총장에 기탁된다. 기탁은 조약, 권고의 효력발생요건이 아니라고 해석되고 있다.

조약 또는 권고가 채택돼 기탁된 이후에는 조약 또는 권고의 인증등본(Certified copy)을 찬성하지 않았던 나라를 포함해 모든 가맹국에 송부한다. 이 송부는 조약에 관하여 비준하기 위해 행해지는 것이며, 권고에 대해서는 국내입법 이외의 조치를 목표로 설정하기 위해 하는 것이다. 조약은 총회에서 반대한 나라도 비준할 수 있다.

(3) 조약의 비준

조약을 송부받은 가맹국은 입법 또는 다른 조치, 즉 국내입법과 행정조치 등을 위해,

원칙적으로 총회의 회기(會期) 종료 후 늦어도 1년 이내에 조약을 권한 있는 기관에 제출할 것을 약속해야 한다(ILO 헌장 19조 5항(b)호). 가맹국은 약속을 이행해서 조약을 권한 있는 기관에 제출하고, 권한 있는 기관이 여기에 동의(동의할 의무는 없다) 하면 비준절차(비준이란, 조약을 체결하는 나라의 최종적인 의사표시)를 이행하는 것이 된다. 내각 이외의 조약체결권한자가 조약을 비준한 경우에는 가맹국은 이 사실을 사무국장에게 통지해야 한다(ILO 헌장 19조 5항(d)호).

권한 있는 기관(competent authority)이란 일반적으로 입법부라고 해석되고, 이는 ILO가 확립한 해석에도 나와 있다. 즉, 이것은 전문가위원회(조약 및 권고의 통용에 관한 전문가위원회, 중립적인 전문가인 위원으로 구성된다)와 총회위원회(조약 및 권고의 통용에 관한 총회위원회, 노사정 위원으로 구성된다)의 해석임과 동시에, 총회 및 이사회의 해석이기도 하다.

(4) 권고의 송부

권고를 송부받은 가맹국도 입법 또는 다른 조치를 위해 조약의 경우와 마찬가지로 원칙적으로 총회의 회기가 종료된 후 1년 이내에 권고를 권한 있는 기관에 제출할 것을 약속해야 한다(ILO 헌장 19조 6항 (b)호). 가맹국은 이 약속을 이행해 권고를 권한 있는 기관에 제출할 의무가 있다.

권한 있는 기관은 이 권고에 따라 국내입법, 그 밖의 조치를 실시할 의무를 지지 않는다. 권한 있는 기관이 어떠한 이유로 조치를 취한 경우에는 그 사실을 사무국장에게 통지해야 하지만(19조 6항 (c)호) 어떠한 조치도 취하지 않았을 경우에도 이사회가 요청하는 적당한 기간을 두고 그 상황을 사무국장에게 통지해야 한다(19조 6항 (d)호).

(5) 비준조약과 미비준조약

각국의 조약 비준 수(數)는 절대 많지 않다. 이는 ILO에 대한 각국 정부의 소극적 태도의 반영이라고 해석되고 있다. 또한 이것은 어느 정도까지 각국의 노동운동 자세를 반영하고 있다고 지적되고 있다. 하지만 이에 대해 비준 수가 적은 것은 각국 정부는 일관되게 조약에 위반되는 국내법이 존재하는 경우에는 이를 개정하고, 또한 필요로 하는 제도가 빠진 경우에는 입법 외에 의해 필요한 조치를 취하며 비준을 이행하는 입장을 취해 오고 있다는 점에 따른 것이고, 또한 각국의 미비준조약 중에는 실질적 기준은 달성되어 있으면서 단지 경미한 기술적 요건이 빠졌기 때문에 비준이 불가능한 경우도 있다고 지적되고 있다.[19)]

ILO 조약에는 여러 개가 있지만 그중 대다수는 독일에서 구속적(verbindich 구속적이란 비준하고 있다는 의미)이라고 한다. 그리고 이 ILO 조약(독일에서는 Übereinkommen der IAO라고 함)은 ILO 총회라고 하는 상설기관에 의해 체결된다는 점에 특수성이 있다고 지적되고 있다. 하지만 구속적이라고 해도 상당수는 그다지 의미를 두지 않는다. 그것은 중요한 내용(sachlicher Gehalt)이 이미 독일의 국내법에 의해 널리 실현되었기 때문이다. 다만 조약 중에 약간의 규정에 대해서는 입법적 조치를 취한 것이 있고, 또한 몇 개의 조약(예를 들어, 87호 조약 등)은 일련의 문제를 해결하는데 사용되어 유익했다고 한다.

5. 조약의 해석

(1) 조약법에 관한 비엔나조약

ILO 조약에는 의미가 불명확한 규정이 있다. 이것은 조약 채택에 필요한 출석대표의 3분의 2 이상의 찬성을 얻기 쉽도록 다양한 문언과 표현이 의도적으로 사용되는 것에 원인이 있는 것과 동시에, 채택된 조약을 적용하는데 있어 유연성이 필요하다는 점에서 기인된 것이다. ILO 조약도 국제노동법으로서 법의 일종이기 때문에 불명확한 규정은 해석에 의해 의미가 분명해진다. 예를 들어 각 가맹국에서 행해지는 해석과 전문가위원회(조약권고적용 전문가위원회)에서 하는 해석과 결사의자유위원회에서 하는 해석 등이 있다.

ILO 조약은 국제기관 내에서 채택되는 조약으로서 비엔나조약(조약법에 관한 비엔나 조약. 외교관계에 관한 비엔나조약은 아니다)의 적용이 있으므로(비엔나조약 5조 참조) 그 해석에 대해 조약은 문맥에 의해, 한편으로는 그 취지 및 목적과 대조하여 부여하는 문언의 통상 의미에 따르며 성실히 해석한 것으로 한다라고 규정하는 31조 1항에 따라 해석된다. 그리고 통상의 의미(ordinary meaning)를 탐구하는데 있어 문맥(context)이 중요한 의미를 갖고 또한 31조 2항에 의해 문맥 안에 본문의 조약문과 관계합의(ILO 조약의 본문은 영어와 프랑스어의 것)가 포함될 수 있으므로 ILO 조약의 해석은 영미법과 프랑스법의 법이론과 법개념을 참고할 가치가 있다. 또한 프랑스법과 같은 대륙법인 독일법의 법이론과 법개념도 의의가 있다.

---

19) 우리나라의 ILO 조약 비준현황을 보면 189개 조약 중 비준한 조약은 28개이다. 기본조약은 8개 중에 4개를 비준하였다. ILO 기본조약 8개는 △제87호 결사의 자유 △제98호 단체교섭권 △제29호 강제노동 △제105호 강제노동 폐지 △제138호 취업 최저 연령 △제182호 가혹한 형태의 아동노동 철폐 △제100호 동일노동 동일임금 △제111호 고용과 직업에서 차별대우에 관한 조약이다. 이 가운데 우리나라는 제87호와 제98호 결사의 자유와 단체교섭권에 관한 조약, 제29호와 제105호 강제노동의 폐지에 관한 조약 등 4개 기본조약을 비준하지 않았다.

전문가위원회와 결사의자유위원회가 하는 해석은, 이른바 행정해석과 유사한 것이다. 왜냐하면 위원회들은 집행기관(행정기관)인 ILO 이사회에 의해 설치된 위원회이기 때문이다. 다만 이에 대해서 유연성을 부여하기 위해 최근 몇 년 더욱더 일반적 표현을 많이 포함한 조약이 채택되는 경향이 있는 가운데…조약권고적용 전문가위원회는 해석을 하고, 그 의미와 범위를 확정할 필요에 직면한다라고 했으며 또한 1951년 설치 이래 1000건 이상의 케이스를 다룬 결사의자유위원회…도, 이 판례법의 형성에 큰 공헌을 하고 있다고 지적하며, 이 위원회들의 해석은 행정해석이 아닌 판례법이라고 하는 견해도 있다.

조약의 기초과정에 있는 위원회의 보고서(예를 들어 총회기초위원회의 보고서)에 조약해석에 도움이 되는 제안이유 등을 설명하는 것이 있다. 이것은 이른바 입법자의 의사에 가깝다. 하지만 이 위원회들의 해석과 설명은 모두 ILO 그 자체의 해석, 설명이며 제3자 기관에 의한 것은 아니다. 이것들도 통상의 의미를 탐구하는데 의의를 두지만(비엔나조약 32조 참조), 재판소 그 밖의 제3자 기관에 의한 객관적인 해석 방법이 더 중요하다.

전문가위원회 등의 해석(행정해석과 유사한 것)이 총회기초위원회의 설명(입법자의 의사)에 저촉하는 경우가 있다. 이 경우에는 입법자의 의사인 총회기초위원회의 설명이 우위에 있으며, 체결국은 전문가위원회 등의 해석에는 구속받지 않는다. 왜냐하면 체결국은 조약이 채택된 당시의 의미내용에 대해 조약을 비준하고 있기 때문이다. 조약 후의 관계기관의 해석에 의해 의미내용이 변경되는 경우에는 비엔나조약 31조 3항에 의해 그 해석이 나중에 발생했으며 당사국의 합의를 확립하는 것이라고 할 수 있는 경우에만 체결국을 구속하게 된다.

(2) 국제사법재판소 이외의 재판소

ILO 헌장은 37조 1항에서 이 헌장 또는 가맹국이 이 헌장의 규정에 따라 앞으로 체결할 조약의 해석에 대한 이의 또는 분쟁을 결정하기 위해 국제사법재판소에 위탁한다고 규정하고 있다. 이에 대해 가맹국은 이의 또는 분쟁에 대해 국제사법재판소의 재판절차(권고적 의견을 요구하는 절차도 가능하다고 함)를 취할 수 있다. 하지만 가맹국은 국제사법재판소에 소송을 제기할 수 있다고 해도 소송 수는 그다지 많지 않으며 ILO 조약에 관한 국제사법재판소의 재판은 대부분 존재하지 않는다(유럽사법재판소의 노동재판은 다수 존재한다).

그런데 1946년의 개정에 의해 헌장 37조 2항은 이사회는 이사회에 의해 또는 조약의 조항에 따라 위임되는 조약 해석에 관한 분쟁 또는 이의를 신속하게 해결할 재판소 설치에 관해 규칙을 작성하는 한편, 승인받기 위해 총회에 제출할 수 있다고 규정해서, 국제사법재판소(International Court of Justice) 이외의 재판소(tribunal)의 설치와 이를 통한 분쟁 해결 절차가 예정되고 있다. 하지만 오늘날까지도 이런 재판소는 없고 심판소도 설치되지 않고 있다.

(3) 가맹국의 법원에 의한 조약 해석

ILO 조약의 해석은 기본적으로 비엔나조약에 따른다. 해석의 주체는 가맹국인 경우도 있고 ILO의 전문가위원회나 결사의자유위원회일 경우도 있다. 이 가운데 가맹국이 하는 해석은 가맹국의 조약체결권자가 하는 경우가 많다. 하지만 조약이 공포된다고 해도 국내적 효력을 발생시킨 이후에 조약과 관련한 소송이 가맹국의 국내 법원에 계류 중인 경우에는 가맹국의 법원이 조약을 해석하는 경우가 많다. 이 경우에 법원은 비엔나조약에 반드시 따른다고는 할 수 없지만 통상 국내법에 관해서는 같은 방법으로 해석한다. 이러한 경향은 조약규범이 하위의 법규범에 있는 경우에 특히 그러하다.

하지만 조약의 해석이 위헌심사의 문제가 될 경우에 그 조약규범이 상위 법규범에 있고 고도의 정치성을 띠면 법원은 조약을 해석하지 않고, 또한 위헌인지 아닌지 재판하는 경우도 없으며, 사법심사 범위 이외의 일로서 문제를 처리하는 경우도 있다.

6. 조약의 이행상태

(1) 비준조약의 불이행

국제문서의 일종이기도 한 조약은 ILO 가맹국이 비준하는 경우에는 가맹국에 조약상의 권리를 부여하고 의무를 부담시킨다. 그리고 권리자는 일반적으로 권리를 행사하고 구속을 받는 경우가 없으며 이러한 사실은 조약상의 권리에 관해서도 똑같이 타당하다고 생각할 수 있으므로, ILO 조약을 비준한 가맹국은 조약상의 권리를 행사하는데 구속을 받을 일이 없으며, 권리를 행사하지 않아도 법적으로 비난받을 일은 없게 된다.

이에 비해 의무자는 일반적으로 의무를 이행해야만 하고 구속을 받으므로(자연채무 obligatio naturalis는 구속을 받지 않는다) 의무자가 의무를 이행하지 않는 경우에는 법적으로 비난받는다. 이 사실은 ILO 조약에 관해서도 같으며 ILO 조약을 비준한 가맹국이 조약상의 의무를 이행하지 않으면 법적으로 비난받게 된다. 그리고 비준한 가맹국이 처음부터 어떠한 의무를 부담할지 꼭 명확하지 않은 경우에는 조약의 해석을 통해 명확히 한다.

(2) 불이행의 경우 불복절차

ILO 가맹국이 조약상 어떠한 의무를 부담하는지 즉, 어떠한 내용 및 범위의 의무를 부담할지는 전문가위원회(조약권고통용전문가위원회)에 의해 명확해지는 경우가 많고, ILO 가맹국이 조약상의 의무를 이행하고 있는지 아닌지의 판단도 전문가위원회가 내리는 경우가 많다. 그리고 전문가위원회는 이 판단을 정부보고, 법률 및 규칙, 그 외 적당한 자료(예를 들어 사용자 또는 근로자 단체의 의견서 등) 및 이사회의 질문에 대한 정부의 회답에 의해 연차적·정기적으로 행해진다.

이에 대해 조약상의 의무이행에 관하여 개별적으로 소송(complaint) 또는 진술(representation)이 행해지는 경우에는 ILO 이사회가 판단기관으로서 ILO 가맹국의 조약 이행상태에 대해서 판단하게 된다. 이 가운데 소송은 "가맹국이…함께 비준한 조약의 실효적인 준수를…확보하고 있지 않다."라고 인정되는 경우에 다른 가맹국이 ILO사무국에 대해 행하는 것이고, 소송을 하면 ILO 이사회는 심사위원회를 설치하며 심사위원회와 심의해서 보고서를 작성한다. 가맹국이 이 보고서에 포함되어 있는 보고 등을 이행하지 않은 경우에 이사회는 적당하다고 인정하는 조치를 총회에 보고할 수 있다(ILO 헌장 26조부터 33조까지).

또한 진술은 가맹국이 조약의 실효적인 준수를 그 관할권 범위 내에서 어떠한 이유로 확보하고 있지 않다고 인정되는 경우에는 사용자 또는 노동자의 산업상의 단체가 ILO사무국에 대해 행하는 것이며, 진술이 이뤄지면 ILO 이사회가 그 대상이 된 정부에게 통지하고 변명의 기회를 준다. 또한 이사회는 그 정부로부터 상당한 기간 내에 변명을 듣지 못했을 경우에는 진술된 것을 공표할 수 있고 또한 변명은 했지만 변명을 만족스럽게 인정하지 않았을 경우에는 이 변명을 공표할 수 있다.

7. 탈퇴

(1) 탈퇴 절차

가맹국은 탈퇴 의사를 사무국장에 통고함으로써 탈퇴할 수 있다(ILO 헌장 1조 6항). 탈퇴 의사의 통고, 즉, 탈퇴 의사 표시 그 자체는 사무국장에게 도달(사무국장이 인지할 수 있는 상태)하는 것에 의해 효력이 발생한다고 생각할 수 있다. 하지만 탈퇴의 의사표시에 근거하여 가맹국의 지위가 소멸하는 것은 사무국장이 그 의사표시를 실제로 수령하고 인지한 날로부터 기산(起算)해서 2년을 경과한 시점이다. 게다가 이러한 법적 효과(가맹국 지위의 소멸이라고 하는 법적효과)가 발생하기 위해서는 가맹국이 가맹국의 지위로부터 생기는 모든 재정적 의무를 이행하는 것이 요건으로 되어 있다.

만약 가맹국이 ILO에 대한 각종 재정적 의무를 이행하지 않았다면 그것이 이행될 때까지 탈퇴라는 법적 효과는 발생하지 않는다. 이러한 제도를 결정하는 ILO 헌장 1조 5항에도 문제가 있지만 이러한 제도는 신상의 자유가 보장되는 자연인에 관해서는 적어도 인정될 수 없다. 예를 들어 "조합비를 미납한 조합원은 조합비를 완제할 때까지 노동조합을 탈퇴할 수 없다"는 제도 등이다.

(2) 탈퇴 후에 발생하는 가맹국의 권리 의무

가맹국은 탈퇴로 인해 가맹국의 지위를 상실하지만 가맹국의 지위 상실 이전에 가맹국이 비준한 조약은 탈퇴에 의해서도 영향을 받지 않는다. 이것은 헌장 1조 5항에 "탈퇴는 가맹국이 어떤 국제노동 조약을 비준하고 있을 때 그 조약에 정해진 기간 중에는 그 조약으로부터 생겨난 또는 그 조약에 관계한 모든 의무의 계속적 효력에 영향을 미치지 않는다."라고 명문으로 규정해 놓고 있다. 이 1조 5항은 조약에 정해진 기간 중에 일어나는 의무의 단속적 효력을 인정하고 있지만 ILO 조약은 일반적으로 유효기간을 정하지 않는 경우가 많다.

제 3 절 외국인 근로자와 국제고용협력

Ⅰ. 외국인근로자의 개념

1. 외국인 근로자와 국적

외국인근로자란 당해 국적을 갖고 있지 않는 근로자[20]이다. 즉, 근로자이며 외국 국적을 갖거나 무국적자인 경우이다. 이러한 외국인근로자 가운데 경제의 글로벌화에 따라 국제적인 이주노동을 하고 있는 외국인근로자는 이민근로자라고 불리며 전 세계에 약 9천만 명이 있다고 추계되고 있다. 또한 우수한 외국인근로자는 고도 외국인근로자라고 불리며 이와 같은 외국인근로자에 관해 출입국관리상의 특별관리제도를 취하고 있다. 이에 비해 당해 국적임과 동시에 외국 국적인 근로자(이중 국적의 근로자)는 일반적으로는 외국

20) 우리의 경우 '근로자'라는 개념으로 고용관련법령에서 규정하고 있지만, 국제노동기구 등의 개념은 '노동자'로 표기하고 있다.

인근로자로 이해되지 않는다. 그리고 근로자가 당해 국적인지 아닌지는 당해 국가의 국적법에서 규정하고 있는 바에 따라 판단된다.

근로자가 당해 국가의 근로자인지 외국인근로자인지는 무엇보다도 당해 국가의 노동법이 그 근로자에게 적용되는지 아닌지의 판단에 의미가 있다. 그리고 노동법과 산재법 등이 당해 국가 근로자에 대해서만 적용되고 외국인근로자에게는 적용되지 않는다고 한다면 근로자가 당해 국가 근로자인지 외국인근로자인지는 결정적으로 중요한 의미를 갖는다.[21)]

노동법은 근로자와 사용자 사이에 노동관계를 규율하는 것으로 사법의 성질을 갖는다. 또한 다른 면에서 노동법은 사용자의 국가에 대한 연차휴가나 주휴부여 의무를 이행해야만 하는 의무를 규정하고 있다. 그리고 이런 노동법의 규정은 사법으로서의 일면과 공법으로서의 일면 어느 면에서나 당해 국가의 공공질서를 구성한다고 생각할 수 있으므로 원칙적으로 국내에서 노무를 제공하는 근로자에게 그 국적을 불문하고 적용되며 또한 사용자에게도 그 국적을 불문하고 적용된다.

근로자가 국내에서 노무를 제공하는지, 아니면 외국에서 노무를 제공하는지는 통상은 그다지 어렵지 않게 판단할 수 있다. 하지만 스튜어디스 등 객실승무원(機內근무자)의 경우에는 노무급부지를 특정하는 것이 곤란한 경우도 있다. 이와 관련해서 도쿄지방법원(도쿄지방법원 판결 1997.10.01)은 루프트한자(lufthansa) 사건에서 승무원들의 주된 근무내용은 탑승업무이며 나리타, 프랑크푸르트 등의 공항에서의 근무는 대기시간도 포함해 모두 약 2시간 정도로 승무원들의 근무는 주로 루프트한자의 항공기 내이며 다국간의 영토상공을 통과하면서 실시되고 있는 것으로 인정되며…'단일 노무급부지라고 하는 것은 없다고 해야 한다'고 판단하고 있다. 무엇보다 여기서는, 노무급부지는 공공질서와는 관계가 없으며, 준거법에 대해서 묵시적 합의를 인정하는가가 문제되었다.[22)]

---

21) 참고로 본문의 내용과 직접 관련된 것은 아니지만, 우리나라 판례 중에는 「장애인고용촉진 및 직업재활법」(장애인고용촉진법) 제28조, 제33조에 의한 장애인 고용의무제도는 대한민국 헌법 제32조 제1항, 제34조 제1항, 제2항, 제5항에 근거하여 장애인인 국민의 사회적 기본권을 보장하기 위하여 계약자유의 원칙과 기업의 경제상 자유를 제한하는 제도인데, 외국인은 원칙적으로 대한민국 헌법에 따른 사회적 기본권을 누릴 수 없거나 제한적으로 밖에 누리지 못하는 점, 국내 법인이 해외의 현지에서 채용한 외국인근로자는 국내 노동관계법의 적용을 받는 근로자가 아니므로 장애인고용촉진법의 적용대상이 되지 않는 점, 장애인고용촉진법 제28조 제3항의 의무고용률을 정하는 기준이 되는 '전체 인구', '장애인', '전체 근로자', '장애인 근로자', '장애인 실업자' 등의 수는 모두 대한민국 국민을 기준으로 산정하는 점 등 여러 사정과 관련 법 규정을 종합해 보면, 국내 법인인 원고가 해외 사무소의 직원으로 채용한 현지 외국인근로자는 특별한 사정이 없는 한 장애인 의무고용 및 부담금을 정하는 기준이 되는 '근로자의 총수'에는 포함되지 않는다고 해석함이 상당하다고 하여, 장애인고용촉진공단이 현지 외국인근로자를 포함한 근로자 총수를 기초로 산정한 부담금을 부과한 것은 위법하다고 판단한 사례(대법원 2010. 4. 8. 선고 2009두21055 판결)가 있다.

근로자가 외국에서 노무를 제공하는 경우에 외국 노동법이 그 나라 공공질서를 구성한다고 인정된다면, 근로자와 사용자가 타국의 노동법을 준거법으로 합의하고 있어도 공공질서의 관점에서 그 나라의 노동법이 그곳에서 취업하는 근로자에게도 적용된다고 해석되는 경우가 많다. 따라서 이러한 근로자를 둘러싼 법적 분쟁이 발생하고, 그에 대한 쟁송(爭訟)이 그 나라의 법원에서 재판될 경우에는 쟁송은 그 나라의 노동법에 따라 재판되는 경우가 많다. 이와 관련하여 근로자가 외국 특히 미국에서 노무를 제공하는 경우에 그곳에서 발생한 법적 분쟁에 대해서는 미합중국의 법원이 전속 관할하지만, 노동계약의 체결 시 노사 간에 합의되는 경우가 많다. 이러한 합의는 사후에 행해지는 경우도 있을 수 있지만 대부분은 사전에 계약이 체결될 때 이루어진다. 만약 근로자가 이러한 전속관할에 합의하지 않는다면 애초에 노동계약이 체결되지 않을 것이므로 근로자(그 밖의 외국인근로자에 대해서도 같음)가 어쩔 수 없이 전속관할에 합의하는 것이 일반적이라고 한다.

이에 대해 미국에 있는 주(州, 예를 들어 조지아주 등. 주는 국가이므로 그 자체가 법인격을 가짐), 국내에 주법(州法)에 의해 설립된 행정기관의 하나인 사무소(주항만국 한국지부 등)를 설치하고, 그곳의 현지직원으로 근로자를 채용했지만 이후에 해고시켜 그 근로자가 주(조지아주)를 피고로 국내 법원에 해고무효확인청구소송을 제기한 경우에 미합중국의 주는 국가이므로 국내의 재판권은 미치지 않는다(주는 외국의 법원으로부터 면제된다)라고 주장한 경우가 있다. 하지만 해고의 의사표시 같은 사법적 행위에 관해서는 재판권의 면제는 인정되지 않는다고 한다.[23]

---

22) 이 사건은 독일에 본사가 있는 루프트한자독일항공에 고용되어 도쿄영업소 일본인 객실승무원으로 극동노선에서 근무하는 원고들이 회사를 상대로 임금(독일과 도쿄의 생활비 차액을 보전하는 취지의 부가수당을 회사가 폐지하였다)을 청구한 사안으로 해당 고용계약의 준거법이 독일법인가 일본법인가가 쟁점이었다. 도쿄지방법원은 고용계약의 준거법에 대해서는 법례(法例) 제7조(현행 「법의 적용에 관한 통칙법」 제7조(당사자에 의한 준거법의 선택) 법률행위의 성립 및 효력은 당사자가 해당 법률행위 당시에 선택한 지역의 법에 의한다)의 규정에 따라 당사자 사이에 명시의 합의가 없는 경우에도 당사자 자치의 원칙을 정한 동조 제1항에 따라 계약의 내용 등 구체적 사정을 종합적으로 고려하여 당사자의 묵시의 의사를 추정해야 한다고 하였다. 원고들의 채용 경위 즉 모집, 채용 면접, 채용 결정 등을 독일 프랑크푸르트 본사의 객실승무원인사부(독일 본사)가 행하였던 점, 원고들의 근무시간·승무시간·비행시간·휴게시간, 휴일, 급여의 지급항목, 수당, 휴가, 정년 등의 기본적인 근로조건 전반에 대해 회사와 독일의 노동조합 사이에 체결된 단체협약이 적용된 점, 원고들의 급여를 독일 본사에서 소득세·사회보험료 등을 공제한 후 도쿄영업소에 송금하면 도쿄영업소가 국외소득으로서 소득세·사회보험료 등을 공제한 후 일본 엔으로 원고들에게 송금한 점 등에 비추어 보면 원고들에 대한 구체적 노무관리 및 지휘명령을 독일 본사가 하였고, 이와 같은 여러 사실을 종합하면 고용계약의 준거법을 일본법으로 하는 합의가 성립되었다고 추인하기에는 부족하며, 독일법을 준거법으로 하는 묵시의 합의가 성립된 것으로 추정할 수 있다고 판단하였다(野川忍(노가와 시노부), "국제적 노동관계와 노동법규의 적용", 『勞働判例百選』(第8版), 有斐閣, 2009, 14~15면).

23) 미합중국 조지아주 사건: 최고재판소 제2소법정 판결(最二小判) 2009. 10. 16 노동판례 992호 5면.

2. 외국에서 노동하는 경우의 적용법

노동법이 외국에서 노동을 제공하는 내국인 근로자에게도 적용되도록 규정하거나 또는 규정하고 있다고 해석된다면 그 사람에게는 내국의 노동법이 적용되게 된다. 예를 들어 외국에 소재하고 있는 내국 법인이 내국인 근로자에게 노동의 대가로 임금을 지급하는 경우에 내국 노동법이 적용된다고 해석된다면 사용자는 내국인 근로자에게 임금을 내국 통화로 현금지급을 해야 한다. 하지만 사용자가 임금을 달러로 지급하는 경우에 내국인 근로자가 노무급부지(노무제공지)의 외국 법원에 소송을 제기한다면 공공질서로서의 그 나라의 노동법이 적용될 가능성이 높다.

반대로, 당해 국가 국적이 아닌 외국인근로자가 당해 국내에서 노무를 제공하는 경우에 당해 국가의 노동법은 공공질서를 구성한다고 생각할 수 있으므로 외국법을 준거법으로 하는 노사 합의에도 불구하고 공공질서로서 그 사람에게 당해 국가 노동법 등이 적용되게 된다.24)

Ⅱ. 국제고용협력과 평등대우

국제고용협력에서 가장 중요한 것은 국제근로기준을 정하는 것이고 이러한 기준은 모든 근로자에게 동등하게 대우되어야 한다는 평등대우 내지 평등원칙이 근간이 된다고 할 수 있다. 그러므로 국제고용협력에서의 평등대우는 가장 중요한 기준이 된다고 할 것이다. 이러한 평등대우를 규정한 근거로 ILO 2호 권고와 111호 조약을 들 수 있다.

---

24) 일본에서는 현행 「법의 적용에 관한 통칙법」이 제정되기 이전에는 舊 「법례(法例)」 제7조 제1항이 준거법 선택에 대한 당사자 자치의 원칙을 규정하고 있었는데, 당사자의 교섭력에 차이가 있는 노동계약에 대해서도 그대로 적용되는가 아니면 강행적 노동법규의 제약을 받는가가 문제되었다. 이에 대해 ① 법례 33조(외국법을 적용하는 것이 공공질서나 선량한 풍속에 위반될 경우에는 적용하지 않는다는 규정)의 公序에 근거한 공서이론, ② 일본에서 노무가 제공되는 한 공법으로서의 노동법이 속지적으로 적용된다는 공법이론(折茂豊), ③ 법례 7조와 별도로 특별한 준거법 선택의 룰이 적용된다는 강행법규의 특별연결이론(桑田三郎), ④ 당사자가 선택한 법이 강행법규의 기준을 상회하는 한도에서 적용된다는 최저기준보장원칙이론(米津孝司) 등이 있었다. 저자인 小西國友 교수는 공서이론과 공법이론에 따른 견해를 제시하고 있는 것으로 보인다. 각 견해에 대해, 공서이론에 대해서는 적용범위가 협소하다는 점이, 강행법규의 특별연결이론이나 최저기준보장원칙이론에 대해서는 법례상의 근거가 부족하다는 점이, 공법이론에 대해서는 공법의 개념이 명확하지 않다는 점 등이 지적되었다. 판례(International Air Service 사건)는 미국의 기업에서 일본으로 파견되어 근무하고 있는 미국인이 노동조합을 결성하였다는 이유로 해고된 사안에서, 캘리포니아주법을 선택한 것을 인정하면서도 당사자의 준거법 선택은 속지적으로 한정된 효력을 갖는 공서로서의 노동법에 의한 제약을 받는다라고 하면서 해고는 노조법 제7조 제1호의 공서에 반하는 것으로서 무효라고 판단하였다(東京大學勞働法硏究會編, 『注釋勞働基準法(上卷)』, 有斐閣, 2003, 164~165면).

1. ILO 2호 권고

(1) 평등취급원칙과 불평등취급금지원칙

국제사회를 구성하는 각국, 특히 선진자본주의국가에서는 일반적으로 "사람은 모두 평등하게 취급되고, 합리적 이유 없이 차별적으로 취급되어서는 아니된다."라는 법원칙이 승인되어 있다. 이 가운데 전단(前段)의 사람은 모두 평등하게 취급되어야 한다는 법원칙을 평등취급원칙이라 하고, 후단(後段)의 사람은 합리적 이유 없이 차별적으로 취급되어서는 아니된다고 하는 법원칙을 불평등취급금지원칙이라고 한다. 그리고 이 두 법원칙을 총칭하여 평등원칙이라고 한다. 따라서 평등원칙과 평등취급원칙, 불평등취급금지원칙이란 상호 밀접한 관계가 있지만 각각 별개의 내용인 법원칙이다.

(2) 평등원칙의 인적 적용범위

국내법인 헌법·법률 외에 보장되는 평등취급원칙과 불평등취급금지원칙은, 그 나라의 국적을 갖고 있는 국민에게만 인정되고 그 나라 국적이 없는 외국인에게는 인정되지 않는 경우가 있다. 그리고 이것이 원인이 되어 근로자로 취업하는 경우 근로조건에 대해 국적을 갖고 있는 자국민 근로자의 근로조건과 그렇지 않는 외국인근로자의 근로조건이 차별되어 자주 외국인근로자가 근로조건에서 자국민 근로자보다 불이익을 당한다.

하지만 이러한 사태는 결코 승인될 수 없으며 각국의 국내노동법에 자국민 근로자와 외국인근로자가 평등하게 취급되도록 또는 외국인근로자가 차별받지 않도록 하는 법령 제정이 전망된다. 그리고 국제사회에서 다수의 외국인근로자가 차별 취급을 받고 있다는 사회적 현실과 그러한 사태가 발생되는 이상 개선되어야만 한다는 국제사회의 사회적 요청에 기초하여 1919년 10월 29일에 개최된 제1회 ILO총회에서 '외국인근로자의 상호우대에 관한 권고'(2호)가 채택되었다.

이 2호 권고는 중요하지만 극히 간단한 내용으로 국제노동기구의 가맹국에 국내입법 또는 그 밖의 방법에 의하여 실시할 목적으로 고려될 수 있도록 국제노동기구헌장의 규정에 따라 1919년의 상호우대 권고라고 부를 아래 권고를 채택한다고 기술한 뒤, 다음과 같이 규정했다. 즉, 총회는 국제노동기구의 각 가맹국이 자국의 영토 내에서 사용되는 외국인근로자(그 가족도 포함)에 대해, 상호조건에 따라, 관련국 사이의 협정조건에 따라 자국 근로자 보호에 관한 법령상 이익 및 자국 근로자가 누리는 적법한 조합(활동)의 권리를 허용할 것을 권고한다.[25]

여기서 말하는 영토(territory)란 각각의 ILO 가맹국의 주권이 미치는 영역으로 하천,

호수, 늪을 포함한 것으로서, 육지뿐만 아니라 영해와 영공을 포함한 개념이다. 따라서 외국인근로자가 ILO 가맹국의 주권이 미치는 영해와 영공에 취업한 경우에 대해서도 2호 권고로서 상호우대 권고가 문제된다. 또한 사용되는(employed)이란 노동하는 것과 같은 의미로 타인의 지휘명령 하에 노무를 제공하는 것이다.

상호조건에 따라, 관련국 사이의 협정조건에 따라(on condition of reciprocity and upon terms to be agreed between the countries concerned)란 ILO 가맹국이 보호에 관한 법령상의 이익을 외국인근로자에게 보장할 것을 권고하지만, 그 보장은 상호성에 기초한 것이 아니며, 또한 그 보장은 각 관계국간의 공통의 양해에 의해 정해진 여러 조건(각종 요건과 효과 등)에 따른 것이 아니면 안된다(프랑스어 본문으로는 dans les conditions arretêés d'un commun accord entre les pays intéressés라고 표현된다)라는 것이다.

자국 근로자 보호에 관한 법령상의 이익(benefits of its law and regulations for the protection of its own workers)이란 ILO 가맹국의 국내 노동보호법에 의해 국민으로서 근로자에게 보장되는 각종 혜택(권리와 이익 등)이다(자국 근로자의 보호에 관한 법령은 독일어로는 die eigene Arbeitsschutzgesetzgebung라고 번역). 이러한 노동보호법은 법령의 형식인 경우가 많지만, 법령을 시행하는 하위의 법규범인 경우도 있다. 앞서 말한 이익 중에는 노동조합법 등의 노사관계법령에 의한 권리는 포함되지 않는다. 노사관계법령에 의한 권리는 적법한 조합의 권리(the right of lawful organisation)로서 자국민 근로자에 적용되는 국내법의 한도 내에서 외국인근로자에게도 부여되어야 한다.

적법한 조합의 권리란 법률의 제한 내에 인정되는 단결권(droit d'association reconnu dans les limites de legalité)으로 독일어 번역으로는 단순하게 Vereinigungsrecht라고 표현되어 있다.

2. 2호 권고와 111호 조약

이 ILO 2호 권고가 채택된 지 약 40년 후인 1958년에 ILO 제43회 총회에서 '고용과 직업에서의 차별대우에 관한 조약(111호)'(Convention (No.111) concerning Discrimination

25) The General Conference recommends that each Member of the International Labour Organization shall, on condition of reciprocity and upon terms to be agreed between the countries concerned, admit the foreign workers(together with their families) employed within its territory, to the benefit of its laws and regulations for the protection of its own workers, as well as to the right of lawful organization as enjoyed by its own workers.

in Respect of Employment and Occupation)이 채택되었다.[26] 이 조약은 1조부터 14조까지 14개조로 된 비교적 간단한 내용의 조약이다. 하지만 2호 권고는 국적에 의한 차별적 취급을 금지한 평등 취급을 규정하고 있는 반면 111호 조약은 넓게는 인종, 피부색, 성별, 종교, 정치적 견해, 출신국가(원국적) 또는 사회적 출신에 의한 차별적 취급을 문제시 하고 있다.

111호 조약은 2조에서 "이 조약의 적용을 받는 가맹국은 고용 및 직업에 대한 차별대우를 철폐하기 위해, 국내의 사정 및 관행에 적합한 방법으로, 고용 또는 직업에 대한 기회 및 우대의 균등을 촉진을 목적으로 하는 국가의 방침을 명확히 하고, 동시에 이에 따를 것을 약속한다."라고 규정하고 있다. 또한 3조 ⓒ호에 이 조약의 적용을 받는 가맹국은 앞서 기술한 방침과 양립하지 않는 모든 법령의 규정을 폐지하고 동시에 행정상의 모든 명령 또는 관행을 수정할 것이라고 규정하고 있다.

이는 2호 권고와는 달리 외국인근로자인 것. 즉, 국적을 이유로 하는 차별적 취급을 금지해야 하는 경우는 언급하지 않고 있다. 하지만 출신국가(national extraction, ascendance nationale, nationale Abstammung)를 언급하고 있으며 여기에 국적이 포함될 여지가 있다. 그러나 이 출신국가는 특수한 개념으로 근로자의 부모와 조상이 특정한 나라의 국민이라는 것을 의미한다.[27] 따라서 근로자의 국적 그 자체는 여기에 포함되지 않는다.[28]

---

26) 우리나라는 1998. 12. 4. 비준하였다. 그러나 일본은 현재 제111호 조약의 비준국이 아닌데, 일본이 이 조약을 비준하지 않은 이유는 특히 사회적 출신에 따른 차별(部落差別)이 아직도 일부 남아 있기 때문이라고 한다(吾郷眞一, "ILO 111호 조약의 조기 비준과 일본의 과제", 사단법인 부락해방인권연구소, http://blhrri.org/info/koza/koza_0004.htm 참조).

27) 귀화해서 국적을 취득한 사람, 외국이민자의 자손, 외국에서 출생한 사람을 차별하는 경우를 예로 들 수 있다(이을형, 『국제노동법』, 숭실대학교출판부, 1995, 303면).

28) 공무원이나 일부 직종에 국적 요건을 붙이고 있는 나라가 아직 많다는 점을 고려할 때 국적에 의한 차별대우를 금지할 경우 이 조약을 비준할 수 있는 국가가 많지 않을 것이라는 점을 감안한 것이라고 한다(권중동, 『ILO와 국제노동기준』, 중앙경제, 2000, 175면). 일본은 법률에는 없고, 인사원규칙 8-18 제9조는 일본의 국적을 갖지 않은 자는 국가공무원 채용시험자격이 없다고 규정하고 있으며, 지방자치단체에 따라서는 채용시험자격을 일본의 국적을 가진 자로 한정하고 있어 일반적으로 외국인은 공무원이 되는 것이 제한되어 있다. 법률상 명문의 규정에 의하지 않고 외국인의 공무담임권을 제한하고 있기 때문에 법치주의의 원칙에 반하며 헌법 제22조 제1항의 직업선택의 자유, 헌법 제14조 제1항의 평등권에 위반된다는 비판(田中信也 외 4인, 『외국인의 법적 지위』, 信山社, 2000, 333면)이 있다고 한다(조상균, "재일동포의 법적 지위", 『한국동북아논총』(제33집), 한국동북아학회, 2004, 384면). 우리나라 현행 「국가공무원법」 제26조의3의 외국인과 복수국적자의 임용에 관한 법률규정은 다음과 같다. ① 국가기관의 장은 국가안보 및 보안·기밀에 관계되는 분야를 제외하고 국회규칙, 대법원규칙, 헌법재판소규칙, 중앙선거관리위원회규칙 또는 대통령령으로 정하는 바에 따라 외국인을 공무원으로 임용할 수 있다. ② 국가기관의 장은 다음 각 호의 어느 하나에 해당하는 분야로서 국회규칙, 대법원규칙, 헌법재판소규칙, 중앙선거관리위원회규칙 또는 대통령령으로 정하는 분야에는 복수국적자(대한민국 국적과 외국 국적을 함께 가진 사람을 말한다. 이하 같다)의 임용을 제한할 수 있다.

1. 국가의 존립과 헌법 기본질서의 유지를 위한 국가안보 분야
2. 내용이 누설되는 경우 국가의 이익을 해하게 되는 보안·기밀 분야
3. 외교, 국가 간 이해관계와 관련된 정책결정 및 집행 등 복수국적자의 임용이 부적합한 분야

22
chapter

국제고용관리정책

제 1 절 기업의 세계화와 고용시장의 세계화

기업이 특정한 장소, 특정한 국가를 기반으로 운영되던 시대에는 고용정책은 국내에 한정된 또는 지역에 한정된 고용정책이 필요하였다. 그리고 그러한 고용정책은 기업이 거대화 되고 글로벌 기업으로 성장하면서 그리고 국제교역을 통하여 성장하면서 기업운영은 국가의 범위를 넘는 세계화된 기업으로 성장하였다. 고용도 한정된 지역을 기반으로 할 때는 한정된 지역에서의 고용을 전제로 하거나 국내에서의 고용을 전제로 정책이 가능하였다. 그러나 이제 세계화된 기업에서는 고용도 세계화(고용시장의 세계화)할 필요성이 커졌다. 실제 글로벌기업들은 인적자원의 확보도 다국적으로 현지화 전략을 포함하여 권역별로 또는 내국중심의 고용을 병행하여 진행하고 있다.

기업과 고용이 세계화하면서 고용과 관련한 환경은 단일한 기준 내지 일정한 틀로 개념화하기 어려운 상황에 직면하였고, 적용되는 법규도 다국적인 관점에서 고려되어야 할 상황에 직면하였다. 특히 현 시대를 전 지구가 1일생활권 내지 동시간 정보공유권에 놓여 있다고 해도 과언이 아닐 만큼 교통과 통신의 발달은 새로운 고용환경을 요구하고 있고, 새로운 고용정책을 요구하고 있다. 물론, 이러한 통신기술 등의 발달은 특정한 장소에 모여서 입직근무하는 형태에서 근무의 장소와 형태가 다양화되는 결과도 가져왔다. 국제고용관리정책은 이러한 경영환경과 기업환경의 변화에 따른 새로운 시각, 새로운 전략 및 접근법에 대한 해법을 요구하고 있는 현실을 반영한 적절한 정책적인 고려를 요구하고 있다. 이하에서는 국제고용관리정책과 관련한 국제인적자원정책에 대한 의미, 성격, 접근 방법, 관리정책 등을 토대로 설명하고자 한다.

제 2 절 국제인적자원관리의 성격 및 고용관리정책

Ⅰ. 국제 인적자원관리의 의의

통상 인적자원관리(human resource management)는 조직이 인적자원을 효율적으로 활용하기 위해 수행하는 활동들로 기업내의 인적자원 또는 국내에서의 인적자원관리를 전제로 한다. 그러나 고용시장의 변화와 기업의 국제화 내지 글로벌화하면서 한정된 지역 내지 장소에서의 기업형태는 국가를 초월하는 개념의 기업구조로 변화하였다. 그러므로 인적자원관리도 새로운 변화를 요구받게 되었고, 이러한 국제적 고용시장과 경영환경의 변화에 부합하는 인적자원관리를 국제적 인적자원관리라고 할 수 있다.

국제인적자원관리는 국가마다 다른 고용시장, 문화, 법제도, 경제제도 등에 대한 고려가 필요하므로 인적자원관리의 전략적 기능은 국제경영 맥락에서는 더욱 복잡하게 되었다.

Ⅱ. 국제 인적자원관리의 성격

국제 인적자원관리는 조직구성원의 고용, 해고, 교육훈련, 승진 등에 관한 정부의 규제는 국가에 따라 상이하고, 노동관계 특히 노동조합에 관한 내용 역시 국가마다 상이하다. 아울러, 세금정책 및 임금가이드라인 등을 포함한 경제적 하부구조 역시 국가마다 상이하기 때문에 부가급부, 임금구조, 퇴직절차 등에 관한 국가별 상황을 이해하는 것이 필요하고, 관리스타일이 문화에 따라 상이하기 때문에 어려운 점을 안고 있다.

1. 기업의 국제화에 따른 인적자원관리의 대응

기업의 국제화단계별로 인적자원관리의 변화가 진행되고 있다. 이러한 단계는 시장이 거의 국내에 한정된 국내운영의 단계, 기업이 시장을 외국으로 확대하지만 생산거점은 국내에 두는 수출운영의 단계, 해외자회사 또는 합작투자회사를 설립하는 단계, 다국적기업의 단계, 국제화의 가장 진전된 단계인 초국가적 기업 혹은 글로벌 기업으로 구분해 볼 수 있다.

기업이 국제화됨에 따라 인적자원관리 방식에 차이를 가져오는 이유는 시장요인의 변화, 정부요인의 변화, 문화요인의 변화, 기술요인의 변화를 들 수 있다. 결국, 세계화와 기업이 국제적인 기업 내지 글로벌기업으로 변화하면서 인적자원의 관리도 새로운 정립이 필요하게 되었다. 즉, 고용을 위한 인적자원이 한정 된 국내시장에서 국제적인 고용시장을 전제로 하여 다양한 형태의 인적자원을 대상으로 고용이 발생하고, 그러한 다양한 국적을 가진 근로자에 대한 인적자원관리정책은 각국의 고용정책과 고용관련법령, 임금 및 근로조건 등에 대한 종합적인 판단과 고려가 필요하게 된 것이다.

2. 국제 인적자원관리에 대한 접근방법

특징적으로 국제인적자원관리는 국내 인적자원관리보다 훨씬 넓은 시각을 요구한다는 것이다. 또, 국제 인적자원관리의 활동범위는 국내 인적자원관리 활동보다 훨씬 더 넓으며, 국제 인적자원관리는 국내의 인적자원관리보다 훨씬 더 큰 위험을 수반한다.

국제인적자원관리에 대한 접근방법은 크게 4가지로 구분해 볼 수 있다. 즉, ① 자국중심적 접근방법이다. 이는 기업이 본국에서 사용하던 인적자원 관행과 정책들을 단순히 해외자산에 그대로 이전시키는 형태를 말한다. 주로 해외근무지나 법인에 국내인적자원을 선발하여 파견하는 형식을 들 수 있다. 그러므로 통상 인적자원의 선발부터, 운영, 보상체계는 국내 기준과 대동소이하다. ② 현지중심적 접근방법은 해외지사의 인적자원관리에 대하여 기본적으로 본사에서 관여하지 않고 해외지사 스스로 관리하는 형태이다. 이는 현지인(외국인근로자)을 선발하여 고용하여 현지의 근로조건 수준 등에 대하여 적용하며, 현지 노동법의 적용을 기준으로 인력관리를 한다고 할 수 있다. ③ 권역중심적 접근방법은 자회사들을 지역별로 분류하여 권역으로 나누고 인적자원관리를 권역별로 구분하여 실시하는 것으로 인접 권역국가들에 대한 특성을 반영한다고 할 수 있다. ④ 범세계적 접근방법은 본국과 해외간의 범세계적 네트워크의 목적들을 달성하기 위하여 인적자원정책을 개발하는 것이다. 이처럼 상황에 따라 각각의 접근방법을 달리하는 국제적 인적자원관리의 접근방법 선택요인으로는 현지국의 정치적인 정책과 법적규제, 현지국의 관리적·교육적·기술적 발전의 상태, 제품의 성격과 기술, 조직 수명주기, 문화적 차이 등이 고려된다.

국제인적자원관리에 대한 접근방법을 표로 정리하면 다음과 같다.

기업의 관점	자국중심적 접근	현지중심적 접근	권역중심적 접근	범세계적 접근
표준의 설정과 평가 및 통제	모국의 본사기준 적용	현지의 독자적 관리	권역으로 묶인 국가들 간의 조정	지역적 표준과 통제뿐만 아니라 범세계적 조정
커뮤니케이션과 조정	본사의 강압적이거나 일방적인 커뮤니케이션	본사와 자회사간 혹은 자회사간 조정이 거의 없음	지사와 본사간의 조정은 거의 없고 지역내 지사간 조정은 보통 혹은 많음	지사와 본사간 전체적으로 연결된 네트워크
충원	본사에서 인원을 선발하여 임명	현지인을 선발하여 임명	권역내에서 인원을 선발하여 임명	전세계적으로 최적의 인물을 선정·배치
의사결정권한	본사에 집중	자회사에 집중	권역별 본부에 집중	자회사와 본사의 협의에 의한 결정
보상과 처벌 및 동기부여	본사기준에 따름	자회사 성과에 따라 상이한 기준을 적용	권역별로 독자적 기준을 적용	범세계적 평가기준을 적용

이를 다시 조직 수명주기 단계별 국제 인적자원관리에 대한 접근방법으로 정리하면 다음과 같다.

단 계	특 성	국제인적자원관리의 접근방법
창업단계	기업이 새로이 신설된 단계, 기업가정신, 제한된 시장과 제품, 연구개발, 비공식적 관리, 제한된 해외진출	자국중심적 접근
기능적 성장단계	기업이 성장하는 단계, 기술적 전문화, 시장 및 제품의 확대, 보다 공식적인 관리와 구조, 중요 해외지사의 확립	현지중심적 접근
통제된 성장 단계	제한된 자원과 극심한 경쟁으로 인하여 생산성 및 비용에 초점이 맞추어지는 단계, 제품의 다양화, 조직구조 통합, 해외진출의 확대	권역중심적 접근
전략적 통합 단계	국내 및 해외 경쟁에 따라 활동이 범세계적으로 통합되는 단계, 새로운 형태의 조직구조, 범세계적 제휴 및 합작투자, 전략적 관리	범세계적 접근

Ⅲ. 국제인적자원관리의 전략적 역할과 고용관리

1. 국제인적자원관리의 전략적 역할

국제인적자원관리는 높은 수익성을 달성하기 위해서 인적자원관리 정책과 전략 간에 적합성 필요하다. 이러한 전략은 조직을 통해 수행되므로 우수한 성과가 나오기 위해선 올바른 전략이 필요할 뿐만 아니라 올바른 조직구조가 그 전략을 뒷받침해야 하며, 인적자원은 한 조직의 조직아키텍쳐에서 가장 중심적 위치에 존재한다. 인적자원관리의 네 가지 기능인 채용, 훈련, 성과평가, 보상은 기업이 기업 조직아키텍쳐의 구성요소들인 구성원, 문화, 인센티브 및 통제시스템에 중요한 영향을 끼친다.

우수한 인적자원관리는 글로벌경영에서 높은 생산성과 경쟁우위의 원천이 될 수 있으므로 각 경영전략에 알맞은 인적자원관리 정책이 필요하고, 초국가적 전략을 추구하는 기업은 정보와 지식을 효율적으로 사업단위들 간에 이전하기 위해 강력한 기업문화와 비공시적인 경영네트워크를 구축할 필요가 있다. 결국, 글로벌 기업의 성공은 국제 인적자원관리전략의 적절성이 그 성패를 좌우한다고 할 수 있다.

2. 국제인적자원의 고용관리

이러한 국제인적자원관리에서는 고용할 인적자원의 선발이 매우 중요한 과제가 되는데, 국내기업의 해외진출과 관련한 고용전략을 세 가지 관점에서 살펴보면, 우선 ① 본국지향적 고용정책(ethnocentric staffing policy)에서는 경영상의 중요한 직위들이 본국출신의 인사들로 채워지는데, 진출한 국가에 중요한 직위를 맡길만한 자격을 갖춘 사람이 없다고 판단될 경우, 자기민족 중심적인 채용정책을 추구하는 것이 통합된 기업문화를 유지하는 최선의 길이라고 생각할 경우, 핵심역량을 해외로 이전시켜 가치를 창출하고자 할 경우 핵심역량에 대한 지식을 보유한 본사직원들을 파견하는 경우에 선호된다. 그러나 자기민족 중심적 채용정책은 현지인 직원들의 승진 기회를 제한하고 현지국과 본국 간의 문화적 차이를 이해하지 못해서 마케팅과 경영에 있어서 가르게 접근하지 못하는 등의 단점이 있다. 다음으로 ② 현지지향적 고용정책(polycentric staffing policy)은 본사의 중요한 직위들에 본국출신의 경영자들이 임명되고, 해외자회사의 경영은 현지인들이 담당한다. 이러한 정책은 문화적 근시안으로부터 발생하는 문제들 방지하고, 해외주재원을 파견하는데 드는 비용보다 현지경영자를 채용하는 비용이 저렴한 장점이 있는 반면에 현지인 직원들은 소속 자회사의 상위임원직보다 높은 지위로는 승진이 불가능하므로 기업에 대한 적대감 발생 가능성, 문화적 차이로 인한 본국 경영자와 현지국 경영자 간에 존재할 수 있는 거리감 가능성(본사의 고립주의), 연합체 성격의 조직이 됨에 따라 변화를 거부하고 현재의 상태를 유지하려는 관성을 강하게 나타낼 수 있다는 단점이 있다. 그리고 ③ 세계지향적 고용정책(geocentric staffing policy)은 국적에 상관없이 조직의 중요한 직위들에 가장 최적인 사람을 임명하는 정책으로 기업이 보유한 인적자원을 최대한 활용이 가능하고, 여러 다른 문화들에서도 편안함을 느끼면서 일할 수 있는 국제적 경영자들의 인재그룹을 육성할 수 있도록 기여하여 글로벌 표준화전략이나 초국가적 전략을 실행하기 위해 필수적인 강력하고 통합적인 조직문화와 비공식적 경영네트워크 구축을 가능하게 하고, 경험곡선효과와 입지경제를 실현하고 핵심역량을 다방면으로 이전할 수 있는 장점이 이다. 그러나 많은 국가들은 자국에서 활동하는 외국기업들이 내국인을 채용하길 원하고, 경영자들을 여러 국가로 파견하기 위한 교육과 재배치 비용 증가하며, 국제적으로 표준화된 보상체계를 유지하기 위해 현지 급여보다 높은 수준의 급여를 지급해야하는 제약요인이 있다.

제 3 절 국제인적자원의 운영관리정책

Ⅰ. 국제 인적자원의 선발

해외활동 인적자원의 원천은 본국인, 현지국인, 제3국인의 선발과 파견 등이 활용된데, 이러한 인적자원의 활용방법 현지인 활용과 본국인 활용이 그 중심을 이루는데 그 장단점을 정리하면 아래 표와 같다.

구 분	현지인 활용	본국인 활용
장점	-저렴한 인건비 -현지인에 대한 신뢰 표방 -현지에서 회사의 수용성 증대 -현지환경과 적합한 대안 창출 가능 -현지국의 경제계에 합법적인 참여가능 -의사결정과정에서 현지의 이해관계와 제약요건의 효율적인 파악	-본사와의 문화적 친밀성으로 기업/경영관행의 이전 가능 -해외자회사에 대한 면밀한 통제와 조정 가능 -국제인재 양성 -국제적 감각을 갖춘 전문가 양성
단점	-현지의 욕구와 본사의 우선순위간의 불균형 -현지에서의 의사결정(예, 일시해고)이 보다 어렵고, 비용이 많이 들면 고통이 따를 경우 의사결정의 지연 -자질 있는 요원 확보의 어려움 -본사 통제의 정도 감소 가능성	-외국환경과 문화에 대한 적응의 어려움 -자회사가 현지 기업이 아닌 것으로 인식됨 -높은 인건비 부담 -개인 및 가족문제 야기 가능성 -현지 구성원의 사기와 동기부여에 부정적인 효과 -현지 정부의 보다 많은 제약의 가능성

본국인의 활용비율이 증대되는 사유로는 현지인의 자질 부족, 본사의 경영전략, 사업단위의 상호의존성, 현지국의 정치상황, 국가간의 문화적 차이가 고려되고, 이러한 요인은 인적자원의 선발에 제약요인 내지 정책적인 선택의 원인이 된다고 할 수 있다. 본국인을 해외파견자로 파견할 때 흔히 사용하는 선발기준으로는 직무수행능력, 개인적 특성, 문화적 감수성, 외교적 수완, 현지언어적인 능력 등이 고려된다. 아울러, 해외파견 관리자의 선발기준으로 파견국의 언어구사력, 특정과업의 전문성, 파견국에 대한 사전지식, 본사 내부 조직에 대한 지식 등이 고려된다.

Ⅱ. 국제 인적자원 개발

국제 인적자원 개발에 대하여 해외 주재원 내지 파견인력의 교육훈련을 중심으로 설명하면, 해외파견자에 대한 교육훈련에 대한 접근방법은 ① 정보 또는 사실전달을 위한 교육훈련으로 파견국에 대한 정보를 제공하는 것, ② 귀인 교육훈련으로 파견국 현지인의 가치관이나 행동방식 및 규범들을 이해시키는 것, ③ 문화인식 교육훈련으로 해외파견자가 모국의 문화 속에서 보편화된 자신들의 가치, 태도, 행동방식 등에 대해 교육시키는 것, ④ 사고 및 행동수정 교육훈련으로 자신의 문화 속에서 보상이나 처벌을 받는 데 관련된 원칙과 파견될 현지국 문화에서 보상이나 처벌을 받는 데 관련된 원칙을 이해시키는 것, ⑤ 경험적 교육훈련으로 해외 파견자가 현지국 방문, 복잡한 역할연기, 이문화 시뮬레이션 등을 통해 현지국에 대한 실질적 경험을 갖도록 하는 등의 교육훈련이 필요하다. 해외체류기간별로 적합한 교육훈련 방법을 개략적으로 정리하면 다음 표와 같다.

해외체류기간	교육훈련 기간 및 수준	교육훈련방법
1~3년	○교육훈련기간 : 1~2개월 이상 ○교육훈련수준 : 높은 수준	▷몰입식 접근방법 - 평가센터, 현지경험, 시뮬레이션 - 감수성훈련, 집중적인 언어훈련
2~12개월	○교육훈련기간 : 1~4주 ○교육훈련수준 : 중간수준	▷정서적 접근방법 - 문화적 동질화 훈련, 언어훈련 - 역할연기, 중요사건법, 사례분석 - 스트레스 감소 훈련 - 중간수준의 언어훈련
2개월 이하	○교육훈련기간 : 1주일 이하 ○교육훈련수준 : 낮은 수준	▷정보제공 접근방법 - 지역소개, 문화소개, 영상/서적 - 통역자 활용, 최소한의 언어훈련

Ⅲ. 국제 인적자원에 대한 평가

통상 직급 및 보수를 책정하기 위하여 국내 인적자원에 준하는 평가를 시행하는데, 해외에서 활동하는 파견인력 내지 현지 인력(국제인적자원)의 평가는 어려운 문제를 안고 있다. 즉, 평가자 선정의 어려움, 성과에 대한 판단의 어려움, 커뮤니케이션의 어려움, 성과목표 설정의 어려움, 해외환경에 대한 본사의 이해부족 등의 문제를 가진다고 할 수 있다. 이러한 문제점을 개선하기 위하여 해외활동 인적자원의 평가공정성을 제고시키기 위한 조치사항으로 평가항목을 현지의 사정을 충분히 고려하여 수정·적용하며, 평가에 현지파견인력의 의견을 반영시켜야 하고, 해외파견자의 현지 상사와 더불어 현지에서 활동한 경험이 있는 구성원을 평가에 참여시키는 것이 바람직하다.

Ⅳ. 국제 인적자원에 대한 보상

국내 인적자원의 보상에 준하는 보상기준의 적용 외에 해외 인적자원의 보상에 대한 추가적인 목적을 고려하여야 한다. 즉, 해외파견자가 본국을 떠나 해외에서 근무하고자 하는 동기를 유발시키는 유인의 제공, 본국에서와 동등한 생활수준의 유지, 해외파견자의 경력에 대한 배려와 가족에 대한 배려, 해외파견 근무 후 원활한 본국 귀임의 촉진 등에 대한 정책적인 배려가 필요하다.

이러한 국제 인적자원의 보상시스템을 설계하는 방법으로는 ① 협상식 접근방법으로 파견근무자와 개별적으로 임금 및 복리후생 패키지를 협상, ② 균형화 접근방법으로 현지의 상황과 본국의 상황을 비교하여 균등화되도록 조정, ③ 현지화 접근방법으로 높은 인건비 부담과 해외자회사간 불공정성을 해소하기 위해 현지국의 보상수준에 맞추어 임금과 복리후생을 제공, ④ 총액식 접근방법으로 해외파견자의 총급여 수준만을 결정하고 해외파견자는 결정된 총금액을 어떻게 지출할지를 자신이 알아서 결정, ⑤ 카페테리아식 접근방법으로 매우 높은 급여를 지급 받는 해외파견 고위경영자들에 대해 활용되는 방법으로 현금 보상을 지급하기보다는 일정한 금액의 한도 내에서 승용차 제공, 보험금 지급, 주택 제공, 클럽가입 등의 다양한 복리후생과 특전을 제공, ⑥지역별 접근방법으로 파견하는 특정 지역별로 임금 및 복리후생시스템을 설계하는 방법을 고려할 수 있다. 이러한 접근방법은 파견인력의 근무장소와 역할 등에 따라 적합한 방법이 활용될 수 있다.

V. 귀임자의 적응관리

국제인적자원관리에서 파견인력의 선발 및 보상 등에 대한 문제보다도 귀임자의 관리는 많은 문제를 야기할 수 있다. 국내 귀임 후에의 적응문제, 본국으로의 귀임을 하지 않고 기업을 이탈하는 문제 등 기업의 입장에서 보면 현지화 전략에 효과적인 인적자원의 손실을 초래하고 인적자원의 활용에 큰 장애를 가져올 수 있다. 그러므로 파견인력에 대한 정책적 배려보다도 귀임인적자원에 대한 정책은 더욱 중요한 과제라고 할 수 있다.

1. 귀임시 직면하는 문제

해외 근무 인적자원의 귀임 후의 문제는 다양한 것이 제시될 수 있으나 크게 두 가지로 구분해 보면 ① 귀임 후 직무상의 문제점으로, 경력단절, 해외 취득경험의 경시 및 활용, 지위의 상실, 귀임 후 직위에 대한 불분명한 계획, 역문화 충격 등을 들 수 있다. 다음으로 ② 귀임 후 생활상의 문제점으로 경제적 적응 문제, 배우자의 적응문제, 자녀의 교육문제 등을 들 수 있다. 사실 선진국으로의 파견인력은 자녀의 교육문제로 현지에 체류하며 이직을 통한 인적자원의 이탈은 매우 큰 문제로 부각되고 있다. 아울러, 현지 업무의 노하우를 전수하지 못하고 이탈하는 경우 기업의 입장에서 보면 큰 손실이 아닐 수 없다.

2. 귀임자의 조직적응을 위한 방안

해외파견 귀임자를 위한 적응전략은 다단계화하여 체계적이며 지속적으로 관리할 때 귀임 적응의 유효성을 높일 수 있을 것이다. 이를 위하여 해외파견 근무를 중시하고 해외근무 경험에 가치를 두는 조직문화를 창출하여야 한다. 또, 해외파견에 대한 전략적 목적을 전제로 해외파견에 대한 장기적 경력개발계획이 수립·시행되어야 하고, 해외파견 중에는 모국 및 본사에 제반 변화내용에 관한 정보를 수시로 제공하여 모국 및 본사에 관한 정확한 예상적응을 할 수 있도록 하여야 한다. 아울러, 귀임시점에는 귀임으로 수반되는 제반 행정절차에 대한 상세한 정보제공, 신변정리 기간의 부여, 보상프로그램 개발 등을 실행할 수 있어야 하고, 귀임 후 모국 및 본사의 변화내용에 적응할 수 있도록 심도 있고 다양한 교육훈련을 실질적으로 도움이 될 수 있는 방법으로 제공할 수 있어야 한다.

제4절 국제인력 유입 및 고용관리정책

외국인근로자고용법, 산업연수생제도1) 및 고용허가제2)를 골격으로 설명할 수 있다. 외국인 인력정책의 변화내용을 살펴보면, 우선 2+1제도를 들 수 있다. 1998년에는 2+1제도를 도입하여 산업연수생으로 2년을 근무한 후 국가기술자격시험을 통과하면 1년 취업비자를 주는 '연수취업제'를 도입해 2000년 4월부터 적용시키고 있다. 그러나 '기술 연수'라는 외국인 산업연수제의 본래 취지에 맞지 않게 값싼 노동력을 편법으로 도입하는 통로로 운영되고 업체들이 외국인 근로자들의 불안한 신분을 악용해 최소한의 임금만 주거나, 감금·폭행하는 사례까지 생겨나고 있다. 또 임금이 너무 낮아 대부분의 연수생이 연수처를 이탈, 불법체류자가 되는 경우가 빈번해 국내 불법체류자는 1998년 10만여 명에서 2001년에는 25만명으로 3년새 2.5배 규모로 늘어났다. 그리고 산업연수제하에서 중소기업협동조합은 수출실적이 좋고 경영상태가 우량하며 공단 내 입주한 업체에 산업연수

1) 외국의 인력송출기관에서 산업연수생을 확보한 뒤 이들을 국내 기업에 배정하는 제도이다. 외국인 산업연수제는 1993년 도입된 제도로 중소기업협동조합이 외국의 인력송출기관에서 산업연수생을 확보한 뒤 이들을 국내 기업 가운데 5인 이상 300인 이하의 섬유, 신발, 조립금속 등 22개 중소제조업체를 중심으로 배정해 왔다. 단, 담배제조업, 출판업 및 기록매체 복제업은 제외된다. 산업연수생을 송출하는 국가는 네팔, 미얀마, 방글라데시, 베트남, 스리랑카, 인도네시아, 중국, 필리핀, 파키스탄, 이란, 우즈베키스탄, 태국, 몽골, 카자흐스탄 등 14개국이다. 외국인 산업연수생을 쓰려는 업체는 중소기업협동조합에 신청하면, 중소기업협동조합이 업체를 선정하여 연수생을 배정하며 법무부에서 외국인 근로자의 출입국을 허가해준다. 연수생들은 최저임금 수준 이상의 연수기본수당과 산재보험 및 의료보험 혜택을 부여받을 수 있으며 연수업체에서 기숙사 및 3식을 무료 제공하도록 되어 있다. 외국인 근로자와 그들을 고용하는 업체의 지도관리는 중소기업청(현 중소벤처기업부) 혹은 중기협 지정 위탁관리회사에서 맡고 있다.

2) 외국인 인력을 고용하려는 사업자가 직종과 목적 등을 제시할 경우 정부(고용부처장관)가 그 타당성을 검토하여 허가여부를 결정하는 외국인력도입정책이다. 대부분의 유럽국가와 미국에서 시행되고 있으며, 2003년 8월 16일 법률 제6967호로 외국인근로자의 고용 등에 관한 법률이 제정되어 2004년 8월부터 시행되고 있다. 고용허가를 받은 사용자는 국외에서 직접 모집하거나 대통령령이 정한 공공단체 또는 비영리법인을 통해 모집할 수 있으며, 외국인근로자는 송출국의 국가기관 또는 그 국가가 인정하는 기관을 통해야 한다. 사용자는 1년 이내의 기간을 정하여 노동허가를 받은 외국인 근로자와 고용계약을 체결하게 되는데, 계약을 체결할 때 임금·근로시간·휴일·휴가 등 근로조건에 관한 사항과 동거를 위한 가족동반 금지에 관한 사항 등이 포함된다. 이 제도는 사업자에게 허가권을 행사함으로써 외국인근로자에 대한 초과수요를 사전에 통제할 수 있으며, 사업자가 내국인근로자를 고용할 수 없음을 입증하여야만 외국인근로자를 고용할 수 있게 되므로 내국인근로자의 고용기회가 보장되며, 외국인근로자의 고용에 따른 근로조건 악화를 방지할 수 있다. 또한 고용을 허가할 때 근로조건을 준수할 수 있는 사업자인가를 확인할 수 있어 무자격사업자의 외국인근로자 고용을 사전에 차단할 수 있다는 점에서 외국인근로자의 권익을 충실하게 보호할 수 있다.

생을 배정해 정작 인력이 필요한 곳에 연수생이 공급되지 못하는 등 부작용과 폐해가 심각해져 제도 개선에 대한 움직임이 필요하다는 의견에 대한 논란이 지속되고 있다. 다음으로 외국 인력제도 개선대책(2+1 제도 → 1+2 제도)을 들 수 있는데, 정부는 2002년 11월 1일부터 '외국 인력제도 개선대책'에 따라 외국 동포의 취업이 허용된 분야의 사업주는 임금 등 고용조건을 명시하고 1개월간 내국인을 구하지 못하면 외국동포를 채용할 수 있도록 했다. 또 고용 인원은 상시 근로자수에 따라 차등 적용하며 최대 10명까지 허용된다. 정부는 또 산업연수생을 중소제조업 13만명, 연근해 어업 3,000명, 농·축산업 5,000명, 건설연수생 7,500명 등으로 나눠 총 정원을 14만 5,500명으로 늘리기로 했다. 특히 연수생들의 이탈을 막기 위해 현행 '2년 연수+1년 취업' 방식을 '1년 연수+2년 취업' 방식으로 바꾸고 연수생·연수취업자·연수이탈자를 산업연수생 개념으로 묶어 총정원 차원에서 관리하기로 했다. 그리고 산업연수제를 폐지하고 고용허가제로 일원화하는 단계로 진행하였다. 산업연수제는 2007년 1월 1일부터 추가적인 산업연수생 도입을 중단하고 고용허가제로 일원화되면서 사실상 폐지되었다. 고용허가제는 국내에 취업을 희망하는 외국인 근로자들에게 취업 허가를 인정하는 것을 말한다. 정부는 인력 도입 계약을 맺은 8개 국가(필리핀, 태국, 몽골, 중국, 카자흐스탄, 스리랑카, 베트남, 인도네시아)의 인력에 대해 노동법상 합법적인 근로자 신분을 보장하고, 취업 비자를 발급하여 1년마다 사업주와 계약을 갱신하는데 체류기간은 최대 3년이다. 외국 인력을 고용하려는 사업자가 직종과 목적 등을 제시하면, 정부는 그 타당성을 검토하여 허가 여부를 결정하는 '외국 인력 도입 정책'을 시행하고 있다. 우리나라는 2004년 8월부터 시행되어, 고용허가를 받은 사용자는 국외에서 직접 모집하거나 대통령령이 정한 공공단체 또는 비영리법인을 통해 모집할 수 있다. 외국인 근로자는 송출국의 국가 기관 또는 그 국가가 인정하는 기관을 통해야 한다. 본 절에서는 외국인 고용법의 내용을 중심으로 설명하고자 한다.

Ⅰ. 외국인 근로자 및 외국인 인력정책

1. 외국인 근로자의 정의

외국인고용법은 외국인근로자를 체계적으로 도입·관리함으로써 원활한 인력수급 및 국민경제의 균형 있는 발전을 도모함을 목적으로 한다.

동법에서의 "외국인근로자"란 대한민국의 국적을 가지지 아니한 사람으로서 국내에 소재하고 있는 사업 또는 사업장에서 임금을 목적으로 근로를 제공하고 있거나 제공하려는 사람을 말한다. 다만, 출입국관리법(제18조)에 따라 취업활동을 할 수 있는 체류자격을 받은 외국인 중 취업분야 또는 체류기간 등을 고려하여 법령으로 정하는 사람은 제외한다.

한편, 외국인고용법은 외국인근로자 및 외국인근로자를 고용하고 있거나 고용하려는 사업 또는 사업장에 적용한다. 다만, 선원법의 적용을 받는 선박에 승무(乘務)하는 선원 중 대한민국 국적을 가지지 아니한 선원 및 그 선원을 고용하고 있거나 고용하려는 선박의 소유자에 대하여는 적용하지 아니하며, 외국인근로자의 입국·체류 및 출국 등에 관하여 외국인고용법에서 규정하지 아니한 사항은 출입국관리법에서 정하는 바에 의한다.

2. 외국인력정책위원회

외국인근로자의 고용관리 및 보호에 관한 주요 사항을 심의·의결하기 위하여 국무총리 소속으로 외국인력정책위원회(이하 “정책위원회”라 한다)를 둔다.

정책위원회는 외국인근로자 관련 기본계획의 수립에 관한 사항, 외국인근로자 도입 업종 및 규모 등에 관한 사항, 외국인근로자를 송출할 수 있는 국가(이하 “송출국가”라 한다)의 지정 및 지정취소에 관한 사항, 그 밖에 법령으로 정하는 사항을 심의·의결한다. 정책위원회는 위원장 1명을 포함한 20명 이내의 위원으로 구성하고, 정책위원회의 위원장은 국무조정실장이 되고, 위원은 기획재정부·외교부·법무부·산업통상자원부·고용노동부의 차관, 중소기업청장 및 법령으로 정하는 관계 중앙행정기관의 차관이 된다.

한편, 외국인근로자 고용제도의 운영 및 외국인근로자의 권익보호 등에 관한 사항을 사전에 심의하게 하기 위하여 정책위원회에 외국인력정책실무위원회(이하 “실무위원회”라 한다)를 두며, 정책위원회와 실무위원회의 구성·기능 및 운영 등에 필요한 사항은 법령으로 정한다.

3. 외국인근로자 도입계획의 공표

고용부처장관은 외국인근로자 관련 기본계획의 수립에 관한 사항, 외국인근로자 도입 업종 및 규모 등에 관한 사항, 외국인근로자를 송출할 수 있는 국가(송출국가)의 지정 및 지정취소에 관한 사항, 외국인근로자를 고용할 수 있는 사업 또는 사업장에 관한 사항, 사업 또는 사업장에서 고용할 수 있는 외국인근로자의 규모에 관한 사항, 외국인근로자를 송출할 수 있는 국가별 외국인력 도입 업종 및 규모에 관한 사항, 외국인근로자의 권익보호에 관한 사항, 그 밖에 외국인근로자의 고용 등에 관하여 정책위원회의 위원장이 필요하다고 인정하는 사항이 포함된 외국인근로자 도입계획을 정책위원회의 심의·의결을 거쳐 수립하여 매년 3월 31일까지 법령으로 정하는 방법으로 공표하여야 한다. 다만, 고용부처장관은 국내의 실업증가 등 고용사정의 급격한 변동으로 인하여 외국인근로자 도입계획을 변경할 필요가 있을 때에는 정책위원회의 심의·의결을 거쳐 변경할 수 있다. 또, 고용부처장관은 필요한 경우 외국인근로자 관련 업무를 지원하기 위하여 조사·연구사업을 할 수 있으며, 이에 관하여 필요한 사항은 법령으로 정한다.

Ⅱ. 외국인근로자 고용절차

1. 내국인 구인 노력

외국인근로자를 고용하려는 자는 직업안정법에 따른 직업안정기관(이하 "직업안정기관"이라 한다)에 우선 내국인 구인 신청을 하여야 한다.

직업안정기관의 장은 내국인 구인 신청을 받은 경우에는 사용자가 적절한 구인 조건을 제시할 수 있도록 상담·지원하여야 하며, 구인 조건을 갖춘 내국인이 우선적으로 채용될 수 있도록 직업소개를 적극적으로 하여야 한다.

2. 외국인구직자 명부의 작성

고용부처장관은 외국인고용법에 따라 지정된 송출국가의 노동행정을 관장하는 정부기관의 장과 협의하여 법령으로 정하는 바에 따라 외국인구직자 명부를 작성하여야 한다(다만, 송출국가에 노동행정을 관장하는 독립된 정부기관이 없을 경우 가장 가까운 기능을 가진 부서를 정하여 정책위원회의 심의를 받아 그 부서의 장과 협의한다). 외국인구직자 명부를 작성할 때 고용부처장관은 외국인구직자 선발기준 등으로 활용할 수 있도록 한국어 구사능력을 평가하는 시험(이하 "한국어능력시험"이라 한다)을 실시하여야 하며, 한국어능력시험의 실시기관 선정 및 선정취소, 평가의 방법, 그 밖에 필요한 사항은 법령으로 정한다. 한국어능력시험의 실시기관은 시험에 응시하려는 자로부터 법령으로 정하는 바에 따라 수수료를 징수하여 사용할 수 있다. 이 경우 수수료는 외국인근로자 선발 등을 위한 비용으로 사용하여야 한다.

한편, 고용부처장관은 외국인구직자 선발기준 등으로 활용하기 위하여 필요한 경우 기능 수준 등 인력 수요에 부합되는 자격요건을 평가할 수 있고, 자격요건 평가기관은 한국산업인력공단법에 따른 한국산업인력공단으로 하며, 자격요건 평가의 방법 등 필요한 사항은 법령으로 정한다.

3. 외국인근로자 고용허가

법령에 따라 내국인 구인 신청을 한 사용자는 직업소개를 받고도 인력을 채용하지 못한 경우에는 법령으로 정하는 바에 따라 직업안정기관의 장에게 외국인근로자 고용허가를 신청하여야 한다. 고용허가 신청의 유효기간은 3개월로 하되, 일시적인 경영악화 등으로 신규 근로자를 채용할 수 없는 경우 등에는 법령으로 정하는 바에 따라 1회에 한정하여 고용허가 신청의 효력을 연장할 수 있다.

아울러, 직업안정기관의 장은 고용허가 신청을 받으면 외국인근로자 도입 업종 및 규모 등 법령으로 정하는 요건을 갖춘 사용자에게 법령에 따른 외국인구직자 명부에 등록된 사람 중에서 적격자를 추천하여야 하고, 직업안정기관의 장은 추천된 적격자를 선정한 사용자에게는 지체 없이 고용허가를 하고, 선정된 외국인근로자의 성명 등을 적은 외국인근로자 고용허가서를 발급하여야 한다. 한편, 직업안정기관이 아닌 자는 외국인근로자의 선발, 알선, 그 밖의 채용에 개입하여서는 아니 된다.

4. 근로계약

사용자가 외국인고용법에 따라 외국인근로자를 고용하려면 법령으로 정하는 표준근로계약서를 사용하여 근로계약을 체결하여야 한다. 이 경우 사용자는 근로계약체결을 한국산업인력공단에 대행하게 할 수 있다.

아울러, 고용허가를 받은 사용자와 외국인근로자는 법령에 따른 기간 내에서 당사자 간의 합의에 따라 근로계약을 체결하거나 갱신할 수 있고, 취업활동 기간이 연장되는 외국인근로자와 사용자는 연장된 취업활동 기간의 범위에서 근로계약을 체결할 수 있다.

5. 사증발급인정 및 외국인 취업교육

외국인근로자와 근로계약을 체결한 사용자는 출입국관리법에 따라 그 외국인근로자를 대리하여 법무부장관에게 사증발급인정서를 신청할 수 있다.

한편, 외국인근로자는 입국한 후에 법령으로 정하는 기간 이내에 법령으로 정하는 기관에서 국내 취업활동에 필요한 사항을 주지(周知)시키기 위하여 실시하는 교육(이하 "외국인 취업교육"이라 한다)을 받아야 하고, 사용자는 외국인근로자가 외국인 취업교육을 받을 수 있도록 하여야 한다. 외국인 취업교육의 시간과 내용, 그 밖에 외국인 취업교육에 필요한 사항은 법령으로 정한다.

6. 외국인근로자 고용의 특례

① 건설업으로서 정책위원회가 일용근로자 노동시장의 현황, 내국인근로자 고용기회의 침해 여부 및 사업장 규모 등을 고려하여 정하는 사업 또는 사업장, ② 서비스업, 제조업, 농업 또는 어업으로서 정책위원회가 산업별 특성을 고려하여 정하는 사업 또는 사업장의 어느 하나에 해당하는 사업 또는 사업장의 사용자는 특례고용가능확인을 받은 후 법령으로 정하는 사증을 발급받고 입국한 외국인으로서 국내에서 취업하려는 사람을 고용할 수 있다. 이 경우 근로계약의 체결에 관하여는 앞의 내용을 준용한다.

아울러, 외국인으로서 ① 및 ②호의 어느 하나에 해당하는 사업 또는 사업장에 취업하려는 사람은 외국인 취업교육을 받은 후에 직업안정기관의 장에게 구직 신청을 하여야 하고, 고용부처장관은 이에 대하여 외국인구직자 명부를 작성・관리하여야 한다.

한편, 내국인 구인 신청을 한 사용자는 직업안정기관의 장의 직업소개를 받고도 인력을 채용하지 못한 경우에는 법령으로 정하는 바에 따라 직업안정기관의 장에게 특례고용가능확인을 신청할 수 있다. 이 경우 직업안정기관의 장은 외국인근로자의 도입 업종 및 규모 등 법령으로 정하는 요건을 갖춘 사용자에게 특례고용가능확인을 하여야 하며, 특례고용가능확인을 받은 사용자는 외국인구직자 명부에 등록된 사람 중에서 채용하여야 하고, 외국인근로자가 근로를 시작하면 법령으로 정하는 바에 따라 직업안정기관의 장에게 신고하여야 한다.

특례고용가능확인의 유효기간은 3년으로 한다. 다만, 건설업으로서 정책위원회가 일용근로자 노동시장의 현황, 내국인근로자 고용기회의 침해 여부 및 사업장 규모 등을 고려하여 정하는 사업 또는 사업장으로서 공사기간이 3년보다 짧은 경우에는 그 기간으로 한다.

직업안정기관의 장이 특례고용가능확인을 한 경우에는 법령으로 정하는 바에 따라 해당 사용자에게 특례고용가능확인서를 발급하여야 한다.

Ⅲ. 외국인근로자의 고용관리

1. 출국만기보험・신탁

외국인근로자를 고용한 사업 또는 사업장의 사용자(이하 "사용자"라 한다)는 외국인근로자의 출국 등에 따른 퇴직금 지급을 위하여 외국인근로자를 피보험자 또는 수익자(이하 "피보험자등"이라 한다)로 하는 보험 또는 신탁(이하 "출국만기보험 등"이라 한다)에 가입하여야 한다. 이 경우 보험료 또는 신탁금은 매월 납부하거나 위탁하여야 한다.

사용자가 출국만기보험 등에 가입한 경우 근로자퇴직급여 보장법에 따른 퇴직금제도를 설정한 것으로 본다. 출국만기보험 등의 가입대상 사용자, 가입방법・내용・관리 및 지급 등에 필요한 사항은 법령으로 정하되, 지급시기는 피보험자등이 출국한 때부터 14일(체류자격의 변경, 사망 등에 따라 신청하거나 출국일 이후에 신청하는 경우에는 신청일부터 14일) 이내로 한다. 아울러, 출국만기보험 등의 지급사유 발생에 따라 피보험자등이 받을 금액(보험금등)에 대한 청구권은 상법(제662조)에도 불구하고 지급사유가 발생한 날부터 3년간 이를 행사하지 아니하면 소멸시효가 완성한다. 이 경우 출국만기보험 등을 취급하는 금융기관은 소멸시효가 완성한 보험금등을 1개월 이내에 한국산업인력공단에 이전하여야 한다.

2. 휴면보험금등 관리위원회

보험금등의 관리・운용에 필요한 사항을 심의・의결하기 위하여 한국산업인력공단에 휴면보험금등관리위원회를 두며, 보험금등은 우선적으로 피보험자등을 위하여 사용되어야 한다. 휴면보험금등관리위원회의 구성 및 운영, 그 밖에 필요한 사항은 법령으로 정한다.

3. 건강보험

사용자 및 사용자에게 고용된 외국인근로자에게 국민건강보험법을 적용하는 경우 사용자는 같은 법에 따른 사용자로, 사용자에게 고용된 외국인근로자는 같은 법에 따른 직장가입자로 본다.

4. 귀국비용보험・신탁 및 귀국에 필요한 조치

외국인근로자는 귀국 시 필요한 비용에 충당하기 위하여 보험 또는 신탁에 가입하여야 하며, 보험 또는 신탁의 가입방법・내용・관리 및 지급 등에 필요한 사항은 법령으로 정한다. 법령에 따른 보험 또는 신탁의 지급사유 발생에 따라 가입자가 받을 금액에 대한 청구권의 소멸시효, 소멸시효가 완성한 금액의 이전 및 관리・운용 등에 관하여는 외국인고용법에 따른다.

한편, 사용자는 외국인근로자가 근로관계의 종료, 체류기간의 만료 등으로 귀국하는 경우에는 귀국하기 전에 임금 등 금품관계를 청산하는 등 필요한 조치를 하여야 한다.

5. 외국인근로자의 고용관리

사용자는 외국인근로자와의 근로계약을 해지하거나 그 밖에 고용과 관련된 중요 사항을 변경하는 등 법령으로 정하는 사유가 발생하였을 때에는 법령으로 정하는 바에 따라 직업안정기관의 장에게 신고하여야 한다.

사용자가 상기의 신고를 한 경우 그 신고사실이 출입국관리법(제19조제1항 각 호)에 따른 신고사유에 해당하는 때에는 같은 항에 따른 신고를 한 것으로 보며, 신고를 받은 직업안정기관의 장은 그 신고사실이 출입국관리법에 해당하는 때에는 지체 없이 사용자의 소재지를 관할하는 지방출입국·외국인관서의 장에게 통보하여야 한다.

외국인근로자의 적절한 고용관리 등에 필요한 사항(외국인근로자가 사망한 경우, 외국인근로자가 부상 등으로 해당 사업에서 계속 근무하는 것이 부적합한 경우, 외국인근로자가 사용자의 승인을 받는 등 정당한 절차 없이 5일 이상 결근하거나 그 소재를 알 수 없는 경우, 외국인근로자와의 근로계약을 해지하는 경우, 사용자 또는 근무처의 명칭이 변경된 경우, 사용자의 변경 없이 근무 장소를 변경한 경우 등)은 법령으로 정한다.

6. 취업활동 기간의 제한 및 특례

(1) 취업활동 기간 제한에 관한 특례

외국인근로자는 입국한 날부터 3년의 범위에서 취업활동을 할 수 있다. 그러나 고용허가를 받은 사용자에게 고용된 외국인근로자로서 취업활동 기간 3년이 만료되어 출국하기 전에 사용자가 고용부처장관에게 재고용 허가를 요청한 근로자와 특례고용가능확인을 받은 사용자에게 고용된 외국인근로자로서 취업활동 기간 3년이 만료되어 출국하기 전에 사용자가 고용부처장관에게 재고용 허가를 요청한 근로자의 외국인근로자는 1회에 한하여 2년 미만의 범위에서 취업활동 기간을 연장받을 수 있다.

(2) 재입국 취업의 제한 및 특례

국내에서 취업한 후 출국한 외국인근로자는 출국한 날부터 6개월이 지나지 아니하면 이 법에 따라 다시 취업할 수 없다. 그러나 일정한 요건을 갖춘 경우 재입국 취업 제한의 특례에 따라 취업할 수 있다. 즉, ① 취업활동 기간 중에 사업 또는 사업장 변경을 하지 아니하였을 것(법령에 따라 사업 또는 사업장을 변경한 경우에는 재입국 후의 고용허가를 신청하는 사용자와 취업활동 기간 만료일까지의 근로계약 기간이 1년 이상일 것), ② 정책위원회가 도입 업종이나 규모 등을 고려하여 내국인을 고용하기 어렵다고 정하는 사업 또는 사업장에서 근로하고 있을 것, ③ 재입국하여 근로를 시작하는 날부터 효력이 발생하는 1년 이상의 근로계약을 해당 사용자와 체결하고 있을 것의 요건을 모두 갖춘 외국인근로자로서 법령에 따라 연장된 취업활동 기간이 만료되어 출국하기 전에 사용자가 재입국 후의 고용허가를 신청하면 고용부처장관은 그 외국인근로자에 대하여 출국한 날부터 3개월이 지나면 외국인고용법에 따라 다시 취업하도록 할 수 있다.

(3) 외국인근로자 고용허가 또는 특례고용가능확인의 취소

직업안정기관의 장은 거짓이나 그 밖의 부정한 방법으로 고용허가나 특례고용가능확인을 받은 경우, 사용자가 입국 전에 계약한 임금 또는 그 밖의 근로조건을 위반하는 경우, 사용자의 임금체불 또는 그 밖의 노동관계법 위반 등으로 근로계약을 유지하기 어렵다고 인정되는 경우의 어느 하나에 해당하는 사용자에 대하여 법령으로 정하는 바에 따라 법령에 따른 고용허가나 특례고용가능확인을 취소할 수 있다. 이때 외국인근로자 고용허가나 특례고용가능확인이 취소된 사용자는 취소된 날부터 15일 이내에 그 외국인근로자와의 근로계약을 종료하여야 한다.

7. 외국인근로자 고용의 제한

직업안정기관의 장은 법령에 따른 고용허가 또는 특례고용가능확인을 받지 아니하고 외국인근로자를 고용한 자, 법령에 따라 외국인근로자의 고용허가나 특례고용가능확인이 취소된 자, 외국인고용법 또는 출입국관리법을 위반하여 처벌을 받은 자, 그 밖에 법령으로 정하는 사유에 해당하는 자의 어느 하나에 해당하는 사용자에 대하여 그 사실이 발생한 날부터 3년간 외국인근로자의 고용을 제한할 수 있다.

8. 외국인근로자 관련 사업

고용부처장관은 외국인근로자의 원활한 국내 취업활동 및 효율적인 고용관리를 위하여 외국인근로자의 출입국 지원사업, 외국인근로자 및 그 사용자에 대한 교육사업, 송출국가의 공공기관 및 외국인근로자 관련 민간단체와의 협력사업, 외국인근로자 및 그 사용자에 대한 상담 등 편의 제공 사업, 외국인근로자 고용제도 등에 대한 홍보사업, 그 밖에 외국인근로자의 고용관리에 관한 사업으로서 법령으로 정하는 사업을 한다.

Ⅳ. 외국인근로자의 보호

1. 차별 금지 및 외국인 근로자 권익보호협의회

사용자는 외국인근로자라는 이유로 부당하게 차별하여 처우하여서는 아니 된다. 아울러, 외국인근로자의 권익보호에 관한 사항을 협의하기 위하여 직업안정기관에 관할 구역의 근로자단체와 사용자단체 등이 참여하는 외국인근로자 권익보호협의회를 둘 수 있다. 외국인근로자 권익보호협의회의 구성·운영 등에 필요한 사항은 법령으로 정한다.

2. 보증보험 등의 가입

사업의 규모 및 산업별 특성 등을 고려하여 법령으로 정하는 사업 또는 사업장의 사용자는 임금체불에 대비하여 그가 고용하는 외국인근로자를 위한 보증보험에 가입하여야 한다.

아울러, 산업별 특성 등을 고려하여 법령으로 정하는 사업 또는 사업장에서 취업하는 외국인근로자는 질병·사망 등에 대비한 상해보험에 가입하여야 하며, 보증보험, 상해보험의 가입방법·내용·관리 및 지급 등에 필요한 사항은 법령으로 정한다.

3. 외국인근로자 관련 단체 등에 대한 지원

국가는 외국인근로자에 대한 상담과 교육, 그 밖에 법령으로 정하는 사업을 하는 기관 또는 단체에 대하여 사업에 필요한 비용의 일부를 예산의 범위에서 지원할 수 있으며, 지원요건·기준 및 절차 등에 관하여 필요한 사항은 법령으로 정한다.

4. 사업 또는 사업장 변경의 허용

외국인근로자는 ① 사용자가 정당한 사유로 근로계약기간 중 근로계약을 해지하려고 하거나 근로계약이 만료된 후 갱신을 거절하려는 경우, ② 휴업, 폐업, 법령에 따른 고용허가의 취소, 법령에 따른 고용의 제한, 사용자의 근로조건 위반 또는 부당한 처우 등 외국인근로자의 책임이 아닌 사유로 인하여 사회통념상 그 사업 또는 사업장에서 근로를 계속할 수 없게 되었다고 인정하여 고용부처장관이 고시한 경우, ③ 그 밖에 법령으로 정하는 사유가 발생한 경우의 어느 하나에 해당하는 사유가 발생한 경우에는 법령으로 정하는 바에 따라 직업안정기관의 장에게 다른 사업 또는 사업장으로의 변경을 신청할 수 있다.

사업 또는 사업장으로의 변경을 신청한 날부터 3개월 이내에 출입국관리법에 따른 근무처 변경허가를 받지 못하거나 사용자와 근로계약이 종료된 날부터 1개월 이내에 다른 사업 또는 사업장으로의 변경을 신청하지 아니한 외국인근로자는 출국하여야 한다. 다만, 업무상 재해, 질병, 임신, 출산 등의 사유로 근무처 변경허가를 받을 수 없거나 근무처 변경신청을 할 수 없는 경우에는 그 사유가 없어진 날부터 각각 그 기간을 계산한다.

외국인근로자의 사업 또는 사업장 변경은 법령에 따른 기간 중에는 원칙적으로 3회를 초과할 수 없으며, 법령에 따라 연장된 기간 중에는 2회를 초과할 수 없다. 다만, 앞의 ②의 사유로 사업 또는 사업장을 변경한 경우는 포함하지 아니한다.

[저자 소개]

• 林昇洙(임공수, LIM GONG SOO)
○ 행정학사 · 법학사/법학석사/법학박사(사회법)
○ 경영지도사(중소벤처기업부장관)
○ 한국정책학회 이사(現)
○ 노동법이론실무학회 이사(現)
○ 고려대학교 노동문제연구소 객원연구위원(現)
○ HUG : 인사팀장 · 연구개발처장 · 연구센터장, 연구원장(現)
『임금피크제의 문제와 운용』, 올리브나무, 2007.
『역량중심 인재전략』, 올리브나무, 2008.
『고용차별론』, 청목출판사, 2018.
「임금피크제의 노동법적 문제에 관한 연구」, 고려대학교, 2006.
「고용상 차별금지제도에서의 합리적 이유에 관한 연구」, 고려대학교, 2016.

고용정책학원론

2018년 4월 15일 초판인쇄
2018년 4월 20일 초판발행

저 자 임 공 수
발행인 유 성 열
발행처 청목출판사
서울특별시 영등포구 신길로 40길 20
전화 (02) 849-6157(代) · 2820 / 833-6090~1
FAX (02) 849-0817
등록 제318-1994-000090호

파본은 바꾸어 드립니다. 값 43,000원

http : //www.chongmok.co.kr

ISBN 978-89-5565-754-8